Cosmos

NCERT

सार संग्रह

(कक्षा VI-XII सहित)

AF809307

One Liner

सभी प्रतियोगी परीक्षाओं के लिए समान रूप से उपयोगी

विशेष आकर्षण
अध्यायवार रिवीजन नोट्स

- आर्थिक समीक्षाः 2021-2022
- भारत वन स्थिति रिपोर्ट-2021
- 105वाँ संविधान संशोधन अधिनियम
- बजट : 2022-2023
- पद्म पुरस्कार-2022
- GI टैग 2020:2022

लेखन व संपादन

महेश कुमार बर्णवाल
(एस॰एस॰पी॰, पांडिचेरी पुलिस सेवा)

कुणाल वर्मा

COSMOS PUBLICATION
TM No. 01181859
COSMOS PUBLICATION

संस्करण 1 अप्रैल, 2022

वर्णसज्जा (Layout Design) : सोनू सिंह

कवर डिज़ाइन : दिवेश कुमार

मूल्यः ₹ 480/-

प्रकाशक व मुद्रक

COSMOS PUBLICATION

TM No. 01181859

COSMOS PUBLICATION

B–3, 37-38-39, Ansal Building, Comm. Complex, Dr. Mukherjee Nagar, Delhi-110009

For Content Query : 9250604879

011-45082119 | : cosmospublication98@gmail.com

8448899217 | 8448899216 | 8448899215

भूमिका

प्रस्तुत पुस्तक **Cosmos NCERT सार संग्रह** सिविल सेवा और राज्य सेवाओं की नवीनीकृत आवश्यकताओं के अनुरूप पूर्णतः परिवर्द्धित व परिमार्जित संस्करण है। सिविल सेवा की बदलती प्रकृति व प्रश्नों की व्यापकता को दृष्टिगत रखते हुए इस पुस्तक की विषयवस्तु को इस प्रकार से व्यवस्थित किया गया है, कि तथ्य व संकल्पना का बेहतर समन्वय हो सके। इस पुस्तक का महत्वपूर्ण पक्ष यह भी है कि इसमें अनावश्यक सामग्री से बचते हुए यथासंभव यह प्रयास किया गया है कि कोई परीक्षोपयोगी प्रकरण न छूटे, ताकि विद्यार्थियों के बहुमूल्य समय को बचाया जा सके। इस पुस्तक में NCERT को आधार बनाकर सामान्य अध्ययन के सभी विषयों का One Liner प्रश्नोत्तर शैली में सुबोध, सरल, क्रमिक व प्रवाहमय प्रस्तुतीकरण किया गया है। इसके साथ ही महत्वपूर्ण पाठ्यसामग्री को अध्यायवार रिवीजन नोट्स के रूप में शामिल कर पुस्तक की उपादेयता में वृद्धि की गयी है।

मैं धन्यवाद ज्ञापन करना चाहूँगा, उन प्रतियोगी, छात्रों एवं मित्रों का जिन्होंने इस पुस्तक के लेखन हेतु ऊर्जावान प्रेरणा दी। इस पुस्तक को स्वरूप देने का कार्य ऋतु राज के सहयोग और समर्थन के बिना पूरा नहीं हो सकता था। मैं विशेष आभारी हूँ संदीप राय, शैलेन्द्र कुमार रस्तोगी, सुशील मिश्रा, रोहित यादव, प्रियंका यादव, अंकुर बाजपेई, जगत पाल सिंह, अभिषेक कुमार अवस्थी, नीतू चहल, रश्मि, अजीत देव, अभिषेक तिवारी, डॉ. श्याम मूर्ति, काकू, रोशन, सुमित प्रताप, जीतू, पंकज, कृष्णा एवं सचिन का जिन्होंने मुझे पुस्तक लेखन में अत्यधिक सहयोग दिया। पुस्तक को सुन्दर बनाने एवं बेहतर टाइपसेटिंग के लिए मैं सोनू सिंह, नीतिका सारसर, प्रिया सारसर तथा अरविन्द को धन्यवाद देता हूँ।

अब पुस्तक आपके हाथों में है और मुझे विश्वास है कि यह पुस्तक आपके लिए अवश्य उपयोगी सिद्ध होगी। प्रसिद्ध ग्रीक चिंतक लोंजाइनस ने कहा है कि कोई भी रचना अथवा कृति पूर्ण नहीं होती और उसमें सदैव सुधार की असीम संभावनाएँ विद्यमान रहती हैं, अतः प्रस्तुत पुस्तक भी इसका अपवाद नहीं है। अन्ततः सुधी पाठकों से अनुरोध है कि वे अपने बहुमूल्य सुझावों से अवगत करवाकर लेखक को अनुगृहित करें।

आपके उज्ज्वल भविष्य की कामनाओं के साथ........

महेश कुमार बर्णवाल

(एस०एस०पी०, पांडिचेरी पुलिस सेवा)

अनुक्रमणिका

A. भारतीय राजव्यवस्था

B. भूगोल

C. पर्यावरण

D. विज्ञान

G. भारतीय अर्थव्यवस्था

H. कम्प्यूटर

I. खेलकूद

J. पुरस्कार एवं सम्मान

K. विविध

भारतीय राजव्यवस्था

भारतीय राजव्यवस्था
(Indian Polity)

भारत का संवैधानिक विकास (Constitutional Development of India)

- **रेग्युलेटिंग एक्ट, 1773** द्वारा **सर्वोच्च न्यायालय** की स्थापना कहाँ की गयी थी? **–कलकत्ता में** (1774 ई.)
- भारतीयों को **भारत के प्रशासन में भाग लेने** का अधिकार किस अधिनियम के द्वारा प्राप्त हुआ? **–चार्टर एक्ट, 1833 के द्वारा**
- **भारतीय विधान परिषद्** को **बजट** (Budget) **पर बहस करने की शक्ति** किस अधिनियम के द्वारा प्राप्त हुई? **–भारत परिषद् अधिनियम,1892**
- **केन्द्रीय विधानमण्डल** सर्वप्रथम किस अधिनियम के द्वारा **द्वि-सदनीय** (Bicameral) बनाया गया? **–1919 के भारत शासन अधिनियम के द्वारा**
- भारत के राष्ट्रपति को **अध्यादेश** (Ordinance) निर्गत करने की शक्ति मूलत: किस अधिनियम से प्रेरित है? **–भारत शासन अधिनियम, 1935 से**

भारत का संवैधानिक विकास

ईस्ट इण्डिया कम्पनी के अन्तर्गत
- रेग्युलेटिंग एक्ट – 1773
- पिट्स इण्डिया एक्ट – 1784
- चार्टर एक्ट – 1793
- चार्टर एक्ट – 1813
- चार्टर एक्ट – 1833
- चार्टर एक्ट – 1853

ब्रिटिश क्राउन के अन्तर्गत
- भारत शासन अधिनियम – 1858
- भारत परिषद् अधिनियम – 1861
- भारत परिषद् अधिनियम – 1892
- भारत परिषद् अधिनियम – 1909
- भारत शासन अधिनियम – 1919
- भारत शासन अधिनियम – 1935
- भारतीय स्वतंत्रता अधिनियम – 1947

- केन्द्र में **द्वैध शासन व्यवस्था** (Diarchy System) किस अधिनियम के द्वारा लागू की गयी थी? **–भारत शासन अधिनियम, 1935**
- ब्रिटिश भारत में किस अधिनियम में **संघीय शासन** का प्रावधान था? **–भारत शासन अधिनियम, 1935**
- **अखिल भारतीय संघ** स्थापित करने का प्रावधान किस अधिनियम में किया गया था? **–भारत शासन अधिनियम, 1935**

> भारत के संविधान में **केन्द्र** और **राज्यों** के मध्य किया गया शक्तियों का विभाजन **भारत सरकार अधिनियम, 1935** पर आधारित है।

- एक निर्वाचित संविधान सभा द्वारा भारत के **संविधान का निर्माण करने का प्रस्ताव** किसके द्वारा दिया गया था? **–क्रिप्स मिशन के द्वारा**
- भारतीय **संविधान सभा का गठन** किसके अंतर्गत किया गया था? **–कैबिनेट मिशन** (1946 ई.) **के अंतर्गत**
- **कैबिनेट मिशन** द्वारा प्रस्तुत योजना के अनुसार, संविधान सभा में **प्रांतों से प्रतिनिधियों का निर्वाचन** किस अनुपात में था? **–10 लाख की जनसंख्या पर एक सदस्य**
- भारतीय संविधान का **निर्माण करने वाली संविधान सभा** के सदस्यों का चुनाव किसके द्वारा किया गया था? **–विभिन्न प्रांतों की विधानसभाओं के द्वारा**

अंतरिम सरकार (वर्ष 1946)

क्र.	सदस्य	धारित विभाग
1.	**जवाहरलाल नेहरू**	राष्ट्रमंडल सम्बंध तथा विदेशी मामले
2.	**सरदार वल्लभ भाई पटेल**	गृह, सूचना एवं प्रसारण
3.	**डॉ. राजेंद्र प्रसाद**	खाद्य एवं कृषि
4.	**जॉन मथाई**	उद्योग एवं नागरिक आपूर्ति
5.	**जगजीवन राम**	श्रम
6.	**सरदार बलदेव सिंह**	रक्षा
7.	**लियाकत अली खाँ**	वित्त
8.	**सी. राजगोपालाचारी**	शिक्षा एवं कला

भारत शासन अधिनियम, 1919 की समीक्षा करने के लिए **वर्ष 1927** में **साइमन कमीशन का गठन** किया गया था।

- भारत की संविधान सभा की **पहली बैठक** कब हुई थी?
  -9 दिसम्बर, 1946 को

भारतीय संविधान का **प्रथम प्रारूप** (First Draft) **सर बी. एन. राव** द्वारा तैयार किया गया था।

- संविधान सभा का **स्थायी अध्यक्ष** (Permanent Chairman) किसे चुना गया था? **-डॉ. राजेन्द्र प्रसाद**
- संविधान सभा में पण्डित नेहरू द्वारा उद्देश्य प्रस्ताव कब प्रस्तुत किया गया था? **-13 दिसम्बर, 1946**
- **नेहरू द्वारा प्रस्तुत उद्देश्य प्रस्ताव** संविधान सभा में कब स्वीकृत हुआ था? **-22 जनवरी, 1947**
- भारतीय संविधान के निर्माण काल में संविधान सभा के **कुल कितने अधिवेशन** हुए थे? **-12**
- भारतीय **संविधान के निर्माण** में संविधान सभा को **कितना समय** लगा? **-2 वर्ष, 11 माह** और **18 दिन**
- भारतीय संविधान सभा के **संवैधानिक सलाहकार** कौन थे?
  - सर बी. एन. राव
- भारत की **संविधान सभा** ने वर्तमान रूप में **राष्ट्रीय ध्वज** को कब अपनाया? **-22 जुलाई, 1947 को**

संविधान सभा की **प्रथम बैठक** की अध्यक्षता **डॉ. सच्चिदानंद सिन्हा** (अस्थायी अध्यक्ष) ने की थी।

- भारत का संविधान कब स्वीकार किया गया?
  -26 नवम्बर, 1949
- भारतीय संविधान पूर्णत: कब **लागू** हुआ था?
  -26 जनवरी, 1950

संविधान सभा (Constituent Assembly)

9 दिसम्बर, 1946 को संविधान सभा की प्रथम बैठक हुई। जिसमें **डॉ. सच्चिदानंद सिन्हा** को **अस्थायी अध्यक्ष** तथा **11 दिसंबर, 1946** को **डॉ. राजेंद्र प्रसाद** को **स्थायी अध्यक्ष** चुना गया। **संविधान निर्माण** का प्रारम्भ 13 दिसंबर, 1946 को **पं. जवाहर लाल नेहरू** द्वारा प्रस्तुत **उद्देश्य प्रस्ताव** (Objective Resolution) से हुआ, जिसे 22 जनवरी, 1947 को सर्वसम्मति से स्वीकार कर लिया गया। 26 नवम्बर, 1949 को भारतीय संविधान **अंगीकृत** (Adopt) किया गया जबकि, 26 जनवरी, 1950 को इसे पूर्णत: **लागू** (Execute) किया गया।

- **26 नवम्बर, 1949** को भारतीय संविधान किसके द्वारा **अधिनियमित** किया गया था? **-संविधान सभा के द्वारा**
- **जन-गण-मन** को भारत के **राष्ट्रगान** के रूप में कब अपनाया गया था? **-24 जनवरी, 1950 में**
- भारत सरकार द्वारा अशोक स्तम्भ को **राष्ट्रीय चिह्न** (National Emblem) के रूप में कब **अंगीकृत** (Adopt) किया गया था?
  -26 जनवरी, 1950

संविधान सभा की **सलाहकार समिति** (Advisory Committee) के अध्यक्ष **सरदार वल्लभ भाई पटेल** थे।

- संविधान सभा की **झंडा समिति** के अध्यक्ष कौन थे?
  -डॉ. राजेंद्र प्रसाद

प्रमुख समितियाँ एवं उनके अध्यक्ष		
1.	संघ शक्ति समिति	- **पंडित जवाहरलाल नेहरू**
2.	संघीय संविधान समिति	- **पंडित जवाहरलाल नेहरू**
3.	प्रांतीय संविधान समिति	- **सरदार वल्लभभाई पटेल**
4.	प्रारूप समिति	- **डॉ. भीमराव अंबेडकर**
5.	मौलिक अधिकारों एवं अल्पसंख्यकों सम्बंधी परामर्श समिति	- **सरदार वल्लभभाई पटेल**
6.	प्रक्रिया नियम समिति	- **डॉ. राजेन्द्र प्रसाद**
7.	राज्यों के लिए समिति	- **पंडित जवाहरलाल नेहरू**
8.	संचालन समिति	- **डॉ. राजेन्द्र प्रसाद**

- **संविधान सभा के कार्यों से सम्बंधित समिति** के अध्यक्ष कौन थे? **-जी.वी. मावलंकर**

डॉ. बी. आर. अम्बेडकर की अध्यक्षता में संविधान सभा की प्रारूप समिति में 6 अन्य सदस्य थे : **एन. गोपालास्वामी आयंगर, डॉ. के. एम. मुंशी, बी. एम. मित्रा** (बाद में इनके स्थान पर एन. माधव राव), **अल्लादि कृष्णास्वामी अय्यर, सैय्यद मो. सादुल्ला** तथा **डी. पी खेतान** (बाद में इनके स्थान पर टी.टी. कृष्णमाचारी) थे।

- संविधान सभा ने डॉ. बी. आर. अम्बेडकर की अध्यक्षता में प्रारूप समिति का गठन कब किया था? -29 अगस्त, 1947
- डॉ. बी. आर. अम्बेडकर का संविधान सभा में निर्वाचन किस प्रेसीडेंसी से हुआ था? -बम्बई प्रेसीडेंसी (1947-50) (पहले बंगाल प्रेसीडेंसी से, 1946-47)

भारत का संविधान मूलत: दो भाषाओं- हिन्दी तथा अंग्रेजी में लिखा गया था और सभी सदस्यों ने इन दोनों प्रतियों पर हस्ताक्षर किए थे।

संविधान के विभिन्न प्रावधान व उनके स्रोत
(Various Provisions of the Constitution and their Sources)

- भारतीय संविधान में **मौलिक कर्त्तव्यों** (Fundamental Duties) का विचार किस देश के संविधान से लिया गया है?
  -रूस के संविधान से
- भारतीय संविधान में **राज्य के नीति निदेशक तत्वों** (Directive Principles of State Policy) की संकल्पना किस देश के संविधान से अभिप्रेरित है? **-आयरलैंड**
- **भारतीय संविधान की प्रस्तावना में सम्मिलित स्वतंत्रता, समानता एवं बंधुत्व का सिद्धांत** (Principle of Liberty, Equality and Fraternity) किस देश से लिया गया है? **-फ्रांस**
- भारत में **न्यायिक पुनर्विलोकन** (Judicial Review) की संकल्पना किस देश के संविधान से ली गई है?
  -संयुक्त राज्य अमेरिका से

भारतीय संविधान, एक विशेष संविधान-सभा द्वारा निर्मित एवं **लिखित संविधान** है। इस दृष्टिकोण से भारतीय संविधान **अमेरिकी संविधान के समतुल्य** है।

- भारतीय संविधान में **संवैधानिक संशोधन** (Constitutional Amendment) का प्रावधान किस देश से लिया गया है?
  -दक्षिण अफ्रीका
- भारत के संविधान में सम्मिलित **आपातकालीन उपबंध** (Emergency Provisions) किस देश के संविधान से प्रेरित हैं?
  -जर्मनी के वीमर संविधान से
- शक्तिशाली केन्द्र के साथ भारत की **संघात्मक व्यवस्था** (Federal System) किस देश के संविधान से प्रेरित है?
  -कनाडा से
- भारत के संविधान में सम्मिलित **समवर्ती सूची** (Concurrent List) किस देश से ली गई है? **-ऑस्ट्रेलिया**
- भारतीय संविधान में निहित **विधि द्वारा स्थापित प्रक्रिया** (Process Established by Law) किस देश के संविधान से ग्रहण की गई है? **-जापान के संविधान से**
- भारतीय संविधान की प्रस्तावना में सामाजिक आर्थिक एवं राजनीतिक न्याय का आदर्श का प्रावधान किस देश के संविधान से प्रेरित है? **-रूस**
- भारतीय संविधान में **संसदीय विशेषाधिकार** (Parliamentary Privilege) की संकल्पना किस देश के संविधान पर आधारित है?
  -ब्रिटेन
- भारत के संविधान में सम्मिलित **मूल अधिकार** (Fundamental Rights) किस देश के संवैधानिक प्रावधानों से प्रेरित है? **-संयुक्त राज्य अमेरिका**

विभिन्न देशों के संविधानों से लिए गए प्रावधान

देश	प्रावधान
• संयुक्त राज्य अमेरिका (United States of America)	1. प्रस्तावना के शब्द (हम भारत के लोग), 2 मूल अधिकार, 3. स्वतंत्र न्यायपालिका, 4. न्यायिक पुनरावलोकन 5. सर्वोच्च न्यायालय एवं उच्च न्यायालय के न्यायाधीशों को पद से हटाए जाने की प्रक्रिया, 6. राष्ट्रपति पर महाभियोग, 7. जनहित याचिका, 8. न्यायिक पुनरावलोकन प्रणाली, 9. उपराष्ट्रपति का पद। 10. यथोचित विधि प्रक्रिया
• ब्रिटेन (Britain)	1. विधि का शासन, 2. संसदीय शासन प्रणाली, 3. एकल नागरिकता, 4. द्वि-सदनीय व्यवस्था, 5. विधि-निर्माण प्रक्रिया, 6. सर्वाधिक मत के आधार पर चुनाव जीत का निर्णय, 7. विधायिका में अध्यक्ष पद की भूमिका 8. संसदीय विशेषाधिकार।
• द. अफ्रीका (South Africa)	1. संविधान संशोधन की प्रक्रिया, 2. राज्यसभा के सदस्यों का निर्वाचन।
• कनाडा (Canada)	1. सशक्त केंद्र के साथ संघीय व्यवस्था 2. शक्तियों का वितरण तथा अवशिष्ट शक्तियों का केंद्र में निहित होना, 3. केंद्र द्वारा राज्यों में राज्यपाल की नियुक्ति, 4. उच्चतम न्यायालय का परामर्शी न्याय निर्णयन, 5. संघात्मक विशेषताएँ।
• ऑस्ट्रेलिया (Australia)	1. समवर्ती सूची, 2. व्यापार, वाणिज्य एवं समागम की स्वतंत्रता सम्बंधी प्रावधान, 3. संसद के दोनों सदनों की संयुक्त बैठक 4. प्रस्तावना की भाषा
• आयरलैण्ड (Ireland)	1. राज्य के नीति निदेशक तत्व, 2. राष्ट्रपति की निर्वाचन पद्धति, 3. राज्यसभा में सदस्यों का नामांकन।
• फ्रांस (France)	1. गणतंत्रात्मक व्यवस्था, 2. स्वतंत्रता, समानता एवं बंधुत्व का सिद्धांत।
• रूस (Russia)	1. मूल कर्तव्य, 2. प्रस्तावना में सामाजिक आर्थिक एवं राजनीतिक न्याय का आदर्श।
• जर्मनी (Germany)	1. आपातकाल के समय मूल अधिकारों का स्थगन
• जापान	1. विधि द्वारा स्थापित प्रक्रिया।

भारतीय संविधान में **विधि निर्माण प्रक्रिया ब्रिटेन से** जबकि **विधि द्वारा स्थापित प्रक्रिया जापान से** ली गयी है।

भारतीय संविधान के भाग (Parts of the Indian Constitution)

भारतीय संविधान के भाग, सम्बंधित विषय एवं उनसे सम्बंधित अनुच्छेद		
भाग	विषय	उनसे सम्बंधित अनुच्छेद
(1) I	संघ और उसका राज्यक्षेत्र (The Union and Its Territory)	1-4
(2) II	नागरिकता (Citizenship)	5-11
(3) III	मूल अधिकार (Fundamental Rights)	12-35
(4) IV	राज्य के नीति निदेशक तत्व (Directive Principles of State Policy)	36-51
(4क) IV A/IV क	मूल कर्त्तव्य (Fundamental Duties)	51क/51A
(5) V	संघ (The Union)	52-151
(6) VI	राज्य (The States)	152-237
(7) VII	पहली अनुसूची के भाग-ख के राज्य-संविधान सातवें संविधान संशोधन अधिनियम- 1956 के द्वारा निरसित।	238 (निरसित)
(8) VIII	केन्द्र शासित प्रदेश (The Union Territories)	239-242
(9) IX	पंचायतें (Panchayat)	243-243ण
(9) IXA/IX क	नगरपालिकाएँ (The Municipalities)	243 त - 243 य छ
(9) IXB/IX ख	सहकारी समितियाँ (The Cooperative Societies)	243 य ज - 243 य न
(10) X	अनुसूचित और जनजातीय क्षेत्र (The Scheduled and Tribal Areas)	244-244क
(11) XI	संघ और राज्यों के मध्य सम्बंध (Relations Between the Union and the States)	245 - 263
(12) XII	वित्त, संपत्ति, संविदाएँ और वाद (Finance, Property, Contracts and Suits)	264 - 300A
(13) XIII	भारत के राज्यक्षेत्र के भीतर व्यापार, वाणिज्य एवं समागम	301 - 307
(14) XIV	संघ और राज्यों के अधीन सेवाएँ (Services under the Union and the States)	308 - 323
(14A) XIVA	अधिकरण (Tribunals)	323क-323ख
(15) XV	निर्वाचन (Elections)	324- 329क
(16) XVI	कुछ वर्गों के सम्बंध में विशेष उपबंध (अनुसूचित जातियों, अनुसूचित जनजातियों, पिछड़े वर्गों एवं आंग्ल-भारतीयों के सम्बंध में विशेष उपबंध)	330 - 342
(17) XVII	राजभाषा (Official Language)	343 - 351
(18) XVIII	आपात् उपबंध (Emergency Provisions)	352 - 360
(19) XIX	प्रकीर्ण (Miscellaneous)	361 - 367
(20) XX	संविधान का संशोधन (Amendment of the Constitution)	368
(21) XXI	अस्थायी, संक्रमणकालीन और विशेष उपबंध	369 - 392
(22) XXII	संक्षिप्त नाम, प्रारंभ, हिन्दी में प्राधिकृत पाठ और निरसन	393 - 395

भारतीय संविधान के **भाग 11 का अध्याय 1** संघ और राज्यों के मध्य **विधायी सम्बंधों** (Legislative Relations) को दर्शाता है।

भारतीय संविधान में अनुसूचियाँ (Schedules in the Indian Constitution)

- भारत के मूल संविधान में कुल कितनी अनुसूचियाँ थीं? **-8** (वर्तमान में 12)
- भारतीय संघ में **नये राज्य के गठन** का प्रावधान किस **अनुसूची** में किया गया है? **-प्रथम अनुसूची**

भारतीय संविधान की **प्रथम अनुसूची राज्य के नाम** तथा **उसके राज्य क्षेत्र का विवरण** प्रदान करती है।

- भारतीय संविधान में **9वीं अनुसूची** को किस संविधान संशोधन के माध्यम से जोड़ा गया? **-प्रथम संविधान संशोधन** (वर्ष 1951)
- भारत के संविधान की किस अनुसूची में विभिन्न राज्यों में **अनुसूचित क्षेत्रों के प्रशासन और नियंत्रण के लिए** विशेष उपबंध हैं? **-पाँचवीं अनुसूची**
- सरकारों द्वारा **शुल्क एवं कर लगाने का अधिकार** संविधान की किस अनुसूची में उल्लिखित है? **-सातवीं अनुसूची में**
- **राज्य भूमि सुधार अधिनियम** को **संवैधानिक सुरक्षा** प्रदान करने हेतु इसे किस अनुसूची में सम्मिलित किया गया है? **-9वीं अनुसूची में**

दसवीं अनुसूची को **52वें संविधान संशोधन अधिनियम, 1985** द्वारा संविधान में जोड़ा गया था तथा **91वें संविधान संशोधन अधिनियम, 2003** द्वारा इसमें संशोधन किया गया। इसे **दल-बदल विरोधी कानून** (Anti-Defection Law) भी कहा जाता है।

अंग्रेजी भारत में बोली जाने वाली एक प्रमुख भाषा है, परन्तु इसे संविधान की **8वीं अनुसूची** में शामिल नहीं किया गया है।

अनुसूचियों का संक्षिप्त विवरण

अनुसूची	सम्बंधित विषय	सम्बंधित अनुच्छेद
पहली अनुसूची	• **राज्यों/संघ राज्य क्षेत्रों** (Union Territories) के नाम एवं उनकी सीमाएँ।	अनुच्छेद 1 तथा 4
दूसरी अनुसूची	• राष्ट्रपति, राज्यपाल, लोकसभा/ राज्य विधानसभाओं के अध्यक्ष और उपाध्यक्ष राज्यसभा/ राज्य विधान-परिषदों के सभापति और उप-सभापति, सर्वोच्च न्यायालय/ उच्च न्यायालय के न्यायाधीश, भारत का नियंत्रक एवं महालेखा परीक्षक पदाधिकारियों के वेतन, भत्तों तथा पेंशन आदि से जुड़े प्रावधान।	अनुच्छेद 59 (3), 65(3), 75(6), 97, 125, 148(3) 158 (3),164(5), 186, 221
तीसरी अनुसूची	• संघ-राज्य मंत्री, संसद/राज्य विधानमंडल के सदस्य व चुनावों के प्रत्याशी, न्यायाधीश आदि द्वारा ली जाने वाली **शपथों** (Oaths) या **प्रतिज्ञानों** (Affirmations) के प्रारूप दिए गए हैं।	अनुच्छेद 75 (4), 84 99, 124(6), 148(2),164 (3), 173, 188, 219
चौथी अनुसूची	• राज्यों और संघ राज्यक्षेत्रों के लिए राज्यसभा में स्थानों का आवंटन।	अनुच्छेद 4(1), 80 (2)
पाँचवीं अनुसूची	• अनुसूचित क्षेत्रों व जनजातियों के प्रशासन तथा नियंत्रण से जुड़े प्रावधान।	अनुच्छेद 244 (1)
छठी अनुसूची	• **असम**, **मेघालय**, **त्रिपुरा** और **मिज़ोरम** राज्यों के जनजातीय क्षेत्रों के प्रशासन से सम्बंधित उपबंध।	अनुच्छेद 244(2) एवं 275 (1)
सातवीं अनुसूची	• **संघ सूची**, **राज्य सूची** तथा **समवर्ती सूची** में शामिल विषय।	अनुच्छेद 246
आठवीं अनुसूची	• संविधान द्वारा मान्यता प्राप्त **22 भाषाओं** की सूची।	अनु. 344(1) व 351
नौवीं अनुसूची	• इसमें भूमि सुधार व जमींदारी उन्मूलन से सम्बंधित अधिनियम, नियम, विनियम आदि जिन्हें न्यायिक **पुनर्विलोकन** से बचाने के लिए इसमें सम्मिलित किया गया था।	अनुच्छेद 31 (ख)
दसवीं अनुसूची	• **दल-बदल** (Defection) के आधार पर संसद और विधानसभा के सदस्यों की निरर्हता से सम्बंधित उपबंध।	अनुच्छेद 102 (2) एवं 191 (2)
ग्यारहवीं अनुसूची	• पंचायतों की शक्तियाँ व उत्तरदायित्व निर्धारित किए गए हैं।	अनुच्छेद 243(छ)
बारहवीं अनुसूची	• **नगरपालिकाओं** की शक्तियाँ व उत्तरदायित्व निर्धारित किए गए हैं।	अनुच्छेद 243(ब)

आठवीं अनुसूची में सिंधी भाषा **21वें संविधान संशोधन अधिनियम, 1967** द्वारा जोड़ी गई थी।

भारतीय संविधान की विशेषताएँ (Features of Indian Constitution)

- संविधान में हमारे **राष्ट्र का उल्लेख** किन नामों से किया गया है? **-इंडिया दैट इज भारत** (इंडिया अर्थात भारत)
- **भारतीय संविधान** में किस प्रकार की **शासन प्रणाली** की व्यवस्था की गई है? **-संसदात्मक**

संसदात्मक शासन व्यवस्था में **विधायिका का कार्यपालिका** पर नियंत्रण होता है।

- **अध्यक्षात्मक शासन प्रणाली** का आधारभूत तत्व क्या है? **-एकल कार्यपालिका**
- **भारत की संसदीय शासन प्रणाली** एव **ब्रिटेन की संसदीय शासन प्रणाली** के मध्य अंतर का मुख्य बिंदु कौन सा है? **-न्यायिक समीक्षा**
- भारत का संविधान **परिसंघीय** है, यह किससे निर्धारित होता है? **-केन्द्र और राज्यों के मध्य शक्तियों के वितरण से**

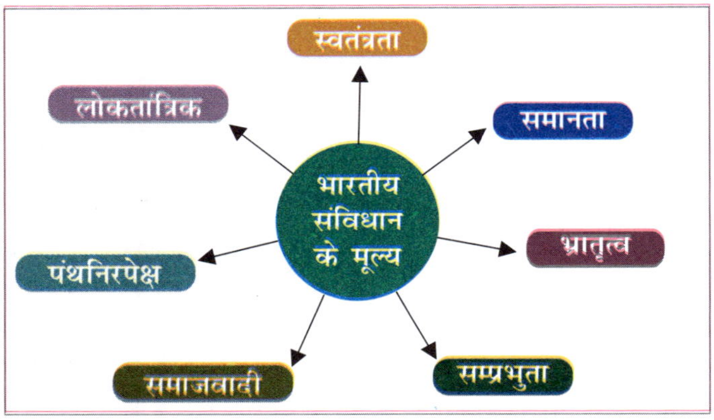

- नीति निदेशक तत्वों तथा मूल अधिकारों को **संविधान की आत्मा** (Conscience of the Constitution) किसने कहा है? **-ग्रेनविल ऑस्टिन**
- मूल संविधान में कुल **कितने अनुच्छेद** और **कितनी अनुसूचियाँ** थीं? **-395 अनुच्छेद और 8 अनुसूचियाँ**
- सर्वप्रथम कांग्रेस के किस अधिवेशन में जन-गण-मन गाया गया था? **-कलकत्ता अधिवेशन** (वर्ष 1911)
- **राष्ट्र गान** (National Anthem) के गायन का मानक समय कितना है **-52 सेकंड**

भारतीय **संविधान की जटिलता** के कारण इसे **वकीलों का स्वर्ग** (Lawyer's Paradise) कहा जाता है।

- **भारतीय संविधान अधिक कठोर तथा अधिक लचीले के मध्य एक अच्छा संतुलन स्थापित करता है।** यह कथन किसका है? **-के. सी. व्हियर**

भारतीय संविधान **अंशतः कठोर और अंशतः लचीला** है।

- **भारत अर्द्धसंघात्मक राज्य है**, यह किसने कहा था? **-के. सी. व्हियर ने**
- भारतीय **संविधान के वृहद्** होने का क्या कारण है? **-संघ तथा राज्यों का एकल संविधान**
- **अपनी राष्ट्रवादी प्रतिक्रिया में भारतीय संविधान के निर्माताओं ने, अल्पसंख्यकों के हितों तथा भावनाओं के महत्व को कम करके आँका है।** यह कथन किसका है? **-आइवर जेनिंग्स का**
- भारत में **राजनैतिक सत्ता** का प्रमुख स्रोत कौन है? **-जनता**
- **कोई भी संविधान कितना भी अच्छा क्यों न हो, यदि उसे क्रियान्वित करने वाले बुरे व्यक्ति हैं, तो संविधान भी बुरा हो जायेगा।** **-डॉ. भीमराव अम्बेडकर**
- **संविधान को संघात्मकता के तंग ढाँचे में नहीं ढाला गया है।** **-डॉ. भीमरावअम्बेडकर**
- **भारत की स्वतंत्रता के बाद भारतीय राष्ट्रीय कांग्रेस को एक राजनैतिक दल के रूप में भंग कर दिया जाना चाहिए,** यह सुझाव किसने दिया था? **-महात्मा गाँधी ने**
- भारतीय संघवाद को **सहकारी संघवाद** (Cooperative Federalism) किसने कहा है? **-ग्रेनविल आस्टिन ने**
- अध्यक्षात्मक शासन प्रणाली में **कार्यपालिका की समस्त शक्तियाँ** किसमें निहित होती हैं? **-राष्ट्रपति में**

मौलाना अबुल कलाम आजाद ने संविधान सभा में **वयस्क मताधिकार** (Adult Franchies) को **15 वर्ष** के लिये स्थगित करने की बात की थी।

- भारत का **राष्ट्रीय पशु** (National Animal) कौन सा है? **-बाघ**
- भारत का **राष्ट्रीय पुष्प** (National Flower) कौन सा है? **-कमल**
- भारत का **राष्ट्रीय पक्षी** (National Bird) कौन सा है? **-मोर**
- भारत के **राष्ट्रीय ध्वज** (Indian National Flag) के चक्र में कितनी **तीलियाँ** (Spokes) हैं? **-24**

एस. आर. बोम्मई बनाम भारत संघ वाद, 1994 में उच्चतम न्यायालय ने कहा, भारतीय संविधान एक **परिसंघात्मक संविधान** है।

सातवीं अनुसूची के प्रमुख विषय (Important Subjects of 7th Schedule)

- भारतीय संविधान के अंतर्गत **सिविल प्रक्रिया संहिता** किस सूची का विषय है? **-समवर्ती सूची का**

जनसंख्या नियंत्रण और परिवार नियोजन तथा **आपराधिक मामले** भारतीय संविधान की **समवर्ती सूची** में सम्मिलित हैं।

- **शिक्षा** किस सूची का विषय है? **-समवर्ती सूची का**

शिक्षा प्रारम्भ में **राज्यसूची का विषय** था, इसे **42वें संशोधन,1976** द्वारा **समवर्ती सूची** में स्थानांतरित किया गया था।

- **भूमि सुधार** किस सूची के अंतर्गत शामिल है? **-राज्य सूची**
- **रेलवे पुलिस** किस सूची का विषय है? **-राज्य सूची का**
- **आर्थिक नियोजन** (Economic Planning) किस सूची का विषय है? **-समवर्ती सूची का**
- **कृषि** भारतीय संविधान की किस सूची से सम्बंधित है? **-राज्य सूची**
- **पंचायती राज** किस सूची में सम्मिलित है? **-राज्य सूची में**

दंड प्रक्रिया भारतीय संविधान की **सातवीं अनुसूची** की **सूची-III** (समवर्ती सूची) में शामिल है।

- **विवाह**, **विवाह-विच्छेद** और **गोद लेना** आदि संविधान की **सातवीं अनुसूची** में किसके अंतर्गत सम्मिलित किए गए हैं? **-सूची-III (समवर्ती सूची) में**

तीनों सूचियों से सम्बंधित प्रमुख विषय

संघ सूची (Union List)	**राज्य सूची** (State List)	**समवर्ती सूची** (Concurrent List)
• प्रतिरक्षा	• लोक व्यवस्था	• दण्ड विधि/प्रक्रिया विधि
• विदेशी मामले	• पुलिस (रेल व ग्रामीण पुलिस सहित)	• आर्थिक व सामाजिक योजनाएँ
• नागरिकता	• कारागार	• शिक्षा
• संचार/डाक व तार	• भूमि	• वन
• निगम कर/सेवा कर	• स्थानीय स्वशासन	• विवाह व विवाह-विच्छेद
• युद्ध और शांति	• प्रादेशिक लोक सेवा	• कारखाने/मजदूर संघ
• सीमा शुल्क व निर्यात शुल्क	• लोक स्वास्थ्य	• खाद्य पदार्थों और अन्य पदार्थों का अपमिश्रण
• बीमा	• बाजार एवं मेले	• जनसंख्या नियंत्रण व परिवार नियोजन
• प्रत्यर्पण	• सट्टा (Betting) व जुआ (Gambling)	• न्याय, प्रशासन
• शेयर बाजार	• कृषि भूमि पर सम्पदा शुल्क	• सम्पत्ति का अर्जन व अधिग्रहण
• अन्तर्राष्ट्रीय संधि और करार	• पशुपालन/सिंचाई	• विद्युत
• रेलवे	• कृषि आय पर कर	• बाट-माप
• मुद्रा/रिजर्व बैंक	• गैस	• वन्य जीव-जन्तुओं का संरक्षण
• समुद्री व हवाई मार्ग	• शराब	• समाचार पत्र, पुस्तकें और मुद्रणालय
• विदेशी ऋण/विदेशी व्यापार	• मनोरंजन	• स्वच्छता व औषधालय
• लॉटरी	• भू-राजस्व या लगान	• औद्योगिक विवाद
• आयकर (कृषि से भिन्न)	• विद्युत पर कर	• उत्तराधिकार
• जनगणना	• पथकर (Toll Tax)	• विधि वृत्ति, चिकित्सा वृत्तियाँ
• डाकघर बचत बैंक	• प्रति व्यक्ति कर (Capitation Tax)	• कीमत नियंत्रण
• स्टॉक एक्सचेंज	• विलासिता की वस्तुओं पर कर	• जन्म-मरण पंजीकरण

वर्तमान में **संघ सूची** में **100 विषय**, **राज्य सूची** में **61 विषय** तथा **समवर्ती सूची** में **52 विषय** शामिल हैं।

उद्देशिका (Preamble)

प्रस्तावना (उद्देशिका)

हम, भारत के लोग, भारत को एक सम्पूर्ण प्रभुत्व-सम्पन्न, समाजवादी, पंथनिरपेक्ष, लोकतंत्रात्मक गणराज्य बनाने के लिए तथा उसके समस्त नागरिकों को:

सामाजिक, आर्थिक और राजनैतिक **न्याय,**
विचार, अभिव्यक्ति, विश्वास, धर्म और
उपासना की **स्वतंत्रता,**
प्रतिष्ठा और अवसर की **समता**
प्राप्त कराने के लिए,
तथा उन सब में व्यक्ति की गरिमा और **राष्ट्र की एकता और अखण्डता** सुनिश्चित करने वाली **बंधुता** बढ़ाने के लिए

दृढ़संकल्प होकर **अपनी इस संविधान सभा में आज** तारीख **26 नवम्बर, 1949 ई.** (मिति मार्गशीर्ष शुक्ल सप्तमी, संवत् दो हजार छह विक्रमी) को **एतदद्वारा इस संविधान को अंगीकृत, अधिनियमित और आत्मार्पित करते हैं।**

- **संविधान सभा में उद्देश्य प्रस्ताव** कब प्रस्तुत किया गया था? **-13 दिसम्बर, 1946**
- भारतीय संविधान का कौन सा भाग भारत को एक **धर्मनिरपेक्ष** राज्य के रूप में वर्णित करता है? **-संविधान की प्रस्तावना**

भारतीय संविधान की **प्रस्तावना** में भारत को **एक प्रभुत्व-सम्पन्न, समाजवादी, पंथनिरपेक्ष, लोकतंत्रात्मक गणराज्य** के रूप में घोषित किया गया है।

- सर्वोच्च न्यायालय द्वारा ऐसा किस वाद में कहा गया है कि **अनुच्छेद-368** के अंतर्गत **संविधान के प्रस्तावना** में भी संशोधन किया जा सकता है, परन्तु यह **मूल ढाँचे का उल्लंघन** करने वाला नहीं होना चाहिए **-केशवानंद भारती वाद, 1973**

संविधान सम्बंधी विचार

- **उद्देशिका** को **के. एम. मुंशी** ने **राजनीतिक जन्मपत्री**, ठाकुर दास भार्गव ने **संविधान की आत्मा** तथा एन. ए. पालकीवाला ने **संविधान का परिचय पत्र** कहा है।
- **अनुच्छेद 32** (संवैधानिक उपचारों का अधिकार) को डॉ. भीम राव अम्बेडकर ने **संविधान का हृदय एवं आत्मा** कहा है।
- **सर अर्नेस्ट बार्कर** ने प्रस्तावना को संविधान का **परिचय पत्र** कहा।

- भारत के संदर्भ में **पंथनिरपेक्ष** शब्द का सही भाव क्या है? **-भारत में राज्य का कोई पंथ/धर्म नहीं है**
- उद्देशिका में सम्मिलित **सामाजिक, आर्थिक** व **राजनीतिक न्याय के तत्व** किससे सम्बंधित हैं? **-1917 की रूसी क्रांति से**
- उच्चतम न्यायालय ने किस वाद में यह धारणा प्रस्तुत की कि, **उद्देशिका संविधान का अभिन्न अंग** है? **-एस. आर. बोम्मई बनाम यूनियन ऑफ इंडिया**
- **सभी व्यक्ति पूर्णतः और समान रूप से मानव हैं**, यह सिद्धान्त कहलाता है– **-सार्वभौमिकता का सिद्धांत**
- भारत में **लौकिक सार्वभौमिकता** है, क्योंकि संविधान की प्रस्तावना आरम्भ होती है **-हम, भारत के लोग** (We, the people of India) **शब्दों से**

लोक कल्याण शब्द भारत के **संविधान की उद्देशिका** में नहीं है, बल्कि यह **राज्य के नीति-निदेशक तत्व का भाग** है।

- किस संशोधन के द्वारा भारतीय संविधान की **उद्देशिका में संशोधन** किया गया था **-42वें संविधान संशोधन के द्वारा**
- भारतीय **संविधान की प्रस्तावना** में जिन **आदर्शों** एवं **उद्देश्यों** की रूपरेखा दी गई है, उनका विस्तार कहाँ है? **-मूल अधिकारों, राज्य के नीति निदेशक सिद्धांतों एवं मौलिक कर्त्तव्यों के अध्याय में**
- राज्य का **सबसे महत्त्वपूर्ण** तत्व क्या है? **-संप्रभुता**
- **समाजवादी** (Socialist), **अखण्डता** (Integrity) तथा **पंथनिरपेक्ष** (Secular) शब्द **संविधान की प्रस्तावना** में किस संशोधन के द्वारा सम्मिलित किए गए थे? **-42वें संशोधन द्वारा**
- उद्देशिका को **राजनीतिक जन्मपत्री** (Political Horoscope) की संज्ञा किसने प्रदान की है? **-के. एम. मुंशी ने**
- **प्रस्तावना संविधान का अंग नहीं है**, उच्चतम न्यायालय ने यह मत किस वाद में व्यक्त किया था? **-बेरूबारी संघ मामले में** (वर्ष 1960)

संविधान निर्माण में महत्त्वपूर्ण भूमिका निभाने वाले संविधान सभा के सदस्य **सर अल्लादि कृष्णास्वामी अय्यर** के अनुसार, **संविधान की प्रस्तावना हमारे दीर्घकालिक सपनों का विचार है।**

गोलकनाथ बनाम पंजाब राज्य के मामले में **न्यायमूर्ति एम. हिदायतुल्लाह ने** उद्देशिका को **संविधान की मूल आत्मा** कहा है।

संघ एवं राज्यक्षेत्र (Union and its Territories)

अनुच्छेद-1(3) भारत के राज्य क्षेत्र में निम्नलिखित क्षेत्र शामिल होंगे-
- राज्यों के राज्यक्षेत्र
- संघ राज्य क्षेत्र
- ऐसे अन्य राज्य क्षेत्र जो अर्जित किए जाएँ

- **भारतीय संघ** के अंतर्गत किसी राज्य को सम्मिलित करने का अधिकार किसे प्राप्त है? **-संसद को**
- संविधान के **प्रथम अनुच्छेद** के अनुसार, भारत होगा- **-राज्यों का संघ**
- भारत में कितने **राज्य** एवं **संघीय प्रदेश** हैं? **-28 राज्य एवं 8 संघीय प्रदेश** (जिसमें राष्ट्रीय राजधानी क्षेत्र भी सम्मिलित है)
- लोकसभा में केंद्रशासित प्रदेशों के लिए **अधिकतम कितनी सीटें** आरक्षित हैं? -20
- दो पृथक केन्द्र शासित प्रदेशों के रूप में **जम्मू-कश्मीर** का विभाजन कब किया गया? **-31 अक्टूबर, 2019**

संघ एवं इसके राज्य क्षेत्रों से सम्बंधित अनुच्छेद

अनु.	विषयवस्तु
1	संघ के क्षेत्र का नाम
2	नये राज्यों के प्रवेश अथवा स्थापना का संसद का अधिकार
3	नये राज्यों की स्थापना तथा वर्तमान राज्यों के क्षेत्रफल, सीमा अथवा नामों में परिवर्तन
4	अनुच्छेद 2 एवं 3 के अंतर्गत बनाए गए कानून जिनके द्वारा पहली तथा चौथी अनुसूची एवं पूरक, अनुषांगिक एवं **अनुवर्ती** (Consequential) मामलों में संशोधन किया जा सके।

- **नए राज्य के गठन** की शक्ति किसे प्राप्त है। **-संसद को**
- राज्यों के पुनर्गठन से सम्बंधित **फजल अली आयोग** का गठन किस वर्ष किया गया था? **-वर्ष 1953 में**
- **भाषाई आधार** (Lingustic Basis) पर भारत में सर्वप्रथम किस राज्य का गठन किया गया था? **-आंध्र प्रदेश**
- **राज्य पुनर्गठन आयोग** (State Reorganization Commission) ने **1 नवम्बर, 1956** को कितने राज्य तथा केन्द्र शासित प्रदेश बनाए थे? **-14 राज्य एवं 6 संघ राज्य**
- **सिक्किम** भारत का एक राज्य किस वर्ष बनाया गया था? **-36वें संविधान संशोधन के अंतर्गत वर्ष 1975 में**
- भारत में **केन्द्र शासित प्रदेशों का प्रशासन** किस के द्वारा किया जाता है? **-राष्ट्रपति द्वारा**

जूनागढ़ रियासत को **जनमत संग्रह** के आधार पर तथा **हैदराबाद रियासत** को **सैन्य कार्यवाही** के द्वारा भारत में शामिल किया गया था। **जम्मू-कश्मीर रियासत** के शासक (हरिसिंह) ने पाकिस्तानी सेना एवं कबायलियों के आक्रमण से सुरक्षा सुनिश्चित करने हेतु भारत के साथ **विलय-पत्र** पर हस्ताक्षर करके कश्मीर को भारत में सम्मिलित किया था।

पहले के विशेष राज्यों को राज्य का दर्जा

राज्य	वर्ष	राज्य	वर्ष
असम	1969	नागालैण्ड	1969
हिमाचल प्रदेश	1971	मणिपुर	1972
मेघालय	1972	त्रिपुरा	1972
सिक्किम	1975-76	मिजोरम	1986-87
अरुणाचल प्रदेश	1986-87		

क्षेत्रीय परिषदें (Zonal Councils)

परिषद् का नाम	मुख्यालय	सम्मिलित राज्य एवं संघ राज्य क्षेत्र
1. उत्तरी क्षेत्रीय परिषद्	नई दिल्ली	जम्मू-कश्मीर, लद्दाख, हिमाचल प्रदेश, हरियाणा, पंजाब, राजस्थान, दिल्ली, चंडीगढ़
2. केन्द्रीय क्षेत्रीय परिषद्	प्रयागराज	उत्तर प्रदेश, उत्तराखण्ड, मध्य प्रदेश तथा छत्तीसगढ़
3. पूर्वी क्षेत्रीय परिषद्	कोलकाता	बिहार, झारखण्ड, पश्चिम बंगाल, ओडिशा और सिक्किम
4. पश्चिमी क्षेत्रीय परिषद्	मुंबई	गुजरात, महाराष्ट्र, गोवा, दादरा व नगर हवेली तथा दमन व दीव
5. दक्षिणी क्षेत्रीय परिषद्	चेन्नई	आंध्र प्रदेश, कर्नाटक, तमिलनाडु, केरल, पुडुचेरी, तेलंगाना

दिसम्बर, 1953 में **फजल अली** की अध्यक्षता में तीन सदस्यीय **राज्य पुनर्गठन आयोग** का गठन किया गया था।

भारत के 28 राज्य व 8 केंद्र शासित प्रदेश

राज्य	राजधानी	भाषा	जिलों की संख्या	क्षेत्रफल (वर्ग किमी.)	भारत के कुल क्षे. का %
1. राजस्थान	जयपुर	हिन्दी	33	3,42,239	10.41
2. मध्य प्रदेश	भोपाल	हिन्दी	52	3,08,245	9.37
3. महाराष्ट्र	मुंबई	मराठी	36	3,07,713	9.36
4. उत्तर प्रदेश	लखनऊ	हिन्दी, उर्दू	75	2,43,286	7.18
5. गुजरात	गांधीनगर	गुजराती	33	1,96,024	5.96
6. कर्नाटक	बंगलुरू	कन्नड़	31	1,91,791	5.83
7. आंध्र प्रदेश	हैदराबाद	तेलुगू	26	1,60,205	4.87
8. ओडिशा	भुवनेश्वर	उड़िया	30	1,55,707	4.73
9. छत्तीसगढ़	रायपुर	हिन्दी	32	1,35,191	4.11
10. तमिलनाडु	चेन्नई	तमिल	38	1,30,058	3.95
11. बिहार	पटना	हिन्दी	38	94,163	2.86
12. पश्चिम बंगाल	कोलकाता	बांग्ला	23	88,752	2.69
13. अरुणाचल प्रदेश	ईटानगर	अंग्रेजी	25	83,743	2.54
14. झारखण्ड	राँची	हिन्दी	24	79,714	2.42
15. असम	दिसपुर	असमिया	34	78,438	2.38
16. हिमाचल प्रदेश	शिमला/धर्मशाला	हिन्दी	12	55,673	1.69
17. उत्तराखण्ड	देहरादून/गैरसैंण	हिन्दी, संस्कृत	13	55,483	1.62
18. पंजाब	चंडीगढ़	पंजाबी	23	50,362	1.53
19. हरियाणा	चंडीगढ़	हिन्दी	22	44,212	1.34
20. केरल	तिरूवनंतपुरम	मलयालम	14	38,863	1.18
21. मेघालय	शिलांग	गारो	12	22,429	0.68
22. मणिपुर	इंफाल	मणिपुरी	16	22,327	0.67
23. मिजोरम	आइजोल	मिजो	11	21,081	0.64
24. नागालैण्ड	कोहिमा	अंग्रेजी	11	16,579	0.50
25. त्रिपुरा	अगरतला	बांग्ला	8	10,491	0.31
26. सिक्किम	गंगटोक	नेपाली	4	7,096	0.21
27. गोवा	पणजी	कोंकणी	2	3,702	0.11
28. तेलंगाना	हैदराबाद	तेलुगू, उर्दू	33	1,12,077	3.40

केंद्रशासित प्रदेश	राजधानी	जिलों की संख्या	क्षेत्रफल (वर्ग किमी. में)
1. अंडमान व निकोबार	पोर्ट ब्लेयर	3	8,249
2. चंडीगढ़	चंडीगढ़	1	114
3. दादरा व नगर हवेली तथा दमन व दीव	दमन	3	603
4. दिल्ली	नई दिल्ली	11	1,483
5. लक्षद्वीप	कवरत्ती	1	32
6. पुद्दुचेरी	पुद्दुचेरी	4	492
7. जम्मू-कश्मीर	श्रीनगर/जम्मू	22	54,624
8. लद्दाख	लेह	2	1,68,055

भारत का सबसे बड़ा जिला **कच्छ, गुजरात** (45,652 वर्ग किमी.) तथा सबसे छोटा जिला **माहे, पुद्दुचेरी** (9 वर्ग किमी.) है।

भारतीय संविधान के भाग (Parts of the Indian Constitution)

भारतीय नागरिकता प्राप्ति हेतु पाँच प्रकार

1. जन्म से
2. वंशाधिकार द्वारा
3. पंजीकरण द्वारा
4. देशीयकरण द्वारा
5. भूमि के अर्जन द्वारा

- भारतीय संविधान किस प्रकार की **नागरिकता** प्रदान करता है?
  –एकल नागरिकता (Single Citizenship)

संयुक्त राज्य अमेरिका (USA) ने **दोहरी नागरिकता** (Dual Citizenship) के सिद्धान्त को अपनाया है।

- **नागरिक संशोधन अधिनियम-2019** (CAA) में किन देशों के **हिन्दू**, **बौद्ध**, **सिख**, **जैन**, **पारसी** तथा **इसाई** नागरिकों को भारत की नागरिकता प्रदान करने का प्रावधान है?
  –पाकिस्तान, बांग्लादेश तथा अफगानिस्तान
- भारतीय नागरिक की **नागरिकता** किस आधार पर समाप्त हो सकती है?
  –परित्याग, पर्यावसान तथा **वंचना के आधार पर**
- भारत से बाहर लगातार कितने वर्षों तक रहने पर **भारतीय नागरिकता समाप्त** कर दी जायेगी? **–सात वर्ष**
- **प्रवासी भारतीय दिवस** कितने समयांतराल पर मनाया जाता है? **–प्रति दो वर्षों पर**

नागरिकता से सम्बंधित प्रमुख अनुच्छेद

अनु.	विषय-वस्तु
5	संविधान लागू होने के समय नागरिकता।
6	पाकिस्तान से भारत को प्रव्रजन करने वाले व्यक्तियों को नागरिकता का अधिकार।
7	पाकिस्तान से प्रव्रजित व्यक्तियों के नागरिकता अधिकार।
8	भारतीय मूल के उन लोगों के नागरिकता अधिकार, जो भारत के बाहर रह रहे हैं।
9	जिस व्यक्ति ने स्वेच्छा से विदेशी नागरिकता प्राप्त कर ली है, उसकी भारतीय नागरिकता समाप्त मान ली जायेगी।
10	नागरिकता सम्बंधी अधिकारों की निरंतरता।
11	संसद द्वारा कानून बनाकर नागरिकता अधिकारों का नियमन।

- **लक्ष्मीमल सिंघवी समिति** किससे सम्बंधित है?
  –दोहरी नागरिकता (Dual Citizenship) **से**

किसी व्यक्ति द्वारा **भारतीय बैंकों में धन जमा करके** भारत की नागरिकता **नहीं** प्राप्त की जा सकती है।

- भारतीय संविधान में **एकल नागरिकता** (Single Citizenship) का प्रावधान किस देश से लिया गया है? **–ब्रिटेन**
- **भारतीय मूल के व्यक्ति** (PIO) का कार्डधारक भारत में नहीं खरीद सकता है। **–कृषि भूमि**

NRI, PIO एवं OCI कार्डधारक में तुलना

तुलना	अप्रवासी भारतीय (NRI)	भारतीय मूल के व्यक्ति (PIO)	विदेशी भारतीय नागरिक (OCI)
परिभाषा	भारतीय नागरिक जो साधारणत: भारत के बाहर निवास करता है, भारतीय पासपोर्ट धारक	स्वयं व्यक्ति या उसका कोई पूर्वज भारतीय नागरिक रहा है व वर्तमान में अन्य देश की नागरिकता प्राप्त है, जिसका पासपोर्ट धारक है।	एक व्यक्ति जो विदेशी भारतीय नागरिक (OCI) कार्डधारक हो तथा नागरिकता अधिनियम 1955 के अंतर्गत पंजीकृत हो।
नागरिकता की अर्हता	ये भारतीय नागरिक हैं	भारत में कम से कम 7 वर्षों के निरंतर निवास के आधार पर आवेदन कर सकते हैं।	संविधान लागू होने या उसके बाद भारतीय नागरिक था, उस भू-भाग का निवासी जो स्वतंत्रता के बाद भारत का अंग बना।
प्राप्त होने लाभ	सभी लाभ जो सामान्यत: भारतीय नागरिकों को प्राप्त हैं।	कोई विशेष लाभ नहीं।	एक एफ.आर.आर.ओ. व एफ. आर.ओ. वाले वाले लाभ के साथ पंजीयन से छूट, भारत में कितनी भी अवधि तक ठहराव के लिए।
वीजा	नहीं	हाँ	जीवन भर बिना वीजा आ सकते हैं।
मताधिकार	दे दिया गया है।	नहीं	नहीं

एल.एम. सिंघवी की अध्यक्षता में गठित समिति ने प्रतिवर्ष **9 जनवरी** को **प्रवासी भारतीय दिवस** मनाने की अनुशंसा की।

मूल अधिकार (Fundamental Rights)

- भारतीय संविधान के **किस भाग** के अंतर्गत नागरिकों को **मौलिक अधिकार** प्रदान किए गए हैं?
  –भाग-3 (अनु. 12 से 35)
- संविधान द्वारा **मौलिक अधिकारों को लागू करने की शक्ति** किसे प्रदान की गई है?
  –सर्वोच्च न्यायालय एवं उच्च न्यायालयों को

भारतीय संविधान का **अनुच्छेद-13** संवैधानिक प्रावधानों को **संसद** तथा **राज्य विधान मण्डलों** द्वारा बनाए गए **नियमों/कानूनों** पर प्राथमिकता प्रदान करता है।

- भारतीय संविधान के **अनुच्छेद-13** का मुख्य उद्देश्य किसके सन्दर्भ में **संविधान की सर्वोच्चता सुनिश्चित** करना है?
  –मौलिक अधिकारों के
- भारतीय संविधान में **समानता के अधिकार** का विस्तार किन अनुच्छेदों में है? **–अनुच्छेद-14 से 18 तक**
- भारतीय संविधान का कौन सा अनुच्छेद विधि के समक्ष **समता के अधिकार** (Right to Equality) से सम्बंधित है?
  –अनुच्छेद-14

जन्म, लिंग, मूलवंश, जाति, धर्म आदि के आधार पर **विभेद का प्रतिषेध** (अनुच्छेद 15) एक मूल अधिकार है, जिसे **समानता के अधिकार** के अधीन वर्गीकृत किया गया है।

- भारतीय संविधान की प्रस्तावना में प्रयुक्त **समाजवाद** शब्द को किस अनुच्छेदों के साथ समग्रता में रख कर सर्वोच्च न्यायालय द्वारा **समान कार्य के लिए समान वेतन** का मौलिक अधिकार प्रदान किया गया है? **–अनुच्छेद 14 तथा 16**
- भारतीय संविधान के अनुच्छेदों में से कौन सा एक लोक नियोजन के विषय में भारत के सभी नागरिकों को **अवसर की समानता की गारण्टी** प्रदान करता है? **–अनुच्छेद 16 (1) और 16 (2)**

संवैधानिक उपबंध

केवल भारतीय नागरिकों को प्राप्त मूल अधिकार

1. धर्म, मूलवंश, जाति, लिंग या जन्म-स्थान के आधार पर विभेद का प्रतिषेध (अनुच्छेद-15)।
2. लोक नियोजन के विषय में अवसर की समता (अनुच्छेद-16)।
3. वाक् एवं अभिव्यक्ति, शान्तिपूर्ण एवं शस्त्ररहित सम्मेलन करने, संघ एवं सरकारी समिति बनाने, भारत के राज्य क्षेत्र में अबाधसंचरण एवं बसने तथा व्यापार करने की स्वतंत्रता (अनुच्छेद-19)।
4. अल्पसंख्यक वर्गों के हितों का संरक्षण (अनुच्छेद-29)।
5. शिक्षण संस्थाओं की स्थापना और प्रशासन करने का अल्पसंख्यक वर्गों का अधिकार, (अनुच्छेद-30)।

भारतीयों एवं विदेशी नागरिकों को प्राप्त मूल अधिकार

1. विधि के समक्ष समता और विधियों का समान संरक्षण, (अनुच्छेद-14)।
2. अपराधों के लिए दोष-सिद्धि के सम्बंध में संरक्षण, (अनुच्छेद-20)।
3. जीवन का अधिकार, (अनुच्छेद-21)।
4. शिक्षा का अधिकार, (अनुच्छेद-21A)।
5. कुछ दशाओं में गिरफ्तारी एवं निरोध से संरक्षण, (अनुच्छेद-22)।
6. शोषण के विरुद्ध अधिकार, (अनुच्छेद-23, 24)।
7. धर्म एवं संस्कृति की स्वतंत्रता का अधिकार, (अनुच्छेद-25, 26, 27, 28)।

- संविधान के किस अनुच्छेद के अन्तर्गत **अस्पृश्यता** (Untouchability) का उन्मूलन किया गया है? **–अनुच्छेद-17**

संविधान में अस्पृश्यता परिभाषित नहीं है, **अस्पृश्यता निवारण अधिनियम, 1955** के अन्तर्गत अस्पृश्यता को बढ़ावा देना एक **दण्डनीय अपराध** है।

- **अनुच्छेद-18** का सम्बंध किससे है? **–उपाधियों के अन्त से**
- भारतीय संविधान के किस अनुच्छेद में **वाक् एवं अभिव्यक्ति की स्वतंत्रता** (Freedom of Speech and Expression) के मूल अधिकार का प्रावधान किया गया है? **–अनुच्छेद 19 में**
- भारत के संविधान में **प्रेस की स्वतंत्रता** (Freedom of Press) का प्रत्यक्ष प्रावधान नहीं है, परन्तु यह स्वतंत्रता किस अनुच्छेद में अंतर्निहित है **–अनुच्छेद 19 (A) में**

भारतीय संविधान में **आर्थिक समानता** (Economic equality), **समानता के मौलिक अधिकार** में सम्मिलित नहीं है।

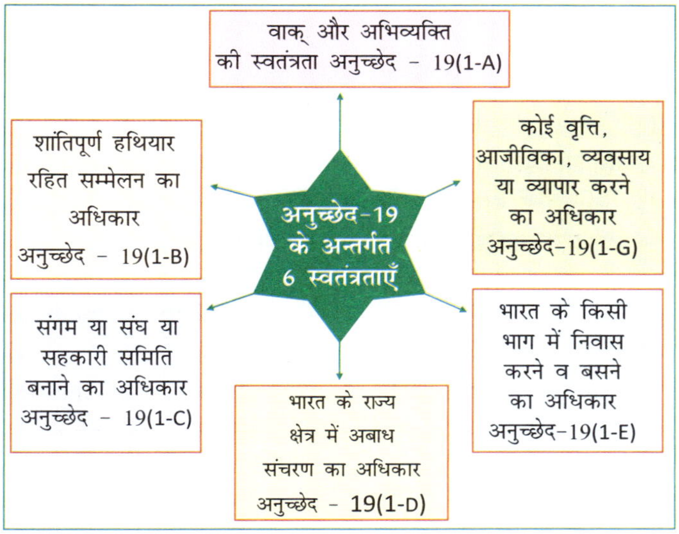

- भारतीय संविधान के किस अनुच्छेद के अन्तर्गत यह प्रावधान किया गया है कि, किसी **अपराध के अभियुक्त को स्वयं अपने विरुद्ध गवाह बनने** के लिए बाध्य नहीं किया जा सकता? **-अनुच्छेद-20 (C) में**
- संविधान का कौन सा **अनुच्छेद दोषसिद्धि** के संबंध में अभियुक्तों को **दोहरे दंड** एवं **स्व-अभिशासन से संरक्षण** प्रदान करता है? **-अनुच्छेद-20**
- भारतीय संविधान का कौन सा अनुच्छेद व्यक्ति की **विदेश यात्रा के अधिकार को संरक्षण** प्रदान करता है? **-अनुच्छेद 21**
- मौलिक अधिकारों के अन्तर्गत कौन सा अनुच्छेद **बच्चों के शोषण** के विरुद्ध प्रावधान से सम्बंधित है? **-अनुच्छेद-24**

भारतीय संविधान के **अनुच्छेद-25** में प्रयुक्त **हिन्दू** शब्द में **बौद्ध, जैन** और **सिक्ख** धर्म सम्मिलित हैं।

- भारतीय संविधान के **अनुच्छेद 32** के अंतर्गत कौन से अधिकार प्रवर्तित किए जा सकते हैं? **-मौलिक अधिकार**
- मौलिक अधिकारों का **संरक्षक** (Custodian) कौन है? **-न्यायपालिका** (Judiciary)

भारतीय संविधान का **अनुच्छेद 30(1), अल्पसंख्यकों** को अपनी **रुचि के शिक्षण संस्थाओं को स्थापित एवं संचालित करने के अधिकार** को संरक्षण प्रदान करता है।

- **डॉ. भीमराव अम्बेडकर** ने मौलिक अधिकारों में से किसे **संविधान का हृदय एवं आत्मा** कहा है? **-संवैधानिक उपचारों का अधिकार** (Right to Constitutional Remedies) (अनुच्छेद 32)

- **व्यक्तिगत स्वतंत्रता** (Personal Freedom) के अधिकार के लिए कौन सी **याचिका** (Writ) दायर की जा सकती है? **-बंदी प्रत्यक्षीकरण** (Habeas Corpus)
- संसद को **मौलिक अधिकारों में संशोधन** का अधिकार किस वाद में निर्णय के आधार पर प्राप्त हुआ? **-केशवानंद भारती बनाम केरल वाद** (1973 ई.)
- **संपत्ति के मौलिक अधिकार** को किस संविधान संशोधन के द्वारा मौलिक अधिकारों की श्रेणी से हटा कर केवल वैधानिक अधिकार बनाया गया? **-44वें संशोधन, 1978 द्वारा**
- वर्तमान समय में भारतीय संविधान के अंतर्गत **संपत्ति का अधिकार** (Right to Property) किस प्रकार की अधिकार है? **-वैधानिक अधिकार**

सूचना का अधिकार (Right to Information) एक विधिक आधिकार है जो **सूचना का अधिकार अधिनियम-2005** के माध्यम से प्रदान किया गया है।

- **आर्थिक रूप से पिछड़े वर्ग** (Economically Weaker Section -EWS) को आरक्षण प्रदान करने के लिए संविधान में कौन से अनुच्छेद जोड़े गए हैं? **-अनुच्छेद 15 (6) तथा 16 (6)**
- **6-14 वर्ष** की आयु के बच्चों को **प्रदत्त शिक्षा** का अधिकार किस प्रकार का अधिकार है? **-मूल अधिकार**

भारतीय संविधान द्वारा प्रदत्त **संवैधानिक उपचारों का अधिकार गैर-नागरिकों** को भी उपलब्ध हैं।

- कौन सा मूल अधिकार **राष्ट्रीय आपातकाल** [National Emergency(अनुच्छेद-352)] में भी समाप्त या सीमित नहीं किया जा सकता है? **-व्यक्तिगत स्वतंत्रता तथा जीवन का अधिकार**
- **बंधुआ मजदूर (उन्मूलन), अधिनियम** [Bonded Labour (Abolition), Act] संसद द्वारा किस वर्ष पारित किया गया था? **-वर्ष 1976 में**

मूल अधिकार	अनुच्छेद
• समानता का अधिकार	अनु. 14-18
• स्वतंत्रता का अधिकार	अनु. 19-22
• शोषण के विरुद्ध अधिकार	अनु. 23-24
• धर्म की स्वतंत्रता का अधिकार	अनु. 25-28
• संस्कृति और शिक्षा सम्बंधी अधिकार	अनु. 29-30
• संवैधानिक उपचारों का अधिकार	अनु. 32

अनुच्छेद-26 के अंतर्गत सभी धर्मावलम्बियों को **धार्मिक संस्था की स्थापना** व **धार्मिक कार्यों के प्रबंधन का अधिकार** प्राप्त है।

राज्य के नीति निदेशक तत्व (Directive Principles of State Policy)

- राज्य के **नीति-निदेशक सिद्धान्तों** को भारतीय संविधान में शामिल किए जाने का क्या उद्देश्य है?
  -सामाजिक और आर्थिक लोकतंत्र को स्थापित करना
- **कल्याणकारी राज्य** की संकल्पना का समावेश संविधान के किस भाग में किया गया है
  -राज्य के नीति-निदेशक सिद्धान्तो में (भाग-4)
- भारतीय संविधान में किसके अंतर्गत **पंचायती राज प्रणाली** की व्यवस्था की गई है?
  -राज्य के नीति-निदेशक सिद्धान्तों के अंतर्गत

> **समान आचार संहिता** राज्य के नीति-निदेशक तत्वों का भाग नहीं है, किन्तु **समान नागरिक संहिता** नीति निदेशक तत्व है।

- नीति-निदेशक सिद्धान्त **-वाद योग्य नहीं है।**
- संविधान के किस अनुच्छेद में उद्योगों के प्रबन्धन में कर्मकारों की भागीदारी का प्रावधान किया गया है? **-अनुच्छेद-43क**
- भारत के संविधान में **समान कार्य के लिए समान वेतन** के अधिकार का प्रावधान कहाँ किया गया है?
  -राज्य के नीति-निदेशक सिद्धान्तों में

> **पुरुषों** और **स्त्रियों** दोनों का समान कार्य के लिए समान वेतन **राज्य के नीति के निदेशक तत्वों** में निहित है।

- राज्य के नीति-निदेशक सिद्धान्तों में कौन सा अनुच्छेद **अंतर्राष्ट्रीय शांति और सुरक्षा** के संवर्द्धन से सम्बंधित है?
  -अनुच्छेद-51
- **राज्य के नीति-निदेशक सिद्धान्त एक ऐसा चेक है जो बैंक की सुविधानुसार अदा किया जाता है।** यह कथन किसका है? **-के.टी. शाह का**

नीति-निदेशक तत्व से सम्बंधित महत्त्वपूर्ण अनुच्छेद

- **अनुच्छेद-36-** नीति निदेशक तत्वों के संदर्भ में राज्य की परिभाषा।
- **अनुच्छेद-37** - न्यायालय द्वारा प्रवर्तनीय न होना।
- **अनुच्छेद-38** - लोक कल्याण की अभिवृद्धि के लिए सामाजिक व्यवस्था बनाना।
- **अनुच्छेद-38 (2)-** आय की असमानताओं को कम करने का प्रयास करना।
- **अनुच्छेद-39 (क)-** पुरूष/स्त्री को समान रूप से जीविका के पर्याप्त साधन प्राप्त करने का अधिकार।
- **अनुच्छेद-39 (ख)-** समुदाय के भौतिक संसाधनों का स्वामित्व व नियंत्रण इस प्रकार हो, जिससे सामूहिक हितों की सर्वोत्तम रूप में प्राप्ति हो।
- **अनुच्छेद-39 (घ)-** पुरुषों व स्त्रियों दोनों को समान कार्य के लिए समान वेतन।
- **अनुच्छेद-39 (ड़)-** पुरुष और स्त्री कर्मकारों के स्वास्थ्य व शक्ति का तथा बालकों की सुकुमार अवस्था का दुरुपयोग न हो।
- **अनुच्छेद-40** - ग्राम पंचायतों का गठन।
- **अनुच्छेद-41** - कुछ दशाओं में काम, शिक्षा व लोक सहायता पाने का अधिकार।
- **अनुच्छेद-42-** काम की न्यायसंगत एवं मानवोचित दशाएँ तथा प्रसूति सहायता।
- **अनुच्छेद-43** - कर्मकारों के लिए निर्वाह मजदूरी आदि।
- **अनुच्छेद-43(क)-** उद्योगों के प्रबन्धन में कर्मकारों का भाग लेना।
- **अनुच्छेद-43 (ख)** - सहकारी समितियों के स्वैच्छिक गठन, स्वायत्त संचालन, लोकतांत्रिक नियंत्रण तथा व्यावसायिक प्रबंधन को बढ़ावा देना।
- **अनुच्छेद-44** - सभी नागरिकों के लिए एक समान नागरिक संहिता।
- **अनुच्छेद-45** - **6 वर्ष** से कम आयु के बच्चों के लिए निःशुल्क व अनिवार्य शिक्षा का प्रावधान।
- **अनुच्छेद-46** - SC, ST दुर्बल वर्गों के शैक्षिक व आर्थिक हितों की अभिवृद्धि।
- **अनुच्छेद-47** - पोषाहार स्तर और जीवन स्तर तथा लोक स्वास्थ्य में सुधार तथा हानिकारक, नशीले पदार्थों के उपभोग पर प्रतिबंध।
- **अनुच्छेद-48** - कृषि और पशुपालन में आधुनिक और वैज्ञानिक प्रणालियों का प्रयोग करना। गायों, बछड़ों तथा अन्य दुधारू पशुओं के वध पर प्रतिबंध एवं उनकी नस्लों में सुधार के प्रयास।
- **अनुच्छेद-48 क** - पर्यावरण का संरक्षण व संवर्द्धन और वन तथा वन्य जीवों की रक्षा।
- **अनुच्छेद-49** - राष्ट्रीय महत्व के कलात्मक या ऐतिहासिक अभिरुचि वाले स्मारकों या स्थानों या वस्तुओं का संरक्षण करना।
- **अनुच्छेद-50** - कार्यपालिका से न्यायपालिका का पृथक्करण।
- **अनुच्छेद-51** - अंतर्राष्ट्रीय शान्ति और सुरक्षा की अभिवृद्धि।

> **मूल अधिकार कानूनी** रूप से मान्य हैं जबकि **नीति-निदेशक तत्वों को नैतिक** एवं **राजनीतिक** मान्यता प्राप्त है।

मूल कर्त्तव्य (Fundamental Duties)

- किस देश के संवैधानिक प्रावधानों से प्रभावित होकर भारतीय संविधान में **मूल कर्त्तव्यों** को सम्मिलित किया गया है?

  –पूर्व सोवियत संघ (USSR)

- भारतीय संविधान के किस भाग में **मौलिक कर्त्तव्य** उल्लिखित हैं? **–भाग–IV(A)**

स्वर्ण सिंह समिति ने संविधान में **8 मूल कर्त्तव्यों** को जोड़े जाने का सुझाव दिया था, लेकिन **42वें संविधान संशोधन अधिनियम, 1976** द्वारा **10 मूल कर्त्तव्यों** को **जोड़ा** गया।

- भारतीय संविधान में **मूल कर्त्तव्य** किस समिति की अनुशंसा पर शामिल किये गये थे?

  –सरदार स्वर्ण सिंह समिति (1976 ई.) **में गठित**

- भारतीय संविधान में **11वें मूल कर्त्तव्य** को किस संशोधन द्वारा जोड़ा गया था? **–86वें संविधान संशोधन अधिनयम, 2002**

- **मूल कर्त्तव्यों** को मुख्यत: किन दो वर्गों में रखा जाता है? **–नैतिक कर्त्तव्य** तथा **नागरिक कर्त्तव्य**

- **मूल कर्त्तव्यों** के अंतर्गत **स्वतंत्रता संग्राम के उच्च आदर्शों का सम्मान** किस प्रकार का कर्त्तव्य माना जाता है?

  –नैतिक कर्त्तव्य (Moral Duty)

प्राकृतिक पर्यावरण एवं **वन्य जीव संरक्षण** भारतीय नागरिकों के **मूल कर्त्तव्यों** में से एक है।

राष्ट्रीय महत्त्व के स्थानों और स्मारकों की रक्षा करना मौलिक कर्त्तव्य नहीं है, बल्कि **राज्य के नीति निदेशक तत्व** (Directive Principles of State Policy) का अंग है।

- **महिलाओं के सम्मान के लिए कुप्रथाओं का त्याग करना**, प्रत्येक भारतीय नागरिक का कर्त्तव्य है, यह किस अनुच्छेद में वर्णित है? **–अनुच्छेद–51 क (5)**

- **मूल कर्त्तव्य** किन पर लागू होते हैं? **–केवल नागरिकों पर**

नागरिकों के लिए 11 मौलिक कर्तव्य

1. संविधान का पालन करें और , उसके **आदर्शों**, **संस्थाओं**, **राष्ट्रध्वज** और **राष्ट्रगान का आदर** करें।
2. स्वतंत्रता के लिए हमारे राष्ट्रीय आंदोलन को प्रेरित करने वाले उच्च आदर्शों को हृदय में सँजोए रखें और उनका पालन करें।
3. भारत की **संप्रभुता**, **एकता** और **अखण्डता** की रक्षा करे और उसे अक्षुण्ण रखें।
4. देश की रक्षा करें और आह्वान किए जाने पर राष्ट्र की सेवा करें।
5. भारत के सभी लोगों में **समरसता** और **समान भ्रातृत्व** की भावना का निर्माण करें, जो **धर्म**, **भाषा** और प्रदेश या वर्ग आधारित सभी भेदभावों से परे हो। ऐसी प्रथाओं का **त्याग करें**, जो स्त्रियों के सम्मान के विरुद्ध हैं।
6. हमारी **सामासिक संस्कृति** (Composite Culture) की गौरवशाली परंपरा का महत्व समझें और उसका परिरक्षण करें।
7. प्राकृतिक पर्यावरण, जिसके अंतर्गत **वन**, **झील**, **नदी** और **वन्य जीव** सम्मिलित हैं, की रक्षा करें और उसका संवर्द्धन करें तथा प्राणि मात्र के प्रति दयाभाव रखें।
8. वैज्ञानिक **दृष्टिकोण**, **मानववाद**, **ज्ञानार्जन** तथा **सुधार की भावना** का विकास करें।
9. **सार्वजनिक संपत्ति को सुरक्षित** रखें और हिंसा से दूर रहें।
10. व्यक्तिगत और सामूहिक गतिविधियों के सभी क्षेत्रों में उत्कर्ष की ओर बढ़ने का सतत् प्रयास करें, जिससे राष्ट्र निरंतर बढ़ते हुए **प्रयत्न** व **उपलब्धि** की नयी ऊँचाइयों को प्राप्त करें।
11. **6 वर्ष की आयु** से **14 वर्ष की आयु** के बच्चों के माता-पिता और संरक्षक जो भी हों, उन्हें **शिक्षा के अवसर** प्रदान करें। (इस कर्त्तव्य को संविधान के **86वें संशोधन अधिनियम, 2002** की **धारा 4** द्वारा जोड़ा गया।)

- किसी व्यक्ति को **राष्ट्रगान गाने के लिए बाध्य** नहीं किया जा सकता है, **सर्वोच्च न्यायालय** ने किस मामले में ऐसा कहा है?

  –विजय इमैनुअल बनाम केरल राज्य (1986)

सर्वोच्च न्यायालय के मुख्य न्यायाधीश **पी.एन.भगवती** (1985–86) को **जनहित याचिका का जनक** (Father of PIL) कहा जाता है।

राष्ट्रपति (President)

राष्ट्रपति पद की अर्हताएँ (Qualifications) - अनुच्छेद-58

- **भारत का नागरिक**
- **न्यूनतम 35 वर्ष** की आयु
- **लोकसभा का सदस्य** निर्वाचित होने की योग्यता
- **किसी लाभ के पद** (Office of Profit) पर न हो

- भारत में **राष्ट्रपति का निर्वाचन** किस प्रकार होता है? **-अप्रत्यक्ष मतदान से** (आनुपातिक प्रतिनिधित्व से एकल संक्रमणीय मत पद्धति द्वारा।)
- भारत के **राष्ट्रपति के चुनाव** में मतदान कौन करता हैं? **-राज्य सभा, लोक सभा** और **राज्यों व केन्द्रशासित प्रदेशों की विधान सभाओं के निर्वाचित सदस्य** (Elected Members)
- भारत के राष्ट्रपति उम्मीदवार के **प्रस्ताव का अनुसमर्थन** कम-से-कम कितने सदस्यों द्वारा किया जाना चाहिए? **-पचास निर्वाचकों द्वारा**

भारत में **राष्ट्रपति का चुनाव एकल हस्तांतरणीय मत प्रणाली** (Single Transferable Vote System) **द्वारा** किया जाता है।

- **राष्ट्रपति के निर्वाचन** में किसी राज्य का मुख्यमंत्री किस स्थिति में मतदान करने के लिए पात्र नहीं होगा? **-यदि वह राज्य विधान मंडल में उच्च सदन का सदस्य हो**
- कौन राष्ट्रपति के निर्वाचक मण्डल का तो भाग है परंतु वह उसके महाभियोग में भाग नहीं लेता है? **-राज्यों की विधान सभाएँ**
- **संसद** अथवा **विधान सभा** का कोई सदस्य राष्ट्रपति निर्वाचित हो सकता है, परन्तु उस पर क्या शर्ते हैं? **-निर्वाचित होने के उपरांत उसे अपनी सदस्यता छोड़नी होगी**
- संसद के लिए राष्ट्रपति का **अभिभाषण** कौन तैयार करता है? **-केंद्रीय मंत्रिमंडल**

राष्ट्रपति की मृत्यु, पदत्याग अथवा हटाये जाने पर **पद की रिक्ति** (Vacancy of Post) को **छः माह** की समय सीमा के भीतर भरना होगा।

- भारत के **राष्ट्रपति चुनाव में उत्पन्न विवाद का निपटारा** कौन करता है? **-सर्वोच्च न्यायालय**
- भारत के राष्ट्रपति को उसके कार्यकाल की समाप्ति से पूर्व किस प्रकार पद से हटाया जा सकता है? **-महाभियोग** (Impeachment) **द्वारा**
- भारत के **राष्ट्रपति** को **उसके पद से हटाने की अधिकार** किसे प्राप्त है? **-संसद को**
- **संघ की कार्यपालकीय शक्तियाँ** किस अनुच्छेद के अन्तर्गत राष्ट्रपति में निहित हैं? **-अनुच्छेद-53**
- **अनुच्छेद-61** के अन्तर्गत **राष्ट्रपति पर महाभियोग** संसद के किस सदन द्वारा प्रारम्भ किया जा सकता है? **-संसद के किसी भी सदन द्वारा**
- भारतीय संविधान का कौन सा अनुच्छेद राष्ट्रपति पद के लिए **पुनः निर्वाचन की पात्रता** निर्धारित करता है? **-अनुच्छेद 57**
- राष्ट्रपति को कोई भी विषय **पुनर्विचार के लिए** मंत्रिपरिषद् को वापस भेजने का अधिकार किस संविधान संशोधन द्वारा प्रदान किया गया है? **-44वें संशोधन द्वारा**
- भारतीय संविधान के किस अनुच्छेद के अंतर्गत राष्ट्रपति संसद के **दोनों सदनों द्वारा पारित किसी विधेयक** पर अपनी स्वीकृति रोक सकते हैं। **-अनुच्छेद-111**
- किस अनुच्छेद के अंतर्गत राष्ट्रपति कुछ आकस्मिकताओं में राज्यपाल के कार्यों के निर्वहन हेतु उपबंध कर सकता है? **-अनुच्छेद-160 में**

राष्ट्रपति से सम्बंधित महत्वपूर्ण अनुच्छेद	
अनु० 52	भारत का राष्ट्रपति
अनु० 53	संघ की कार्यपालिका शक्ति
अनु० 54	राष्ट्रपति का निर्वाचक मण्डल
अनु० 55	राष्ट्रपति के निर्वाचन की रीति
अनु० 56	राष्ट्रपति की पदावधि
अनु० 57	पुनर्निर्वाचन के लिए पात्रता
अनु० 58	राष्ट्रपति निर्वाचित होने के लिए अर्हताएँ
अनु० 59	राष्ट्रपति पद के लिए शर्ते
अनु० 60	राष्ट्रपति द्वारा शपथ या प्रतिज्ञान
अनु० 61	राष्ट्रपति पर महाभियोग चलाने की प्रक्रिया
अनु० 62	राष्ट्रपति का पद रिक्त होने की स्थिति में उसे भरने के लिए निर्वाचन करने का समय और आकस्मिक रिक्ति को भरने के लिए निर्वाचित व्यक्ति की पदावधि।
अनु० 72	क्षमा आदि की और कुछ मामलों में दंडादेश के निलंबन, परिहार या लघुकरण की राष्ट्रपति की शक्ति।
अनु० 73	संघ की कार्यपालिका शक्ति का विस्तार

राष्ट्रपति को **मृत्यु-दण्ड के मामले** में **क्षमादान करने की शक्ति** प्राप्त है, किन्तु **राज्यपाल** के पास यह **शक्ति नहीं** है।

- **सर्वोच्च न्यायालय** के न्यायाधीश को उसके पद से हटाने का अधिकार किसे प्राप्त है? **-राष्ट्रपति को**

भारतीय संविधान का **अनुच्छेद-143** राष्ट्रपति को उच्चतम न्यायालय से **परामर्श** (Consult) करने की शक्ति प्रदान करता है।

- राष्ट्रपति लोकसभा को कब भंग कर सकते हैं? **-केंद्रीय मंत्रिमंडल की अनुशंसा पर**
- **लोकसभा** और **राज्यसभा** का **संयुक्त अधिवेशन** किसके द्वारा आहूत किया जाता है? **-राष्ट्रपति के द्वारा**
- भारत के राष्ट्रपति ने किस एकमात्र मामले में **जेबी वीटो** (Poket Veto) की शक्ति का प्रयोग किया था? **-भारत डाकघर (संशोधन) विधेयक (वर्ष 1986)**

भारत का राष्ट्रपति संसद के **दोनों सदनों** की चर्चा में भाग नहीं ले सकता है।

- किसी भौगोलिक क्षेत्र को **अनुसूचित क्षेत्र** घोषित करने का **संवैधानिक अधिकार** किसे प्राप्त है **-राष्ट्रपति को**

राष्ट्रपति द्वारा नियुक्त अधिकारी

- प्रधानमंत्री एवं केन्द्रीय मंत्री
- राज्यों के राज्यपाल
- वित्त आयोग व राजभाषा आयोग के अध्यक्ष एवं सदस्य
- उच्चतम न्यायालय और उच्च न्यायालयों के न्यायाधीश
- भारत के महान्यायवादी तथा नियंत्रक एवं महालेखा परीक्षक
- संघ लोक सेवा आयोग के अध्यक्ष एवं सदस्य
- मुख्य निर्वाचन आयुक्त एवं अन्य निर्वाचन आयुक्त
- राष्ट्रीय मानवाधिकार आयोग के अध्यक्ष एवं सदस्य
- अनु० जाति व अनु० जनजाति आयोग के अध्यक्ष एवं सदस्य
- संघ राज्य क्षेत्रों के राज्यपाल अथवा प्रशासक
- दिल्ली व पुडुचेरी के मुख्यमंत्री

- वर्तमान में राष्ट्रपति का मासिक **वेतन** कितना है? **-5 लाख**
- यदि **भारत के राष्ट्रपति** का पद रिक्त हो जाए और कोई उप-राष्ट्रपति भी न हो तब **कार्यवाहक राष्ट्रपति** कौन होगा? **-सर्वोच्च न्यायालय का मुख्य न्यायाधीश**
- **वह राष्ट्र का प्रतिनिधित्व करता है परंतु राष्ट्र का नेतृत्व नहीं करता है,** यह उक्ति किस पर लागू होती है? **-भारत के राष्ट्रपति पर**
- भारत के राष्ट्रपतियों में से कौन **बिहार का राज्यपाल** रह चुका था? **-डॉ. जाकिर हुसैन/ श्री रामनाथ कोविंद**

राष्ट्रपति के प्रसादपर्यंत पदधारण करने वाले पदाधिकारी

1. संघ के मंत्री (Union Ministers)
2. राज्यों के राज्यपाल (Governors)
3. भारत का महान्यायवादी (Attorney General of India) आदि।

- एक विधेयक जो संसद में प्रस्तुत किया जाता है वह किस प्रक्रिया के बाद अधिनियम बन जाता है? **-राष्ट्रपति के हस्ताक्षर के बाद**

जब कोई विधेयक संसद के दोनों सदनों द्वारा पारित कर दिया जाए, तो **राष्ट्रपति** को उस **विधेयक पर अपनी अनुमति रोकने का अधिकार** प्राप्त है।

- **निर्विरोध रूप से** चुने गए भारत के प्रथम राष्ट्रपति कौन थे? **-नीलम संजीव रेड्डी**
- भारत के राष्ट्रपतियों में से किनका सम्बंध **ट्रेड यूनियन आंदोलन** से रहा है? **-वराहगिरि वेंकट गिरि**

भारतीय संविधान, भारत के राष्ट्रपति को **राज्यों के मुख्यमंत्री की नियुक्ति का अधिकार नहीं** देता है।

- राष्ट्रपति का कार्यकाल कितना होता है? **-पद ग्रहण के दिन से पाँच वर्ष तक**
- भारत के किस राष्ट्रपति को **मिसाइल मैन** (Missile Man) की संज्ञा दी जाती है? **-डॉ. ए.पी.जे. अब्दुल कलाम**
- भारत के मुख्य न्यायाधीशों में से किसने राष्ट्रपति के रूप में कार्य किया था? **-जस्टिस एम. हिदायतुल्ला**

धन विधेयक (Money Bill) **को पुनर्विचार हेतु** लौटाने का संवैधानिक विशेषाधिकार राष्ट्रपति के पास नहीं है।

- **श्री रामनाथ कोविंद** का भारतीय गणतंत्र के राष्ट्रपति के रूप में कौन सा क्रम है? **-14वाँ**
- **वित्त आयोग की नियुक्ति** कौन करता है? **-राष्ट्रपति**

राष्ट्रपति के रूप में **डॉ. राजेन्द्र प्रसाद** ने **सबसे लम्बी अवधि** (1950-1962) तक एवं **डॉ. जाकिर हुसैन** ने (कार्यकारी राष्ट्रपति छोड़कर) **सबसे कम अवधि** (1 वर्ष 11 दिन) तक कार्य किया था।

राष्ट्रपति द्वारा क्षमादान की स्थितियाँ

(i) जब दण्ड **सेना न्यायालय** द्वारा दिया गया हो।

(ii) जब दण्ड **संघीय विषय** से सम्बंधित विधि के विरुद्ध अपराध के लिए दिया गया हो।

(iii) जब दण्डादेश **मृत्युदण्ड** हो।

राष्ट्रपति के विरुद्ध **महाभियोग** संसद द्वारा चलाई जाने वाली एक **अर्द्ध-न्यायिक प्रक्रिया** (Quasi Judicial Process) है।

उपराष्ट्रपति (Vice President)

- भारत के **उपराष्ट्रपति के निर्वाचक मण्डल** में कौन-कौन सम्मिलित हैं?
  -संसद के दोनों सदनों के सभी निर्वाचित (Elected) एवं **मनोनीत** (Nominated) **सदस्य**
- भारत के उपराष्ट्रपति को **पद से हटाने** (Dismiss) सम्बंधी प्रस्ताव संसद के किस सदन में लाया जा सकता है?
  -केवल राज्य सभा में

राष्ट्रपति के निर्वाचन के समान ही **उपराष्ट्रपति** के **निर्वाचन** से सम्बंधित सभी **विवादों** के समाधान का अधिकार **उच्चतम न्यायालय** को प्राप्त है तथा उसका निर्णय अन्तिम होता है।

- राज्य सभा का **सभापति** कौन होता है? **-उपराष्ट्रपति**

उपराष्ट्रपति से सम्बंधित अनुच्छेद

अनुच्छेद	विषयवस्तु
63	भारत के लिए एक उपराष्ट्रपति का प्रावधान
64	उपराष्ट्रपति का राज्य सभा का पदेन सभापति होना
65	उपराष्ट्रपति द्वारा राष्ट्रपति के पद में आकस्मिक रिक्तियों अथवा उसकी अनुपस्थिति में राष्ट्रपति के कर्तव्यों का निर्वहन
66	उपराष्ट्रपति का निर्वाचन
67	उपराष्ट्रपति का कार्यकाल
68	उपराष्ट्रपति के पद की रिक्ति की पूर्ति के लिए चुनाव का समय निर्धारण तथा आकस्मिक रिक्ति की पूर्ति के लिए चुने गए व्यक्ति का कार्यकाल
69	उपराष्ट्रपति द्वारा शपथ या प्रतिज्ञान
70	अन्य आकस्मिकताओं में राष्ट्रपति के कर्तव्यों का निर्वहन
71	उपराष्ट्रपति के चुनाव सम्बंधी अथवा उससे सम्बंधित विषय

भारत के उपराष्ट्रपति

क्र.	नाम	पदावधि
1.	डॉ. सर्वपल्ली राधाकृष्णन	1952-1962
2.	डॉ. जाकिर हुसैन	1962-1967
3.	श्री वराहगिरि वेंकटगिरि	1967-1969
4.	श्री गोपाल स्वरूप पाठक	1969-1974
5.	श्री बी.डी. जत्ती	1974-1979
6.	न्यायमूर्ति मोहम्मद हिदायतुल्लाह	1979-1984
7.	श्री आर. वेंकटरमन	1984-1987
8.	डॉ. शंकर दयाल शर्मा	1987-1992
9.	श्री के.आर. नारायणन	1992-1997
10.	श्री कृष्ण कांत	1997-2002
11.	श्री भैरो सिंह शेखावत	2002-2007
12.	डॉ. हामिद अंसारी	2007-2017
13.	श्री मुप्पावारापु वेंकैया नायडू	2017 से अब तक

- किस **सदन की अध्यक्षता** ऐसे व्यक्ति द्वारा की जाती है, जो उस सदन का सदस्य नहीं होता है? **-राज्य सभा**
- राष्ट्रपति की **मृत्यु**, **त्यागपत्र** अथवा **हटाए जाने की स्थिति** में राष्ट्रपति का पदभार कौन सबसे पहले ग्रहण करेगा?
  -उपराष्ट्रपति

भारत में **उपराष्ट्रपति के पद** से सम्बंधित प्रावधान **अमेरिका के संविधान** से लिए गए हैं।

- **राष्ट्रपति** या **उपराष्ट्रपति** किसी के भी निर्वाचन में राज्य अथवा संसद के किस सदन के सदस्य भाग नहीं लेते हैं।
  -राज्य विधान परिषद् के सदस्य
- भारत का राष्ट्रपति अपना **त्यागपत्र** किसको संबोधित करके देता है? **-उपराष्ट्रपति को**

राष्ट्रपति तथा उपराष्ट्रपति पद की तुलना

राष्ट्रपति (President)	**उपराष्ट्रपति** (Vice President)
1. **लोकसभा सदस्य** बनने की योग्यता रखता हो।	1. **राज्यसभा सदस्य** बनने की योग्यता रखता हो।
2. राष्ट्रपति के निर्वाचक मंडल में संसद के दोनों सदनों तथा राज्य विधान सभाओं के निर्वाचित सदस्यों के साथ-साथ **दिल्ली** एवं **पुदुचेरी के विधान सभा** के निर्वाचित सदस्य भी शामिल होते हैं।	2. उपराष्ट्रपति के निर्वाचक मंडल में संसद के **दोनों सदनों के सभी सदस्य** (मनोनीत एवं निर्वाचित) शामिल होते हैं। इसमें **राज्यों के विधानमंडल के सदस्य** सम्मिलित नहीं होते।
3. राष्ट्रपति को पद से हटाए जाने की प्रक्रिया (महाभियोग) **किसी भी सदन** में प्रारम्भ की जा सकती है।	4. उपराष्ट्रपति को पद से हटाने वाला प्रस्ताव **केवल राज्य सभा** में ही प्रस्तुत किया जा सकता है।

उपराष्ट्रपति का वेतन **भारत की संचित निधि** (Consolidated Fund of India) पर भारित होता है।

केन्द्रीय मंत्रिपरिषद् (Union Council of Ministers)

- **केन्द्र सरकार का प्रमुख** कौन होता है? **-प्रधानमंत्री**
- **प्रधानमंत्री की नियुक्ति** किसके द्वारा की जाती है? **-राष्ट्रपति के द्वारा**
- **भारत का प्रधानमंत्री** बनने के लिए **न्यूनतम आयु** कितने वर्ष होना चाहिए? **-25 वर्ष**

यदि भारत के प्रधानमंत्री संसद के उच्च सदन के सदस्य हैं तो वे **अविश्वास प्रस्ताव** की स्थिति में अपने पक्ष में मत नहीं दे सकेंगें।

- संसदीय शासन व्यवस्था में **वास्तविक कार्यपालिका शक्ति** किसके अधीन होती है? **-प्रधानमंत्री**
- **लोकसभा** में अविश्वास प्रस्ताव प्रस्तुत करने के लिए **लोकसभा सदस्यों की न्यूनतम** कितनी संख्या होनी चाहिए? **-50**
- **भारत का प्रधानमंत्री** सामान्यत: किस सदन का सदस्य होता है? **-लोक सभा** (राज्यसभा का सदस्य भी प्रधानमंत्री बन सकता)

भारतीय संविधान का **अनुच्छेद-75** प्रधानमंत्री एवं अन्य मंत्रियों की **नियुक्ति, मंत्रिपरिषद् के आकार** एवं **उत्तरदायित्व का निर्धारण** करता है।

- **मंत्रिमंडल में कुल मंत्रियों की संख्या, प्रधानमंत्री सहित लोकसभा के सदस्यों की कुल संख्या के पंद्रह प्रतिशत से अधिक नहीं होगी,** यह प्रावधान किस संविधान संशोधन के द्वारा किया गया? **-91वाँ संविधान संशोधन, 2003**
- संसद का सदस्य नहीं होने पर कोई व्यक्ति अधिकतम कितने समय तक **केंद्रीय मंत्री** रह सकता है? **-छह माह तक**
- मंत्रिपरिषद् किसके प्रति उत्तरदायी होती है? **-संसद के प्रति**
- भारत के संविधान के किस अनुच्छेद में यह प्रावधान किया गया है कि, प्रत्येक **राज्य की कार्यपालिका शक्ति** का इस प्रकार प्रयोग किया जाएगा, जिससे संघ की कार्यपालिका शक्ति पर कोई प्रतिकूल प्रभाव न पड़े? **-अनुच्छेद-257**

लाभ के पद (Office of Profit) का निर्धारण **संसद** एवं **राज्य विधानमण्डल** द्वारा किया जाता है।

- भारतीय राजनीतिक व्यवस्था में कार्यपालिका किसके अधीन कार्य करती है? **-विधायिका के**
- जवाहरलाल नेहरू की कैबिनेट में पहले **गृह मंत्री** तथा बाद में **रक्षा मंत्री** कौन बने? **-कैलाश नाथ काटजू**

स्वतंत्र भारत के प्रथम वित्त मंत्री **श्री आर. के. षणमुगम चेट्टी** थे

- भारत के किस प्रधानमंत्री का विदेश में आकस्मिक निधन हुआ? **-लाल बहादुर शास्त्री**
- अपने **प्रधानमंत्रित्व काल** में कौन सा नेता एक बार भी संसद में उपस्थित नहीं हुआ? **-चौधरी चरण सिंह**
- संविधान के किस अनुच्छेद में **मंत्रिमंडल** शब्द का प्रयोग किया गया है? **-अनुच्छेद-352 (3) में**

श्वेत पत्र (White Paper) भारत से सम्बंधित आधिकारिक दस्तावेज है।

- **संघीय मंत्रिमंडल का पुनर्गठन** किसके प्रतिवेदन पर आधारित था? **-गोपालस्वामी आयंगर**

मंत्रिपरिषद् तथा मंत्रिमण्डल में अंतर

मंत्रिपरिषद् (Council of Ministers)	मंत्रिमण्डल (Cabinet)
1. कैबिनेट स्तर के मंत्री, राज्य स्तर के मंत्री एवं उपमंत्री	1. इसमें केवल कैबिनेट स्तर के मंत्री ही शामिल होते हैं।
2. यह एक **संवैधानिक निकाय** है, जिसका वर्णन संविधान के **अनुच्छेद-74** व **75** में किया गया है।	2. **44वें संविधान संशोधन, 1978** द्वारा **अनुच्छेद-352** में मंत्रिमण्डल शब्द को जोड़ा गया जो **संविधान के मूल पाठ में नहीं था।**
3. सैद्धांतिक रूप से **मंत्रिपरिषद् को संघ की समस्त कार्यपालिका शक्तियाँ** प्राप्त हैं, परंतु मंत्रिमण्डल द्वारा इसके कार्यों का निर्धारण किया जाता है।	3. व्यावहारिक रूप में **मंत्रिमण्डल सदैव मंत्रिपरिषद् की शक्तियों का ही प्रयोग** करता है और मंत्रियों के कार्यों का निर्धारण करता है।
4. मंत्रिमण्डल द्वारा लिए गए नीतिगत निर्णयों का क्रियान्वयन मंत्रिपरिषद् द्वारा किया जाता है।	4. नीतिगत निर्णयों को क्रियान्वित करने के लिए यह मंत्रिपरिषद् को निर्देश देता है तथा निर्णयों के क्रियान्वयन की निगरानी भी करता है।

मंत्रिपरिषद् (Council of Ministers) सामूहिक रूप से **लोकसभा के प्रति उत्तरदायी** (Responsible) होती है।

महान्यायवादी तथा नियंत्रक एवं महालेखा परीक्षक
(Attorney General and Comptroller and Auditor General)

भारत के तीन विधि अधिकारी

1. भारत का महान्यायवादी (Attorney General of India)
2. भारत का महाधिवक्ता (Solicitor General of India)
3. भारत के अपर महाधिवक्ता (Additional Solicitor General of India)

- भारत का **प्रथम महान्यायवादी** कौन था?
  -एम. सी. सीतलवाड़
- भारत सरकार को **कानूनी विषयों पर परामर्श** कौन देता है?
  -महान्यायवादी (अटॉर्नी जनरल)
- भारत का सर्वोच्च विधि अधिकारी कौन होता है?
  -भारत का महान्यायवादी
- भारत का **महान्यायवादी** किसका विधि सलाहकार होता है?
  -भारत सरकार का

राष्ट्रपति द्वारा महान्यायवादी को सौंपे गए कार्य

1. भारत सरकार से सम्बंधित मामलों को लेकर **उच्चतम न्यायालय** में **भारत सरकार** की ओर से पेश होना।
2. संविधान के **अनुच्छेद-143** के अन्तर्गत, राष्ट्रपति की ओर से **उच्चतम न्यायालय** में भारत सरकार का प्रतिनिधित्व करना।
3. सरकार से सम्बंधित किसी मामले में **उच्च न्यायालय** में सुनवाई का अधिकार।

- **अनुच्छेद-76 (4)** के अनुसार, **महान्यायवादी** किसके प्रसादपर्यंत पद धारण करेगा है?
  -राष्ट्रपति

भारत के **महान्यायवादी** को संसद के दोनों सदनों में **बोलने, कार्यवाहियों में सम्मिलित होने**, किसी भी **संसदीय कमेटी का सदस्य होने** का अधिकार है, परंतु **वोट देने का अधिकार** नहीं है।

- **सॉलिसिटर जनरल** (Solicitor General) कौन होता है?
  -महान्यायवादी का अधीनस्थ
- वर्तमान में **भारत के महान्यायवादी** कौन हैं?
  -के. के. वेणुगोपाल

महान्यायवादी का पद संविधान के **अनुच्छेद-76** के अंतर्गत एक **संवैधानिक पद** (Constitutional Post) है, जबकि महाधिवक्ता का पद संवैधानिक न होकर मात्र **वैधानिक** (Statutory) है।

- भारत के **प्रथम नियंत्रक एवं महालेखा परीक्षक** कौन थे?
  -वी. नरहरि राव
- राज्य सरकार को **कानूनी विषयों** पर कौन परामर्श देता है
  -महाधिवक्ता (Advocate General)
- संसद की **लोक सेवा समिति** (Public Service Committee) की बैठकों में कौन उपस्थित रहता है।
  -भारत का नियंत्रक एवं महालेखा परीक्षक
- भारत के **नियंत्रक एवं महालेखा परीक्षक** (CAG) के पद का सृजन किसके द्वारा किया गया है? **-संविधान द्वारा**
- भारत के **नियंत्रक एवं महालेखा परीक्षक** का **कार्यकाल** (Tenure) कितना होता है? **-छः वर्ष**
- भारत का **नियंत्रक एवं महालेखा परीक्षक** किसका मार्गदर्शक होता है? **-लोक लेखा समिति का**

नियंत्रक एवं **महालेखा परीक्षक** को **लोक निधि का मुख्य अभिभावक** (Chief Guardian of Public Purse) कहा जाता है।

- **राज्य** एवं **केन्द्र सरकारों** के सभी **खर्चों की वित्तीय जाँच** कौन करता है? **-नियंत्रक एवं महालेखा परीक्षक**
- **नियंत्रक एवं महालेखाकार** के **पेंशन** व **भत्ते** किस पर भारित होते हैं? **-भारत की संचित निधि पर**

भारत के नियंत्रक एवं महालेखा परीक्षक से सम्बंधित अनुच्छेद

अनुच्छेद	सम्बद्ध विषय
• 148	भारत के नियंत्रक एवं महालेखा परीक्षक की नियुक्ति एवं पदमुक्ति
• 149	नियंत्रक एवं महालेखा परीक्षक के कार्य एवं शक्तियाँ
• 150	संघ तथा राज्यों के लेखा प्रारूपों के सम्बंध में राष्ट्रपति को सलाह
• 151	अंकेक्षण प्रतिवेदन (Report)

नियंत्रक एवं महालेखा परीक्षक अवकाश प्राप्ति के पश्चात् **कोई भी सरकारी पद धारण नहीं** कर सकता है।

संसद (Parliament)

- संविधान के किस अनुच्छेद के अन्तर्गत **धन विधेयक** (Money Bill) को परिभाषित किया गया है? **-अनुच्छेद-110**
- लोक सभा अध्यक्ष अपना **त्यागपत्र** (Resignation) किसे सौंपता है? **-लोक सभा उपाध्यक्ष को**
- संविधान के **अनुच्छेद-82** के अनुसार, लोकसभा की सीटों का राज्यों के मध्य आवंटन किस वर्ष की जनगणना के आधार पर किया गया है? **-वर्ष 1971 की**

भारत में **लोक सभा का अध्यक्ष** (Speaker) लोक सभा सदस्यों में से ही चयनित किया जाता है।

- राज्य सभा की **एकांतिक शक्ति** के अन्तर्गत कौन सा अनुच्छेद आता है? **-अनुच्छेद-249**
- संविधान की **चौथी अनुसूची** किस प्रकार के प्रावधान हैं? **-राज्य सभा में स्थानों के आवंटन से सम्बंधित**
- लोक सभा में सदस्यों की **अधिकतम संख्या** कितनी हो सकती है? **-552**
- भारतीय संविधान के अंतर्गत संसद के सदस्यों के **विशेषाधिकारों तथा उन्मुक्तियों** (Privileges & Immunities) को कौन सा एक प्रावधान निर्धारित करता है? **-अनुच्छेद-105**

लोकसभा और **राज्यसभा** की **गणपूर्ति** (Quorum) सदन की कुल सदस्य संख्या के **1/10** संख्या से होती है।

- राज्य सभा का सदस्य बनने के लिए **न्यूनतम आयु** कितनी निर्धारित है? **-30 वर्ष**
- राज्य सभा की **अधिकतम निर्धारित सदस्य संख्या** कितनी है? **-250**
- संसद के किस **सदन का अध्यक्ष** उसका सदस्य नहीं होता है? **-राज्य सभा का**
- भारतीय संविधान का कौन सा अनुच्छेद संसद को **अंतर्राष्ट्रीय समझौतों** को लागू करने के लिए, **विधि निर्माण करने की शक्ति** प्रदान करता है? **-अनुच्छेद-253**

भारतीय संसद में **राष्ट्रपति** और **संसद के दोनों सदन** (लोकसभा एवं राज्यसभा) सम्मिलित होते हैं।

- लोकसभा में **राज्यवार सीटों का आवंटन** वर्ष 1971 की जनगणना पर आधारित है। यह निर्धारण किस वर्ष तक यथावत रहेगा? **-वर्ष 2026 तक**

संसद से सम्बंधित अनुच्छेद

अनु०	सम्बंधित विषय-वस्तु
79	संसद का गठन
80	राज्य सभा की सरंचना
81	लोक सभा की सरंचना
82	प्रत्येक जनगणना के पश्चात् पुन: समायोजन
83	संसद के सदनों की अवधि
84	संसद की सदस्यता के लिए अर्हता
85	संसद के सत्र, सत्रावसान एवं विघटन
86	राष्ट्रपति का सदनों को संबोधित तथा संदेश देने का अधिकार
87	राष्ट्रपति का विशेष संबोधन (अभिभाषण)
88	सदनों के सम्बंध में मंत्रियों और महान्यायवादी के अधिकार।
89	राज्य सभा का सभापति तथा उपसभापति
90	राज्य सभा के उपसभापति के पद की रिक्ति, त्यागपत्र तथा पद से हटाया जाना।
91	सभापति के कर्तव्यों के निर्वहन अथवा सभापति के रूप में कार्य करने की उपसभापति अथवा अन्य व्यक्ति की शक्ति
92	जब राज्यसभा के सभापति अथवा उपसभापति को पद से हटाने का संकल्प विचाराधीन हो तब उसका पीठासीन न होना
93	लोक सभा का अध्यक्ष तथा उपाध्यक्ष
94	लोक सभा अध्यक्ष तथा उपाध्यक्ष पद की रिक्ति, त्यागपत्र तथा पद से हटाया जाना।
95	लोक सभा उपाध्यक्ष अथवा किसी अन्य व्यक्ति का लोक सभा अध्यक्ष के कर्तव्यों के निर्वहन की शक्ति
96	जब लोक सभा अध्यक्ष अथवा उपाध्यक्ष को पद से हटाने का संकल्प विचाराधीन हो तब उसका पीठासीन न होना।
97	सभापति व उपसभापति तथा अध्यक्ष व उपाध्यक्ष के वेतन-भत्ते
98	संसद का सचिवालय
99	सदस्यों द्वारा शपथ या प्रतिज्ञान
100	दोनों सदनों में मतदान, रिक्तियों के होते हुए भी सदनों की कार्य करने की शक्ति तथा गणपूर्ति
101	स्थानों का रिक्त होना
102	संसद की सदस्यता के लिए निरर्हताएँ
103	सदस्यों की अयोग्यता से सम्बंधित प्रश्नों पर निर्णय
104	**अनुच्छेद-99** के अंतर्गत शपथ लेने या प्रतिज्ञान करने से पहले अर्हत न होते हुए अथवा निरर्हित किए जाने पर भी सदन में बैठने तथा मतदान करने पर दंड।

भारत निर्वाचन आयोग (Election Commission of India) **संसद** तथा **विधानमण्डल** दोनों के चुनाव के लिए **उत्तरदायी** है।

- लोकसभा के सदस्यों की संख्या **525 से बढ़ाकर 545** किस संविधान संशोधन द्वारा कर दी गयी? **-31वें संशोधन द्वारा**
- लोकसभा को कार्यकाल पूरा होने के पहले किसके द्वारा **भंग** (Dissolve) किया जा सकता है?

  -प्रधानमंत्री की अनुशंसा पर राष्ट्रपति द्वारा
- किस राज्य में लोकसभा में **अनुसूचित जनजातियों** (Schedule Tribes) के लिये सर्वाधिक सीटें **आरक्षित** (Reserved) हैं? **-मध्य प्रदेश** (6)

लोकसभा का कार्यकाल **आपातकाल की घोषणा** के दौरान **एक बार में एक वर्ष** तक के लिए बढ़ाया जा सकता है।

- लोकसभा में **दो आंग्ल-भारतीय** (Anglo-Indian) सदस्य कौन मनोनीत करता है? **-भारत का राष्ट्रपति**

104वें संविधान संशोधन अधिनियम, 2019 के द्वारा आंग्ल भारतीय समुदाय से सम्बंधित व्यवस्था को निर्वारित तिथि (25 जनवरी, 2020) से आगे नहीं बढ़ाया गया है।

- लोक सभा चुनाव में निर्वाचित होने के लिए किसी व्यक्ति की **न्यूनतम आयु** कितनी निर्धारित की गयी है? **-25 वर्ष**
- लोकसभा व राज्यसभा के सर्वाधिक **प्रतिनिधि** (Representative) भारत के किस राज्य से आते हैं? **-उत्तर प्रदेश से**
- उत्तर प्रदेश के पश्चात् लोकसभा में **सर्वाधिक सीटें** किस राज्य में हैं? **-महाराष्ट्र में** (48)

राज्य सभा एक **स्थायी सदन** है, क्योंकि इसे विघटित (समाप्त) नहीं किया जा सकता है।

- **क्षेत्रफल की दृष्टि** से, सबसे बड़ा **लोक सभा निर्वाचन क्षेत्र कौन सा** है? **-लद्दाख**

भारत की संचित निधि पर भारित व्यय

- **राष्ट्रपति** के वेतन, भत्ते एवं उनसे सम्बंधित अन्य व्यय।
- **राज्य सभा के सभापति, उपसभापति, लोक सभा के अध्यक्ष** और **उपाध्यक्ष** के वेतन तथा भत्ते।
- ऐसे **ऋण या भार** जिनका दायित्व भारत सरकार पर है।
- **उच्चतम न्यायालय के न्यायाधीशों** के वेतन, भत्ते एवं पेंशन तथा **उच्च न्यायालय के न्यायाधीशों** की पेंशन।
- **भारत के नियंत्रक एवं महालेखा परीक्षक** का वेतन, भत्ते एवं पेंशन।
- ऐसे अन्य व्यय जो संविधान अथवा **संसद** द्वारा निर्मित किसी विधि द्वारा इस सम्बंध में भारित घोषित किया जाए।

- **परिसीमन** (Delimitation) के पश्चात् उत्तर प्रदेश में मतदाताओं की संख्या की दृष्टि से **सबसे बड़ा लोक सभा क्षेत्र** कौन सा है? **-उन्नाव** (उत्तर प्रदेश)
- लोकसभा का **पहला आम चुनाव** किस वर्ष हुआ था?

  -25 अक्टूबर, 1951 से 21 फरवरी, 1952 के मध्य

यदि **लोक सभा** के **सभी सदस्य बहुमत से संकल्प** पारित कर दे तो **लोकसभा अध्यक्ष** को उसके **कार्यकाल की समाप्ति के पूर्व** उसके पद से हटाया जा सकता है।

- एक वर्ष में लोकसभा के कम-से-कम कितने **सत्र** (Session) बुलाए जाते हैं? **-दो**
- लोकसभा में **बिहार** (40) को आवंटित सीटें किन दो राज्यों को आवंटित सीटों के योग के बराबर हैं?

  -छत्तीसगढ़ (11) तथा **मध्य प्रदेश** (29)
- राज्य सभा के सदस्य का कार्यकाल कितने वर्ष का होता है? **-6 वर्ष**

प्रोटेम (Protem) स्पीकर की नियुक्ति राष्ट्रपति द्वारा की जाती है। तथा उसका कर्त्तव्य **नवनिर्वाचित लोकसभा सदस्यों को शपथ दिलाना** है।

- **लोक सभा अध्यक्ष** (स्पीकर) अपने **निर्णायक मत** (Casting Vote) का प्रयोग कब करता है?

  -किसी विधेयक/प्रस्ताव के पक्ष एवं **विपक्ष में बराबर मत होने की स्थिति में**
- लोक सभा के **प्रथम अध्यक्ष** कौन थे? **-जी.वी. मावलंकर**

लोक लेखा समिति, नियंत्रक एवं महालेखा परीक्षक की रिपोर्ट की जाँच करती है तथा उस पर **अंतिम रिपोर्ट तैयार करके संसद के पटल पर** रखती है।

- **प्राक्कलन समिति** का कार्यकाल कितना होता है? **-एक वर्ष**
- **राज्य सभा** के सदस्य किसके द्वारा चुने जाते हैं?

  -राज्यों की विधान सभाओं द्वारा
- **विशेषाधिकार समिति** में **दोनों सदनों** से कुल कितने सदस्य होते हैं? **-25** (लोक सभा से 15 तथा राज्य सभा से 10)

संसद में **सरकारी विधेयक** (Government Bill) मंत्री द्वारा जबकि, **गैर-सरकारी विधेयक** (Non-Government Bill) मंत्री के अतिरिक्त किसी भी सदस्य द्वारा प्रस्तुत किया जा सकता है।

प्रत्येक **वित्त विधेयक, धन विधेयक** नहीं होता है परन्तु प्रत्येक **धन विधेयक, वित्त विधेयक** होता है।

- **राष्ट्रपति** द्वारा **राज्यसभा** में कितने व्यक्ति **मनोनीत** (Nominate) किए जाते हैं? **-12**
- राज्य सभा के लिए **नामांकित** (Nominate) होने वाली **प्रथम अभिनेत्री** कौन थीं?

  -नरगिस दत्त (राज्यसभा सदस्य : 1980-1986)
- लोक सभा की **प्रथम महिला अध्यक्ष** कौन थीं?

  -मीरा कुमार (4 जून, 2009-4 जून, 2014)

> **राज्य विधान सभा** में कोई भी धन विधेयक **राज्य के राज्यपाल की संस्तुति के बिना** या अनुमति के बिना प्रस्तुत नहीं किया जा सकता है।

- वे **प्रथम लोक सभा अध्यक्ष** कौन थे, जिनके विरुद्ध लोक सभा में **अविश्वास प्रस्ताव** (No Confidence Motion) लाया गया था। **-जी.वी. मावलंकर**
- **लोकसभा का सचिवालय** किसके नियंत्रण में होता है?

  -लोकसभा अध्यक्ष
- भारतीय **राजनीतिक व्यवस्था** में कौन सर्वोच्च है? **-संविधान**
- भारत की **संचित निधि** (Consolidated Fund) पर कौन सा व्यय भारित नहीं होता है?

  -भारत के प्रधानमंत्री के वेतन और भत्ते
- धन विधेयक संसद के किस सदन में **पुर:स्थापित** (Introduced) किया जाता है? **-केवल लोक सभा में**
- **धन विधेयक** राज्य विधान मण्डल के किस सदन में प्रस्तुत किया जा सकता है? **-केवल विधान सभा में**
- **बजट की रूपरेखा** किस विभाग के द्वारा तैयार की जाती है?

  -आर्थिक कार्य विभाग
- **करों और सरकारी कामकाज** के निर्वाह में हुई अन्य प्राप्तियों से संघीय सरकार को प्राप्त होने वाला राजस्व किस निधि में जमा होता है? **-भारत की संचित निधि में**
- **आर्थिक सर्वेक्षण** (Economic Survey) प्रतिवर्ष संसद में कब प्रस्तुत किया जाता है?

  -आगामी वर्ष के बजट के प्रस्तुतीकरण से पूर्व
- कोई विधेयक, धन विधेयक है अथवा नहीं, इसका निर्णय कौन करता है? **-लोक सभा अध्यक्ष**

> भारत की **संचित निधि** से धन निकालने के लिए **संसद** का अनुमोदन अनिवार्य है।

- **लेखानुदान** (Vote on Account) संघ सरकार को किस प्रकार की अनुमति प्रदान करता है?

  -निश्चित अवधि के लिए भारतीय संचित निधि से धन निकालने की

साधारण विधेयक एवं धन विधेयक में तुलना

साधारण विधेयक (Ordinary Bill)	**धन विधेयक** (Money Bill)
1. इसे लोक सभा या राज्य सभा में कहीं भी प्रस्तावित किया जा सकता है।	1. इसे केवल लोक सभा में प्रस्तावित किया जा सकता है।
2. इसे मंत्री अथवा गैर-सरकारी सदस्य दोनों द्वारा प्रस्तुत किया जा सकता है।	2. इसे केवल सरकार के किसी मंत्री द्वारा प्रस्तुत किया जा सकता है।
3. इसे सदन में प्रस्तुत करने से पूर्व राष्ट्रपति की अनुमति आवश्यक नहीं है।	3. इसे सदन में राष्ट्रपति की संस्तुति से ही पुर: स्थापित किया जा सकता है।
4. इसे राज्य सभा द्वारा संशोधित या अस्वीकृत किया जा सकता है।	4. इसे राज्यसभा द्वारा संशोधित या अस्वीकृत नहीं किया जा सकता है।
5. इसे राज्य सभा अधिकतम छह माह के लिए रोक सकती है।	5. इसे राज्य सभा अधिकतम 14 दिनों के लिए रोक सकती है।
6. इसे राज्यसभा में भेजने के लिए लोक सभा अध्यक्ष के द्वारा प्रमाणित किए जाने की आवश्यकता नहीं होती है।	6. इसे लोकसभा अध्यक्ष के द्वारा धन विधेयक के रूप में प्रमाणित किए जाने की आवश्यकता होती है।
7. दोनों सदनों में असहमति की स्थिति में राष्ट्रपति दोनों सदनों की संयुक्त बैठक बुला सकता है। इसे दोनों सदनों में पारित होने के बाद राष्ट्रपति के हस्ताक्षर के लिए भेजा जाता है।	7. इसमें दोनों सदनों के बीच असहमति का कोई अवसर ही नहीं होता है, इसलिए संयुक्त बैठक का कोई प्रावधान नहीं है। इसे केवल लोक सभा से पारित होने के बाद राष्ट्रपति के हस्ताक्षर के लिए भेजा जाता है।
8. यह विधेयक लोकसभा में अस्वीकृत होने पर सरकार को त्यागपत्र देना पड़ सकता है। (यदि इसे मंत्री ने प्रस्तुत किया हो।)	8. यह विधेयक लोक सभा में अस्वीकृत होने पर सरकार को त्यागपत्र देना पड़ता है।
9. इसे राष्ट्रपति द्वारा स्वीकृत या अस्वीकृत किया जा सकता है अथवा पुनर्विचार के लिए भेजा जा सकता है।	9. इसे राष्ट्रपति द्वारा स्वीकृत या अस्वीकृत किया जा सकता है, परन्तु पुनर्विचार के लिए नहीं लौटाया जा सकता है।

> **धन विधेयक** एवं **संविधान संशोधन विधेयक** के सम्बंध में दोनों सदनों की **संयुक्त बैठक** नहीं बुलायी जा सकती है।

- **प्राक्कलन समिति** (Estimates Committee) संसद के किस सदन के सदस्यों से गठित की जाती है?

  -लोकसभा के सदस्यों द्वारा

- कोई भी **कानूनी विधेयक** (Legal Bill) संसद के किस सदन में प्रस्तुत किया जा सकता है? **-संसद के किसी भी सदन में**

भारतीय संसद के दोनों सदनों की संयुक्त बैठक **साधारण विधेयक** (Ordinary Bill) तथा **वित्त विधेयक** (Finance Bill) दोनों के सम्बंध में हो सकती है।

- संसद के **दो सत्रों के मध्य** अधिकाधिक अंतराल कितना होना चाहिए? **-छः महीने का**
- **आकस्मिक निधि** (Contingency Fund) को राष्ट्रपति कैसे व्यय कर सकते हैं? **-बिना संसदीय स्वीकृति के**
- लोक सभा में विधेयक पर **आम बहस** किस वाचन में होती है? **-द्वितीय वाचन में**
- **कटौती प्रस्ताव** (Cut Motion) को और किस अन्य नाम से जाना जाता है? **-समापन प्रस्ताव** (Closure Motion)
- यदि **कोई धन विधेयक लोक सभा द्वारा स्वीकृत** कर दिया जाए तो **राज्य सभा** इसे **अधिक-से-अधिक** कितनी अवधि तक रोक सकती है? **-14 दिन तक**

यदि **वार्षिक संघीय बजट** (Union Budget) लोक सभा द्वारा पारित न हो तो **प्रधानमंत्री** अपनी **मंत्रिपरिषद् सहित त्यागपत्र** दे देता है।

- **लोक सभा** तथा **राज्य सभा** के **संयुक्त अधिवेशन** (Joint Session) की अध्यक्षता कौन करता है? **-लोक सभा अध्यक्ष**
- संसद की किस समिति में **राज्य सभा का प्रतिनिधित्व** (Representation) नहीं होता है?

  -प्राक्कलन समिति (Estimates Committee) **में**

- **अंतर्राष्ट्रीय संधियों** को भारत के किसी भाग अथवा सम्पूर्ण भारत में लागू करने के लिए संसद कोई भी कानून बना सकती है– **-बिना किसी राज्य की सहमति से**

संसद की **लोक लेखा समिति** का प्रमुख कार्य शासन के **वित्तीय लेखा** एवं **विनिमय** तथा **नियंत्रक-महालेखा परीक्षक** की रिपोर्ट का परीक्षण करना है।

- भारतीय संसद किसके माध्यम से **प्रशासन** (Administration) पर नियंत्रण करती है? **-संसदीय समितियों के माध्यम से**

वर्तमान में राज्य सभा में **245 सदस्य** हैं, जिनमें से **229 सदस्य** राज्यों से एवं **4 सदस्य** संघ राज्य क्षेत्रों से चुनकर आते हैं तथा 12 **सदस्य** राष्ट्रपति द्वारा मनोनीत किए जाते हैं।

- सरकार द्वारा लोकसभा में अपना बहुमत सिद्ध करने के लिए कौन सा प्रस्ताव रखा जाता है?

  -विश्वास प्रस्ताव (Confidence Motion)

- भारतीय संसद के दोनों सदनों की **प्रथम संयुक्त बैठक किस विधेयक पर** हुई थी?

  -दहेज उन्मूलन विधेयक (Dowry Abolition Bill) **पर** (वर्ष 1961 में)

- **लोक लेखा समिति** अपनी रिपोर्ट किसे प्रस्तुत करती है? **-लोकसभा अध्यक्ष को**
- संसद में **लोक लेखा समिति** (Public Accounts Committee) के **अध्यक्ष** की नियुक्ति किसके द्वारा की जाती है। **-लोक सभा अध्यक्ष के द्वारा**

संसद/विधान सभा के किसी भी सदस्य की सदस्यता तब समाप्त समझी जाती है, जब वह सदन को सूचित किए बिना लगातार **60 दिन** तक अनुपस्थित रहता है।

- संसद **राज्य सूची** के किसी विषय पर कानून कब बना सकती है? **-यदि राज्य सभा ऐसा संकल्प पारित करती है**
- किसी मंत्री के विरुद्ध **विशेषाधिकार प्रस्ताव** (Privilege Motion) कब लाया जा सकता है? **-जब वह मंत्री किसी मामले के तथ्यों को रोकता है या तथ्यों का गलत वर्णन देता है**
- संसद द्वारा, **वर्ष 1989** में निर्मित कानून के अनुसार एक नागरिक के वयस्क होने की आयु कितनी है? **-18 वर्ष**
- लोक सभा में **शून्यकाल** की अवधि अधिक-से-अधिक कितनी हो सकती है? **-एक घंटा**

संसद में **स्थगन प्रस्ताव** (Adjournment Motion) लाने का उद्देश्य **सार्वजनिक महत्व के अति आवश्यक मुद्दों पर बहस करना** है।

- **भारतीय संसद की संप्रभुता** किसके द्वारा प्रतिबंधित है? **-न्यायिक समीक्षा से**
- संसदीय व्यवस्था में **शून्य काल** (Zero Hour) किस देश की देन है? **-भारत की**
- सदन की कार्यवाही का **प्रथम घंटा** क्या कहलाता है?

  -प्रश्न काल (Question Hour)

लोक लेखा समिति में **कुल 22 सदस्य** होते हैं, जिसमें **15 लोकसभा** से तथा **7 राज्यसभा** से लिये जाते हैं।

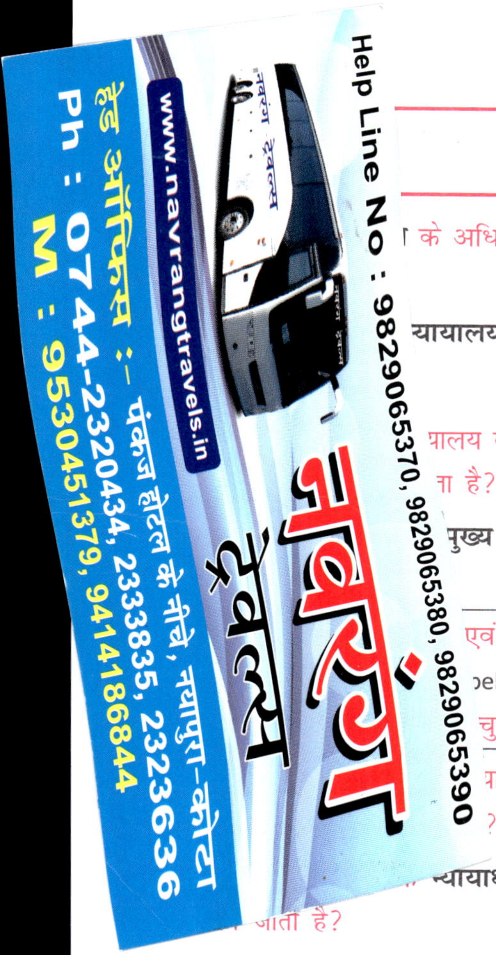

- …ा के अधिकार क्षेत्र को बढ़ाने का अधिकार **-संसद के**
- …यायालय की स्थापना कब हुई थी? **-28 जनवरी, 1950**
- …ालय के **कार्यवाहक मुख्य न्यायाधीश** …ा है? **-राष्ट्रपति**
- …ुख्य न्यायाधीश सहित कुल कितने **-34**

…एवं अपील अधिकरण (Telecom …pellate Tribunal -TDSAT) के निर्णयों …चुनौती दी जा सकती है।

- …ायाधीशों के वेतन का निर्धारण …? **-संसद द्वारा**
- …**न्यायाधीशों की नियुक्ति** किसके द्वारा …जाती है? **-राष्ट्रपति के द्वारा**
- उच्चतम न्यायालय के न्यायाधीशों की संख्या में **वृद्धि करने की शक्ति** किसे प्राप्त है? **-संसद को**
- उच्चतम न्यायालय के न्यायाधीश किस प्रक्रिया के द्वारा हटाए जा सकते हैं? **-राष्ट्रपति के द्वारा संसद की अनुशंसा पर**

सेवानिवृत्ति (Retirement) के पश्चात् सर्वोच्च न्यायालय के न्यायाधीश किसी भी न्यायालय में वकालत नहीं कर सकते हैं।

- सामान्यत: उच्चतम न्यायालय सभी मामलों की सुनवाई **नई दिल्ली** में करता है, परंतु किसके अनुमोदन से वह किसी अन्य स्थान पर भी सुनवाई कर सकता है? **-राष्ट्रपति के अनुमोदन से**
- सर्वोच्च न्यायालय के न्यायाधीशों की **सेवानिवृत्ति** (Retirement) की आयु कितनी है? **-65 वर्ष**
- भारतीय संविधान का कौन सा अनुच्छेद संवैधानिक विवाद में सर्वोच्च न्यायालय के **अपीलीय क्षेत्राधिकार** (Appellate Jurisdiction) से सम्बंधित है? **-अनुच्छेद-134(1)**
- उच्चतम न्यायालय में संविधान के **निर्वाचन से सम्बंधित मामलों** की सुनवाई करने के लिए न्यायाधीशों की संख्या कम-से-कम कितनी होनी चाहिए? **-पाँच**

सर्वोच्च न्यायालय सम्बंधी महत्वपूर्ण अनुच्छेद
• संविधान के **भाग-5**, में **अनुच्छेद 124 से 147** तक सर्वोच्च न्यायालय से सम्बंधित प्रावधान किए गए हैं।
• **अनुच्छेद-124** में **सर्वोच्च न्यायालय** की **स्थापना** एवं **गठन** (Establishment and Composition) सम्बंधी प्रावधान है।
• **अनुच्छेद-126** के अंतर्गत **कार्यकारी मुख्य न्यायाधीश** (Acting Chief Justice) की नियुक्ति की जाती है।
• **अनुच्छेद-127** के अंतर्गत **तदर्थ न्यायाधीशों** (Ad-hoc Justice) की नियुक्ति की जा सकती है।
• **अनुच्छेद-128** के अंतर्गत **सेवानिवृत्त न्यायाधीशों** को भी **सर्वोच्च न्यायालय** की बैठकों में उपस्थित होने के लिए बुलाया जा सकता है।
• **अनुच्छेद-129** उच्चतम न्यायालय को **अभिलेख न्यायालय** (Court of Record) घोषित करता है।
• **अनुच्छेद-130** उच्चतम न्यायालय का स्थान (Seat of Supreme Court) निर्धारित करने की मुख्य न्यायाधीश की शक्ति।
• **अनुच्छेद-131** में उच्चतम न्यायालय की **आरम्भिक या मूल अधिकारिता** (Original Jurisdiction) का विवरण है।
• **अनुच्छेद-136** में **अपील** के लिए उच्चतम न्यायालय की **विशेष अनुमति** (Special Leave to Appeal) का प्रावधान है।
• **अनुच्छेद-137** में उच्चतम न्यायालय की अपने निर्णयों के **पुनर्विचार** (Review) की शक्ति के बारे में उल्लेख है।
• **अनुच्छेद-141** के अनुसार, उच्चतम न्यायालय द्वारा घोषित विधि सभी न्यायालयों पर बाध्यकारी होती है।
• **अनुच्छेद-143** में राष्ट्रपति की, उच्चतम न्यायालय से **परामर्श** (Consult) करने की शक्ति का वर्णन है।
• **अनुच्छेद-145** के अंतर्गत उच्चतम न्यायालय को राष्ट्रपति के अनुमोदन से न्यायालय की **कार्य पद्धति एवं प्रक्रिया** (Practice and Procedure) को विनियमित करने के लिए **नियम** (Rule) बनाने की शक्ति दी गयी है।
• **अनुच्छेद-146** के अंतर्गत उच्चतम न्यायालय के **अधिकारियों** एवं **सेवकों** की **नियुक्ति** सम्बंधी प्रावधान किए गए हैं।

सुप्रीम कोर्ट के न्यायाधीशों के **वेतन**, **भत्ते** व **पेंशन भारत की संचित निधि** (Consolidated Fund of India) पर भारित होते हैं।

- केन्द्र और राज्यों के मध्य होने वाले विवादों का निर्णय करने की भारत के **उच्चतम न्यायालय की शक्ति** आती है
-इसकी मूल अधिकारिता के अंतर्गत
- उच्चतम न्यायालय ने **संविधान के मूल ढाँचे** का सिद्धान्त किस वाद में प्रतिपादित किया था?
-केशवानंद भारती बनाम केरल राज्य (1973)

केवल **सर्वोच्च न्यायालय** में **तदर्थ न्यायाधीशों की नियुक्ति** (Appointment of Ad-hoc Judges) का प्रावधान है।

- संविधान का कौन सा अनुच्छेद उच्चतम न्यायालय को उसके द्वारा दिए गए **निर्णय अथवा आदेश के पुनर्विलोकन** (Review) हेतु अधिकृत करता है? **-अनुच्छेद-137**
- भारत में **संविधान की मूल संरचना** (बुनियादी ढाँचा) **के सिद्धान्त** का स्रोत है **-न्यायिक समीक्षा**
- संविधान की व्याख्या करने का **अंतिम अधिकार** किसे है?
-सर्वोच्च न्यायालय को
- **उच्च न्यायालय** और **उच्चतम न्यायालय** की अधिकारिता के अंतर्गत कौन से मामले आते हैं **-मूल अधिकारों का प्रवर्तन**
- भारतीय संविधान का **संरक्षक** (Custodian) कौन है?
-सर्वोच्च न्यायालय

न्यायाधीशों को प्राप्त उन्मुक्तियाँ
अनुच्छेद-121, उच्चतम न्यायालय तथा उच्च न्यायालयों के न्यायाधीशों के आचरण के सम्बंध में **संसद** में **चर्चा** पर प्रतिबंध लगाता है। इसके अनुसार, उच्चतम न्यायालय तथा उच्च न्यायालयों के किसी न्यायाधीश द्वारा अपने कर्त्तव्य के निर्वहन में किए गये किसी आचरण के विषय में **संसद में कोई चर्चा नहीं** होगी, किन्तु जब ऐसे न्यायाधीश को **हटाने के प्रस्ताव पर** संसद में विचार चल रहा हो तो उससे सम्बद्ध आचरण पर संसद में चर्चा की जा सकेगी।
न्यायालय की अवमानना
भारतीय संविधान के **अनुच्छेद-129** में सर्वोच्च न्यायालय तथा **अनुच्छेद-215** में उच्च न्यायालयों की **अवमानना** (Contempt) के सम्बंध में शक्तियों का प्रावधान किया गया है।
न्यायाधीशों पर प्रतिबन्ध (Restrictions on Judges)
कोई व्यक्ति जो उच्चतम न्यायालय का न्यायाधीश रह चुका है, भारत में किसी न्यायालय या प्राधिकारी के समक्ष **वकालत या कार्य** (Plead or Act) नहीं कर सकता है (**अनुच्छेद-124 (7)**)।

- भारत के **प्रथम दलित मुख्य न्यायाधीश** कौन थे?
-न्यायमूर्ति के.जी. बाल कृष्णन
- संविधान की व्याख्या से सम्बंधित सभी विवाद **सर्वोच्च न्यायालय के समक्ष** किस अधिकारिता के अंतर्गत आते हैं?
-प्रारम्भिक क्षेत्राधिकार के अंतर्गत
- कानूनी मामलों पर उच्चतम न्यायालय से किसे **परामर्श लेने का अधिकार** है? **-राष्ट्रपति को**

मूल अधिकार व्यक्ति को जैसा उसे सबसे अच्छा लगे उस तरह अपनी जिंदगी की रूपरेखा तैयार करने के लिए सक्षम बनाते है, यह धारणा **गोलकनाथ बनाम स्टेट ऑफ पंजाब** में उच्चतम न्यायालय ने व्यक्त की थी।

- भारतीय संविधान के किस अनुच्छेद के अन्तर्गत **सर्वोच्च न्यायालय** भारतीय नागरिकों के **मौलिक अधिकारों** की सुरक्षा करता है? **-अनुच्छेद-32**

सर्वोच्च न्यायालय के **अपीलीय क्षेत्राधिकार** (Appellate Jurisdiction) को **चार भागों** में बाँटा जा सकता है-
1. **संवैधानिक विषयों** से जुड़ी अपीलें (**अनुच्छेद-132**)
2. **सिविल विषयों** से जुड़ी अपीलें (**अनुच्छेद-133**)
3. **आपराधिक विषयों** से जुड़ी अपीलें (**अनुच्छेद-134**)
4. **विशेष अनुमति** से की जाने वाली अपीलें (**अनुच्छेद-136**)

- सर्वोच्च न्यायालय के न्यायाधीश नियुक्त होने के लिए किसी व्यक्ति को कम-से-कम कितने वर्ष तक **उच्च न्यायालय में वकालत** करनी चाहिए? **-10 वर्ष**

न्यायिक पुनरावलोकन (Judicial Review) का अर्थ यह है कि सर्वोच्च न्यायालय राज्य के ऐसे कानून जो **संविधान के विपरीत** हो, उसे असंवैधानिक घोषित कर सकता है।

- भारत के न्यायालयों में से किसे/किन्हें **अभिलेख न्यायालय** माना जाता है?**-उच्च न्यायालयों** एवं **उच्चतम न्यायालय को**
- **लोक हित वाद** (PIL) की संकल्पना का उद्गम किस देश से हुआ था? **-संयुक्त राज्य अमेरिका**

भारत का सर्वोच्च न्यायालय एक **अभिलेख न्यायालय** (Court of Record) है। इसके सभी **निर्णयों का साक्ष्यात्मक मूल्य** होता है और इस पर किसी भी न्यायालय में प्रश्न चिह्न नहीं लगाया जा सकता है।

मूल अधिकारों के उल्लंघन के विरुद्ध **उच्चतम न्यायालय** में **अनु.-32** तथा **उच्च न्यायालय** में **अनु.-226** के तहत रिट जारी की जाती है।

राज्यपाल (Governor)

- भारतीय संविधान में **राज्यपाल को मनोनीत** किए जाने की पद्धति में **किस देश** का अनुसरण किया गया है? **-कनाडा**
- राज्य का **कार्यकारी** एवं **संवैधानिक प्रमुख** कौन होता है? **-राज्यपाल**
- किसी राज्य में राज्यपाल की नियुक्ति संविधान के किस अनुच्छेद के अंतर्गत की जाती है?**-अनुच्छेद 155 के अंतर्गत**
- विधान परिषद् में राज्यपाल द्वारा कितने **सदस्यों को मनोनीत** किया जाता है? **-कुल सदस्यों का 1/6**

> यदि **राज्यपाल**, **संसद** अथवा **विधान सभा** का सदस्य है, तो जिस तिथि को वह राज्यपाल का पद धारण करेगा, उसी तिथि से उसका संसद अथवा राज्य विधान सभा में पद **रिक्त** मान लिया जाएगा।

- **झारखण्ड**, **छत्तीसगढ़**, **मध्य प्रदेश** तथा **ओडिशा** में एक **जनजातीय कल्याण मंत्री** की नियुक्ति कौन करता है? **-राज्यपाल**
- राज्य विधान सभा के **सत्रावसान** (Prorogation) का आदेश किसके द्वारा दिया जाता है? **-राज्यपाल द्वारा**
- राज्यपाल किससे सलाह कर **जिला न्यायाधीशों की नियुक्ति**, **स्थानांतरण** और **प्रोन्नति** कर सकता है? **-उच्च न्यायालय**
- राज्यपाल के **वेतन** और **भत्ते** (Salary and Allowances) किस निधि से दिए जाते हैं? **-राज्य की संचित निधि से**

> भारत के संविधान में **राज्य के राज्यपाल के** विरुद्ध अभियोग चलाने का प्रावधान नहीं है।

- **राज्यपाल** किस अनुच्छेद के अन्तर्गत **राष्ट्रपति के विचार** के लिए किसी **विधेयक को आरक्षित** रख सकता है? **-अनुच्छेद-201**
- वर्तमान में **राज्यपाल का मासिक वेतन** कितना है **-रु. 3,50,000**
- राज्यपाल किसके प्रति **उत्तरदायी** (Responsible) होता है? **-राष्ट्रपति**

> **7वें संविधान संशोधन अधिनियम-1956** के अनुसार, एक व्यक्ति को दो या दो से अधिक राज्यों का राज्यपाल नियुक्त किया जा सकता है। राज्यपाल **पुनर्नियुक्ति** के भी योग्य होता है।

राज्यपाल द्वारा की जाने वाली नियुक्तियाँ
1. राज्य के **महाधिवक्ता** (Advocate General) की नियुक्ति 2. **राज्य लोक सेवा आयोग** के अध्यक्ष एवं सदस्यों की नियुक्ति 3. **राज्य निर्वाचन आयोग** के अध्यक्ष एवं अन्य सदस्यों की नियुक्ति 4. विश्वविद्यालयों के **उप-कुलपतियों** (Vice-Chancellor) की नियुक्ति 5. **राज्य वित्त आयोग** का गठन
• राज्यपाल उच्च न्यायालय के न्यायाधीशों की नियुक्ति के विषय में राष्ट्रपति को परामर्श देता है।
• राज्यपाल को **राज्य लोक सेवा आयोग** के सदस्यों को निलम्बित करने का अधिकार भी प्राप्त है।

- **जम्मू एवं कश्मीर** के उप-राज्यपाल की नियुक्ति कौन करता है? **-भारत का राष्ट्रपति**
- भारत में राज्यपाल बनने वाली **पहली महिला** कौन थी? **-सरोजिनी नायडू**
- **राज्य विधान सभाओं** में **आंग्ल-भारतीय समुदाय** के लिए प्रतिनिधित्व का प्रावधान भारत के संविधान के किस अनुच्छेद द्वारा किया गया है?**-अनुच्छेद-333 के द्वारा (104 संशोधन के द्वारा स्थगित)**

राज्यपाल से सम्बंधित प्रमुख अनुच्छेद

अनुच्छेद	प्रावधान
• 153	राज्यों के राज्यपाल
• 154	राज्य की कार्यपालिका शक्ति का राज्यपाल में निहित होना
• 160	आकस्मिक परिस्थितियों में राज्यपाल के कार्य
• 161	**क्षमा दान** तथा कुछ मामलों में दंडादेश के **निलंबन**, **परिहार** या **लघुकरण** की राज्यपाल की शक्ति
• 163	मंत्रिपरिषद् द्वारा राज्यपाल को सलाह एवं सहयोग देना
• 200	राज्य विधानसभा द्वारा पारित विधेयकों पर राज्यपाल की अनुमति
• 201	राज्य विधानसभा द्वारा पारित विधेयक को राष्ट्रपति के विचारार्थ सुरक्षित रखना।
• 213	राज्यपाल की अध्यादेश जारी करने की शक्ति
• 233	राज्यपाल द्वारा जिला न्यायाधीशों की नियुक्ति

> **सरोजिनी नायडू** ने राज्यपाल को **सोने के पिंजड़े में निवास करने वाली चिड़िया** की संज्ञा दी थी।

राज्य विधानमण्डल (State Legislature)

- भारत में **राज्य विधानमण्डलों** (State Legislatives) का **उच्च सदन** (Council of State) कौन सा है?
  -विधान परिषद्
- राज्यों के **वित्तीय लेखों** पर कौन नियंत्रण रखता है?
  -नियंत्रक एवं महालेखा परीक्षक (CAG)

> राज्य में **उच्च सदन** (विधान परिषद्) की स्थापना या समाप्ति, सम्बंधित राज्य की **विधान सभा द्वारा पूर्ण बहुमत** से पारित प्रस्ताव और **संसद द्वारा साधारण बहुमत** से पारित प्रस्ताव के द्वारा की जाती है।

- **विधान परिषद्** (Legislative Council) किसी साधारण विधेयक को अधिकतम कितने समय तक रोक सकती है? **-4 माह**

राज्य मंत्रिपरिषद् से सम्बंधित महत्त्वपूर्ण अनुच्छेद

अनुच्छेद	विषय-वस्तु
163	राज्यपाल को सलाह एवं सहायता के लिए मंत्रिपरिषद् के गठन का प्रावधान।
164	राज्य के मंत्रिमंडल का सामूहिक उत्तरदायित्व **विधानसभा** के प्रति।
166	राज्य सरकार के कार्य का संचालन।
167	राज्यपाल को सूचना प्रदान करने का मुख्यमंत्री का कर्तव्य।

- भारतीय संविधान के किस अनुच्छेद के अंतर्गत विधान सभा को **विधान परिषद् का सृजन** एवं उसे समाप्त करने का अधिकार प्राप्त है?
  -अनुच्छेद-169
- राज्य की **विधानसभाओं में सदस्यों** की संख्या किस अनुच्छेद में निर्धारित की गयी है?
  -अनुच्छेद-170
- राज्य विधान सभा के **निर्वाचन का संचालन** कौन करता है?
  -भारत का निर्वाचन आयोग

> राज्य विधान परिषद् को **भंग नहीं किया जा सकता** परंतु इसे **समाप्त किया जा सकता** है।

- भारत के किस राज्य में **समान नागरिक संहिता** (Uniform Civil Code) लागू है?
  -गोवा
- राज्य का विधान सभा **अध्यक्ष** (Speaker) अपना त्यागपत्र किसे सौंपता है?
  -उपाध्यक्ष को
- विधान सभा के सदस्यों की **निरर्हताओं** (Disqualifications) से सम्बंधित प्रश्नों पर अंतिम निर्णय किसके द्वारा लिया जाता है?
  -राज्यपाल द्वारा
- विधान सभा का सदस्य निर्वाचित होने के लिए **न्यूनतम आयु** क्या है?
  -25 वर्ष

> विधान सभा के **विघटन** (Dissolution) के पश्चात् उसका अध्यक्ष अधिकतम **छः माह** समय तक अपने पद पर बना रह सकता है।

- राज्य सरकार के मंत्रियों के **वेतन एवं भत्तों** का निर्धारण किसके द्वारा किया जाता है। **-राज्य विधान सभा द्वारा**
- **वर्ष 1956** में कितने पुनर्गठित राज्यों में **द्विसदनीय विधानमण्डल** थे?
  -पाँच
- **प्रथम महिला मुख्यमंत्री** भारत के किस राज्य में बनी थी?
  -उत्तर प्रदेश

> भारत के किसी राज्य (उत्तर प्रदेश) की **पहली महिला मुख्यमंत्री सुचेता कृपलानी** (1963-1967 ई.) थीं।

विधानसभा में सदस्यों की संख्या

राज्य	सदस्य	राज्य	सदस्य
• आंध्र प्रदेश	175	• अरुणाचल प्रदेश	60
• असम	126	• बिहार	243
• छत्तीसगढ़	90	• गोवा	40
• गुजरात	182	• हरियाणा	90
• हिमाचल प्रदेश	68	• झारखंड	81
• कर्नाटक	224	• केरल	140
• मध्य प्रदेश	230	• महाराष्ट्र	288
• मणिपुर	60	• मेघालय	60
• मिजोरम	40	• नागालैंड	60
• ओडिशा	147	• पंजाब	117
• राजस्थान	200	• सिक्किम	32
• तमिलनाडु	234	• तेलंगाना	119
• त्रिपुरा	60	• उत्तर प्रदेश	403
• उत्तराखण्ड	70	• पश्चिम बंगाल	294
केंद्रशासित प्रदेश			
• दिल्ली	70	• पुदुचेरी	30
• जम्मू-कश्मीर	90(+24 POK के लिए रिक्त)		

> मुख्यमंत्री की सलाह पर **राज्यपाल** द्वारा मंत्रियों की नियुक्ति की जाती है और ये **राज्यपाल** के प्रसादपर्यंत कार्य करते हैं।

उच्च न्यायालय (High Courts)

- **अंडमान** एवं **निकोबार द्वीप** समूह किस उच्च न्यायालय के क्षेत्राधिकार के अंतर्गत आते है? **-कलकत्ता उच्च न्यायालय**
- उच्च न्यायालय के न्यायाधीशों के **वेतन** और **भत्ते** (Allowances) किस निधि से दिए जाते हैं? **-राज्य की संचित निधि से**
- **उच्चतम न्यायालय** के निर्णय से पूर्व किस उच्च न्यायालय ने यह निर्णय दिया है कि, एक ही बार में तीन बार तलाक कहने से तलाक होना **गैर-कानूनी** (Illegal) है? **-इलाहाबाद उच्च न्यायालय**

न्यायाधीशों को हटाने की प्रक्रिया में 3 सदस्यीय समिति
• **भारत के मुख्य न्यायाधीश** (CJI) या **उच्चतम न्यायालय** का कोई अन्य वरिष्ठ न्यायाधीश
• **उच्च न्यायालय का मुख्य न्यायाधीश**
• **एक प्रख्यात विधिवेत्ता**

- एक उच्च न्यायालय का **न्यायाधीश अपना त्यागपत्र** किसे सम्बोधित करता है? **-राष्ट्रपति को**
- उच्च न्यायालय के न्यायाधीश की **सेवानिवृत्ति** की आयु क्या है? **-62 वर्ष**
- जब सर्वोच्च न्यायालय किसी व्यक्ति अथवा संस्था को उसके दायित्व के निर्वहन हेतु **रिट** (Writ) जारी करता है, तो उस लेख को क्या कहते हैं? **-परमादेश** (Mandamus)
- भारत में उच्च न्यायालयों की कुल संख्या कितनी है? **-25**

> **संपत्ति का अधिकार** वर्तमान में **वैधानिक अधिकार** (Legal Right) है, जिसकी रक्षा के लिए उच्च न्यायालय रिट जारी कर सकता है।

- राज्य के उच्च न्यायालय का **मुख्य क्षेत्राधिकार** के अंतर्गत कौन सा अधिकार नहीं आता है? **-परामर्श सम्बंधी क्षेत्राधिकार**
- **अधीनस्थ न्यायालयों** (Subordinate Courts) की कार्य पद्धति का परीक्षण कौन सी याचिका करती है? **-उत्प्रेषण** (Certiorari)

> **मूल अधिकारों का संरक्षण** उच्च न्यायालय और उच्चतम न्यायालय दोनों की अधिकारिता में आता है।

- भारत के संविधान के अनुसार, **जिला न्यायाधीश** (District Judge) के अन्तर्गत कौन सम्मिलित नहीं होता हैं? **-अधिकरण न्यायाधीश** (Tribunal Judge)

उच्च न्यायालय से सम्बंधित अनुच्छेद

अनुच्छेद	विषय-वस्तु
214	राज्यों के लिए उच्च न्यायालय की व्यवस्था
215	उच्च न्यायालय अभिलेख के न्यायालय के रूप में
216	उच्च न्यायालय का गठन
217	उच्च न्यायालय के न्यायाधीश पद के लिए नियुक्ति तथा अर्हताएँ
218	उच्च न्यायालय में उच्चतम न्यायालय से संबंधित कुछ प्रावधानों का लागू होना
219	उच्च न्यायालय के न्यायाधीशों की शपथ ग्रहण
220	स्थायी न्यायाधीश बहाल होने के बाद प्रैक्टिस पर प्रतिबंध
221	न्यायाधीशों का वेतन, भत्ते इत्यादि
222	किसी न्यायाधीश का एक उच्च न्यायालय से दूसरे उच्च न्यायालय में स्थानांतरण
223	कार्यवाहक मुख्य न्यायाधीश की नियुक्ति
224	अतिरिक्त एवं कार्यवाहक न्यायाधीशों की नियुक्ति

अनुच्छेद	विषय-वस्तु
224ए	उच्च न्यायालयों में सेवानिवृत्त न्यायाधीशों की नियुक्ति
225	उच्च न्यायालयों का क्षेत्राधिकार
226	कुछ रिट याचिकाएँ जारी करने की उच्च न्यायालयों की शक्ति
226ए	**अनुच्छेद-226** के अंतर्गत केन्द्रीय अधिनियमों की संवैधानिक वैधता पर विचार नहीं किया जाना (निरस्त)
227	उच्च न्यायालय की सभी अधीनस्थ न्यायालयों पर अधीक्षण की शक्ति
228	उच्च न्यायालयों में कुछ मामलों का स्थानांतरण
228ए	राज्य अधिनियमों की संवैधानिक वैधता से संबंधित प्रश्नों के विस्तारण के लिए विशेष प्रावधान (निरस्त)
229	पदाधिकारी तथा सेवक एवं उच्च न्यायालयों के व्यय
230	उच्च न्यायालयों का क्षेत्राधिकार
231	दो या अधिक राज्यों के लिए एक साझे उच्च न्यायालय की स्थापना

> **उच्च न्यायालय के न्यायाधीशों** को **पेंशन भारत की संचित निधि** (Consolidated Fund of India) से दिया जाता है।

उच्च न्यायालय : पीठ की अवस्थिति एवं क्षेत्राधिकार			
उच्च न्यायालय	**स्थापना वर्ष**	**राज्य क्षेत्रीय क्षेत्राधिकार**	**मुख्यपीठ व खण्डपीठ**
1. कोलकाता	1862	प. बंगाल, अण्डमान निकोबार द्वीप समूह	कोलकाता (पोर्ट ब्लेयर में खण्डपीठ)
2. बाम्बे (मुम्बई)	1862	महाराष्ट्र, दादरा व नगर-हवेली तथा दमन व दीव, गोवा	मुम्बई (नागपुर, पणजी व औरंगाबाद में खण्डपीठ)
3. मद्रास	1862	तमिलनाडु व पुद्दुचेरी	मद्रास
4. कर्नाटक	1884	कर्नाटक	बंगलुरू
5. इलाहाबाद	1866	उत्तर प्रदेश	इलाहाबाद (लखनऊ में खण्डपीठ)
6. पटना	1916	बिहार	पटना
7. जम्मू-कश्मीर एवं लद्दाख	1928	जम्मू-कश्मीर एवं लद्दाख	श्रीनगर व जम्मू
8. मध्य प्रदेश	1956	मध्यप्रदेश	जबलपुर (इन्दौर व ग्वालियर में खण्डपीठ)
9. पंजाब व हरियाणा	1966	पंजाब, हरियाणा तथा चंडीगढ़	चंडीगढ़
10. गुवाहाटी	1948	असम, नागालैण्ड, मिजोरम तथा अरुणाचल प्रदेश	गुवाहाटी (कोहिमा, इम्फाल व अगरतला में खण्डपीठ)
11. ओडिशा	1948	ओडिशा	कटक
12. राजस्थान	1949	राजस्थान	जोधपुर (जयपुर में खण्डपीठ)
13. केरल	1956	केरल व लक्षद्वीप	एर्नाकुलम
14. गुजरात	1960	गुजरात	अहमदाबाद
15. दिल्ली	1966	दिल्ली	दिल्ली
16. हिमाचल प्रदेश	1967	हिमाचल प्रदेश	शिमला
17. सिक्किम	1975	सिक्किम	गंगटोक
18. छत्तीसगढ़	2000	छत्तीसगढ़	बिलासपुर
19. उत्तराखण्ड	2000	उत्तराखण्ड	नैनीताल
20. झारखण्ड	2000	झारखण्ड	राँची
21. मेघालय	2013	मेघालय	शिलांग
22. मणिपुर	2013	मणिपुर	इंफाल
23. त्रिपुरा	2013	त्रिपुरा	अगरतला
24. तेलंगाना	2019	तेलंगाना	हैदराबाद
25. आंध्र प्रदेश	2019	आंध्र प्रदेश	अमरावती

विशेष

- 7 केन्द्रशासित प्रदेश विभिन्न राज्यों के उच्च न्यायालयों के अंतर्गत आते हैं।

विशेष

- 6 उच्च न्यायालयों (इलाहाबाद, बॉम्बे, गुवाहाटी, मध्य प्रदेश, मद्रास व राजस्थान) की 1 स्थाई खंडपीठ है।
- केवल कर्नाटक उच्च न्यायालय मुख्य पीठ : बंगलुरु की 2 सर्किल खंडपीठ हैं- 1. धारवाड़ 2. गुलबर्गा

- **निवारक निरोध** (Preventive Detention) के अंतर्गत एक व्यक्ति को बिना मुकदमा चलाए कितने समय तक बंदी बनाकर रखा जा सकता है? **-तीन माह तक**
- **इलाहाबाद उच्च न्यायालय** गठन कब हुआ था? **-वर्ष 1866 में**
- न्यायालय में **कार्यवाही लंबित होने की दशा** में लागू की जाती है? **-प्रतिषेध** (Prohibition)

उच्च न्यायालय की अधीक्षण शक्ति में **सैन्य न्यायालय** (Military Court) शामिल नहीं हैं।

उच्च न्यायालय की **प्रथम महिला न्यायाधीश अन्ना चण्डी** थीं तथा **प्रथम महिला मुख्य न्यायाधीश लीला सेठ** थीं।

केन्द्र-राज्य सम्बंध (Centre-State Relation)

- भारत की संघीय शासन प्रणाली किस देश के संविधान से प्रेरित है? -कनाडा
- किस सूची के विषयों पर केन्द्र व राज्य सरकारें दोनों कानून बना सकती हैं? -समवर्ती सूची (Concurrent List) में
- केन्द्र-राज्य संबंध किस अनुसूची में है? -7वीं अनुसूची
- केन्द्र राज्य सम्बंधों पर वर्ष 1971 में राज मन्नार समिति का गठन किस राज्य के द्वारा किया गया था? -तमिलनाडु

संघ-सूची में किए गए संशोधन

- छठे संविधान संशोधन, 1956 द्वारा प्रविष्टि संख्या 92 (क) जोड़ी गई। इसका विषय है – समाचार पत्रों से भिन्न वस्तुओं के अंतर-राज्यीय क्रय या विक्रय पर कर।
- 7वें संविधान संशोधन, 1956 द्वारा प्रविष्टि संख्या 33 का लोप किया गया। इसका विषय है- केन्द्र के उद्देश्यों के लिए संपत्ति का अधिग्रहण। इसे संघ सूची से हटाकर समवर्ती सूची में शामिल किया गया।
- 42वें संविधान संशोधन, 1976 द्वारा प्रविष्टि 2(क) जोड़ी गई। इसका सम्बंध किसी राज्य में केन्द्र के सशस्त्र बलों की नियुक्ति से है।
- 46वें संविधान संशोधन, 1982 द्वारा प्रविष्टि संख्या 92(ख) जोड़ी गई। इसका सम्बंध अंतर-राज्यीय व्यापार या वाणिज्य के दौरान होने वाले माल के पारेषण (Consignment) पर कर से है।
- 88वें संविधान संशोधन, 2003 द्वारा प्रविष्टि संख्या 92(ग) जोड़ी गई। इसका सम्बंध सेवा कर (Service Tax) से था।

- क्षेत्रीय परिषदों (Regional Councils) का सृजन किसके माध्यम से किया गया है? -संसदीय कानून द्वारा
- अंतर्राज्यीय परिषद् (Inter-State Council) का उपबंध किस अनुच्छेद में किया गया है? -अनुच्छेद-263
- रेडियो एवं दूरदर्शन के विज्ञापनों पर कर कौन लगाता है? -राज्य सरकार

भारतीय संविधान का अनुच्छेद-249, राज्य सूची (State List) के विषयों के सम्बंध में संसद की विधायी शक्तियों से सम्बंधित है।

- केंद्र तथा राज्यों के मध्य शक्तियों का विभाजन किस अनुच्छेद के अन्तर्गत किया गया है? -अनुच्छेद-245 तथा 246
- अन्तर्राज्यीय परिषद् का पदेन् अध्यक्ष कौन होता है? -प्रधानमंत्री
- संघ द्वारा कौन सा कर लगाया व वसूला जाता है, तथा संघ तथा राज्यों में बाँटा जाता है? -कृषि आय के अतिरिक्त आय पर कर
- सरकारिया आयोग का गठन कब किया गया था? -मार्च, 1983

संघीय कर : संघ सूची, प्रविष्टि (82-92A)

1. आयकर (कृषि आय को छोड़कर)
2. सीमा शुल्क (निर्यात शुल्क सहित)
3. तम्बाकू और अन्य वस्तुओं पर उत्पाद शुल्क (एल्कोहॉलिक पेय पदार्थों, अफीम, गाँजा, मादक औषधि तथा मादक पदार्थों को छोड़कर)।
4. निगम कर (Corporation Tax)
5. व्यक्तियों तथा कम्पनियों की सम्पत्तियों के पूँजी पर कर (कृषि भूमि को छोड़कर)
6. सम्पदा शुल्क (Estate Duty) (कृषि भूमि से भिन्न सम्पत्ति पर)
7. सम्पत्ति के उत्तराधिकार पर शुल्क (कृषि भूमि को छोड़कर)
8. रेल, समुद्र या वायुमार्ग द्वारा ले जाये जाने वाले वस्तुओं और यात्रियों पर सीमा कर (Terminal Tax) तथा रेल भाड़ों और माल-भाड़ों पर कर।
9. स्टॉक एक्सचेंज तथा वायदा बाजार (Future Markets) के संव्यवहारों पर स्टाम्प शुल्क से भिन्न कर।
10. स्टाम्प शुल्क (Stmap Duty)
11. समाचार पत्रों के क्रय-विक्रय तथा उसमें प्रकाशित विज्ञापनों पर कर,
12. समाचार पत्रों से भिन्न वस्तुओं के क्रय-विक्रय पर कर (अन्तर्राज्यीय व्यापार के दौरान)
13. माल के पारेषण पर कर (अन्तर्राज्यीय व्यापार के दौरान)
14. सेवाओं पर कर

केन्द्र सरकार जल विवादों के समाधान के लिए न्यायाधिकरण (Tribunal) की स्थापना भी कर सकती है।

राज्य कर : राज्य सूची प्रविष्टि (45-63)

1. भू-राजस्व या लगान
2. कृषि आय पर कर
3. कृषि भूमि के उत्तराधिकार पर कर
4. कृषि भूमि पर सम्पदा शुल्क
5. भूमि और भवनों पर कर
6. खनिज अधिकारों पर कर
7. शराब, अफीम, गाँजा तथा अन्य मादक पदार्थों और औषधियों पर **उत्पाद कर** (Excise Duty)
8. स्थानीय उपयोग तथा विक्रय के लिए वस्तुओं के **प्रवेश पर कर** (Entry Tax)।
9. विद्युत के उपभोग एवं बिक्री पर कर
10. समाचार पत्रों से भिन्न वस्तुओं के क्रय-विक्रय पर कर,
11. रेडियो एवं दूरदर्शन के विज्ञापनों पर कर
12. सड़क तथा **अन्तर्देशीय जलमार्ग** (Inland water ways) द्वारा ले जाए जाने वाले वस्तुओं या यात्रियों पर कर
13. सड़कों पर प्रयुक्त वाहनों पर कर
14. जीव-जन्तुओं और नौकाओं पर कर
15. **पथ कर** (Toll Tax) या **मार्ग कर**
16. व्यापार, व्यवसाय तथा रोजगार पर कर
17. **प्रतिव्यक्ति कर** (Capitation Taxes)
18. **विलासिताओं** (मनोरंजन, जुआ तथा बोली लगाना) पर कर।
19. **स्टाम्प शुल्क** (संघ सूची में वर्णित दस्तावेजों से भिन्न दस्तावेजों पर)
20. उपर्युक्त विषयों में से किसी के सम्बंध में शुल्क, किंतु इसमें न्यायालय में लिया जाने वाला शुल्क शामिल नहीं है।

- संविधान के किस अनुच्छेद में प्रावधान किया गया है कि, **विधि के प्राधिकार** (Authority of Law) के बिना न तो कोई कर लगाया जा सकता है और न ही एकत्रित किया जा सकता है?
  -अनुच्छेद-265

सरकारिया आयोग (Sarkariya Commission) का गठन संघ और राज्यों के मध्य सम्बंधों की समीक्षा करने के लिए हुआ था।

- **अन्तर्राज्यीय परिषद्** (Inter-State Council) **का गठन** कब किया गया था?
  -18 मई, 1990

आयोग एवं समितियाँ (Commissions & Committees)

केन्द्र-राज्य सम्बंधों पर विचार करने के लिए समय-समय पर विभिन्न आयोग एवं समितियों का गठन किया गया, जो निम्नवत हैं-

आयोग / समिति	अध्यक्ष
• राजमन्नार समिति (1969)	- डी. पी. वी. मन्नार
• सरकारिया आयोग (1983)	- रणजीत सिंह सरकारिया
• प्रशासनिक सुधार आयोग (1966)	- मोरारजी देसाई
• सीतलवाड़ समिति (1996)	- एम. सी. सीतलवाड़
• पुंछी आयोग (2007)	- मदन मोहन पुंछी

- **केन्द्र-राज्य सम्बंधों** को विशेष रूप से किस संदर्भ में **म्युनिसिपल सम्बंध** कहा गया है?
  -वित्तीय मामलों में राज्य पर केन्द्र के नियंत्रण के संदर्भ में

अनुच्छेद-312 के अन्तर्गत **राज्यसभा** में **उपस्थित और मतदान करने वाले सदस्यों के दो-तिहाई बहुमत से पारित** प्रस्ताव द्वारा संसद को किसी **नई अखिल भारतीय सेवा** के सृजन का अधिकार दिया गया है।

- भारतीय संविधान के किस भाग में **केंद्र-राज्य विधायी सम्बंधों** का विवरण दिया गया है?
  -भाग-XI में
- **जल सम्बंधी विवादों का न्यायनिर्णयन** किस अनुच्छेद के अंतर्गत आता है?
  -अनुच्छेद-262

प्रधानमंत्री की अनुपस्थिति में **अन्तर्राज्यीय परिषद्** की अध्यक्षता उसके द्वारा नियुक्त **कैबिनेट स्तर** के मंत्री द्वारा की जाती है।

- यह सुझाव किस समिति ने दिया कि **राज्यपाल के प्रसादपर्यंत राज्य मंत्रिपरिषद् के पद धारित करने से सम्बंधित प्रावधान समाप्त कर दिया जाए?**
  -राजमन्नार समिति ने
- भारतीय संविधान में **संघ** और **राज्यों** के **प्रशासनिक सम्बंधों** का उल्लेख किस **अनुच्छेद** में किया गया है?
  -अनुच्छेद-256 से 263 तक
- **अन्तर्राज्यीय परिषद्** (Inter-State Council) के गठन का प्रावधान किस अनुच्छेद में वर्णित है?
  -अनुच्छेद-263

अनुच्छेद-262 के अन्तर्गत प्रदत्त शक्तियों के प्रयोग से संसद द्वारा **नदी बोर्ड अधिनियम, 1956** तथा **अन्तर्राज्यीय जल विवाद अधिनियम, 1956** पारित किया गया है। **जल विवाद अधिनियम 1956** के अन्तर्गत केन्द्र सरकार ऐसे विवादों के समाधान के लिए **न्यायाधिकरण** (Tribunal) की स्थापना भी कर सकती है।

तत्कालीन प्रधानमंत्री **श्री विश्वनाथ प्रताप सिंह** की अध्यक्षता में **अन्तर्राज्यीय परिषद्** की प्रथम बैठक **10 अक्टूबर, 1990** को हुई थी।

संघ - राज्य सम्बंध (भाग 11-12, अनु. 245 - 293)

विधायी सम्बंध

- अनु.-245: संसद और राज्य विधायिका द्वारा बनाए गए कानूनों का विस्तार
- अनु.-246: संसद और राज्य विधायिका द्वारा बनाए गए विशेष मामलों के कानून
- अनु. 247: कुछ निश्चित अतिरिक्त न्यायालयों के गठन हेतु संसद की शक्ति
- अनु. 249: संसद द्वारा राष्ट्र-हित में राज्य सूची के किसी विषय पर विधान के निर्माण हेतु राज्यसभा द्वारा पहल
- अनु. 250: आपात-काल के दौरान राज्यसूची के किसी विषय पर विधि निर्माण की संसद की शक्ति
- अनु. 251: अनु. 249 और अनु. 250 के अधीन संसद द्वारा निर्मित विधि के असंगत होने की स्थिति में राज्य-विधि पर वरीयता
- अनु. 252: दो या दो से अधिक राज्यों के लिए उनकी सहमति से विधि बनाने की संसद की शक्ति और उस विधि को किसी अन्य राज्य द्वारा अंगीकार किया जाना।
- अनु. 253: अंतर्राष्ट्रीय करारों को प्रभावी बनाने के लिए विधान निर्मित करने की संसद की शक्ति
- अनु. 254: ससंद द्वारा बनाई गई विधियों और राज्य विधानमंडल द्वारा बनाई गई विधियों में असंगति की स्थिति में संसद द्वारा बनाई गई विधि प्रभावी
- अनु. 255: सिफारिशों और पूर्व मंजूरी के बारे में अपेक्षाओं को केवल प्रक्रिया का विषय मानना और इस आधार पर उसे खारिज न करना।

प्रशासनिक सम्बंध

- अनु. 256: संसद द्वारा निर्मित विधि के अनुपालन को सुनिश्चित करने के लिए संघ द्वारा राज्यों को निदेश दिया जाना(राज्य और संघ की बाध्यता)
- अनु. 257: संघ की कार्यपालिका शक्ति के प्रयोग के साथ-साथ राष्ट्रीय/सामरिक महत्व के संचार-साधनों के निर्माण और संरक्षण के संदर्भ में संघ का राज्य पर नियंत्रण
- अनु. 258: कुछ मामलों में संघ द्वारा राज्यों को शक्ति प्रदान करने का संघ का अधिकार
- अनु. 258क: राज्य द्वारा केन्द्र को कार्य सौंपने की शक्ति
- अनु. 260: भारत से बाहर के क्षेत्रों के सम्बंध में संघ के अधिकार
- अनु. 261: सार्वजनिक कार्य अभिलेख और न्यायिक कार्यवाही
- अनु. 262: अंतर्राज्यीय नदी जल विवादों के हल के लिए न्यायाधिकरण का गठन
- अनु. 263: अंतर्राज्यीय परिषद का गठन

वित्तीय सम्बंध

- अनु. 265: विधि के प्राधिकार के बिना करों का आरोपण नहीं
- अनु. 266: भारत और राज्यों की संचित निधियाँ और लोकलेखा
- अनु. 267: आकस्मिकता निधि
- अनु. 268: केन्द्र द्वारा लगाए गए, परंतु राज्यों द्वारा एकत्रित एवं विनियोजित कर।
- अनु. 270: संघ द्वारा लगाए गए और संग्रहीत किन्तु संघ-राज्य के बीच वितरित किए जाने वाले कर
- अनु. 271: कुछ निश्चित चुंगी व कर पर केन्द्र द्वारा लगाया गया अतिरिक्त प्रभार।
- अनु. 274: राज्यों के हितों से सम्बधित कराधान वाले विधेयकों के संदर्भ में राष्ट्रपति की पूर्वानुमति आवश्यक
- अनु. 275: कुछ राज्यों को संघ से अनुदान
- अनु. 276: व्यवसाय, व्यापार और रोजगार पर कर
- अनु. 280: राष्ट्रपति द्वारा प्रत्येक पाँचवें वर्ष की समाप्ति पर वित्त आयोग का गठन
- अनु. 281: वित्त आयोग की सिफारिशों को संसद के समक्ष रखा जाना
- अनु. 283: संचित निधि, आकस्मिकता निधि और लोकलेखा में जमा धनराशियों की अभिरक्षा
- अनु. 285: संघ की सम्पत्ति को राज्य के कराधान से छूट
- अनु. 286: वस्तुओं की बिक्री पर कर के अधिरोपण के विषय में निर्बंधन
- अनु. 287: विद्युत पर करों से छूट
- अनु. 288: पानी और बिजली के सम्बंध में राज्यों द्वारा कराधान से कुछ दशाओं में छूट।
- अनु. 289: राज्यों की संपत्ति और आय को संघ के कराधान से छूट

केन्द्र राज्य सम्बंधों में सुधार हेतु **प्रशासनिक सुधार आयोग** (1966), **राजमन्नार समिति** (1969), **आनंदपुर साहिब प्रस्ताव** (1973), **सरकारिया आयोग** (1983) तथा **पुंछी आयोग** (2007) का गठन किया गया था।

आपात उपबंध (Emergency Provision)

- **आपातकाल** में किसी राज्य विधानसभा की अवधि बढ़ाई जा सकती है। **–संसद के द्वारा**
- किसने कहा था कि, **राष्ट्रपति का आपातकालीन अधिकार संविधान के साथा धोखा है**? **–हृदयनाथ कुंजरू**
- राज्य में **राष्ट्रपति शासन** (President Rule) किसकी सलाह पर लागू किया जाता है? **–राज्यपाल की**
- **राष्ट्रपति शासन** अधिकतम कितनी अवधि तक लगाया जा सकता है। **–3 वर्ष**

अब तक की गई आपात उद्घोषणाएँ

अभी तक **अनुच्छेद-352** का प्रयोग **तीन बार** किया गया है। इन तीनों उद्घोषणाओं से सम्बंधित प्रमुख तथ्य इस प्रकार हैं–

1. पहली बार **26 अक्टूबर, 1962** को आपात की घोषणा की गई। इसका कारण था कि **सितम्बर 1962** में चीन ने **नेफा** (North East Frontier Agency-NEFA) क्षेत्र पर आक्रमण कर दिया था। इस क्षेत्र को अब **अरुणाचल प्रदेश** कहा जाता है।
2. आपात की दूसरी उद्घोषणा **दिसम्बर, 1971** में पाकिस्तान द्वारा भारत के विरुद्ध अघोषित युद्ध छेड़ने के कारण की गई थी। यह उद्घोषणा **मार्च 1977** तक लागू रही।
3. **आपात की तीसरी उद्घोषणा** आंतरिक अशांति के आधार पर **25 जून, 1975** को की गई। यह उद्घोषणा **21 मार्च, 1977** को वापस ली गई।

भारतीय संविधान के **अनुच्छेद-352** के अनुसार, **राष्ट्रीय आपात** (National Emergency) की घोषणा **युद्ध** (War), **बाह्य आक्रमण** (External Aggression) **अथवा सशस्त्र विद्रोह** (Armed Rebellion) **के आधार पर** की जा सकती है।

- भारतीय संविधान के किस अनुच्छेद के अंतर्गत **भारत सरकार** का दायित्व है कि, वह **बाह्य आक्रमण** एवं **आंतरिक अशांति** से राज्यों की रक्षा करें? **–अनुच्छेद-355**
- भारतीय संविधान के किस अनुच्छेद के अंतर्गत किसी राज्य में **राष्ट्रपति शासन** लागू किया जा सकता है? **–अनुच्छेद-356**

भारत में **वित्तीय आपातकाल** (Financial Emergency) की घोषणा अभी तक **एक बार भी नहीं** की गई है।

- **राष्ट्रपति मूल अधिकारों** (अनुच्छेद-20 एवं 21 के अतिरिक्त) के कार्यान्वयन को किस अनुच्छेद के अंतर्गत स्थगित कर सकता है? **–अनुच्छेद-359**
- संसद द्वारा **आपातकाल की घोषणा का अनुमोदन** कितनी अवधि के अंतराल में होना आवश्यक है? **–1 माह**
- भारतीय संविधान के **अनुच्छेद-356** के अंतर्गत **राष्ट्रपति शासन सर्वप्रथम** किस राज्य में लागू किया गया था? **–पंजाब में**

राष्ट्रीय आपातकाल में **लोकसभा की अवधि** (Term of Lok Sabha) आपातकाल की समाप्ति तक बढ़ाई जा सकती है, लेकिन **एक बार में केवल एक वर्ष के लिए** ही बढ़ाई जा सकती है।

आपातकाल के प्रकार एवं प्रभाव

अनुच्छेद-352 राष्ट्रीय आपात
- **राष्ट्रीय आपातकाल** के दौरान संघ और राज्यों के मध्य शक्ति का विभाजन समाप्त हो जाता है और **संघ, राज्य सूची** के विषय पर भी विधि का निर्माण कर सकती है।
- भारत की संघात्मक प्रणाली **एकात्मक** (Unitary) रूप में कार्य करने लगती है।
- अब तक **राष्ट्रीय आपात** (National emergency) का प्रयोग **3 बार** किया गया है।

अनुच्छेद-356 राज्य आपात
- **राष्ट्रपति शासन** में **राज्य विधानसभाएँ भंग** कर दी जाती हैं और **शक्तियों का विभाजन भी समाप्त** हो जाता है।
- भारत की शासन प्रणाली **एकात्मक स्वरूप** ग्रहण कर लेती है।
- अब तक राष्ट्रपति शासन का प्रयोग **120 से अधिक बार** किया जा चुका है।

अनुच्छेद-360 वित्तीय आपात
- **वित्तीय आपातकाल** में संघ और राज्यों के मध्य **करों का विभाजन स्थगित** कर दिया जाता है।
- संघ एवं राज्य के अधीन कार्यरत सभी व्यक्तियों के **वेतन** एवं **भत्तों** में कटौती की जा सकती है। इसके अन्तर्गत **उच्चतम** एवं **उच्च न्यायालय के न्यायाधीश** भी शामिल हैं।
- वित्तीय आपात का प्रयोग अब तक **एक बार भी नहीं** किया गया है।

मूल संविधान में आपात की उद्घोषणा में **सशस्त्र विद्रोह** के स्थान पर **आंतरिक अशांति** का उल्लेख था।

वित्त आयोग (Finance Commission)

वित्त आयोग की संरचना

अध्यक्ष – सार्वजनिक कार्यों का अनुभव रखने वाला व्यक्ति

- **सदस्य** – उच्च न्यायालय के न्यायाधीश की योग्यता रखने वाला व्यक्ति
- **सदस्य** – सरकार के वित्त एवं लेखाओं का ज्ञान रखने वाला व्यक्ति
- **सदस्य** – वित्तीय एवं प्रशासनिक मामलों का अनुभव रखने वाला व्यक्ति
- **सदस्य** – आर्थिक मामलों का विशेषज्ञ व्यक्ति

- **वित्त आयोग** द्वारा की गई सिफारिशों को **संसद सदन के समक्ष** कौन रखवाता है? **–भारत का राष्ट्रपति**
- भारत में **वित्त आयोग का गठन** किस अनुच्छेद के अंतर्गत किया गया है? **–अनुच्छेद-280**
- वित्त आयोग का **कार्यकाल** (Tenure) कितना होता है? **–5 वर्ष**
- वित्त आयोग में **अध्यक्ष के अतिरिक्त** कुल कितने सदस्य होते हैं? **–चार अन्य सदस्य**

भारत के वित्त आयोग

क्रमांक	गठन	अध्यक्ष का नाम	अनुशंसा वर्ष
पहला	1951	के.सी. नियोगी	1952-57
दूसरा	1956	के. संथानम	1957-62
तीसरा	1960	ए. के. चन्द्रा	1962-66
चौथा	1964	डॉ. पी.वी. राजामन्नार	1966-69
पाँचवाँ	1968	महावीर त्यागी	1969-74
छठा	1972	ब्रह्मानन्द रेड्डी	1974-79
सातवाँ	1977	जे.एम. शेलेट	1979-84
आठवाँ	1982	वाई.वी. चव्हाण	1984-89
नौवाँ	1987	एन. के.पी. साल्वे	1989-95
दसवाँ	1992	के. सी. पन्त	1995-2000
ग्यारहवाँ	1998	प्रो. ए. एम. खुसरो	2000-05
बारहवाँ	2002	डॉ. सी. रंगराजन	2005-10
तेरहवाँ	2007	डॉ. विजय केलकर	2010-15
चौदहवाँ	2013	डॉ. वाई. वी. रेड्डी	2015-20
पन्द्रहवाँ	2017	एन. के. सिंह	2020-21/2021-26

- भारत में केंद्र-राज्य के मध्य **वित्तीय सम्बंध** किसकी संस्तुति से निर्धारित होते हैं? **–वित्त आयोग की**

वित्त आयोग का मुख्य कार्य **केंद्रीय करों में राज्यों के भाग** तथा **केंद्र द्वारा राज्यों के लिए दी जाने वाली वित्तीय सहायता** को निर्धारित करना है।

- केन्द्र एवं राज्य के मध्य **वित्तीय** (Fiscal) विवादों के समाधान किस संस्था के द्वारा होता है? **–वित्त आयोग**
- केंद्र की **समेकित निधि** (Consolidated Fund) से राज्यों को राजस्व की सहायता हेतु **अनुदान** (Grant) देने वाले सिद्धान्तों की अनुशंसा कौन सा **प्राधिकरण** (Authority) करता है? **–वित्त आयोग**

सामान्य रूप में **भारत में प्रति पांच वर्ष बाद** वित्त आयोग की नियुक्ति **केंद्रीय अनुदान और संघ के राजस्व में राज्यों का अंश निर्धारित करने के लिए** की जाती है।

- भारत की **संचित निधि** (Consolidated Fund) में से राज्यों के राजस्व में **सहायता अनुदान** (Grants-in-aid) को कौन विनियमित करता है? **–वित्त आयोग**

15वें वित्त आयोग की संरचना

- एन. के. सिंह – अध्यक्ष
- शक्तिकांत दास – सदस्य (नव. 2017 से दिस. 2018 तक)
- डॉ. अनूप सिंह – सदस्य (पूर्णकालिक)
- डॉ. अशोक लाहिड़ी – सदस्य (अल्पकालिक)
- डॉ. रमेश चंद्र – सदस्य (पूर्णकालिक)
- अरविन्द मेहता – सचिव
- अजय नारायण झा – सदस्य (पूर्णकालिक)

भारत में **प्रथम वित्त आयोग** का गठन **वर्ष 1951** में किया गया था, इसके अध्यक्ष **के. सी. नियोगी** थे।

नीति आयोग (NITI AYOG)

- **योजना आयोग** की स्थापना कब हुई थी?

  –15 मार्च, 1950

- **योजना आयोग के प्रथम अध्यक्ष** कौन थे?

  –पंडित जवाहर लाल नेहरू

योजना आयोग की स्थापना **संघीय मंत्रिपरिषद् द्वारा एक विशेष प्रस्ताव पारित करके** की गई थी।

- **नीति आयोग** कौन सा निकाय है?

  –गैर-संवैधानिक (Non-constitutional)

- योजना आयोग के स्थान पर **नीति आयोग** का गठन कब किया गया? –1 जनवरी, 2015 को

- **नीति आयोग** का अध्यक्ष कौन होता है? –प्रधानमंत्री

नीति आयोग की संरचना (Structure of NITI AYOG)

- **अध्यक्ष** : भारत के प्रधानमंत्री
- गवर्निंग काउंसिल में सभी **राज्यों के मुख्यमंत्री** और **संघ राज्य क्षेत्रों के उपराज्यपाल** (जिन केंद्रशासित प्रदेशों में विधानसभा है वहाँ के मुख्यमंत्री भी) शामिल
- **विशेष आमंत्रित सदस्य** : विभिन्न क्षेत्रों के विशेषज्ञ (प्रधानमंत्री द्वारा नामित)
- **उपाध्यक्ष** : प्रधानमंत्री द्वारा नियुक्त
- **सदस्य** : पूर्णकालिक
- **अंशकालिक सदस्य** : अग्रणी विश्वविद्यालय, शोध संस्थानों और अन्य सुसंगत संस्थाओं से अधिकतम 2 पदेन सदस्य; अंशकालिक सदस्य श्रेणी के आधार पर होंगे।
- **पदेन सदस्य** : केंद्रीय मंत्रिपरिषद से अधिकतम **4 सदस्य** प्रधानमंत्री द्वारा नामित।
- **मुख्य कार्यकारी अधिकारी** : भारत सरकार के सचिव स्तर का अधिकारी निश्चित कार्यकाल हेतु प्रधानमंत्री द्वारा नियुक्त।
- **सचिवालय** : आवश्यकता के अनुसार स्थापना होगी
- विशिष्ट मुद्दों और ऐसे आकस्मिक मामले, जिनका सम्बंध एक से अधिक राज्य या क्षेत्र से हो, को देखने के लिए **क्षेत्रीय परिषदें**। ये परिषदें **विशिष्ट कार्यकाल** के लिए बनायी जाएँगी।

- **राष्ट्रीय विकास परिषद्** (National Development Council) की स्थापना कब हुई थी? **–अगस्त, 1954 में**

- **राष्ट्रीय विकास परिषद्** की अध्यक्षता कौन करता है?

  –भारत का प्रधानमंत्री

- **नीति आयोग के उपाध्यक्ष** को भारत सरकार के वरीयता क्रम में कौन सा दर्जा दिया गया है

  –भारत सरकार के कैबिनेट मंत्री के समान

राष्ट्रीय भारत परिवर्तन संस्था (National Institution for Transfroming India - NITI)		
•	**निर्माण**	– 1 जनवरी, 2015
•	**पूर्ववर्ती**	– योजना आयोग
•	**अधिकार क्षेत्र**	– भारत सरकार
•	**मुख्यालय**	– नई दिल्ली
•	**अध्यक्ष**	– प्रधानमंत्री
•	**उपाध्यक्ष**	– डॉ. राजीव कुमार
•	**मुख्य कार्यकारी अधिकारी**	– अमिताभ कान्त
•	**वेबसाइट**	– niti.gov.in

- **नीति आयोग** तथा राज्य सरकारों के मध्य **समन्वयकर्त्ता** (Coordinator) का कार्य कौन करता है?

  –राष्ट्रीय विकास परिषद्

- **योजना आयोग ने संघ का स्थान ले लिया है और हमारा देश अनेक अर्थों में एकल प्रणाली की तरह कार्य कर रहा है**, यह कथन किसका है? **–के. संथानम् का**

वरीयता अनुक्रम (Table of Precedence)

1. राष्ट्रपति, 2. उपराष्ट्रपति, 3. प्रधानमंत्री, 4. अपने-अपने राज्यों में राज्यपाल, 5. पूर्व राष्ट्रपति, 5.क उप-प्रधानमंत्री 6. भारत के मुख्य न्यायाधीश एवं लोक सभा अध्यक्ष, 7. संघ के कैबिनेट मंत्री एवं अपने-अपने राज्यों में राज्यों के मुख्यमंत्री , उपाध्यक्ष-नीति आयोग, पूर्व प्रधानमंत्री, राज्य सभा एवं लोक सभा में विपक्ष के नेता 7.क भारत रत्न से सम्मानित व्यक्ति, 8. अपने-अपने राज्यों के बाहर राज्यों के राज्यपाल, 9. उच्चतम न्यायालय के न्यायाधीश, 9.क अध्यक्ष-संघ लोक सेवा आयोग, मुख्य चुनाव आयुक्त, भारत के नियंत्रक एवं महालेखा-परीक्षक, 10. राज्य सभा के उपसभापति

नीति आयोग का उद्देश्य **आर्थिक नियोजन** और **नीति निर्माण** से **राष्ट्रीय सुरक्षा** को सुनिश्चित बनाना है।

निर्वाचन आयोग (Election Commission)

- राजनीतिक दल को **राष्ट्रीय या क्षेत्रीय दल की मान्यता** (Recognition of National or Regional Party) देने का अधिकार किसे प्राप्त है? **-चुनाव आयोग को**
- भारत के **मुख्य निर्वाचन आयुक्त** की पदावधि क्या है?
  -6 वर्ष या 65 वर्ष की आयु (जो भी पहले हो)
- भारत के **मुख्य चुनाव आयुक्त** को किसके द्वारा नियुक्त किया जाता है? **-राष्ट्रपति के द्वारा**

निर्वाचन से सम्बन्धित अनुच्छेद	
अनुच्छेद	**विषय-वस्तु**
324	चुनाव कार्य के अधीक्षण, निदेशन तथा नियंत्रण की शक्ति चुनाव आयोग में निहित है।
325	चुनाव प्रक्रिया में शामिल होने के लिए कोई व्यक्ति **धर्म, नस्ल, जाति** अथवा **लिंग** के आधार पर अयोग्य नहीं होगा अथवा इन्हीं आधारों पर शामिल होने का दावा नहीं कर सकता।
326	लोकसभा अथवा विधान सभाओं के चुनाव वयस्क मताधिकार के आधार पर सम्पन्न होंगे।
327	विधानमंडलों के चुनाव के सम्बंध में उपबंध करने की संसद की शक्ति
328	राज्य विधायिका का सम्बंधित राज्य के अंदर चुनाव के सम्बंध में प्रावधान बनाने की शक्ति
329	चुनाव सम्बंधी विषयों में न्यायालयों के हस्तक्षेप पर रोक
329-क	प्रधानमंत्री तथा लोकसभा अध्यक्ष के चुनाव के सम्बंध में विशेष प्रावधान (निरस्त)

- भारत के मुख्य चुनाव आयुक्त किसके द्वारा नियुक्त किया जाता है? **-राष्ट्रपति द्वारा**
- **आंतरिक दलीय लोकतंत्र** का उपयोग कहाँ होता है?
  - दल के आंतरिक चुनाव हेतु, जो दल के पदाधिकारियों के चयन हेतु समय-समय पर होता है।
- संविधान के किस अनुच्छेद के अन्तर्गत भारत के **निर्वाचन आयोग** का प्रावधान किया गया है? **-अनुच्छेद-324 के अंतर्गत**
- **मुख्य चुनाव आयुक्त** को किस प्रकार उसके पद से हटाया जा सकता है?
  - संसद के दोनों सदनों के सदस्यों द्वारा 2/3 बहुमत से प्रमाणित कदाचार के आधार पर
- **राष्ट्रपति का चुनाव** किसके द्वारा संचालित किया जाता है? **-भारत के निर्वाचन आयोग द्वारा**

> **61वें संविधान संशोधन, 1989** के अन्तर्गत मतदान की न्यूनतम आयु **21 वर्ष** से घटाकर **18 वर्ष** कर दी गई।

- **सांसदों की अयोग्यता सम्बंधी विवाद** पर कौन निर्णय देता है? **-निर्वाचन आयोग के परामर्श से राष्ट्रपति**
- संसद द्वारा किस व्यक्ति को **चुनाव लड़ने के लिए अयोग्य करार** दिया जाता है?
  -न्यायालय द्वारा अपराधी घोषित किए गए व्यक्ति को
- भारत में **मताधिकार और निर्वाचित** होने का अधिकार किस प्रकार का है **-विधिक अधिकार**
- राजनीतिक दलों को **सर्वप्रथम संवैधानिक मान्यता** किस वर्ष प्रदान की गयी? **-वर्ष 1985 में**
- **आनुपातिक प्रतिनिधित्व** की आवश्यकता किस देश में नहीं होती है? **-जहाँ द्वि-दलीय प्रणाली प्रचलित हो**
- **दिनेश गोस्वामी समिति** का सम्बंध किससे है?
  -लोक सभा चुनाव के सरकारी वित्तियन से

> किसी भी राजनीतिक दल को **मुख्य विपक्षी दल की मान्यता प्राप्त करने हेतु** उसके पास सदन के कम-से-कम **10%** सदस्य होने चाहिए।

- निर्वाचन आयोग को किस वर्ष **तीन सदस्यीय आयोग** बनाया गया? **-वर्ष 1989 एवं 1993 में**
- **दल-बदल निरोधक अधिनियम** कब पारित किया गया था? **-15 फरवरी, 1985**

> - **निर्वाचन प्रक्रिया** (Election Process) का आरम्भ **राष्ट्रपति** द्वारा जारी की गयी अधिसूचना से होता है।
> - यह अधिसूचना **जनप्रतिनिधित्व अधिनियम** (Public Representatives Act), **1951** की **धारा-14** के अंतर्गत जारी की जाती है।

> **संसद** तथा **राज्य विधानमण्डलों** के चुनाव का संचालन **निर्वाचन आयोग** (Election Commission) द्वारा किया जाता है।

- **राष्ट्रीय मानवाधिकार आयोग** (National Human Rights Commission) **अधिनियम, 1993** के अनुसार, किसे इस आयोग का अध्यक्ष बनाया जा सकता है?

  –उच्चतम न्यायालय का सेवानिवृत्त मुख्य न्यायाधीश अथवा सेवानिवृत्त न्यायाधीश
- भारत में सर्वप्रथम **लोक सेवा आयोग** की स्थापना किस अधिनियम के द्वारा की गयी थी?

  –गवर्नमेंट ऑफ इंडिया एक्ट, 1919
- **वर्ष 1926** में **ली आयोग** (Lee Commission) की अनुशंसा पर सर्वप्रथम **लोक सेवा आयोग** की स्थापना की गयी थी।
- **राज्य लोक सेवा आयोग** (State Public Service Commission) के सदस्यों की नियुक्ति किसके द्वारा की जाती है?

  –राज्यपाल के द्वारा
- **भारतीय प्रशासनिक सेवा** (IAS) और **भारतीय पुलिस सेवा** (IPS) को समाप्त करने की सिफारिश किस आयोग ने की थी?

  –राजमन्नार आयोग
- **संघ लोक सेवा आयोग** की **प्रथम महिला अध्यक्ष** कौन थी?

  –रोज मिलियन बैथ्यू

राष्ट्रीय मानवाधिकार आयोग की संरचना

अध्यक्ष	उच्चतम न्यायालय का सेवानिवृत्त मुख्य न्यायाधीश या उच्चतम न्यायालय का सेवानिवृत्त न्यायाधीश
• सदस्य (1)	उच्चतम न्यायालय का कार्यरत व सेवानिवृत्त न्यायाधीश
• सदस्य (2)	उच्च न्यायालय का कार्यरत व सेवानिवृत्त मुख्य न्यायाधीश
• सदस्य (3)	मानवाधिकार से सम्बंधित कार्यानुभव अथवा विशेष जानकारी वाले दो व्यक्ति
• पदेन सदस्य	राष्ट्रीय अल्पसंख्यक आयोग का अध्यक्ष
• पदेन सदस्य	राष्ट्रीय अनुसूचित जाति आयोग का अध्यक्ष
• पदेन सदस्य	राष्ट्रीय अनुसूचित जनजाति आयोग का अध्यक्ष
• पदेन सदस्य	राष्ट्रीय महिला आयोग की अध्यक्ष
• पदेन सदस्य	पिछड़ा वर्ग आयोग का अध्यक्ष
• पदेन सदस्य	विकलांग व्यक्तियों के लिए मुख्य आयुक्त
• पदेन सदस्य	राष्ट्रीय बाल अधिकार सुरक्षा आयोग के मुख्य आयुक्त

भारत के प्रथम लोकपाल की नियुक्ति

- **23 मार्च, 2019** को राष्ट्रपति द्वारा **सर्वोच्च न्यायालय** के सेवानिवृत्त न्यायाधीश **पिनाकी चन्द्र घोष** को **भारत का प्रथम लोकपाल** नियुक्त किया गया। इनका चयन प्रधानमंत्री (नरेन्द्र मोदी) की अध्यक्षता वाली एक चयन समिति द्वारा किया गया है जिसमें सर्वोच्च न्यायालय के **मुख्य न्यायाधीश** (रंजन गोगोई), **लोकसभा अध्यक्ष** (सुमित्रा महाजन) तथा एक **प्रख्यात न्यायविद्** (मुकुल रोहतगी) सम्मिलित थे।
- **अध्यक्ष :** पिनाकी चंद्र घोष
- **न्यायाविद् सदस्य :** जस्टिस दिलीप बी. भोसले, प्रदीप कुमार मोहंती, अभिलाषा कुमारी, अजय कुमार त्रिपाठी।
- **गैर-न्यायविद् सदस्य :** अर्चना रामसुन्दर, दिनेश कुमार जैन, महेन्द्र सिंह, इन्द्रजीत प्रसाद गौतम।

- **मानवाधिकार आयोग** किस प्रकार की संस्था है?

  –गैर-संवैधानिक (Non-Constitutional)
- **राजनीतिज्ञों व अपराधियों के मेल-जोल/सम्बंधों** की जाँच करने वाली समिति कौन सी है? **–वोहरा समिति**
- भारत में **लोकपाल एवं लोकायुक्त** की स्थापना का सुझाव किसने दिया था? **–प्रशासनिक सुधार आयोग ने**
- संसद में **प्रथम लोकपाल विधेयक** किस वर्ष प्रस्तुत किया गया था? **–वर्ष 1968 में**

संचित निधि को **समेकित निधि** के नाम से भी जाना जाता है।

- संविधान के किस अनुच्छेद के अंतर्गत **लोक सेवा आयोग** के सदस्य को हटाया जा सकता है? **–अनुच्छेद-317**
- किसी राज्य का **लोक आयुक्त अपना प्रतिवेदन** प्रस्तुत करता है? **–राज्यपाल को**
- **राज्य मानवाधिकार आयोग** का अध्यक्ष कौन होता है?

  –उच्च न्यायालय का सेवानिवृत्त मुख्य न्यायाधीश
- **उत्तर प्रदेश लोक सेवा आयोग** (UPPSC) के व्यय किस निधि पर भारित होते हैं? **–राज्य की संचित निधि पर**

लोक सेवा आयोग में **1 अध्यक्ष** के अतिरिक्त **10 अन्य सदस्य** होते हैं।

लोकपाल संस्था में **अध्यक्ष के अतिरिक्त 8 अन्य सदस्यों** की नियुक्ति होती है, जिनका **कार्यकाल 5 वर्ष** होता है।

राजभाषा (Official Language)

- भारतीय संविधान के **अनुच्छेद-344** के अन्तर्गत प्रथम **राजभाषा आयोग** का गठन कब हुआ था?

  -वर्ष 1955 में, (बी.जी. खेर की अध्यक्षता में)

- **आठवीं अनुसूची** में (वर्ष 2003) चार भाषाएँ किस संविधान संशोधन के द्वारा जोड़ी गई, जिससे उनकी संख्या बढ़कर 22 हो गई? **-92वें संविधान संशोधन द्वारा**

संविधान में 8वीं अनुसूची में सम्मिलित भाषाएँ		
1. असमिया	2. बांग्ला	3. गुजराती
4. हिन्दी	5. कन्नड़	6. कश्मीरी
7. कोंकणी	8. मलयालम	9. मणिपुरी
10. मराठी	11. नेपाली	12. ओड़िया
13. पंजाबी	14. संस्कृत	15. सिन्धी
16. तमिल	17. तेलुगू	18. उर्दू
19. डोगरी	20. बोडो	21. मैथिली
22. संथाली		

- संविधान के किस अनुच्छेद में, प्रत्येक **राज्य में भाषायी अल्पसंख्यक वर्ग के बच्चों** को उनकी **मातृभाषा में प्राथमिक स्तर पर शिक्षा** उपलब्ध कराने की व्यवस्था है?

  -अनुच्छेद-350 (क)

- **मैथिली भाषा** को **आठवीं अनुसूची** के अंतर्गत किस वर्ष शामिल किया गया? **-वर्ष 2003 में**

71वें संविधान संशोधन द्वारा वर्ष 1992 में से संविधान की **आठवीं अनुसूची** में **नेपाली, कोंकणी** एवं **मणिपुरी** भाषाएँ जोड़ी गई।

उत्तराखण्ड की द्वितीय राजभाषा **संस्कृत** है।

- **राष्ट्रीय संस्कृत विद्यापीठ** कहाँ स्थित है?

  -तिरुपति (आंध्र प्रदेश)

अब तक 6 भाषाओं को शास्त्रीय भाषा का दर्जा प्राप्त हो चुका है-

क्र.	भाषा	घोषणा वर्ष	क्र.	भाषा	घोषणा वर्ष
1.	तमिल	2004	2.	संस्कृत	2005
3.	तेलुगू	2008	4.	कन्नड़	2008
5.	मलयालम	2013	6.	ओड़िया	2014

राजभाषा से सम्बंधित अनुच्छेद	
अनुच्छेद	**विषय-वस्तु**
	संघ की भाषा
• 343	- संघ की राजभाषा
• 344	- राजभाषा पर संसदीय आयोग एवं समिति
	क्षेत्रीय भाषाएँ
• 345	- राज्य की राजभाषा अथवा राजभाषाएँ
• 346	- एक राज्य से दूसरे राज्य अथवा एक राज्य से संघ के बीच संवाद के लिए राजभाषा
• 347	- किसी राज्य की जनसंख्या के एक समूह द्वारा बोली-जाने वाली भाषा में सम्बंधित प्रावधान
	सर्वोच्च न्यायालय व उच्च न्यायालयों की भाषा
• 348	- सर्वोच्च न्यायालय तथा उच्च न्यायालयों में साथ ही अधिनियमों एवं विधेयकों में प्रयोग की जाने वाली भाषा।
• 349	- भाषा से सम्बंधित कुछ नियम अधिनियमित करने के लिए विशेष प्रक्रिया
	विशेष विनिर्देश
• 350	- शिकायत निवारण के लिए प्रयुक्त भाषा
• 350 ए	- प्राथमिक स्तर पर मातृभाषा में शिक्षण के लिए सुविधाएँ
• 350 बी	- भाषाई अल्पसंख्यकों के लिए विशेष पदाधिकारी
• 351	- हिन्दी भाषा के विकास के लिए विनिर्देश

- **वर्ष** 1957 में **प्रथम राजभाषा संयुक्त समिति** किसकी अध्यक्षता में गठित की गई थी?**-पंडित गोविन्द बल्लभ पंत**
- भारत की **राजकीय भाषा सम्बंधी प्रावधान का संशोधन** किस प्रकार हो सकता है**-संसद में कम से कम 2/3 बहुमत से**
- **सिन्धी भाषा** को **आठवीं अनुसूची** में किस संविधान संशोधन द्वारा जोड़ा गया था? **-21वाँ संविधान संशोधन-1967**
- संविधान की **आठवीं अनुसूची** में सम्मिलित भाषाओं में से कौन सी **दूसरी सर्वाधिक बोली** जाने वाली भाषा है?

  -बंगाली

बोडो, डोगरी, मैथिली और **संथाली** चार राजभाषाओं को **92वें संविधान संशोधन, 2003** द्वारा जोड़ा गया था।

पंचायती राज एवं नगरपालिका (Panchayati Raj and Municipality)

- **पंचायती राज** किस सूची का विषय है? **-राज्य सूची का**
- संविधान के **73वें संशोधन** द्वारा पंचायतों को निर्दिष्ट किए जाने वाले कार्य किस अनुसूची में वर्णित हैं?**-ग्यारहवीं अनुसूची में**
- **पंचायत चुनाव** कराने हेतु निर्णय किसके द्वारा लिया जाता है? **-राज्य सरकार द्वारा**
- भारतीय संविधान की **ग्यारहवीं अनुसूची** में पंचायतों के लिए कुल कितने विषय निर्धारित किए गए हैं? **-29**

> **73वें संविधान संशोधन** के द्वारा **पंचायती राज संस्थाओं** को **संवैधानिक स्तर** (Constitutional Status) प्राप्त हुआ था।

- **पंचायत चुनाव** (Panchayat Election) कितने अंतराल पर होते हैं? **-प्रत्येक पाँच वर्षों में**
- किस अनुच्छेद के अंतर्गत पंचायतों को **संवैधानिक दर्जा** प्रदान किया गया है? **-अनुच्छेद 243 के अंतर्गत**
- **राष्ट्रीय पंचायती राज दिवस** कब मनाया जाता है?**-24 अप्रैल**
- भारत में सर्वप्रथम **पंचायती राज प्रणाली** का शुभारम्भ कब और कहाँ हुआ?**-2 अक्टूबर 1959, नागौर** (राजस्थान) **में**
- **त्रि-स्तरीय पंचायती राज प्रणाली** स्थापित करने की अनुशंसा सर्वप्रथम किस समिति द्वारा की गई थी? **-बलवन्त राय मेहता समिति द्वारा**
- **अशोक मेहता समिति** ने पंचायती राज के लिए किस प्रतिमान (Model) की संस्तुति की थी? **-द्वि-स्तरीय**
- **पंचायतों** एवं **नगरपालिकाओं** के सम्बंध में भारतीय संविधान में किस वर्ष प्रावधान किया गया? **-वर्ष 1993 में**
- पंचायती राज को किस संशोधन द्वारा **स्वशासन की इकाई के रूप में** संगठित किया गया? **-भारतीय संविधान के 73वें संशोधन द्वारा**

पंचायती राज व्यवस्था से सम्बंधित : समितियाँ

1.	बलवंत राय मेहता समिति	-	1957
2.	अशोक मेहता समिति	-	1977
3.	जी.वी.के. राव समिति	-	1985
4.	एल.एम. सिंघवी समिति	-	1986
5.	संथानम समिति	-	1962
6.	सादिक अली समिति	-	1964

- पंचायती राज को **संवैधानिक स्थिति प्रदान करने की संस्तुति** किस समिति द्वारा की गई थी? **-एल. एम. सिंघवी समिति**
- किन राज्यों में पंचायत समितियों तथा जिला परिषद्रों को भी करारोपण की शक्तियाँ दी गयी हैं? **-गुजरात, महाराष्ट्र एवं राजस्थान**
- **ब्लॉक स्तर** (Block Level) पर पंचायत समिति का क्या स्वरूप है? **-प्रशासनिक प्राधिकरण** (Administrative authority)

> **पंचायती राज** का प्रधान लक्ष्य ग्रामवासियों में **शक्ति का विकेन्द्रीकरण** तथा लोगों को **विकास मूलक प्रशासन में भागीदारी** के योग्य बनाना है। यह **लोकतांत्रिक विकेन्द्रीकरण** (Democratic Decentralization) को प्रोत्साहित करता है।

- यदि **पंचायत भंग** होती है, तो कितनी अवधि के भीतर निर्वाचन कराना अनिवार्य है? **-6 माह**
- पंचायतों में किन वर्गों के लिए आरक्षण का प्रावधान है? **-महिलाओं, अनुसूचित जातियों तथा अनुसूचित जनजातियों के लिए**

• **ग्यारहवीं अनुसूची** (Eleventh Schedule)	• इसमें पंचायतों की शक्तियाँ व उत्तरदायित्व निर्धारित किए गए हैं। इस सूची में **29 विषय** हैं। इस अनुसूची को **73वें संविधान संशोधन अधिनियम, 1992** द्वारा जोड़ा गया था।	अनुच्छेद 243(छ) [Art. 243 (G)]
• **बारहवीं अनुसूची** (Twelth Schedule)	• इसमें **नगरपालिकाओं** (Muncipalities) की शक्तियाँ व उत्तरदायित्व बताई गई हैं। इस सूची में **18 विषय** हैं। इस अनुसूची को **74वें संविधान संशोधन अधिनियम, 1992** द्वारा जोड़ा गया था।	अनुच्छेद 243(ब) [Art. 243 (W)]

> **73वें संविधान संशोधन** के अन्तर्गत महिलाओं के लिए **ग्राम पंचायतों में 33% स्थान** (Seats) **आरक्षित** किए गए हैं।

विभिन्न राज्यों में पंचायतीराज संस्थाएँ				
पंचायतों के स्तर	**एक स्तरीय**	**दो स्तरीय**	**तीन स्तरीय**	**चार स्तरीय**
संस्थाएँ	**ग्राम पंचायत**	**ग्राम पंचायत, पंचायत समिति**	**ग्राम पंचायत, पंचायत समिति, जिला परिषद्**	**ग्राम पंचायत, अंचल पंचायत, आंचलिक परिषद्, जिला परिषद्**
राज्य	केरल, जम्मू-कश्मीर त्रिपुरा, मणिपुर सिक्किम	असम, ओडिशा, कर्नाटक, हरियाणा	उत्तरप्रदेश, बिहार, महाराष्ट्र आन्ध्र प्रदेश, हिमाचल प्रदेश पंजाब, गुजरात, तमिलनाडु, राजस्थान, मध्य प्रदेश	पश्चिम बंगाल

- **गुजरात** की **त्रिस्तरीय पंचायत** संस्थाएँ, **ग्राम पंचायत**, **तालुका समिति** तथा **जिला परिषद्** हैं। **मेघालय**, **मिजोरम** तथा **नागालैण्ड** में पंचायतों का गठन नहीं किया गया है। इन राज्यों में **एक स्तरीय जनजातीय परिषदें** कार्यरत हैं।

- अन्य पिछड़ा वर्ग को आरक्षण देने का प्रावधान करने के लिए किसे शक्ति प्रदान की गई है? **–राज्य विधानमण्डलों को**

उत्तर प्रदेश में पंचायती राज संस्थाओं में **महिलाओं के लिए आरक्षित** सीटों की कुल संख्या **कुल स्थानों की एक तिहाई** है।

- **73वाँ संविधान संशोधन अधिनियम** का क्या उद्देश्य है? **–देश में सशक्त** एवं **जीवंत पंचायती राज संस्थाओं की स्थापना करना**
- भारत के किस राज्य पंचायती राज से सम्बंधित मामलों की सुनवाई के लिए पृथक **अपीलीय न्यायाधिकरण** का गठन किया गया है? **–केरल**
- **अनुसूचित जनजातियों** (ST) से परिपूर्ण किस राज्य में **अनुसूचित जातियों** (SC) हेतु आरक्षण का कोई प्रावधान नहीं है? **–अरुणाचल प्रदेश**

किसी राज्य के राज्यपाल को, उस विशेष राज्य की पंचायतों द्वारा विनियोजित हो सकने वाले **करों और शुल्कों** (Taxes and Fees) के निर्धारण के सिद्धांतों के विषय में संस्तुति **राज्य वित्त आयोग** (State Finance Commission) करता है।

- **नगरपालिका** किस संविधान संशोधन से सम्बंधित है? **–74वाँ संविधान संशोधन अधिनियम**
- **73वाँ संविधान संशोधन** किस व्यवस्था को प्रोत्साहित करता है? **–स्वशासन की व्यवस्था को**
- **राज्य वित्त आयोग** का गठन भारतीय संविधान के किस अनुच्छेद के अंतर्गत किया जाता है? **–अनुच्छेद-243 (I) के अन्तर्गत**

- **पंचायत समिति** (Panchayat Committee) के सदस्य किस चुनाव पद्धति से चुने जाते हैं? **–जनता द्वारा प्रत्यक्ष रूप से**

किसी भी बी. पी. एल. परिवार का वयस्क सदस्य **महात्मा गाँधी राष्ट्रीय ग्रामीण रोजगार गारंटी अधिनियम** (MGNREGA) के अंतर्गत लाभ प्राप्त करने का पात्र होता है।

- **महात्मा गाँधी राष्ट्रीय ग्रामीण रोजगार गारंटी योजना** में आयोजना बनाने, सम्पादन करने व क्रियान्वयन का उत्तरदायित्व किसका है? **–ग्राम पंचायतों का**
- भारत के किस राज्य में पंचायतों में **अल्पसंख्यकों के लिए आरक्षण** प्राप्त है? **–आन्ध्र प्रदेश**

पंचायती राज से सम्बंधित समितियाँ (संवैधानीकरण के बाद)		
समिति का नाम	**अध्यक्ष**	**वर्ष**
पंचायती राज संस्थाओं के अधिकारों तथा प्रकार्यों के हस्तांतरण के लिए गठित टास्क फोर्स (कार्यदल)	ललित माथुर	2001
निम्नतम (Grassroot) स्तर पर नियोजन के लिए गठित विशेषज्ञ समूह	वी.रामचंद्रन	2005
जिला-स्तर नियोजन की नियमावली तैयार करने का कार्यदल	श्रीमती राजवंत संधु	2008
DRDA –जिला ग्रामीण एजेंसी के पुनर्गठन के लिए गठित समिति	वी. रामचंद्रन	2010
आम वस्तुओं एंव सेवाओं की कुशल आपूर्ति के लिए पंचायतों के **उत्तोलन** (Leveraging) की विशेषज्ञ समिति	मणिशंकर अय्यर	2012

नगरपालिकाओं को **बारहवीं अनुसूची** में वर्णित **कुल 18 विषयों** पर **विधि बनाने की शक्ति प्रदान** की गई है।

संविधान संशोधन (Constitution Amendment)

- **संविधान संशोधन का प्रावधान** किस अनुच्छेद के अन्तर्गत किया गया है? **-अनुच्छेद-368**
- भारतीय **संविधान में संशोधन** के लिए संसद के किस सदन में विधेयक लाया जा सकता है? **-लोक सभा अथवा राज्य सभा किसी भी सदन में**
- किस संविधान संशोधन अधिनियम को **लघु संविधान** कहा जाता है? **-42वें संविधान संशोधन को**

साधारण बहुमत से संशोधित किए जाने वाले कुछ उपबंध
1. **अनुच्छेद-2, 3** और **4** संसद को विधि द्वारा यह अधिकार देते हैं कि वह भारतीय संघ में **नए राज्यों को शामिल** कर सके तथा राज्यों की **सीमा परिवर्तन** द्वारा नए राज्यों का निर्माण कर सके।
2. **अनुच्छेद-75, 97, 125 165 (5)** तथा **221 (2)**: द्वितीय अनुसूची में परिवर्तन की अनुमति देते हैं।
3. **अनुच्छेद-105 (3)**: संसद द्वारा पारित किए जाने पर संसदीय विशेषाधिकारों की व्यवस्था करता है।
4. **अनुच्छेद 106** : संसद द्वारा पारित किए जाने पर संसद सदस्यों के वेतन एवं भत्ते की व्यवस्था करता है।
5. **अनुच्छेद-120 (2)** : संसद द्वारा किसी नयी व्यवस्था के न किए जाने पर 15 वर्षों के उपरान्त **अंग्रेजी** को संसदीय भाषा के रूप में छोड़ने की व्यवस्था करता है।
6. **अनुच्छेद-124 (1)**: इसमें यह व्यवस्था है कि, संसद द्वारा किसी व्यवस्था के न होने तक उच्चतम न्यायालय में सात न्यायाधीश होंगे।
7. **अनुच्छेद-135** : संसद को सर्वोच्च न्यायालय के अधिकार क्षेत्र में परिवर्तन करने की शक्ति देता है।
8. **अनुच्छेद-169 (1)** : कुछ शर्तों के साथ विधान परिषदों को भंग करने की व्यवस्था करता है।
9. **अनुच्छेद (239)** : **संघ राज्य क्षेत्रों** (Union Territories) के लिए मंत्रिपरिषद् का सृजन करता है।

- दिल्ली **राष्ट्रीय राजधानी क्षेत्र** किस **संविधान संशोधन** द्वारा बना? **-69वें संविधान संशोधन (1992) द्वारा**
- **99वाँ संविधान संशोधन विधेयक** किससे सम्बन्धित है? **-राष्ट्रीय न्यायिक नियुक्ति आयोग के गठन से**
- भारतीय संविधान में **9वीं अनुसूची** कब जोड़ी गई? **-प्रथम संविधान संशोधन 1951 के द्वारा**
- संविधान का **86वाँ संशोधन** (विधेयक) किससे सम्बंधित है **-6 से 14 वर्ष के बच्चों के नि:शुल्क और अनिवार्य शिक्षा से**

विधान सभा तथा **लोकसभा के निर्वाचित** सदस्यों के **दल-बदल** पर **52वें संविधान संशोधन द्वारा** प्रतिबंध लगाया गया है।

- भारतीय संविधान का **79वाँ संशोधन** किससे संबंधित है? **-लोक सभा और राज्य विधान सभाओं में अनुसूचित जातियों तथा अनुसूचित जनजातियों के आरक्षण से**
- **वर्ष 1951** में **प्रथम संविधान संशोधन** किससे सम्बंधित था? **-कुछ राज्यों में किए गए कृषि व कृषि भूमि सम्बंधी विधियों के संरक्षण से**
- संसद के दोनों सदनों द्वारा अलग-अलग **विशेष बहुमत** (Special Majority) से किस विधेयक का पारित होना आवश्यक है? **-संविधान संशोधन विधेयक**

सर्वोच्च न्यायालय ने **गोलकनाथ बनाम पंजाब राज्य** विवाद में **सर्वप्रथम संसद की संविधान संशोधन शक्ति को सीमित** किया।

- भारतीय संविधान के संशोधनों में से किस संशोधन द्वारा **केंद्रीय मंत्रिमंडल** के आकार का लोकसभा की कुल सदस्य संख्या 15% तक सीमित कर दिया गया है?**-91वाँ संशोधन**

विशेष बहुमत और राज्यों के अनुसमर्थन द्वारा होने वाले संशोधन के अंतर्गत आने वाले विषय
• **अनुच्छेद-54** : राष्ट्रपति का निर्वाचन
• **अनुच्छेद-55** : राष्ट्रपति के निर्वाचन की प्रक्रिया
• **अनुच्छेद-73** : संघ की कार्यपालिका शक्ति का विस्तार
• **अनुच्छेद-162** : राज्यों की कार्यपालिका शक्ति का विस्तार
• **अनुच्छेद-241** : संघ राज्य क्षेत्रों के लिए उच्च न्यायालय
• **भाग-5, अध्याय-4** : संघ की न्यायपालिका
• **भाग-6, अध्याय-5** : राज्यों के उच्च न्यायालय
• **भाग-11, अध्याय-1** : संघ व राज्यों के बीच विधायी सम्बंध
• **7वीं अनुसूची** की किसी सूची (**संघ सूची, राज्य सूची, समवर्ती सूची**) में संशोधन
• **संसद में राज्यों का प्रतिनिधित्व** (अनुसूची 4),
• **स्वयं अनुच्छेद-368** : (संविधान संशोधन की प्रक्रिया) में संशोधन

86वें संविधान संशोधन 2003 द्वारा **शिक्षा के अधिकार** से सम्बंधित **अनुच्छेद 21-A** संविधान में जोड़ा गया।

विविध (Miscellaneous)

भारत के राष्ट्रपति एवं उनका कार्यकाल		
नाम (जीवनकाल)	कार्यकाल	विशिष्ट तथ्य
1. डॉ. राजेन्द्र प्रसाद (1884-1963)	26 जनवरी, 1950-13 मई, 1962	संविधान सभा के अध्यक्ष
2. डॉ. सर्वपल्ली राधाकृष्णन (1888-1975)	13 मई, 1962-13 मई, 1967	प्रथम उपराष्ट्रपति
3. डॉ. जाकिर हुसैन (1897-1969)	13 मई, 1967-3 मई, 1969	कार्यकाल में मृत्यु
• वराहगिरि वेंकटगिरि (1884-1980) (कार्यवाहक)	3 मई, 1969-20 जुलाई, 1969	उपराष्ट्रपति
• मुहम्मद हिदायतुल्ला (1905-1992) (कार्यवाहक)	20 जुलाई, 1969-24 अगस्त, 1969	मुख्य न्यायाधीश
4. वराहगिरि वेंकटगिरी (1884-1980)	24 अगस्त, 1969-24 अगस्त, 1974	स्वतंत्र उम्मीदवार के रूप में जीते
5. फखरुद्दीन अली अहमद (1905-1977)	24 अगस्त, 1974-11 फरवरी, 1977	केन्द्रीय मंत्री
• बी.डी. जत्ती (1913-2002) (कार्यवाहक)	11 फरवरी, 1977-25 जुलाई, 1977	उपराष्ट्रपति
6. नीलम संजीवन रेड्डी (1913-1996)	25 जुलाई, 1977-25 जुलाई, 1982	निर्विरोध निर्वाचित, 1969 ई. में पराजित
7. ज्ञानी जैल सिंह (1916-1994)	25 जुलाई, 1982-25 जुलाई, 1987	प्रथम सिक्ख राष्ट्रपति
8. आर. वेंकटरमन (1910)	25 जुलाई, 1987-25 जुलाई, 1992	उपराष्ट्रपति
9. शंकरदयाल शर्मा (1918-1999)	25 जुलाई, 1992-25 जुलाई, 1997	उपराष्ट्रपति
10. के.आर. नारायणन (1920-2005)	25 जुलाई, 1997-25 जुलाई, 2002	उपराष्ट्रपति (4 प्रधानमंत्रियों के साथ कार्य किया)
11. डॉ. ए.पी.जे. अब्दुल कलाम (1931-2015)	25 जुलाई, 2002-25 जुलाई, 2007	प्रथम वैज्ञानिक राष्ट्रपति
12. प्रतिभा पाटिल (1934 -)	25 जुलाई, 2007-25 जुलाई, 2012	प्रथम महिला राष्ट्रपति
13. प्रणब मुखर्जी (1935-2020)	25 जुलाई, 2012 से 25 जुलाई, 2017	प्रथम बंगाली राष्ट्रपति
14. रामनाथ कोविन्द (1945 -)	**25 जुलाई, 2017 से अब तक**	उत्तर प्रदेश मूल के प्रथम राष्ट्रपति

भारत के मुख्य न्यायाधीश (The Chief Justice of India)

क्र.	मुख्य न्यायाधीश	कार्यकाल	क्र.	मुख्य न्यायाधीश	कार्यकाल
1.	हीरालाल जे. कानिया	26.1.1950 से 6.11.1951	14.	अजीत नाथ रे	26.4.1973 से 27.1.1977
2.	एम. पतंजलि शास्त्री	7.11.1951 से 3.1.1954	15.	एम.एच. वेग	28.1.1977 से 21.2.1978
3.	मेहर चन्द्र महाजन	4.1.1954 से 22.12.1954	16.	वाई.वी. चन्द्रचूड़	22.2.1978 से 11.7.1985
4.	बी. के. मुखर्जी	23.12.1954 से 31.1.1956	17.	पी.एन. भगवती	12.7.1985 से 20.12.1986
5.	एस. आर. दास	1.2.1956 से 30.9.1959	18.	आर.एस. पाठक	21.12.1986 से 18.6.1989
6.	भुवनेश्वर प्रसाद सिन्हा	1.10.1959 से 31.1.1964	19.	ई.एस. वेंकटरमैया	19.6.1989 से 17.12.1989
7.	पी.वी. गजेन्द्र गडकर	1.2.1964 से 15.3.1966	20.	सव्यसांची मुखर्जी	18.12.1989 से 25.9.1990
8.	ए. के. सरकार	16.3.1966 से 29.6.1966	21.	रंगनाथ मिश्रा	26.9.1990 से 24.11.1991
9.	के. सुब्बाराव	30.6.1966 से 11.4.1967	22.	के.एन. सिंह	25.11.1991 से 12.12.1991
10.	के.एन. वांचू	12.4.1967 से 24.2.1968	23.	एम.एच. कानिया	13.12.1991 से 17.11.1992
11.	एम. हिदायतुल्ला	25.2.1968 से 16.12.1970	24.	ललित मोहन शर्मा	18.11.1992 से 11.2.1993
12.	जे.सी. शाह	17.12.1970 से 21.1.1971	25.	एम.एन. वेंकट चेलैय्या	12.2.1993 से 24.10.1994
13.	एस. एम. सीकरी	22.1.1971 से 25.4.1973	26.	ए.एम. अहमदी	25.10.1994 से 24.3.1997

क्र.	मुख्य न्यायाधीश	कार्यकाल
27.	जे.एस. वर्मा	25.3.1997 से 17.1.1998
28.	एम.एम. पुंछी	18.1.1998 से 9.10.1998
29.	आदर्श सेन आनन्द	10.10.1998 से 31.10.2001
30.	एस. पी. भरूचा	1.11.2001 से 5.5.2002
31.	भूपेन्द्रनाथ कृपाल	6.5.2002 से 7.11.2002
32.	जी.बी. पटनायक	8.11.2002 से 18.12.2002
33.	विशेश्वर नाथ खरे	19.12.2002 से 1.5.2004
34.	एस. राजेन्द्र बाबू	2.5.2004 से 31.5.2004
35.	रमेशचन्द्र लाहोटी	1.6.2004 से 31.10.2005
36.	वाई. के. सब्बरवाल	1.11.2005 से 13.1.2007
37.	के. जी. बालकृष्णन	14.1.2007 से 11.5.2010
38.	एस. एच. कपाड़िया	12.5.2010 से 28.9.2012
39.	अल्तमस कबीर	29.9.2012 से 18.7.2013
40.	पी. सदाशिवम्	19.7. 2013 से 26.4.2014
41.	आर. एम. लोढ़ा	27.4.2014 से 27.9.2014
42.	एच. एल. दत्तू	28.9.2014 से 2.12.2015
43.	तीरथ सिंह ठाकुर	3.12.2015 से 4.1.2017
44.	जगदीश सिंह खेहर	4.1.2017 से 27.8.2017
45.	दीपक मिश्रा	28.8.2017 से 2.10.2018
46.	रंजन गोगोई	3.10.2018 से 17.11.2019
47.	शरद अरविन्द बोबडे	18.11.2019 से 23.04.21
48.	**एन. वी. रमन्ना**	**24.04.2021 से वर्तमान**

भारत के मुख्य निर्वाचन आयुक्त

क्रम	नाम	पद धारण	पदमुक्ति
1.	सुकुमार सेन	21 मार्च, 1950	19 दिसम्बर, 1958
2.	के.वी.के. सुंदरम	20 दिसम्बर, 1958	30 सितम्बर, 1967
3.	एस.पी. सेन वर्मा	1 अक्टूबर, 1967	30 सितम्बर, 1972
4.	डॉ. नगेन्द्र सिंह	1 अक्टूबर, 1972	6 फरवरी, 1973
5.	टी. स्वामीनाथन	7 फरवरी, 1973	17 जून, 1977
6.	एस. एल. शकधर	18 जून, 1977	17 जून, 1982
7.	आर.के. त्रिवेदी	18 जून, 1982	31 दिसम्बर, 1985
8.	आर.वी.एस. शास्त्री	1 जनवरी, 1986	25 नवम्बर, 1990
9.	श्रीमती वी.एस. रमादेवी	26 नवम्बर, 1990	11 दिसम्बर, 1990
10.	टी.एन. शेषन	12 दिसम्बर, 1990	11 दिसम्बर, 1996
11.	एम.एस. गिल	12 दिसम्बर, 1996	13 जून, 2001
12.	जे.एम. लिंगदोह	14 जून, 2001	7 फरवरी, 2004
13.	टी.एस. कृष्णामूर्ति	8 फरवरी, 2004	15 मई, 2005
14.	बी.बी. टंडन	16 मई, 2005	28 जून, 2006
15.	एन. गोपाल स्वामी	29 जून, 2006	20 अप्रैल, 2009
16.	नवीन चावला	21 अप्रैल, 2009	29 जुलाई, 2010
17.	एस.वाई. कुरैशी	30 जुलाई, 2010	10 जून, 2012
18.	वी.एस. संपत	11 जून, 2012	15 जनवरी, 2015
19.	एच.एस. ब्रह्मा	16 जनवरी, 2015	18 अप्रैल, 2015
20.	डॉ. नसीम जैदी	19 अप्रैल, 2015	5 जुलाई, 2017
21.	अचल कुमार ज्योति	6 जुलाई, 2017	12 जनवरी, 2018
22.	ओम प्रकाश रावत	23 जनवरी, 2018	1 दिसंबर, 2018
23.	सुनील अरोड़ा	2 दिसंबर, 2018	12 अप्रैल, 2021
24.	सुशील चन्द्रा	13 अप्रैल, 2021	14 मई, 2022
25.	**राजीव कुमार**	**15 मई, 2022**	**वर्तमान**

विशेष: देश की प्रथम महिला मुख्य चुनाव आयुक्त **श्रीमती वी.एस. रमादेवी** (कार्यवाहक) थीं। देश के **प्रथम मुस्लिम मुख्य चुनाव आयुक्त डॉ. शहाबुद्दीन याकूब कुरैशी थे**।

भारत के प्रधानमंत्री

क्रम.	नाम	अवधि	विशिष्ट तथ्य
1.	जवाहर लाल नेहरू	15 अगस्त, 1947–27 मई, 1964	भारत के प्रथम प्रधानमंत्री की मृत्यु पदावधि के दौरान हुयी
2.	गुलजारी लाल नंदा	27 मई, 1964–9 जून, 1964	प्रथम कार्यवाहक प्रधानमंत्री
3.	लाल बहादुर शास्त्री	9 जून, 1964–11 जनवरी, 1966	प्रथम प्रधानमंत्री, जिनकी विदेश में आधिकारिक यात्रा के दौरान मृत्यु हुई।
4.	गुलजारी लाल नंदा	11 जनवरी, 1966–24 जनवरी, 1966	प्रथम, जो दूसरी बार कार्यवाहक प्रधानमंत्री बने।
5.	इंदिरा गांधी	24 जनवरी, 1966–24 मार्च, 1977	भारत की प्रथम महिला प्रधानमंत्री।
6.	मोरारजी देसाई	24 मार्च, 1977–28 जुलाई, 1979	सबसे अधिक आयु के (81 वर्ष) और प्रथम प्रधानमंत्री जिन्होंने अपने पद से त्याग-पत्र दिया।
7.	चौधरी चरण सिंह	28 जुलाई, 1979–14 जनवरी, 1980	एकमात्र प्रधानमंत्री, जो संसद के किसी अधिवेशन में शामिल नहीं हुये
8.	इंदिरा गांधी	14 जनवरी, 1980–31 अक्टूबर, 1984	प्रथम प्रधानमंत्री, जिनकी कार्यकाल के दौरान हत्या की गयी।
9.	राजीव गांधी	31 अक्टूबर, 1984–1 दिसम्बर, 1989	सबसे कम उम्र के प्रधानमंत्री (40 वर्ष)।
10.	विश्व नाथ प्रताप सिंह	1 दिसम्बर, 1989–10 नवम्बर, 1991	प्रथम प्रधानमंत्री, जिन्हें अविश्वास प्रस्ताव द्वारा पद छोड़ना पड़ा।
11.	चन्द्रशेखर	10 नवम्बर, 1990–20 जून, 1991	–
12.	पी.वी. नरसिंहाराव	20 जून, 1991–16 मई, 1996	प्रथम दक्षिण भारतीय प्रधानमंत्री।
13.	अटल बिहारी वाजपेयी	15 मई, 1996– 28 मई, 1996	सबसे छोटी अवधि, 13 दिन।
14.	एच.डी. देवगौड़ा	1 जून, 1996–21 अप्रैल, 1997	दक्षिण भारतीय द्वितीय प्रधानमंत्री।
15.	इन्द्र कुमार गुजराल	21 अप्रैल, 1997–21 अप्रैल, 1998	पूर्व सोवियत संघ में भारत के राजदूत
16.	अटल बिहारी वाजपेयी	21 अप्रैल, 1998–22 मई, 2004	प्रथम गैर-कांग्रेसी प्रधानमंत्री, जिन्होंने अपना पाँच वर्ष का कार्यकाल पूरा किया।
17.	मनमोहन सिंह	18 मार्च, 2004–26 मई, 2014	भारत में उदारीकरण के जनक
18.	नरेन्द्र मोदी	26 मई, 2014 – 30 मई 2019	प्रथम मुख्यमंत्री जो सीधे प्रधानमंत्री बने।
19.	नरेन्द्र मोदी	30 मई, 2019 – वर्तमान	एक कार्यकाल पूरा करके लगातार दूसरे कार्यकाल के लिए निर्वाचित होने वाले प्रथम गैर कांग्रेसी प्रधानमंत्री।

संक्षिप्त विश्लेषण

1. **प्रथम प्रधानमंत्री** : जवाहर लाल नेहरू (वर्ष 1947–1964)
2. **सबसे लम्बे समय तक प्रधानमंत्री** : जवाहर लाल नेहरू (लगभग 17 साल)
3. **सबसे छोटा कार्यकाल** : अटल बिहारी वाजपेयी (13 दिन, 1996)
4. **कार्यवाहक प्रधानमंत्री** : गुलजारी लाल नंदा (दो बार- 1964 और 1966)
5. **एक से अधिक बार प्रधानमंत्री**
   - (i) जवाहर लाल नेहरू (स्वतंत्रता से पहले अंतरिम सरकार के प्रधानमंत्री, स्वतंत्रता के पश्चात 3 बार)
   - (ii) इंदिरा गांधी (तीन बार)
   - (iii) अटल बिहारी वाजपेयी (तीन बार)
   - (iv) डॉ. मनमोहन सिंह (दो बार)
   - (iv) नरेन्द्र मोदी (दो बार)

राज्यों के लिए विशेष प्रावधानों से सम्बंधित अनुच्छेद	
अनुच्छेद	विषय वस्तु
• 371	महाराष्ट्र तथा गुजरात राज्यों के लिए विशेष प्रावधान
• 371ए	नागालैंड राज्य के लिए विशेष प्रावधान
• 371 बी	असम राज्य के लिए विशेष प्रावधान
• 371 सी	मणिपुर राज्य के लिए विशेष प्रावधान
• 371 डी	आंध्र प्रदेश राज्य या तेलंगाना राज्य के लिए विशेष प्रावधन
• 371 ई	आंध्र प्रदेश में केन्द्रीय विश्वविद्यालय की स्थापना
• 371 एफ	सिक्किम राज्य के लिए विशेष प्रावधान
• 371 जी	मिजोरम राज्य के लिए विशेष प्रावधान
• 371 एच	अरुणाचल प्रदेश राज्य के लिए विशेष प्रावधान
• 371 आई	गोवा राज्य के लिए विशेष प्रावधान
• 371 जे	कर्नाटक राज्य के लिए विशेष प्रावधान

जनजातीय क्षेत्र (Tribal Areas)	
राज्य	जनजातीय क्षेत्र
1. असम	1. दीमा हसाओ जिला (पूर्वनाम : उत्तरी कछार पहाड़ी जिला) 2. कार्बी आंगलांग जिला 3. बोडोलैंड प्रदेश क्षेत्र जिला
2. मेघालय	1. खासी पहाड़ी जिला 2. जयंतिया पहाड़ी जिला 3. गारो पहाड़ी जिला
3. त्रिपुरा	1. त्रिपुरा जनजातीय क्षेत्र जिला
4. मिजोरम	1. चकमा जिला 2. मारा जिला

राष्ट्राध्यक्षों/शासनाध्यक्षों के निवास स्थल			
क्र. स.	भवन	राष्ट्राध्यक्ष/शासनाध्यक्ष	स्थल
1.	क्रेमलिन	राष्ट्रपति, रूस	मॉस्को
2.	24 ससेक्स ड्राइव	प्रधानमंत्री, कनाडा	ओटावा
3.	राष्ट्रपति भवन	राष्ट्रपति, भारत	नई दिल्ली
4.	10 डाउनिंग स्ट्रीट	प्रधानमंत्री, ब्रिटेन	लंदन
5.	क्रिवेरिनल पैलेस	राष्ट्रपति, इटली	रोम
6.	लॉस पिनोस	राष्ट्रपति, मैक्सिको	मैक्सिको सिटी
7.	अरास एन वास्तारेन	राष्ट्रपति, आयरलैण्ड	डबलिन
8.	पैलोसियो डिला मोनक्लो	प्रधानमंत्री, स्पेन	मैड्रिड
9.	बकिंघम पैलेस	महारानी, ब्रिटेन	लंदन
10.	फेडरल चांसलर	चांसलर, जर्मनी	वॉन
11.	मर्डेका पैलेस	राष्ट्रपति, इंडोनेशिया	जकार्ता
12.	एवान-ए-सदर	राष्ट्रपति, पाकिस्तान	इस्लामाबाद
13.	नारायण हिती	नरेश, नेपाल	काठमांडू
14.	पैलोसियो डिबेलेम	राष्ट्रपति, पुर्तगाल	लिस्बन
15.	द लॉज	प्रधानमंत्री, ऑस्ट्रेलिया	कैनबरा
16.	चेट्यु डि लाचेन	नरेश, बेल्जियम	ब्रुसेल्स
17.	ब्लू हाऊस	राष्ट्रपति, दक्षिण कोरिया	सिओल
18.	व्हाइट हाऊस	राष्ट्रपति, अमेरिका	वॉशिंगटन डी.सी.
19.	एल्सी पैलेस	राष्ट्रपति, फ्रांस	पेरिस

नियामक निकाय (Regulatory Bodies)		
नाम	**स्थापना वर्ष**	**क्षेत्र**
• बीमा विनियामक एवं विकास प्राधिकरण (इरडा)	1999	बीमा
• भारतीय प्रतिभूति एवं विनियमन बोर्ड (सेबी)	1992	शेयर बाजार
• भारतीय प्रतिस्पर्धा आयोग	2003	व्यापार प्रबंधन
• भारतीय दूरसंचार विनियामक प्राधिकरण (ट्राई)	1997	दूरसंचार
• पेट्रोलियम एवं प्राकृतिक गैस नियामक बोर्ड	2006	पेट्रोलियम प्राकृतिक गैस
• केंद्रीय विद्युत नियामक आयोग	2003	विद्युत
• परमाणु ऊर्जा नियामक बोर्ड	1983	परमाणु ऊर्जा
• पेंशन निधि नियामक एवं विकास प्राधिकरण	2003	पेंशन
• हाऊस रेगुलेटरी अथॉरिटी	2016	आवास
• प्रसार भारती	1997	रेडियो एवं दूरदर्शन

देश के अर्द्ध सैनिक/सुरक्षा बल			
नाम	**स्थापना**	**मुख्यालय**	**उद्देश्य**
• **भारत-तिब्बत सीमा पुलिस** (ITBP)	1962	नई दिल्ली	भारत-तिब्बत सीमा की निगरानी
• **असम राइफल्स** (AR)	1835	शिलांग, असम	पूर्वोत्तर की सुरक्षा
• **केन्द्रीय रिजर्व पुलिस बल** (CRPF)	1939	नई दिल्ली	आंतरिक सुरक्षा
• **त्वरित कार्यवाही बल** (RAF)	1992	नई दिल्ली	साम्प्रदायिक दंगा नियंत्रण
• **सशस्त्र सीमा बल** (SSB)	1963	नई दिल्ली	भारत-नेपाल सीमा की सुरक्षा
• **सीमा सुरक्षा बल** (BSF)	1965	नई दिल्ली	अंतर्राष्ट्रीय सीमा की सुरक्षा
• **केन्द्रीय औद्योगिक सुरक्षा बल** (CISF)	1969	नई दिल्ली	PSUs की सुरक्षा
• **राष्ट्रीय सुरक्षा गार्ड** (NSG)	1984	नई दिल्ली	देश में आतंकवादी हमलों से सुरक्षा
• **होमगार्ड्स**	1946	-	नागरिक अशांति और सांप्रदायिक दंगों को नियंत्रित करने के लिए।
• **रेलवे सुरक्षा बल** (RPF)	1957	नई दिल्ली	रेल यात्रियों, रेलवे परिसम्पत्तियों एवं रेलवे परिक्षेत्र की सुरक्षा
• **विशेष सुरक्षा समूह** (SPG)	1988	नई दिल्ली	प्रधानमंत्री/पूर्व प्रधानमंत्री तथा उनके परिवार की सुरक्षा
• **मरीन कमांडो फोर्स** (मार्कोस)	1987	-	नौसैनिक बल

प्रमुख देशों के नागरिक सम्मान

1	अमेरिका का सर्वोच्च नागरिक सम्मान	- द प्रेसिडेंशियल मेडल ऑफ फ्रीडम
2.	ब्रिटेन का सर्वोच्च नागरिक सम्मान	- जॉर्ज क्रॉस (GC)
3.	फ्राँस का सर्वोच्च नागरिक सम्मान	- दि लिजिऑन डी ऑनर
4.	कनाडा का सर्वोच्च नागरिक सम्मान	- दि ऑर्डर ऑफ मेरिट
5.	बेल्जियम का सर्वोच्च सम्मान	- ऑर्डर ऑफ द क्राउन
6.	मेक्सिको का सर्वोच्च नागरिक	- द ऑर्डर ऑफ एजटेक ईगल
7.	जापान का सर्वोच्च नागरिक पुरस्कार	- ऑर्डर ऑफ द राइजिंग सन

प्रमुख संस्थाओं की सदस्य संख्या		
• **संविधान सभा**	:	गठन के समय **389 सदस्य** (292 प्रान्तों से + 93 देशी रियासतों से + 4 कमिश्नरी क्षेत्रों से)। स्वतन्त्रता के बाद भारतीय संविधान सभा में सीटों की संख्या घटकर **299** रह गईं क्योंकि, 90 सीटें पाकिस्तान की संविधान सभा में चली गईं।
• **लोक सभा** (अधिकतम सदस्य संख्या)	:	550 सदस्य (530 राज्यों से + 20 केन्द्र शासित प्रदेशों से वर्तमान में 543 सीटें हैं, शेष 7 सीटें पाकिस्तान अधिकृत कश्मीर (POK) के लिए निर्धारित हैं।
• **राज्य सभा** (अधिकतम सदस्य संख्या)	:	250 सदस्य (238 राज्यों से + 12 राष्ट्रपति द्वारा मनोनीत)। वर्तमान में 245 सदस्य हैं।
• **विधानसभा** (अधिकतम सदस्य संख्या)	:	500 सदस्य [सर्वाधिक संख्या 403 उत्तर प्रदेश, 294 (पश्चिम बंगाल) 288 (महाराष्ट्र), 243 (बिहार)]।
• **विधानसभा** (न्यूनतम सदस्य संख्या)	:	60 सदस्य (इसके कुछ अपवाद भी हैं)
• **60 से कम सदस्य संख्या** वाली विधानसभाएँ	:	1. गोवा (40 सीटें), 2. मिजोरम (40 सीटें), 3. सिक्किम (32 सीटें), 4. पुद्दुचेरी (33 सीटें)
• **विधान परिषद्** (अधिकतम सदस्य संख्या)	:	राज्य विधानसभा के सदस्यों की 1/3 (एक तिहाई)
• **विधान परिषद्** (न्यूनतम सदस्य संख्या)	:	40 सदस्य विधानपरिषदों वाले राज्य : (उत्तर प्रदेश, बिहार, महाराष्ट्र, आन्ध्र प्रदेश, तेलंगाना, कर्नाटक)
• **उच्चतम न्यायालय** में कुल न्यायाधीशों की संख्या	:	34 (1 मुख्य न्यायाधीश + 33 न्यायाधीश)
• **लोकसभा में सर्वाधिक सदस्य संख्या** वाला राज्य	:	उत्तर प्रदेश (80 सदस्य)
• **लोकसभा में न्यूनतम सदस्य संख्या** वाले राज्य	:	एक-एक सदस्य मिजोरम, नागालैण्ड, सिक्किम एवं सभी केन्द्रशासित प्रदेश (दिल्ली, दादरा व नगर हवेली तथा दमन व दीव को छोड़कर)
• **राज्यसभा में सर्वाधिक सदस्य संख्या** वाला राज्य	:	उत्तर प्रदेश (31 सदस्य)
• **राज्यसभा में न्यूनतम सदस्य संख्या** वाले राज्य	:	1 सदस्य (गोवा, नागालैण्ड, मणिपुर, त्रिपुरा, मेघालय, सिक्किम, मिजोरम, अरुणाचल प्रदेश, पुद्दुचेरी)
• **8वीं अनुसूची** में भाषाओं की संख्या	:	22 भाषाएँ (मूल संविधान में 14 भाषाएँ थीं। बाद में अलग-अलग समय पर इसमें अन्य भाषाएँ शामिल की गईं।
• **गणपूर्ति** (कोरम) के लिए आवश्यक सदस्य संख्या (लोक सभा, राज्य सभा, विधान सभा, विधान परिषद्)	:	सदन की कुल सदस्य संख्या का 1/10

प्रमुख आयोग/समितियाँ	
आयोग/समिति का नाम	**प्रमुख तत्व**
• **सरदार स्वर्ण सिंह समिति** (1976)	**42वें संविधान संशोधन-1976** द्वारा 10 मूल कर्तव्यों का समावेश
• **सरकारिया आयोग** (1983)	केन्द्र-राज्य सम्बंधों पर अनुशंसाएँ
• **धर आयोग** (1947-48)(एस.के.धर)	राज्यों का पुनर्गठन भाषा के आधार पर नहीं होना चाहिए।
• **जे.वी.पी. समिति** (1948) (जवाहरलाल नेहरू, वल्लभ भाई पटेल, पट्टाभिसीतारमैय्या)	राज्य का पुनर्गठन देश की **सुरक्षा**, **एकता** व **आर्थिक समृद्धि** के आधार पर किया जाए।
• **राज्य पुनर्गठन आयोग** (1956) (सैय्यद फजल अली, हृदयनाथ कुँजरू, के.एम. पणिक्कर)	राज्यों के गठन के लिए भाषा को आधार बनाया गया, इसी के आधार पर राज्य पुनर्गठन अधिनियम बनाया गया।
• **लोक लेखा समिति** (Public Accounts Committee)	कुल **22 सदस्य** (15 लोक सभा एवं 7 राज्य सभा से)। इसका मुख्य कार्य भारत के लोक लेखा तथा सी.ए.जी. के **प्रतिवेदन** (Reports) का निरीक्षण करना है।
• **प्राक्कलन समिति** (Estimates Committee)	कुल **30 सदस्य** (लोक सभा से) प्रशासनिक दक्षता एवं मितव्ययता बढ़ाने के लिए वैकल्पिक नीतियों का सुझाव तथा संसद में प्राक्कलन के लिए सुझाव।
• **संयुक्त संसदीय समिति** (JPC)	**लोक सभा** व **राज्य सभा के सदस्य**। यह एक **तदर्थ** (Ad-hoc) समिति है।
• **कोठारी आयोग** (1976)(डी.एस.कोठारी)	भारतीय उच्च सिविल सर्विसेज में **परीक्षा** तथा **भर्ती** सम्बंधी नीतियाँ एवं विधि।
• **नियोगी आयोग** (1946) (के.सी. नियोगी)	आर्थिक नियोजन के लिए मंत्रिपरिषद् के प्रति उत्तरदायी संगठन की अनुशंसा।
• **बलवन्त राय मेहता समिति** (1956-57)	**त्रिस्तरीय पंचायती राज संस्थाओं** के गठन की संस्तुति।
• **वी.एम.तारकुंडे समिति** (1974)	चुनाव सुधार, **मतदाता** की आयु **21 वर्ष से घटाकर 18 वर्ष** करना, चुनाव प्रचार में सरकारी धन एवं तंत्र का उपयोग न करना आदि अनुशंसाएँ की।
• **पुंछी आयोग** (2007) (मदन मोहन पुंछी)	केन्द्र-राज्य सम्बंध के विषय में अनुशंसाएँ की।
• **द्वितीय प्रशासनिक सुधार आयोग** (2005)	अध्यक्ष- **वीरप्पा मोइली**। (वीरप्पा मोइली ने 2009 में अध्यक्ष पद से त्यागपत्र दे दिया था। उसके बाद **वी. रामचन्द्रन** इसके अध्यक्ष बनाए गये थे।

राष्ट्रपति द्वारा चयनित पदाधिकारी						
पद	**अनु.**	**निर्वाचन सम्बंधित अनु.**	**न्यूनतम आयु**	**अधिकतम आयु**	**शपथ ग्रहण (किसके द्वारा)**	**त्याग पत्र (किसे)**
• प्रधानमंत्री (लोकसभा में बहुमत प्राप्त दल का नेता)	-	अनु. 75	25	-	राष्ट्रपति द्वारा	राष्ट्रपति को
• मुख्य न्यायाधीश (सर्वोच्च न्यायालय)	अनु. 124	अनु.124(1)	-	65 वर्ष	राष्ट्रपति द्वारा	राष्ट्रपति को
• न्यायाधीश (सर्वोच्च न्यायालय)	-	अनु. (124(1)	-	62 वर्ष	राष्ट्रपति द्वारा	राष्ट्रपति को
• राज्यपाल	अनु. 153	अनु. 155	35	-	HC के मुख्य न्यायाधीश	राष्ट्रपति को
• मुख्य चुनाव आयुक्त	-	अनु. 324(2)	-	65 वर्ष	राष्ट्रपति द्वारा	राष्ट्रपति को
• महान्यायवादी	अनु.76	अनु. 76	-	65 वर्ष	-	राष्ट्रपति को
• अध्यक्ष, लोक सेवा आयोग	अनु.315	-	-	65 वर्ष	-	राष्ट्रपति को
• सदस्य, लोक सेवा आयोग	अनु.315	-	-	65 वर्ष	-	राष्ट्रपति को
• अध्यक्ष, वित्त आयोग	अनु.280	-	-	65 वर्ष	-	राष्ट्रपति को
• उपाध्यक्ष, नीति आयोग	-	-	-	-	-	-
• प्रोटेम स्पीकर	-	-		-	राष्ट्रपति द्वारा	-

आयोग एवं मुख्यालय			
संस्था/आयोग/संघ	**मुख्यालय**	**गठन वर्ष**	**संस्था की प्रकृति/स्थिति**
• राष्ट्रीय हरित न्याय अधिकरण	नई दिल्ली	2010	अर्द्धन्यायिक संस्था
• राष्ट्रीय न्याय अकादमी	भोपाल	1993	वैधानिक
• राष्ट्रीय विधिक सेवा प्राधिकरण (नालसा)	नई दिल्ली	1995	संस्थागत
• केन्द्रीय सैन्य न्याय प्राधिकरण	नई दिल्ली		न्यायिक
• राष्ट्रीय अनुसूचित जाति आयोग	नई दिल्ली	2004 (पुनर्गठन)	संवैधानिक निकाय
• राष्ट्रीय अनुसूचित जनजाति आयोग	नई दिल्ली	2004 (पुनर्गठन)	संवैधानिक निकाय
• नीति आयोग	नई दिल्ली	2015	गैर-संवैधानिक निकाय (योजना आयोग के स्थान पर)
• वित्त आयोग	नई दिल्ली	1951	अर्द्ध-न्यायिक/संवैधानिक निकाय
• मानवाधिकार आयोग	नई दिल्ली	1993	अनुसंशात्मक निकाय
• राष्ट्रीय महिला आयोग	नई दिल्ली	1992	स्वायत्त वैधानिक निकाय
• राष्ट्रीय बाल अधिकार संरक्षण आयोग	नई दिल्ली	2007	वैधानिक निकाय
• राष्ट्रीय अल्पसंख्यक आयोग	नई दिल्ली	1993	वैधानिक निकाय
• राष्ट्रीय पिछड़ा वर्ग आयोग	नई दिल्ली	1993	गठन वैधानिक निकाय के रूप में, अब संवैधानिक निकाय
• केन्द्रीय सूचना आयोग	नई दिल्ली	2005	वैधानिक निकाय
• परिसीमन आयोग	नई दिल्ली	4 बार गठित	स्वायत्त निकाय
• विधि आयोग	नई दिल्ली	-	गैर-वैधानिक परामर्शी निकाय
• अंतर्राज्यीय परिषद्	नई दिल्ली	1990	संवैधानिक निकाय
• निर्वाचन आयोग	नई दिल्ली	1950	संवैधानिक निकाय

भारत में भ्रष्टाचार पर नियंत्रण तथा नागरिकों की शिकायतों के निवारण के लिए वैधानिक और संस्थागत ढाँचा।

1. लोक सेवक जाँच अधिनियम, 1850
2. भारतीय दंड संहिता, 1860
3. विशेष पुलिस प्रतिष्ठान, 1941
4. दिल्ली पुलिस प्रतिष्ठान अधिनियम, 1946
5. भ्रष्टाचार निवारण अधिनियम, 1988
6. जाँच आयोग अधिनियम, 1952 (राजनीतिक नेताओं तथा प्रमुख सार्वजनिक व्यक्तियों के लिए)
7. अखिल भारतीय सेवाएँ (आचार) नियमावली, 1968
8. केन्द्रीय सिविल सेवाएँ (आचार) नियमावली, 1964
9. रेल सेवाएँ (आचार) नियमावली, 1966
10. मंत्रालयों/विभागों, सम्बद्ध एवं अधीनस्थ कार्यालयों तथा लोक उपक्रमों में निगरानी संगठन
11. केन्द्रीय अन्वेषण ब्यूरो, (CBI) 1963
12. केन्द्रीय सतर्कता आयोग, (CVC) 1964
13. राज्य सतर्कता आयोग, 1964
14. राज्यों में भ्रष्टाचार रोधी ब्यूरो (ACB)
15. केन्द्र में लोकपाल (ओम्बुड्समैन)
17. प्रभागीय सतर्कता बोर्ड
18. जिला सतर्कता अधिकारी
19. राष्ट्रीय उपभोक्ता विवाद निवारण आयोग
20. राष्ट्रीय अनुसूचित जाति आयोग
21. राष्ट्रीय अनुसूचित जनजाति आयोग
22. सर्वोच्च न्यायालय तथा राज्यों में उच्च न्यायालय
23. प्रशासनिक न्यायाधिकरण
24. कैबिनेट सचिवालय में लोक परिवाद निदेशालय, 1988
25. संसद एवं इसकी समितियाँ
26. केरल जैसे राज्यों में **फाइल टू फिल** (खेतों तक संचिकाएँ) कार्यक्रम।

भारतीय विधायिका में भागीदारी (निर्वाचित स्थान)

राज्य व केन्द्र शासित प्रदेश	राज्यसभा	लोकसभा			राज्य विधानसभा		
	कुल स्थान	कुल स्थान	आरक्षित स्थान		कुल स्थान	आरक्षित स्थान	
			अनु. जाति	अनु.जनजाति		अनु. जाति	अनु.ज. जाति
• उत्तर प्रदेश	31	80	17	1	403	92	1
• महाराष्ट्र	19	48	3	4	288	18	22
• आंध्र प्रदेश	11	25	5	5	175	29	7
• पश्चिम बंगाल	16	42	10	2	294	59	17
• बिहार	16	40	6	–	243	48	3
• तमिलनाडु	18	39	7	–	234	48	28
• मध्य प्रदेश	11	29	4	6	230	35	47
• कर्नाटक	12	28	4	1	224	33	2
• गुजरात	11	26	2	4	182	13	26
• राजस्थान	10	25	4	3	200	33	24
• ओडिशा	10	21	4	5	147	22	34
• छत्तीसगढ़	05	11	1	4	90	10	29
• तेलंगाना	07	17	3	2	119		
• केरल	09	20	2	–	140	13	1
• असम	07	14	1	2	126	8	16
• झारखण्ड	06	14	1	5	81	–	–
• पंजाब	07	13	4	–	117	29	–
• हरियाणा	05	10	2	–	90	17	–
• जम्मू–कश्मीर	04	05	–	–	83	6	–
• उत्तराखण्ड	03	05	1	–	70	–	–
• हिमाचल प्रदेश	03	04	1	–	68	10	3
• त्रिपुरा	01	02	–	1	60	7	17
• अरुणाचल प्रदेश	01	02	–	2	60	–	39
• गोवा	01	02	–	–	40	1	–
• मेघालय	01	02	–	2	60	–	59
• मणिपुर	01	02	–	1	60	–	19
• मिज़ोरम	01	01	–	1	40	–	39
• नागालैण्ड	01	01	–	1	60	–	59
• सिक्किम	01	01	–	–	32	2	12
• दिल्ली	03	07	1	–	70	–	–
• पुडुच्चेरी	01	01	–	–	30	5	–
• लद्दाख	–	01	–	–	–	–	–
• लक्षद्वीप	–	01	–	01	–	–	–
दादरा व नगर हवेली तथा दमन व दीव में 02 सीटें, अण्डमान–निकोबार तथा चण्डीगढ़ में से प्रत्येक में 1 लोकसभा सीट है। कुल (4)							
कुल योग	233	543	83	53	4116	547	532

सर्वाधिक राज्यसभा सीटों वाले पाँच राज्य
(अवरोही क्रम में)

1. उत्तर प्रदेश	31	2. महाराष्ट्र	19
3. तमिलनाडु	18	4. पश्चिम बंगाल	16
5. बिहार	16		

सर्वाधिक लोकसभा सीटों वाले पाँच राज्य
(अवरोही क्रम में)

1. उत्तर प्रदेश	80	2. महाराष्ट्र	48
3. पश्चिम बंगाल	42	4. बिहार	40
5. तमिलनाडु	39		

सर्वाधिक विधानसभा सीटों वाले पाँच राज्य
(अवरोही क्रम में)

1. उत्तर प्रदेश	403	2. पश्चिम बंगाल	294
3. महाराष्ट्र	288	4. बिहार	243
5. तमिलनाडु	234		

समान सीटों वाली विधानसभा

राज्य	सीटें
• हरियाणा एवं छत्तीसगढ़	90
• मणिपुर, मेघालय, नागालैण्ड, त्रिपुरा एवं अरुणाचल प्रदेश	60
• गोवा एवं मिजोरम	40

जम्मू कश्मीर विधान सभा में कुल सीटों की संख्या **114** है, जिनमें से 24 सीटें पाकिस्तान अधिकृत कश्मीर (POK) के लिए रिक्त रखी गयी हैं। इसलिए वर्तमान में जम्मू-कश्मीर विधानसभा के कुल निर्वाचन योग्य सीटों की संख्या **90** है।

विभिन्न राज्यों की विधान परिषदों की सदस्य संख्या
(अवरोही क्रम में)

1. उत्तर प्रदेश	100	2. महाराष्ट्र	78
3. बिहार	75	4. कर्नाटक	75
5. आन्ध्र प्रदेश	58	6. तेलंगाना	43

- भारत का सबसे कम पंजीकृत मतदाताओं की संख्या वाला संसदीय क्षेत्र – **बनेज** (जूनागढ़ संसदीय क्षेत्र, राजस्थान)
- सबसे अधिक पंजीकृत मतदाताओं की संख्या वाला संसदीय क्षेत्र – **उन्नाव** (उत्तर प्रदेश)
- सबसे छोटा संसदीय क्षेत्र – **लक्षद्वीप**
- क्षेत्रफल की दृष्टि से सबसे बड़ा संसदीय क्षेत्र – **लद्दाख (3,029 किमी.)**

अब तक भारत में तीन बार संसद की संयुक्त बैठक आयोजित हो चुकी है।

संयुक्त बैठक	विषय	तत्कालीन प्रधानमंत्री
प्रथम बैठक	दहेज प्रतिबंध विधेयक, 1959	पं. जवाहरलाल नेहरू
द्वितीय बैठक	बैंकिंग सेवा आयोग विधेयक, 1977	मोरारजी देसाई
तृतीय बैठक	आतंक निवारक अध्यादेश (पोटा), 2002	अटल बिहारी वाजपेयी

संविधान सभा से संबंधित महत्वपूर्ण तथ्य

- संविधान सभा का चिन्ह – **हाथी**
- संविधान सभा के सचिव – **एच. वी. आर. अयंगर**
- संविधान सभा मुख्य प्रारूपकार– **एस. एन. मुखर्जी**
- संविधान के सुलेखक (Calligrapher) – **प्रेम बिहारी रायजादा**
- संविधान के मूल संस्करण का हिन्दी सुलेखन – **बंसत कृष्ण वैद्य**
- संविधान के मूल संस्करण का सौन्दर्यीकरण – **नंद लाल बोस एवं बी. आर. सिन्हा**

वेतन आयोग (Pay Commission)

वेतन आयोग	अध्यक्ष	नियुक्ति वर्ष	रिपोर्ट प्रस्तुति वर्ष
• प्रथम वेतन आयोग	श्रीनिवास वरदचारियर	1946	1947
• द्वितीय वेतन आयोग	जगन्नाथ दास	1957	1959
• तृतीय वेतन आयोग	रघुबीर दयाल	1970	1973
• चतुर्थ वेतन आयोग	पी. एन. सिंघल	1983	1986
• पंचम वेतन आयोग	एस. रत्नावेल पण्डियन	1994	1997
• छठा वेतन आयोग	जस्टिस बी.एन. श्री कृष्णा	2006	2008
• **सातवाँ वेतन आयोग**	**अशोक कुमार माथुर**	**2014**	**2015**

लोकसभा, राज्यसभा एवं विधानसभा, विधान परिषद्: एक दृष्टि में				
आधार	लोकसभा	राज्यसभा	विधानसभा	विधान परिषद्
अधिकतम सदस्य	550 [530 राज्यों से +20 केन्द्रशासित प्रदेशों से]	250 [238 राज्यों व के.शा.प्र. से + 12 राष्ट्रपति द्वारा नामित]	500 (न्यूनतम 60 सदस्य परंतु कुछ राज्य इसके अपवाद हैं)	राज्य विधानसभा के सदस्यों की 1/3
वर्तमान संख्या	545 [524 राज्यों से+19 केन्द्रशासित प्रदेशों से]	245 [229 राज्यों से + 4 के. शा. प्र. से + 12 राष्ट्रपति द्वारा नामित	-	मात्र 6 राज्यों में विधान परिषदें हैं- 1. उत्तर प्रदेश, 2. बिहार, 3. महाराष्ट्र, 4. आंध्र प्रदेश, 5. कर्नाटक, 6. तेलगांना
सर्वाधिक सदस्य संख्या वाला राज्य	उत्तर प्रदेश (80 सीटें)	उत्तर प्रदेश (31 सीटें)	उत्तर प्रदेश, महाराष्ट्र, पश्चिम बंगाल, आंध्र प्रदेश, बिहार	उत्तर प्रदेश (100), महाराष्ट्र (78), बिहार (75)
न्यूनतम सदस्य संख्या वाले राज्य	गोवा, नागालैण्ड, सिक्किम एवं सभी के. शा. प्र. (दिल्ली को छोड़कर) में मात्र 1-1 सीटें	गोवा, पुदुच्चेरी एवं सभी पूर्ववर्ती राज्य (असम को छोड़कर) मात्र 1-1 सीटें।	गोवा, मिज़ोरम, (40-40 सीटें), सिक्किम (32 सीटें), पुद्दुचेरी (30 सीटें)	तेलंगाना (43)
प्रकार	अस्थायी सदन	स्थायी सदन	अस्थायी सदन	स्थायी सदन (नोट : समाप्त किया जा सकता है परंतु विघटित नहीं।)
गठन से सम्बंधित अनुच्छेद	अनु. 81	अनु. 80	भाग-6 अनु. 168-212 (गठन सम्बंधी प्रावधान अनु. 170 में)	अनु. 169 के तहत संसद को किसी राज्य में विधानपरिषद् को स्थापित करने और समाप्त करने का अधिकार है।
सदस्य बनने हेतु आयु	न्यूनतम 25 वर्ष आयु आवश्यक	न्यूनतम 30 वर्ष आयु आवश्यक	न्यूनतम 25 वर्ष आयु आवश्यक	न्यूनतम 30 वर्ष आयु आवश्यक
विशेष	कार्यकाल 5 वर्ष परंतु इस अवधि के पूर्व भी मंत्रिपरिषद् के परामर्श पर वह राष्ट्रपति द्वारा विघटित की जा सकती है।	यह कभी भंग नहीं होती बल्कि इसके 1/3 सदस्य प्रत्येक दूसरे वर्ष की समाप्ति पर अवकाश ग्रहण कर लेते हैं। प्रत्येक सदस्य 6 वर्ष तक राज्यसभा का सदस्य रहता है।	कार्यकाल 5 वर्ष परंतु इस अवधि से पूर्व मुख्यमंत्री के परामर्श पर वह राज्यपाल द्वारा विघटित की जा सकती है।	यह कभी भी भंग नहीं होती बल्कि इसके 1/3 सदस्य हर दूसरे वर्ष की समाप्ति पर अवकाश ग्रहण कर लेते हैं। प्रत्येक सदस्य 6 वर्ष तक विधान परिषद् का सदस्य रहता है। यह समाप्त की जा सकती है।
पदाधिकारी	अध्यक्ष और उपाध्यक्ष	सभापति और उपसभापति	अध्यक्ष और उपाध्यक्ष	सभापति और उपसभापति
अन्य नाम	निम्न सदन/लोकप्रिय सदन	उच्च सदन	निम्न सदन/लोकप्रिय सदन	उच्च सदन
गणपूर्ति (कोरम) के लिए आवश्यक सदस्य	कुल संख्या का 1/10	कुल संख्या का 1/10	कुल संख्या का 1/10	कुल संख्या का 1/10

भारत के प्रमुख पदाधिकारी : एक दृष्टि में

निर्वाचक मंडल द्वारा निर्वाचित पदाधिकारी

पद	अनु.	निर्वाचन सम्बंधित अनु.	न्यूनतम आयु	अधिकतम आयु	शपथ ग्रहण कौन करवाता है	त्याग पत्र किसे सम्बोधित करता है
राष्ट्रपति	अनु. 52	अनु. 54	35	–	SC का मुख्य न्यायाधीश	उपराष्ट्रपति को
उपराष्ट्रपति	अनु. 63	अनु. 66	35	–	राष्ट्रपति	राष्ट्रपति को

नोट : राष्ट्रपति के निर्वाचक मंडल में राज्यसभा, लोकसभा और राज्यों की विधानसभा के निर्वाचित सदस्य शामिल होते हैं। जबकि उपराष्ट्रपति के निर्वाचक मंडल में केवल संसद के दोनों सदनों के निर्वाचित सदस्य शामिल होते हैं।

अन्य पदाधिकारी

पद	सम्बंधित अनुच्छेद	निर्वाचन से सम्बंधित अनु.	न्यूनतम आयु	निर्वाचन/चयन	शपथ ग्रहण	त्याग पत्र
• लोकसभा अध्यक्ष	अनु. 89	अनु. 93	25	लोकसभा सदस्यों द्वारा मतदान	लोकसभा सदस्य के रूप में पहले ही शपथ ग्रहण	उपाध्यक्ष को
• लोकसभा उपाध्यक्ष	–	अनु. 93	25	लोकसभा सदस्यों द्वारा मतदान	लोकसभा सदस्य के रूप में पहले ही शपथ ग्रहण	अध्यक्ष को
• लोकसभा सदस्य	–	–	25	जनता द्वारा प्रत्यक्ष चुनाव	राष्ट्रपति द्वारा	–
• उपसभापति	–	–	30	राज्यसभा सदस्य के रूप में पहले ही शपथ ग्रहण	राज्यसभा सदस्य के रूप में	सभापति को
• राज्यसभा सदस्य	अनु. 80	–	30	राज्य विधानसभाओं के सदस्यों द्वारा मतदान	राज्यसभा के सभापति अथवा उपसभापति के द्वारा	सभापति को
• मुख्यमंत्री	–	अनु. 164	25	राज्यपाल द्वारा नियुक्ति	राज्यपाल	राज्यपाल को
• विधानसभा सदस्य	–	अनु. 170	25	जनता द्वारा प्रत्यक्ष निर्वाचन	राज्यपाल	विधानसभा अध्यक्ष को
• विधान परिषद् सदस्य	–	अनु. 173	30	अप्रत्यक्ष रूप से निर्वाचन	राज्यपाल	सभापति को

नोट: उपर्युक्त सभी पदों में अधिकतम आयु निश्चित नहीं की गई है।

भारतीय संविधान की अन्य देशों के संविधान से तुलना

देश	भारत	ब्रिटेन	अमेरिका	रूस	जापान	फ्रांस	जर्मनी
विशेषता	लिखित	अलिखित	लिखित		लिखित	लिखित	
लचीला-कठोर	मिश्रित	लचीला	कठोर	कठोर	कठोर	कठोर	कठोर
एकात्मक/संघात्मक	एकात्मक लक्षणों सहित संघात्मक व्यवस्था	एकात्मक	संघीय	संघीय	एकात्मक	एकात्मक	संघीय
संसदीय/अध्यक्षीय लोकतंत्र	संसदीय लोकतंत्र	संसदीय लोकतंत्र	अध्यक्षीय लोकतंत्र	अर्ध अध्यक्षीय	संसदीय लोकतंत्र	अर्ध अध्यक्षीय अर्ध संसदीय	संसदीय गणतंत्र
संसदीय सम्प्रभुता	संविधान की सर्वोच्चता	संसदीय सम्प्रभुता	संविधान की सर्वोच्चता	-	संविधान की सर्वोच्चता	संसद की सीमित शक्तियाँ	
गणतंत्र/राजतंत्र	गणतंत्र प्रधान	संवैधानिक गणतंत्र	गणतंत्र	गणतंत्र	संवैधानिक राजतंत्र	गणतंत्र	गणतंत्र
राष्ट्रपति	नाममात्र का एवं अप्रत्यक्ष निर्वाचन		कार्यकारी प्रधान प्रत्यक्ष निर्वाचन	कार्यकारी प्रधान एवं प्रत्यक्ष निर्वाचन		कार्यकारी प्रधान प्रत्यक्ष निर्वाचन	नाममात्र का प्रधान एवं अप्रत्यक्ष निर्वाचन
नागरिकता	एकल नागरिकता	एकल नागरिकता	द्वैध नागरिकता	द्वैध नागरिकता	एकल नागरिकता	द्वैध नागरिकता	सैद्धांतिक एकल नागरिकता
विधि की सम्यक प्रक्रिया/विधि द्वारा स्थापित प्रक्रिया	विधि द्वारा स्थापित प्रक्रिया	विधि का शासन	विधि की सम्यक् प्रक्रिया		विधि द्वारा स्थापित प्रक्रिया		

ब्रिटेन का संविधान

- **राज्याध्यक्ष वंश परम्परा** के आधार पर होता है।
- **अलिखित संविधान**- चार्टर, लॉर्ड्स अधिनियम एवं रीति-रिवाज व परम्पराओं पर आधारित है।
- दो सदन-**हाउस ऑफ लॉर्ड** (उच्च सदन) एवं **हाउस ऑफ कॉमन्स** (निम्न सदन)
- **सम्राट** (क्राउन) कार्यपालिका का नाममात्र प्रमुख होता है, जबकि वास्तविक प्रमुख **प्रधानमंत्री** होता है।

अमेरिका का संविधान

- अध्यक्षीय एवं संघात्मक शासन प्रणाली।
- राष्ट्रपति ही राज्य एवं कार्यपालिका का प्रमुख होता है।
- दोहरी नागरिकता तथा स्वतंत्र न्यायपालिका।
- संघ एवं राज्यों का अलग संविधान।
- संसद के दो सदन **प्रतिनिधि सभा** व **सीनेट** हैं।
- अविनाशी राज्यों का अविनाशी संघ।

जर्मनी का संविधान

- वर्तमान संविधान वर्ष 1949 में निर्मित व प्रवर्तित।
- संघीय शासन एवं संसदीय शासन प्रणाली।
- राष्ट्रपति नाम मात्र का प्रमुख तथा वास्तविक प्रमुख चांसलर।
- द्विसदनात्मक- बुन्देस्त्रात व बुंदेस्टाग (उच्च एवं निम्न दोनों सदन)

फ्रांस का संविधान

- वर्ष 1958 में (पंचम गणराज्य) तथा एकात्मक।
- संसदीय व अध्यक्षीय शासन प्रणाली का मिश्रण।
- द्विसदनात्मक- नेशनल असेम्बली (निम्न सदन) एवं सीनेट (उच्च सदन)
- राष्ट्रपति राज्य एवं शासन दोनों का प्रमुख।

दक्षिण अफ्रीका का संविधान

- वर्ष 1997 में नया संविधान।
- एकात्मक शासन व्यवस्था।
- राष्ट्रपति शासन एवं राज्य दोनों का अध्यक्ष।
- द्विसदनात्मक- नेशनल असेम्बली (निम्न सदन) एवं नेशनल काउन्सिल (उच्च सदन)।

चीन का संविधान

- वर्ष 1982 में चौथा संविधान लागू।
- संसद एक सदनीय है- नेशनल पीपुल कांग्रेस।
- विधायिका ही सभी उच्च पदाधिकारियों की नियुक्ति करती है।
- एकात्मक शासन प्रणाली।
- प्रधानमंत्री सरकार का प्रधान होता है, राज्य का नहीं।

कनाडा का संविधान

- संघीय शासन- शासन का प्रमुख गवर्नर (ब्रिटिश महारानी द्वारा नियुक्ति)
- शक्तियों का वितरण चार सूचियों में है।
- द्विसदनात्मक- हाउस ऑफ कॉमन्स (निम्न) एवं सीनेट (उच्च)।
- प्रान्तों का प्रमुख डिप्टी गवर्नर होता है।

संसद की प्रमुख समितियाँ

श्रेणी	समिति का नाम	सदस्य संख्या	सदस्यों का निर्वाचन	कार्य
वित्तीय समितियाँ	1. लोक लेखा समिति	लोक सभा से 15 सदस्य चुने जाते हैं तथा राज्य सभा से 7 सदस्य मनोनीत होते हैं	आनुपातिक प्रतिनिधित्व प्रणाली से एकल संक्रमणीय मत के आधार पर	विभिन्न मंत्रालयों के व्यय और सीएजी के प्रतिवेदन पर विचार करना।
	2. प्राक्कलन समिति	केवल लोक सभा के 30 सदस्य	आनुपातिक प्रतिनिधित्व प्रणाली से एकल संक्रमणीय मत के आधार पर	धन प्राक्कलनों में निहित नीति के अनुरूप व्यय की जाँच करना।
	3. सार्वजनिक उपक्रम समिति	लोक सभा के 15 तथा राज्य सभा के 7 सदस्य	आनुपातिक प्रतिनिधित्व प्रणाली से एक संक्रमणीय मत के आधार पर	सार्वजनिक प्रतिष्ठानों के लेखा एवं प्रतिवेदनों की समीक्षा तथा **संवीक्षा** (Scrutiny) करना।
सदन की समितियाँ	1. कार्यमंत्रणा समिति	लोक सभा में अध्यक्ष सहित 15 एवं राज्य सभा में सभापति सहित 11 सदस्य	लोक सभा अध्यक्ष एवं राज्य सभा सभापति अपने -अपने सदनों में इस समिति के पदेन अध्यक्ष होते हैं।	विधेयकों तथा विषयों के लिए सदन की कार्यवाही में समय निर्धारित करना।
	2. नियम समिति	लोकसभा की समिति-15 राज्यसभा की समिति-16	लोक सभा अध्यक्ष पदेन अध्यक्ष होता है।	संसदीय कार्यवाही व नामित लोक सभा अध्यक्ष की प्रक्रिया पर विचार करना।
	3. गैर-संसद सदस्यों से निर्मित विधेयक तथा संकल्प समिति	15 सदस्यों से बनी समिति	उपाध्यक्ष पदेन अध्यक्ष होता है।	सदस्यों द्वारा प्रस्तुत संविधान संशोधन विधेयक की जाँच करना एवं गैर-सरकारी विधेयकों का वर्गीकरण एवं समय का निर्धारण।
जाँच समितियाँ	1. याचिका समिति	15 लोक सभा से तथा 10 सदस्य राज्य सभा से	लोक सभा अध्यक्ष द्वारा नामित	सभी याचिकाओं का परीक्षण करना जो लोक सभा में प्रस्तावित होने के बाद उसे सौंपी जाती हैं तथा याचिकाओं में की गयी प्रमुख शिकायतों के सम्बंध में अपना प्रतिवेदन देना।
	2. विशेषाधिकार समिति	लोक सभा से 15 तथा राज्य सभा से 10	लोक सभा अध्यक्ष द्वारा नियुक्त	संसद के किसी सदस्य या अध्यक्ष द्वारा विशेषाधिकार उल्लंघन से सम्बंधित मामलों की जाँच करना।
संवीक्षण समितियाँ	1. सरकारी आश्वासनों से सम्बंधित समिति	लोकसभा के 15 सदस्य	इनकी नियुक्ति एक वर्ष के लिए होती है।	सरकार या मंत्रियों द्वारा दिए जाने वाले आश्वासन पूरे किए गए अथवा नहीं इस बात की जाँच कर प्रतिवेदन प्रस्तुत करना।
	2. अधीनस्थ विधान सम्बंधी समिति	लोक सभा के 15 सदस्य	इसका कार्यकाल 1 वर्ष का होता है।	संविधान द्वारा प्रदत्त विनिमयों, नियमों उप-नियमों तथा प्रदत्त शक्तियों का प्राधिकारियों द्वारा उचित प्रयोग की जाँच करना।
	3. कानून समिति	लोक सभा के 15 सदस्य	लोक सभा अध्यक्ष इसका पदेन अध्यक्ष होता है।	सरकार द्वारा बनाए जा रहे नियमों व अधिनियमों की जाँच करना।
सेवा समितियाँ	सामान्य प्रयोजन समिति	लोक सभा के 20 सदस्य	लोक सभा अध्यक्ष पदेन अध्यक्ष होता है।	सदन की कार्यप्रणाली के संगठन तथा सुधार से सम्बंधित विषयों पर परामर्श देना।

भारत एक **गणतंत्र** (Republic) है, जिसका तात्पर्य भारत में **वंशानुगत शासन** नहीं है।

भारतीय राजव्यवस्था में प्रथम

1. प्रथम राष्ट्रपति -डॉ. राजेन्द्र प्रसाद
2. प्रथम मुस्लिम राष्ट्रपति -डॉ. जाकिर हुसैन
3. प्रथम सिख राष्ट्रपति -ज्ञानी जैल सिंह
4. प्रथम उपराष्ट्रपति -डॉ. सर्वपल्ली राधाकृष्णन
5. प्रथम प्रधानमंत्री -जवाहर लाल नेहरू
6. प्रथम कार्यवाहक प्रधानमंत्री -गुलजारी लाल नंदा
7. प्रथम उपप्रधानमंत्री -सरदार वल्लभ भाई पटेल
8. प्रथम मुख्य न्यायाधीश -हीरा लाल जे. कानिया
9. प्रथम स्पीकर लोकसभा -गणेश वासुदेव मावलंकर
10. प्रथम मुख्य चुनाव आयुक्त -सुकुमार सेन
11. प्रथम महिला मुख्य चुनाव आयुक्त (कार्यवाहक) -वी.एस.रामादेवी
12. प्रथम महिला लोकसभा सचिव -स्नेहलता श्रीवास्तव (30 नवम्बर 2017)
13. प्रथम कमान्डर इन-चीफ (1 जनवरी, 1948 से 14 जनवरी 1949) -जनरल सर राय बुचर
14. प्रथम नेता विपक्ष - राम सुभग सिंह
15. प्रथम महिला IAS अधिकारी - अन्ना जार्ज
16. प्रथम महिला IPS अधिकारी - किरण बेदी
17. प्रथम महिला वकील (अधिवक्ता) - कार्नेलिया सोराबजी
18. प्रथम महिला (जिला जज) - अन्ना चाण्डी
19. प्रथम महिला उच्च न्यायालय जज - अन्ना चाण्डी
20. सर्वोच्च न्यायालय की प्रथम महिला न्यायाधीश- फातिमा बीबी
21. किस राज्य में प्रथम गैर-कांग्रेसी सरकार- केरल (1956)
22. 8वीं अनुसूची में उल्लिखित प्रथम भाषा -असमिया
23. मान्यता प्राप्त विरोधी दल के नेता - वाई. वी. चव्हान (कांग्रेस)
24. भारत की प्रथम महिला प्रधानमंत्री - श्रीमती इंदिरा गांधी (24 जनवरी, 1966)
25. भारत की प्रथम महिला राष्ट्रपति - श्रीमती प्रतिभा देवी सिंह पाटिल (25 जुलाई 2007)
26. प्रथम भारतीय थल सेना अध्यक्ष - फील्ड मार्शल के.एम. करियप्पा
27. प्रथम भारतीय वायु सेना अध्यक्ष - एयरमार्शल सुब्रतो मुखर्जी
28. प्रथम भारतीय नौसेना अध्यक्ष - एडमिरल रामदास कटारी
29. प्रथम महिला मंत्री - राजकुमारी अमृत कौर (स्वास्थ्य मंत्री)
30. स्वतंत्र भारत के प्रथम वित्तमंत्री - श्री षणमुखम चेट्टी
31. प्रथम महिला राज्यपाल - सरोजिनी नायडू (उ.प्र.)
32. प्रथम महिला मुख्यमंत्री - सुचेता कृपलानी (उ.प्र. 1963)
33. प्रथम वित्त आयोग के अध्यक्ष - के.सी. नियोगी
34. प्रथम लोकसभा उपाध्यक्ष -अनंत शयनम अयंगर
35. संविधान प्रवर्तन के बाद बना प्रथम राज्य - आंध्र प्रदेश
36. भारत का प्रथम संविधान संशोधन - वर्ष 1951 में
37. पद पर रहते हुए दिवंगत होने वाले राष्ट्रपति - जाकिर हुसैन
38. भारत की पहली महिला लोकसभा अध्यक्ष - मीरा कुमार
39. प्रथम मुख्य सूचना आयुक्त -वजाहत हबीबुल्लाह
40. नीति आयोग के प्रथम अध्यक्ष - श्री नरेन्द्र मोदी

विभिन्न पदों हेतु मानक निर्धारण

क्र.	पद	कार्यकाल	अधिकतम आयु	नियुक्त (किसके द्वारा)	पदच्युत (किसके द्वारा) (सम्बंधित अनुच्छेद)
1.	नियंत्रक एवं महालेखा परीक्षक	6 वर्ष	65 वर्ष	राष्ट्रपति	राष्ट्रपति (148(2))
2.	मुख्य चुनाव आयुक्त	6 वर्ष	65 वर्ष	राष्ट्रपति	राष्ट्रपति (325)
3.	चुनाव आयुक्त	6 वर्ष	65 वर्ष	राष्ट्रपति	राष्ट्रपति (324)
4.	संघ लोक सेवा आयोग सदस्य	6 वर्ष	65 वर्ष	राष्ट्रपति	राष्ट्रपति (317)
5.	संयुक्त लोक सेवा आयोग सदस्य	6 वर्ष	62 वर्ष	राष्ट्रपति	राष्ट्रपति (317)
6.	राज्य लोक सेवा आयोग सदस्य	6 वर्ष	62 वर्ष	राज्यपाल	राष्ट्रपति (317)
7.	उच्चतम न्यायालय का न्यायाधीश	-	65 वर्ष	राष्ट्रपति	राष्ट्रपति (124)
8.	उच्च न्यायालय का न्यायाधीश	-	62 वर्ष	राष्ट्रपति	राष्ट्रपति (218)

राष्ट्रीय आयोग/केन्द्रीय निकाय एवं सम्बंधित मंत्रालय		
क्र.	आयोग/निकाय (Commission)	सम्बंधित मंत्रालय
1.	केन्द्रीय सूचना आयोग (Central Information Commission)	कार्मिक मंत्रालय
2.	वित्त आयोग (Finance Commission)	वित्त मंत्रालय
3.	संघ लोक सेवा आयोग (Union Public Service Commission)	कार्मिक मंत्रालय
4.	अंतर्राज्यीय परिषद् (Inter-State Council)	गृह मंत्रालय
5.	कर्मचारी चयन आयोग (Staff Selection Commission)	कार्मिक मंत्रालय
6.	राष्ट्रीय अनुसूचित जाति आयोग (National Commission for Scheduled Castes)	सामाजिक न्याय एवं अधिकारिता मंत्रालय
7.	राष्ट्रीय अनुसूचित जनजाति आयोग (National Commission for Scheduled Tribes)	जनजातीय मामलों का मंत्रालय
8.	केंद्रीय सतर्कता आयोग (Central Vigilance Commission)	कार्मिक मंत्रालय
9.	क्षेत्रीय परिषद् (Regional Council)	गृह मंत्रालय
10.	केंद्रीय अन्वेषण ब्यूरो (Central Bureau of Investigation)	कार्मिक मंत्रालय
11.	राष्ट्रीय अनुसंधान एजेंसी (National Research Agency)	गृह मंत्रालय
12.	भाषायी अल्पसंख्यकों के आयुक्त (Commissioner of Linguistic Minorities)	अल्पसंख्यक मामलों का मंत्रालय
13.	बाल अधिकारों के संरक्षण हेतु राष्ट्रीय आयोग (National Commission for Protection of Child Rights)	महिला एवं बाल विकास मंत्रालय
14.	पिछड़े वर्गों के लिए राष्ट्रीय आयोग (National Commission for Backward Classes)	सामाजिक न्याय एवं अधिकारिता मंत्रालय
15.	विकलांग व्यक्तियों के लिए केंद्रीय आयुक्त (Central Commissioner for Persons with Disabilities)	सामाजिक न्याय एवं अधिकारिता मंत्रालय
16.	केंद्रीय समाज एवं कल्याण बोर्ड (Central Board of Social and Welfare)	महिला एवं बाल विकास मंत्रालय
17.	उत्तर-पूर्व परिषद् (Northeast Council)	उत्तर पूर्व क्षेत्र विकास मंत्रालय
18.	केंद्रीय प्रशासनिक न्यायाधिकरण (Central Administrative Tribunal)	कार्मिक मंत्रालय
19.	अल्पसंख्यकों का राष्ट्रीय आयोग (National Commission for Minorities)	अल्पसंख्यक मामलों का मंत्रालय
20.	राष्ट्रीय मानवाधिकार आयोग (National Human Rights Commission)	गृह मंत्रालय
21.	राष्ट्रीय महिला आयोग (National Women Commission)	महिला एवं बाल विकास मंत्रालय
22.	वस्तु एवं सेवा कर परिषद् (Goods and Services Tax Council)	वित्त मंत्रालय
23.	लोकपाल (Lokpal)	कार्मिक मंत्रालय
24.	राष्ट्रीय अन्वेषण अभियान (National exploration mission)	गृह मंत्रालय
25.	भारत के महान्यायवादी (Attorney General of India)	विधि एवं न्याय मंत्रालय
26.	भारत का महान्यायाभिकर्त्ता (Solicitor General of India)	विधि एवं न्याय मंत्रालय
27.	भारत का विधि आयोग (Law Commission of India)	विधि एवं न्याय मंत्रालय
28.	भारत का निर्वाचन आयोग (Election Commission of India)	विधि एवं न्याय मंत्रालय
29.	भारत का परिसीमन आयोग (Delimitation Commission of India)	विधि एवं न्याय मंत्रालय

क्र.म.	समितियों के नाम	मंत्रालय/विभाग
	I. राज्यसभा के अधीन समितियाँ	
1.	वाणिज्य समिति	वाणिज्य एवं उद्योग
2.	गृह मामलों को समिति	(1) गृह मंत्रालय (2) उत्तर-पूर्व क्षेत्र का विकास
3.	मानव संसाधन विकास समिति	(1) मानव संसाधन विकास (2) युवा मामले एवं खेल (3) महिला एवं बाल विकास
4.	उद्योग समिति	(1) भारी उद्योग एवं सार्वजनिक उद्यम (2) सूक्ष्म, लघु एवं मध्यम उद्यम
5.	विज्ञान एवं प्रौद्योगिकी समिति पर्यावरण एवं वन समिति	(1) विज्ञान एवं प्रौद्योगिकी (2) अंतरिक्ष (3) भू-विज्ञान (4) परमाणु ऊर्जा (5) पर्यावरण, वन एवं जलवायु परिवर्तन
6.	परिवहन, पर्यटन एवं संस्कृति समिति	(1) नागरिक उड्डयन (2) पथ परिवहन एवं राजमार्ग (3) नौवहन (4) संस्कृति (5) पर्यटन
7.	स्वास्थ्य एवं परिवार कल्याण समिति	(1) स्वास्थ्य एवं परिवार कल्याण (2) आयुर्वेद, योग एवं प्राकृतिक चिकित्सक, यूनानी, सिद्ध एवं होम्योपैथी (आयुष)
8.	कार्मिक, लोक परिवार, विधि एवं न्याय	(1) विधि एवं न्याय (2) कार्मिक, लोक परिवाद (जन-शिकायत) तथा पेंशन
	II. लोकसभा के अधीन समितियाँ	
9.	कृषि समिति	(1) कृषि एवं किसान कल्याण (2) मत्स्यपालन, पशु पालन एवं दुग्ध उत्पादन (3) खाद्य प्रसंस्करण
10.	सूचना-प्रौद्योगिक समिति	(1) संचार (2) इलेक्ट्रॉनिक्स एवं सूचना प्रौद्योगिकी (3) सूचना एवं प्रसारण
11.	रक्षा समिति	रक्षा मंत्रालय
12.	ऊर्जा समिति	(1) नवीन एवं अक्षय ऊर्जा (2) ऊर्जा
13.	विदेश मामलों की समिति	विदेश मंत्रालय
14.	वित्त समिति	(1) वित्त (2) कॉरपोरेट मामले (3) योजना (4) सांख्यिकी एवं कार्यक्रम कार्यान्वयन
15.	खाद्य, उपभोक्ता मामले एवं जन वितरण	उपभोक्ता मामले, खाद्य एवं जन-वितरण
16.	श्रम समिति	(1) श्रम एवं रोजगार (2) कौशल विकास एवं उद्यमशीलता (3) कपड़ा (वस्त्र)
17.	पेट्रोलियम एवं प्राकृतिक गैस समिति	पेट्रोलियम एवं प्राकृतिक गैस
18.	रेलवे समिति	रेल मंत्रालय
19.	नगर विकास समिति	आवास एवं नगरीय मामले
20.	जल संसाधन समिति	जल शक्ति
21.	रसायन एवं उर्वरक समिति	रसायन एवं उर्वरक
22.	ग्रामीण विकास समिति	(1) ग्रामीण विकास (2) पंचायती राज
23.	कोयला एवं इस्पात समिति	(1) कोयला (2) खान
24.	सामाजिक न्याय एवं अधिकारिता समिति	(1) सामाजिक न्याय एवं अधिकारिता (2) जनजातीय मामले (3) अल्पसंख्यक मामले

वर्तमान पदाधिकारी	
पद	नाम
• राज्य सभा के सभापति	वेंकैया नायडू
• लोकसभा अध्यक्ष	ओम बिड़ला
• अध्यक्ष, नीति आयोग	नरेंद्र मोदी
• उपाध्यक्ष, नीति आयोग	राजीव कुमार
• राज्यसभा में विपक्ष के नेता	मल्लिकार्जुन खड़गे
• लोकसभा में सदन के नेता	नरेंद्र मोदी
• लोकसभा में कांग्रेस के संसदीय दल के नेता	अधीर रंजन चौधरी
• मुख्य न्यायाधीश (48वें) (CJI)	एन. वी. रमन्ना
• मुख्य चुनाव आयुक्त (24वाँ)	सुशील चन्द्रा
• चुनाव आयुक्त	राजीव कुमार, अनूप चन्द्र पांडेय
• महानिदेशक आईटीबीपी (ITBP)	संजय अरोड़ा
• मुख्य सतर्कता आयुक्त	सुरेश एन. पटेल
• महान्यायवादी (AG)	के.के. वेणुगोपाल
• भारत के नियंत्रक एवं महालेखा परीक्षक (CAG)	गिरीश चन्द्र मूर्मू (14वें)
• निदेशक, विक्रम साराभाई अंतरिक्ष केन्द्र	एस. उन्नीकृष्णन नायर
• अध्यक्ष, भारतीय दूसंचार नियामक प्राधिकरण	पी.डी. वाघेला
• निदेशक, सीबीआई (CBI)	सुबोध कुमार जायसवाल
• अध्यक्ष, राष्ट्रीय अनुसूचित जनजाति आयोग	हर्ष चौहान
• अध्यक्ष, राष्ट्रीय अनुसूचित जाति आयोग	विजय साँपला
• अध्यक्ष, राष्ट्रीय अल्पसंख्यक आयोग	सरदार इकबाल सिंह लालपुरा
• अध्यक्ष, यूपीएससी (UPSC)	प्रदीप कुमार जोशी
• महानिदेशक, राष्ट्रीय जाँच एजेंसी (NIA)	कुलदीप सिंह
• अध्यक्ष, यूजीसी (UGC)	ममीडाला जगदीश कुमार
• अध्यक्ष, अंतरिक्ष आयोग और इसरो (ISRO)	एस. सोमनाथ
• अध्यक्ष, एसएससी (SSC)	एस. किशोर
• अध्यक्ष, राष्ट्रीय मानवाधिकार आयोग (NHRC)	अरूण कुमार मिश्रा (8वें)
• महापंजीयक एवं जनगणना आयुक्त	विवेक जोशी
• अध्यक्ष, केंद्रीय प्रत्यक्ष कर बोर्ड (CBDT)	जे. बी. मोहापात्रा
• अध्यक्ष, भारतीय बीमा नियामक विकास प्राधिकरण (IRDA)	देबाशीष पांडा
• अध्यक्ष, भारतीय प्रतिभूति एवं विनिमय बोर्ड ऑफ इंडिया (SEBI)	माधबी पुरी बुच

भूगोल

ALGERIA
LIBYA
NIGER
CHAD
EGYPT
SUDAN
ETHIOPIA
ANGOLA
TANZANIA
TURKEY
IRAQ
IRAN
SAUDI ARABIA
OMAN
UKRAINE

B

भारत का भूगोल
(Geography of India)

सामान्य परिचय (A General Introduction)

- भारत किस **गोलार्द्ध** (Hemisphere) में अवस्थित है?
  –उत्तरी-पूर्वी गोलार्द्ध में

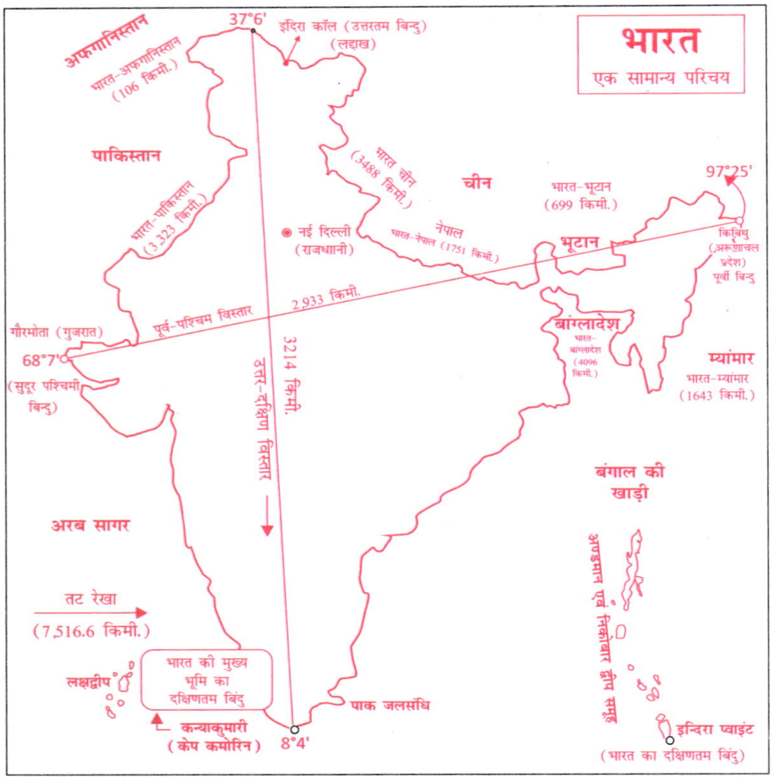

- **क्षेत्रफल** (Area) की दृष्टि से **भारत** का विश्व में कौन सा स्थान है?
  –सातवाँ

> भारतीय **भू-भाग** का विस्तार **पूर्व** से **पश्चिम 2,933 किमी.** तथा **उत्तर** से **दक्षिण** तक **3,214 किमी.** है।

- भारत का **क्षेत्रफल** विश्व के **कुल क्षेत्रफल** का कितना भाग है?
  –2.4%
- भारत का **अक्षांशीय विस्तार** (Latitude Expansion) क्या है–
  –8°4' उत्तरी अक्षांश से 37°6' उत्तरी अक्षांश के मध्य
- **देशान्तर रेखाएँ** (Longitude Line) क्या निर्धारित करती हैं–
  –समय एवं अवस्थिति को
- **कर्क रेखा** (Tropic of Cancer) भारत के कितने राज्यों से होकर गुजरती है?
  –आठ

भारत के राज्य जिनसे कर्क रेखा गुजरती है

1.	गुजरात	2.	राजस्थान
3.	मध्य प्रदेश	4.	छत्तीसगढ़
5.	झारखण्ड	6.	पश्चिम बंगाल
7.	त्रिपुरा	8.	मिजोरम

- भारत को लगभग दो बराबर भागों में कौन सा **अक्षांश** (Latitude) विभाजित करता है?
  $-23\frac{1^0}{2}$ **उत्तरी अक्षांश** (कर्क रेखा)
- **भारत** के सबसे पश्चिमी बिन्दु **गौरमोता** (गुजरात) तथा पूर्वी बिन्दु **किबिथु** (अरुणाचल प्रदेश) के मध्य **सूर्योदय** एवं **सूर्यास्त** में लगभग कितने घण्टे का अन्तर है?
  –2 घण्टे का
- **भारतीय मानक समय रेखा** (Indian Standard Time Line) **82½°** किस शहर से होकर गुजरती है?
  –प्रयागराज के निकट मिर्जापुर से
- **भारतीय मानक समय** (IST) एवं **ग्रीनविच माध्य समय** (G.M.T.) में कितने घण्टे का अन्तर होता है? **–5½ घंटे का**

> यदि **भारतीय मानक याम्योत्तर** (Indian Standard Meridian) पर मध्याह्न है, तो **120°** पूर्वी देशान्तर पर स्थानीय समय **2:30** अपराह्न होगा।

- भारत का **सुदूरस्थ दक्षिणतम बिन्दु** (Southernmost Point) कौन सा है? **–इंदिरा प्वाइंट** (Indira Point)

> इंदिरा प्वाइंट **ग्रेट निकोबार द्वीप** (Great Nikobar Island) पर स्थित है।

- भारत का एकमात्र जिला कौन सा है, जिसकी **सीमा चार राज्यों को स्पर्श** करती है? **–सोनभद्र** (उत्तर प्रदेश)

> **भारतीय मानक समय रेखा** (82½°) पाँच राज्यों (उत्तर प्रदेश, मध्य प्रदेश, छत्तीसगढ़, ओडिशा एवं आंध्र प्रदेश) से होकर गुजरती है।

भारत
राज्य और केन्द्रशासित प्रदेश

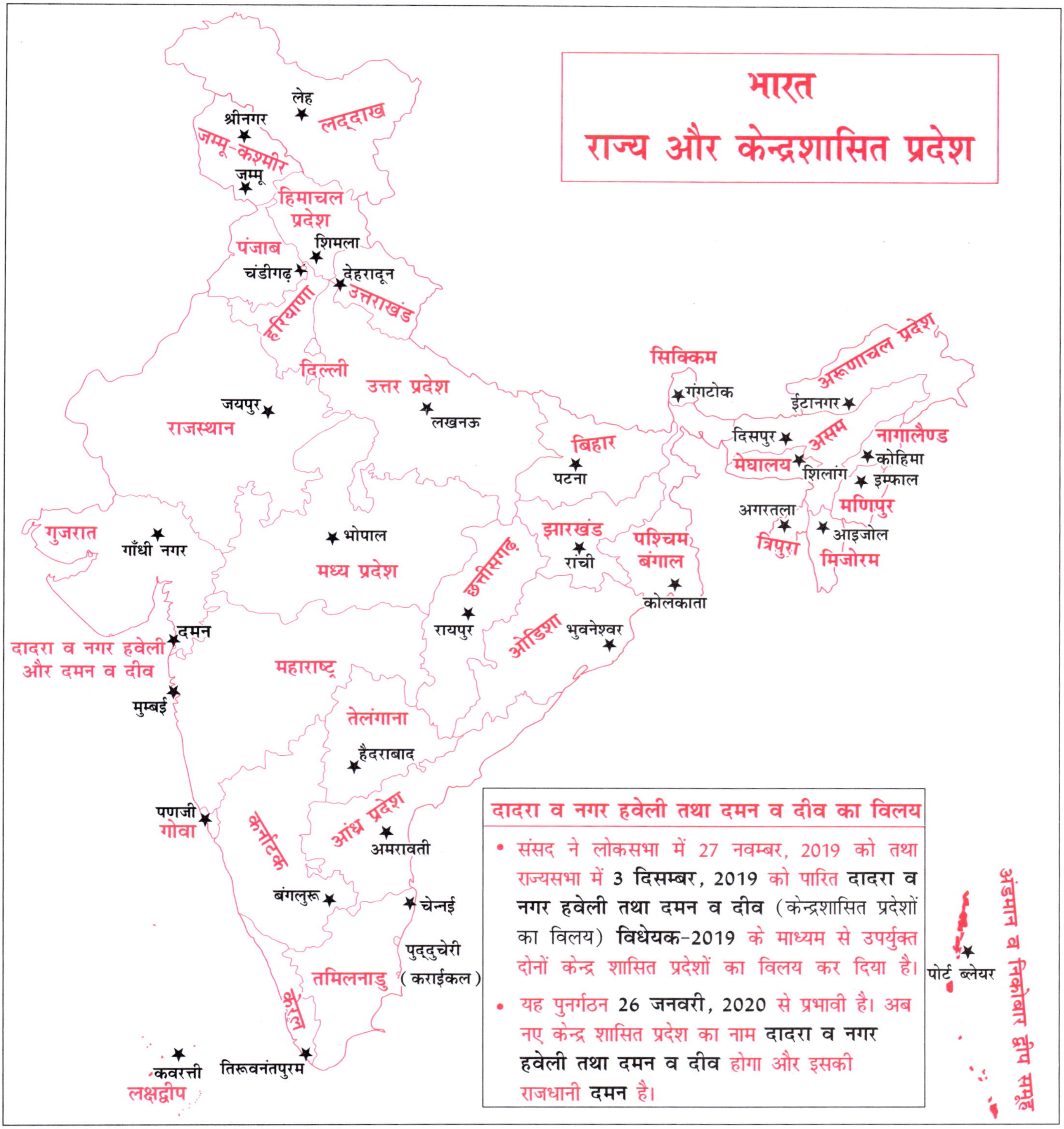

दादरा व नगर हवेली तथा दमन व दीव का विलय

- संसद ने लोकसभा में 27 नवम्बर, 2019 को तथा राज्यसभा में 3 दिसम्बर, 2019 को पारित **दादरा व नगर हवेली तथा दमन व दीव** (केन्द्रशासित प्रदेशों का विलय) **विधेयक-2019** के माध्यम से उपर्युक्त दोनों केन्द्र शासित प्रदेशों का विलय कर दिया है।
- यह पुनर्गठन 26 जनवरी, 2020 से प्रभावी है। अब नए केन्द्र शासित प्रदेश का नाम **दादरा व नगर हवेली तथा दमन व दीव** होगा और इसकी राजधानी **दमन** है।

देश के चतुर्दिक अन्तिम सीमा बिन्दु

उत्तरतम बिन्दु	दक्षिणतम बिन्दु	पश्चिमी बिन्दु	पूर्वी बिन्दु	मुख्य भूमि का दक्षिणतम बिन्दु
इन्दिरा कॉल (लद्दाख)	इन्दिरा प्वाइंट (ग्रेट निकोबार द्वीप)	गौरमोता या गुहार मोती (गुजरात)	किबिथु (अरुणाचल प्रदेश)	कन्याकुमारी (8°4' उत्तरी अक्षांश) तमिलनाडु

हिमालय की प्रमुख **पर्वत श्रेणियों** का **उत्तर से दक्षिण** क्रम है - **काराकोरम →लद्दाख →जास्कर →पीरपंजाल →धौलाधर →शिवालिक**

भारतीय मानक समय रेखा एवं कर्क रेखा एक दूसरे को छत्तीसगढ़ में काटती है।

- भारत की मुख्य भूमि की तटीय लम्बाई कितनी है?
  –लगभग 6,100 किमी.
- म्यांमार (Myanmar) की सर्वाधिक सीमा किस भारतीय राज्य को स्पर्श करती है? –अरुणाचल प्रदेश
- जनसंख्या (Population) की दृष्टि से भारत का विश्व में कौन सा स्थान है? –दूसरा
- असम की सीमा कुल कितने राज्यों एवं केन्द्रशासित प्रदेशों को स्पर्श करती है? –सात
- रॉस द्वीप, नील द्वीप और हैवलॉक द्वीप का परिवर्तित नाम क्या है?
  – नेताजी सुभाष चंद्र बोस द्वीप, शहीद द्वीप एवं स्वराज द्वीप
- भारत किस जलसंधि (Strait) द्वारा श्रीलंका से पृथक होता है?
  –पाक जलडमरूमध्य
- भारत का कौन-सा राज्य तीन ओर से बांग्लादेश की सीमा से घिरा हुआ है? –त्रिपुरा

भारत के महत्वपूर्ण चैनल	
• 9 डिग्री चैनल	लक्षद्वीप और मिनिकाय के मध्य
• 8 डिग्री चैनल	मालदीव और मिनिकाय के मध्य
• ग्रेट या महान् चैनल	सुमात्रा (इण्डोनेशिया और निकोबार के मध्य)
• पाक स्ट्रेट (जलडमरूमध्य)	भारत और श्रीलंका के मध्य
• माहिम क्रीक (निवेशिका)	एक पतली सी निवेशिका, मुम्बई
• कच्छ की खाड़ी	पश्चिमी गुजरात
• खम्भात की खाड़ी	पूर्वी गुजरात, नर्मदा और ताप्ती का मुहाना
• लक्षद्वीप सागर	लक्षद्वीप और मालाबार तट के मध्य
• मन्नार की खाड़ी	दक्षिण-पूर्वी तमिलनाडु और श्रीलंका के मध्य
• कोको स्ट्रेट (जलडमरूमध्य)	कोको द्वीप (म्यांमार) और उत्तरी अण्डमान के मध्य
• डंकन पास	दक्षिणी अण्डमान और लघु अण्डमान के मध्य
• 10 डिग्री चैनल	अण्डमान और निकोबार के मध्य

विभिन्न देशों के साथ भारत की अंतर्राष्ट्रीय सीमा की लंबाई एवं सम्बद्ध राज्य एवं केन्द्रशासित प्रदेश

देश	लम्बाई (किमी.)	सीमा रेखा	सीमा से सम्बद्ध भारतीय राज्य/केन्द्रशासित प्रदेश एवं उनकी संख्या
1. बांग्लादेश	4,096.7	रेडक्लिफ रेखा	5 (पश्चिम बंगाल, मेघालय, मिजोरम, त्रिपुरा, असम)
2. चीन	3,488	मैकमोहन रेखा	5 (लद्दाख, हिमाचल प्रदेश, उत्तराखण्ड, सिक्किम, अरुणाचल प्रदेश)
3. पाकिस्तान	3,323	रेडक्लिफ रेखा	5 (गुजरात, राजस्थान, पंजाब, जम्मू-कश्मीर, लद्दाख)
4. नेपाल	1,751	–	5 (उत्तर प्रदेश, बिहार, पश्चिम बंगाल, सिक्किम, उत्तराखण्ड)
5. म्यांमार	1,643	–	4 (अरुणाचल प्रदेश, नागालैण्ड, मिजोरम, मणिपुर)
6. भूटान	699	–	4 (पश्चिम बंगाल, सिक्किम, अरुणाचल प्रदेश, असम)
7. अफगानिस्तान	106	डूरण्ड रेखा	1 (लद्दाख)
कुल	15,106.7		

मैकमोहन रेखा (McMahon Line)

अंग्रेजों के शासन के दौरान भारत व चीन के मध्य उत्तर-पूर्व में यह सीमा रेखा 27 अप्रैल, 1914 को निर्धारित की गई थी, जिसे मैकमोहन रेखा कहा गया। इसका नामकरण सर हेनरी मैकमोहन के नाम पर किया गया है। वर्ष 1914 में हुए शिमला समझौते में इसे दोनों देशों ने सीमा रेखा के रूप में स्वीकार किया था।

रेडक्लिफ रेखा (Radcliffe Line)

विभाजन के पश्चात् 17 अगस्त, 1947 को भारत व पाकिस्तान के मध्य निर्धारित की गई सीमा रेडक्लिफ रेखा के नाम से जानी जाती है। इस रेखा का निर्धारण बॉर्डर कमीशन द्वारा किया गया था। इस कमीशन के अध्यक्ष सर सिरील रेडक्लिफ थे, इन्हीं के नाम पर इस सीमा का नाम रेडक्लिफ रेखा रखा गया था।

काराकोरम श्रेणी को उच्च एशिया की रीढ़ (Backbone of High Asia) के नाम से जाना जाता है।

भारत: एक दृष्टि में

- **देश :** भारत
- **अन्य नाम :** आर्यावर्त, जम्बूद्वीप, भारतवर्ष, हिन्दुस्तान, इंडिया
- **राजधानी :** नई दिल्ली
- **भौगोलिक स्थिति :** उत्तरी गोलार्द्ध में अवस्थित
- **अक्षांशीय विस्तार :** 8°4' उत्तरी अक्षांश से 37° 6' उत्तरी अक्षांश
- **देशांतरीय विस्तार :** 68°7' पूर्वी देशांतर से 97°25' पूर्वी देशांतर।
- **ज्यामितीय आकार :** चतुष्कोणीय
- **मानक समय :** 82½° पूर्वी देशांतर, इलाहाबाद के समीप मिर्जापुर का समय (ग्रीनविच माध्य समय से 5 घंटा 30 मिनट आगे) 82½° पूर्वी देशांतर भारत के पाँच राज्यों (उत्तर प्रदेश, मध्य प्रदेश, छत्तीसगढ़, ओडिशा एवं आंध्र प्रदेश) से होकर गुजरती है।
- **भौगोलिक विस्तार : लम्बाई** (उत्तर से दक्षिण 3,214 किमी.) **चौड़ाई** (पूर्व से पश्चिम 2,933 किमी.)।
- **स्थलीय सीमा :** 15,106.7 किमी.
- **जलीय सीमा :** 7,516.6 किमी.
- **प्रादेशिक जलसीमा :** समुद्र तट से 12 समुद्री मील तक
- **संलग्न क्षेत्र :** प्रादेशिक जल सीमा से आगे 24 समुद्री मील तक
- **अनन्य आर्थिक क्षेत्र :** संलग्न क्षेत्र से आगे 200 समुद्री मील तक
- **जलवायु :** मानसूनी जलवायु
- **क्षेत्रफल :** 32,87,263 वर्ग किमी.
- **विश्व के कुल क्षेत्रफल का प्रतिशत :** 2.4%
- **क्षेत्रफल की दृष्टि से विश्व में स्थान :** 7वाँ
- **कुल जनसंख्या :** 1,21,08,54,977 (विश्व की कुल जनसंख्या का 17.5%)
- **जनसंख्या की दृष्टि से विश्व में स्थान :** द्वितीय (प्रथम चीन)
- **पुरुष जनसंख्या :** 62,32,70,258
- **महिला जनसंख्या :** 58,75,84,719
- **ग्रामीण जनसंख्या :** 83.37 करोड़ (68.8%)
- **शहरी जनसंख्या :** 37.71 करोड़ (31.16%)
- **दशकीय जनसंख्या वृद्धि दर :** 17.64% (2001-2011)
- **लिंगानुपात :** 943 प्रति हजार पुरुषों पर
- **शिशु लिंगानुपात :** 918 प्रति हजार पुरुषों पर
- **जनसंख्या घनत्व :** 382 व्यक्ति/वर्ग किमी.
- **कुल साक्षरता :** 74.04%
  - ◈ **पुरुष साक्षरता :** 82.14%
  - ◈ **महिला साक्षरता :** 65.46%
- **अनुसूचित जाति जनसंख्या :** 20,13,78,086 (कुल जनसंख्या का 16.6%)
- **अनुसूचित जनजाति जनसंख्या :** 10,42,81,034 (कुल जनसंख्या का 8.6%)
- **राज्यों की संख्या :** 28
- **केंद्र शासित प्रदेशों की संख्या :** 8
- **पर्वतीय क्षेत्र का विस्तार :** 10.7%
- **पहाड़ी क्षेत्र का विस्तार :** 18.6%
- **पठारी क्षेत्र का विस्तार :** 27.7%
- **मैदानी क्षेत्र का विस्तार :** 43.0%
- **कर्क रेखा पर स्थित 8 राज्य :** गुजरात, राजस्थान, मध्यप्रदेश, छत्तीसगढ़, झारखंड, पश्चिम बंगाल, त्रिपुरा एवं मिजोरम
- **समय रेखा (IST) पर स्थित 5 राज्य :** उत्तर प्रदेश, मध्य प्रदेश, छत्तीसगढ़, ओडिशा, आंध्र प्रदेश
- **अंतर्राष्ट्रीय सीमा से संलग्न राज्य/केन्द्र शासित प्रदेश :** 18
- **तेल शोधनशालाओं की संख्या :** 23
- **राष्ट्रीय राजमार्गों की संख्या :** 599
- **बड़े बंदरगाहों की संख्या :** 13
- **राष्ट्रीय पशु :** बाघ (वैज्ञानिक नाम : पैन्थेरा टाइग्रिस)
- **राष्ट्रीय विरासत पशु :** हाथी
- **राष्ट्रीय पक्षी :** मोर (वैज्ञानिक नाम : पावो क्रिस्टेटस)
- **राष्ट्रीय वृक्ष :** बरगद (वैज्ञानिक नाम : फाइकस बेंगालनसिस)
- **राष्ट्रीय पुष्प :** कमल (वैज्ञानिक नाम : नीलम्बो नूसीफेरा)
- **राष्ट्रीय चिह्न :** अशोक स्तम्भ
- **राष्ट्रीय गान :** जन-गण-मन (रचयिता : रवीन्द्रनाथ टैगोर)
- **राष्ट्रीय गीत :** वंदे मातरम् (रचयिता : बंकिम चन्द्र चटर्जी)
- **राजकीय भाषा :** हिन्दी
- **राष्ट्रीय लिपि :** देवनागरी
- **राष्ट्रीय वाक्य :** सत्यमेव जयते (स्रोत : मुण्डकोपनिषद)
- **राष्ट्रीय ध्वज :** तिरंगा
- **राष्ट्रीय नदी :** गंगा
- **राष्ट्रीय जलीय जीव :** गंगा डॉल्फिन (प्लेटिनिस्टा गैंगेटिका)

पुदुचेरी का भौगोलिक विस्तार **तमिलनाडु** (कराईकल), **केरल** (माहे) एवं **आंध्र प्रदेश** (यनम) राज्यों में स्थित है।

भौतिक विभाजन (Physical Division)

- **भारतीय उपमहाद्वीय** मूलत: किस **भू-खण्ड** का भाग था?
  -गोंडवानालैण्ड

> भारत में उपलब्ध **पुराचुम्बकीय परिणामों** (Paramagnetic Results) से संकेत मिलते हैं कि, प्राचीन काल में भारतीय भू-खण्ड **उत्तर दिशा की ओर** विस्थापित हुआ है।

- **भू-गर्भिक** संरचना (Geological Structure) की दृष्टि से भारत को मुख्यत: **तीन भागों** में विभाजित किया गया है-
  1. हिमालय पर्वतीय क्षेत्र
  2. उत्तर का मैदानी भाग
  3. दक्षिण का प्रायद्वीपीय पठार

हिमालय के समानांतर संरचनात्मक भाग
(वलयों की तीव्रता तथा निर्माण आयु के आधार पर)

- ट्रांस हिमालय/ तिब्बत का क्षेत्र
- वृहत् हिमालय/ महान हिमालय
- लघु हिमालय/ मध्य हिमालय
- बाह्य या उप हिमालय/शिवालिक हिमालय

- हिमालय का निर्माण समानांतर वलय श्रेणियों से हुआ है, इनमें प्राचीनतम् श्रेणी कौन सी है? **-वृहत् हिमालय**
- उत्तर भारत में **उप हिमालय क्षेत्र** के सहारे विस्तारित समतल मैदान को क्या कहा जाता है? **-भाबर**
- **हिमालय** का पर्वत पदीय प्रदेश कौन सा है? **-शिवालिक**
- शिवालिक शैल समूह के दक्षिण में स्थित **भाबर क्षेत्र** किस संरचना का उदाहरण है? **-गिरिपद की स्थिति का**

> **शिवालिक श्रेणी** (Shivalik Series) की औसत ऊँचाई **600-1,200 मीटर** है।

- **लघु हिमालय** किन श्रेणियों के मध्य में स्थित है?
  -महान हिमालय और **शिवालिक**
- हिमालय की **नवीनतम् पर्वत श्रेणी** कौन सी है?**-शिवालिक**
- **नर्मदा** एवं **ताप्ती** नदियों के मध्य कौन सी पर्वत श्रेणी स्थित है?
  -सतपुड़ा श्रेणी
- **हिमालय** की सबसे ऊँची पर्वत श्रेणी कौन सी है?
  - हिमाद्रि या **वृहत् हिमालय**
- **वृहत् हिमालय** (Great Himalayas) की औसत ऊँचाई कितनी है? **-6,100 मीटर**
- **पीर पंजाल श्रेणी** (Pir Panjal Range) किस राज्य में अवस्थित है? **-जम्मू-कश्मीर में**

> **पूर्वी हिमालय** की तुलना में **पश्चिमी हिमालय** में **ट्री लाइन** (Tree Line) की ऊँचाई **कम** है।

- उत्तराखण्ड के **पाताल तोड़ कुएँ** किस भाग में पाए जाते हैं?
  -तराई भाग में
- **अक्साई चिन** (Aksai Chin) किस क्षेत्र का भाग है? **-लद्दाख**
- **पश्चिमी हिमालय** (Western Himalaya) प्रदेश के प्रमुख प्राकृतिक संसाधन क्या हैं? **-वन**
- भारत की **प्राचीनतम पर्वत शृंखला** कौन सी है? **-अरावली**
- **अरावली श्रेणियों** (Aravalli Ranges) की अनुमानित आयु कितनी है? **-600-570 मिलियन वर्ष**

> **माउंट एवरेस्ट** (Mount Everest) को **नेपाल** में **सागरमाथा** के नाम से जाना जाता है।

- अरावली किस प्रकार की पर्वत श्रेणी है?
  -अवशिष्ट पर्वत (Residual Mountain)
- दक्षिण भारत की **सबसे ऊँची चोटी** कौन सी है?
  -अनाईमुडी (2,695 मीटर), **केरल**
- **नीलगिरि पर्वतमाला** का विस्तार किन राज्यों में है?
  -तमिलनाडु एवं **केरल**
- **महाराष्ट्र** एवं **कर्नाटक** के मध्य स्थित **पश्चिमी घाट** को किस नाम से जाना जाता है? **-कोंकण तट**
- **इलायची की पहाड़ियाँ** (Cardamom Mountains) किन राज्यों के मध्य सीमा बनाती हैं? **-केरल** एवं **तमिलनाडु**
- **शेवराय पहाड़ियाँ** (Shevaroy Hills) किस राज्य में स्थित हैं?
  -तमिलनाडु में

> **पूर्वी घाट** (Eastern Ghats) और **पश्चिमी घाट** (Western Ghats) परस्पर **नीलगिरि पहाड़ियों** पर मिलते हैं।

- भारत की **सर्वोच्च पर्वत चोटी** कौन सी है?
  - K_2 (गॉडविन ऑस्टिन - 8,611 मीटर)

> **विश्व** की सर्वाधिक **तीव्र ढाल** वाली चोटी **राकापोशी** (Rakaposhi), **लद्दाख श्रेणी** में स्थित है।

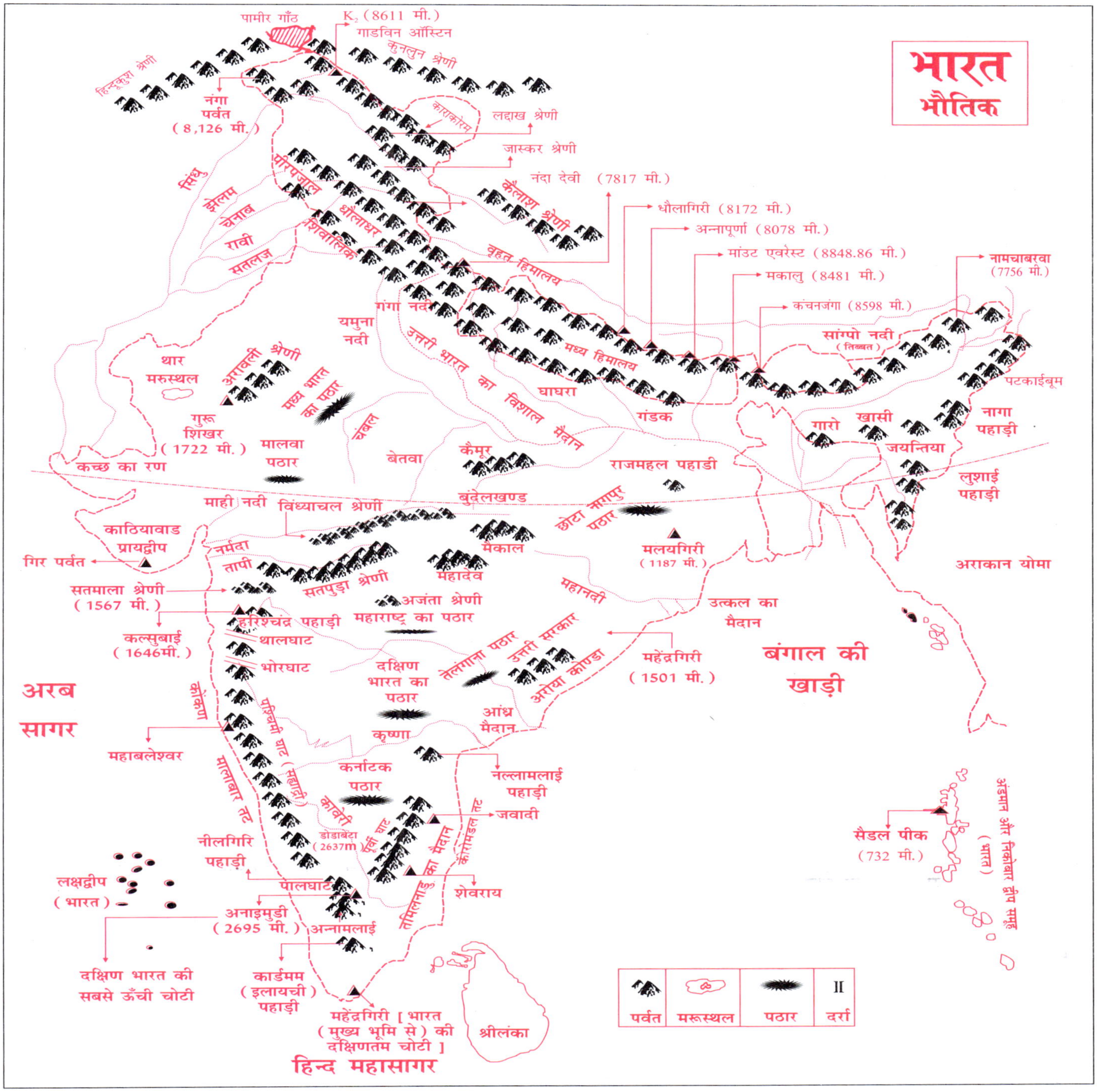

- **माना दर्रा** उत्तराखण्ड को किससे जोड़ता है? **–तिब्बत से**
- **नन्दा देवी शिखर** (Nanda Devi Peak) किस राज्य में अवस्थित है? **–उत्तराखण्ड में**
- **अरावली** श्रेणी का उच्चतम पर्वत शिखर कौन सा है? **–गुरु शिखर** [1722 मी. राजस्थान]
- हिमालय पर्वत की एक श्रेणी **अराकानयोमा** किस देश में स्थित है? **–म्यांमार**
- **कुल्लू घाटी** (Kullu Valley) किन पर्वत श्रेणियों के मध्य स्थित है? **–धौलाधर** तथा **पीर पंजाल**
- **पालघाट दर्रा** (Palghat Pass) किन पहाड़ियों के मध्य स्थित है? **–नीलगिरि** और **अन्नामलाई पहाड़ियाँ**
- **नाथूला दर्रा** (Nathula Pass) किस राज्य में स्थित है? **–सिक्किम में**

उत्तराखण्ड में **कोणधारी वनों** एवं छोटे-छोटे **घास के मैदानों** को **बुग्याल** या **पयार** के नाम से जाना जाता है।

- लिपुलेख, माना एवं नीति दर्रा कहाँ स्थित हैं?-उत्तराखंड में
- रोहतांग दर्रा किस राज्य में स्थित है? -हिमाचल प्रदेश

पूर्वी हिमालय में औसत हिम रेखा (Snow Line) 3,500 मी. तथा पश्चिमी हिमालय में 2,500 मी. ऊँचाई पर पायी जाती है।

- भारत का सबसे बड़ा हिमनद (Glacier) कौन सा है? -सियाचिन (लद्दाख)
- चौराबाड़ी ग्लेशियर कहाँ स्थित है? -केदारनाथ मंदिर के उत्तर में (उत्तराखण्ड)
- मेघालय का पठार किसका भाग है?-प्रायद्वीपीय भारत का
- भारत के प्रायद्वीपीय पर्वत किस काल में निर्मित हुए? -पैल्योजोइक महाकल्प (Paleozoic Era) में
- अरावली एवं विंध्य शृंखलाओं के मध्य कौन सा पठार स्थित है? -मालवा का पठार
- दण्डकारण्य क्षेत्र (Dandakaranya Region) कहाँ अवस्थित है? -छत्तीसगढ़ एवं ओडिशा के मध्यवर्ती भाग में

लघु हिमालय एवं शिवालिक श्रेणी के मध्य में विस्तृत समतल संरचनात्मक स्थल को पूर्व में द्वार तथा पश्चिम में दून के नाम से जाना जाता है।

- भारत का औसत समुद्र तल किस तट से मापा जाता है? -चेन्नई
- भारत की समुद्र तट रेखा की कुल लम्बाई कितनी है? -7,516.6 किमी.
- किस राज्य की तटीय सीमा सबसे लम्बी है?-गुजरात (1214.7 किमी)
- भारत के कितने राज्य समुद्री तटरेखा से संलग्न हैं?-9 राज्य तथा 4 केन्द्रशासित प्रदेश

भारत के तटीय राज्य व केन्द्रशासित प्रदेश
1. गुजरात 2. महाराष्ट्र 3. कर्नाटक 4. केरल 5. तमिलनाडु 6. पश्चिम बंगाल 7. आंध्र प्रदेश 8. ओडिशा 9. गोवा 10. पुडुचेरी 11. दादरा व नगर हवेली और दमन व दीव 12. अंडमान-निकोबार 13. लक्षद्वीप

- प्राचीन भारतीय ऐतिहासिक भूगोल में रत्नाकर नाम किसका सूचक था? -हिन्द महासागर का
- तमिलनाडु व आन्ध्र प्रदेश के समुद्री तट का क्या नाम है? -कोरोमण्डल तट
- कन्याकुमारी को किस अन्य नाम से जाना जाता है? -केप कोमोरिन (Cape Comorin)
- अंडमान और निकोबार द्वीप समूह में सबसे अधिक ऊँचाई वाली चोटी (Peak) कौन सी है? -सैडल पीक
- अण्डमान व निकोबार द्वीप समूह स्थित हैं-बंगाल की खाड़ी में
- अण्डमान-निकोबार द्वीप समूह में द्वीपों की संख्या कितनी है? -572
- दस डिग्री चैनल (Ten Degree Channel) किन दो द्वीपों को पृथक करता है? -अण्डमान को निकोबार द्वीप से
- बैरन द्वीप (Barren Island) अवस्थित है-बंगाल की खाड़ी में
- श्रीहरिकोटा द्वीप कहाँ अवस्थित है?-पुलिकट झील के समीप
- राम सेतु (Adam's Bridge) कहाँ से प्रारम्भ होता है? -धनुष्कोडि से
- लक्षद्वीप (Lakshdweep) कहाँ अवस्थित है -अरब सागर में
- भारत का कौन सा द्वीप समूह प्रवाल (Coral) निर्मित है? -लक्षद्वीप

मिनीकॉय द्वीप (Minicoy Island) भारतीय तट रेखा के सुदूरवर्ती द्वीप की श्रेणी में आता है।

- भारत एवं श्रीलंका के मध्य कौन सा द्वीप स्थित है? -पम्बन द्वीप (रामेश्वरम्)
- द्वीपों पर बसा हुआ भारत का सबसे बड़ा नगर कौन सा है-मुम्बई
- कोरी क्रीक (Kori Creek) कहाँ स्थित है?-कच्छ के रण में
- सर क्रीक (Sir Creek) विवाद किन दो देशों के मध्य है? -भारत एवं पाकिस्तान
- बुर्जिल व बनिहाल दर्रे किस पर्वत श्रेणी में स्थित हैं? -पीरपंजाल श्रेणी

हिमालय के प्रमुख ऊँचे शिखर

शिखर	देश	ऊँचाई (मीटर)
• माउंट एवरेस्ट	नेपाल	8,848.86
• K2 या गॉडविन ऑस्टिन	भारत (POK)	8,611
• कंचनजंगा	भारत-नेपाल सीमा	8,586
• मकालू	नेपाल	8,481
• धौलागिरि	नेपाल	8,167
• नंगा पर्वत	भारत	8,126
• अन्नपूर्णा	नेपाल	8,091
• नंदादेवी	भारत	7,816
• कामेत	भारत	7,756
• नामचा बरवा	तिब्बत (चीन)	7,782
• गुरूला मंधाता	तिब्बत (चीन)	7,728

सतलज एवं सिन्धु नदी के मध्य स्थित हिमालय के भाग को कश्मीर हिमालय या पंजाब हिमालय के नाम जाना जाता है।

जलवायु (Climate)

- किसी क्षेत्र की **जलवायु** को निर्धारित करने वाला **मुख्य कारक** कौन सा है? **–अक्षांशीय अवस्थिति**

जलवायु को नियंत्रित करने वाले कारकों से सम्बंधित शब्द

जलवायु को नियंत्रित करने वाले कारकों के लिए एक शब्द LANDFORMS प्रयोग किया जाता है, जो जलवायु को प्रभावित करते हैं–

L- Latitude	– अक्षांश
A- Altitude	– ऊँचाई
N- Nearness From Sea	– समुद्र से निकटता
D- Direction of wind	– पवन की दिशा
F- Forest	– वन
O- Ocean Currents	– समुद्री जलधाराएँ
R- Rainfall	– वर्षा
M- Mountain	– पहाड़/पर्वत
S- Soil	– मिट्टी

- भारत में **ग्रीष्म कालीन मानसून** के प्रवाह की सामान्य दिशा क्या है? **–दक्षिण-पश्चिम से उत्तर-पूर्व**
- **भारत** के **उत्तरी-पश्चिमी** मैदानों में **शीतऋतु** में किसके प्रभाव से वर्षा होती है? **–पश्चिमी विक्षोभों के प्रभाव से**
- भारत के किन राज्यों में **शरद ऋतु** में वर्षा होती है? –**पंजाब** एवं **तमिलनाडु**
- भारत में औसत वार्षिक वर्षा कितनी है?– **लगभग 125 सेमी.**
- भारत में **सर्वाधिक वर्षा** किन क्षेत्रों में होती है? **–पश्चिमी घाट, पूर्वी हिमालय** तथा **मेघालय**

भारत में **उष्णकटिबंधीय मानसूनी जलवायु** पायी जाती है तथा यहाँ सर्वाधिक वर्षा **दक्षिण-पश्चिम मानसून** द्वारा होती है। जलवायु को **मानूसनी जलवायु** कहा जाता है।

- भारतीय उपमहाद्वीप पर **ग्रीष्म ऋतु** में **उच्च ताप** और **निम्न दाब**, हिन्द महासागर से वायु का **कर्षण** (Draws) करते हैं जिसके कारण प्रवाहित होती है – **दक्षिण-पश्चिमी मानसून**

व्यापारिक पवनें (Trade Winds)

व्यापारिक पवनें **0° से 30° उत्तरी** एवं **दक्षिणी अक्षांशों** के मध्य बहने वाली पवनें हैं, ये पवनें उपोष्ण उच्च वायु दाब कटिबंधों (**35°NS**) से विषुवतीय निम्न वायुदाब कटिबंधों (0°-5° NS) की ओर बहती हैं। **उत्तरी गोलार्द्ध** में इन्हें **उत्तर-पूर्व व्यापारिक पवनें** तथा **दक्षिणी गोलार्द्ध** में इन्हें **दक्षिण-पूर्व व्यापारिक पवनें** कहा जाता है।

- **पश्चिम बंगाल** और **असम** में ग्रीष्म ऋतु में चलने वाली पवनों को स्थानीय भाषा में क्या कहते हैं? –**काल बैशाखी** तथा **चाय वर्षा**
- भारत में **सबसे कम वर्षा** वाला स्थान कौन सा है? **–लेह**
- **कोपेन** (Koppen) ने **वर्ष 1918** में **विश्व की जलवायु** को कितने वर्गों में विभाजित किया? **–पाँच**

जलवायु निर्धारण के आधार

1. वार्षिक एवं मासिक औसत तापमान
2. वार्षिक एवं मासिक वर्षा
3. वनस्पति

कोपेन की योजना के अनुसार भारत के जलवायु प्रदेश

जलवायु के प्रकार	वर्ण संकेत	क्षेत्र
• लघु शुष्क ऋतु वाली मानसूनी जलवायु	Amw	गोवा के दक्षिण में, भारत का पश्चिमी तट
• शुष्क ग्रीष्म ऋतु	As	तमिलनाडु का कोरोमंडल तट
• उष्ण कटिबंधीय सवाना जलवायु	Aw	कर्क रेखा के दक्षिण में प्रायद्वीपीय पठार का अधिकांश भाग
• अर्द्ध शुष्क स्टेपी जलवायु	BShw	उत्तर-पश्चिमी गुजरात, पश्चिमी राजस्थान और पंजाब के कुछ भाग
• उष्ण मरुस्थलीय जलवायु	BWhw	राजस्थान का सबसे पश्चिमी भाग
• शुष्क शीत ऋतु	Cwg	गंगा का मैदान, पूर्वी राजस्थान, उत्तरी मध्य प्रदेश, उत्तर पूर्वी भारत का अधिकतर प्रदेश
• लघु ग्रीष्म तथा शीत आर्द्र ऋतु	Dfc	अरुणाचल प्रदेश, सिक्किम, असम
• ध्रुवीय तुल्य जलवायु	E	जम्मू-कश्मीर, लद्दाख, हिमाचल प्रदेश और उत्तराखण्ड
• टुण्ड्रा तुल्य जलवायु	Et	उत्तराखण्ड के पर्वतीय क्षेत्र

अन्त: उष्णकटिबंधीय अभिसरण क्षेत्र (ITCZ)

ITCZ एक **निम्न वायुदाब पट्टी** है, जो पृथ्वी के चारों ओर सामान्यत: विषुवत रेखा के ऊपर चारों ओर स्थित है। वस्तुत: यह एक **दोलायमान** (Swinging) पट्टी है। ITCZ वह क्षेत्र है, जहाँ **उत्तर-पूर्वी** एवं **दक्षिण-पूर्वी व्यापारिक पवनें** मिलती हैं। दोनों पवनों के मिलने से **विषुवतीय पछुवा पवनों** की उत्पत्ति होती है।

लू उत्तरी मैदान में **पंजाब से बिहार तक** चलने वाली **शुष्क** व **पीड़ादायक पवनें** हैं।

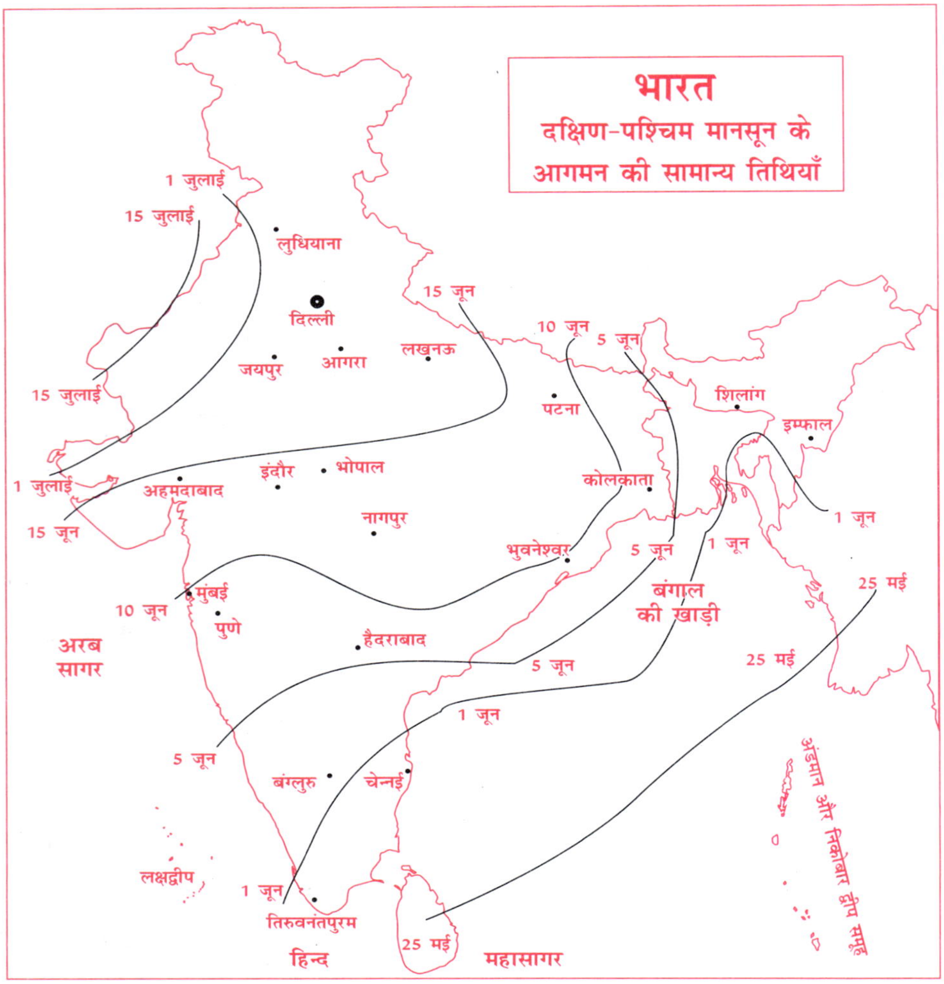

- भारत में **दक्षिण-पश्चिमी मानसून** का समय सामान्यत: कब से कब तक होता है? **–जून से सितम्बर तक**
- भारत में **मानसून का आगमन** सबसे पहले किस राज्य में होता है? **– केरल में**
- भारत में **नॉर्वेस्टर** की उत्पत्ति कहाँ होती है? **–छोटा नागपुर पठार पर**
- **तमिलनाडु** में मानसून के सामान्य महीने कौन से हैं? **–नवम्बर-दिसम्बर**
- **भारतीय मानसून** को प्रभावित करने वाले घटक कौन से हैं? **– तिब्बत का पठार, जेट स्ट्रीम, एलनिनो** एवं **ला निना आदि**
- **उत्तरी पूर्वी मानसून** से **सबसे अधिक वर्षा** प्राप्त करने वाला राज्य कौन सा है? **–तमिलनाडु**
- भारत के किन क्षेत्रों में औसत वार्षिक वर्षा **दो सौ मिलीमीटर** होती है? **– जम्मू-कश्मीर** व **पश्चिमी राजस्थान**
- **अमृतसर** एवं **शिमला** लगभग एक ही अक्षांश पर स्थित हैं, किन्तु उनकी जलवायु में भिन्नता का मुख्य कारण है **–उनकी ऊँचाई में भिन्नता**
- **कॉफी** वर्षा एवं **चेरी ब्लॉसम** का सम्बंध है? **–ग्रीष्म ऋतु के समाप्त होते ही पूर्व मानसून की बौछार से (कर्नाटक)**
- **आम्र वर्षा** (Mango Shower) किस राज्य से सम्बंधित है? **–केरल** एवं **तटीय कर्नाटक**
- भारत में **सर्वाधिक दैनिक तापान्तर** किस स्थान पर पाया जाता है? **–राजस्थान के मरुस्थलीय क्षेत्रों में**
- भारत में **मानसून के प्रस्फोट** के लिए किसे उत्तरदायी माना जाता है? **–पूर्वी जेट प्रवाह को**

भारत वर्षा का वितरण (Distribution of Rainfall in India)
• भारत में **औसत वार्षिक वर्षा** लगभग **125 सेमी.** होती है, परन्तु इसमें क्षेत्रीय भिन्नताएँ पाई जाती हैं, जो निम्नवत हैं–
1. **अधिक वर्षा वाले क्षेत्र :** पश्चिमी घाट, उत्तर-पूर्व के उप-हिमालयी क्षेत्र तथा मेघालय की पहाड़ियों पर अधिक वर्षा होती है। यहाँ वर्षा 200 सेमी. से अधिक होती है। खासी और जयंतिया पहाड़ियों के कुछ भागों में 1000 सेमी. से भी अधिक वर्षा होती है। ब्रह्मपुत्र घाटी तथा निकटवर्ती पहाड़ियों पर 200 सेमी. से कम वर्षा होती है।
2. **मध्यम वर्षा के क्षेत्र :** गुजरात के दक्षिणी भाग, पूर्वी तमिलनाडु, ओडिशा सहित उत्तर-पूर्वी प्रायद्वीप, झारखंड, बिहार, पूर्वी मध्य प्रदेश, उप-हिमालय के साथ लगा हुआ गंगा का उत्तरी मैदान, कछार घाटी और मणिपुर में 100 से 200 सेमी. के बीच वर्षा होती है।
3. **न्यून वर्षा के क्षेत्र :** पश्चिमी उत्तर प्रदेश, दिल्ली, हरियाणा, पंजाब, जम्मू व कश्मीर, पूर्वी राजस्थान, गुजरात तथा दक्कन के पठार पर वर्षा 50 से 100 सेमी. के बीच होती है।
4. **अत्यल्प वर्षा के क्षेत्र :** प्रायद्वीपीय भारत के कुछ भागों, विशेष रूप से आंध्र प्रदेश, कर्नाटक और महाराष्ट्र के **वृष्टि छाया प्रदेश** (Rain Shadow Regions) व लद्दाख और पश्चिमी राजस्थान के अधिकतर भागों में 50 सेमी. से कम वर्षा होती है।

जेट स्ट्रीम **क्षोभमण्डल** के मध्य अक्षांशों में धरातल से **12 किमी.** ऊपर **पश्चिम** से **पूर्व दिशा** में चलने वाली **एक प्रवाह** का नाम है।

मृदा (Soil)

भारत की मृदाओं का वर्गीकरण

(उत्पत्ति, रंग, संयोजन तथा अवस्थिति के आधार पर)

- जलोढ़ मृदा
- काली मृदा
- लाल और पीली मृदा
- लैटेराइट मृदा
- शुष्क मृदा
- लवणीय मृदा
- पीट मृदा
- वन मृदा

मृदा (Soil) शब्द की उत्पत्ति, **लैटिन भाषा** के शब्द **सोलम** (Solum) से हुई है, जिसका शाब्दिक अर्थ – **फर्श** (Floor)

- भारत के **सर्वाधिक क्षेत्र** में कौन सी **मृदा** पायी जाती है
  –जलोढ़ (Alluvial)/**कछारी मृदा**
- **रेगुर** (Regur) मृदा को किस अन्य नाम से जाना जाता है?
  –काली मृदा
- **रेगुर** मृदा का सर्वाधिक विस्तार किस राज्य में पाया जाता है?
  –महाराष्ट्र में
- **मालवा पठार** (Malwa Plateau) में किस मृदा की अधिकता है?
  –काली मृदा

काली मृदा को **स्वतः जुताई** वाली मृदा भी कहा जाता है, जिसमें सिंचाई की कम आवश्यकता पड़ती है। यह मृदा **कपास की खेती** के लिए सबसे उपयुक्त मानी जाती है।

पीला रंग **फेरिक आक्साइड** के कारण होता है, जबकि लाल रंग लोहे के **आक्साइड** के कारण होता है।

- **लैटेराइट मृदा** (Laterite Soil) मुख्यतः किन राज्यों में पायी है?
  –केरल, कर्नाटक एवं **महाराष्ट्र में**
- **लोहे की मात्रा अधिक** होने के कारण कौन सी मृदा दिनों-दिन **अनुर्वर** (Infertile) होती जा रही है? **–लैटेराइट**

मृदा की **क्षारीयता** को कम करने के लिए **जिप्सम** का प्रयोग किया जाता है।

- **लैटेराइट मृदा** भारत में मुख्यतः कहाँ पायी जाती है?
  –मालाबार तटीय प्रदेश में
- **सबसे कम जलधारण क्षमता** किस प्रकार की मृदा में होती है?
  –बलुई दोमट मृदा
- पौधों को **सबसे अधिक जल** किस प्रकार की मृदा से प्राप्त होता है?
  –चिकनी मृदा से
- **मृदा की उर्वरता बढ़ाने** के लिए कौन सी फसलें उगाई जाती हैं?
  – दलहनी फसल
- **चम्बल घाटी** (Chambal Valley) का निर्माण किस भौगोलिक प्रक्रिया से हुआ है?**–अवनालिका अपरदन** (Gully Erosion) **से**
- **चाय बागानों** के लिए कौन सी मृदा उपयुक्त है? **–लैटेराइट**
- **दोमट मृदा** (Alluvial Soil) में कौन-कौन से कण पाये जाते हैं?
  –गाद, मृत्तिका व **रेत** (Silt, Clay & Sand)
- भारत की मृदाओं में किस **सूक्ष्म तत्त्व की सर्वाधिक कमी** है
  –जस्ता
- गंगा के मैदान की **पुरानी जलोढ़ मृदा** कहलाती है **–बांगर**
- **अम्लीय** (Acidic) मृदा को कृषि योग्य बनाने हेतु किस खनिज का प्रयोग किया जाता है? **–लाइम या चूना**
- भारत में सर्वाधिक **क्षारीय मृदा** किस राज्य में पायी जाती है?
  –उत्तर प्रदेश में

लवणीय मृदा में **नाइट्रोजन** व **चूने** की अल्पता पायी जाती है।

- **जैव मृदा** (Organic Soil) का रंग नीला क्यों होता है?
  – **अम्लीय** व **फेरस आयरन के कारण**
- **पश्चिमी राजस्थान** की **मृदा** में किस खनिज की अधिकता पायी जाती है? **–कैल्शियम की**
- **मरुस्थलीय मृदा** (Desert Soil) में किस पोषक तत्व का अभाव पाया जाता है? **–नाइट्रोजन का**
- **मृदा अपरदन** (Soil Erosion) को किस प्रकार रोका जा सकता है? **–वनारोपण द्वारा**

pH मान के अनुसार मृदा की प्रकृति

क्र.	pH मान	मिट्टी की प्रकृति
1.	1 से 6	अम्लीय मिट्टी (Acidic Soil)
2.	7	उदासीन मिट्टी (Neutral Soil)
3.	8 से 14	क्षारीय मिट्टी (Alkaline Soil)

लाल और **पीली मृदा** अम्लीय प्रकृति की होती है, जिसमें **नाइट्रोजन, फॉस्फोरस** एवं **ह्यूमस** (जैव पदार्थ) **की कमी** होती है।

प्राकृतिक वनस्पतियाँ (Natural Vegetations)

	विभिन्न प्रकार के वन समूहों का वनावरण	प्रतिशत
समूह 1	उष्णकटिबंधीय आर्द्र सदाबहार वन (Tropical Wet Evergreen Forest)	2.61
समूह 2	उष्णकटिबंधीय अर्द्ध सदाबहार वन (Tropical Semi-Evergreen Forest)	9.27
समूह 3	उष्णकटिबंधीय नम पर्णपाती वन (Tropical Moist Deciduous Forest)	17.65
समूह 4	तटीय एवं दलदली वन (Littoral and Swamp Forest)	0.73
समूह 5	उष्णकटिबंधीय शुष्क पर्णपाती वन (Tropical Dry Deciduous Forest)	40.86
समूह 6	उष्णकटिबंधीय काँटेदार वन (Tropical Thorny Forest)	2.72
समूह 7	उष्णकटिबंधीय शुष्क सदाबहार वन (Tropical Dry Evergreen Forest)	0.12
समूह 8	उपोष्ण कटिबंधीय चौड़ी पत्तीयुक्त पर्वतीय वन (Subtropical Broadleaved Hill Forest)	4.26
समूह 9	उपोष्ण कटिबंधीय कोणधारी वन (Subtropical Pince Forest)	2.36
समूह 10	उपोष्ण कटिबंधीय शुष्क सदाबहार वन (Subtropical Dry Evergreen Forest)	0.02
समूह 11	मांटेन आर्द्र समशीतोष्ण वन (Montane Wet Temperate Forest)	2.66
समूह 12	हिमालयी समशीतोष्ण वन (Himalayan Moist Temperate Forest)	3.35
समूह 13	हिमालयी शुष्क समशीतोष्ण वन (Himalaya Dry Temperate Forest)	0.73
समूह 14, 15, 16	उप-अल्पाइन एवं अल्पाइन वन (Sub Alpine and Alpine Forest)	1.96
	कुल	100.00

- भारत के **सर्वाधिक वृहद्** क्षेत्र में किस प्रकार के वन पाए जाते हैं? -**उष्णकटिबंधीय शुष्क पर्णपाती वन**
- उष्णकटिबंधीय सदाबहार वन क्षेत्रों में औसत वर्षा कितनी होती है? - **200 सेमी. से अधिक**

भारतीय वनस्पति सर्वेक्षण (BSI) के संस्थापक **सर जॉर्ज किंग** थे तथा इसकी **स्थापना 13 फरवरी, 1890** को हुई थी।

- भारत में **सिनकोना वृक्ष** कहाँ पाया जाता है? -**दार्जिलिंग**
- **कत्था** बनाने हेतु किस वृक्ष की लकड़ी का प्रयोग होता है? -**खैर**
- सामाजिक वानिकी में प्रयुक्त **बहुउद्देशीय वृक्ष** का उदाहरण है -**खेजरी/खेजड़ी** (Khejri)
- भारत में **वन संरक्षण अधिनियम** (Forest Conservation Act) किस वर्ष पारित किया गया? -**वर्ष 1980 में**
- **सागौन** (Teak) तथा **साल** (Sal) के वृक्ष किस प्रकार के वनों में पाये जाते हैं? -**उष्णकटिबंधीय आर्द्र पर्णपाती वनों में**

पश्चिमी हिमालय की **शीतोष्ण पेटी** (Temperature Zone) में **देवदार वृक्षों** का बाहुल्य है।

- **बाँस** (Bamboo) की कौन सी प्रजाति छत्तीसगढ़ में सर्वाधिक पाई जाती है? -**लाठी बाँस**
- लम्बी जड़ों और नुकीले काँटों अथवा शूलयुक्त झाड़ियों और लघु वृक्षों वाले वन सामान्यत: पाए जाते हैं -**राजस्थान में**
- **संयुक्त राष्ट्र खाद्य** एवं **कृषि संगठन** की **नवीन रिपोर्ट** के अनुसार, **वार्षिक स्तर** पर वन क्षेत्रों में सबसे ज्यादा वृद्धि में भारत को विश्व कौन सा स्थान प्राप्त हुआ है -**8वाँ स्थान**
- **भोजपत्र (भुर्जवृक्ष) वृक्ष** कहाँ पाया जाता है? -**हिमालय में**

पलाश (Butea Monosperma) के वृक्ष को **जंगल की आग** (Flame of the Forest) भी कहा जाता है।

- भारत के किस राज्य में **सागौन** के वन पाये जाते हैं? -**मध्य प्रदेश**
- समुद्र तल से **सर्वाधिक ऊँचाई** पर पाया जाने वाला वृक्ष कौन सा है? -**देवदार**
- **चिपको आंदोलन** के प्रणेता कौन थे? - **सुन्दरलाल बहुगुणा**
- **भारतीय वन सर्वेक्षण** (FSI) की स्थापना कब हुई थी? -**1 जून, 1981**
- भारत में **मैंग्रोव वनस्पति** कितने **क्षेत्रफल** में विस्तृत है? -**4992 वर्ग किमी. (ISFR-2021)**

भारतीय वन प्रबंधन संस्थान (Indian Institute of Forest Management - IIFM) की स्थापना **वर्ष 1982** में **भोपाल** में की गई थी।

भारत के 8 वनस्पति क्षेत्र

क्र.	क्षेत्र	विस्तार	वनस्पति वितरण
1.	**पश्चिमी हिमालयी क्षेत्र**	कश्मीर से कुमायूँ तक	**1. शीतोष्ण कटिबंधीय भाग:** चीड़, देवदार, शंकुधारी वृक्ष (कोनीफर्स) व चौड़ी पत्ती वाले शीतोष्ण वृक्ष। **2. अल्पाइन क्षेत्र** (शीतोष्ण से ऊपरी सीमा): श्वेत देवदार, श्वेत भोज वृक्ष व सदाबहार वृक्ष।
2.	**पूर्वी हिमालयी क्षेत्र**	सिक्किम से दार्जिलिंग	**शीतोष्ण क्षेत्र** : ओक, जायफल, द्विफल, बड़े फूलों वाले सदाबहार वृक्ष एवं छोटी बेंत के जंगल पाए जाते हैं।
3.	**असम क्षेत्र**	ब्रह्मपुत्र व सुरमा घाटियाँ	इसमें सदाबहार वन और बीच-बीच में घने बाँसों तथा लम्बी घासों के झुरमुट हैं।
4.	**सिन्धु का मैदानी क्षेत्र**	पंजाब, पश्चिमी राजस्थान और उत्तरी गुजरात के मैदान	यह क्षेत्र शुष्क व गर्म है। इसमें कटीले वन व झाड़ियाँ मिलती हैं।
5.	**गंगा का मैदानी क्षेत्र**	कछारी मैदान	इनमें गेहूँ, चावल और गन्ने की खेती होती है।
6.	**दक्कन क्षेत्र**	भारतीय प्रायद्वीप समग्र भूमि	इसमें पतझड़ वाले वृक्षों के जंगलों से लेकर तरह-तरह की जंगली झाड़ियों के वन हैं।
7.	**मालाबार क्षेत्र**	प्रायद्वीपीय तट	घने जंगलों के अतिरिक्त व्यापारिक फसलें पायी जाती हैं जैसे : नारियल, सुपारी, काली मिर्च, काफी, चाय, रबड़ और काजू आदि।
8.	**अंडमान क्षेत्र**	अंडमान द्वीप	इसमें सदाबहार, अर्द्ध-सदाबहार, कच्छ वनस्पति, समुद्र तटीय व अप्लावी जंगलों की अधिकता है।

भारत के प्रमुख वानिकी शोध संस्थान

क्र.सं	शोध संस्थान	स्थापना (वर्ष)	क्षेत्र	राज्य
1.	फॉरेस्ट रिसर्च इंस्टीट्यूट	1906	देहरादून	उत्तराखंड
2.	एरिड फॉरेस्ट रिसर्च इंस्टीट्यूट	1985	जोधपुर	राजस्थान
3.	इंस्टीट्यूट ऑफ वुड साइन्स एण्ड टेक्नोलॉजी	1938	बंगलुरु	कर्नाटक
4.	रेन फॉरेस्ट रिसर्च इंस्टीट्यूट	1988	जोरहाट	असम
5.	इंस्टीट्यूट ऑफ फॉरेस्ट जेनेटिक्स एण्ड ट्री ब्रीडिंग	1988	कोयम्बटूर	तमिलनाडु
6.	सेण्टर ऑफ सोशल फॉरेस्ट्री एण्ड इको रिहैबिलिटेशन	1992	प्रयागराज	उत्तर प्रदेश
7.	हिमालयन फॉरेस्ट रिसर्च इंस्टीट्यूट	1977	शिमला	हिमाचल प्रदेश
8.	एडवांस सेण्टर फॉर बायोटेक्नोलॉजी एण्ड मैंग्रोव फॉरेस्ट्स	1997	हैदराबाद	तेलंगाना
9.	ट्रॉपिकल फॉरेस्ट रिसर्च इंस्टीट्यूट	1988	जबलपुर	मध्य प्रदेश
10.	इंस्टीट्यूट ऑफ फॉरेस्ट्री रिसर्च एण्ड ह्यूमन रिसोर्स डेवलपमेण्ट	1995	छिन्दवाड़ा	मध्य प्रदेश
11.	इंस्टीट्यूट ऑफ फॉरेस्ट प्रोडक्टिविटी	1993	राँची	झारखंड
12.	इण्डियन प्लाइवुड इण्डस्ट्रीज रिसर्च एण्ड ट्रेनिंग इंस्टीट्यूट	1962	बंगलुरु	कर्नाटक
13.	इण्डियन इंस्टीट्यूट ऑफ फॉरेस्ट मैनेजमेंट	1982	भोपाल	मध्य प्रदेश
14.	जी.बी.पंत हिमालयी पर्यावरण एवं विकास संस्थान	1988	अल्मोड़ा	उत्तराखंड
15.	उष्णकटिबंधीय वनस्पति उद्यान और अनुसंधान संस्थान	1979	तिरुअनंतपुरम्	केरल

वृक्षों को बचाने के लिए **चिपको आंदोलन** की शुरूआत **उत्तराखंड** के **टिहरी-गढ़वाल जनपद** से की गई थी।

जैव-विविधता (Bio-diversity)

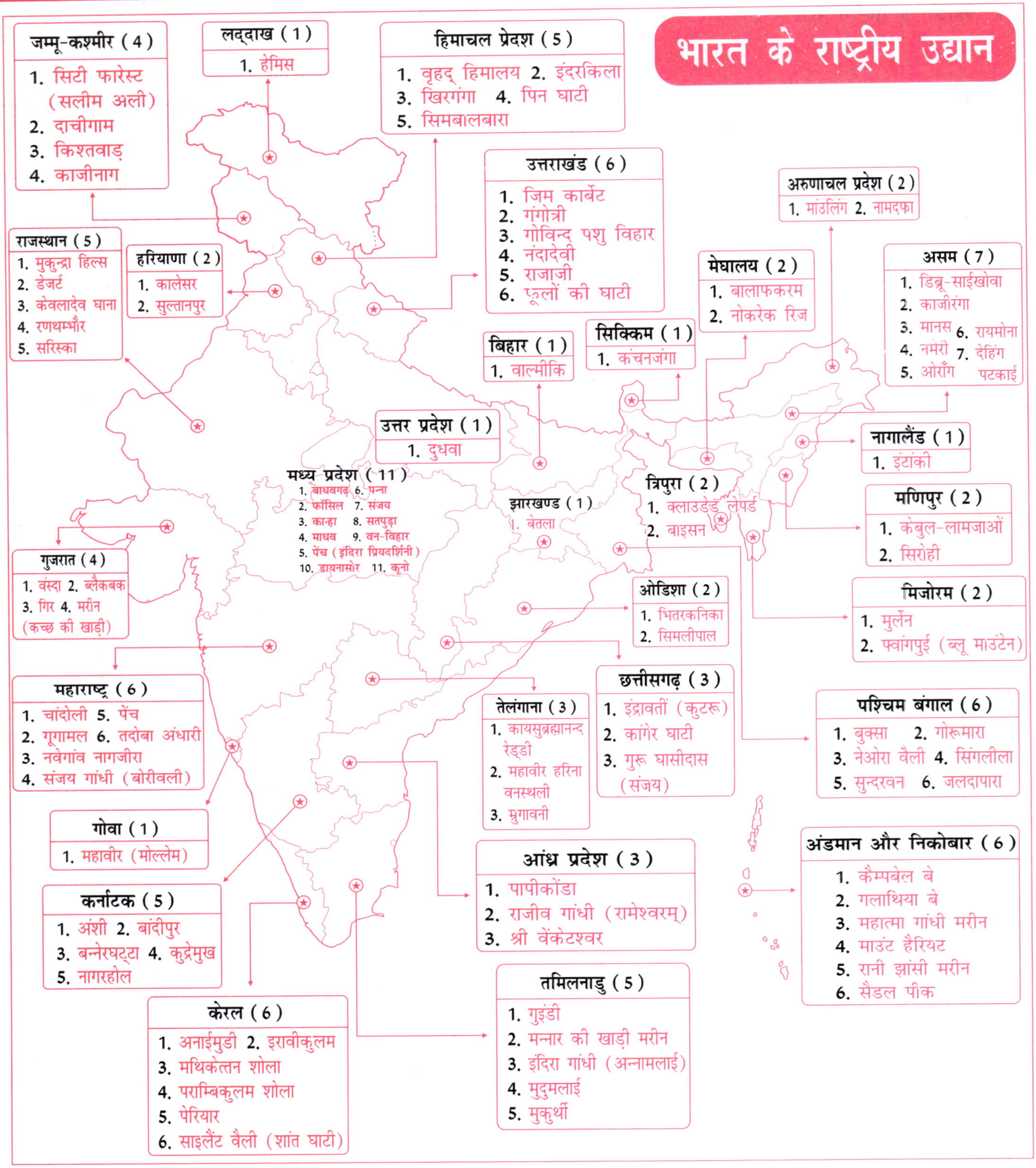

विलुप्त हो रहे जीवों तथा पेड़-पौधों के जीनों के संरक्षण हेतु नॉर्वे द्वारा अन्तर्राष्ट्रीय जीन बैंक की स्थापना की जा रही है।

- भारत का **सबसे बड़ा वनस्पति उद्यान** (Botanical Garden) कहाँ स्थित है? **–कोलकाता में**
- **काजीरंगा राष्ट्रीय उद्यान** (असम) किसके लिए प्रसिद्ध है? **–एक सींग वाले गैंडे के लिए**
- **महात्मा गाँधी मरीन राष्ट्रीय उद्यान** किस राज्य में अवस्थित है? **–अंडमान और निकोबार द्वीप समूह में**
- **जीवाश्म** (Fossil) नेशनल पार्क अवस्थित है? **–मण्डला (मध्य प्रदेश) में**
- **कान्हा राष्ट्रीय उद्यान** (मध्य प्रदेश) किसके लिए प्रसिद्ध है? **–रॉयल बंगाल टाइगर**
- **वर्ष 1974** में स्थापित **नामदफा राष्ट्रीय उद्यान** किस राज्य में स्थित है? **–अरुणाचल प्रदेश में**
- **बांदीपुर राष्ट्रीय उद्यान** (कर्नाटक) किस वर्ष स्थापित किया गया था? **–वर्ष 1974 में**
- **नागरहोल राष्ट्रीय उद्यान** (कर्नाटक) का परिवर्तित नाम क्या है? **–राजीव गाँधी राष्ट्रीय उद्यान**
- **नोकरेक** जैव मण्डलीय क्षेत्र किस राज्य में अवस्थित है? **–मेघालय**
- भारत का **प्रथम राष्ट्रीय उद्यान** (First National Park) कौन सा है? **–जिम कार्बेट राष्ट्रीय उद्यान** (उत्तराखण्ड)
- **रणथम्भौर वन्य-जीव विहार** किस राज्य में स्थित है? **–राजस्थान में**

महत्वपूर्ण वन्यजीव अभयारण्य (Important Wildlife Sanctuaries)

राज्य	वन्यजीव अभयारण्य	राज्य	वन्यजीव अभयारण्य
• आंध्र प्रदेश	कोरिंगा, कोल्लेरू, पुलिकट, नागार्जुन सागर-श्रीशैलम, प्राणहिता	• मध्य प्रदेश	बोरी, गाँधी सागर, राष्ट्रीय चंबल, पन्ना, रातापानी, सोन घड़ियाल
• तेलंगाना	नागार्जुन सागर- श्रीशैलम, प्राणहिता, किन्नेरसानी	• महाराष्ट्र	फणसाड, बोर, कलसुबाई-हरिश्चन्द्रघाट, मेलघाट, नागजीरा पक्षी, पेनगंगा, उमरेद करहांडला
• बिहार	बरेला झील (वर्तमान में सलीम अली जुब्बा सहनी पक्षी विहार), भीमबांध, गौतम बुद्ध, काँवरझील, कैमूर, वाल्मीकि, विक्रमशिला गंगा-डॉल्फिन	• ओडिशा	भीतरकनिका, चिल्का, गहीरमाथा (मैरीन), नंदनकानन, सतकोसिया गॉर्ज, सिमलीपाल
		• पंजाब	हरिके झील
• चंडीगढ़	सुखना झील	• राजस्थान	माउण्ट आबू, सरिस्का, जवाहर सागर, राष्ट्रीय चबंल, वन विहार
• छत्तीसगढ़	अचानकमार, सीतानदी	• तमिलनाडु	कोडाईकनाल, नेल्लई, प्वॉइंट कैलीमर, पुलिकट झील, सत्यमंगलम, कलक्कड, इंदिरा गाँधी (अन्नामलाई), वेदांथंगल
• गोवा	भगवान महावीर (मोल्लेम)		
• गुजरात	ग्रेट इंडियन बस्टर्ड, गिर, कच्छ की खाड़ी (मरीन), नल सरोवर, नारायण सरोवर (चिंकारा), पूरना, जंगली गधा (Wild Ass)	• उत्तर प्रदेश	बखीरा, कैमूर, महावीर स्वामी, राष्ट्रीय चंबल, ओखला पक्षी, पटना पक्षी विहार
• हिमाचल प्रदेश	चंद्रताल, पोंग डैम झील, रेणुका	• दिल्ली	असोला भाटी (इंदिरा प्रियदर्शिनी)
• जम्मू-कश्मीर	चांगथाल शीत मरुस्थल, होकेरसर, सुरिनसर-मानसर	• अरुणाचल प्रदेश	पखुई, सेसा ऑर्किड
		• असम	दीपोर बील, पूर्वी कार्बी आंगलांग, लावोखोवा
• झारखण्ड	डालमा, गौतम बुद्ध, हज़ारीबाग, पारसनाथ, पलामू, तोपचंची	• मिजोरम	दंपा (Dampa), थोरांटलांग
		• सिक्किम	किताम, पांगोलखा
• कर्नाटक	डांडेली, घाटप्रभा, चिंचोली, तालकावेरी	• त्रिपुरा	गुमटी, सेपाहीजाला
• केरल	थडेक्कड्, इदुक्की, नेय्यार, पराम्बिकुलम्, मालाबार, पेरियार, वायनाड, कुमाराकॉम	• नागालैण्ड	फाकिम
		• उत्तराखण्ड	केदारनाथ

भारत का प्रथम **गिद्ध प्रजनन केन्द्र, पिंजौर** (हरियाणा) में जबकि दूसरा **राजभटखावा** (पश्चिम बंगाल) में स्थित है।

- **सिमलीपाल वन्य जीव अभयारण्य** ओडिशा राज्य के किस जिले में स्थित है? **-मयूरभंज जिला**

> **भरतपुर पक्षी विहार** (राजस्थान) भारत में **साइबेरियन सारस** के लिए प्रसिद्ध है, इसे **केवलादेव घाना पक्षी विहार** के नाम से भी जाना जाता है।

- **संयुक्त राष्ट्र महासभा** ने किस दशक को जैव विविधता दशक घोषित किया था? **-वर्ष 2011-20 को**
- **बाँधवगढ़ राष्ट्रीय उद्यान** (मध्य प्रदेश) की स्थापना किस वर्ष हुई थी? **-वर्ष 1968 में**
- एकमात्र **अभयारण्य** (Sanctuary) जहाँ **कश्मीरी स्टैग** (Kashmiri Stag) पाया जाता है-**दाचीगाम राष्ट्रीय उद्यान** (जम्मू-कश्मीर)
- **जंगली गधा** (Wild Ass) कहाँ पाया जाता है?-**कच्छ के रण में**
- **शेर की पूँछ वाला मकाऊ** (Lion Tailed Macaque) मुख्यतः कहाँ पाया जाता है? **-साइलेंट वैली राष्ट्रीय उद्यान** (केरल) **में**
- **मुदुमलाई पशु विहार** किन दो राज्यों की सीमा पर स्थित है? **-कर्नाटक** और **केरल**

> **केरल** स्थित पेरियार राष्ट्रीय उद्यान **हाथी अभयारण्य** और **बाघ अभयारण्य** के लिए भी जाना जाता है।

- **मानस वन्यजीव विहार** किस राज्य में स्थित है? **-असम**
- विश्व का एकमात्र **तैरता हुआ राष्ट्रीय उद्यान** (Floating National Park) कौन सा है? **-केबुल लामजाओ** (मणिपुर)

महत्वपूर्ण पर्यावरणीय दिवस

राष्ट्रीय विज्ञान दिवस	28 फरवरी	विश्व जनसंख्या दिवस	11 जुलाई
विश्व वानिकी दिवस	21 मार्च	विश्व बाघ दिवस	29 जुलाई
विश्व जल दिवस	22 मार्च	विश्व ओजोन दिवस	16 सितम्बर
विश्व मौसम विज्ञान दिवस	23 मार्च	विश्व गैंडा दिवस	22 सितम्बर
अर्थ ऑवर दिवस	मार्च का अन्तिम शनिवार	विश्व खाद्य दिवस	16 अक्टूबर
विश्व स्वास्थ्य दिवस	7 अप्रैल	संयुक्त राष्ट्र दिवस	24 अक्टूबर
पृथ्वी दिवस	22 अप्रैल	विश्व पर्यावरण संरक्षण दिवस	25 नवम्बर
विश्व जैव विविधता दिवस	22 मई	मानवाधिकार दिवस	10 दिसम्बर
तम्बाकू मुक्ति दिवस	31 मई	राष्ट्रीय प्रदूषण रोकथाम दिवस	2 दिसम्बर
विश्व पर्यावरण दिवस	5 जून	राष्ट्रीय ऊर्जा संरक्षण दिवस	14 दिसम्बर

- **गर्म पानी अभयारण्य** किस राज्य में स्थित है? **-असम**
- **क्वागा** किस पशु की **विलुप्त** (Extinct) प्रजाति है? **-जेबरा**

> **डॉ. सलीम अली** भारतीय पक्षी विज्ञानी के रूप में प्रसिद्ध हैं।

- **कंचनजंघा राष्ट्रीय पार्क** (सिक्किम) किस वर्ष स्थापित हुआ? **-वर्ष 1977 में**
- प्रसिद्ध **गिर वन** किस राज्य में स्थित हैं? **-गुजरात में**

> गिर वन **एशियायी शेर** (Asiatic Lion) के लिए **प्राकृतिक पर्यावास** (Natural Habitat) है।

- **भारतीय प्राणी सर्वेक्षण** (Zoological Survey of India) का मुख्यालय कहाँ स्थित है? **-कोलकाता में**
- **हिम तेंदुआ** (Snow Leopard) भारत में कहाँ पाया जाता है? **-सिक्किम में**
- **सारस** (Crane) किस राज्य का **राजकीय पक्षी** (State Bird) है? **-उत्तर प्रदेश का**
- **नल सरोवर पक्षी विहार** किस राज्य में स्थित है? **-गुजरात**
- **यूनेस्को** द्वारा भारत के कितने **जैव मण्डल आरक्षित क्षेत्रों** को मान्यता प्रदान की गई है? **-बारह**
- **गुजरात** के **कच्छ के रण** में स्थित **एशिया** के **सबसे बड़े घास के मैदान** को किस नाम से जाना जाता है? **-बन्नी ग्रासलैंड**
- भारत में **जैवमंडल आरक्षित** (Biosphere Reserves) क्षेत्रों की संख्या कितनी है? **-अठारह**

> **राष्ट्रीय बाघ संरक्षण प्राधिकरण** (NTCA) की स्थापना **वर्ष 1973** में हुई थी, जिसका उद्देश्य **बाघों का सर्वांगीण संरक्षण** करना है।

♦ जैवमंडल आरक्षित क्षेत्र **नंदा देवी** किस राज्य में स्थित है?

–**उत्तराखंड**

♦ भारत के किस राज्य/केन्द्रशासित प्रदेश में **विविध समुद्री पेड़-पौधे तथा जन्तुओं** को संरक्षित करने के लिए **जैव आरक्षित क्षेत्र** (Biosphere Reserve) स्थापित किया गया है?

–**अंडमान और निकोबार द्वीप समूह में**

भारत के **प्रथम जैवमंडल आरक्षित क्षेत्र, नीलगिरि** को **वर्ष 2000** में यूनेस्को द्वारा जैवमंडल आरक्षित क्षेत्र घोषित किया गया। वर्तमान में कुल **12 जैवमंडल** आरक्षित क्षेत्र यूनेस्को के नेटवर्क में शामिल हैं।

♦ **वाल्मीकि बाघ आरक्षित क्षेत्र** (Valmiki Tiger Reserve) परियोजना किस राज्य से सम्बंधित है?

–**पश्चिमी चंपारण** (बिहार)

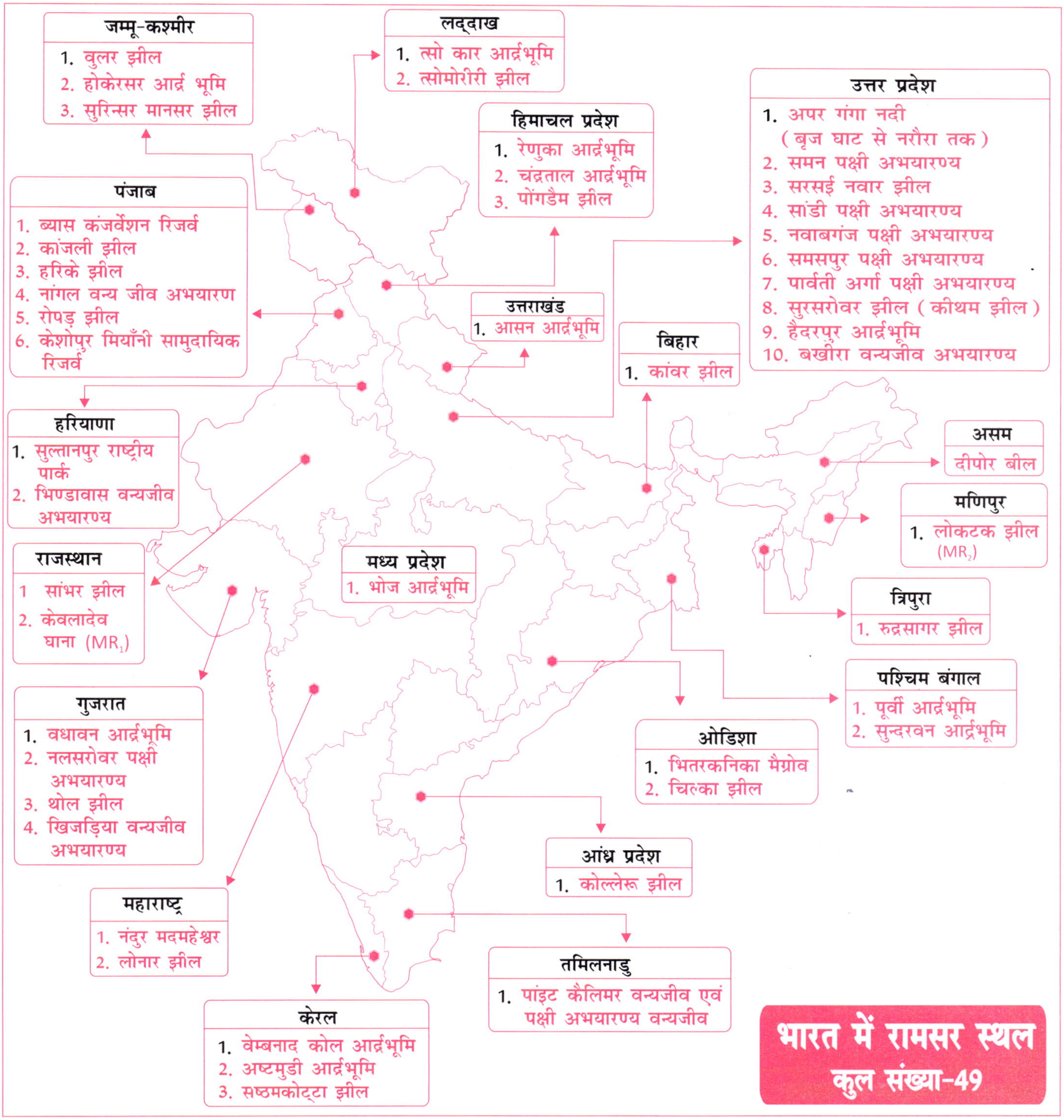

भारत के 18 जैवमंडलीय आरक्षित क्षेत्र

क्र.	स्थापना	नाम	राज्य	क्र.	स्थापना	नाम	राज्य
1.	1986	नीलगिरि	तमिलनाडु, केरल, कर्नाटक	11.	1999	पचमढ़ी	मध्य प्रदेश
2.	1988	नंदा देवी	उत्तराखण्ड	12.	2000	कंचनजंगा	सिक्किम
3.	1988	नोकरेक	मेघालय	13.	2001	अगस्त्यमलाई	तमिलनाडु, केरल
4.	1989	मन्नार की खाड़ी	तमिलनाडु	14.	2005	अचानकमार अमरकंटक	मध्य प्रदेश, छत्तीसगढ़
5.	1989	सुंदरवन	पश्चिम बंगाल	15.	2008	कच्छ का रण (ग्रेटर)	गुजरात
6.	1989	मानस	असम	16.	2009	कोल्ड डेजर्ट	हिमाचल प्रदेश
7.	1989	ग्रेट निकोबार	अंडमान निकोबार	17.	2010	शेषाचलम् पहाड़ी	आंध्र प्रदेश
8.	1994	सिमलीपाल	ओडिशा	18.	2011	पन्ना	मध्य प्रदेश
9.	1997	डिब्रू सैखोवा	असम				
10.	1999	दिहांग-दिबांग	अरुणाचल प्रदेश				

वन्य जीव संरक्षण परियोजनाएँ

क्र	परियोजना	प्रारम्भ वर्ष	विशेष बिन्दु
1.	बाघ परियोजना	1973	बाघों की संख्या में कमी को रोकना तथा उनकी संख्या में वृद्धि करना।
2.	गिद्ध संरक्षण परियोजना	2006	तीव्रता से लुप्त होते गिद्धों को बचाना। गिद्धों की मृत्यु का कारण पशुओं को दी जाने वाली डाइक्लोफेनॉक नामक दवा है। यह दवा अब प्रतिबंधित है।
3.	गिर सिंह परियोजना	1973	गिर अभयारण्य में केन्द्र सरकार के सहयोग से प्रारम्भ। गुजरात के जूनागढ़ जिले के 1,412 वर्ग किमी. क्षेत्र में स्थित यह उद्यान अब एकमात्र ऐसा उद्यान हैं, जहाँ एशियाई शेर पाये जाते हैं।
4.	हाथी परियोजना	1992	केन्द्र सरकार द्वारा 17 दिसम्बर, 1992 को झारखंड के सिंहभूम जिले से प्रारम्भ की गई। भारत के प्रमुख हाथी संरक्षित क्षेत्र-पेरियार अभयारण्य (केरल), मानस अभयारण्य एवं काजीरंगा राष्ट्रीय उद्यान (असम), राजाजी राष्ट्रीय उद्यान एवं जिम कार्बेट राष्ट्रीय उद्यान (उत्तराखण्ड)।
5.	कस्तूरी मृग परियोजना	1970	कस्तूरी मृग के संरक्षण के लिए IUCN के सहयोग से उत्तराखंड के केदारनाथ अभयारण्य में वर्ष 1970 में प्रारम्भ। कस्तूरी केवल नर मृग में पायी जाती है। ये मृग हिमाचल प्रदेश की चम्बा घाटी से लेकर सिक्किम तक के हिमालयी क्षेत्रों में पाये जाते हैं।
6.	लाल पांडा परियोजना	1996	विश्व प्रकृति निधि के सहयोग से पद्मजा नायडू हिमालयन प्राणी उद्यान में प्रारम्भ। लाल पांडा सिक्किम, अरुणाचल प्रदेश (केट बियर के नाम से प्रसिद्ध) तथा दार्जिलिंग के जंगलों में पाया जाता है।
7.	थामिन मृग परियोजना	1977	थामिन मृग, मणिपुर में पाये जाते हैं। विश्व के दुर्लभ स्तनधारियों में से एक है।
8.	कछुआ संरक्षण परियोजना	1975	ओडिशा के भितरकनिका में पाया जाने वाला ओलिव रिडले कछुआ दक्षिणी अमेरिकी कछुए की प्रजाति है।
9.	गैंडा परियोजना	1987	एक सींग वाला गैंडा केवल भारत में पाया जाता है। असम के मानस अभयारण्य व काजीरंगा उद्यान तथा पश्चिम बंगाल का जलदापारा अभयारण्य गैंडों की मुख्य शरण-स्थली है।
10.	घड़ियाल प्रजनन परियोजना	1975	भारत सरकार ने संयुक्त राष्ट्र विकास कार्यक्रम की सहायता से वर्ष 1975 से ओडिशा से यह परियोजना प्रारम्भ की। इसी योजना का विस्तार कुकरैल (लखनऊ, उत्तर प्रदेश), राजस्थान, मध्यप्रदेश, महाराष्ट्र, अंडमान, असम, बिहार व नागालैण्ड में भी किया गया है।

प्रवाल भित्तियाँ 60-70 मीटर तक गहरे स्वच्छ या कम लवणीय जल में 20°C से 21°C तापमान वाले क्षेत्र में पायी जाती हैं।

अपवाह तंत्र (Drainage System)

- किसी **नदी** एवं उसकी **सहायक नदियों** द्वारा अपवाहित क्षेत्र को क्या कहते है? **–अपवाह तंत्र** (Drainage System)
- भारत की **सबसे बड़ी** तथा **लम्बी** नदी कौन सी है? **–गंगा**
- **ब्रह्मपुत्र** नदी किस प्रकार के अपवाह तंत्र का उदाहरण है? **– पूर्ववर्ती अपवाह तंत्र का**
- **मानस** किसकी **सहायक** (Tributry) नदी है? **–ब्रह्मपुत्र**
- ब्रह्मपुत्र नदी **तिब्बत में** किस नाम से जानी जाती है? **–सांग्पो**

ब्रह्मपुत्र नदी **तिब्बत, भारत** एवं **बांग्लादेश** से होकर प्रवाहित होती है।

- **भागीरथी नदी** का उद्गम स्थल कहाँ है? **–गोमुख**
- **लेह** सिन्धु नदी के किस तट पर अवस्थित है? **–दाएँ तट पर**
- भारत की किन दो नदियों के **उद्गम स्थल** लगभग एक ही हैं? **–ब्रह्मपुत्र** और **सिन्धु**
- **बांग्लादेश** में **गंगा नदी** को किस नाम से जाना जाता है? **–पद्मा**
- **गंगा नदी के तट पर** स्थित सबसे बड़ा शहर कौन सा है? **–कानपुर**
- गंगा की **वह सहायक नदी** कौन सी है, जिसका उद्गम मैदानी भागों में हुआ है? **–गोमती (पीलीभीत)**

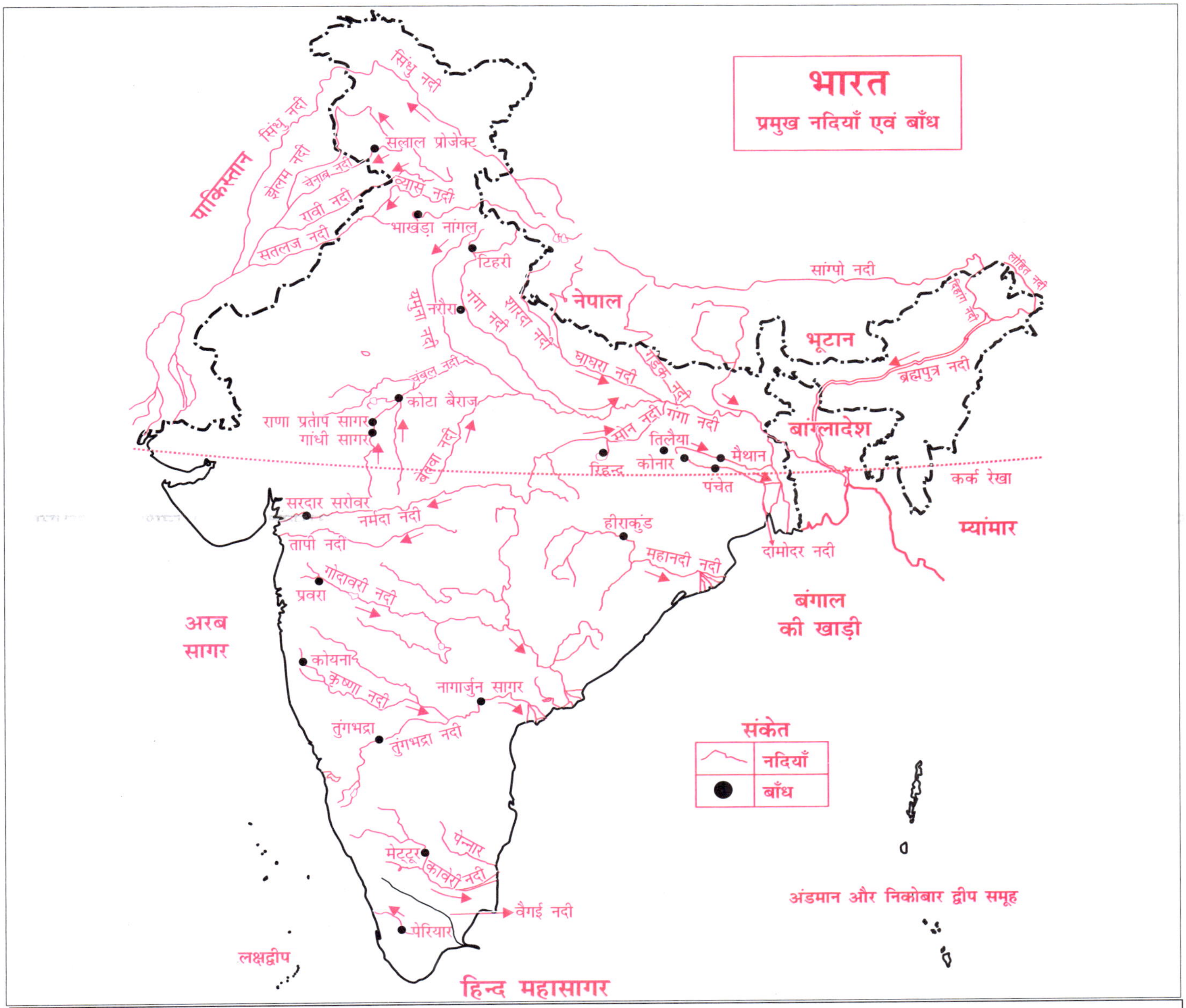

गोदावरी नदी को **दक्षिण भारत की गंगा** (Ganges of South India) या **वृद्ध गंगा** के नाम से भी जाना जाता है।

- **सिन्धु, ब्रह्मपुत्र** एवं **सतलज** नदियों का उद्गम स्थल कहा है? –**तिब्बत**
- **केदारनाथ से रूद्र प्रयाग** के मध्य कौन सी नदी प्रवाहित होती है? –**मन्दाकिनी**
- **मन्दाकिनी नदी** किस जल प्रवाह अथवा मुख्य नदी से सम्बंधित है? –**अलकनन्दा**
- **बद्रीनाथ** का प्रसिद्ध मंदिर किस नदी के तट पर स्थित है? –**अलकनन्दा**
- **यमुना नदी** का उद्गम स्थान कहाँ है? –**बन्दरपूँछ श्रेणी के यमुनोत्री हिमनद**
- **दामोदर** नदी किस नदी की **सबसे बड़ी** सहायक नदी है? –**हुगली**
- **हिमाचल प्रदेश** से कौन सी प्रमुख नदियाँ प्रवाहित होती हैं? –**चेनाब, रावी** और **सतलुज**
- सबसे अधिक **मार्ग परिवर्तन** करने वाली नदी कौन सी है? –**कोसी नदी**

> दामोदर नदी **छोटा नागपुर पठार** के **पलामू जिले** से निकलती है।

- पूर्व की ओर बहने वाली भारत की नदियों में से किस एक में **निम्नावलन** (Down Warping) के कारण **विभ्रंश घाटी** (Rift Valley) का निर्माण हुआ है? –**दामोदर नदी**
- **उत्तर प्रदेश** एवं **मध्य प्रदेश** राज्यों में संयुक्त **राजघाट नदी घाटी परियोजना** किस नदी पर निर्मित की गई है?–**बेतवा नदी पर**

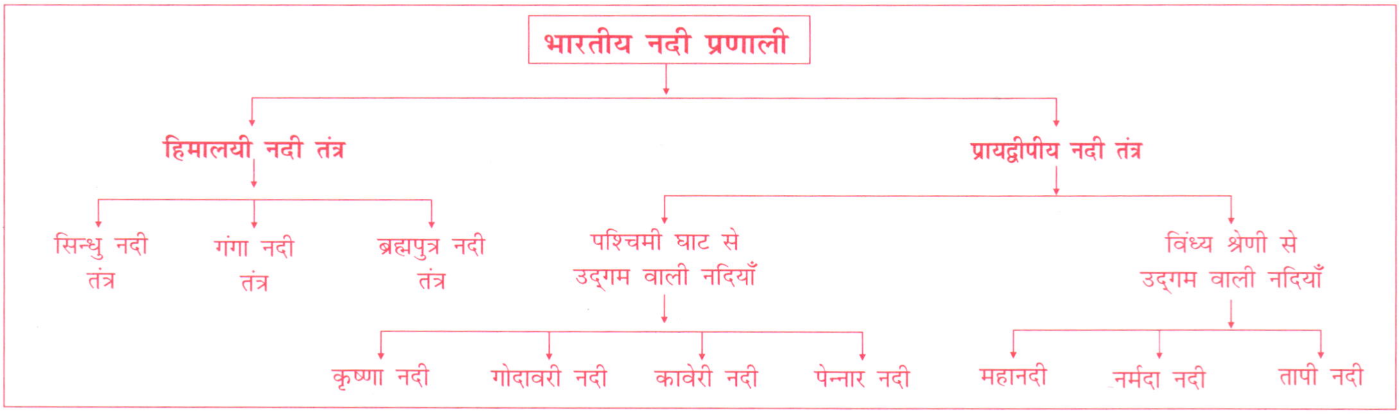

- भारत की किस नदी पर **विश्व का सबसे ऊँचा पुल** बनाया गया है? –**चेनाब पर**
- **नर्मदा** एवं **ताप्ती** नदियाँ समुद्र में गिरते समय किस संरचना का निर्माण करती हैं? –**ज्वारनदमुख** (एश्चुरी)
- **भ्रंशघाटी** (Rift Valley) से प्रवाहित होने वाली दो मुख्य नदियाँ कौन सी हैं? –**नर्मदा** एवं **ताप्ती**

> पश्चिम वाहिनी नदी, **नर्मदा** उत्तर में **विंध्यन पर्वत** तथा दक्षिण में **सतपुड़ा पर्वत** के मध्य भ्रंश घाटी से होकर प्रवाहित होती है।

- **अरब सागर** में गिरने वाली **दो प्रमुख नदियाँ** कौन सी हैं? –**नर्मदा** एवं **ताप्ती**
- **सोन** तथा **नर्मदा** का उद्गम स्थल कहाँ है? –**अमरकण्टक**
- **नर्मदा** नदी किस दिशा की ओर प्रवाहित होती है? –**पश्चिम**
- लूनी नदी किस प्रकार के अपवाह का उदाहरण है? –**भूमिबन्धित या अंतर्वाही**
- बिहार में निर्मित **त्रिवेणी नहर** में किस नदी से पानी आता है? –**गण्डक**
- **कपिला** किस नदी की सहायक नदी है? –**कावेरी**
- नदियों की लम्बाई के **अवरोही क्रम** (Desending Order)में **गोदावरी, महानदी, नर्मदा** एवं **ताप्ती** का सही अनुक्रम कौन सा है?
  –**गोदावरी** (1465 किमी.), **नर्मदा** (1312 किमी.), **महानदी** (851 किमी.) एवं **ताप्ती** (724 किमी.)
- **दक्षिण भारत** की नदियों में किसका **जलग्रहण क्षेत्र** (Catchment Area) सर्वाधिक है? –**गोदावरी**
- **प्रायद्वीपीय भारत** की नदियों में से कौन सी नदी **सबसे लम्बी** है? –**गोदावरी**
- **हंगरी** किस नदी की सहायक नदी है? –**तुंगभद्रा की**
- **श्रीरंगपट्टनम, शिवसमुद्रम** और **श्रीरंगम** नामक द्वीपों का निर्माण कौन सी नदी करती है? –**कावेरी**
- **कावेरी** नदी का उद्गम स्थल कहाँ स्थित है? –**ब्रह्मगिरि पहाड़ियों में**

> कावेरी नदी **कर्नाटक, केरल, तमिलनाडु** एवं **पुदुचेरी** राज्यों से होकर प्रवाहित होती है।

> **मंदाकिनी** नदी, **चौराबाड़ी ताल** नामक झील से निकलती है तथा **सोनप्रयाग** में **वासुकीगंगा** से मिलती हुई आगे बढ़ती है।

भारत की प्रमुख नदियाँ (Major Rivers of India)			
नदी (River)	उद्गम स्थल (Origin)	अन्य नदी/सागर से संगम स्थल	सहायक नदियाँ (Tributories)
• सिन्धु नदी	तिब्बत में मानसरोवर झील (कैलाश पर्वत)	कराची (पाकिस्तान) के निकट अरब सागर में	सतलज, व्यास, रावी, चेनाब, झेलम, सिंगी,जास्कर, गरवग चू, श्योक, शिगार, गिलगित
• सतलज नदी	मानसरोवर झील के निकट राकसताल झील	कपूरथला के द०-प० सिरे पर व्यास नदी में तथा मीठानकोट के निकट सिंधु नदी में	सिप्ती, वासपा, व्यास
• झेलम नदी	कश्मीर के बेरीनाग झरने से	त्रिमू के निकट चेनाब नदी में	किशनगंगा, लिदार, करवेस, पूँछ
• चेनाब नदी	लाहुल में बरालाचाला दर्रे के विपरीत दिशा में चन्द्रा+भागा	त्रिमू के निकट झेलम नदी में	रावी, चन्द्रा, भागा
• रावी नदी	कांगड़ा जिले (हिमाचल प्रदेश) में हिमालय के रोहतांग दर्रे से	झंग जिले की सीमा पर चेनाब नदी में	चिनाब
• व्यास नदी	रोहतांग दर्रे से	हरिके के पास सतलज नदी	पार्वती, सैन्ज, तीर्थन, ऊहल
• गंगा नदी	केदारनाथ चोटी के उत्तर में गोमुख नामक स्थान से	ग्वालंदों के निकट ब्रह्मपुत्र के साथ मिलकर बंगाल की खाड़ी में	अलकनंदा, भागीरथी, रामगंगा, यमुना, गोमती, घाघरा, गंडक, कोसी
• यमुना नदी	बंदरपूँछ में पश्चिमी ढाल पर स्थित यमुनोत्री हिमानी से।	प्रयागराज में गंगा नदी में	गिरि, असम, चंबल, बेतवा, केन, टोंस
• गोमती नदी	उत्तर प्रदेश के पीलीभीत जनपद से	गाजीपुर के निकट गंगा नदी में	सई, जोमकाई, बर्ना, गच्छई, चुहा
• घाघरा नदी	तिब्बत के मापचाचुंगो हिमनद से	छपरा के निकट गंगा नदी में	राप्ती, शारदा एवं छोटी गंडक
• गण्डक नदी	तिब्बत-नेपाल सीमा पर धौलागिरि पर्वत	पटना के समीप सोनपुर नदी में	काली गंडक, त्रिशूली गंगा
• कोसी नदी	प्रवाह की 7 धाराओं में से मुख्य धारा अरुण नाम से माउंट एवरेस्ट के पास गोंसाई थान चोटी से	भागलपुर जनपद में काढ़ागोला के दक्षिण-पश्चिम में गंगा नदी में	सनकोसी, तामू कोसी, लिक्षु कोसी, तलखू, दूध कोसी, अरुण, तामूर कोसी
• चम्बल नदी	मध्य प्रदेश में महू के निकट विंध्य पर्वतमाला की जनापाव पहाड़ी से	इटावा के पास यमुना नदी में	काली सिंध, तीस्ता, पार्वती, बनास, नेवाज, क्षिप्रा, दूधी नदी
• बेतवा नदी	रायसेन (मध्य प्रदेश) के कुमरा गाँव के निकट विंध्य पर्वतमाला से	हमीरपुर के निकट यमुना नदी में	धसान, बीना
• केन नदी	सतना जनपद (मध्य प्रदेश) में कैमूर पहाड़ियों से	चिल्ला (बाँदा) में यमुना नदी में	कयान, सोनार, उर्मिल
• सोन नदी	अमरकंटक की पहाड़ियों से	पटना से पूर्व गंगा नदी में	महानदी, घग्घर, गोपत, रिहंद, कांकर,उत्तरी कोयली
• दामोदर नदी	छोटानागपुर पठार के पलामू से	फुलका के पास हुगली नदी में	बराकर, कोनार, जमुनिया
• ब्रह्मपुत्र नदी	मानसरोवर झील के निकट चेमायुंगडुंग हिमनद से	ग्वालंदों के निकट पद्मा (गंगा) नदी में	दिबांग, लोहित, सुबनसिरी, धनसीरी, कुलसी, मानस, संकोश, धारला, तिस्ता, बुरही, दिहांग, दिसांग
• गोदावरी नदी	नासिक (महाराष्ट्र) के पश्चिमी घाट में त्रयंबक पहाड़ी से	मसुलीपट्टनम् (आंध्र प्रदेश) के निकट बंगाल की खाड़ी में	प्रवरा, पूर्णा, मंजरी, पेनगंगा, वेनगंगा, वर्धा, प्राणहिता, इन्द्रावती, मानेर, सबरी
• कृष्णा नदी	महाबलेश्वर के पास पश्चिमी घाट से	विजयवाड़ा के निकट बंगाल की खाड़ी में	तुंगभद्रा, कोयना, घाटप्रभा, मालप्रभा, भीमा, दूधगंगा
• कावेरी नदी	कर्नाटक राज्य में ब्रह्मगिरि पहाड़ियों में कुर्ग जिले में।	तमिलनाडु में कारकोल के ऊपर बंगाल की खाड़ी में	हेरांगी, हेमवती, शिमला, अर्कावती, लक्ष्मणतीर्थ, काबिनी, स्वर्णवती, भवानी, अमरावती, नोयेल
• नर्मदा नदी	मध्य प्रदेश में अमरकंटक की पहाड़ियों से	भरूच (भड़ौच) में अरब सागर में	बुढ़नेर, बंजर, शर, तवा, कुंडी, शक्कर, हिरन, बरना, तिनदेसी, अर्रा, देव, गोई नामोदास, सोमोदेवी
• ताप्ती नदी	मध्य प्रदेश के बैतूल जनपद में मुल्ताई (मूल ताप्ती) नगर के निकट।	खम्भात की खाड़ी में	पूर्णा, निर्गा, बोरी, पंजरा तथा अनेर
• महानदी	मध्य प्रदेश में रायपुर जनपद में सिहावा के निकट।	कटक के निकट नरज नामक स्थान पर कटजूरी तथा बिरूपा नाम की दो धाराओं में बँटकर बंगाल की खाड़ी में	शिवनाथ, हसदो, मांड, इब, जोंक, कोयाली, शंख, ओंग, तेल, ब्राह्मणी, लीलागर, मनियारी, सुरही, अमनेर

साबरमती नदी का उद्गम **अरावली पर्वतमाला** (राजस्थान) से होता है तथा यह आगे जाकर **खम्भात की खाड़ी** में मिल जाती है।

- भारत की कौन सी नदी कर्क रेखा को दो बार काटती है?–**माही नदी**
- अधिकांशतः **लवणीय नदी** (Saline River) किस अपवाह तंत्र का अंग है? –**बंगाल की खाड़ी**
- **गंगा नदी** पर निर्मित **महात्मा गाँधी सेतु** (Mahatma Gandhi Setu) किस राज्य में स्थित है? –**बिहार** (पटना)

माही नदी, **मध्य प्रदेश** से निकलकर **खम्भात की खाड़ी** में गिरती है।

- **विश्वासघाती नदी** की संज्ञा किस नदी को दी जाती है? –**हुगली नदी को**
- **संकोश नदी** किन दो राज्यों के मध्य सीमा बनाती है? –**असम एवं अरुणाचल प्रदेश**
- **सतलज, व्यास, रावी, चिनाब** और **झेलम** को किस नाम से जाना जाता है? –**पंचनद**
- **झेलम नदी** का उद्गम किस स्थान से होता है? –**कश्मीर के वेरीनाग झरने से**

हिमालयी नदियाँ **बारहमासी** होती हैं, जबकि **प्रायद्वीपीय नदियों** का प्रवाह **मौसमी** होता है।

- **एडन नहर** किस नदी से निकाली गई है? –**दामोदर नदी**

नदियों के किनारे स्थित प्रमुख नगर

नगर	नदी	नगर	नदी	नगर	नदी
• लेह	सिन्धु	• हैदराबाद	मूसी	• भुवनेश्वर	महानदी
• कानपुर	गंगा	• नासिक	गोदावरी	• जबलपुर	नर्मदा
• श्रावस्ती	राप्ती	• फतेहपुर	गंगा	• बलिया	गंगा
• कोटा	चंबल	• सूरत	ताप्ती (तापी)	• कन्नौज	गंगा
• पटना	गंगा	• तिलैया	बराकर	• लखनऊ	गोमती
• वाराणसी	गंगा	• कटक	महानदी	• उज्जैन	क्षिप्रा
• गया	फल्गू	• गोरखपुर	राप्ती	• अहमदाबाद	साबरमती
• दिल्ली	यमुना	• इटावा	यमुना	• बंगलुरू	वृषभावती
• फर्रुखाबाद	गंगा	• मंगलौर	नेत्रवती	• हाजीपुर	गंडक
• बैतूल	ताप्ती	• विदिशा	बेतवा	• आगरा	यमुना
• बद्रीनाथ	अलकनंदा	• प्रयागराज	गंगा व यमुना	• भागलपुर	गंगा
• विजयवाड़ा	कृष्णा	• रूद्र प्रयाग	मंदाकिनी व अलकनंदा	• धुबरी	ब्रह्मपुत्र
• कुर्नूल	तुंगभद्रा	• देवप्रयाग	भागीरथी व अलकनंदा	• साँची	बेतवा
• मथुरा	यमुना	• जमशेदपुर	स्वर्ण रेखा एवं खरकई	• मुंगेर	गंगा
• डिब्रूगढ़	ब्रह्मपुत्र	• ओरछा	बेतवा	• ग्वालियर	चम्बल
• पुणे	मुला मुथा	• भरूच	नर्मदा	• श्रीनगर	झेलम
• चेन्नई	अड्यार	• अयोध्या	सरयू (घाघरा)	• मुरादाबाद	रामगंगा
• कोलकाता	हुगली	• विष्णु प्रयाग	धौलीगंगा व अलकनंदा	• तिरुचिरापल्ली	कावेरी
• श्रीरंगपट्टनम्	कावेरी	• रावतभाटा	चम्बल	• हरिद्वार	गंगा
• गुवाहाटी	ब्रह्मपुत्र	• जौनपुर	गोमती	• चम्बा	रावी
• पंढरपुर	भीमा	• मंडी	व्यास	• गाँधीनगर	साबरमती
• होशंगाबाद	नर्मदा	• भरूच	नर्मदा	• नांदेड़	गोदावरी
• नेल्लौर	पेन्नेरू	• पणजी	मांडवी	• मदुरै	वैगई
• तंजावुर	कावेरी	• बक्सर	गंगा	• हावड़ा	हुगली
• संबलपुर	महानदी	• नासिक	गोदावरी	• अजमेर	लूनी

फतेहपुर, इलाहाबाद, कानपुर, वाराणसी, पटना, भागलपुर आदि **गंगा नदी** के तट पर स्थित प्रमुख नगर हैं।

जलप्रपात और झीलें (Waterfalls and Lakes)

- कर्नाटक में स्थित **गोकक जल** प्रपात किस नदी पर स्थित है? **–घाटप्रभा नदी**
- **हुंडरू जलप्रपात** किस नदी पर अवस्थित है **–सुवर्ण रेखा** (स्वर्ण रेखा) **नदी पर**
- **त्सो मोरारी झील** किस राज्य में स्थित है? **–लद्दाख में**
- **जोग जल प्रपात** (Jog Falls) किस नदी पर स्थित है? **–शरावती नदी**

चिल्का झील, उत्तरी सरकार तट पर **ओडिशा** राज्य में स्थित है।

- भारत के किस जलप्रपात को **नियाग्रा जलप्रपात** के नाम से भी जाना जाता है? **–चित्रकूट प्रपात** (ऊँचाई 29 मीटर)

चित्रकूट जलप्रपात छत्तीसगढ़ राज्य में **इंद्रावती** नदी पर स्थित है।

- भारत की सबसे बड़ी **कृत्रिम झील** कौन सी है? **–गोविन्द सागर झील**
- भारत की **खारे पानी** की सबसे बड़ी अन्तः स्थलीय झील कौन सी है? **–सांभर झील** (राजस्थान)

दूध सागर जलप्रपात पश्चिमी घाट में **गोवा** और **कर्नाटक** की सीमा पर **मांडवी नदी** पर स्थित है।

भारत में स्थित प्रमुख जलप्रपात

जलप्रपात	नदी	राज्य
• दूध सागर	**मांडवी**	गोवा और कर्नाटक की सीमा पर
• धुआंधार	**नर्मदा**	जबलपुर (मध्य प्रदेश)
• नोहकालीकई		मेघालय
• अमृतधारा, देवधारा	**हसदेव**	छत्तीसगढ़ (कोरिया)
• केंदाई		छत्तीसगढ़
• दुग्धधारा, कपिलधारा, धुआंधर	**नर्मदा**	मध्य प्रदेश
• जोग/गरसोप्पा	**शरावती**	कर्नाटक
• शिवसमुद्रम	**कावेरी**	कर्नाटक
• कपिल धारा	**नर्मदा**	अनूपपुर (मध्य प्रदेश)
• चित्रकूट	**इंद्रावती**	बस्तर (छत्तीसगढ़)
• जोन्हा/गौतमधारा	**राढू**	रांची (झारखंड)
• चूलिया	**चंबल**	राजस्थान

- **धुआँधार जलप्रपात** मध्य प्रदेश के **जबलपुर** में किस नदी पर स्थित है **–नर्मदा नदी पर**
- **वसुधारा जलप्रपात** किस नदी पर स्थित है? **–अलकनंदा नदी**

पुलिकट झील भारत के दो राज्यों **आन्ध्र प्रदेश** तथा **तमिलनाडु** की सीमा पर स्थित है।

- भारत की **मीठे पानी** की **सबसे बड़ी** झील कौन सी है? – **वुलर झील** (जम्मू-कश्मीर)

भारत की प्रमुख झीलें

झील	सम्बंधित राज्य
• वेम्बनाड	केरल
• चिल्का	ओडिशा
• राजसमंद	राजस्थान
• पुलिकट	तमिलनाडु व आंध्र प्रदेश
• सातताल	उत्तराखण्ड
• अष्टमुडी	केरल
• फतेहसागर	राजस्थान
• डल	जम्मू-कश्मीर
• शेषनाग	जम्मू-कश्मीर
• लोकटक	मणिपुर
• सांभर	राजस्थान
• डिंडवाना	राजस्थान
• राकसताल	उत्तराखण्ड
• कोलेरू	आंध्र प्रदेश
• रूपकुण्ड	उत्तराखण्ड
• फुल्हर	उत्तर प्रदेश
• देवताल	उत्तराखण्ड
• हमीरसर	गुजरात
• उदय सागर	राजस्थान
• नागीन	जम्मू-कश्मीर
• लोनार	महाराष्ट्र
• पेरियार	केरल
• सूरजकुंड	हरियाणा
• जयसमंद	राजस्थान
• वूलर	जम्मू-कश्मीर
• मानस बल	जम्मू-कश्मीर
• हुसैन सागर	तेलंगाना

महाराष्ट्र में स्थित **लोनार झील, ज्वालामुखी क्रिया से निर्मित झील** (क्रेटर झील) का उदाहरण है।

जल संसाधन, सिंचाई एवं नहरें (Water Resources, Irrigation and Canals)

भारत में जल संसाधन के स्रोत

- धरातलीय (पृष्ठीय) जल
- भूमिगत जल या भौम जल
- वायुमंडलीय जल
- महासागरीय जल

- **सिंचित क्षेत्रफल** की दृष्टि से **भारत का विश्व में** कौन सा स्थान है? **–प्रथम स्थान**
- भारत के किस राज्य में सर्वाधिक सिंचाई **नलकूपों द्वारा** होती है? **–उत्तर प्रदेश**

आधुनिक सिंचाई प्रणाली का जनक महान सिविल इंजीनियर **मोक्षगुंडम विश्वेश्वरैय्या** को माना जाता है।

- **क्षेत्रफल की दृष्टि से**, शीर्ष तीन **तालाब सिंचित राज्य** क्रमशः कौन से हैं? **–तमिलनाडु, आंध्र प्रदेश** एवं **मध्य प्रदेश**
- भारत में **नहर प्रणाली** की संकल्पना किसने प्रस्तुत की थी? **–दिनशॉ जे. दस्तूर ने**
- भारत में सिंचाई के मुख्य साधन क्या है? **–कुआँ** व **नलकूप**
- **सरहिन्द नहर** किस नदी से निकाली गई है? **–सतलज से**

विश्व जल दिवस 22 मार्च तथा **राष्ट्रीय जल दिवस** 14 अप्रैल को मनाया जाता है।

- **सर्वाधिक सिंचित क्षेत्रफल** वाले **पाँच राज्यों** का सही क्रम क्या है? **–उत्तर प्रदेश, राजस्थान, पंजाब, मध्य प्रदेश** एवं **आंध्रप्रदेश**
- **हरियाली** योजना किससे सम्बंधित है? **–जल-संभर के विकास से**

जल संभर विकास के लाभ

- पीने और सिंचाई के लिए जल की आपूर्ति
- जैव विविधता में वृद्धि
- जल भराव में कमी और मृदा की लवणता का ह्रास
- कृषि उत्पादन और उत्पादकता में वृद्धि
- वनों के कटाव में कमी
- जीवन स्तर में सुधार
- रोजगार में वृद्धि

- **इन्दिरा गाँधी नहर** का निर्माण किस वर्ष प्रारम्भ हुआ था? **–वर्ष 1958 में**
- **फरक्का नहर** (Farakka Canal) की जलवहन क्षमता कितनी है? **–40,000 क्यूसेक**

विश्व की **सबसे पुरानी व विकसित नहर व्यवस्था** भारत में **गंग नहर** (गंगा नहर) है।

- **गंग नहर** का निर्माण किस वर्ष हुआ था? **– वर्ष 1927 में**
- **सारण सिंचाई नहर** किस नदी से निकाली गई है? **–गण्डक नदी से**

भारत की सिंचाई परियोजनाओं के प्रकार

लघु सिंचाई परियोजनाएँ

- इस सिंचाई परियोजना के अंतर्गत **2,000 हेक्टेयर** से कम क्षेत्र की सिंचाई होती है। इसके अंतर्गत **कुआँ**, **नलकूप**, **डीजल पम्पसेट**, **तालाब**, **ड्रिप सिंचाई**, **स्प्रिंकलर** आदि शामिल किए जाते हैं।
- भारत की लगभग **62% सिंचाई** आवश्यकताओं की पूर्ति लघु सिंचाई परियोजनाओं से होती है। देश में लघु सिंचाई के बढ़ते महत्व को देखते हुए **वर्ष 2006** से संचालित लघु सिंचाई योजना को **वर्ष 2010** में **राष्ट्रीय लघु (सूक्ष्म) सिंचाई मिशन** के रूप में परिवर्तित कर दिया गया।

मध्यम सिंचाई परियोजनाएँ

इस सिंचाई परियोजना के अंतर्गत **2,000 से 10,000 हेक्टेयर** तक क्षेत्र की सिंचाई होती है। इनमें नहरी सिंचाई प्रमुख है क्योंकि **छोटी नहरों** को इसी वर्ग में रखा जाता है।

वृहत् सिंचाई परियोजनाएँ

इनसे **10,000 हेक्टेयर** से अधिक क्षेत्रों की सिंचाई होती है। इसके लिए बड़े बाँध बनाकर नहरें निकाली जाती हैं। सामान्यतः इसमें **बड़ी नहरों** एवं **बहुउद्देशीय नदी घाटी परियोजनाओं** को शामिल किया जाता है। बड़ी व मध्यम परियोजना से देश की **38% सिंचाई** आवश्कताओं की पूर्ति होती है।

भारत में सिंचाई का मुख्य स्रोत **नलकूप** है। इसके पश्चात् सर्वाधिक सिंचाई **नहरों** और **तालाबों** द्वारा की जाती है।

बहुउद्देशीय नदी घाटी परियोजनाएँ (Multipurpose River Valley Projects)

- **भाखड़ा नांगल बाँध** का निर्माण किस नदी पर हुआ है?–**सतलज**
- **भाखड़ा नांगल** किन राज्यों की एक संयुक्त परियोजना है –**हरियाणा, पंजाब** तथा **राजस्थान की**
- **सरदार सरोवर परियोजना** से लाभान्वित होने वाले राज्य कौन से हैं? –**गुजरात, महाराष्ट्र, मध्य प्रदेश** एवं **राजस्थान**
- **दामोदर परियोजना** में कौन से राज्य सम्मिलित हैं? –**पश्चिम बंगाल, झारखण्ड**

> **सरदार सरोवर बाँध** से सर्वाधिक लाभ **गुजरात** राज्य को है जबकि सबसे कम लाभ **मध्य प्रदेश** को मिलता है।

- **ओंकारेश्वर परियोजना** किस नदी पर स्थित है? –**नर्मदा**
- **हीराकुण्ड बाँध** किस राज्य में है? –**ओडिशा**
- भारत का **सबसे पुराना जलशक्ति** (Hydropower) उत्पादन केन्द्र कौन सा है? –**शिवसमुद्रम**
- **तपोवन** और **विष्णुगढ़ जलविद्युत परियोजनाएँ** किस राज्य में स्थित हैं? –**उत्तराखण्ड में**
- **नागार्जुन सागर परियोजना** किस नदी पर निर्मित है? –**कृष्णा नदी पर**
- **नागार्जुन सागर परियोजना** किन दो राज्यों में स्थित है? –**आन्ध्र प्रदेश/तेलंगाना में**

> बहुउद्देशीय **पोलावरम** सिंचाई परियोजना **ओडिशा, छत्तीसगढ़, आन्ध्र प्रदेश** एवं **तेलंगाना** राज्यों के मध्य विवादित है।

- **गाँधी सागर बाँध** किस परियोजना का भाग है? –**चम्बल परियोजना**
- **जवाहर सागर बाँध** किस राज्य में स्थित है? – **राजस्थान**
- **टिहरी बाँध** उत्तराखण्ड में किस नदी पर निर्मित किया गया है –**भागीरथी नदी**
- **तिलैया, मैथॉन** एवं **बेलपहाड़ी बाँध** किस नदी पर निर्मित है? –**बराकर**
- **दामोदर घाटी निगम** की स्थापना किस वर्ष हुई थी? –**वर्ष 1948 में**

> **सतलज नदी** पर बनाये गये **हिमाचल बाँध** का मुख्य उद्देश्य **भाखड़ा बाँध में आने वाली तलछट मिट्टी को रोकना** था।

- भारत में प्रथम **जल विद्युत संयंत्र** (Hydro Power Plant) की स्थापना कहाँ की गई थी? –**दार्जिलिंग में**

भारत की नदियों पर स्थित प्रमुख परियोजनाएँ

नदी	परियोजनाएँ	नदी	परियोजनाएँ
• सतलज नदी	भाखड़ा-नांगल (गोविंद-सागर बाँध) नाथपा-झाकरी बाँध, कोल बाँध	• चम्बल नदी	गांधी सागर, राणा प्रताप सागर एवं जवाहर सागर बाँध (राजस्थान)
• झेलम नदी	किशनगंगा, तुलबुल परियोजना	• बेतवा नदी	माताटीला बाँध, राजघाट बाँध
• चेनाब नदी	सलाल बाँध, दुलहस्ती (अस्किनी) बाँध, बगलिहार	• सोन नदी	डेहरी में सिंचाई, बरास, बाण सागर बाँध
• रावी नदी	थीन बाँध, चेमेरा परियोजना	• दामोदर नदी	पंचेत हिल, तिलैया, कोनार, अय्यर, बगर्मो बाँध, मैथान
• व्यास नदी	पोंग व हरिके बाँध	• गोदावरी नदी	राजमुंद्री के निकट एनीकट बाँध
• गंगा नदी	टिहरी बाँध (भागीरथी), फरक्का बाँध	• कृष्णा नदी	श्री शैलम व नागार्जुन सागर बाँध
• यमुना नदी	लखवर-व्यासी बाँध	• तुंगभद्रा	मल्लपुरम के निकट तुंगभद्रा बाँध
• रामगंगा नदी	कालागढ़ बाँध (रामगंगा परियोजना)	• कावेरी नदी	मेट्टूर बाँध
• घाघरा नदी	घाघरा बाँध	• नर्मदा नदी	महेश्वर बाँध, इंदिरा सागर बाँध, अंकलेश्वर बाँध, सरदार सरोवर बाँध
• शारदा नदी	शारदा बाँध	• ताप्ती नदी	काकरापार बाँध, उकाई बाँध
• गण्डक नदी	त्रिवेणी के पास बैराज	• महानदी	हीराकुण्ड, तिरकपाड़ा और बरोज बाँध
• कोसी नदी	कोसी परियोजना	• माही नदी	वनकवोरी बाँध, कदाना बाँध

> **पंचेश्वर परियोजना भारत-नेपाल** का संयुक्त उपक्रम है। यह **उत्तराखण्ड** के **पिथौरागढ़ जिले** में **काली नदी** पर निर्मित की जाएगी।

भारत एवं उसके पड़ोसी देशों के बीच प्रमुख नदी समझौते		
संधि/समझौते	**सम्बंधित देश**	**संधि/समझौते की प्रकृति**
• शारदा (महाकाली)	**नेपाल**	**वर्ष 1996** की महाकाली संधि, जिसमें पंचेश्वर बहुउद्देशीय परियोजना शामिल हैं।
• कोसी	**नेपाल**	नेपाल में कोसी बैराज के निर्माण के सम्बंध में **वर्ष 1954** का समझौता (1966 में संशोधित)
• गंडक	**नेपाल**	नेपाल में गंडक बैराज निर्माण के सम्बंध में **वर्ष 1959** का समझौता।
• गंगा	**बांग्लादेश**	फरक्का में गंगा जल की भागीदारी के सम्बंध में **वर्ष 1996** की भारत-बांग्लादेश संधि।
• सिन्धु नदी तंत्र: झेलम, चेनाब, रावी, व्यास सतलुज व इनकी सहायक नदियाँ	**पाकिस्तान**	सिंधु नदी तंत्र के जल के सार्थक एवं संतोषजनक उपयोग के लिए सिंधु नदी जल (1960) समझौता।

- **जलधाका, चुक्खा, ताला, माँगदेहू** आदि जलविद्युत परियोजनाएँ कहाँ स्थित हैं? **–भूटान में** (भारत के सहयोग से निर्मित)

> **महाकाली संधि** (Mahakali Treaty) **भारत** और **नेपाल** के मध्य **वर्ष 1996** में हुई थी।

- तेलुगु गंगा परियोजना किन राज्यों की संयुक्त परियोजना है? – **तमिलनाडु**, **आंध्र प्रदेश** तथा **कर्नाटक**
- **मयूराक्षी परियोजना** किस राज्य में स्थित है? **–पश्चिम बंगाल**
- **काल्पोंग जलविद्युत परियोजना** कहाँ अवस्थित है? **–अण्डमान एवं निकोबार द्वीप समूह में**

> **जवाहर लाल नेहरू** ने बहुउद्देशीय नदी घाटी परियोजनाओं को **आधुनिक भारत के मंदिर** की संज्ञा दी थी।

- **अलमट्टी बाँध** (Almatti Dam) किस नदी पर निर्मित है? **–कृष्णा**
- भारत में सबसे पुराना **जल विद्युत स्टेशन** कौन सा है? **–सिद्रापोंग** (असम)

भारत राष्ट्रीय जल परियोजना (नदियों को जोड़ने के लिए)	
• कोसी-मेची	• कोसी-घाघरा
• गंडक-गंगा	• घाघरा-यमुना
• शारदा-यमुना	• गंगा-दामोदर-सुवर्णरेखा
• महानदी-गोदावरी	• गोदावरी-कृष्णा
• केन-बेतवा	• पार्वती-कालीसिंध-चंबल
• पार-तापी-नर्मदा	• दमन गंगा- पिंजाल
• बेदती-वर्द्धा	• नेत्रवती-हेमावती

- **किशनगंगा परियोजना** किस राज्य में स्थित है?**–जम्मू कश्मीर**
- **मेजा बाँध** (राजस्थान) का निर्माण किस नदी पर हुआ है? **–कोठारी नदी पर**
- **बगलिहार पनविद्युत परियोजना** किस राज्य में स्थित है? **–जम्मू-कश्मीर में**
- **सुइल नदी परियोजना** किस राज्य में स्थित है?**–हिमाचल प्रदेश में**

> बहुउद्देशीय परियोजनाएँ **सिंचाई** के अतिरिक्त **पेयजल आपूर्ति**, **बाढ़ नियंत्रण**, **जलविद्युत उत्पादन**, **नदी/नहर परिवहन** और **पर्यटन** आदि अनेक दृष्टि से महत्वपूर्ण हैं।

- **कल्पसर परियोजना** किस राज्य में अवस्थित है? **–गुजरात में**
- **तीस्ता जल विद्युत परियोजना** किस राज्य में स्थित है? **–सिक्किम**
- **दुलहस्ती जल विद्युत स्टेशन** किस नदी पर निर्मित किया गया है? **–चेनाब**

> तुंगभद्रा परियोजना, **आन्ध्र प्रदेश** और **कर्नाटक** की संयुक्त परियोजना है, जो **मल्लपुरम** के निकट **तुंगभद्रा नदी** (कृष्णा की सहायक) पर स्थित है। यह **दक्षिण भारत** की सबसे बड़ी **बहुउद्देश्यीय नदी घाटी परियोजना** है।

- **कावेरी नदी** के जल बँटवारे का विवाद किन राज्यों के मध्य है? **–तमिलनाडु, कर्नाटक, केरल** तथा **पुद्दुचेरी**

विभिन्न राज्यों के मध्य कावेरी जल का विभाजन		
क्र.	**राज्य**	**जल की मात्रा** (TMC)
1.	तमिलनाडु	419 TMC
2.	कर्नाटक	270 TMC
3.	केरल	30 TMC
4.	पुदुच्चेरी	07 TMC

*TMC = Thousand Million Cubic

> जो नदियाँ **हिमालय निर्माण** के **पूर्व से ही प्रवाहित** होती आ रही हैं, उन्हें **पूर्ववर्ती नदियाँ** (Antecedent Rivers) कहते हैं।

कृषि (Agriculture)

Agriculture (एग्रीकल्चर) शब्द की उत्पत्ति **लैटिन भाषा** के दो शब्दों से हुई है- **Agri** (एग्री) अर्थात् **मृदा** (Soil) तथा **Culture** (कल्चर) अर्थात् **कृषि** (Cultivation)।

- यदि खाद्यान्नों का **सुरक्षित संग्रह** सुनिश्चित करना हो, तो कटाई के समय उनमें **आर्द्रता अंश** कितने प्रतिशत से अधिक आर्द्रता नहीं होनी चाहिए? –14%

भारत में ऋतु आधारित प्रमुख फसलें एवं बुआई अवधि

	फसल	प्रमुख फसलें	बुआई अवधि	कटाई अवधि
1.	**रबी फसल** (शीत कालीन फसल)	गेहूँ, जौ, चना, मटर, सरसों, मसूर राई तथा आलू आदि।	अक्टूबर–नवंबर	मार्च–अप्रैल
2.	**खरीफ फसल** (ग्रीष्म कालीन फसल)	चावल, ज्वार, बाजरा, मक्का, तिल, मूँगफली, उड़द, कपास, रागी, सोयाबीन आदि।	जून–जुलाई	अक्टूबर–नवंबर
3.	**जायद फसल** (शीत एवं ग्रीष्म के मध्य)	तरबूज, खरबूजा, ककड़ी, खीरा, भिण्डी आदि विभिन्न प्रकार की सब्जियों की खेती।	मार्च–अप्रैल	जून–जुलाई

- कृषि में **युग्म पैदावार** का क्या आशय है? **–विभिन्न मौसमों में दो फसलें उगाना**
- **मिश्रित खेती** (Mixed Farming) की प्रमुख विशेषता क्या है? **–पशुपालन** और **कृषि उत्पादन को एक साथ करना**
- भारत में **संकार्य** (चालू) जोतों का सबसे बड़ा औसत आकार किस राज्य में है? **–राजस्थान में**

दक्षिणी भारत में **उच्च कृषि उत्पादकता** (High Agriculture Productivity) का क्षेत्र **तमिलनाडु तट पर** पाया जाता है।

- भारत में **रासायनिक उर्वरकों** (Chemical Fertilizers) के दो सबसे बड़े उपभोक्ता राज्य कौन से हैं? **–उत्तर प्रदेश** एवं **महाराष्ट्र**
- **पुनर्भरण योग्य भौम जल संसाधन** में कौन सा राज्य सबसे सम्पन्न है? **–उत्तर प्रदेश**
- भारत में **अनुबंध कृषि** (Contract Farming) को लागू करने वाला प्रथम राज्य कौन सा है? **–पंजाब**
- **गेहूँ** की **अच्छी कृषि** के लिए कौन सी **भौगोलिक दशाएँ** आवश्यक हैं? **–मध्यम ताप** और **मध्यम वर्षा**

चावल की कृषि के लिए **100 सेमी. से अधिक वर्षा** और **25°C से उच्च तापमान** आदर्श जलवायु दशाएँ मानी जाती हैं।

- **कल्याण सोना** किस फसल की एक किस्म है? **–गेहूँ की**
- भारत की **प्रमुख खाद्यान्न फसल** कौन सी है? **–चावल**
- भारत के **सर्वाधिक क्षेत्रफल** पर किस फसल की कृषि होती है? **–धान** (चावल)

मक्का (Maize) मुख्यतः **खरीफ** की फसल है परन्तु इसकी खेती **वर्ष भर** (खरीफ, रबी तथा जायद तीनों फसल ऋतुओं में) की जा सकती है।

- भारत में **चावल की खेती** के अन्तर्गत **सर्वाधिक क्षेत्र** किस राज्य में पाया जाता है? **–उत्तर प्रदेश**
- भारत के किस क्षेत्र को **चावल का कटोरा** (Bowl of Rice) कहा जाता है? **–कृष्णा-गोदावरी डेल्टा क्षेत्र**
- **जया, पद्मा, पूसा, सुगन्धा-5, जमुना** एवं **कृष्णा** किस फसल की उन्नत किस्में हैं? **–धान की**
- **ग्रीन गोल्ड** (Green Gold) किसकी किस्म है? **–चाय**
- **धान की फसल** में किस जीव का प्रयोग **जैव उर्वरक** के रूप में किया जाता है? **–नील हरित शैवाल** (BGA)
- मध्य प्रदेश के किस जिले को कपास की खेती के कारण **सफेद सोने का क्षेत्र** कहा जाता है? **–खरगौन जिला**
- भारत के किस राज्य को **शक्कर का कटोरा** (Bowl of Sugar) कहा जाता है? **–उत्तर प्रदेश**

भारत की सभी फसलों में से **गन्ने** की फसल के अन्तर्गत उसके **शुद्ध सकल कृषि क्षेत्र** के **सिंचित क्षेत्र** का प्रतिशत सर्वाधिक है।

करनाल बंट (Karnal Bant) गेहूँ का एक **कवक जनित रोग** है, जो **टिलेटिआ इंडिका** (Tilletia Indica) नामक **कवक** से होता है।

कृषि उत्पादन से सम्बंधित महत्वपूर्ण क्रांतियाँ	
क्रांति	कृषि
• हरित क्रांति	खाद्यान्न उत्पादन
• सुनहरी (स्वर्ण) क्रांति	फल एवं सब्जी उत्पादन, बागवानी (उद्यान) कृषि
• श्वेत क्रांति	दुग्ध उत्पादन
• कृष्ण (काली) क्रांति	खनिज तेल (पेट्रोलियम) के क्षेत्र में आत्म-निर्भरता
• नीली क्रांति	मत्स्य उत्पादन
• गोल क्रांति	आलू उत्पादन
• भूरी क्रांति	उर्वरक उत्पादन
• पीली क्रांति	तिलहन-उत्पादन
• रजत क्रांति	अंडा उत्पादन
• इन्द्रधनुषी क्रांति	कृषि सम्बंधी समग्र क्रांति (नवीन कृषि नीति में निर्धारित)
• अमृत क्रांति	नदियों को जोड़ने की योजना
• सदाबहार क्रांति	कृषि उत्पादन को दोगुना करना टिकाऊ कृषि
• गुलाबी क्रांति	प्याज उत्पादन, झींगा मछली
• लाल क्रांति	मांस एवं टमाटर उत्पादन

- **बाजरे** की कृषि किस **जलवायु** में की जाती है-**उष्ण** एवं **शुष्क**
- **शुष्क भूमि** के लिए **सर्वाधिक उपयुक्त फसल** कौन सी है? **-मूँगफली**
- **ऑस** और **बोरो** किस फसल की किस्में हैं? **-धान**
- भारत में **सोयाबीन का अग्रणी उत्पादक** राज्य कौन सा है? **-मध्य प्रदेश**
- **कौशल** किस फसल की **उन्नत प्रजाति** है? **-मूँगफली**
- किस फसल में **नाइट्रोजन** संचित करने की क्षमता सर्वाधिक होती है? **-दलहनी**

> **दलहनी फसलों** हेतु **कोबाल्ट** आवश्यक है तथा कोबाल्ट **राइजोबियम जीवाणु** हेतु **नाइट्रोजन स्थिरीकरण** के लिए आवश्यक तत्व है।

- भारत को **तीन चौथाई से अधिक** कच्चा रेशम किस/किन राज्य/राज्यों से प्राप्त होता है? **-कर्नाटक** एवं **आंध्र प्रदेश**
- **नॉर्मन अर्नेस्ट बोरलॉग**, जिन्हें **हरित क्रान्ति का जनक** कहा जाता है, किस देश से सम्बंधित हैं? **-संयुक्त राज्य अमेरिका**
- **हरित क्रान्ति** (Green Revolution) से क्या अभिप्राय है? **-उच्च उत्पादकता वाले बीजों का प्रयोग कर उत्पादन बढ़ाना**
- **हरित क्रान्ति** का सर्वाधिक लाभ किस फसल के **उत्पादन एवं उत्पादकता** (Production & Productivity) दोनों में हुआ? **-गेहूँ की**
- हरित क्रांन्ति में किस फसल का सर्वाधिक उत्पादन किया गया? **-मेक्सिकन गेहूँ**
- सर्वाधिक **विदेशी मुद्रा** किस **नकदी फसल** के निर्यात से प्राप्त होती है? **-चाय**
- **लाल विगलन** (Red Rot) किस फसल का रोग है? **-गन्ना**

> **मूंगा रेशम** का उत्पादन सम्पूर्ण विश्व में केवल **भारत** के **असम** में किया जाता है। इसे **वर्ष** 2007 में **भौगोलिक संकेतक** (Geographical Indication-GI) का दर्जा प्राप्त है।

- **तिलहन प्रौद्योगिकी मिशन** की स्थापना किस वर्ष की गयी थी? **-वर्ष** 1986
- **मक्के की फसल** तैयार होने की औसत अवधि कितनी है? **-लगभग 140 दिन**

प्रमुख कृषि संगठन एवं मुख्यालय	
कृषि संगठन	मुख्यालय
• भारतीय दलहन अनुसंधान संस्थान	कानपुर
• समेकित कीट प्रबंधन राष्ट्रीय केंद्र	नई दिल्ली
• अंतर्राष्ट्रीय चावल अनुसंधान संस्थान	मनीला
• अर्द्धशुष्क क्षेत्रों हेतु अंतर्राष्ट्रीय फसल अनुसंधान संस्थान	हैदराबाद
• सूखे क्षेत्रों में अंतर्राष्ट्रीय कृषि अनुसंधान केंद्र	अलेप्पो
• राष्ट्रीय कृषि और ग्रामीण विकास बैंक	मुंबई
• अंतर्राष्ट्रीय मक्का और गेहूँ वृद्धि केंद्र	मैक्सिको

प्रमुख कृषि बोर्ड एवं मुख्यालय	
बोर्ड	मुख्यालय
• कॉफी बोर्ड	बंगलुरु (कर्नाटक)
• रबर बोर्ड	कोट्टायम (केरल)
• चाय बोर्ड	कोलकाता (प. बंगाल)
• तम्बाकू बोर्ड	गुंटूर (आन्ध्र प्रदेश)
• मसाला बोर्ड	कोच्चि (केरल)
• राष्ट्रीय मांस व पोल्ट्री बोर्ड	नई दिल्ली (दिल्ली)
• भारतीय अंगूर प्रसंस्करण बोर्ड	पुणे (महाराष्ट्र)

> **दक्षिण भारत** में **चाय की खेती** पश्चिमी घाट की **नीलगिरि** तथा **इलायची की पहाड़ियों** के **निचले ढालों** पर की जाती है।

भारत में झूम कृषि के प्रकार	
क्षेत्र (राज्य)	झूम कृषि के प्रकार
• उत्तर-पूर्वी राज्य (असम मेघालय, मिजोरम और नागालैण्ड)	झूम
• आंध्र प्रदेश व ओडिशा	पोंदू, पामाडाबी, केमान, बरीगा
• पश्चिमी घाट	कुमारी
• केरल	पोनम या पोणम्
• मध्य प्रदेश व छत्तीसगढ़	बीबर या दाहिया, मशान, पेंडा तथा बीरा
• दक्षिण-पूर्वी राजस्थान	वालरा
• मणिपुर	पामलु
• हिमालय क्षेत्र	खिल
• झारखंड	कुरूल या कुरावा
• छतीसगढ़ (बस्तर जिला)	दीपा
• अंडमान निकोबार द्वीप समूह	दीपा

- **बराक घाटी** (Barak Valley) की सर्वाधिक महत्त्वपूर्ण फसल कौन सी है? **–धान, चाय**
- **भारत के** किस राज्य को **मसालों का बगीचा** (Spice Garden of India) कहा जाता है? **–केरल**

लौंग (Cloves), **पुष्पकली** से प्राप्त होती है जिसकी सर्वाधिक खेती **केरल** में की जाती है।

- भारत में **काला सोना** (Black Gold) के रूप में कौन सा मसाला जाना जाता है? **–काली मिर्च**
- भारत का सर्वाधिक **काजू** (Cashew) उत्पादक राज्य कौन सा है? **–महाराष्ट्र**
- **शक्तिमान 1** और **शक्तिमान 2** किस फसल की **आनुवंशिक** (Genetic) परिवर्तित रूप हैं? **–मक्का की**
- **वाणिज्यिक** (Commercial) स्तर पर **केसर** (Saffron) का उत्पादन किस राज्य में होता है? **–जम्मू और कश्मीर**

चाय की खेती के लिए **पहाड़ी ढाल क्षेत्र**, वार्षिक वर्षा **200 सेमी. से अधिक** तथा 24°C-30°C तापमान उपयुक्त माना जाता है।

- **प्रसंस्करण** (Processing) हेतु आलू की सबसे **अच्छी किस्म** कौन सी है? **–कुफरी चिप्सोना 2**
- **ललित** किस फसल की उन्नत किस्म है? **–अमरूद**
- **उत्तराखण्ड** में उगाया जाने वाला अनाज **मण्डुआ** (कोदो) का निर्यात अधिकांशतः किस देश को किया जाता है? **–जापान**

निर्वाहमूलक कृषि (Subsistence Agriculture) के अन्तर्गत **मोटे अनाजों** तथा **चावल** का उत्पादन किया जाता है।

- **अदरक** (Ginger) के खाने योग्य भाग को क्या कहा जाता है? **–प्रकन्द** (Rhizome)
- भारत का कौन सा राज्य **खाद्यान्न उत्पादन** में प्रथम स्थान पर है? **–उत्तर प्रदेश**
- **केरल** राज्य विश्व में किसके उत्पादन के लिए प्रसिद्ध है? **–गरम मसाले**

प्रमुख कृषि संस्थान	
संस्थान	स्थान
राष्ट्रीय मत्स्य उद्योग विकास बोर्ड	हैदराबाद
राष्ट्रीय चावल शोध संस्थान	कटक
भारत डेयरी निगम एवं राष्ट्रीय डेयरी विकास बोर्ड	आनन्द
भारतीय डेयरी अनुसंधान संस्थान	करनाल
गन्ना प्रजनन संस्थान	कोयम्बटूर
केंद्रीय कॉफी अनुसंधान संस्थान	चिकमंगलूर
जूट कृषि अनुसंधान संस्थान	बैरकपुर
केंद्रीय उर्वरक गुणवत्ता नियंत्रण और प्रशिक्षण संस्थान	फरीदाबाद
टिड्डी चेतावनी संगठन	जोधपुर
कृषि विपणन एवं निरीक्षण निदेशालय	फरीदाबाद
राष्ट्रीय पौध संरक्षण एवं प्रशिक्षण संस्थान	हैदराबाद
चौधरी चरण सिंह राष्ट्रीय कृषि विपणन संस्थान	जयपुर
भारतीय चारागाह एवं चारा अनुसंधान संस्थान	झांसी
केन्द्रीय चारा बीज उत्पादन फार्म	हैसर घट्टा
विवेकानन्द पर्वतीय कृषि अनुसंधानशाला	अल्मोड़ा
केंद्रीय कृषि अनुसंधान संस्थान	पोर्ट ब्लेयर
लघु किसान कृषि व्यापार संघ	नई दिल्ली
राष्ट्रीय जैव उर्वरक विकास केन्द्र	गाजियाबाद
पशु रोग जाँच प्रयोगशाला	पुणे
पशु स्वास्थ्य एवं पशु चिकित्सा जैविकी संस्थान	कोलकाता
पशु चिकित्सा और जीव विज्ञान संस्थान	बंगलुरू
पशु स्वास्थ्य संस्थान	जालंधर
पशु चिकित्सा जैविकी	गुवाहाटी
राष्ट्रीय पटसन एवं सम्बंधित रेशे अनुसंधान संस्थान	कोलकाता

मालवीय, **मालवीय विकास**, **अमर**, **आजाद**, **बहार**, **पारस** आदि **अरहर** (तूर) की **प्रमुख किस्में** हैं।

कुल फसलों में राज्यों का स्थान (2020-21)			
फसल	प्रथम	द्वितीय	तृतीय
• कुल खाद्यान्न	उत्तर प्रदेश	मध्य प्रदेश	पंजाब
• कुल दलहन	राजस्थान	महाराष्ट्र	मध्य प्रदेश
• कुल तिलहन	राजस्थान	गुजरात	मध्य प्रदेश
• कुल मोटे अनाज	राजस्थान	कर्नाटक	मध्यप्रदेश

विभिन्न फसलों के उत्पादन में शीर्ष राज्य			
• चावल	प. बंगाल	उत्तर पदेश	पंजाब
• गेहूँ	उत्तर प्रदेश	मध्य प्रदेश	पंजाब
• बाजरा	राजस्थान	उत्तर प्रदेश	हरियाणा
• मक्का	कर्नाटक	मध्य प्रदेश	तेलंगाना
• चना	कर्नाटक	महाराष्ट्र	उत्तर प्रदेश
• अरहर (तूर)	राजस्थान	महाराष्ट्र	मध्य प्रदेश
• मसूर	उत्तर प्रदेश	मध्य प्रदेश	बिहार
• मूँगफली	गुजरात	राजस्थान	तमिलनाडु
• सरसों	राजस्थान	हरियाणा	उत्तर प्रदेश
• सोयाबीन	मध्य प्रदेश	महाराष्ट्र	राजस्थान
• सूरजमुखी	कनार्टक	ओडिशा	बिहार
• कपास	महाराष्ट्र	गुजरात	तेलंगाना
• जूट	प. बंगाल	बिहार	असम
• आलू	उत्तर प्रदेश	प. बंगाल	बिहार
• प्याज	महाराष्ट्र	मध्य प्रदेश	कर्नाटक
• गन्ना	उत्तर प्रदेश	महाराष्ट्र	कर्नाटक

- भारत में दालों का **सबसे बड़ा उत्पादक** राज्य है ?-**राजस्थान**
- भारत का **सबसे बड़ा चाय उत्पादक** राज्य कौन सा है?
  -**असम**
- **सोनालिका, अर्जुन** एवं **सोना** किस फसल की उन्नत किस्में हैं?
  -**गेहूँ**
- **पेगिंग** (Pegging) किस फसल के लिए एक लाभकारी प्रक्रिया है?
  -**मूँगफली**

झूम कृषि की एक पद्धति है, जिसे **कर्तन एवं दहन कृषि** (Slash and Burn Agriculture) के नाम से भी जाना जाता है।

- **गहन कृषि** (Intensive Farming) से क्या तात्पर्य है?
  -**न्यूनतम भूमि में अधिकतम उपज**
- **राजस्थान** किस फसल का प्रमुख उत्पादक है?
  -**सरसो** एवं **बाजरा**

भारत के **कर्नाटक** राज्य में **सर्वाधिक कॉफी उत्पादन** किया जाता है, तत्पश्चात् **केरल** तथा **तमिलनाडु** का स्थान है।

- भारत में **तिलहन** का **सबसे बड़ा उत्पादक** राज्य कौन सा है?
  -**राजस्थान**
- **उकठा** रोग से कौन सी फसल प्रभावित होती है? -**चना**
- भारत में **जूट** की **सर्वाधिक खेती** किस राज्य में की जाती है?
  -**पश्चिम बंगाल में**
- भारत का **सबसे बड़ा कपास** उत्पादक राज्य कौन सा है?
  -**महाराष्ट्र**
- भारत का सबसे बड़ा **रबर** तथा **नारियल** उत्पादक राज्य कौन सा है?
  -**केरल**
- भारत के किस राज्य में **कहवा, रबर** तथा **तम्बाकू** की कृषि की जाती है?
  -**कर्नाटक**
- भारत में **तम्बाकू** का **सर्वाधिक उत्पादन** करने वाला राज्य कौन सा है?
  -**आन्ध्र प्रदेश**
- **पौधे उगाने** के साथ ही **मछली पालन** करना **किस कृषि** के **अंतर्गत** आता है?
  -**एक्वापोनिक कृषि** (Aquaponic Agriculture) **के**
- **भारतीय चाय बोर्ड** का **मुख्यालय** कहाँ है? -**कोलकाता**

भारत में चार **गन्ना उत्पादक** राज्य (घटते क्रम में) **उत्तर प्रदेश, महाराष्ट्र, कर्नाटक** एवं **तमिलनाडु** हैं।

- किन दो फसलों के उत्पादन में **उत्तर प्रदेश** का **प्रथम स्थान** है?
  -**गेहूँ** और **गन्ना के**
- **अरण्डी** (Len Seed) का **वृहत्तम उत्पादक** राज्य कौन सा है?
  -**गुजरात**
- **सदाबहार क्रांति** किससे सम्बंधित है?
  - **जैविक कृषि को प्रोत्साहित करने** तथा **उत्पादन बढ़ाने से**
- भारत में **चीनी** के प्रथम **तीन अग्रणी उत्पादक** राज्य क्रमशः कौन से हैं? -**उत्तर प्रदेश, महाराष्ट्र** एवं **कर्नाटक**
- **सर्वाधिक रेशम** उत्पादन करने वाला राज्य कौन सा है? -**कर्नाटक**
- भारत का कौन सा राज्य **नमक** एवं **मूँगफली** के उत्पादन में **प्रथम** स्थान पर है?
  -**गुजरात**
- **राष्ट्रीय बागवानी बोर्ड** की स्थापना किस वर्ष हुई थी
  -**वर्ष 1984**

सुनहरा रेशा क्रांति का सम्बंध **जूट उत्पादन** से है तथा जूट को **भारत का स्वर्णिम तंतु** (Golden Fibre of India) कहा जाता है।

पशुपालन (Animal Husbandry)

- **20वीं पशुधन** गणना की रिपोर्ट किस मंत्रालय द्वारा जारी की गयी है? **–मत्स्य पालन पशुपालन** और **डेयरी मंत्रालय** (Ministry of Fisheries, Animal Husbandry and Dairying)

20वीं पशुधन गणना की संख्या के अनुसार, कुल पशुधन में **गौ-पशु** (35.94%), **भैंस** (20.45%), **बकरी** (27.80%), **भेंड़** (13.87%), **सुअर** (1.69%) तथा अन्य **पशु** (0.25%) हैं।

- प्रति 100 **हेक्टेयर** सकल कृष्य क्षेत्र में **मवेशियों की संख्या** का घनत्व किस राज्य में सबसे अधिक है? **–बिहार में**
- भारत में **सर्वाधिक दुग्ध** देने वाली **बकरी की नस्ल** कौन सी है **–जमुनापारी**
- गाय की **थारपारकर** (Tharparkar) प्रजाति कहाँ पाई जाती है? **–राजस्थान के सीमावर्ती क्षेत्रों में**

20वीं पशुधन गणना के अनुसार, पशुओं की संख्या में **सबसे अधिक वृद्धि पश्चिम बंगाल** (23%) तत्पश्चात् **तेलंगाना** (22%) में देखी गई।

- विश्व में **दुग्ध उत्पादन** (Milk Production) के क्षेत्र में भारत का कौन सा स्थान है **–प्रथम**
- भारत में **श्वेत क्रान्ति का जनक** (Father of White Revolution) किसे कहा जाता है? **–डॉ. वर्गीज कुरियन**
- **मुर्गी के अण्डे** का कवच किस पदार्थ से निर्मित होता है? **–कैल्शियम कार्बोनेट** ($CaCO_3$)
- विश्व में **सबसे अधिक अण्डा** देने वाली मुर्गी की नस्ल कौन सी है? **–लेगहॉर्न** (Leghorn)

भारत में स्थापित केन्द्रीय पशु प्रजनन फॉर्म	
• सूरतगढ़ (राजस्थान)	• चिपलीमा और सुनबेडा (ओडिशा)
• धमरोड़ (गुजरात)	• हैसरघट्टा (कर्नाटक)
• अल्माडी (तमिलनाडु)	• अंदेश नगर (उत्तर प्रदेश)

- ये केन्द्र **गाय** और **भैंसों** के प्रजनन के लिए **उत्तम नस्ल** के **साँड़** और **प्रशीतित वीर्य** (Refrigerated Semen) का उत्पादन करते हैं।
- **केन्द्रीय प्रशीतित वीर्य उत्पादन और प्रशिक्षण संस्थान, हैसरघट्टा, बंगलुरु** (कर्नाटक) में स्थित है जो **उत्तम नस्ल** के **साँड़** एवं **भैंसों** का **वीर्य** उपलब्ध कराता है।

- **ऑपरेशन फ्लड** (Operation Flood) का सम्बंध किससे है? **–दुग्ध उत्पादन** एवं **वितरण से**

ऑपरेशन फ्लड के विभिन्न चरण

चरण	अवधि
• ऑपरेशन फ्लड-I	जुलाई, 1970 से मार्च, 1981
• ऑपरेशन फ्लड-II	अप्रैल, 1981 से मार्च, 1985
• ऑपरेशन फ्लड-III	अप्रैल, 1985 से मार्च, 1996

- **भैसों** की **देशी** नस्ल की **तीन प्रमुख किस्में** कौन सी हैं? **– मुर्रा, नीली रावी** एवं **जफराबादी**

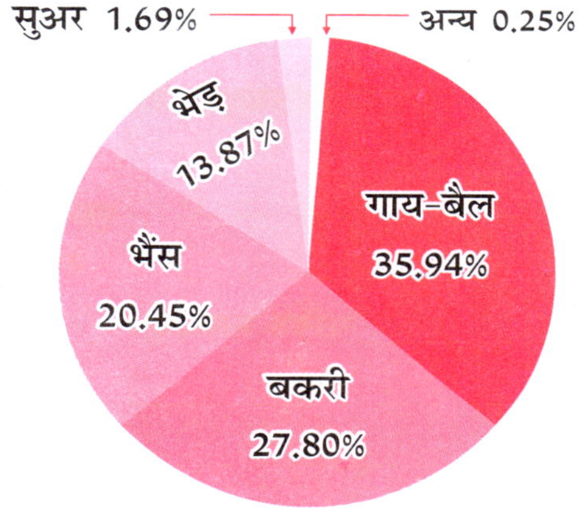

20वीं पशुधन गणना – 2019

- **स्टॉक फार्मिंग** (Stock Farming) किससे सम्बंधित है **–पशुओं के प्रजनन से**

20वां राष्ट्रीय पशुधन गणना, 2018 के अनुसार, भारत में **मवेशियों की सर्वाधिक** संख्या क्रमशः **उत्तर प्रदेश, राजस्थान, मध्य प्रदेश** एवं **पश्चिम बंगाल** में है।

- **केन्द्रीय भेड़ प्रजनन फार्म** कहाँ स्थित है? **–हिसार** (हरियाणा)
- **केन्द्रीय बकरी अनुसंधान संस्थान** कहाँ स्थित है? **–मथुरा** (उत्तर प्रदेश)

देश में **दुग्ध व्यवसाय** के लाभकारी **प्रशिक्षण** व **जानकारी** के लिए **तीन प्रशिक्षण केन्द्र** स्थापित गए हैं–

1. राष्ट्रीय डेयरी अनुसंधान संस्थान (NDRI), **करनाल**
2. मानसिंह इंस्टीट्यूट ऑफ ट्रेनिंग, **मेहसाना**
3. जी. देसाई ट्रेनिंग इंस्टीट्यूट, **पालनपुर** (बनासकांठा), **सिलीगुड़ी, जालंधर** तथा **इरोड** में प्रादेशिक केन्द्र स्थापित किए गए हैं।

भैंसों पर अनुसंधान के लिए **हरियाणा** राज्य के **हिसार** जिले में **केन्द्रीय भैंस अनुसंधान संस्थान** की स्थापना की गयी है।

खनिज संसाधन (Mineral Resources)

खनिज

- **धात्विक खनिज**
  - लौह धातुएँ (जिसमें लोहे का अंश हो) जैसे - लौह-अयस्क, मैंगनीज, निकल व कोबाल्ट आदि।
  - अलौह धातुएँ, जैसे - ताँबा, सीसा, जस्ता व बॉक्साइट आदि
  - बहुमूल्य खनिज, जैसे - सोना, चाँदी, प्लेटिनम आदि
- **अधात्विक खनिज**
  - जैसे- अभ्रक, नमक पोटाश, सल्फर, चूनाश्म/चूना-पत्थर, संगमरमर तथा बलुआ पत्थर
- **ऊर्जा खनिज**
  - जैसे- कोयला, पेट्रोलियम तथा प्राकृतिक गैस

- भारत का सबसे महत्त्वपूर्ण **खनिजयुक्त शैल तन्त्र** कौन सा है?
  -धारवाड़ तन्त्र
- भारत के किस भाग में खनिज संसाधनों के **वृहद्** भण्डार हैं?
  -दक्षिण-पूर्व में
- भारत का कौन सा राज्य **खनिज संसाधनों** से सर्वाधिक सम्पन्न राज्य है?
  -कर्नाटक
- भारत का कौन सा राज्य मूल्य की दृष्टि से **खनिज उत्पादन** में अग्रणी राज्य है?
  -ओडिशा (2019)

लौह-अयस्क के प्रकार

मैग्नेटाइट	हेमेटाइट	लिमोनाइट	सिडेराइट
(Fe_3O_4)	(Fe_2O_3)	($2Fe_2O_3 3H_2O$)	(Fe_2CO_3)

- भारत में लौह अयस्क किस क्रम की शैलों में पाया जाता है?
  -धारवाड़ (Dharwar)
- प्रसिद्ध **लौह अयस्क** (Iron Ore) खान **कुद्रेमुख** किस राज्य में स्थित है?
  -कर्नाटक
- **राजस्थान के नाथराकीपाल क्षेत्र** में कौन सा खनिज पाया जाता है?
  -लौह अयस्क
- **बैलाडिला खान** (Bailadila Mines) किस खनिज से सम्बंधित है?
  -लौह अयस्क

ताँबा (Copper) का सर्वाधिक उत्पादन **मलाजखण्ड क्षेत्र** (मध्य प्रदेश) में होता है, जबकि इसके सबसे अधिक भण्डार **राजस्थान** में है।

- एशिया का उच्च कोटि का **जस्ता** (Zink) एवं **सीसा** (Lead) अयस्क भण्डार उपलब्ध है **-भीलवाड़ा जिला** (राजस्थान) **में**
- **विन्ध्य शैलों** में किसके **वृहद् भण्डार** पाए जाते हैं?
  -चूना-पत्थर (Lime -Stone)
- **बॉक्साइट** (Bauxite) किस धातु का प्रमुख अयस्क है?
  -एल्युमीनियम का
- भारत के दो सर्वाधिक बॉक्साइट उत्पादक क्रमशः कौन से राज्य हैं?
  -ओडिशा एवं **गुजरात**
- भारत में **टिन** (Tin) का अग्रणी उत्पादक राज्य कौन सा है?
  -छत्तीसगढ़
- भारत का कौन सा राज्य **अभ्रक** (Mica) का सबसे बड़ा उत्पादक है?
  -आन्ध्र प्रदेश

भारत की सबसे बड़ी **अभ्रक** पट्टी **हजारीबाग** (झारखण्ड), **गया** और **मुंगेर** (बिहार) जिलों में पायी जाती है।

- भारत में सर्वोत्तम किस्म का **संगमरमर** (Marble) कहाँ पाया जाता है?
  -मकराना (राजस्थान)
- **क्वार्ट्जाइट** किस पत्थर का **कायांतरित** (Metamorphose) रूप है?
  -बलुआ पत्थर (Sand Stone)
- **क्रोमाइट** उत्पादन में किस राज्य का **एकाधिकार** (Monopoly) है?
  -ओडिशा

भारत के कुल **नमक उत्पादन** का 8.7% प्रतिशत **सांभर झील** से उत्पादित होता है।

- भारत में **ग्रेनाइट की पट्टियाँ** तथा **स्लेट** कहाँ बनाए जाते हैं
  -ललितपुर (उत्तर-प्रदेश) **में**
- **केरल** के **समुद्री तट** पर कौन सा **परमाणु खनिज** पाया जाता है?
  -मोनाजाइट (Monazite)
- **जादूगुड़ा** (Jaduguda) किस खनिज के लिए प्रसिद्ध है?
  -यूरेनियम

ओडिशा में **उच्च कोटि** का **हेमेटाइट किस्म** का लौह-अयस्क **मयूरभंज** व **क्योंझर** में **बादामपहाड़ खदानों** से निकाला जाता है।

वैश्विक खनिज उत्पादन में भारत (2019-20) का योगदान (India's Contribution in Global Mineral Production)

खनिज	भारत का स्थान	विश्व उत्पादन में योगदान % में	खनिज	भारत का स्थान	विश्व उत्पादन में योगदान % में
• एल्युमिना	चतुर्थ	5.12	• मैंगनीज अयस्क	7वाँ	5.13
• क्रोमाइट	तृतीय	10.18	• कच्चा तेल	26वाँ	0.71
• बाइराइट	द्वितीय	13.40	• बॉक्साइट	पाँचवाँ	6.29
• कोयला एवं लिग्नाइट	द्वितीय	9.1	• सीमेंट	दूसरा	8.29
• लौह अयस्क	चतुर्थ	8.09	• ग्रेफाइट (प्राकृतिक)	दूसरा	-
• जिंक	चतुर्थ	3.82	• रॉक फॉस्फेट/एपेटाइट	16वाँ	0.62
• स्टील (कच्चा/द्रव)	द्वितीय	5.89	• सीसा (Refined)	चतुर्थ	4.79
• एल्युमीनियम (प्राथमिक)	तृतीय	5.78	• मैग्नेसाइट	17वाँ	0.33
• ताँबा (रिफांइड)	13वाँ	1.69			

कुछ अन्य खनिज भण्डार एवं उनके उत्पादक क्षेत्र (2019-20)

खनिज	मुख्य भण्डार	मुख्य उत्पादक	क्षेत्र
• निकेल	ओडिशा, झारखण्ड, नागालैण्ड	ओडिशा एवं झारखण्ड	कटक (सुकिण्डा क्षेत्र), क्योंझर
• बाइराइट्स	आन्ध्र प्रदेश, तेलंगाना	आन्ध्र प्रदेश एवं राजस्थान	मंगमपेट (कुड़प्पा), रेलपतलिया
• फ्लोराइट	गुजरात, राजस्थान एवं छत्तीसगढ़	गुजरात एवं महाराष्ट्र	गुजरात एवं राजस्थान
• गार्नेट	तमिलनाडु, आन्ध्रप्रदेश, ओडिशा	आंध्र प्रदेश एवं ओडिशा	गंजम (ओडिशा), श्रीकाकुलम
• एपेटाइट	पश्चिम बंगाल, झारखण्ड व मेघालय	पश्चिम बंगाल	विशाखापत्तनम् (आंध्र प्रदेश) पुरुलिया (पश्चिम बंगाल)
• एस्बेस्टस	राजस्थान एवं कर्नाटक	राजस्थान एवं आन्ध्र प्रदेश	कुडप्पा (आं.प्र.), सिंहभूम
• फेल्सपार	राजस्थान, तेलंगाना, आंध्र प्रदेश	राजस्थान एवं तेलंगाना	
• सल्फर	जम्मू एवं कश्मीर	ओडिशा, केरल, हरियाणा	
• फायरक्ले (अग्नि सह-मिट्टी)	गोंडवाना तथा टर्शियरी कोयला संस्तरों में	गुजरात, आंध्र प्रदेश एवं महाराष्ट्र	झरिया (झारखण्ड) एवं रानीगंज (पश्चिम बंगाल)
• पाइराइटस	बिहार, राजस्थान, कर्नाटक	बिहार एवं राजस्थान	
• टंगस्टन	कर्नाटक, राजस्थान, आन्ध्र प्रदेश	राजस्थान, महाराष्ट्र	डेगाना (राजस्थान) चेंदपाथर (प.बं.)
• सिलीमेनाइट	तमिलनाडु, ओडिशा	आन्ध्र प्रदेश एवं ओडिशा	
• पाइरोफाइलाइट	मध्य प्रदेश, ओडिशा, उत्तर प्रदेश	आन्ध्र प्रदेश एवं राजस्थान	-
• अभ्रक (माइका)	आंध्र प्रदेश, राजस्थान, ओडिशा	आन्ध्र प्रदेश एवं राजस्थान	-
• कायनाइट	तेलंगाना, आंध्र प्रदेश, कर्नाटक	महाराष्ट्र एवं कर्नाटक	भण्डारा (महाराष्ट्र), मैसूरू
• सिलीमेनाइट	ओडिशा, तमिलनाडु, उत्तर प्रदेश	महाराष्ट्र एवं आंध्र प्रदेश	भण्डारा (महाराष्ट्र)
• एंडेलुसाइट	उत्तर प्रदेश, झारखण्ड	उत्तर प्रदेश	
• टॉल्क/सॉपस्टोन/स्टीयटाइट	राजस्थान, उत्तराखण्ड, आंध्र प्रदेश	राजस्थान एवं आंध्र प्रदेश	-

छोटा नागपुर के **पठार** को **भारत के रूर प्रदेश** (Ruhr of India) के नाम से जाना जाता है।

ऊर्जा (Energy)

ऊर्जा संसाधन

- नवीकरणीय ऊर्जा संसाधन
  - सौर ऊर्जा
  - पवन ऊर्जा
  - जल विद्युत
  - बायोगैस
  - भूतापीय ऊर्जा
  - कचरे से उत्पादित ऊर्जा
  - ज्वारीय ऊर्जा
- अनवीकरणीय ऊर्जा संसाधन
  - कोयला
  - पेट्रोलियम
  - प्राकृतिक गैस
  - परमाणु ऊर्जा
  - शेल गैस

- भारत में कुल **विद्युत ऊर्जा उत्पादन के स्रोतों** के अंश का सही अनुक्रम क्या है? **–तापीय > जलीय > वायु > आण्विक**
- **जवाहर लाल नेहरू राष्ट्रीय सौर मिशन** किस वर्ष प्रारम्भ की गयी थी? **–11 जनवरी, 2010 में**

> **जवाहर लाल नेहरू राष्ट्रीय सौर मिशन** का उद्देश्य वर्ष 2022 तक 20 हजार मेगावाट क्षमता वाली ग्रिड की स्थापना करना।

- **काकरापारा परमाणु विद्युत संयंत्र** (Kakrapara Atomic Power Plant) किस राज्य में स्थापित है? **–गुजरात**
- भारत में **पेट्रोलियम** का **अग्रणी** उत्पादक राज्य कौन सा है? **–गुजरात**
- पेट्रोल उत्पादक क्षेत्र **लुनेज** किस राज्य में स्थित है? **–गुजरात**

> भारत वाणिज्यिक ऊर्जा के लिए मुख्यत: **जीवाश्म ईंधनों** (Fossil Fuels) पर निर्भर है। भारत की कुल स्थापित विद्युत क्षमता में से 61.46% **ताप विद्युत** (इसमें कोयला, पेट्रोलियम व प्राकृतिक गैस शामिल हैं।) से, 23.75% **अक्षय ऊर्जा** स्रोतों से, 12.2% **पनबिजली** से एवं 1.8% **परमाणु ऊर्जा** से विद्युत ऊर्जा प्राप्त होती है। इसी प्रकार **गैर-वाणिज्यिक ऊर्जा** का लगभग 60% जलाऊ लकड़ी से प्राप्त होता है। इसके साथ **गोबर** (30%) एवं **अपशिष्ट पदार्थों** (10%) का भी पर्याप्त महत्व है।

- **राणा प्रताप सागर बाँध** पर **विद्युत गृह** (Power House) कहाँ स्थापित किया गया है? **–कोटा** (राजस्थान) **में**
- **पवन ऊर्जा** (Wind Energy) के उत्पादन में किस राज्य का प्रथम स्थान है? **–तमिलनाडु**
- भारत में प्रचुर मात्रा में उपलब्ध **नाभिकीय ईंधन** (Nuclear Fuel) क्या है? **–थोरियम** (Thorium)
- भारत का कौन सा **शैल तंत्र** कोयला भण्डारों का प्रमुख क्षेत्र है? **–गोंडवाना तंत्र** (Gondwana System)
- भारत के कोयला उत्पादक अग्रणी तीन राज्य क्रमश: कौन से है? **–छत्तीसगढ़, ओडिशा एवं झारखण्ड**
- भारत के **सर्वाधिक कोयला भण्डार** किस राज्य में पाए जाते हैं? **–झारखण्ड में**

भारत में स्थित ताप-विद्युत केन्द्र (स्टेशन)

	राज्य	ताप-विद्युत केन्द्र (स्टेशन)
1.	आंध्र प्रदेश	– नेल्लौर, विजयवाड़ा
2.	तेलंगाना	– रामागुंडम, भद्राचलम, कोट्टागुदेम, मानुगुरू
3.	असम	– बोंगाईगाँव, चन्द्रपुर, कामरूप
4.	बिहार	– बरौनी, कहलगाँव
5.	छत्तीसगढ़	– कोरबा
6.	दिल्ली	– बदरपुर, इन्द्रप्रस्थ, राजघाट
7.	गुजरात	– अहमदाबाद, बनास, धुवारम, गाँधीनगर, कच्छ, कांडला, महुवा, पोरबंदर, साबरमती, शाहपुर, सिक्का, उकाई, उतारन, वाशंकबोरी
8.	हरियाणा	– फरीदाबाद, पानीपत, यमुनानगर
9.	जम्मू-कश्मीर	– कालाकोट
10.	झारखण्ड	– बोकारो, सतपुड़ा, स्वर्ण रेखा
11.	मध्य प्रदेश	– अमरकंटक, सतपुड़ा, सिंगरौली
12.	महाराष्ट्र	– बल्लारशाह, भुसावल, चन्द्रपुर, चोला, खापर-खेड़ा, कोराडी, नासिक, पारस, पारले, ट्रॉम्बे, उज्जैनी, उरान
13.	मणिपुर	– लोकटक (इम्फाल)
14.	पंजाब	– भटिंडा, रूपनगर
15.	राजस्थान	– अंटा, बाँसवाड़ा, कोटा, पालन, सवाई-माधोपुर
16.	ओडिशा	– बाली मेला, तलचर
17.	तमिलनाडु	– एन्नौर, मेट्टूर, नेवेली, तूतीकोरिन
18.	उत्तर प्रदेश	– बहराइच, दोहरीघाट, गोरखपुर, हरदुआगंज, जवाहरपुर, कानपुर, मऊ, मुरादाबाद, ओबरा, पनकी, परिछा, टुंडला
19.	पश्चिम बंगाल	– बीरभूम, बुंदेल, दुर्गापुर, फरक्का, गौरीपुर, कालीघाट, कोलकाता, मुर्शिदाबाद, टीटागढ़,

> विश्व का **सबसे लम्बा** बाँध **हीराकुण्ड बाँध** है, जो **ओडिशा** राज्य में **महानदी** पर निर्मित है।

कोयले के प्रकार				
क्र.	कोयले के प्रकार	उपनाम	स्वरूप व कार्बन की मात्रा	क्षेत्र
1.	पीट कोयला (Peat Coal)	निम्न कोयला	नमी की अधिक मात्रा व 40% से कम कार्बन	–
2.	लिग्नाइट कोयला (Lignite Coal)	भूरा कोयला	जलने पर धुआँ अधिक व 40-60% कार्बन	तमिलनाडु: अर्काट (नेवेली) असम: लखीमपुर पश्चिम बंगाल: दार्जिलिंग कश्मीर: करेवा क्षेत्र
3.	बिटुमिनस कोयला (Bituminous Coal)	काला कोयला	60-80% कार्बन	झारखण्ड, ओडिशा, छत्तीसगढ़ व मध्य प्रदेश
4.	एन्थ्रासाइट कोयला (Anthracite Coal)	कठोर (उच्च) कोयला	जलते समय धुआँ रहित व 80-90% कार्बन	जम्मू-कश्मीर: रियासी जिला

- नामचिक नामफुक कोयला क्षेत्र किस राज्य में अवस्थित है? –अरुणाचल प्रदेश में
- कोरबा कोयला क्षेत्र किस राज्य में अवस्थित है?–छत्तीसगढ़ में
- प्रसिद्ध कोयला क्षेत्र तालचेर कहाँ स्थित है? –ओडिशा में

छोटा नागपुर औद्योगिक क्षेत्र का विकास यहाँ पर कोयले की खोज के परिणामस्वरूप हुआ है।

- झारखण्ड में कोयला की खानें मुख्यत: कहाँ स्थित हैं? –झरिया में
- लिग्नाइट कोयले (Lignite Coal) के विशालतम भण्डार किस राज्य में हैं? –तमिलनाडु में
- बिश्रामपुर (छत्तीसगढ़) किस खनिज के खनन के लिए प्रसिद्ध है? –कोयला

भारत के प्रमुख कोयला उत्पादक क्षेत्र	
• झारखण्ड	झरिया, बोकारो, करनपुरा, गिरिडीह।
• पश्चिम बंगाल	रानीगंज, बरजोरा, बीरभूम।
• ओडिशा	तलचर, संबलपुर, इब नदी घाटी।
• मध्य प्रदेश	उमरिया, सिंगरौली।
• छत्तीसगढ़	कोरबा, सोहागपुर, सोनहट, सेन्दुरगढ़, मांद-रायगढ़, बिश्रामपुर।
• तेलंगाना	गोदावरी घाटी, सिंगरैनी।
• महाराष्ट्र	वर्द्धाघाटी, काम्पटी बांदेर।

- कोयले का सर्वाधिक उपयोग होता है–विद्युत ऊर्जा उत्पादन में
- भारत में सर्वप्रथम तेल/ऊर्जा संकट कब उत्पन्न हुआ था? –वर्ष 1970 से 1980 के मध्य
- हाइड्रोजन विजन-2025 किससे संबंधित है –पेट्रोलियम उत्पाद के भण्डारण से

भारत में पेट्रोलियम तथा प्राकृतिक गैस की खोज निम्नलिखित बेसिनों में हुई है–

तेल क्षेत्र	विस्तार
1. ऊपरी असम बेसिन	(60,000 वर्ग किमी.)
2. पश्चिमी बंगाल बेसिन	(60,000 वर्ग किमी.)
3. पश्चिमी हिमालय बेसिन	(100,000 वर्ग किमी.)
4. राजस्थान-सौराष्ट्र-कच्छ बेसिन	(95,000 वर्ग किमी.)
5. उत्तरी गुजरात बेसिन	(140,000 वर्ग किमी.)
6. गंगा घाटी बेसिन	(385,000 वर्ग किमी.)
7. तटीय तमिलनाडु, आंध्र प्रदेश तथा केरल बेसिन	(75,000 वर्ग किमी.)
8. अण्डमान एवं निकोबार तटीय बेसिन	(2,000 वर्ग किमी.)
9. खम्भात, बॉम्बे हाई अपतटीय क्षेत्र	(2,000 वर्ग किमी.)

पेट्रोलियम उत्पादक क्षेत्र

- भारत में तेल उत्पादन के चार प्रमुख क्षेत्र निम्नवत् हैं–
  1. ब्रह्मपुत्र घाटी
  2. गुजरात तट
  3. पश्चिमी अपतटीय क्षेत्र
  4. पूर्वी अपतटीय क्षेत्र।

विश्व के कुल ऊर्जा उत्पादन का एक-चौथाई हिस्सा जल विद्युत से उत्पन्न किया जाता है।

भारत में तेल के अन्वेषण (Oil Exploration) का कार्य ऑयल इण्डिया लिमिटेड द्वारा किया जाता है।

- एच.वी.जे. (HVJ) पाइपलाइन द्वारा प्राकृतिक गैस का परिवहन कहाँ से होता है? –दक्षिणी बेसिन से
- भारत में अधिकांश प्राकृतिक गैस (Natural Gas) का उत्पादन कहाँ से किया जाता है? –बम्बई हाई से
- KG-D6 बेसिन में किस खनिज के वृहद भण्डार है –प्राकृतिक गैस का
- कुडनकुलम नाभिकीय ऊर्जा संयंत्र (Nuclear Power Plant) किस राज्य में स्थित है? –तमिलनाडु में
- भारत का सर्वप्रथम खनिज तेल का कुआँ निर्मित किया गया –माकुम (असम) में
- भारत की सबसे पुरानी तेलशोधन इकाई कौन सी है? –डिग्बोई (असम)
- भारत का 25वाँ परमाणु विद्युत संयंत्र कौन सा है? –रावतभाटा (राजस्थान) में
- ज्वारीय ऊर्जा (Tidal Energy) के उत्पादन के लिए भारत का कौन सा क्षेत्र महत्वपूर्ण है? –खम्भात की खाड़ी

भारत में परमाणु ऊर्जा के कार्यशील केन्द्र	
केन्द्र	केन्द्र
• कैगा (कर्नाटक)	• काकरापार (गुजरात)
• कलपक्कम् (तमिलनाडु)	• नरौरा (उत्तर प्रदेश)
• रावतभाटा (राजस्थान)	• तारापुर (महाराष्ट्र)
• कुडनकुलम (तमिलनाडु)	

- भारत में कुल उत्पादित विद्युत ऊर्जा में परमाणु ऊर्जा (Nuclear Energy) का कितना अंश है? –2.1%

भारत में आठ दाबित भारी-जल रिएक्टर संयंत्र (PHWR)		
भारी संयंत्र	राज्य	स्थापित (वर्ष)
• नांगल	पंजाब	1962
• बड़ोदरा	गुजरात	1980
• तूतीकोरिन	तमिलनाडु	1978
• कोटा	राजस्थान	1985
• तलचर	ओडिशा	1985
• थाल	महाराष्ट्र	1987
• हजीरा	गुजरात	1991
• मानुगुरु	तेलंगाना	1991

इण्डियन ब्यूरो ऑफ माइंस के अनुसार, भारत में कुल 23 तेल शोधक संयंत्र हैं।

भारत में तेल शोधन संयंत्र

संयंत्र	राज्य	उत्पादन वर्ष	संयंत्र	राज्य	उत्पादन वर्ष
1. डिग्बोई (IOC)	असम	1901	13. नागपट्टनम् (CPCL)	तमिलनाडु	1993
2. ट्रॉम्बे (मुम्बई) (HPCL)	महाराष्ट्र	1954	14. मथुरा (IOC)	उत्तर प्रदेश	1982
3. ट्रॉम्बे (मुम्बई) (BPCL)	महाराष्ट्र	1955	15. मंगलौर (MRPL)	कर्नाटक	1998
4. विशाखापत्तनम् (HPCL)	आन्ध्र प्रदेश	1957	16. पानीपत-करनाल (IOC)	हरियाणा	1998
5. नूनामती (गुवाहाटी) (IOC)	असम	1962	17. नुमालीगढ़ (NRL)	असम	1999
6. बरौनी (IOC)	बिहार	1964	18. जामनगर (RPL)	गुजरात	1999
7. कोयली (IOC)	गुजरात	1965	19. तातीपाका (ONGC)	आन्ध्र प्रदेश	2001
8. कोच्चि (KRL)	केरल	1966	20. वादिनार (Essar)	गुजरात	2006
9. मनाली (CPCL)	तमिलनाडु	1969	21. भटिंडा (HPCL)	पंजाब	2008
10. हल्दिया (IOC)	पश्चिम बंगाल	1975	22. बीना (BPCL)	मध्य प्रदेश	2009
11. बोंगाईगाँव (BRPL)	असम	1979	23. पाराद्वीप (IOC)	ओडिशा	2010
12. चेन्नई (CPCL)	तमिलनाडु				

नोटः- RPL (जामनगर) व Essar (वादिनार) निजी क्षेत्र के एवं HPCL (भटिंडा) व BPCL (बीना) संयुक्त क्षेत्र के उपक्रम हैं।

भूटान में भारत के सहयोग से संकोश, मांगदेछू, चुक्खा तथा ताला जलविद्युत परियोजनाएँ स्थापित की गई हैं।

विद्युतीकरण से सम्बद्ध संस्थान/उपक्रम			
	संस्थान	मुख्यालय	स्थापना वर्ष
1.	राष्ट्रीय ताप विद्युत निगम (NTPC) (महारत्न कंपनी)	नई दिल्ली	1975
2.	राष्ट्रीय पन बिजली निगम (NHPC) (मिनीरत्न कंपनी)	फरीदाबाद	1975
3.	ग्रामीण विद्युतीकरण निगम लिमिटेड (REC)	नई दिल्ली	1969
4.	भारतीय विद्युत व्यापार निगम लिमिटेड (PTC India)	नई दिल्ली	1999
5.	राष्ट्रीय विद्युत प्रशिक्षण संस्थान (NPTI)	फरीदाबाद	1965
6.	ऊर्जा दक्षता ब्यूरो	नई दिल्ली	2002
7.	भारतीय गैस प्राधिकरण लि. (GAIL)	दिल्ली	1984
8.	तेल एवं प्राकृतिक गैस निगम (ONGC)	नई दिल्ली	1956
9.	भारतीय विद्युत ग्रिड लि. (PGCIL)	गुरुग्राम	1989
10.	इंडियन ऑयल कॉर्पोरेशन (IOC)	नई दिल्ली	1964
11.	ऑयल इंडिया लि. (OIL)	नोएडा	1959

- भारत के किस राज्य में **बिजली** की **प्रति व्यक्ति क्षमता** और **उत्पादकता** सर्वाधिक है? **–महाराष्ट्र**
- **रामपुर**, भारत में **सौर ऊर्जा प्लांट** लगाने वाला प्रथम गाँव है, यह किस राज्य में स्थित है? **–उत्तर प्रदेश**

> भारत में स्थापित **विद्युत ऊर्जा** स्रोतों में सर्वाधिक ऊर्जा **कोयले** से प्राप्त होती है, तत्पश्चात **नवीकरणीय ऊर्जा**, **जलविद्युत**, **प्राकृतिक गैस** एवं **परमाणु ऊर्जा** का स्थान है।

- भारत में **विद्युत ऊर्जा** का सर्वाधिक मुख्य स्रोत क्या है? **–कोयला**
- भारत में **ऊर्जा उत्पादन** में सर्वाधिक अंश किस प्रकार की ऊर्जा का है? **–ऊष्मीय ऊर्जा** (Thermal Energy) **का**

शीर्ष पाँच पवन ऊर्जा उत्पादन क्षमता वाले राज्य	
राज्य	उत्पादन (मेगावाट)
• तमिलनाडु	9304.34
• गुजरात	7623.12
• महाराष्ट्र	5000.33
• कर्नाटक	4794.80
• राजस्थान	4299.72

- भारत में **मैंगनीज के सर्वाधिक निक्षेप** किस राज्य में स्थित हैं? **–महाराष्ट्र**
- **अभ्रक** की **तीन प्रमुख किस्में** कौन सी हैं? **–श्वेत अभ्रक, पीत अभ्रक** एवं **श्याम अभ्रक**

राष्ट्रीय ताप विद्युत निगम की स्थापित क्षमता		
प्रयुक्त स्रोत	संयंत्रों की संख्या	क्षमता (मेगावाट)
• कोयला आधारित	21	39,555
• गैस एवं तरल ईंधन आधारित	7	4,017
• जल आधारित	1	800
• नवीकरणीय ऊर्जा परियोजनाएँ (सौर ऊर्जा)	12	50
• पवन आधारित	1	50

- भारत में **ज्वारीय ऊर्जा** की सर्वाधिक सम्भावनाएँ कहाँ पर हैं? **–भावनगर** (गुजरात)
- **ओबरा ताप विद्युत केन्द्र** की स्थापना किस देश के सहयोग से की गयी थी? **–रूस के**
- **सतारा** किस लिए प्रसिद्ध है? **–पवन ऊर्जा संयंत्र**

देश का प्रथम सोलर थर्मल पॉवर स्टेशन

देश का प्रथम सोलर थर्मल पॉवर स्टेशन **राजस्थान** में स्थापित किया जा रहा है। जैसलमेर के **नोख** में बनने वाले पावॅर प्लांट की क्षमता **50 मेगावाट** होगी और इसमें **टावर हीटिंग टेक्नोलॉजी** का प्रयोग किया जाएगा। इस तकनीक से बिजली का वाणिज्यिक उत्पादन वर्तमान समय में केवल **अमेरिका** में हो रहा है। भारत विश्व का दूसरा ऐसा देश होगा जो इस टेक्नोलॉजी से विद्युत का वाणिज्यिक उत्पादन करेगा।

> **एंथ्रेसाइट** (Anthracite) कोयला की सर्वोत्तम किस्म है, जिसमें कार्बन की मात्रा लगभग **80–95%** तक होती है।

परिवहन एवं संचार (Transport and Communication)

सड़क नेटवर्क (अनंतिम) का कुल विस्तार (स्रोत: वार्षिक रिपोर्ट 2021-22)	
• राष्ट्रीय राजमार्ग/एक्सप्रेस वे	1,40,995 किमी.
• राज्य राजमार्ग	1,71,039 किमी.
• अन्य सड़कें	60,59,813 किमी.
कुल योग	63,71,847 किमी.

- राष्ट्रीय राजमार्गों की सर्वाधिक लम्बाई किस राज्य में है? – महाराष्ट्र में
- भारत के किस राज्य में प्रांतीय राजमार्गों (State Highways) की सकल लम्बाई सबसे अधिक है? – महाराष्ट्र में
- स्वर्णिम चतुर्भुज परियोजना (Golden Quadrilateral Project) का सम्बंध किसके विकास से है? –राजमार्ग
- पूर्व-पश्चिम एवं उत्तर-दक्षिण एक्सप्रेस राजमार्ग एक दूसरे से किस स्थान पर मिलते हैं? –झाँसी में
- भारत का 40% सड़क परिवहन किस प्रकार की सड़कों से होता है? –राष्ट्रीय राजमार्गों से
- भारत का सबसे लम्बा राष्ट्रीय राजमार्ग कौन सा है? –राष्ट्रीय राजमार्ग-44 (श्रीनगर-कन्याकुमारी)
- भारत का सबसे छोटा राष्ट्रीय राजमार्ग कौन सा है? –NH 327B (1.20 किमी., पं. बंगाल)
- भारत का सबसे लम्बा एक्सप्रेस वे कौन सा है? –पूर्वांचल एक्सप्रेस वे (340.8 किमी.)
- रेलवे स्टॉफ कॉलेज कहाँ स्थित है? –बड़ौदा (गुजरात)
- चेन्नई बंदरगाह किस प्रकार का बंदरगाह है?–कृत्रिम बंदरगाह

भारत में रेलवे की उत्पादन इकाइयाँ	
कारखाना एवं स्थापना वर्ष	निर्माण
• चितरंजन लोकोमोटिव, (प. बंगाल)-1950	विद्युत इंजन
• रेल कोच फैक्ट्री, पेराम्बूर (तमिलनाडु)-1952	सवारी डिब्बे
• रेल कोच फैक्ट्री, कपूरथला (पंजाब)-1986	रेल डिब्बे
• डीजल इंजन आधुनिकीकरण • कारखाना, पटियाला (पंजाब)-1981	डीजल इंजन
• डीजल लोको. वर्क्स, वाराणसी (उ. प्र.)-1961	डीजल इंजन

महत्वपूर्ण राष्ट्रीय राजमार्ग		
नयी NH संख्या	विवरण	लम्बाई (किमी.)
NH-1	उरी-बारामुला-श्रीनगर-कारगिल-लेह (जम्मू-कश्मीर)	422
NH-301	कारगिल में NH-1 से प्रारम्भ होकर जास्कर तक (जम्मू-कश्मीर)	234
NH-701	बारमुला में NH-1 से प्रारम्भ होकर -राफियाबाद-कुपवाड़ा-तंगधार तक	126
NH-2	डिब्रूगढ़-सिबसागर-अमगुरी-कोहिमा-इम्फाल-सेलिंग-सरचिप-तुइपांग	1325.63
NH-3	अटारी-अमृतसर-मनाली-लेह	883.18
NH-7	फजिलका-पटियाला-पंचकुला-पोंटा-साहिब-ऋषिकेश-रुद्रप्रयाग-कर्णप्रयाग-चमोली-बद्रीनाथ-माना	845.25
NH-9	मालौत (NH-7) से सिरसा-हिसार-रोहतक-दिल्ली-गाजियाबाद-मुरादाबाद-रायपुर-रुद्रपुर-पिथौरागढ़-कर्णप्रयाग	748.05
NH-11	म्याजलर-जैसलमेर-पोखरण-बीकानेर-झुंझनू-नारनौल-रेवाड़ी	847.7
NH-16	कोलकाता-खड़गपुर-भुवनेश्वर-राजामुंद्री-विजयवाड़ा-नेल्लोर-चेन्नई	1621.62
NH-19	आगरा (NH-44) कानपुर-प्रयागराज-वाराणसी-औरंगाबाद-बरही-आसनसोल-कोलकाता (NH-16)	1269.71
NH-44	श्रीनगर-जम्मू-पठानकोट-पानीपत-दिल्ली-मथुरा-आगरा-ग्वालियर-झाँसी-सिवनी-नागपुर-हैदराबाद-कुरनूल-कृष्णागिरी-कन्याकुमारी	3745
NH-48	दिल्ली-बावल-जयपुर-उदयपुर-अहमदाबाद-वड़ोदरा-अंकलेश्वर-मुम्बई-पुणे-बेलगाम-बंगलुरु-वैल्लोर-चेन्नई	2628.51
NH-66	पनवेल-राजापुर-पणजी-कारवार-मंगलुरु-कुन्नूर-एर्नाकुलन-तिरुवनंतपुरम	1640.66

- कोंकण रेलवे किन दो स्थानों को जोड़ता है? –रोहा (महाराष्ट्र) से मंगलूर (कर्नाटक) को

उत्तर-दक्षिण गलियारा श्रीनगर (जम्मू-कश्मीर) से कन्याकुमारी (तमिलनाडु) तक कुल 3,745 किमी. लम्बा है।

यूनेस्को (UNESCO) द्वारा सिलीगुड़ी तथा दार्जिलिंग रेलवे स्टेशनों को जोड़ने वाली लाइन को वर्ष 1999 में विश्व धरोहर स्थल (World Heritage Site) के रूप में मान्यता प्रदान की गई है।

- सबसे अधिक दूरी तय करने वाली एक्सप्रेस ट्रेन कौन सी है -विवेक एक्सप्रेस (4273km)
- तीन अर्द्ध चन्द्राकर समुद्री तट किस स्थान पर मिलते हैं? -कन्याकुमारी में
- कोच्चि-मंगलुरु प्राकृतिक गैस पाइपलाइन की कुल लम्बाई कितनी है? -450 किमी.
- आयात नौ-भार (Import Cargo) का उच्चतम टन भार संभालने वाला बंदरगाह कौन सा है? -दीनदयाल बंदरगाह (कांडला)

कृष्णापट्टनम बंदरगाह के संवर्द्धन (Enhancements) से सर्वाधिक लाभान्वित होने वाला राज्य आंध्र प्रदेश है।

- आंध्र प्रदेश का बंदरगाह नगर कौन सा है? -काकीनाडा
- भारत का सबसे बड़ा बंदरगाह कौन सा है- -मुम्बई में

भारत के 13 बड़े बंदरगाह

बंदरगाह	सम्बंधित
1. कांडला	नाम परिवर्तित कर दीनदयाल बंदरगाह
2. मुंबई	देश का सबसे बड़ा बंदरगाह
3. न्हावा शेवा	नया नामकरण जवाहर लाल नेहरू बंदरगाह
4. मॉर्मुगाओ	देश का सबसे बड़ा निर्यात् आधारित बंदरगाह
5. न्यू मंगलौर	आकार की दृष्टि से अपेक्षाकृत छोटा
6. कोचीन	अरब सागर की रानी के नाम से लोकप्रिय
7. तूतीकोरिन	इसका नया नाम बी.ओ. चिदम्बरनार
8. चेन्नई	कृत्रिम तथा दूसरा सबसे बड़ा बंदरगाह
9. विशाखपत्तनम	सबसे गहरा बंदरगाह
10. पारद्वीप	इसका पोताश्रय सबसे गहरा
11. कोलकाता-हल्दिया	यह एक नदीय पत्तन भी है।
12. एन्नोर	सबसे बड़ा कम्प्यूटराइज्ड बंदरगाह
13. पोर्ट-ब्लेयर	अंडमान निकोबार द्वीप समूह में स्थित

भारत: रेलवे जोन

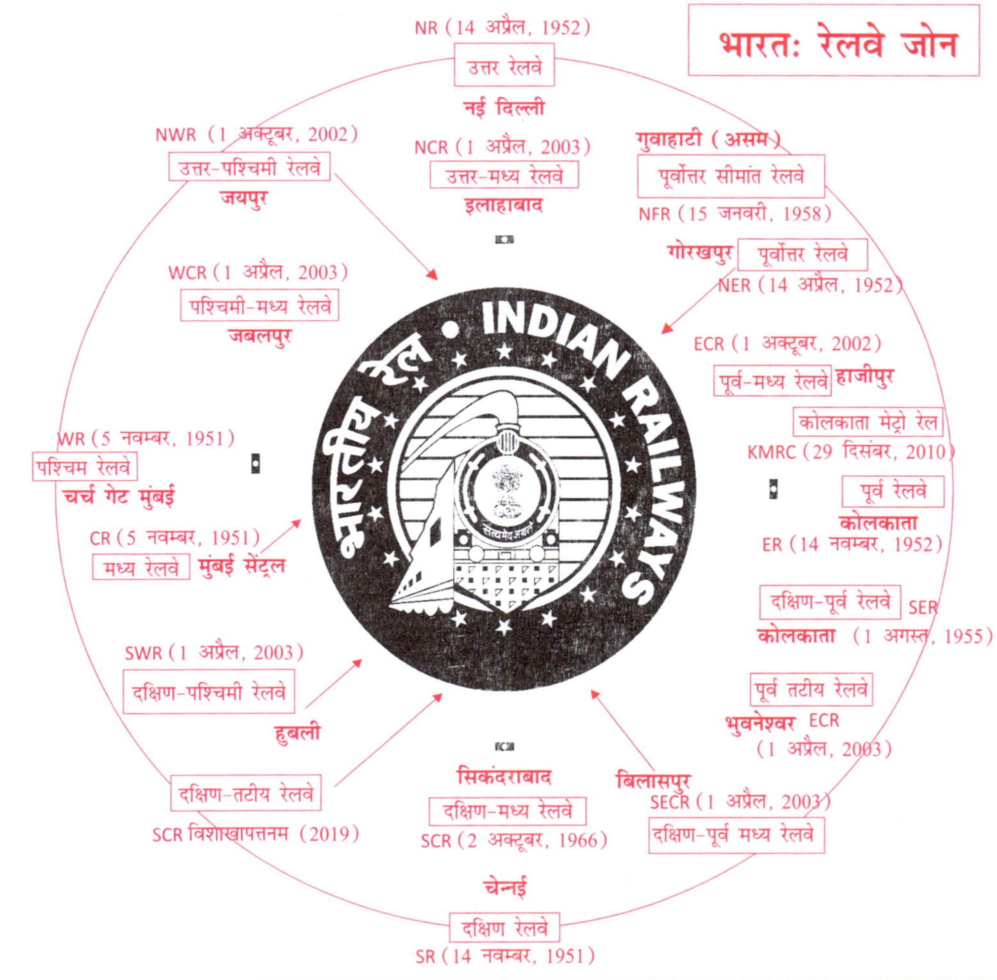

- राष्ट्रीय अन्तर्देशीय नौवहन संस्थान (NINI) कहाँ स्थित है? -पटना में
- गुरु रामदास अंतर्राष्ट्रीय हवाई अड्डा कहाँ स्थित है? -अमृतसर
- भारत का सबसे बड़ा जहाज तोड़ने का यार्ड गुजरात में किस स्थान पर स्थित है? -अलंग
- कच्छ की खाड़ी पर कौन सा बंदरगाह स्थित है? -दीनदयाल बंदरगाह (कांडला)
- भारत के बंदरगाहों में, कौन सा एक खुला सागरीय बंदरगाह है? -चेन्नई
- कौन सा बंदरगाह बाह्य पतन का विशिष्ट उदाहरण है? -हल्दिया
- ओडिशा तट पर कौन सा बंदरगाह अवस्थित है? -पाराद्वीप
- मॉर्मुगाओ पत्तन (Mormugao Port) कहाँ स्थित है? -गोवा में

सागरमाला परियोजना का उद्देश्य देश के सभी बन्दरगाहों को आपस में जोड़ना एवं उनका विकास करना है।

भारत के राष्ट्रीय जलमार्ग

जलमार्ग संख्या	विस्तार	विशिष्टता	घोषणा
रा.ज.मा.-1 (1,620 किमी.)	प्रयागराज-हल्दिया (गंगा-भागीरथी-हुगली नदी प्रणाली)	यह भारत के सर्वाधिक उपयोगी जलमार्गों में से एक है, जो यंत्रीकृत तक साधारण नौकाओं द्वारा पटना तथा हरिद्वार तक नौवहन योग्य है। यह जलमार्ग विकासात्मक उद्देश्यों के लिए तीन भागों में विभाजित है- (i) हल्दिया-फरक्का (560 किमी.) (ii) फरक्का-पटना (460 किमी.) (iii) पटना-प्रयागराज (600 किमी.)	27.10.1986
रा.ज.मा.-2 (891 किमी.)	सादिया-धुबरी (ब्रह्मपुत्र नदी प्रणाली)	ब्रह्मपुत्र नदी स्टीमर द्वारा डिब्रूगढ़ तक (891 किमी.) नौवहन योग्य है, जिसका भारत व बांग्लादेश सामूहिक रूप से प्रयोग करते हैं।	26.10.1988
रा.ज.मा.-3 (205 किमी.)	कोट्टापुरम्-कोल्लम् (केरल)	इसके अंतर्गत पश्चिमी तट नहर (168 किमी. लम्बी) उद्योगमण्डलम् नहर (23 किमी. लम्बी) तथा चम्पाकारा नहर (14 किमी. लम्बी) शामिल है।	01.02.1991
रा.ज.मा.-4 (1095 किमी.)	आंध्र प्रदेश, तमिलनाडु, पुद्दुचेरी	1. मद्रास से राजमुन्द्री-171 किमी., 2. बाजीराबाद से विजयवाड़ा-157 किमी. 3. काकीनाडा से पुदुच्चेरी- 767 किमी.	2008
रा.ज.मा.-5 (623 किमी.)	ओडिशा तथा पश्चिम बंगाल	ओडिशा में 532 किमी. तथा पश्चिम बंगाल में 91 किमी.	2008

देश के प्रमुख अन्तर्राष्ट्रीय हवाई अड्डे

• इन्दिरा गाँधी अंतर्राष्ट्रीय हवाई अड्डा	नई दिल्ली
• छत्रपति शिवाजी अंतर्राष्ट्रीय हवाई अड्डा	मुम्बई
• नेताजी सुभाष चन्द्र बोस अंतर्राष्ट्रीय हवाई अड्डा	कोलकाता
• बाबा साहेब अम्बेडकर अंतर्राष्ट्रीय हवाई अड्डा	नागपुर
• स. वल्लभभाई पटेल अंतर्राष्ट्रीय हवाई अड्डा	अहमदाबाद
• गोपीनाथ बारदोली अंतर्राष्ट्रीय हवाई अड्डा	गुवाहाटी
• चौधरी चरण सिंह अंतर्राष्ट्रीय हवाई अड्डा	लखनऊ
• श्री गुरु रामदास जी अंतर्राष्ट्रीय हवाई अड्डा	अमृतसर
• त्रिवेन्द्रम् अंतर्राष्ट्रीय हवाई अड्डा	तिरुवनंतपुरम
• कालीकट अंतर्राष्ट्रीय हवाई अड्डा	कोझीकोड
• शेख अलआलम अंतर्राष्ट्रीय हवाई अड्डा	श्रीनगर
• राजीव गाँधी अंतर्राष्ट्रीय हवाई अड्डा	हैदराबाद
• कोचीन अंतर्राष्ट्रीय हवाई अड्डा	कोच्चि
• वीर सावरकर अंतर्राष्ट्रीय हवाई अड्डा	पोर्ट ब्लेयर
• डैबोलिम अंतर्राष्ट्रीय हवाई अड्डा	गोवा
• कैम्पेगोडा अंतर्राष्ट्रीय हवाई अड्डा	बंगलुरु
• देवी अहिल्याबाई होल्कर अंतर्राष्ट्रीय हवाई अड्डा	इंदौर
• जयपुर अंतर्राष्ट्रीय हवाई अड्डा	जयपुर
• तिरुचिरापल्ली अंतर्राष्ट्रीय हवाई अड्डा	तिरुचिरापल्ली
• लाल बहादुर शास्त्री अंतर्राष्ट्रीय हवाई अड्डा	वाराणसी

- मुम्बई बन्दरगाह के दबाव को कम करने के लिए किस पत्तन का निर्माण किया गया?-**न्हावाशेवा** (जवाहर लाल नेहरू पोर्ट)
- भारतीय डाक विभाग ने **द्रुत डाक सेवा** (Speed Post Service) का कब प्रारम्भ की थी? **-वर्ष 1986 में**

सार्वजनिक कंपनी (Public Company) के स्वामित्व वाला **भारत का प्रथम** विमानपत्तन **कोचीन विमानपत्तन** है।

- भारत में **टेलीफोन सेवा** (Telephone Service) का प्रारम्भ किस वर्ष हुआ था? **-वर्ष 1882 में**

प्रमुख तेल/प्राकृतिक गैस पाइप लाइन

क्र.	पाइपलाइन	लम्बाई (किमी.)
1.	हजीरा-विजयपुर-जगदीशपुर	1750
2.	सलाया-कोयली-मथुरा-पानीपत	1870
3.	कांडला-भटिंडा	1331
4.	मुंबई-पुणे-मनमाड	1389
5.	दुलियाजान-बोंगाई गाँव-बरौनी	1405
6.	नाहरकटिया-नूनमती-बरौनी	1152
7.	मुंद्रा-पानीपत	1174
8.	बरौनी-हल्दिया	943
9.	बरौनी-पटना-कानपुर	743
10.	चेन्नई-त्रिची-मदुरै	683
11.	जामनगर-लोनी	1269
12.	कोच्चि मंगलूरू	450

राष्ट्रीय जलमार्ग-I (National Waterway- I) **प्रयागराज से हल्दिया** तक विस्तृत है जिसकी लम्बाई **1,620 किमी.** है।

उद्योग (Industry)

- **स्टेनलेस स्टील** बनाने के लिए कौन सी धातुएँ प्रयोग की जाती हैं? **–मैंगनीज, क्रोमियम** और **निकेल**
- दुर्ग में स्थित **भिलाई स्टील संयंत्र** (Bhilai Steel Plant) किस देश के सहयोग से स्थापित किया गया था? **–रूस**

भारत के लौह-इस्पात कारखानों की अवस्थिति		
क्र.	स्थान	लौह अयस्क की प्राप्ति का स्रोत
1.	जमशेदपुर	ओडिशा की गुरुमहिसानी व मयूरभंज की नोआमुंडी खानों से
2.	बर्नपुर	छोटानागपुर पठार तथा ओडिशा के क्योंझर खानों से।
3.	भद्रावती	बाबाबूदन पहाड़ी से
4.	दुर्गापुर	छोटानागपुर पठार तथा ओडिशा से
5.	राउरकेला	ओडिशा (क्योंझर बोनाई क्षेत्र) से
6.	भिलाई	डल्ली-राजहरा क्षेत्र से
7.	बोकारो	ओडिशा से (लौटते खाली वैगनों के द्वारा)
8.	विशाखापट्टनम	बैलाडिला की खानों से
9.	पाराद्वीप	ओडिशा (क्योंझर-बोनाई क्षेत्र) से

- कौन सा उद्योग भारत के लिए सबसे अधिक **विदेशी मुद्रा** अर्जित करता है? **–लौह** एवं **इस्पात**
- छत्तीसगढ़ में **कोरबा** किसके लिए प्रसिद्ध है? **–एल्युमीनियम उद्योग के लिए**

भारत में **रूस के सहयोग से भिलाई**, **ब्रिटेन के सहयोग से दुर्गापुर** तथा **जर्मनी के सहयोग से राउरकेला** इस्पात संयंत्रों की स्थापना की गई थी।

- भारत का **सबसे प्राचीन उद्योग** कौन सा है?**–सूती वस्त्र उद्योग**
- **चुनार** किस उद्योग के लिए प्रसिद्ध है? **–सीमेंट उद्योग**
- सीमेंट का मुख्य **संघटक** (Ingredient) खनिज कौन सा है? **–चूना-पत्थर**
- **मध्य प्रदेश** का कौन सा नगर **कीटनाशक उद्योग** हेतु प्रसिद्ध है? **–भोपाल**
- भारत में **रबर उद्योग** कहाँ स्थित है? **–पणजी में**
- **टिस्को** (TISCO) संयंत्र कहाँ स्थित है? **–जमशेदपुर में** (झारखण्ड)

प्रमुख एल्युमीनियम उत्पादक कंपनियाँ एवं उनके प्रमुख केन्द्र		
कम्पनियाँ	सहायक देश	प्रमुख केन्द्र
• BALCO	सोवियत संघ	• कोरबा (छत्तीसगढ़) • रत्नागिरी (महाराष्ट्र)
• NALCO	फ्रांस	• दामनजोड़ी (ओडिशा) • अंगुल (ओडिशा)
• HINDALCO	सं.रा.अमेरिका	• रेणुकूट (उत्तर प्रदेश)
• INDALCO	कनाडा	• जे.के. नगर (प. बंगाल) • मुरी (झारखण्ड) • अलवै (केरल)
• MALCO	इटली	• चेन्नई, मेट्टूर,
		• सलेम (तमिलनाडु)
• VEDANTA	जर्मनी	• झारसुगुडा

- भारत का **प्रथम उर्वरक संयंत्र** कहाँ स्थापित किया गया था? **–सिन्दरी** (झारखण्ड)

भारत में **प्रथम जूट कारखाने** की स्थापना **वर्ष 1855** में **कोलकाता** के पास **रिशरा** शहर में की गई थी।

- सहकारिता क्षेत्र का भारत का **सबसे बड़ा उर्वरक कारखाना** कहाँ स्थित है? **–फूलपुर** (उत्तर प्रदेश) **में**
- **वर्ष 1818** में **प्रथम सूती वस्त्र कारखाना** कहाँ स्थापित किया गया? **–कोलकाता के निकट फोर्ट ग्लॉस्टर में**
- **भारत** में कौन सा **उद्योग पानी का सबसे बड़ा उपभोक्ता** है? **–कागज उद्योग**
- **पेट्रोरसायन** (Petrochemicals) के उत्पादन का सबसे बड़ा केन्द्र कहाँ पर स्थित है? **–जामनगर** (गुजरात)

स्वतंत्रता पूर्व स्थापित लौह-इस्पात के कारखाने			
क्र.	स्थान	राज्य	स्थापना (वर्ष)
1.	कुल्टी	पश्चिम बंगाल	1874
2.	साकची	झारखण्ड	1907
3.	हीरापुर	पश्चिम बंगाल	1908
4.	भद्रावती	कर्नाटक	1823
5.	बर्नपुर	पश्चिम बंगाल	1937

अन्तर्राष्ट्रीय जूट संगठन की **स्थापना वर्ष 1984** में हुई थी, जिसका मुख्यालय **ढाका** (बांग्लादेश) में स्थित है।

कुटीर उद्योगों के विकास हेतु सरकारी संस्थाएँ	
संस्थाएँ	स्थापना वर्ष
• कुटीर उद्योग बोर्ड	1948
• केन्द्रीय सिल्क बोर्ड	1949
• अखिल भारतीय हथकरघा बोर्ड	1950
• अखिल भारतीय हस्तकला बोर्ड	1953
• अखिल भारतीय खादी एवं ग्रामोद्योग बोर्ड	1954
• लघु उद्योग बोर्ड	1954
• भारतीय लघु उद्योग विकास बैंक	1990
• क्षेत्रीय ग्रामीण विकास बैंक	1975

- **लौह-इस्पात उद्योग** में **लौह-अयस्क, कोकिंग कोयला** तथा **चूना पत्थर** का अनुपात लगभग कितना होता है? –4:2:1

प्रथम औद्योगिक नीति की घोषणा **श्यामा प्रसाद मुखर्जी** द्वारा **अप्रैल, 1948** में की गयी थी।

- **वर्ष 1904** में **देश का प्रथम सीमेंट कारखाना** कहाँ स्थापित किया गया था? **–चेन्नई**
- किस शहर को **इलेक्ट्रॉनिक उद्योग की राजधानी** के नाम से जाना जाता है **–बंगलुरु को**
- **दक्षिण भारत का मैनचेस्टर** किसे कहा जाता है? **–कोयम्बटूर को**

11 महारत्न कंपनियाँ				
	कंपनी	स्थापना	दर्जा	मुख्यालय
1.	इंडियन ऑयल कार्पोरेशन लि.	1964	2010	नई दिल्ली
2.	नेशनल थर्मल पावर कार्पोरेशन	1975	2010	नई दिल्ली
3.	ऑयल एंड नेचुरल गैस कार्पोरेशन	1956	2010	देहरादून
4.	स्टील अथॉरिटी ऑफ इण्डिया लि.	1973	2010	नई दिल्ली
5.	कोल इंडिया लिमिटेड	1975	2011	नई दिल्ली
6.	भारत हैवी इलेक्ट्रिकल्स लि.	1964	2013	नई दिल्ली
7.	गैस अथॉरिटी ऑफ इंडिया लि.	1984	2013	नई दिल्ली
8.	भारत पेट्रोलियम कॉर्पोरेशन लिमिटेड	1977	2017	मुम्बई
9.	पावर ग्रिड कॉर्पोरेशन लिमिटेड	1989	2019	गुरुग्राम
10.	हिन्दुस्तान पेट्रोलियम कॉर्पोरेशन लि.	1974	2019	मुम्बई
11.	पॉवर फाइनेंस कॉर्पोरेशन (PFC)	1986	2021	नई दिल्ली

क्र.	उद्योग	प्रमुख केन्द्र
1.	सूती वस्त्र उद्योग	महाराष्ट्र, गुजरात, पश्चिम बंगाल
2.	रेशम उद्योग	जम्मू-कश्मीर, पंजाब, तमिलनाडु
3.	ऊनी वस्त्र उद्योग	कर्नाटक, पंजाब, जम्मू-कश्मीर
4.	कृत्रिम वस्त्र	मुम्बई, दिल्ली, कोलकाता
5.	जूट उद्योग	पश्चिम बंगाल, आंध्र प्रदेश, बिहार
6.	चीन उद्योग	उत्तर प्रदेश, बिहार, महाराष्ट्र
7.	सीमेंट उद्योग	दिल्ली, मुम्बई, कोलकाता
8.	शीशा उद्योग	पश्चिम बंगाल, झारखण्ड, महाराष्ट्र

- **पीथमपुर** (मध्य प्रदेश) किस उद्योग के लिए प्रसिद्ध है? **–ऑटोमोबाइल उद्योग के लिए**
- **पंजाब** में कौन सा स्थान **होजरी उद्योग** के लिए प्रसिद्ध है? **–लुधियाना**
- **सुपर फॉस्फेट उर्वरक** का **पहला कारखाना** कहाँ स्थापित किया गया था? **–रानीपेट** (तमिलनाडु)

13 नवरत्न कंपनियाँ		
	कम्पनी	स्थापना
1.	महानगर टेलीफोन निगम लिमिटेड (MTNL)	1986
2.	भारत इलेक्ट्रॉनिक्स लिमिटेड (BEL)	1954
3.	हिन्दुस्तान एयरोनॉटिक्स लिमिटेड (HAL)	1940
4.	राष्ट्रीय खनिज विकास निगम (NMDC)	1958
5.	ग्रामीण विद्युतीकरण निगम लिमिटेड (RECL)	1969
6.	नेशनल एल्युमीनियम कंपनी (NALCO)	1981
7.	भारतीय नौवहन निगम (SCI)	1961
8.	नेवेली लिग्नाइट कॉर्पोरेशन लिमिटेड (NLC)	1956
9.	ऑयल इंडिया लिमिटेड (OIL)	1959
10.	राष्ट्रीय इस्पात निगम लिमिटेड (RINL)	1982
11.	इंजीनियर्स इंडिया लिमिटेड (EIL)	1965
12.	कंटेनर कॉर्पोरेशन निगम लिमिटेड (CCIL)	1988
13.	राष्ट्रीय भवन निर्माण कार्पोरेशन लिमिटेड (NBCC)	1960

वर्ष 1947 में, **मध्य प्रदेश** के **नेपानगर** में **अखबारी कागज** की **प्रथम मिल** स्थापित की गई थी।

जनसंख्या एवं नगरीकरण (Population and Urbanisation)

- भारतीय संविधान की 7वीं अनुसूची में अनुच्छेद-246 के अन्तर्गत जनगणना किस सूची का विषय है? -संघ सूची
- जनगणना 2011 के अनुसार, भारत की कुल जनसंख्या (Total Population) कितनी है? -121 करोड़
- स्वतंत्रता के पश्चात् भारत में कुल कितनी जनगणनाएँ हुई हैं?-7
- विश्व की कुल जनसंख्या में भारत का प्रतिशत कितना है? -17.5%

> भारत में पहली जनगणना वर्ष 1872 में लार्ड मेयो के कार्यकाल में हुई थी तथा वर्ष 2011 में भारत की 15वीं जनगणना सम्पन्न हुई थी।

- जनगणना-2011 के अनुसार, भारत का कुल जनसंख्या घनत्व (Population Density) कितना है?-382/व्यक्ति वर्ग किमी.
- जनगणना-2011 के अनुसार, किस राज्य का जनसंख्या घनत्व सर्वाधिक है? -बिहार (1106 व्यक्ति प्रति वर्ग किमी.)
- जनगणना-2011 के अनुसार, सबसे कम जनसंख्या घनत्व वाला राज्य कौन सा है? -अरुणाचल प्रदेश (17 व्यक्ति प्रति वर्ग किमी.)
- जनगणना-2011 के अनुसार, भारत की दशकीय वृद्धि दर क्या है? -17.64%
- जनगणना-2011 के अनुसार, भारत में पुरुषों की कुल जनसंख्या कितनी है? -62.32 करोड़
- जनगणना-2011 के अनुसार, भारत में महिलाओं की कुल जनसंख्या कितनी है? -58.75 करोड़

> जनगणना-2011 के अनुसार, सबसे अधिक आबादी वाला राज्य उत्तर प्रदेश (19.98 करोड़) है।

- जनगणना-2011 के अनुसार, न्यूनतम जनसंख्या वाला राज्य कौन सा है? -सिक्किम-6.10 लाख
- जनगणना-2011 के अनुसार, सर्वाधिक जनसंख्या वाला केंद्रशासित प्रदेश कौन सा है -दिल्ली-1.6 करोड़
- भारत में तीन सर्वाधिक नगरीकृत राज्यों का अवरोही क्रम क्या है? -गोवा (62.1%), मिजोरम (52.%), तमिलनाडु (48.4%)
- भारत के किस राज्य में नगरीय जनसंख्या घनत्व सर्वाधिक है? -तमिलनाडु
- भारत में पुरुष साक्षरता दर कितनी है? -82.14%
- जनगणना-2011 के जनगणना आयुक्त (Census Commissioner) कौन थे? -सी. चंद्रमौली
- छत्तीसगढ़ के किस जिले में आदिवासी जनसंख्या का प्रतिशत सबसे अधिक है? -दंतेवाड़ा जिला

> वर्ष 1911-1921 के दशक में जन्म वृद्धि दर नकारात्मक (-0.31%) रही थी, इसलिए यह वर्ष वृहत् विभाजक वर्ष (Great Divide Year) कहलाता है।

- जनगणना-2011 के अनुसार, सबसे कम जनसंख्या वाला केंद्रशासित प्रदेश कौन है -लक्षद्वीप-64.47 हजार
- भारत की कुल साक्षरता दर (literacy Rate) कितनी है? -73.04%
- भारत में महिला साक्षरता दर कितनी है? -65.46%
- सबसे अधिक साक्षर राज्य कौन सा है -केरल (94.00%)
- सर्वाधिक पुरुष साक्षरता दर वाला राज्य कौन सा है - केरल (96.11%)
- महिला साक्षरता दर किस राज्य में सर्वाधिक है? -केरल (92.1%)
- न्यूनतम साक्षरता दर वाला राज्य कौन सा है? -बिहार (61.80%)

> वर्ष 2011 की जनगणना के अनुसार, भारत के मेघालय में स्त्री-पुरुष शिक्षा में सबसे कम अंतर है।

- न्यूनतम पुरुष साक्षरता दर वाला राज्य कौन सा है? -बिहार (71.20%)
- न्यूनतम महिला साक्षरता दर वाला राज्य कौन सा है -बिहार (51.50%)
- भारत में सर्वाधिक साक्षरता वाला केंद्रशासित प्रदेश कौन सा है -लक्षद्वीप (91.85%)
- भारत में कुल लिंगानुपात (Sex Ratio) कितना है? -943 महिला/1000 पुरुष
- सर्वाधिक लिंगानुपात वाला राज्य कौन सा है? -केरल (1084)
- न्यूनतम लिंगानुपात वाला राज्य कौन सा है? -हरियाणा (878)

> जनगणना-2011 के अनुसार, भारत में 0-6 वर्ष के बच्चों का लिंगानुपात 919/1000 है।

> भारत की जनगणना 2011 के अनुसार, केरल में शिशु जनसंख्या का प्रतिशत ग्रामीण क्षेत्रों में न्यूनतम है।

जनगणना–2011
राज्यों तथा केन्द्रशासित प्रदेशों से सम्बंधित महत्वपूर्ण तथ्य

2011 में क्र.	राज्य/केन्द्र शासित प्रदेश	कुल जनसंख्या	दशकीय वृद्धि (%)	जनघनत्व	लिंगानुपात	कुल साक्षरता दर
1.	उत्तर प्रदेश	19,98,12,341	20.09	829	912	67.68
2.	महाराष्ट्र	11,23,74,333	15.99	365	929	82.34
3.	बिहार	10,40,99,452	25.07	1,106	918	61.80
4.	पश्चिम बंगाल	9,12,76,115	13.93	1,028	950	76.26
5.	आंध्र प्रदेश	8,45,80,777	11.10	308	993	67.02
6.	मध्य प्रदेश	7,26,26,809	20.35	236	931	69.32
7.	तमिलनाडु	7,21,47,030	15.61	555	996	80.09
8.	राजस्थान	6,85,48,737	21.44	200	928	66.11
9.	कर्नाटक	6,10,95,297	15.67	319	973	75.4
10.	गुजरात	6,04,39,692	19.17	308	919	78.03
11.	ओडिशा	4,19,74,218	13.97	370	979	72.9
12.	केरल	3,34,06,061	4.85	860	1,084	94.00
13.	झारखण्ड	3,29,88,134	22.34	414	949	66.41
14.	असम	3,12,05,576	16.93	398	958	72.2
15.	पंजाब	2,77,43,338	13.73	551	895	75.84
16.	छत्तीसगढ़	2,55,45,198	22.59	573	879	75.6
17.	हरियाणा	2,53,51,462	19.90	189	991	70.3
18.	दिल्ली	1,67,87,941	21.96	11,320	868	86.21
19.	जम्मू-कश्मीर + लद्दाख	12,541,302	23.71	124	889	67.2
20.	उत्तराखण्ड	1,00,86,292	18.81	189	963	78.82
21.	हिमाचल प्रदेश	68,64,602	12.81	123	972	82.80
22.	त्रिपुरा	36,73,917	14.75	350	960	87.22
23.	मेघालय	29,66,889	27.95	128	985	79.2
24.	मणिपुर	27,31,756	18.65	132	989	74.43
25.	नागालैण्ड	19,78,502	-0.6	119	931	79.55
26.	गोवा	14,58,545	8.07	394	973	88.70
27.	अरुणाचल प्रदेश	13,83,727	25.92	17	938	65.38
28.	पुद्दुचेरी	12,47,953	27.72	2,547	1,037	85.85
29.	मिजोरम	10,97,206	22.78	9,258	818	86.05
30.	चंडीगढ़	10,55,450	17.10	52	976	91.33
31.	सिक्किम	6,10,577	12.36	86	890	81.42
32.	अण्डमान-निकोबार	3,80,581	6.58	46	876	86.63
33.	दादरा एवं नगर हवेली	3,43,709	55.50	698	774	76.24
34.	दमन एवं दीव	2,43,247	53.54	2,198	618	87.10
35.	लक्षद्वीप	64,473	6.23	2,149	946	91.85
	भारत	1,21,08,54,977	17.64	382	943	73.04

उत्तर प्रदेश की जनसंख्या सर्वाधिक है, जबकि सिक्किम की जनसंख्या सबसे कम है।

अनुसूचित जाति और जनजाति (SC/ST)

- भारत के **उत्तर-पूर्वी** एवं **हिमालयी क्षेत्रों** में कौन सा प्रजातीय समूह पाया जाता है? **–मंगोलॉयड** (Mongoloid)
- भारत की संथाल जनजाति का सम्बंध किस प्रजाति से है? **–आद्य-ऑस्ट्रेलॉयड** (Proto-Australoid)
- भारत में **सर्वाधिक** जनसंख्या वाली जनजाति कौन सी है? **–भील**
- **भील जनजाति** की सर्वाधिक जनसंख्या किस राज्य में है? **–गुजरात**
- **थारू** जनजाति का मूल निवास स्थान कहाँ है? **–उत्तराखण्ड**

थारू जनजाति दिवाली को **शोक के त्योहार** के रूप में मनाती है।

- **धौलाधर श्रेणी** (Dhauladhar Range) में पायी जाने वाली प्रमुख जनजाति कौन सी है? **–गद्दी**

भारत की प्रमुख जनजातियाँ

राज्य	जनजातियाँ	राज्य	जनजातियाँ
• अरुणाचल प्रदेश	आपतानी, डफला, मिश्मी, सिंगफो, अबोर	• पश्चिम बंगाल	भूमिज, असुर, हो, कोरा, लेप्चा, ओराँव
• नागालैंड	नागा, कोन्याक, सेमा, गारो, कचारी, कूकी, मिकिर, अंगामी	• मध्य प्रदेश	भील, अगारिया, कोल, कारकू, बौंगा, गोंड
• मणिपुर	अंगामी, कोम, माओ, मारिंग, तारो, मैकी	• राजस्थान	भील, मीणा, गरासिया, बंजारा, बागड़ी भटेलिया
• मिजोरम	मीजो, लाखेर, पावी, चकमा, गारो, कूकी,	• झारखंड	संथाल, मुंडा, हो, बिरहोर, उराँव, कोरवा, खरिया, माल-पहाड़िया, असुर
• मेघालय	खासी, गारो, मिकिर, जयंतिया, हाजंग, हमार लाखेर, सितेंग	• महाराष्ट्र	बरदा, बावचा, भुंजिया, बिरहुल, धनवार, धोडिया, थोटी, भील, कोल, वरली
• त्रिपुरा	त्रिपुरा, मोग, रियांग, हलाम, लुसाई, ओरांग, उचई, जमातिया	• गुजरात	भील, बंजारा, बरदा, बारली, खारी, धोडिया, कोकना, कोली, पटेलिया, पोमला, चारन
• असम	चकमा, डिमासा, हाजेंग, सिथेंग, लालुंग	• कर्नाटक	बरदा, चेंचू, मालासार, मालेरू, टोंडा, शोलगा, राथावा, पनियन, कोदागू
• अंडमान निकोबार	सेंटिनेलीज, ओंग, जारवा, शोम्पेन	• आंध्र प्रदेश	चेंचु, लंबाडा, यानडि, यालिस, बगाता, धुलिया
• लक्षद्वीप	मालमिस	• केरल	उल्लाडा, मोपला, नायर, मलकारा, अलार, आदियान, कुरुम्बा, पानियन, उराली कादर
• सिक्किम	लेप्चा, भूटिया, शेरपा	• तमिलनाडु	टोडा, कुरुम्बा, कोटा, इरूला, बड़गा
• पंजाब	सांसी	• दादरा व नागर हवेली	वरली, कथोडी, कोकना, नायकड़ा (नायका)
• जम्मू-कश्मीर	बकरवाल, गुज्जर, मौन, चांग्पा, बा[illegible] गद्दी	• बिहार	बैंगा, असुर, खोंड, उरांव, बिरहोर, बेदिया
• हिमाचल प्रदेश	गद्दी, किनौर, जाद, गुज्जर, पंगवाली, स्वांगला	• ओडिशा	बगता, भूमिज, खोंड, गांडिया, कोल, कोरा,
• छत्तीसगढ़	आगारिया, धनवार, कमार, कोडाकू, मुंडा खरिया, सौर	• दमन व दीव	धोडिया, सिद्दी, वरली, दुबला
• उत्तराखंड	जौनसारी, बुक्सा, भोटिया	• गोवा	धोडिया, वरली
• उत्तर प्रदेश	थारू, अगारिया, बैगा, बुक्सा, गोंड व भूटिया		

- **संथाल** (Santhal) मुख्यत: कहाँ के निवासी हैं? **–पूर्वी भारत के**
- कौन सी जनजाति **ऋतुप्रवास** (Migration) करती है?**–भूटिया**

गद्दी जनजाति **हिमाचल प्रदेश** की **मूल निवासी** (Natives) है।

- **सहरिया जनजाति** मुख्यत: किस राज्य में पायी जाती है? **–राजस्थान** एवं **मध्य प्रदेश**
- **वर्ष** 1901 की जनगणना के समय **सर्वप्रथम भारतीय जनसंख्या में प्रजातियों का विवरण** किसके द्वारा प्रस्तुत किया गया था? **–हरबर्ट रिजले**
- **ओपोरतीपि** तथा **अंडी** नामक विवाह प्रथाएँ किस आदिवासी समुदाय में प्रचलित हैं? **–हो जनजाति** (Ho Tribe)
- भारत की **सर्वाधिक प्राचीन जनजाति** कौन सी है? **–जारवा**

अंडमान निकोबार द्वीप समूह पर पायी जाने वाली **शोम्पेन, सेंटिनेलीज, ओंगे** व **जारवा** जनजातियाँ विलुप्ति की स्थिति में हैं।

- उत्तराखण्ड की सबसे बड़ी अनुसूचित जनजाति कौन सी है? **–जौनसारी**
- टोडा जनजाति कहाँ निवास करती है? **–नीलगिरि (तमिलनाडु) की पहाड़ियों पर**

टोडा एवं **जौनसारी** जनजातियाँ **बहुपति विवाह की प्रथा** को मानती हैं।

- **बोडो** (Bodo) **जनजाति** कहाँ की निवासी है? **–गारो पहाड़ी**
- **गारो** (Garo) जनजाति कहाँ की निवासी है? **–मेघालय की**

खासी एवं **गारो** भाषा बोलने वाली सर्वाधिक जनसंख्या मेघालय में पाई जाती है।

- **झूमिंग कृषि** (Slash and Burn Agriculture) करने वाली जनजाति कौन सी है? **–खासी**

वर्तमान में भारत की **75 जनजातियों** को **PVTG** (Particularly Vulnerable Tribal Groups) का दर्जा प्राप्त है।

- **केरल** में कौन सी जनजाति पाई जाती है? **–कुरूम्बा**
- **संयुक्त परिवार प्रथा** किस जनजाति से सम्बंधित है? **–थारू**

शीर्ष पाँच अनुसूचित जनजाति जनसंख्या वाले राज्य

प्रदेश	जनसंख्या	प्रदेश	जनसंख्या
1. मध्य प्रदेश	1,53,16,784	2. महाराष्ट्र	1,05,10,213
3. ओडिशा	95,90,756	4. राजस्थान	92,38,534
5. गुजरात	89,17,174	स्रोत: जनगणना–2011	

सर्वाधिक तथा न्यूनतम जनजातीय समुदाय की जनसंख्या

जनजातीय समुदाय	जनसंख्या (जनगणना–2011)
• भील	1.26 करोड़ (सर्वाधिक)
• गोंड	1.08 (दूसरी सर्वाधिक)
• संथाल	58 लाख (तीसरी सर्वाधिक)
• मीणा	38 लाख
• नायकड़ा	33 लाख
• उराँव	31 लाख
• सुगाली	20 लाख

अनुसूचित जाति

- **गिरिजन** शब्द का प्रयोग अनुसूचित जातियों के लिए होता था जिन्हें **महात्मा गाँधी**, **हरिजन** शब्द से सम्बोधित करते थे।
- सर्वप्रथम **अनुसूचित जाति** का प्रयोग **साइमन कमीशन** ने **वर्ष 1927** में किया था।

भारत में संकटग्रस्त जनजातियाँ

• कोटा, टोडा, उराली	**तमिलनाडु**
• लेप्चा	**सिक्किम**
• कवरधा	**छत्तीसगढ़**
• राजी	**उत्तराखण्ड**
• ओंगे, जारवा, शोम्पेन	**अण्डमान-निकोबार**

सूची-I (विवाह का स्वरूप)	सूची-II (जनजाति)
• परिवीक्षा विवाह	**कूकी**
• हरण विवाह	**गोंड**
• परीक्षण विवाह	**भील**
• सेवा विवाह	**खासी, थारू**
• दूध लौटावा विवाह	**गोंड**
• राजी खुशी विवाह	**हो**
• चुटकुट्टा	**थारु**
• प्रेत विवाह	**न्यूर**

जनजातियों को शोषण से बचाव हेतु कुछ विशेष अधिनियम

- सिविल अधिकार संरक्षण अधिनियम, 1955 (1976 में संशोधित)
- अनुसूचित जाति/जनजाति अत्याचार निवारण अधिनियम, 1989
- न्यूनतम मजदूरी अधिनियम, 1948,
- बंधित श्रम-पद्धति उत्पादन अधिनियम, 1976
- बालश्रम प्रतिषेध और विनियमन अधिनियम, 1986

विभिन्न द्वीपों के प्रमुख जनजाति समूह

द्वीप समूह	जनजाति	प्रजाति
• लघु अंडमान	ओंगे	**नीग्रिटो**
• सेंटीनेल द्वीप	सेंटलीज	**नीग्रिटो**
• मध्य व दक्षिण अंडमान	जारवा	**नीग्रिटो**
• स्ट्रेट द्वीप	महा अंडमानीज	**नीग्रिटो**
• ग्रेट निकोबार	शोम्पेन	**नेग्रोऑइड**
• ग्रेट निकोबार	निकोबारी	**मंगोलॉइड**

अनुसूचित जनजाति

- **जनजातियों** के लिए **आदिवासी शब्द** का सर्वप्रथम प्रयोग **ठक्कर बप्पा** (आदिवासियों के पितामह) ने किया।
- भारतीय संविधान सभा के सदस्य **जयपाल सिंह** ने सर्वप्रथम जनजाति के लिए **आदिवासी शब्द** का प्रयोग किया।
- **अनुसूचित जनजाति शब्द** का प्रयोग सर्वप्रथम संविधान की **5वीं अनुसूची** में हुआ था।

पुदुच्चेरी, **दिल्ली**, **चंडीगढ़**, **हरियाणा** तथा **पंजाब** राज्यों में कोई भी **अनुसूचित जनजाति** नहीं पायी जाती है।

17वीं भारत वन स्थिति रिपोर्ट (17th India State of Forest Report - ISFR 2021)

श्रेणी	ISFR-2019		ISFR-2021	
वनावरण	क्षेत्र (वर्ग किमी.)	कुल क्षेत्रफल का %	क्षेत्र (वर्ग किमी.)	कुल क्षेत्रफल का %
• अति सघन वन	99,278	3.02	99,779	3.04
• मध्यम सघन वन	3,08,427	9.38	3,06,890	9.33
• खुले वन	3,04,499	9.26	3,07,120	9.34
• कुल वनावरण	7,12,249	21.67	7,13,789	21.71
• झाड़ियाँ	46,297	1.41	46,539	1.42
• गैर-वन	25,28,923	76.92	25,27,141	76.87
कुल भौगोलिक क्षेत्र	32,87,469	100.00	32,87,469	100.00

न्यूनतम वनावरण क्षेत्रफल वाले राज्य (2021)

राज्य	क्षेत्रफल	कुल क्षेत्रफल का %
1. हरियाणा	1603 वर्ग किमी.	3.63%
2. पंजाब	1847 वर्ग किमी.	3.67%
3. गोवा	2244 वर्ग किमी.	60.62%
4. सिक्किम	3341 वर्ग किमी.	47.8%
5. बिहार	7381 वर्ग किमी.	7.84%

सर्वाधिक वनावरण वाले राज्य (प्रतिशत में)

राज्य	कुल वन क्षेत्र
1. लक्षद्वीप	90.33%
2. मिजोरम	84.53%
3. अंडमान निकोबार द्वीप समूह	81.75%
4. अरुणाचल प्रदेश	79.33%

न्यूनतम वनावरण क्षेत्रफल वाले केन्द्र शासित प्रदेश (2021)

केन्द्र शासित प्रदेश	क्षेत्रफल	कुल क्षेत्रफल का %
1. दमन व दीव	22.77 वर्ग किमी.	18.46%
2. चण्डीगढ़	22.03 वर्ग किमी.	20.07%
3. लक्षद्वीप	27.10 वर्ग किमी.	90.33%
4. पुडुचेरी	53.30 वर्ग किमी.	10.88%
5. दिल्ली	195 वर्ग किमी.	13.5%

क्षेत्रफल के अनुसार वनावरण की स्थिति

राज्य	क्षेत्रफल	कुल वन क्षेत्र
1. मध्य प्रदेश	77,493 वर्ग किमी.	25.14%
2. अरुणाचल प्रदेश	66,431 वर्ग किमी.	79.33%
3. छत्तीसगढ़	55,717 वर्ग किमी.	41.21%
4. ओडिशा	52,156 वर्ग किमी.	33.50%

ISFR-2021 के प्रमुख तथ्य

1. भौगोलिक क्षेत्रफल में वनों और वृक्षावरण का हिस्सा	8,09,537 वर्ग किमी. (24.62%)
2. भौगोलिक क्षेत्रफल में वनों का हिस्सा	7,13,789 वर्ग किमी. (21.71%)
3. भौगोलिक क्षेत्रफल में वृक्षावरण का हिस्सा	95.748 वर्ग किमी. (2.91%)
4. वनों से आच्छादित क्षेत्रफल में वृद्धि	1,540 वर्ग किमी.
5. वृक्षों से आच्छादित क्षेत्रफल में वृद्धि	721 वर्ग किमी.
6. वनावरण और वृक्षावरण क्षेत्रफल में कुल वृद्धि	2,261 वर्ग किमी.

अंतर्राष्ट्रीय वन दिवस-2021-22

संयुक्त राष्ट्र महासभा द्वारा **वर्ष 2013** से प्रतिवर्ष **21 मार्च** को अंतर्राष्ट्रीय वन दिवस मनाया जाता है। वर्ष **2022** में इस दिवस का केन्द्रीय विषय था- **वन और टिकाऊ उत्पादन एवं खपत** (Forest & sustainable production & consumption)। इसका उद्देश्य वन प्रबंधन और जैव विविधता संरक्षण के लक्ष्यों को प्राप्त करना है।

वन क्षेत्रफल में वृद्धि वाले शीर्ष राज्य (2019-21)

राज्य	क्षेत्रफल में वृद्धि
1. आंध्र प्रदेश	647 वर्ग किमी.
2. तेलंगाना	632 वर्ग किमी.
3. ओडिशा	537 वर्ग किमी.

क्षेत्रफल के अनुसार मैंग्रोव वनों की स्थिति

राज्य	क्षेत्रफल
1. पश्चिम बंगाल	2,114 वर्ग किमी.
2. गुजरात	1175 वर्ग किमी.
3. अंडमान-निकोबार द्वीप समूह	616 वर्ग किमी.

केन्द्रशासित प्रदेश और उससे सम्बंधित तथ्य					
केन्द्रशासित प्रदेश	स्थापना	राजधानी	क्षेत्रफल वर्ग किमी.	कुल जिले	मुख्य भाषाएँ
1. अंडमान एवं निकोबार द्वीप समूह	1 नवम्बर, 1956	पोर्ट ब्लेयर	8,249	3	हिन्दी, अंडमानी, निकोबारी, बांग्ला, तमिल, मलयालम, तेलुगू
2. चंडीगढ़	1 नवम्बर, 1966	चंडीगढ़	1,14	1	हिन्दी, पंजाबी, अँग्रेजी
3. दादरा व नगर हवेली तथा दमन व दीव	26 जनवरी, 2020	दमन	603	3	गुजराती, हिन्दी
4. लक्षद्वीप	1 नवम्बर, 1956	कवारत्ती	32	1	जैसरी, माहल, मलयालम
5. दिल्ली	1 नवम्बर, 1956	दिल्ली	1,483	11	हिन्दी, पंजाबी, उर्दू, अँग्रेजी
6. पुदुचेरी	1 नवम्बर, 1954	पुदुचेरी	492	4	तमिल, अंग्रेजी, तेलुगू, मलयालम, फ्रेंच
7. जम्मू-कश्मीर	31 अक्टूबर, 2019	श्रीनगर/जम्मू	54,624	22	उर्दू, डोगरी, कश्मीरी हिन्दी अंग्रेजी
8. लद्दाख	31 अक्टूबर, 2019	लेह	1,68,055	2	लद्दाखी, उर्दू, अँग्रेजी

- भारतीय राज्यों में किसे **भारत का कोहिनूर** (Diamond of India) कहा जाता है? –**आंध्र प्रदेश**

> फ्रांसीसी वास्तुकार **ली कॉर्बूजियर** द्वारा डिजाइन किया गया **चंडीगढ़** शहर **आधुनिक स्थापत्य कला** तथा **नगर नियोजन** के लिये प्रसिद्ध है।

- **क्षेत्रफल** के अनुसार में भारत के तीन सबसे बड़े राज्य क्रमश: कौन से हैं? –**राजस्थान, मध्य प्रदेश** एवं **महाराष्ट्र**
- भारत में जनसंख्या के अनुसार, **तीसरा** तथा क्षेत्रफल की दृष्टि से **बारहवाँ** बड़ा राज्य है? –**बिहार**
- **असम** की सीमा **कितने राज्यों को स्पर्श** करती है? –**सात**

> 1. अरुणाचल प्रदेश 2. नागालैण्ड 3. मणिपुर 4. मिजोरम
> 5. पश्चिम बंगाल 6. मेघालय 7. त्रिपुरा

- **पाट अंचल** (Pat Region) अवस्थित है –**झारखण्ड में**
- **2011 की जनगणना** के अनुसार, उत्तर प्रदेश के किस जिले में जनसंख्या घनत्व सबसे अधिक है? –**गाजियाबाद**
- **क्षेत्रफल** की दृष्टि से **सबसे छोटा** राज्य है? –**गोवा**
- **जनसंख्या की दृष्टि** से, भारत का सबसे बड़ा **संघ राज्य** (Union Territory) कौन सा है। –**दिल्ली**
- भारत के किस राज्य में **सबसे अधिक** जिले हैं? –**उत्तर प्रदेश** (75)
- केरल की सीमा किन राज्यों को स्पर्श करती है? –**कर्नाटक** एवं **तमिलनाडु**

> वर्तमान में **राज्यों** की संख्या **28** तथा **केन्द्रशासित प्रदेशों** की संख्या **8** है।

- छत्तीसगढ़ की सीमाएँ कितने राज्यों को स्पर्श करती है? –**सात**

> 1. मध्य प्रदेश 2. उत्तर प्रदेश 3. झारखण्ड 4. ओडिशा
> 5. महाराष्ट्र 6. आंध्र प्रदेश 7. तेलंगाना

- दिल्ली को **केन्द्रशासित प्रदेश** का दर्जा किस वर्ष प्रदान किया गया था? –**वर्ष 1956 में**
- देश का **प्रथम डिजिटल राज्य** कौन सा है? –**केरल**
- **हिमाचल प्रदेश** की **ग्रीष्मकालीन राजधानी** कहाँ है? –**शिमला**
- भारत के कितने राज्य एवं केन्द्रशासित प्रदेश अंतर्राष्ट्रीय सीमाएँ साझा करते हैं? –**18**
- जम्मू-कश्मीर राज्य का पुनर्गठन कब किया गया? –**31 अक्टूबर 2019** (प्रभावी तिथि)
- दादरा व नगर हवेली तथा दमन व दीव का विलय करके किस नए केन्द्रशासित प्रदेश का गठन किया गया है? –**दादरा व नगर हवेली तथा दमन व दीव**

> **2 अप्रैल, 1970** को **मेघालय** राज्य का गठन **असम** के अंतर्गत एक **स्वायत्तशासी राज्य** (Autonomous State) के रूप में किया गया था।

भारत के प्रमुख अनुसंधान केन्द्र (Important Research Centres of India)

- **भारत का प्रथम अंटार्कटिका शोध केन्द्र** (Antarctic Research Station) का नाम क्या है? –**दक्षिण गंगोत्री** (वर्ष 1984 में स्थापित)

> **वर्ष 1989** में **अंटार्कटिका महाद्वीप** पर भारत ने अपना **दूसरा** वैज्ञानिक शोध केन्द्र **मैत्री** स्थापित किया था।

- अंटार्कटिका में **तीसरे भारतीय शोध केन्द्र** की स्थापना किस नाम से की गयी है? –**भारती** (वर्ष 2012)
- **भारतीय चावल शोध संस्थान** (Indian Rice Research Institute) कहाँ स्थित है? –**कटक** (ओडिशा)
- **राष्ट्रीय डेयरी अनुसंधान संस्थान** (National Dairy Research Institute) कहाँ स्थित है? –**करनाल** (हरियाणा)
- **भारतीय दलहन अनुसंधान संस्थान** (Indian Institute of Pulses Research) कहाँ स्थित है? –**कानपुर**

> **सेन्ट्रल फूड टेक्नॉलोजिकल रिसर्च इंस्टीट्यूट** (Central Food Technological Research Institute) **मैसूर** में स्थित है।

- **राष्ट्रीय दुग्ध विकास परिषद्** (National Dairy Development Board) कहाँ स्थित है? –**आनंद** (गुजरात) में
- **राष्ट्रीय कृषि अनुसंधान प्रबंधन अकादमी** (National Agriculture Research Management Academy) कहाँ स्थित है –**हैदराबाद** (तेलंगाना)
- **उद्यान एवं वानिकी विश्वविद्यालय** (University of Horticulture and Forestry) स्थित है? –**सोलन** (हिमाचल प्रदेश)
- **शस्य वानिकी** (Cropping Forestry) **राष्ट्रीय शोध केन्द्र कहाँ** अवस्थित है? –**झाँसी** (उत्तर प्रदेश)

> **कृषि** में प्रयोग होने वाले **औजारों** और **मशीनों** पर **शोध** एवं **विकास कार्य** से सम्बंधित **सेन्ट्रल इन्स्टीट्यूट ऑफ इंजीनियरिंग, भोपाल** में स्थापित है।

- **केन्द्रीय शुष्क क्षेत्र अनुसंधान संस्थान** (Central Arid Zone Research Station) कहाँ स्थित है? –**हैदराबाद** (तेलंगाना)
- **केन्द्रीय उपोष्ण बागवानी संस्थान** (Central Institute for Subtropical Horticulture) कहाँ स्थित है? –**लखनऊ** (उत्तर प्रदेश)
- **भारतीय हीरा संस्थान** (Indian Diamond Institute) कहाँ स्थापित है? –**सूरत** (गुजरात)

> **राष्ट्रीय वनस्पति अनुसंधान संस्थान** (National Botanical Research Institute) **लखनऊ** में अवस्थित है।

- **केन्द्रीय खनन अनुसंधान संस्थान** (Central Mining Research Institute) कहाँ स्थित है? –**धनबाद** (झारखण्ड)
- **इण्डियन ब्यूरो ऑफ माइंस** (Indian Bureau of Mines) का मुख्यालय कहाँ अवस्थित है –**नागपुर** (महाराष्ट्र)

भारत के प्रमुख संस्थान (Important Institutes of India)

केंद्रीय खाद्य प्रौद्योगिकी अनुसंधान संस्थान	मैसूर	भारतीय भू-चुंबकीय संस्थान	मुंबई
केंद्रीय भवन निर्माण अनुसंधान	रुड़की	भारतीय खगोल संस्थान	बंगलुरु
केंद्रीय काँच तथा मृत्तिका अनुसंधान संस्थान	कोलकाता	राष्ट्रीय समुद्र विज्ञान संस्थान	पणजी
केंद्रीय यांत्रिक इंजीनियरिंग अनुसंधान संस्थान	दुर्गापुर	डीजल लोकोमोटिव वर्क्स	वाराणसी
भारतीय पुरातात्त्विक सर्वेक्षण	नई दिल्ली	केंद्रीय सड़क अनुसंधान संस्थान	नई दिल्ली
भारतीय राष्ट्रीय राजमार्ग प्राधिकरण	नई दिल्ली	केंद्रीय चमड़ा अनुसंधान संस्थान	चेन्नई
राष्ट्रीय भू-भौतिकी अनुसंधान संस्थान	हैदराबाद	केंद्रीय औषधि अनुसंधान संस्थान	लखनऊ
दृष्टि विकलाँग हेतु राष्ट्रीय संस्थान	देहरादून	भारतीय मौसम विज्ञान संस्थान	नई दिल्ली
पारिस्थितिकी विज्ञान केंद्र	बंगलुरु	कपड़ा उद्योग अनुसंधान संस्थान	अहमदाबाद
केंद्रीय वन अनुसंधान संस्थान	देहरादून	अखिल भारतीय आयुर्विज्ञान संस्थान	नई दिल्ली
भारतीय लौह अनुसंधान संस्थान	राँची	टाटा इंस्टीट्यूट ऑफ फंडामेंटल रिसर्च	मुंबई
केंद्रीय खनन एवं ईंधन अनुसंधान केंद्र	धनबाद	भारतीय सुरक्षा प्रेस	नासिक
भारतीय सर्वेक्षण विभाग	देहरादून	उच्च अक्षांश अनुसंधान प्रयोगशाला	गुलमर्ग
भारतीय मौसम वेधशाला	पुणे	राष्ट्रीय पर्यावरण अभियांत्रिकी अनुसंधान संस्थान	नागपुर

> **केंद्रीय नमक व समुद्री रसायन अनुसंधान संस्थान** (Central Salt and Marine Chemicals Research Institute) **भावनगर** (गुजरात) में स्थित है।

प्राकृतिक आपदा एवं प्रबंधन (Natural Disaster and Management)

- भारत को कितने भूकम्पीय जोखिम क्षेत्रों (Seismic Risk Zones) में विभाजित किया गया है? —चार
- भारत का कौन सा क्षेत्र उच्च तीव्रता की भूकम्पीय मेखला में नहीं आता है? —कर्नाटक पठार

देश के भूकंपीय क्षेत्र का नया वर्गीकरण			
जोन	तीव्रता (mm)	क्षेत्र	कुल क्षेत्र का %
जोन-V (अत्यधिक तीव्र)	9 या अधिक	उत्तरी-पूर्वी भारत, जम्मू-कश्मीर, लद्दाख, हिमाचल प्रदेश, उत्तराखण्ड, कच्छ का रण, उत्तरी बिहार का कुछ भाग, अण्डमान-निकोबार द्वीप समूह।	12%
जोन-IV (अति तीव्र)	8	जम्मू-कश्मीर, लद्दाख, हिमाचल प्रदेश के कुछ क्षेत्र, सिक्किम, उत्तर प्रदेश के उत्तरी क्षेत्र, गंगा-यमुना दोआब, बिहार, पश्चिमी तट से जुड़ा महाराष्ट्र का क्षेत्र, राजस्थान का पश्चिमी भाग, दिल्ली	18%
जोन-III (मध्यम तीव्रता)	7	केरल, गोवा, गुजरात, उत्तर प्रदेश, पश्चिम बंगाल, पंजाब का कुछ भाग, राजस्थान, मध्य प्रदेश, बिहार, झारखण्ड, छत्तीसगढ़, महाराष्ट्र, ओडिशा, आंध्र प्रदेश, तमिलनाडु व कर्नाटक।	27%
जोन-II (कम तीव्रता)	6 या कम	देश का शेष 46% हिस्सा	43%

- उत्तर प्रदेश का कौन सा क्षेत्र सर्वाधिक बाढ़ प्रभावित है? —पूर्वी क्षेत्र
- भारत के किस क्षेत्र में शीतकाल में सर्वाधिक वर्षा होती है? —कोरोमंडल तट पर

> भारत में बाढ़ क्षेत्रों के अन्तर्गत निम्न गंगा मैदान, ब्रह्मपुत्र घाटी मैदान, महानदी, कृष्णा, गोदावरी एवं कावेरी नदियों के डेल्टाई क्षेत्र आदि आते हैं।

- भारत के सबसे अधिक बाढ़ग्रस्त राज्य कौन से है? —बिहार एवं असम
- ज्वालामुखी उद्गार से कौन-कौन से पदार्थ निकलते हैं —लावा, राख, जलवाष्प व गैस

भारत के प्रमुख ज्वालामुखी	
• भारत के अण्डमान द्वीपीय क्षेत्र में निम्न ज्वालामुखी पाए जाते हैं-	
1. बैरेन	: अण्डमान सागर स्थित यह ज्वालामुखी दक्षिण एशिया का एकमात्र सक्रिय ज्वालामुखी है।
2. नारकोंडम	: यह भी अण्डमान सागर में स्थित एक प्रसुप्त ज्वालामुखी है।
3. बारातंग	: यह शांत श्रेणी का एक प्रकार का कीचड़युक्त ज्वालामुखी है।

- भारतीय भू-सर्वेक्षण का मुख्यालय कहाँ स्थित है? —कोलकाता
- देश के प्रथम आपदा प्रबन्धन प्रशिक्षण संस्थान की स्थापना कहाँ की गयी? —लातूर (महाराष्ट्र)
- भारत में सुनामी चेतावनी केन्द्र (Tsunami Warning Centre) अवस्थित है? —हैदराबाद

> वर्ष 2007 से भारत ने हिन्द महासागर में विश्व की सबसे आधुनिक सुनामी चेतावनी प्रणाली प्रारम्भ कर दी है।

- दिसंबर, 1984 में हुए भोपाल गैस त्रासदी के लिए उत्तरदायी गैस कौन सी थी? —मिथाइल आइसोसायनाइड्स

विभिन्न आपदाओं के प्रबंधन के लिए नोडल मंत्रालय	
आपदा/संकट	नोडल मंत्रालय
• प्राकृतिक व मानव निर्मित आपदाएँ	गृह मंत्रालय
• सूखा	कृषि मंत्रालय
• विमान दुर्घटनाएँ	नागर विमानन मंत्रालय
• रेल दुर्घटनाएँ	रेल मंत्रालय
• रासायनिक आपदाएँ	पर्यावरण मंत्रालय
• जैविक आपदाएँ	स्वास्थ्य मंत्रालय
• नाभिकीय दुर्घटनाएँ	परमाणु ऊर्जा विभाग

> भारतीय वन प्रबंधन संस्थान (Indian Institute of Forest Management- IIFM) की स्थापना वर्ष 1982 में भोपाल में की गई थी।

विविध (Miscellaneous)

- कौन सी नदी हिमालय की **तीनों श्रेणियों** से होकर प्रवाहित होती है? **–सतलज**
- भारत में किन शैल तंत्रों में सर्वाधिक **लौह अयस्क** पाया जाते हैं? **–धारवाड़ तंत्र**

> **एग्मार्क** (Agmark) खाद्य उत्पादों का **गुणवत्ता मानक** है।

- छत्तीसगढ़ का **राज्य पशु** (State Animal) क्या है? **–जंगली भैंसा**
- **दि हिमालयन माउन्टेनियरिंग इंस्टीट्यूट** (The Himalayan Mountaineering Institute) कहाँ स्थित है? **–दार्जिलिंग** (पश्चिम बंगाल)
- **डायमण्ड हार्बर** (Diamond Harbour) तथा **साल्ट लेक सिटी** (Salt Lake City) कहाँ अवस्थित है? **–कोलकाता में**
- भारत में **लवणीय मृदा** (Saline Soil) का सर्वाधिक क्षेत्रफल कहाँ है? **–गुजरात में**

> **मणिपुर** की **लोकटक झील** में **गाद** व **वनस्पति** से बने **तैरते हुए द्वीपों** (Floating Island) को **स्थानीय भाषा** में **फुमडिस** कहते हैं।

- **दक्षिण एशिया** में सर्वाधिक **वृद्ध** जनसंख्या वाला आदिवासी समूह कौन सा है? **–गोंड**
- भारत में स्थापित प्रथम **परमाणु रिएक्टर** (Nuclear Reactor) का क्या नाम है? **–अप्सरा**
- देश का सर्वाधिक जनसंख्या वाला जिला कौन सा है? **–थाणे**

> **छत्तीसगढ़** में **सबसे कम वन क्षेत्र** वाला जिला **जांजगीरचाम्पा** है, जबकि **सर्वाधिक वन क्षेत्र** वाला जिला **सरगुजा** है।

- **नीरी** (National Environmental Engineering Research Institute-NEERI) कहाँ स्थित है? **–नागपुर में**
- दक्षिण भारत की नदियाँ प्रमुख रूप से किस प्रकार के **अपवाह तंत्र** निर्माण करती हैं? **–वृक्षाकार अपवाह तंत्र**

> **इन्द्रावती** की प्रमुख सहायक नदियाँ **नन्दीराज, नारंगी, कोटरी** एवं **निंब्रा** हैं।

- **गन्ना** (Sugarcane) उत्पादन में राज्यों का सही अवरोही क्रम क्या है? **–उत्तर प्रदेश, महाराष्ट्र, कर्नाटक** एवं **तमिलनाडु**
- **दलहन** (Pulse) का सर्वाधिक उत्पादन किस राज्य में होता है? **–मध्य प्रदेश**
- **इन्दिरा सागर बाँध** किस नदी पर स्थित है? **–नर्मदा**
- **विश्व मृदा दिवस** कब मनाया जाता है? **–5 दिसम्बर**
- भारत में सर्वप्रथम किस **राष्ट्रीय उद्यान** (National Park) की स्थापना की गई थी? **–जिमकार्बेट राष्ट्रीय उद्यान** (उत्तराखण्ड)
- भारत के किस शहर को **गुलाबी शहर** (Pink City) के नाम से जाना जाता है? **–जयपुर**
- भारत में **सिलिकॉन वैली** (Silicon Valley) स्थित है? **–बंगलुरू में**

> विश्व का पहला पूर्ण जैविक राज्य **सिक्किम** है। **स्वच्छ भारत अभियान** के अंतर्गत इसे **खुले में शौच मुक्त** (ODF) पहला राज्य भी घोषित किया गया है।

- भारत के किस राज्य को **सिलिकॉन स्टेट** (Silicon State) के नाम से जाना जाता है? **–कर्नाटक**
- छत्तीसगढ़ में **जूट उद्योग** (Jute Industry) किस स्थान पर है? **–रायगढ़**
- उत्तर प्रदेश में **शस्य जलवायु क्षेत्रों** (Agroclimatic Zones) की संख्या कितनी है? **–9**
- **छत्तीसगढ़** के किस जिले में **टिन** (Tin) की खदानें हैं? **–दन्तेवाड़ा**
- **जंगल महल** क्षेत्र कहाँ स्थित है? **–पश्चिम बंगाल में**
- भारत में **हिन्दी के पश्चात्** कौन सी भाषा **सबसे अधिक** बोली जाती है? **–बांग्ला**
- **खासी** किस भाषा समूह से सम्बंधित है? **–ऑस्ट्रिक**

> **छोटा नागपुर पठार** का सर्वाधिक सघन बसावट जिला **धनबाद खनन उद्योग के विकास तथा औद्योगीकरण के लिए** के लिए प्रसिद्ध है।

- भारत का प्रमुख **जिप्सम** (Gypsum) उत्पादक राज्य कौन सा है? **–राजस्थान**

राज्य	एनसीआर में शामिल जिले
हरियाणा	गुरुग्राम, फरीदाबाद, पलवल, पानीपत, रोहतक, सोनीपत, रेवाड़ी, झज्जर, भिवानी, महेंद्रगढ़, चरखी-दादरी, नूह, जींद एवं करनाल
उत्तर प्रदेश	गजियाबाद, गौतमबुद्ध नगर (नोएडा एवं ग्रेटर नोएडा), मेरठ, बागपत, बुलंदशहर, हापुड़ और मुजफ्फरगनर, शामली
राजस्थान	अलवर, भरतपुर

> **वर्ष 1960** में, **भारत** के **प्रथम कृषि विश्वविद्यालय** की स्थापना **पंतनगर** (उत्तराखण्ड) में की गयी थी।

विश्व का भूगोल
(World Geography)

ब्रह्माण्ड और सौरमण्डल (Universe and Solar System)

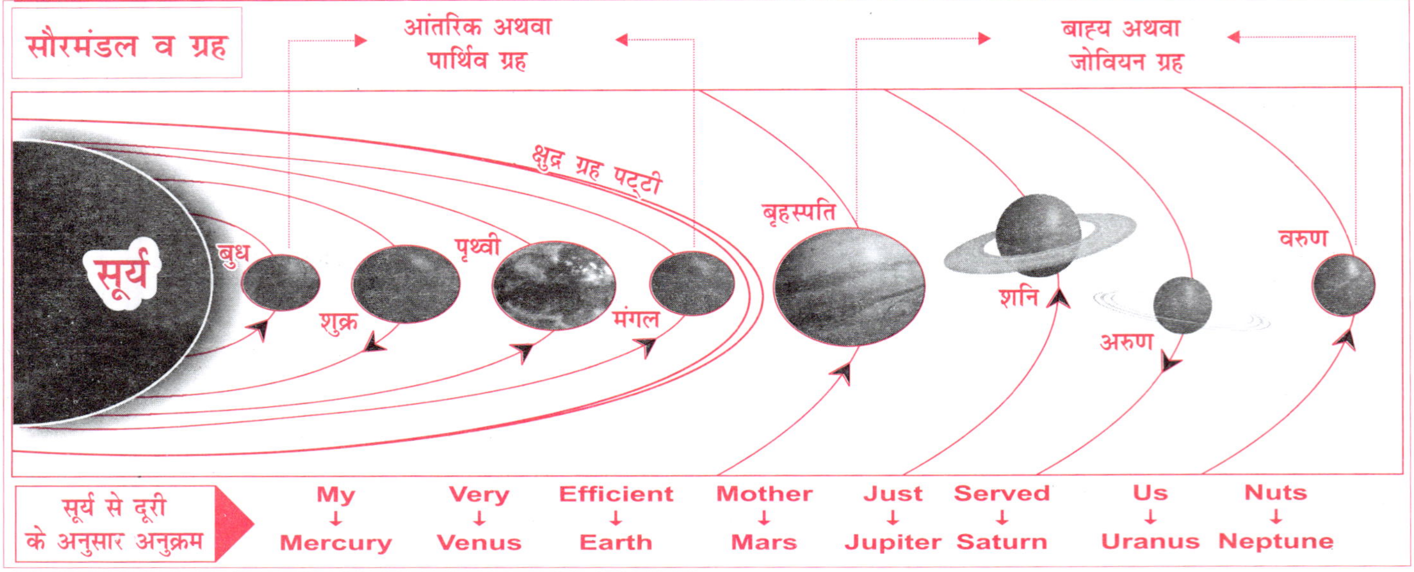

बिग बैंग सिद्धांत के अनुसार, लगभग 13.8 अरब वर्ष पूर्व वर्तमान ब्रह्माण्ड एक अत्यधिक सघन एवं अत्यधिक उच्च तापमान वाले एकल सूक्ष्म पिण्ड अथवा बिन्दु के रूप में था, जिसे सिंगुलैरिटी (Singularity) कहा गया। इस पिण्ड में एक महाविस्फोट के पश्चात ब्रह्माण्ड का प्रसार प्रारम्भ हुआ जो अनवरत जारी है।

- महाविस्फोट सिद्धान्त (Big-Bang Theory) किससे सम्बंधित है? -ब्रह्माण्ड की उत्पत्ति से
- तारों का रंग किसका सूचक है? -उसके ताप का
- पृथ्वी के सर्वाधिक निकट का तारा कौन सा है? -सूर्य
- हमारी आकाशगंगा (Galaxy) दुग्ध मेखला किस आकार की है? -अंडाकार/सर्पिलाकार (Spiral)
- आधुनिक खगोलशास्त्र का जनक किसे कहा जाता है? -कॉपरनिकस
- पृथ्वी गोलाकार है, यह सर्वप्रथम किसने कहा था? -पाइथागोरस ने
- मंदाकिनी का सबसे चमकीले एवं ठण्डे तारों का क्षेत्र कौन सा है? -ओरियन नेबुला
- तारों की आयु किस आधार पर ज्ञात की जाती है? -तारों द्वारा मुक्त ऊष्मा के आधार पर

ब्रह्माण्ड से सम्बंधित प्रमुख अवधारणाएँ

खगोलशास्त्री	प्रस्तुत अवधारणा
• क्लॉडियस टॉलमी (मिस्र-यूनान) (Claudius Ptolemy) -140 ई.	इन्होंने सर्वप्रथम भू-केन्द्रित अवधारणा (Geocentric Concept) का प्रतिपादन किया। इस अवधारणा के अनुसार, पृथ्वी ब्रह्माण्ड के केन्द्र में है तथा सूर्य व अन्य ग्रह इसकी परिक्रमा करते हैं।
• निकोलस कॉपरनिकस (पोलैंड) (Nicolaus Copernicus) -1543 ई.	अपनी पुस्तक Commentariolus में सूर्य केन्द्रित अवधारणा (Heliocentric Concept) के अन्तर्गत बताया कि, ब्रह्माण्ड के केन्द्र में पृथ्वी नहीं, अपितु सूर्य है।

महाविस्फोट सिद्धान्त (Big Bang Theory) का प्रतिपादन जॉर्ज लेमैतेयर (Georges Lemaitre) के द्वारा किया गया था।

सूर्य से सम्बंधित कुछ विशिष्ट तथ्य	
• पृथ्वी से न्यूनतम दूरी	– 14.70 करोड़ किमी.
• पृथ्वी से अधिकतम दूरी	– 15.21 करोड़ किमी.
• पृथ्वी से औसत दूरी	– 14.96 करोड़ किमी.
• सूर्य का व्यास	– 13,92,000 किमी.
• आयतन	– पृथ्वी से 13 लाख गुना अधिक
• द्रव्यमान	– पृथ्वी से 3,32,000 गुना अधिक
• तलीय गुरुत्व	– पृथ्वी से 28 गुना
• केन्द्रीय घनत्व	– 150 ग्राम प्रति घन सेमी.
• रासायनिक संघटन	– हाइड्रोजन–71%, हीलियम 26.5%, अन्य तत्व–2.5%
• फोटोस्फियर ताप (सतह का ताप)	– लगभग 6000^0C
• केन्द्र का ताप	– 15 मिलियन डिग्री सेल्सियस
• सूर्य के धब्बों का ताप	– 1500^0C
• ऊर्जा उत्सर्जन	– 10^{26} जूल/सेकेंड (10^{26}J/s)
• केन्द्रीय दबाव	– 1 अरब एटमॉस्फेयर
• अक्ष पर घूर्णन अवधि	– 25.38 दिन (मध्य रेखा के सापेक्ष), 35 दिन (ध्रुवों के सापेक्ष)
• सूर्य की आयु	– 5 बिलियन वर्ष (लगभग)
• सामान्य तारे का संभावित जीवन काल	– 10 बिलियन वर्ष (लगभग)
• सूर्य के प्रकाश की गति	– 3×10^8 m/s (3 लाख किमी./सेकेंड)

◆ हमारी **आकाशगंगा** के केन्द्र की **परिक्रमा** करने में **सूर्य** को **कितना समय** लगता है? –**लगभग 25 करोड़ वर्ष**

◆ **सूर्य की ऊर्जा** किस क्रिया से उत्पन्न होती है?
–**नाभिकीय संलयन** (Nuclear Fusion) **द्वारा**

सूर्य के केन्द्र में उपस्थित सभी पदार्थ **अत्यधिक उच्च तापमान** (लगभग 15 लाख डिग्री सेण्टीग्रेड) के कारण **गैस** और **प्लाज्मा** अवस्था में पाये जाते हैं।

◆ सूर्य से सबसे निकट स्थित तारे **प्रॉक्सिमा सेन्चुरी** की दूरी कितनी है? –**4.24 प्रकाशवर्ष**

◆ पृथ्वी अपने **परिक्रमापथ** (Orbit) में लगभग किस माध्य वेग से सूर्य का चक्कर लगाती है? –**29.9 किमी./सेकेण्ड**

किसी ग्रह का अपने अक्ष पर घूमने को **परिभ्रमण** (Rotation) तथा सूर्य के चारों ओर चक्कर लगाने को **परिक्रमण** (Revolution) कहते हैं।

◆ **दिन-रात** किस कारण होते हैं?
–**पृथ्वी के अपने कक्ष पर घूर्णन के कारण**

◆ **ग्रह** (Planet) क्या हैं?
–**वे अप्रकाशहीन पिण्ड, जो सूर्य के प्रकाश से प्रकाशित होते हैं।**

◆ **पृथ्वी** (Earth) किन ग्रहों के मध्य स्थित है?
–**शुक्र** एवं **मंगल**

◆ आकाश में कितने **तारामण्डल** (Constellations) हैं? **–88**

आकार के अनुसार ग्रहों का अवरोही क्रम			
1. बृहस्पति	2. शनि	3. अरुण	4. वरुण
5. पृथ्वी	6. शुक्र	7. मंगल	8. बुध

आकार एवं **द्रव्यमान** के अनुसार **सबसे बड़ा** ग्रह **बृहस्पति** एवं **सबसे छोटा** ग्रह **बुध** है।

घनत्व के अनुसार ग्रहों का अवरोही क्रम			
1. पृथ्वी	2. बुध	3. शुक्र	4. मंगल
5. वरुण	6. बृहस्पति	7. अरुण	8. शनि

शनि का घनत्व **सबसे कम** एवं **पृथ्वी** का घनत्व **सबसे अधिक** है।

आन्तरिक या पार्थिव (टेरेस्ट्रियल या अधिवासीय) ग्रह			
1. बुध	2. शुक्र	3. पृथ्वी	4. मंगल

बाह्य या बृहस्पतीय (जोवियन) ग्रह			
1. बृहस्पति	2. शनि	3. अरुण	4. वरुण

सूर्य से दूरी के अनुसार ग्रहों का आरोही क्रम			
1. बुध	2. शुक्र	3. पृथ्वी	4. मंगल
5. बृहस्पति	6. शनि	7. अरुण	8. वरुण

सूर्य का निकटतम ग्रह **बुध** एवं **सुदूरतम वरुण** है।

सूर्य के परितः परिक्रमण वेग के अनुसार ग्रहों का आरोही क्रम			
1. बुध	2. शुक्र	3. पृथ्वी	4. मंगल
5. बृहस्पति	6. शनि	7. अरुण	8. वरुण

बुध का **परिक्रमण वेग सबसे कम** तथा **वरुण** का वेग **सर्वाधिक** है।

परिभ्रमण वेग के अनुसार ग्रहों का आरोही क्रम			
1. बृहस्पति	2. शनि	3. अरुण	4. वरुण
5. पृथ्वी	6. मंगल	7. बुध	8. शुक्र

हमारे सौर मण्डल का **99.86% द्रव्यमान** (Mass) सूर्य में निहित है।

पृथ्वी से सम्बंधित विशिष्ट तथ्य

• आकृति	– भूआभ-जियॉड (Geoid)
• अक्षध्रुवीय व्यास	– 12,714 किमी.
• भूमध्यरेखीय व्यास	– 12,756 किमी.
• ध्रुवीय परिधि (घेरा)	– 40,008 किमी.
• विषुवत रेखीय परिधि	– 40,075 किमी.
• द्रव्यमान	– 5.97×10^{24} किग्रा.
• जलीय भाग	– 71%
• स्थलीय भाग	– 29%
• आयतन	– 10.83×10^{11} घन किमी.
• औसत घनत्व	– 5.52 (पानी के घनत्व के सापेक्ष)
• पृथ्वी की अनुमानित आयु	– 4.6 बिलियन वर्ष
• धरातल के क्षेत्रफल	– 51.1 करोड़ वर्ग किमी.
• परिभ्रमण समय	– 23 घंटे 56 मिनट 4 सेकेंड
• परिक्रमण समय	– 365 दिन 5 घंटे 48 मि. 46 से.
• परिक्रमण वेग	– 29.8 किमी./सेकेंड
• परिक्रमण मार्ग की लंबाई	– 96 करोड़ किमी.
• सूर्य से न्यूनतम दूरी	– 14.70 करोड़ किमी.
• सूर्य से अधिकतम दूरी	– 15.21 करोड़ किमी.
• सूर्य से माध्य दूरी	– 14.96 करोड़ किमी.
• सूर्य से पृथ्वी तक प्रकाश पहुँचने में लगने वाला समय	– 8 मिनट, 16 सेकेंड
• चंद्रमा से दूरी	– 3,84,000 किमी.
• समुद्रतल से स्थल की सर्वाधिक ऊँचाई	– 8,848.86 मी. (माउंट एवरेस्ट)
• समुद्रतल से सागर की सर्वाधिक गहराई	– 11,033 मी. (मैरियाना ट्रेंच)

◆ **बृहस्पति** तथा **शनि** पर कौन सी प्रमुख गैसें पायी जाती है?
–हाइड्रोजन (H_2), **हीलियम** (He) तथा **मीथेन** (CH_4)

◆ **हीरक वलय** (Diamond Ring) का दृश्य कब देखा जा सकता है? **–पूर्ण सूर्यग्रहण के समय सूर्य की परिधि पर**

यदि **सूर्य** और **पृथ्वी** के मध्य की दूरी **एक चौथाई कम** हो जाए, तो **हमारे वर्ष की अवधि कम** हो जाने की सबसे अधिक सम्भावना होगी।

◆ वे दो ग्रह जिनके कोई **उपग्रह** (Satellite) नहीं हैं **–बुध** व **शुक्र**

◆ जब **दिन और रात** की **अवधि बराबर** होती है तो **सूर्य की किरणें सीधी** पड़ती हैं **–भूमध्य रेखा पर**

◆ **हेल-बॉप** तथा **हैली** क्या हैं? **–पुच्छलतारा** (Comet)

ग्रहों से सम्बंधित महत्वपूर्ण तथ्य

• सूर्य से निकटतम ग्रह	**बुध**
• पृथ्वी से निकटतम ग्रह	**शुक्र**
• सर्वाधिक गर्म ग्रह	**शुक्र**
• सूर्य से सर्वाधिक दूर स्थित ग्रह	**वरुण**
• सबसे बड़ा ग्रह	**बृहस्पति**
• सबसे छोटा ग्रह	**बुध**
• सर्वाधिक घनत्व वाला ग्रह	**पृथ्वी**
• सर्वाधिक चमकीला ग्रह	**शुक्र**
• लाल ग्रह (Red Planet)	**मंगल**
• भोर का तारा (Morning Star)	**शुक्र**
• शाम का तारा (Evening star)	**शुक्र**
• पृथ्वी का जुड़वा ग्रह/ बहन	**शुक्र**
• छल्लेवाला ग्रह (वलययुक्त)	**बृहस्पति, शनि, अरुण व वरूण**
• सबसे लम्बे वर्ष वाला ग्रह	**वरुण**
• सबसे छोटे वर्ष वाला ग्रह	**बुध**
• सर्वाधिक तापांतर वाला ग्रह	**बुध**
• सर्वाधिक उपग्रहों वाला ग्रह	**शनि**
• हरे रंग का दिखाई देने वाला ग्रह	**अरुण**
• धुरी पर सर्वाधिक तीव्र परिभ्रमण गति वाला ग्रह	**बृहस्पति**
• न्यूनतम परिभ्रमण गति वाला ग्रह	**शुक्र**
• समान परिभ्रमण एवं परिक्रमण अवधि वाला ग्रह	**शुक्र**
• पृथ्वी के समान अवधि के दिन वाला ग्रह	**मंगल**
• पृथ्वी के समान अक्षीय झुकाव वाला ग्रह	**मंगल**
• पृथ्वी के समान परिभ्रमण अवधि वाला ग्रह	**मंगल**
• पूर्व से पश्चिम की ओर परिभ्रमण वाला ग्रह	**शुक्र** व **अरुण**
• उत्तर से दक्षिण की ओर परिभ्रमण वाला ग्रह	**अरुण**
• सर्वाधिक तीव्र गति से परिक्रमा करने वाला ग्रह	**बुध**
• न्यूनतम गति से परिक्रमा करने वाला ग्रह	**वरुण**
• वे ग्रह जिस पर सूर्योदय पश्चिम दिशा में होता है	**शुक्र** व **अरुण**

उत्तरी ध्रुव (North Pole) की खोज **रॉबर्ट पियरे** ने की तथा **दक्षिणी ध्रुव** (South Pole) की खोज **एमंडसेन** द्वारा की गयी।

- जीवन युक्त होने के कारण पृथ्वी को किस अन्य नाम से भी जाना जाता है? –हरित ग्रह (Green Planet)
- बृहस्पति का वलय (Ring) किस पदार्थ से निर्मित होता है? –सिलिकेट का
- जब एक महीने में दो पूर्णिमा हों तो दूसरी पूर्णिमा वाले चाँद को क्या कहते हैं। –ब्लू मून (Blue Moon)
- टाइटन किस ग्रह का सबसे बड़ा उपग्रह (Satellite) है –शनि का
- अरुण (Uranus), को सूर्य की एक परिक्रमा करने में लगभग कितना समय लगता है? –84 वर्ष

> शनि (Saturn), सूर्य की एक परिक्रमा पूरा करने में लगभग 29.5 वर्ष का समय लेता है।

- सूर्य का जुड़वा तारा किसे कहते हैं? –नेमेसिस (Nemesis)
- किस ग्रह के दिन का मान (अवधि) और उसके अक्ष का झुकाव लगभग पृथ्वी के दिन के मान और झुकाव के समतुल्य है, यह कथन किस ग्रह के सम्बंध में सही है? –मंगल ग्रह के
- 1610 ई. में बृहस्पति (Jupiter) के उपग्रहों की खोज किस वैज्ञानिक ने की थी? –गैलीलियो
- वे ग्रह जिनके चारों ओर वलय (Ring) होते हैं? –बृहस्पति, शनि, अरुण एवं वरुण
- सबसे बड़ा और चमकीला क्षुद्र ग्रह (Asteroid) कौन सा है? –सेरेस
- सौर परिवार का दूसरा सबसे बड़ा उपग्रह कौन सा है? –टाइटन

> पूर्ण सूर्यग्रहण केवल सीमित भू-क्षेत्र में ही दिखाई पड़ता है, क्योंकि पृथ्वी के अनुप्रस्थ परिच्छेद की तुलना में पृथ्वी पर पड़ने वाली चन्द्रमा की छाया का आकार छोटा होता है।

- सूर्य के प्रकाशमंडल (Photosphere) का तापमान कितना है? –लगभग 6,000°C
- चन्द्रग्रहण (Lunar Eclipse) कब होता है?–केवल पूर्णिमा को
- शांति का सागर (Sea of Tranquility) किस उपग्रह पर स्थित है? –चन्द्रमा पर
- फोबोस एवं डीमोस किसके उपग्रह हैं? –मंगल

> मंगल पर जीवन की उपस्थिति के लिए बर्फ छत्रकों (Ice Sheets) और हिमशीतित जल की उपस्थिति अवस्था सबसे अनुकूल है।

- चन्द्रमा के धरातल पर दो व्यक्ति एक दूसरे की बात क्यों नहीं सुन सकते हैं?–चन्द्रमा पर वायुमण्डल के अभाव के कारण
- जब अर्द्ध चन्द्र (Half Moon) होता है, तो सूर्य, पृथ्वी तथा चन्द्रमा के मध्य का कोण होता है –90°
- कृष्ण विवर (Black Hole) अंतरिक्ष में एक पिंड है, जो किसी भी प्रकार के विकिरण (Radiation) को बाहर नहीं आने देता। इसका क्या कारण है? – उच्चतम घनत्व

> जब किसी वस्तु को पृथ्वी से चन्द्रमा पर ले जाया जाता है तो उसका भार घट कर 1/6 भाग हो जाता है।

- तारों के नष्ट होने के लिए कौन सी अकाशीय परिघटना उत्तरदायी है? –कृष्ण विवर/ कृष्ण छिद्र
- कृष्ण छिद्र सिद्धान्त (Black Hole Theory) को प्रतिपादित किया था –एस. चन्द्रशेखर ने
- सबसे चमकीला तारा कौन सा है? –साइरस या डॉगस्टार
- सूर्यग्रहण (Solar Eclipse) कब होता है? –केवल अमावस्या के दिन
- एक निश्चित आकृति में व्यवस्थित तारों का समूह क्या कहलाता है? –नक्षत्र (Asterism)
- ब्रह्मांड में सबसे दूर स्थित तारा कौन सा है?–इकारस (Icarus)
- तारों के मध्य दूरी ज्ञात करने की इकाई कौन सी है? –प्रकाशवर्ष

> पृथ्वी के परितः घूमने वाले कृत्रिम उपग्रह से बाहर गिराई गई गेंद पृथ्वी के परितः उपग्रह के समान आवर्तकाल के साथ उसी की कक्षा में घूमती रहेगी।

- ध्रुव तारा (Pole Star or North Star) किस तारामण्डल की ओर संकेत करते हैं? –सप्तऋषि तारामण्डल (Ursa Major or Great Bear)
- मंगल और बृहस्पति की कक्षाओं के मध्य सूर्य की परिक्रमा करने वाले आकाशीय पिण्ड को क्या कहते हैं? –क्षुद्र ग्रह (Asteroids)
- उल्का (Meteor) को कहते हैं– –टूटता हुआ तारा (Shooting Star)

ग्रह	उपग्रहों की सं.	ग्रह	उपग्रहों की सं.
• पृथ्वी	1	• शनि	82
• मंगल	2	• अरुण	27
• बृहस्पति	79	• वरुण	14

> वर्ष 1984 में, बी. गार्डिनर, जोसफ फारमेन तथा जे. शंकलीन द्वारा ओजोन छिद्र (Ozone Hole) की खोज की गई थी।

पृथ्वी की गतियाँ तथा अक्षांश एवं देशांतर
(Movements of the Earth and The Latitude and Longitude)

- **विषुव** (Equinox) को सम्पूर्ण विश्व में दिन और रात बराबर होते हैं, ये तिथियाँ कौन सी हैं?–**21 मार्च** और **23 सितंबर**
- वर्ष भर **रात** और **दिन** किस स्थान पर बराबर होते हैं? –**भूमध्य रेखा** (Equator) **पर**
- **कर्क संक्रांति** के समय **उत्तरी गोलार्द्ध** के किस स्थान पर **12 घंटे** का दिन होगा? –**विषुवत रेखा पर**

ऋतु परिवर्तन चक्र

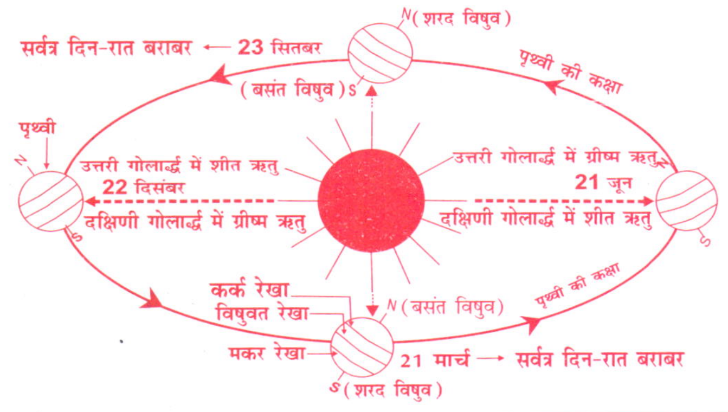

- पृथ्वी का अपने **अक्ष** (Axis) पर झुकाव का कोण कितना है? $-23\frac{1}{2}^{\circ}$
- **उत्तरी गोलार्द्ध** (Northern Hemisphere) में वर्ष का **सबसे छोटा** दिन किस तिथि को होता है? –**22 दिसंबर**
- **उत्तरी गोलार्द्ध** में **सबसे बड़ा** दिन किस तिथि को होता है? –**21 जून**

> **पृथ्वी का सूर्य के चारों ओर चक्कर लगाना तथा अपने अक्ष पर झुका होना** मौसम परिवर्तन का मुख्य कारण माना जाता है।

- **दक्षिणी गोलार्द्ध** (Southern Hemisphere) में **सबसे बड़ा** दिन कब होता है? –**22 दिसम्बर**

उपसौर (Perihelion)
• **पृथ्वी जब सूर्य** से **निकटतम दूरी** पर होती है तो इसे **उपसौर** कहते हैं। ऐसी स्थिति **3 जनवरी** को होती है।
अपसौर (Aphelion)
• **पृथ्वी जब सूर्य** से **अधिकतम दूरी** पर होती है तो इसे **अपसौर** कहते हैं। ऐसी स्थिति **4 जुलाई** को होती है।

- **ग्रीष्म अयनांत** (Summer Solstice) प्रतिवर्ष किस तिथि को होता है? –**21 जून को**
- दोपहर में आप की छाया किस तिथि को **सबसे छोटी** होती है –**21 जून**
- **वार्षिक तापान्तर** (Annual Range of Temperature) किस अक्षांश पर न्यूनतम होता है? –**भूमध्य रेखा** (0°)
- **प्रधान याम्योत्तर** (Prime Meridian) तथा **विषुवत** (Equator) रेखा का **प्रतिच्छेदन बिन्दु** कहाँ अवस्थित है–**अटलांटिक महासागर में**

> शून्य अंश **अक्षांश** (Latitude) तथा शून्य अंश **देशान्तर** (Longitude) **बिन्दु का प्रतिच्छेदन अटलांटिक महासागर में** अवस्थित हैं।

- सूर्योदय की **पहली किरण** भारत के किस **याम्योत्तर** (Meridian) पर दिखाई देती है? –**97°25' पूर्व**
- **अन्तर्राष्ट्रीय दिनांक रेखा** (International Date Line) किस महासागर से गुजरती है –**प्रशान्त महासागर से**
- पृथ्वी की **भूमध्य रेखा** (Equator Line) की कुल लम्बाई कितनी है? –**40,075 किमी.**

> ग्लोब पर **दो स्थानों** के मध्य न्यूनतम दूरी **अन्तर्राष्ट्रीय तिथि रेखा** पर नहीं होती है।

- **कौन सी देशान्तर रेखा प्रधान याम्योत्तर** के साथ मिलकर ग्लोब पर किस वृहत वृत्त का निर्माण करती है? –**180°देशांतर**

महत्वपूर्ण अक्षांश रेखाएँ

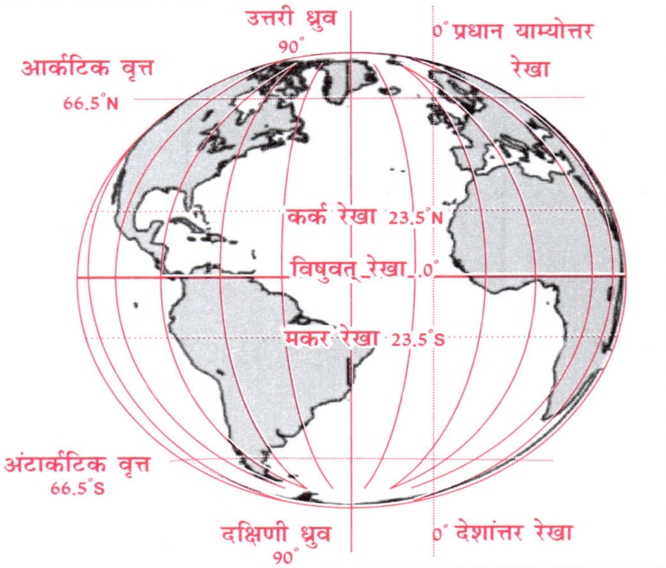

> **0°–5° उत्तर** और **दक्षिण** के मध्य की अक्षांशीय पेटी **शांत अक्षांश** (Quiet Latitude) के नाम से जानी जाती है।

विषुवत् रेखा (Equator) **पर स्थित देश** (13)	
1. साओ टॉम और प्रिंसिप	2. गैबोन
3. कांगो गणराज्य	4. लोकतांत्रिक गणराज्य कांगो
5. युगांडा	6. केन्या
7. सोमालिया	8. मालदीव
9. इंडोनेशिया	10. किरीबाती
11. इक्वेडोर	12. कोलम्बिया
13. ब्राजील	

कर्क रेखा (Tropic of Cancer) **पर स्थित देश** (18)	
1. हवाई द्वीप	2. बहामास
3. मॉरीतानिया	4. अल्जीरिया
5. लीबिया	6. मिस्र
7. भारत	8. म्यांमार
9. ओमान	10. मेक्सिको
11. माली	12. नाइजर
13. चाड	14. सऊदी अरब
15. संयुक्त अरब अमीरात	16. बांग्लादेश
17. चीन	18. ताइवान

मकर रेखा (Tropic of Capricorn) **पर स्थित देश** (12)	
1. ब्राजील	2. पराग्वे
3. अर्जेंटीना	4. चिली
5. फ्रेंच पॉलीनेशिया (फ्रांस)	6. बोत्सवाना
7. ऑस्ट्रेलिया	8. मेडॉगास्कर
9. मोजाम्बिक	10. दक्षिण अफ्रीका
11. टोंगा (Tonga)	12. नामीबिया

- **अंतर्राष्ट्रीय तिथि** रेखा के सबसे निकट कौन सा **जलडमरूमध्य** (Strait) स्थित है? –**बेरिंग जलडमरूमध्य**
- **भूपर्पटी** (Crust) में सर्वाधिक मात्रा में पाया जाने वाला **रासायनिक तत्व** कौन सा है? –**ऑक्सीजन** (46.60%)
- यदि **दो स्थानों** की स्थिति में **90° देशान्तर** का अन्तर है, तब उनके मध्य **कितने घंटे का अंतर** होगा? –**6 घंटे**
- मिस्र के राजधानी **काहिरा** का स्थानीय (मानक) समय ग्रीनविच से **दो घंटा आगे** है, तो वह किस देशान्तर पर स्थित है? –**30° पूर्वी-देशान्तर**
- **अश्व अक्षांश** किसे कहते हैं? –**30°-35° अक्षांश**

> पृथ्वी का आंतरिक भाग **क्रोड** (Core), **निकेल** (Ni) एवं **लौहे** (Fe) से मिलकर बना होता है।

- जब $82\frac{1}{2}^{\circ}$ **पूर्व देशान्तर** पर मध्यान्ह हो तब किस देशान्तर रेखा पर सुबह के **6:30** बजे होंगे? –**0° देशांतर पर**
- **भूमध्य रेखा**, **कर्क रेखा** और **मकर रेखा** तीनों किस एक महाद्वीप से होकर गुजरती हैं? –**अफ्रीका**
- **पृथ्वी की उत्पत्ति गैसों** और **धूल** के कणों से हुई है, यह किस विद्वान ने कहा है? –**ओ. श्मिड**
- **पृथ्वी की आयु निर्धारित करने** में किस विधि का प्रयोग करते हैं? –**यूरेनियम डेटिंग विधि** (Uranium Dating Method)
- जीवाश्मीय साक्ष्यों के आधार पर **पृथ्वी पर जीवन की उत्पत्ति** कब मानी जाती है? –**3.5 मिलियन वर्ष पूर्व**

> यदि किसी स्थान पर सुबह के **6:00** बजे हैं तथा उसी समय **ग्रीनविच माध्य समय** (G.M.T) **3:00** बजे प्रातः है, तो उस स्थान की **देशान्तर रेखा 45° पूर्व** होगी।

- **विश्व** को कितने **समय कटिबन्धों** में विभाजित किया गया है– –**24 समय कटिबन्ध**
- ग्लोब पर **उत्तरी गोलार्द्ध** में **विषुवत वृत्त** से **66½°** की **कोणीय दूरी** पर खींचा गया **काल्पनिक वृत्त** कहलाता है– –**आर्कटिक वृत्त** (Tropic of Arctic)
- **विषुवत रेखा सहित कुल अक्षांशों** की संख्या कितनी है? –**181** (90+1+90)

> **0° देशान्तर** रेखा द्वारा **अंतर्राष्ट्रीय मानक समय** (IST) का निर्धारण किया जाता है। यह देशांतर रेखा निम्नलिखित देशों से होकर गुजरती है–

1. यूनाइटेड किंगडम	2. फ्रांस
3. स्पेन	4. अल्जीरिया
5. माली	6. बुर्किना फासो
7. टोगो	8. घाना
9. अंटार्कटिका	

> **भूमध्यरेखा** (The Equator) पर **1°** के **अंतराल** पर **दो देशान्तरों** के मध्य **111.32 किमी.** की दूरी होती है।

चट्टानें एवं ज्वालामुखी (Rocks and Volcano)

चट्टानों का वर्गीकरण

आग्नेय चट्टानें (Igneous Rocks)	अवसादी चट्टानें (Sedimentary Rocks)	रूपान्तरित चट्टानें (Metamorphic Rocks)

- ♦ **जीवाश्म रहित** चट्टानें कौन सी होती हैं?
  –**आग्नेय चट्टानें** (Igneous Rocks)
- ♦ **काली मिट्टी** का निर्माण किन **चट्टानों के क्षरण** से होता है?
  –**आग्नेय चट्टान**
- ♦ **सम्पूर्ण क्रस्ट** के **कितने प्रतिशत भाग** पर **अवसादी चट्टानें** विस्तृत हैं?
  –**लगभग 75%**

आग्नेय चट्टानों के रूपान्तरण से निर्मित शैलें	
• ग्रेनाइट (Granite)	**नीस** (Gneiss)
• बेसाल्ट (Basalt)	**एम्फीबोलाइट** (Amphibolite)
• बेसाल्ट (Basalt)	**सिस्ट** (Schist)
अवसादी चट्टानों के रूपान्तरण से निर्मित शैलें	
• शैल (Shale)	**स्लेट** (Slate)
• चूना पत्थर (Lime Stone) व डोलोमाइट	**संगमरमर** (Marble)
• बालुका पत्थर (Sand Stone)	**क्वार्ट्जाइट** (Quartzite)
• कांग्लोमरेट (Conglomerate)	**क्वार्ट्जाइट** (Quartzite)
• बिटुमिनस कोयला	**ग्रेफाइट व हीरा**
रूपान्तरित चट्टानों के पुनः रूपान्तरण से निर्मित शैलें	
• स्लेट (Slate)	**फाइलाइट** (Phyllite)
• फाइलाइट (Phyllite)	**सिस्ट** (Schist)
• गैब्रो (Gabbro)	**सरपेंटाइन** (Serpentine)

- ♦ **रूपान्तरित चट्टानों** (Metamorphic Rocks) की उत्पत्ति किन चट्टानों से होती है?
  –**आग्नेय तथा अवसादी** (Sedimentary) **दोनों चट्टानों से**
- ♦ **संगमरमर** किस चट्टान का उदाहरण है?–**रूपातंरित चट्टान का**

चट्टानों के निर्माण में **8 प्रमुख तत्वों** का योगदान है। ये हैं– **ऑक्सीजन** (46.8%), **सिलिकॉन** (27.72%), **एल्युमीनियम** (8.13%), **लोहा** (5.00%), **कैल्शियम** (3.63%), **सोडियम** (2.83%), **पोटैशियम** (2.59%), एवं **मैग्नीशियम** (2.09%)।

- ♦ **सर्वाधिक कठोर चट्टानें** कौन सी होती हैं?
  –**रूपान्तरित चट्टानें**
- ♦ **पृथ्वी** के **अन्दर पिघले पदार्थ** को क्या कहते हैं? –**मैग्मा**
- ♦ पृथ्वी के **आन्तरिक भाग** में **लावा के ठोस** होने से निर्मित चट्टान को क्या कहते हैं–**प्लूटॉनिक चट्टानें** (Plutonic Rocks)
- ♦ **ओजोस डेल सलाडो** (Ojos del Salado) ज्वालामुखी किस देश में अवस्थित है?
  –**अर्जेंटीना** एवं **चिली**

ज्वालामुखी क्रिया में सबसे अधिक **जलवाष्प** गैस निकलती है। इसके अतिरिक्त, **कार्बन डाइऑक्साइड** (CO_2), **सल्फर डाइऑक्साइड** (SO_2), **नाइट्रोजन** (N_2) तथा **हाइड्रोजन** (H_2) आदि गैसें निकलती हैं।

- ♦ **सक्रियता** (Activity) के आधार पर **ज्वालामुखी** के कितने प्रकार हैं?
  –**तीन**

1. **सक्रिय ज्वालामुखी**	2. **सुषुप्त ज्वालामुखी**
3. **मृत ज्वालामुखी**	

- ♦ वैसे ज्वालामुखी जो **लम्बे समय से सक्रिय नहीं** हुए हैं, किन्तु **भविष्य में कभी भी सक्रिय** हो सकते हैं, उन्हें क्या कहते हैं?
  –**सुषुप्त ज्वालामुखी** (Dormant volcano)

ज्वालामुखी से निकलने वाले पदार्थ

- **ज्वालामुखी से निकलने** वाले पदार्थों को **तीन वर्गों** में विभक्त किया जाता है–

1. **गैस तथा जलवाष्प** – ज्वालामुखी उद्भेदन के समय सर्वप्रथम **गैसें** एवं **जलवाष्प** बाहर आते हैं। इसमें जलवाष्प की मात्रा सर्वाधिक (60–90%) होती है। अन्य गैसों में **CO_2**, **नाइट्रोजन** एवं **सल्फर डाइऑक्साइड** आदि प्रमुख होती हैं।
2. **विखण्डित पदार्थ** – इसमें **धूल** एवं **राख** से बने चट्टानी टुकड़े (टफ), मटर के दाने के आकार वाले टुकड़े (लैपिली), कुछ इंच से लेकर कई फीट तक के व्यास वाले बड़े-बड़े चट्टानी टुकड़े एवं अपेक्षाकृत बड़े आकार के टुकड़े (ब्रेसिया) आदि बाहर धरातल पर निकलते हैं।
3. **लावा** (Lava) – **ज्वालामुखी उद्गार** के समय भूगर्भ में स्थित तरल **पदार्थ को मैग्मा** कहते हैं; जब **मैग्मा धरातल** पर निस्सृत होता है तो उसे **लावा** कहा जाता है। धरातल पर लावा के ठंडा होने के बाद वह **आग्नेय चट्टान** कहलाता है।

आग्नेय एवं **अवसादी चट्टानों के संघटन** (Composition) तथा **स्वरूप में परिवर्तन** से **रूपान्तरित चट्टानों का निर्माण** होता है।

- किस प्रकार के **लावा** में **सिलिका की अधिक मात्रा** पायी जाती है? **-अम्लीय लावा**
- **अंडमान-निकोबार** के **नारकोंडम द्वीप** पर स्थित ज्वालामुखी किस प्रकार का ज्वालामुखी है? **-सुषुप्त ज्वालामुखी**
- **माउंट किलिमंजारो** (Mount Kilimanjaro) किस श्रेणी का ज्वालामुखी है? **-शांत ज्वालामुखी** (Extinct Volcano) **का**

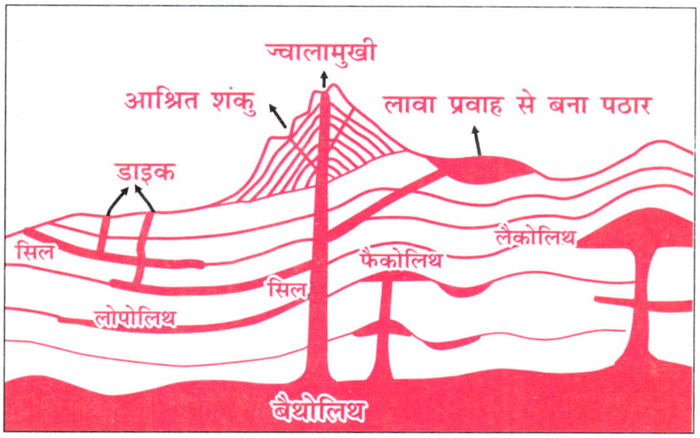

- विश्व का **सर्वाधिक** सक्रिय ज्वालामुखी कौन सा है? **-किलायू** (हवाई द्वीप)

> हमारे सौर मण्डल में अब तक ज्ञात सबसे बड़ा ज्वालामुखी **ओलम्पस मॉन्स** (Olympus Mons), है जो मंगल ग्रह पर स्थित है।

- किस ज्वालामुखी को **भूमध्य सागर का प्रकाश स्तम्भ** (Light Pillar of Mediterranean Sea) कहा जाता है- **माउंट स्ट्रॉम्बोली**
- ज्वालामुखी पर्वत **माउंट सेंट हेलेंस** कहाँ स्थित है? **-संयुक्त राज्य अमेरिका में**
- **अफ्रीका महाद्वीप** का सर्वोच्च पर्वत शिखर **माउंट किलिमंजारो** किस देश में स्थित है? **-तंजानिया में**
- **मौना लोआ** एक सक्रिय ज्वालामुखी है, यह कहाँ स्थित है? **-हवाई द्वीप समूह** (संयुक्त राज्य अमेरिका) **पर**
- **अंटार्कटिका** का एकमात्र **सक्रिय ज्वालामुखी** कौन सा है? **-माउंट एर्बुश** (इरेबस)
- **ईरान** के दो प्रमुख **मृत ज्वालामुखी** कौन से हैं? **-देवबन्द** व **कोह सुल्तान**

> **यूरेशियन प्लेट**, **अफ्रीका** व **इंडियन प्लेट मध्य महाद्वीपीय पेटी ज्वालामुखी मेखला** के अंतर्गत आते हैं।

- **ज्वालामुखी शंकु** के ऊपर मिलने वाली **कीपाकार गर्तनुमा आकृति** को क्या कहते हैं? **-क्रेटर**
- **संयुक्त राज्य अमेरिका** का **रेनियर**, **हुड** व **शास्ता** किस ज्वालामुखी श्रेणी के उदाहरण हैं? **-मिश्रित ज्वालामुखी शंकु**

विश्व के सक्रिय ज्वालामुखी

नाम	देश	ऊँचाई (मीटर में)
• कोटोपैक्सी	इक्वाडोर	5,897
• क्लूचेवस्काया	रूस	4,688
• व्रेन्गेल पर्वत	अलास्का (संयुक्त राज्य अमेरिका)	4,317
• कैमरून	कैमरून	4,070
• इरेबस	अंटार्कटिका	3,795
• निरागोन्गो	डेमोक्रेटिक रिपब्लिक ऑफ कांगो	3,470
• इलिआम्ना	अलेतुआन श्रेणी (सं. रा. अ.)	3,053
• एटना	सिसली इटली	3,340
• माउंट बेकर	कॉस्केड श्रेणी (सं. रा. अ.)	3,285
• चिल्लन	चिली	3,200
• माउंट न्यामुरागीरा	कांगो	3,090
• विल्लारीका	चिली	2,842
• माउंट रूहापेहू	न्यूजीलैण्ड	2,797
• पोरक	मैक्सिको	2,800
• असामा	जापान	2,540
• सेंट हेलेंस पर्वत	संयुक्त राज्य अमेरिका	2,530
• न्गाउरूहोए	न्यूजीलैण्ड	2,291
• हंवला	आइसलैण्ड	1,491
• विसुवियस	इटली (नेपल्स की खाड़ी)	1,277
• किलायू	हवाई (संयुक्त राज्य अमेरिका)	1,225
• स्ट्रॉम्बोली	इटली (लिपारी द्वीप/भूमध्य सागर)	925

- विश्व का सबसे ऊँचा सक्रिय ज्वालामुखी कौन सा है? **-कोटोपैक्सी**
- **ज्वालामुखियों** का **मेखलाबद्ध वर्गीकरण** कितने भागों में किया गया है? **-चार**

ज्वालामुखी मेखलाएँ

1. परिप्रशान्त महासागरीय मेखला (Circum Pacific Belt)
2. मध्य महाद्वीपीय पेटी (Mid-continental Belt)
3. मध्य अटलांटिक मेखला या मध्य महासागरीय कटक (Mid-Atlantic Ridge)
4. अंतरा-प्लेटीय ज्वालामुखी (Intraplate Volcanism)

- **क्षारीय लावा शंकु** को किस अन्य नाम से जाना जाता है? **-शील्ड शंकु**

> **अलास्का** (संयुक्त राज्य अमेरिका) के **कटमई पर्वत** को **दस हजार धुआँरों की घाटी** (A Valley of Ten Thousand Smokes) कहा जाता है।

भूकम्प के प्रमुख कारण

1. ज्वालामुखी क्रिया (Volcanic Activity)
2. भ्रंश एवं संपीडन की क्रिया (Faulting and Contraction)
3. समस्थितिक समायोजन या भू-संतुलन (Isostatic Adjustment)
4. प्रत्यास्थ पुनश्चलन क्रिया (Elastic Rebound Action)
5. प्लेट विवर्तनिकी क्रिया (Plate Tectonic Action)

पृथ्वी के आन्तरिक भाग में भूकम्पीय तरंगों का संचरण

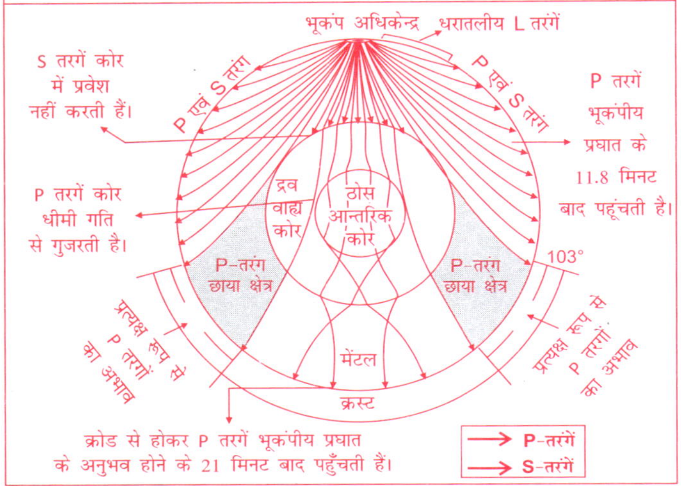

भूकम्पीय तरंगें
- P - तरंगें
- S - तरंगें
- L - तरंगें

- प्राथमिक एवं लम्बवत् तरंगें (Primary or Longitudinal Waves) किसे कहते हैं? **– P-तरंगों को**
- S-तरंगें किस अन्य नाम से जानी जाती है?
  –अनुप्रस्थ एवं गौण तरंगें (Transverse or Secondary Waves)

> L-तरंगों (धरातलीय तरंगें- Surface or Long Period Waves) की गति सबसे कम किन्तु तीव्रता सर्वाधिक, जबकि P- तरंगों की गति सर्वाधिक तथा तीव्रता सबसे कम होती है।

- भारत ने विश्व की सबसे आधुनिक सुनामी चेतावनी प्रणाली कब प्रारम्भ की है? **–अक्टूबर, 2007**
- भारतीय राष्ट्रीय महासागर सूचना सेवा केन्द्र (INCOIS) कहाँ स्थापित किया गया है? **–हैदराबाद, तेलंगाना**

> • भूकम्पीय तरंगों की तीव्रता मापने वाले यंत्र को भूकम्प लेखी या सिस्मोग्राफ (Seismograph) कहते हैं।
>
> भूकम्प मापन के तीन स्केल (Scale) हैं-
>
> 1. रॉसी-फोरेल स्केल (Rossi-Forel Scale) : इस पैमाने पर 1-11 मापक रखे गए हैं।
> 2. मरकेली स्केल (Mercalli Scale) : यह अनुभव आधारित पैमाना है। इसके 1-12 मापक रखे गये हैं।
> 3. रिक्टर स्केल (Richter Scale) : यह लघुगणकीय मापक (Logarithmic Scale) है, जिसकी तीव्रता 0 से 10 तक होती है और रिक्टर स्केल पर प्रत्येक अगली इकाई पिछली इकाई की तुलना में 10 गुना अधिक तीव्रता व्यक्त करता है।

- सर्वप्रथम किस स्थान पर भूकम्पीय तरंगें अनुभव की जाती हैं? **–भूकम्प केन्द्र (Epicenter)**
- किस स्थान को विश्व की भूकम्प राजधानी (The Earthquake Capital of the World) कहा जाता है? **–पार्कफील्ड, कैलीफोर्निया**

भूकम्प के प्रकार (प्लेट विवर्तनिकी के अनुसार)

भूकम्प के प्रकार		गहराई
• छिछले केन्द्र वाले भूकंप	–	0-35 किमी.
• मध्यम केन्द्र वाले भूकंप	–	35-75/100 किमी.
• गहन केन्द्र वाले भूकंप	–	100-350 किमी.
• पातालीय केन्द्र वाले भूकंप	–	350-700 किमी.

- भूकम्प अधिकेन्द्र (Epicenter) से 105° और 145° के मध्य का क्षेत्र क्या कहलाता है? **–भूकम्पीय छाया क्षेत्र (Seismic Shadow Area)**
- विश्व का सबसे विस्तृत भूकम्प क्षेत्र कौन सा है? **–प्रशान्त महासागरीय तटीय पेटी (Circum Pacific Belt)**
- किस स्थान को विश्व की भूकम्प राजधानी (The Earthquake Capital of the World) कहा जाता है? **–प्रशान्त महासागरीय तटीय पेटी**
- प्लेट विवर्तनिकी (Plate Tectonic) क्रिया के कारण भारतीय उपमहाद्वीप का कौन सा प्रदेश भूकम्प ग्रहणशील (Earthquake Receptive) है? **–उत्तर-पश्चिमी प्रदेश**

> P-तरंगें ठोस के साथ-साथ तरल माध्यम में भी चल सकती हैं, परन्तु ठोस की तुलना में तरल माध्यम में इनकी गति मंद हो जाती है।

महाद्वीप (The Continents)

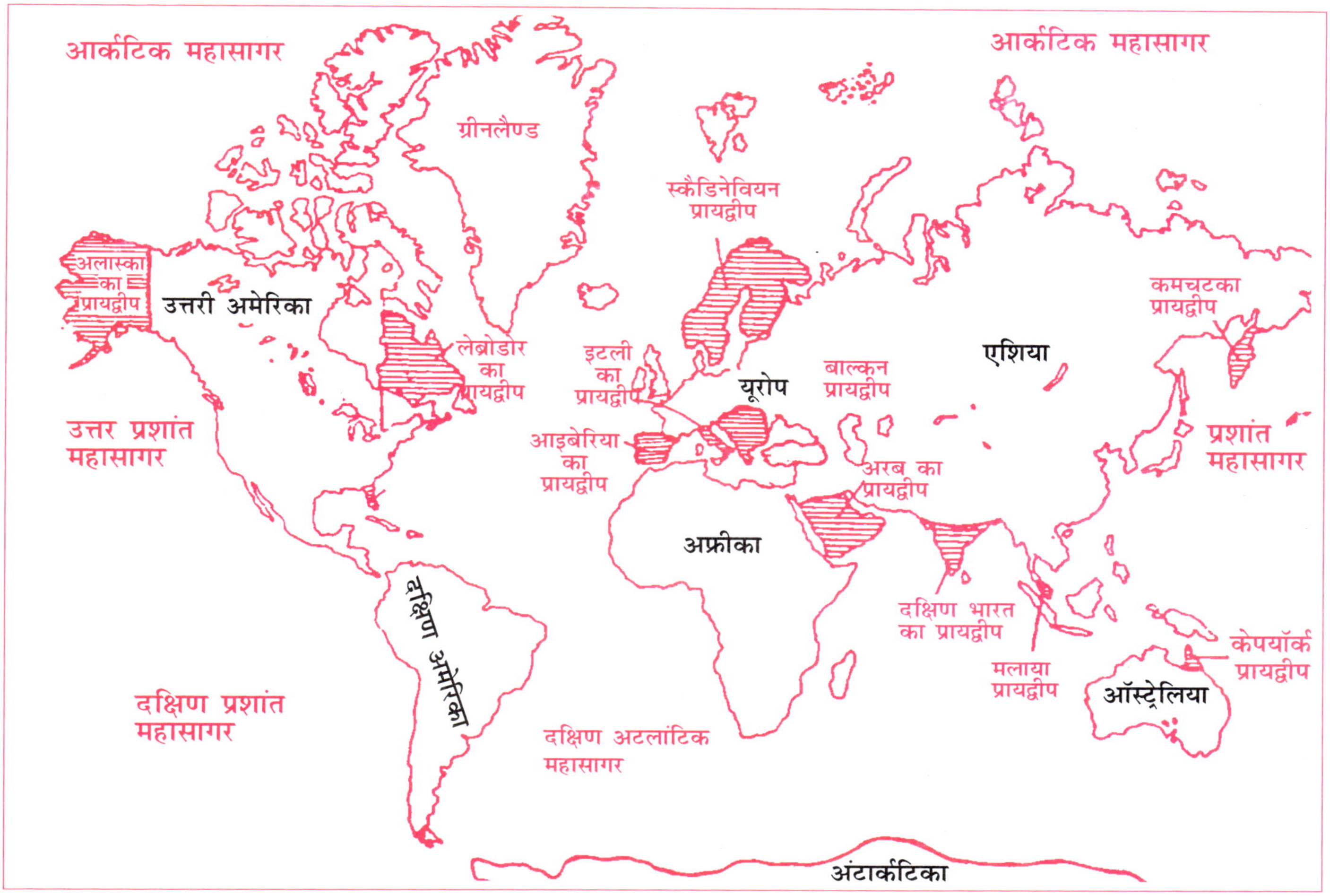

- क्षेत्रफल की दृष्टि से, महाद्वीपों का अवरोही अनुक्रम क्या है?
  –**एशिया, अफ्रीका, उत्तरी अमेरिका, दक्षिण अमेरिका, अंटार्कटिका, यूरोप** एवं **ऑस्ट्रेलिया।**
- **एशिया** का **सबसे गर्म स्थान** कौन सा है?
  –**तिरात जवी, इजराइल** (लगभग 54°C)
- विश्व का **सबसे ठण्डा स्थान** (–45°C) कौन सा है?
  –**बर्खोयांस्क** (साइबेरिया, रूस)

> **क्षेत्रफल** एवं **जनसंख्या** दोनों ही दृष्टि से **विश्व का सबसे बड़ा महाद्वीप एशिया** है।

- विश्व का **सबसे गर्म स्थान डेथ वैली** (Death Valley) किस महाद्वीप में स्थित है? –**उत्तरी अमेरिका**
- **दक्षिण अमेरिका** तथा **उत्तरी अमेरिका** को कौन सी नहर विभाजित करती है? –**पनामा नहर**
- **महाद्वीप** (Continent) एक-दूसरे से कैसे पृथक हुए?
  –**प्लेट विवर्तनिक** (Tectonic) **क्रिया से**
- किस महाद्वीप की **औसत ऊँचाई** सर्वाधिक है?
  –**दक्षिणी ध्रुव** (अंटार्कटिका)

> पूर्णतः **हिमाच्छादित** रहने के कारण **अंटार्कटिका महाद्वीप** को **श्वेत महाद्वीप** के नाम से भी जाना जाता है।

- **प्रायद्वीपीयों का प्रायद्वीप** एवं **यूरेशिया का प्रायद्वीप** किस महाद्वीप को कहा जाता है? –**यूरोप**
- **उत्तरी गोलार्द्ध** का **सबसे छोटा महाद्वीप** कौन सा है?
  –**यूरोप**

> **अफ्रीका महाद्वीप** से होकर **विषुवत, कर्क** और **मकर रेखाएँ** गुजरती हैं।

- **प्रतिव्यक्ति भूमि उपलब्धता** किस महाद्वीप में सर्वाधिक है?
  –**ऑस्ट्रेलिया**

> **ऑस्ट्रेलिया, न्यूजीलैंड, मेलानेशिया, माइक्रोनेशिया** और **पॉलीनेशिया** द्वीपों को **संयुक्त रूप** से **ओशेनिया** कहा जाता है।

पर्वत श्रेणियाँ (Mountain Ranges)

- वलन (Fold) क्रिया किस कारण होती है?
  -पर्वत निर्माणकारी बल के कारण
- विश्व की सर्वाधिक लम्बी पर्वत शृंखला कौन सी है?-एंडीज
- एंडीज पर्वत श्रेणी किस महाद्वीप में स्थित है?
  -दक्षिणी अमेरिका

विश्व के सर्वाधिक ऊँचे 8 पर्वत			
क्र.	पर्वत	ऊँचाई (मी.में)	अवस्थिति
1.	माउण्ट एवरेस्ट	8848.86 मी.	नेपाल-तिब्बत सीमा पर
2.	के-2	8611 मी.	भारत (पाक अधिकृत लद्दाख)
3.	कंचन जंगा	8586 मी.	भारत-नेपाल सीमा पर
4.	ल्होत्से	8516 मी.	नेपाल-तिब्बत सीमा पर
5.	मकालू	8462 मी.	नेपाल-तिब्बत सीमा पर
6.	चोओयू	8201 मी.	नेपाल-तिब्बत सीमा पर
7.	धौलागिरि	8167 मी.	नेपाल
8.	मनास्लू	8156 मी.	नेपाल

- दक्षिणी आल्प्स (Southern Alps) पर्वत मालाएँ किस देश में स्थित हैं?
  -न्यूजीलैंड में

विश्व की अधिकांश ऊँची चोटियाँ नवीन मोड़दार पर्वतों में हैं।

- ह्वाइट माउंटेन (White Mountain) किस देश में स्थित हैं?
  -संयुक्त राज्य अमेरिका में
- भारत और म्यांमार के मध्य कौन सा पर्वत, सीमा निर्धारित करता है?
  -बर्मीज एवं अराकानयोमा पर्वत चाप
- हिमालय का विस्तार अराकानयोमा पर्वत किस देश में स्थित है
  -म्यांमार

सभी महाद्वीपों के सर्वोच्च शिखर	
• एशिया	माउंट एवरेस्ट
• अफ्रीका	किलिमंजारो
• यूरोप	माउंट एल्ब्रुस
• उत्तरी अमेरिका	माउंट डेनाली
• दक्षिण अमेरिका	माउंट एकांकागुआ
• ऑस्ट्रेलिया	माउंट कोश्यूस्को
• अंटार्कटिका	विन्सन मैसिफ

- माउंट टिट्लिस (Mount Titlis) कहाँ स्थित है?-स्विट्जरलैण्ड में
- स्पेन व फ्रांस के मध्य कौन सा पर्वत सीमा रेखा बनाता है?
  -पिरेनीज
- संयुक्त राज्य अमेरिका के तीन प्रमुख गुम्बदाकार पर्वत कौन से हैं? -हेनरी पर्वत, ब्लैक हिल्स एवं एडिरॉण्डेक पर्वत

विश्व की प्रमुख पर्वत श्रेणियाँ		
पर्वत श्रेणी	स्थिति	सर्वोच्च शिखर
कॉर्डिलेरा-डि-लॉस एंडीज	प.-द. अमेरिका	एकांकागुआ
रॉकी पर्वत श्रेणी	प.-उ. अमेरिका	माउंट एल्बर्ट
हिमालय-काराकोरम-हिन्दुकुश	द.-मध्य एशिया	माउंट एवरेस्ट
ग्रेट डिवाइडिंग रेंज श्रेणी	पूर्वी ऑस्ट्रेलिया	कोस्युस्को
ट्रान्स अंटार्कटिका पर्वत	अंटार्कटिका	माउंट विन्सन मैसिफ
तिएनशान श्रेणी	द. मध्य एशिया	पीक पोबेडा
अल्ताई माउंटेन्स श्रेणी	मध्य एशिया	गोरा वेलुखा
यूराल पर्वत श्रेणी	मध्य रूस	गोरा नैरोड्नाया
कमचटका स्थित श्रेणी	पूर्वी रूस	क्ल्यूचेव्सकाया सोपका
एटलस पर्वत श्रेणी	उ.-प. अफ्रीका	जेबेल टाउब्काल
बर्खोयान्स्क पर्वत श्रेणी	पूर्वी रूस	गोरा मास खाया
पश्चिमी घाट श्रेणी	पश्चिमी भारत	अनाईमुडी
सियरा माद्रे ओरिएंटल	मैक्सिको	ओरीज़ावा
जाग्रोस पर्वत श्रेणी	ईरान	जाड कुह
एल्बुर्ज श्रेणी	ईरान	देमावंद
स्कैंडिनेवियन रेंज	पश्चिमी नॉर्वे	गैलढोपिजेन
पश्चिमी सियरा माद्रे	मैक्सिको	नेवाडो डि कोलिमा
ड्रैकेन्सबर्ग श्रेणी	द.-पूर्व अफ्रीका	दवानाएन्टलेन्याना
कॉकेशस श्रेणी	रूस	एल्ब्रुस
अलास्का श्रेणी	अलास्का	माउंट मैकिन्ले
कास्केड रेंज श्रेणी	सं.रा.अमेरिका, कनाडा	माउंट रेनियर
एपेन्नाइन श्रेणी	इटली	कोर्नो ग्रैण्डे
अप्लेशियन श्रेणी	पूर्वी सं.रा. अमेरिका, कनाडा	माउंट मिशेल
आल्प्स	मध्यवर्ती यूरोप	माउंट ब्लैंक
सियरा माद्रे डेल सुर	मैक्सिको	टियोटेपेक

मोड़दार या वलित पर्वत (Fold Mountain) का निर्माण चट्टानों में पृथ्वी की आंतरिक शक्तियों द्वारा मोड़ या वलन के कारण होता है।

शुष्क प्रदेश, मरुस्थल एवं घास भूमियाँ (Dry Area, Desert and Grasslands)

वह स्थान, जहाँ **वार्षिक वर्षा 25 सेमी.** से कम होती है, उसे **मरुस्थल** के रूप में परिभाषित किया जाता है।

- विश्व का **सबसे बड़ा मरुस्थल** कौन सा है? –**सहारा**
- विश्व का **सर्वाधिक जनसंख्या वाला मरुस्थल** कौन सा है? –**थार मरूस्थल** (भारत)
- **तकला मकान मरुस्थल** (Taklamakan Desert) किस देश में अवस्थित है? –**सीक्यांग प्रांत** (चीन में)
- **गोबी मरुस्थल** (Gobi Desert) किस देश में स्थित है? –**मंगोलिया**
- सेरिर मरुस्थल कहाँ स्थित है? –**मिस्र** (Egypt) **में**
- रेग मरुस्थल कहाँ स्थित है? –**अल्जीरिया** (Algeria)
- **दक्षिण एशिया** का सबसे बड़ा मरुस्थल कौन सा है?–**थार मरुस्थल**

विश्व के प्रमुख मरुस्थल व उनकी अवस्थिति

नाम	अवस्थिति
सहारा (लीबिया तथा नूबियन मरुस्थल)	उत्तरी अफ्रीका
सिम्पसन, गिब्सन, स्टुअर्ट–स्टोनी ग्रेट विक्टोरिया, ग्रेट सैंडी,	ऑस्ट्रेलिया
नाफूद, हमद, रब–अल–खाली,	सऊदी अरब
कालाहारी	बोत्सवाना (अफ्रीका)
सोनोरन	संयुक्त राज्य अमेरिका और मैक्सिको
नामीब	नामीबिया
काराकुम	तुर्कमेनिस्तान
थार मरुभूमि	उत्तर-पश्चिम भारत व पूर्वी पाकिस्तान
सोमाली मरुभूमि	सोमालिया
अटाकामा	चिली
काजिल कुम	उज्बेकिस्तान
दस्त–ए–लुत	पूर्वी ईरान
दस्त–ए–कबीर	दक्षिणी ईरान
मोजेब या मोहावे, सिएरा नेवादा	संयुक्त राज्य अमेरिका
सेंचुरा	पेरु
पैटागोनिया	अर्जेंटीना

- पृथ्वी का **सबसे अधिक शुष्क** क्षेत्र है –**अटाकामा**
- **सोनोरन मरुस्थल** कहाँ अवस्थित है? –**संयुक्त राज्य अमेरिका** तथा **मैक्सिको में**
- **पैटागोनिया मरुस्थल** किस प्रकार के मरुस्थल का उदाहरण है? – **शीतोष्ण कटिबंधीय मरुस्थल** (Temperate Desert)
- **नागफनी** किस बायोम की **प्रमुख वनस्पति** है? –**मरुस्थलीय बायोम की**

घास भूमियाँ उन स्थानों पर पायी जाती है, जहाँ इतनी **अधिक वर्षा** नहीं होती कि वनों का विकास हो सके और न ही इतनी **कम वर्षा** होती है कि **भूमि मरुस्थल** में परिवर्तित हो जाए।

विश्व के प्रमुख घास के मैदान

शीतोष्ण कटिबंधीय घास मैदान	अवस्थिति
स्टेपीज	मध्य एशिया एवं पूर्वी यूरोप
वेल्ड	दक्षिण अफ्रीका
पुस्ताज	हंगरी
पम्पास	ब्राजील, अर्जेंटीना एवं उरुग्वे
केंटरबरी	न्यूजीलैंड
प्रेयरी	उत्तरी अमेरिका
डाउंस	ऑस्ट्रेलिया

उष्णकटिबंधीय घास मैदान	अवस्थिति
लानोस	वेनेजुएला
कंपोस	ब्राजील
सवाना	अफ्रीका

- **शीतोष्ण घास** के मैदान को **यूरेशिया** में किस नाम से जानते हैं? –**स्टेपीज**
- **सवाना** का सर्वाधिक विस्तार है –**अफ्रीका में**
- दक्षिण अमेरिका का **वृक्ष रहित घास** का मैदान को क्या कहा जाता है? –**पम्पास**

सवाना बायोम की **जलवायु अर्द्धशुष्क उष्ण कटिंबधीय** है।

मरुस्थल, स्थलखंड के **शुष्क** व **अर्द्धशुष्क** भाग होते हैं, जो मुख्यत: **उपोष्ण** एवं **उच्च वायुदाब क्षेत्रों** में पाये जाते हैं।

घाटियाँ एवं पठार (Valleys and Plateaus)

- समुद्र तल से **तिब्बत के पठार** (Tibet plateau) की औसत ऊँचाई कितनी है? **–5 किमी.**
- **छोटानागपुर पठार** किस प्रकार के पठार का उदाहरण है? **–गुम्बदाकार पठार**
- **संसार की छत** (Roof of the World) किसे कहा जाता है? **–तिब्बत का पठार**

> **स्वात घाटी** (Swat Valley) और **गिलगित घाटी** (Gilgit Valley) **पाकिस्तान** की प्रमुख घाटियाँ हैं।

- **ग्रेट आर्टिजन बेसिन** (Great Artesian Basin) किस देश में स्थित है? **–ऑस्ट्रेलिया में**
- **वृहत बेसिन** (Great Basin) किस देश में स्थित है?**-यू.एस.ए. में**
- **मृत घाटी** (Death Valley) किस लिए प्रसिद्ध है? **–अत्यधिक उष्णता के लिए**
- **पंजशीर घाटी** (Panjshir Valley) किस देश में अवस्थित है? **–अफगानिस्तान में**

> **संयुक्त राज्य अमेरिका** के **दक्षिण कैलिफोर्निया** में स्थित **मृत घाटी** (Death Valley) **भ्रंश घाटी** (Rift Valley) का उदाहरण है।

- **टेलर घाटी** (Taylor Valley) अवस्थित है **–अंटार्कटिक में**
- **राजाओं की घाटी** किस देश में अवस्थित है? **–मिस्र में**
- **अंधी घाटियाँ** कहाँ पाई जाती हैं? **–यूगोस्लाविया** (कार्स्ट प्रदेश) **में**
- **लोट्सचेन्तल** (Lotschental) तथा **वॉल फेक्स घाटी** (Val Fex Valley) कहाँ स्थित है? **–स्विट्जरलैंड**

विश्व के प्रमुख पठार

पठार का नाम	स्थिति
• पामीर या तिब्बत पठार	तिब्बत (चीन)
• कोलम्बिया पठार	संयुक्त राज्य अमेरिका
• अनातोलिया पठार	तुर्की
• शान पठार	म्यांमार (बर्मा)
• मध्य साइबेरिया पठार	रूस
• लीबियाई पठार	लीबिया व मिस्र
• कोलोरैडो पठार	संयुक्त राज्य अमेरिका
• पीडमॉण्ट पठार	संयुक्त राज्य अमेरिका
• पैटागोनिया पठार	अर्जेण्टीना
• गुयाना पठार	वेनेजुएला, गुयाना, सूरीनाम, फ्रेंच गुयाना
• मांटोग्रासो पठार	ब्राजील
• मंगोलियाई पठार	मंगोलिया व चीन
• पोतवार पठार	पाकिस्तान
• मेसेटा पठार	आइबेरिया प्रायद्वीप (स्पेन)
• अलास्का/यूकॉन पठार	संयुक्त राज्य अमेरिका
• एशिया माइनर	तुर्की
• लॉरेंशिया पठार	कनाडा
• तकलामकान पठार	चीन
• मालवा पठार	भारत
• किम्बरले का पठार	ऑस्ट्रेलिया
• अदामावा का पठार	नाइजीरिया
• लोयस पठार	चीन

विश्व की प्रमुख घाटियाँ

घाटी	देश
• नुब्रा घाटी	भारत (जम्मू-कश्मीर)
• दस चोटियों की घाटी	कनाडा
• रोम्सडेलन घाटी	नॉर्वे
• लॉटरब्रुन्नेन घाटी	स्विट्जरलैण्ड
• अराकु घाटी	भारत/(आंध्र प्रदेश व तेलांगना)
• खुम्बु घाटी	नेपाल
• गीजर की घाटी	रूस
• दामोदर घाटी	भारत (पश्चिम बंगाल)
• लैटिन घाटी	इटली
• ग्लेशियर कैनियन	स्विट्लैण्ड
• स्पीति घाटी	भारत (हिमाचल प्रदेश)
• हुंजा घाटी	पाकिस्तान
• वैले डे ला लूना घाटी	चिली
• नीलम घाटी	पाकिस्तान
• बराक घाटी	भारत (असम)
• ओलम्पिक घाटी	कैलिफोर्निया
• चितवन घाटी	नेपाल
• चुम्बी घाटी	चीन (तिब्बत), भारत, भूटान
• दून घाटी	भारत (उत्तराखण्ड)

> **चुम्बी घाटी** (Chumbi Valley) से **भारत** (सिक्किम), **भूटान** और **चीन** (तिब्बत) तीनों देशों की सीमाएँ स्पर्श करती हैं।

देश एवं उनकी सीमाएँ/अन्तर्राष्ट्रीय सीमा रेखाएँ
(Countries and their Borders/International Border Lines)

- **कैस्पियन सागर** किन देशों की सीमा को स्पर्श करता है?
  –**अजरबैजान, कजाख्स्तान, तुर्कमेनिस्तान, ईरान** एवं **रूस**

> **बांग्लादेश** भारत के साथ **सबसे लम्बी अंतर्राष्ट्रीय स्थलीय सीमा** (Terrestrial Boundaries) बनाता है।

- **20° उत्तरी समानांतर रेखा** किन दो देशों के मध्य स्थित है?
  –**लीबिया** और **सूडान**
- **इजराइल** की सीमाएँ किन-किन **देशों से स्पर्श** करती हैं?
  –**लेबनान, सीरिया, जार्डन** एवं **मिस्र**
- **दक्षिण-पूर्व एशिया** का कौन सा देश **स्थलरुद्ध** है?
  –**लाओस**
- **हॉर्न ऑफ अफ्रीका** (Horn of Africa) में कौन से देश सम्मिलित हैं?
  –**इरीट्रिया, सोमालिया, इथियोपिया** तथा **जिबूती**

> **नॉर्वे, स्वीडन, फिनलैण्ड, आइसलैण्ड** एवं **डेनमार्क** स्कैंडिनेवियन देशों के समूह में सम्मिलित हैं।

- **भौगोलिक रूप** से **उत्तरी अमेरिका** में स्थित होने पर भी कौन सा देश **राजनीतिक दृष्टि** से **यूरोप का भाग** है?–**ग्रीनलैण्ड**
- **जिम्बाब्वे** को पूर्व में किस नाम से जाना जाता था?
  –**दक्षिणी रोडेशिया** (Southern Rhodesia)
- **रिओ ग्रांडे नदी** (Rio Grande River) किन दो देशों के मध्य अंतर्राष्ट्रीय सीमा का निर्माण करती है?
  –**मैक्सिको** एवं **संयुक्त राज्य अमेरिका के मध्य**

> **विक्टोरिया** झील **तंजानिया** और **युगांडा** के मध्य **अन्तर्राष्ट्रीय सीमा** निर्धारित करती है।

- **38वीं समानांतर सीमा रेखा** किन दो देशों के मध्य सीमा निर्धारित करती है? –**उत्तर कोरिया** एवं **दक्षिण कोरिया**
- **मैगीनॉट रेखा** (Maginot Line) किन देशों के मध्य सीमा निर्धारित करती है? –**फ्रांस** और **जर्मनी के मध्य**
- **म्यांमार** को पूर्व में किस नाम से जाना जाता था? –**बर्मा**
- **रेडक्लिफ रेखा** का निर्धारण कब किया गया था?
  –**15 अगस्त, 1947** (सर सिरिल रेडक्लिफ के द्वारा)

अंतर्राष्ट्रीय सीमा रेखाएँ
1. **डूरंड रेखा : पाकिस्तान** और **अफगानिस्तान** के मध्य **सर मोटिगर डूरंड** (ब्रिटेन) द्वारा सीमा निर्धारित की गई है, परन्तु अफगानिस्तान इस सीमा निर्धारण को स्वीकार नहीं करता है।
2. **मैकमोहन रेखा : वर्ष 1914** में **सर मैकमोहन** (ब्रिटेन) ने एक समझौते के अंतर्गत **भारत-चीन सीमा** को निर्धारित किया था। यह **700 मील** लम्बी रेखा है।
3. **रेडक्लिफ रेखा :** यह **भारत-पाकिस्तान** के मध्य सीमा निर्धारण करती है। **15 अगस्त, 1947** को **सर सेरिल रेडक्लिफ** द्वारा इसका निर्धारण किया गया था।
4. **हिंडनबर्ग रेखा :** प्रथम विश्व युद्ध के समय में निर्धारित यह रेखा **जर्मनी** एवं **पोलैंड** के मध्य सीमा निर्धारण करती है।
5. **मैनरहीम रेखा :** यह **सोवियत रूस** और **फिनलैंड** के मध्य सीमा का निर्धारण करती है।
6. **मैगीनॉट रेखा :** फ्रांस द्वारा खींची गई **जर्मनी** और **फ्रांस** के मध्य की सीमा रेखा।
7. **17वीं समानांतर रेखा : उत्तरी वियतनाम** और **दक्षिण वियतनाम** की सीमा रेखा।
8. **24वीं समानांतर रेखा :** कच्छ के पास, जिसे पाकिस्तान, भारत-पाक की सीमा रेखा मानता है, किन्तु भारत इसे अस्वीकार करता है।
9. **38वीं समानांतर रेखा : उत्तरी** और **दक्षिण कोरिया** के मध्य की सीमा रेखा।
10. **141° पश्चिमी देशांतर रेखा: अलास्का** (सं.रा. अमेरिका) व **कनाडा** की सीमा रेखा।
11. **49वीं समानांतर रेखा : संयुक्त राज्य अमेरिका** व **कनाडा** की सीमा रेखा।
12. **ओडरनीसे रेखा : पूर्व जर्मनी** और **पोलैंड** के मध्य की सीमा रेखा।
13. **सीगफ्रायड रेखा :** द्वितीय विश्व युद्ध के पूर्व **फ्रांस** और **जर्मनी** की सीमा पर दीवारों, मीनारों और सैनिकों चौकियों से घिरी प्रतिरक्षा रेखा जो जर्मनी द्वारा निर्मित की गई थी।

> **मलक्का जलसंधि** मलेशिया को **सुमात्रा द्वीप** से पृथक करती है तथा **अण्डमान सागर** को **दक्षिण चीन सागर** से जोड़ती है।

विश्व के प्रमुख नगर एवं उनके भौगोलिक उपनाम
(Major Cities of the World & Their Geographical Sobriquets)

- कौन सा देश **सूर्योदय के देश** के नाम से प्रसिद्ध है? **–जापान**
- **दक्षिण अफ्रीका की संसद** (Parliament) किस नगर में स्थित है? **–केपटाउन**
- **कन्धार नगर** कहाँ स्थित है? **–अफगानिस्तान में**

> **आइसलैंड** द्वीप **आर्कटिक वृत्त** के दक्षिण में स्थित है।

- **सन सिटी** (Sun city) अवस्थित है **–दक्षिण अफ्रीका में**
- **क्वांटो के मैदान** किस देश में स्थित हैं? **–जापान**
- **भारत के** किस स्थान को **मिनी स्विट्जरलैंड** के नाम से जाना जाता है? **–खज्जियार** (चम्बा, हिमाचल प्रदेश)
- टर्की का कौन सा नगर **पश्चिम का द्वार** कहलाता है? **–इस्तांबुल**
- **लैंड ऑफ थंडर बोल्ट** किस देश को कहा जाता है? **–भूटान**
- **मध्य रात्रि का सूर्य** कहाँ दिखाई देता है?**–नॉर्वे** (उत्तरी ध्रुव पर)

> संयुक्त राज्य अमेरिका के **केंटुकी** राज्य को **ब्लूग्रास स्टेट** (Bluegrass State) भी कहा जाता है।

- वह कौन सा देश है, जिसे **झीलों की वाटिका** (Gardens of Lakes) की संज्ञा दी गयी है? **–फिनलैंड**
- **पक्षियों के महाद्वीप** के नाम से किस महाद्वीप को जाना जाता है? **–दक्षिण अमेरिका**
- **यूरोप की तेल राजधानी** किसे कहा जाता है? **–एबरडीन** (यूनाइटेड किंगडम)
- विश्व के किस शहर को **धूम्रनगर** (Smoke Town) के नाम से जाना जाता है **–शिकागो** (संयुक्त राज्य अमेरिका)
- **पूर्वी समुद्र की स्वामिनी** की संज्ञा किस देश को दी गयी है? **–श्रीलंका को**

> **दक्षिण अमेरिका** का **ब्यूनस आयर्स** नगर अपनी चौड़ी सड़कों के कारण **दक्षिण अमेरिका का पेरिस** कहलाता है।

- **माल्टा** किस सागर में अवस्थित है? **–भूमध्य सागर में**
- **अलास्का** किस देश का भाग है? **–संयुक्त राज्य अमेरिका**
- विश्व का कौन सा नगर **शहरों का शहर** कहलाता है? **–वेनिस** (इटली)

महत्वपूर्ण स्थलों के उपनाम

उपनाम (Sobriquets)	**स्थान** (Place)
एड्रियाटिक की रानी	**वेनिस** (इटली)
लौंग का द्वीप	**जंजीबार**
सात पहाड़ियों का नगर	**रोम**
शाश्वत शहर (इटर्नल सिटी)	**रोम**
नील का वरदान/नील का उपहार	**मिस्र**
निषिद्ध शहर	**ल्हासा** (तिब्बत)
लैंड ऑफ थंडर बोल्ट	**भूटान**
नदियों का देश	**बांग्लादेश**
नहरों का देश	**पाकिस्तान**
स्काई-स्क्रैपर्स का नगर	**न्यूयार्क**
एम्पायर सिटी	**न्यूयॉर्क**
अन्ध महाद्वीप	**अफ्रीका**
स्वर्णिम द्वार का नगर	**सैन फ्रांसिस्को**
क्वेकर सिटी	**फिलाडेल्फिया**
एंटिलीज का मोती	**क्यूबा**
विश्व का चीनी का कटोरा	**क्यूबा**
सफेद हाथियों की भूमि	**थाईलैंड**
हजार झीलों की भूमि	**फिनलैंड**
उगते सूर्य का देश	**जापान**
मध्यरात्रि के सूर्य का देश	**नॉर्वे**
स्वर्णिम पैगोडा का देश	**म्यांमार**
कंगारुओं का देश	**ऑस्ट्रेलिया**
दक्षिण का ब्रिटेन	**न्यूजीलैंड**
भूमध्यसागर की कुंजी	**जिब्राल्टर जलसंधि**
मोतियों का द्वीप	**बहरीन**
हेरिंग पॉन्ड	**अटलांटिक महासागर**
संसार की छत	**तिब्बत का पठार**
यूरोप का रोगी	**तुर्की**
यूरोप का अखाड़ा	**बेल्जियम**
यूरोप के खेल का मैदान	**स्विट्जरलैंड**
स्वर्णिम मीनारों वाला शहर	**ऑक्सफोर्ड**
चीन का शोक	**ह्वांगहो नदी**
पीली नदी	**ह्वांगहो नदी**
विश्व की रोटी की टोकरी	**प्रेयरीज** (उत्तरी अमेरिका)

> पाकिस्तान के **उत्तर-पश्चिम** में स्थित **स्वात घाटी** (Swat Valley) को **पाकिस्तान का स्वर्ग** (Paradise of Pakistan) कहा जाता है।

जलमण्डल एवं महासागरीय धाराएँ (Hydrosphere and Ocean Currents)

- एक **निश्चित दिशा** में प्रवाहित होने वाले **महासागरीय जल** को क्या कहा जाता है? **–महासागरीय धारा**

महासागरीय धाराओं की उत्पत्ति के कारण

- पृथ्वी की परिभ्रमण गति
- प्रचलित पवनें
- वायुदाब
- वाष्पीकरण एवं वर्षा
- घनत्व प्रवणता
- तापमान में अन्तर
- तटरेखा की आकृति अथवा महाद्वीपीय तटीय बाधा

- पृथ्वी की सतह का कितना भाग जल से ढका है?**–2/3 भाग**
- **हम्बोल्ट धारा** को किस अन्य नाम से भी जाना जाता है? **–पेरू की धारा** (शीत जलधारा)
- **टर्की** के उत्तर में कौन सा सागर है? **–कैस्पियन सागर**

डेटम रेखा (Datum Line) **समुद्र तल की वह क्षैतिज रेखा है, जिससे ऊँचाई** तथा **गहराई को मापा** जाता है।

- हिन्द महासागर में प्रवाहित होने वाली **अगुलहास** (Agulhas) किस प्रकार की जलधारा है? **–गर्म जलधारा**
- **सारगैसो सागर** (Sargasso Sea) का सम्बंध किस **महासागर** से है? **–उत्तरी अटलांटिक**

टेरेनियन सागर (Tyrrhenian Sea), **इटली**, **सिसली**, **सार्डिनिया** एवं **कोर्सिका** से घिरा हुआ है।

- **90 ईस्ट रिज** (90 East Ridge) किस महासागर में स्थित है? **–हिन्द महासागर**
- कौन सा देश **उत्तरी अटलांटिक प्रवाह** द्वारा सर्वाधिक लाभान्वित होने वाला देश है? **–नॉर्वे**

केनारी धारा दक्षिण **अटलांटिक महासागर** में **धाराओं के पूर्व वृत्त के निर्माण** में योगदान नहीं देती है।

- **गल्फ स्ट्रीम** (Gulf Stream) क्या है? **–महासागरीय गर्म जलधारा**

प्रमुख गर्म महासागरीय धाराएँ

प्रशान्त महासागर	अटलांटिक महासागर	हिन्द महासागर
• उत्तरी विषुवतरेखीय जलधारा	• उत्तरी विषुवतरेखीय जलधारा	• दक्षिणी विषुवतरेखीय जलधारा
• क्यूरोशियो जलधारा (जापान की काली धारा)	• दक्षिणी विषुवतरेखीय जलधारा	• मोजाम्बिक धारा
• उत्तरी प्रशांत प्रवाह	• फ्लोरिडा की धारा	• अगुलहास धारा
• अलास्का की धारा	• गल्फस्ट्रीम या खाड़ी की धारा	• ग्रीष्मकालीन मानसून प्रवाह
• सुशिमा (Tsushima) धारा	• नॉर्वे की धारा	• मेडागास्कार धारा
• दक्षिणी विषुवतरेखीय जलधारा	• प्रति विषुवतरेखीय जलधारा	हिन्द महासागर की मानसूनी जल धाराएँ प्रत्येक 6 माह में अपनी दिशा बदलती हैं।
• पूर्वी ऑस्ट्रेलिया धारा (न्यू साउथवेल्स धारा)	• अंटाइल्स या एंटीलीज धारा	
• एलनिनो धारा	–	

प्रमुख ठण्डी महासागरीय धाराएँ

प्रशान्त महासागर	अटलांटिक महासागर	हिन्द महासागर
• क्यूराइल जलधारा (ओयाशिबो धारा)	• लेब्राडोर की धारा	• पश्चिमी ऑस्ट्रेलियाई धारा
• कैलिफोर्निया धारा	• पूर्वी ग्रीनलैंड धारा	• शीतकालीन मानसून प्रवाह
• हम्बोल्ट अथवा पेरूवियन धारा	• इरमिंगर धारा	• सोमाली धारा
• अंटार्कटिका प्रवाह	• केनारी धारा	• दक्षिणी हिन्द धारा
• ओखोटस्क धारा	• फॉकलैण्ड धारा	• अण्टार्कटिक प्रवाह

बरमूडा त्रिभुज (Bermuda Triangle) **उत्तर-पश्चिम अटलांटिक महासागर में** अवस्थित है, जो **भौतिकी के नियमों** से सम्बद्ध है।

सागरीय तापमान, लवणता एवं ज्वार-भाटा (Ocean Temperature, Salinity and Tide)

महासागरीय जल के तापमान को प्रभावित करने वाले कारक

- अक्षांशीय स्थिति (Lattitude)
- सनातनी (प्रचलित) पवनें (Prevailing Winds)
- स्थल तथा जल का असमान वितरण
- महासागरीय धाराएँ (Ocean Current)
- समीपवर्ती स्थल खण्डों का प्रभाव (Effect of Adjacent Land Masses)
- लवणता (Salinity)
- प्लावी हिमखण्ड तथा प्लावी हिमशैल (Ice-Floes and Ice-Bergs)

♦ **सागरीय जल** में **लवणता प्रति हजार ग्राम** (‰) कितनी होती है? –**30‰** (औसत लवणता 35‰)

♦ **सागरीय लवणता** का मुख्य स्रोत है –**भूमि**

सागरीय जल की लवणता में सर्वाधिक योगदान **सोडियम क्लोराइड** (77.8%) लवण का होता है।

♦ **ग्रेट साल्ट झील** (Great Salt Lake) कहाँ स्थित है? –**संयुक्त राज्य अमेरिका**

♦ विश्व में **सर्वाधिक लवणीय सागर/झील** कौन सा/सी है? –**टर्की की वॉन झील** (330‰)

♦ **अरब सागर** के पानी का औसत खारापन कितना है? –**35‰**

♦ **जॉर्डन** के **मृत सागर** (Dead Sea) में **औसत लवणता** कितनी है? –**238‰**

तापमान का क्षैतिक वितरण

उत्तरी एवं दक्षिणी अक्षांश	प्रशांत महासागर	अटलांटिक महासागर	हिन्द महासागर
0°–10°	26.01	25.18	27.14
10°–20°	25.11	23.16	25.85
20°–30°	21.53	21.20	22.53
30°–40°	16.98	16.90	17.00
40°–50°	11.16	8.68	8.67
50°–60°	5.0	1.78	1.63

विभिन्न सागरों व महासागरों की लवणता

स्थान	लवणता (‰ में)
• महासागरों की औसत लवणता	35.00 ‰
• प्रशांत महासागर की औसत लवणता	31 से 35 ‰
• अटलांटिक महासागर की औसत लवणता	36.00 ‰
• हिन्द महासागर की औसत लवणता	35.00 ‰
• बंगाल की खाड़ी की लवणता	30.00 ‰
• अरब सागर की लवणता	36.00 ‰
• ग्रेट साल्ट लेक सं.रा. अमेरिका की लवणता	220.00 ‰
• अयनवर्ती अक्षांशों पर महासागरीय लवणता	38.00 ‰
• खुले सागरों की लवणता	33 से 37 ‰
• कैस्पियन सागर के उत्तरी भाग में लवणता	14.00 ‰
• काराबुगास की खाड़ी में लवणता	33.00 ‰

लघु व निम्न ज्वार की उत्पत्ति

(सूर्य, पृथ्वी तथा चन्द्रमा की लम्बवत् स्थिति)

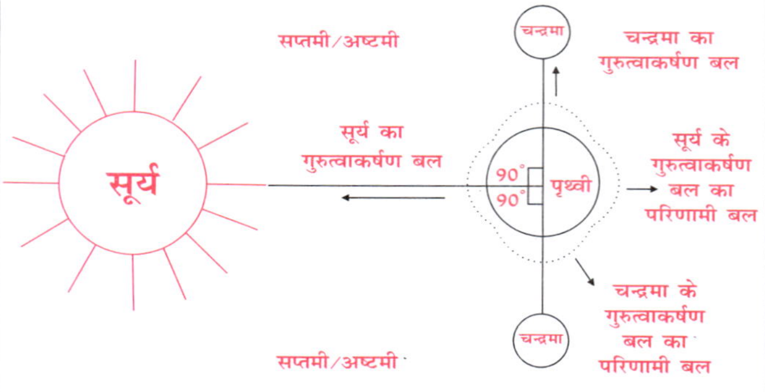

♦ महासागर में **ज्वार-भाटा की उत्पत्ति** के क्या कारण हैं? –**गुरुत्वाकर्षण, अभिकेन्द्रीय बल** तथा **अपकेन्द्रीय बल**

♦ **एक स्थान** पर एक दिन में **एक ज्वार** और **एक भाटा** आता है, तो उसे क्या कहते हैं? –**दैनिक ज्वार-भाटा**

♦ महासागर में **ऊँची जल तरंगें** किससे उत्पन्न होती हैं? –**चन्द्रमा**

जब **सूर्य, पृथ्वी तथा चन्द्रमा एक सीधी रेखा में** अर्थात् **सिजिगी** (Syzygy) हो, तब **वृहत् ज्वार** उत्पन्न होता है।

♦ **एक स्थान** पर एक दिन में **दो बार** उत्पन्न **ज्वार के मध्य** कितने समय का अन्तर होता है? –**24 घण्टे 26 मिनट**

पृथ्वी के परिभ्रमण (घूर्णन) के कारण **24 घंटे** में **प्रत्येक स्थान** पर **दो बार ज्वार** एवं **दो बार भाटा** आता है।

नदियाँ (Rivers)

- दीर्घ काल में किसी जलधारा की उत्पत्ति व विकास को किस रूप में परिभाषित किया जाता है? **–अपवाह तंत्र**
- विश्व की **सबसे लम्बी नदी** कौन सी है? **–नील नदी**
- **अपवाह क्षेत्र** (Drainage Area) की दृष्टि से, **विश्व की सबसे बड़ी नदी** कौन सी है? **–अमेजन** (दक्षिण अमेरिका)

> एशिया की **मेकांग नदी चीन**, **म्यांमार**, **लाओस**, **थाईलैण्ड** व **वियतनाम** देशों से प्रवाहित होती है।

- विश्व का **वृहत्तम डेल्टा** कहाँ निर्मित है?**–गंगा ब्रह्मपुत्र द्वारा**
- वह कौन सी नदी है, जो पाँच यूरोपीय देशों की राजधानियों से होकर प्रवाहित होती है? **–डेन्यूब नदी**
- **वोल्गा नदी** कहाँ गिरती है? **–कैस्पियन सागर में**
- **स्विट्ज़रलैण्ड**, **जर्मनी** तथा **नीदरलैण्ड्स** से प्रवाहित होने वाली कौन सी नदी **भ्रंश घाटी** (Rift Valley) में प्रवाहित होती है? **–राइन**
- अफ्रीका महाद्वीप की कौन सी नदी **मकर रेखा** (Tropic of Capricorn) को दो बार काटती है? **–लिम्पोपो नदी**
- वह देश, जो **अरीय अपवाह** (Radian Drainage) का उदाहरण प्रस्तुत करता है? **–श्रीलंका**
- **सर** और **आमू दरिया** नामक नदियाँ किस सागर में गिरती हैं ? **–अरल सागर में**
- **काला सागर** (Black Sea) में गिरने वाली प्रमुख कौन सी नदियाँ हैं? **–नीपर, डेन्यूब, नीस्टर, डॉन**
- **डेल्टा का निर्माण** किस स्थान पर होता है?**–छिछले समुद्र में**

विश्व की प्रमुख नदियाँ

- **नील नदी :** अफ्रीका महाद्वीप में विक्टोरिया झील से निकलने वाली यह नदी **विश्व की सबसे लम्बी नदी** (6650 किमी.) है। स्थित **अस्वान बाँध** व **नासिर झील** इसी नदी पर स्थित हैं।
- **अमेजन :** आयतन की दृष्टि से यह **विश्व की सबसे बड़ी** एवं लम्बाई में विश्व की **दूसरी सबसे लम्बी नदी** (6400 कि.मी.) है।
- **मिसीसिपी-मिसौरी नदी : उत्तरी अमेरिका** की ये नदियाँ विश्व का **सबसे बड़ा नदी-तंत्र** बनाती हैं। ये नदी **पक्षी-पाद डेल्टा** (Bird Foot Delta) बनाती है।
- **रियो-ग्रांडे :** यह नदी **संयुक्त राज्य अमेरिका** व **मैक्सिको** की सीमा बनाती है।
- **सेंट-लॉरेंस नदी :** यह विश्व का व्यस्ततम् आंतरिक **जल परिवहन मार्ग** है। **नियाग्रा जलप्रपात** इसी नदी पर स्थित है।
- **कोलोरैडो नदी :** विश्व प्रसिद्ध **ग्रैंड कैनियन** एवं **हूवर बाँध** इसी नदी पर स्थित है।
- **अमूर नदी :** यह नदी **चीन** व **रूस** की सीमा बनाती है।
- **डेन्यूब नदी** (Danube River) **:** जर्मनी के ब्लैक फॉरेस्ट पर्वत से निकलने वाली यह नदी यूरोपीय देशों के राजधानियों **बेलग्रेड** (यूगोस्लाविया), **ब्राटिस्लावा** (स्लोवानिया), **बुखारेस्ट** (रोमानिया), **बुडापेस्ट** (हंगरी) व **वियना** (आस्ट्रिया) से गुजरते हुए काला सागर में गिरती है।
- **मेकांग नदी :** यह दक्षिण-पूर्व **एशिया की सबसे लम्बी नदी** है।
- **वोल्गा नदी :** वल्दाई पहाड़ी से निकलने वाली यह नदी कैस्पियन सागर में गिरती है। यह **यूरोप की सबसे लम्बी नदी** है।
- **नाइजर नदी : गिनी की खाड़ी** में गिरने वाली यह नदी **तेल नदी** (Oil river) के नाम से भी प्रसिद्ध है।
- **जाम्बेजी नदी** (Zambezi River) **: विक्टोरिया जल-प्रपात** व **करीबा बाँध** इसी पर स्थित हैं। यह **अफ्रीका महाद्वीप** की चौथी सबसे लम्बी नदी है।
- **कांगो/जायरे नदी** (Congo/Zaire River) **:** यह नदी **विषुवत रेखा को दो बार काटते** हुए पार करती है। **स्टेनले** व **लिविंगस्टोन जलप्रपात** इसी पर स्थित है।
- **लिम्पोपो नदी :** यह नदी दक्षिण अफ्रीका के **हाई वेल्ड** से निकलने वाली यह नदी **मकर रेखा** को **दो बार काटती** है।
- **माही नदी :** भारत की यह नदी **कर्क रेखा** को **दो बार काटती** है।
- **राइन** (Rhine) **:** यह **यूरोप** का **व्यस्ततम् आंतरिक जल परिवहन मार्ग** है। इसे **कोयला नदी** (Coal River) भी कहा जाता है। यूरोप का व्यस्ततम् बंदरगाह **रॉटरडम** इसी पर स्थित है।
- **मर्रे-डार्लिंग** (Murray-Darling) **:** ये नदियाँ **कोश्यूस्को पर्वत** से निकलती हैं। यह **ऑस्ट्रेलिया का सबसे बड़ा नदी** तंत्र है।

> **म्यांमार** की **इरावदी** और **सालवीन** नदियों के **दोआब क्षेत्र** को **पूर्व का चावल का कटोरा** कहा जाता है।

नदियों के किनारे स्थित नगर (Cities on the Bank of River)

- रूस का वोल्गोग्राड शहर किस नदी के किनारे अवस्थित है?
  -वोल्गा (यूरोप की सबसे लम्बी नदी)
- लन्दन किस नदी के तट पर स्थित है?
  -थेम्स नदी (Thames River)
- सेंट पीटर्सबर्ग किस नदी के तट पर स्थित है? -नेवा नदी
- दक्षिण कोरिया की राजधानी सियोल किस नदी के तट पर स्थित है? -हान नदी

नदियों के किनारे स्थित विश्व के महत्वपूर्ण नगर

नगर	देश	नदी
• वियना	ऑस्ट्रिया	डेन्यूब
• ड्रेसडेन	जर्मनी	एल्ब
• सिडनी	ऑस्ट्रेलिया	डार्लिंग
• यंगून	म्यांमार	इरावती
• क्यूबेक	कनाडा	सेंट लॉरेंस
• वारसॉ	पोलैंड	विश्चुला
• हैम्बर्ग	जर्मनी	एल्ब
• बगदाद	इराक	टिगरिस (दजला)
• रोम	इटली	टाइबर
• न्यूयॉर्क	सं. रा. अमेरिका	हडसन
• लाहौर	पाकिस्तान	रावी
• कराची	पाकिस्तान	सिंधु
• वॉशिंगटन डी.सी	सं.रा. अमेरिका	पोटोमैक
• लंदन	ब्रिटेन	टेम्स
• मॉस्को	रूस	मस्कोवा
• कोलोन	जर्मनी	राइन
• ब्यूनस ऑयर्स	अर्जेंटीना	ला प्लाटा
• मांट्रियल	कनाडा	सेंट लॉरेंस
• न्यू आर्लियन्स	सं. रा. अमेरिका	मिसीसिपी
• अल कैरो (काहिरा)	मिस्त्र	नील
• बर्लिन	जर्मनी	स्प्री
• दिल्ली	भारत	यमुना
• शंघाई	चीन	यांग्त्सीक्यांग
• पेरिस	फ्रांस	सीन

- भारत की राजधानी दिल्ली किस नदी के किनारे बसा है?
  -यमुना

दजला एवं फरात नदी के संगम पर ईराक का बसरा शहर बसा हुआ है।

- जर्मनी का हैम्बर्ग शहर किस नदी के तट पर स्थित है? -एल्ब
- फ्रांस की राजधानी पेरिस किस नदी के तट पर बसी हुई है?
  -सीन
- सर्बिया का बेल्ग्रेड शहर किस नदी के किनारे स्थित है?
  -डैन्यूब
- श्वेत और ब्लू नील नदी के संगम पर कौन सा शहर बसा हुआ है? -खारतूम (सूडान)
- टाइबर नदी किस नगर से होकर प्रवाहित होती है?-रोम से

पर्यावरण संरक्षण से संबद्ध संस्था द्वारा विश्व की विलुप्तप्राय 10 नदियाँ चिन्हित

नदियाँ		महाद्वीप
1.	डैन्यूब	यूरोप
2.	रियो ग्रांडे	उत्तरी अमेरिका
3.	ला-प्लाटा	उत्तरी अमेरिका
4.	यांग्त्जे	एशिया
5.	मेकांग	एशिया
6.	सालवीन	एशिया
7.	गंगा	एशिया
8.	सिंधु	एशिया
9.	नील	अफ्रीका
10.	मर्रे-डार्लिंग	ऑस्ट्रेलिया

विश्व की सबसे लंबी नदियाँ

नदी	महाद्वीप	नदी	महाद्वीप
• नील	अफ्रीका	• अमेजन	द. अमेरिका
• यांग्त्सीक्यांग	एशिया	• मिसीसिपी-मिसौरी	उ. अमेरिका
• ह्वांगहो	एशिया	• जायरे	अफ्रीका
• पराना	द. अमेरिका	• इर्टिश	एशिया
• अमूर	एशिया	• लीना	एशिया

संयुक्त राज्य अमेरिका (U.S.A.) की राजधानी वाशिंगटन डी.सी. (Washington D.C.) पोटोमैक नदी के किनारे अवस्थित है।

द्वीप (Islands)

- विश्व का सबसे बड़ा द्वीप कौन सा है? –ग्रीनलैंड
- विश्व का दूसरा सबसे बड़ा द्वीप कौन सा है? –न्यूगिनी द्वीप
- डिएगो गार्सिया कहाँ स्थित है? –हिंद महासागर में
- एसेंशियन द्वीप किस देश का औपनिवेश (Colonial) है? –इंग्लैण्ड का

प्रशान्त महासागरीय द्वीपों में सोलेमन द्वीप (Solomon Island) मेलेनेसिया द्वीप समूह में स्थित हैं।

- न्यूफाउंडलैण्ड द्वीप किस व्यवसाय के लिए प्रसिद्ध है? -मत्स्य के लिए
- फिजी द्वीप किस महासागर में स्थित है?-प्रशान्त महासागर में
- अल्यूशियन द्वीपों को संयुक्त राज्य अमेरिका ने किस देश से खरीदा है? –रूस (वर्ष 1867)
- पूर्वी द्वीप समूह का कौन सा द्वीप तीन देशों में विभाजित है? –बोर्नियो द्वीप

विश्व का सबसे बड़ा नदी द्वीप (माजुली द्वीप) ब्रह्मपुत्र नदी पर स्थित है।

- हिंद महासागर का सबसे बड़ा द्वीप कौन सा है? –मेडागास्कर
- कालीमंतन (Kalimantan) किस द्वीप का भाग है? –बोर्नियो द्वीप

विश्व के 10 सबसे बड़े द्वीप

क्र.	द्वीप	क्षेत्रफल (वर्ग किमी.)
1.	ग्रीनलैंड	2,175,600
2.	न्यूगिनी	7,85,753
3.	बोर्नियो	7,48,168
4.	मेडागास्कर	5,87,713
5.	बैफिन	5,07,451
6.	सुमात्रा	4,43,066
7.	होंशू	2,25,800
8.	विक्टोरिया	2,17,290
9.	ग्रेट ब्रिटेन	2,09,331
10.	एलेस्मर द्वीप	1,96,236

- मॉरीशस द्वीप किस महासागर में स्थित है? –दक्षिण हिंद महासागर में
- जापान का सबसे बड़ा द्वीप कौन सा है? –होन्शू
- चीन से मकाओ द्वीप का स्थानांतरण किस वर्ष हुआ? –वर्ष 1999 में
- बेलिएरिक द्वीप समूह किस सागर में स्थित है?-भूमध्य सागर में
- किस महाद्वीप को द्वीपीय महाद्वीप कहा जाता है? –ऑस्ट्रेलिया

प्रमुख द्वीप के नाम	अवस्थिति
• सेशेल्स द्वीप	हिंद महासागर में
• फेरो द्वीप	उत्तर अटलांटिक महासागर में
• न्यूफाउंडलैंड	उत्तर-पश्चिमी अंटलाटिक महासागर
• हवाई द्वीप	प्रशांत महासागर में
• कोर्सिका द्वीप	भूमध्य सागर में
• क्यूबा द्वीप	कैरीबियन सागर में
• तस्मानिया	दक्षिण–पश्चिम प्रशांत महासागर में
• आइसलैंड	आर्कटिक महासागर में
• साइप्रस द्वीप	भूमध्य सागर में
• एसेंशियन द्वीप	दक्षिण अटलांटिक महासागर में
• वैंकूवर द्वीप	उत्तर प्रशांत महासागर में
• बहरीन द्वीप	फारस की खाड़ी में
• अल्यूशियन द्वीप	प्रशांत महासागर में
• बैफिन द्वीप	उत्तर आर्कटिक महासागर में
• बैंक द्वीप	ब्यूफोर्ट सागर में
• लिपारी द्वीप	उत्तर भूमध्यसागर में
• प्रिंस एडवर्ड द्वीप	उत्तरी अटलांटिक महासागर में
• क्वीन एलिजाबेथ द्वीप	कनाडा एवं ग्रीनलैंड के मध्य
• सिसली द्वीप	दक्षिण भूमध्यसागर में
• नौरू	पश्चिम प्रशांत महासागर में
• फिजी द्वीप	दक्षिण–पश्चिम प्रशांत महासागर में
• सिसली द्वीप	दक्षिण भूमध्यसागर में
• ट्रिनिडाड व टोबैगो द्वीप	कैरीबियन सागर में
• फॉकलैंड द्वीप	दक्षिण अटलांटिक महासागर
• मॉरीशस द्वीप	दक्षिण हिंद महासागर में
• कनारी द्वीप	उत्तरी अटलांटिक महासागर

जापान के चार प्रमुख द्वीपों का क्षेत्रफल के आधार पर अवरोही क्रम होंशू, होकैडो, क्यूशू एवं शिकोकू हैं।

प्रमुख झीलें एवं जल प्रपात (Major Lakes and Waterfalls)

झीलों के प्रकार (Types of Lakes)

- निर्माण प्रक्रिया के आधार पर
  - प्राकृतिक झीलें
  - कृत्रिम झीलें
- जल की प्रकृति के आधार पर
  - खारे जल की झीलें
  - मीठे जल की झीलें
- उत्पत्ति के आधार पर
  - भूकम्प निर्मित झीलें
  - वलन से निर्मित झीलें
  - भ्रंशन द्वारा निर्मित झीलें
  - दरार घाटी की झीलें
  - हिमानी झीलें
  - गोखुर झीलें
  - जलोढ़ झीलें
  - डेल्टा झीलें

- विश्व में **ताजे जल की सबसे बड़ी झील** कौन सी है
  –सुपीरियर झील
- विश्व की **सर्वाधिक गहरी झील** कौन सी है?
  –बैकाल झील (रूस, गहराई–1642 मीटर)
- **विक्टोरिया जल प्रपात** किस नदी पर अवस्थित है?
  –जाम्बेजी

नियाग्रा जलप्रपात (Niagara Falls) **कनाडा** एवं **संयुक्त राज्य अमेरिका** के मध्य में स्थित है।

- **क्षेत्रफल** और **आयतन** के आधार पर खारे जल की विश्व की सबसे बड़ी झील है? **–कैस्पियन सागर**
- प्रसिद्ध **अंगुलिनुमा** झीलें (Finger Lakes) किस देश में स्थित हैं? **–संयुक्त राज्य अमेरिका** (11 झीलों का समूह)
- विश्व का **सबसे ऊँचा जल प्रपात** कौन सा है?
  –एंजिल जलप्रपात
- **ग्रेट साल्ट लेक** किस श्रेणी की झील है?
  –दरार घाटी (Rift Valley) **की झील**

विश्व के सर्वोच्च जलप्रपात

जलप्रपात	देश	जलप्रपात	देश
• एंजिल	वेनेजुएला	• गैवेर्न	फ्रांस
• टुगेला	दक्षिण अफ्रीका	• टाइसेफालेन	नॉर्वे
• योसेमाइट	सं. रा. अमेरिका	• रिचेनबैख	स्विट्जरलैंड
• सुदरलैंड	न्यूजीलैंड	• मर्डल्सफोसेन	नॉर्वे
• वोलोमोम्बी	आस्ट्रेलिया	• रिब्बन	सं. रा. अमेरिका

क्षेत्रफल के आधार पर विश्व की प्रमुख झीलें

झीलें	स्थिति
• कैस्पियन सागर	कजाखस्तान, रूस, तुर्कमेनिस्तान, अजरबैजान व ईरान
• सुपीरियर	कनाडा व संयुक्त राज्य अमेरिका
• विक्टोरिया	युगांडा, केन्या व तंजानिया
• ह्यूरॉन	कनाडा व संयुक्त राज्य अमेरिका
• मिशीगन	संयुक्त राज्य अमेरिका
• ग्रेट बियर	कनाडा
• ग्रेट स्लेव	कनाडा
• इरी	कनाडा व संयुक्त राज्य अमेरिका
• विनिपेग	कनाडा
• ओंटारियो	कनाडा व संयुक्त राज्य अमेरिका
• लाडोगा	रूस
• बाल्खश	कजाखस्तान
• ओनेगा	रूस
• अथाबास्का	कनाडा
• रेंडियर	कनाडा
• इसिक कुल	किर्गिस्तान
• विनिपेग	कनाडा
• अल्बर्ट	युगांडा व कांगो
• मनीटोबा	कनाडा
• ग्रेट साल्ट	अमेरिका
• वुड	कनाडा व संयुक्त राज्य अमेरिका

लुडविग नहर (Ludwig Canal) दक्षिण जर्मनी में **आंतरिक जलमार्ग** (Internal Waterway) के रूप में प्रयोग की जाती है।

जलसंधियाँ (Straits)

- **डेविस जलसंधि** किन दो जल क्षेत्रों को जोड़ती है?
  –**बैफिन खाड़ी** एवं **अटलांटिक महासागर को**
- कौन सी **जलसंधि** (Strait) **यूरोप** को **अफ्रीका** से पृथक् करती है? –**जिब्राल्टर**

आर्कटिक महासागर एवं **प्रशान्त महासागर** को **बेरिंग जलसंधि** जोड़ती है।

- **हॉर्मुज जलसंधि** (Hormuz Strait) कहाँ स्थित है?
  –**फारस की खाड़ी** तथा **ओमान की खाड़ी के मध्य**
- **एशिया** को **उत्तरी अमेरिका** से कौन सा जलडमरुमध्य पृथक करता है? –**बेरिंग**
- 6^0 **चैनल** (Six degree Channel) किन दो क्षेत्रों को पृथक करता है? –**ग्रेट निकोबार को सुमात्रा** (इण्डोनेशिया) **से**
- **इंग्लिश चैनल** एवं **उत्तरी सागर** को कौन सी जलसंधि जोड़ती है –**डोवर जलसंधि**

यूनाइटेड किंगडम और **फ्रांस** को जोड़ने वाली सुरंग **डोवर जलडमरूमध्य** से निकाली गई है।

- **पाक जलडमरूमध्य** (Palk Strait) किन दो जलराशियों के मध्य स्थित है? –**मन्नार की खाड़ी** और **बंगाल की खाड़ी**
- **लाल सागर** को **अदन की खाड़ी** से कौन सी जलसंधि जोड़ती है? –**बाब-अल-मांडेब** (Bab-el-Mandeb)

विश्व की प्रमुख जलसंधियाँ

जलसंधि	किनको जोड़ती है	अवस्थिति
• मलक्का जलसंधि	अंडमान सागर एवं दक्षिण चीन सागर	इंडोनेशिया-मलेशिया
• पाक जलसंधि	मन्नार की खाड़ी एवं बंगाल की खाड़ी	भारत-श्रीलंका
• सुंडा जलसंधि	जावा सागर एवं हिंद महासागर	इंडोनेशिया
• यूकॉटन जलसंधि	मैक्सिको की खाड़ी एवं कैरेबियन सागर	मैक्सिको-क्यूबा
• ओरंटो जलसंधि	एड्रियाटिक सागर एवं आयोनियन सागर	इटली-अल्बानिया
• बाब-अल-मांडेब जलसंधि	लाल सागर-अदन की खाड़ी	यमन-जिबूती
• मोजाम्बिक चैनल	हिन्द महासागर	मोजाम्बिक-मेडागास्कर
• नॉर्थ चैनल	आयरिस सागर एवं अटलांटिक महासागर	आयरलैंड-इंग्लैंड
• टॉरस जलसंधि	अराफुरा सागर एवं पापुआ की खाड़ी	पापुआ न्यूगिनी - ऑस्ट्रेलिया
• बॉस जलसंधि	तस्मान सागर एवं दक्षिण सागर	ऑस्ट्रेलिया
• बेरिंग जलसंधि	बेरिंग सागर एवं चुकची सागर	अलास्का-रूस
• बॉस्पोरस जलसंधि	काला सागर एवं मरमरा सागर	तुर्की
• डेविस जलसंधि	बैफिन खाड़ी एवं अटलांटिक महासागर	ग्रीनलैंड-कनाडा
• डेनमार्क जलसंधि	उत्तरी अटलांटिक एवं आर्कटिक महासागर	ग्रीनलैंड-आइसलैंड
• डोवर जलसंधि	इंग्लिश चैनल एवं उत्तरी सागर	इंग्लैंड-फ्रांस
• फ्लोरिडा जलसंधि	मैक्सिको की खाड़ी एवं अटलांटिक महासागर	संयुक्त राज्य अमेरिका-क्यूबा
• हॉर्मुज जलसंधि	फारस की खाड़ी एवं ओमान की खाड़ी	ओमान-ईरान
• हडसन जलसंधि	हडसन की खाड़ी एवं अटलांटिक महासागर	कनाडा
• जिब्राल्टर जलसंधि	भूमध्य सागर एवं अटलांटिक महासागर	स्पेन-मोरक्को
• मैगलन जलसंधि	प्रशांत एवं दक्षिण अटलांटिक महासागर	चिली
• फोवेक्स जलसंधि	दक्षिणी प्रशांत महासागर	न्यूजीलैंड (दक्षिणी द्वीप-स्टीवर्ट द्वीप)
• फार्मोसा जलसंधि	दक्षिणी चीन सागर-पूर्वी चीन सागर	चीन-ताइवान

मलक्का जलसंधि मलेशिया को **सुमात्रा द्वीप** से पृथक करती है तथा **अण्डमान सागर** को **दक्षिण चीन सागर** से जोड़ती है।

प्रमुख नहरें एवं बाँध (Major Canals and Dams)

- **पनामा नहर** किन दो महासागरों को जोड़ती है?
  –**प्रशान्त महासागर** एवं **कैरेबियन सागर को**
- किस नहर को **एशिया** एवं **अफ्रीका महाद्वीप** के मध्य की सीमा रेखा माना जाता है? –**स्वेज नहर**

स्वेज नहर विश्व की सबसे बड़ी **पोत वाहक नहर** (Vessel Carrier Canal) है।

- **सू नहर** (Su Canal) किन दो झीलों को जोड़ती है
  –**सुपीरियर** और **ह्यूरॉन झील को**
- **स्वेज नहर** के दोनों सिरों पर कौन से पत्तन स्थित है?
  –**पोर्ट सईद** तथा **स्वेज पोर्ट**

पराना नदी पर निर्मित **इतेपु बाँध** विश्व के सबसे बड़े बाँधों में से एक है। यह **ब्राजील** और **पराग्वे** दो देशों की संयुक्त परियोजना है।

- **अस्वान उच्च बाँध** (Aswan High Dam) कहाँ स्थित है
  –**मिस्र में** (नील नदी पर)
- **कील नहर** किन दो सागरों को जोड़ती है?
  –**उत्तरी सागर** और **बाल्टिक सागर को**
- विश्व का **सबसे लम्बा समुद्र सेतु** बनाया गया है
  –**जियाओझु खाड़ी में**
- विश्व का **सबसे ऊँचा बाँध** कौन सा है?
  –**वख्श नदी पर निर्मित रोगन बाँध (ताजिकिस्तान)**

विश्व के प्रमुख बाँध

बाँध	नदी	देश
• नुरेक	वख्श	रूस
• भाखड़ा	सतलज	भारत
• कुरोबेगावा	कुरोबे	जापान
• काबोराबासा	जाम्बेजी	जाम्बिया
• करीबा बाँध	जाम्बेजी	जाम्बिया
• आस्वान	नील	मिस्र
• अकोसोम्बो	वोल्टा	घाना
• ग्रांड डिक्शेंस	डिक्शेंस	स्विट्जरलैंड
• वैजोन्ट	वैजोन्ट	इटली
• ओरोविले	फीदर	संयुक्त राज्य अमेरिका
• हूबर	कोलोरैडो	संयुक्त राज्य अमेरिका
• वारागाम्बा	वारागाम्बा	ऑस्ट्रेलिया

विश्व की प्रमुख नहरें एवं उनसे सम्बंधित महत्त्वपूर्ण तथ्य

नहर का नाम	किस-किसको जोड़ती	अवस्थिति
• **स्वेज नहर** (Suez Canal)	लाल सागर और भूमध्यसागर को	मिस्र
• **पनामा नहर** (Panama Canal)	कैरिबियन सागर और प्रशांत महासागर को	पनामा
• **वोल्गा डान नहर** (Volgaz Don Canal)	रोस्टोव और स्टालिनग्राद को	रूस
• **कील नहर** (Kiel Canal)	उत्तरी सागर और बाल्टिक सागर को	जर्मनी
• **उत्तरी सागर नहर** (North Sea Canal)	उत्तरी सागर और एम्स्टरडम को	जर्मनी
• **ईरी नहर** (Erie Canal)	हडसन नदी और ईरी झील	अमेरिका
• **सू नहर** (Soo Canal)	सुपीरियर झील और ह्यूरॉन झील को	अमेरिका
• **के. पी. नहर** (K.P.Canal)	आंध्र प्रदेश और तमिलनाडु को	भारत
• **गोटा नहर** (Gota Canal)	स्टॉकहोम और गुटेनबर्ग को	स्वीडन
• **मैनचेस्टर नहर** (Manchester Canal)	मैनचेस्टर और लिवरपुल को	ग्रेट ब्रिटेन
• **बेलैंड नहर** (Beland Canal)	ईरी और ओंटेरियो को	अमेरिका

पनामा नहर (Panama Canal) **अटलांटिक महासागर** को **प्रशांत महासागर** से जोड़ती है। इसकी लम्बाई **लगभग 82 किमी.** है।

वायुमण्डल (Atmosphere)

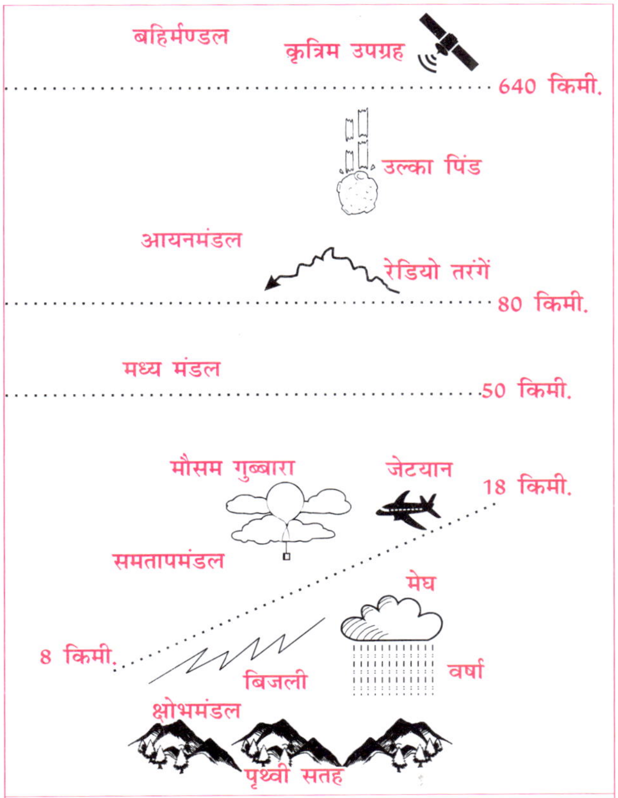

वायुमंडल की संरचना व विभिन्न परतें

पृथ्वी के चारों ओर व्याप्त **गैसों का विशाल आवरण** (Giant cover of Gases) जो पृथ्वी का अंग है और उसे चारों तरफ से घेरे हुए है, **वायुमण्डल** (Atmosphere) कहलाता है।

- **रासायनिक संघटन** की दृष्टि से वायुमंडल को दो परतों में बाँटा गया है- (i) **सममंडल** (Homosphere) एवं (ii) **विषममंडल** (Heterosphere)
- अधिकांश **मौसमी गतिविधियाँ** किस वायुमण्डलीय परत में घटित होती हैं? –**क्षोभमंडल** (Troposphere) **में**
- वायुमण्डल की कौन सी परत **विमानों की उड़ान के लिए आदर्श** मानी जाती है? –**समताप मंडल** (Stratosphere)
- **ओजोन परत** वायुमंडल की किस परत में अवस्थित है? –**समताप मंडल में**
- पृथ्वी की सतह से **ओजोन मण्डल** (Ozonosphere) की ऊँचाई कितनी है? – **लगभग 15-35 किमी.**
- **रेडियो तरंगों के परावर्तन** के लिए वायुमंडल का कौन सा स्तर उत्तरदायी है? –**आयनमंडल** (Ionosphere)
- कौन सी **अक्रिय गैस** (Inert Gas) वायुमण्डल में नही पायी जाती है? –**रेडॉन** (Radon)
- वायुमण्डल की कौन सी परत **दूरसंचार प्रणाली** के लिए उत्तरदायी होती है? –**आयनमंडल**
- **संचार उपग्रह** (Communication Satellite) वायुमंडल के किस स्तर में स्थापित किए जाते हैं? –**तापमण्डल एवं बहिर्मण्डल** (Exosphere) **में**

पृथ्वी पर **हिम से आच्छादित भूमि** क्षेत्र सर्वाधिक **सूर्याताप को परावर्तित** करता है।

- पृथ्वी पर सबसे **उच्चतम तापक्रम** कहाँ पर रिकॉर्ड किए जाते हैं? –**20^0 उत्तरी अक्षांश में**
- साफ रातें, मेघयुक्त रातों की अपेक्षा अधिक ठंडी क्यों होती हैं? –**विकिरण की अनुपस्थिति के कारण**
- वायुमण्डल में **ऑक्सीजन गैस की उपस्थिति** कितने किमी. की ऊँचाई तक पायी जाती है? – **लगभग 64 किमी. तक**
- **विद्युत आवेशित कणों की प्रधानता** वायुमण्डल की किस परत में पायी जाती है? –**आयनमण्डल**

समताप मंडल में स्थित **ओजोन परत का कार्य भूतल पर पराबैंगनी विकिरण को रोकना** है।

- ओजोन परत के संरक्षण के लिए **मॉण्ट्रियल प्रोटोकॉल** पर किस वर्ष सहमति बनी थी? –**वर्ष 1987**

पृथ्वी की सतह पर शुष्क वायु का रासायनिक संघटन

क्र.	गैसें (घटक)	सूत्र	द्रव्यमान (% में)
1.	नाइट्रोजन	N_2	78.8
2.	ऑक्सीजन	O_2	20.95
3.	आर्गन	Ar	0.93
4.	कार्बन डाइऑक्साइड	CO_2	0.036
5.	निऑन	Ne	0.002
6.	हीलियम	He	0.0005
7.	क्रिप्टॉन	Kr	0.001
8.	जेनॉन	Xe	0.00009
9.	हाइड्रोजन	H_2	0.00005

मध्यमण्डल (Mesosphere) सीमा पर तापमान गिरकर **–95°C** (औसत) तक पहुँच जाता है, जो **वायुमंडल का न्यूनतम तापमान** है।

चक्रवात (Cyclones)

♦ वायुमण्डल में पाये जाने वाले चक्रीय **पवन विक्षोभों** को **चक्रवात** के नाम से जाना जाता है। ये वस्तुतः निम्न वायुदाब के क्षेत्र होते हैं।

♦ इनमें पवन की दिशा **उत्तरी गोलार्द्ध** में घड़ी की सुई की दिशा के विपरीत तथा **दक्षिणी गोलार्द्ध** में अनुकूल होती है।

चक्रवात के प्रकार (Type of Cyclone)

- **शीतोष्ण कटिबंधीय चक्रवात** (Temperate Cyclone)
- **उष्ण कटिबंधीय चक्रवात** (Tropical Cyclones)

♦ **कर्क रेखा** व **मकर रेखा** के निकट कौन सा **चक्रवात** उत्पन्न होता है? **–उष्णकटिबंधीय चक्रवात**

♦ **टाइफून** चक्रवात से कौन सा क्षेत्र प्रभावित होता है? **–चीन सागर**

शीतोष्ण कटिबंधीय चक्रवात **35°–65° अक्षांशों** के मध्य उत्पन्न होते हैं।

♦ **ग्रीष्म काल** में Inter Tropical Convergence Zone (ITCZ) का विस्थापन **भूमध्यरेखा** से किस गोलार्द्ध की ओर होता है? **–उत्तरी गोलार्द्ध**

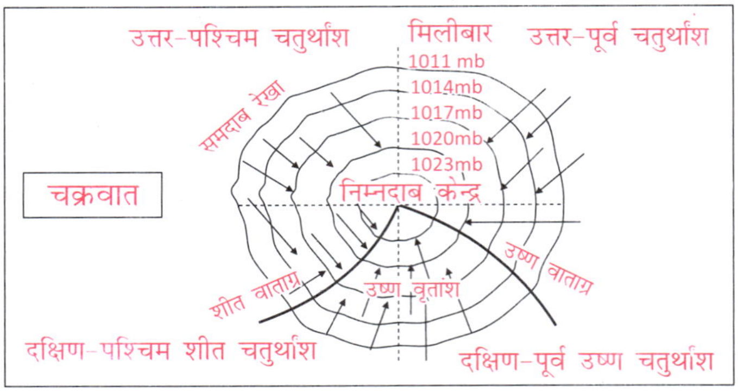

♦ **टॉरनेडो की तीव्रता** के मापन हेतु किस मापक का प्रयोग किया जाता है? **–फुजीटा स्केल**

टॉरनेडो (Tornado) का सम्बंध मुख्यतः **संयुक्त राज्य अमेरिका** और **ऑस्ट्रेलिया** से है।

♦ **विली-विली** क्या है? **–उत्तर-पश्चिम ऑस्ट्रेलिया का उष्ण कटिबंधीय चक्रवात**

♦ **तूफानों की निरन्तर गति मापने** के लिए किसका प्रयोग किया जाता है? **–साफिर-सिंपसन स्केल** (Saffir-Simpson Scale)

विश्व के प्रमुख चक्रवात

वर्ष	चक्रवात (Cyclone)
2017	**मोरा** (बंगाल की खाड़ी), **हार्वे** (मध्य टेक्सास प्रांत, संयुक्त राज्य अमेरिका), **मैथ्यू** (संयुक्त राज्य अमेरिका)।
2018	**तितली चक्रवाती तूफान** (भारत), **सामर** (सोमालिया, गल्फ आफ अढन) **लुबान** (अरब समुद्र), **गाजा** (गल्फ आफ आईलैंड), **हरिकेन माइकल** (संयुक्त राज्य अमेरिका) **टाइफून युतु** (फिलीपींस), **हरिकेन वलाका** (हवाई द्वीप) प्रशांत महासागर
2019	**पाबुक** (Pabuk) (थाईलैंड, म्यांमार, अण्डमान द्वीपसमूह), **ओवेन** (ऑस्ट्रेलिया)
2020	**क्लॉडिया** (पश्चिमी इण्डोनेशिया), **डेमियन** (उत्तरी ऑस्ट्रेलिया), **हेरॉल्ड** (मैडागास्कर, केप यॉर्क) **हेरॉल्ड** (सोलेमन द्वीप, फिजी, टोंगा), **अम्फान** (भारत, बांग्लादेश, श्री लंका), **आर्थर** (उत्तर अमेरिका), निसर्ग (भारत), **निवार** (भारत, श्री लंका), टाइफून मोलावे (वियतनाम), **टाइफून गोनी** (फिलीपींस), **हरिकेन एटा** (मध्य अमेरिका), **हरिकेन डेल्टा** (संयुक्त राज्य अमेरिका)।
2021	**गुलाब** (भारत), **तौकते** (भारत), **यस** (भारत), **फराजी** (हिन्द महासागर), **जवाद** (बंगाल की खाड़ी, भारत)।
2022	**आसनी** (बंगाल की खाड़ी)।

♦ **बैरोमीटर** में पारे के स्तर (Mercury Level) की **अचानक गिरावट** किस घटना का सूचक है? **–तूफान के आने का**

♦ **शीतोष्ण कटिबंधीय चक्रवात** (Temperate Cyclone) उत्तरी गोलार्द्ध में कब उत्पन्न होते हैं? **–केवल शीतऋतु में**

♦ भारत में **चक्रवातीय पूर्वानुमान** की जानकारी कौन देता है? **–क्षेत्रीय विशेष मौसम विज्ञान केंद्र** (दिल्ली)

♦ **चक्रवात के केन्द्र** को किस नाम से जाना जाता है? **–चक्रवात की आँख** (Eye of the Cyclone)

उष्णकटिबंधीय चक्रवात (Tropical Cyclone) उत्तरी-दक्षिणी गोलार्द्धों में **5° से 30°** अक्षांशों के मध्य उत्पन्न होते हैं।

♦ **संयुक्त राज्य अमेरिका** के किस क्षेत्र को **टॉरनेडो एली** कहा जाता है? **–मिसीसिपी-मिसौरी घाटी**

चक्रवात के केन्द्र में **निम्न दाब** जबकि **परिधि की ओर उच्च दाब** की स्थिति होती है तथा **प्रतिचक्रवात** में **इसके विपरीत** स्थिति होती है।

पवनें एवं आर्द्रता (Winds and Humidity)

- **दक्षिणी गोलार्द्ध** में **हवाओं के बायीं ओर विचलन** का कारण क्या है? –**पृथ्वी का घूर्णन**
- **चालीसा पवनें** किस महासागर में प्रवाहित होती हैं? –**हिन्द महासागर में**

उच्च दाब क्षेत्र से भूमध्य रेखा की ओर चलने वाली पवनें **व्यापारिक पवनें** कहलाती हैं।

- **गर्म** एवं **शुष्क पवन जोंडा** (Zonda) को **एंडीज के मैदानी** भागों में किस नाम से जाना जाता है? –**शीत फॉन** (Winter Foehn)
- दोनों गोलार्द्धों में **30°–35° अक्षांश** से **60°–65° अक्षांश** की ओर चलने वाली **स्थायी पवनों** को क्या कहते हैं?–**पछुवा पवन**

संयुक्त राज्य अमेरिका के मध्य मैदानों पर **चिनूक हवाओं** के प्रभाव से **सर्दियों में तापमान बढ़** जाता है।

- **कोरिऑलिस बल** की खोज किसने की थी? –**जी.जी. कोरिऑलिस ने**
- **सिरोको** (Sirocco) पवन के प्रभाव से होने वाली वर्षा को किस नाम से जाना जाता है? –**रक्त वर्षा** (Blood Rain)

स्थानीय पवनें ग्रीष्म ऋतु के छः माह **समुद्र से स्थल की ओर** तथा शीत ऋतु के छः माह **स्थल से समुद्र की ओर** चलती हैं।

- **डॉक्टर हवा** (Doctor Wind) को किस नाम से जाना जाता है? –**हरमट्टन पवन**
- **रोन नदी** से **भूमध्यसागर** तक प्रवाहित होने वाली **मिस्ट्रल** (Mistral) किस प्रकार की पवन है? –**ठंडी ध्रुवीय पवन**

दक्षिणी गोलार्द्ध (Southern Hemisphere) में **40°–65° अक्षांशों** के मध्य **पछुआ पवनों** की प्रचंडता को **40° अक्षांशों** के समीप **गरजती चालीसा**, **50° अक्षांशों** के समीप **प्रचंड पचासा** तथा **60° अक्षांशों** के समीप **चीखती साठा** के नाम से जाना जाता है।

विश्व की प्रमुख स्थानीय पवनें

स्थानीय पवनें	स्थान	प्रकार
• चिनूक	रॉकी पर्वत	गर्म व शुष्क हवा
• फॉन	आल्प्स पर्वत, स्विट्जरलैण्ड	गर्म व शुष्क हवा
• सिरोको	मिस्र, लीबिया, ट्यूनीशिया, स्पेन, कनारी व मेडिश द्वीप	गर्म, शुष्क तथा रेत भरी पवनें
• ब्लैक रोलर	उत्तरी अमेरिका के विशाल मैदानों	गर्म एवं धूलभरी शुष्क
• सिमुक	अरब के रेगिस्तान में	गर्म व शुष्क हवा
• हरमट्टन	सहारा रेगिस्तान	गर्म तथा शुष्क हवा
• ब्रिकफिल्डर	ऑस्ट्रेलिया के विक्टोरिया प्रांत में	उष्ण व शुष्क हवा
• नॉर्वेस्टर	उत्तरी न्यूजीलैंड, भारत (कालबैशाखी)	गर्म व शुष्क हवा
• लू	उत्तर भारत में	प्रचंड व शुष्क हवा
• मिस्ट्रल	स्पेन व फ्रांस	ठंडी ध्रुवीय हवाएँ
• टेम्पोरल	मध्य अमेरिका	मानसूनी हवा
• बोरा	इटली व यूगोस्लाविया	शुष्क व अत्यधिक ठंडी हवा
• ब्लिजर्ड	साइबेरियाई क्षेत्र, कनाडा, संयुक्त राज्य अमेरिका	ध्रुवीय हवाएँ
• नॉर्टे	संयुक्त राज्य अमेरिका	ध्रुवीय पवनें
• मैस्ट्रो	भूमध्यसागरीय क्षेत्र	उत्तर पश्चिमी पवनें
• दक्षिणी बर्स्टर	न्यू साउथ वेल्स (ऑस्ट्रेलिया)	तेज व शुष्क ठंडी पवनें
• लेवांटर	दक्षिणी स्पेन फ्रांस	पूर्वी ठंडी पवनें

ध्रुवीय पवनें, उत्तरी गोलार्द्ध में **उत्तर-पूर्व** से **दक्षिण-पश्चिम** की ओर व दक्षिणी गोलार्द्ध में **दक्षिण-पूर्व** से **उत्तर-पश्चिम** की ओर प्रवाहित होती हैं।

वन (Forest)

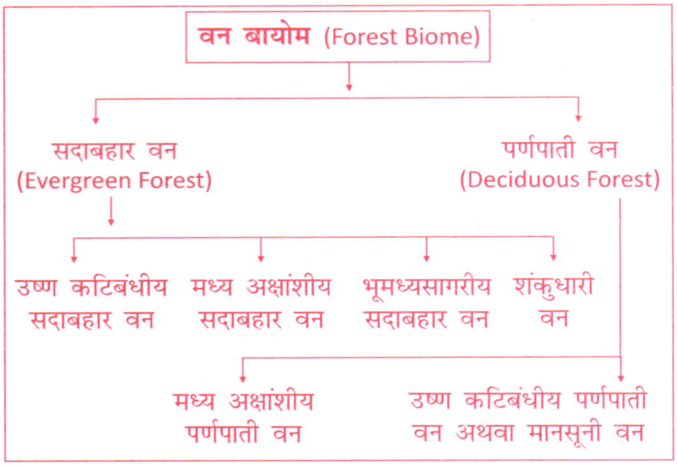

- पृथ्वी पर **अधिकांश सघन वन** कहाँ पाये जाते हैं?

  –विषुवत रेखा के पास

शंकुधारी वनों में **मुलायम लकड़ी** (Soft wood) वाले वृक्ष पाये जाते हैं।

- **भूमध्य रेखा** के निकट किस प्रकार के वन पाए जाते हैं?

  –उष्ण कटिबंधीय वन

- **वैश्विक वन क्षेत्र** में से किसके विस्तार की प्रतिशतता सर्वाधिक है? **–शीतोष्ण शंकुवृक्षी वन**

- विस्तृत **उष्णकटिबंधीय वर्षा वन** (Tropical Rain Forest) कहाँ पाए जाते हैं? **–कांगो घाटी में**

विषुवतीय प्रदेशों और **उष्णकटिबंधीय** तटीय प्रदेशों में भारी वर्षा और **उच्च तापमान** की दशाओं में **सघन, ऊँचे** व विश्व के **सर्वाधिक विविधतापूर्ण जैव-सम्पदा** वाले **उष्णकटिबंधीय सदाहरित वन** पाये जाते है।

- विश्व के **सबसे बड़े एवं घने वन** किस देश में पाए जाते हैं?

  –ब्राजील में

- विश्व में **ईंधन काष्ठ** का सबसे बड़ा उत्पादक देश कौन सा है?

  –इंडोनेशिया

- **डेलबर्जिया प्रजाति** किस वनस्पति से सम्बन्धित है?**–शीशम से**

मुलायम लकड़ी एवं **लकड़ी की लुग्दी** का सबसे बड़ा उत्पादक एवं निर्यातक देश **कनाडा** है।

- **भूमध्य सागरीय वन** किस उत्पाद के लिए प्रसिद्ध हैं?

  –खट्टे फलों के लिए

- **टुंड्रा प्रदेश** का प्रमुख **खाद्य पदार्थ** क्या है? **–सील मछली**

विश्व के वनों का वर्गीकरण

वन के प्रकार	वर्षा की मात्रा	प्रमुख वनस्पति	महत्वपूर्ण तथ्य
• उष्ण कटिबंधीय सदाबहार एवं अर्द्ध-सदाबहार वन	200 सेमी. से अधिक	एबीनो, सिनकोना, कैल, महोगनी, रोजवुड, साइडर	अति सघन वन होने के कारण सूर्य का प्रकाश धरातल तक नहीं पहुँच पाता। अपनी पत्तियाँ अलग-अलग समय पर गिराते हैं, इसलिए ये वर्ष भर हरे-भरे रहते हैं।
• उष्ण कटिबंधीय आर्द्र/शुष्क पर्णपाती वन	100-200 सेमी. तक	टीक, साल, सागवन, शीशम, पीपल, नीम, बेल, अमलतास, पलास	इन वनों के पेड़ अपने पत्ते एक नियत समय में गिराते हैं।
• पर्वतीय वन	–	देवदार, चीड़, पाइन, स्प्रूस, लार्च,	शंक्वाकार वृक्ष, ताकि पत्तियों पर बर्फ भोजपत्र ना ठहर सके।
• कँटीले/मरूस्थलीय वन	60-100 सेमी. या 40 सेमी. से कम	नागफनी, कँटीली झाड़िया, खजूर, खैर, बबूल, नीम, कीकड़	इन पौधे की जड़े लम्बी तथा पत्तियाँ छोटी और काँटेदार
• सवाना वन	40-60 सेमी.	छोटे-छोटे वृक्षों के साथ घास के मैदान	यहाँ की जलवायु अर्द्ध-शुष्क उष्ण कटिबंधीय
• मैंग्रोव वन	–	सुन्दरी के पेड़	खारे पानी में भी जीवित

मध्य अक्षांशों में **महाद्वीपों के पश्चिमी सीमांतों** पर **शीतकालीन वर्षा प्रदेशों** में **भूमध्यसागरीय वन** पाए जाते हैं।

प्रदेश				ग्लोब पर अवस्थिति
				90°
शीत कटिबंधीय प्रदेश ←	ध्रुवीय जलवायु			65° उत्तर/दक्षिण
शीतोष्ण कटिबंधीय प्रदेश ←	ब्रिटिश तुल्य/पश्चिमी यूरोपियन जलवायु	साइबेरियन जलवायु	लॉरेंसियन जलवायु	45° उत्तर/दक्षिण
उपोष्ण कटिबंधीय प्रदेश ←	भूमध्यसागरीय जलवायु	स्टेपी जलवायु	चीन तुल्य जलवायु	30° उत्तर/दक्षिण
उष्णकटिबंधीय प्रदेश ←	मरुस्थलीय जलवायु	सूडान या सवाना तुल्य जलवायु	मानसूनी जलवायु	10° उत्तर/दक्षिण
विषुवतरेखीय प्रदेश ←	विषुवतरेखीय जलवायु			0°

- पृथ्वी के **अधिकांश भाग** पर किस प्रकार की जलवायु का विस्तार है? –**शुष्क जलवायु**
- विश्व का **सबसे ठंडा स्थान** कौन सा है? –**बर्खोयांस्क**
- **भूमध्यरेखीय जलवायु** (Mediterranean Climate) किन अक्षांशों के मध्य पाई जाती है–**भूमध्य रेखा से 10° उत्तर** और **दक्षिण में**

> **एल नीनो** और **दक्षिणी दोलन** अल्पकालिक जलवायु सम्बंधी भविष्य भारतीय उपमहाद्वीप में **विरल क्षीण मानसूनी वर्षा** से सम्बंधित है।

- **कर्क** एवं **मकर** रेखा के मध्य कौन से **जलवायु प्रदेश** पाये जाते हैं? –**उष्णकटिबंधीय जलवायु प्रदेश**
- **नार्वे** में किस ऋतु में वर्षा होती है? –**शीत ऋतु में**
- **अफ्रीका** के **उत्तरी** एवं **दक्षिणी तटीय प्रदेश** में किस प्रकार की जलवायु पायी जाती है? –**भूमध्यसागरीय जलवायु**
- **भूमध्यसागरीय क्षेत्रों** में भारी वर्षा कब होती है? –**शीत ऋतु में**

> **उष्ण कटिबंधीय सवाना प्रदेश** की जलवायु की मुख्य विशेषता **निश्चित शुष्क** तथा **आर्द्र ऋतु** है।

- **कोपेन के जलवायु वर्गीकरण** में **B अक्षर** किस जलवायु को निरूपित करता है? –**शुष्क जलवायु**
- विश्व का **आर्द्रतम** स्थान कौन सा है? –**मासिनराम (मेघालय)**
- **कोपेन** की **Cs जलवायु** किन क्षेत्रों में पायी जाती है? –**भूमध्यसागरीय क्षेत्र में**
- **भूमध्यसागरीय जलवायु** किन अक्षांशों के मध्य पाई जाती है? –**30°–45° उत्तर-पश्चिम में**
- **वर्षा की मात्रा** किस पर निर्भर करती है? –**वायुमण्डल की नमी पर**

कोपेन के जलवायु वर्गीकरण
(Koppen's Climate Classification)

जलवायु के प्रकार	कूट अक्षर
• उष्ण कटिबंधीय आर्द्र जलवायु	Af
• उष्ण कटिबंधीय मानसूनी जलवायु	Am
• उष्ण कटिबंधीय आर्द्र व शुष्क जलवायु	Aw
• उष्ण कटिबंधीय स्टेपी जलवायु	BSh
• उष्ण कटिबंधीय मरुस्थलीय जलवायु	BWh
• मध्य अक्षांशीय स्टेपी जलवायु	BSk
• मध्य अक्षांशीय शीत मरुस्थलीय जलवायु	BWk
• पश्चिमी यूरोप तुल्य जलवायु	Cf
• भूमध्यसागरीय जलवायु	Cs
• चीन तुल्य जलवायु	Cw
• शीतार्द्र जलवायु	Df
• शीत शीतार्द्र जलवायु	Dw
• टुंड्रा जलवायु	ET
• ध्रुवीय हिमटोपी	EF

> **विषुवत रेखा** के निकट **वर्ष भर भारी वर्षा** होती है, जिससे **जलवायु उष्णार्द्र** रहती है तथा वहाँ **सघन वनस्पति** पायी जाती हैं।

वैश्विक जलवायु का वर्गीकरण		
जलवायु के प्रकार	**सम्बंधित तथ्य**	**प्रमुख वनस्पति**
• **विषुवत रेखीय जलवायु प्रदेश**	संवहनीय वर्षा (लगभग 200 सेमी. पूरे वर्ष), वर्ष भर उच्च तापमान	एबोनी, सिनकोना, रबड़, बाँस एवं महोगनी
• **उष्ण कटिबंधीय मानसूनी जलवायु प्रदेश**	तापमान मौसम के अनुसार बदलता रहता है।	गन्ना, कपास, चाय, कहवा एवं खाद्यान्न फसलें
• **सवाना तुल्य जलवायु प्रदेश**	वर्ष भर उच्च तापमान किन्तु ग्रीष्म ऋतु की तुलना में शीत ऋतु में सूर्य की किरणें हल्की तिरछी पड़ती है।	कम ऊँचाई के वृक्षों सहित घास के वृहत मैदान
• **मरुस्थलीय जलवायु**	दैनिक एवं वार्षिक तापान्तर दोनों अधिक, औसत वार्षिक वर्षा 25 सेमी. से भी कम	कँटीली और छोटी झाड़ियाँ
• **भूमध्यसागरीय जलवायु प्रदेश**	ग्रीष्मकाल शुष्क आर्द्र शीतकाल, अधिकांश वर्षा शीतकाल में	जैतून, अंजीर तथा खट्टे व रसदार फल जैसे-संतरा, शीतकाल में अंगूर, नीबू आदि।
• **स्टेपी तुल्य जलवायु प्रदेश**	ग्रीष्मऋतु एवं शीत ऋतु के तापमान में अंतर	वृक्ष रहित घास के मैदान
• **चीन तुल्य जलवायु प्रदेश**	ग्रीष्म ऋतु में हवाएँ समुद्र से स्थल की ओर प्रवाहित होती है, जबकि शीत ऋतु में इसके विपरीत स्थल से समुद्र की ओर प्रवाहित होती हैं	ओक (Oak), चेस्टनट (Chestnut) एवं पाइन (Pine)
• **ब्रिटिश तुल्य जलवायु प्रदेश**	पछुआ पवनों का प्रभाव वर्ष भर तथा पूरे वर्ष लगभग समान रूप से वर्षा (ग्रीष्म ऋतु की तुलना में शीत ऋतु में अधिक)	स्प्रूस, फर एवं सिडार के वृक्ष
• **साइबेरियन जलवायु प्रदेश**	वार्षिक वर्षा अत्यंत कम तथा वार्षिक तापान्तर अधिक	लार्च, स्प्रूस एवं पाइन के वृक्ष
• **लारेंसियन जलवायु प्रदेश**	सामान्यत: वर्ष भर वर्षा (शीत ऋतु की तुलना ग्रीष्म ऋतु में अधिक)	चीड़, हेमलॉक, प्रेयरी घास के मैदान
• **टुंड्रा जलवायु प्रदेश**	सूर्य के प्रकाश का अभाव तथा दैनिक तापान्तर न्यूनतम	मॉस (Moss) एवं काई

♦ **हेकीस्टोथर्म पौधों** (Hekistothrm Plants) के लिए अनुकूल तापीय दशाएँ क्या होती हैं? –**बहुत कम ताप**

दक्षिण एशिया में स्थित बांग्लादेश **मानसूनी** जलवायु क्षेत्र के अन्तर्गत आता है।

♦ **दैनिक** एवं **वार्षिक तापान्तर** दोनों किस जलवायु क्षेत्र में अधिक होते हैं? –**मरुस्थलीय जलवायु प्रदेश**

♦ **उष्ण कटिबंधीय जलवायु** का सर्वाधिक विस्तार किस महाद्वीप में हुआ है? –**अफ्रीका महाद्वीप**

♦ **पवनों का मौसमी उत्क्रमण** (Inversion) किसका प्रारूपी अभिलक्षण है? –**मानसूनी जलवायु का**

♦ **टुंड्रा** (बंजर भूमि) शब्द किस भाषा से लिया गया है? –**फिनिश भाषा** (Finnish Language, फिनलैण्ड की भाषा)

कालाहारी और **सहारा मरुस्थल** की जलवायु **बहुत ही गर्म** एवं **शुष्क** हैं, जहाँ **वर्षा नाममात्र** की होती है।

मृदा (Soil)

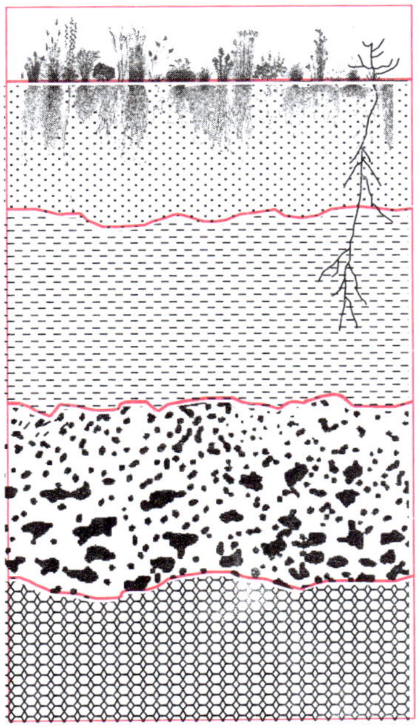

मृदा संस्तर की स्थिति तथा आधारी चट्टान

- **केशिका क्रिया** (Capillary Action) सबसे अधिक प्रभावशाली किस मिट्टी में होती है? –**चिकनी मिट्टी में**

पेडल्फर मृदा (Pedalfer Soil) के प्रकार	
मृदा	**विशेषताएँ**
• **धूसर पॉडजोल**	उप-आर्कटिक जलवायु प्रदेश के **टैगा** या **कोणधारी वनों** में, अम्लीय मिट्टी (pH मान 4)
• **धूसर-भूरी पॉडजोल**	मध्य अक्षांशीय पतझड़ वनों की पेटी में, **ह्यूमस की मात्रा अधिक।**
• **लाल-पीली पॉडजोल**	**उपोष्ण आर्द्र, जलवायु प्रदेशों** में, **पॉडजोलाइजेशन** व **लैटेराइजेशन** प्रक्रिया से निर्मित।
• **लाल-पॉडजोल या टेरारोसा**	भूमध्यसागरीय प्रदेशों और चूना प्रधान क्षेत्रों में, **फेरस ऑक्साइड** (Fe_2O_3) की उपस्थिति के कारण लाल रंग।
• **लैटेराइट मिट्टी**	उच्च तापमान व प्रचुर वर्षा वाले **उष्णकटिबंधीय वन** क्षेत्रों में, ऊपरी भागों में (Fe_2O_3) तथा Al एल्युमीनियम के लवणों की अधिकता।

पेडोकल मृदा के प्रकार (Types of Pedocal Soil)	
मृदा	**विशेषताएँ**
• **प्रेयरी मिट्टी**	शीतोष्ण आर्द्र प्रदेशों में, **ह्यूमस (जैविक पदार्थ) की अधिकता** के कारण इसका रंग **काला-भूरा** होता है।
• **सायरोजेम या धूसर मरुस्थलीय मिट्टी**	मध्य अक्षांशीय शुष्क मरुस्थलों में, **क्षारीय मिट्टी** (pH मान 8 से अधिक)
• **चेरनोजम**	**सर्वाधिक उपजाऊ** और **भुरभुरी मिट्टी ह्यूमस की अधिकता** के कारण इसका **रंग काला** होता है।
• **लाल चेस्टनट और लाल-भूरी मिट्टी**	मिट्टी **सवाना प्रदेश** के **अर्द्धशुष्क** भागों में पायी जाती है।
• **चेस्टनट**	**चेरनोजम मिट्टी** के शुष्क भागों में, **गहरे भूरे रंग** की होती है।
• **लाल मरुस्थलीय मिट्टी**	यह उष्ण कटिबंधीय **शुष्क मरुस्थलीय** प्रदेशों की मिट्टी की होती है।
• **टुंड्रा प्रदेश की मिट्टी**	अल्प विकसित मृदा, जिसमें **जैव तत्वों** व **महत्वपूर्ण खनिजों** का अभाव होता है।

- **मृदा अपरदन** को किस प्रक्रम द्वारा नियंत्रित किया जाता है? –**मृदा संरक्षण द्वारा**
- **मृदा निक्षालन** (Soil Leaching) किस भौगोलिक क्षेत्र की बड़ी समस्या है? –**उष्णकटिबंधीय वर्षा वन प्रदेशों की**

> **टेरारोसा** का प्रारूपिक विकास उस **भू-भाग** में होता है, जहाँ **चूना-पत्थर** (Lime Stone) पाया जाता है।

- **रेंडजिना, टेरारोसा** व **टेरारोक्सा मिट्टियाँ** किसके अंतर्गत आती हैं? –**कैल्शियम युक्त मिट्टी** (Calcimorphic Soil) **के अंतर्गत**

मृदा अपरदन के प्रत्यक्ष या अप्रत्यक्ष कारक
वनों की कटाई, अति पशुचारण, अवैज्ञानिक कृषि, रासायनिक उर्वरक, कीटनाशकों का अधिक प्रयोग, अधिक सिंचाई, बाँधों का निर्माण, बहुउद्देशीय परियोजनाएँ, जल प्रवाह की समस्या, हरित क्रान्ति के विविध **अवयव** (Component), नगरीकरण, औद्योगीकरण, सड़क निर्माण, खनन कार्य आदि।

> **कोणधारी वन** (Angled Forests) प्रदेशों में पाई जाने वाली **मिट्टियों** को **पॉडजोल** (Podzol) के नाम से जाना जाता है।

प्रजातियाँ/जनजातियाँ (Races/Tribes)

- अफ्रीका महाद्वीप की मूल जनजाति पिग्मी किस नदी घाटी में पाई जाती है? –कांगो
- खानाबदोश जनजाति मुख्यत: किस क्षेत्र में पाए जाते हैं? –शुष्क क्षेत्र
- जुलू जनजाति (Zulu Tribe) किस देश में पायी जाती है? –दक्षिण अफ्रीका में

कुर्दिश मूल के लोग आर्मेनिया, अजरबैजान, ईरान एवं ईराक देशों में पाये जाते हैं, जो मूलत: पशु-पालक कृषक वर्ग में आते हैं।

- किस महाद्वीप को मानव जाति का जन्मस्थल कहा जाता है? –अफ्रीका
- जिप्सी जनजाति का मूल स्थान किसे माना जाता है? –भारत
- विश्व में सर्वाधिक जनसंख्या किस मानव प्रजाति की है? –मंगोलॉयड (Mongoloid)

अधिकांशत: एस्किमो जनजाति ग्रीनलैण्ड द्वीप पर निवास करती है। इसके अतिरिक्त यह उत्तरी कनाडा, अलास्का एवं पूर्वी साइबेरिया में भी पायी जाती हैं।

- एस्किमो (Eskimo) कहाँ के निवासी हैं –टुण्ड्रा प्रदेश के
- सेमांग जनजाति (Semang Tribe) कहाँ की निवासी है? –मलेशिया
- बुशमैन जनजाति विश्व के किस क्षेत्र से सम्बंधित हैं? –कालाहारी (मरुस्थल अफ्रीका)
- लैप्स जनजाति के निवास के लिए कौन सा प्रदेश प्रसिद्ध है? –स्कैन्डिनेविया

विश्व की अन्य प्रमुख जनजातियाँ तथा उनके निवास क्षेत्र

जनजाति	निवास क्षेत्र
आइनू	जापान के मूल निवासी
अण्डमानी	भारत के अण्डमान तथा निकोबार में रहने वाले आदिवासी
बंतू	अफ्रीका के विषुवतरेखीय भाग के निवासी
बद्दू	अरब, सीरिया तथा उत्तरी अफ्रीका के मरुस्थलीय भाग
बर्बर	मोरक्को, अल्जीरिया और ट्यूनीशिया में
ब्लैकफुट	उत्तर-पश्चिमी संयुक्त राज्य अमेरिका तथा दक्षिणी-पश्चिमी कनाडा में
बोरा	दक्षिण-पूर्वी कोलम्बिया तथा ब्राजील के समीपवर्ती क्षेत्र में
बुशमैन	अफ्रीका का कालाहारी मरुस्थल में
एस्किमो	उत्तरी कनाडा, ग्रीनलैण्ड, अलास्का तथा पूर्वी साइबेरिया में
सेमोअन	पोलीनेशिया के सेमोआ द्वीप के निवासी में
सेमांग	मलेशिया
तिव	नाइजीरिया के तटीय भाग में
वेद्दा	श्रीलंका
हो	संयुक्त राज्य अमेरिका के ओलंपिक प्रायद्वीप में रहने वाले रेड इण्डियन

जनजाति	निवास क्षेत्र
हान	चीन के मूल निवासी
पिग्मी	विषुवतीय रेखीय अफ्रीका के बौने लोग
खिरगीज	एशिया का स्टेपी भाग
कुबु	सुमात्रा (इण्डोनेशिया)
कुर्द	ईरान, इराक, आर्मेनिया तथा अजरबैजान के पठारी क्षेत्रों में रहने वाली पशु-पालक कृषक जनजाति
माओरी	न्यूजीलैंड
मसाई	केन्या, उत्तरी तंजानिया तथा पूर्वी युगांडा
नायर	केरल के मालाबार तट पर रहने वाली जनजाति
उइघुर	तारिम बेसिन (मध्य एशिया)
न्यूएर	सूडान में
हुतू	लोकतांत्रिक गणराज्य कांगो (पूर्व जायरे), रवांडा गणराज्य तथा बुरुंडी (अफ्रीका) में
इन्युट	आर्कटिक टुण्ड्रा के एस्कीमो में
जारवा	दक्षिणी अण्डमान में
जावाई	जावा (इंडोनेशिया) में
युइत	साइबेरिया तथा अलास्का के सेंट लॉरेन्स द्वीप में
टोडा	दक्षिणी भारत में नीलगिरि की पहाड़ियों में

एबोरिजिन्स जनजाति ऑस्ट्रेलिया के क्वीन्सलैण्ड, नार्दर्न टेरिटरी, तथा पश्चिमी ऑस्ट्रेलिया में निवास करती है।

कृषि एवं पशुपालन (Agriculture and Animal Husbandry)

कृषि के प्रकार (Types of Farming)

- झूम कृषि (Jhoom Cultivation)
- निर्वाह कृषि (Subsistence Farming)
- वाणिज्यिक बागानी कृषि (Commercial plantation Farming)
- गहन कृषि (Intensive Farming)
- विस्तृत वाणिज्यिक कृषि (Extensive Commercial Farming)
- रेंचिंग कृषि (Ranching Farming)
- सहकारी कृषि (Cooperative Farming)
- जीरो फार्मिंग (Zero Farming)

◆ **एक फसली** कृषि की क्या विशेषता है? –**व्यापारिक अन्न कृषि**

◆ **जैविक खाद** (Organic Fertilizer) के रूप में किसका प्रयोग किया जाता है? –**एजोला** (Azola) **का**

छोटे क्षेत्रों में **अधिक मानव श्रम** की आवश्यकता **व्यापारिक बागवानी** कृषि क्षेत्र में होती है।

◆ एक फसल प्रणाली, जिसके अन्तर्गत **फसलों को पेड़ों की कतारों के मध्य के स्थान में उगाया** जाता है, उस प्रक्रिया को क्या कहते हैं? –**ऐले क्रॉपिंग**

◆ सर्वप्रथम **उच्च किस्म के बीज** विकसित करने का श्रेय किस देश को दिया जाता है? –**अर्जेंटीना**

कृषि सम्बंधी महत्वपूर्ण अंतर्राष्ट्रीय संस्थान

संगठन	मुख्यालय
• खाद्य एवं कृषि संगठन	रोम (इटली)
• विश्व मौसम विज्ञान संगठन	जेनेवा (स्विट्जरलैंड)
• खाद्य नीति अनुसंधान संस्थान	वाशिंगटन डी.सी (संयुक्त राज्य अमेरिका)
• अंतर्राष्ट्रीय चावल अनुसंधान संस्थान	मनीला (फिलीपींस)
• उष्ण कटिबंधीय कृषि संस्थान	लागोस (नाइजीरिया)

◆ **नील हरित शैवाल** (Blue Green Algae) किस एक फसल का उत्पादन बढ़ाने के लिए **जैव उर्वरक** (Bio Fertilizer) के रूप में प्रयोग किया जाता है? –**धान**

◆ **सैक्रामेन्टो सॉन जोवाक्विन घाटी**, जो अंगूर एवं खट्टे (साइट्रिक) फलों के उत्पादन के लिए प्रसिद्ध है, कहाँ स्थित है? –**मध्य अमेरिका**

◆ **कत्था** बनाने हेतु किस वृक्ष की **लकड़ी** का प्रयोग होता है? –**खैर वृक्ष की**

◆ **तुंग्या कृषि** किस देश में की जाती है? –**म्यांमार**

◆ **मोका कॉफी** का उत्पादन किस देश में किया जाता है? –**यमन में**

विश्व की स्थानांतरणशील कृषि एवं उनके क्षेत्र

कृषि के नाम	क्षेत्र
• रे	वियतनाम तथा लाओस
• टावी	मालागासी
• मसोले	मध्य अफ्रीका (कांगो, जायरे नदी घाटी क्षेत्र)
• फैंग	भूमध्यरेखीय अफ्रीकी देश
• लोगन	पश्चिमी अफ्रीका
• बरबेका	कोनूल/मैक्सिको, कोमिले
• मिल्पा	मध्य अमेरिका, यूकाटन एवं ग्वाटेमाला
• इचाली	ग्वाडेलूप
• दिंजूना	सुमात्रा
• मिल्पा	मैक्सिको एवं मध्य अमेरिकी देश
• कोनूको	वेनेजुएला एवं ब्राजील
• चेतेमिनी	युगांडा, जाम्बिया एवं जिम्बाब्वे
• कैंगिन	फिलीपींस
• तुंग्या या टोग्या	म्यांमार (बर्मा)
• चेन्ना	श्रीलंका
• लेदांग	जावा एवं मलेशिया
• तमराई या ट्यूराल	थाईलैंड
• हुमा या हुआ	जावा एवं इंडोनेशिया

गन्ना **उष्णकटिबंधीय** पौधा है, जिसके उत्पादन के लिए **औसत तापमान 21°C-27°C** तथा **वार्षिक वर्षा 75-100 सेमी.** उपयुक्त होती है।

कृषि के प्रकार एवं सम्बंधित उत्पाद	
• विटीकल्चर	अंगूरों का व्यापारिक स्तर पर उत्पादन।
• पिसीकल्चर अथवा एक्वाकल्चर	व्यापारिक स्तर पर की जाने वाली मछली पालन की क्रिया।
• सेरीकल्चर	रेशम उत्पादन की क्रिया, जिसमें शहतूत आदि की कृषि भी सम्मिलित है।
• हॉर्टीकल्चर	व्यापारिक स्तर पर किया जाने वाला विभिन्न प्रकार के फलों का उत्पादन।
• ओलिवीकल्चर	व्यापारिक स्तर पर की जाने वाली जैतून की कृषि।
• आर्बरीकल्चर	विशेष प्रकार के वृक्षों एवं झाड़ियों की कृषि, जिसमें उनका संरक्षण व संवर्द्धन भी सम्मिलित है।
• एपीकल्चर	व्यापारिक स्तर पर शहद उत्पादन हेतु मधुमक्खी पालन।
• फ्लोरीकल्चर	व्यापारिक स्तर पर की जानेवाली फूलों की कृषि।
• सिल्वीकल्चर	वनों के संरक्षण एवं संवर्द्धन से सम्बंधित क्रिया।
• वेजीकल्चर	दक्षिणी-पूर्वी एशिया में आदि मानव द्वारा की गई प्रारंभिक आदिम कृषि।
• नेमरीकल्चर	आदिम व्यवस्था की कृषि, जिसमें वनों से फल-फूल व कंद-मूल संग्रह किया जाता है।
• ओलेरीकल्चर	जमीन पर फैलने वाली सब्जियों की व्यापारिक कृषि।
• मेरीकल्चर	व्यापारिक उद्देश्य से समुद्री जीवों के उत्पादन की क्रिया।
• हॉर्सीकल्चर	व्यापारिक स्तर पर उन्नत प्रजाति के घोड़ों व खच्चरों का पालन।
• वर्मीकल्चर	कृषि उत्पादन में वृद्धि हेतु केंचुआ पालन।
• मोरीकल्चर	रेशम कीट हेतु शहतूत की कृषि।
• एरोपोनिक	पौधों को वायु में उगाना।
• पोमोलॉजी	फल विज्ञान।

- **मुख्य भोजन** के रूप में **मक्का** (Maize) का प्रयोग कहाँ किया जाता है? **–मध्य अफ्रीका**
- **हेरोइन** किस कृषि उत्पाद से निर्मित की जाती है? **–अफीम पोस्ता से**
- **गेहूँ** तथा **चावल** दोनों फसलों की दृष्टि से विश्व का **सबसे बड़ा उत्पादक** देश कौन सा है? **–चीन**
- विश्व में सबसे अधिक **गन्ना** (Sugarcane) उत्पादक देश कौन सा है? **–ब्राजील**

विश्व में सबसे अधिक **कपास** (Cotton) का उत्पादन **चीन** में होता है।

- विश्व में **चुकन्दर** (Beetroot) के दो सबसे बड़े उत्पादक देश कौन से हैं? **–रूस** एवं **संयुक्त राज्य अमेरिका**
- **अरण्य** (अरण्डी) **अथवा तेलबीज** का सबसे बड़ा उत्पादक देश कौन सा है? **–भारत**
- विश्व में **नारियल** (Coconut) का सबसे बड़ा उत्पादक देश कौन सा है? **–इंडोनेशिया**
- **तम्बाकू** (Tobacco) उत्पादन में विश्व में प्रथम स्थान किस देश का है? **–चीन**

श्रीलंका में **पर्ण किट्टू** रोग फैलने के कारण **कॉफी की कृषि** बंद कर दी गई है।

- **चाय** का सर्वाधिक **निर्यात** कौन सा देश करता है? **–चीन**
- **चाय** में कौन सा पदार्थ पाया जाता है? **–थीन**
- विश्व में **मूँगफली** (Peanut) का सर्वाधिक उत्पादन किस देश में होता है? **–चीन**
- विश्व में **मूँगफली के उत्पादन** में भारत का स्थान है? **–दूसरा**
- **सोयाबीन** (Soyabean) का सबसे बड़ा उत्पादक देश कौन सा है? **–संयुक्त राज्य अमेरिका**
- सबसे बड़ा चीनी निर्यातक देश कौन सा है? **–ब्राजील**
- विश्व में **प्राकृतिक रबर** के दो अग्रणी उत्पादक राष्ट्र क्रमशः कौन से हैं? **–थाईलैंड** एवं **इंडोनेशिया**

विश्व की लगभग **एक तिहाई** प्राकृतिक रबर का उत्पादन केवल **थाईलैण्ड** में होता है।

- विश्व में **केले** का सबसे बड़ा उत्पादक देश कौन सा है? **–भारत**
- **रोबस्टा** किस उत्पाद की एक प्रजाति है? **–कॉफी की**
- विश्व का **सबसे गरम** और **हल्का शहतूत** किस देश में पैदा होता है? **–चीन में**

चाय एक **सदाबहार**, **झाड़ीनुमा**, **उष्णकटिबन्धीय मानसूनी प्रदेश** का पौधा है, जो **थिया सिनेसिस** नामक **पौधे का वंशज** है।

प्रमुख कृषि उत्पाद के शीर्ष चार उत्पादक राष्ट्र (2020)		
कृषि/डेयरी उत्पाद	उत्पादक राष्ट्र	वैश्विक उत्पादन में भारत का स्थान
चावल	चीन, भारत, बांग्लादेश, इंडोनेशिया	द्वितीय
गेहूँ	चीन, भारत, रूस, सं.रा. अमेरिका	द्वितीय
जौ	रूस, फ्रांस, जर्मनी, कनाडा, यूक्रेन	-
ज्वार	सं.रा. अमेरिका, नाइजीरिया, इथियोपिया	आठवां
दलहन	भारत, स्पेन, पोलैण्ड, मोजाम्बिक	प्रथम
मूँगफली	चीन, भारत, नाइजीरिया, सूडान	द्वितीय
रेपसीड	कनाडा, चीन, भारत, जर्मनी	तृतीय
सोयाबीन	ब्राजील, सं.रा. अमेरिका, अर्जेंटीना, चीन	पंचम
सूरजमुखी (बीज)	रूस, यूक्रेन, अर्जेंटीना, चीन	-
जूट	भारत, बांग्लादेश, चीन, उज्बेकिस्तान	प्रथम
गन्ना	ब्राजील, भारत, थाईलैण्ड, चीन	द्वितीय
आलू	चीन, भारत, यूक्रेन, रूस, सं. रा. अमेरिका	द्वितीय
प्याज	भारत, चीन, सं.रा. अमेरिका, मिस्र	प्रथम
टमाटर	चीन, भारत, तुर्की, सं.रा. अमेरिका	द्वितीय
चुकंदर	रूस, फ्रांस, सं.रा. अमेरिका, जर्मनी	-
सेब	चीन, सं.रा. अमेरिका, तुर्की, पोलैंड, भारत	पंचम
केला	भारत, चीन, इंडोनेशिया, ब्राजील	प्रथम
नारियल	इंडोनेशिया, भारत, फिलीपींस, ब्राजील	द्वितीय
अंगूर	चीन, इटली, स्पेन, फ्रांस	सप्तम
संतरा	ब्राजील, भारत, चीन, सं.रा. अमेरिका	द्वितीय
मसाले	भारत, इथियोपिया, बांग्लादेश, तुर्की	प्रथम
तम्बाकू	चीन, भारत, ब्राजील, जिम्बाब्वे	द्वितीय
प्राकृतिक रबड़	थाइलैण्ड, इंडोनेशिया, वियतनाम, भारत	चतुर्थ
कपास	चीन, भारत, सं.रा. अमेरिका, ब्राजील	द्वितीय
दूध (गाय)	स. रा. अमेरिका, भारत, ब्राजील, चीन	द्वितीय
दूध (भैंस)	भारत, पाकिस्तान, चीन, मिस्र	प्रथम
ऑयल सीड्स	पाकिस्तान, चीन, इथियोपिया, मलेशिया, पोलैण्ड	-
अरण्डी (Castor)	भारत, मोजाम्बिक, ब्राजील, चीन	प्रथम
रेशम	चीन, भारत, उज्बेकिस्तान, थाईलैण्ड	द्वितीय
बाजरा	भारत, नाइजीरिया, नाइजर	प्रथम
नीबू	भारत, मैक्सिको, चीन, अर्जेंटीना	प्रथम

स्रोत : FAO - 2020

विश्व में पशुपालन के प्रमुख क्षेत्र

1. पश्चिमी संयुक्त राज्य अमेरिका तथा कनाडा एवं मैक्सिको से संलग्न **प्रेयरी क्षेत्र** एवं **तटवर्ती प्रदेश**
2. वेनेजुएला के **लानोज प्रदेश**
3. ब्राजील के **सरताओ प्रदेश**
4. उरुग्वे तथा अर्जेंटीना के **पम्पास** एवं पैटागोनिया का **चाको प्रदेश**
5. दक्षिणी अफ्रीका के **कारू** एवं **वेल्ड प्रदेश**
6. ऑस्ट्रेलिया के शुष्क आन्तरिक भाग (**डाउन्स**)

- **अलसी/तीसी** किस प्रकार के पौधे का उदाहरण है? –**रेशे युक्त पौधे का**
- विश्व में कुल **कहवा** (Coffee) उत्पादन के प्रतिशत की दृष्टि से शीर्षस्थ देश कौन सा है? –**ब्राजील**
- विश्व में **दुग्ध के अग्रणी** उत्पादक देशों का सही **अवरोही क्रम** क्या है? –**भारत, संयुक्त राज्य अमेरिका एवं चीन**

हेरिंग, **ऐकरी**, **सारडीन**, **कॉड**, **पिल्चर्ड**, **टूना**, **मैकरेल**, **हेक** और **हेकॉड** विश्व भर में पकड़ी जाने वाली **मछलियों की प्रमुख प्रजातियाँ** हैं।

- विश्व में सबसे अधिक **पशुधन** (Livestock) **समष्टि** किस देश में है? –**भारत में**
- **बर्कशायर**, **यार्कशायर**, **हैम्पशायर** आदि किस पशु की विदेशी नस्लें हैं? –**सुअर**
- **सर्वोत्तम किस्म** की **ऊन** किस **भेड़** से प्राप्त होती है? –**मेरिनो भेड़**
- विश्व में **सर्वाधिक बकरियाँ** किस देश में पायी जाती हैं? –**चीन**

चैस्टर व्हाइट, **हरफोर्ड**, **डयूरॉक**, **लान्ट्रेस** तथा **सफेद यार्कशॉयर** आदि **सुअर** की प्रमुख **विदेशी नस्लें** हैं।

- विश्व में **सर्वाधिक अंडे** देने वाली **मुर्गी की नस्ल** कौन सी है? –**लेगहॉर्न**
- बकरियों की किस प्रजाति को **दूध की रानी** (Milk Queen) कहा जाता है? –**सानेन बकरी** (Saanen Goat), **स्विट्जरलैण्ड**

मछली आयातक एवं निर्यातक शीर्ष 4 राष्ट्र

क्रम	आयातक राष्ट्र	निर्यातक राष्ट्र
प्रथम	संयुक्त राज्य अमेरिका	चीन
द्वितीय	जापान	नॉर्वे
तृतीय	चीन	वियतनाम
चतुर्थ	इटली	थाईलैंड

ऊन वाली भेड़ें शुष्क क्षेत्रों में पायी जाती हैं, जबकि **मांस वाली भेड़ें आर्द्र क्षेत्रों** में पायी जाती हैं।

खनिज (Minerals)

- डोनबास क्षेत्र किसके उत्पादन लिए प्रसिद्ध है? -कोयले के लिए
- जापान किस अयस्क के उत्पादन में आत्मनिर्भर है? -कोबाल्ट में
- दक्षिणी अमेरिका में खनिजों का प्रमुख भंडार क्षेत्र कौन सा है? -पैटागोनिया का पठार

पृथ्वी के भू-गर्भ में सबसे अधिक **निकेल** (Ni) धातु पाई जाती है तथा उसके बाद **लोहे** (Fe) का स्थान है।

- रुकवा झील क्षेत्र (तंजानिया) किस खनिज के उत्पादन के लिए प्रसिद्ध है? -कोयला
- जोहान्सबर्ग किस धातु के लिए प्रसिद्ध है?-स्वर्ण खनन हेतु

कोयला (Coal), **कच्चा तेल** (Crude Oil) व **प्राकृतिक गैस** (Natural Gas) **जीवाश्म ईंधन** (Fossil Fuel) कहलाते हैं।

- कोयला (Coal) किस प्रकार की चट्टनों का उदाहरण है? -परतदार चट्टानों का
- कूलगार्डी खान, ऑस्ट्रेलिया के किस प्रान्त में स्थित है? -वेस्टर्न ऑस्ट्रेलिया
- पेट्रोलियम (Petroleum) के निर्यातक की मात्रा के आधार पर देशों अवरोही क्रम क्या है? -सऊदी अरब, रूस एवं ईराक
- बाकू किस खनिज उत्पादन लिए प्रसिद्ध है? -पेट्रोलियम के लिए
- विश्व में पेट्रोलियम का सबसे बड़ा उत्पादक देश कौन सा है? -यू.एस.ए.

पेट्रोलियम के प्रमुख खनन केन्द्र	
• सं. रा. अमेरिका	अप्लेशियन क्षेत्र, गल्फ तटीय क्षेत्र, कैलिफोर्निया
• सऊदी अरब	दम्माम, घावर व धाहरान
• कुवैत	बुरघान पहाड़ी (विश्व का वृहत्तम संचित भंडार)
• ईरान	लाली, करमशाह, नफ्त सफिद, हफ्त केल
• पूर्व सोवियत संघ	वोल्गा-यूराल क्षेत्र, बाकू क्षेत्र
• इराक	किर्कुक, मोसुल, बसरा, तिकरित

- विश्व के तीन अग्रणी कच्चे तेल उत्पादकों का सही क्रम क्या है? -संयुक्त राज्य अमेरिका, रूस एवं सऊदी अरब
- मैंग्नीज के शीर्ष भण्डारक राष्ट्र क्रमशः कौन से हैं? -द. अफ्रीका > आस्ट्रेलिया > गैबान
- दक्षिणी-पूर्वी एशिया का सबसे बड़ा खनिज तेल उत्पादक देश है? -इंडोनेशिया

कच्चे तेल के शीर्ष उत्पादक एवं भण्डारक राष्ट्र (2020)		
क्र. स.	उत्पादक राष्ट्र	भण्डारक राष्ट्र
प्रथम	संयुक्त राज्य अमेरिका	वेनेजुएला
द्वितीय	सऊदी अरब	सऊदी अरब
तृतीय	रूस	कनाडा

- विश्व का सबसे बड़ा प्रमाणित तेल भंडार (Certified Oil Reserve) कहाँ स्थित है? -वेनेजुएला में
- गैसोहाल (Gasohol) का सबसे बड़ा उत्पादक एवं उपभोक्ता कौन सा देश है? -ब्राजील

विश्व में प्राकृतिक गैस के प्रमुख उत्पादक क्षेत्र	
देश	प्रमुख उत्पादक क्षेत्र
• यू. एस. ए.	टेक्सास, लुईसियाना, ओक्लाहोमा, न्यू मैक्सिको
• कनाडा	अल्बर्टा एवं ब्रिटिश कोलम्बिया
• रूस	स्टाबरपूल, क्रास्नेदार, ओरेनबर्ग, बुकटिल

- परमाणु ऊर्जा के दो मुख्य खनिज कौन से हैं? -थोरियम एवं यूरेनियम
- सेलांगोर तथा पेनांग किस देश का सुप्रसिद्ध उत्पादक है? -मलेशिया
- यूरेनियम अयस्क निक्षेप के लिए कौन सा देश प्रसिद्ध है? -कनाडा
- विश्व की सुप्रसिद्ध ताँबे की खान चुक्वीकमाटा (Chuquicamata) कहाँ स्थित है? -चिली
- टिन (Tin) कहाँ से प्राप्त होता है? -प्लासर निक्षेपों से

थोरियम भण्डारक शीर्ष राष्ट्र		
क्रम	भण्डारक राष्ट्र	भण्डार (टन में)
प्रथम	भारत	963,000
द्वितीय	संयुक्त राज्य अमेरिका	440,000
तृतीय	ऑस्ट्रेलिया	300,000

- विश्व में यूरेनियम के सर्वाधिक भंडार किस देश में स्थित हैं? -ऑस्ट्रेलिया में
- यूरेनियम के प्रमुख अयस्क कौन से हैं? -यूरेनिनाइट (पिचब्लेंड), यूरेनाइट एवं थोरियेनाइट

लौह-इस्पात (Iron - Steel) के लिए प्रसिद्ध **कनाडा** के **हैमिल्टन शहर** को **कनाडा का बर्मिंघम** कहा जाता है।

विश्व के शीर्ष 3 यूरेनियम उत्पादक राष्ट्र (2019)		
क्रम	उत्पादक राष्ट्र	उत्पादन (मी. टन में)
प्रथम	कजाख़स्तान	26,895
द्वितीय	कनाडा	8,370
तृतीय	ऑस्ट्रेलिया	7,726

- **टंगस्टन** का सर्वाधिक उत्पादक राष्ट्र कौन सा है? **–चीन**
- विश्व भर में **परमाणु ऊर्जा** के बाद **गैर-पारम्परिक ऊर्जा** का **दूसरा सबसे बड़ा** स्रोत कौन सा है? **–पवन ऊर्जा**
- अभ्रक शीट के संचित भण्डार की दृष्टि से किस देश का विश्व में प्रथम स्थान हैं? **–भारत का**

पवन ऊर्जा की संभावित क्षमता वाले शीर्ष 4 राष्ट्र			
क्रम	राष्ट्र	क्रम	राष्ट्र
प्रथम	चीन (33.6%)	द्वितीय	सं.रा. अमेरिका (17.2%)
तृतीय	जर्मनी (10.4%)	चतुर्थ	भारत (5.8%)

- प्रसिद्ध **लौह अयस्क** क्षेत्र **मिडलैंड** किस देश में स्थित है? **–यूनाइटेड किंगडम**
- विश्व में **ताँबा अयस्क** (Copper Ore) का सबसे बड़ा उत्पादक देश कौन सा है? **–चिली**
- विश्व में **सबसे अधिक कोयला उत्पादन** करने वाला देश कौन सा है? **–चीन**
- विश्व में सबसे अधिक **एल्युमीनियम** (Aluminium) उत्पादक देश है- **–चीन**

विश्व के शीर्ष 3 सौर ऊर्जा उत्पादक राष्ट्र		
क्रम	उत्पादक राष्ट्र	उत्पादन (मेगावाट में)
प्रथम	जर्मनी	38,250
द्वितीय	चीन	28,330
तृतीय	जापान	23,409

विश्व के **कोयले** का आधे से अधिक उत्पादन **चीन** एवं **संयुक्त राज्य अमेरिका** से होता है

- **कोयले** (Coal) का सर्वाधिक संचित भंडार किस देश में है? **–संयुक्त राज्य अमेरिका**
- विश्व में **लौह अयस्क** का **वृहत्तम उत्पादक** है **–चीन**
- **किरुना लौह अयस्क** (Kiruna Iron Ore) क्षेत्र किस देश में स्थित है? **–स्वीडन**
- विश्व में **टाइटेनियम** (Titanium) का अग्रणी उत्पादक देश कौन सा है? **–चीन**
- विश्व में **बॉक्साइट** (Bauxite) का वृहत्तम उत्पादक देश कौन सा है? **–ऑस्ट्रेलिया**

ऑस्ट्रेलिया में स्थित **कालगुर्ली** (Kalgorlie) **तथा कूलगार्डी** (Coolgardie) **खानें स्वर्ण उत्पादन** के लिए प्रसिद्ध है।

- विश्व में **चाँदी** (Silver) का सबसे बड़ा उत्पादक देश कौन सा है? **– मैक्सिको**
- विश्व में **टिन का अग्रणी उत्पादक** राष्ट्र कौन सा है? **–चीन**
- **हीरा** (Diamond) का सबसे बड़ा उत्पादक देश कौन सा है? **–रूस**
- **अफ्रीका** का **सर्वाधिक ताँबा उत्पादक** देश कौन सा है? **–जाम्बिया**

प्रमुख खनिज उत्पादक शीर्ष राष्ट्र (2020)			
खनिज	शीर्ष उत्पादक राष्ट्र	खनिज	शीर्ष उत्पादक राष्ट्र
• एल्युमिनियम	चीन, रूस, भारत, कनाडा	• लौह अयस्क	ऑस्ट्रेलिया, चीन, ब्राजील
• बॉक्साइट	ऑस्ट्रेलिया, गिनी, चीन, ब्राजील	• जस्ता	चीन, पेरू, ऑस्ट्रेलिया
• क्रोमियम	दक्षिण अफ्रीका, कजाखस्तान, तुर्की	• मैंगनीज अयस्क	दक्षिण अफ्रीका, गैबन, चीन
• कोयला	चीन, भारत, इण्डोनेशिया	• अभ्रक (प्राकृतिक)	चीन, मेडागास्कर, अमेरिका
• कोबॉल्ट	कांगो प्र. गण., रूस, ऑस्ट्रेलिया	• निकेल	इण्डोनेशिया, फिलीपींस, रूस
• ताँबा	चिली, पेरू, चीन	• चाँदी	मेक्सिको, चीन, पेरू, चिली
• हीरा	रूस, बोत्सवाना, कनाडा	• टंगस्टन	चीन, वियतनाम, रूस
• स्वर्ण	चीन, ऑस्ट्रेलिया, रूस	• मॉलिब्डेनम	चीन, चिली, संयुक्त राज्य अमेरिका
• ग्रेफाइट (प्राकृतिक)	चीन, ब्राजील, मेडागास्कर	• सीसा	चीन, आस्ट्रेलिया, अमेरिका, पेरू
• जिप्सम	सं. रा. अमेरिका, चीन, ईरान, स्पेन	• प्लेटिनम	दक्षिण अफ्रीका, रूस, जिम्बाब्वे

अन्तर्राष्ट्रीय स्तर (Internationally) पर **मेसाबी रेंज** (Mesabi Range - USA) **लौह अयस्क** उत्पादन के लिए प्रसिद्ध है।

उद्योग (Industry)

- लौह-इस्पात उद्योग में मुख्यत: किस कोयले का प्रयोग किया जाता है? **– बिटुमिनस कोयला**
- यू. एस. ए. की सिलिकॉन वैली कहाँ स्थित है? **–सेन-फ्रांसिस्को** (उत्तरी कैलीफोर्निया) **में**
- कौन सा नगर जापानी **सूती वस्त्र उद्योग** (Cotton Textile Industry) का प्रमुख केन्द्र है? **–ओसाका**

सूती वस्त्र उद्योग के लिए **आर्द्र जलवायु** तथा **समुद्री समीर** उपयुक्त मानी जाती है।

- विश्व में **सूती वस्त्रों** का अग्रणी उत्पादक देश कौन सा है? **–चीन**
- **रूर बेसिन** (Ruhr Basin) किस देश का प्रसिद्ध औद्योगिक क्षेत्र है? **–जर्मनी**
- **ऊन** (Wool) का सबसे बड़ा उत्पादक देश कौन सा है? **–चीन**
- **विश्व** में **पोटाश उर्वरक** का **सर्वाधिक भण्डार** किस देश में स्थित है? **–कनाडा**

औद्योगिक शहरों के उपनाम

औद्योगिक शहर	उपनाम
• गोर्की	रूस का डेट्रॉयट
• पीथमपुर	भारत का डेट्रॉयट
• ट्यूरिन	इटली का डेट्रॉयट
• विंडसर	कनाडा का डेट्रॉयट
• नागोया	जापान का डेट्रॉयट
• शंघाई	चीन का मैनचेस्टर
• अहमदाबाद	भारत का मैनचेस्टर
• मिलान	इटली का मैनचेस्टर
• ओसाका	जापान का मैनचेस्टर
• कानपुर	उत्तर भारत का मैनचेस्टर
• कोयम्बटूर	दक्षिण भारत का मैनचेस्टर
• इवानोवो	रूस का मैनचेस्टर
• टुला	रूस का पिट्सबर्ग
• जमशेदपुर	भारत का पिट्सबर्ग
• यावाता	जापान का पिट्सबर्ग
• हैमिल्टन	कनाडा का बर्मिंघम
• पिट्सबर्ग	विश्व की इस्पात नगरी

विश्व के प्रमुख औद्योगिक केन्द्र

देश	लौह उद्योग के प्रमुख केन्द्र
स.रा.अमेरिका	पिट्सबर्ग (विश्व की इस्पात राजधानी)
जापान	ओसाका, कोबे व क्योटो, नागासाकी, कावासाकी
रूस	मॉस्को, मैग्नीटोगोर्स्क, चेलियाविंस्क, टुला

देश	वस्त्र उद्योग के प्रमुख केन्द्र
चीन	शंघाई, कैन्टन, वुहान, नानकिंग, चुगकिंग, बीजिंग
ब्रिटेन	मैनचेस्टर, ब्रैडफोर्ड, डर्बीशायर, लीड्स
भारत	मुम्बई, अहमदाबाद, कोलकाता, कोयम्बटूर, मदुरै

देश	ऊन उद्योग के प्रमुख केन्द्र
जापान	ओसाका-कोबे तथा टोक्यो-याकोहामा क्षेत्र
यू.एस.ए.	न्यू इंग्लैण्ड, लारेन्स तथा फिलाडेल्फिया
भारत	धारीवाल, अमृतसर, लुधियाना, खरड़, मुम्बई

देश	रेशम उद्योग के प्रमुख केन्द्र
जापान	कनाजावा, तोगीची, ईमानाची, क्योटो, फुकुई
यू.एस.ए.	न्यूजर्सी, पेंसिलवेनिया, न्यूयार्क, न्यू इंग्लैंड
भारत	कर्नाटक, पश्चिम बंगाल, जम्मू-कश्मीर, असम

देश	तेल शोधन के प्रमुख केन्द्र
यू.एस.ए	टेक्सास, कैलिफोर्निया, पेन्सिलवेनिया, न्यूजर्सी
कैरिबियन	वेनेजुएला में आमुए, कैपडन, कोलम्बिया
भारत	डिग्बोई, ट्रांबे, विशाखापत्तनम्, नूनमाती, बरौनी

देश	सीमेंट उद्योग के प्रमुख केन्द्र
चीन	शंघाई, यंकांगकी, हुआंग चिंग, फुशुन, शेनयांग
भारत	आन्ध्र प्रदेश, राजस्थान, मध्य प्रदेश, कर्नाटक
जापान	हिताची, हैचीनोह, निगाता, कोरियामा, उबे

देश	ऑटोमोबाइल (कार) उत्पादन के प्रमुख केन्द्र
यू.एस.ए	डेट्रॉयट, लान्सिंग, पोण्टिएक, विलोरन, फ्लिण्ट
जापान	क्वागुची, टोक्यो, याकोहामा, ओसाका, कोरोमो
भारत	गुरुग्राम, मुम्बई, कोलकाता, चेन्नई, जमशेदपुर

कागज से **लुग्दी** (Pulp) बनाने के लिए **पोपलर वृक्ष के काष्ठीय कच्चे पदार्थ** का प्रयोग किया जाता है।

परिवहन/पत्तन/बन्दरगाह (Transport /Port/Harbour)

♦ विश्व का सबसे लम्बा **बुलेट ट्रेन** का **जाल** किस देश में है? **–चीन**

♦ **सीकान** नामक विश्व की **सबसे लम्बी रेल सहसड़क सुरंग** किस देश में स्थित है? **–जापान में**

> तीव्रगामी रेलों के लिए निर्मित **भूमिगत यूरो सुरंग** (Channel Tunnel) द्वारा जुड़ने वाले देश **इंग्लैंड** एवं **फ्रांस** हैं।

♦ **विश्व** के **प्रथम रेलमार्ग** का निर्माण में किस देश में हुआ था? **–इंग्लैण्ड** (वर्ष 1835)

♦ **कैनेडियन पैसिफिक रेलवे** किन दो स्टेशनों के मध्य चलती है? **–मॉन्ट्रियल** एवं **वैंकुवर**

♦ विश्व का **सबसे लम्बा सड़क मार्ग** कौन सा है? **–पैन-अमेरिकन महामार्ग**

> **ऑस्ट्रेलियन अन्तर्महाद्वीपीय रेलमार्ग सिडनी** और **पर्थ** दो नगरों को जोड़ता है।

♦ **उत्तरी अमेरिका** में स्थित **ग्रेट लेक्स-सेन्ट लॉरेन्स** आन्तरिक जलमार्ग की **कुल लम्बाई** कितनी है? **–2,400 किमी.**

♦ विश्व का **सबसे बड़ा पोताश्रय** कहाँ स्थित है? **–शंघाई (चीन)**

♦ **वेनेजुएला** के पत्तन नगरों में किस एक को **तेल पत्तन** के रूप में विकसित किया गया है? **–मरकैबो**

♦ **अलेक्जेंड्रिया समुद्रपत्तन** (Alexandria Port) स्थित है **–मिस्र में**

♦ **पोर्ट डायमंड** (Port Diamond) किस देश में अवस्थित है? **–दक्षिण अफ्रीका में**

> **राइन जलमार्ग** विश्व का **सर्वाधिक व्यस्त आंतरिक जलमार्ग** है।

♦ **ग्वादर पत्तन** (Gwadar Port) किस देश में स्थित है? **–पाकिस्तान**

♦ विश्व का कौन सा बन्दरगाह **कॉफी बन्दरगाह** (Coffee Port) के रूप में प्रसिद्ध है? **–सैन्टोस (ब्राजील)**

विश्व के प्रमुख सड़क महामार्ग

सड़क महामार्ग	लम्बाई
• पैन-अमेरिकन महामार्ग	48,000 किमी.
• ऑस्ट्रेलिया महामार्ग	14,500 किमी.
• ट्रांस साइबेरियन महामार्ग	11,000 किमी.
• ट्रांस कनाडा महामार्ग	7,821 किमी.
• चीन राष्ट्रीय महामार्ग	5,700 किमी.

♦ **लुफ्थांसा** किस देश की विमान सेवा है? **–जर्मनी**

♦ विश्व का सर्वाधिक **व्यस्त महासागरीय मार्ग** कौन सा है? **–उत्तरी अटलांटिक महासागर**

विश्व के प्रमुख रेलमार्ग

रेलमार्ग	सम्बंधित तथ्य
• ट्रांस साइबेरियन रेलमार्ग	विश्व का सबसे लम्बा रेलमार्ग
• केप-काहिरा रेलमार्ग	अफ्रीका का सबसे लम्बा रेलमार्ग।
• ऑस्ट्रेलियन अन्तर्महाद्वीपीय रेलमार्ग	ऑस्ट्रेलिया का सबसे बड़ा रेलमार्ग
• ट्रांस-एंडियन रेलमार्ग	द. अमेरिका का प्रसिद्ध रेलमार्ग
• यूरोपीय पार महाद्वीप रेलमार्ग	**पेरिस** (फ्रांस) को **वॉरसा** (पोलैण्ड) से जोड़ता है।

♦ विश्व के **तीन प्रमुख पुनर्निर्यात पत्तन** कौन से हैं? **–सिंगापुर, रॉटरडम** एवं **कोपेनहेगन**

♦ **पोतभार प्रतिमान** की दृष्टि से विश्व का **व्यस्ततम बंदरगाह** कौन सा है? **–शंघाई** (चीन)

विश्व के प्रमुख सामुद्रिक जलमार्ग

• उत्तरी अटलांटिक जलमार्ग	• प्रशान्त महासागरीय जलमार्ग
• केप ऑफ गुड होप जलमार्ग	• कैरिबियन-मैक्सिको जलमार्ग
• पनामा नहर जलमार्ग	• स्वेज नहर जलमार्ग
• पश्चिमी यूरोप भूमध्यसागरी हिन्द महासागरीय जलमार्ग	
• दक्षिणी अटलांटिक एवं दक्षिण अमेरिका के पूर्वी तटीय जलमार्ग	
• उत्तरी अमेरिका का पश्चिमी समुद्र तटीय जलमार्ग	
• प्रशान्त महासागर दक्षिणी अमेरिका, उत्तरी अमेरिका एवं यूरोपीय जलमार्ग	

विभिन्न नदियों पर महत्वपूर्ण पत्तन

नदी	पत्तन	नदी	पत्तन
• राइन	रॉटरडम	• एल्ब	हैम्बर्ग व ब्रांस्विक
• पराना	सांटाफे	• ओडर	स्टेटीन, फ्रैंकफर्ट
• सीन	मार्सेलीज	• वेजर	ब्रिमेन, हनोवर
• मिसीसिपी	न्यूऑर्लियंस	• अमेजन	मनाओस, इक्वीटास
• मर्रे-डार्लिंग	बोर्की	• सीक्यांग	कैंटन, हांगकांग

> **विश्व** का **सबसे लम्बा** रेलमार्ग **ट्रांस-साइबेरियन रेलमार्ग** है, जिसकी लम्बाई **लगभग 9,289 किमी.** है।

- **आइसोगोनल** (Isogonal) **रेखाएँ** क्या दर्शाती हैं?

 –**समान चुम्बकीय क्षेत्रों को**

- **आइसोबाथ** (Isobath) क्या दर्शाती हैं?

 –**समुद्र के भीतर समान गहराई वाले क्षेत्रों को**

- **उच्चावच** (Relief) दिखाने का सबसे सही माध्यम कौन सा है?

 –**समोच्च रेखा** (Contour line)

- **वर्षामापी यंत्र** को क्या कहते हैं?

 –**रेनगेज** (Rengage)

मानचित्र की रेखाएँ	
• **समोच्च रेखा** (Isohypse)	समान ऊँचाई वाले बिन्दुओं को मिलाने वाली रेखा।
• **आइसोबाथ** (Isobath)	समान गहराई के समुद्र जल को मिलाने वाली रेखा।
• **समदाब रेखा** (Isobar)	समान वायुदाब वाले स्थानों को जोड़ने वाली रेखा।
• **आइसोबाथी थर्म** (Isobathy therm)	समुद्र के जल में समताप रेखा।
• **आइसोडापेन** (Isodapane)	समान परिवहन लागत रेखा।
• **आइसोजियोथर्म** (Isogeotherm)	पृथ्वी के अन्दर समताप रेखा।
• **आइसोहैलाइन** (Isohaline)	समान लवणीयता के बिन्दुओं को मिलाने वाली रेखा।
• **आइसोहेल** (Isohel)	समान सूर्यातप की अवधि को मिलाने वाली रेखा।
• **समवर्षा रेखा** (Isohyets)	समान वर्षा वाले स्थानों को जोड़ने वाली रेखा।
• **आइसोनिफ** (Isonif)	समान हिम स्थानों को जोड़ने वाली रेखा।
• **सम-मेघ रेखा** (Isoneph)	समान औसत मेघाच्छन्नता (Overcast) वाले स्थानों को जोड़ने वाली रेखा।
• **आइसोफाइट** (Isophyte)	समान ऊँचाई वाली वनस्पति की रेखा।
• **सम-भूकम्पी रेखा** (Iso-Seismals)	समान भूकम्पीय तीव्रता को मिलाने वाली रेखा।
• **समताप रेखा** (Isotherm)	समान ताप व ऊँचाई वाले स्थानों को मिलाने वाली रेखा।
• **आइसोनोमल** (Isonomal)	समतापीय विसंगति की रेखा।
• **आइसोक्लाइन** (Isocline)	समान चुम्बकीय नति की रेखा।
• **आइसो-ग्लॉस** (Isogloss)	किसी प्रदेश में भाषाओं को विभक्त करने वाली सीमा रेखा।
• **जनसंख्या चार्ट** (Iso-pract)	जनसंख्या आदि के लिए तैयार किया गया विशिष्ट चार्ट।
• **आइसोगेनिक लाइन** (Isoganic Line)	सम चुम्बकीय नति रेखा।
• **एगोनिक लाइन** (Agonic Line)	शून्य चुम्बकीय नति रेखा।
• **लोक्सोड्रम** (Loxodrum or Rhumb Line)	मरकेटर प्रक्षेप पर किसी दो स्थान को मिलाने वाली रेखा।
• **प्लम्ब लाइन** (Plumb Line)	पृथ्वी की सतह से केन्द्र को मिलाने वाली रेखा।
• **समस्थिति** (Iso-Stasy)	साम्य अवस्था या भू-सतह में संतुलन जो पृथ्वी पर हल्के शैल पदार्थों और भूमिगत भारी शैल पदार्थों में पाया जाता है।
• **सम-वाहगति रेखा** (Iso-tach)	मौसमी मानचित्र पर उन स्थानों को मिलाने वाली रेखा जहाँ पर पवन गति समान पाई जाती है।
• **सम-झंझा रेखा** (Isobront)	समान तड़ित झंझा (Thunder storms) वाले स्थानों को जोड़ने वाली मानचित्र रेखा।
• **सम-दिक्पाती रेखा** (Isogonals)	समान चुम्बकीय ह्रास वाले स्थानों को जोड़ने वाली रेखा।

प्रिज्मैटिक (Prismatic) या **प्रिज्मीय कम्पास** (Prismatic compass) **चुम्बकीय दिक्मान** मापने वाला **यंत्र** (Instrument) है।

विविध (Miscellaneous)

- **अण्टार्कटिका** का **विस्तृत** एवं **सम्पूर्ण मानचित्र** बनाने में किस देश के उपग्रहों से सहायता मिली है? –**कनाडा**
- विश्व में **शराब** (Wine) का वृहत्तम उत्पादक देश कौन सा है? –**फ्रांस**
- विश्व का **प्रथम परमाणु बिजलीघर** किस देश में स्थापित किया गया था? –**रूस**

ब्राजील के कहवा (Coffee) बागानों को **फैजेण्डा** (Fazenda) के नाम से जाना जाता है।

- संयुक्त राज्य अमेरिका का **उपग्रह प्रक्षेपण केन्द्र** (Satellite Launch Center) कहाँ स्थित है?–**केप केनेडी (फ्लोरिडा) में**
- **बोलीविया** व **पेरू** के पठार, **कोलंबिया का पठार**, **तिब्बत का पठार** एवं **मैक्सिको का पठार** किस संरचना का उदाहरण है? –**अंतरपर्वतीय पठार**
- विश्व की सबसे बड़ी **प्रवाल भित्ति** (Coral Reef) किस देश में स्थित है–**ऑस्ट्रेलिया** (ग्रेट बैरियर रीफ – Great Barrier Reef)

चेर्नोबिल परमाणु आपदा (Chernobyl Nuclear Disaster) अप्रैल, 1986 में **यूक्रेन** में घटित हुई थी।

- **पीसा की झुकी मीनार** (Leaning Tower of Pisa) किस देश में स्थित है? –**इटली में**
- **एलेसी पैलेस** (Alesi Palace) किस देश में स्थित है?–**फ्रांस में**
- सबसे अधिक **डाकघर** (Post Office) किस देश में हैं? –**भारत में**

विश्व भाषा के रूप में कार्य करने के लिए बनाई गई **एक कृत्रिम भाषा का नाम एस्पेरान्टो** (Esperanto) है।

- **ग्रैण्ड कैनियन** (Grand Canyon) किस देश में स्थित हैं? –**यू.एस.ए.**
- **कैलाश मानसरोवर** तीर्थ स्थल कहाँ स्थित है? –**चीन अधिकृत तिब्बत में**
- **दक्षिण एशिया** का सर्वाधिक नगरीकृत देश कौन सा है? –**पाकिस्तान**
- **कोपाकबाना पुलिन** (Copacabana Beach) किस देश में अवस्थित है? –**ब्राजील में**
- विश्व का **सबसे गहराई** पर **स्थित बिन्दु** कौन सा है? – **मेरियाना गर्त** (चैलेन्जर द्वीप)

कोरल रीफ या **जीवाश्म पट्टी** प्रायः **कर्क** एवं **मकर रेखा** के **मध्य तटीय क्षेत्रों** में पायी जाती है।

- सर्वाधिक ऊँचाई के बादलों की संरचना कैसी होती है? –**पक्षाभ स्तरी**
- विश्व में **सर्वाधिक व्यक्तियों द्वारा** बोली जाने वाली **भाषा** कौन सी है? –**मन्दारिन** (चीनी)
- **ग्रैंड बैंक** (Grand Bank) कहाँ स्थित है? –**उत्तरी अमेरिका के पूर्वी तट पर**
- **वायुदाब** सबसे कम कब होता है? –**ग्रीष्म ऋतु में**

भूगोल में **नवनियतिवाद के सिद्धान्त** का प्रतिपादन **जी. टेलर** ने किया था।

- विश्व की सबसे लम्बी **शैल सुरंग** (Rock Tunnel) कहाँ अवस्थित है? –**फिनलैंड में**
- **सबसे कम जनसंख्या घनत्व** वाला देश कौन सा है? –**कनाडा**

विश्व के **देशों** का **कुल** रेलवे लम्बाई की दृष्टि से **सही अवरोही** क्रम है– **संयुक्त राज्य अमेरिका, चीन, रूस एवं भारत**।

- भारत के अतिरिक्त किस देश में **तमिल** एक प्रमुख भाषा है? –**श्रीलंका**
- **अत्यधिक तीव्र वर्षा** के लिए कौन से **बादल** उत्तरदायी होते हैं? –**वर्षास्तरी मेघ** (Nimbostratus Clouds)
- वायुमार्ग तथा वायु यातायात के विकास में किस देश का प्रथम स्थान है? –**यू.एस.ए.**
- **टर्की** किन दो सागरों के मध्य स्थित है? –**काला सागर** और **भूमध्य सागर**
- विश्व का विशालतम स्वर्ग क्षेत्र दक्षिण अफ्रीका में कौन सी पर्वत श्रेणियों में अवस्थित है? –**विटवाटर्सरैण्ड**
- **लाल सागर** (Red Sea) एक उदाहरण है –**अक्षीय द्रोणी का**
- **अरब सागर** में स्थित **अधिकांश द्वीप** संरचनात्मक दृष्टि से किस प्रकार के है? –**मूँगा द्वीप**

मसाई जनजाति (Maasai Tribe) अफ्रीकी महाद्वीप के **तंजानिया**, **केन्या** तथा **युगांडा** देशों की मूल निवासी हैं।

पर्यावरण एवं पारिस्थितिकी

C

पर्यावरण एवं पारिस्थितिकी
(Environment and Ecology)

- **पारिस्थितिकी** (Ecology) किनके मध्य **पारस्परिक** सम्बंधों का अध्ययन है? **-जीव समुदाय और वातावरण के**
- पर्यावरण के तीन प्रमुख घटक कौन से हैं? **-जैविक संघटक, अजैविक या भौतिक संघटक तथा ऊर्जा संघटक**
- सर्वप्रथम **गहन पारिस्थितिकी** (Deep Ecology) शब्द का प्रयोग किसने किया था? **-अर्नि नेस** (Arne Naess) **ने**
- **घास स्थल**, **वन** तथा **मरुस्थल** किस पारिस्थितिक तंत्र के उदाहरण हैं? **-स्थलीय पारिस्थितिक तंत्र के**
- **एक पद**, जो केवल **जीव द्वारा ग्रहण** किए गए स्थान का ही नहीं बल्कि **जीवों के समुदाय** में उसकी कार्यात्मक **भूमिका** का भी वर्णन करता है- **-पारिस्थितिक कर्मता**
- **दस प्रतिशत** का नियम किस वैज्ञानिक ने दिया था? **-रेमण्ड लिण्डेमैन** (Raymond Lindeman) **ने**
- **10 प्रतिशत** नियम किससे सम्बंधित है? **-ऊर्जा के खाद्य के रूप में एक पोषी स्तर से दूसरे पोषी स्तर तक पहुँचने से**
- **धारणीय** या **स्थायी विकास** (Sustainable Development) की अवधारणा सर्वप्रथम किसने प्रस्तुत की थी? **-ब्रटलैण्ड कमीशन ने** (वर्ष 1987 में)
- **सर्वाधिक स्थायी** पारिस्थितिक **तंत्र** कौन सा है? **-महासागर**
- पारितंत्र में **खाद्य शृंखलाओं** के संदर्भ मे किस प्रकार के जीव **अपघटक** (Decomposer) कहलाते हैं? **-कवक, जीवाणु**
- स्थलीय पारिस्थितिकीय तंत्र में **जीवभार** का **पिरामिड** कैसा होता है? **-सीधा** (Upright)
- **जीवभार का पिरामिड** (Biomass Pyramid) किस **पारिस्थितिक तंत्र** में उल्टा (विपरीत दिशा में) बनता है?**-जलीय पारितंत्र में**
- **पारिस्थितिक तंत्र** में तत्त्वों के चक्रण को क्या कहते हैं? **-जैव भू-रासायनिक चक्र** (Bio Geo-chemical Cycle)
- **समुद्री वातावरण** में कौन से जीव मुख्य **प्राथमिक उत्पादक** होते हैं? **-फाइटोप्लैन्कटन्स** (Phytoplankton)
- पारितन्त्र का **गतिक-हृदय** किसे कहा जाता है? **-ऊर्जा प्रवाह व खनिज चक्र**
- किसी क्षेत्र के सभी **जीवधारी** तथा **वातावरण** में उपस्थित **अजैव घटक** संयुक्त रूप से किसका निर्माण करते हैं **-पारितंत्र का**
- पारिस्थितिक तंत्र की **ऊर्जा का प्रमुख स्रोत** किसे माना जाता है? **-सौर्यिक विकिरण** (Solar Radiation)

भारत में रामसर आर्द्रभूमियाँ (49)

राज्य	आर्द्रभूमियाँ
जम्मू कश्मीर	वुलर झील, होकेरा आर्द्रभूमि, सुरिनसर-मानेसर
लद्दाख	त्सो मोरीरी झील, त्सो कार आर्द्रभूमि क्षेत्र
हिमाचल प्रदेश	चंद्रताल, पोंगडैम झील, रेणुका (सबसे छोटी आर्द्रभूमि)
पंजाब	हरिके झील (कृत्रिम आर्द्रभूमि), कांजली झील, रोपड़ झील, ब्यास कंजर्वेशन रिजर्व, केशोपुर मियानी सामुदायिक रिजर्व, नांगल वन्यजीव अभ्यारण्य
केरल	अष्टमुदी, षष्ठमकोट्टा, वेम्बनाड
राजस्थान	सांभर झील, केवलादेव राष्ट्रीय उद्यान (मांट्रेक्स रिकॉर्ड में शामिल)
ओडिशा	चिल्का झील, भितरकणिका मैंग्रोव
आंध्रप्रदेश	कोलेरू झील
असम	दीपोर बील
तमिलनाडु	पॉइन्ट कैलिमर वन्यजीव अभ्यारण्य
त्रिपुरा	रुद्रसागर झील
मणिपुर	लोकटक झील (मांट्रेक्स रिकॉर्ड में शामिल)
उत्तर प्रदेश (सर्वाधिक)	ऊपरी गंगा नदी तंत्र (ब्रजघाट से नरौरा), नवाबगंज पक्षी अभ्यारण्य, समाना पक्षी अभ्यारण्य, समसपुर पक्षी अभ्यारण्य, पार्वती अर्गा पक्षी अभ्यारण्य, सांडी पक्षी अभ्यारण्य, सरसई नवार झील, सुर सरोवर, हैदरपुर, बखीरा वन्य जीव अभ्यारण्य।
पं बंगाल	पूर्वी कोलकाता आर्द्र-भूमि, सुन्दरबन (सबसे बड़ा)
मध्य प्रदेश	भोज आर्द्रभूमि
गुजरात	नल सरोवर पक्षी अभ्यारण्य, थोल झील, वधावन आद्रभूमि, खिजड़िया वन्य जीव अभ्यारण्य।
महाराष्ट्र	नंदुर मधमेश्वर, लोनार झील
बिहार	काबरताल आर्द्रभूमि
उत्तराखण्ड	आसन कंजर्वेशन रिजर्व
हरियाणा	सुल्तानपुर राष्ट्रीय उद्यान, भिण्डावास वन्यजीव अभ्यारण्य

पारिस्थितिकी तंत्र (Ecosystem) शब्द का सर्वप्रथम प्रयोग **ए.जी. टान्सले** (A.G. Tansley) ने किया था।

बायोम एवं जैवमण्डल (Biome and Biosphere)

- पृथ्वी पर पेड़-पौधों तथा जीव जन्तुओं सहित सभी प्रमुख पारिस्थितिक तंत्र क्या कहलाते हैं? **-बायोम** (Biome)
- पृथ्वी पर सबसे बड़ा बायोम कौन सा है? **-जलीय बायोम**
- सबसे कम जैव विविधता तथा जैव भार वाला बायोम कौन-सा है? **-टुण्ड्रा बायोम**
- जैव मण्डल (Biosphere) के अन्तर्गत किन संघटकों को सम्मिलित किया जाता है? **-जैविक एवं अजैविक घटक**
- कौन सा तंत्र किसी समुदाय के सभी जीवों में सम्बंध स्थापित करता है? **-खाद्य जाल** (Food Web)
- सभी उपभोक्ताओं में कौन सा गुण पाया जाता है? **-परपोषी**

> वे प्रजातियाँ जो किसी समुदाय में प्रचुरता तथा जैवभार की अल्पता के बाद भी सामुदायिक अभिलक्षणों पर अपना प्रभाव दर्शाती हैं, की- स्टोन प्रजातियाँ (Key-Stone Species) कहलाती हैं।

- एबोनी तथा महोगनी वृक्ष किन वनों सम्बन्धित हैं? **-उष्णकटिबंधीय सदाबहार वनों से**
- साल, सागौन तथा शीशम किस बायोम के वृक्ष हैं? **-मानसूनी वन बायोम**
- किस बायोम की भूमि अम्लीय तथा अल्प खनिज वाली होती है? **-शंकुधारी वन**
- विषुवत रेखा से ध्रुवों की ओर जाने पर पारिस्थितिक उत्पादन पर क्या प्रभाव पड़ता है? **-पहले बढ़ता है फिर घटता है।**
- किस बायोम में सबसे कम तापान्तर पाया जाता है? **-अयनवर्ती सदाबहारी वर्षा वन बायोम में**
- किस बायोम में प्राथमिक उत्पादकता सर्वाधिक होती जाती है? **-विषुवतीय वन बायोम में**
- विश्व का सर्वाधिक विक्षुब्ध पारिस्थितिकी तंत्र कौन-सा माना जाता है? **-मानसूनी बायोम**

> यूकेलिप्टस वृक्ष को पारिस्थितिकी शत्रु (Eco Enemy) कहा जाता है। यह ऑस्ट्रेलिया महाद्वीप में बहुतायत में पाया जाता है।

- सागर जल के नितल (तलहटी) में रहने वाले जीवों को कौन सी संज्ञा दी जाती है? **-बेन्थस**
- रेण्डियर किस बायोम का जन्तु है? **-टुण्ड्रा बायोम**
- भारत में वन सर्वेक्षण विभाग (Forest Survey Department) द्वारा कब से वन रिपोर्ट का प्रकाशन किया जा रहा है? **-वर्ष 1987 से**

> देहरादून स्थित भारतीय वन सर्वेक्षण संस्थान (Forest Survey of India) के द्वारा प्रति दो वर्षों के अन्तराल पर भारत वन स्थिति रिपोर्ट (India State of Forest Report) प्रकाशित की जाती है।

- लानोस तथा कैम्पोस घास किस बायोम में पायी जाती है? **-उष्ण कटिबंधीय घास बायोम**
- कौन सी प्रजाति एक बड़े निवास स्थान पर रहती है तथा सामान्यत: प्रवासी होती है? **-अंब्रेला प्रजाति**
- प्राकृतिक वनस्पति का सर्वाधिक विकसित क्षेत्र कौन-सा है? **-पतझड़ वन**
- अनुकूलतम बायोम (Optimum Biome) की दशायें किस बायोम में पायी जाती है? **-अयनवर्ती सदाबहारी वर्षा वन बायोम में**
- हाथी घास (Elephant Grass) किस बायोम की एक प्रमुख घास है? **-सवाना बायोम**
- किसी भी बायोम में प्राणियों का जीवन, उनकी क्रियाशीलता की तीव्रता तथा उनकी संख्या किस पर निर्भर करती है? **-संरचना, सकल बायोमास एवं जातियों के संघटन पर।**
- विश्व के किस बायोम को प्रमुख अन्न भण्डार तथा दुग्ध व्यवसाय का केन्द्र कहा जाता है? **-शीतोष्ण घास बायोम को**
- की-स्टोन प्रजातियों (Keystone Species) का संरक्षण करना आवश्यक है? पारितंत्र की अन्य प्रजातियाँ की-स्टोन प्रजातियों के प्रति अत्यंत संवेदनशील होती हैं। की-स्टोन प्रजातियों के विलुप्त होने पर अनेक अन्य प्रजातियाँ भी विलुप्त हो जाती हैं।
- पौधों की जाति, उनकी संरचना एवं वृद्धि किस पर निर्भर करती है? **-पर्यावरण के भौतिक एवं जैविक कारकों के अर्न्तसम्बंध पर**
- पर्णपाती वन (Deciduous Forest) किस प्रकार के बायोम में पाये जाते हैं? **-मानसून वन बायोम**
- दो भिन्न पारिस्थितिक तंत्रों के मध्य स्थित संक्रमण मण्डल (Transition Zone) क्या कहलाता है? **-इकोक्लाइन** (Ecocline)
- सर्वप्रथम पारिस्थितिक स्तूप की परिकल्पना किसने प्रस्तुत की थी? **-चार्ल्स एल्टन ने**
- भारत में किस क्षेत्र को पारिस्थितिक उष्ण स्थल (Ecological Hotspot) की संज्ञा दी जाती है? **-पश्चिमी घाट**

> उष्ण कटिबंधीय सदाबहार बायोम को पृथ्वी के फेफड़े (Lungs of Earth) के नाम से भी जाना जाता है।

जैव विविधता (Biodiversity)

- जैव-विविधता (Biodiversity) का क्या अर्थ है?
  -एक निर्धारित क्षेत्र में विभिन्न प्रकार के पादप एवं जंतुओं की उपस्थिति
- सर्वप्रथम जैवविविधता (Biodiversity) शब्द का प्रयोग किसने किया था? -वाल्टर जी. रोसेन ने
- किस भौगोलिक क्षेत्र को जैवविविधता का भण्डार कहा जाता है? -उष्ण कटिबंधीय वर्षा वनों को

वन्यजीव अभयारण्य, जैवमण्डल आरक्षित क्षेत्र, राष्ट्रीय उद्यान आदि की स्थापना जैवविविधता को संरक्षित करने के लिए की जाती है।

- संयुक्त राष्ट्र संघ द्वारा दशक 2011-20 को किस रूप में घोषित किया गया है? -जैव-विविधता दशक
- हॉटस्पॉट शब्द का सर्वप्रथम प्रयोग किसने किया था?
  -नार्मन मायर्स ने (वर्ष 1988 में)

ऐसे क्षेत्र जो पारिस्थितिकीय दृष्टि से अत्यधिक उत्पादक होते हैं तथा जहाँ स्थानिक जातियों (Endemic Species) की उपलब्धता तथा जैवविविधता अधिक पायी जाती है, जैवविविधता हॉटस्पाट कहलाते हैं। वर्तमान में विश्व में इसकी संख्या 36 है।

- भारतीय राष्ट्रीय जैविक-विविधता प्राधिकरण कहाँ स्थापित किया गया है? -चेन्नई [तमिलनाडु] (वर्ष 2003)
- भारत में लेह बेरी के नाम से कौन सी पर्णपाती झाड़ी प्रसिद्ध है? -सीबकथॉर्न (Sea-buckthorn)
- भारत में अति सघन वनों (Highly Dense Forest) का सर्वाधिक क्षेत्र किस राज्य में पाया जाता है? -अरुणाचल प्रदेश में
- एम-स्ट्रिप्स (m-STrIPES) शब्द किससे सम्बंधित है?
  -बाघ अभयारण्यों के रख-रखाव से
- भारत ने जैव-सुरक्षा उपसंधि (प्रोटोकॉल) पर कब हस्ताक्षर किए थे? -23 जनवरी, 2001 को
- प्रोसोपिस जूलीफ्लोरा नामक पादप पर्यावरण को किस प्रकार हानि पहुँचाता है? -यह जिस क्षेत्र में उगता है वहाँ की जैव विविधता को कम करने लगता है।
- भारत में सिंह-पुच्छ वानर (मकॉक) के प्राकृतिक आवास कहाँ पाए जाते हैं? -तमिलनाडु, केरल एवं कर्नाटक में
- भारत सरकार द्वारा जैव विविधता अधिनियम कब पारित किया गया? -वर्ष 2002 में
- किस पक्षी के विलुप्त हो जाने के कारण मॉरीशस में सिडरॉक्सी ग्रांडीफ्लोरम नामक पादप प्रजाति भी विलुप्त हो गई?
  -डोडो पक्षी (यह उपर्युक्त पौधे के फल को खाकर उसके बीजों के अंकुरण में सहायक था)
- भारत का प्रथम समुद्री राष्ट्रीय उद्यान (Marine National Park) कहाँ स्थित है? -कच्छ की खाड़ी

भारत में 4 जैवविविधता हॉटस्पाट क्षेत्रों का चयन किया गया है- 1. पश्चिमीघाट 2. इंडो-बर्मा क्षेत्र, 3. पूर्वी हिमालय 4. सुंडालैण्ड (निकोबार द्वीप समूह)

- फ्लाइंग फॉक्स अर्थात् उड्डयन वल्गुल, जिसे ग्रेट इंडियन फ्रूट बैट भी कहा जाता है, यह क्या है?
  -चमगादड़ों की एक प्रजाति
- रेड डाटा बुक अथवा रेड लिस्ट किस संगठन से सम्बंधित हैं?
  -आई.यू.सी.एन (IUCN)
- कौन सी औषधि (Medicine) गिद्धों की संख्या में कमी के लिए उत्तरदायी है? -डाईक्लोफेनेक सोडियम
- भारतीय जीव जन्तु कल्याण बोर्ड का मुख्यालय कहाँ स्थित है? -बल्लभगढ़ (हरियाणा)
- वृक्षों पर रहने वाले किस स्तनधारी का जूलॉजिकल नाम ऐलुरस फल्गेंस (Ailuras Fulgens) है? -रेड पांडा
- भारत में रेड पांडा के प्राकृतिक आवास कहाँ पाए जाते हैं?
  -उत्तर-पूर्वी भारत के उप-हिमालयी क्षेत्रों में
- दाचीगाम राष्ट्रीय उद्यान किस जन्तु के संरक्षण के लिए प्रसिद्ध है? -हंगुल मृग
- भारत में सर्वाधिक ऊँचाई पर स्थित राष्ट्रीय उद्यान कौन सा है? -हेमिस राष्ट्रीय उद्यान (लद्दाख)
- किस समूह के जीव अमोनिया को नाइट्राइट में परिवर्तित करते है? नाइट्रोसोमोनास (Nitrosomonas)
- धान का पौधा नाइट्रोजन को किस रूप में ग्रहण करता है?
  -अमोनियम के रूप में
- जीवमंडलीय पारिस्थितिकी तंत्र में रासायनिक तत्वों का प्रवेश किस माध्यम से होता है? -पौधों की जड़ों के द्वारा

भारत के पूर्वोत्तर राज्यों को जैव विविधता का द्वार कहा जाता है।

अण्डमान और निकोबार द्वीप समूह में स्थित साउथ बटन द्वीप भारत का सबसे छोटा राष्ट्रीय उद्यान है।

- भारत को कितने **जैव भौगोलिक क्षेत्रों** (Biogeographic Areas) में **विभाजित** किया गया है? **-10**
- जब कोई **समुदाय स्थायी**, **परिपक्व**, **जटिल** तथा **दीर्घ कालिक** होता है, तो उसे किस रूप में परिभाषित किया जाता है? **-चरम समुदाय** (Climax Community)
- क्षेत्रफल की दृष्टि से भारत का **सबसे बड़ा जैवमण्डल** आरक्षित क्षेत्र कौन सा है? **-मन्नार की खाड़ी**
- किस वृक्ष को **कल्पवृक्ष** की उपमा प्रदान की गई है? **-नारियल को**
- भारत में कौन सा राष्ट्रीय उद्यान **पक्षियों के स्वर्ग** के नाम से प्रसिद्ध है? **-केवलादेव राष्ट्रीय उद्यान** (भरतपुर, राजस्थान)
- **केवलादेव राष्ट्रीय उद्यान** से होकर कौन सी नदियाँ प्रवाहित होती हैं? **-बाणगंगा तथा गंभीरी**
- **वनस्पति संरक्षण हेतु स्वस्थाने संरक्षण पद्धति** (In-situ Conservation) के अन्तर्गत कौन सा स्थल सम्मिलित नहीं हैं? **-वानस्पतिक उद्यान** (Botanical Garden)
- **कृत्रिम ग्रीन हाउस** द्वारा वनस्पतियों का संरक्षण, किस विधि के अन्तर्गत आता है? **-बाह्य स्थाने संरक्षण पद्धति** (Ex-Situ Conservation)
- वर्तमान में भारत में कुल कितने **जैव मंडल रिजर्व** (Biosphere Reserve) हैं? **-18**

भारत के वन्य राष्ट्रीय उद्यान जीव अभयारण्य, व टाइगर रिजर्व

राज्य	राष्ट्रीय उद्यान	वन्यजीव अभयारण्य	टाइगर रिजर्व
जम्मू-कश्मीर	दाचीगाम, सलीम अली (सिटी फारेस्ट), किश्तवार, काजीनाग	शीत मरुस्थल, होकेरसर, सुरिनसर-मानसर	
लद्दाख	हेमिस हाई	चांगथांग (1600 वर्ग किमी.)	
हरियाणा	कालेसर, सुल्तानपुर	कालेसर, नाहर	
हिमाचल प्रदेश	ग्रेट हिमालयन नेशनल पार्क, इंदरकिला, खिरगंगा, पिनघाटी, सिमबालबारा	चंद्रताल, पोंग डेम झील, रेणुका	
उत्तराखंड	जिम कार्बेट (प्रथम राष्ट्रीय उद्यान वर्ष 1936), गंगोत्री, गोविंद पशु विहार, नंदा देवी, राजाजी, फूलों की घाटी	केदारनाथ (967 वर्ग किमी.)	जिम कार्बेट, राजाजी टाइगर रिजर्व
राजस्थान	केवलादेव, रणथंभौर, सरिस्का, मरुस्थलीय, मुकुंद्रा हिल्स (दर्राह)	माउंट आबू, सरिस्का, जवाहर सागर, राष्ट्रीय चम्बल, वन विहार	रणथंभौर, सरिस्का, मुकुंद्रा हिल्स, रामगढ़ विषधारी
गुजरात	गिर वन, मरीन (कच्छ की खाड़ी), ब्लैकबक, वंसदा	गिर, समुद्री (कच्छ खाड़ी), नल सरोवर, नारायण सरोवर, पूरना, जंगली गधा	
महाराष्ट्र	संजय गांधी (बोरीवली), पेंच (जवाहरलाल नेहरू), तदोबा, गुगामल, नवेगाँव नागजीरा, चांदोली	ग्रेट इंडियन बस्टर्ड, फनसड, बोर कालसुबई-हरिश्चंद्रगाड, मेलघाट, नागजीरा, करनाला पक्षी, पेनगंगा, उमरेद पौनी करहांदला	मेलघाट, तडोबा अंधारी, पेंच, सह्याद्रि, नवगाँव-नगजीरा, बोर (सबसे छोटा क्षेत्रफल)
गोवा	महावीर (मोल्लेम)	महावीर (40 वर्ग मील)	
कर्नाटक	नागरहोल, कुद्रेमुख, बन्नेरघट्टा, अंशी, बाँदीपुर	दांडेली, घाटप्रभा, चिंचोली तालकावेरी	बांदीपुर, भद्रा, दांडेली अंशी (काली), नागरहोल, बिलगिरि रंगनाथ मंदिर
केरल	अनाईमुदी, इरावीकुलम, मथिकेट्टन शोला, पराम्बिकुलम शोला, पेरियार, साइलेंट वैली	थडेक्कड पक्षी अभयारण्य, इदुक्की, नेय्यार परांबिकुलम, मालाबार, पेरियार वायनाड	पेरियार, परांबिकुलम

केवलादेव, **साइबेरियन क्रेन** नामक प्रवासी पक्षी का आश्रय स्थल है व **मोंट्रेक्स रिकॉर्ड** में शामिल **प्रथम राष्ट्रीय उद्यान** है।

राज्य	राष्ट्रीय उद्यान	वन्यजीव अभयारण्य	टाइगर रिजर्व
तेलंगाना	कासुब्रह्मानंद रेड्डी, महावीर हरिना वनस्थली मुग्रावनी	नागार्जुन सागर, प्राणहिता, किन्नेरसानी	कवल, अमराबाद
तमिलनाडु	इंदिरा गांधी (अन्नामलाई), मुदुमलाई, गुइंडी, मुकुर्थी, मन्नार की खाड़ी (सागरीय उद्यान)	कोडाईकनाल, पॉइंट कैलीमार, पुलीकट झील, सत्य मंगलम, कलाकाड़, वेदांथगल, वेल्लानाडु मुदुमलाई	कलक्कड़-मुंडनथुरई, अन्नामलाई, मुदुमलाई, श्री विल्लिपुथुर मेघमलाई, सत्यमंगलम
आन्ध्र प्रदेश	राजीव गांधी (रामेश्वरम), पापीकोंडा, श्री वेंकटेश्वर	कोरिंगा, कोल्लेरू, पुलिकट नागार्जुन सागर-श्रीशैलम	नागार्जुन सागर-श्रीशैलम (सबसे बड़ा क्षेत्रफल)
छत्तीसगढ़	इंद्रावती (कुटरू), कांगेरघाटी, गुरु घासीदास (संजय)	अचानकमार, सीतानदी	इंद्रावती, उदंती-सीतानदी, अचानकमार, गुरु घासीदास
ओडिशा	भीतरकनिका, सिमलीपाल	भीतरकनिका, चिल्का, गहिरमाथा, नंदनकानन, सतकोसिया गॉर्ज सिमलीपाल	सिमलीपाल, सतकोसिया गॉर्ज
पश्चिम बंगाल	बुक्सा, गोरूमारा, नेओरा वैली, सिंगलीला सुन्दरवन, जलदापारा	चपरामारी बल्लवपुर	सुन्दरवन, बुक्सा
त्रिपुरा	क्लाउडेड लेपर्ड, बाइसन (राजबारी)	गुमटी, सेपाही जाला	-
मिजोरम	मुर्लेन, फवंगपुई (ब्लू माउण्टेन)	दम्पा, थोरांटलांग	दंपा (दम्फा)
मणिपुर	केबुल-लामजाओ, सिरोही		-
नागालैण्ड	इंटाकी	फाकिम (642 हेक्टेयर)	-
अरुणाचल प्रदेश	नामदफा, माउलिंग	पखुई, सेसा ऑर्किड	नामदफा, पक्के, कमलांग
असम	डिब्रू-साखोवा, काजीरंगा, मानस, ओरांग, नमेरी, रायमोना, देहिंग पटकाई	दीपोर बील, पूर्वी कार्बी एंगलोंग लाखोवा	मानस, नमेरी, काजीरंगा, ओरांग
सिक्किम	कंचनजंगा	किताम, पांगोलखां	-
मेघालय	बालफक्रम, नोकरेक रिज (गारो पहाड़ी)	नोंगखैलेम, सिजू, बाघमारा (पिचर प्लांट)	
झारखंड	बेतवा	डालमा, गौतमबुद्ध, हजारीबाग, पारसनाथ, पलामू, पोपचंची	पलामू
बिहार	वाल्मीकि	भीम बाँध, गौतमबुद्ध, काँवरझील कैमूर, वाल्मीकि, विक्रमशिला	वाल्मीकि
उत्तर प्रदेश	दुधवा	बखिरा, कैमूर, महावीर स्वामी राष्ट्रीय चंबल, ओखला, पटना	दुधवा, पीलीभीत
मध्य प्रदेश (11 राष्ट्रीय उद्यान)	बांधवगढ़, फॉसिल (मंडला), कान्हा, माधव, इंदिरा प्रियदर्शिनी (पेंच), पन्ना, संजय, सतपुड़ा, वन-विहार, डायनॉसोर, कूनो	बोरी, गांधी सागर, राष्ट्रीय चंबल, पन्ना, रातापानी, सोन घड़ियाल	पन्ना, कान्हा, सतपुड़ा, बांधवगढ़ संजय दुबरी, पेंच
अंडमान एवं निकोबार (6 राष्ट्रीय उद्यान)	कैंपबेल बे, गलाथिया बे, महात्मा गांधी मरीन, माउंट हैरियट, रानी झाँसी मरीन, सैडल पीक	टर्टल द्वीप, बैरेन द्वीप (सर्वाधिक-96 वन्यजीव अभयारण्य)	-
दिल्ली		असोला भाटी (इंदिरा प्रियदर्शिनी)	

प्रोजेक्ट टाइगर 1973 में **प्रोजेक्ट एलीफैंट** 1992 में तथा **इंडियन राइनो विजन-2020** 2005 में प्रारम्भ किया गया था।

यूनेस्को सूची में शामिल जैव मंडल आरक्षित क्षेत्र			
क्र.सं.	जैव मंडल आरक्षित क्षेत्र	राज्य	सम्मिलित होने का वर्ष
1.	नीलगिरि	केरल, तमिलनाडु, कर्नाटक	2000
2.	मन्नार की खाड़ी	तमिलनाडु	2001
3.	सुन्दर वन	पश्चिम बंगाल	2001
4.	नन्दादेवी	उत्तराखण्ड	2004
5.	नोकरेक	मेघालय	2009
6.	पचमढ़ी	मध्यप्रदेश	2009
7.	सिमलीपाल	ओडिशा	2009
8.	अमरकंटक, अचानकमार	मध्यप्रदेश/छत्तीसगढ़	2012
9.	ग्रेट निकोबार	अंडमान-निकोबार द्वीप समूह	2013
10.	अगस्त्यमलाई	तमिलनाडु	2016
11.	कंचनजंघा	सिक्किम	2018
12.	पन्ना	मध्यप्रदेश	2020

- भारत में प्रथम जैवमण्डल आरक्षित क्षेत्र कहाँ स्थापित किया गया था? -नीलगिरि (वर्ष 1986 में)
- कार्टाजेना प्रोटोकॉल किससे सम्बंधित है? -जैव सुरक्षा समझौता से
- किस प्रकार की जैव विविधता का उपयोग प्रजनन कार्यों में किया जाता है? -आनुवंशिक विविधता
- भारत को सर्वप्रथम किसने जैव भौगोलिक क्षेत्रों तथा जैव भौगोलिक प्रदेशों में विभाजित किया?-रोजर और पनवार ने
- अरिबादा (Arribada) क्या है?

  -कछुओं की कुछ प्रजातियों की व्यापक घोंसला प्रक्रिया
- पर्यावरण संरक्षण हेतु वर्ष 1961 में स्थापित वर्ल्ड वाइड फण्ड, का मुख्यालय कहाँ स्थित है? -ओस्लो (नॉर्वे)
- किस राज्य में सर्वाधिक संख्या में राष्ट्रीय पार्क स्थित हैं? -मध्य प्रदेश
- जैव सुरक्षा का कार्टाजेना प्रोटोकॉल किस केन्द्रीय मंत्रालय द्वारा क्रियान्वित किया जाता है?-पर्यावरण एवं वन मंत्रालय
- भारत का प्रथम नेशनल सेंटर फॉर मरीन बायोडायवर्सिटी (NCMB) किस शहर में स्थित है? -जामनगर (गुजरात)
- उड़ने वाली छिपकली, जिसे ड्रेको (Draco) कहा जाता है, वह भारत में कहाँ पायी जाती है?-पश्चिमी घाट के वनों में
- क्षेत्रफल की दृष्टि से भारत का सबसे बड़ा टाइगर रिजर्व कौन सा है? -नागार्जुन सागर (आंध्र प्रदेश)

जिम कॉर्बेट (उत्तराखण्ड, 1936 में स्थापित) भारत का प्रथम राष्ट्रीय उद्यान व प्रोजेक्ट टाइगर के अन्तर्गत अधिसूचित प्रथम टाइगर रिजर्व है। पहले इसका नाम हेली राष्ट्रीय उद्यान था।

- विश्व का कौन सा द्वीप केवल पक्षियों के लिए आरक्षित है? -कजिन द्वीप (Cousin Island) सेशेल्स
- भारत में पक्षियों का प्रथम वनारण्य कहाँ स्थापित किया गया था? -वेदांथंगल (तमिलनाडु) में
- भारत का प्रसिद्ध नीलगिरि जीवमण्डल आरक्षित क्षेत्र कितने राज्यों में विस्तृत है? -तीन राज्यों में (कर्नाटक, तमिलनाडु व केरल)
- कान्हा राष्ट्रीय उद्यान किस जन्तु के संरक्षण के लिए प्रसिद्ध है? -बारहसिंगा के लिए
- भारत का प्रसिद्ध फूलों की घाटी वाला राष्ट्रीय उद्यान क्षेत्र किन पर्वतारोहियों ने खोजा था? -फ्रैंक स्माइथ और होल्ड्सवर्थ
- किसे गंगा के टाइगर की उपमा दी जाती है?-डॉल्फिन को

प्रमुख पक्षी अभयारण्य

- घाना पक्षी विहार- भरतपुर, (राजस्थान)
- रंगन थिट्टू पक्षी विहार -मांड्या, (कर्नाटक)
- वेदाथंगल पक्षी विहार कांचीपुरम, (तमिलनाडु)
- नीलापट्टू पक्षी विहार- नेल्लौर, (आंध्र प्रदेश)
- सुल्तानपुर पक्षी विहार- गुरुग्राम, (हरियाणा)
- सलीम अली पक्षी विहार- चोराओ, मांडवी नदी के पास, (गोवा)
- कौंडिन्या पक्षी विहार- चित्तूर, (आन्ध्र प्रदेश)
- चिल्का झील पक्षी विहार- पुरी के पास, (ओडिशा)
- कुमाराकॉम पक्षी विहार या वेंबनाद पक्षी विहार- कोट्टायम, (केरल)

यूनेस्को ने वर्ष 1971 में अंतरसरकारी वैज्ञानिक कार्यक्रम के रूप में मानव एवं जैव मण्डल (MAB) कार्यक्रम प्रारम्भ किया था।

जलवायु परिवर्तन (Climate Change)

- जलवायु परिवर्तन के प्रमुख कारण क्या हैं?

  –ग्रीन हाउस गैसें, ओजोन परत का क्षरण तथा प्रदूषण
- ग्रीन हाउस गैसों (GHG) की संकल्पना किसने प्रस्तुत की थी?

  –जोसेफ फोरियर ने
- किसी गैस का वैश्विक तापन विभव (Global Warming Potential : GWP) किन बातों पर निर्भर करता है? –उस गैस के अणुओं की दक्षता एवं उस गैस के वायुमण्डलीय जीवनकाल पर
- प्राकृतिक रूप से पाई जाने वाली वह ग्रीन हाउस गैस कौन सी है, जो सर्वाधिक ग्रीन हाउस प्रभाव उत्पन्न करती है?

  –जलवाष्प (Water Vapour)

वर्ष 2015 के पेरिस समझौते में ग्रीन हाउस गैस के उत्सर्जन को सीमित करने का लक्ष्य रखा गया है। इसके अन्तर्गत यह लक्ष्य है कि, 21वीं शताब्दी के अन्त तक औसत वैश्विक तापमान में वृद्धि उद्योग-पूर्व स्तर से $2^{\circ}C$ या यदि सम्भव हो सके तो $1.5^{\circ}C$ से अधिक न होने पाए।

- क्योटो प्रोटोकॉल किस वर्ष से प्रभावी हुआ?–वर्ष 2005 से
- वह सर्वाधिक भंगुर पारिस्थितिक तंत्र कौन सा है, जो वैश्विक तापन द्वारा सबसे पहले प्रभावित होगा?

  –आर्कटिक एवं ग्रीनलैण्ड हिमचादर
- वायु में कार्बन डाइऑक्साइड की मात्रा बढ़ने से वायुमंडल का तापमान क्यों बढ़ता है?

  –क्योंकि कार्बन डाइऑक्साइड सौर विकिरण के अवरक्त अंश को अवशोषित करती है।
- मेथेन गैस के उत्सर्जन के प्रमुख प्राकृतिक स्रोत कौन से हैं?

  –आर्द्रभूमि, समुद्र, हाइड्रेट्स (Hydrates)
- ग्रीन हाउस गैस प्रोटोकॉल का विकास किसके द्वारा किया गया?

  –वर्ल्ड रिसोर्स इंस्टीट्यूट (WRI) तथा वर्ल्ड बिजनेस काउंसिल ऑन सस्टेनेबल डेवलमेंट (WBCSD) के द्वारा।
- विश्व के तापमानों पर आँकड़े प्राप्त करने के लिए वैश्विक वायुमंडल निगरानी स्टेशन कहाँ स्थापित किए गये हैं?

  –अल्जीरिया, ब्राजील तथा केन्या में
- जलवायु परिवर्तन का क्रायोजेनिक संकेतक किससे प्राप्त किया जाता है? –आइस कोर (Ice Core) से

हिम तत्व (Ice Core) किसी ग्लेशियर या बर्फ की चादर (Ice Sheet) को छेदकर प्राप्त किया गया, एक बेलनाकार नमूना होता है।

- वैश्विक जलवायु परिवर्तन के संदर्भ में कौन सी पद्धतियाँ मृदा में कार्बन प्रच्छादन/संग्रहण में सहायक हैं?

  –समोच्च बाँध (Contour Bund), अनुपद शस्यन एवं शून्य जुताई
- किस अंतर्राष्ट्रीय सम्मेलन में हरित जलवायु कोष (Green Climate Fund : GCF) के गठन का प्रावधान किया गया था?

  –कानकुन सम्मेलन में (मैक्सिको, वर्ष 2010)
- हरित जलवायु कोष (Green Climate Fund) के गठन का क्या उद्देश्य था? –विकासशील देशों को जलवायु परिवर्तन का सामना करने हेतु अनुकूलन और न्यूनीकरण पद्धतियों में सहायता देना।

यदि किसी महासागर का पादप प्लवक किसी कारण से पूर्णतया नष्ट हो जाए, तो –कार्बन सिंक के रूप में महासागर पर एवं महासागर की खाद्य शृंखला पर इसका प्रतिकूल प्रभाव पड़ेगा।

- प्रथम विश्व जलवायु सम्मेलन कहाँ आयोजित किया गया था?

  –जेनेवा, स्विट्जरलैण्ड (वर्ष 1979 में)
- कौन सी घटनाएँ वैश्विक तापन (Global Warming) के प्रभाव को दर्शाती हैं?–हिमानी का पिघलना, सागरीय तल में उत्थान, मौसमी दशाओं में परिवर्तन, वैश्विक तापमान में वृद्धि आदि।
- वैश्विक तापन के कारण एल्पाइन ग्लेशियर के पिघलने से किन दो देशों को अपनी अन्तर्राष्ट्रीय सीमाएँ फिर से निर्धारित करनी पड़ेंगी? –इटली तथा स्विट्जरलैण्ड

ऊर्जा की बचत कर पृथ्वी को सुरक्षित रखने के उद्देश्य से प्रत्येक वर्ष मार्च के अंतिम शनिवार को पृथ्वी काल (Earth Hour) मनाया जाता है। इसका समय घण्टे (8:30 pm to 9 pm) के लिए बत्तियाँ बुझा दी जाती है। वर्ष 2021 में 27 मार्च का पूरा विश्व में अर्थ आवर मनाया गया इसमें 192 देशों के सात हजार से अधिक देशों ने भाग लिया। ग्रीन ग्रुप वर्ल्ड वाइड फण्ड फॉर नेचर (WWF) द्वारा आयोजित यह अर्थ आवर का 15वाँ संस्करण था। इसका विषय (Theme) था– पृथ्वी को बचाने के लिए जलवायु परिवर्तन

- भारत ने क्योटो प्रोटोकॉल की द्वितीय प्रतिबद्धता अवधि पर अपनी सहमति कब प्रदान की? –8 अगस्त, 2017 को
- आईपीसीसी (Intergovernmental Panel on Climate Change) की पहली रिपोर्ट कब प्रकाशित हुई थी? –वर्ष 1990 में

भूटान एक कार्बन निगेटिव देश है, यह प्रतिवर्ष वायुमण्डल से 6 मिलियन टन कार्बन अवशोषित करता है।

ओजोन परत क्षरण एवं प्रदूषण (Ozone Layer Depletion and Pollution)

- **ओजोन परत** वायुमण्डल के किस स्तर में स्थित होती है? **-समताप मंडल** (Stratosphere)
- ओजोन परत **पृथ्वी** से कितनी ऊँचाई पर स्थित है? **-20 से 35 किलोमीटर**
- **वर्ष 2005** में **तिब्बत पठार** के ऊपर **ओजोन आभामंडल** (Ozone Halo) की खोज किसने की?**-जी.डब्ल्यू. केंट मूर ने**
- अंटार्कटिका के ऊपर **ओजोन छिद्र** (Ozone Hole) की खोज किसने की? **-ब्रायन गार्डिनर तथा जोनाथन शैंकलिन**
- **मॉन्ट्रियल प्रोटोकॉल** (Montreal Protocol) किस पर्यावरणीय समस्या से सम्बंधित है?**-ओजोन परत के क्षय को रोकने से**
- **ओजोन परत** को किस इकाई में मापा जाता है? **-डॉबसन इकाई** (Dobson Unit-DU) में
- ओजोन परत के क्षरण के लिए कौन सी गैसें उत्तरदायी हैं? **-सीएफसी, हैलोजन, नाइट्रस ऑक्साइड, ट्राइक्लोरोएथिलीन, हैलोन-1211, 1301 आदि।**

> ऐसे पदार्थ जो ओजोन की परत को **कम से कम हानि** पहुँचाते हैं, **ओजोन अनुकूल पदार्थ** (Ozone Friendly Substances : OFS) कहलाते हैं। भारत के **श्रीनगर** में ओजोन परत की मोटाई **सर्वाधिक** एवं **त्रिवेन्द्रम** में सबसे **कम** है। **सितम्बर से अक्टूबर माह** के मध्य ओजोन परत की मोटाई में अधिक कमी आती है।

- वायु में तैरते हुए **श्वसनीय सूक्ष्म कणों** का आकार कितना होता है? **-5 माइक्रॉन से कम**
- **मानव-जनित पर्यावरणीय प्रदूषण** को क्या कहा जाता है? **-एन्थ्रोपोजेनिक** (Anthropogenic)
- **जैव निम्नीकरणीय रहित प्रदूषक** पर्यावरण में किस प्रकार प्रवेश करते हैं? **-मानव-जनित प्रदूषण के कारण**
- वे **वायु प्रदूषक** जो प्रदूषक स्रोत से सीधे वायु में मिलते है, क्या कहलाते हैं? **-प्राथमिक प्रदूषक** (Primary Pollutant)
- ऐसे वायु प्रदूषक जो **प्राथमिक वायु प्रदूषकों** तथा **साधारण वातावरणीय पदार्थों** की क्रिया के फलस्वरूप उत्पन्न होते हैं, क्या कहलाते हैं? **-द्वितीयक वायु प्रदूषक**
- **परॉक्सीएसटिल नाइट्रेट** (PAN), **ओजोन** तथा **स्मॉग** (Smog) किस प्रकार के प्रदूषक है? **-द्वितीयक प्रदूषक**
- कौन सा वायु प्रदूषक ऑक्सीजन की अपेक्षा अधिक शीघ्रता से **रक्त के हीमोग्लोबिन** में घुल जाता है?**-कार्बन मोनोक्साइड**
- जब अकार्बनिक पोषक जैसे **फॉस्फेट** तथा **नाइट्रेट** घुलकर **जलीय पारिस्थितिकी तंत्र** में आ जाते हैं तो ये जलीय पारिस्थितिकी तंत्र में किस घटना में वृद्धि करते हैं। **-सुपोषण** (Eutrophication)
- वाहनों में **पेट्रोल के दहन के परिणामस्वरूप से कौन सी धातु वायु को प्रदूषित** करती है? **-लेड**
- ऐसे प्रदूषक जो सूक्ष्म जीवों (जैसे-जीवाणु आदि) के द्वारा समय के साथ प्रकृति में **सरल, हानिरहित तत्वों** में विघटित कर दिए जाते हैं, क्या कहलाते हैं? **-जैव-विघटित प्रदूषक**
- **अम्ल वर्षा** (Acid Rain) के लिए कौन सी गैसें उत्तरदायी हैं? **-नाइट्रस ऑक्साइड एवं सल्फर डाइऑक्साइड**
- **अम्ल वर्षा** से मृदा पर क्या प्रभाव पड़ता है? **-मृदा का pH मान कम हो जाता है**
- **एस्बेस्टस फाइबर** से युक्त वातावरण में अधिक समय तक रहने से कौन सा रोग हो जाता है? **-एस्बेस्टोसिस** (Asbestosis)
- **जैव उपचारण** (Bioremediation) से तात्पर्य है- **-जीवों द्वारा पर्यावरण से विषाक्त पदार्थों का निष्कासन**

> **रेफ्रिजरेटर में प्रशीतक** के रूप में भरी जाने वाली गैसों का विपणन सामान्यत: **मेफ्रोन ब्रांड** नाम के अंतर्गत किया जाता है। ये सामान्यत: **हैलोनिक हाइड्रोकार्बन** होते हैं। इसके अतिरिक्त **बड़े संयंत्रों** में **अमोनिया** (NH_3) भी प्रशीतक के रूप में प्रयोग की जाती है।

- **जैवोपचार** यदि प्रदूषण प्रभावित क्षेत्र में किया जाता है, तो इसे क्या कहा जाता है? **-स्व-स्थाने जैवोपचार** (In-situ bioremediation)
- यदि **प्रदूषित पदार्थ** को किसी अन्य स्थान पर ले जाकर उसका जैव उपचार किया जाए है, तो इस प्रक्रिया को क्या कहते हैं? **-बाह्य-स्थाने जैवोपचार** (Ex-situ Bioremediation)
- प्रदूषकों को जड़ों व पत्तियों में संग्रहित कर **जैवोपचार** करना क्या कहलाता है? **-फाइटोनिष्कर्षण** (Phytoextraction)

> **ओजोन परत** (Ozone Layer) की खोज **चार्ल्स फैब्री** (Charles Fabry) **एवं हेनरी बुसॉन** (Henri Buisson) ने की थी।

- चेर्नोबिल (यूक्रेन) में स्थित परमाणु केन्द्र में नाभिकीय दुर्घटना कब हुई थी? -26 अप्रैल, 1986 को

प्रदूषक	दुष्प्रभाव
• कार्बन मोनोक्साइड	श्वास सम्बंधित रोग
• नाइट्रोजन ऑक्साइड	केन्द्रीय तंत्रिका तंत्र सम्बंधी समस्याएँ
• धूल कण	यकृत और वृक्क को क्षति
• सीसा	कैन्सर

- भारत की कौन सी नदी अपने प्रदूषकों के कारण **जैविक मरुस्थल** कहलाती है? **-दामोदर नदी**
- **पेयजल** में **नाइट्रेट** की मात्रा अधिक होने से बच्चों में कौन सा रोग हो जाता है? **-ब्लू-बेबी-सिण्ड्रोम अथवा मिथैनोग्लोबोनिमिया**
- **सिगरेट के धुएँ** में कौन से प्रमुख प्रदूषक पाए जाते हैं? **-कार्बन मोनोक्साइड व बेंजीन**
- **ग्रीन मफलर** (Green Muffler) किस पर्यावरणीय समस्या से सम्बंधित है? **-ध्वनि प्रदूषण से**
- **अधूरे प्रज्ज्वलन** के कारण कार से कौन सी गैस निकलती है? **-कार्बन मोनोक्साइड**
- **पॉलीथीन** की थैलियों को नष्ट क्यों नहीं किया जा सकता है? **-पॉलीमर से निर्मित होने के कारण**
- भोपाल गैस त्रासदी में **यूनियन कार्बाइड फैक्ट्री** से किस गैस का रिसाव हुआ था? **-मिथाइल आइसोसाइनेट** (MIC)
- **इन्सिनरेटर्स** (Incinerator) का प्रयोग किसलिए किया जाता है? **-कूड़े-कचरे को जलाने के लिए**
- **भारत में जल प्रदूषण निवारण तथा नियंत्रण अधिनियम** किस वर्ष लागू किया गया था? **-वर्ष 1974 में**
- कौन सा ईंधन **न्यूनतम् वायु प्रदूषण** करता है? **-हाइड्रोजन**
- **सुपरसोनिक जेट विमानों** से निकलने वाली कौन सी गैस ओजोन परत को क्षति पहुँचाती है? **-नाइट्रोजन ऑक्साइड**
- **पार्थेनियम** (Parthenium/गाजर घास) के **पराग कणों** से कौन सा रोग होता है? **-चर्म रोग एवं दमा**
- **लाइकेन्स** किस प्रकार के प्रदूषण के सबसे **अच्छे संकेतक** होते हैं? **-वायु प्रदूषण के**
- **नाभिकीय ऊर्जा** के उपयोग से किस प्रकार का प्रदूषण होता है? **-ऊष्मीय प्रदूषण** (Thermal Pollution)
- **इटाई-इटाई** रोग किस धातु के कारण होता है? **-कैडमियम**
- **शीशा रहित पेट्रोल** में उचित **आक्टेन मान** (Octane Value) प्राप्त करने के लिए क्या मिलाया जाता है? **-बेन्जीन, टाल्यून एवं जाइलीन**
- **बेन्जीन** के कारण कौन सा **रोग** होने की सम्भावना होती है? **-रक्त कैंसर**
- **सिलीकोसिस** तथा **ऐसबेस्टोसिस** नामक रोग किस प्रकार के धूल कणों से होते हैं? **-सिलिका तथा ऐसबेस्ट्स युक्त धूल कणों से**
- **भूमिगत जल** को प्रदूषित करने वाले प्रमुख **प्रदूषक तत्व** कौन से हैं? **-आर्सेनिक तथा फ्लोराइड**
- **कोयला उद्योग** में संलग्न व्यक्तियों को सामान्यता कौन सा रोग हो जाता है? **-न्यूमोकोनियॉसिस** (Pneumoconiosis)
- भारत में प्राय: सभी **अपमार्जकों** में किस पदार्थ की अधिकता पायी जाती है? **-फॉस्फेट की**
- किस उद्योग में संलग्न लोगों में **बिसिनॉसिस** रोग से ग्रस्त हो जाने का जोखिम रहता है? **-कपड़ा उद्योग**
- जल में **कार्बनिक यौगिकों का मापन** सामान्यत: किस पद्धति से किया जाता है? **-क्रोमैटोग्राफी से**
- **ब्लैक फुट** (Black Foot) नामक रोग किस कारण होता है? **- पेयजल में आर्सेनिक की अधिकता के कारण**
- **किस पादप को जलीय विषाक्त पदार्थों** के अवशोषक के रूप में जाना जाता है? **-जलकुम्भी**
- **ग्लोबल वॉर्मिंग** के फलस्वरूप जलवायु में होने वाले परिवर्तन का मापन कैसे किया जाता है? **-रेडियो सक्रिय फोर्सिंग के द्वारा**
- **जीरोडर्मा पिगमैनटोसम** (Xeroderma Pigmentosum) नामक रोग किस प्रकार के विकिरण के प्रति संवेदनशील व्यक्तियों को होता है? **-पराबैंगनी विकिरण**

वायु प्रदूषक	प्रभावित अंग
• ऐस्बेस्टस धूल	फेफड़े
• सीसा	मस्तिष्क
• पारा	उदर
• कार्बन मोनोक्साइड	रक्त वाहिकाएँ

इनडोर वायु प्रदूषण की सर्वाधिक महत्वपूर्ण प्रदूषक **रेडान गैस** है, इससे **फेफड़े का कैंसर** एवं **रक्त कैंसर** होता है।

पर्यावरणीय संस्थाएँ एवं संगठन (Environmental Institutions and Organizations)	
संगठन	**उद्देश्य**
• **संयुक्त राष्ट्र पर्यावरण कार्यक्रम** (United Nations Environment Programme) **स्थापना** – वर्ष 1972 **सदस्य** – 193 **मुख्यालय** – नैरोबी (केन्या)	वैश्विक, क्षेत्रीय एवं राष्ट्रीय पर्यावरण **परिस्थितियों एवं प्रवृत्तियों** (Conditions and Trends) का आकलन करना एवं राष्ट्रीय **पर्यावरणीय उपकरण** (Environmental Instruments) विकसित करना।
• **आई.यू.सी.एन.** (International Union for Conservation of Nature) **स्थापना**– अक्टूबर, 1948 **मुख्यालय**– ग्लाण्ड (स्विट्जरलैण्ड) **सदस्य**– 1300	यह प्रकृति संरक्षण तथा प्राकृतिक संसाधनों के **सतत् उपयोग** (Sustainable Use) के क्षेत्र में कार्य करता है।
• **वन्य पादप एवं जन्तुओं की संकटापन्न प्रजातियों के व्यापार पर अंतर्राष्ट्रीय अधिसमय** (CITES) या **वाशिंगटन कन्वेंशन** **स्थापना**– वर्ष 1973 **मुख्यालय**– जेनेवा (स्विट्जरलैण्ड) **सदस्य**– 183	इसका उद्देश्य यह सुनिश्चित करना है कि वन्य जीवों एवं पादपों का अंतर्राष्ट्रीय व्यापार उनकी **उत्तरजीविता** (Survival) के लिए संकट उत्पन्न न करें।
• **वन्य जन्तुओं की प्रवासी प्रजातियों के संरक्षण पर अभिसमय** **स्थापना**– वर्ष 1979 **सदस्य**– 313 **मुख्यालय**– बॉन (जर्मनी)	यह अभिसमय प्रवासी पशु–पक्षियों के संरक्षण के लिए **वैश्विक मंच** (Global Forum) प्रदान करता है।
• **विश्व वन्यजीव कोष** (World Wide Fund For Nature-WWF) **स्थापना**– वर्ष 1961 **सदस्य**– 100 **मुख्यालय**– ग्लाण्ड (स्विट्जरलैण्ड)	यह **पर्यावरण संरक्षण** (Environment Conservation), **शोध** (Research) एवं **पुनर्स्थापना** (Restoration) के लिए कार्य करता है।
• **बर्ड लाइफ इण्टरनेशनल** (Bird Life International) **स्थापना**– वर्ष 1922 **सदस्य**– 121 **मुख्यालय**– कैम्ब्रिज (यूके)	यह पक्षियों एवं उनके **आवासों** (Habitats) का संरक्षण करके **वैश्विक जैवविविधता** (Global Biodiversity) का संरक्षण करता है।
• **वर्ल्ड इंस्टीट्यूट** (World Institute) **स्थापना**– वर्ष 1974 **मुख्यालय**– वांशिगटन डीसी	इसका उद्देश्य **पौष्टिक भोजन** एवं **नवीकरणीय ऊर्जा** तक सार्वभौमिक पहुँच सुनिश्चित करना है।
• **ग्रीन पीस** (Green PEACE) **स्थापना**– वर्ष 1971 **मुख्यालय**– एम्सटर्डम (नीदरलैण्ड्स)	यह **वैश्विक पर्यावरणीय मुद्दों** (जलवायु परिवर्तन, निर्वनीकरण, आनुवंशिक अभियांत्रिकी आदि) पर ध्यान केन्द्रित करता है।
• **वैटलैंड्स इण्टरनेशनल** (Wetlands International) **स्थापना**– वर्ष 1996 **मुख्यालय**– वेजनिंजन (नीदरलैण्ड्स)	यह आर्द्रभूमियों के क्षरण को रोकने एवं नष्ट आद्रभूमियों को पुनः पूर्वावस्था में लाने के लिए कार्य करता है।
• **रॉटरडम कन्वेंशन** (Rotterdam Convention) **स्थापना**– वर्ष 1998 **सदस्य**– 157 **मुख्यालय**– रॉटरडम (नीदरलैण्ड्स)	इसका उद्देश्य मानव स्वास्थ्य एवं पर्यावरण को हानिकारक प्रभाव से सुरक्षा हेतु पक्षकार राष्ट्रों के मध्य हानिकारक अपशिष्टों के अन्तर्राष्ट्रीय के सम्बंध में व्यापार पर सहकारी प्रयासों पर बल देना है।
• **स्टॉकहोम सम्मेलन** (Stockholm Convention) **स्थापना**– वर्ष 2001 **सदस्य**– 152 **मुख्यालय**– स्टॉकहोम (स्वीडन)	यह **अनवरत जैविक प्रदूषकों** (Persistent Organic Pallutants) के प्रयोग को समाप्त करने अथवा उन पर प्रतिबंध लगाने के लिए कार्य करता है।

विविध (Miscellaneous)

- **पगमार्क तकनीक** (Pugmark Technology) का प्रयोग किसलिए किया जाता है? **-वन्य जन्तुओं की जनसंख्या के आकलन के लिए**
- **एजेण्डा-21** का सम्बंध किससे है? **-सतत् विकास से** (रियो डि-जेनेरियो के पृथ्वी सम्मेलन-1992 में प्रस्तुत)
- **ईको-मार्क** (Eco-Mark) क्या है?**-पर्यावरण अनुकूल उत्पादों को भारतीय मानक ब्यूरो (BIS) द्वारा प्रदान किया प्रमाणन चिन्ह**
- **ग्लोबल-500 पुरस्कार** किस क्षेत्र में विशेष उपलब्धियों हेतु प्रदान किया जाता है? **-पर्यावरण संरक्षण के क्षेत्र में**

> **ग्लोबल-500 पुरस्कार** वर्ष 1987 में **संयुक्त राष्ट्र पर्यावरण कार्यक्रम** (UNEP) द्वारा स्थापित किया गया था। वर्ष 1987 में अनिल अग्रवाल (इन्होंने भारत की पर्यावरणीय स्थिति रिपोर्ट-1982 प्रस्तुत की थी) तथा **वर्ष 2003** में **डॉ. बिंदेश्वर पाठक** (सुलभ इंटरनेशनल के संस्थापक) को यह पुरस्कार प्रदान किया गया था।

- किस देश में प्रत्येक माह के अन्तिम शनिवार को **राष्ट्रीय स्वच्छता दिवस** मनाया जाता है? **-सीएरा लियोन**
- **किस पर्यावरण कार्यकर्ता को वृक्ष मानव** कहा जाता है? **-चंडी प्रसाद भट्ट** (चिपको आन्दोलन से सम्बद्ध)
- **राजीव गाँधी पर्यावरण पुरस्कार** किसलिए प्रदान किया जाता है? **-स्वच्छ प्रौद्योगिकी एवं विकास के क्षेत्र में योगदान के लिए**
- **राष्ट्रीय पर्यावरण इंजीनियरिंग शोध संस्थान** (NEERI) कहाँ स्थित है? **-नागपुर में**
- **पेरियार गेम अभयारण्य** (केरल) किसलिए प्रसिद्ध है? **-बाघों के लिए**
- **इण्डियन इंस्टिट्यूट ऑफ इकोलॉजी एण्ड एनवायरनमेण्ट** कहाँ अवस्थित है? **-नई दिल्ली में**
- भारत सरकार द्वारा किस वर्ष **केन्द्रीय गंगा प्राधिकरण** का गठन किया गया? **-वर्ष 1982 में**
- भारत की **जलवायु परिवर्तन** पर **प्रथम राष्ट्रीय कार्य योजना** कब प्रकाशित हुई? **-वर्ष 2008 में**
- **भारतीय वन्य जीव संस्थान** कहाँ स्थित है? **-देहरादून** (उत्तराखण्ड)
- **हरित अर्थव्यवस्था** में **हरित GDP** की संकल्पना प्रस्तुत करने वाला प्रथम देश कौन सा है? **-चीन**
- **पारिस्थितिकी स्थायी मितव्ययिता** है, यह किस आंदोलन का नारा था? **-चिपको आंदोलन**
- **राष्ट्रीय कृषि-वानिकी अनुसंधान केन्द्र** कहाँ स्थित है? **-झाँसी** (उत्तर प्रदेश) **में**
- **अमृता देवी स्मृति पुरस्कार** किसलिए दिया जाता है? **-वन एवं वन्य जीवों की सुरक्षा हेतु किए गए कार्यों के लिए**
- **कौन सा जन्तु विश्व वन्य जीव कोष** (World Wild Life Fund) का शुभंकर क्या है? **-पांडा** (Panda)
- **पृथ्वी विज्ञान मंत्रालय** (The Ministry of Earth Sciences: MoEs) के गठन से पूर्व इस मंत्रालय का नाम क्या था? **-महासागर विकास मंत्रालय**
- **यमुना एक्शन प्लान** औपचारिक रूप से कब प्रारम्भ किया गया था? **-वर्ष 1993 में**
- **सासाकावा पुरस्कार** किस क्षेत्र में प्रदान किया जाता है? **-पर्यावरण संरक्षण एवं प्रबंधन के क्षेत्र में**

आन्दोलन	सम्बंधित व्यक्ति
चिपको आन्दोलन	सुन्दरलाल बहुगणा, गौरा देवी, चण्डी प्रसाद भट्ट
नर्मदा बचाओ आन्दोलन	मेधा पाटकर, बाबा आम्टे
मैती आन्दोलन	कल्याण सिंह रावत
बिश्नोई आन्दोलन	संत जांभोजी, अमृता देवी बिश्नोई

- प्रथम **पृथ्वी शिखर सम्मेलन** कहाँ आयोजित किया गया था? **-रियो डी जेनेरियो, ब्राजील** (वर्ष 1992 में)
- **अंतर्राष्ट्रीय सौर गठबन्धन** का **प्रथम शिखर सम्मेलन** किस शहर में आयोजित किया गया था? **-नई दिल्ली, वर्ष 2018 में**

> कृषि वैज्ञानिक **एम.एस. स्वामीनाथन** को **UNEP** द्वारा **फादर ऑफ इकोनॉमिक इकोलॉजी** की उपाधि दी गई है।

अंतर्राष्ट्रीय पर्यावरणीय सम्मेलन व संधियाँ

सम्मेलन	वर्ष	निर्णय
1. अंतर्राष्ट्रीय मानव पर्यावरण सम्मेलन (स्टॉकहोम सम्मेलनः **पर्यावरण का मैग्नाकार्टा**)	1972	• संयुक्त राष्ट्र पर्यावरण कार्यक्रम (UNEP) की स्थापना। • 5 जून को **पर्यावरण दिवस** मनाने का निर्णय। • मानव विकास और पर्यावरण के मध्य संघर्ष को कम करने की दिशा में किया गया प्रथम प्रयास।
2. हेलासिंकी सम्मेलन	1974	सामुद्रिक पर्यावरण की सुरक्षा।
3. लंदन सम्मेलन	1975	समुद्र में कचरे के निस्तारण का प्रतिषेध।
4. यूरोपीय वन्य जीव व प्राकृतिक निवास क्षेत्र संरक्षण सम्मेलन	1979	प्रजाति संरक्षण।
5. वियना सम्मेलन	1985	ओजोन स्तर (परत) का संरक्षण।
6. मॉण्ट्रियल सम्मेलन	1987	ओजोन परत के संरक्षण के लिए पहला अंतर्राष्ट्रीय समझौता (मॉण्ट्रियल प्रोटोकॉल) 16 सितम्बर, 1987 को हुआ था। **16 सितम्बर** को **ओजोन दिवस** मनाने का निर्णय।
7. रियो सम्मेलन (पृथ्वी सम्मेलन)	1992	• पर्यावरण विकास के लिए अंतर्राष्ट्रीय सहयोग। **एजेण्डा-21** स्वीकृत किया गया। • **जलवायु परिवर्तन पर संयुक्त राष्ट्र फ्रेमवर्क कन्वेंशन** (UNFCCC) की स्थापना।
8. नैरोबी घोषणापत्र	1997	अंतर्राष्ट्रीय संधियों का प्रभावी क्रियान्वयन।
9. क्योटो सम्मेलन (क्योटो प्रोटोकॉल) (पृथ्वी+5 सम्मेलन)	1997	**ग्रीनहाउस गैसों** की पहचान तथा **भूमण्डलीय तापन** को कम करना। वर्ष 1990 के स्तर में 5% की कटौती का निर्णय।
10. जोहान्सबर्ग (रियो+10 सम्मेलन) (पृथ्वी+10 सम्मेलन)	2002	• **सतत् विकास** पर विशेष बल। • **विश्व एकजुटता कोष** की स्थापना पर सहमति।
11. मॉण्ट्रियल सम्मेलन (यू.एन.एफ.एफ.सी.सी.)	2005	विकसित देशों द्वारा वर्ष 2012 तक ग्रीनहाउस गैसों के उत्सर्जन को कम कर वर्ष 1990 के स्तर तक लाना।
12. नुसा दुआ सम्मेलन (बाली रोड मैप)	2007	ग्रीनहाउस गैसों के उत्सर्जन की दर को वर्ष 2050 तक वर्ष 2000 तक के स्तर पर लाने का प्रस्ताव।
13. कोपेनहेगन सम्मेलन (पोस्ट क्योटो प्रोटोकॉल)	2009	विकसित और औद्योगिक राष्ट्रों द्वारा वर्ष 2020 तक ग्रीन हाउस गैसों के उत्सर्जन में भारी कटौती का प्रावधान। **कम कार्बन अर्थव्यवस्था** (Low Carbon Economy) की परिकल्पना।
14. कानकुन सम्मेलन	2010	**हरित जलवायु कोष** (Green Climate Fund) स्थापित करने का निर्णय।
15. डरबन सम्मेलन (CoP-17)	2011	डरबन प्लेटफॉर्म के अंतर्गत **ग्रीन क्लाइमेट फंड** की संकल्पना।
16. दोहा सम्मेलन (CoP-18)	2012	**क्लीन डेवलपमेंट मैकेनिज्म** (CDM) के अंतर्गत प्रदूषण कम करने का प्रयास।
17. रियो+20 सम्मेलन (पृथ्वी-20 सम्मेलन)	2012	पृथ्वी सम्मेलन के दो दशक पूरे होने के उपलक्ष्य में संयुक्त राष्ट्र का सतत् विकास सम्मेलन, जिसमें **द फ्यूचर वी वांट** मसौदा प्रस्तुत किया गया। **हरित व्यवस्था** पर बल।
18. वारसॉ सम्मेलन (CoP-19)	2013	**ग्रीन क्लाइमेट फंड** बनाने पर सहमति।
19. लीमा सम्मेलन (CoP-20)	2014	वर्ष 2070 तक ग्रीनहाउस गैसों के उत्सर्जन को समाप्त करने के लिए विश्व के देशों की प्रतिबद्धताएँ स्वीकृत।
20. पेरिस सम्मेलन (CoP-21)	2015	कार्बन उत्सर्जन लक्ष्यों हेतु कानूनी रूप से बाध्यकारी संधि।
21. बाब इघली सम्मेलन, मोरक्को (CoP-22)	2016	**हमारी जलवायु और सतत विकास** के लिए **मराकेश कार्यवाही** की उद्घोषणा।
22. बॉन सम्मेलन, जर्मनी (CoP-23)	2017	**फिजी मोमेंटम फॉर इम्प्लीमेंटेशन** प्रस्तुत किया गया।
23. काटोवाइस सम्मेलन, पोलैण्ड (CoP-24)	2018	पेरिस समझौते के क्रियान्वयन पर विस्तृत नियमावली।
24. मैड्रिड सम्मेलन, स्पेन (CoP-25)	2019	जलवायु परिवर्तन से जूझ रहे देशों की मदद के लिए घोषणा का समर्थन।
25. ग्लास्गो सम्मेलन, यूनाइटेड किंगडम (COP-26)	2021	कार्बन शुद्ध शून्य उत्सर्जन की दिशा में प्रयास का निश्चय तथा पेरिस नियम पुस्तिका को अंतिम रूप दिया गया।

विज्ञान

D

भौतिक विज्ञान
(Physics)

मापन (Measurement)

- **मूल भौतिक राशियों** (Fundamental Physical Quantity) की संख्या कितनी है? -7

मूल भौतिक राशियाँ : **लम्बाई**, **समय**, **ताप**, **द्रव्यमान**, **विद्युत धारा**, **ज्योति तीव्रता**, **पदार्थ की मात्रा**।

- **ज्योति तीव्रता** (Luminous Intensity) का मात्रक क्या है? **कैन्डेला**
- 1 **प्रकाश वर्ष** (Light Year) बराबर है -9.46×10^{12} **किमी.**

पारसेक (PARSEC), **दूरी** मापने की **सबसे बड़ी इकाई** है। एक पारसेक **3.262 प्रकाश वर्ष** (Light Years) के बराबर होता है।

- **वायुमंडलीय दाब** (Atmospheric Pressure) मापने का मात्रक क्या होता है? **-बार** (Bar)
- **शक्ति** (Power) का मात्रक क्या है? **-वाट**
- **कार्य** (Work) तथा **ऊर्जा** (Energy) का मात्रक क्या है? **-जूल**
- **M.K.S प्रणाली** में **त्वरण** (Acceleration) का मात्रक क्या है? **-मीटर/सेकण्ड^2**

मूल भौतिक राशियाँ	मात्रक	प्रतीक
• **लम्बाई** (Length)	मीटर	m
• **द्रव्यमान** (Mass)	किलोग्राम	kg
• **समय** (Time)	सेकण्ड	S
• **विद्युत धारा** (Electric Current)	ऐम्पियर	A
• **ताप** (Temperature)	केल्विन	K
• **पदार्थ की मात्रा** (Amount of Substance)	मोल	mol
• **ज्योति-तीव्रता** (Luminous Intensity)	कैंडेला	Cd

- 1 **किग्रा/सेमी^{2}** दाब किसके समतुल्य होता है?**-1.0 बार के**
- **एक पीकोग्राम** कितने ग्राम के बराबर होता है? **-10^{-12} ग्राम**
- **पास्कल** (Pascal) किस राशि का मात्रक है? **-दाब का**
- **बल** (Force) का मात्रक क्या है? **-न्यूटन**
- **आवेग** (Impulse) का मात्रक क्या है? **-न्यूटन-सेकण्ड**

वायुमण्डल में **ओजोन-परत** (Ozone Layer) की **मोटाई मापने** का मात्रक **डॉब्सन** (Dobson) है।

- **एंग्स्ट्राम** में क्या मापा जाता है? **-तंरगदैर्ध्य** (Wavelength)
- **एक अश्व शक्ति** (Horse Power) में कितने **वाट** होते हैं? **-746 वाट**
- **एक माइक्रॉन** किसके बराबर होता है? **-10^{-6} मीटर या 10^{-4} सेमी या 10^{-3} मिली मीटर**

चालक की **वैद्युत प्रतिरोधकता** (Electrical Resistance) का मात्रक **ओम-मीटर** (Ohm-meter) होता है।

- **रेडियन एवं स्टेरेडियन** किस प्रकार के मात्रक हैं? **-पूरक मात्रक** (Supplementary Unit)
- **क्यूसेक** में क्या मापा जाता है? **-जल का बहाव**

दूर की वस्तुओं को देखने के लिए **बाइनोक्यूलर दूरबीन** (Binocular Telescope) का प्रयोग किया जाता है।

- **दुग्ध** उत्पादों में **वसा की मात्रा** मापने के लिए किस यंत्र का प्रयोग किया जाता है? **-ब्यूटिरोमीटर**
- **प्रकाश की तीव्रता** मापने के लिए किस उपकरण का प्रयोग किया जाता है? **-लक्समीटर** (Luxmeter)
- **समतल कोण** (Plane Angle) **घन कोण** (Cube Angle) किस प्रकार की राशियाँ हैं? **-पूरक राशियाँ** (Supplementary Quantities)
- **हृदय की ध्वनि** सुनने के लिए किस यंत्र का प्रयोग किया जाता है? **-स्टेथोस्कोप** (Stethoscope)

अदिश राशियाँ	सदिश राशियाँ	विभिन्न मात्रक
दूरी	बल	1 एंग्स्ट्राम = 10^{-10}मी
चाल	विस्थापन	1 खगोलीय इकाई = 1.496×10^{11}मी.
द्रव्यमान	वेग	1 डॉब्सन =10 माइक्रोमीटर
आयतन	संवेग	1 बैरल = 159 लीटर
समय	त्वरण	1 माइक्रॉन = 10^{-6} मीटर
कार्य	कोणीय वेग	1 नैनोमीटर = 10^{-9} मीटर
घनत्व	चुम्बकीय तीव्रता	1 टैरोमीटर = 10^{12} मीटर
विद्युत धारा	विद्युत तीव्रता	1 फैदम = 6 फीट

पृथ्वी के गुरुत्व एवं **चन्द्रमा के गुरुत्वाकर्षण** के कारण ही चन्द्रमा एक निश्चित कक्षा में **पृथ्वी की परिक्रमा** करता है।

प्रमुख भौतिक राशियाँ एवं उनके SI मात्रक (Some Physical Quantities and their SI units)	
भौतिक राशियाँ (सूत्र सहित)	**SI मात्रक**
• क्षेत्रफल = लम्बाई × चौड़ाई	मी^{2}
• आयतन = लम्बाई × चौड़ाई × ऊँचाई	मी^{3}
• त्वरण अथवा मंदन = $\frac{\text{वेग परिवर्तन}}{\text{समय}}$	मी./से^{2}
• बल = द्रव्यमान × त्वरण	किग्रा.-(मी/से^{2}) या न्यूटन (N)
• गतिज ऊर्जा = $\frac{1}{2}$ × द्रव्यमान × (वेग)^2	किग्रा.-(मी/से.^{2}) या जूल (J)
• स्थितिज ऊर्जा = द्रव्यमान (m) × गुरुत्वीय त्वरण (g) × ऊँचाई (h)	किग्रा.-मी/से^{2} या जूल (J)
• कोणीय विस्थापन = $\frac{\text{चाप}}{\text{त्रिज्या}}$	रेडियन
• कार्य = बल × विस्थापन	जूल या न्यूटन मीटर
• शक्ति = कार्य/समय	जूल/सेकण्ड या वाट
• बल आघूर्ण = बल × घूर्णन अक्ष से लम्बवत दूरी	न्यूटन-मीटर
• गुरुत्वाकर्षण नियतांक = बल × (दूरी)^2/ द्रव्यमान^2	न्यूटन मी.^{2}/किग्रा^{2}
• गुरुत्वीय विभव = कार्य/द्रव्यमान	जूल/किग्रा.
• घूर्णन त्रिज्या = दूरी	मीटर
• यंग गुणांक = अनुदैर्ध्य प्रतिबल/अनुदैर्ध्य विकृति	न्यूटन/मी$^{-2}$
• पृष्ठ तनाव = बल/क्षेत्रफल	न्यूटन/मी$^{-2}$
• वेग प्रवणता = वेग/दूरी	प्रति सेकण्ड
• श्यानता गुणांक = बल/ क्षेत्रफल × वेग प्रवणता	न्यूटन से./मी^{2}
• प्लांक नियतांक = ऊर्जा/आवृत्ति	जूल-सेकण्ड
• बोल्ट्जमैन नियतांक = ऊर्जा/ताप	जूल-केल्विन
• धारिता = आवेश/विभवान्तर	फैरड
• चालकता (विद्युत)	सिमन्स/मीटर या सिमन्स-मीटर$^{-1}$
• धारा घनत्व = विद्युत धारा/क्षेत्रफल	एम्पियर/मीटर^2 या एम्पियर-मीटर$^{-2}$
• चुम्बकीय फ्लक्स	वेबर
• प्रतिरोधकता	ओम मीटर
• गुप्त ऊष्मा = ऊष्मीय ऊर्जा/द्रव्यमान	जूल/किग्रा.
• कोणीय संवेग = जड़त्व आघूर्ण × कोणीय वेग	किग्रा. मी^{2}/सेकण्ड
• जड़त्व आघूर्ण = द्रव्यमान × (परिभ्रमण त्रिज्या)^2	किग्रा.-मी^{2}

- किस यंत्र के द्वारा **मस्तिष्क विभव** मापा जाता है?
  -**इलेक्ट्रो इनसिफेलोग्राफ** (Electro Encephalograph)
- **संवेग** (Momentum) किसकी माप है? -**गति की मात्रा की**
- **मैनोमीटर** का क्या उपयोग है? -**गैसों का दाब मापने में**
- **कोणीय विस्थापन** (Angular Displacement) का मात्रक क्या है? -**रेडियन**
- पृथ्वी और सूर्य के बीच की माध्य दूरी किसके द्वारा व्यक्त किसके की जाती है? -**1 खगोलीय इकाई** (Astronomical Unit)

सोने की शुद्धता को मापने के लिए **कैरेटोमीटर** (Caratometer) नामक यंत्र का प्रयोग किया जाता है।

महत्वपूर्ण मापन उपकरण (Important Measuring Devices)

यंत्र	मापन उपयोग
अल्टीमीटर	उड़ते हुए विमान की ऊँचाई मापने हेतु
अमीटर	विद्युत धारा की तीव्रता
ऑडियोमीटर	ध्वनि की तीव्रता
एयरोमीटर	वायु एवं गैस का भार तथा घनत्व
एनिमोमीटर	वायु की गति और शक्ति मापने का यंत्र
एक्सिलरोमीटर	गतिमान वाहनों की गति में वृद्धि की दर
बैरोमीटर	वायुमण्डलीय दाब
बोलोमीटर	ऊष्मीय विकिरण
कैलोरीमीटर	ऊष्मा की मात्रा
वर्नियर कैलीपर्स	बेलनाकार वस्तुओं का व्यास एवं गहराई
क्रायोमीटर	निम्न ताप
डेंसिटीमीटर	पदार्थ का घनत्व
फैदोमीटर	समुद्र, नदी की गहराई
गैल्वेनोमीटर	विद्युत धारा की प्रबलता
गाइरोस्कोप	घूर्णन गति करती हुई वस्तु का कोणीय संवेग
ग्रेवोमीटर	गुरुत्वीय त्वरण
हाइड्रोमीटर	वस्तुओं का सापेक्षिक घनत्व
हाइड्रोफोन	जल के भीतर उत्पन्न ध्वनि तरंगों की गणना
हाइग्रोमीटर	वायुमण्डलीय आर्द्रता
लैक्टोमीटर	दुग्ध की शुद्धता
क्रोनोमीटर	पानी के जहाजों में सही समय ज्ञात करने में प्रयुक्त उपकरण
क्रेस्कोग्राफ	पौधों की वृद्धि को दर्शाने वाला यंत्र
डाइलेटोमीटर	किसी वस्तु में उत्पन्न आयतन के परिवर्तन को मापने का यंत्र
डायनेमोमीटर	इंजन द्वारा उत्पन्न की गई शक्ति मापने का यंत्र
नेफोस्कोप	वायुमण्डल में उपस्थित बादलों की गति एवं गति की दिशा का मापन
रेडियो माइक्रोमीटर	ऊष्मीय विकिरण को मापने का यंत्र
टैकोमीटर	किसी वस्तु के चक्रण की गति

यंत्र	मापन उपयोग
रेन गेज/यूडोमीटर	वर्षा की मात्रा ज्ञात करने वाला यंत्र
रिफ्रैक्टोमीटर	पारदर्शक माध्यमों का अपवर्तनांक ज्ञात करने वाला उपकरण
सेक्रोमीटर	शर्करा की सांद्रता मापने वाला यंत्र
स्क्रू-गेज	महीन तारों का व्यास मापने वाला यंत्र
सेक्सटेंट	ऊँचाई को मापने के काम आने वाला यंत्र
स्फेरोमीटर	किसी सतह की वक्रता मापने का यंत्र
स्फिग्मोमैनोमीटर	धमनियों में रुधिर के दाब को मापने का उपकरण
थियोडोलाइट	अनुप्रस्थ तथा लम्बवत् कोणों की माप
थर्मोपाइल	विकिरण तीव्रता मापने का यंत्र
वेन्चुरीमीटर	द्रवों के प्रवाह की गति मापने का यंत्र
लाउडस्पीकर	ध्वनि की तीव्रता बढ़ाने का यंत्र
मैकमीटर	ध्वनि के वेग के अनुपात में वायुयान की गति
मैग्नेटोमीटर	चुम्बकीय क्षेत्र
माइक्रोमीटर	अति सूक्ष्म लम्बाई (मिलीमीटर का हजारवाँ भाग)
ओडोमीटर	वाहन द्वारा तय की गई दूरी
ओममीटर	विद्युत प्रतिरोध
ओण्डोमीटर	विद्युत चुम्बकीय तरंगों की आवृत्ति
पायरोमीटर	उच्च ताप युक्त पिण्ड का ताप
फोनोमीटर	ध्वनि की तीव्रता
पॉलीग्राफ	झूठ का पता लगाने वाला यंत्र
रडार	दूर स्थित वस्तुओं की अवस्थिति
रेडियोमीटर	विकिरण मापक
सिस्मोग्राफ	भूकम्पीय तरंगों की तीव्रता
स्पीडोमीटर	गतिमान वाहन की गति
पाइरहिलियोमीटर	सौर विकिरण का मापन
विस्कोमीटर	द्रव की श्यानता ज्ञात करने में
वेव मीटर	विद्युत चुम्बकीय तरंगों की तरंग दैर्ध्य
इलेक्ट्रोमीटर	विभवान्तर मापने का यंत्र

CGS पद्धति के अंतर्गत **लम्बाई** को **सेंटीमीटर** (C), **द्रव्यमान** को **ग्राम** (G) तथा **समय** को **सेकेण्ड** (S) में मापा जाता है।

यांत्रिकी (Mechanism)

- **प्रक्षेप्य गति** को **दीर्घतम परास** प्राप्त करने के लिए अधिकतम कितने कोण की आवश्यकता होगी? **-45°**

> मनुष्य जब नदी के किनारे **नाव से बाहर कूदता** है तब नाव पीछे की ओर **क्रिया प्रतिक्रिया के कारण** हटती है।

- **संवेग परिवर्तन की दर** किसके बराबर होती है? **-बल के बराबर**
- **न्यूटन का प्रथम नियम** किसे परिभाषित करता है? **-जड़त्व** (Inertia) **को**
- **प्रक्षालन मशीन** (Washing Machine) का कार्य किस सिद्धांत पर आधारित है?**-अपकेन्द्रीय बल** (Centrifugal Force) **पर**
- सड़क पर चलने की अपेक्षा बर्फ पर चलना कठिन क्यों है? **-क्योंकि बर्फ में सड़क की अपेक्षा घर्षण** (Friction) **कम होता है।**
- किसी पिण्ड के **संवेग** (Momentum) और **वेग** (Velocity) के अनुपात से प्राप्त मान क्या कहलाता है? **-द्रव्यमान** (Mass)
- **त्वरण** ज्ञात करने का प्रमुख सूत्र है? $-a = \frac{v-u}{t}$ जहाँ a = **त्वरण, V = अंतिम वेग, u = प्रारम्भिक वेग, t = समयांतराल**
- तेल से अंशतः भरा हुआ टैंकर **समतल सड़क** पर **एकसमान त्वरण** से जा रहा है। तेल का **मुक्त पृष्ठ कैसा** होगा ? **-परवलयी वक्राकार**
- एक समान वृत्तीय गति पर **त्वरण** (Accelaration) सदैव **-उपस्थित रहता है**
- किसकी उपस्थिति के कारण **ब्लैक बोर्ड** तथा **कागज** पर लिखना संभव हैं? **-घर्षण** (Friction)

न्यूटन के गति के नियम	**उदाहरण**
1. **गति का प्रथम नियम** (First Law of Motion) यदि कोई पिण्ड विरामावस्था में है तो वह तब तक उसी अवस्था में रहेगा, जब तक उस पर कोई वाह्य बल न आरोपित किया जाये।	• **चलती गाड़ी के रुकने पर उसमें बैठे यात्रियों का आगे झुकना, पेड़ से फल टूटकर नीचे गिरना, कपड़े को डंडे से पीटने पर धूलकणों का अलग होना।**
2. **द्वितीय नियम** (Second Law of Motion)- किसी वस्तु के संवेग परिवर्तन की दर उस पर लगाये गये बल के **समानुपाती** होती है तथा संवेग परिवर्तन की दिशा बल के अनुदिश होती है।	• **गेंद पकड़ते समय खिलाड़ी अपने हाथों को पीछे की ओर खींच लेता है।**
3. **तृतीय गति का नियम** (Third Law of Motion)- प्रत्येक क्रिया के बराबर और विपरीत दिशा में प्रतिक्रिया होती है, इसीलिए गति के तृतीय नियम को **क्रिया-प्रतिक्रिया का नियम** भी कहते हैं।	• **बंदूक से गोली निकलते समय बंदूक पकड़ने वाले व्यक्ति को पीछे की ओर धक्का** (Push) **लगता है। रॉकेट वायुयान की गति, चप्पू चलाने पर नाव का आगे बढ़ना।**

- **ऊर्जा संरक्षण** (Energy Conservation) से क्या आशय है? **-ऊर्जा का ना तो सृजन किया जा सकता है और न ही इसे नष्ट किया जा सकता है।**
- **अंतरिक्ष से गिरता** हुआ पिण्ड पृथ्वी के वायुमण्डल में प्रवेश करने पर क्यों जल उठता है? **-वायु के घर्षण के कारण**
- ग्रहीय पिण्डों की **परिक्रमण गति** (ग्रहों द्वारा सूर्य का परिक्रमण) में प्रभावी बल है? **-अभिकेन्द्रीय बल** (Centripetal Force)
- दूध मथने के पश्चात् **क्रीम** (Cream) **का दूध से पृथक** हो जाने का कारण क्या है? **-अपकेन्द्रीय बल**
- वायु की **ऊर्ध्वाधर गति** को क्या कहते हैं? **-वायु प्रक्षोभ** (Wind Outburst)
- **रॉकेट** किस सिद्धांत पर कार्य करता है? **-संवेग संरक्षण के सिद्धान्त पर**
- **सरल आवर्त गति** (Simple Harmonic Motion) के दोलन में किसकी आवश्यकता होती है?**-प्रत्यास्थता एवं जड़त्व, दोनों की**
- **कमानी तुला** किस सिद्धांत पर कार्य करती है? **-हुक के नियम**
- जब एक कार की **गति दोगुनी** कर दी जाती है, तब उसको उतनी ही दूरी में रोकने के लिए **ब्रेक बल** (Breaking Force) कितना लगाना होगा? **-चार गुना**
- **जेट इंजन** किस सिद्धांत पर कार्य करता है? **-रेखीय संवेग संरक्षण के सिद्धांत पर**

> - **प्रथम श्रेणी के उत्तोलक-** कैंची, हैंडपंप, साधारण तुला, प्लास
> - **द्वितीय श्रेणी के उत्तोलक-** सरौता, नींबू निचोड़ने वाली मशीन।
> - **तृतीय श्रेणी के उत्तोलक-** स्टेपलर, चिमटा, मनुष्य का हाथ

> **पेंचकस** (Screw Driver) के द्वारा पेंच घुमाना एवं दरवाजे के हत्थे का कब्जे से दूर लगाना **बल आघूर्ण** (Torque) के उदाहरण हैं।

गुरुत्वाकर्षण (Gravity)

- पृथ्वी पर **पलायन वेग** कितना है? **-11.2 किमी./सेकेण्ड**
- यदि चक्कर लगाते हुये **अंतरिक्षयान** (Spacecraft) से एक सेब छोड़ा जाए तो उसकी गति क्या होगी?
-अंतरिक्षयान के साथ-साथ उसी गति से गतिमान होगा।
- अन्तरिक्ष यात्री **निर्वात** (Vacuum) में सीधे खड़े क्यों नहीं रह सकते? **-गुरूत्वाकर्षण की अनुपस्थिति के कारण**

> पृथ्वी के चारों ओर परिक्रमा कर रहा **कृत्रिम उपग्रह** गुरुत्वाकर्षण के विरुद्ध **अपकेन्द्रीय बल** के प्रभाव के कारण नहीं गिरता है।

- एक **भू-उपग्रह** (Geo-Satellite) किस बल के प्रभाव से अपने कक्ष में निरन्तर गति करता है? **-अपकेन्द्रीय बल**
- **चन्द्रमा** की सतह पर **पलायन वेग** पृथ्वी की सतह की अपेक्षा कम होता है, क्योंकि-
-चन्द्रमा की त्रिज्या पृथ्वी की त्रिज्या से कम है।
- **भारहीनता** की स्थिति किस कारण होती है?
-गुरुत्वाकर्षण की शून्य स्थिति
- **एक लड़की झूले पर बैठी स्थिति में झूला झूल** रही है। उस लड़की के खड़े हो जाने पर **आवर्तकाल** (Time Period) पर क्या प्रभाव होगा? **-आवर्तकाल कम हो जाएगा**

> **लोलक की लम्बाई बढ़** जाने के कारण **लोलक घड़ी** (Pendulum Clock) गर्मियों में धीमी हो जाती है जबकि **शीतकाल** में तीव्र गति से चलने लगती है।

- **हवा** में **लोहे** और **लकड़ी** की समान भार की गेंद को एक समान ऊँचाई से गिराने पर क्या प्रतिक्रिया होगी?
-लकड़ी की गेंद बाद में गिरेगी

> यदि वायु प्रतिरोध को नगण्य कर दिया जाए तथा एकसमान आकार के **लकड़ी**, **लोहा** व **मोम** के टुकड़ों को समान ऊँचाई से पृथ्वी पर गिराया जाए तो **सभी एक साथ** पृथ्वी की सतह पर पहुँचेंगे।

- पृथ्वी के किस स्थान पर किसी **पिण्ड का भार** सर्वाधिक होता है? **-ध्रुवों पर**

> पृथ्वी के केन्द्र से ध्रुवों की दूरी कम होने के कारण ध्रुवों पर स्थित पिण्ड पर पृथ्वी द्वारा अधिक **गुरुत्वीय आकर्षण बल** आरोपित होगा, इसलिए ध्रुवों पर उसका भार पृथ्वी पर स्थित किसी अन्य स्थान से अधिक होगा।

- लिफ्ट में बैठे हुए व्यक्ति का भार कब सर्वाधिक महसूस होता है? **-जब लिफ्ट त्वरित गति से ऊपर जा रही हो**
- **भू-तुल्यकाली उपग्रह** (Geosynchronous Satellite) के परिक्रमण की अवधि कितनी होती है? **-24 घंटे**
- यदि **पृथ्वी** और **सूर्य के मध्य की दूरी दोगुनी** होती, तो सूर्य द्वारा पृथ्वी पर गुरुत्वाकर्षण बल क्या होता?**-वर्तमान का 1/4 भाग**
- **लोलक की समयावधि** किस पर निर्भर करती है?
-लोलक की लम्बाई पर
- **पृथ्वी का गुरुत्वाकर्षण बल** यदि अचानक लुप्त हो जाए तो इसका परिणाम क्या होगा? **-पृथ्वी पर स्थित वस्तुओं का भार शून्य हो जाएगा लेकिन द्रव्यमान अपरिवर्तित रहेगा।**

> पृथ्वी की सतह पर **g का मान अधिकतम** तथा **चन्द्रमा** पर **g का मान** पृथ्वी के गुरुत्वीय त्वरण का 1/6 होता है।

- **पीसा की झुकी हुई मीनार** गिरती क्यों नहीं है, इसका क्या कारण है? **-गुरुत्व केन्द्र से जाने वाली उर्ध्वाधर रेखा (Vertical Line) तल के अन्दर रहती है।**
- यदि कोई वस्तु ऊपर से गिराई जाती है, तो उसके भार पर क्या प्रभाव पड़ेगा? **-वस्तु का भार अपरिवर्तित रहेगा**
- जब हम **भूमध्य रेखा** से **ध्रुवों** की ओर जाते हैं तो g का मान-
-बढ़ता है
- **चक्रीय झूले** पर झूलते समय व्यक्ति को बाहर की ओर धक्का क्यों महसूस होता है? **-अपकेन्द्रीय बल के कारण**
- **विभिन्न द्रव्यमान** वाले दो पत्थर एक साथ किसी इमारत की छत से गिराए जाते हैं, तो कौन सा पत्थर जमीन पर पहले पहुँचेगा
-दोनों ही पत्थर एक साथ जमीन पर पहुँचेंगे

गुरुत्वाकर्षण एवं गुरुत्व के उदाहरण

- सूर्य एवं अन्य ग्रहों के गुरुत्वाकर्षण के कारण ही सभी ग्रह लगभग वृत्ताकार एवं निश्चित कक्षाओं में **सूर्य की परिक्रमा** करते हैं।
- पृथ्वी के गुरुत्व एवं चन्द्रमा के गुरुत्वाकर्षण के कारण ही चन्द्रमा एक निश्चित कक्षा में **पृथ्वी की परिक्रमा** करता है।
- **सूर्य**, **चन्द्रमा** एवं **पृथ्वी** के **गुरुत्वाकर्षण** की अंतर्क्रिया के कारण पृथ्वी पर स्थित समुद्रों में **ज्वार-भाटा** (Tides) आते हैं।

> गुरुत्वाकर्षण के **सार्वभौमिक नियम के सिद्धान्त** (Principles of Universal Law) का प्रतिपादन **सर आइजैक न्यूटन** ने किया था।

पदार्थों के सामान्य गुण (General Properties of Substances)

- साबुन के बुलबुले का दाब वायुमण्डलीय दाब से कम होता है अथवा अधिक? -अधिक होता है
- स्वचालित हाइड्रॉलिक ब्रेक (Hydraulic Brake) किस सिद्धान्त पर कार्य करता है? -पास्कल के सिद्धान्त पर

बर्फीले क्षेत्रों में शीतकाल में जब झील की ऊपरी सतह का पानी बर्फ में बदल जाता है फिर भी उसके अन्दर रहने वाले जलीय जन्तु जीवित रहते हैं, क्योंकि पानी का घनत्व 4°C पर सबसे अधिक होता है इस कारण झील के भीतर पानी नहीं जमता है।

- नदी से समुद्र में प्रवेश करने पर किसी जहाज की क्या प्रतिक्रिया होती है? -वह समुद्र में कुछ ऊपर उठता है।
- जब किसी झील की तली से उठकर वायु का बुलबुला ऊपरी सतह पर आता है तो उसके आकार पर क्या प्रभाव पड़ेगा -बढ़ जाएगा
- किसी वस्तु की मात्रा बदलने पर उसके घनत्व (Density) पर क्या प्रभाव होगा? -वस्तु का घनत्व अपरिवर्तित रहेगा
- हवाई जहाज से यात्रा करते समय पेन से स्याही क्यों निकलने लगती है? -वायु दाब में कमी होने के कारण
- नदी की अपेक्षा समुद्र में तैरना आसान क्यों होता है? -समुद्री जल का घनत्व नदी के जल से अधिक होता है।

समुद्र में प्लवन करते हुए बर्फ का पिण्ड पानी की सतह से 1/9 भाग ऊपर उठा हुआ होता है, इसलिए जब बर्फ पिघलती है तो पानी के स्तर में कोई परिवर्तन नहीं होता है।

- पृष्ठ तनाव (Surface Tension) का क्या कारण है?-अणुओं के मध्य ससंजक बल (Cohesive Force)
- बैरोमीटर (Barometer) के पैमाने में अचानक गिरावट आने पर कौन सी मौसमी दशा इंगित होती है? -तूफानी मौसम
- तेल, जल के पृष्ठ पर क्यों फैल जाता है? -क्योंकि तेल का पृष्ठ तनाव जल से कम होता है।
- वर्षा की बूंदें गोलाकार क्यों होती है? -जल के पृष्ठ तनाव के कारण
- कुएँ से पानी से भरी बाल्टी को ऊपर खींचते हैं तो क्या अनुभव होता है? -बाल्टी पानी की सतह से ऊपर आकर भारी हो गई है
- वायुमण्डल में बादलों के तैरने का क्या कारण है? -वायु के घनत्व की तुलना में बादलों का घनत्व कम होता है

लोहे का घनत्व उसके द्वारा हटाए गए जल के आपेक्षिक घनत्व से अधिक तथा पारे के घनत्व से कम होता है, इस कारण लोहे की कील पारे में तैरती रहती है।

- पौधों की जड़ों से पर्णपत्तियों की ओर जल बढ़ने का क्या कारण है? -केशिकत्व (Capillarity)
- स्टोव में मिट्टी के तेल का बत्ती ऊपर चढ़ने का कारण क्या है? -केशिकत्व का गुण
- अब तक ज्ञात पदार्थों में किस पदार्थ की प्रत्यास्थता (Elasticity) सर्वाधिक होती है? -क्वाट्र्ज
- अपमार्जक मिलाने पर जल के पृष्ठ तनाव पर क्या प्रभाव पड़ता है? -जल का पृष्ठ तनाव घट जाता है।
- फाउंटेन पेन किस सिद्धांत पर कार्य करता है? -केशिकत्व के सिद्धांत पर
- समुद्र तल पर एक वायुमण्डलीय दाब का मान कितना होता है? -1.013×10^5 पास्कल के
- जल का सापेक्षिक घनत्व (Relative Density) किस ताप पर सर्वाधिक होता है? -4°C तापमान पर
- जल से भरी बाल्टी को हिलाकर छोड़ देने पर कुछ समय पश्चात् जल अपने-आप क्यों स्थिर हो जाता है?-श्यानता के कारण
- धातु की शुद्धता ज्ञात करने में किस सिद्धान्त का प्रयोग किया जा सकता है? -आर्कमिडीज का सिद्धान्त
- जल से निकालने पर शेविंग ब्रश के बाल आपस में किस कारण से चिपक जाते हैं? -पृष्ठ तनाव के कारण
- स्टील, रबर की अपेक्षा अधिक प्रत्यास्थ क्यों है? -स्टील के लिए अधिक विरूपक बल (Deforming Force) की आवश्यकता होती है।
- वाहनों में स्नेहक तेल (Lubricant Oil) का प्रयोग क्यों किया जाता है? -घर्षण कम करने के लिए

आँधी आने पर टिन की छत और छप्पर उड़ जाते हैं क्योंकि उनके ऊपर का वायुदाब नीचे के वायुदाब से कम हो जाता है।

- किसी वस्तु की सतह के लम्बवत लगने वाले बल को क्या कहते हैं? -प्रणोद (Thrust)

जल की श्यानता वायु से अधिक होने के कारण जल की तुलना में वायु में गति करना सरल है।

तरंग गति (Wave Speed)

- रात्रि दृष्टि उपकरण (Night Vision Device) में प्रयोग की जाने वाली तरंगे कौन सी हैं? -अवरक्त तरंगें (Infrared waves)
- दृश्य प्रकाश (Visible Light) का तरंगदैर्ध्य कितना होता है? -390 से 750 नैनोमीटर के मध्य
- आँतों से सम्बंधित रोगों के निदान में कौन सी किरणों का प्रयोग किया जाता है? - एक्स-किरणों (X-Rays) का
- कीड़ों तथा क्षति पहुँचाने वाले जीवों को घरों से दूर भगाने के लिए किस तरंग का प्रयोग किया जाता है? -अल्ट्रासोनिक तरंग
- समीप आती हुई रेलगाड़ी की सीटी की आवृत्ति या तीक्ष्णता बढ़ती जाती है ऐसा किस कारण होता है? -डॉप्लर प्रभाव के कारण
- क्रिस्टल की संरचना ज्ञात करने के लिए किन किरणों का प्रयोग किया जाता है? -एक्स किरणों का

अनुप्रस्थ तरंगों के उदाहरण	अनुदैर्ध्य तरंगों के उदाहरण
• प्रकाश तरंगें (Light Waves)	• ध्वनि तरंगें (Sound Waves)
• भूकम्पीय तरंगों में S-तरंगें	• भूकम्पीय तरंगों में p-तरंगें
• डोरी युक्त यंत्रों में उत्पन्न तरंगें (सितार, गिटार, वीणा)	• सर्पिलाकार स्प्रिंग में उत्पन्न तरंगें
• स्थिर जल में पत्थर फेंकने पर उत्पन्न तरंगें	• अल्ट्रासाउंड तरंगें

- एक रडार, शत्रु के वायुयान की उपस्थिति का पता लगाने में कौन सी किरणों का प्रयोग करता है? -रेडियो तरंगों का
- पराबैंगनी विकिरण, एक्स किरणें, सूक्ष्म किरणें व गामा/किरणें को तरंग दैर्ध्य के आरोही क्रम क्या हैं? -गामा किरणें < एक्स किरणें < पराबैंगनी किरणें < सूक्ष्म किरणें।

प्रमुख विद्युत चुम्बकीय तरंगें

विद्युत चुम्बकीय तरंगें	खोजकर्ता	तरंग दैर्ध्य परास	आवृत्ति परास	उपयोग
1. गामा-किरणें (Gamma Rays)	हेनरी बैकुरेल	10^{-14}m–10^{-10} m	10^{20}–10^{18}	नाभिकीय अभिक्रिया तथा कृत्रिम रेडियोसक्रियता में किया जाता है।
2. एक्स-किरणें (X-Rays)	डब्ल्यू. सी.रॉन्टजन	10^{-10} m–10^{-8} m	10^{18}–10^{16}	चिकित्सा एवं औद्योगिक क्षेत्र में
3. पराबैंगनी-किरणें (Ultra-violet Radiation)	जोहान रिटर	10^{-8} m–10^{-6} m तक	10^{16}–10^{14}	सिंकाई करने में, प्रकाश-वैद्युत प्रभाव उत्पन्न एवं जीवाणुओं को नष्ट करने में
4. दृश्य किरणें (Visible Radiation)	न्यूटन	3.9 x 10^{-7} m– 7.8 x 10^{-7} m	10^{14}–10^{12}	इनकी उपस्थिति से वस्तुएँ दिखाई देती हैं।
5. अवरक्त विकिरण (Infrared Radiation)	विलियम हर्शेल	7.8 x 10^{-7}–10^{-3} m	10^{12}–10^{10}	फोटोग्राफी में, सिंकाई में एवं टी.वी. के रिमोट कण्ट्रोल में
6. लघु रेडियो तरंगें (Short Radio Waves)	हेनरिक हर्ट्ज	10^{-3} m–1 m	10^{10}–10^{8}	रेडियो, टेलीविजन, रडार एवं टेलीफोन में
7. दीर्घ रेडियो तरंगें (Long Radio Waves)	मारकोनी	1 m–10^{4} m	10^{6}–10^{4}	रेडियो एवं टेलीविजन के प्रसारण में

- दीर्घ रेडियो तरंगें वायुमण्डल की किस परत से परावर्तित होती हैं? -आयन मण्डल
- कूलिज-नलिका (ट्यूब) का प्रयोग कौन सी किरणें उत्पन्न करने के लिए किया जाता है? -एक्स किरणें
- कोबाल्ट-60 सामान्यत: विकिरण चिकित्सा में क्यों प्रयुक्त होता है? -गामा किरणों के उत्सर्जन के कारण
- बन्द-चूल्हे (ओवन) में किसका प्रयोग किया जाता है? -सूक्ष्म तरंगों (माइक्रो-वेव) का
- सुदूर-संवेदी युक्ति नियंत्रण (Remote Control Device) में एक अन्तर्निमित स्रोत होता है? -अवरक्त किरण का
- दो उत्तरोत्तर शृंग अथवा दो उत्तरोत्तर गर्त के बीच की दूरी को क्या कहते है? -तरंगदैर्ध्य (Wavelength)

समुद्र में डूबी वस्तुओं का पता लगाने के लिए प्रयुक्त किये जाने वाले उपकरण को सोनार (SONAR) कहते हैं

ध्वनि (Sound)

- **पराध्वनिक जेट** (Supersonic Jet) से वायुमण्डल की किस परत को क्षति पहुँचती है? **-ओजोन परत को**
- किसे मापने हेतु **डेसीबल इकाई** का प्रयोग किया जाता है? **-ध्वनि की तीव्रता मापने में**
- **ध्वनि के स्रोत** व **परावर्तित सतह** के मध्य **न्यूनतम दूरी** कितनी होनी चाहिए, जिससे कि प्रतिध्वनि स्पष्ट रूप से सुनाई दे सके? **-16.5 मीटर**
- **वायु में ध्वनि का वेग** कितना होता है? **-343 मी./सेकेण्ड** (समुद्र तल पर 20°C तापमान पर)
- **सिनेमा घरों**, **बड़े सभागारों** आदि में ध्वनि स्रोत बंद होने के बाद कुछ देर तक ध्वनि सुनाई देती रहती है। इसका क्या कारण है? **-अनुरणन** (Reverberations)
- **चन्द्रमा** के धरातल पर दो व्यक्ति, एक-दूसरे की बात नहीं सुन सकते हैं, इसका क्या कारण है? **-चन्द्रमा पर वायुमण्डल नहीं है।**
- वह **जैव पद्धति** (Biological Method) जिसमें **पराश्रव्य ध्वनि** का प्रयोग किया जाता है उसे क्या कहते हैं? **-सोनोग्राफी**

> **विश्व स्वास्थ्य संगठन** (World Health Organization) के अनुसार, **45db** की तीव्रता वाली ध्वनि मानव के लिए सबसे उपयुक्त है।

- **चमगादड़** अंधेरी रातों में उड़ सकते हैं और अपना शिकार भी कर सकते हैं। इसका क्या कारण है? **-वे पराध्वनि तरंगें उत्पन्न करते हैं और उन्हीं के द्वारा निर्देशित होते हैं।**
- **टी.वी. रिमोट** में किन तरंगों का प्रयोग किया जाता है? **-अवरक्त तरंगें**

ध्वनि स्रोत	तीव्रता (डेसीबल में)
• साधारण बातचीत	30-40 db
• तेज बातचीत	50-60 db
• तेज संगीत, शोर	80 db से अधिक
• पेड़ के पत्तों की सरसराहट	10-20 db
• सायरन (पुलिस, एम्बुलेंस)	110-120 db
• जेट विमान	140-150 db
• औद्योगिक यंत्र संयंत्र/कारखाने	100-120 db

- **टेलीविजन ग्राही** के दूरस्थ नियन्त्रण में कौन सी **विद्युत चुम्बकीय विकिरण** प्रयोग में लाई जाती है? **-अवरक्त विकिरण**

> जब **सितार** और **बाँसुरी** पर एक ही स्वर बजाया जाए, तो उनसे उत्पन्न ध्वनि का भेद **ध्वनि गुणता** (Sound Timber) **के आधार पर** किया जा सकता है।

- **जल, लोहा** व **नाइट्रोजन** में ध्वनि के वेगों का **आरोही क्रम** क्या होगा? **-नाइट्रोजन < जल < लोहा**

> **ध्वनि की चाल** ठोस माध्यम में सर्वाधिक, द्रव माध्यम में उससे कम तथा गैसीय माध्यम में सबसे कम होती है।

- **तापमान का ध्वनि के वेग पर** क्या प्रभाव पड़ता है? **-तापमान के घटने से ध्वनि का वेग घटता है**
- **ध्वनि** किस माध्यम से होकर **नहीं गुजर सकती** है? **-निर्वात् से**

> ध्वनि तरंगे **ठोस** तथा **गैस दोनों माध्यमों में** गमन कर सकती हैं तथा धातु **में ध्वनि का वेग** सबसे अधिक होता है।

- **स्टेथोस्कोप** किस सिद्धान्त पर कार्य करता है? **-ध्वनि के परावर्तन पर**
- **एकॉस्टिक्स** में किसका अध्ययन किया जाता है? **-ध्वनि का**
- **ध्वनि तरंगों** में कौन सी घटना घटित नहीं हो सकती है? **-ध्रुवण**
- **ध्वनि का तारत्व** (Pitch) किस पर निर्भर करता है? **-आवृत्ति पर**
- **प्रतिध्वनि** (Echo) का कारण होता है **-ध्वनि तरंगो का परावर्तन**
- **पराश्रव्य तरंगों** की **आवृत्ति** लगभग कितनी होती है? **-20,000 हट्र्ज से अधिक**
- मानव द्वारा **श्रव्य तरंगों** (Sonic Waves) की आवृत्ति कितनी होती है? **- 20 से 20,000 हट्र्ज तक**
- **पराश्रव्य ध्वनि तरंगें** किसके द्वारा सुनी जा सकती हैं? **-कुत्तों एवं डॉल्फिन मछली द्वारा**

विभिन्न माध्यमों में ध्वनि की चाल (25°C पर)			
पदार्थ	**चाल** (m/s)	**पदार्थ**	**चाल** (m/s)
एल्युमिनियम	6420	वायु (0°C)	332
स्टील	5960	ऑक्सीजन (0°C)	316
लोहा	5950	हाइड्रोजन (0°C)	1286
काँच (फ्लिंट)	3980	समुद्री जल	1533
जल (0°C)	1402	सामान्य जल	1493

> **महिलाओं की आवाज** पुरुषों की अपेक्षा **तीक्ष्ण** होती है क्योंकि **महिलाओं की आवाज का तारत्व अधिक** होता है

ऊष्मा एवं ऊष्मागतिकी (Heat and Thermodynamics)

- हाइड्रोजन से भरे हुए गुब्बारे को पृथ्वी से छोड़ने पर गुब्बारे में क्या परिवर्तन होगा?
  –गुब्बारे के आयाम (Dimension) में वृद्धि होगी
- तेज हवा वाली रात्रि में ओस नहीं बनने का क्या कारण है?
  –वाष्पीकरण (Evaporation) की दर का तेज होना
- कमरे में रखे रेफ्रिजरेटर का दरवाजा खोल देने पर कमरे के तापमान पर क्या प्रभाव पड़ेगा?–कमरे का तापमान बढ़ जायेगा
- वह थर्मामीटर, जो 2,000°C मापने हेतु उपयुक्त हो, उसे क्या कहा जाता है? –पूर्ण विकिरण तापमापी या पाइरोमीटर

ताप मापन (Measurement of Temperature)

मापन (Measurement)	हिमांक (Freezing Point)	क्वथनांक (Boiling Point)	बराबर भाग	एक भाग
फॉरेनहाइट	32^0F	212^0F	180	1^0F
सेल्सियस	0^0C	100^0C	100	1^0C
केल्विन	273^0K	373^0K	100	1^0K

- परम शून्य ताप (Absolute zero temperature) से क्या तात्पर्य है? –सैद्धांतिक रूप से न्यूनतम सम्भव तापमान
- स्वचालित इंजनों में हिमरोधी के रूप में किस पदार्थ का प्रयोग किया जाता है? –एथिलीन ग्लाइकॉल (Ethylene Glycol)
- जब बर्फ पिघलती है तब उसके आयतन पर क्या प्रभाव पड़ता है? –आयतन घटता है

थर्मोस्टेट यंत्र (Thermostat Machine) का सम्बन्ध तापक्रम से है, जिसका उपयोग किसी निकाय का दाब स्व-नियंत्रित (Pressure Self-Controlled) करना है।

- रेफ्रिजरेटर (Refrigerator) में थर्मोस्टेट का प्रमुख कार्य क्या है- –एकसमान तापमान को बनाए रखना
- रेफ्रिजरेटर में खाद्य पदार्थों को ताजा रखने हेतु कितना तापमान आवश्यक है? -4°C
- स्वस्थ्य मनुष्य के शरीर का सामान्य तापमान कितना होता है?
  -37°C / 310 केल्विन
- उबलते जल की तुलना में भाप से हाथ अधिक जलता है, इसका क्या कारण है?–भाप में गुप्त ऊष्मा (Latent Heat) अधिक होती है

पानी में साधारण नमक मिलाने पर पानी का क्वथनांक बिन्दु (Boiling Point) बढ़ जायेगा तथा हिमांक बिन्दु (Freezing Point) घट जायेगा।

- सेन्टीग्रेट एवं फॉरेनहाइट तापक्रम कितने डिग्री पर एक समान रहते है- -40°C
- शीशे की छड़ जब भाप में रखी जाती है, तो इसकी लम्बाई पर क्या प्रभाव पड़ता है- –लम्बाई बढ़ जाती है
- सर्दियों में लोहे के टुकड़े और लकड़ी के टुकड़े को छूने पर लोहे का टुकड़ा ठण्डा क्यों लगता है?–लकड़ी की तुलना में लोहा ऊष्मा का अधिक सुचालक है
- यदि वायु का तापमान बढ़ता है, तो उसकी जलवाष्प ग्रहण करने की क्षमता पर क्या प्रभाव पड़ता है? –बढ़ता है
- पदार्थ की ऊष्माधारिता (Thermal Capacity) किस पर निर्भर करती है? –पदार्थ की विशिष्ट ऊष्मा पर

साफ मेघ रहित रातों की तुलना में मेघाच्छादित रातें अपेक्षाकृत अधिक गर्म होती है क्योंकि बादल पृथ्वी तथा हवा से ऊष्मा के विकिरण को रोकते हैं।

- जब जल को 0°C से 10°C तक गर्म किया जाता है तब इसके आयतन पर क्या प्रभाव पड़ेगा?–पहले घटता है फिर बढ़ता है
- दाब बढ़ने पर जल के क्वथनांक पर क्या प्रभाव पड़ेगा?
  –जल का क्वथनांक बढ़ेगा
- गर्मी के दिनों में किस प्रकार के छाते का प्रयोग किया जाता है?
  –ऊपर सफेद नीचे काला
- रेल की दो पटरियाँ जोड़ते समय मध्य में थोड़ी जगह क्यों छोड़ी जाती है? –पटरियों को ऊष्मीय प्रसार के लिए स्थान रखने के लिए
- प्रेशर कुकर के अन्दर का उच्चतम तापमान निर्भर करता है- –ऊपर के छेद के क्षेत्रफल एवं उस पर रखे गये वजन पर
- कमरे में लगा हुआ वातानुकूलक (Air Conditioner) किसे नियंत्रित करता है?–आर्द्रता (Humidity) एवं तापक्रम (Temperature) को

चालन के अनुप्रयोग

- शीत ऋतु में लकड़ी व लोहे का ताप समान होने पर भी लोहे की कुर्सी अधिक ठण्डी लगती है।
- चीनी मिट्टी के प्याले में चाय पीना धातु के प्याले में चाय पीने से अधिक आसान होता है।

शुष्क बैटरी (Dry Battery) में अमोनियम क्लोराइड और जिंक क्लोराइड विद्युत-अपघट्यों का प्रयोग होता है

- डेजर्ट कूलर द्वारा शीतलन किस सिद्धान्त के आधार पर कार्य करता है? -वाष्पन शीतलन के सिद्धान्त पर
- किस तरल की विशिष्ट ऊष्मा (Specific Heat) सर्वाधिक होती है? -जल
- पसीने (Sweat) की हमारे शरीर में क्या भूमिका है? -यह शरीर का ताप नियंत्रित रखने में सहायक है
- गर्म मौसम में पंखा चलने से आराम क्यों महसूस होता है? -हमारा पसीना तेजी से वाष्पीकृत होता है
- मिट्टी के घड़े में जल क्यों ठण्डा रहता है? -वाष्पीकरण के कारण

संवहन के अनुप्रयोग

- विद्युत बल्ब में लगे तन्तु को गलने से बचाने के लिए।
- पृथ्वी का वायुमण्डल संवहन द्वारा ही गर्म होता है।
- मोटरकार का रेडिएटर (शीतलन तंत्र) भी संवहन सिद्धांत पर कार्य करता है।
- रेफ्रिजरेटर में फ्रीजर ऊपर की ओर बनाया जाता है।

- थर्मस बोतल में पेय पदार्थ को कुछ समय तक उसी ताप पर रखने के लिए उसकी दीवारों पर किस पदार्थ की परत लगाई जाती है? -रजत परत (Silver Layer)
- प्रेशर कुकर में खाना जल्दी क्यों पक जाता है? -क्योंकि दाब बढ़ने पर पानी का क्वथनांक बढ़ जाता है।
- ऊष्मा (Heat) किसका उदाहरण है? -ऊर्जा का
- सी.टी. स्कैन करने में कौन सी किरणें प्रयोग की जाती हैं? -एक्स-किरणें
- आदर्श गैस (Ideal Gas) की आंतरिक ऊर्जा किस राशि पर निर्भर करती है? -केवल ताप पर
- बर्फ का अपने गलनांक पर पिघलना किस प्रक्रम का उदाहरण है? -समतापी प्रक्रम
- निम्नतापी में उत्पन्न निम्नताप कैसे प्राप्त करते हैं? -रूद्धोष्म प्रक्रम (Adiabetic Process) के द्वारा
- एक किलो-कैलोरी ऊष्मा कितने जूल कार्य के तुल्य है? -4.18×10^3 जूल कार्य के तुल्य।

विकिरण के अनुप्रयोग

- सूर्य की ऊष्मा पृथ्वी तक विकिरण के रूप में पहुँचती है।
- पॉलिश किए गये जूते धूप में जल्दी गर्म नहीं होते हैं।

- जल का घनत्व किस ताप पर अधिकतम होता है? -4°C
- ऊष्मागतिकी का प्रथम नियम किस अवधारणा की पुष्टि करता है? -ऊर्जा संरक्षण
- जब किसी काँच की बोतल में पानी भरा जाता है और उसे बंद करके जमने दिया जाता है तो बोतल टूट जाती है, क्यों? -क्योंकि पानी जमने पर फैलता है।
- ऊँचाई बढ़ने के साथ-साथ जल का क्वथनांक क्यों घटता है? -क्योंकि ऊँचाई बढ़ने के साथ वायुदाब घटता जाता है।

ऊँचे पहाड़ों पर सदैव बर्फ जमी रहती है क्योंकि ऊँचे पहाड़ों पर तापमान प्रायः हिमांक से कम रहता है अत: वहाँ वातावरण की जलवाष्प जमकर बर्फ बन जाती है।

- ठोस कपूर से वाष्प बनने की प्रक्रिया को क्या कहते हैं? -ऊर्ध्वपातन (Sublimation)
- ऊष्मा किस प्रक्रिया द्वारा तीव्र गति से स्थानान्तरित होती है? -विकिरण (Radiation)
- किसी पदार्थ का तापमान परिवर्तन किये बिना द्रव से गैस में परिवर्तन करने के लिए आवश्यक ऊष्मा को क्या कहते हैं? -वाष्पन की गुप्त उष्मा
- एक कृष्णिका (Black Body) किसे उत्सर्जित करता है? -सभी तरंगदैर्ध्य का विकिरण
- एथिल एल्कोहॉल (Ethyl alcohol) किस तापमान पर जमता है- -114°C
- तारों के अन्दर ऊर्जा उत्पादन के लिए कौन सी अभिक्रियाएँ होती हैं? -ताप नाभिकीय अभिक्रियाऐं (Thermal Nuclear Reactions)
- तारों का रंग क्या प्रदर्शित करता है? -उनका तापमान
- एथेनाल के वाणिज्यिक उत्पादन के लिए किस खमीर (Yeast) का उपयोग किया जाता है? -सेकेरोमाइसीज सेरेवेसी
- ऊनी कपड़े शरीर को गर्म क्यों रखते हैं? -क्योंकि ऊन ऊष्मा का एक खराब चालक (Bad Conductor) है

ऊष्मा की वह मात्रा, जो किसी पदार्थ के 1 किग्रा द्रव्यमान को उसके क्वथनांक बिन्दु (Boiling Point) पर वाष्प में परिवर्तित करने के लिए प्रदान की जाती है, उसे वाष्पन की गुप्त उष्मा (Latent Heat of Vapourization) कहा जाता है।

गर्मियों में सफेद कपड़े पहनना अधिक आरामदायक होता है क्योंकि सफेद कपड़े ऊष्मा का अधिकांश भाग परावर्तित कर देते हैं।

प्रकाशिकी (Optics)

- प्रकाश तन्तु (Optical Fibre) किस सिद्धान्त पर कार्य करता है? -पूर्ण आंतरिक परावर्तन (Total Internal Reflection)
- मृगमरीचिका (Mirage) किसका उदाहरण है? -प्रकाश का पूर्ण आंतरिक परावर्तन
- प्रकाश तरंगों के वायु से काँच में जाने पर उनके कौन से गुण प्रभावित होते हैं? -तरंगदैर्ध्य और वेग

जब प्रकाश एक माध्यम से दूसरे माध्यम में प्रवेश करता है तो उसकी आवृति (Frequency) अपरिवर्तित रहती है।

- निर्वात में प्रकाश की गति कितनी होती है? -3×10^8 मी./सेकेण्ड
- प्रकाश संश्लेषण की क्रिया में ऊर्जा का रूपांतरण किस प्रकार होता है? -प्रकाश ऊर्जा से रासायनिक ऊर्जा में
- दाढ़ी बनाने के लिए किस दर्पण का प्रयोग किया जाता है -अवतल दर्पण (Concave Mirror)
- प्रकाश सजावट के लिए विसर्जन लैम्पों (Immersion Lamps) में किस गैसों का प्रयोग किया जाता है? -निऑन (Neon)

लाल (Red) रंग की तंरगदैर्ध्य सबसे अधिक जबकि, बैंगनी (Violet) रंग की तंरगदैर्ध्य सबसे कम होती है।

- क्षितिज (Horizon) के समीप सूर्य एवं चन्द्रमा के दीर्घ वृत्ताकार दिखाई देने का क्या कारण है? -प्रकाश का अपवर्तन (Refraction)
- वास्तविक सूर्योदय से कुछ समय पहले ही सूर्य क्यों दिखायी देने लगता है? -प्रकाश के अपवर्तन के कारण
- खतरे के संकेतों के लिए लाल प्रकाश का प्रयोग क्यों किया जाता है?-लाल प्रकाश का प्रकीर्णन (Scattering) सबसे कम होता है
- साबुन के पतले झाग में चमकदार रंग किस घटना के कारण दिखाई देते हैं?-बहुलित परावर्तन (Multiple Reflection) और व्यतिकरण के कारण (Interference)
- स्पष्ट दृष्टि (Clear Vision) की न्यूनतम दूरी कितनी होती है? -25 सेमी.

दीर्घ तरंगों की अपेक्षा वायुमण्डल द्वारा लघु तरंगें अधिक प्रकीर्ण होती है, इसीलिए आकाश का रंग नीला दिखाई पड़ता है।

- तन्तु प्रकाशिकीय संचार (Fiber-Optic Communication) में संकेत किसके द्वारा प्रदान किया जाता है?-प्रकाश तंरगों के द्वारा

विभिन्न माध्यमों में प्रकाश की चाल (मीटर/सेकण्ड में)
(Speed of Light in Various Medium)

माध्यम	प्रकाश की चाल	माध्यम	प्रकाश की चाल
• निर्वात	3×10^8 m/s	• रॉक साल्ट	1.96×10^8 m/s
• काँच	2×10^8 m/s	• तारपीन का तेल	2.04×10^8 m/s
• जल	2.25×10^8 m/s	• नायलॉन	1.96×10^8 m/s

- परम्परागत कैमरे के किस भाग से आँखों के रेटिना की तुलना की जा सकती है? -फिल्म
- एण्डोस्कोप (Endoscope) किस सिद्धान्त पर कार्य करता है? -प्रकाश के पूर्ण आंतरिक परावर्तन पर
- प्रकाश विकिरणों (Light Radiations) की प्रकृति कैसी होती है? -तरंग एवं कण दोनों के समान
- किसी अपारदर्शी वस्तु का रंग, उस रंग के कारण होता है? जिस रंग को - वह परावर्तित करता है

हीरा उच्च अपवर्तनांक के कारण चमकता है, क्योंकि हीरे का अपर्वतनांक (Refractive Index) अधिक होता है, इसलिए तराशने पर उसकी चमक बढ़ जाती है।

- प्रकाश की गति किस माध्यम में सबसे कम होती है?-हीरे में
- अस्त होते समय सूर्य लाल रंग का क्यों दिखाई पड़ता है। -प्रकाश के प्रकीर्णन (Scattering) के कारण
- एक इलेक्ट्रॉनिक पुंज को फॉस्फोरस कोटेड पर्दे पर फोकस करके प्रतिबिम्बों को पर्दे पर प्रदर्शित करना क्या कहलाता है? -रोस्टर स्कैन (Roster Scan)
- दूरदृष्टि दोष (Hypermetropia) निवारण के लिए किस लेंस का प्रयोग किया जाता है? -उत्तल लेंस (Convex Lens)

नीला, हरा एवं लाल तीन प्राथमिक रंगों (Primary Colours) के मिश्रण से अन्य सभी रंगों का निर्माण होता है।

- वस्तु के त्रिविमीय (3D) प्रतिरूप को अंकित तथा पुनरावृत्त करने की तकनीक को क्या कहते है? -होलोग्राफी
- प्रकाश का रंग किससे निर्धारित होता है?-उसके तंरगदैर्ध्य से
- पढ़ने में काम आने वाले दर्पण में कौन सा लेंस प्रयुक्त होता है? -उत्तल (Convex)

यदि वायुमण्डल अनुपस्थिति हो प्रकाश का प्रकीर्णन नहीं होगा और इसलिए आकाश काला दिखेगा।

- **दूरदर्शन के संकेत** एक निश्चित दूरी के बाद क्यों नहीं मिल पाते है? **–पृथ्वी की सतह वक्राकार** (Curved) **होने के कारण**
- **दूरदर्शन प्रसारण** में **श्रव्य संकेतों** का प्रेषण करने के लिए किस तकनीक का प्रयोग किया जाता है?

  –आवृत्ति मॉडुलन (Frequency Modulation-FM)
- किसी व्यक्ति का पूरा प्रतिबिम्ब देखने के लिए एक **समतल दर्पण** (Plane Mirror) की **न्यूनतम ऊँचाई** कितनी होनी चाहिए है? **–व्यक्ति की ऊँचाई की आधी**

> **वाहनों में पृष्ठ दृष्टि दर्पण** (Rear View Mirror) के रूप में **दृश्यावलोकन** के लिए **उत्तल दर्पण** का प्रयोग किया जाता है।

- **दृष्टि पटल** (Retina) पर किस प्रकार का चित्र बनता है? **–वस्तु से छोटा** व **उल्टा**
- किस रंग के प्रकाश की **ऊर्जा सर्वाधिक** होती है? **–नीला प्रकाश**
- **एक आँख की अपेक्षा दो आँखों** से देखना अधिक स्पष्ट होता है, इसका क्या कारण है?

  –इससे देखी जाने वाली वस्तु की दूरी व गहराई का सही अनुमान होता है।
- वायुमण्डल में **प्रकाश के प्रकीर्णन** का प्रमुख कारण क्या है? **–वायु में उपस्थित धूल-कण**
- अंतरिक्ष यात्री को **आकाश का रंग** कैसा दिखाई देता है? **–काला**

> **निकट दृष्टि दोष** (Myopia) को दूर करने के लिए **अवतल** (Concave) लेंस का प्रयोग किया जाता है।

- **लेंस की क्षमता** की इकाई क्या है? **–डायोप्टर**

विभिन्न रंगों की तरंगदैर्ध्य (λ)

वर्ण	तरंगदैर्ध्य
• **बैंगनी** (V)	3900 Å – 4460 Å
• **नीला या जामुनी** (I)	4460 Å – 4650 Å
• **आसमानी** (B)	4650 Å – 5000 Å
• **हरा** (G)	5000 Å – 5700 Å
• **पीला** (Y)	5700 Å – 5900 Å
• **नारंगी** (O)	5900 Å – 6200 Å
• **लाल** (R)	6200 Å – 7600 Å

- धूप के चश्मे की क्षमता कितनी होती है? **–शून्य डायोप्टर**
- एक **समतल दर्पण** की **वक्रता त्रिज्या** होती कितनी है? **–अनंत**
- **प्रसारी ब्रह्माण्ड की संकल्पना** किस सिद्धान्त पर आधारित है? **–डॉप्लर प्रभाव** (Doppler Effect) **पर**
- जल में **वायु का बुलबुला** (Air Bubble), किस प्रकार के लेंस की तरह व्यवहार करता है? **–अवतल लेंस**
- **खोज बत्ती** (Search Light) में कौन सा दर्पण प्रयुक्त होता है? **–अवतल दर्पण** (Concave Mirror)
- **रमन प्रभाव** (Raman Effect) का सम्बंध किस प्रकार की किरणों से है? **–सभी पारदर्शी** (Transparent) **माध्यम की किरणों से**
- **ध्वनि के पुनरुत्पादन** (Reproducing) के लिए **सीडी** (Compact Disc) **व ऑडियो प्लेयर** (Audio Player) में क्या प्रयुक्त होता है? **–लेजर बीम** (Laser Beam)

> जब **दो समानान्तर समतल दर्पणों** के मध्य कोई वस्तु रख दी जाती है, तो उस पर **अनन्त प्रतिबिम्ब** बनते हैं।

- जब **लाल, नीले** तथा **हरे प्रकाश का पुंज** एक स्थान पर पड़ता है तब **प्रकाश का रंग** कैसा प्रतीत होता है? **–सफेद**
- **मानव आँख दृश्य प्रकाश** के किस तरंगदैर्ध्य के लिए सर्वाधिक सुग्राही होती है? **–5500Å**
- **सूर्य के प्रकाश** को **पृथ्वी** पर पहुँचने में कितना समय लगता है? **–लगभग 8.5 मिनट**

> जब प्रकाश किसी प्रिज्म से होकर गुजरता है, तब अपवर्तन के पश्चात् सूर्य का प्रकाश अपने विभिन्न वर्णो (रंगों) में विभाजित हो जाता है। इसे **प्रकाश का वर्ण विक्षेपण** कहते हैं तथा प्रकाश से प्राप्त विभिन्न रंगों का समूह **वर्णक्रम** या **स्पेक्ट्रम** (Spectrum) कहलाता है।

- **चन्द्रमा** से आने के बाद **प्रकाश** हम तक कितने समय में पहुँचता है? **–1.3 सेकण्ड में**
- **इन्द्रधनुष** के रंगों का सही अनुक्रम क्या है?

  –बैंगनी, नीला, आसमानी, हरा, पीला, नारंगी एवं **लाल**

> इन्द्रधनुष बनने के लिए **वर्ण विक्षेपण, अपवर्तन** एवं **पूर्ण आन्तरिक परावर्तन** आदि भौतिक परिघटनाएँ उत्तरदायी होती हैं।

- **सूर्य से आने वाली प्रकाश किरणों** को किस दर्पण की सहायता से एक बिंदु पर केन्द्रित किया जा सकता है? **–अवतल दर्पण**
- **पूर्ण सूर्यग्रहण** के समय सूर्य को नंगी आँखों से देखने से आँख को क्षति पहुँचती है। रेटिना के जलने के लिए सूर्य की कौन सी किरणे उत्तरदायी हैं? **–पराबैंगनी किरणें** (UV Rays)

> **आकाश के परावर्तन** तथा **जल के कणों द्वारा अधिक प्रकीर्णन के कारण** समुद्र **नीला** प्रतीत होता है।

विद्युत धारा (Electric Current)

- हैलोजन लैम्प का तन्तु किस मिश्र धातु से निर्मित होता है?
  –टंगस्टन एवं सोडियम
- एक किलोवॉट का मान कितना होता है? – 3.6×10^6 जूल
- जलते हुए विद्युत बल्ब के तन्तु का तापमान कितना होता है
  –2000°C से 2500°C

> बिजली के बल्ब की तुलना में फ्लोरोसेन्ट ट्यूब विद्युत ऊर्जा का प्रकाश ऊर्जा में अधिक मात्रा में परिवर्तन करती है। इसलिए बिजली के बल्ब की तुलना में फ्लोरेसेन्ट ट्यूब का अधिक उपयोग किया जाता है।

- फ्यूज में प्रयुक्त होने वाले तार की क्या विशेषता होती है?
  –उच्च प्रतिरोधक शक्ति तथा निम्न गलनांक
- विद्युत बल्ब का तंतु किस धातु से निर्मित होता है?
  –टंगस्टन से
- स्टोरेज बैटरी को चार्ज करने हेतु किस धारा की आवश्यकता होती है? –दिष्ट धारा (Direct Current)
- डायनेमो, बिजली उत्पादन हेतु प्रयोग में लाया जाता है, यह ऊर्जा से किस प्रकार सम्बंधित है?
  –यह यांत्रिक ऊर्जा को विद्युत ऊर्जा में परिवर्तित करता है

> कम वोल्टेज पर कार्य करने पर विद्युत मोटर जल जाते हैं, क्योंकि वे अधिक विद्युत धारा खींचते है जो वोल्टेज के प्रतिलोमानुपाती (Inversely Proportional) होती है।

- टरबाइन व डायनेमो से बिजली को प्राप्त करने में ऊर्जा के किस रूप को विद्युत ऊर्जा में परिवर्तित किया जाता है?
  –यांत्रिक ऊर्जा (Mechanical Energy)

> घर में सुरक्षित विद्युत सप्लाई (Safe Power Supply) के लिए उपयोग में लाये जाने वाले फ्यूज तार निम्न गलनांक वाली धातुओं से निर्मित होते हैं।

- ट्रांसफॉर्मर किसके लिए प्रयुक्त होते हैं?
  –विद्युत धारा के वोल्टेज को नियंत्रित करने के लिए
- प्रत्यावर्ती धारा को दिष्ट धारा में परिवर्तित करने वाले यंत्र को क्या कहते हैं? –रेक्टीफायर (Rectifier)
- विद्युत बल्ब के भीतर कौन सी गैसभरी होती है? –ऑर्गन
- मानव शरीर (शुष्क) में विद्युत प्रतिरोध कितना होता है?
  –10^6 ओम
- सामान्य ट्यूबलाइट (Tube light) में कौन सी गैस भरी होती है? –ऑर्गन के साथ पारा वाष्प (Mercury Vapour)
- प्रतिदीप्त बल्ब (Fluorescent Bulb) में कौन सी गैस भरी होती है? –मरकरी और निऑन
- विद्युत-चालकता की दृष्टि से सर्वाधिक सुचालक धातु कौन सी है? –चाँदी

> पृथ्वी के विभव को शून्य माना जाता है क्योंकि पृथ्वी से कोई आवेश लेने या देने पर इसके विभव में कोई परिवर्तन नहीं होता है।

- R प्रतिरोध वाले एक तार को पिघलाकर उसकी आधी लंबाई के तार में ढाला जाता है, तो तार का नया प्रतिरोध क्या होगा? –R/4
- विद्युत आवेश को भण्डारित करने के लिए किस उपकरण का प्रयोग किया जाता है? – संधारित्र (Capacitor)
- विभव (Potential or Voltage) क्या निर्धारित करता है?
  – आवेश प्रवाह की दिशा
- किसी चालक तार के प्रतिरोध पर तापमान बढ़ाने से क्या प्रभाव पड़ता है? – चालक का प्रतिरोध बढ़ता है
- श्वेत प्रकाश (White Light) को नली में कैसे उत्पन्न किया जाता है? –तन्तु को गर्म करके
- विद्युत ऊर्जा को यान्त्रिक ऊर्जा में परिवर्तित करने वाली युक्ति कौन सी है? –विद्युत मोटर
- विद्युत चुम्बकीय प्रेरण पर आधारित युक्ति के दो उदाहरण कौन से है? – डायनेमो एवं विद्युत मोटर

> प्रत्यावर्ती धारा एवं विभवान्तर को मापने के लिए क्रमशः अमीटर एवं वोल्टमीटर का प्रयोग किया जाता है।

- अतिचालक का प्रतिरोध कितना होता है? – लगभग शून्य
- तड़ित चालक (Lightning Conductor) बनाने के लिए किस धातु का प्रयोग किया जाता है? –ताँबा (Copper)

> विद्युत धारा में समान आवेश एक दूसरे को प्रतिकर्षित करते हैं, जबकि विपरीत आवेश एक दूसरे को आकर्षित करते हैं।

चालकता (Conductivity)

- सिलिकॉन, कार्बन एवं जर्मेनियम किसके उदाहरण हैं?

  -अर्द्धचालक के
- अर्द्धचालक की चालकता (Conductivity of Semiconductor) किस ताप पर अधिकतम होती है? -शून्य ताप पर
- परम शून्य तापमान पर अर्धचालकों में विद्युत प्रतिरोध कितना हो जाता है? -अनन्त
- ऐसे पदार्थ, जिनसे होकर विद्युत आवेश का प्रवाह सरलता से नहीं होता है, क्या कहलाते हैं?-अचालक (Non-Conductor)

चालक पदार्थों के उदाहरण	अचालक पदार्थों के उदाहरण
धातु (लोहा, चाँदी, ताँबा, इस्पात), अशुद्ध जल, पृथ्वी, वायु, ग्रेफाइट आदि।	रबड़, लकड़ी, शुद्ध जल, काँच चीनी मिट्टी, कागज, मोम, रुई, रेशम , प्लास्टिक, ऐबोनाइट, चमड़ा आदि।

- अतिचालकता (Superconductivity) के क्या लक्षण होते हैं?

  -शून्य पारगम्यता
- नव आविष्कृत उच्च ताप अतिचालक कौन सा है?

  -सिरेमिक ऑक्साइड
- ट्रांजिस्टर बनाने के लिए सर्वाधिक प्रयुक्त पदार्थ कौन सा है?

  -सिलिकॉन
- अर्द्धचालक में अशुद्धियाँ मिश्रित करने को की प्रक्रिया क्या कहलाती है? -डोपिंग
- डायोड (Diode) का प्रयोग किस लिए होता है?

  -AC वोल्टेज को DC वोल्टेज में परिवर्तित करने के लिए

चालक से सम्बंधित मुख्य तथ्य

- चालक की लम्बाई में वृद्धि होने पर उसकी प्रतिरोधकता भी बढ़ जाती है।
- चालक का प्रतिरोध पदार्थ की प्रकृति पर निर्भर करता है।
- चालक की अनुप्रस्थ काट का क्षेत्रफल जितना अधिक होगा उसका प्रतिरोध उतना ही कम होगा।
- चालक के ताप में वृद्धि होने से उसके प्रतिरोध और प्रतिरोधकता में परिवर्तन होता है। धातुओं में तापीय वृद्धि से उनके प्रतिरोध एवं प्रतिरोधकता में वृद्धि होती है।

- चुम्बकीय आकर्षण शक्ति कहाँ सर्वाधिक होती है?

  -चुम्बक के दोनों किनारों पर
- चुम्बकीय कम्पास की सुई किस दिशा को प्रदर्शित करती है?

  -उत्तर एवं दक्षिण
- CGS पद्धति में चुम्बकीय फ्लक्स (Magnetic Flux) का मात्रक क्या है? - मैक्सवेल
- ऐसा ताप जो लौह चुम्बकीय प्रकृति एवं अनुचुम्बकीय प्रकृति के मध्य प्रदर्शित होता है, क्या कहलाता है? - क्यूरी ताप
- किसी चुम्बक की आकर्षण शक्ति न्यूनतम कहाँ होती है?

  - चुम्बक के मध्य में
- प्राकृतिक चुम्बक किस धातु के अयस्क होते हैं? -लौह
- स्वतंत्र रूप से लटके चुम्बक का आवर्तकाल किस पर निर्भर नहीं करेगा? - लटकने की लम्बाई पर
- चुम्बकीय याम्योत्तर के तल में नति सुई किस दिशा में होगी?

  - ऊर्ध्वाधर होगी

तड़ित (आकाशीय बिजली) से वृक्षों में आग भी लग सकती है, क्योंकि इसमें अत्यधिक मात्रा में विद्युत ऊर्जा होती है।

- सभी चुम्बकीय पदार्थों का चुम्बकीय गुण कब कम होता है? -जब वे बहुत अधिक गर्म होते हैं
- लेंज का नियम किसके अनुरूप है?-चुम्बक फ्लक्स संरक्षण
- कौन सा अयस्क प्राकृतिक चुम्बक कहा जाता है?

  -मैग्नेटाइट (Magnetite)

जब दण्ड चुम्बक को लम्बाई में दो बराबर भागों में बाँट दिया जाता है, तो प्रत्येक टुकड़ा एक स्वतंत्र चुम्बक की तरह व्यवहार करेगा।

- फ्लेमिंग के दाँये हाथ के नियम का प्रयोग किसकी दिशा ज्ञात करने के लिए किया जाता है? - प्रेरित धारा की दिशा
- विद्युत धारा के चुम्बकीय प्रभाव सर्वप्रथम की खोज किसने की थी? - हैन्स क्रिश्चियन ओर्स्टेड के द्वारा
- विद्युत परिपथ में फ्यूज का प्रयोग क्यों किया जाता है?

  - जब परिपथ से अत्यधिक धारा प्रवाहित हो तो फ्यूज तार गल जाए और परिपथ टूट जाए।

जो धातु विद्युत की सबसे अच्छी सुचालक होती है, उसका विशिष्ट प्रतिरोध (Specific Resistance) सबसे कम होता है।

नाभिकीय भौतिकी (Nuclear Physics)

- **नाभिकीय रिएक्टर** में **भारी जल** (D_2O) का प्रयोग क्यों किया जाता है? **-न्यूट्रॉन की गति को कम करने के लिए**
- **ट्रांस यूरेनियम** तत्वों का संश्लेषण किसके द्वारा किया गया? **-ग्लेन टी. सीबोर्ग** (Glenn T. Seaborg) **के द्वारा**
- **रेडियोधर्मी क्षय** (Radioactive Decay) क्या है? **-नाभिकीय पदार्थों का नैसर्शिक क्षय**
- **पॉजीट्रान की खोज** किसने की थी? **-सी.डी. एंडरसन ने**

> **फास्ट ब्रीडर टेस्ट रिएक्टर** (FBTR) में **यूरेनियम कार्बाइड** एवं **प्लूटोनियम कार्बाइड** मिश्रित ईंधन का प्रयोग किया जाता है तथा **शीतलक** के रूप में **द्रवित सोडियम** (Liquefied Sodium) का प्रयोग किया जाता है।

- तारों में **अक्षय ऊर्जा** (Renewable Energy) होने का क्या कारण है? **-हाइड्रोजन का हीलियम में परिवर्तन होना**
- भारत में किस **रेडियोधर्मी तत्व** (Radioactive Elements) का सर्वाधिक भण्डारण है? **-प्लूटोनियम** (Plutonium)
- **हाइड्रोजन बम** (Hydrogen Bomb) किस सिद्धान्त पर कार्य करता है? **-अनियंत्रित नाभिकीय संलयन अभिक्रिया पर**
- **विद्युत उत्पादन** के लिए किस धातु का प्रयोग किया जाता है? **-यूरेनियम** (Uranium)
- **रेडियोधर्मी पदार्थ** (Radioactive Substances) कौन से कण उत्सर्जित करते हैं? **-अल्फा, बीटा** एवं **गामा कण**

> सूर्य **नाभिकीय संलयन** (Nuclear Fusion) के द्वारा अपनी ऊर्जा का निर्माण करता है।

> **रेडियो सक्रिय तत्वों के उपयोग :** अधिक उपज देने वाले बीजों के विकास में, खाद्यान्नों के विकिरण प्रसंस्करण में, मांस उत्पादों फलों व सब्जियों के संरक्षण में, कैंसर के उपचार में, भूमिगत पाइपों में रिसाव का पता लगाने में आदि।

- **नाभिकीय रिएक्टर** में **मंदक** के रूप में किस पदार्थ का प्रयोग किया जाता है? **-ग्रेफाइट/भारी जल को**
- **मेसान** की खोज किसने की थी? **- हिडेकी युकाबा**
- **ब्रीडर रिएक्टर** से क्या तात्पर्य है? **-ऐसा रिएक्टर जो विखण्डित होने वाले पदार्थ को विखण्डन की मात्रा से अधिक उत्पन्न करता है**
- **कोबाल्ट-60** का प्रयोग **विकिरण चिकित्सा** में क्यों किया जाता है? **-गामा किरणों के कारण**
- भारत में कौन सा **नाभिकीय ईंधन** (Nuclear fuel) सर्वाधिक पाया जाता है? **-थोरियम** (Thorium)
- भारत में **अणु बम** का विकास किसने किया? **-डॉ. राजा रमन्ना**
- **परमाणु रिएक्टर** (Nuclear Reactor) का प्रयोग कहाँ किया जाता है? **-आण्विक भट्टी** (Molecular Furnace) **में**
- **साइक्लोट्रॉन** (Cyclotron) को त्वरित करने वाला अणु कौन सा है? **-प्रोटॉन**
- विद्युत उत्पादन के लिए परमाणु ऊर्जा संयंत्रों में किस यूरेनियम **समस्थानिक** (Isotope) का उपयोग किया जाता है? **-U-235**
- भारत का प्रथम **परमाणु संयंत्र** (Nuclear Plant) कौन सा है? **-तारापुर, महाराष्ट्र**

> परमाणु बम **नाभिकीय विखण्डन** (Nuclear Fission) के सिद्धान्त पर आधारित है। इसके विपरीत **हाइड्रोजन बम नाभिकीय संलयन** (Nuclear Fusion) के सिद्धान्त पर आधारित है।

- भारत का कौन सा परमाणु संयंत्र **भूकम्पीय** (Seismic) **पेटी** में स्थित है? **-नरौरा** (IV भूकंपीय पेटी), **बुलंदशहर** (उत्तर प्रदेश)
- **वर्ष 1938** में **नाभिकीय विखण्डन** की खोज किसने की थी? **-ऑटोहॉन एवं फ्रिट्ज स्ट्रॉसमैन ने**

भारत में स्थापित प्रमुख परमाणु ऊर्जा केन्द्र		
• तारापुर	महाराष्ट्र	1400 MW
• रावतभाटा	राजस्थान (कोटा)	1180 MW
• कलपक्कम्	तमिलनाडु	440 MW
• नरौरा	उत्तर प्रदेश	440 MW
• काकरापार	गुजरात	1140 MW
• कैगा	कर्नाटक	880 MW
• कुडनकुलम्	तमिलनाडु	2000 MW

> **वर्ष 1942** में **पहले परमाणु रिएक्टर** (Atomic Reactor) का निर्माण **एनरिको फर्मी** ने किया था।

विविध (Miscellaneous)

- यदि **लोलक घड़ी की लम्बाई** चार गुनी हो जाए तो उसके **आवर्तकाल पर** क्या प्रभाव पड़ेगा?–**आवर्तकाल दोगुना हो जाएगा**
- **रॉकेट किस सिद्धांत** पर कार्य करता है?

  –**संवेग संरक्षण** (Conservation of Momentum) **के सिद्धांत पर**

> एक **अन्तरिक्ष यात्री** पृथ्वी तल की तुलना में **चन्द्रमा पर अधिक ऊँची छलाँग** लगा सकता है, क्योंकि चन्द्रमा पर **गुरूत्वाकर्षण बल**, **पृथ्वी की तुलना** में कम (1/6) होता है।

- **शुष्क बैटरी सेल** में कौन सी ऊर्जा पायी जाती है?

  –**रासायनिक ऊर्जा** (Chemical Energy)
- बोलोमीटर (Bolometer) का प्रयोग किसे मापने में किया जाता है? –**ऊष्मीय विकरण/तापमान**

> **20 हर्ट्ज से कम** और **20,000 हर्ट्ज से अधिक** आवृत्ति की ध्वनियों को मनुष्य द्वारा सुना नहीं जा सकता है।

- जल का **हिमांक** (Freezing point) कितना है? –**0°C**
- यदि कोई व्यक्ति एक दीवार को धक्का देता है पर उसे **विस्थापित** (Displace) करने में असफल रहता है, तो वह कितना कार्य करता है? –**शून्य कार्य**
- VIBGYOR **स्पेक्ट्रम** का सम्बन्ध किससे है? –**प्रकाश से**
- चलती बस के अचानक रुकने से **यात्री आगे की ओर** क्यों झुक जाते हैं? –**जड़त्व** (Inertia) **के कारण**
- **न्यूक्लियर रिएक्टर टाइम बम** के लेखक कौन हैं?

  –**तकाशी हिरोज** (Takashi Hirose)
- **हाइड्रोकार्बन विजन-2025** किससे सम्बन्धित है?

  –**पेट्रोलियम उत्पादों के संरक्षण से**

> यदि कोई **सूचना टेलीफोन** द्वारा डायल करके अन्यत्र **टेलीविजन स्क्रीन** पर देखी-पढ़ी जा सके तो उस विधि को **टेलीफैक्स** (Telefax) कहा जाता है।

- **फॉरेनहाइट पैमाने** में **शुद्ध जल का क्वथनांक** कितना होता है? –**212°C**
- **थर्मोकपल थर्मामीटर** (Thermocouple Thermometer) किस सिद्धांत पर कार्य करता है?–**सी-बेक प्रभाव** (Seabeck Effect)
- **प्लास्टिक का गलनांक** (Melting point) कितना है– –**47°C**
- अत्यधिक शीत ऋतु में पहाड़ों पर पानी की पाइप लाइनें क्यों फट जाती हैं?–**पाइप में पानी जमने पर पानी का आयतन बढ़ने के कारण**
- एक समतल दर्पण पर **आपतित किरण 60°** का कोण बनाती है, तो **परावर्तन कोण** कितना होगा? –**60°**
- **इलेक्ट्रॉनों को उनकी कक्षा** में बाँधे रखने वाले बल को क्या कहते हैं? –**स्थिर-वैद्युत बल** (Electrostatic Force)

> **कलाई घड़ी, प्रदर्शन युक्तियों** (Display Devices) तथा **पॉकेट कैलकुलेटरों** में **द्रव क्रिस्टल** (Fluid Crystal) का प्रयोग किया जाता है।

- जो पदार्थ **विद्युत धारा को प्रवाहित नहीं होने देते हैं** वे क्या कहलाते हैं? –**विद्युतरोधी** (Insulators)
- किसी पदार्थ की **सापेक्ष विद्युतशीलता** (Relative Permittivity) सदैव कितनी होती है? –**एक**
- किसी **काँच की छड़** को रेशम से रगड़ा जाता है, तो छड़ पर कौन सा आवेश उत्पन्न होता है?

  –**धन आवेश** (Positive Charge)

> एक सूर्य जैसे किसी तारे को **नाभिकीय ईंधन** (हाइड्रोजन) लगभग समाप्त होता है तो वह **श्वेत बौने तारे** (White Dwarf) में परिवर्तित हो जाता है। इस स्थिति में उसके केन्द्रीय भाग का तापमान अत्यधिक बढ़ जाता है (1 लाख केल्विन) तथा अधिकांश बाह्य पदार्थ तारे से पृथक् हो जाता है।

- **घर्षण** (Friction) एवं **स्नेहक** (Lubricant) **के अध्ययन** को क्या कहते हैं? –**ट्राइबोलॉजी** (Tribology)
- **राष्ट्रीय भौतिकी प्रयोगशाला** (National Physics Laboratory) कहाँ स्थित है? –**नई दिल्ली**
- **LASER** का पूर्ण प्रारूप क्या है? –**लाइट एम्लीफिकेशन बाई स्टिमुलेटेड एमिशन ऑफ रेडिएशन** (Light Amplification by Stimulated Emmission of Radiation)
- विश्व की सबसे ऊँचाई पर स्थित **दूरबीन वेधशाला** (Telescope Observatory) कहाँ स्थित है? –**अटाकामा** (पेरू) **में**
- **चंद्रा एक्स-रे वेधशाला** का नाम किस वैज्ञानिक के सम्मान मे रखा गया है? –**सुब्रमण्यम चन्द्रशेखर**

> परमाणु रिएक्टर में **न्यूट्रॉनों के मंदन** (नियंत्रण) हेतु **भारी जल** (ड्यूटीरियम ऑक्साइड D_2O) व **ग्रेफाइट** का उपयोग किया जाता हैं

- टाटा इंस्टीट्यूट ऑफ फन्डामेंटल रिसर्च (Tata Institute of Fundamental Research) की स्थापना कहाँ की गयी है?
  -मुम्बई
- अन्तरिक्ष (Space) में जाने वाला प्रथम व्यक्ति कौन था?
  -यूरी गागरिन (रूसी अंतरिक्ष यात्री, 1961 ई.)
- विश्व की प्रथम महिला अंतरिक्ष यात्री का नाम क्या है?
  -वैलेन्टीना तेरेश्कोवा (रूसी अंतरिक्ष यात्री, 1963 ई.)
- जी.आई.एफ. (GIF) का पूर्ण रूप क्या है?
  - ग्राफिकल इंटरचेंज फॉरमेट
- लेजर द्वारा कैसा विकिरण उत्पन्न होता है?
  -उद्दीपित विकिरण (Stimulated Radiation)
- भारत के सम्पूर्ण ऊर्जा उत्पादन में नाभिकीय ऊर्जा का प्रतिशत कितना है? -लगभग 3.3 प्रतिशत
- वायु का विशिष्ट ताप किस वायुमण्डलीय गुण के बढ़ने के साथ बढ़ता है? -दाब
- भारहीनता की अवस्था में एक मोमबत्ती की ज्वाला (Flame) का आकार कैसा होगा? -गोलाकार
- दाब बढ़ने पर बर्फ के गलनांक पर क्या प्रभाव पड़ता है?
  -गलनांक घटता है
- पृष्ठीय क्षेत्रफल घटाने पर पृष्ठ पर कार्यरत दाब पर क्या प्रभाव पड़ेगा? -दाब बढ़ जाएगा
- 20,000 हर्ट्ज से अधिक आवृति की ध्वनि क्या कहलाती है?
  -पराध्वानिक (Ultrasonic)
- गैस में उत्पन्न ध्वनि तरंग किस प्रकार की होती है?
  - अनुदैर्ध्य तरंग (Longitudinal Wave)
- डॉप्लर प्रभाव (Doppler Effect) किससे सम्बन्धित है?
  -ध्वनि से
- प्रकाश तरंग की गति की तुलना में रेडियो तरंग की गति कितनी होती है? -दोनों की गति एकसमान होती है

> किसी माध्यम में ताप बढ़ने पर प्रकाश का वेग अपरिवर्तित रहता है।

- सूर्य के प्रकाश में उपस्थित पराबैंगनी किरणों (Ultraviolet Rays) को कौन अवशोषित करता है?
  -ओजोन परत (Ozone Layer)
- जब वायु की गति बढ़ जाती है, तो दाब पर क्या प्रभाव पड़ता है? -दाब घट जाता है
- दंत चिकित्सक किस दर्पण का प्रयोग करते हैं? -अवतल
- प्रकाश, रेडियो तरंगें तथा X किरणें किस प्रकार के विकिरण हैं? -विद्युत चुम्बकीय विकिरण
- प्रकाश का कणिका सिद्धांत (Corpuscular Theory of Light) किसने दिया था? -न्यूटन ने

> इण्डियन इंस्टीट्यूट ऑफ नेचुरोपैथी एण्ड यौगिक सांइस (Indian Institute Of Naturopathy & Yogic Science) की स्थापना बंगलुरू (कर्नाटक) में की गयी है।

- समतल दर्पण द्वारा किस प्रकार का प्रतिबिम्ब बनता है?
  -आभासी प्रतिबिम्ब (Virtual Image)
- प्रिज्म द्वारा किस रंग का विचलन सर्वाधिक होता है? -बैंगनी
- एक सरल दूरदर्शी (Telescope) कम-से-कम कितने उत्तल लेंसों से बनाया जा सकता है? -दो
- लाल कमल का फूल, हरे प्रकाश में देखने पर कैसा दिखायी देगा? -काला
- चुम्बकीय सुई (Magnetic Needle) किस दिशा की ओर संकेत करती है? -उत्तर दिशा की ओर
- युद्धक विमान अधिक ऊँचाईयों पर क्यों उड़ते है?
  -रडार-संसूचन (Radar Detection) से बचाव हेतु
- शीशे के रजतन (Silvering Glass) के लिए कौन सा यौगिक प्रयुक्त होता है? -सिल्वर नाइट्रेट (Silver Nitrate)

> यदि वायुमण्डल (Atmosphere) नहीं होता तो पृथ्वी से आकाश काले रंग का दिखाई देता।

- हीटर के तार किस धातु (Metal) के बने होते हैं?
  -नाइक्रोम (Nichrome)
- हवा में तैरते हुए श्वसनीय सूक्ष्म कणों (Respiratory Microscopic Particles) का आकार कितना होता है?
  -5 माइक्रॉन से कम
- भारत में प्रथम भारी जल संयत्र कहाँ स्थापित किया गया?
  -नांगल (पंजाब) में
- टेप रिकॉर्डर की टेप किस पदार्थ से लेपित (Coated) होती है?
  -फेरोमैग्नेटिक चूर्ण (Ferromagnetic Powder)

> वायुमण्डल में उपस्थित बादलों की गति एवं गति की दिशा का मापन नेफोस्कोप (Nephoscope) यंत्र द्वारा किया जाता है।

- घड़ी में स्फटिक क्रिस्टल किस सिद्धान्त पर कार्य करता है? -दाब विद्युत प्रभाव

स्व-चालित कलाई घड़ियों में ऊर्जा हाथ के विभिन्न संचलनों (Movement of Hand) से प्राप्त होती है।

- कृत्रिम उपग्रह (Artificial Satellite) पृथ्वी से स्पष्ट रूप से क्यों ट्रैक किया जा सकता है? -डॉप्लर प्रभाव के द्वारा
- हवाओं में किस प्रकार की ऊर्जा होती है? -गतिज ऊर्जा
- सड़क पर चलने की अपेक्षा बर्फ पर चलना कठिन क्यों है? -बर्फ में सड़क की अपेक्षा घर्षण कम होता है
- चुम्बकीय अनुनाद बिम्बीकरण (Magnetic Resonance Imaging-MRI) किस सिद्धान्त पर आधारित है? -नाभिकीय चुम्बकीय अनुनाद
- भारत में मीट्रिक प्रणाली (Metric System) किस वर्ष प्रारम्भ की गई? - वर्ष 1957 में
- ऊष्मा के स्थानान्तरण का क्या कारण है? -तापान्तर (Temperature Difference)
- कौन सा रंग सौर विकिरण का सबसे अच्छा अवशोषक होता है? -काला रंग
- डीजल इंजन में कितने स्पार्क प्लग (Spark Plug) लगे होते हैं? -एक भी नहीं
- परम ताप का वह प्रथम बिन्दु कौन सा है जहाँ सभी प्रकार की आण्विक गति (Molecular Speed) बन्द हो जाती है? -परम शून्य ताप

यदि 100 ग्राम चीनी को आधा लीटर पानी मे मिलाकर एक असंतृप्त (Unsaturated) चीनी का घोल तैयार किया जाए, तो उसका आयतन अपरिवर्तित रहेगा।

- टेलीफोन में क्या प्रयुक्त होता है? -कार्बन माइक्रोफोन
- विज्ञान की किस शाखा के अंतर्गत मानव एवं यंत्रों के मध्य स्वचलन एवं संचार विधि का अध्ययन किया जाता है? -साइबरनेटिक्स
- मनुष्य के लिए सबसे हानिकारक विकिरण कौन सा है? -गामा किरणें

नियन्त्रित नाभिकीय विखण्डन (Nuclear-Fission) अभिक्रिया की अवधारणा सर्वप्रथम एनरिको फर्मी ने प्रस्तुत की थी।

- मोबाइल चार्जर में कौन सी युक्ति प्रयोग की जाती है? -एक अपचायी ट्रांसफॉर्मर (Step Down Transformer)
- पदार्थ के संवेग और वेग के अनुपात में किस भौतिक राशि को प्रदर्शित किया जाता है? -द्रव्यमान
- तड़ित चालक (Lightning Conductor) किस धातु से बनाये जाते हैं? -ताँबे से

एक व्यक्ति एक संवेदनशील (Sensitive) तराजू पर खड़ा है, यदि वह गहरी साँस अंदर लेता है तो तराजू की रिडींग घट जाएगी।

- किसी तारे का रंग क्या प्रदर्शित करता है? -उसका ताप
- हवा का वाष्प घनत्व कितना होता है? -14.4 ग्राम
- कलपक्कम क्यों प्रसिद्ध है?-परमाणु ऊर्जा संयंत्र के कारण

ऊर्जा संरक्षण (Energy Conservation) से अभिप्राय ऊर्जा का न तो सृजन हो सकता है और न ही विनाश।

- इंदिरा गाँधी आण्विक अनुसंधान केन्द्र (Indira Gandhi Molecular Research Center) किस राज्य में स्थित है -तमिलनाडु में
- एक वास्तविक गैस किन स्थितियों में एक आदर्श गैस के रूप में क्रिया कर सकती है? -उच्च दाब और निम्न ताप पर
- आवृत्ति मॉडुलेशन (F.M.) में आयाम परिवर्तनशील होता है अथवा नियत? -आयाम नियत रहता है।
- कौन सी प्रक्रिया ध्वनि तरंग के साथ नहीं दर्शायी जाती है? -व्यतिकरण (Interference)
- नीले काँच की प्लेट धूप में नीली क्यों दिखायी देती है? - क्योंकि यह नीला रंग संक्रमित (Transmit) करती है
- अपमार्जक मिलाने पर पानी के पृष्ठ तनाव पर क्या प्रभाव पड़ता है? -पृष्ठ तनाव घट जाता है
- यदि ताँबे के तार को दोगुना बढ़ा दिया जाए तो उसका प्रतिरोध कितना हो जाएगा? -चार गुना
- ई.सी.जी (E.C.G.) किस अंग की गतिविधि को दर्शाता है? -हृदय
- वह गुण कौन सा है, जो प्रकाश-तरंग में दिखता है, पर ध्वनि-तरंग में नहीं दिखता? -ध्रुवण (Polarization)
- वायु शीतलन (Air Conditioning) किस स्थान के लिए अधिक उपयुक्त है? -गर्म और शुष्क जलवायु वाले क्षेत्रों में
- वह प्रकाशीय उपकरण कौन सा है जिसकी सहायता से दोनों आँखों से एक साथ दूरवर्ती वस्तुओं का आवर्धित रूप दिखाई देता है? - दूरबीन (Binocular)

पॉजीट्रान (Positron) का द्रव्यमान व आवेश इलेक्ट्रान के बराबर होता है, इसलिए इसे एंटी-इलेक्ट्रान कण भी कहते हैं।

- **वृत्ताकार पथ** के चारो ओर पिंड की गति किस प्रकार की गति का उदाहरण है? **- समान चाल एवं परिवर्ती वेग**
- जब **वाष्प दाब**, **वायुमण्डलीय दाब** के बराबर हो जाता है, तो **द्रव** पर क्या प्रभाव पड़ता है? **-द्रव उबलने लगता है**
- **समुद्र की लहरों** में किस प्रकार की ऊर्जा भंडारित होती है **-द्रवचलित ऊर्जा, गतिज ऊर्जा एवं गुरुत्वीय स्थितिज ऊर्जा**
- **लौह चुम्बकीय पदार्थ** किस तापमान पर अनुचुम्बकीय हो जाता है कहलाता है? **-क्यूरी तापमान**
- किसी संगीत समारोह की छतें साधारणत: वक्राकार क्यों होती हैं? **-क्योंकि वे शोर का अवशोषण करती है**
- कोई वस्तु केवल गुरुत्व क्रिया के अधीन निर्वात में मुक्त रूप से गिर रही है। गिरने के दौरान कौन सी ऊर्जा स्थिर बनी रहेगी? **-कुल यांत्रिक ऊर्जा**
- **चन्द्रशेखर सीमा** (Chandrashekhar Limit) का प्रतिपादन किसने किया था? **-एस. चन्द्रशेखर ने**

भारतीय अमेरिकी वैज्ञानिक **एस. चन्द्रशेखर** को **चन्द्रशेखर सीमा की गणना**, **तारों की उत्पत्ति एवं उनकी संरचना** तथा कृष्ण छिद्र सम्बंधी शोध के लिए **वर्ष 1983** में भौतिकी के क्षेत्र में **नोबेल पुरस्कार** प्रदान किया गया था।

- किस भारतीय वैज्ञानिक को **प्रकाश के प्रकीर्णन** (Scattering of Light) की व्याख्या तथा रमन प्रभाव की खोज के लिए नोबेल पुरस्कार प्रदान किया गया था? **-चन्द्रशेखर वेंकटरमन** (वर्ष 1930)
- कोई कार एक समान चाल से गतिमान है, परन्तु उसका संवेग परिवर्तित हो रहा है। तो उस कार का पथ कैसा होगा? **-दीर्घवृत्तीय पथ**
- जब लम्बे सूखे बालों को ब्रश किया जाता है तो लटें सामान्यत: एक-दूसरे से अलग हो जाती हैं क्योंकि ब्रश करते समय- **-बालों पर स्थैतिक विद्युत आवेश प्रेरित होते हैं**

लिफ्ट में व्यक्ति के भार की विभिन्न स्थितियाँ

1. जब लिफ्ट विरामावस्था में हो-
- जब **लिफ्ट** या **एलीवेटर** (Elevator) विरामावस्था में हो, तब व्यक्ति का **आभासी भार** व्यक्ति के **वास्तविक भार** के बराबर होता है।

2. जब लिफ्ट एक समान वेग से ऊपर या नीचे जाती है-
- इस स्थिति में व्यक्ति का आभासी भार उसके वास्तविक भार के बराबर होता है अर्थात् व्यक्ति को अपने भार में कोई परिवर्तन प्रतीत नहीं होता है।

3. जब लिफ्ट त्वरण से ऊपर जाती है-
- इस स्थिति में व्यक्ति का भार बढ़ा हुआ प्रतीत होता है अर्थात् व्यक्ति का आभासी भार उसके वास्तविक भार से अधिक होता है।

4. जब लिफ्ट त्वरण से नीचे आती है-
- इस स्थिति में व्यक्ति का **आभासी भार घटा हुआ प्रतीत होता** है अर्थात् व्यक्ति का आभासी भार व्यक्ति के वास्तविक भार से कम होता है।

5. यदि लिफ्ट की डोरी टूट जाए-
- इस स्थिति में व्यक्ति या स्वतंत्र वस्तु की भाँति नीचे गिरेगा, जिससे व्यक्ति का **आभासी भार शून्य प्रतीत** होगा अर्थात् व्यक्ति को **भारहीनता का अनुभव** होगा।

6. यदि लिफ्ट के नीचे उतरते समय लिफ्ट का त्वरण गुरुत्वीय त्वरण से अधिक हो-
- इस स्थिति में व्यक्ति का आभासी बल व्यक्ति पर ऊपर की ओर लगेगा, जिससे वह लिफ्ट की फर्श से उठकर लिफ्ट की छत से जा लगेगा।

प्रमुख यंत्र एवं उनके सिद्धान्त

यंत्र	सिद्धान्त	यंत्र	सिद्धान्त
• **भाप का इंजन**	ऊष्मागतिकी का सिद्धान्त	• **सोनार**	पराश्रव्य तरंगों का परावर्तन
• **विद्युत जनरेटर**	विद्युत चुम्बकीय प्रेरण	• **प्रकाशिक रेशे** (तंतु)	प्रकाश का पूर्ण आंतरिक परावर्तन
• **रॉकेट प्रक्षेपण**	न्यूटन का गति का तृतीय सिद्धान्त	• **इलेक्ट्रॉन माइक्रोस्कोप**	इलेक्ट्रॉन की तरंग प्रकृति।
• **रेडियो व दूरदर्शन**	विद्युत चुम्बकीय संचरण (तरंगें)	• **फोटोसेल**	प्रकाश वैद्युत प्रभाव
• **वायुयान**	बरनौली का तरल गतिविज्ञान सिद्धांत	• **नाभिकीय रिएक्टर**	नियंत्रित नाभिकीय विखंडन

कृत्रिम बुद्धिमत्ता तथा रोबोटिक्स केन्द्र, बंगलुरू तथा **रोबोटिक्स सोसायटी ऑफ इण्डिया** भारत में रोबोटिक्स के प्रमुख संस्थान है।

भौतिक एवं रसायन विज्ञान से सम्बंधित भारत के महत्वपूर्ण अनुसंधान संस्थान		
संस्थान	स्थान	राज्य
• राष्ट्रीय भौतिक प्रयोगशाला	नई दिल्ली	दिल्ली
• भारतीय तकनीकी-अनुसंधान संस्थान	लखनऊ	उत्तर प्रदेश
• भारतीय सर्वेक्षण विभाग	देहरादून	उत्तराखंड
• भारतीय पेट्रोलियम संस्थान	देहरादून	उत्तराखंड
• भारतीय मौसम विज्ञान व अनुसंधान संस्थान	नई दिल्ली	दिल्ली
• भारतीय राष्ट्रीय राजमार्ग प्राधिकरण	नई दिल्ली	दिल्ली
• केन्द्रीय ईंधन अनुसंधान संस्थान	जादूगोड़ा	झारखण्ड
• राष्ट्रीय धातु विज्ञान प्रयोगशाला	जमशेदपुर	झारखण्ड
• टाटा इंस्टीट्यूट ऑफ फंडामेण्टल रिसर्च	मुंबई	महाराष्ट्र
• इंडियन इंस्टीट्यूट आफ जियोमैग्नेटिज्म	मुंबई	महाराष्ट्र
• इंडियन सिक्योरिटी प्रेस	नासिक	महाराष्ट्र
• राष्ट्रीय रासायनिक प्रयोगशाला	पुणे	महाराष्ट्र
• भारतीय उष्ण मौसम विज्ञान संस्थान	पुणे	महाराष्ट्र
• भारतीय मौसम वेधशाला	पुणे	महाराष्ट्र
• भाभा परमाणु अनुसंधान संस्थान	ट्राम्बे	महाराष्ट्र
• केन्द्रीय यांत्रिक इंजीनियरिंग अनुसंधान संस्थान	दुर्गापुर	पश्चिम बंगाल
• केन्द्रीय विद्युत रासायनिक अनुसंधान संस्थान	कराईकुडी	तमिलनाडु
• केन्द्रीय नमक एवं समुद्री रसायन अनुसंधान संस्थान	भावनगर	गुजरात
• भारत इलेक्ट्रॉनिक्स लिमिटेड	बंगलुरु	कर्नाटक
• राष्ट्रीय वैमानिकी प्रयोगशाला	बंगलुरु	कर्नाटक
• रमन अनुसंधान संस्थान	बंगलुरु	कर्नाटक
• राष्ट्रीय समुद्र विज्ञान संस्थान	पणजी	गोवा

ऊर्जा रूपान्तरण के व्यावहारिक उपयोग

युक्ति	ऊर्जा रूपान्तरण	युक्ति	ऊर्जा रूपान्तरण
• विद्युत हीटर	विद्युत ऊर्जा को ऊष्मीय ऊर्जा में	• विद्युत बल्ब	विद्युत ऊर्जा को ऊष्मीय ऊर्जा में
• लाउडस्पीकर	विद्युत ऊर्जा को ध्वनि ऊर्जा में	• बिजली का पंखा	विद्युत ऊर्जा को यांत्रिक ऊर्जा में
• डायनमो	यांत्रिक ऊर्जा को विद्युत ऊर्जा में	• टर्बाइन	यांत्रिक ऊर्जा को विद्युत ऊर्जा में
• कार की बैटरी	रासायनिक ऊर्जा को विद्युत ऊर्जा में	• पवन चक्की	यांत्रिक ऊर्जा को विद्युत ऊर्जा में
• फेंके गए पत्थर की ऊर्जा	पेशीय ऊर्जा से गतिज ऊर्जा में	• विद्युत चुम्बक	विद्युत ऊर्जा को चुम्बकीय ऊर्जा में
• वाष्प इंजन	ऊष्मीय ऊर्जा को गतिज ऊर्जा में	• परमाणु बम	रासायनिक ऊर्जा को नाभिकीय ऊर्जा में
• जलता हुआ कोयला	रासायनिक ऊर्जा को ऊष्मीय ऊर्जा में	• माइक्रोफोन	विद्युत ऊर्जा को ध्वनि ऊर्जा में
• विद्युत सेल	रासायनिक ऊर्जा को विद्युत ऊर्जा में	• सितार	यांत्रिक ऊर्जा को ध्वनि ऊर्जा में
• विद्युत अपघटन	विद्युत ऊर्जा को रासायनिक ऊर्जा में	• मोमबत्ती	रासायनिक ऊर्जा को ऊष्मीय ऊर्जा में
		• विद्युत जनित्र	यांत्रिक ऊर्जा को विद्युत ऊर्जा में

वायुमंडलीय दाब को मापने एवं स्वतः ग्राफ पर चित्रित करने वाला यंत्र बैरोग्राफ (Barograph) कहलाता है।

रसायन विज्ञान

(Chemistry)

परमाणु संरचना, संयोजकता एवं रासायनिक बंधन
(Atomic Structure, Valency and Chemical Bonding)

- परमाणु में **कक्षकों** को भरने का क्रम किसके द्वारा नियंत्रित होता है? -**ऑफबाऊ सिद्धांत** (Aufbow Principle) **के द्वारा**
- वे तत्व जिनकी **परमाणु संख्या** (Z) तथा **द्रव्यमान संख्या** (A) भिन्न हो परन्तु उनके नाभिक में न्यूट्रॉन की संख्या समान हो वे क्या कहलाते हैं- -**समन्यूट्रॉनिक** (Isotones)
- रासायनिक तत्व के परमाणु के सन्दर्भ में **चुम्बकीय क्वाण्टम संख्या** का सम्बंध किससे है?-**अभिविन्यास** (Orientation) **से**
- **परमाणु नाभिक** (Atomic Nucleus) के अवयव कौन से हैं? -**प्रोटॉन** और **न्यूट्रॉन**

ऐसे परमाणु जिनमें **प्रोटॉन** (Protons) या **इलेक्ट्रॉन** (Electron) **की संख्या समान** परन्तु **न्यूट्रॉनों की संख्या भिन्न-भिन्न** रहती है, उसे **समस्थानिक** (Isotopes) कहा जाता है।

- **हीलियम** (Helium) के नाभिक में होते हैं- -**दो प्रोटॉन** एवं **दो न्यूट्रॉन**
- **प्रोटॉन** और **इलेक्ट्रॉन के द्रव्यमान** का अनुपात कितना होता है? -1837:1
- किसी एक ही परमाणु में **दो इलेक्ट्रॉनों की चारों क्वाण्टम संख्याएँ समान** नहीं हो सकती, यह नियम किस वैज्ञानिक ने दिया था? -**पाउली** (Pauli)
- वह एक मात्र ऐसा तत्व कौन सा है, जिसके **समस्थानिकों के नाम भिन्न-भिन्न** हैं? -**हाइड्रोजन** (प्रोटियम, ड्यूटीरियम, ट्राईटियम)

प्रमुख अवपरमाण्विक कण

मूल कण	परम आवेश कूलॉम (C)	सापेक्ष आवेश	द्रव्यमान (Kg)	लगभग द्रव्यमान/μ	खोज-कर्ता
इलेक्ट्रॉन (e)	-1.6022×10^{-19}	−1	9.1094×10^{-31}	0	जे.जे थामसन
प्रोटॉन (p)	$+1.6022\times10^{-19}$	+1	1.67262×10^{-27}	1	रदरफोर्ड
न्यूट्रॉन (n)	0	0	1.67493×10^{-27}	1	चैडविक

- किस तत्व के **समस्थानिकों की संख्या सर्वाधिक** है? -**पोलोनियम** (33)
- **ब्रह्मांड** में सर्वाधिक पाया जाने वाला तत्व कौन सा है? - **हाइड्रोजन**
- रासायनिक यौगिक की **सबसे छोटी इकाई** कौन सी है? -**अणु** (Molecule)
- **तत्व का गुणधर्म** किससे निर्धारित होता है? -**उसके परमाणु क्रमांक** (Atomic Number) **से**
- **किस मॉडल** को **आधुनिक भौतिकी** की आधारशिला माना जाता है? -**नील्स बोर का मॉडल**
- **परमाणु** में **प्रोटॉन** कहाँ स्थित होते हैं? -**नाभिक के भीतर**
- **आधुनिक आवर्त सारणी** किसके द्वारा प्रस्तुत की गयी थी? -**मोसले**
- **वैद्युत संयोजन** एवं **सहसंयोजन बन्ध** किसमें होते हैं? -**सल्फर डाइआक्साइड** (SO_2)
- **आधुनिक रसायन विज्ञान का जनक** किसे माना जाता है? -**एंट्वाइन लेवायजियर** (Antoine Lavoisier)
- **डॉल्टन** ने **अणु** को क्या नाम दिया था? -**यौगिक परमाणु**

एक ही तत्व के परमाणुओं का विभिन्न रासायनिक विन्यास दर्शाने की प्रवृत्ति **अपरूपता** (Disfigurement) कहलाती है।

- **बन्ध कोण** अधिकतम किस अणु में होता है? -CO_2
- **हाइड्रोजन हैलाइडों** का बढ़ता आयनिक लक्षण है- -HI < HBr < HCl < HF
- **परमाणु तत्व संख्या** 29 किससे सम्बंधित है? - **d-ब्लॉक**
- **उत्कृष्ट गैसों की संयोजकता** कितनी होती है? -**शून्य**
- **ऑक्सीकरण** (Oxidation) की प्रक्रिया में आक्सीकृत तत्व की संयोजकता पर क्या प्रभाव पड़ता है? -**ऑक्सीकरण की प्रक्रिया में संयोजकता** बढ़ती है।
- **न्यूट्रिनो** (Neutrino) किस प्रकार का कण है? -**अस्थायी**

मेंडलीफ के **आवर्त नियम** के अनुसार, तत्वों के **भौतिक** एवं **रासायनिक गुण** उनके परमाणु भारों के **आवर्त फलन** होते हैं।

कोश (Shell)	उपकोश (Subshell)	कक्षक (Orbital)	इलेक्ट्रॉनों की कुल संख्या
K-कोश(n=1)	1 (केवल s)	1	2
L-कोश(n=2)	2 (s,p)	1+3=4	8
M-कोश(n=3)	3 (s,p,d)	1+3+5=9	18
N-कोश(n=4)	4 (s,p,d,f)	1+3+5+7=16	32
O-कोश(n=5)	5 (s,p,d,f,g)	1+3+5+7+9=25	50
P-कोश(n=6)	6 (s,p,d,f,g,h)	1+3+5+7+9+11=36	72
Q-कोश(n=7)	7 (s,p,d,f,g,h,i)	1+3+5+7+9+11+13=49	98

- **सबसे मजबूत बंध** कौन सा होता है? **-एकल बंध**
- **बोर का परमाणु मॉडल** किस नियम के विपरीत है **-प्लांक सिद्धांत**
- जब इलेक्ट्रॉन एक चुम्बकीय क्षेत्र से गुजरता है जो उस पर क्या प्रभाव पड़ता है?- **इसकी ऊर्जा और वेग में वृद्धि होती है**
- **संयोजकता का इलेक्ट्रानिक सिद्धान्त** किसने प्रतिपादित किया? - **कोसेल** तथा **लेविस** ने (वर्ष 1916)
- किसी तत्व का **परमाणु भार किसके बराबर** होता है? - **तुल्यांकी भार × संयोजकता**
- किस बंध से युक्त यौगिक **समावयवता** प्रदर्शित कर सकते हैं- **-सहसंयोजी यौगिक व उपसहसंयोजी यौगिक**

वे परमाणु जिनकी **द्रव्यमान संख्या** (A) एक समान परन्तु **परमाणु संख्या** (Z) भिन्न होती है **समभारिक** (Isobars) कहलाते हैं। उदाहरण- **आर्गन** ($_{18}Ar^{40}$), **पोटैशियम** ($_{19}K^{40}$) आदि।

- **सहसंयोजक** बंधों का निर्माण कैसे होता है? - **इलेक्ट्रानों की परस्पर साझेदारी द्वारा**
- सहसंयोजक यौगिकों के अणु आपस में किस बल से बंधे होते हैं? - **वान डर वाल्स बल** (Van der Waals Forces) **से**
- वह कौन सा तत्व है, जिसके अणु में **सहसंयोजक बंध** होते हुए वह **विद्युत का सुचालक** है? - **ग्रेफाइट, जो कि कार्बन का एक अपररूप है**
- **धात्विक ठोसों में परमाणुओं के मध्य** कौन सा बंध पाया जाता है? - **धात्विक बंध** (Metallic Bond)
- H_2, O_2, O_3, Cl_2 आदि किस प्रकार के सहसंयोजक बंध बनाते हैं? - **अध्रुवीय बंध** (Non-polar Bond)
- परमाणु की संरचना का आधुनिक विचार किसने दिया? - **एरविन श्रोडिंगर** (वर्ष 1926) **ने**
- किसी **कोश** की **क्रम संख्या** क्या व्यक्त करती है? - **उस कोश में उपकोशों की संख्या**
- **आवोगाद्रो संख्या** किसने ज्ञात की थी? - **जोसेफ लॉश्मिट**
- **सोडियम क्लोराइड** (Nacl) में कौन सा बन्ध होता है? **-वैद्युत संयोजी बन्ध** (Electrical connective bond)
- किसी तत्व की **परमाणु संख्या** (Atomic Number) वस्तुत: क्या है? **-उसके नाभिक में उपस्थित प्रोटानों की संख्या**

संयोजी कोश व संयोजी इलेक्ट्रॉन

प्रत्येक परमाणु का **वाह्यतम कोश** उसका **संयोजी कोश** (Valence Shell) एवं उस कोश में उपस्थित इलेक्ट्रॉन **संयोजी इलेक्ट्रॉन** (Valence Electron) कहलाते हैं।

- **पदार्थ की नवीनतम खोज** की अवस्था है **-बोस आइंसटीन संघनन**
- **लोहे में जंग** किस कारण लगता है?-**ऑक्सीकरण के कारण**
- **रेडॉक्स अभिक्रिया** (Redox Reaction) क्या है? **-ऑक्सीकरण व अपचयन की संयुक्त क्रियाएँ**
- किस बन्ध की **बन्ध ऊर्जा** (Bond Energy) अधिकतम होगी? **-आयनिक बन्ध** (Ionic Bond)
- **20 न्यूट्रॉन** एवं **18 इलेक्ट्रॉन** वाला कण कौन सा है?- $_{18}Ar^{38}$
- परमाणु रिएक्टरों में प्रयुक्त यूरेनियम का परमाणु **समस्थानिक** (Isotope) कौन है? **-U^{235}**
- इलेक्ट्रॉन का **एन्टी-पार्टिकल** (Anti-particle) होता है? **-पॉजिट्रान**

रदरफोर्ड के **अल्फा-कणों के प्रकीर्णन सिद्धांत** के अनुसार **नाभिक के अन्दर परमाणु का द्रव्यमान और आवेश** रहता है।

- किस यौगिक में **विद्युत संयोजी, सहसंयोजक** एवं **उपसहसंयोजक** तीनों प्रकार के बंध पाए जाते हैं? **-अमोनियम क्लोराइड** (NH_4Cl), **अमोनियम ब्रोमाइड** (NH_4Br) **में**

कोश, उपकोश एवं कक्षक (Shell, Subshell and Orbit)

इलेक्ट्रान जिन **वृत्ताकार पथ** में चक्कर लगाते हैं, उन्हें **कोश** या **कक्षा** कहते हैं। प्रत्येक कोश एक अथवा अधिक उपकोशों में विभाजित होती है, जिन्हें **S, p, d, f** अक्षरों से प्रदर्शित किया जाता है। ऐसा त्रिविमीय क्षेत्र जिसमें इलेक्ट्रॉन पाये जाने की प्रायिकता सर्वाधिक होती है, **कक्षक** कहलाते हैं।

किसी कोश में उपस्थित **इलेक्ट्रॉनों की अधिकतम संख्या** को **$2n^2$** (जहाँ n-कोशों की संख्या) से प्रदर्शित करते हैं।

अम्ल, क्षारक एवं लवण (Acids, Bases and Salts)

- नींबू के खट्टे होने का क्या कारण है?
  -नीबू में साइट्रिक अम्ल ($C_6H_8O_7$) की उपस्थिति
- वह जलीय विलयन जो लाल लिटमस को नीला कर देता है क्या कहलाता है? -क्षारीय विलयन (Na_2CO_3)
- कठोर शारीरिक परिश्रम के पश्चात् थकान महसूस होने का कारण है- मांसपेशियों में लैक्टिक एसिड का संचय होना।
- फोटोग्राफी में किस अम्ल का प्रयोग किया जाता है?
  -ऑक्जेलिक अम्ल ($C_2H_2O_4$)
- बेकिंग पाउडर के निर्माण में किस अम्ल का प्रयोग किया जाता है? -टार्टरिक अम्ल
- पेय सोडा की रासायनिक प्रकृति कैसी होती है? -अम्लीय
- आयल ऑफ विट्रियॉल (Oil of Vitriol) किसे कहते हैं?
  -सल्फ्यूरिक अम्ल (H_2SO_4) को
- सेब में कौन सा अम्ल पाया जाता है?-मैलिक अम्ल ($C_4H_6O_5$)
- रसायन उद्योग (Chemical Industry) में कौन सा अम्ल तेजाब के रूप में जाना जाता है? -सल्फ्यूरिक अम्ल (H_2SO_4)

विरंजक चूर्ण/ब्लीचिंग पाउडर का रासायनिक नाम कैल्शियम हाइपोक्लोराइट है और इसका रासायनिक सूत्र Ca(OCl)Cl है। यह जल में पूर्णतः विलेय (Completely Soluble) है।

- नीला थोथा क्या है? -कॉपर सल्फेट ($CuSO_4 . 5H_2O$)
- टूटी हुई हड्डियों को जोड़ने के लिए किस प्रयुक्त क्षारक का प्रयोग किया जाता है? -कैल्शियम सल्फेट हेमी हाइड्रेट
- खाने का नमक किससे बनता है।
  -शक्तिशाली अम्ल व शक्तिशाली क्षार से
- ऐसा अम्ल जिसमें ऑक्सीजन अनुपस्थित होती है
  -हाइड्रोक्लोरिक अम्ल (HCl)
- अम्लीय विलयन का pH मान कितना होता है? -7 से कम
- क्षारीय भूमि सुधारक के रूप में कौन सा रसायन कार्य करता है? -कैल्शियम सल्फेट ($CaSO_4$)
- दूध से दही बनाने में किस अम्ल का प्रयोग किया जाता है?
  -लैक्टिक अम्ल ($C_3H_6O_3$)
- खाद्य पदार्थों के परिरक्षण (Food Preservation) हेतु किस रसायन का प्रयोग किया जाता है? -बेंजोइक अम्ल
- स्वचालित वाहनों में प्रयोग होने वाली बैट्री में कौन सा अम्ल प्रयोग किया जाता है? -सल्फ्यूरिक अम्ल (H_2SO_4)
- मृदा में सर्वाधिक अम्ल मुक्त करने वाला तत्व कौन सा है?
  -अमोनियम सल्फेट
- जिप्सम का रासायनिक नाम क्या है?
  -कैल्शियम सल्फेट डाइहाइड्रेट

महत्वपूर्ण अम्ल उनके स्रोत एवं उपयोग (Important Acids, Their Sources and Uses)

अम्ल (Acid)	स्रोत (Sources)	उपयोग (Uses)
सिट्रिक एसिड ($C_6H_8O_7$)	नींबू, संतरा, टमाटर	धातु की सफाई में, खाद्य संरक्षण में, चमकदार नमक (Effervescent Salt) में।
एसिटिक एसिड (CH_3COOH)	सिरका	खाद्य पदार्थों के परिरक्षण (Preservation) में।
फार्मिक एसिड (HCOOH)	मधुमक्खियों, चीटियों के डंक	कार्बनिक संश्लेषण रंगाई आदि में
लैक्टिक एसिड ($C_2H_4OHCOOH$)	खट्टा दूध एवं दही	खाद्य परिरक्षण में, स्वाद कारक (Flavoring Agent) के रूप में
एस्कॉर्बिक एसिड ($C_6H_8O_6$)	ऑवला, पपीता, ब्रोकली	विटामिन C में
टार्टरिक एसिड ($C_4H_6O_6$)	कच्चा आम, अंगूर, इमली, केला, अन्नानास	खाद्य पदार्थ में प्रतिऑक्सीकारक के रूप में
ऑक्जैलिक एसिड ($C_2H_2O_4$)	पालक, टमाटर	कपड़ों की रंगाई में, बेकिंग पाउडर में, फोटोग्राफी में, जंग को हटाने में
नाइट्रिक अम्ल (HNO_3)	फिटकरी व शोरा	एक्वारेजिया ($3HCl + HNO_3$), विस्फोटक के निर्माण में, रॉकेट ईंधनों में, ऑक्सीकारक के रूप में
बोरिक एसिड (H_3BO_3)	बोरेक्स, ओरासाइट, शराब	गेहूँ संरक्षण में, फाइबर ग्लास के निर्माण में, कीटाणुनाशक व लुब्रिकेन्ट के रूप में

लुईस इलेक्ट्रॉनिक सिद्धांत के अनुसार, अम्ल वह यौगिक है, जिसमें इलेक्ट्रॉन युग्म स्वीकार करने की प्रवृत्ति होती है।

कृत्रिम वर्षा (Artificial Rain) कराने के लिए सिल्वर आयोडाइड (AgI) का प्रयोग किया जाता है।

- कॉपर सल्फेट का जलीय घोल अम्लीय क्यों होता है?
  –जल-अपघटन के कारण
- जल की कठोरता किन पदार्थों से दूर की जाती है?
  –सोडियम कार्बोनेट व कैल्शियम हाइड्रॉक्साइड के द्वारा
- चींटी के काटने पर जलन क्यों महसूस होती है? –चींटी द्वारा फार्मिक एसिड (HCOOH) का स्राव करने के कारण
- कौन सी गैस अग्नि शामक के रूप में प्रयोग की जाती है?
  –कार्बन डाइऑक्साइड

अम्ल नीले लिटमस पेपर को लाल रंग में तथा क्षारक लाल लिटमस पेपर को नीले रंग में परिवर्तित कर देते हैं।

- घरों में सिरका कैसे बनता है?
  –स्टार्च के किण्वन (Fermentation) द्वारा
- कोकाकोला में किस अम्ल की उपस्थिति के कारण खट्टा स्वाद होता है?
  –फास्फोरिक अम्ल (H_3PO_4)
- शुद्ध जल का pH मान कितना होता है? –7
- अचार के परिरक्षण हेतु उसमें कौन सा अम्ल मिलाया जाता है? –एसिटिक एसिड (CH_3COOH)/सिरका
- अम्लों व क्षारों की पहचान (Indicator) के लिए मुख्यत: किन पदार्थों का प्रयोग किया जाता है?
  –लिटमस पेपर, फिनाफ्थेलीन व मेथिल ऑरेंज

क्षारक लाल लिटमस पेपर को नीले रंग में, मेथिल ऑरेंज को पीले रंग में फिनॉफ्थलीन को गुलाबी रंग में परिवर्तित कर देते हैं।

- वायु में किसके अधिक सांद्रण के कारण अम्लवर्षा होती है?
  –SO_2 व NO_2 (सल्फर डाइऑक्साइड तथा नाइट्रोजन ऑक्साइड)
- मैग्नीशियम हाइड्रॉक्साइड का जलीय विलयन क्या कहलाता है? –मिल्क ऑफ मैग्नीशिया
- किसके द्वारा pH मान को मापा गया था? –सोरेनसन

गंध सूचकों (Olfactory Indicators) के रूप में मुख्यत: प्याज व वनीला (Vanila) का प्रयोग किया जाता है।

लवण	उपयोग
सोडियम क्लोराइड [(NaCl) साधारण नमक]	भोजन निर्माण एवं आचार के परिरक्षण हेतु, अत्यधिक ठण्डे देशों में जमी हुई बर्फ की पिघलाने हेतु।
सोडियम हाइड्रॉक्साइड [(NaOH) कास्टिक सोड़ा]	साबुन, कागज, अपमार्जक के निर्माण में, पेट्रोलियम शोधन में, कपड़ा निर्माण उद्योग में।
कैल्शियम हाइड्रॉक्साइड [$Ca(OH)_2$ चूने का पानी]	चमड़ा उद्योग में, अम्लीय, मृदा, जल एवं गंदे नालों के उपचार में।
सोडियम कार्बोनेट [(Na_2CO_3) धावन सोडा]	काँच, कागज, साबुन एवं ईंट निर्माण उद्योग में, आर्द्र अभिकर्ता (Wet agent) के रूप में।
सोडियम बाईकार्बोनेट [($NaHCO_3$) बेकिंग सोडा]	अग्नि शामक में, भोजन निर्माण में, खमीर बनाने में।
विरंजक चूर्ण [Ca(OCl)Cl ब्लीचिंग पाडर]	स्वीमिंग पूल की सफाई करने में, पेयजल के कीटाणुशोधन में, ब्लीचिंग एजेंट के रूप में।
कैल्शियम सल्फेट हेमीहाइड्रेट [($CaSO_4.1/2H_2O$) प्लास्टर ऑफ पेरिस]	टूटी हुई हड्डियों को जोड़ने में, गृह-निर्माण में, सतह को चिकना बनाने में, खिलौनों के निर्माण में।

- स्वर्णकारों द्वारा आभूषण निर्माण की प्रक्रिया में निर्मित एक्वारेजिया (अम्लराज) किन रसायनों का मिश्रण है?
  –नाइट्रिक अम्ल एवं हाइड्रोक्लोरिक अम्ल
- लिटमस किससे प्राप्त किया जाता है? –लाइकेन से
- शुद्ध जल में उपस्थित हाइड्रोजन आयन (H^+) के सांद्रण का मान कितना होता है? -10^{-7}
- एक अज्ञात गैस जल में शीघ्रता से घुल जाती है। गैसयुक्त जलीय घोल में लाल लिटमस नीला हो जाता है। यह गैस हाइड्रोजन क्लोराइड के साथ सफेद धूम्र भी देती है। यह अज्ञात गैस कौन सी है? –अमोनिया (NH_3)

कुछ सामान्य पदार्थों का pH मान

पदार्थ	pH मान	पदार्थ	pH मान
• समुद्री जल	8.4	मूत्र	6
• रक्त	7.4	शराब	2.8
• लार	6.5-7.5	सिरका	2.4
• दूध	6.4	नींबू	2.2

कपड़े पर से जंग के दाग को हटाने के लिए ऑक्जेलिक अम्ल विलयन (Oxalic Acid Solution) का प्रयोग होता है।

धातुएँ (Metals)

- किस धातु की विद्युत चालकता सर्वाधिक होती है? -चाँदी
- मोती की रासायनिक संरचना किस पदार्थ से निर्मित होती है? -कैल्शियम कार्बोनेट ($CaCO_3$)
- सबसे हल्की और सबसे भारी धातु क्रमशः कौन सी है? -लीथियम एवं ऑस्मियम
- सबसे भारी प्राकृतिक तत्व कौन सा है? -यूरेनियम (Uranium)
- मोनाजाइट किसका प्रमुख अयस्क है? -थोरियम
- मोती के मुख्य अवयव (The Components) कौन से हैं? -एरागोनाइट (Aragonite) और कांचियोलिन (Conchialin)
- चाकू से काटी जा सकने वाली धातुएँ हैं- -सोडियम व पोटैशियम
- अत्यधिक कोमल खनिज टाल्क (Talc) किससे निर्मित होता है? -मैग्नीशियम सिलिकेट
- भविष्य का धातु (Future Metal) किसे कहा जाता है? -टाइटेनियम
- अभ्रक, कच्चे माल के रूप में किस उद्योग में प्रयोग किया जाता है? -विद्युत

> आतिशबाजी (Firecrackers) में बेरियम (Ba) की उपस्थिति के कारण हरा रंग तथा स्ट्रॉन्शियम (Sr) की उपस्थिति के कारण गहरा लाल रंग उत्पन्न होता है।

- सिनेबार किसका अयस्क है? -पारा (Hg)
- औजार निर्माण हेतु सर्वप्रथम किस धातु की खोज की गई थी? -ताँबा
- क्रायोलाइट/बॉक्साइट किस धातु का अयस्क है? -एल्युमीनियम
- अयस्कों से धातुओं के निष्कर्षण का विज्ञान क्या कहलाता है? -धातुकर्म (Metallurgy)
- साधारण तापमापी यन्त्रों में पारे का प्रयोग क्यों किया जाता है? -क्योंकि पारे का ऊष्मीय प्रसार गुणांक उच्च होता है
- सोडियम की अत्यधिक क्रियाशीलता के कारण इसे किस पदार्थ में रखा जाता है? -कैरोसिन तेल में
- भर्जन (Roasting) प्रायः किन अयस्कों का किया जाता है? -सल्फाइड एवं ऑक्साइड अयस्कों का
- शुद्ध सोना कितने कैरेट का होता है? -24 कैरेट
- सोडियम को जल में डालने पर कौन सी गैस मुक्त होती है? -हाइड्रोजन
- द्रवित सोडियम का उपयोग नाभिकीय भट्ठियों (FBRs) में किस रूप में होता है? -शीतलक के रूप में
- बारूद का निर्माण करने में किस रसायन का प्रयोग किया जाता है- -पौटेशियम नाइट्रेट
- वह कौन सी धातु है जो अपने ही ऑक्साइड की परत से सुरक्षित हो जाती है? -एल्युमिनियम

> इस्पात के जंग संरक्षण या प्रतिरोध गुण (Anti Corrosion Quality) को बढ़ाने के लिए उसमें क्रोमियम मिलाया जाता है।

- मानव शरीर में कॉपर की अधिकता से कौन सा रोग होता है? -विल्सन रोग
- फोटो इलेक्ट्रिक सेल में किस धातु का उपयोग होता है? -सेलीनियम
- कौन सा तत्व स्वतन्त्र अवस्था में पाया जाता है? -सल्फर
- धातुओं में सर्वाधिक हीन चालक (Bad-Conductor) कौन सी धातु है? -सीसा (Lead-Pb)
- भविष्य का ईंधन (Future Fuel) किसे कहा जाता है? -हाइड्रोजन को

> चतुष्फलकीय संरचना के कारण हीरा ग्रेफाइट की अपेक्षा अधिक कठोर होता है।

- प्याज की कड़वाहट का क्या कारण है? -प्याज में सल्फर के यौगिकों की उपस्थिति
- यूरेनियम का मुख्य अयस्क क्या है? -पिच ब्लैण्ड
- शल्य क्रिया में पट्टियों के रूप में किस रासायनिक पदार्थ का प्रयोग किया जाता है? -कैल्शियम सल्फेट का
- सबसे कठोर धातु कौन सी है? -प्लेटिनम

सामान्य नाम	रासायनिक नाम/सूत्र
हरा कसीस (Green Vitriol)	फेरस सल्फेट ($FeSO_4.7H_2O$)
नीला कसीस (Blue Vitriol)	कॉपर सल्फेट ($CuSO_4.5H_2O$)
श्वेत कसीस (White Vitriol)	जिंक सल्फेट ($ZnSO_4.7H_2O$)
लाल कसीस (Red Vitriol)	कोबाल्ट सल्फेट ($COSO_4.7H_2O$)

> माणिक्य और नीलम को रासायनिक रूप से एल्युमीनियम ऑक्साइड (Aluminium Oxide) के रूप में पहचान की जाती है।

महत्वपूर्ण धातुएँ एवं उनके अयस्क (Important Metals and Their Ores)	
धातु (Metal)	अयस्क (Ores)
• सोडियम (Na)	साधारण नमक (NaCl), चिली साल्टपीटर ($NaNO_3$), बोरेक्स ($Na_2B_4O_7.10H_2O$), सोडियम कार्बोनेट ($Na_2CO_3.10H_2O$)
• एल्युमिनियम (Al)	बॉक्साइट ($Al_2O_3.2H_2O$), केओलिन ($3Al_2O_3.6\ SiO_2\ .\ 2H_2O$), फेल्सपार ($KAlSi_3O_8$), कोरण्डम ($Al_2O_3$), क्रायोलाइट ($Na_3AlF_6$)
• पोटैशियम (K)	पोटैशियम नाइट्रेट (साल्टीपीटर) (KNO_3), कार्नेलाइट ($KCl.MgCl_2.6H_2O$), पोटैशियम कार्बोनेट (K_2CO_3), पोटैशियम क्लोराइड (KCl)
• कैल्शियम (Ca)	डोलोमाइट ($CaMg_3(CO3)_2$), कैल्साइट ($CaCO_3$), जिप्सम ($CaSO_4.2H_2O$), फ्लूओस्पर (CaF_2), एस्बेस्टस ($CaSiO_3.MgSiO_3$)
• मैग्नीशियम (Mg)	मैग्नेसाइट ($MgCO_3$), डोलोमाइट ($MgCO_3.CaCO_3$), कार्नेलाइट ($KCl.MgCl_2.6H_2O$), एप्सम साल्ट ($MgSO_4.7H_2O$)
• कॉपर (Cu)	चाल्कोपाइराइट अथवा कॉपर पायराइट्स ($CuFeS_2$), कॉपर ग्लास (Cu_2S), क्यूप्राइट (Cu_2O), मैलेकाइट [$Cu(OH)_2.CuCO_3$] एजुराइट [$Cu(OH_2).2CuCO_3$]
• जिंक (Zn)	जिंकाइट (ZnO), जिंक ब्लेंड (ZnS), कैलामाइन ($ZnCO_3$) विलेमाइट (Zn_2SiO_4)
• लेड (Pb)	गैलेना (PbS), सिरूसाइट ($PbCO_3$)
• टिन (Sn)	कैसेटेराइट (SnO_2)
• कैडमियम (Cd)	ग्रीनोसाइट (CdS)
• निकेल (Ni)	मिलेराइट (NiS)
• मैंगनीज (Mn)	पायरोलुसाइट (MnO_2), मैंगनाइट ($Mn_2O_3.H_2O$)
• आयरन (Fe)	हेमेटाइट (Fe_2O_3), लिमोनाइट ($2Fe_2O_3.3H_2O$), मैग्नेटाइट (Fe_3O_4), सिडेराइट ($FeCO_3$), आयरन पायराइट (FeS_2), कॉपर पायराइट ($CuFeS_2$)
• मर्करी (Hg)	सिनेबार (Cinnabar)
• सिल्वर (Ag)	रूबी सिल्वर $Ag_3(Sb.AS)S_3$, हॉर्न सिल्वर (AgCl)
• गोल्ड (Au)	कैल्वेराइट ($AuTe_2$), सिल्वेनाइट [$(Ag\ Au)Te_2$]
• यूरेनियम (U)	कार्नेटाइट [$K_2(UO_2).(VO_4)_2.3H_2O$], पिच ब्लेंड (U_3O_8)
• थोरियम (Th)	मोनाजाइट (Monazite)

- **मोबाइल फोन की बैटरी** में किस धातु का प्रयोग किया जाता है? **–लीथियम**
- **क्विक लाइम** (Quick Lime) का रासायनिक नाम क्या है? **–कैल्शियम ऑक्साइड** (CaO)
- **परमाणु घड़ियों** में **टाइमकीपर** के रूप में किस धातु का प्रयोग किया जाता है? **–सीजियम** (Cesium)
- **मतदाता की उँगली** में लगाई जाने वाली स्याही के निर्माण में किस रासायनिक यौगिक का प्रयोग किया जाता है? **–सिल्वर नाइट्रेट**
- **क्वार्ट्ज** का रासायनिक नाम क्या है? **–सोडियम सिलिकेट** (Na_2SiO_3)
- **पर्ल ऐश** (Pearl Ash) किस रासायनिक यौगिक को कहा जाता है? **–पोटैशियम कार्बोनेट** (K_2CO_3)
- **जिंक सल्फेट** का प्रयोग सामान्यत: किस रूप में किया जाता है? **–कवकनाशी** (Anti Fungal) **के रूप में**

भूपर्पटी में सर्वाधिक मात्रा में पाए जाने वाले तत्व (क्रमश:)		
1. ऑक्सीजन	2. सिलिकॉन	3. एल्युमिनियम
4. आयरन	5. कैल्शियम	6. सोडियम
7. मैग्नीशियम	8. टाइटेनियम	10. हाइड्रोजन

आयरन पायराइट्स (FeS_2) रासायनिक यौगिकों को **झूठा सोना** या **मूर्खों का सोना** भी कहा जाता हैं।

अधातुएँ (Non-Metals)

- वायुयानों के टायरों में कौन सी गैस भरी जाती है? -नाइट्रोजन अथवा हीलियम
- गर्म गैस के गुब्बारों में हीलियम को हाइड्रोजन की अपेक्षा अधिक वरीयता क्यों दी जाती है? -क्योंकि हीलियम वायु के साथ विस्फोटक मिश्रण नहीं बनाती है
- अश्रु गैस (Tear Gas) किसे कहते हैं? -अमोनिया (NH_3)
- भारी जल का रासायनिक सूत्र क्या है? -ड्यूटीरियम ऑक्साइड (D_2O)
- भारी जल (Heavy Water) में हाइड्रोजन के स्थान पर कौन सा परमाणु होता है? - ड्यूटीरियम (Deuterium)
- भारी जल की खोज किस वैज्ञानिक ने की थी?-हेरॉल्ड यूरे
- समुद्री जल को शुद्ध जल में किस प्रक्रिया द्वारा परिवर्तित किया जाता है? -विपरीत परासरण (Reverse Osmosis) के द्वारा
- फिटकरी (Alum) गन्दे पानी को किस प्रक्रिया द्वारा शुद्ध करती है? -स्कंदन (Coagulation)
- भारी जल किसका उदाहरण है -मंदक (Moderator) का
- पानी आयनिक लवण (Ionic Salts) का सुविलायक क्यों है? -पानी का द्विध्रुव आघूर्ण (Dipole Moment) अधिक है।

> पानी की स्थायी कठोरता के लिए कैल्शियम व मैग्नीशियम के क्लोराइड्स और सल्फेट पदार्थ उत्तरदायी हैं।

- क्वार्ट्ज का रासायनिक नाम क्या है? -सोडियम सिलिकेट
- भार के अनुसार, जल में हाइड्रोजन कितने प्रतिशत होता है? -11.11%

> द्रव्यमान की दृष्टि से जल में हाइड्रोजन 11% तथा ऑक्सीजन 89% होती है जबकि परमाण्विक दृष्टि से जल में हाइड्रोजन 67% तथा ऑक्सीजन 33% होती है।

- अशुद्ध जल से बड़ी मात्रा में पेयजल किस प्रक्रिया से तैयार किया जाता है? -निर्लवणीकरण द्वारा
- टेफ्लॉन किस श्रेणी का पदार्थ है? -फ्लोरोकार्बन
- वायुमण्डल में किस गैस की प्रतिशत मात्रा (आयतन में) सबसे कम है? -कार्बन डाइऑक्साइड
- वायुमण्डल में नाइट्रोजन लगभग कितने प्रतिशत है? -78%
- सल्फर हेक्साफ्लोराइड अणु का आकार कैसा होता है? -अष्टफलकीय
- हीरा (Diamond) किस तत्व का अपररूप (Allotrope) है? -कार्बन
- जल में आसानी से घुलनशील पदार्थ कौन सा है? -अमोनिया
- सिन्दूर का रासायनिक सूत्र क्या है? -Pb_3O_4
- सामान्य ताप पर आयोडीन किस अवस्था में पाया जाता है? -ठोस अवस्था में

> भारी मशीनों के उपयोग के लिए ग्रेफाइट स्नेहक का प्रयोग किया जाता है।

- पेन्सिल का लेड किस पदार्थ का बना होता है? -ग्रेफाइट
- किस प्रकार के कोयले (Coal) में कार्बन की मात्रा सर्वाधिक होती है? -एन्थ्रासाइट (Anthracite)
- किस प्रकार के कोयले में कार्बन का अंश निम्नतम होता है? -लिग्नाइट
- हैलोजनों में सबसे अधिक अभिक्रियाशील (Reactive) तत्व कौन सा है? -फ्लोरीन
- वह हैलोजन जिसका प्रयोग पीड़ाहारी की तरह किया जाता है? -ब्रोमीन
- कोयले के जलने से कौन सी गैस निकलती है? -कार्बन डाइऑक्साइड
- हाइड्रोजन को जलाने से क्या प्राप्त होता? -जल
- ट्यूबलाइट में निम्न दाब पर कौन सी गैस भरी जाती है? -नियॉन और पारा वाष्प
- ऑक्सीजन की खोज किस वैज्ञानिक के द्वारा की गयी थी? -प्रिस्टले

> जल की अस्थायी कठोरता कैल्शियम और मैग्नीशियम के बाइकार्बोनेट की उपस्थिति के कारण होती है।

- वायु की मुख्य संघटक गैसें कौन सी हैं? -नाइट्रोजन ऑक्सीजन, कार्बन डाइऑक्साइड

> गोताखोरों (Divers) द्वारा गहरे समुद्र में साँस लेने के लिए ऑक्सीजन के साथ हीलियम गैस को मिश्रित किया जाता है।

हाइड्रोजन के समस्थानिक

समस्थानिक एवं रासायनिक संकेत	परमाणु संरचना
1. **प्रोटियम** : $_1H^1$ अथवा H (सामान्य हाइड्रोजन) यह एक मात्र तत्व है, जिसके परमाणु में न्यूट्रॉन नहीं पाया जाता है।	1 इलेक्ट्रॉन 1 प्रोटॉन 0 न्यूट्रॉन
2. **ड्यूटीरियम** $_1H^2$ अथवा D (भारी हाइड्रोजन) अनेक जैव रासायनिक अभिक्रियाओं में **सूचक** के रूप में तथा भारी जल के निर्माण में प्रयुक्त होता है।	1 इलेक्ट्रॉन 1 प्रोटॉन 1 न्यूट्रॉन
3. **ट्राइटियम** $_1H^3$ अथवा T (यह हाइड्रोजन का रेडियोसक्रिय समस्थानिक है)	1 इलेक्ट्रॉन 1 प्रोटॉन 2 न्यूट्रॉन

- सबसे **हल्का हैलोजन** तत्व कौन सा है? **-फ्लोरीन**
- **ब्लीचिंग पाउडर** का रासायनिक सूत्र क्या है? **-कैल्शियम हाइपोक्लोराइड** [Ca(OCl) Cl]
- एक सामान्य **शुष्क सेल** (Dry Cell) में विद्युत अपघट्य होता है? **-अमोनियम क्लोराइड**
- **कार्बन का शुद्धतम** रूप माना जाता है **-हीरा**
- **विद्युत बल्ब** में कौन सी गैस भरी होती है? **-ऑर्गन**
- **शुष्क बर्फ** किसे कहा जाता है? **-ठोस कार्बनडाई-ऑक्साइड**

> हैलोजन तत्वों की अभिक्रियाशीलता का क्रम-**फ्लोरीन > क्लोरीन > ब्रोमीन > आयोडीन > एस्टेटीन**

- विश्व में **सर्वाधिक मात्रा** में कौन सा **तत्व** (Element) पाया जाता है? **-हाइड्रोजन**
- शरीर में **आयोडीन** की कमी से किस हार्मोन के स्राव में कमी आती है? **थायरॉक्सिन हार्मोन** (Thyroxine Hormone)
- कौन सा तत्व जो **सदैव द्रव अवस्था** में रहता है? **-ब्रोमीन**
- हैलोजन समूह का वह **सर्वाधिक भारी** तत्व कौन सा है, जिसमें धात्विक चमक होती है? **- आयोडीन**
- जल के **विसंक्रमण** (Sterilization) में किस हैलोजन तत्व का प्रयोग किया जाता है? **-क्लोरीन**
- **उत्कृष्ट** या **अक्रिय गैसों** (Nobel or Inert Gases) के परमाणु के बाह्यतम् कोश पूर्ण होते है अथवा अपूर्ण? **-पूर्ण होते हैं**
- **निम्नताप प्रौद्योगिकी** (Cryogenic Technology) में प्रयुक्त की जाने वाली गैस कौन सी है? **-फ्रांसियम**
- किस गैस को **स्ट्रेंजर गैस** भी कहा जाता है? **-जीनॉन**
- **पटाखों के** निर्माण में प्रयुक्त होता है- **-श्वेत फास्फोरस**
- **फोटोकॉपी की मशीन** में प्रयुक्त किया जाने वाला तत्व है- **-सेलेनियम**

> **विरंजक अभिकर्मक** (Bleaching Reagent) के रूप में **क्लोरीन** का प्रयोग सर्वाधिक किया जाता है।

- **सड़ी मछली** की तरह **दुर्गंधपूर्ण गैस** है- **-ओजोन**
- कौन सा अम्ल **कसीस के तेल** (Oil of Vitriol) के नाम से प्रसिद्ध है? **-सल्फयूरिक अम्ल** (H_2SO_4)
- विद्युत अपघट्यों के विलयन में से किसे **कार की बैटरी** में प्रयुक्त किया जाता है? **-सल्फ्यूरिक अम्ल**
- हैलोजन अम्लों में **प्रबलतम अपचायक** कौन सा है? **-हाइड्रोजन आयोडाइड** (HI)
- **फ्लशिंग गैस** में कौन सी गैस प्रयुक्त होती है? **-हाइड्रोजन**
- **कृत्रिम हीरा** के नाम से प्रसिद्ध है- **-सिलिकॉन कार्बाइड**
- **घरेलू प्रशीतक** में प्रयोग किये जाने वाले प्रशीतक का क्या नाम है? **-अमोनिया**
- डाक्टर द्वारा **निश्चेतक** (Anesthetics) के रूप में प्रयुक्त की जाने वाली **हास्य गैस** कौन सी है?**-नाइट्रस ऑक्साइड** (N_2O)
- **फ्लावर्स ऑफ सल्फर** एवं **मिल्क सल्फर** के नाम से प्रसिद्ध सल्फर का अपररूप कौन सा है? **-अल्फा सल्फर**
- किस हैलोजन का उपयोग **कीटनाशक** एवं **दर्द निवारक** औषधियों के रूप में किया जाता है? **-आयोडीन**
- कौन सी **उत्कृष्ट गैस वायुमण्डल में नहीं** पायी जाती है? **-रेडॉन**

> **हीलियम, आर्गन** एवं **निऑन** वे उत्कृष्ट गैस हैं, जो किसी भी अवस्था में **यौगिक का निर्माण** नहीं करती हैं।

- **मौसम सम्बंधी अध्ययन** किए जाने वाले **गुब्बारों** में कौन सी गैस भरी होती है? **-हीलियम**
- हाइड्रोजन के समस्थानिक में कौन सा **रेडियोसक्रिय समस्थानिक** है? **-ट्राइटियम**
- **वनस्पति तेल** से **वनस्पति घी** बनाने में प्रयुक्त होने वाली गैस का नाम क्या है? **-हाइड्रोजन**
- **माचिसों** में किस रसायन का प्रयोग किया जाता है? **-लाल फास्फोरस**

> **कृत्रिम गर्भाधान** हेतु **पशुओं** के **वीर्य** (Semen) को सुरक्षित रखने के लिए उसे **द्रवित नाइट्रोजन** (Liquid Nitrogen) में रखा जाता है।

मिश्रधातुएँ एवं उपधातुएँ (Alloys and Metalloids)

- मिश्रधातु में किस पदार्थ के सम्मिश्रण से स्टेनलेस स्टील अचुम्बकीय हो जाता है? -निकेल

मिश्रधातु, यौगिक (Compound) तथा विलयन (Solution) दोनों रूपों में हो सकती है।

- वायुयान का ढाँचा बनाने में किस मिश्र धातु का प्रयोग किया जाता है? -ड्यूरैलुमिन (Duralumine)
- गैसोहोल किन पदार्थों का मिश्रण है? -एथिल एल्कोहल + पेट्रोल
- टाँका (Solder) किसका मिश्रण होता है? -सीसा व टिन
- गैल्वनीकृत (Galvanized) लोहे पर किस पदार्थ का लेप किया जाता है? -जस्ते का
- पीतल किन धातुओं के मिश्रण से बनी होती है? -ताँबा एवं जस्ता
- ताँबा (Cu) और टिन (Sn) के मिश्रण से कौन सी धातु बनती है? -काँसा (Bronze)
- स्टील को कठोरता प्रदान करने के लिए उसमें क्या मिलाया जाता है? -कार्बन की मात्रा

मिश्र धातुएँ अधिक शक्तिशाली, संक्षारण प्रतिरोधी (Corrosion Resistant) तथा धातुओं की तुलना में अधिक लागत प्रभावी (Cost Effective) होती हैं।

- जंग रहित लोहा बनाने में कौन सी धातु प्रयुक्त होती है? -क्रोमियम
- रासायनिक दृष्टि से सिंदूर किसका मिश्रण है? -मरक्यूरिक सल्फाइड (Hgs)
- हवाई जहाज तथा रेल के डिब्बे में पुर्जों के रूप में किस धातु से निर्मित मिश्रधातु का प्रयोग किया जाता है? -एल्युमीनियम
- सिलिकॉन (Si) एवं ऑक्सीजन (O) का संयुक्त रूप क्या कहलाता है? -सिलिकॉन डाइऑक्साइड (SiO_2)
- जल और चॉक के मिश्रण को किस विधि के द्वारा पृथक किया जा सकता है? -अवसादन (Sedimentation) द्वारा
- फाइबर ग्लास को विद्युतरोधी बनाने के लिए कौन सी उपधातु प्रयुक्त होती है? -बोरॉन
- कौन सी उपधातु शुद्ध रूप में एल्युमिनियम के समान दिखाई देती है? -सिलिकॉन
- LEDs में प्रयोग जाने वाला गैलियम आर्सेनाइड किस उपधातु का यौगिक है? -आर्सेनिक
- कौन सी उपधातु पेयजल में मिश्रित होकर मानव स्वास्थ्य के लिए घातक होती है? -आर्सेनिक
- पुनर्लेखन योग्य (Rewritable) सी.डी. एवं डी.वी.डी. के निर्माण में प्रयुक्त उपधातु कौन सी है? -टेल्यूरियम

धब्बारहित स्टील (Stainless Steel) बनाने के लिए लोहे के साथ क्रोमियम (10%), मैंग्नीज (0.35%) एवं कार्बन (0.25%) आदि धातुओं का प्रयोग किया जाता है।

- कैमरा एवं सूक्ष्मदर्शी के लेंस में किस उपधातु का प्रयोग किया जाता है? -जर्मेनियम
- -ट्रांजिस्टर एवं कम्प्यूटर चिप के निर्माण में किस उपधातु प्रयोग किया जाता है? -सिलिकॉन (Si)
- मैग्नेलियम (Magnalium) किन धातुओं की मिश्रधातु है? -एल्युमीनियम, मैग्नीशियम एवं आयरन की
- स्टील, पीतल, काँसा तथा ताँबा में से कौन सी मिश्रधातु नहीं है? -ताँबा
- अमलगम क्या होता है?-पारे के साथ किसी अन्य धातु का मिश्रण
- सर्वाधिक मात्रा में सिलिका का प्रयोग किस प्रकार के काँच के निर्माण में होता है? -क्वार्ट्ज काँच
- जर्मन सिल्वर (German Silver) में कौन सी धातुएँ होती हैं? -ताँबा, जस्ता एवं निकिल
- पेयजल में आर्सेनिक की कितनी मात्रा सुरक्षित मानी जाती है? -10 भाग प्रति बिलियन
- पीतल, काँसा तथा जर्मन सिल्वर इन सभी में उभय घटक (Common Component) के रूप में कौन सी धातु उपस्थित होती है? -ताँबा (Copper)

उपधातुएँ (Metalloids) - 7		
• बोरॉन (B)	• सिलिकॉन (Si)	• जर्मेनियम (Ge)
• आर्सेनिक (As)	• एन्टीमनी (Sb)	• टेल्यूरियम (Te)
• पोलोनियम (Po)		

लोहा उच्च धात्विक बंधन (High Metallic Bond) के कारण अमलगम (Amalgam) का निर्माण नहीं करता है।

कुछ सामान्य मिश्रधातुएँ (Some Common Alloys)		
मिश्रधातु (Alloy)	**संघटन (Composition)**	**उपयोग (Uses)**
• **कांस्य** (Bronze) (मानव द्वारा निर्मित प्रथम मिश्र धातु)	ताँबा (88%) + टिन (12%)	मूर्तियाँ, सिक्के, बर्तन के निर्माण में।
• **पीतल** (Brass)	ताँबा (70%) + जिंक (30%)	बैन्ड बाजा, घण्टियाँ, बर्तन, मूर्तियों के निर्माण में।
• **गन मेटल** (Gun Metal)	ताँबा (88%) + टिन (8-10%) + जिंक (2-4%)	मूर्तियाँ, दाँतेदार गियर, बटन आदि के निर्माण में।
• **टाँका** (Solder)	टिन (50-60%) + लेड (40-50%)	धातुओं को जोड़ने में।
• **बेल मेटल** (Bell Metal)	ताँबा (80%) + टिन (20%)	घण्टे, बर्तन एवं मूर्तियों के निर्माण में।
• **रोल्ड-गोल्ड** (Rolled Gold)	ताँबा (90%) + एल्युमिनियम (10%)	सोने जैसे दिखने वाले आभूषणों के निर्माण में।
• **डच मेटल** (Dutch Metal)	ताँबा (80-85%) + जस्ता (15-20%)	धातु की पतली चादर अथवा सोने जैसी पतली परत के निर्माण में।
• **धब्बा रहित इस्पात** (Stain less Steel)	क्रोमियम (15-20%) + निकेल (8-10%) + साधारण इस्पात	घरेलू बर्तन, शल्यक्रिया के उपकरण, ब्लेड आदि के निर्माण में।
• **क्रोम स्टील** (Chrome Steel)	क्रोमियम (2-3%) + आयरन (95%) + कार्बन (0.5%) + मैंगनीज (0.5-1%)	घरेलू बर्तन, शल्यक्रिया के उपकरण, ब्लेड आदि के निर्माण में।
• **मैग्नेलियम** (Magnalium)	एल्युमिनियम (95-96%) + मैग्नीशियम (2%) + आयरन (2.3%)	धातु के दर्पण, वैज्ञानिक यंत्रों के निर्माण में।
• **ड्यूरालुमिन** (Duralumin)	एल्युमिनियम (95%) + मैंगनीज (0.5%) + मैग्नीशियम (0.5%) + कॉपर (4%)	प्रेशर कुकर, वायुयान का ढाँचा बनाने में।
• **जर्मन सिल्वर** (German Silver)	कॉपर (50%) + जिंक (35%) + निकेल (15%)	**हीटिंग क्वायल्स** (Heating Coils) में, बर्तन, नल आदि के निर्माण में।
• **क्रोम-वैनेडियम स्टील** (Chrome-Vanadium Steel)	आयरन (97-98%) + क्रोमियम (0.8-1.1%) मैंगनीज (0.7-0.9%) + कार्बन (0.5%)	स्प्रिंग्स, पहियों की **धुरी** (Axles) के निर्माण में।
• **टंगस्टन स्टील** (Tungsten Steel)	टंगस्टन + आयरन + कार्बन	रॉकेट इंजन के नोजल तथा तीव्र गति से काटने वाले उपकरण बनाने में।
• **एल्युमिनियम ब्रॉन्ज** (Aluminium Bronze)	कॉपर (90%) + एल्युमिनियम (10%)	सिक्के, बर्तन, आभूषण एवं पेन्ट निर्माण में।
• **नाइक्रोम** (Nichrome)	निकेल (55-60%) + क्रोमियम (20%) + आयरन (20-25%)	इलेक्ट्रिक हीटर एवं इलेक्ट्रिक आयरन का तार (Heating Coils) बनाने में।

- **एंटीमनी** (Antimony) का उपयोग किसके निर्माण में किया जाता है? –**अग्निरोधक** (Fire Retardant) **के निर्माण में**
- **बेल मेटल** (Bell Metal) किसका मिश्रण है? – **ताँबा तथा टिन का**
- स्टील में **कार्बन की मात्रा** कितनी होती है? –0.1 से 2%
- भू-पर्पटी के कुल भार में **बोरॉन** की कितनी **मात्रा** उपस्थिति होती है? –0.001%

हाइड्रोजन सल्फाइड (Hydrogen Sulfide) उपस्थिति के कारण **पीतल का रंग वायु में फीका** पड़ जाता है।

कार्बनिक रसायन (Organic Chemicals)

- पॉलीथीन का निर्माण किस रसायन बहुलकीकरण के द्वारा किया जाता है? -एथिलीन
- डीजल इंजन में प्रयुक्त होने वाला ईंधन कौन सा है? -डीजल की वाष्प और वायु
- बुलेटप्रूफ पदार्थ के निर्माण में किस बहुलक का प्रयोग किया जाता है? -पालिऐमाइड (Polyamide)

कच्चे फलों को पकाने के लिए एसीटिलीन (Acetylene) गैस का प्रयोग किया जाता है।

- स्वचलित वाहनों में प्रदूषण नियन्त्रण हेतु प्रयुक्त सीएनजी गैस में कौन सा तत्व पाया जाता है? -मेथेन (CH_4)
- मेथेन के अपघटन से प्राप्त स्याही किस कार्य के लिए प्रयुक्त की जाती है? -छपाई में
- वनस्पति तेलों के हाइड्रोजनीकरण में किस उत्प्रेरक का प्रयोग किया जाता है? -निकिल का
- वेल्डिंग (Welding) में किस गैस का प्रयोग किया जाता है? -ऑक्सीजन तथा एसीटिलीन
- बर्तन की सतह पर न चिपकने वाले बहुलक को क्या कहते हैं? -टेफ्लॉन
- वाहनों के इंजन में उत्पन्न धात्विक ध्वनि क्या कहलाती है? -अपस्फोटन

वाहनों में अपस्फोटन को कम करने के लिए ईंधन टेट्रा एथाइल लेड तथा बेंजीन, टालूइन, जाइलीन (BTX) का मिश्रण मिलाया जाता है।

- ऑटोमोबाइल इंजनों में प्रतिहिम के रूप में किसका प्रयोग किया जाता है? -एथिलीन ग्लाइकॉल
- भारी वाहनों में ईंधन के रूप में डीजल का प्रयोग क्यों किया जाता है? -उच्च क्षमता और आर्थिक बचत के लिए
- भोपाल गैस त्रासदी किस गैस के रिसाव कारण हुई था? -मिथाइल आइसो सायनेट (MIC)
- किस रासायनिक यौगिक को मिरबेन का तेल (Oil of Mirbane) कहा जाता है? -नाइट्रोबेंजीन

नाइट्रो ग्लिसरीन (Nitroglycerin) के संघटक के रूप में कॉर्डाइट और ब्लास्टिंग जिलेटिन पदार्थ पाया जाता है।

- द्वितीय विश्व युद्ध के समय मलेरिया एवं टॉयफाइड रोगों के उपचार के लिए किस टीके का प्रयोग किया गया था? -DDT (डाइक्लोरो डाइफिनाइल ट्राइक्लोरोएथेन) का
- कच्ची चीनी को रंग विहीन करने हेतु किस चारकोल का प्रयोग किया जाता है? -एनीमल चारकोल
- शहद में कौन सा प्रमुख घटक पाया जाता है? -फ्रक्टोज (Fructose)
- फल पकाने के लिए किस रसायन का प्रयोग किया जाता है? -कैल्शियम कार्बाइड
- शक्कर के किण्वन (Fermentation) से कौन सा पदार्थ बनता है? -इथाइल एल्कोहल
- युद्धस्थल पर प्रयोग की जाने वाली विषैली गैस ल्यूसाइट (Lucite) किससे बनायी जाती है? -ऐसीटिलीन से
- धान के खेतों से किस गैस का उत्पादन होता है? -मेथेन गैस
- किस एल्कोहल को वुड-स्प्रीट (Wood Spirit) के नाम से जाना जाता है? -मिथाइल एल्कोहल

जल में कार्बन-डाइऑक्साइड प्रवाहित करने पर बना सोडा वॉटर अम्लीय प्रकृति का होता है।

- संशोधित स्पिरिट (Rectified Spirit) में कौन सा रसायन होता है? -इथाइल एल्कोहल (95%)
- बेकेलाइट किन पदार्थों के संघनन से बनता है? -फीनॉल व फार्मेल्डिहाइड
- किस विलायक का प्रयोग नेल पेन्ट हटाने (Nail Paint Remover) वाले द्रव के रूप में किया जाता है? -एसीटोन
- किसका प्रयोग निश्चेतक (Anesthetics) के रूप में किया जाता है? -क्लोरोफॉर्म ($CHCl_3$)
- किस विस्फोटक को नोबेल तेल (Nobel Oil) भी कहा जाता है? -टी.एन.जी. (ट्राई नाइट्रो ग्लिसरीन)

घरेलू एल.पी.जी. सिलिंडरों में दाब मापक नहीं प्रदान किए जाते हैं, क्योंकि ये एलपीजी सिलेंडरों में गैस की मात्रा को प्रदर्शित नहीं कर सकते हैं।

- सभी जैव यौगिकों में अनिवार्य तत्व कौन सा है? -कार्बन
- फार्मेल्डिहाइड का 40 प्रतिशत जलीय विलयन क्या कहलाता है? -फॉर्मेलीन

आइसोप्रिन (Isoprene) प्राकृतिक रबर का बहुलक है तथा नायलॉन कृत्रिम बहुलक (Synthetic Polymer) का उदाहरण है।

- प्रकृति में सबसे अधिक मात्रा में पाये जाने वाला **कार्बनिक यौगिक** कौन सा है? **-सेल्यूलोज**
- **लौंग** में कौन सा तेल पाया जाता है? **-यूजीनाल** (Eugenol)
- **मच्छर भगाने वाली** दवाओं में कौन सा **रसायन** उपस्थित होता है? **-एलिथ्रिन**
- **मार्श गैस** किसे कहते हैं? **-मेथेन को**
- **दुर्गंधयुक्त मक्खन** व **दूध** में कौन सा अम्ल पाया जाता है? **-क्रमशः ब्यूटाइरिक अम्ल व लैक्टिक अम्ल**
- **धूम्र कुहरा** (Smog) में उपस्थित वह रसायन कौन सा है जो आँखों में जलन उत्पन्न करता है?**-परॉक्सी ऐसीटिल नाइट्रेट**

किण्वन एक जैव रासायनिक प्रक्रिया है, जिसे सर्वप्रथम **फ्रांसीसी** रसायन विज्ञानी **लुई पॉश्चर** ने प्रयोगों के माध्यम से समझाया।

- मनुष्य के लिए **सर्वाधिक अनिवार्य वसीय** अम्ल कौन सा है? **-लाइनोलीक अम्ल** (Linoleic Acid)
- **न सूखने वाले तेलों** में किस वसीय अम्ल की मात्रा अधिक होती है? **-ओलीक अम्ल** (Oleic Acid)
- **डायनामाइट** का मुख्य संघटक रसायन कौन सा है? **-नाइट्रो ग्लिसरीन** (Nitroglycerin)
- **रोडेन्टीसाइड रसायन** का प्रयोग किसलिए किया जाता है **-चूहों के नियंत्रण के लिए**
- **कृत्रिम रेशों** में कौन सा **अंसतृप्त हाइड्रोकार्बन** प्रयोग किया जाता है? **-एथिलीन**
- **खदानों** में अधिकांशतः **विस्फोट** का कारण है **-वायु के साथ मेथेन के मिश्रण से**
- **वैज्ञानिक वोह्लर** द्वारा सर्वप्रथम किस कार्बनिक पदार्थ को कृत्रिम रूप से प्रयोगशाला में संश्लेषित किया गया था? **-यूरिया** (NH_2CONH_2)
- **कार्बनिक क्लोराइड** ($COCl_2$) के नाम से किसे जाना जाता है? **-फॉस्जीन गैस** (Phosgene Gas)
- **प्रशीतक फ्रेऑन** का रासायनिक नाम क्या है? **-डाईक्लोरो मीथेन**
- **कार्बोक्सिलिक अम्ल** (COOH) तथा **ऐल्कोहॉल** (OH) की साथ में अभिक्रिया क्या कहलाती है? **-एस्टरीकरण** (Esterification)
- **हेक्साक्लोरो बेंजीन** को किस प्रचलित नाम से जाना जाता है? **-गामेक्सेन**

यौगिक	प्रयोग
ग्लूकोज ($C_6H_{12}O_6$)	शराब निर्माण एवं फलों के रस परिरक्षण में
यूरिया (NH_2CONH_2)	नाइट्रोजनी उर्वरक के रूप में।
क्लोरोफॉर्म ($CHCl_3$)	शल्य क्रिया में निश्चेतक के रूप में, वसा, तेल तथा विलायक के रूप में।
क्लोरोफ्लोरोकार्बन्स (CFC_s)	ए.सी. एवं रेफ्रिजरेटर में प्रशीतक के रूप में, ऐरोसॉल प्रणोदक के रूप में।
नाइट्रोबेंजीन ($C_6H_5NO_2$)	विभिन्न प्रकार के पॉलिश एवं रंगों एवं साबुन के निर्माण में।
डाइक्लोरो मेथेन (CH_2Cl_2)	चाय एवं कॉफी से कैफीन हटाने में, एरोसॉल स्प्रे, प्रणोदक के रूप में।
अश्रु गैस (Tear Gas)	इसका मुख्य उपयोग पुलिस द्वारा अनियंत्रित भीड़ को हटाने के लिए किया जाता है।
मस्टर्ड गैस ($C_4H_8Cl_2S$) **सल्फर मस्टर्ड**	प्रथम विश्वयुद्ध में जर्मनी की सेना द्वारा ब्रिटेन एवं कनाडा की सेना के विरुद्ध हथियार के रूप में प्रयोग किया गया था।
D.D.T.	कृषि में कीटनाशकों के रूप में प्रयोग
एस्पिरिन (Aspirin)	इसका उपयोग **ज्वर**, **दर्द**, **जलन** आदि के उपचार में किया जाता है।
यूरोट्रॉपिन [$C_6H_{12}N_4$ or $(CH_2)_6N_4$)	मुख्य उपयोगः **फीनॉलिक रॉल** के निर्माण में।
नेफ्थेलीन ($C_{10}H_8$)	कीटाणुनाशी के रूप में, कपड़ों से कीड़ों को दूर रखने वाली गोलियों के निर्माण में
एथिलीन ग्लाइकॉल	कारों में प्रतिहिमकारक के रूप में
आयडोफार्म	जीवाणुनाशी के रूप में
पैराल्डिहाइड	निद्राकारी दवा के रूप में
ऐस्बेस्टॉस	अग्निशामक वस्त्र बनाने में

- **एल्फ्रेड नोबेल** को **नोबेल पुरस्कार** वितरण हेतु एक निधि स्थापित करने के लिए धनराशि किस **अविष्कार** से मिली थी? **-डायनामाइट**
- **विस्फोटक** RDX का अन्य नाम क्या है? **-साइक्लोनाइट** (Cyclonite), **हेक्सोजन** (Hexogen) एवं **टी-4** (T4)
- **टेरीलीन** क्या है? **-कृत्रिम रेशा** (Synthetic Fibre)
- **नेत्रों** का परीक्षण **एल्केलॉइड** के किस **तनुकृत घोल** से पुतलियों को फैलाकर किया जाता है? **-इओसिन**

किण्वन का प्रयोग **एल्कोहल**, **ब्रेड**, **बिस्कुट**, **केक**, **पेस्ट्री**, **दही**, **सिरका** आदि के निर्माण में किया जाता है।

रासायनिक अभिक्रिया एवं गैसीय नियम (Chemical Reaction and Gaseous Law)

- जल का भाप में बदलना किस प्रकार का परिवर्तन है?
  -भौतिक परिवर्तन
- ठोस से सीधे वाष्प बनने की प्रक्रिया को क्या कहते हैं?
  -ऊर्ध्वपातन (Sublimation)

अधिक ऊँचाई वाले स्थानों पर पानी 100 सेल्सियस के नीचे के तापमान पर उबलता है, क्योंकि वायुमण्डलीय दबाव कम हो जाता है। इस कारण जल का क्वथनांक बिन्दु (Boiling Point) घट जाता है।

- अशुद्धियों के कारण द्रव के क्वथनांक पर क्या प्रभाव पड़ता है?
  -द्रव का क्वथनांक बढ़ जाता है
- कोहरे में कौन सा कोलाइडी तन्त्र (Colloid System) प्रयुक्त होता है?
  -गैस में द्रव
- शक्कर के घोल का तापमान बढ़ाने से शक्कर की विलेयता (Sugar Solubility) पर क्या प्रभाव पड़ेगा?
  -विलेयता बढ़ जायेगी
- नमक मिश्रित कपूर को किस प्रकार शुद्ध किया जा सकता है?
  -उर्ध्वपातन द्वारा
- जल-अपघटन में ऊर्जा किस रूप में उत्पन्न होती है?
  -ऊष्मा के रूप में
- पानी में चीनी का घुलना किसका उदाहरण है?
  -भौतिक परिवर्तन

किसी मिश्रण से ठोस विलेय को पृथक् करने की विधि क्रिस्टलीकरण (Crystallization) कहलाती है।

- पायस (Emulsion) किस प्रकार का कोलॉयड होता है?
  -द्रव में द्रव का
- आयोडीन और पोटैशियम क्लोराइड के मिश्रण को किस प्रकार पृथक् किया जा सकता है?
  -ऊर्ध्वपातन द्वारा
- बॉयल का नियम किस स्थिति में लागू होता है?
  -नियत ताप (Constant Temperature) पर
- समान ताप व दाब पर गैसों के समान आयतन में अणुओं की संख्या समान होती है, यह नियम किस वैज्ञानिक ने प्रतिपादित किया था?
  -एवोगैड्रो
- आदर्श गैसों की ऊर्जा उनकी किस स्थिति पर आधारित होती है?
  -तापमान पर
- गैसें आदर्श व्यवहार से विचलन क्यों प्रदर्शित करती है?
  -उनके अणुओं के मध्य आकर्षण बल लगने के कारण
- दहन किस प्रकार की अभिक्रिया है?-ऑक्सीकरण अभिक्रिया
- स्थिर ताप पर गैस प्रसारित करने पर गैस पर क्या प्रभाव पड़ता है?
  -उसका दाब घटता है
- परम ताप किस नियम का परिणाम है?-चार्ल्स के नियम का
- गैसीय समीकरण $PV = nRT$ में R क्या प्रदर्शित करता है?
  -एक मोल गैस को
- आदर्श गैस (Ideal Gas) की ऊर्जा निर्भर करती है
  -गैस के मोलों की संख्या पर

पाश्चुराइजेशन (Pasteurization) प्रक्रिया में दूध को पहले अधिक देर तक उच्च तापमान पर (लगभग 150° F) गर्म किया जाता है और एक निश्चित समय में अचानक ठण्डा कर लिया जाता है।

- रोटी तथा गर्म गैस के गुब्बारों का फूलना किस गैसीय नियम को व्यवहार रूप में दर्शाते हैं?
  -चार्ल्स के नियम को
- तापमान को कितना कम कर देने से सभी गैसें शून्य आयतन घेरेंगी?
  -परम शून्य ताप (−273°C पर)
- स्थिर ताप पर किसी गैस का दाब तीन गुना कर देने पर उसका आयतन हो जाएगा?
  -तिहाई
- एक गैस का वाष्प घनत्व 14 है, उसका अणु भार कितना होगा?
  -28
- बादल (Sky) किसका कोलॉइडी परिक्षेपण है?
  -वायु के परिक्षेपण माध्यम में जल बिंदु का।
- पानी में उपस्थित कोलॉइडी कण, किस प्रक्रिया द्वारा हटाये जा सकते हैं?
  -स्कंदन के द्वारा
- सामान्य ताप और दाब (N.T.P.) से क्या आशय है?
  -0°C या 273K ताप को सामान्य ताप और 760 मि.मी. दाब को सामान्य दाब कहा जाता है
- किसी गैस की विसरण गति (Diffusion Speed) तथा उसके अणुभार में क्या सम्बंध होता है?
  -गैस की विसरण गति उसके अणुभार के वर्गमूल के व्युत्क्रमानुपाती होती है।

क्रोमेटोग्राफी (Chromatography) तकनीक का प्रयोग एक मिश्रण से पदार्थों को पृथक् करने के लिए किया जाता है।

तत्वों का आवर्ती वर्गीकरण (Periodic Classification of Elements)

- उत्कृष्ट गैसों को आवर्त सारणी के किस वर्ग में रखा गया है?
  -वर्ग 18
- हैलोजन परिवार की इलेक्ट्रॉन बन्धुता घटने का क्रम क्या है?
  -F > Cl > Br > I
- पृथ्वी पर सबसे कम पायी जाने वाली धातु कौन सी है?
  -ऐस्टेटीन
- आवर्त सारणी के किस वर्ग में सर्वाधिक गैसीय तत्व है?
  -शून्य वर्ग (सभी गैसें अक्रिय गैसें व एक परमाण्विक तत्व)

> जब किसी परमाणु के **बाह्यतम कोश** में एक इलेक्ट्रॉन जोड़ा जाता है, तो मुक्त ऊर्जा **इलेक्ट्रॉन बंधुता** कहलाती है।

- सर्वाधिक घनत्व वाला तत्व कौन सा है? **-ऑस्मियम**
- आवर्त सारणी में हाइड्रोजन का कोई निश्चित स्थान न होने का क्या कारण है?
  -हाइड्रोजन का क्षार धातुओं व हैलोजनों दोनों से समानता रखना।
- तत्वों का कौन-सा समूह **रेडियो सक्रिय समूह** कहलाता है?
  -एक्टिनाइड समूह (Actinides Group)
- **अधिकतम कृत्रिम तत्व** किस समूह में रखे गये हैं?
  -ऐक्टिनॉइड समूह

आवर्त सारणी में तत्वों के गुण		
गुण	वर्ग में ऊपर से नीचे आने पर	आवर्त में बायें से दायें जाने पर
परमाणु का आकार	बढ़ता है	घटता है
विद्युत धनात्मकता	बढ़ती है	घटती है
आयनन ऊर्जा	घटती है	बढ़ती है
विद्युत ऋणात्मकता	घटती है	बढ़ती है
इलेक्ट्रॉन बन्धुता	घटती है	बढ़ती है

- किस ब्लॉक में **धातु, अधातु** व **उपधातु** सभी प्रकार के तत्व पाये जाते हैं?
  -P ब्लाक में
- **आंतरिक संक्रमण तत्व** क्या हैं?
  -लैन्थेनाइट व ऐक्टिनाइड श्रेणी के तत्व
- आधुनिक **आवर्त सारणी** में तत्वों को किस प्रकार व्यवस्थित किया गया है? **-बढ़ते हुए परमाणु क्रमांक में**
- **आवर्त सारणी** के ऊर्ध्वाधर स्तम्भों को कहते हैं **-वर्ग**

तत्वों से सम्बंधित प्रमुख तथ्य	
कुल ज्ञात तत्व	118
प्रकृति में प्राप्त तत्व	94
कृत्रिम विधि से निर्मित तत्व	24
धातु तत्वों की संख्या	91
अधातु तत्वों की संख्या	20
उपधातु तत्वों की संख्या	7
भूपर्पटी में सबसे अधिक मात्रा में पाया जाने वाला तत्व	**ऑक्सीजन**
भूपर्पटी में सबसे अधिक मात्रा में पाया जाने वाला धातु तत्व	**एल्युमिनियम**
सबसे हल्का तत्व	**हाइड्रोजन**
सबसे भारी तत्व	**ऑस्मियम**
सबसे हल्की धातु तत्व	**लीथियम**
द्रव धातु तत्व	**पारा**
द्रव अधातु तत्व	**ब्रोमीन**
विद्युत की सबसे अच्छी सुचालक धातु तत्व	**चाँदी**
विद्युत की सुचालक अधातु तत्व	**ग्रेफाइट**
सबसे अधिक आघातवर्द्धनीय तत्व	**सोना**
सबसे अधिक क्रियाशील अधातु तत्व	**फ्लोरीन**
सबसे अधिक क्रियाशील धातु तत्व	**सीजियम**
सर्वाधिक आयनन विभव वाला तत्व	**हीलियम**
न्यूनतम आयनन विभव वाला तत्व	**सीजियम**
सर्वाधिक इलेक्ट्रॉनिक प्राप्ति वाला तत्व	**क्लोरीन**
सर्वाधिक विद्युत ऋणात्मक तत्व	**फ्लोरीन**
सबसे प्रबल ऑक्सीकारक पदार्थ	**फ्लोरीन**
मानव शरीर में सर्वाधिक मात्रा में पाया जाने वाला तत्व	**ऑक्सीजन**
मिट्टी के तेल में रखा जाने वाला तत्व	**सोडियम**
हड्डियों एवं दाँतों का निर्माण करने वाला तत्व	**कैल्शियम**

- **मेण्डलीफ** के अनुसार तत्वों के गुण **आवर्ती फलन** होते हैं
  -परमाणु भार के
- तत्वों के **वर्गीकरण** से सम्बंधित **त्रिक्** के नियम का प्रतिपादन किसने किया था?
  -डोबेराइनर

> किसी **उदासीन परमाणु** से एक इलेक्ट्रॉन निकालने के लिए आवश्यक ऊर्जा की मात्रा को **आयनन विभव** कहते हैं।

आधुनिक आवर्त सारणी

क्षारीय धातु (Alkali Metals)

क्षारीय मृदा धातुएँ (Alkali Earth Metals)

अक्रिय गैस (Inert Gas)

परमाणु क्रमांक → 1 ; 1.008 → परमाणु द्रव्यमान
तत्व का प्रतीक → H
तत्व का नाम → HYDROGEN

	1 2IA 1A	2 IIA 2A	3 IIIB 3B	4 IVB 4B	5 VB 5B	6 VIB 6B	7 VIIB 7B	VIIIB 8	VIIIB 9	VIIIB 10	11 IB 1B	12 IIB 2B	13 IIIA 3A	14 IVA 4A	15 VA 5A	16 VIA 6A	17 VIIA 7A	18 VIIIA 8A
1	1 1.008 H HYDROGEN																	2 4.0026 He HELIUM
2	3 6.94 Li LITHIUM	4 9.0122 Be BERYLLIUM											5 10.81 B BORON	6 12.011 C CARBON	7 14.007 N NITROGEN	8 15.999 O OXYGEN	9 18.998 F FLUORINE	10 20.180 Ne NEON
3	11 22.990 Na SODIUM	12 24.305 Mg MAGNESIUM											13 26.982 Al ALUMINIUM	14 28.085 Si SILICON	15 30.974 P PHOSPHORUS	16 32.06 S SULPHUR	17 35.45 Cl CHLORINE	18 39.948 Ar ARGON
4	19 39.098 K POTASSIUM	20 40.078 Ca CALCIUM	21 44.956 Sc SCANDIUM	22 47.867 Ti TITANIUM	23 50.942 V VANADIUM	24 51.996 Cr CHROMIUM	25 54.938 Mn MANGANESE	26 55.845 Fe IRON	27 58.933 Co COBALT	28 58.693 Ni NICKEL	29 63.546 Cu COPPER	30 65.38 Zn ZINC	31 69.723 Ga GALLIUM	32 72.64 Ge GERMANIUM	33 74.922 As ARSENIC	34 78.971 Se SELENIUM	35 79.904 Br BROMINE	36 83.798 Kr KRYPTON
5	37 85.468 Rb RUBIDIUM	38 87.62 Sr STRONTIUM	39 88.906 Y YTTRIUM	40 91.224 Zr ZIRCONIUM	41 92.906 Nb NIOBIUM	42 95.95 Mo MOLYBDENUM	43 (98) Tc TECHNETIUM	44 101.07 Ru RUTHENIUM	45 102.91 Rh RHODIUM	46 106.42 Pd PALLADIUM	47 107.87 Ag SILVER	48 112.41 Cd CADMIUM	49 114.82 In INDIUM	50 118.71 Sn TIN	51 121.76 Sb ANTIMONY	52 127.60 Te TELLURIUM	53 126.90 I IODINE	54 131.29 Xe XENON
6	55 132.91 Cs CAESIUM	56 137.33 Ba BARIUM	57 138.91 La LANTHANUM	72 178.49 Hf HAFNIUM	73 180.95 Ta TANTALUM	74 183.84 W TUNGSTEN	75 186.21 Re RHENIUM	76 190.23 Os OSMIUM	77 192.22 Ir IRIDIUM	78 195.08 Pt PLATINUM	79 196.97 Au GOLD	80 200.59 Hg MERCURY	81 204.38 Tl THALLIUM	82 207.2 Pb LEAD	83 208.98 Bi BISMUTH	84 (209) Po POLONIUM	85 (210) At ASTATINE	86 (222) Rn RADON
7	87 (223) Fr FRANCIUM	88 (226) Ra RADIUM	89 (227) Ac ACTINIUM	104 (267) Rf RUTHERFORDIUM	105 (268) Db DUBNIUM	106 (271) Sg SEABORGIUM	107 (272) Bh BOHRIUM	108 (277) Hs HASSIUM	109 (276) Mt MEITNERIUM	110 (281) Ds DARMSTADTIUM	111 (280) Rg ROENTGENIUM	112 (285) Cn COPERNICIUM	113 (285) Nh NIHONIUM	114 (287) Fl FLEROVIUM	115 (289) Mc MOSCOVIUM	116 (291) Lv LIVERMORIUM	117 (294) Ts TENNESSINE	118 (294) Og OGANESSON

LANTHANOIDS

58 140.12 Ce CERIUM	59 140.91 Pr PRASEODYMIUM	60 144.24 Nd NEODYMIUM	61 (145) Pm PROMETHIUM	62 150.36 Sm SAMARIUM	63 151.96 Eu EUROPIUM	64 157.25 Gd GADOLINIUM	65 158.93 Tb TERBIUM	66 162.50 Dy DYSPROSIUM	67 164.93 Ho HOLMIUM	68 167.26 Er ERBIUM	69 168.93 Tm THULIUM	70 173.05 Yb YTTERBIUM	71 174.97 Lu LUTETIUM

ACTINOIDES

90 232.04 Th THORIUM	91 231.04 Pa PROTACTINIUM	92 238.03 U URANIUM	93 (237) Np NEPTUNIUM	94 (244) Pu PLUTONIUM	95 (243) Am AMERICIUM	96 (247) Cm CURIUM	97 (247) Bk BERKELIUM	98 (251) Cf CALIFORNIUM	99 (252) Es EINSTEINIUM	100 (257) Fm FERMIUM	101 (258) Md MENDELEVIUM	102 (259) No NOBELIUM	103 (262) Lr LAWRENCIUM

धातु

उपधातु

अधातु

विविध (Miscellaneous)

- **रेडियोसक्रियता** (Radioactivity) की माप किसके द्वारा की जाती है? **–गेगर काउंटर** (Geiger Counter) **के द्वारा से**
- सबसे अधिक **दहनशील गैस** (Combustible Gas) कौन सी है? **–हाइड्रोजन**
- **द्रवित पेट्रोलियम गैस** (LPG) में मुख्यत: कौन सी गैसें उपस्थिति होती हैं? **–ब्यूटेन** और **प्रोपेन**
- किस वैज्ञानिक ने रबर **के वल्कनीकरण** (Vulcanization) की प्रक्रिया का अविष्कार किया था? **–चार्ल्स गुडईयर** (Charles Goodyear)
- **नाभिकीय ईंधन** (Nuclear fuel) किसे कहते है? **–थोरियम**
- **निर्जल क्रिस्टल** का रासायनिक सूत्र क्या है? **–$(NH_4)_2SO_4$**
- **N_2** और **H_2 द्वारा अमोनिया** बनाने की **हैबर विधि** में किस उत्प्रेरक का प्रयोग किया जाता है? **–लोहा** (Fe)
- **सामान्य गैस** (Common Gas) समीकरण क्या है? **–PV=nRT**
- **सोडा वाटर** बनाने के लिए किस गैस का प्रयोग किया जाता है? **कार्बन डाइऑक्साइड (CO_2)**
- **स्टार्च** किसका उदाहरण है? **–पॉलीमर**

प्रायोगिक क्षेत्र एवं अनुप्रयोग		प्रयुक्त रेडियो समस्थानिक
अनुसंधान		
• **कार्बन आयु गणना** (Carbon Dating) : जीवाश्मों (मृत जीव अथवा वनस्पति) की आयु ज्ञात करने में।		कार्बन–14 (C^{14})
• **यूरेनियम-लेड आयु गणना** (U-Pb Dating) : पृथ्वी एवं प्राचीन चट्टानों की आयु ज्ञात करने में।		यूरेनियम (U^{238}), लेड (Pb^{206})
• **रूबीडियम-स्ट्रॉन्शियम आयु गणना** (Rb-Sr Dating) : चट्टानों एवं खनिजों की आयु ज्ञात करने में।		रूबीडियम (Rb^{87}), स्ट्रॉन्शियम (Sr^{86})
• **पोटैशियम-आर्गन आयु गणना** (K-Ar Dating) : भूगर्भिक चट्टानों की आयु ज्ञात करने में।		पोटैशियम (K^{40}), आर्गन (Ar^{40})
चिकित्सा		
• **ट्रेसर के रूप में** (विभिन्न रोगों की जाँच में)	• ट्यूमर की जाँच में	• आर्सेनिक–74
	• थायरॉइड ग्रंथि की सक्रियता की जाँच में	• आयोडीन–131
	• अल्परक्तता, क्षय रोग (TB) की जाँच में	• फ्लोरीन–59
	• अंगों की संरचना के अध्ययन में	• टेक्टीनियम–99 m
	• रक्त प्रवाह का वेग मापने में	• सोडियम
• **विभिन्न रोगों के उपचार में**	• कैंसर के उपचार में, ट्यूमर को नष्ट करने में	• कोबाल्ट–60, सीजियम–137
	• अस्थि रोगों के उपचार में	• फॉस्फोरस–32
कृषि		
• **खाद्य संरक्षण में**	• अनाज, सब्जी, मछली आदि को लम्बे समय तक संरक्षित करने में	• गामा किरणें
• **पादप-उर्वरक परीक्षण में**	• पौधों में उर्वरकों के प्रभाव की जाँच करने में	• कार्बन–14
• **उर्वरक के रूप में**	• प्रकाश संश्लेषण की प्रक्रिया के अध्ययन में	• फॉस्फोरस–32
उद्योग		
• **पेट्रोलियम भंडारों की खोज में**	• तेल के कुओं की अवस्थिति ज्ञात करने में, धातु की चादरों की समान मोटाई की जाँच में	• अमेरिकियम–241
• **तेल के रिसाव की जाँच में**	• तेल के कुओं के अध्ययन एवं पाइप लाइनों में रिसाव का पता लगाने में	• सोडियम–24
• **नाभिकीय ईंधन के रूप में**	• नाभिकीय ऊर्जा संयत्र तथा जलयानों की प्रणोदक प्रणाली के ईंधन के रूप में	• यूरेनियम–235
• **मृदा के अध्ययन में**	• मृदा में नमी की मात्रा ज्ञात करने में, सड़क एवं भवनों के निर्माण में	• कैलीफोर्नियम–252

पेयजल को **रोगाणु मुक्त** करने के लिए इसमें **क्लोरीन** (Cl) मिलायी जाती है।

- **जंग लगने** पर लोहे के भार पर क्या प्रभाव पड़ता है? **-लोहे का भार बढ़ता है।**
- **मूत्रालयों** (Urinal) से आने वाली गंध का मुख्य कारण क्या है? **-मूत्र में अमोनिया की उपस्थिति**
- **कार्बन नैनो ट्यूब्स** (CNTs) का अविष्कार किसने किया था? **-आईजीमान**

एल्युमीनियम फॉस्फाइड का प्रयोग **कीटनाशक** (Pesticide) के रूप में किया जाता है।

- भारत में **जल विलवणीकरण संयंत्र** (Water Desalination Plant) कहाँ स्थित है? **-लक्षद्वीप**
- **धूम्र पर्दे** (Smoke Curtains) जिनका प्रयोग **युद्ध में छिपने** एवं **शत्रु को धोखा देने** के लिए किया जाता है, किस पदार्थ से बने होते हैं? **-टाइटेनियम ऑक्साइड**
- **यशद पुष्प** (Philosopher's Wool) किसे कहते हैं? **-जिंक ऑक्साइड**
- **रेशम** (Silk) किसका उदाहरण है? **-प्राकृतिक बहुलक** (Natural Polymer)

द्रवित ऑक्सीजन या **द्रवित हाइड्रोजन** को औद्योगिक स्तर पर प्राप्त करने में प्रयुक्त प्रौद्योगिकी का नाम **क्रायोजेनिक्स** है।

- पदार्थ (द्रव्य) की वह अवस्था, जिसकी **निश्चित आकृति** और **आयतन** होता है, क्या कहलाती है? **-ठोस**
- **पोटैशियम नाइट्रेट** (KNO_3) का प्रयोग मुख्यत: किस पदार्थ के निर्माण में होता है? **-उर्वरक के निर्माण में**
- **सूर्य** का निर्माण मुख्यत: किस तत्व से हुआ है? **-हाइड्रोजन**
- **साबुन बनाने** में किस पदार्थ का प्रयोग किया जाता है? **-वनस्पति तेल**
- **गोबर गैस** (Dung Gas) का मुख्य घटक क्या है? **-मीथेन** (CH_4)
- **सिलिकेट** जिसको **सिलिका ऑफ मैग्नेशियम** के रूप में भी जाना जाता है, प्रचुर मात्रा में **पृथ्वी के किस भाग** में पाया जाता है? **-भूपर्पटी** (Crust)
- पृथ्वी के **वायुमण्डल** में कौन सी गैस पर्याप्त मात्रा में पायी जाती है? **-नाइट्रोजन**
- **हरा कसीस** (Green Vitriol) का रासायनिक नाम क्या है? **-फेरस सल्फेट**

वह गुण जिसके कारण एक ही तत्व कई रूपों में पाया जाता है, **अपररूपता** (Allotropy) कहलाता है।

- **चार्ल्स का नियम** पदार्थ के किन गुणों के मध्य सम्बंधों को व्यक्त करता है? **-आयतन तथा तापमान के**
- **CNG** का पूर्ण रूप क्या है **-कम्प्रेस्ड नेचुरल गैस** (Compressed Natural Gas)
- **परमाणु रिएक्टर** (Nuclear Reactor) का निर्माण सर्वप्रथम किसने किया था? **-एनरिको फर्मी ने**
- **रेडियोसक्रियता** की **खोज** किसने की थी? **-हेनरी बैकुरेल** (वर्ष 1896) ने

कुछ महत्त्वपूर्ण बहुलक (Some Important Polymers)

बहुलक	उपयोग	बहुलक	उपयोग
• नॉयलॉन-6	रेशे, प्लास्टिक, टायर, रस्सी बनाने में।	• पॉली ईथाइल एक्राइलेट	फिल्म बनाने, घर के पाइप तथा कपड़े बनाने में।
• नॉयलॉन-66	ब्रश, संश्लेषित रेशे, पैराशूट, रस्सी तथा दरी बनाने में।	• टेरीलीन	रेशे, बेल्ट, तार तथा टेन्ट बनाने में।
		• ग्लिप्टल	प्लास्टिक तथा पेंट बनाने में।
• बैकेलाइट	गियर, सुरक्षा परत तथा विद्युत उपकरण बनाने में।	• पॉलीथीन	विद्युतरोधक, पैकिंग, घरों तथा प्रयोगशाला में
• मैलामाइन फार्मेल्डिहाइड	प्लास्टिक के रेसिन, बर्तन बनाने में।	• पॉलीस्टाइरीन	विद्युतरोधक, पैकिंग, पदार्थ, खिलौने तथा घेरलू वस्तुएँ
• पॉली एक्रिलोनाइट्राइल	संश्लेषित रेशे तथा संश्लेषित ऊन।		
• स्टाइरीन ब्यूटाडाईन रबर	ऑटोमोबाइल, टायर तथा चप्पल।	• पॉलीविनाइल क्लोराइड	रेनकोट, बैग, विनाइल, फर्श, चमड़े के कपड़े
• नाइट्राइल रबर	सीलें बनाने में, टैंक के स्तर बनाने में	• टेफ्लॉन	विद्युतरोधक, खाने के बर्तनों के लेपन में

बायोडीजल के निर्माण में जेट्रोफा, सरसों, जोजोबा, अलसी आदि का प्रयोग किया जाता है।

- किस ईंधन का ऊष्मीय मान सर्वाधिक होता है? -हाइड्रोजन

सड़कों पर प्रकाश के लिए सोडियम वाष्प लैम्प (Sodium Vapour Lamp) का प्रयोग इसलिए किया जाता है, क्योंकि इनका प्रकाश एकवर्णी (पीली रोशनी) होता है और पानी की बूंदों से गुजरने पर विभक्त नहीं होता है।

- फोटोग्राफी में किस रासायनिक यौगिक का प्रयोग किया जाता है? -सिल्वर ब्रोमाइड (AgBr)
- यूरिया में नाइट्रोजन लगभग कितना प्रतिशत होता है?-47%
- तम्बाकू (Tobacco) में कौन सा विषाक्त पदार्थ पाया जाता है? -निकोटीन
- पी.ई.एम. (PEM) किसका संक्षिप्त रूप है?

  -प्रोटीन एनर्जी मालन्यूट्रीशन (Protein Energy Malnutrition)
- जल का क्वथनांक अधिक क्यों होता है?

  -इसके अणु हाइड्रोजन बंध से बँधे होते है।

मच्छर रोधी क्वाइल में पाइरेथ्रम, पाइरेथ्रिन, एलेथ्रिन आदि रसायन प्रयोग किए जाते हैं। एक बीजीय पौधे से प्राप्त होता है।

- अग्निशामक यंत्र (Fire Extinguisher) में कौन सी गैस प्रयोग की जाती है? -कार्बन डाइऑक्साइड

रासायनिक उर्वरक के निर्माण में नाइट्रोजन, फॉस्फोरस व पोटैशियम का प्रमुख संघटकों के रूप में तथा सल्फर, मैग्नीशियम व कैल्शियम का द्वितीयक संघटकों के रूप में उपयोग किया जाता है।

- चूहा विष के रूप में किस रसायन का प्रयोग किया जाता है?

  -जिंक फॉस्फाइड
- मानव द्वारा निर्मित प्रथम संश्लिष्ट रेशा (Synthetic Fiber) कौन सा था? -रेयॉन (Rayon)
- सीमेन्ट मुख्यत: किसका मिश्रण है?

  -कैल्शियम के सिलिकेटों और ऐल्युमिनेटों का

यूरिया उर्वरक के उत्पादन के लिए कार्बन डाइ-ऑक्साइड का प्रयोग किया जाता है।

- अमोनियम सल्फेट (Ammonium Sulphate) क्या है?

  -एक मिश्रित उर्वरक
- पसीनारोधी उत्पादों (Deodorants) में सामान्यत: कौन सा रसायन उपस्थित होता है? -ऐल्युमीनियम यौगिक
- मानव अस्थियों में सर्वाधिक मात्रा में कौन सा लवण पाया जाता है? -कैल्शियम फॉस्फेट
- जेली के निर्माण हेतु कौन सा फल सर्वाधिक उपयुक्त है?

  -अमरूद
- संयुक्त राष्ट्र ने वर्ष 2011 को किस रूप में मनाए जाने का निर्णय लिया? -अंतर्राष्ट्रीय रसायन विज्ञान वर्ष

पादपों की वृद्धि हेतु आवश्यक पोषक तत्व			
1. हाइड्रोजन	2. कैल्शियम	3. ऑक्सीजन	4. मैंगनीज
5. नाइट्रोजन	6. कार्बन	7. फॉस्फोरस	8. पोटैशियम
9. जिंक	10. मैग्नीशियम	11. सल्फर	12. आयरन
13. कॉपर	14. बोरॉन	15. मालिब्डेनम	16. क्लोरीन

- साबुन निर्माण की विधि है--साबुनीकरण (Saponification)
- वायु का अकार्बनिक गैसीय प्रदूषण कौन सा है?

  -हाइड्रोजन सल्फाइड
- डीजल की गुणवत्ता किसके द्वारा प्रदर्शित की जाती है?

  -सीटेन संख्या

काँच को रंग प्रदान करने वाले पदार्थ

रंग देने वाले पदार्थ	काँच का रंग
• पौटेशियम डाइक्रोमेट	हरा और हरा-पीला
• क्यूप्रस लवण	लाल
• कैडमियम सल्फाइड	नींबू जैसा पीला
• कार्बन	कहरुवा
• कोबाल्ट ऑक्साइड	गहरा नीला
• सोडियम क्रोमेट या फेरस ऑक्साइड	हरा
• सिलोनियम ऑक्साइड	नारंगी लाल
• फेरिक लवण या सोडियम यूरेनेट	प्रतिदीप्तिशील पीला
• गोल्ड क्लोराइड या पर्पिल ऑफ कासियस	रुबी जैसा लाल
• क्यूप्रस ऑक्साइड, कैडमियम सल्फाइड	चटक लाल
• क्यूप्रिक लवण	पीकॉक नीला

भूपर्पटी (Crust) में सर्वाधिक मात्रा में ऑक्सीजन (46.86%) तथा सिलीकॉन (27.72%) की उपस्थिति है।

प्रमुख थर्मोप्लास्टिक	उपयोग
पॉलीथीन (पॉलीएथिलीन)	पाइप, कुर्सी, मेज, थैले, बोतल, खिलौनों आदि के निर्माण में
पॉलीविनाइल क्लोराइड	जलापूर्ति के पाइप, बैग, खिलौने, रक्त रखने वाले बैग आदि के निर्माण में
पॉलीस्टाइरीन : स्टाइरीन	खाना रखने वाले कंटेनर, खाने की प्लेटों, सीडी केस, रेडियो एवं टी.वी. कैबिनेट आदि के निर्माण में
ल्यूसाइट/एक्रिलिक ग्लास/ एक्रिलाइट	काँच के स्थान पर प्रयोग, कॉन्टैक्ट लेंस के निर्माण में
टेफ्लॉन	नॉन-स्टिक बर्तनों, गैस्केट आदि के निर्माण में।

- **द्रवीकृत पेट्रोलियम गैस** (LPG) का उपयोग किस रूप में किया जाता है? **-खाना पकाने में एवं वाहन के ईंधन के रूप में**

पोटैशियम ब्रोमाइड (KBr) पदार्थ का **शान्तिकारक औषधि** के रूप में प्रयोग किया जाता है।

- **घरेलू गैस** के **सिलिण्डरों** में **गैस** के **रिसाव** का पता लगाने के लिए गैस में कौन सा पदार्थ मिलाया जाता है? **-एथिल मरकेप्टन**
- कौन से ईंधन से सबसे कम **पर्यावरण प्रदूषण** होता है? **-हाइड्रोजन**
- किसका प्रयोग **नोदक** (Propeller) या **रॉकेटों** में ईंधन के रूप में किया जाता सकता है? **-द्रव हाइड्रोजन + द्रव ऑक्सीजन**
- **बायोगैस** को किस **अन्य** नाम से भी जाना जाता है? **-गोबर गैस**

पारा (Mercury) धातु सामान्य ताप पर **द्रव अवस्था** में होती है।

- किस वैज्ञानिक ने **गोबर गैस प्रणाली** का आविष्कार किया था? **-सी.बी.देसाई**
- **जेट्रोफा नामक वनस्पति** से किस ईंधन का निर्माण किया जाता है? **-बायोडीजल**
- **क्लोरीनन** (Chlorination) क्या है? **-संदूषित जल में क्लोराइड को थोड़ी मात्रा में मिलाना।**
- **आवश्यक तेलों** (Essential Oils) में कौन सा पदार्थ पाया जाता है? **-टर्पीनोइड**
- **ऑक्टेन संख्या** के लिए किस यौगिक का मान न्यूनतम होता है? **-n-हेप्टेन**

मिट्टी के तेल के **क्वथनांक** को **150°C-300°C ताप** परिसर द्वारा प्रदर्शित किया जाता है।

- **धातु** की **शुद्धता** का निर्धारण किसकी **सहायता** से किया जा सकता है? **-आर्किमिडीज को सिद्धांत के द्वारा**
- **संक्षारण** किस प्रकार की अभिक्रिया है? **-रेडॉक्स अभिक्रिया**
- वह कौन सा **कार्बनिक यौगिक** है, जिसे **ताँबे** के तार पर में गर्म करने पर रंग की **लौ** निकलती है? **-क्लोरोबेंजीन**
- किसी परमाणु के लिए **प्लम पुडिंग मॉडल** किसके द्वारा प्रस्तुत किया गया था? **-जे. जे. थॉमसन**
- **सीमेन्ट** को शीघ्र जमने से बचाने के लिए उसमें क्या मिलाया जाता है? **-जिप्सम**
- सबसे प्रभावी **पीड़कनाशी** कौन सा है? **-ऑर्गनोफॉस्फेट**
- **दर्द निवारक मरहम, आयोडेक्स** में से किस रसायन की गंध आती है? **-मिथाइल सेलिसिलेट**
- साबुन का उपयोग किस प्रकार के जल में करना चाहिए? **-मृदु जल** (Soft Water) **में**

ओजोन परत (Ozone Layer) का क्षरण **क्लोरो-फ्लोरो कार्बन** (CFC) गैस के कारण हो रहा है।

- **सीमेंट फैक्ट्री** में कार्य करने वाले **मजदूरों** में सामान्यतः कौन सी बीमारी होने का जोखिम होता है? **-साइटोसिलीकोसिस**
- किस उत्पाद को **साबुन रहित साबुन** (Soap less Soap) कहा जाता है? **-अपमार्जक** (Detergent) **को**
- **रेलवे पटरियों** को जोड़ने के लिए प्रयुक्त होने वाली **अभिक्रिया** में कौन-सा अवकारक शामिल होता है? **-एल्युमीनियम**
- सामान्य उर्वरक में कौन से **3 प्रमुख तत्व** होते हैं? **-नाइट्रोजन, पोटैशियम व फास्फोरस**
- उर्वरकों के रूप में कौन से **कैल्शियम लवण** प्रयोग किए जाते हैं? **-कैल्शियम सल्फेट**
- श्वेत फॉस्फोरस अँधेरे में किस कारण से प्रकाशित होता है? **-मन्द ऑक्सीकरण के कारण**

विमानन ईंधन (Aviation Fuel) को जमने से रोकने के लिए उसमें **एथिलीन ग्लाइकॉल पदार्थ** मिलाया जाता है।

रसायन विज्ञान से संबंधित महत्वपूर्ण खोजें एवं आविष्कार

खोज	खोजकर्ता	खोज	खोजकर्ता
• इलेक्ट्रॉन	जे.जे. थॉमसन	• रेडियो सक्रियता	हेनरी बेक्वेरल
• न्यूट्रॉन	जेम्स चैडविक	• समस्थानिक	सॉडी
• पॉजिट्रॉन	कार्ल एण्डरसन	• भारी जल	यूरे
• परमाणु क्रमांक	मोज़ले	• हीलियम	लॉकयर
• द्रव्यमान संरक्षण का नियम	लेवाइजर	• ऑक्सीजन	प्रीस्टले एवं शीले
• गुणित अनुपात का नियम	डाल्टन	• सोडियम	डेवी
• सापेक्षता का सिद्धांत	आइन्सटीन	• पोटैशियम	डेवी
• द्रव्यमान ऊर्जा सम्बंध	आइन्सटीन	• रेडियम	क्यूरी दम्पत्ति
• गैसों का विसरण नियम	ग्राहम	• थोरियम	बर्ज़ीलियस
• चार्ल्स का नियम	चार्ल्स	• यूरेनियम	क्लैप्रोथ
• आधुनिक आवर्त सारणी	मोज़ले	• प्रोटॉन	रदरफोर्ड
• त्रिक नियम	डॉबेराइनर	• नाभिक	रदरफोर्ड
• क्वाण्टम सिद्धांत	मैक्स प्लांक	• मेसॉन	युकावा
• अपवर्जन सिद्धांत	पॉउली	• स्थिर अनुपात का नियम	प्राउस्ट
• तरंग यांत्रिकी सिद्धांत	डी ब्रॉगली	• व्युत्क्रम अनुपात का नियम	रिचर
• क्रमिक रचना नियम	आफबाऊ	• प्रकाश विद्युत प्रभाव	हेनरीच हर्ट्ज
• कृत्रिम रेडियो सक्रियता	जूलियट	• वैद्युत संयोजकता	कॉसेल
• वर्ग विस्थापन नियम	सॉडी व फ्रजांन	• उत्प्रेरण	बर्ज़ीलियस
• तनुता नियम	ओस्टवाल्ड	• हाइड्रोजन	कैवेण्डिश
• विद्युत अपघटन का नियम	फैराडे	• नाइट्रोजन	डैनियल रदरफोर्ड
• सह संयोजकता	लुईस	• आर्गन	रैम्जे और रैले
• pH मापक्रम	सारेन्सन	• मैग्नीशियम	डेवी
• आवर्त सारणी	डिमिट्री मैण्डलीफ	• कैल्शियम	डेवी
• अष्टक नियम	न्यूलैण्ड्स	• अवोगाद्रो की परिकल्पना	आवागाद्रो
• परमाणु सिद्धांत	जॉन डॉल्टन	• बॉयल का नियम	रॉबर्ट बॉयल
• बोर सिद्धांत	नील्स बोर	• आंशिक दाब का नियम	डाल्टन
• अधिकतम बहुलता सिद्धांत	हुण्ड्स	• परासरण दाब का नियम	बर्कले
• अनिश्चितता नियम	हाइजेनबर्ग	• पोलोनियम	मैडम क्यूरी
• क्लोरीन	शीले		

कोक, कोयले के **भंजक आसवन** (Destructive Distillation) के पश्चात् **ठोस अवशिष्ट** (Solid Residue) के रूप में प्राप्त होता है।

रासायनिक पदार्थों के व्यापारिक नाम और उनके रासायनिक सूत्र		
व्यापारिक नाम	रासायनिक पदार्थ	रासायनिक सूत्र
• साधारण नमक	सोडियम क्लोराइड	$NaCl$
• बेकिंग सोडा	सोडियम बाइकार्बोनेट	$NaHCO_3$
• धावन सोडा	सोडियम कार्बोनेट	$Na_2CO_3 .10H_2O$
• कॉस्टिक सोडा	सोडियम हाइड्रॉक्साइड	$NaOH$
• सुहागा	बोरेक्स	$Na_2B_4O_7 .10H_2O$
• फिटकरी	पोटैशियम एल्युमीनियम सल्फेट	$K_2SO_4 . Al_2(SO_4)_3 . 24H_2O$
• शोरा	पोटैशियम नाइट्रेट	KNO_3
• विरंजक चूर्ण	ब्लीचिंग पाउडर	$Ca(OCl). Cl$
• चूने का पानी	कैल्शियम हाइड्रॉक्साइड	$Ca(OH)_2$
• जिप्सम	कैल्शियम सल्फेट डाइहाइड्रेट	$CaSO_4 . 2H_2O$
• प्लास्टर ऑफ पेरिस	कैल्शियम सल्फेट हेमीहाइड्रेट	$CaSO_4 .1/2\ H_2O$
• चॉक	कैल्शियम कार्बोनेट	$CaCO_3$
• बिना बुझा हुआ चूना	कैल्शियम ऑक्साइड	CaO
• चूना पत्थर	कैल्शियम कार्बोनेट	$CaCO_3$
• संगमरमर	कैल्शियम कार्बोनेट	$CaCO_3$
• नौसादर	अमोनियम क्लोराइड	NH_4Cl
• लाफिंग गैस (हास्य गैस)	नाइट्रस ऑक्साइड	N_2O
• लाल सिन्दूर या रेड लेड	लेड परॉक्साइड	Pb_3O_4
• नमक का अम्ल	हाइड्रोक्लोरिक अम्ल	HCl
• अम्ल राज	सान्द्र नाइट्रिक अम्ल + सान्द्र हाइड्रोक्लोरिक अम्ल	$HNO_3 + 3HCl$
• जल गैस	कार्बन मोनोक्साइड और हाइड्रोजन गैस का मिश्रण	$CO + H_2$
• बॉक्साइट	हाइड्रेट्स एलुमिना	$Al_2O_3 .2H_2O$
• शुष्क बर्फ	ठोस कार्बन डाइऑक्साइड	CO_2
• मैग्नीशिया	मैग्नीशियम ऑक्साइड	MgO
• ब्लैक जिंक	जिंक सल्फाइड	ZnS
• भारी हाइड्रोजन	ड्यूटेरियम	D
• भारी जल	ड्यूटीरियम ऑक्साइड	D_2O
• सिलिका	सिलिकन डाइऑक्साइड	SiO_2
• मार्श गैस	मेथेन	CH_4
• सिरका	एसीटिक अम्ल का तनु विलयन	CH_3COOH
• ऐल्कोहॉल	इथाइल ऐल्कोहॉल	C_2H_5OH

पेनिसिलिन प्रथम प्रतिजैविक औषधि है। इसका अविष्कार 1928 ई. में एलेक्जेंडर फ्लेमिंग (इंग्लैण्ड) ने किया था।

जीव विज्ञान
(Biology)

जीव विज्ञान की शाखाएँ (Branches of Biology)

- **विटिकल्चर** (Viticulture) के द्वारा क्या उत्पादित होता है? **-अंगूर**

जेरोन्टोलॉजी (Gerontology) के अन्तर्गत **वृद्धावस्था** एवं **आयुवृद्धि के प्रभाव** का अध्ययन किया जाता है।

- **वर्मीकल्चर** (Vermiculture) में कौन सा कीट (Worm) प्रयुक्त होता है? **-केंचुआ** (Earthworm)
- **पेडोलॉजी** (Pedology) के अंतर्गत किसका वैज्ञानिक अध्ययन किया जाता है? **-मृदा**
- **फूलों के अध्ययन** को क्या कहते हैं? **-एन्थोलॉजी** (Anthology)
- **कीटों का वैज्ञानिक अध्ययन** क्या कहलाता है? **-एंटोमोलॉजी** (Entomology)
- **जनसंख्या** एवं **मानव जाति** के **आँकड़ों का अध्ययन** क्या कहलाता है? **-जनांकिकी** (Demography)

जीवाश्म वनस्पति (Palaeo-Botany) के अन्तर्गत **पादप जीवाश्म** (Fossil Plants) का अध्ययन किया जाता है।

- विभिन्न **संस्कृतियों** के **वैज्ञानिक विवरण** के **तुलनात्मक अध्ययन** को क्या कहा जाता है? **-एथनोलॉजी** (Ethnology)
- **सब्जी का अध्ययन** किस शाखा के अन्तर्गत किया जाता है? **-ओलेरिकल्चर** (Olericulture)
- **अस्थियों का अध्ययन** विज्ञान की किस शाखा के अन्तर्गत किया जाता है? **-ऑस्टियोलॉजी** (Osteology)
- **सर्पों** का अध्ययन किस वैज्ञानिक शाखा के अन्तर्गत किया जाता है? **-सर्पेटोलॉजी** (Serpentology)
- **हाइड्रोपोनिक्स** (Hydroponics) किससे सम्बंधित है? **-मृदा रहित पादप संवर्द्धन से**
- **जन्तु विज्ञान** (Zoology) के अन्तर्गत किन जन्तुओं का अध्ययन किया जाता है? **-जीवित व मृत दोनों प्रकार के जन्तुओं का**

जीव विज्ञान की विभिन्न शाखाओं के जनक

जीव विज्ञान की शाखा	जनक
• जन्तु विज्ञान (Zoology)	अरस्तू
• वनस्पति विज्ञान (Botany)	थियोफ्रेस्टस
• सूक्ष्मजीव विज्ञान (Microbiology)	लुई पाश्चर
• जीवाणु विज्ञान (Bacteriology)	रॉबर्ट कोच
• प्रतिरक्षा विज्ञान (Immunology)	एडवर्ड जेनर
• वर्गिकी अथवा वर्गीकरण विज्ञान (Taxonomy)	कैरोलस लीनियस
• रुधिर परिसंचरण तंत्र (Blood Circulation System)	विलियम हार्वे
• कोशिका विज्ञान (Cytology)	रॉबर्ट हुक
• उत्परिवर्तन (Mutation)	ह्यूगो डी व्रीज
• कवक विज्ञान (Mycology)	हेनरिच एंटन डि बेरी
• पादप शरीर क्रिया विज्ञान (Plant Physiology)	स्टीफन हेल्स
• आधुनिक वनस्पति विज्ञान (Modern Botany)	कैरोलस लीनियस
• रुधिर वर्ग (Blood Group)	कार्ल लैण्डस्टीनर
• अन्त: स्रावी विज्ञान (Endocrinology)	थॉमस एल्वा एडीसन
• आनुवंशिकी (Genetics)	ग्रेगर जॉन मेण्डल
• आधुनिक आनुवंशिकी (Modern Genetics)	ग्रेगर जॉन मेण्डल
• भारतीय पुरावनस्पति विज्ञान (Indian Palaeobotany)	बीरबल साहनी
• आनुवंशिक अभियांत्रिकी (Genetic Engineering)	पॉल बर्ग
• शैवाल विज्ञान (Phycology)	विलियम हेनरी हार्वे
• भारतीय शैवाल विज्ञान (Indian Phycology)	एम. ओ. पी. आयंगर
• भारतीय पारिस्थितिकी (Indian Ecology)	रामदेव मिश्रा
• औषधि विज्ञान (Pharmaceutical Science)	हिप्पोक्रेट्स
• सूक्ष्मदर्शिकी (Microscopy)	एंटनी वान ल्यूवेन हॉक
• जीन चिकित्सा (Gene Therapy)	एन्डरसन

जन्तु विज्ञान, **जीव विज्ञान** की ही एक शाखा है। **अरस्तू** को **जन्तु विज्ञान का जनक** (Father of Zoology) कहा जाता है।

वनस्पति विज्ञान की प्रमुख शाखाएँ

- **घास-विज्ञान** (Agrostology) : घासों का अध्ययन व पालन।
- **एल्गोलॉजी** (Algology) : शैवालों का अध्ययन।
- **एनॉटोमी** (Anatomy) : आन्तरिक संरचना का अध्ययन।
- **एन्थोलॉजी** (Anthology) : पुष्पों का अध्ययन।
- **जीवाणु विज्ञान** (Bacteriology) : जीवाणुओं का अध्ययन।
- **ब्रायोलॉजी** (Bryology) : ब्रायोफाइटा का अध्ययन।
- **केसीडोलॉजी** (Cecidology) : पादपों में रोगजन्य गाँठों, पादप कैंसर का अध्ययन।
- **डैन्ड्रोक्रोनोलॉजी** (Dendrochronology) : वृक्षों की आयु का अध्ययन।
- **डेन्ड्रोलॉजी** (Dendrology) : वृक्षों एवं झाड़ियों का अध्ययन।
- **ईकोलॉजी** (Ecology) : पौधों का वातावरण से सम्बंध का अध्ययन।
- **इकोनॉमिक-बॉटनी** (Economic Botany) : आर्थिक महत्व के पौधों का अध्ययन।
- **एथनोबॉटनी** (Ethnobotany) : आदिवासियों द्वारा पादपों के उपयोग का अध्ययन।
- **फॉरेस्ट्री** (Forestry) : वनों का अध्ययन।
- **एक्सोबायोलॉजी** (Exobiology) : अन्य ग्रहों पर सम्भावित जीवों की उपस्थिति का अध्ययन।
- **जेनेटिक इंजीनियरिंग** (Genetic Engineering) : **कृत्रिम जीन्स** (Artificial Genes) का निर्माण व स्थानान्तरण का अध्ययन।
- **लाइकेनोलॉजी** (Lichenology) : लाइकेन्स का अध्ययन।
- **माइक्रोबायोलॉजी** (Microbiology) : सूक्ष्मजीवों का अध्ययन।
- **माइकोलॉजी** (Mycology) : कवकों का वैज्ञानिक अध्ययन।
- **माइकोप्लाज्मोलॉजी** (Mycoplasmology) : माइकोप्लाज्मा का वैज्ञानिक अध्ययन।
- **निमेटोलॉजी** (Nematology) : निमेटोड्स का पादपों के साथ सम्बंधों का अध्ययन।
- **पेलियोबोटनी** (Palaeobotany) : पादप जीवाश्मों का अध्ययन।
- **पेलिनोलॉजी** (Palynology) : परागकणों का अध्ययन।
- **पैथोलॉजी** (Pathology) : पादप रोगों का उपचार व अध्ययन।
- **पैरासिटोलॉजी** (Parasitology) : पोषक तथा परजीवियों के सम्बन्धों का अध्ययन।
- **फार्मेकोलॉजी** (Pharmacology) : औषधीय पादपों का अध्ययन।
- **फिजियोलॉजी** (Physiology) : विभिन्न पादपों के जैविक क्रियाओं का अध्ययन।
- **टेरिडोलॉजी** (Pteridology) : टेरिडोफाइट्स का अध्ययन।
- **फाइटोजिओग्राफी** (Phytogeography) : पौधों के वितरण व उसके कारणों का अध्ययन।
- **स्पेसबायोलॉजी** (Spacebiology) : अन्तरिक्ष तथा वायुमण्डल में स्थित पादपों का अध्ययन।
- **स्पर्मेलॉजी** (Spermalogy) : बीजों का अध्ययन।
- **हीलियोथेरेपी** (Heliotherapy) : सूर्य के प्रभाव से चिकित्सा करने की प्रक्रिया।
- **हाइड्रोपोनिक्स** (Hydroponics) : इस शाखा के अन्तर्गत बिना मृदा के बागवानी की जाती है।

जन्तु विज्ञान की प्रमुख शाखाएँ

• **एनाटॉमी**	विच्छेदन के द्वारा शरीर एवं विविध अंगों की रचना का प्रदर्शन करना।	• **हीमेटोलॉजी**	रुधिर एवं रुधिर सम्बंधी रोगों का अध्ययन
• **एन्थ्रोपोलॉजी**	मानव जाति के सांस्कृतिक विकास का अध्ययन	• **हर्पेटोलॉजी**	उभयचरों एवं सरीसृपों का अध्ययन
• **इकोलॉजी**	जैविक एवं अजैविक वातावरण से जीवों के विविध सम्बन्धों का अध्ययन	• **मैमेलोलॉजी**	स्तनधारियों का अध्ययन
		• **माइक्रोबायोलॉजी**	अतिसूक्ष्म जीवों का अध्ययन
		• **न्यूरोलॉजी**	तंत्रिका तंत्र का अध्ययन
• **एण्डोक्राइनोलॉजी**	अन्त:स्रावी तंत्रों का अध्ययन	• **ओडोन्टोलॉजी**	दन्त विज्ञान सम्बन्धी अध्ययन
• **एम्ब्रायोलॉजी**	भ्रूणीय संवर्द्धन का अध्ययन	• **ऑर्निथोलॉजी**	पक्षियों का अध्ययन
• **एन्जाइमोलॉजी**	उत्प्रेरकों का अध्ययन	• **पैथोलॉजी**	रोगों की प्रकृति, लक्षणों एवं कारणों का अध्ययन
• **एन्टोमोलॉजी**	कीट-पतंगों का अध्ययन	• **रेडियोलॉजी**	जीवों पर विकिरण प्रभाव का अध्ययन
• **जेनेटिक्स**	जीवों के आनुवंशिक लक्षण एवं इनकी वंशागति का अध्ययन	• **टैक्सोनॉमी**	जीवजातियों के नामकरण एवं वर्गीकरण का अध्ययन

आयु वृद्धि के साथ **जीवों में होने वाले परिवर्तनों** का अध्ययन **जराविज्ञान** (Gerontolgoy) कहलाता है।

जीवन की उत्पत्ति से सम्बंधित प्रमुख सिद्धांत एवं जैव विकास
(Important Principles Related to the Origin of Life and Evolution)

- **जीव विकास** (Evolution) को सर्वप्रथम किसने परिभाषित किया? **–जीन बैपटिस्ट डी लैमार्क ने**
- वैज्ञानिकों ने **आधुनिक मनुष्य** का **अंतिम पूर्वज** किसे माना है? **–क्रो-मैगनॉन मानव** (Cro-Magnon Human)

> वर्तमान प्रमाण के अनुसार, पृथ्वी पर **जीव का उद्गम लगभग** 2,000,000,000 (2 अरब) **वर्ष पूर्व** से माना जाता है।

- **विकासवाद का सिद्धांत** (Theory of Evolution) किसने प्रतिपादित किया? **–चार्ल्स डार्विन ने**
- **उद्विकास का मुख्य** कारक क्या है? **–प्राकृतिक वरण** (Natural Selection)
- **उद्विकास के उत्परिवर्तन सिद्धान्त** (Mutation theory of Evolution) का प्रतिपादन किसने किया था? **–ह्यूगो डी व्रीज ने**

> **आर्कियोप्टेरिक्स** (Archeopteryx), **जुरैसिक युग** का सबसे प्राचीन पक्षी है, जो **सरीसृप** व **पक्षी** वर्ग के मध्य की **कड़ी** है।

- **मैमथ** (Mammoth) किस जीव का पूर्वज है? **–हाथी**
- **पृथ्वी** पर **सबसे पहले किस जीव** की उत्पत्ति मानी जाती है? **–नील हरित शैवाल** (Blue green algae)
- **शीत ऋतु** में पशुओं के **प्रसुप्ति काल** (Dormancy Period) को क्या कहते हैं? **–हाइबरनेशन**
- किस जीव में **स्नायु तंत्र** (Nervous System) तो होता है, परन्तु **मस्तिष्क** नहीं होता है? **–तारामीन** (स्टारफिश)
- जीवाणु में किस प्रकार के **राइबोसोम** पाये जाते हैं? **–70S राइबोसोम्स**

> **डाइनोसोर** (Dinosaurs), **सरीसृप** (Reptiles) वर्ग में आते थे, जिनका उदय **मेसोजाइक युग** में हुआ था।

- **नील-हरित शैवाल**, **जीवाणु** तथा **कवक** में, **लवक** (Plastids) नहीं पाये जाते बल्कि **लोमिली** के आकार की कौन-सी रचना पायी जाती है? **–क्रोमैटोफोर्स** (Chromatophores)
- किन पौधों में **जाइलम वाहिकाओं** (Xylem Vessels) का अभाव होता है? **–अनावृतबीजी एवं टेरिडोफाइटस में**
- **पाँच जगत वर्गीकरण** (Five Kingdom Classification) किसने प्रस्तुत किया था? **–ह्वीटेकर ने**
- **जम्पिंग जीन** की खोज किसने की थी? **–मैक क्लिंटॉक ने**
- कौन से क्षार **DNA** तथा **RNA** दोनों में पाये जाते हैं **– एडीनीन, ग्वानीन तथा साइटोसीन**
- ऐसे कौन से उड़ने वाले जीव हैं जो **पक्षी वर्ग** में नहीं आते हैं? **–चमगादड़**

> **चमगादड़** (Bat) को उड़ने की कीट एवं क्षमता होते हुए भी **पक्षी वर्ग** के अन्तर्गत नहीं शामिल किया गया है। बल्कि इसे **स्तनपायी वर्ग** में सम्मिलित किया गया है।

- वह समूह, जिसके जंतु प्रायः **रात्रिचर** (Nocturnal) होते हैं? **–मच्छर, चमगादड़ एवं उल्लू**

कुछ साधारण नाम तथा उनके वैज्ञानिक नाम
(Some Important Common Name and Its Scientific Name)

साधारण नाम	वैज्ञानिक नाम
• मानव	होमो सेपियन्स (Homo sapiens)
• तेन्दुआ	पैन्थेरा पारडस (Panthera pardus)
• बाघ	पैन्थेरा टिग्रिस (Panthera tigris)
• शेर	पैन्थेरा लियो (Panthera leo)
• मटर	पाइसम सटाइवम (Pisum sativum)
• बिल्ली	फेलिस कैटस (Felis catus)
• मेढ़क	राना टिग्रीना (Rana tigrina)
• धान	ओराइजा सटाइवा (Oryza sativa)
• सरसों	ब्रेसिका कम्पेस्ट्रिस (Brassica campestris)
• चना	सिसर एरिएटिनम (Cicer arietinum)
• गेहूँ	ट्रिटिकम एस्टीवम (Triticum aestivum)
• गाय	बॉस इन्डिकस (Bos indicus)
• आम	मैंगिफेरा इंडिका (Mangifera indica)

- प्रकाश संश्लेषण की **प्रकाशिक** एवं **अप्रकाशिक अभिक्रिया** क्लोरोप्लास्ट में कहाँ सम्पन्न होती हैं? **–क्रमशः ग्रेना एवं स्ट्रोमा में**
- **मोलस्का संघ** के कुछ जन्तुओं में **नीले** या **हरे रंग** का रक्त किसके कारण होता है? **–हीमोयासनिन के कारण।**

> **मानव हृदय का बायाँ निलय प्रकोष्ठ** पूर्णतः **ऑक्सीकृत रक्त** को महाधमनी में और **सम्पूर्ण शरीर** में भेजता है।

- कवकों और उच्चतर पादपों की जड़ों के मध्य कौन सा कार्यात्मक साहचर्य (Functional Association) पाया जाता है? -कवकमूल (Mycorhiza)
- यीस्ट (Yeast) और मशरूम (Mashrooms) किस प्रकार के जीव हैं? -फफूँद (Fungi)
- कपास में पाया जाने वाला प्रमुख घटक कौन सा है? -सेल्युलोज (Cellulose)
- लाइकेन किससे निर्मित होते हैं? -कवकों एवं शैवालों (Fungi and Algae) से
- जीवन-चक्र की दृष्टि से, पौधे का सबसे महत्वपूर्ण अंग कौन सा है? -पुष्प
- क्लोरोफिल के निर्माण में कौन सा तत्व महत्वपूर्ण होता है? - मैग्नीशियम (Mg)
- अधिकांश: कीट किसके द्वारा श्वसन करते हैं? -वातक तंत्र (Trachea) द्वारा

कुनैन, आवृतबीजी पादप (Angiospermic Plant) का उदाहरण है जो सिनकोना नामक पादप की छाल से प्राप्त होता है तथा यह मलेरिया के उपचार के लिए प्रयोग किया जाता है।

- सेब में पाये जाने वाले लाल रंग का क्या कारण है? -एंथोसायनिन (Anthocyanin)
- टमाटर में लाल रंग किसके कारण उपस्थित होता है -लाइकोपीन (Lycopene) की उपस्थिति के कारण
- शहतूत के फल का वैज्ञानिक नाम क्या है? -सोरोसिस (Sorosis)
- सर्पों की विष ग्रंथियाँ (Venom Glands) किस अंग के समान (Homologous) हैं? -कशेरुकी प्राणियों की लार ग्रंथियों (Salivary Glands) के
- निपेंथिस खासियाना (Pitcher Plant) नामक पौधा मुख्यत: भारत के किस राज्य में पाया जाता है? -मेघालय में
- चट्टानों पर उगने वाले पादप क्या कहलाते हैं?-शैलोद्भिद्

घटपर्णी (Pitcher Plant), कीटभक्षी पादप के अंतर्गत आता है। इसकी पत्तियों के पर्ण फलक घट (घड़े) में रूपान्तरित हो जाते हैं।

- कौन सा प्राणी अपनी आँत (Intestine) में जल का संग्रह करता है? -ऊँट
- सबसे बड़ा अकशेरुकी (Invertebrate) जीव कौन सा है? -कोलोसल स्क्विड (Colossal Squid)
- लीची के फलों को किस शाखा के अन्तर्गत रखा गया है? -एकबीजी बेरी

हल्दी पौधे के तने (Stem) से प्राप्त होती है तथा उसका खाने वाला हिस्सा प्रकन्द (Rhizome) कहलाता है।

- लाल मिर्च किसकी उपस्थिति के कारण तीखी होती है? -कैप्सेसिन (Capsaicin)
- सबसे बड़ा स्तनपायी जीव कौन सा है? -व्हेल (Whale)
- रेशम का कीड़ा (Silk Worm) अपने जीवन काल की किस अवस्था में वाणिज्यिक तंतु (Commercial Fibres)उत्पन्न करता है? -प्यूपा (Pupa) अवस्था में
- गर्म रुधिर वाले (Warm Blooded) या समतापी (Isothermal) जन्तु के शरीर का तापमान कितना होता है? -सदैव एक समान रहता है।
- समुद्री घोड़ा (Sea Horse) किस प्रकार के जीव का उदाहरण है? -मछली का
- वह कौन सा स्तनपायी है, जो अण्डे देता है बच्चे नहीं। -एकिड्ना (Echidna)

जानने की इच्छा प्रकट करना तथा गूढ़ चिन्तन व मनन करना मनुष्य को वानर गुणों से अलग करता है।

- मानव शरीर में पायी जाने वाली सबसे छोटी कोशिका कौन सी है? -शुक्राणु
- सील (Seal) किस वर्ग का प्राणी है?-स्तनपायी (Mammal)
- कॉर्क (Cork) किस पेड़ से प्राप्त होती है? -क्वैर्कस (Quercus)
- डॉल्फिन (Dolphin) किस वर्ग के अन्तर्गत आते हैं? -स्तनपायी

अफीम/मॉरफीन (Morphine), पोस्ते के पौधे के अधपके फल से प्राप्त होती है।

- गन्ने के रोपड़ में उसके किस भाग का प्रयोग किया जाता है? -तना
- लहसुन की गंध (The Smell of Garlic) का क्या कारण है? -सल्फर यौगिक की उपस्थिति
- शुष्क जलवायु में अनुकूलित पेड़-पौधों को क्या कहते हैं -मरुद्भिद् (Xerophyte)

जल एवं स्थल दोनों पर रहने वाले जीवों को उभयचर (Amphibian) वर्ग के अंतर्गत रखा जाता है, जैसे- मेंढक

- अधिपादप (Epiphytes) अन्य पौधों पर क्यों निर्भर रहते हैं? **-यांत्रिक सहारे के लिए**
- टिक (Ticks) और माइट (Mites) किस जीव वंश से सम्बंधित हैं? **-मकड़ी वंश**
- जुगनू (Firefly) की चमक किस एंजाइम के कारण होती है? **-ल्युसिफेरस (Luciferase)**
- सन-हेम्प रेशे (Sun-hemp jute) किससे प्राप्त किया जाते हैं? **-फ्लोएम से**
- लेग हीमोग्लोबिन किसमें पायी जाती है? **-लेग्यूम मूल-ग्रन्थियों में**
- डार्विन की पुस्तक ऑन द ओरिजिन ऑफ स्पीसीज कब प्रकाशित हुई थी? **-वर्ष 1859 में**
- जैव विकास के पक्ष में किस स्रोत से प्रत्यक्ष प्रमाण प्राप्त होते हैं? **जीवाश्मों से**
- जीवों के उद्‌विकास (Evolution) के संदर्भ में कौन सा अनुक्रमण सही है? **-सैलामेन्डर-अजगर-कंगारू**
- किन कशेरूकी जीवों में कंकाल पूर्णतः अनुपस्थित होता है? **-सरीसृप (Reptilia)**
- कॉकरोच और सिल्वर फिश में किस प्रकार का परिसंचरण तंत्र (Circulatory System) पाया जाता है? **-खुला परिसंचरण तंत्र (Open Circulatory System)**
- स्तनपायी भ्रूण के उत्सर्जनीय उत्पाद किसके द्वारा बाहर उत्सर्जित किये जाते हैं? **-अपरा (Placenta)**
- चमगादड़ कैसा प्राणी है? **-नियततापी (Warm-blooded)**

> विज्ञान की पैलिओन्टोलॉजी (Paleontology) नामक शाखा के अन्तर्गत जीवाश्मों (Fossils) का अध्ययन किया जाता है।

- सबसे बड़ा पक्षी जो तेज गति से दौड़ सकता है, परन्तु उड़ नही सकता- **-शुतुरमुर्ग (Ostrich)**

> नमक युक्त मिट्टी में उगने वाले पादप हैलोफाइट्स (Halophytes) कहलाते हैं।

- एन्टअमीबा हिस्टोलिटिका नामक परजीवी मानव के किस अंग में पाया जाता है? **-आँत में**
- लिग्निन (Lignin) नामक पदार्थ जमा रहता है- **-जाइलम ऊतक पर**
- DNA संश्लेषण तथा हिस्टोन प्रोटीन कोशिका चक्र की किस प्रावस्था में बनते हैं? **-S प्रावस्था**
- डूबने से हुई मृत्यु का पता लगाने में किस जीव का महत्व है? **-डायटम (Diatom)**
- पपीते का पीला किस कारण होता है? **-कैरिकाजैन्थिन की उपस्थिति के कारण**
- पौधे के किस से भाग से हल्दी प्राप्त होती है? **-तना**
- किस शैवाल से आयोडीन का निर्माण होता है? **-लेमिनेरिया नामक शैवाल से (भूरी शैवाल)**
- वे जीवाणु, जो वायुमण्डलीय नाइट्रोजन को नाइट्रोजन के यौगिकों में परिवर्तित करते हैं, वे क्या कहलाते हैं? **-नाइट्रोजन स्थिरीकारी जीवाणु (Nitrogen Fixing Bacteria)**
- अधिक नमक वाले अचार में जीवाणु जीवित क्यों नहीं रह पाते हैं क्योंकि **-ये जीवद्रव्य कुंचित होकर मर जाते हैं**
- कवक कोशिका में संचित होने वाला खाद्य-पदार्थ कौन सा है? **-ग्लाइकोजन**
- तालाबों और कुओं में किस जन्तु को छोड़ने से मच्छरों को नियंत्रित करने में मदद मिलती है? **-गैंबुसिया फिश**
- बिसफेनॉल-A (BPA) क्या है? **-खाद्य संवेष्टन सामग्री के विकास के लिए प्रयोग में लाया जाने वाला रसायन**

> मृदा के प्रयोग के बिना केवल खनिज युक्त सहायता से पौधे उगाने की विधि को हाइड्रोपोनिक्स (Hydroponics) कहा जाता है।

- प्रतिजैविक (Antibiotics) मुख्यतः किससे प्राप्त किए जाते हैं? **-जीवाणुओं से**
- यीस्ट कोशिका में कौन सा मुख्य विकर (Enzyme) उपस्थित होता है? **-जाइमेस**
- जब एक ही जीन दो या दो से अधिक भिन्न-भिन्न लक्षणों को एक साथ नियंत्रित करती है, तो इसे क्या कहा जाता है? **-बहुप्रभाविता का नियम**
- क्यूनीन अथवा कुनैन (Quinine) किसकी छाल से प्राप्त की जाती है? **-सिनकोना की**
- मेण्डल ने अपने वंशागति नियमों (Rules of Heredity) को प्रतिपादित करने में किस पौधे का प्रयोग किया था? **-गार्डेन पी (मटर)**

> ग्रेगर जॉन मेण्डल (1822-1884 ई.) को आधुनिक आनुवंशिकी का जनक (Father of Modern Genetics) कहा जाता है।

- सूखा सहिष्णुता से सम्बंधित हार्मोन है- **-एबसिसिक अम्ल**
- अधिकांश एंजाइम किस ताप पर सर्वाधिक सक्रिय होते हैं? **-20-35°C के मध्य**

> सीप, घोंघा, स्क्विड, कौड़ी, ऑक्टोपस, कटलफिश आदि मोलस्का संघ (Phylum Mollusca) के प्रमुख जीव हैं।

कोशिका (Cell)

- जैव कोशिका के किस कोशिकांग को ऊर्जा घर (Power House) कहा जाता है? -माइटोकॉन्ड्रिया

हमारे तंत्र में अधिकतम ए.टी.पी. (A.T.P.) अणुओं को उत्पन्न करने वाले पद का नाम क्रेब्स चक्र (Krebs cycle) है।

- प्लाज्मा झिल्ली किन पदार्थों से बनी होती है? -प्रोटीन तथा लिपिड से
- मानव शरीर के किस अंग में लसीका कोशिकाएँ (Lymphocyte Cells) पायी जाती हैं? -प्लीहा (Spleen)
- किस जीव में लिंग गुणसूत्र (Sex Chromosome) नहीं पाये जाते हैं? -छिपकली
- जन्तु कोशिका में अनुपस्थित होती है - कोशिका भित्ति (Cell Wall)
- पीटपिंड (Corpus Luteum), कहाँ पायी जाती हैं? -अण्डाशय (Ovary) में
- प्रक्रमित कोशिका मृत्यु (Programmed Cell Death) के कोशिकीय और आणविक नियंत्रण (Cellular and Molecular Control) को क्या कहते हैं? -एपॉप्टॉसिस (Apoptosis)
- केन्द्रक (Nucleus) के अतिरिक्त कोशिका के किस कोशिकांग में डी.एन.ए. (D.N.A) उपस्थित होता है? - हरितलवक तथा माइटोकॉन्ड्रिया (Mitochondria)
- किसे कोशिका की पाचन थैली कहते हैं? -लाइसोसोम (Lysosome)
- मनुष्य के किस ऊतक (Tissue) में जन्म के पश्चात् कोशिका विभाजन नहीं होता है? -तंत्रिका ऊतक
- कौन सा भाग पादप तथा जंतु कोशिका में पाया जाता है? -कोशिका झिल्ली, कोशिका द्रव्य, केन्द्रक
- हाइपरप्लासिया (Hyperplasia) का क्या अर्थ होता है? -कोशिका के आकार में वृद्धि होना
- जीन शब्द सर्वप्रथम किसने प्रतिपादित किया था? -जॉनसन
- रिवर्स प्रतिलेखन (Reverse Transcription) की खोज किसने की थी? -टेमीन एवं बाल्टीमोर
- जब एक युग्म जीन दूसरे इकाई के प्रभाव को छुपाता है, तो इस प्रक्रिया को क्या कहते हैं? -प्रभाविता
- कोशिका का जीवित अंश जीवद्रव्य (Protoplasm) कहलाता है। यह किससे मिलकर बनता है?-कोशिकाद्रव्य, केन्द्रक द्रव्य
- कौन सा कोशिकांग प्रोटीन संश्लेषण में सहायता करता है? -राइबोसोम
- मानव शरीर में गुणसूत्रों की संख्या कितनी होती है? -46
- कौन सा तत्व पौधों की कोशिका भित्ति (Cell wall) की संरचना का घटक है? -कैल्शियम
- सबसे छोटी जीवित कोशिका कौन सी है? -माइकोप्लाज्मा
- किसे जीवन का भौतिक आधार माना जाता है? -जीवद्रव्य (Protoplasm)
- कौन सा कोशिकांग केवल वनस्पति कोशिका में ही उपस्थित होता है? -हरितलवक
- द्विनाम पद्धति के जन्मदाता कौन थे? -कैरोलस लीनियस
- दो कोशिकाओं के मध्य पदार्थों का आवागमन किसके माध्यम से होता है?-जीवद्रव्य तन्तु (Plasmodes-mata) के
- किस तत्व के कोशाओं में एकत्रित होने से रन्ध्र (Stomata) खुल जाते हैं? -पोटैशियम (K^+)
- किस कोशिकांग को ट्रैफिक पुलिस की संज्ञा प्रदान की जाती है? -गॉल्जीकाय को
- प्लाज्मा झिल्ली किस पदार्थ से बनी होती है?-लाइपोप्रोटीन से
- प्लाज्मा झिल्ली की संरचना का यूनिट मेम्ब्रेन मॉडल किसने प्रस्तुत किया था? -राबर्टसन (वर्ष 1959)
- कोशिका भित्ति (Cell Wall) की संरचना कैसी होती है? -पारगम्य

• विश्व की सबसे छोटी कोशिका	माइकोप्लाज्मा गैलिसेप्टिकम
• विश्व की सबसे बड़ी कोशिका	शुतुरमुर्ग का अण्डा (Egg of Ostrich)
• मानव शरीर में सबसे छोटी कोशिका	सेरीबेलम की ग्रैन्यूल सेल (Granule Cell of Cerebellum)
• मानव शरीर की सबसे बड़ी कोशिका	अण्डाणु (Ovum) [केवल स्त्रियों में]
• मानव शरीर की सबसे लम्बी कोशिका	न्यूरॉन (Neuron)
• पुरुषों में सबसे छोटी कोशिका	शुक्राणु (Sperm)
• सबसे बड़ी पादप कोशिका	कालेर्पा टैक्सीफोलिया

पुरुषों के शुक्राणु तथा महिलाओं के अंडाणु की निषेचन की क्रिया अंडवाहिनी (Oviduct) में सम्पन्न होती है।

पोषण (Nutrition)

- मानव शरीर में किस पोषक तत्व की कमी के कारण शारीरिक वृद्धि धीमी होती है? -प्रोटीन
- विटामिन ए का मुख्य स्रोत क्या है? -दूध
- प्रोटीन एवं वसा दोनों की प्रचुरता किस खाद्य पदार्थ में होती है? -मूँगफली में

शरीर में त्वचा के नीचे विद्यमान वसा शरीर की ऊष्मा के ह्रास के विरुद्ध अवरोधक का कार्य करती है।

- शरीर में ऊतकों (Tissues) का निर्माण किस पोषक तत्व से होता है? -प्रोटीन से
- किस विटामिन को हॉर्मोन माना जाता है? -विटामिन-D
- कौन सा एन्जाइम (Enzyme) प्रोटीनों के पाचन में सहायक है? -ट्रिप्सिन (Trypsin)
- सामान्य क्रियाशील महिला के लिए प्रोटीन की उपयुक्त दैनिक मात्रा कितनी होनी चाहिए? -लगभग 45 ग्राम

स्तनपान करवाने वाली माँ को प्रतिदिन आहार में लगभग 70 ग्राम प्रोटीन की आवश्यकता होती है।

- लार (Saliva) किसके पाचन में सहयोग करता है? -स्टार्च
- अलसी/तीसी (Linseed) किसका प्रचुर स्रोत है? -ओमेगा-3 वसीय अम्ल
- मानव शरीर में पाचन की अधिकांश क्रिया किस अंग में सम्पन्न होती है? -छोटी आँत में
- मांस की तुलना में, मछली को सुपाच्य और लाभदायक क्यों माना जाता है?-बहु असंतृप्त वसा अम्ल की उपस्थिति कारण
- दूध किस बैक्टीरिया के कारण खराब हो जाता है? -लैक्टोबैसीलस (Lactobacillus)

फॉस्फोरस शरीर में अम्लीयता (Acididity) एवं क्षारीयता (Alkalinity) के मध्य संतुलन बनाए रखता है।

- पालक के पत्तों में किस पोषक तत्व की मात्रा सबसे अधिक होती है? -लौह (Iron) की
- कौन सा एंजाइम दुग्ध प्रोटीन को पचाने में सहायक है? -रेनिन
- मानव शरीर में विटामिन-ए किस अंग में भण्डारित होता है- -यकृत में
- अधिकांश प्राणियों के जीवित पदार्थ का लगभग 80% पदार्थ क्या है? -प्रोटीन
- सेब का हृदय रोगियों के लिए विशेष महत्व क्यों है? -पोटैशियम का स्रोत होने के कारण

दूध में प्रोटीन और कार्बोहाइड्रेट के अतिरिक्त कैल्शियम और पोटैशियम तत्व सम्मिलित होते हैं।

- प्रोटीन की अधिकतम मात्रा किसमें पाई जाती है? -सोयाबीन में
- एल्फा-किरैटिन (Alpha-Keratin) नामक प्रोटीन शरीर के किस अंग में पाया जाता है? -त्वचा में
- गेहूँ में कौन सा प्रोटीन पाया जाता है? -ग्लूटेन (Gluten)

गाय का दूध कैरोटीन (Carotene) की उपस्थिति के कारण हल्के पीले रंग का होता है।

- दूध का श्वेत रंग किसकी उपस्थिति के कारण होता है? -कैसीन (Casein) नामक प्रोटीन
- किसमें विटामिन-सी की मात्रा सर्वाधिक होती है? -आँवला
- विटामिन-डी का प्रमुख क्या स्रोत है? -सूर्य की किरणें
- किस विटामिनों का निर्माण हमारे शरीर में होता है? -विटामिन-D व B_3
- कौन सा विटामिन किसी स्वप्न को पर्याप्त अवधि तक याद रखने में सहायक होता है? -विटामिन-बी$_6$
- सब्जियों से मुख्यत: हमें प्राप्त होता है- -विटामिन
- एक ग्लास पानी पीने से कितनी कैलोरी मिलती है? -शून्य
- बासमती चावल के दाने पकाने पर लंबे क्यों हो जाते हैं? -एमाइलेज की उपस्थिति के कारण
- दूध में कौन सा सैकेराइड उपस्थित होता है? -लैक्टोज
- किस विटामिन की कमी से स्कर्वी रोग होता है - विटामिन-C (एस्कॉर्बिक अम्ल)
- हेपीटाइटिस मानव शरीर के किस अंग को प्रभावित करता है? -यकृत
- किसके संश्लेषण में विटामिन-K की विशिष्ट भूमिका होती है? -प्रोथ्रोम्बिन
- पौधों व जन्तुओं में कार्बोहाइड्रेट का संचयन किस रूप में होता है?-पौधों में स्टार्च के रूप में तथा जन्तुओं में ग्लाइकोजन के रूप में
- विटामिन होते हैं? -आवश्यक कार्बनिक यौगिक जिनका संश्लेषण शरीर में नहीं होता है।

शरीर में अवशोषित होने वाले पोषक पदार्थों से भण्डारण के लिये आवश्यकता से अधिक वसा का संश्लेषण कर लिया जाता है।

- **कैसिमिर फंक** (Casimir Funk) ने किस पोषक तत्व की खोज की थी? **-विटामिन की**
- **विटामिन ए** से सम्पन्न किस खाद्य पदार्थ कौन से हैं? **- कॉड यकृत तेल, शकरकैद, गाजर, पालक आदि**

मनुष्य में **विटामिन-A** की कमी से **रतौंधी**, शारीरिक वृद्धि व भार में कमी, कॉर्निया तथा त्वचा सम्बंधी रोग उत्पन्न हो जाते हैं।

- विटामिन B_{12} का **रासायनिक नाम** क्या है- **-साइनोकोबालैमीन**
- **खट्टे फलों** (Citrus Fruits) में कौन सा विटामिन पाया जाता है? **- विटामिन-C**
- **घाव के भरने** में कौन सा विटामिन सहायक है? **- विटामिन-C**
- **किलोसिस** नामक रोग किस विटामिन की कमी से होता है? **- विटामिन B_2**
- **थायमीन** (Thiamine) किसका रासायनिक रूप है **-विटामिन B_1**
- **जल** में कौन-सा विटामिन **घुलनशील** होता है? **-विटामिन- B एवं C**
- **पेलाग्रा** ओर **स्कर्वी** नामक रोग क्रमश: किन विटामिनों की कमी के कारण होते हैं? **-विटामिन B_3 और विटामिन C**
- **विटामिन डी** का रासायनिक नाम क्या है? **-केल्सिफेरॉल** (Calciferol)
- **विटामिन डी** की कमी से कौन रोग सा होता है? **-रिकेट्स**

रक्त का थक्का बनने में **विटामिन-K** की आवश्यकता होती है।

- किस विटामिन की कमी से **शरीर की प्रतिरक्षा** प्रणाली तथा जनन क्षमता कम हो जाती है? **- ऐस्कॉर्बिक अम्ल**
- **संक्रमणरोधी विटामिन** किसे कहते हैं? **- विटामिन-A**
- किस विटामिन में **कोबाल्ट** (Cobalt) पाया जाता है? **- विटामिन B_{12}**
- **अनाज के छिलके** में मुख्यत: कौन सा विटामिन पाया जाता है? **-थाइमीन** (B_1)

भोजन में रेशों का महत्व (Importance of Fibres in Food)
◆ भोजन में रेशों की अधिकता पाचन क्रिया में सहायक होती है।
◆ रेशे युक्त भोजन में ग्लूकोज की मात्रा कम होती है, जिससे आँतों में **ट्यूमर** बनने की सम्भावनाएँ कम हो जाती है।

दीर्घमात्रिक खनिज (Macro Minerals)	
खनिज तत्व	**महत्व**
• **कैल्शियम** (Ca)	दाँतों और अस्थियों की रचना, रुधिर **स्कन्दन** (Blood Clotting), तन्त्रिकाओं एवं पेशियों के कार्य।
• **फॉस्फोरस** (P)	दाँतों और हड्डियों की रचना, अम्ल-क्षार सन्तुलन, ATP, DNA,
• **गन्धक** (S)	अनेक अमीनो अम्लों तथा कुछ हॉर्मोन्स एवं विटामिनों का घटक
• **पोटैशियम** (K)	अम्ल-क्षार सन्तुलन, जल सन्तुलन, तन्त्रिकाओं की कार्यिकी
• **क्लोरीन** (Cl)	जठर रस का अम्ल-क्षार सन्तुलन
• **सोडियम** (Na)	अम्ल-क्षार सन्तुलन, जल सन्तुलन तन्त्रिकाओं की कार्यिकी
• **मैग्नीशियम** (Mg)	ग्लाइकोलाइसिस तथा ATP पर आश्रित अनेक उपापचयी क्रियाओं के एन्जाइमों का **सहघटक** (Co-factor)

खनिज	**प्रमुख स्रोत**
• **लौह**	केला एवं खजूर
• **पोटैशियम**	पालक
• **आयोडीन**	आयोडीन युक्त सामान्य नमक
• **कैल्शियम**	दूध एवं अण्डे

- कौन सा तत्व **किडनी में पथरी** को बनने से रोकता है? **-मैग्नीशियम**
- कौन सा **फल स्कर्वी रोग** के उपचार में उपयोगी है? **-आँवला**
- एक **सन्तुलित आहार** में विभिन्न पोषक तत्वों किस अनुपात में होने चाहिए? **-1/2 प्रोटीन, 1/4 वसा एवं 3/5 कार्बोहाइड्रेट**
- किस पोषक तत्व से **प्रति ग्राम सर्वाधिक ऊर्जा** प्राप्त होती है? **-वसा**
- किसकी कमी से **क्रिटिनिज्म** (मंद बुद्धि एवं बौना) रोग हो जाता है? **-आयोडीन**
- कौन सा **विटामिन शरीर को रोगों से प्रतिरक्षा प्रदान** करता है? **-विटामिन-A**

विटामिन-D की अनुपस्थिति से शरीर में कैल्शियम की कमी हो जाती है।

विटामिन के कार्य

- **विटामिन, उपापचयी** (Metabolism) प्रक्रिया में महत्वपूर्ण भूमिका निभाते हैं। ये विभिन्न रोगों से शरीर की रक्षा करते हैं।

वसा में घुलनशील विटामिन (Fat Soluble Vitamins)

नाम	स्रोत	कार्यिकी पर प्रभाव	कमी का प्रभाव
• **विटामिन-A (रेटिनॉल)**	कैरोटीन युक्त फल, यकृत व आंत्रीय श्लेष्मा की कोशिकाएँ	दृष्टि रंगों का संश्लेषण, एपिथीलियम स्तरों की वृद्धि एवं विकास।	कॉर्निया व त्वचा की कोशाओं का विकास अवरुद्ध होना।
• **विटामिन-D (कैल्सीफेरॉल)**	मक्खन, यकृत, मछली का तेल, गुर्दा, अण्डे, यीस्ट, सूर्य के प्रकाश द्वारा संश्लेषित।	कैल्शियम व फॉस्फोरस का उपापचय, हड्डियों और दाँतों की वृद्धि।	सूखा रोग (ऑस्टियोमैलासिया) -वयस्कों में रिकेट्स-बच्चों में
• **विटामिन-E (टोकोफेरॉल)**	तेल, गेहूँ, अण्डे की जर्दी, सोयाबीन।	कोशिका कला की सुरक्षा, जनन क्षमता में वृद्धि, पेशियों की क्रियाशीलता।	जनन क्षमता में कमी, एपिथीलियम कमजोर।
• **विटामिन-K (फिलोक्विनोन)**	हरी पत्तियाँ, अण्डा, यकृत, टमाटर, गोभी, सोयाबीन, आँत के बैक्टीरिया	यकृत में प्रोथ्रॉम्बिन का संश्लेषण।	चोट पर रक्त का थक्का न जमने से अधिक रक्तस्राव।

जल में घुलनशील विटामिन (Water Soluble Vitamins)

नाम	स्रोत	कार्यिकी पर प्रभाव	कमी का प्रभाव
• **B_1 [थायमीन]**	अनाज, फलियाँ, सोयाबीन, अण्डा, माँस के सहएन्जाइम्स का घटक।	कार्बोहाइड्रेट एवं वसा उपापचयी क्रियाओं के सह एंजाइम का घटक	बेरी-बेरी रोग
• **B_2 [राइबोफ्लैविन]**	पनीर, अण्डा, यीस्ट, हरी पत्तियाँ, दूध, यकृत, माँस।	उपापचय में महत्वपूर्ण सहएन्जाइम्स FAD तथा FNM का घटक।	कीलोसिस रोग
• **B_3 [निको-टिनिक अम्ल]**	यीस्ट, माँस, यकृत, मछली, अण्डा, दूध, मटर, मेवा, फलियाँ।	उपापचय में महत्वपूर्ण सहएन्जाइम्स NAD तथा NADP का घटक।	पेलाग्रा रोग
• **B_5 - [पेन्टोथीनिक अम्ल]**	अण्डा, यकृत, माँस, दूध, टमाटर, मूँगफली, गन्ना।	कैटाबोलिज्म में महत्वपूर्ण सहएन्जाइम-A का घटक।	चर्म रोग, वृद्धि कम, बाल सफेद, जनन क्षमता कम
• **B_6 - [पाइरीडॉक्सिन]**	दूध, यीस्ट, अनाज, माँस, यकृत।	अमीनों अम्ल के उपापचय में सहएन्जाइम।	रक्तक्षीणता, चर्म रोग, पेशीय ऐंठन
• **B_7 [बायोटिन]**	मांस, गेहूँ, अण्डा, मूँगफली, चॉकलेट, सब्जी, फल।	वसीय एवं अमीनो अम्लों सहित कई अन्य पदार्थों का संश्लेषण	चर्म रोग, बालों का झड़ना
• **B_9- [फोलिक अम्ल समूह]**	हरी पत्तियाँ, यकृत, सोयाबीन, यीस्ट, फलियाँ।	वृद्धि रुधिराणुओं का निर्माण, DNA का संश्लेषण।	रक्तक्षीणता, वृद्धि में कमी
• **B_{12} [सायनोकोबाल्मिन]**	माँस, मछली, यकृत, अण्डा, दूध, आँत के बैक्टीरिया।	वृद्धि रुधिराणुओं का निर्माण, न्यूक्लिक अम्लों का संश्लेषण।	रक्तक्षीणता, तंत्रिका-तंत्र के विकार
• **C- [एस्कॉर्बिक**	आँवला, नींबू, खट्टे फल, टमाटर	अन्तराकोशीय सीमेंट, कोलैजन तन्तुओं,	स्कर्वी रोग, मसूड़ों से सूजन

विटामिन-K का रासायनिक नाम **फिलोक्विनोन** है, जिसका कार्य **रक्त स्कंदन** करना तथा **यकृत** में **प्रोथ्रॉम्बिन का निर्माण** करना है।

पादपों की आकारिकी (Plant Morphology)

- पादपों में किस संरचना के द्वारा जल ऊपर चढ़ता है? **-जाइलम** (Xylem) द्वारा
- एक बीज किसके अभाव में अंकुरित हो सकता है? **-पर्याप्त प्रकाश**
- प्रकाश संश्लेषण की दर किस प्रकाश में अधिक होती है? **-लाल**
- जीवाणुओं द्वारा नाइट्रेट को वायुमण्डलीय नाइट्रोजन में परिवर्तन करने को प्रक्रिया क्या कहलाती है? **-विनाइट्रीकरण**
- किस क्रिया के दौरान सौर ऊर्जा रासायनिक ऊर्जा में परिवर्तित हो जाती है? **-प्रकाश संश्लेषण**
- वृद्धिरोधक (Growth Inhibitors) के रूप में कार्य करते हैं **-एबसिसिक अम्ल व इथाइलीन**
- पुष्पित पौधों के बीज किसके बने होते हैं? **-भ्रूण खाद्य संग्रह तथा आवरण**
- प्रकाश संश्लेषण पादप के किस कोशिका का होता है? **-क्लोरोप्लास्ट** (Photo Synthesis) **में**
- यदि हम केचुऐं अथवा जोंक पर नमक छिड़कते हैं तो वह क्यों मर जाते है? **-परासरण प्रघात के कारण** (Deplasmolysis)
- कौन सी फसल मिट्टी को अतिरिक्त नाइट्रोजन प्रदान करती है? **-मटर**
- कौन सा तत्व पौधे के विकास में आवश्यक नहीं है? **-सोडियम**
- वर्मीकम्पोस्ट (Vermi Compost) क्या है? **-कार्बनिक जैव उर्वरक**
- किस पौधे को औषधिक भारतीय चिकित्सक (Herbal Indian Doctor) कहा जाता है? **-आँवला**
- अफीम पौधे के किस भाग से प्राप्त किया जाता है? **-फूल से**
- सबसे पहले बनने वाले प्राथमिक जाइलम तत्व को क्या कहते हैं? **-प्रोटोजाइलम**
- कॉफी पौधे के किस भाग से प्राप्त होती है? **-बीज से**
- रेशम के कीट सामान्यत: किस पेड़ पर पाले जाते हैं? **-शहतूत** (Mulberry)
- भूमि की उर्वरता को घटाने वाला जीवाणु कौन सा है? **-थायोबैसिलस डिनाइट्रीफिकेन्स**
- जीवाणु में प्रकाश संश्लेषण क्रिया में हाइड्रोजन दाता सामान्यत: कौन होता है? **-हाइड्रोजन सल्फाइड** (H_2S)
- किस समूह के पौधों के जीवन-चक्र में दो स्वतंत्र पीढ़ियों का एकान्तरण होता है? **-टेरिडोफाइट्स** (Pteridophytes)
- वायु प्रदूषण के सूचक होते हैं- **-लाइकेन** (Lichens)
- अण्डाशय विहीन पुष्पोद्भिद (Phanerogams without ovary) क्या कहलाते हैं? **-जिम्नोस्पर्म्स**
- बरगद की शाखाओं से निकलने वाली जड़ों को क्या कहा जाता है? **-स्तम्भमूल** (Prop Root)
- परजीवी पौधे अपने पोषद (Host) से किस अंग द्वारा भोजन का अवशोषण करते हैं? **-चूषकांग** (Haustorium) द्वारा
- किस प्रकार के पौधों की जड़ों में द्वितीयक वृद्धि (Secondary Growth) पायी जाती है? **-द्विबीजपत्री पौधों** (Dicotyledonous Plants) **में**
- नागफनी में पत्तियाँ किसमें रूपान्तरित होती है? **-काँटों में**
- गेहूँ, धान एवं जौ में कैसी जड़ें (Roots) पायी जाती हैं? **-तंतुमय जड़ें** (Fibrous Roots)
- रेशेदार जड़ तंत्र किन पौधों में पाया जाता है? **-प्राय: एकबीजपत्री पौधों में**
- कौन सा मरूद्भिद् पौधा उत्तर प्रदेश के मैदानी क्षेत्रों में पाया जाता है? **-एकेसिया** (Acacia)
- पुष्प का सहायक अंग किसे कहा जाता है? **-बाह्यदलपुंज एवं दलपुंज**

पादप		प्रयोग योग्य भाग
• लहसुन, प्याज	–	शल्ककन्द (Bulb)
• हल्दी, अदरक	–	प्रकंद (Rhizome)
• अरबी, जिमीकन्द	–	घनकन्द (Corm)
• आलू	–	कंद/स्तम्भकंद (Tuber)

- हॉर्मोन्स, विकर (Enzymes) से भिन्न हैं, क्योंकि- **-हॉर्मोन्स उपापचयी क्रियाओं में पूर्णतया प्रयुक्त होते हैं।**
- जीवाणु में प्रकाश-संश्लेषण, उच्च पादपों से भिन्न होता है, क्योंकि इसमें **-O_2 का निष्कासन नहीं होता है।**
- प्याज किसका परिवर्द्धित रूप है? **-तने का**

प्रकाश संश्लेषण (Photosynthesis) की प्रक्रिया केवल **दृश्य प्रकाश** (Visible Light) में होती है।

कंकाल तंत्र (Skeletal System)

- मानव भ्रूण में हृदय स्पंदन (Heart Pulsation) कब प्रारम्भ होता है? -विकास के चौथे-पाँचवें सप्ताह में
- मनुष्य की खोपड़ी में कितनी अस्थियाँ होती हैं? -29
- प्रतिवर्ती क्रियाओं (Reflex Action) का नियंत्रण केन्द्र कहाँ स्थित होता है? -कशेरुक रज्जु (Spinal Cord) में
- वयस्क मानव में कितनी अस्थियाँ होती हैं?-206 अस्थियाँ

नाखून काटते समय दर्द नहीं होता, क्योंकि नाखून मृत कोशिकाओं के द्रव्य द्वारा बने होते है, जिनमें रक्त संचरण नहीं होता है।

- हमारे शरीर का सबसे दृढ़ भाग कौन सा है? -दन्तवल्क (Enamel)
- शल्यक्रिया में ऑर्थोप्लास्टी (Arthroplasty) का क्या कार्य है? -जोड़ का प्रतिस्थापन (Joint Replacement) करना

मानव शरीर में सबसे छोटी हड्डी, कान की होती है जिसे स्टेपीज (Stapes) कहा जाता है।

- मानव शरीर की सबसे लम्बी अस्थि कौन सी होती है? -फीमर
- कशेरुक रज्जु (Spinal Cord) में कितने जोड़ी तंत्रिकाएँ (Nerve) होती है? -31 जोड़ी
- मनुष्य के शरीर में पसलियों के कितने जोड़े पाये जाते हैं? -12 जोड़े

मानव शरीर के डिम्बवाहिनी नली (Fallopian Tube) में शुक्राणु (Sperm), डिम्ब (Ovum) को निषेचित करता है।

- वयस्क मानव के शरीर में जल का प्रतिशत कितना होता है? -65%
- अस्थि एवं दंत निर्माण हेतु क्या आवश्यक है? -कैल्शियम और फॉस्फोरस
- मानव शरीर की सबसे मजबूत पेशियाँ कौन सी है? -जबड़ों की
- परिवर्द्धनशील भ्रूण की शुष्कन (Drying) से कौन रक्षा करता है? -उल्व (Amnion)
- मानव के जीवनकाल में कितने दाँत दो बार विकसित होते हैं? -20
- मानव शरीर की सबसे बड़ी गुहा कौन सी है? -कोलम या स्प्लैंक्निक गुहा (Coelom or splanchnic cavity)
- त्वचा पर चोट लगने के बाद इसका पुनरूद्भवन (Regeneration) किसके द्वारा किया जाता है? -घनाकार उपकला
- कण्डरा (Tendon) किसको जोड़ती है? -पेशी को अस्थि से
- स्नायु (Ligament) किसको जोड़ता है?-अस्थि को अस्थि से
- स्नायु एवं कण्डराएँ कैसे ऊतक है? -संयोजी ऊतक (Connective Tissues)
- स्तनियों की अस्थि, उपास्थि से क्यों भिन्न कैसे होती है? -हैवर्सियन नलिकाओं के कारण
- अस्थि का मैट्रिक्स किस प्रोटीन का बना होता है? -ओसीन (Ossein)
- अस्थियों को कठोर बनाने वाले लवण मुख्यत: क्या होते हैं? -कैल्शियम और मैग्नीशियम के फॉस्फेट
- कौन लसीका (Lymph) में किन रुधिराणुओं की अनुपस्थिति होती है। -लाल रुधिराणु (RBCs)
- कौन सा प्रोटीन त्वचा, बाल, नाखून, सींग तथा खुर के निर्माण में सहायक है? -किरेटिन
- अस्थियों में कौन सा प्रोटीन पायी जाती है? -ओसीन
- अस्थियों में मुख्यत: कौन-से अकार्बनिक पदार्थ पाये जाते हैं? -कैल्शियम तथा मैग्नीशियम फास्फेट
- मज्जा गुहा (Marrow Cavity) का निर्माण किस प्रकार की कोशिकाएँ करती हैं? -ओस्टियोक्लास्ट
- अस्थियों का निर्माण किन ऊतकों से होता है? -संयोजी ऊतकों से
- शिशुओं में कुल कितनी अस्थियाँ पायी जाती हैं? -300
- मानव शरीर के किस अंग में सबसे अधिक अस्थियों की संख्या होती है? -हाथ में
- किस प्रकार की सन्धियों द्वारा हमारी खोपड़ी की अस्थियाँ परस्पर जुड़ी होती हैं? -अचल संधि
- मनुष्य के कंकाल में कब्जा संधि (Hindge Joint) का एक उत्कृष्ट उदाहरण किन अस्थियों की संधि में मिलता है? -अल्ना (Ulna) एवं ह्यूमरस (Humerus)

मनुष्य की श्रोणिमेखला में तीन अस्थियाँ इस्चियम, इलियम एवं प्यूबिस उपस्थित होती हैं।

श्वसन तंत्र (Respiratory System)

- श्वसन में बाहर निकली **वायु में CO_2** की लगभग कितनी मात्रा होती है? **-4%**
- अधिकतर **कीट किस प्रकार श्वसन** क्रिया करते हैं? **-श्वासनली प्रणाली के द्वारा**
- शीतनिद्रा के दौरान **मेंढक** किस अंग से श्वसन करता है? **-केवल त्वचा से**
- **यातायात पुलिस, शराब** के नशे वाले व्यक्ति की श्वास जाँच में किस गैस के मिश्रण का प्रयोग करती है? **-पोटैशियम-डायक्रोमेट-सल्फ्यूरिक अम्ल**
- **श्वासोच्छ्वास** (Breathing) में बाहर निकली वायु में ऑक्सीजन की कितनी मात्रा होती है? **-लगभग 17%**
- श्वसन में रुधिर का कौन सा घटक **O_2** का अवशोषण करता है? **-लाल रक्त कणिकाएँ** (RBCs)
- **अवायवीय श्वसन** में पेशी-कोशायें ग्लूकोज को किसमें परिवर्तित होकर ऊर्जा-उत्पादन करती हैं? **-लैक्टिक अम्ल**
- भोजन निगलते समय **श्वसन मार्ग** किस अंग द्वारा बंद हो जाता है? **-एपिग्लॉटिस**
- **फेफड़ों में गैसों** का आदान-प्रदान किसके द्वारा होता है? **-रुधिर द्वारा**
- **क्रेब्स चक्र** की क्रिया किस **कोशिकांग** में संपन्न होती है? **-माइटोकॉण्ड्रिया में**
- **ऑक्सी श्वसन** (Aerobic Respiration) की क्रिया कोशिका के किस भाग में संपन्न होती है? **-कोशिका द्रव्य एवं माइटोकॉण्ड्रिया**

> **ग्लाइकोलिसिस** (Glycolysis) क्रिया को **ऑक्सी** तथा **अनॉक्सी श्वसन** का सामान्य चरण माना जाता है।

- श्वसन द्वारा **उत्पन्न ऊर्जा** का संचय किस रूप में होता है? -ATP **अणु में**
- पहाड़ों पर रहने वालों में RBCs **की संख्या** अधिक होती है, क्योंकि- **-पहाड़ पर वायु कम संघनित होती है।**
- **कार्बोहाइड्रेट** तथा **वसा उपापचय** के प्रमुख अन्तिम उत्पाद है- -CO_2 **एवं पाइरुविक अम्ल**
- **अवायवीय श्वसन** (Anaerobic Respiration) में कौन-सी प्रक्रिया होती है? **-ग्लाइकोलाइसिस**
- मानव में **श्वास-दर** प्रति मिनट लगभग कितनी होती है? **-12 से 15 बार**

> **ग्लाइकोलिसिस** में अन्त में **ग्लूकोज, पाइरूविक अम्ल** (Pyruvic Acid) **में परिवर्तित हो जाता है।**

- **ग्लाइकोलिसिस** के **एन्जाइम** कहाँ पाये जाते हैं? **-कोशिका द्रव्य में** (Cytoplasm)
- किस कारण से ऊतकों में **ऑक्सीहीमोग्लोबिन** से **ऑक्सीजन** निकलकर **ऊतकद्रव्य** में जाती है? -O_2**की कमी और** CO_2**की अधिकता के कारण**
- फेफड़ों की **कूपिकाओं** में गैसीय विनिमय किस प्रकार होता है? **-सक्रिय ट्रांसपोर्ट** (Pons)
- **मानव शरीर में श्वसन केन्द्र** कहाँ स्थित होता है? **-मेडुला ऑब्लॉगेटा तथा पॉन्स में**
- **फेफड़ों** के ऊपर का आवरण किसका बना होता है? **-प्लूरल कला**
- **सर्वाधिक** CO_2 का परिवहन किस रूप में होता है? **-बाईकार्बोनेट के रूप में**
- **क्रेब्स-चक्र में ग्लूकोज** के एक अणु से कितने A.T.P के अणुओं का निर्माण होता है? **-24** A.T.P **अणुओं का**
- **ग्लाइकोलाइसिस** चरण में कितने A.T.P अणुओं का शुद्ध लाभ होता है? **-दो**
- **किण्वन** (Fermentation) अर्थात् **अनॉक्सी श्वसन** की खोज सर्वप्रथम किसने की थी? **-लुई पाश्चर ने** (यीस्ट में)
- **फेफड़ों** तक **अशुद्ध रक्त** (Deoxygenated Blood) किसके द्वारा पहुँचाया जाता है? **-फुफ्फुस धमनी** (Pulmonary Artery)
- **फेफड़ों द्वारा शुद्ध** किया गया रक्त **बायें अलिन्द** (Left Atrium) में किसके द्वारा पहुँचाया जाता है? **-फुफ्फुस शिरा** (Pulmonary Vein)
- **श्वसन गुणांक** (Respiratory Quotient) का मापन किस यंत्र से किया जाता है? **-गैनांग श्वसन मापी** (Ganong Respirometer) **से**

> ऑक्सीजन की कमी के कारण शरीर के ऊतकों में ऑक्सीजन की कमी होना **हाइपोक्सिया या अनॉक्सिया** (Hypoxia or Anoxia) कहलाता है?

- श्वसन क्रिया में वायु के किस **घटक** की मात्रा में कोई **परिवर्तन नहीं** होता है? **-नाइट्रोजन**

> एक **स्वस्थ वयस्क व्यक्ति** में हृदय के धड़कने की औसत दर **72 बार मिनट** होती है।

पाचन तंत्र (Digestive System)

- लार किसके **पाचन** में सहायक होती है? **-स्टार्च**
- वसा का पाचन करने वाला **लाइपेज** नामक एंजाइम किस अंग द्वारा स्रावित होता है? **-अग्न्याशय** (Pancreas) **द्वारा**
- लाइपेज द्वारा वसा के **जलीय अपघटन** के पश्चात् क्या प्राप्त होता है? **-वसीय अम्ल और ग्लिसरॉल**
- कौन सा पाचक **हार्मोन छोटी आँत** से स्रावित होता है? **-सीक्रेटिन** (Secrtin)
- पित्त का **संचयन** कहाँ होता है?**-पित्ताशय** (Gallbladder) **में**

पित्त (Bile) का निर्माण **यकृत** (Liver) में होता है। यह वसा को **वसीय अम्लों** (Falty Acids) में तोड़कर पाचन में सहायता करता है।

- किस अंग में **प्रोटीन्स** का पाचन पूर्ण होता है? **-आँत**
- आमाशय की भित्ति से कौन सा हार्मोन स्रावित होता? **-गैस्ट्रिन** (Gastrin)
- लार का **टायलिन एन्जाइम** किस माध्यम में क्रियाशील होता है? **-हल्के अम्लीय माध्यम में**
- **आमाशय** (Stomach) की दीवार का **पेशीय संकुचन** (Muscular Contraction) क्या कहलाता है? **-क्रमांकुचन**
- **पाचन-तंत्र** के किस रस में **कोलेस्ट्राल** पाया जाता है? **-पित्त में**
- कार्बोहाइड्रेट किस रूप में **शरीर में संग्रहित** होता है? **-ग्लाइकोजन के रूप में**
- आमाशय में भोजन के **जीवाणु** को कौन नष्ट करता है? -HCl
- मानव शरीर की किस संरचना में **कृमिरूप परिशेषिका** (Vermiform Appendix) पायी जाती है? **-बड़ी आँत में**
- मानव शरीर का वह अंग जो **ग्लाइकोजन** के रूप में **कार्बोहाइड्रेट का भंडारण** करता है? **-यकृत**
- एक **स्तनधारी** में सबसे बड़ी ग्रंथि कौन सी होती है? **-यकृत**

अग्न्याशय मानव शरीर की **दूसरी सबसे बड़ी ग्रन्थि** है।

- **पीलिया से** कौन सा अंग प्रभावित होता है? **-यकृत**
- पाचन क्रिया के समय **आहारनाल में स्टार्च** का अन्तिम उत्पाद क्या है? **-ग्लूकोज**
- कॉड मछली के **यकृत तेल** में कौन सा विटामिन प्रचुर मात्रा में पाया जाता है? **-विटामिन ए**

मम्प्स/गलसुआ (Mumps) **पैरामिक्सो** (Paramyxo) वायरस द्वारा फैलाई जाने वाली बीमारी है, जिसमें **पैरोटिड ग्रंथि** में सूजन, जलन व दर्द होने लगता है।

- **लैंगरहैंस** की **द्वीपिकाएँ** किस अंग में उपस्थित होती है? **-अग्न्याशय** (Pancreas) **में**
- मानव शरीर में किस एक अंग से **हॉर्मोनों** के साथ-साथ पाचक **एन्जाइमों** का भी **स्रावण** होता है? **-अग्न्याशय**
- **जठर ग्रन्थियाँ** (Gastric Glands) किस अंग में पायी जाती हैं? **-आमाशय में**
- यकृत द्वारा किस प्रोटीन का **संश्लेषण व संग्रह** किया जाता है? **-फाइब्रिनोजेन एवं प्रोथ्रॉम्बिन**
- यकृत में **उपस्थित कौन सा पदार्थ** मानव शरीर में रक्त को जमने से रोकता है? **-हिपैरिन**
- लंबे समय तक उपवास रखने का सर्वाधिक प्रभाव शरीर के किस अंग पर पड़ता है? **-वृक्क** (Kidney) **पर**
- मानव शरीर में पाचन का **अधिकांश भाग** किस अंग में सम्पन्न होता है? **-छोटी आँत**
- मानव शरीर में **छोटी आँत** होती है- **-अवशोषण के लिए**

मानव शिशु के **जन्म** लेने के **6 महीने पश्चात् दाँत** निकलना प्रारम्भ होते हैं।

- किस अंग के द्वारा **रक्त से यूरिया पृथक** किया जाता है? **-वृक्क** (Kidneys)
- **इंसुलिन** (Insulin) में कौन सी धातु उपस्थित होती है? **-जस्ता**

मानव शिशुओं में सर्वप्रथम **मध्यवर्ती इनसाइजर** (Central Incisor) **दाँत** निकलता है।

उत्सर्जन तंत्र (Excretory System)

- मानव शरीर में **यूरिया का निर्माण** किस अंग में होता है?
  -यकृत में
- **एल्कोहॉल** के **निराविषण** (Detoxification) के लिए कौन सा मानव अंग उत्तरदायी है? **-यकृत**
- मनुष्य के **शरीर** में **खून** के **शुद्धीकरण** की प्रक्रिया को क्या कहते हैं? **-रक्त अपोहन** (Dialysis)
- मानव शरीर से उत्सर्जित सर्वाधिक विषाक्त पदार्थ कौन सा है?
  -अमोनिया
- **मूत्र** की मात्रा का **नियंत्रक** है-
  - ADH (Anti-diuretic Hormone) **एवं एल्डोस्टीरोन**
- एक वयस्क स्वस्थ मनुष्य द्वारा एक दिन में उत्सर्जित मूत्र की मात्रा कितनी होती है? **-लगभग 1.5 लीटर**
- **कौन सी औषधि मूत्र** के स्राव को **प्रोत्साहित** करती है?
  -डाइयूरेटिक
- **वील्स रोग** (Weil's Disease) में कौन सा **अंग प्रभावित** होता है? **-वृक्क** (Kidney)
- **हेमीकार्डेटा संघ के जीवों** में किस अंग के द्वारा **उत्सर्जन** होता है? **-कोशिका गुच्छ** (Glomerulus)

विभिन्न जन्तुओं में यूरिया उत्सर्जी अंग	
जन्तु	**मुख्य उत्सर्जी अंग**
1. **मनुष्य**	वृक्क
2. **अमीबा**	त्वचा (सतह) व रिक्तिका
3. **केंचुआ**	उत्सर्जिकाएँ
4. **झींगा मछली**	हरित ग्रंथियाँ
5. **फीताकृमि**	फ्लेम कोशिकाएँ
6. **आर्थोपोडा**	मैलपीगी नलिकाएँ
7. **सीलेन्ट्रेटा**	त्वचा (सतह) व मुख

वृक्क में पथरी (Kidney Stone), **यूरिक अम्ल** (Uric acid), **कैल्शियम ऑक्जलेट** (Calcium Oxalate) तथा **कैल्शियम फॉस्फेट** (Calcium Phosphate) के कारण बनती है।

- **गुर्दे** की **कार्यात्मक इकाई** क्या है? **-नेफ्रॉन**
- **नाखूनों** में कौन सा **प्रोटीन** पाया जाता है? **-किरेटिन**
- **वृक्कों** (Kidney) के काम न करने पर रक्त में यूरिया की मात्रा बढ़ जाती है, इसे कहते हैं **-यूरीमिया**
- **मनुष्यों** में किस प्रकार का **उत्सर्जन** पाया जाता है?
  -यूरियोटेलिक उत्सर्जन
- **यूरोक्रोम** का निर्माण कैसे होता है?
  -लाल रुधिर कणिकाओं के हीमोग्लोबिन से
- **वृक्क** (Kidney) से प्रति मिनट **औसत रक्त प्रवाह** कितना होता है? **-1-1.2 लीटर/मीटर**
- वृक्क नलिकाओं के **दूरस्थ कुण्डलित भाग** से मुख्यत: किसका **पुनरावशोषण** (Reabsorption) होता है?
  -सोडियम क्लोराइड
- वृक्क के चारों ओर पाये जाने वाले **झिल्ली नुमा आवरण** को क्या कहते हैं? **-पेरिटोनियम** (Peritoneum)
- वह बीमारी जिसमें **मूत्र** के साथ **रक्त** आता है **-हीमोटुरिया**
- शरीर में **सम्पूर्ण रक्त** किसके माध्यम से **शुद्ध** होता है?
  -वृक्क (Kidney)

केंचुआ मुख्य रूप से **अमोनोटेलिक** (अमोनिया उत्सर्जक) जंतु है किंतु पर्याप्त जल न प्राप्त होने पर यह **यूरियोटेलिक** (यूरिया उत्सर्जक) हो जाता है।

कशेरुकी जंतुओं में उत्सर्जी अंग	
उत्सर्जी अंग	**उत्सर्जी पदार्थ**
1. **वृक्क** (Kidney)	रुधिर से मूत्र के रूप में अत्यधिक जल व नाइट्रोजनी अपशिष्ट पदार्थ जैसे-यूरिया आदि का उत्सर्जन।
2. **फेफड़े** (Lungs)	अमोनिया को यूरिया में परिवर्तित करता है।
3. **यकृत** (Liver)	नाइट्रोजनी पदार्थों का निष्कर्षण।
4. **आँत** (Intestine)	कैल्शियम व धातुओं के लवण की आवश्यकता से अधिक मात्रा का उत्सर्जन

- **जलीय प्राणियों** में **नाइट्रोजन विनिमय** से उत्पादित होता है-
  -अमोनिया
- **गठिया रोग** (Arthritis) का क्या कारण है?- **रक्त में प्रवाहित यूरिक एसिड का सोडियम यूरेट के क्रिस्टलों के रूप में जोड़ों में एकत्रित होना।**
- **आमाशय** की दीवार का पेशीय संकुचन कहलाता है-
  -पेरिस्टाल्सिस

डाइयूरेसिस (Diuresis) की स्थिति में **ग्लूकोज का उत्सर्जन बढ़ जाता है।**

तंत्रिका तंत्र (Nervous System)

- मानव शरीर की प्रतिवर्ती क्रिया (Reflexive Action) का नियंत्रण केन्द्र कहाँ स्थित होता है? -मेड्यूला ऑब्लागेटा
- हृदय की धड़कन की गति किसके द्वारा बढ़ती है? -अनुकम्पी तंत्रिका द्वारा
- प्रेरक कौशल (Motor Skill), मस्तिष्क के कौन से भाग के साथ सम्बंधित है? -ललाट भाग (Frontal Lobe)
- मानव के मस्तिष्क का सबसे बड़ा भाग कौन सा है? -रोम्बेनसिफैलॉन

तंत्रिका तंत्र (Nervous System) के अध्ययन को तंत्रिका विज्ञान (Neurology) कहा जाता है।

- कम नींद आने के लिए किस चिकित्सा शब्दावली का प्रयोग किया जाता है? -अनिद्रा (Insomnia/Sleeplessness)
- मस्तिष्क का कौन सा भाग गुरुत्वाकर्षण के विरूद्ध शरीर का समर्थन करता है?-अंतराली केन्द्रक (Interstitial Nucleus)
- औसतन एक सामान्य मानव मस्तिष्क का भार कितना होता है? -1.36 किग्रा
- शरीर में प्रतिवर्ती क्रियाओं का नियंत्रण एवं समन्वय कौन करता है? -मेरुरज्जु (Spinal Cord)

सेरेब्रल पाल्सी का मस्तिष्क सम्बन्धी विकार है, जो सामान्यता छोटे बच्चों में पाया जाता है।

- तंत्रिका-तंत्र का विकास सर्वप्रथम किस जीव में माना जाता है? -हाइड्रा में
- मनुष्य में कपालीय तंत्रिकाओं (Cranial Nerves) की संख्या होती है? -12 जोड़ी
- मनुष्य में मेरु तंत्रिकाओं (Spinal Nerves) की संख्या कितनी होती है? -31 जोड़ी
- मानव शरीर में भूख तथा तृप्ति मस्तिष्क के किस भाग द्वारा नियंत्रित होती है? -हाइपोथैलमस
- डिस्लेक्सिया (Dyslexia) नामक बीमारी मानव शरीर के किस अंग से सम्बंधित है? -मस्तिष्क
- शरीर के अन्य सभी अंगों की तुलना में किस अंग को ऑक्सीजन की आवश्यकता सर्वाधिक होती है? -मस्तिष्क को
- तंत्रिका ऊतक का प्रमुख कार्य क्या है? -उत्तेजनाओं को प्राप्त करना तथा मेरुरज्जु व मस्तिष्क के आवेग (Ampulse) भेजना
- भोजन-ग्रहण के पश्चात् आहारनाल की तरंग-गति और इसकी दीवार की ग्रन्थियों के स्रावण का उत्तेजन किस तंत्र द्वारा होता है? -परानुकम्पी तंत्र
- कौन से तंत्र हमारे शरीर में समन्वयन का कार्य करते हैं? -तंत्रिका एवं अन्त:स्रावी तंत्र (Endocrine System)
- जो मनुष्य यह नहीं समझ पाता है कि कब उसे भोजन करना रोक देना चाहिए, वह किस रोग से पीड़ित है -बुलीमिया (Bulimia) से
- जैविक घड़ी (Biological Clock) मानव शरीर के किस अंग में स्थित होती है? -हाइपोथैलेमस में
- एपीथैलेमस किन ग्रन्थियों से निर्मित होता है? -पीनियल ग्रन्थि, हैबेन्युला
- मानव शरीर का कौन सा भाग अल्जाइमर रोग से प्रभावित होता है? -मस्तिष्क
- माँसपेशियों के रेशों में आवेग संचरण के लिए किस पदार्थ की आवश्यकता है? -सोडियम
- मनुष्य का मस्तिष्क कितने भागों में विभाजित होता है? -3 (सेरेब्रम, सेरेबेलम, ब्रेनस्टेम)
- न्यूरॉन का बाहर निकला हुआ लम्बा भाग क्या कहलाता है? -तंत्रिकाक्ष (Axon)
- तंत्रिका कोशिकाओं के तंत्रिकाक्ष के चारों ओर किस पदार्थ का आवरण पाया जाता है? -मेलिन
- सुई चुभाने पर किस अंग में पीड़ा का अनुभव नहीं होगा? -मस्तिष्क
- मानव के जन्म के पश्चात किस अंग में कोशिका विभाजन नहीं होता है? -तंत्रिका कोशिका में

चिकित्सा उपकरण	उपयोग
• सीटी स्कैन	- शरीर में असामान्यता के लिए
• इलेक्ट्रोकॉडियोग्राफ	- हृदय में विकार का पता लगाने में
• ऑटो एनालाइजर	- जैव रासायनिक तत्त्वों की जाँच में
• पेस मेकर	- हृदय की गति नियंत्रित करने में

- मानव मस्तिष्क का कौन सा भाग वृद्धि, स्मृति और तर्क का केन्द्र होता है? -सेरीब्रम
- दो तंत्रिका कोशिकाओं के मिलन को क्या कहते हैं? - सिनेप्स (Synapse)

प्रतिवर्ती क्रियाओं की खोज सर्वप्रथम मार्शल हाल (Marshall Hall) ने की थी।

रक्त परिसंचरण तंत्र (Blood Circulatory System)

- मानव शरीर में कौन सी **रक्त कोशिकाएँ** संक्रमण से शरीर की रक्षा करती हैं? **–श्वेत रक्त कणिकाएँ** (W.B.C.)
- किस **रक्त समूह** का व्यक्ति **सर्वदाता** (Universal Donor) होता है? **–O समूह**

हीमोग्लोबिन (Hemoglobin), मानव रक्त में पाया जाने वाला पदार्थ है जिसका प्रमुख कार्य **ऑक्सीजन का परिवहन** करना है।

- वृद्ध व्यक्ति का **रक्त दाब** सामान्यत:- **–बढ़ जाता है।**
- एक सामान्य व्यक्ति के **रक्त का औसत PH मान** कितना होता है? **–7.35-7.45 PH तक**
- **रक्त समूहों** (Blood Groups) के **खोजकर्ता** कौन थे? **–कार्ल लैण्डस्टीनर**
- **Rh** कारक का नाम किस **जन्तु** से सम्बंधित है? **–बंदर से**

AB रक्त वर्ग का व्यक्ति **किसी भी रक्त वर्ग** के व्यक्ति का रक्त ले सकता है, इसीलिए इन्हें **सार्वभौमिक प्राप्तकर्ता** (Universal Receiver) कहा जाता है।

- श्वेत रुधिर कणिकाओं का प्रमुख कार्य है? **–शरीर की प्रतिरक्षा**
- **रुधिर के जमने** में किस खनिज की आवश्यकता होती है? **–कैल्शियम** (Ca^{++})
- **लाल रक्त कणिकाएँ** शरीर के किस अंग में नष्ट होती हैं? **–प्लीहा** (Spleen) **में**
- **मनुष्य का औसत रक्तचाप** कितना होता है?–**120/80 mm Hg**
- **रक्त** किस प्रकार का ऊतक है? **–तरल संयोजी ऊतक** (Fluid Connective Tissue)
- यदि एक **पिता का रक्त वर्ग A** है और **माता का रक्त वर्ग O** है तो उनकी **संतान रक्त वर्ग कौन सा** हो सकता है? **–A अथवा O**
- **रुधिर प्लाज्मा** में **प्रतिरक्षी प्रोटीन्स** (Antibody) किसके कारण निर्मित होते हैं? **–लिम्फोसाइट** (Lymphocyte)
- **दिल का दौरा पड़ने** (Heart Attack) के पहले घंटे को किस नाम से जाना जाता है? **–गोल्डेन आवर**
- **मनुष्य** के शरीर में **रक्त का दाब** कितना होता है? **–वायुमण्डलीय दाब से अधिक**
- रुधिर में **श्वेत रक्त कणिकाओं** की अत्यधिक मात्रा में उपस्थिति को किस रोग के नाम से जाना जाता है? **–ल्यूकेमिया** (Leucaemia) **अथवा रक्त कैंसर**

इन्सुलिन नामक **हार्मोन** का मुख्य कार्य **रक्त में शर्करा की मात्रा** (Sugar Level) **का नियंत्रण** करना होता है।

- रक्त में **ग्लूकोज** का स्तर किसमें व्यक्त किया जाता है? **–मिलीग्राम प्रति डेसीलीटर में**

रक्त का थक्का बनने के दौरान होने वाली अभिक्रियाएँ			
• थ्रॉम्बोप्लास्टिन	+ प्रोथ्रॉम्बिन + कैल्शियम	=	**थ्रॉम्बिन**
• थ्राम्बिन	+ फाइब्रिनोजेन	=	**फाइब्रिन**
• फाइब्रिन	+ रुधिराणु	=	**रक्त का थक्का**

- **जैविक प्रक्रिया** को तेज करने में कौन सा पदार्थ उत्तरदायी होता है? **–एन्जाइम**

प्रतिजन (Antigen) एक ऐसा पदार्थ है, जो **प्रतिरक्षी** (Antibody) **के निर्माण को उद्दीपित** करता है तथा इसकी मुख्य विशेषता **प्रतिरोधियों के निर्माण को प्रेरित करना है।**

- **रक्त को हृदय** तक पहुँचाने वाली **धमनियाँ** क्या कहलाती हैं? **–हृदय धमनियाँ** (Coronary Arteries)
- **लाल रक्त कणिकाएँ** (R.B.C) मुख्यत: कहाँ बनती हैं? **–अस्थि मज्जा में**
- **प्लाज्मा** में **जल का प्रतिशत** कितना होता है?**–लगभग 90%**
- **स्टार्च** के जल अपघटन से कौन सा **एंजाइम** बनता है? **–एमाइलेज**

रक्त का थक्का (Blood Clotting) बनने में **फाइब्रिनोजिन** का **फाइब्रिन** में परिवर्तन **थ्रॉम्बिन** (Thrombin) **एन्जाइम** के कारण होता है।

- **हृदय की धड़कन नियंत्रित** करने किसकी भूमिका होती है? **–सोडियम**
- **एन्जाइम** (Enzyme) एक प्रकार का है– **–जैव-उत्प्रेरक** (Bio-Catalyst)
- एक **धड़कन** या **हृदय गति** की एक आवृत्ति में लगभग कितना समय लगता है? **–0.8 सेकेण्ड**
- **रक्त दाब** का **नियंत्रण** किस ग्रंथि के द्वारा होता है? **–अधिवृक्क ग्रंथि** (Adrenal Gland) **के द्वारा**

हृदय के संकुचन से **धमनियों की दीवारों** पर पड़ने वाला दाब **रुधिर दाब** (Blood Pressure) कहलाता है।

- अत्यधिक ऊँचाई पर जाने पर मानव शरीर में लाल रक्त कणिकाओं की संख्या पर क्या प्रभाव पड़ता है? -लाल रक्त कणिकाओं की संख्या में वृद्धि होती है।
- एनीमिया रोग किस पोषक पदार्थ की कमी के कारण होता है? -फोलिक एसिड
- मानव शरीर की सबसे लंबी शिरा कौन सी है? -ग्रेट सैफिनस शिरा (पैर में उपस्थित)
- श्वेत रक्त कणों की कितनी संख्या होने पर रक्त कैंसर (Blood Cancer) होता है? -12000/cc
- रक्तदाब के उपचार में किस पौधे का प्रयोग किया जाता है? -सर्पगन्धा (Rauvolfia Serpentina)
- मानव शरीर की सबसे बड़ी धमनी (Largest Artery) कौन सी है? -महाधमनी (Aorta)
- किस अंग को मानव शरीर का रक्त बैंक कहलाता है? -प्लीहा (Spleen)
- रक्त चाप रक्त दाब मापने के लिए किस उपकरण का प्रयोग किया जााता है? -स्फिग्नोमैनोमीटर

अशुद्ध रक्त का प्रवाह
हृदय- महाधमनी- धमनियाँ- धमनिकाएँ- कोशिकाएँ अंग

- कॉलेस्ट्राल की सामान्य सीमा मानव में कितनी है? -150-260 mg/100ml.
- रक्तसमूह AB को सार्वभौमिक ग्राही क्यों माना जाता है? -क्योंकि रक्त समूह में प्रतिरक्षी (Antibody) नहीं पायें जाते हैं
- प्रतिरक्षी (एंटीबॉडी) क्या है? -ग्लाइको प्रोटीन
- सिकल सेल एनीमिया (Sickle cell Anamia) का रोग किसकी विकृति से होता है? -RBC

रक्त परिसंचरण से सम्बंधी अंग एवं उनके कार्य	
• हृदय	– रक्त को सम्पूर्ण शरीर में प्रवाहित करना
• धमनियाँ	– रक्त को हृदय के अंगों तक पहुँचाना
• शिराएँ	– रक्त को शरीर से हृदय तक पहुँचाना
• कोशिकाएँ	– धमनी तथा शिरा के रक्त का सम्मिलन

- रिसैरपिन (Reserpine) नामक औषधि का प्रयोग किसलिए किया जाता है? -उच्च रक्त दाब को कम करने में
- कौन सी कोशिका प्रतिरक्षी (Antibody) का उत्पादन करती है? -लिम्फोसाइट

रक्त में उपस्थित प्रमुख पदार्थ	
• रक्त प्लाज्मा	– हल्के पीले रंग का तरल पदार्थ
• एल्बुमिन	– ओस्मोटिक दाब स्थापित करता है
• ग्लोब्युलिन	– संक्रामक रोगों से रक्षा करता है
• फाइब्रिनोजन	– रक्त का स्कंदन करता है

- कणिका विहीन रक्त का तरल भाग क्या कहलाता है? -प्लाज्मा
- यदि दोनों जनकों (Parents) का रुधिर वर्ग AB हो, तो उनके बच्चों का संभावित रुधिर वर्ग क्या होगा? -A, B और AB
- स्वस्थ मनुष्य के रक्त में प्लेटलेट्स की संख्या सामान्यत: कितनी होनी चाहिए? -150,000 से 450,000
- एक वयस्क मनुष्य के रक्त में प्रति 100 मि.ली. में हीमोग्लोबिन की मात्रा कितनी होती है? -14.5 ग्राम

पेप्सिन, ट्रिप्सिन एवं टायलिन (Pepsin, Trypsin and Tyline) एन्जाइम पाचन में सहायक होते हैं।

माता-पिता के रक्त समूह के आधार पर बच्चों में सम्भावित रक्त समूह

समूह	संभावित रक्त समूह	असंभावित रक्त समूह
• O × O	O	A, B, AB
• O × A	O, A	B, AB
• O × B	O, B	A, AB
• O × AB	A, B	O, AB
• A × A	A, O	B, AB
• A × B	A, B, O, AB	कोई नहीं
• A × AB	A, B, AB	O
• B × B	B, O	A, AB
• B × AB	A, B, AB	O
• AB × AB	A, B, AB	O

- सामान्य रूप से लाल रक्त कणिकाओं की आयु कितनी होती है? -100-120 दिन
- रक्त में ग्लूकोज की मात्रा में वृद्धि को क्या कहते हैं? -हाइपरग्लाइसीमिया (Hyperglycemia)

रक्त सम्बंधी समस्याएँ	
• उच्च रक्त दाब	– हाइपरटेन्शन
• निम्नरक्त दाब	– हाइपोटेन्शन
• हीमोफीलिया	– आघात से रक्तस्राव
• अरक्तता	– हीमोग्लोबिन की कमी

धमनियाँ हृदय से आक्सीजन युक्त रुधिर (Oxygenated Blood) को शरीर के विभिन्न अंगों में ले जाती है।

अंतः स्त्रावी ग्रंथियाँ एवं हार्मोन (Endocrine Glands and Hormones)

- दुग्ध निष्कासन हॉर्मोन **ऑक्सीटोसिन** का स्त्राव कौन सी ग्रन्थि करती है? **-पीयूष ग्रन्थि** (Pituitary Gland)
- **माँ** और **शिशु** के मध्य गले लगना या चूमना किस हार्मोन के स्रावण को प्रेरित करता है? **-ऑक्सीटोसिन** (Oxytocin)

> मानव शरीर में **परावटु ग्रंथि** (Parathyroid Gland) से स्रावित होने वाला **परावटु हॉर्मोन** (Parathyroid Hormone) रक्त में **कैल्शियम** और **फॉस्फेट** की मात्रा **विनियमित** (Regulate) करता है।

- किस हॉर्मोन में **आयोडीन** उपस्थित होता है? **-थॉयरॉक्सिन**
- **इन्सुलिन** हॉर्मोन किस अंग से स्रावित होता है? **-अग्नाशय से**

> मनुष्य में **पित्त का निर्माण यकृत** (Liver) में होता है तथा **पित्त का संचय**, **पित्ताशय** (Gallbladder) में होता है।

- **थायराइड ग्रन्थि** को **थाइरॉक्सिन स्त्रावित** करने के लिए उत्तेजित करने वाला **अंत:स्त्रावी हॉर्मोन** कौन सा है? **-TSH** (Thyroid Stimulating Hormone)
- **लड़ो और उड़ो** (Fight and Fly) के नाम से किस हॉर्मोन को जाना जाता है? **-एड्रीनेलीन** (Adrenaline)
- मानव शरीर का **सामान्य तापमान** कितना होता है? **-98.6°F** (37°C)

> शरीर में अतिरिक्त **ग्लूकोज**, **ग्लाइकोजन में परिवर्तित** हो कर **यकृत** में संरक्षित रहता है।

- शरीर में कौन सी ग्रंथियाँ **वाहिनीहीन** (Ductless) है? **-अंतः स्रावी ग्रंथियाँ**
- पशुओं के **थनों में दूध उतारने** के लिये किस **हॉर्मोन** का **इंजेक्शन** लगाया जाता है? **-ऑक्सीटोसिन हार्मोन**
- मनुष्य में **मधुमेह** (Diabetes) रोग किस हार्मोन की कमी से होता है? **-इन्सुलिन**
- **अग्नाशय** (Pancreatic) को **पाचक रस** के उत्पादन के लिये **उत्तेजित करने वाला हॉर्मोन** कौन सा है? **-सिक्रिटिन** (Secretin)

> यदि अग्नाशय में कोई विकार उत्पन्न हो जाये तो **इन्सुलिन** (Insulin) और **ग्लुकागॉन** (Glucagon) का निर्माण नहीं होगा।

- कौन सी **ग्रंथि वृद्धि हार्मोन** का रिसाव करती है? **-पीयूष ग्रंथि**
- मानव शरीर में सबसे छोटी **अंत:स्त्रावी ग्रंन्थि** कौन सी है? **-पीयूष ग्रंथि** (Pitutary Gland)
- **हार्मोन्स** की **अनियमितता** के कारण होने वाले रोग को क्या कहा जाता है? **-कार्यात्मक रोग** (Functional Disease)

मानव हॉर्मोन तथा उनकी भूमिका

हार्मोन	शरीर में भूमिका
• सोमेटोस्टेटिन	वृद्धि हार्मोन के स्रावण को रोकना।
• ऑक्सीटोसिन व पिटोसिन	• प्रसव के समय गर्भाशय के फैलाव एवं संकुचन को प्रेरित करता है। • स्तन ग्रंथियों से दुग्ध स्रावण को प्रेरित करता है।
• मेलाटोनिन	• यह सोने-जागने के चक्र को नियंत्रित करता है।
• एड्रिनेलीन (एपिनेफ्रीन)	• हृदय स्पंदन, रुधिर दबाव व श्वसन का नियमन। • शरीर को युद्ध या पलायन के लिए तैयार करता है।
• एस्ट्रोजन	• स्त्रियों में सहायक प्रजनन अंगों की वृद्धि व विकास। • स्त्रियों में द्वितीयक लैंगिक लक्षणों का विकास।
• प्रोजेस्टेरॉन	• गर्भाशय को भ्रूण के अंधिरोपण के लिए तैयार करता है। • गर्भाशय बनाए रखने में सहायक है।
• टेस्टोस्टेरॉन	• पुरुष के सहायक प्रजनन अंगों की वृद्धि व विकास। • पुरुष द्वितीयक लैंगिक लक्षणों का विकास। • पेशियों के विकास में सहायक।
• रेनिन	• **एल्डोस्टेरॉन** (Aldosterone) के स्रावण को प्रेरित करना। • प्लाज्मा प्रोटीन **एन्जियोटेन्सीनोजन** को **एन्जिटेन्सिन** में तोड़ता है, जो हृदय की स्पंदन की दर को बढ़ाता है।

> **एड्रीनेलीन** हॉर्मोन के स्रावित होने से **हृदय गति बढ़** जाती है तथा **उत्तेजना** (Excitement) **का अनुभव** होता है

- किस ग्रंथि को **मास्टर ग्रंथि** भी कहा जाता है?

-पीयूष ग्रंथि को

- **वैसोप्रोसिन हार्मोन** की कमी से कौन-सा रोग हो जाता है?

-डाइयूरेसिस (Diuresis)

- स्तन धारियों में **दुग्ध-स्राव** को कौन से हार्मोन उत्तेजित करते है?

-ऑक्सीटोसिन एवं प्रौलैक्टिन

- **पैरोटिड ग्रंथि** कहाँ पायी जाती है? **-कान के नीचे**

- मानव शरीर में सबसे बड़ी **अंत: स्रावी ग्रन्थि** कौन सी है?

-थाइरॉयड (Thyroid)

- **थाइमस ग्रन्थि** द्वारा उत्पन्न होने वाला हार्मोन है? **-थाइमोसिन**

- **गर्भनिरोधक दवाई** के रूप में किस **हार्मोन** की गोलियाँ दी जाती है? **-एस्ट्रोजन**

- **पीयूष ग्रंथि** (Pituitary Gland) किस अंग में पायी जाती है?

-मस्तिष्क

- कौन सी ग्रंथि **अंत: एवं बाह्य स्रावी** दोनों प्रकार की हैं?

-आग्नाशय

- कौन सा वर्णक मानव की **त्वचा** को रंग प्रदान करता है?

-मेलानिन

- कौन सी ग्रन्थि मानव शरीर के **तापमान** को नियंत्रित करने में सहायता प्रदान करती है? **-थायरॉयड**

ग्रन्थि (Gland)	हार्मोन (Hormone)
• अग्नाशय	ग्लूकैगॉन
• पीयूष	थायरॉयड उद्दीपक हार्मोन
• अधिवृक्क	कोर्टिसोल
• वृक्क	विटामिन D

- **मनुष्य** के **नवजात शिशु** को स्तन ग्रंथि से निकले पहले स्राव को पिलाया जाता है, जिसे **कोलोस्ट्रम** कहते हैं। **कोलोस्ट्रम** शिशु के लिए किस प्रकार लाभदायक है?

-यह शिशु को रोग प्रतिरोधक शक्ति प्रदान करता है।

- **इंसुलिन** में कौन सी **धातु** मौजूद है? **-जस्ता**

- मानव शरीर का कौन सा हार्मोन रक्त के **फॉस्फेट** व **कैल्शियम** को नियंत्रित करता है? **-परावटु**

हॉर्मोन शरीर के **उपापचय**, **वृद्धि**, **जनन**, **रुधिर दाब**, **रुधिर में जल** और **लवण की मात्रा** आदि का नियंत्रण करते है।

- **आयोडीन-युक्त नमक** क्यों उपयोगी होता है?

- क्योंकि यह थाइरॉयड ग्रंथि का नियंत्रण करता है।

- **यकृत** एवं **माँसपेशियों** में ऊर्जा किस रूप में जमा होती है?

-ग्लाइकोजन के रूप में

मुख्य ग्रांथियाँ (Important Glands)

- **हार्डेरियन ग्रंथियाँ** (Harderian Glands) : नेत्रों में स्राव द्वारा चिकनाई प्रदान करती है।
- **यूट्रीकुलर ग्रंथियाँ** (Utricular Glands) : कॉकरोच एवं कीटों के मादा जननांगों की ग्रंथियाँ।
- **आँत ग्रंथियाँ** (Intestinal Glands) : कशेरुकी प्राणियों की आँतों में स्थित।
- **श्लेश्म ग्रंथियाँ** (Mucous Glands) : मेंढक की त्वचा में म्यूकस का स्राव करते हैं।
- **ब्रूनर्स ग्रंथियाँ** (Brunners Glands) : कशेरुक प्राणियों की ग्रहणी में संरक्षक **प्रति-अम्ल** का स्राव करती है।
- **प्रोस्टेट ग्रंथियाँ** (Prostate Glands) : स्तनियों तथा केंचुए के नर जननांगों की सहायक ग्रंथियाँ।
- **काउपर ग्रंथियाँ** (Cowper's Glands) : स्तनियों के नर जननांगों की सहायक ग्रंथियाँ।
- **वाइटेलाइन ग्रंथियाँ** (Vitelline Glands) : प्लेटीहैल्मिन्थीस प्राणियों के जननांगों में पायी जाती हैं।
- **फीमोरेल ग्रंथियाँ** (Femoral Glands) : सरीसृप जन्तुओं की जंघाओं पर पाई जाती हैं।
- **वसा ग्रंथियाँ** (Fat Glands) : स्तनियों की त्वचा में पाई जाती हैं।
- **स्वेद ग्रंथियाँ** (Sudoriferous Glands) : स्तनियों की त्वचा में पसीने की ग्रंथियाँ।
- **स्वेमरेडन ग्रंथियाँ** : मेंढक के कशेरुक स्तम्भ के दोनों ओर स्थित होती है।
- **स्तन ग्रंथियाँ** (Mammary Glands) : स्तनियों में दूध का स्राव करती हैं।
- **सेरुमिनस ग्रंथियाँ** (Ceruminous Glands) : स्तनियों की कर्णगुहा से मोम के समान पदार्थ का स्राव करती हैं।
- **लैक्राइमल ग्रंथियाँ** (Lacrimal Glands) : ये नेत्रों में उपस्थित होती हैं।
- **डीप ग्रंथियाँ** (Deep Glands) : संयुक्त नालाकार ग्रसनीय ग्रंथियाँ, जो म्यूकस (श्लेष्मा) स्रावित करती हैं।

हाशीमोटो रोग में शरीर स्वत: **थायरॉइड ग्रंथि को नष्ट** कर देता है, इसलिए इसे **थाइरॉयड की आत्महत्या** कहते हैं।

रोग एवं उपचार (Disease and Treatment)

- पानी से भय (Hydrophobia) नामक बीमारी किसके द्वारा उत्पन्न होती है? -विषाणु के द्वारा
- मस्तिष्क तथा मेरुरज्जु पर चढ़ी झिल्ली में सूजन आ जाना किस रोग के लक्षण हैं? -मेनेन्जाइटिस (Meningitis)
- शिशुओं में अतिसार (Diarrhoea) का क्या कारण है? -रोटा वायरस

वातोत्माद हिस्टीरिया (Hysteria) रोग सामान्यत: युवा महिलाओं को प्रभावित करता है।

- अंध बिन्दु या पीत बिन्दु आँख के किस भाग में पाए जाते हैं? -दृष्टिपटल (Retina)
- आँख में प्रकाश तरंगें किस स्थान पर स्नायु उद्वेगों में परिवर्तित होती है? -दृष्टिपटल
- सिलिकॉसिस रोग किस अंग से सम्बंधित है? -फेफड़े से

ट्रिपल एन्टीजन वैक्सीन (Triple Antigen Vaccine), नवजात शिशुओं को कुकर-खाँसी, टिटनेस और डिप्थीरिया रोगों से प्रतिरक्षित करने के लिए लगाई जाती है।

- मलेरिया रोग किस जीव कारण होता है? -प्रोटोजोआ
- भोजन विषाक्तता किस जीवाणु के कारण उत्पन्न होती है? -सैल्मोनेला बैसिलाई

मम्स, रेबीज एवं हर्पीज (Mums, Rabies and Herpes) आदि विषाणु जनित रोगों के समूह में आते हैं।

- जल में किसकी अधिकता के कारण इटाई-इटाई रोग होता है? -कैड्मियम
- फेनिलकीटोन्यूरिया रोग किससे सम्बंधित है? -मानसिक जड़ता से
- पोटैशियम अल्पता किससे सम्बद्ध है? -निम्न रक्तचाप से
- मलेरिया से कौन सा अंग प्रभावित होता है?-प्लीहा (Spleen)
- आनुवांशिक रोग लिंग-सहलग्न है -रॉयल हीमोफीलिया

भारत में मलेरिया के 65% रोगियों के लिए पी. वाइवैक्स (P. Vivax) परजीवी उत्तरदायी हैं।

- हीमोफीलिया (Haemophilia) एक आनुवांशिक विकार है जिससे- -रक्त का स्कन्दन नहीं होता है।
- डेंगू बुखार होने पर मानव शरीर में किसकी कमी होने लगती है? -प्लेटलेट्स
- मलेरिया-प्लाज्मोडियम नामक परजीवी की खोज किस वैज्ञानिक ने की थी? -सर रोनाल्ड रॉस
- ट्यूमर की पहचान के लिए किस रेडियोधर्मी समस्थानिक (Radioactive Isotopes) का प्रयोग किया जाता है? -ऑर्सेनिक-74

यदि मूत्र के साथ एल्बुमिन (Albumin) की मात्रा आ रही हो, तो वृक्क (Kidney) के प्रभावित होने की संभावना होती है।

- साल्क टीका (Salk vaccine) किस रोग से सम्बन्धित है? -पोलियो (Polio)

साल्क टीके का आविष्कार जोनस साल्क ने वर्ष 1952 में किया था।

- एथलीट फूट (Athlelet's Foot) नामक बीमारी किससे होती है? -फफूँद (Fungus) से
- मनुष्य के शरीर में रक्त प्रवाह की गति मापने के लिए किस रेडियो एक्टिव तत्व का प्रयोग किया जाता है? -रेडियो-सोडियम
- पॉलिश युक्त चावल के सेवन (Consumption) से कौन सा रोग होने की संभावना होती है? -बेरी-बेरी
- प्लाज्मोडियम परजीवी का वाहक जीव कौन है? -मच्छर

हानिकारक विकिरणों से मनुष्य के अंगों में से मस्तिष्क सबसे कम तथा आँख सबसे अधिक प्रभावित होती है।

- एम.आर.आई. (MRI) का पूर्ण रूप क्या है? -मैग्नेटिक रेजोनेन्स इमेजिंग (Magnetic Resonance Imaging)
- BMD परीक्षण किसकी पहचान करने के लिए किया जाता है? -अस्थिरंध्रता (Osteoporosis) के लिए
- कौन सा मच्छर जीका वायरस का वाहक है? -ऐडिज
- मधुमेह के उपचार में प्रयोग होने वाले हॉर्मोन इन्सुलिन का अविष्कार किसने किया था? -एफ.जी. बैंटिंग ने

पेयजल में नाइट्रेट की अधिक मात्रा होने के कारण ब्लू बेबी सिन्ड्रोम (Blue Baby Syndrome) नामक बीमारी होती है।

पर्यावरणीय प्रदूषण (Environmental pollution) द्वारा होने वाले रोग **एम्फाइसीमा** से **फुफ्फुस** (फेफड़े) प्रभावित होते हैं।

- मानव शरीर का कौन सा अंग **एल्जाइमर** (Alzheimer) **रोग** से प्रभावित होता है? **-मस्तिष्क**

पोलियो (Polio) एक **विषाणु जनित रोग** है जिसका **वायरस** शरीर में दूषित **भोजन** तथा **जल के माध्यम** से प्रवेश करता है।

- **मस्तिष्क की बीमारी** को किससे पहचाना जाता है? **-विद्युत मस्तिष्क लेख** (EEG-Electro Encephalo Graph)
- **सामान्य जुकाम** (Common Cold) किस वायरस के द्वारा होता है? **-रिनो विषाणु** (Rhino Virus)
- **एनोस्मिया** (Anosmia) नामक रोग किससे सम्बंधित है? – **सूँघने की शक्ति** (घ्राण संवेदना) **की कमी से**
- **सल्फा दवाइयाँ** किन बीमारियों के उपचार में उपयोगी हैं? **-जीवाणु जनित बीमारियों के लिए**
- **डी.पी.टी.** (D.P.T) **वैक्सीन** का प्रयोग किन बीमारियों से बचाव के लिए किया जाता है? **-डिप्थीरिया, काली खाँसी** एवं **टिटनेस**
- **हृदय की धड़कन** किस तत्व द्वारा नियंत्रित की जाती है? **-पोटैशियम**

जीवाणु जनित रोग

रोग	कारक जीवाणु
• **हैजा** (Cholera)	विब्रियो कोलेरी (Vibrio cholerae)
• **डिफ्थीरिया**	कॉरिनबैक्टीरियम डिफ्थेरिआई
• **क्षय रोग**	माइकोबैक्टीरियम ट्यूबरकुलोसिस
• **कोढ़** (Leprosy)	माइकोबैक्टीरियम लैप्रोसी
• **टिटनेस**	क्लॉस्ट्रिडियम टिटेनी
• **टायफॉइड**	साल्मोनेला टायफोसा
• **प्लेग**	पाश्चुरेला पेस्टिस
• **काली खाँसी**	बोर्डीटेला परटूसिस
• **न्यूमोनिया**	डिप्लोकोकलन्यूमोनी
• **गोनोरिआ**	निसेरिया गोनोरहोई
• **सिफिलिस**	ट्रेपोनेमा पैलिडियम
• **सूजाक**	गोनोकॉकस गोनोरहोई

ऐमिनोसैसिलिक एसिड प्रतिसूक्ष्मजीवी औषधियों के रूप में **यक्ष्मा** (Tuberculosis) और **कुष्ठ** (Leprosy) दोनों की चिकित्सा के लिए उपयुक्त है।

- संक्रमित **चूहे के काटने** से कौन सा रोग होता है? **-प्लेग**
- **अबिन्दुकता** (Indisposition) नामक रोग किस अंग को प्रभावित करता है? **-आँखों की**

निंद्रा रोग (Sleeping Sickness) नामक बीमारी **ट्रिपेनोसोमा नामक प्रोटोजोआ** से होती है।

- **फाइलेरिया** नामक रोग किसके कारण होता है? **-गोलकृमि** (Roundworm)
- **HIV** द्वारा होने वाला रोग कौन सा है? **-एड्स**
- **डाउन सिंड्रोम** (Down Syndrome) नामक आनुवंशिक विकार किसके कारण होता है? **-गुणसूत्रों की संख्या में परिवर्तन के कारण**

एड्स (AIDS) रोग **HIV** नामक विषाणु से होता है, जिसमें **RNA** एवं **प्रोटीन** पाया जाता है।

- **AIDS** किसका संक्षिप्त रूप है? **-एक्वायर्ड इम्यूनो डिफिशियेन्सी सिन्ड्रोम**
- एड्स वायरस **एच.टी.एल.वी.** (HTLV-III) की खोज किसने की थी? **-रॉबर्ट गेलो**
- **AIDS के उपचार** के लिए सबसे उपयुक्त दवाई कौन सी है? **-जीडोवुडिन** (एजीडोथाइमिडीन)

जापानी एनसेफेलाइटिस (Japanese Encephalitis) बीमारी **विषाणु** के कारण फैलती है। इसके उन्मूलन के लिए **सुअरों को मानव रिहायशी क्षेत्र से दूर** रखना आवश्यक है।

- **एलिसा** (ELISA) **परीक्षण** किस रोग की पहचान के लिए किया जाता है? **-एड्स के लिए**
- **थैलेसीमिया** (Thalassemia) के रोगी में शरीर किसके संश्लेषण की क्षमता नहीं रखता है? **-हीमोग्लोबिन**
- स्त्रियों की तुलना में पुरुष **वर्णांधता** (Color Blindness) से अधिक प्रभावित होते हैं। **-उनमें केवल एक X क्रोमोसोम होता है**

एड्स, छोटी माता एवं **गलसुआ** तीनों संक्रामक बीमारियाँ हैं।

- **एफ्लाटॉक्सिन** खाद्य **विषाक्तन** (Poisoning) द्वारा कौन सा अंग प्रभावित होता है? **-यकृत**

रोगों की प्रकृति, **लक्षणों** एवं **कारणों** का अध्ययन **रोग विज्ञान** (Pathology) कहलाता है।

- ब्राइट्स रोग से शरीर का कौन सा अंग प्रभावित होता है? -गुर्दा
- इंटरफेरॉन का प्रयोग किसके नियंत्रण के लिए किया जाता है? -कैंसर (Cancer)
- सिलिकॉसिस क्या है? -फेफड़ों से सम्बंधित रोग
- मक्का में सफेद कली किस तत्व की कमी से होती है? -जिंक (Zn)
- सफेद किट्ट किस फसल का रोग है? -सरसों का
- पाइरिला किस फसल में लगने वाला कीट है? -गन्ना
- भिण्डी में पीत वर्ण शिरा रोग किस कारण होता है? -सफेद मक्खी से

खसरा (Measles) रोग को एंटीबायोटिक्स (Antibiotics) द्वारा ठीक नहीं किया जा सकता है।

- गामा ग्लोबुलीन इंजेक्शन का प्रयोग किस रोग के उपचार के लिए किया जाता है? -हेपेटाइटिस
- रानीखेत रोग किससे सम्बंधित है? -मुर्गियों से
- गेहूँ में होने वाले दो प्रमुख कवक रोग कौन से हैं? -काला किट्ट (Black Kitt) और स्मट (Smut)
- धान का टुंगरो विषाणु किसके द्वारा प्रसारित होता है? -हरी पत्ती के फुदके (Leafhopper) द्वारा

बर्ड फ्लू (Bird Flu) H_5N_1 इन्फ्लूएन्जा विषाणु के कारण होता है।

- बी.सी.जी. (Bacille Calmette Guerin-BCG) का टीका नवजात शिशु को कब लगाया जाता है? -जन्म के तुरन्त बाद

पशुओं में प्रोटोजोआ जनित रोग	
रोग का नाम	**रोग के लक्षण**
• कॉक्सीडियोसिस	रक्तस्रावी आंत्रशोथ, खूनी पेचिस
• बबेसिएसिस	तीव्र ज्वर, रक्तअल्पता
• थीलेरियोसिस	तीव्र ज्वर, वाह्य लसीका ग्रंथियों में सूजन
• एनाप्लाज्मोसिस	लाल रक्त कणों का विनाश
• ट्रिपनोसोमिएसिस	ज्वर, रक्त
• ट्राइकोमोनिएसिस	गर्भपात व बंध्यता

विषाणु जनित रोग	
रोग	**कारक विषाणु**
• छोटी माता	वैरिसेला वायरस
• खसरा (Measles)	मोर्बिली वायरस
• पोलियो	पोलियो वायरस
• रेबीज	रेबीज वायरस
• चेचक	वैरिओला वायरस
• जननांग हर्पिस	हर्पिस वायरस
• एड्स	ह्यूमन इम्यूनोडिफिशियेंसी वाइरस (HIV)
• हेपेटाइटिस	हेपेटाइटिस वायरस
• इंफ्लुएन्जा	मिक्सोवाइरस-इंफ्लुएँजाइ
• गलसुआ	मम्प्स वायरस
• जेनाइटल हर्पिस	सिम्प्लैक्सवेजिनेलिस
• डेंगू	डेंगू वायरस
• कोविड-19	कोरोना वायरस

- यकृतशोथ (Hepatitis) कैसा रोग है? -विषाणुजनित रोग
- रोगों के संचरण के लिए उत्तरदायी कीटों को क्या कहते हैं? -वेक्टर
- थैलेसीमिया (Thalassemia) एक आनुवांशिक बीमारी है यह किसको प्रभावित करता है? -रुधिर (Blood) को
- ग्लाइकोमा किस अंग का रोग है? -नेत्र का
- पोलियोमाइलेटाइस रोग किससे फैलता है? -विषाणु से
- रक्त में Rh क्या है? -प्रतिजन

कोरोना वायरस एवं कोविड-19

- कोरोनावायरस ऐसे विषाणुओं का एक बड़ा समूह है, जो मानव तथा जानवरों में रोग उत्पन्न कर सकते हैं। अनेक कोरोना वायरस मानवों में श्वसन संक्रमण (Respiratory Infections) उत्पन्न करते हैं, जो सामान्य जुकाम से लेकर मर्स (MERS: Middle East Respiratory Syndrome) व सार्स (Severe Acute Respiratory Syndrome) तक हो सकते हैं।

B-कोशिका, कोशिका के बाहर के आक्रमणकारियों को नष्ट करती है, जबकि T-कोशिका संक्रमित कोशिकाओं को नष्ट करती है।

- वर्तमान में विश्व भर में फैले संक्रमण को **कोरोना वायरस डिजीज कोविड-19** (COVID-19) नाम दिया गया है। यह संक्रमण **चीन के वुहान** शहर में **दिसम्बर-2019** में फैला और कुछ ही दिनों में इसने विश्वव्यापी **महामारी** (Pandemic) का रूप ले लिया। **विश्व स्वास्थ्य संगठन** (WHO) की वेबसाइट पर उपलब्ध **10 जनवरी, 2021** तक के आँकड़ों के अनुसार, वैश्विक स्तर पर **8.9 करोड़** से अधिक लोग कोविड-19 से संक्रमित हो चुके हैं जिनमें से **19 लाख** से अधिक लोगों की मृत्यु हो चुकी है।

कोविड-19 के लक्षण

- **सामान्य लक्षण:** बुखार, सूखी खाँसी, थकान आदि। **कम सामान्य लक्षण:** सिरदर्द, शरीर के अन्य भागों में दर्द, गले में खरास, स्वाद एवं सूँघने की क्षमता में कमी, डायरिया, **नेत्रश्लेष्मकलाशोथ** (Conjunctivitis) आदि।

उपचार

- विश्व के विभिन्न देशों के वैज्ञानिक समुदायों के अथक प्रयासों के परिणामस्वरूप बहुत कम समय में कोविड-19 के विरुद्ध अनेक प्रतिरक्षा वैक्सीनों के विकास में सफलता प्राप्त की गई है। प्रमुख वैक्सीन निम्नवत हैं- **कोविडशील्ड** (ऑक्सफोर्ड - एस्ट्राजेनका), **मॉडर्ना** (USA), **कोवैक्सीन** (भारत बायोटेक, भारत), **कॉर्बेवैक्स** (भारत), **स्पुतनिक V** (रूस), **कोविड-19 जानसेन** (जॉनसन एण्ड जॉनसन, नीदरलैण्ड्स), **कोरोना वैक** (साइनोवैक, चीन)।

कोविड-19 से बचाव के उपाय

- एक दूसरे से पर्याप्त दूरी (लगभग 6 फीट) रखना अर्थात् **सामाजिक दूरी** (Social Distancing) का पालन करना।
- घर से बाहर निकलने पर मुँह और नाक को ढकने के लिए **मास्क**, **फेसकवर**, **गमछा** आदि का प्रयोग करना।
- किसी भी सम्भावित संक्रमित वस्तु अथवा व्यक्ति को छूने के बाद साबुन से हाथ धोना अथवा **हैण्ड सैनिटाइजर** का प्रयोग करना।
- इस सम्बंध में सरकार व प्रशासन द्वारा दिए गए निर्देशों का पालन करना।

जीवाणु जनित रोग

रोग	कारक जीवाणु
हैजा (Cholera)	विब्रियो कोलेरी (Vibrio cholerae)
डिफ्थीरिया	कॉरिनबैक्टीरियम डिफ्थेरिआई
क्षय रोग	माइकोबैक्टीरियम ट्यूबरकुलोसिस
कुष्ठ रोग (Leprosy)	माइकोबैक्टीरियम लैप्रोसी
टिटनेस	क्लॉस्ट्रिडियम टिटेनी
टायफॉइड	साल्मोनेला टायफोसा
प्लेग	पाश्चुरेला पेस्टिस
काली खाँसी	बोर्डीटेला परटूसिस
न्यूमोनिया	डिप्लोकोकलन्यूमानी
गोनोरिआ	निसेरिया गोनोरहोई
सिफिलिस	ट्रेपोनेमा पैलिडियम
सूजाक	गोनोकॉकस गोनोरहोइ

- **टिक्का** रोग किसमें होता है? **-मूँगफली**
- **हाइड्रोफोबिया** रोग मुख्यत: किस विषाणु के कारण उत्पन्न होता है? **-रेबीज वायरस**
- **खसरा** किस संक्रमण के कारण होता है? **-विषाणु**
- जन्तुओं में होने वाली **फूट एण्ड माउथ** रोग किसके कारण उत्पन्न होती है? **-विषाणु**
- **वृक्षों की छालों** पर उगने वाले **कवक** कहलाते हैं? **-कोर्टीकोलस**
- **खैरा रोग** किसके कारण होता है?**-जस्ता की कमी के कारण**
- चाय में **लाल रस्ट रोग** किसके कारण है? **-हरे शैवाल**
- **नीबू का कैंकर** रोग किसके कारण होता है? **-जीवाणु**
- पचे हुए भोजन में मौजूद विषैले पदार्थ का कौन सा अंग चूषण करता है? **-यकृत**
- **कालाजार का संचार** किससे होता है? **-सिकता मक्खी**
- **काली खाँसी** से बचाव के लिए शिशुओं को कौन सा टीका लगाया जाता है?**-DPT** (Diphtheria, Pertussis, and Tetanus)

महत्वपूर्ण वैज्ञानिक क्षेत्र एवं उनके जनक

- आनुवंशिकी के जनक - **जी. जे. मेण्डल**
- सूक्ष्म जैविकी के जनक - **लुई पाश्चर**
- प्रतिरक्षा विज्ञान के जनक - **एडवर्ड जेनर**
- जीवाणु विज्ञान के जनक - **रॉबर्ट कोच**

प्रोटोजोआ जनित रोग	
रोग	कारक प्रोटोजोआ
• मलेरिया	प्लाज्मोडियम वाइवैक्स
• अमीबिएसिस	एण्टअमीबा सिम्लैक्स
• काला-अजार	लीशमैनिया (बालू मक्खी के काटने से)
• पाइरिया	एण्टअमीबा जिन्जिवेलिस
• सोने की बीमारी	ट्रिपेनोसोमा

फुफ्फुसधूलिमयता (Pneumoconiosis) से कोयला खनन उद्योगों में कार्यरत श्रमिक रोगग्रस्त होते हैं।

कृमि जनित रोग	
रोग	कारक कृमि
• फाइलेरिएसिस	वूचेरेरिया बैंक्रोफ्टाई, बुर्गिया तिमोरी
• टीनिएसिस	टीनिया सोलियम
• ऐस्कोरिएसिस	ऐस्केरिस लुम्ब्रीकॉइडिस

कवक जनित रोग	
रोग	कारक कवक
• एथलीट फुट	ट्राइकोफाइटोन, माइक्रोस्पोरम
• खाज (Scabies)	एकेरस स्केबीज
• दाद (Ringworm)	ट्राइकोफाइटोन, एपिडर्मोफाइटोन

पौधे में लगने वाले महत्वपूर्ण रोग

कवकजनित पादप रोग और रोगकारी कवक	
• आलू का विलंबित अंगमारी	फाइटोफ्थोरा इनफेस्टेन्स
• आलू का पूर्व अगमारी	आल्टरनेरिया सोलनी
• मूँगफली का टिक्का रोग	सरकोस्पोरा परसोनेटा
• गन्ना का लाल विगलन	कोलेटोट्राइकम फालकेटम
• गेहूँ का काला किट्ट	पक्सीनिया ग्रेमीनिस ट्रिटिसी
• गेहूँ का श्लथकंड	अस्टीलेगो ट्रिटिसी
• गेहूँ का चूर्ण आसिता	इरीसाइफी ग्रेमीनिस
• क्रूसीफेर का सफेद किट्ट	एलब्यूगो कैनडिडा
• बाजरा का मृदुरोमेल आसिता	स्केलेरोस्पोरा ग्रेमिनीकोला
• क्रूसीफेर का मृदुरोमिल आसिता	पेरोनोस्पोरा पैरासाइटिका
• बाजरा का इरगॉट	क्लेवीसेप्स सुइफॉरसिस
• आलू का वार्ट रोग	सिनकीट्रियम इन्डोबायोटिकम
• बाजरा का ग्रीन इयर रोग	स्केलेरोस्पोरा ग्रेमिकोला
• राई का इरगॉट रोग	क्लेवीसेप्स परपूरिया
• ब्राउन लीफ स्पॉट ऑफ राइस	हेलमिन्थोस्पोरियम ओराइजी

विषाणुजनित पादप रोग और रोगकारी विषाणु	
• तम्बाकू का मोजैक रोग	टोबेको मोजैक वाइरस
• आलू का मोजैक रोग	पोटेटो वाइरस -Y
• बंकी टाप ऑफ बनाना	बनाना वाइरस -1
• फूलगोभी का मोजैक रोग	फूलगोभी मोजैक वाइरस
• गाजर का लाल पत्ती रोग	गाजर लालपत्ती वाइरस

अजैविक पादप रोग	
• नींबू में डाईबैक	कॉपर की कमी
• आँवले में आंतरिक निक्रोसिस	बोरोन की कमी
• नींबू में लिटिल लीफ	कॉपर की कमी
• आम में लिटिल लीफ	जस्ता की कमी
• मटर में मार्श रोग	मैंगनीज की कमी
• धान में खैरा रोग	जस्ता की कमी
• फूलगोभी में ह्विप टेल	मॉलिब्डेनम की कमी
• चुकन्दर में हार्ट रॉट	बोरोन की कमी
• आलू का ब्लैक हार्ट रोग	भंडारण में O_2 की कमी
• फूलगोभी में ब्राउनिंग	बोरोन की कमी

जीवाणुजनित पादप रोग और रोगकारी कारक	
• आलू का शैथिल रोग	स्यूडोमोनास सोलेनेसियेरम
• धान का अंगमारी रोग	जैन्थोमोनास ओराइजी
• नींबू का कैंकर रोग	जैन्थोमोनास सीट्री
• गेहूँ का टून्ड रोग	कोरीनोबेक्टिरियम ट्रिटिकी
• एंगुलर लीफ स्पॉट ऑफ कॉटन	जैन्थोमोनास माल्वेसिएरम
• सेब, गुलाब, टमाटर का क्राउन गाल	एग्रोबैक्टीरियम ट्यूमीफॉसिएन्स
• आलू का स्कैब	स्ट्रेप्टोमाइसीज स्केबजी
• तम्बाकू का शैथिल रोग	स्यूडोमोनास सोलेनेसिएरम
• टमाटर का शैथिल रोग	स्यूडोमोनास सोलेनेसिएरम

विविध (Miscellaneous)

- **आनुवंशिक विज्ञान का जनक** किसे कहा जाता है?

  -ग्रेगर जॉन मेंडल

एजोला (Azolla) **एक जलीय फर्न** (Aquatic Fern) **है जो जैव उर्वरक** के रूप में प्रयोग किया जाता है, क्योंकि यह **नीलहरित शैवाल** का सहचारी है।

- **आनुवंशिकता की इकाई** को क्या कहते हैं? **-जीन**
- **सोयाबीन** में **नाइट्रोजन स्थिरीकरण** (Nitrogen Fixation) के लिए किस **बैक्टीरिया** का प्रयोग होता है?

  -राइजोबियम जैपोनिकम (Rhizobium Japonicum)
- **मेंडल** ने अपने **वंशागत नियमों** (Inheritance Rules) को प्रतिपादित करने के लिए किस पौधे पर प्रयोग किया?

  -मटर के पौधे पर

डी.एन.ए. (D.N.A.) में पाया जाने वाला **टायरोसीन** (Tyrosine) यौगिक **एमीनो अम्ल** का निर्माण नहीं करता है।

- **जैव उर्वरक** के रूप में किन **सूक्ष्मजीवों** का प्रयोग होता है?

  -साइनो बैक्टीरिया
- जीवों में **आनुवंशिक लक्षण** किसके माध्यम से सन्तानों में जाते हैं?

  -क्रोमोसोम द्वारा
- पुरुष **सेक्स हार्मोन** कौन सा है? **-टेस्टोस्टेरॉन**
- कौन सी ग्रंथि को एक विशेष हार्मोन का स्राव करने के लिए **आयोडीन** की आवश्यकता होती है, जिसकी कमी से घेंघा (Goiter) रोग होता है? **-थायरॉयड**

प्राणियों में **आहार**, **श्वसन** और **संश्लेषण उपापचय** (Metabolism) के तीन प्रमुख गुण है।

- **स्वेद वाष्पन** की क्रिया किससे सम्बंधित है?

  -ऊष्माशोषक क्रिया
- **कोलेस्ट्रॉल** (Cholesterol) क्या है?

  -जन्तु वसा में उपस्थित वसीय एल्कोहॉल
- **कार्बन डेटिंग विधि** का प्रयोग किसकी आयु निर्धारण हेतु किया जाता है? **-जीवाश्मों** (Fossils) **की**
- प्रथम **डायनोसोरियम** (Dinosaurium) **केन्द्र** कहाँ स्थापित किया गया था? **-हैदराबाद में**
- भोजन **वनस्पति घी की अपेक्षा तेल में** बनाना स्वास्थ्य के लिए लाभदायक क्यों माना जाता है?

  -क्योंकि तेल में असंतृप्त वसाएँ (Unsaturated Fats) **होती हैं।**

गति प्रेरक का कार्य **हृदय स्पन्दन** (Heartbeat) या **धड़कन को समंजित करना** है।

- **फेरोमोन्स** (Pheromones) किसमें पाए जाते हैं? **-कीटों में**
- **आयोडीन** किससे प्राप्त होता है? **-लैमिनेरिया** (शैवाल) **से**
- **ट्रैकोमा बीमारी** किस अंग से सम्बंधित है? **-आँख**
- **स्थानीय वनस्पतियों** का संग्रह क्या कहलाता है? **-हर्बेरियम**
- देश का पहला **बायो-डीजल संयंत्र** (Bio-Diesel Plant) किस राज्य में स्थापित किया गया? **-आंध्र प्रदेश में**
- **गुर्दे की पथरी** को किरणों द्वारा तोड़ना क्या कहलाता है-**लीथोट्रिप्सी**

शरीर के **आन्तरिक भागों के अवलोकन** के लिए प्रयोग में आने वाली परिकलित **टोमोग्राफी** (Tomography) के लिए **X-किरणें** प्रयोग में लाई जाती हैं।

- **शांति स्वरूप भटनागर पुरस्कार** किस क्षेत्र में प्रदान किया जाता है? **-विज्ञान**
- **पर्णहरित** (Chlorophyll) में कौन सा मुख्य तत्व पाया जाता है?

  -मैग्नीशियम
- **पेनिसिलीन** (Penicillin) के आविष्कारक कौन थे?

  -अलेक्जेंडर फ्लेमिंग
- **कृत्रिम रेशम** (Artificial silk) को किस नाम से जाना जाता है?

  -रेयॉन
- **2,4-D 2,4- डाइक्लोरोफीनॉक्सीएसिटिक एसिड का प्रयोग** किस रूप में किया जाता है? **-शाकनाशी** (Herbicide)
- **एक परजीवी पर दूसरे परजीवी के आश्रित** रहने की स्थिति क्या है? **-उप-परजीविता** (Sub-parasitism)
- **आँख की सुग्राहकता** किस रंग के लिए सबसे अधिक होती है? **-पीला** एवं **हरा**

ब्रिटिश वैज्ञानिक **चार्ल्स डार्विन** ने **दि ओरिजिन ऑफ स्पीशीज** (The Origin of Species) नामक पुस्तक की रचना की थी।

- बायो-डीजल बनाने में किस वनस्पति का प्रयोग में किया जाता है? -रतनजोत/जैट्रोफा
- ऊर्जा के वैकल्पिक स्रोतों के संदर्भ में जैव-ईंधन एथेनॉल (Bio-Fuel Ethanol) किससे प्राप्त किया जा सकता है? -गन्ना एवं मक्का से
- व्हाइट लेग हॉर्न किसकी एक किस्म है? -कुक्कुटों (Chicken) की
- दीमक (Termite) को अन्य किस नाम से जाना जाता है? -श्वेत चींटी (White Ant)

> भारत में हाई सिक्योरिटी एनिमल डिजीज लैबोरेटरी (High Security Animal Disease Laboratory) भोपाल में स्थित है।

- नेको (NACO-National AIDS Control. Organization) नामक संस्था है किससे सम्बंधित है? -एड्स से
- सी.डी.आर.आई. (Central Drug Research Institute -CDRI) कहाँ स्थित है? -लखनऊ में
- भारतीय सर्वेक्षण विभाग किस मंत्रालय के अधीन है? -विज्ञान और प्रौद्योगिकी मंत्रालय
- आक्सैनोमीटर (Auxanometer) का प्रयोग किसलिए किया जाता है? -पादपों की वृद्धि दर नापने में
- भारत का प्रथम दन्त चिकित्सा महाविद्यालय कहाँ स्थापित किया गया है? -कोलकाता में

> भ्रूणीय वृद्धि (Fetal Growth) को मापने के लिए अल्ट्रोसोनिक्स (Ultrasonics) तकनीक का प्रयोग किया जाता है।

- हेरोइन/नोस्कापीन किस पादप से निर्मित की जाती है? -अफीम पोस्ता से
- बारूदी सुरंगों का पता लगाने में कौन से जन्तु उपयोगी होते है? -मधुमक्खी
- मधुमक्खी-कालोनी के सदस्य अपने सदस्यों को कैसे पहचानते हैं? -नर्तन (Dance) से
- टमाटर के बीज रहित फल का उत्पादन किस प्रकार संभव है? -पुष्पों पर हॉर्मोन के छिड़काव से

> पॉली-हाउस (Poly-House) का प्रयोग पौधों को उगाने के लिए किया जाता है।

- मधुमक्खियों की भाषा की पहचान करने के लिए किसे नोबेल पुरस्कार से सम्मनित किया गया था? - कार्ल वॉन फ्रिश्क को (वर्ष 1973 में)
- अंगोरा ऊन किससे प्राप्त होती है? -खरगोश से
- गुरूत्व बल के विपरीत पौधे के तने में पानी की सक्रियता का क्या कारण है? -वाष्पोत्सर्जन
- उच्चवर्गीय पौधों में कौन सा जीवित ऊतक जैव पोषक वाहक का कार्य करता है? -फ्लोएम
- पेस मेकर (Pacemaker) किस नाम से जाना जाता है? -एस. ए. नोड्स (S.A. Nodes)
- शीतल पेयों में किस पदार्थ पर्याप्त मात्रा होती है? -कैफीन (Caffeine) की

> डाक्टरों द्वारा मरीजों के आन्तरिक भागों का परीक्षण करने वाला एन्डोस्कोप (Endoscope) प्रकाश के पूर्ण आन्तरिक परावर्तन (Total Internal Reflection) के सिद्धान्त पर कार्य करता है।

- हरगोविन्द खुराना को किस उपलब्धि के लिए नोबेल पुरस्कार से सम्मानित किया गया? -जेनेटिक कोड की व्याख्या तथा प्रोटीन के संश्लेषण में उसकी भूमिका को समझाने के लिए।
- प्रयोगशाला में सर्वप्रथम DNA का संश्लेषण किसने किया था? -हरगोविन्द खुराना ने
- श्वान (Dogs) उपजातियों में कौन सी उपजाति भौंकने में असमर्थ होती है? -डिंगो
- घोंसला बनाने वाला एकमात्र सर्प कौन सा है?-किंग कोबरा
- बीज के प्रकीर्णन की सेंसर विधि किस पादप में पायी जाती है? -पोस्ते में
- ऊँट अपने कूबड़ (Hump) का उपयोग किस लिए करता है? -वसा के संग्रह के लिए
- जार्विक-7 (कृत्रिम हृदय) का आविष्कार किसने किया था? -रॉबर्ट जार्विक ने

> संयुक्त राज्य अमेरिका की सेना द्वारा विएतनाम युद्ध में प्रयुक्त खरपतवार नाशक रसायन एजेन्ट ऑरेंज के नाम से जाना जाता है।

- वृक्ष की आयु कैसे निर्धारित की जाती है? -उसके तने में निर्मित वलयों की संख्या के आधार पर

> जिम्नोस्पर्म्स (Gymnosperm) के अन्तर्गत ऐसे पौधों को रखा जाता है, जिनमें बीज आवरण रहित (Naked) होते हैं।

- कार्बनिक पदार्थों में से कौन सा एक प्रकृति में सर्वाधिक प्रचुरता में पाया जाता है? –सेल्युलोज (Cellulose)
- निषेचन के बिना अंडे का विकास क्या कहलाता है? –अनिषेच जनन
- धान के पौधे उगाने की डैपाग विधि (Dapag Method) किस देश में विकसित हुई थी? –फिलीपीन्स में
- नेत्रदान में आँख के किस हिस्से को प्रतिरोपित (Transplant) किया जाता है? –कॉर्निया (Cornea)

दक्षिण अफ्रीका के डॉ.क्रिश्चियन बर्नार्ड द्वारा हृदय का प्रथम प्रतिस्थापन (First Replacement of Heart) किया गया था।

- भारत में विकसित धान की प्रथम बौनी किस्म कौन सी थी? –जया
- हृदय में कितने कक्ष (Chambers) होते हैं? –4
- वह कौन सा जीव है, जिसमें पित्ताशय (Gall Bladder) नहीं होता है? –चूहा
- मुख्य मच्छर विकर्षक (Mosquito Repellent) पदार्थ किस पादप से प्राप्त होता है? –नीम
- भारतीय सर्वेक्षण विभाग का मुख्यालय कहाँ स्थित है? –देहरादून (उत्तराखण्ड) में
- रक्त दाब (Blood Pressure) का नियंत्रण किस ग्रंथि के द्वारा होता है? –अधिवृक्क ग्रंथि द्वारा
- जैव प्रौद्योगिकी द्वारा कैंसर के उपचार के लिए कौन सी औषधि तैयार की गई है? –इंटरफ्रेरॉन (Interferon)
- प्रतिजन (Antigen) वह पदार्थ है, जो– –प्रतिरक्षी (Antibody) के निर्माण को उत्प्रेरित करता है।
- पशु का तापक्रम किस यंत्र से मापा जाता है? –वेटनरी थर्मामीटर
- लोही (Lohi) किस जन्तु अथवा पादप की नस्ल है? – भेड़

केसर (Saffron) पौधे के वर्तिकाग्र (Stigma) से प्राप्त होता है।

- बी.टी. बैंगन (B.T. Brinjal) क्या है? –आनुवंशिक रूप से परिवर्तित बैंगन
- गाय की उच्च दूध उत्पादक प्रजाति कौन सी है? –होल्सटाइन गाय (Holstein Cow)

चिकित्सा सम्बंधी आविष्कार

आविष्कार/खोज	आविष्कारक	आविष्कार/खोज	आविष्कारक
विटामिन	फंक	प्रथम परख नली शिशु	एडवर्ड्स एवं स्टेप्टो
विटामिन–ए	मैकुलन	इलेक्ट्रोकार्डियोग्राफ	विलियम इन्थोवेन
विटामिन–बी	मैकुलन	एंटीजन	लैंडस्टीनर
विटामिन–सी	होल्कट	आर. एन. ए.	फ्रेडरिक मिशर
विटामिन–डी	हॉपकिन्स	डी. एन. ए.	जेम्स वाटसन तथा क्रिक
सल्फा ड्रग्स	गेरहर्ड डोमैक	इंसुलिन	फ्रेडरिक ग्रांट बेटिंग
स्ट्रेप्टोमाइसिन	सेल्मन वक्समैन अब्राहम	क्लोरोफॉर्म	हैरिसन तथा सिम्पसन
हृदय प्रत्यारोपण	क्रिश्चियन बर्नार्ड	चेचक का टीका	एडवर्ड जेनर
होम्योपैथी	हैनीमैन	टेरामाइसिन	फिनेल
मलेरिया परजीवी व चिकित्सा	रोनाल्ड रॉस	टी. बी. बैक्टीरिया	रॉबर्ट कोच
पेचिस तथा प्लेग की चिकित्सा	किटाजाटो	पोलियो वैक्सीन	जोनास साल्क
लिंग हार्मोन	स्टेनाच	बी. सी. जी.	कैमलेट व कैमिली गुएरिन
ओपन हार्ट सर्जरी	वाल्टनलिलेहल	बैक्टीरिया	ल्यूवेनहॉक
गर्भनिरोधक गोलियाँ	पिनकस	रक्त समूह	कार्ल-लैंडस्टीनर

धान की फसल में नील हरित शैवाल का प्रयोग जैव उर्वरक के रूप में नाइट्रोजन की आपूर्ति के लिए किया जाता है।

विज्ञान एवं प्रौद्योगिकी

E

विज्ञान एवं प्रौद्योगिकी (Science and Technology)

जैव प्रौद्योगिकी (Bio Technology)

- आनुवंशिक रोगों की पूर्व सूचना प्राप्त करने की तकनीक क्या कहलाती है? **–जेनेटिक प्रौद्योगिकी** (Genetic Technology)
- जीनोम का सम्पूर्ण ज्ञान सर्वप्रथम किस पौधे से प्राप्त हुआ था? **–एरॉबिडॉप्सिस** (Arabidopsis) **नामक पौधे से**
- पैतृकता (Heredity) सिद्ध करने के लिए किस तकनीक का प्रयोग किया जाता है? **–डी.एन.ए. फिंगर प्रिंटिंग को**

> गुणसूत्र (Chromosome), डी.एन.ए. (Deoxy Ribonucleic Acid) एवं हिस्टोन (Histone) प्रोटीन से निर्मित होता है।

- डी.एन.ए परीक्षण (D.N.A Test) की तकनीक किसके द्वारा विकसित की गई? **–डॉ. एलेक जेफ्रीज द्वारा**
- भारत के किस वैज्ञानिक ने ट्रांसजेनिक सिल्कवर्म (Transgenic Silkworm) का विकास किया था? **–प्रोफेसर गोपीनाथन ने**
- 2,4-D किसका उदाहरण है? **–खरपतवारनाशी** (Herbicides) **का**
- बायोचिप (Biochip) में क्या होता है? **–RNA, DNA तथा प्रोटीन**
- राष्ट्रीय रोग प्रतिरक्षा संस्थान (National Immunology Institute) कहाँ स्थित है? **–नई दिल्ली में**
- किस वैज्ञानिक को प्रतिरक्षा विज्ञान (Immunology) का जनक माना जाता है? **–एडवर्ड जेनर** (Edward Jenner)
- भारत का कौन सा एकमात्र शोध संस्थान डी.एन.ए फिंगर प्रिंटिंग जैव तकनीक से सम्बंधित है? **–सेल्युलर एंड मोलीक्युलर बायोलॉजी केन्द्र, हैदराबाद**

> राष्ट्रीय डेयरी शोध संस्थान (National Dairy Research Institute - NDRI) के वैज्ञानिकों द्वारा अगस्त, 2010 में हरियाणा के करनाल में गरिमा II नामक एक क्लोन (Cloned) भैंस विकसित की गई थी।

- एक ऐसी जैविक रचना जो एकमात्र जनक (माता अथवा पिता) से अलैंगिक विधि द्वारा उत्पन्न होती है, क्या कहलाती है? **–क्लोन** (Clone)
- मनुष्य द्वारा निर्मित आनुवंशिक रूप से अभियंत्रित (Genetically Engineered) प्रथम जीवित जीव कौन सा है? **–डॉली**
- वैज्ञानिकों ने किस मास्टर जीन की खोज की है, जो अनेक प्रकार के कैंसर के लिए उत्तरदायी माना जाता है? **–यूटीएक्स** (UTX) **जीन**
- विश्व स्तर के प्रोग्राम मानव जीनोम परियोजना (Human Genome Project) का उद्देश्य क्या है? **–मानव जीनों और उनके अनुक्रमों की पहचान और मानचित्रण करना।**
- परखनली शिशु (Test Tube Baby) के जन्म के लिए निषेचन (Fertilization) कहाँ किया जाता है? **–माता के शरीर के बाहर**
- वह बच्चा जिसमें डी.एन.ए. का अधिकांश भाग उसके माता एवं पिता से तथा कुछ भाग किसी महिला प्रदाता से प्राप्त होता है, क्या कहलाता है? **–थ्री पैरेंट बेबी**
- किस वैज्ञानिक को सुजननिकी (Eugenics) का जनक कहा जाता है? **–फ्रांसिस गाल्टन** (Francis Galton)

> जेम्स डी. वाटसन तथा फ्रांसिस क्रिक द्वारा डी. एन. ए. (DNA) की संरचना के द्विहेलिक्स संरचना (Double Helix Structure) को पहली बार वर्ष 1953 प्रस्तुत किया गया था।

- जीनोट्रांसप्लानटेशन (Genotransplantation) से तात्पर्य है **–एक प्रजाति से दूसरी प्रजाति में अंगों का प्रत्यारोपण**

> आनुवंशिक अभियांत्रिकी (Genetic Engineering) से बैंगन की एक नई किस्म बीटी बैंगन (Bt Brinjal) विकसित की गई है, जिसका लक्ष्य इसे नाशकजीव-सह बनाना है।

- भारत में जैव-प्रौद्योगिकी विभाग (Department of Biotechnology) की स्थापना किस वर्ष की गई थी? **–वर्ष 1986 में**
- डी. एन. ए. में कौन सी शर्करा पाई जाती है? **–पेन्टोज** (Pentose)
- मानवों की पहचान सुनिश्चित करने के लिए जैव प्रौद्योगिकी (Biotechnology) पर आधारित अत्याधुनिक तकनीक को क्या कहा जाता है? **–डी.एन.ए. अंगुलि छापन** (DNA Finger Printing)

> वैज्ञानिक जेम्स डी. वाटसन को आनुवंशिकी (Genetics) के क्षेत्र में कार्य के लिये नोबेल पुरस्कार प्रदान किया गया था।

बी. टी. बैंगन (BT Brinjal) महिको (Mahyco-Maharashtra Hybrid Seed Company) मल्टीनेशनल कम्पनी द्वारा बीटी (BT) बैंगन विकसित किया गया था।

- राष्ट्रीय वनस्पति शोध संस्थान (National Botanical Research Institute) कहाँ स्थित है? -लखनऊ में
- हाइब्रिडोमा प्रौद्योगिकी (Hybridoma Technology) एक नया जीव-प्रौद्योगिकीय उपागम (Biotechnological Approach) है -एकक्लोनी प्रतिरक्षियों के वाणिज्यिक उत्पादन के लिये
- राष्ट्रीय जैविक खेती केन्द्र (National Organic Farming Center) कहाँ स्थित है? -गाजियाबाद (उत्तर प्रदेश)

टेरी (TERI- The Energy and Resources Institute) नई दिल्ली द्वारा विकसित की गई माइकोराइजा (Mycorrhiza) नामक फफूँदी (Fungus), फसलों तथा वृक्षों सहित लगभग सभी प्रकार के पौधों के लिए उपयुक्त मानी जाती है।

- सुपर राइस (Super Rice) किसके द्वारा विकसित किया गया था?-डॉ. जी.एस.खुश द्वारा [अंतर्राष्ट्रीय चावल शोध संस्थान (IRRI), मनीला में कार्यरत]
- बीटी कपास के उत्पादन से कौन सा सूक्ष्म जीव (Microorganisms) सम्बंधित है?

-बैसीलस थूरिन्जिएंसिस (Bacillus Thuringiensis) नामक जीवाणु

3 अगस्त, 1994 को डॉ. वेणु गोपाल के नेतृत्व में अखिल भारतीय आयुर्विज्ञान संस्थान (All India Institute of Medical Sciences - AIIMS), नई दिल्ली में प्रथम सफल हृदय प्रत्यारोपण (Heart Transplant) किया गया था।

- कायिक कोशिका न्यूक्लीय अंतरण प्रौद्योगिकी (SCNT) का प्रयोग किस कार्य के लिए किया जाता है? -शारीरिक व आनुवंशिक रूप से क्लोन जीव तैयार करने में
- किसी जीव के उसकी पहचान शारीरिक और व्यावहारिक गुणों के आधार पर सत्यापित करने की तकनीक को क्या कहते हैं? -बायोमीट्रिक्स (Biometrics)

25 नवंबर, 2007 को केन्द्र सरकार द्वारा सेंटर फॉर सेल्युलर एंड मॉलिक्युलर बायोलॉजी हैदराबाद में देश के पहले स्टेम सेल तकनीक (Stem Cell Technology) और पुनरुत्पादक औषधि (Regenerative Medicine) पर चिकित्सकीय अनुसंधान केन्द्र स्थापित किया गया है।

- भारत का पहला जैव-प्रौद्योगिकी जिला कौन सा है? -एर्नाकुलम (केरल)

- भारत में पोलियो वैक्सीन (Polio Vaccine) का निर्माण किसके द्वारा किया गया था? -भारत इम्यूनोलॉजिकल एवं बायोलाजिकल कार्पोरेशन, बुलंदशहर (उत्तर प्रदेश)

प्रसव पूर्व एमनियोसेण्टीसिस (Amniocentesis) विधि से भ्रूण का लिंग ज्ञात किया जाता है।

- राष्ट्रीय कोशिका विज्ञान केन्द्र (National Cell Science Center) कहाँ स्थित है? -पुणे (महाराष्ट्र)
- शरीर की उन कोशिकाओं को क्या कहा जाता है, जिनमें शरीर की किसी भी प्रकार की कोशिकाओं में विभाजन तथा विशिष्टीकरण की क्षमता है और जो कई गंभीर बीमारियों पर शोध का केन्द्र बिंदु हैं?-कायिक कोशिकाएँ (Somatic Cells)
- इंस्टीट्यूट ऑफ माइक्रोवियल टेक्नोलॉजी (Institute of Microbial Technology) कहाँ स्थित है?-चंडीगढ़ (1984)
- अंगुलियों के निशानों को बहुरंगीय सतह पर उभारने हेतु किस रसायन का प्रयोग किया जाता है? -फ्लोरोसेंट पाउडर
- ऐसे सूक्ष्म जीव जिनका प्रयोग करके पौधों को पोषक तत्त्वों की प्राप्ति कराई जा सकती है, क्या कहलाते है? -जैव उर्वरक
- राष्ट्रीय पादप जैव-प्रौद्योगिकी केन्द्र (National Plant Bio-Technology Center) कहाँ स्थित है? -नई दिल्ली
- लखनऊ में विश्व का दूसरा तथा एशिया का प्रथम डी.एन.ए. बैंक (D.N.A Bank) कहाँ स्थापित किया गया है? -बायोटेक पार्क

जब कोई जीन एक या दो से अधिक भिन्न-भिन्न लक्षणों को एक साथ नियंत्रित करता है, तो यह स्थिति बहुप्रभाविता (Multipolarity) कहलाता है।

- सुनहरे धान में बीटा कैरोटीन (Beta Carotene) निर्माण करने वाले जीन को किस नाम से जाना जाता है?
  -फाइटोन सिंथेज (Phytoene Synthase) तथा फाइटोन डिजाटुरेज (Phytoene Desaturase)
- देश में दो प्रमुख ऊतक संवर्धन पायलट संयंत्र (Tissue Culture Pilot Plant) कहाँ स्थापित किय गये हैं?
  -राष्ट्रीय रासायनिक प्रयोगशाला, पुणे तथा टाटा ऊर्जा अनुसंधान संस्थान, नई दिल्ली
- कौन सा जीव पौधों को नुकसान पहुँचाने वाले कीटों एवं अन्य आर्थ्रोपोड्स को नष्ट करता है? - बैकुलोवायरस (Baculovirus)
- CRISPR-Cas 9 प्रौद्योगिकी किसलिए प्रयोग की जाती है? -जीनोम के कुछ भागों को डी.एन.ए. अनुक्रमों से निकालने, जोड़ने या बदलने में सक्षम बनाती है।

हिमालय जैव संपदा प्रौद्योगिकी संस्थान (Himalaya Institute of Biological Property Technology) हिमाचल प्रदेश में स्थित है।

अंतरिक्ष प्रौद्योगिकी (Space Technology)

यूरी गागरिन (वर्ष 1961) मानव युक्त अंतरिक्षयान से उड़ान भरने वाले प्रथम अंतरिक्ष यात्री थे।

- **चंद्रमा की सतह** पर उतरने वाला **पहला अंतरिक्षयान** कौन सा था?
  -लूना-II (13 सितम्बर, वर्ष 1959), (सोवियत संघ द्वारा प्रक्षेपित)
- **नील आर्मस्ट्रांग** चन्द्रमा पर किस यान से गए थे?
  -अपोलो-11
- अंतरिक्ष में प्रक्षेपित किए जाने वाले **प्रथम भारतीय उपग्रह** (First Indian Satellite) का नाम क्या था?
  -आर्यभट्ट (19 अप्रैल, 1975)
- **अमेरिका अंतरिक्ष एजेंसी नासा** (National Aeronautics and Space Aministration : NASA) की स्थापना कब की गई थी?
  -29 जुलाई, 1958 को
- **2 सितम्बर, 1971** को **मंगल ग्रह** पर उतरने वाला प्रथम मानव निर्मित यान **मार्स-III** किस देश के द्वारा प्रक्षेपित किया गया था?
  -सोवियत संघ
- एक **भू-स्थिर उपग्रह** (Geo Stationary Satellite) का परिभ्रमण काल होता है?
  -24 घण्टे
- **तियानवेन-1** (Tianwen-1) मंगल मिशन किस देश से सम्बंधित हैं?
  -चीन
- **इसरो** (ISRO) की **मास्टर कंट्रोल सुविधा** कहाँ अवस्थित है?
  -हासन (कर्नाटक) में
- **मैं आकाशगंगा की नागरिक हूँ,** यह कथन किसका है?
  -कल्पना चावला (भारतीय-अमेरिकी अंतरिक्ष यात्री)
- **नासा के अन्तरिक्षयान** का नाम क्या है? **-कैसिनी**
- **भारतीय मौसमी उपग्रह मैटसैट** को किस अन्य नाम से जाना जाता है? **-कल्पना-I** (12 सितम्बर, 2002 को प्रक्षेपित)
- **वर्ष 1974** में हुए **पोखरण नाभिकीय परीक्षण** (Pokhran Nuclear Test) को कौन सा **कूट नाम** (Code Name) दिया गया था?
  -स्माइलिंग बुद्धा
- **वर्ष 1980** में श्री हरिकोटा से भारत में **स्वदेश निर्मित** पहले उपग्रह **रोहिणी-I** का प्रक्षेपण किस प्रक्षेपण यान से किया गया था? **-SLV-3** (Satellite Launch Vehicle)
- अंतरिक्ष में जाने वाला **प्रथम भारतीय** कौन था?
  -राकेश शर्मा (वर्ष 1984) में
- **पोखरण नाभिकीय परीक्षण-II** कब किया गया था?
  -11 मई, 1998
- **मैसेंजर** किसका अन्वेषी अंतरिक्षयान है? **-नासा (NASA)**
- नासा द्वारा प्रक्षेपित **मैसेंजर** (Messenger) अंतरिक्ष यान किस ग्रह से सम्बिंधित सूचनाएँ प्राप्त करने के लिए भेजा गया?
  -बुध (Mercury)
- **डी.आर.डी.ओ.** द्वारा निर्मित मानव वायुयान है? **-रुस्तम-I**
- **क्यूरिओसिटी रोवर** किस ग्रह की जानकारी जुटाने के लिए प्रक्षेपित किया गया है? **-मंगल** (Mars)

स्पूतनिक-I 4 अक्टूबर, 1957 को **सोवियत संघ** द्वारा निर्मित विश्व का प्रथम सफल प्रक्षेपित उपग्रह था।

- नासा की **जेट प्रणोदन प्रयोगशाला** (Jet Propulsion Laboratory) कहाँ स्थित है? **-कैलिफोर्निया में**
- **भारतीय अंतरिक्ष अनुसंधान संगठन** (Indian Space Research Organisation : ISRO) की स्थापना कब की गई थी?
  -15 अगस्त, 1969 में
- **सोवियत संघ** की सहायता से, भारत का पहला **रिमोट सेंसिंग सैटेलाइट** कहाँ से प्रक्षेपित किया गया था? **-बैकोनूर** (Baikonur) **से**
- **विक्रम साराभाई अंतरिक्ष केन्द्र** (VSSC) कहाँ स्थित है?
  - तिरुवनंतपुरम, केरल
- इसरो द्वारा किस प्रक्षेपण यान (Launching Vehicle) को **फैट ब्वॉय** (Fat boy) नाम दिया गया? **-GSLV MK- III**
- **मेघा-ट्रॉपिक्स** उपग्रह का मुख्य उद्देश्य है
  -कर्क एवं **मकर रेखा के मध्य के क्षेत्र** (उष्ण कटिबंधीय) **में मेघ निर्माण की प्रक्रिया का अध्ययन**

मेघा ट्रॉपिक्स (Megha-Tropiques) भारतीय- फ्रांसीसी अंतरिक्ष एजेन्सीज का **संयुक्त उपग्रह मिशन** (Joint Satellite Mission) है। इसे इसरो के **PSLV-CA C18** रॉकेट द्वारा **12 अक्टूबर, 2011** को प्रक्षेपित किया गया था।

- **एम. ओ. एम.** (MOM) का पूर्ण रूप क्या है?
  -मार्स ऑर्बिटर मिशन (Mars Orbiter Mission)
- चन्द्रयान-2 किस रॉकेट के द्वारा प्रक्षेपित किया गया था?
  -जी. एस. एल. वी. मार्क-3

वैलेंटिना तरेश्कोवा (वर्ष 1963) अंतरिक्ष में जाने वाली **विश्व की प्रथम महिला** अंतरिक्ष यात्री थी।

- भारत के द्वारा स्थापित प्रथम **बहु-तरंगदैर्ध्य अंतरिक्ष वेधशाला** (Multi-wavelength Space Telescope) कौन सी है?
  -एस्ट्रोसैट (Astrosat)
- **एस्ट्रोसैट** को किस **टेलीस्कोप** का लघु संस्करण कहा जाता है?
  - NASA के हबल स्पेस टेलीस्कोप का
- NASA द्वारा किस अंतरिक्ष पिण्ड के अध्ययन के लिए **न्यू होराइजन्स** (New Horizons) नामक अंतरिक्ष यान का प्रक्षेपण किया गया था?
  -प्लूटो
- **गोल्डीलॉक्स जोन** (Goldilocks Zone) क्या है?
  -बाह्य अंतरिक्ष में वह क्षेत्र जहाँ पृथ्वी जैसे ग्रहों की खोज की सम्भावना है।
- भारत का पहला **प्रायोगिक** संचार उपग्रह कौन सा है?
  -एप्पल (प्रक्षेपण वर्ष 1981)
- **चन्द्रयान-1** को सफलतापूर्वक प्रक्षेपित करने में भारत का कौन सा स्थान है?
  -छठवां
- **आई इन द स्काई** (Eye in the Sky) के नाम से कौन सा उपग्रह प्रसिद्ध है?
  - कार्टोसैट उपग्रह
- **मंगलयान** (Mangalyaan) किस रॉकेट के द्वारा प्रक्षेपित किया गया था?
  - PSLV-25
- संख्या की दृष्टि से, भारत मंगलयान को सफलता पूर्वक भेजने वाला कौन सा राष्ट्र है?
  - चौथा

विश्व के कुछ प्रमुख रॉकेट प्रक्षेपण स्थल

लॉचिंग स्टेशन	देश
श्री हरिकोटा	आंध्र प्रदेश, भारत
आस्ट्राखान	रूस
प्लेसटक कॉस्मोड्रोम	रूस
केप केनेवरल	फ्लोरिडा, यूएसए
कैनेडी स्पेस सेंटर	मैरिट आइसलैण्ड, फ्लोरिडा, यूएसए
कौरू	फ्रेंच गुयाना (दक्षिणी अमेरिका)
पामाचिम एयर बेस	इजरायल
उचिनौरा स्पेस सेंटर	कोगोशिमा, जापान
यूमेरा	ऑस्ट्रेलिया
हमामशहर	ईरान
बैकानूर	कजाख़िस्तान (पूर्व सोवियत संघ)
अल अनवर	इराक
जिडक्वान स्पेस लांच सेंटर	चीन

- **रोसेटा** नामक अंतरिक्ष यान विश्व की किस अंतरिक्ष एजेंसी से सम्बंधित है?
  - यूरोपियन अंतरिक्ष एजेंसी
- भारत का **प्रथम रक्षा उपग्रह** किसे माना जाता है?
  - टी. ई. एस. (Technology Experiment Satellite)
- मंगल ग्रह के उल्कापिण्ड का एक टुकड़ा **अंटार्कटिका** से प्राप्त हुआ है, इसका क्या नाम है?
  - ALH-84001
- **भुवन** (BHUVAN) क्या है?**-इसरो द्वारा विकसित साफ्टवेयर**
- बाह्य अन्तरिक्ष में चलने वाला प्रथम **अन्तरिक्ष यात्री** कौन था?
  -एलेक्सी लियोनोव (18 मार्च, 1995)
- नासा की **जेट प्रोपल्सन लेबोरेट्री** कहाँ स्थित है?
  -पासाडेना कैलीफोर्निया में
- इसरो का पहला **अंतरिक्ष प्रौद्योगिकी ऊष्मायन केंद्र** (STIC) कहाँ स्थापित किया गया है?
  -अगरतला (त्रिपुरा)
- थुम्बा में **विक्रम साराभाई अंतरिक्ष केंद्र** की स्थापना के लिए सबसे महत्वपूर्ण कारण क्या है?
  -थुम्बा भू चुम्बकीय विषुवत रेखा पर स्थित है।
- **हब्बल स्पेस टेलीस्कोप** का निर्माण किसके द्वारा किया गया था?
  -नासा एवं यूरोपियन स्पेस एजेंसी द्वारा
- चीन की **नेविगेशन** प्रणाली का क्या नाम है?
  -बेईडू (BeiDou)
- **सोवियत कॉस्मोड्रोम** से प्रक्षेपित भारत का **प्रथम सेटेलाइट** कौन सा था?
  -आर्यभट्ट (1975)
- भारत में **कल्पना चावला मेमोरियल प्लेनेटेरियम** की स्थापना कहाँ की गई है?
  -कुरुक्षेत्र (हरियाणा) **में**
- वर्तमान में विश्व के कितने देशों ने अपने **चन्द्रमा मिशन** भेजे हैं? **-अमेरिका, रूस, जापान, चीन, यूरोपियन स्पेस अंतरिक्ष एजेंसी तथा भारत**
- **भारतीय अंतरिक्ष अभियान** का जनक (Father of Indian Space Mission) किसे माना जाता है? **- विक्रम साराभाई को**
- **जीएसएलवी मार्क-II** को किस अन्य नाम से भी जाना जाता है?
  -नॉटी ब्वॉय (Naughty Boy)
- भारत ने किस देश के सहयोग से **बराक-8 मिसाइल** (नेक्स्ट जेनरेशन) विकसित की है?
  -इजराइल

19 जून, 1981 को प्रथम भारतीय **सम्प्रेषण सेटेलाइट** (Communication Satellite) **एपल** प्रक्षेपित किया गया था।

अंतरिक्ष में प्रथम (अंतरिक्ष कार्यक्रम)

• अंतरिक्ष यान	वर्ष	विशेष तथ्य
• **स्पूतनिक-I**	04-10-1957	यह पूर्व सोवियत संघ द्वारा अंतरिक्ष में प्रक्षेपित प्रथम उपग्रह था।
• **स्पूतनिक-II**	03-11-1957	यह अंतरिक्ष में जीवित **कुत्ते** (लाइका) को ले जाने वाला उपग्रह था।
• **स्कोर** (Score)	18-12-1958	यह अंतरिक्ष में स्थापित पहला संचार उपग्रह था।
• **लूना-3**	04-10-1959	यह प्रथम अंतरिक्षयान था, जिसने पृथ्वी से दिखाई न देने वाली चन्द्रमा की सतह के चित्र भेजे थे।
• **वोस्टॉक-I** (Vostak-I)	12-04-1961	पूर्व सोवियत संघ के **अंतरिक्ष यात्री यूरी गागरिन** ने अप्रैल, 1961 में पृथ्वी की परिक्रमा की थी। यह मानव द्वारा की गई प्रथम अंतरिक्ष यात्रा थी।
• **वोस्टॉक-6** (Vostak-6)	04-12-1963	**वेलेनटाइना टेरिशकोवा** (पूर्व सोवियत संघ) प्रथम महिला अंतरिक्ष यात्री थीं।
• **इंटलसेट** (Intelset)	06-04-1965	**व्यावसायिक** (Commercial) उद्देश्य के लिए प्रक्षेपित प्रथम संचार उपग्रह।
• **वेनेरा-7** (Venera-7)	15-12-1970	किसी अन्य ग्रह (शुक्र) पर उतरने वाले प्रथम अंतरिक्षयान।
• **लूना**-9 (Luna-9)	31-01-1966	चन्द्रमा की सतह पर सफलतापूर्वक उतरने वाला प्रथम अंतरिक्षयान।
• **सोयूज-4**	14-01-1969	प्रथम स्थापित प्रयोगात्मक अंतरिक्ष केन्द्र।
• **अपोलो-11**	16-07-1969	यह चन्द्रमा पर उतरने वाला प्रथम अंतरिक्ष यान था।
• **मार्स-2** (Mars-2)	19-05-1971	मंगल ग्रह पर उतरने वाला प्रथम अंतरिक्षयान था।
• **होप** (HOPE)	19-07-2020	मंगल ग्रह पर उतरने वाला अरब देशों (संयुक्त अरब अमीरात) का प्रथम अंतरिक्षयान था।

अंतरिक्ष केन्द्र और इकाइयाँ

अंतरिक्ष केन्द्र	स्थान	उद्देश्य (Objective)
• **विक्रम साराभाई अंतरिक्ष केन्द्र** (VSSC)	तिरुवंनतपुरम, (केरल)	रॉकेट अनुसंधान एवं प्रक्षेपणयान विकास परियोजनाओं प्रक्षेपण यान- एस.एल.वी.-3,ए.एस.एल.वी, पी.एस.एल.वी. एवं जी.एस.एल.वी.- इसी केन्द्र से विकसित किए गए हैं।
• **इसरो उपग्रह केन्द्र** (ISAC)	बंगलुरु, (कर्नाटक)	उपग्रह परियोजनाओं के डिजाइन, निर्माण, परीक्षण सम्बंधी कार्य।
• **अंतरिक्ष उपयोग केन्द्र** (SAC)	अहमदाबाद, (गुजरात)	दूरसंचार और टेलीविजन में उपग्रह का उपयोग, पर्यावरण पर्यवेक्षण, भू-मापन आदि से सम्बंधी कार्य।
• **शार केन्द्र** (SHAR)	श्रीहरिकोटा, (आन्ध्र प्रदेश)	भारतीय प्रक्षेपण यान के ठोस इंधन रॉकेट के विभिन्न चरणों का पृथ्वी पर परीक्षण तथा **प्रणोदक प्रसंस्करण**।
• **द्रव प्रणोदक प्रणाली केन्द्र** (LPSC)	तिरुवंनतपुरम, बंगलुरु और तमिलनाडु (महेन्द्रगिरि) में इस केन्द्र की प्रमुख शाखाएँ	इसरो के उपग्रहों प्रक्षेपण यानों एवं उनमें द्रव ईंधन से चलने वाली **चालक नियंत्रक प्रणालियों** से सम्बंधित है।
• **इसरो टेलीमेट्री निगरानी एवं नियंत्रण नेटवर्क** (ISTRAC)	बंगलुरु-मुख्यालय भूकेन्द्र-श्रीहरिकोटा, तिरुवनंतपुरम, बंगलुरू लखनऊ, पोर्ट ब्लेयर मॉरीशस।	इन केन्द्रों से इसरो के प्रमुख प्रक्षेपण यानों की निगरानी की जाती है।
• **इसरो जड़त्व प्रणाली इकाई** (IISU)	तिरुवनंतपुरम, केरल	प्रक्षेपण यानों और उपग्रहों की जड़त्व प्रणाली का विकास करना।
• **राष्ट्रीय दूरसंवेदी एजेंसी** (NRSA)	हैदराबाद एवं प्रमुख केन्द्र **बालानगर** है।	उपग्रह से प्राप्त आँकड़ों का उपयोग करके पृथ्वी के **संसाधनों** (Resources) की पहचान करना।

भारत के **प्रथम** एवं **सबसे हल्के** (3.5 किग्रा.) **नैनो उपग्रह** का नाम **जुगनू** है।

रक्षा प्रौद्योगिकी (Defense Technology)

- डी.आर.डी.ओ की स्थापना किस वर्ष की गई थी?
  -वर्ष 1958 में
- भाभा परमाणु अनुसंधान केन्द्र (Bhabha Atomic Research Centre : BARC) कहाँ स्थित है? -ट्राम्बे (मुम्बई)
- हंसा-2 क्या है?-नेशनल एयरोस्पेस लेबोरेटरीज (NAL) द्वारा निर्मित एक प्रशिक्षण यान (Training Ship)
- कम-दूरी का प्रक्षेपास्त्र-त्रिशूल गति की दृष्टि से किस श्रेणी का है? -पराध्वनिक प्रक्षेपास्त्र (Supersonic Missile)

> संयुक्त राज्य अमेरिका तथा तत्कालीन रूसी संघ के मध्य नाभिकीय शस्त्रों पर कटौती करने की रणनीतिक आक्रामक शस्त्रों को सीमित करने के लिए वर्ष 2010 में न्यू स्टार्ट संधि (New START Pact) की गई थी।

- विश्व का पहला परमाणु बिजली घर (Nuclear Power Plant) किस देश में स्थापित किया गया था।
  -रूस में (ऑबर्निस्क परमाणु बिजली घर, 1954 ई.)
- सतह से सतह (Surface to Surface) पर मार करने वाली भारतीय रक्षा मिसाइल कौन सी है? -पृथ्वी
- टी-90 एस युद्धक टैंक (Battle Tank) का भारतीय नाम क्या है? -भीष्म
- पूर्व राष्ट्रपति अब्दुल कलाम ने वर्ष 2006 में कौन सा लड़ाकू वायुयान (Fighter Aircraft) उड़ाया था?
  -सुखोई-30 एम.के. आई (MKI)
- ब्रह्मोस सुपरसोनिक क्रूज मिसाइल (Supersonic Cruise Missile) का निर्माण किन दो देशों के द्वारा किया गया है?
  -भारत और रूस के द्वारा
- नेशनल डिफेन्स कॉलेज कहाँ स्थित है? -नई दिल्ली

> डी.आर.डी.ओ. के द्वारा भारतीय थल एवं वायु सेना के लिए इन्द्र नामक रडार विकसित किया गया है।

- स्वदेश निर्मित पहला तेल वाहक पोत (Oil Fleet Tanker) कौन सा है? -आई.एन.एस. शक्ति
- भारत की लघु दूरी का टैंक प्रतिरोधी (Anti Tank Resistant) स्वदेश निर्मित प्रक्षेपास्त्र का नाम क्या है? -नाग
- सतह से सतह पर मार करने वाली शौर्य गति की दृष्टि से किस श्रेणी की मिसाइल है?
  -हाइपरसोनिक मिसाइल (गति : ध्वनि की गति से बहुत अधिक)
- भारत द्वारा विकसित आई.सी.बी.एम. (ICBM), जिसकी मारक क्षमता 2000 किमी. से अधिक है, का क्या नाम है?
  -अग्नि-II

> अंतरमहाद्वीपीय बैलिस्टिक मिसाइल (Intercontinental Ballistic Missile : ICBM)

- भारत द्वारा फाल्कन राडार सिस्टम (Falcon Radar System) किस देश से खरीदा गया है? -इजराइल
- भारतीय वायु सेना का पहला स्वदेशी एवं हल्का लड़ाकू विमान (Light Combat Aircraft) कौन सा है? -तेजस

> कलपक्कम (तमिलनाडु) में इंदिरा गाँधी परमाणु अनुसंधान केन्द्र (IGCAR) वर्ष 1971 में स्थापित किया गया।

- भारत ने पहला परमाणु परीक्षण कब किया था?
  -18 मई, 1974 में
- एडमिरल गोर्शकोव जिसे रूस ने बनाया है वह क्या है?
  -नौसैनिक विमान वाहक जहाज (Aircraft Carrier)
- भारतीय नौसेना में सेवारत आई.एन.एस. शक्ति क्या है?
  -तेलवाहक पोत (Fleet Tanker)
- संयुक्त राज्य अमेरिका ने पहला नाभिकीय विस्फोट कहाँ किया था? -ह्वाइट सैंडस में (16 जुलाई, 1945)
- प्रक्षेपास्त्र (Missile) का विकास किसके द्वारा किया गया था?
  -वाल्टर डॉर्नबर्गर तथा वर्नहर वॉन ब्रॉउन द्वारा
- भारत डायनामिक्स लिमिटेड का मुख्यालय कहाँ स्थित है?
  -हैदराबाद
- नेत्र (NETRA) किस श्रेणी जहाज है?
  -मानव रहित हवाईयान (Unmanned Aerial Vehicle)
- लक्ष्य नामक मानवरहित एयरक्राफ्ट (Unmanned Aircraft) किसके द्वारा निर्मित किया गया है? -डी.आर.डी.ओ.

> नाग एक टैंक रोधी मिसाइल (Anti Tank Missile) है जो दागो और भूल जाओ (Fire and Forget) के सिद्धान्त पर कार्य करती है।

♦ पृथ्वी (Prithvi) क्या है?

–सतह से सतह पर मार करने वाली कम दूरी की प्रक्षेपास्त्र श्रृंखला

♦ डी. आर. डी. ओ. द्वारा विकसित इंद्र क्या है?

–डॉप्लर रडार प्रणाली (RADAR-Radio Detection and Ranging)

♦ रेवती (Revathi) क्या है?

–डी. आर. डी. ओ. द्वारा नौसेना के लिए विकसित त्रि-विमीय खोजी रडार (3D Surveillance Radar)

♦ IGMDP के अन्तर्गत आने वाली मिसाइल सतह से हवा में मार करने में सक्षम पहला स्वदेशी प्रक्षेपास्त्र कौन सा है?

–त्रिशूल

♦ ऑपरेशन शक्ति 98 नाम किस, अभियान का गुप्त नाम था?

–पोखरन में 1998 में हुए परमाणु अभियान का

♦ स्लीनेक्स (SLINEX) क्या है?

–भारत-श्रीलंका द्वारा किया गया संयुक्त नौ सैनिक अभ्यास

♦ चन्द्र कक्षीय मिशन, सेलीन-1 किस देश से सम्बंधित है?

–जापान

♦ आई. एन. एस. अस्त्रधारिणी (INS Astradharani) क्या है?

–टॉरपीडो प्रमोचन और पुनर्प्राप्ति जलयान (Torpedo Launch and Recovery Vessel)

♦ किस इंजन में ईंधन के रूप में हाइड्रोजन तथा ऑक्सीकारक के रूप में वायुमण्डलीय ऑक्सीजन का प्रयोग किया जाता है

–स्क्रैमजेट इंजन (Scramjet Engine)

♦ भारत की पहली सशस्त्र परमाणु पनडुब्बी कौन सी है?

–आई. एन. एस. अरिहन्त

♦ मालाबार (Malabar) क्या है?

–भारत, अमेरिका, ऑस्ट्रेलिया और जापान के सैनिकों द्वारा किया गया संयुक्त युद्धाभ्यास

♦ समुद्र शक्ति किन देशों के मध्य का नौसैनिक अभ्यास है?

–भारत और इंडोनेशिया

♦ चर्चित राफेल विमान सौदा भारत ने किस देश के साथ किया है?

–फ्रांस

♦ अस्त्र किस प्रकार का प्रक्षेपास्त्र है?

–आकाश से आकाश में मार करने वाली बैलिस्टिक मिसाइल

♦ वासेनर व्यवस्था (Wassenaar Arrangement) का मुख्य उद्देश्य क्या है?–परंपरागत हथियारों तथा दोहरे उपयोग के हथियारों और तकनीक को आतंकियों के हाथों में जाने से रोकना

♦ मिसाइल प्रौद्योगिकी नियंत्रण व्यवस्था (MTCR) की सदस्यता भारत ने कब ग्रहण की? –जून, 2016 में (35वां सदस्य)

लड़ाकू विमान	महत्वपूर्ण तथ्य (Important Facts)
• तेजस (Tejas)	तेजस स्वदेशी निर्मित भारत का हल्का लड़ाकू विमान (LCA) है। इसका विकास हिन्दुस्तान एरोनॉटिक्स लिमिटेड (HAL) ने किया है। यह एक बहुउद्देशीय सुपरसोनिक विमान है जो हवा से हवा, हवा से सतह, हवा से समुद्र में मार करने में सक्षम है।
• राफेल (Rafael)	राफेल बहुउद्देशीय लड़ाकू विमान है जो हवा से सतह पर 600 किमी. तक निशाना साध सकती है। इसकी मारक क्षमता लगभग 3700 किमी. है। इसका निर्माण फ्रेंच कंपनी डसॉल्ट एविएशन ने किया है।
• सुखोई-30 (Sukhoi)	यह भारतीय वायुसेना में शामिल आधुनिकतम लड़ाकू विमान है। इसे रूस से खरीदा गया है। सुखोई-30 से विभिन्न श्रेणी की 12 मिसाइलें दागी जा सकती है। इसमें 4000 किग्रा. वजन विस्फोटक ले जाने की क्षमता है।
• मिग-29 (Mig-29)	यह भारत व रूस की संयुक्त परियोजना है। भारतीय वायु सेना के पास मिग-29 के तीन स्क्वाड्रन हैं, जिन्हें अपग्रेड किया जा रहा है।
• अवाक्स (Awacs)	एयरबोर्न वॉर्निंग वार्निंग एंड कंट्रोल (AWACS) भारतीय वायु सेना का खोजी विमान है।
• ध्रुव (Dhruv)	यह स्वदेश निर्मित एडवांस्ड लाइट हेलिकॉप्टर है। इसकी अधिकतम गति 245 किमी/घंटा है।
• निशांत (Nishant)	यह पायलट रहित प्रशिक्षण विमान है। रिमोट से संचालित यह विमान युद्ध क्षेत्र में पर्यवेक्षण और टोह लेने में सक्षम है।
• पिनाक	स्वदेशी तकनीक से निर्मित यह एक मल्टी बैरल रॉकेट लॉन्चर है।

सारथ (Sarath) एक तरह प्रक्षेपास्त्र प्लेटफॉर्म है जिसे आकाश, त्रिशूल व नाग प्रक्षेपास्त्र की तैनाती के लिये विकसित किया गया है।

भारत के प्रमुख प्रक्षेपास्त्र

प्रक्षेपास्त्र	श्रेणी (Category)	महत्वपूर्ण तथ्य (Important Facts)
पृथ्वी	**सतह से सतह** (Surface to Surface) पर मार करने वाली कम दूरी की मिसाइल	• पृथ्वी-I मारक क्षमता 150 किमी. (थल सेना में शामिल) • पृथ्वी-II मारक क्षमता 250 किमी. (वायु सेना में शामिल) • पृथ्वी-III मारक क्षमता 350 किमी. (नौ सेना में शामिल) • पृथ्वी मिसाइल का प्रथम परीक्षण **फरवरी, 1988** में चाँदीपुर परीक्षण केन्द्र से किया गया था।
त्रिशूल	**सतह से हवा** (Surface to Air) में मार करने वाली मिसाइल	• त्रिशूल का प्रथम परीक्षण **28 दिसंबर, 1996** को किया गया था। • मारक क्षमता 500 मी. से 9 किमी.
आकाश	**सतह से हवा** (Surface to Air) में मार करने वाली मध्यम दूरी की बैलिस्टिक मिसाइल	• अग्नि-I मारक क्षमता 700-1250 किमी. • अग्नि-II मारक क्षमता 2000-3000 किमी. • अग्नि-III मारक क्षमता 3000 किमी. से अधिक • अग्नि-IV मारक क्षमता 3000-4000 किमी. • अग्नि-V मारक क्षमता 5000 किमी. से अधिक • अग्नि सीरीज के तहत पाँच मिसाइलें तैयार की गई हैं। यह एक बैलिस्टिक मिसाइल है जो परमाणु बम ले जाने में सक्षम है।
नाग	**टैंक रोधी** (Anti Tank) निर्देशित मिसाइल • मारक क्षमता - 4 किमी.	• इसका प्रथम सफल परीक्षण **नवंबर, 1990** में किया गया। इसे **दागो और भूल जाओ** (Fire and Forget) प्रक्षेपास्त्र कहा जाता है।
धनुष	सतह से सतह में मार करने वाला मिसाइल • मारक क्षमता - 150 किमी.	• परमाणु आयुध ले जाने की क्षमता - 50 किग्रा. • यह पृथ्वी मिसाइल का **नौ-सैन्य संस्करण** है।
अस्त्र	**हवा से हवा** (Air to Air) में मार करने वाला मध्यम दूरी का मिसाइल	• मारक क्षमता - 10 से 25 किमी. • यह स्वदेशी तकनीक से निर्मित भारत का प्रथम मिसाइल है।
ब्रह्मोस	**सतह से सतह** (Surface to Surface) एवं **हवा से सतह** में मार करने वाला मध्यम दूरी का सुपरसोनिक क्रूज मिसाइल • मारक क्षमता - 290 किमी. (भारत के MTCR का सदस्य बनने के बाद 450 किमी.)	• यह एक मल्टी प्लेटफार्म मिसाइल है जिसे जमीन, हवा, समुद्र कहीं से दिन एवं रात में भी लांच किया जा सकता है। • यह भारत व रूस की संयुक्त परियोजना से विकसित प्रक्षेपास्त्र है। इसका ब्रह्मोस नाम भारत की ब्रह्मपुत्र नदी तथा रूस की मोस्कवा नदी से मिला है। • इसका प्रथम सफल परीक्षण **जून, 2001** में किया गया था।
सागरिका	सबमरीन लॉन्च बैलिस्टिक मिसाइल	• इसका पहला सफल परीक्षण समुद्र के भीतर **फरवरी, 2018** में किया गया था। • यह परम्परागत एवं परमाणु दोनों प्रकार के आयुध ले जाने में सक्षम है।
प्रद्युम्न	सतह से हवा में मार करने वाला कम दूरी का इंटरसेप्टर मिसाइल	• यह **पृथ्वी एयर डिफेन्स** (Prithvi Air Defence-PAD) का दूसरा नाम है।
शौर्य	सतह से सतह में मार करने वाली मध्यम दूरी की मिसाइल • मारक क्षमता - 600 किमी.	• इसका सफल परीक्षण **12 नवंबर, 2008** को किया गया था। • यह जल के भीतर छोड़ी जाने वाली **सागरिका मिसाइल का थल संस्करण** है।

युद्धक टैंक	महत्वपूर्ण तथ्य
अर्जुन	स्वदेशी तकनीक से युक्त इस टैंक का विकास **DRDO** ने किया है। इसकी भेदन क्षमता **25 किमी.** तथा **अधिकतम गति 75 किमी./घंटा** है। रात में भी कार्य करने में सक्षम तथा जवानों को विषाक्त गैस व विकिरण से सुरक्षित रखना, अर्जुन टैंक की मुख्य विशेषता है।
भीष्म (T-90S)	यह मध्यम श्रेणी का युद्धक टैंक है। इसकी अधिकतम **गति 60 किमी/घंटा** है तथा यह **लेजर निर्देशित रिफ्लेक्स मिसाइल** से युक्त है। भीष्म टैंक **भारत** और **रूस** की संयुक्त परियोजना द्वारा विकसित किया गया है।
कर्ण	यह मध्यम श्रेणी का हल्का टैंक है, जो **नाभिकीय**, **जैविक** व **रासायनिक युद्ध** सहन करने में सक्षम है। कर्ण **लेजर रेंज फाइंडर तकनीक** (Laser Rangefinder Technology) से युक्त है।

प्रमुख अनुसंधान संस्थान एवं मुख्यालय
• भाभा परमाणु अनुसंधान केन्द्र (BARC) -मुम्बई • इंदिरा गांधी परमाणु अनुसंधान केन्द्र -कलपक्कम (तमिलनाडु) • राजा रामन्ना उन्नत प्रौद्योगिकी केन्द्र -इन्दौर (मध्य प्रदेश) • परमाणु खनिज अन्वेषण एवं अनुसंधान निदेशालय -हैदराबाद (तेलंगाना) • परिवर्ती ऊर्जा साइक्लोट्रॉन केन्द्र -कोलकाता (पं. बंगाल)
परमाणु ऊर्जा विभाग की अन्य इकाइयाँ
• भारी जल बोर्ड -मुम्बई
• नाभिकीय ईंधन परिसर -हैदराबाद
• भारतीय नाभिकीय ऊर्जा कॉर्पोरेशन लिमिटेड -मुम्बई
• भारतीय यूरेनियम निगम लिमिटेड -जादूगोड़ा
• विकिरण एवं आइसोटोप प्रौद्योगिकी बोर्ड -मुम्बई

♦ **DRDO** द्वारा **उपग्रह भेदी** (Anti-satellite) मिसाइल का परीक्षण सफलता पूर्वक किस अभियान के अन्तर्गत किया गया?
-मिशन शक्ति (27 मार्च, 2019)

♦ **अमेरिका, रूस** एवं **चीन** के बाद **भारत एंटी-सैटेलाइट मिसाइल** दागने की क्षमता रखने वाला कौन सा देश है? **-चौथा**

♦ **वान्नाक्राई, पेट्या** और **इंटर्नल ब्लू आदि शब्द** किससे सम्बंधित है? **-साइबर आक्रमण** (Cyber Attack)

♦ **उच्च गति डेटा संचरण** के लिये प्रकाश को माध्यम के रूप में प्रयुक्त करता है **-लाई-फाई** (Li-Fi)

♦ **प्रोजेक्ट लून** (Project Loon) किससे सम्बंधित है
-बेतार-संचार प्रौद्योगिकी (Wireless Technology) **से**

♦ भारत में गूगल की नि:शुल्क सार्वजनिक **वाई-फाई सेवा प्रदान** करने वाला पहला रेलवे स्टेशन कौन सा है?
-मुंबई सेंट्रल रेलवे स्टेशन

♦ **रैनसमवेयर** (Ransomeware) क्या है? **-एक प्रकार का मालवेयर**

मालवेयर (Malware) ऐसा कोई भी **कम्प्यूटर प्रोग्राम** (सॉफ्टवेयर) हो सकता है, जो किसी कम्प्यूटर, सर्वर, नेटवर्क अथवा क्लाइंट को हानि पहुँचाने के लिए डिजाइन किया गया है।

♦ **साइबर आक्रमण** तथा **आँकड़ों की चोरी** के डर से बचने हेतु **सेंटर फॉर डेवलपमेंट ऑफ एडवांस्ड कम्प्यूटर** (CDAC) ने किस **सॉफ्वेयर** का विकास किया है? **-नयन** (NAYAN)

♦ **वाइमैक्स** (WiMAX) किससे सम्बंधित है?
-संचार प्रौद्योगिकी से

संस्थान	मुख्यालय
• भारत इलेक्ट्रॉनिक्स लिमिटेड	बंगलूरू
• हिंदुस्तान एरोनॉटिक्स लिमिटेड	बंगलूरू
• भारत डायनामिक्स लिमिटेड	हैदराबाद
• मिश्र धातु निगम लिमिटेड	हैदराबाद
• गार्डन रीच शिपबिल्डर्स एवं इंजीनियरिंग लिमिटेड	कलकत्ता
• भारत अर्थ मूवर्स लिमिटेड	बंगलूरू
• गोवा शिपयार्ड लिमिटेड	वास्को-डि-गामा
• मझगाँव डॉक शिपबिल्डर्स लिमिटेड	मुंबई
• ऑर्डिनेंस फैक्ट्री बोर्ड	कोलकाता
• हिंदुस्तान शिपयार्ड लिमिटेड	विशाखापत्तनम

♦ **सेंसर युक्त अंतर्सम्बंधित** वस्तुओं का नेटवर्क जो डाटा का आदान-प्रदान कर सकता है, क्या कहलाता है?
-इंटरनेट ऑफ थिंग्स (I oT)

♦ **नैनो प्रौद्योगिकी** (Nano Technology) शब्द का प्रयोग सर्वप्रथम किसने किया था? **-नोरियो तानिगुची** (Norio Taniguchi)

♦ **नैनो फोटॉनिक्स** (Nano Photonics) किससे सम्बंधित है?
-नैनो स्केल पर प्रकाश के व्यवहार के अध्ययन से

♦ **वह सामाजिक ह्यूमेनॉयड रोबोट** (Social Humanoid Robot) कौन सा जिसे हॉन्गकॉन्ग स्थित कम्पनी **हैनसन रोबोटिक्स** (Hanson Robotics) द्वारा विकसित किया गया है?

नवम्बर, 2017 में रोबोट **सोफिया** को सऊदी अरब की नागरिकता प्रदान कर दी गई है। (किसी देश की नागरिकता पाने वाला पहला रोबोट)

♦ **बैंकिंग परिचालन** को सुदृढ़ बनाने के लिए **सॉफ्टवेयर रोबोटिक्स** को लागू करने वाला **प्रथम भारतीय बैंक** कौन सा है
-आईसीआईसीआई (ICICI) **बैंक**

♦ भारत के प्रथम औद्योगिक रोबोट **ब्राबो** (BRABO) का डिजाइन एवं निर्माण किस भारतीय कम्पनी द्वारा किया गया?
-टीएएल मैन्युफैक्चरिंग सॉल्यूशन

बैलिस्टिक मिसाइल श्रेणी	अधिकतम रेंज
शॉर्ट रेंज बैलिस्टिक मिसाइल	1000 किमी. से कम
मीडियम रेंज बैलिस्टिक मिसाइल	1000-3000 किमी.
इंटरमीडियट रेंज बैलिस्टिक मिसाइल	3000-5500 किमी.
इंटरकॉन्टिनेंटल बैलिस्टिक मिसाइल	5500 किमी. से अधिक

कुंभकोणम (तमिलनाडु) के **सिटी यूनियन बैंक** ने **नवम्बर**, 2016 में भारत का पहला बैंकिंग रोबोट **लक्ष्मी** लॉन्च किया।

विविध (Miscellaneous)

- अल्टिमा थुले सबसे दूर स्थित **ब्रह्माडीय पिंड** है, जहाँ तक कोई अंतरिक्ष यान पहुंचा है। **नवम्बर, 2019** में नासा द्वारा नया नाम क्या रखा गया है? **-अरोकोथ**

प्रमुख नौवहन प्रणाली एवं देश (Important Navigation Systems)	
• ग्लोबल पोजीशनिंग प्रणाली (GPS)	**अमेरिका**
• कम्पास नैविगेशन प्रणाली (CNS)	**चीन**
• गैलीलियो पोजीशिनिंग प्रणाली	**यूरोपीय संघ**
• ग्लोनास नैविगेशन प्रणाली	**रूस**

- भारतीय **अन्तरिक्ष अनुसन्धान संगठन** के वर्तमान अध्यक्ष कौन हैं? **-एस. सोमनाथ**
- इसरो द्वारा निर्मित सबसे **बड़ा** एवं सबसे **वजनी** संचार उपग्रह कौन सा है? **-जीसैट-11**
- नासा ने किस ग्रह के अध्ययन के लिए **इनसाइट मिशन** का प्रक्षेपण किया था? **-मंगल ग्रह**
- भारत के पहले प्रस्तावित **मानव युक्त** अंतरिक्ष मिशन का नाम क्या होगा? **-गगनयान**
- **चन्द्रयान-2** कब प्रक्षेपित किया गया था? **-22 जुलाई, 2019**

चन्द्रयान-2 के **लैंडर** को **विक्रम** (Vikram) जबकि **रोवर** को **प्रज्ञान** (Pragyan) नाम दिया गया था।

- पृथ्वी और सूर्य का **गुरूत्व संतुलन बिन्दु** (Gravity Balance Point) क्या है? **-लांगरेंज प्वाइन्ट**
- चन्द्रमा पर उतरने वाला पहला **मानव युक्त अंतरिक्ष मॉडयूल** का नाम क्या था? **-ईगल**
- **अमेरिकी अंतरिक्ष एजेंसी** नासा ने सूर्य के **त्रिआयामी अध्ययन** के लिए कौन सा मिशन **अक्टूबर, 2006** में प्रारम्भ किया था? **-स्टीरियो मिशन**
- **जाली दस्तावेंजों** का पता किन किरणों के माध्यम से लगाया जाता है? **-पराबैंगनी किरणों के द्वारा।**
- **सिम** (SIM) का पूरा स्वरूप क्या है?**-सब्सक्राइबर आइडेंटिटी मॉड्यूल** (Subscriber Identity Module)
- **इसरो** द्वारा अंतरिक्ष में प्रयोग होने वाली **लीथियम-ऑयन** बैटरियों के लिये किस कम्पनी के साथ करार किया गया है? **-भारत हैवी इलेक्ट्रिकल्स लिमिटेड** (BHEL)
- **भू-तुल्यकालिक** (Geo-synchronous) कक्षा में संचार उपग्रह स्थापित करने की सम्भावना सबसे पहले किसने व्यक्त की थी? **-आर्थर सी क्लार्क**
- **क्रायोजेनिक ताप** से आशय किस ताप से है? **-150°C से कम ताप**

भारत के प्रमुख स्तम्भ कोशिका अनुसंधान केन्द्र (Stem Cell Research Centre of India)	
• नेशनल सेंटर फॉर बायोलॉजिकल साइंसेज (NCBS)	**बंगलुरू**
• नेशनल सेंटर फॉर सेल साइंस (NCCS)	**पुणे**
• इंटरनेशनल सेंटर फॉर स्टेम सेल्स, कैंसर एंड बायोटेक्नोलॉजी (ICSCCB)	**पुणे**
• सेंटर फॉर स्टेम सेल साइंसेज (CSCS)	**हैदराबाद**
• स्कूल ऑफ रीजेनेरेटिव मेडिसिन	**कर्नाटक**
• एल.वी. प्रसाद आई इंस्टीट्यूट (LVPEI)	**हैदराबाद**

- किस **वायरलेस** तकनीक के अन्तर्गत दो उपकरणों को एक छोटी रेंज में लाकर (4 सेंटीमीटर) **रेडियो संचार** स्थापित किया जाता है? **- निकट क्षेत्र संचार** (NFC)
- किस एप्लीकेशन के माध्यम से भौतिक जगत की वस्तुओं को **कम्प्यूटर जनित 3-डी मॉडल** को एनिमेशन वीडियो के द्वारा संवर्द्धित किया जाता है। **-साकार एप** (SAKAR App)
- **भू-स्थैतिक कक्षा** (Geostationary Orbit) पृथ्वी से लगभग कितनी ऊँचाई पर स्थित है **-36,000 किमी.**
- कौन सा भारतीय उपग्रह एक ही समय में **अल्ट्रावॉयलेट, ऑप्टिकल, लो एंड हाई एनर्जी एक्स रे वेवबैंड** पर ब्रह्मांड की निगरानी करने में सक्षम है? **-एस्ट्रोसैट** (ASTROSAT)

गोल्डीलॉक्स जोन में स्थित ऐसे ग्रह, जो आकार प्रकार की दृष्टि से पृथ्वी के समान होते हैं, **सुपर अर्थ** कहलाते हैं।

भारतीय इतिहास

F

प्राचीन भारत का इतिहास

प्राचीन भारत के ऐतिहासिक स्रोत

किसी **व्यक्ति**, **समाज** अथवा **देश** से सम्बंधित महत्वपूर्ण, विशिष्ट व सार्वजनिक क्षेत्र की घटनाओं, तथ्यों आदि का **कालक्रमिक विवरण** (Chronological Description) **इतिहास** (History) कहलाता है।

- **इतिहास का पिता** (Father of History) किसे कहा जाता है? –**हेरोडोटस** (Herodotus) को
- प्राचीन भारत के इतिहास से सम्बंधित प्रथम वास्तविक पुस्तक किसे माना जाता है? –**राजतरंगिणी**
- **उत्कीर्ण चिह्न** वाले प्राचीनतम् सिक्के क्या कहलाते हैं? –**आहत सिक्के** (Punch Marked Coins)

सिक्कों के अध्ययन को **मुद्राशास्त्र** (Numismatics) कहा जाता है।

- भारत में **प्रागैतिहासिक खोज** प्रारम्भ करने का श्रेय किसे दिया जाता है? –**डॉ. प्राइमरोज को**
- भारतीय प्रागैतिहासिक अध्ययन से सम्बंधित **प्री-हिस्टारिक इण्डिया** किसकी कृति है? –**स्टुअर्ट पिग्गट**
- **चीनी यात्रियों** ने अपने यात्रा वृत्तांतों में भारत के लिए किस शब्द का प्रयोग किया? – **इन-तु**
- **उत्कीर्ण लेखों** के अध्ययन को क्या कहा जाता है? –**अभिलेखशास्त्र** (Epigraphy)

लिपियों के विकास के अध्ययन को **पुरालिपि विद्या** कहा जाता है।

- सर्वप्रथम **भारतवर्ष** नाम का उल्लेख किस अभिलेख से प्राप्त हुआ था? –**हाथीगुम्फा अभिलेख से**
- प्राचीन भारत का **सर्वप्रथम सुनियोजित इतिहास** किसने तैयार किया? –**वी.ए. स्मिथ ने**

इतिहास (History)

प्रागैतिहासिक काल (Pre-Historic Period)	आद्य ऐतिहासिक काल (Proto-Historic Period)	ऐतिहासिक काल (Historical Period)
मानव उत्पत्ति से 3000 ई.पू तक	3000 ई.पू 600 ई.पू. तक	600 ई.पू. से आगे
पुरातात्विक साक्ष्य अध्ययन का एकमात्र स्रोत, क्योंकि लिखित साक्ष्य उपलब्ध नहीं	**लिखित साक्ष्य** उपलब्ध, किन्तु अपठनीय	**पुरातात्विक** एवं **साहित्यिक** दोनों प्रकार के साक्ष्य उपलब्ध

- **प्राचीन भारतीय इतिहास** को जानने के लिए **किन स्त्रोतों का प्रयोग** किया जाता है? – **धार्मिक ग्रन्थ, ऐतिहासिक ग्रन्थ, पुरातात्विक-साक्ष्य तथा विदेशी विवरण**
- **ब्राह्मी लिपि** को सर्वप्रथम किस विद्वान ने पढ़ा था? –**जेम्स प्रिंसेप** (1837 **ई. में**)
- भारत के **प्राचीनतम ग्रंथ** वेदों का संकलनकर्ता किसे माना जाता है? –**महर्षि कृष्ण द्वैपायन वेदव्यास**
- **पौराणिक मान्यता** के अनुसार भारत के प्राचीनतम राजा कौन थे? –**वैवश्वत मनु**
- **वायु पुराण** में किस वंश का उल्लेख है? –**गुप्त वंश**
- **कौटिल्य के अर्थशास्त्र** से किस वंश के इतिहास की जानकारी मिलती है? –**मौर्य वंश**
- **जैन धर्म का प्रारम्भिक इतिहास** किस ग्रंथ से प्राप्त होता है? –**कल्पसूत्र से**

भारतीय पुरातत्व सर्वेक्षण (Archaeological Survey of India) **संस्कृति मंत्रालय** के अन्तर्गत एक संलग्न संगठन है।

- **मत्स्य पुराण** किस वंश से सम्बंधित है?
  -आंध्र सातवाहन वंश से
- **विष्णु पुराण** किस वंश से सम्बंधित ग्रन्थ है? **-मौर्य वंश**
- **खरोष्ठी** लिपि किस प्रकार लिखी जाती थी?**-दाएँ से बाएँ ओर**
- **नारद स्मृति** से किस वंश के विषय में जानकारी मिलती है?
  -गुप्त वंश
- स्मृति ग्रंथों में **सबसे प्राचीन** एवं **प्रामाणिक पुस्तक** कौन सी मानी जाती है? **-मनुस्मृति**
- **शुंग काल का मानक ग्रंथ** किसे कहा जाता है? **-मनुस्मृति**
- **स्त्री को पुरुष की अर्द्धांगिनी** किस ग्रंथ में कहा गया है?
  -शतपथ ब्राह्मण में

महाभारत का प्रारम्भिक उल्लेख **आश्वलायन गृहसूत्र** में मिलता है। प्रारम्भ में इसमें मात्र **8800 श्लोक** थे और इसका नाम **जय-संहिता** था। कुछ समय पश्चात् यह बढ़कर **24000 श्लोक** हो गया और **भारत** नाम से प्रसिद्ध हुआ। अन्त में **एक लाख श्लोक** होने के कारण इसे **शतसाहस्री संहिता** या **महाभारत** कहा जाने लगा।

- **पुरालेख विद्या** से क्या अभिप्राय है?
  -शिलालेखों का अध्ययन
- **पुरावशेष का महानतम अन्वेषक** किसे माना गया है?
  -डार्विन को
- **इब्नबतूता** का **यात्रा-वृत्तांत** किस नाम से प्रसिद्ध है?
  -रेहला
- **ह्वेनसांग** ने किस विश्वविद्यालय में **बौद्ध धर्म** का अध्ययन किया था? **-नालन्दा विश्वविद्यालय**

प्रमुख अभिलेख व शासक	
अभिलेख	**शासक**
• हाथीगुम्फा अभिलेख	कलिंग नरेश खारवेल
• ऐहोल अभिलेख	पुलकेशिन-II
• नासिक अभिलेख	गौतमी बलश्री
• जूनागढ़ अभिलेख	रुद्रदामन
• प्रयाग स्तम्भ अभिलेख	समुद्रगुप्त
• मन्दसौर अभिलेख	मालवा नरेश यशोवर्मन
• ग्वालियर अभिलेख	प्रतिहार नरेश भोज
• देवपाड़ा अभिलेख	बंगाल शासक विजयसेन
• भितरी व जूनागढ़ अभिलेख	स्कंदगुप्त

- **बौद्ध स्तम्भ लेख** से किसकी जानकारी मिलती है?**-शुंग काल की**
- **ह्वेनसांग** ने अपनी **यात्रा-वृत्तान्त का वर्णन** किस पुस्तक में किया है? **-सी-यू-की**
- अरबी भाषा की पुस्तक **किताब-उल-हिन्द** की रचना किसने की थी? **-अलबरुनी ने**

मोरक्को का यात्री **इब्नबतूता** भारत में **मुहम्मद बिन तुगलक** के दरबार में आया था तथा तुगलक ने उसे **दिल्ली का काजी** नियुक्त किया था।

- **मार्को पोलो** द्वारा किस राज्य की यात्रा का उल्लेख मिलता है?
  -पाण्ड्य राज्य की
- **पतंजलि के महाभाष्य** से किस वंश के इतिहास का पता चलता है? **-शुंग वंश का**

चीनी लेखकों का वर्णन

लेखक	समय	रचनाएँ	यात्री विवरण
• **फाह्यान**	399-414 ई.	भारत दशा का विवरण	यह प्रथम चीनी यात्री था, जिसने **चन्द्रगुप्त द्वितीय विक्रमादित्य** के समय भारत की यात्रा की थी। इसने गुप्तकाल में वस्तु विनिमय का माध्यम **कौड़ियाँ** तथा चन्द्रगुप्त मौर्य के **राजप्रासाद** (राजमहल) को देवनिर्मित बताया है।
• **ह्वेनसांग**	629-645 ई.	सि-यू-की (पाश्चात्य संसार के लेख)	ह्वेनसांग सम्राट **हर्षवर्द्धन** के समय भारत आया। इसने हर्ष को **शिलादित्य** की उपाधि से विभूषित किया। इसे **यात्रियों का राजकुमार**, **शाक्य मुनि**, **नीति का पण्डित** कहा जाता है।
• **इत्सिंग**	673-675 ई.	प्रसिद्ध बौद्ध भिक्षुओं की आत्मकथाएँ	चीनी बौद्ध यात्री जो **नालंदा विश्वविद्यालय** में अध्ययनरत रहा।

सती प्रथा का प्रथम लिखित साक्ष्य **510 ई.** के **भानुगुप्त** के **एरण अभिलेख** (Eran Edicts) से प्राप्त होता है।

पाषाण काल

पाषाण काल (Stone Age)

- पुरापाषाण काल (Palaeolithic Age) → 26 लाख से 9000 ई.पू.
  - निम्न पुरापाषाण काल (26 लाख से 50000 ई.पू.)
  - मध्य पुरापाषाण काल (50000 ई.पू. से 40000 ई.पू.)
  - उच्च पुरापाषाण काल (40000 ई.पू से 9000 ई.पू.)
- मध्य पाषाण काल (Mesolithic Age) → 9000 ई.पू. से 4000 ई.पू.
- नव पाषाण काल (Neolithic Age) → 4000 ई.पू. से 2500 ई.पू.

- **पाषाणयुगीन अनुसंधान** आरम्भ करने का श्रेय किसे दिया जाता है? **–रॉबर्ट ब्रुशफुट को**
- मानव **इतिहास का प्रारम्भिक काल** क्या कहलाता था? **–पुरापाषाण काल**
- प्राचीन भारत के **औजार** और **अस्त्र-शस्त्र** बनाने के लिए निवासी किस पदार्थ का प्रयोग करते थे? **–पत्थर** (Stone)
- प्राचीन भारतीय भौगोलिक मान्यता के अनुसार **भारतवर्ष** किस द्वीप का खण्ड था? **–जम्बू द्वीप**
- सर्वप्रथम मानव सदृश प्राणी जो **होमोसेपिएन्स** (Homosepience) से प्रजातीय रूप से भिन्न था, उसे सामान्यत: किस रूप में जाना जाता है? **–पिथैकैन्थ्रोपस** (Pithacanthropus) **के रूप में**
- भारत में **मानव के सर्वप्रथम साक्ष्य** कहाँ से प्राप्त होता है? **–हथनौरा** (नर्मदा घाटी से)
- **पाषाण संस्कृति** से लेकर **हड़प्पा सभ्यता** तक के **सांस्कृतिक अवशेष** किस **पुरास्थल** से प्राप्त हुए हैं? **–मेहरगढ़**
- **जुते हुए खेत** का साक्ष्य किस पुरातात्विक स्थल से प्राप्त हुआ है? **–कालीबंगा से**
- **वृहद् पाषाण स्मारकों** की पहचान किस रूप में की गई है? **–मृतकों को दफनाने के स्थान के रूप में**
- **प्राचीनतम स्थायी जीवन के प्रमाण** कहाँ से प्राप्त हुए हैं? **–मेहरगढ़**
- मनुष्य ने **सर्वप्रथम किस धातु** का प्रयोग किया था? **–ताँबा**
- **प्रस्तर युग** (Stone Age) के लोगों के पास **प्रथम घरेलू पशु** कौन सा था? **–कुत्ता**
- उत्खनित प्रमाणों के अनुसार, **पशुपालन का प्रारम्भ** किस काल से माना जाता है? **–मध्य पाषाण काल से**
- **मध्यपाषाण काल** में पशुपालन के प्राचीनतम साक्ष्य कहाँ से मिले हैं? **–आदमगढ़ से**
- मानव द्वारा **खाद्यान्नों की कृषि** सर्वप्रथम किस काल में प्रारम्भ हुई थी? **–नवपाषाण काल में**
- मानव द्वारा **प्रयोग** में लाया जाने वाला **प्रथम अनाज** कौन सा था? **–जौ** (Barley)
- **चाकोलिथिक युग** (Chalcolithic Age) को किस अन्य नाम से जाना जाता है? **–ताम्रपाषाण युग** (Copper Age)

ताम्रपाषाण कालीन स्थल

स्थल	राज्य	प्राप्त साक्ष्य
इनामगाँव	महाराष्ट्र	कच्ची मिट्टी के मकान व **गोलाकार गड्ढों** वाले मकान के साक्ष्य मिले हैं।
दायमाबाद	महाराष्ट्र	कलश शवाधान तथा कलश को घरों के फर्श के नीचे रखने का प्रमाण। **सबसे बड़ा ताम्रपाषाणिक स्थल**
नवदाटोली	महाराष्ट्र	इसका उत्खनन **एच. डी. सांकलिया** द्वारा, **चित्रित काले मृद्भांड** के प्रमाण मिले हैं।
नेवासा	महाराष्ट्र	**पटसन का प्रथम साक्ष्य** और लाल तल पर काली डिजाइन वाले चाक निर्मित बर्तनों के प्रमाण
ताम्रवती	राजस्थान	यहाँ से प्राप्त **काले मृद्भांड सफेद रैखिक चित्रों से सजे** रहते हैं।

नवपाषाणकाल शब्द का सर्वप्रथम प्रयोग **वर्ष 1865** में **सर जान लुब्बाक** (Sir John Lubbac) ने किया था।

- **भारतीय पुरातत्व सर्वेक्षण** (Archaeological Survey of India) के प्रथम महानिदेशक कौन थे? **-जॉन मार्शल**
- **भारतीय पुरातत्व का जनक** (Father of Indian Archeology) किसे कहा जाता है? **-अलेक्जेंडर कनिंघम**
- भारत के किस आरम्भिक पुरापाषाण युग के **शिलाश्रय** से सर्वाधिक चित्र प्राप्त हुए हैं? **-भीमबेटका** (मध्य प्रदेश) **से**
- **कुम्भकारी** (मिट्टी के बर्तन बनाने की कला) के सर्वप्रथम प्रमाण किस युग से प्राप्त हुए हैं? **-नवपाषाण काल से**
- **पेबल उपकरण** (Pebble Tools) किस काल से सम्बंधित है **-निम्न पुरापाषाण काल से**
- **ताम्बवती** के नाम से कौन सी संस्कृति प्रसिद्ध है? **-अहार संस्कृति**
- **माइक्रोलिथिक औजार** (Microlithic tools) किस काल से सम्बंधित है? **-मध्य पाषाण काल से**
- **बेलन घाटी** से प्राप्त औजार किस काल से सम्बंधित है? **-निम्न पुरापाषाण काल से**
- मानव की **आखेटक** (Hunter) और **खाद्य-संग्राहक** (Food Gatherer) की अवस्था किस काल से जुड़ी हुई है? **-पुरा पाषाण काल से**

> **ताम्र पाषाण कालीन संस्कृति** में महाराष्ट्र के लोग मृतकों को घर के फर्श के नीचे **उत्तर-दक्षिण** दिशा में रखकर दफनाते थे।

- भारत के दो सर्वाधिक प्राचीन ज्ञात मध्य पाषाणकालीन स्थल कौन से हैं? **-महदहा और सरायनाहर राय**
- आधुनिक मानव **होमोसेपियन्स** का प्रादुर्भाव कब हुआ? **-उच्च पुरापाषाण काल में**
- **क्वार्टजाइट पत्थरों** के स्थान पर **जैस्पर, चर्ट** आदि के पत्थर सर्वप्रथम कब प्रयुक्त हुए? **-मध्य पुरापाषाण काल से**
- **अग्नि** का उपयोग करना मानव ने सर्वप्रथम कब सीखा था? **-नवपाषाण काल से**
- भारत में **जीवाश्म** (Fossils) का एकमात्र प्रमाण कहाँ मिला है? **-शिवालिक पहाड़ी से**
- भारतीय उपमहाद्वीप में **कृषि के प्राचीनतम साक्ष्य** किस स्थान से प्राप्त हुए हैं? **-मेहरगढ़ से**
- **कपास** के प्राचीनतम साक्ष्य कहाँ से प्राप्त हुए थे? **-मेहरगढ़ से**
- **हड्डी निर्मित उपकरण** किस भारतीय पुरातात्विक स्थल से प्राप्त हुए हैं? **-सराय नाहर राय से**
- **गौरिक मृदभाण्ड पात्र** का नामकरण कहाँ से हुआ था? **-हस्तिनापुर से**

> सिंधु घाटी सभ्यता के मुख्य स्थल **मोहनजोदड़ो, चन्हूदड़ो, सुत्कागेंडोर, हड़प्पा** तथा **कोटदीजी** (वर्तमान में पाकिस्तान) में स्थित हैं।

नवपाषाणकालीन स्थल

स्थल	राज्य
• **बुर्जहोम** (कश्मीर)	कब्रों में **मालिक के साथ कुत्ते दफनाने** के साक्ष्य प्राप्त हुए हैं।
• **गुफ्फकराल** (कश्मीर)	**कृषि** व **पशुपालन** के साक्ष्य, हड्डी निर्मित औजार, **धूसर मृद्भांडों का प्रमाण**, सिलबट्टा व हड्डी से निर्मित सुई के साक्ष्य प्राप्त हुए है।
• **मेहरगढ़** (पाकिस्तान)	**गेहूँ** की तीन व **जौ** की दो किस्मों की खेती के प्रमाण, **कच्ची ईंटों के आयताकार मकान** और **प्राचीनतम् स्थायी जीवन** के साक्ष्य।
• **महदहा** (उत्तर प्रदेश)	**गोलाकार झोपड़ियों** के प्रमाण, धान के अलावा जौ की खेती व **पशुबाड़ा** के भी साक्ष्य।
• **कोल्डिहवा** (उत्तर प्रदेश)	**धान की खेती के प्रमाण** प्राप्त हुए हैं, जो धान की खेती का भारत में ही नहीं, बल्कि **विश्व में सबसे प्राचीन साक्ष्य** माना जाता है।
• **संगनकल्लू** (कर्नाटक)	**राख के टीले** प्राप्त हुये है, जो **बेल्लारी** जिले में अवस्थित है।
• **पिक्लीहल** (कर्नाटक)	**राख के ढेर** व **निवास स्थल** के साक्ष्य के प्राप्त हुये हैं।
• **चोपानीमांडो** (उत्तर प्रदेश)	**मधुमक्खी के छत्ते जैसी झोपड़ियों**, ज्यामितीय आकार के सूक्ष्म पाषाण व **हस्त निर्मित मृद्भांड** के साक्ष्य प्राप्त हुये हैं।
• **सारूतारू** (असम)	गुवाहाटी के समीप उत्खनन से **आदिम कुल्हाड़ियाँ** व **चित्रित मृद्भाण्ड** प्राप्त हुये हैं।
• **चिरांद** (बिहार)	**हड्डी के उपकरण** प्राप्त हुए हैं, जो प्राय: हिरणों के सींगों से निर्मित हैं।
• **दाओजली** (असम)	**कृषि** व **पशुपालन** के साक्ष्य प्राप्त हुये हैं।

> **नवदाटोली** नामक ताम्रपाषाणिक स्थल का उत्खनन **एच.डी. साँकलिया** ने किया था। नवदाटोली वर्तमान में **मध्यप्रदेश** में अवस्थित है।

हड़प्पा सभ्यता

- हड़प्पा सभ्यता का सर्वाधिक **मान्यता प्राप्त काल** कौन सा है?
  –2500 ई.पू. से 1750 ई.पू. तक
- **हड़प्पा नामक पुरास्थल** किस सभ्यता से सम्बद्ध है?
  –सिंधु घाटी सभ्यता
- हड़प्पा सभ्यता की **लिपि** (Script) किस प्रकार थी?
  –भावचित्रात्मक (Pictographic)
- **हड़प्पा सभ्यता** की जानकारी का प्रमुख स्रोत क्या है?
  –पुरातात्विक खुदाई
- **मोहनजोदड़ो** का शाब्दिक अर्थ क्या है? **–मृतकों का टीला**
- **सिंधु सभ्यता** किससे सम्बंधित है?
  –आद्य-ऐतिहासिक युग (Proto-Historic Age) **से**
- **मूर्ति पूजा** का आरम्भ कब से माना जाता है?
  –पूर्व आर्य काल से

> सिन्धुवासियों ने पहली बार **ताँबे में टिन** मिलाकर **काँसा** तैयार किया था, इसलिए इसे **कांस्य युगीन सभ्यता** भी कहा जाता है।

- हड़प्पा की समकालीन सभ्यता **रंगपुर** कहाँ स्थित है?
  –सौराष्ट्र में
- हड़प्पा संस्कृति का वह कौन सा स्थल है जहाँ दुर्ग तथा निचला नगर अलग-अलग प्राचीरों से घिरे हुए हैं? **–कालीबंगन**
- **मोहनजोदड़ो** एवं **हड़प्पा सभ्यता** की पुरातात्विक खुदाई किसके द्वारा की गई थी? **–सर जॉन मार्शल द्वारा**
- **हड़प्पा कालीन स्थलों** में अभी तक किस धातु की प्राप्ति नहीं हुई है? **–लोहा** (Iron)
- **सिंधु घाटी** के लोग किसकी **पूजा** करते थे?**–मातृ देवी की**

> **उत्खनित प्रमाणों** के अनुसार, **सिंधु सभ्यता** का स्थल **बनावली** (हरियाणा), **घग्घर** और उसकी **सहायक नदियों** की घाटी में स्थित है।

- **धौलावीरा** नामक पुरातात्विक स्थल किस राज्य में स्थित है?
  –गुजरात
- हड़प्पा संस्कृति के संदर्भ में **शैलकृत स्थापत्य के प्रमाण** कहाँ से प्राप्त हुए हैं? **–धौलावीरा से**
- **हड़प्पा कालीन मुहरों** का सर्वाधिक प्रचलित आकार कैसा है?
  –वर्गाकार

> **हड़प्पा संस्कृति** की मुहरों पर घोड़े का अंकन नहीं हुआ है।

- आधुनिक **देवनागरी लिपि** का प्राचीन रूप क्या है?**–ब्राह्मी लिपि**
- विश्व में सबसे पहले **कपास की खेती** का आरम्भ कहाँ प्रारम्भ की गई थी? **–भारत में**

> **सैन्धव सभ्यता** की समकालीन **मिस्त्र की सभ्यता** नील नदी के तट पर विकसित हुई थी।

- **सिंधु घाटी सभ्यता** से सम्बंधित **वृषभ मुद्रा** किस पुरातात्विक स्थान से प्राप्त हुई थी? **–मोहनजोदड़ो**
- **मृण पट्टिका** पर उत्कीर्ण **सींगयुक्त देवता की मुहर** कहाँ से प्राप्त हुयी है? **–कालीबंगन से**

> **लेखन कला** की प्रणाली विकसित करने वाली **प्रथम प्राचीन सभ्यता सुमेरियन सभ्यता** थी।

> **सिंधु घाटी** सभ्यता **गैर आर्य** सभ्यता थी क्योंकि यह **नगरीय सभ्यता** थी, जबकि **आर्य** मुख्यत: **कृषि पर आश्रित** थे।

- सिंधु घाटी सभ्यता को **आर्यों से पूर्व की सभ्यता** रखे जाने का महत्त्वपूर्ण कारक क्या है? **–मृदभाण्ड**
- भारत में किस प्रकार के मृदभांड **द्वितीय नगरीकरण के प्रारम्भ के प्रतीक** माने गए हैं?
  –उत्तरी काले पॉलिशकृत मृदभाण्ड (Northern Black Polished Ware)
- भारत में **चाँदी की उपलब्धता** के प्राचीनतम साक्ष्य किस सभ्यता से मिलते हैं? **–हड़प्पा सभ्यता से**
- हड़प्पा काल की **मुद्राओं के निर्माण** में मुख्यत: किस पदार्थ का उपयोग किया गया है? **–सेलखड़ी** (Steatite)

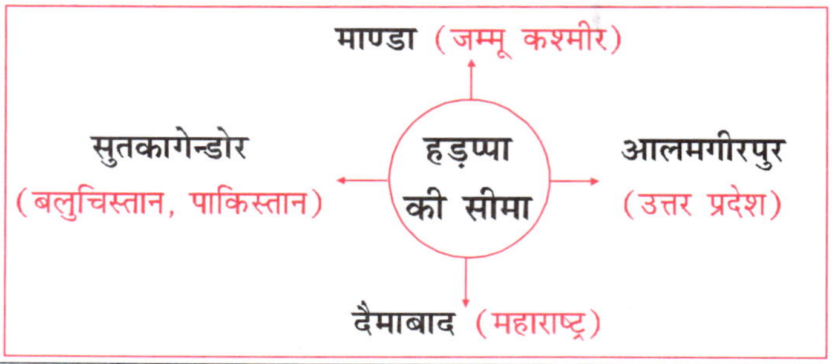

> **लोथल** को **लघु हड़प्पा** या **लघु मोहनजोदड़ो** भी कहा जाता है। इसके पूर्वी भाग में एक **गोदीवाड़ा** का साक्ष्य मिला है।

हड़प्पाकालीन स्थल : महत्वपूर्ण तथ्य				
स्थल	**उत्खननकर्ता**	**वर्ष**	**नदी**	**प्राप्त साक्ष्य**
• **हड़प्पा** मोंटगोमरी जिला (पाकिस्तान)	रायबहादुर दयाराम साहनी, व्हीलर, माधव स्वरूप वत्स	1921	रावी	अन्न भण्डार, काँसे से निर्मित खिलौना गाड़ी, पारदर्शी वस्त्र पहने हुए एक मूर्ति, गरुड़ चित्रित मुद्रा, **मछुआरे का चित्र**, शंख का बैल, **कांस्य दर्पण**।
• **मोहनजोदड़ो** लरकाना जिला (पाकिस्तान)	राखालदास बनर्जी, मार्टिमर व्हीलर	1922	सिंधु	**विशाल स्नानागार**, पुरोहितों का आवास, **महाविद्यालय**, 16 मकानों का बैरक, **कांस्य निर्मित नग्न महिला मूर्ति**, **दाढ़ी वाले पुजारी की मूर्ति**, चमकते हुए बंदर का चित्र, **एक शृंगी पशुओं वाली मुद्राएँ** प्राप्त हुई।
• **लोथल** अहमदाबाद जिला (गुजरात)	रंगनाथ राव	1955 एवं 1962	भोगवा	**गोदीबाड़ा**, वृत्ताकार तथा चौकोर **अग्निवेदिका**, **हाथी दाँत**, चावल व बाजरे पर दोमुहे राक्षस का अंकन, फारस की मुहर, घोड़े की मृण्मूर्ति, **तीन युग्मित समाधियाँ**, चालाक लोमड़ी का चिन्ह् आदि।
• **चन्हूदड़ो** सिंध (पाकिस्तान)	अर्नेस्ट मैके व एन. जी. मजूमदार	1931	सिंधु	**मनके बनाने का कारखाना**, बिल्ली का पीछा करते हुए कुत्ते का साक्ष्य, **लिपिस्टिक**, कांस्य गाड़ी, वक्राकार ईंट, कंघा, तीन घड़ियालों तथा दो मछलियों के अंकन वाली मुद्रा, काजल, पाउडर प्राप्त हुई।
• **कालीबंगा** हनुमानगढ़ जिला (राजस्थान)	अमलानंद घोष, ब्रजवासी लाल एवं बी.के थापर	1953 1960	घग्घर	**जुते हुए खेत** का साक्ष्य, भूकम्प के साक्ष्य, **अग्नि हवन कुंड**, अलंकृत ईंट, **चूड़ियाँ**, संभवतः एक साथ फसल बोने के साक्ष्य, लकड़ी की नाली।
• **राखीगढ़ी** हिसार (हरियाणा)	सूरज भान	1969	घग्घर	**ताम्र उपकरण**, हड़प्पा लिपि युक्त मुद्रा।
• **कोटदीजी** खैरपुर (पाकिस्तान)	धुर्ये एवं फजल अहमद खान	1935 1955	सिंधु	किलेबंदी का साक्ष्य नहीं, **कच्चे ईंटों के मकान** व चूल्हे।
• **बनावली** हिसार (हरियाणा)	आर. एस. बिष्ट (रवीन्द्र सिंह विष्ट)	1973	सरस्वती	**मिट्टी का हल** (खिलौना), सड़कों पर बैलगाड़ी के पहिए का साक्ष्य तथा **जौ के साक्ष्य** प्राप्त हुये हैं।
• **रोपड़** रूपनगर (पंजाब)	यज्ञदत्त शर्मा	1955	सतलज	**ताँबे की कुल्हाड़ी**, मानव के साथ कुत्ते दफनाने का साक्ष्य।
• **रंगपुर** काठियावाड़ (गुजरात)	एस आर राव	1954	भादर/मादर	ज्वार-बाजरा, तीन संस्कृतियों के अवशेष, नालियाँ, **कच्ची ईंट के दुर्ग**, **धान की भूसी**।
• **आलमगीरपुर** मेरठ (उत्तर प्रदेश)	यज्ञदत्त शर्मा	1958	हिंडन	मृद्भांडों पर रंगीन **चित्रकारी** के साक्ष्य प्राप्त हुये हैं।
• **सुत्कांगेडोर** बलूचिस्तान (पाकिस्तान)	ऑरेंज स्टाइन, जार्ज डेल्स	1927 एवं 1962	दाश्क	तीन संस्कृतियों के साक्ष्य, प्राकृतिक चट्टान पर अवस्थित, मानव अस्थि-राख से भरा बर्तन, **बेबीलोन से व्यापार का साक्ष्य**, बंदरगाह।
• **माण्डा** (जम्मू-कश्मीर)	जगपति जोशी	1982	चेनाब	चर्ट, **ब्लेड**, हड्डी निर्मित बाणाग्र, मुहरों के साक्ष्य प्राप्त हुये हैं।
• **सुत्काकोह** पेरिन (बलूचिस्तान)	जॉर्ज डेल्स	1962	शादी कौर	दो टीले व **मृद्भांड के साक्ष्य** प्राप्त हुये हैं।
• **सुरकोटदा** (गुजरात)	जगपति जोशी	1964	सरस्वती	**कलश शवाधान**, घोड़े की हड्डी, तराजू का पलड़ा।

हड़प्पा सभ्यता में **विनिमय** का मुख्य माध्यम **वस्तु विनिमय प्रणाली** (Barter System) को माना जाता है।

वैदिक काल

- **वेद** का शाब्दिक अर्थ क्या है? **-ज्ञान** (Knowledge)
- सर्वाधिक प्राचीन **वेद** कौन सा है? **-ऋग्वेद**
- **आर्य** शब्द किसको इंगित करता है? **-श्रेष्ठ को**
- ऋग्वेद में कुल कितने **मण्डल** और **सूक्त** हैं?
  -10 मण्डल (Divisons) और **1028 सूक्त** (Hymns)
- **त्रयी** नाम किसके लिए प्रयोग किया जाता है?
  -तीनों वेदों (ऋग्वेद, सामवेद और यजुर्वेद) के लिए
- **यज्ञ सम्बंधी विधि विधानों** की जानकारी किस वेद से प्राप्त होती है? **-यजुर्वेद से**
- चार वेदों में से किस एक में **जादू-टोने** और **वशीकरण** का वर्णन है? **-अथर्ववेद**
- **उपनिषद्** (Upanishads) किस परम्परा पर आधारित है?
  -भारतीय दर्शन परम्परा
- ऋग्वेद का कौन सा मण्डल पूर्णत: **सोम देवता** को समर्पित है?
  -नौवाँ मण्डल
- **अध्यात्म ज्ञान** से सम्बंधित **नचिकेता** और **यम का संवाद** किस उपनिषद् से प्राप्त होता है? **-कठोपनिषद् में**
- उपनिषद् काल के **राजा अश्वपति** किस स्थान के शासक थे?
  -केकय के
- **मोक्ष प्राप्ति के साधन** की चर्चा किस वैदिक साहित्य में की गई है? **-उपनिषद् से**
- वैदिक नदी **अस्किनी** की पहचान किस नदी के रूप में की जाती है? **-चिनाब**
- **आरम्भिक वैदिक साहित्य** में सर्वाधिक बार **वर्णित नदी** कौन सी है? **-सिंधु**

वैदिक काल में प्रयुक्त प्रमुख शब्द	
आधुनिक नाम	**प्राचीन नाम**
• गाय	अघन्या (जिसका वध न हो)
• राजा	गोपा
• अतिथि	गोहंता/गोहन
• धनी व्यक्ति	गोमत
• युद्ध	गविष्ट, गेसु, गम्य
• पुत्री	दुहिता
• अनाज	धान्य
• मरुस्थल	धन्व
• उपजाऊ भूमि	उर्वरा
• पशुचारण योग्य भूमि	खिल्य
• हल से बनी नालियाँ	सीता

- कौन सा वेद **ऋग्वेद** पर आधारित संगीतमय ऋचाओं का संकलन है? **-सामवेद**
- **वर्ण व्यवस्था** (Caste System) का सर्वप्रथम विवरण कहाँ से प्राप्त होता है? **-ऋग्वेद के दसवें मण्डल में**
- **पूर्व वैदिक काल** (Pre-vedic period) में किन दो संस्थाओं का राजा पर नियंत्रण होता था? **-सभा और समिति का**
- **वैदिक देवताओं** का **पुरोहित** किसे माना जाता है?
  -बृहस्पति को
- ऋग्वैदिक काल में **निष्क** शब्द का प्रयोग एक आभूषण के लिए होता था, किन्तु **परवर्ती काल** में उसका प्रयोग किस वस्तु के लिए किया जाने लगा? **-सिक्के** (Coin) **के लिए**
- **पुरुष मेध प्रथा** का उल्लेख किस ग्रंथ में मिलता है?
  -शतपथ ब्राह्मण

वेद	ब्राह्मण	सूक्त	उपनिषद्	अरण्यक	अध्येता	उपवेद (प्रर्वतक)
• ऋग्वेद	कौषितकी, ऐतरेय	1028 मंत्र	कौषितकी, ऐतरेय	ऐतरेय, कौषितकी	होतृ	आयुर्वेद (प्रजापति)
• यजुर्वेद	तैत्तरीय, शतपथ	-	तैत्तरीय, कठ, श्वेताश्वर, ईश, वृहदारण्यक, मैत्रायणी	तैत्तरीय, वृहदारण्यक, शतपथ	अध्वर्यु	धनुर्वेद (विश्वामित्र)
• सामवेद	पंचविंश (इसे ताण्ड्य ब्राह्मण भी कहते हैं)	1875 मंत्र	केन, छान्दोग्य	जैमनीय, छांदोग्य	उद्‌गाता	गंधर्व वेद (नारद)
• अथर्ववेद	गोपथ	6000 मंत्र	माण्डूक्य, प्रश्न, मुंडक	-	ब्रह्म	शिल्पवेद (विश्वकर्मा)

पारसियों के ग्रन्थ **जिंद अवेस्ता** में जिस **अहुरमज्दा** का वर्णन मिलता है, वह **असुरों का देवता** है।

- ईरान से भारत में आर्यों के आने की सूचना किस अभिलेख से प्राप्त होती है? -बोगजकोई अभिलेख
- उत्तर वैदिक काल में किस क्षेत्र को आर्य संस्कृति की धुरी समझा जाता था? -अंग एवं मगध
- गोत्र (Clan) शब्द का प्रयोग सर्वप्रथम किस काल में हुआ था? -ऋग्वेद काल में

> ऋग्वेद संहिता में दूसरे से सातवें मण्डल तक सर्वाधिक प्राचीन माने जाते हैं। इन्हें गोत्र मण्डल (Clan Division) के नाम से भी जाना जाता है।

- ऋग्वेद काल में जनता का विश्वास किसमें था? -बलि एवं कर्मकांड में
- प्रसिद्ध दशराज युद्ध किस नदी के तट पर लड़ा गया था? -परुष्णी (रावी)

> दशराज्ञ युद्ध का वर्णन ऋग्वेद के 7वें मण्डल में मिलता है।

- आर्यों के जीविकोपार्जन का मुख्य स्रोत क्या था? -पशुपालन एवं कृषि
- ऋग्वेद में उल्लिखित यव शब्द किस कृषि उत्पाद के लिए प्रयुक्त किया गया है? -जौ (Barley)
- वैदिक युग में प्रचलित लोकप्रिय शासन प्रणाली का क्या नाम था? -वंशानुगत राजतंत्र प्रणाली
- आयुर्वेद अर्थात जीवन का विज्ञान, का उल्लेख सर्वप्रथम किस वेद में मिलता है? -अथर्ववेद में

> अथर्ववेद में सभा और समिति को प्रजापति की दो पुत्रियाँ कहा गया है।

- गायत्री मंत्र का उल्लेख किस ग्रंथ में मिलता है? -ऋग्वेद के तीसरे मण्डल में
- ऋग्वेद में किसको युद्ध का देवता समझा जाता है? -इंद्र
- पूर्व वैदिक आर्यों का सर्वाधिक लोकप्रिय देवता कौन था? -इंद्र
- गायत्री मंत्र की रचना किसने की थी? -विश्वामित्र ने
- श्रीमद्भागवत गीता मूल रूप से किस भाषा में लिखी गई थी? -संस्कृत में
- सत्यमेव जयते शब्द किस ग्रंथ से लिया गया है? -मुंडकोपनिषद् से

ऋग्वैदिक नदियाँ	
प्राचीन नाम	आधुनिक नाम
• वितस्ता	झेलम
• विपाशा	व्यास
• दृषद्वती/दृसद्धती	घग्घर (चौतांग नदी)
• क्रुभु	कुर्रम
• कुंभा	काबुल
• सदानीरा	गंडक
• अस्किनी	चिनाब
• शतुद्रि	सतलज
• गोमल	गोमती
• सिंधु	सिंध
• सरस्वती	घग्घर
• सुषोमा	सोहन
• सुवास्तु	स्वात

- ऋग्वेद की मूल लिपि क्या थी? -ब्राह्मी
- जीविकोपार्जन हेतु वेद वेदांग पढ़ाने वाला अध्यापक क्या कहलाता था? -उपाध्याय
- राजा की उत्पत्ति का सिद्धांत किस ब्राह्मण ग्रन्थ में मिलता है? -ऐतरेय ब्राह्मण में
- शुल्व सूत्र किस विषय से सम्बंधित पुस्तक है? -ज्यामिति
- असतो मा सद्गमय वाक्यांश कहाँ से लिया गया है? -वृहदारण्यक उपनिषद् से
- चरक संहिता नामक पुस्तक किस विषय से सम्बंधित है? -चिकित्सा से
- याज्ञवल्क्य-गार्गी संवाद का उल्लेख कहाँ मिलता है? -बृहदारण्यकोपनिषद् में
- वैदिक काल में लम्बे समय तक अविवाहित रहने वाली कन्या को क्या कहा जाता था? -अमाजू
- वैदिक काल में द्विज श्रेणी में कौन-कौन शामिल थे -ब्राह्मण, क्षत्रिय एवं वैश्य

> ऋग्वेद में सरस्वती नदी को सर्वाधिक पवित्र बताया गया है और इसे नदीतमा व नदियों की माता की संज्ञा दी गयी है।

जैन धर्म

- जैन धर्म के संस्थापक कौन थे? -ऋषभदेव (आदिनाथ)
- तीर्थंकर शब्द किससे सम्बंधित है? -जैन धर्म से
- अनेकांतवाद किस धर्म मूल सिद्धान्त एवं दर्शन है? -जैन धर्म का
- जैन धर्म में कर्म परमाणुओं के पूर्ण विनाश को सूचित करने वाली अवस्था को क्या कहा जाता है? -निर्जरा
- जैन धर्म में संवर का क्या अभिप्राय है? -जीव की ओर नये कर्म का प्रवाह रुक जाना

गंग वंश के राजा राजमल चतुर्थ के मंत्री एवं सेनापति चामुण्डराय ने 974 ई. में श्रवणबेलगोला के पास एक जिन मूर्ति का निर्माण करवाया था जो बाहुबली (गोमतेश्वर) की मूर्ति कहलाती है। यहाँ पर 12 वर्ष के अन्तराल पर मनाया जाने वाला उत्सव महामस्तकाभिषेक के नाम से जाना जाता है।

- त्रिरत्न सिद्धान्त (सम्यक् दर्शन, सम्यक् आचरण एवं सम्यक् ज्ञान) किस धर्म से सम्बंधित है? -जैन धर्म
- आजीवक सम्प्रदाय के संस्थापक कौन थे? -मक्खलि गोशाल
- अणुव्रत सिद्धान्त किस धर्म से सम्बंधित है? -जैन धर्म
- यापनीय किस का सम्प्रदाय था? -जैन धर्म का
- प्रारम्भिक जैन साहित्य किस भाषा में लिखे गए थे? -अर्द्ध-मागधी
- पार्श्वनाथ से सम्बद्ध होने के कारण कौन सा स्थल जैन सिद्ध क्षेत्र माना जाता है? -सम्मेद शिखर
- जैन सम्प्रदाय में प्रथम विभाजन के पश्चात निर्मित श्वेताम्बर सम्प्रदाय के संस्थापक कौन थे? -स्थूलभद्र
- किस जैन संगीति में अंतिम रूप से श्वेताम्बर आगम का सम्पादन हुआ? -प्रथम जैन संगीति (पाटलिपुत्र) में

जैन संगीतियाँ (सम्मेलन)

जैन संगीति	वर्ष	स्थान	अध्यक्ष
• प्रथम संगीति	300 ई.	पाटलिपुत्र (बिहार)	स्थूलभद्र
• द्वितीय संगीति	512 ई.	वल्लभी (गुजरात)	क्षमाश्रवण

- जैन तीर्थंकरों के क्रम में अंतिम कौन था? -महावीर स्वामी

महावीर स्वामी (24वें तीर्थंकर)	
• जन्म	540 ई.पू.
• जन्मस्थल	वैशाली के कुण्डग्राम के निकट बिहार
• पिता	सिद्धार्थ (वज्जि संघ के, कुण्डग्राम के ज्ञातृक क्षत्रिय कुल के प्रधान)
• माता	त्रिशला (लिच्छवी शासक चेटक की बहन)
• बचपन का नाम	वर्द्धमान महावीर
• पत्नी	यशोदा (कुण्डिय गोत्र के राजा समरवती की कन्या)
• पुत्री	प्रियदर्शना (अणोज्जा)
• प्रमुख उपाधि	केवलिन (कैवल्य-सर्वोच्च ज्ञान प्राप्त व्यक्ति), जिन (विजेता), निर्ग्रन्थ (बंधनरहित), अर्हत् (पूज्य)।
• निर्वाण प्राप्ति	पावापुरी (राजगृह) बिहार में 72 वर्ष की आयु में 468 ई. पू. में सस्तिपाल के यहाँ (मल्ल गणराज्य के प्रधान का शासित क्षेत्र)।

- स्यादवाद सिद्धान्त किससे सम्बंधित है? -जैन धर्म से
- उत्तर प्रदेश में स्थित कौन सा स्थान बौद्ध एवं जैन धर्मो का दोनों की प्रसिद्ध तीर्थस्थल है? -कौशाम्बी
- 16 महाजनपदों का उल्लेख किस जैन रचना में मिलता है? -भगवती सुत्त
- बराबर की गुफाओं का निर्मित किसलिए किया जाता था? -आजीवकों के आवास के लिए
- पार्श्वनाथ द्वारा प्रतिपादित चार महाव्रतों में महावीर स्वामी ने पाँचवें महाव्रत के रूप में क्या जोड़ा? -ब्रह्मचर्य

महावीर स्वामी ने अहिंसा, सत्य, अस्तेय (चोरी न करना), अपरिग्रह (सम्पत्ति अर्जित न करना) एवं ब्रह्मचर्य पंच महाव्रत की शिक्षा दी।

- जैन ग्रंथ कल्पसूत्र के रचयिता कौन थे? -भद्रबाहु
- जैन मूर्ति पूजा का प्राचीनतम प्रामाणिक अभिलेख कहाँ मिला है? -हाथीगुम्फा अभिलेख

जैन सम्प्रदाय में विभाजन के पश्चात् स्थूलभद्र के अनुयायी श्वेताम्बर जबकि भद्रबाहु के अनुयायी दिगम्बर कहलाये।

बौद्ध धर्म

- महात्मा बुद्ध की शिक्षाएँ सर्वप्रथम किस रूप में संकलित की गईं? -त्रिपिटक के रूप में
- महाभिनिष्क्रमण से क्या तात्पर्य है? -बुद्ध के गृहत्याग की घटना
- बुद्ध को ईश्वर के रूप में पूजने वाला बौद्ध सम्प्रदाय कौन सा है? -महायान
- किस बौद्ध संगीति में बौद्ध संघ स्थाविरवादी तथा महासंघिक जैसे दो भागों में विभाजित हुआ था -द्वितीय संगीति में
- बौद्धमत के उपसम्पदा पद से क्या तात्पर्य है? -बौद्ध भिक्षु के धर्म-परिवर्तन की अन्तिम अवस्था
- बुद्ध, किसके राज्य काल में कौशाम्बी आए थे? -उदयिन

बौद्ध धर्म में शून्यवाद तथा विज्ञानवाद जैसी दार्शनिक पद्धतियों का उदय हुआ। इसका प्रभाव शंकराचार्य के दर्शन पर भी पड़ा। इसी कारण उन्हें प्रच्छन्न बुद्ध की उपमा भी दी जाती है।

- बौद्ध धर्म के चार आर्य सत्य क्या है? -दु:ख, दु:ख समुदाय, दु:ख निरोध तथा दु:ख निरोधगामिनी प्रतिपदा।
- बौद्धों की रामायण के नाम से प्रसिद्ध बुद्धचरित के रचनाकार कौन हैं? -अश्वघोष
- अशोक का कौन सा अभिलेख इस परम्परा की पुष्टि करता है कि गौतम बुद्ध का जन्म लुंबिनी में हुआ था? -रुम्मिनदेई स्तम्भ अभिलेख
- बौद्ध धर्म के महायान और हीनयान सम्प्रदायों में सर्वाधिक मौलिक अन्तर कौन सा है? -देवी-देवताओं की पूजा

बुद्ध की सर्वाधिक मूर्तियों का निर्माण गांधार शैली में हुआ है बुद्ध की प्रथम प्रतिमा मथुरा कला शैली के अन्तर्गत बनाई गई थी।

- भारतीय कला में बुद्ध के जीवन की किस घटना का चित्रण मृग सहित चक्र द्वारा दिखाया गया है? -प्रथम उपदेश
- बोधगया के महाबोधि मंदिर का सम्बंध गौतम बुद्ध के जीवन की किस महत्वपूर्ण घटना से है? -गौतम बुद्ध को ज्ञान प्राप्ति से
- बुद्ध के उपदेश किससे सम्बंधित हैं? -आचरण की शुद्धता एवं पवित्रता से

बौद्ध धर्म के वास्तविक संस्थापक : महात्मा बुद्ध	
• जन्म	563 ई.पू.
• जन्मस्थल	लुम्बिनी वन (कपिलवस्तु- वर्तमान रुम्मिनदेई, नेपाल)
• पिता	शुद्धोधन (शाक्यों के राज्य कपिलवस्तु के शासक)
• माता	महामाया देवी (कोलिय गणराज्य)
• बचपन का नाम	सिद्धार्थ (गोत्र- गौतम)
• पालन पोषण	विमाता प्रजापति गौतमी
• पत्नी	यशोधरा (कोलिय गणराज्य की राजकुमारी)
• पुत्र	राहुल
• सारथी	चन्ना
• घोड़ा	कंथक
• ज्ञान प्राप्ति स्थल	गया (बोधगया, बिहार) निरंजना नदी का तट (घटना- सम्बोधि)
• प्रथम उपदेश स्थल	ऋषि पत्तन (सारनाथ)
• शिष्य	आनंद व उपालि
• धर्मप्रचार का स्थल	शाक्य, काशी, मगध, अंग, मल्ल, वज्जि, कोशल राज्य।
• जीवन का अंत (महापरिनिर्वाण)	483 ई.पू., आयु-80 वर्ष, दिन-वैशाख पूर्णिमा, स्थल- कुशीनगर (उत्तर प्रदेश)

- बुद्ध के जीवनकाल में ही कौन संघ प्रमुख बनना चाहता था? -देवदत्त

भारत में मूर्ति पूजा की नींव बौद्ध धर्म ने रखी तथा सर्वप्रथम बुद्ध की प्रतिमाओं का पूजन किया गया।

- नालंदा विश्वविद्यालय की स्थापना किस काल में हुई थी? -गुप्त काल में
- अष्टांगिक मार्ग की संकल्पना किससे सम्बंधित है? -धर्मचक्र प्रवर्तन से
- बौद्ध संघ में भिक्षुणी के रूप में स्त्रियों के प्रवेश की अनुमति बुद्ध द्वारा कहाँ दी गई थी? -वैशाली में

सम्राट अशोक ने अपने पुत्र महेन्द्र और पुत्री संघमित्रा को बौद्ध धर्म के प्रचार-प्रसार के लिए श्रीलंका भेजा था।

बौद्ध संगीतियाँ				
क्रम	वर्ष	स्थान	अध्यक्ष	शासन
प्रथम	483 ई. पू.	राजगृह	महाकस्सप	अजातशत्रु
द्वितीय	383 ई. पू.	वैशाली	साबकमीर	कालाशोक
तृतीय	250 ई. पू.	पाटलिपुत्र	मोगलिपुत्त तिस्स	अशोक
चतुर्थ	98 ई.	कुण्डलवन	वसुमित्र	कनिष्क

- **नागार्जुन** किस बौद्ध सम्प्रदाय के थे? **-माध्यमिक सम्प्रदाय**
- विश्व का सबसे ऊँचा **विश्व शांति स्तूप** बिहार में कहाँ स्थित है? **-राजगीर**
- बुद्ध की **80 फुट ऊँची प्रतिमा** जो बोधगया में स्थित है, किसके द्वारा निर्मित की गई है? **-जापानियों के द्वारा**
- **एशिया के ज्योति पुंज** (Light of Asia) के नाम से किसे जाना जाता है? **-गौतम बुद्ध को**
- **शून्यता के सिद्धान्त** का सर्वप्रथम प्रतिपादन करने वाला **बौद्ध दार्शनिक** कौन था? **-नागार्जुन**
- **नव नालंदा महाविहार** किसके लिए विख्यात है? **-पाली अनुसंधान संस्थान के लिए**
- **बौद्ध** तथा **जैन** दोनों ही धर्म किस मत में विश्वास रखते हैं? **-कर्म** तथा **पुनर्जन्म के सिद्धान्त में**
- गौतम बुद्ध को **एक देवता का स्थान** किस राजा के शासन काल में प्राप्त हुआ? **-कनिष्क**
- **बुद्ध की खड़ी प्रतिमा** किस काल में बनाई गई? **-कुषाण काल**
- **प्रथम शताब्दी ईस्वी** में किस **भारतीय बौद्ध भिक्षुक** को **चीन** भेजा गया था? **-नागार्जुन**

त्रिपिटक		
नाम	स्वरूप	विषय
• सुत्तपिटक	पिटकों में बृहत्तम	बुद्ध के उपदेशों व संवादों का संकलन
• विनयपिटक	पिटकों में लघुतम	बौद्ध संघ के आचार-विचार व नियम-निषेध का संकलन
• अभिधम्मपिटक	पिटकों में मध्यम	बुद्ध के आध्यात्मिक व दार्शनिक विचारों का संकलन

- बुद्ध के जीवन पर किन **चार दृश्यों** का अत्यधिक प्रभाव पड़ा? **-वृद्ध व्यक्ति, बीमार व्यक्ति, मृतक तथा प्रसन्नचित्त संन्यासी**
- मगध के किस राजा ने बुद्ध के निवास के लिए **वेलुवन** नामक **महाविहार** बनवाया था? **-बिम्बिसार ने**
- संघ में प्रवेश करने वाली **प्रथम महिला** कौन थी? **-प्रजापति गौतमी**
- बुद्ध ने अपने जीवन की **अन्तिम वर्षा ऋतु** कहाँ व्यतीत की ? **-वैशाली में**

संसार अस्थिर और **क्षणिक है** यह मान्यता **बौद्ध धर्म** से सम्बंधित है?

बुद्ध के जीवन की घटनाएँ एवं उनके प्रतीक			
घटना	प्रतीक	घटना	प्रतीक
• गर्भ	हाथी	• यौवन	साँड़
• जन्म	कमल	• समृद्धि	शेर
• निर्वाण	पदचिह्न	• मृत्यु	स्तूप
• प्रथम प्रवचन	चक्र	• गृह त्याग	घोड़ा
• ज्ञान प्राप्ति	बोधिवृक्ष		

- **गान्धार कला** में बुद्ध को प्रतिबिम्बित किया गया **-ग्रीक-रोमन शैली में**
- **उपोस्थ** का आचरण कौन करते थे? **-बौद्ध भिक्षु**
- महायान बौद्ध धर्म में **बोधिसत्व अवलोकितेश्वर** को किस अन्य नाम से जानते है? **-पद्मपाणि**
- भारत का सबसे बड़ा **बौद्ध मठ** कहाँ स्थित है? **-सिक्किम**
- बौद्ध शब्दावली में **धर्मचक्रप्रवर्तन** से क्या निर्देशित होता है? **-बुद्ध का प्रथम उपदेश**
- **वज्रयान** बौद्ध धर्म में **बुद्ध की संगिनी** को कहा जाता था? **-तारा**
- बौद्ध धर्म की किस शाखा में **अनात्म सिद्धांत** एवं **पुद्गल** को मान्यता दी गई है? **-सर्वास्तिक**
- **महासांघिकों** के अनुसार जीव किससे निर्मित है? **-नवधर्म**
- बौद्ध धर्म के **त्रिरत्नों** में क्या शामिल हैं? **-बुद्ध, धम्म और संघ**
- बौद्ध दर्शन के अनुसार **कारण** एवं **कार्य** के सिद्धांत को किस प्रकार जाना जाता है? **-प्रतीत्यसमुत्पाद**

प्रतीत्यसमुत्पाद का अर्थ है- संसार की सभी वस्तुएँ किसी-न-किसी कारण से उत्पन्न हुई है। इस प्रकार वे इस पर निर्भर हैं।

बौद्ध धर्म की **महायान शाखा** औपचारिक रूप से **कनिष्क** के शासन काल में प्रारम्भ की गई थी।

शैव एवं भागवत धर्म

- **नयनार** कौन थे? **-शैव उपासक सन्त**
- मत्तमयूर से क्या तात्पर्य है? **-प्राचीन भारत में एक शैव सम्प्रदाय**
- **त्रिमूर्ति** तथा **अर्द्धनारीश्वर की पूजा** किस काल में प्रारम्भ हुई थी? **-गुप्तकाल में**
- मेगस्थनीज ने **भगवान शिव** को कौन सी संज्ञा दी थी? **-डायोनिसस**
- जैन ग्रंथ **उत्तराध्ययन सूत्र** में **वासुदेव** का सम्बंध किस जैन तीर्थंकर से बताया गया है? **-अरिष्टनेमि**
- **लिंग पूजा** का प्रथम स्पष्ट उल्लेख किस पुराण में मिलता है? **-मत्स्य पुराण**

> **अथर्ववेद** एवं **श्वेताश्वर उपनिषद्** में शिव का एक नाम **महादेव** मिलता है। शिव की प्राचीनतम मूर्ति (पहली शताब्दी ई. की) **मद्रास** के निकट **रेनी गुंटा** में **सिद्ध गुडिमल्लम लिंग** के रूप में प्राप्त हुई है।

- **अर्द्धनारीश्वर मूर्ति** में आधे शिव तथा आधी पार्वती किसके प्रतीक हैं? **-देव** और **उसकी शक्ति के योग का**
- दक्षिण भारत में **शैव आंदोलन** में किसकी प्रमुख भूमिका थी? **-नयनार संतों की**
- **नयनार संतों** की संख्या कितनी थी? **-63**
- एक सम्प्रदाय के रूप में **शैव धर्म** का प्रारम्भ किस काल में हुआ? **-शुंग-सातवाहन काल में**

प्रमुख दर्शन व प्रतिपादक

दर्शन	आधार ग्रंथ	प्रतिपादक
• सांख्य दर्शन	सांख्य सूत्र	कपिल मुनि
• न्याय दर्शन	न्याय सूत्र	अक्षपाद गौतम
• योग दर्शन	योग सूत्र	पतंजलि
• वैशेषिक दर्शन	वैशेषिक सूत्र	कणाद/उलूक
• मीमांसा	पूर्व मीमांसा सूत्र	जैमिनी
• वेदान्त	ब्रह्म सूत्र	बादरायण

सम्प्रदाय	संस्थापक
• आजीवक	मक्खलिपुत्र गोशाल
• घोर अक्रियावादी	पूरण कश्यप
• यदृच्छावाद	आचार्य अजित केशकाम्बलिन
• भौतिकवादी	पकुध कच्चायन
• अनिश्चयवादी	संजय वेट्ठलिपुत्र

- **भागवत धर्म का प्रवर्तक** किसे माना जाता है? **-कृष्ण को**
- किस ग्रंथ में सर्वप्रथम **देवकी के पुत्र कृष्ण का वर्णन** किया गया है? **-छांदोग्य उपनिषद्**
- **भागवत सम्प्रदाय** के विकास का श्रेय किन शासकों को दिया जाता है? **- गुप्त शासकों को**

> **हेलियोडोरस, तक्षशिला** का निवासी था तथा उसके **बेसनगर अभिलेख** से **वासुदेव** के सम्बंध में वर्णन मिलता है।

- **कर्म का सिद्धान्त** किस दर्शन से सम्बंधित है? **-मीमांसा से**
- **अवतारवाद** का सर्वप्रथम उल्लेख किस ग्रंथ में मिलता है? **-श्री मद्भागवत गीता में**

> **भगवद्गीता** में मोक्ष के साधन के रूप में **धर्म, कर्म** तथा **भक्ति** को समान महत्त्व दिया गया है।

- वह प्राचीन स्थल जहाँ **88,000 ऋषि-मुनियों** की सभा में सम्पूर्ण **महाभारत** कथा का **वाचन** किया गया था? **-नैमिषारण्य** (सीतापुर उत्तर प्रदेश)
- **भागवत सम्प्रदायों** में भक्ति के रूपों की संख्या कितनी है? **-नौ** (नवधा भक्ति)
- **मेगस्थनीज ने कृष्ण** को किस नाम से उल्लिखित किया है? **-हेराक्लीज**
- दक्षिण भारत में **वैष्णव मत** का विस्तार किसने किया था? **-अलवार संतों ने**

> अलवार संतों की **संख्या 12** मानी जाती है। इन सन्तों में **अंडाल नामक महिला संत** का भी उल्लेख है, जिन्हें **दक्षिण की मीरा** भी कहा जाता है।

> गुप्त शासक चन्द्रगुप्त द्वितीय ने **विक्रमादित्य, विक्रमांक** तथा **परमभागवत** आदि उपाधियाँ धारण की थीं।

छठी सदी ई.पू. की राजनीतिक दशा

- **प्रथम मगध साम्राज्य** का उत्कर्ष किस शताब्दी में हुआ था?
  -ई.पू. छठी शताब्दी में
- मगध साम्राज्य का **वास्तविक संस्थापक** कौन था?
  -बिम्बिसार (लगभग 544-49 ई.पू.)
- **गोदावरी नदी** के तट पर स्थित महाजनपद का क्या नाम था?
  -अस्मक/अस्सक (दक्षिण भारत में स्थित एकमात्र महाजनपद)
- **नंद वंश** के पश्चात् **मगध** पर किस राजवंश ने शासन किया?
  -मौर्य वंश ने
- **पाटलिपुत्र** को किस शासक ने सर्वप्रथम अपनी **राजधानी** बनाया?
  -उदयिन
- **उदयिन वासवदत्ता की कहानी** किस स्थान विशेष से सम्बंधित है?
  -उज्जैन से

सिकंदर के आक्रमण के समय उत्तर भारत में **नंद वंशीय** शासक **घनानंद** का शासन था।

- **गौतम बुद्ध** के समय का प्रसिद्ध वैद्य **जीवक** को किसने अपने दरबार में स्थान प्रदान किया था?
  -बिम्बिसार ने
- प्राचीन स्थान **श्रावस्ती का नगर विन्यास** किस आकृति का है?
  -अर्धचंद्राकार
- मगध के किस शासक ने राज्यारोहण के लिए अपने **पिता की हत्या** की एवं स्वयं भी **अपने पुत्र द्वारा मारा** गया था?
  -अजातशत्रु
- **सिकंदर** एवं **पोरस** की सेनाओं के मध्य किस नदी के तट पर युद्ध हुआ था?
  -झेलम नदी
- किस शासक को **परशुराम का दूसरा अवतार** कहा जाता है?
  -महापद्मनंद को

16 महाजनपद एवं उनकी राजधानियाँ		
क्रम	**महाजनपद**	**राजधानियाँ**
1.	अंग	चम्पा, प्राचीन नाम मालिनी (मुंगेर)
2.	मगध	गिरिव्रज (राजगृह)
3.	मल्ल	कुशीनारा/ पावापुरी (देवरिया गोरखपुर)
4.	काशी	वाराणसी
5.	कोशल	श्रावस्ती/ अयोध्या (फैजाबाद)
6.	पांचाल	उत्तरी पांचाल (अहिच्छत्र) एवं दक्षिणी पांचाल (काम्पिल्य)
7.	कुरू	इन्द्रप्रस्थ (मेरठ, द. पू. हरियाणा)
8.	वज्जि	विदेह एवं मिथिला
9.	मत्स्य	विराट नगर (जयपुर)
10.	वत्स	कौशाम्बी (इलाहाबाद, बांदा)
11.	शूरसेन	मथुरा
12.	चेदि	सोत्थिवती (शुक्तिमती)
13.	अश्मक	पोतन या पोटली
14.	अवन्ति	उत्तरी अवन्ति (उज्जैन) एवं दक्षिणी अवन्ति (माहिष्मति)
15.	गांधार	तक्षशिला (पाकिस्तान)
16.	कम्बोज	हाटक (राजपुर) (कश्मीर)

वज्जि तथा **मल्ल** महाजनपदों में **गणतांत्रिक व्यवस्था** थी।

- **हर्यंक वंश** का अंतिम शासक कौन था? **-नागदशक**
- **उज्जैन** का **प्राचीनतम नाम** क्या था? **-अवंतिका**
- **सिकंदर** की मृत्यु कहाँ हुई थी?**-बेबीलोन में (323 ई.पू.)**
- ग्रीक लेखकों ने किस शासक का उल्लेख **अग्रमीज** एवं **जैन्द्रमीज** नाम से किया है? **-घनानन्द**

सिकंदर के समकालीन यूनानी लेखकों का विवरण			
लेखक	**समय**	**प्रमुख रचनाएँ**	**महत्वपूर्ण साक्ष्य**
• **अरिस्टोब्यूलस**	327-326 ई.पू.	युद्ध का इतिहास	**एरियन** व **प्लूटार्क** ने अपनी रचनाओं का आधार बताया था।
• **ओनो सेक्रिटस**	327-326 ई.पू.	सिकंदर की जीवनी	यह जहाजी बेड़े का **चालक** था।
• **नियार्कस**	327-326 ई.पू.	स्ट्रेबो व एरियन विवरण	यह सिकंदर के जहाजी बेड़े का **एडमिरल** था।

बौद्ध ग्रंथ-अंगुत्तर निकाय एवं **जैन ग्रंथ-भगवती सूत्र** में **16 महाजनपदों** का उल्लेख मिलता है।

मौर्य साम्राज्य

- वृहद् स्तर पर केन्द्रित **प्रथम भारतीय साम्राज्य** स्थापित किया गया था? **-चंद्रगुप्त मौर्य द्वारा**
- **चाणक्य** का एक अन्य नाम क्या था? **-विष्णु गुप्त**
- **सैंड्रोकोट्स** नाम से चंद्रगुप्त मौर्य की पहचान किसने की? **-विलियम जोंस ने**
- चंद्रगुप्त मौर्य का **विशिष्ट रूप से वर्णन** किसके ग्रंथ में हुआ? है? **-विशाखदत्त**

कौटिल्य द्वारा **अर्थशास्त्र**, **शासन के सिद्धान्तों** से सम्बंधित पुस्तक है, जिसमें मुख्य रूप से **राजनीतिक** एवं **आर्थिक नीतियों** पर प्रकाश डाला गया है।

- **बुलंदीबाग** नामक प्राचीन स्थान कहाँ स्थित था? **-पाटलिपुत्र में**
- **मैकियावेली** के प्रसिद्ध ग्रंथ **द प्रिंस** की तुलना किससे की जा सकती है? **-कौटिल्य का अर्थशास्त्र**
- **पाटलिपुत्र** में स्थित **चंद्रगुप्त का महल** मुख्यत: किससे निर्मित था? **-लकड़ी का**
- **सेल्यूकस** जिसे **अलेक्जेंडर** द्वारा **सिंध** एवं **अफगानिस्तान** का प्रशासक नियुक्त किया गया था, को किस भारतीय राजा ने पराजित किया था? **-चंद्रगुप्त मौर्य ने**

बिन्दुसार ने **मैत्रीपूर्ण पत्र-व्यवहार** में सीरिया के शासक **एंटियोकस** से तीन वस्तुओं **मीठी मदिरा**, **सूखी अंजीर** तथा **एक दार्शनिक** (सोफिस्ट) की माँग की थी। **दार्शनिक** को छोड़कर अन्य वस्तुओं को एंटियोकस ने **बिन्दुसार** के पास भेजा था।

- **कुम्हरार नामक स्थल** से किस प्राचीन नगर के अवशेष प्राप्त हुए हैं? **-पाटलिपुत्र के**
- किसने **सहिष्णुता**, **उदारता** और **करुणा** के **त्रिविध आधार** पर राजधर्म की स्थापना की? **-सम्राट अशोक ने**
- **सैंड्रोकोट्स** (चंद्रगुप्त मौर्य) और **सिंकदर महान** की भेंट का उल्लेख किसने किया है? **-जस्टिन ने**
- **मालवा**, **गुजरात** एवं **महाराष्ट्र** को किस शासक ने पहली बार जीता था? **-चंद्रगुप्त मौर्य ने**

मौर्यकालीन तीर्थ (अधिकारी)

मौर्यकाल में **सबसे उच्च स्तर के अधिकारी तीर्थ** कहे जाते थे। अर्थशास्त्र के अनुसार इनकी संख्या **18** थी।

क्र.	तीर्थ	सम्बंधित विभाग या कार्य
1.	मंत्री/पुरोहित	प्रधानमंत्री तथा प्रमुख धर्माधिकारी थे।
2.	युवराज	राजा का उत्तराधिकारी
3.	सन्निधाता	राजकीय कोषागार का प्रधान अधिकारी (कोषाध्यक्ष)
4.	समाहर्ता	राजस्व विभाग का सर्वोच्च अधिकारी, वित्तमंत्री (कर संग्राहक)
5.	मंत्रिपरिषदाध्यक्ष	मंत्रिपरिषद् का अध्यक्ष
6.	प्रदेष्टा	फौजदारी न्यायालय का न्यायाधीश (कमिश्नर)
7.	व्यावहारिक	दीवानी न्यायालय का प्रमुख न्यायाधीश
8.	नायक	सेना का संचालक/नगर रक्षा का अध्यक्ष
9.	सेनापति	सेनाध्यक्ष (सर्वोच्च सैन्य कमांडर)
10.	अंतर्वंशिक	सम्राट का अंगरक्षक, सेना का प्रधान अधिकारी
11.	कर्मान्तिक	उद्योग-धंधों एवं कारखानों का प्रधान निरीक्षक/अध्यक्ष
12.	प्रशास्ता	राजकीय आज्ञाओं को लिपिबद्ध करने तथा राजकोषीय दस्तावेजों को सुरक्षित रखने वाला
13.	दण्डपाल	सैन्य सामग्री का प्रबंध करने वाला प्रमुख अधिकारी
14.	दुर्गपाल	देश के भीतरी दुर्गों का प्रबंधक
15.	अंतपाल	सीमावर्ती दुर्गों का रक्षक
16.	आटविक	वन विभाग का सर्वोच्च अधिकारी
17.	दौवारिक	राजमहल का प्रबंध व देख-रेख करने वाला प्रधान अधिकारी
18.	नागरक	नगर का सर्वोच्च अधिकारी

- **मौय कालीन अधिकारी पौतवाध्यक्ष** का मुख्य कार्य क्या था? **-माप-तौल का**

गुर्जरा, **मास्की**, **नेट्टूर** एवं **उडगोलम** इन चार अभिलेखों में **अशोक** के वास्तविक नाम का उल्लेख मिलता है।

- किस मौर्य **दक्कन की विजय** शासक ने प्राप्त की थी?

-चंद्रगुप्त मौर्य ने

- यह किस अभिलेख से प्रमाणित होता है कि, चंद्रगुप्त मौर्य का प्रभाव **पश्चिम भारत** पर था? **-रुद्रदामन के जूनागढ़ अभिलेख से**

> **चन्द्रगुप्त मौर्य** अपने जीवन के अंतिम दिनों में **श्रवणबेलगोला** चले गए, जहाँ उन्होंने जैन विधि से **उपवास पद्धति** (संलेखना पद्धति) के द्वारा प्राण त्याग दिए।

- **मगध साम्राज्य** में **रज्जुक** किसे कहा गया है?

-मौर्य शासन में भूमि मापक अधिकारी

- **ब्राह्मी लिपि** की प्रथम पहचान किस पर **उत्कीर्ण** अक्षरों से की गयी है? **-पत्थर की पट्टियों पर**

- **सम्राट अशोक** का शिलालेख **शाहबाजगढ़ी** से प्राप्त हुआ है, यह स्थान कहाँ स्थित हैं? **-पेशावर** (पाकिस्तान) **में**

- **अशोक के शिलालेखों** में **प्रयुक्त भाषा** कौन सी है?

-प्राकृत

अशोक के अभिलेखों के खोजकर्ता		
अशोक के शिलालेख	**खोजकर्ता**	**वर्ष**
• **धौली अभिलेख**	किट्टो	1837
• **भाब्रू शिलालेख**	कैप्टन बर्ट	1840
• **बराबर व नागार्जुनी गुफा**	हैरिंगटन	1785
• **दिल्ली-टोपरा**	कैप्टन पोलियर	1785
• **दिल्ली-मेरठ स्तम्भ लेख**	पैड्रे टीपैन्थेलर	1750
• **मानसेहरा**	कैप्टन ले	1889
• **कालसी शिलालेख**	जॉन फॉरेस्ट	1860
• **रुम्मिनदेई**	फिहरर	1896
• **जौगढ़ अभिलेख**	सर वाल्टर इलियट	1850
• **गिरनार शिलालेख**	लेफ्टिनेंट कर्नल टाड	1822
• **शहबाजगढ़ी**	एक फ्रांसीसी अधिकारी	1836
• **इलाहाबाद स्तंभ लेख**	टी.एस. बर्ट	1834
• **मास्की अभिलेख**	बीडेन	1915
• **निगालि सागर**	फिहरर	1895
• **रामपुरवा**	कार्लाइल	1872
• **सारनाथ स्तंभ**	ऑरैल स्टाइन	1905

- अशोक ने **बौद्ध** होने के बाद भी हिंदू धर्म में आस्था नहीं छोड़ी, इसका प्रमाण किससे मिलता है?

-देवनामपिय पियदसि (देवों का प्यारा) उपनाम से

- **प्राक् अशोक ब्राह्मी लिपि** का पता किस स्थान से चला है

-श्रीलंका स्थित अनुराधापुर

- **सारनाथ स्तम्भ** का निर्माण किसने करवाया था?**-अशोक ने**

- **भारतीय उपमहाद्वीप** का प्रथम शासक कौन सा था, जिसने **अभिलेखों के माध्यम से शासनादेश** जारी किए? **-अशोक**

- वह कौन सा स्तंभ है, जिसमें **अशोक ने स्वयं को** मगध का सम्राट बताया है? **-भाब्रू स्तम्भ** (राजस्थान)

> **ब्राह्मी लिपि** (Brahmi Script) में लिखे **अशोक के शिलालेखों** को सर्वप्रथम **जेम्स प्रिंसेप** ने पढ़ने में सफलता प्राप्त की थी।

- अशोक के किस अभिलेख से **धम्म महामात्रों** की नियुक्ति की सूचना मिलती है? **-पाँचवें वृहद शिलालेख से**

- **गुर्जरा लघु शिलालेख** कहाँ स्थित है?

-मध्य प्रदेश के दतिया जिले में

- मौर्य काल में **भूमि कर**, जो कि राज्य की **आय का मुख्य स्त्रोत** था, किस अधिकारी द्वारा एकत्रित किया जाता था?

-सीताध्यक्ष द्वारा

- **मध्य प्रदेश** स्थित **साँची के स्तूप** का निर्माण किस मौर्य शासक ने करवाया था? **-अशोक ने**

> **मौर्य राजवंश** के शासकों के सुदूर देशों जैसे- **सीरिया** एवं **मिस्त्र** के साथ **राजकीय सम्बंध** थे।

- **उत्तराखण्ड** में, **सम्राट अशोक के शिलालेखों** की एक प्रति किस स्थान से प्राप्त हुयी है? **-कालसी**

- प्रसिद्ध यूनानी राजदूत **मेगस्थनीज** भारत में किसके दरबार में आया था? **-चंद्रगुप्त मौर्य**

अधिकारी	**विभाग**
• **सीताध्यक्ष**	कृषि विभाग का अध्यक्ष
• **अकाराध्यक्ष**	खानों का अध्यक्ष
• **लक्षणाध्यक्ष**	मुद्रा विभाग का प्रधान
• **शुल्काध्यक्ष**	व्यापारिक कर का प्रधान
• **मुद्राध्यक्ष**	पासपोर्ट विभाग का अध्यक्ष
• **संस्थाध्यक्ष**	व्यापारिक मार्गों का अध्यक्ष

> मौर्यकाल में व्यापारियों के संगठन को **सम्भूत समुत्थान** और **सांव्यावहारिक** तथा व्यापारियों के नेता को **सार्थवाह** कहा जाता था।

- **गुप्तचर व्यवस्था** (Espionage) का प्रथम विस्तृत वर्णन किस ग्रन्थ में किया गया है? **-अर्थशास्त्र**
- मौर्य काल की किस पुस्तक में **जहाज निर्माण** व **नाविक गतिविधियों** का वर्णन है? **-इण्डिका** (मेगस्थनीज)
- **चंद्रगुप्त मौर्य** अपने अंतिम समय किस धर्म का अनुयायी हो गया था? **-जैन धर्म**
- कौन सा स्थान मौर्य काल में **शिक्षा का सर्वाधिक प्रसिद्ध केन्द्र** था? **-तक्षशिला**
- गाँवों के शासन को **स्वायत्तशासी पंचायतों** के माध्यम से संचालित करने की **व्यवस्था का सूत्रपात** किस वंश ने किया था? **-मौर्यों ने**

मेगस्थनीज ने अपनी पुस्तक **इंडिका** में भारतीय समाज को **सात श्रेणियों** में विभाजित किया है।

- अशोक का समकालीन **तुरमय** कहाँ का राजा था? **-मिस्त्र**

मिस्त्र के शासक (288-246 ई. पू.) **टॉलेमी फिलाडेल्फस** के साथ **अशोक के राजनयिक सम्बंध** थे। सम्भवत : इसी को तुरमय कहा गया है।

- **चंद्रगुप्त मौर्य** और **अशोक** दोनों का एक साथ उल्लेख किसके अभिलेख में किया गया है? **-महाक्षत्रप रुद्रदामन का जूनागढ़ अभिलेख**
- **भाग** एवं **बलि** किसके प्रमुख स्त्रोत थे? **-राजस्व के स्त्रोत**
- **गिरनार क्षेत्र** में एक झील का निर्माण किस शासक ने करवाया था? **-चंद्रगुप्त मौर्य**

कौशाम्बी तथा **प्रयाग** के स्तम्भों में **अशोक की रानी कौरुवाकी** द्वारा दान दिये जाने का उल्लेख मिलता है। इसे **रानी का अभिलेख** भी कहा जाता है।

- प्राचीन भारत के किस ग्रंथ में **पति द्वारा परित्यक्त पत्नी के लिए विवाह विच्छेद** की अनुमति दी गई है?**-अर्थशास्त्र में**
- **कलिंग युद्ध** की विजय तथा **क्षत्रियों का वर्णन अशोक** के किस शिलालेख में है? **-13वें शिलालेख में**
- **अशोक के अभिलेखों** से किस दक्षिणी राज्य के अतिरिक्त सभी दक्षिणी राज्यों का उल्लेख प्राप्त होता है? **-सातवाहन**
- **अंतिम मौर्य सम्राट** कौन था? **-बृहद्रथ**
- मौर्यों की **जल संसाधन व्यवस्था** की जानकारी किस अभिलेख से प्राप्त होती है? **-रुद्रदामन् का गिरनार अभिलेख**
- अशोक का समकालीन **मिश्र का राजा** कौन था? **-एलेक्जेन्डर**
- **सेल्युकस निकेटर**, जिससे चन्द्रगुप्त ने अफगानिस्तान प्राप्त किया था, वह कहाँ का शासक था? **-सीरिया, बेबीलोन**
- अशोक के पश्चात् **देवनामपिय** की उपाधि किसने धारण की की? **-दशरथ**

अशोक की उपाधियाँ

उपाधि	स्रोत
• अशोक	मास्की लघु शिलालेख
• देवानांप्रियस अशोक राजा	गुर्जरा लघु शिलालेख
• अशोक मौर्य	रुद्रदामन का जूनागढ़ अभिलेख
• पियदस्सि राजा	बराबर गुहा लेख
• पियदस्सि राजा मगध	भाब्रू बैराट लघु शिलालेख
• पियदस्सि राजा	कंधार वृहत शिलालेख, दीपवंश, महावंश
• अशोकवर्द्धन	पुराण
• राजा अशोक	नेट्टूर लघु शिलालेख
• राजा अशोक देवनामपिय	उद्गोलम लघु शिलालेख

- **अशोक** ने अपने **पिता बिन्दुसार** के शासन काल में किस क्षेत्र में विद्रोह का दमन किया? **-तक्षशिला**
- अपने ऊपर **आश्रित बच्चों** एवं **पत्नी** की समुचित व्यवस्था किए बिना **भिक्षु** बनने वालों के लिए किसने दण्ड का प्रावधान किया था? **-कौटिल्य**
- **खरोष्ठी लिपि** की उत्पत्ति किससे हुई? **-आरमाइक भाषा**
- **कौटिल्य** किसके प्रधानमंत्री थे? **-चंद्रगुप्त मौर्य के**
- मौर्यों के पश्चात् भारत की **उत्तर-पश्चिम सीमा** पर किसका अधिकार हुआ? **-बैक्ट्रियन शासकों का**
- मौर्य शासन व्यवस्था में **रूपदर्शक** नामक अधिकारी का कार्य क्या था? **-सिक्कों का परीक्षण**
- वह मौर्य राजा जो **अमित्रघात** के नाम से जाना जाता था, कौन था? **-बिन्दुसार**

मौर्यकाल की मुद्रा

इस काल में **चाँदी** व **ताँबे के सिक्कों** का उल्लेख मिलता है।

- **चाँदी के सिक्कों के चार प्रकार** :- 1. पण, 2. अर्द्धपण, 3. पाद, 4. अष्टभाग
- **ताँबे के सिक्कों के चार प्रकार** :- 1. माषक, 2. अर्द्धमाषक, 3. काकणी, 4. अर्द्धकाकणी

अशोक ने अपने **राज्याभिषेक के 8वें वर्ष** (261 ई.पू.) **कलिंग पर आक्रमण** कर उस पर विजय प्राप्त की।

मौर्योत्तर काल

- सिमुक किस वंश का संस्थापक था? -सातवाहन
- आंध्र के सातवाहन राजाओं की सबसे लम्बी सूची किस पुराण में मिलती है? -मत्स्य पुराण
- सातवाहनों की राजधानी कहाँ स्थित थी? -अमरावती में
- सातवाहन काल का सर्वश्रेष्ठ शासक कौन था? -गौतमी पुत्र शातकर्णी

> गौतमीपुत्र शातकर्णी ने वेणकटक स्वामी की उपाधि धारण की तथा वेणकटक नामक नगर की स्थापना की। इसे वेदों का आश्रय कहा गया है।

- कुषाण शासक कनिष्क का राज्याभिषेक कब हुआ? -78 ई. (शक संवत् प्रारम्भ)
- उत्तर तथा उत्तरी-पश्चिमी भारत में सर्वाधिक संख्या में ताँबे के सिक्कों को किसने जारी किया था? -कुषाणों ने
- विक्रम एवं शक संवत् में कितने वर्षों का अंतर है? -135 वर्ष
- मौर्यों के बाद दक्षिण भारत में सबसे प्रभावशाली राज्य कौन था? -सातवाहन
- शुंग वंश के बाद किस वंश ने भारत पर राज किया? -कण्व वंश ने
- कनिष्क को किस चीनी जनरल ने पराजित किया था? -पान चाऊ
- किस वंश के साम्राज्य की सीमाएँ भारत के बाहर तक फैली हुयी थीं? -कुषाण वंश
- विक्रम संवत् कब से प्रारम्भ हुआ? -57 ई. पू.
- कलिंग नरेश खारवेल किस वंश से सम्बंधित थे? -चेदि
- प्रथम ईरानी शासक कौन था? -डेरियस प्रथम
- अफगानिस्तान में स्थित बामियान किस लिए प्रसिद्ध था? -बुद्ध की विशाल प्रतिमा के लिए
- किसके सिक्कों पर मातृ देवी उमा का नाम मिलता है? -कुषाण शासक
- चतुर्भुजी विष्णु के सिक्के किसने चलाए? -हुविष्क
- बुद्ध का अंकन किसके सिक्कों पर हुआ है? -कनिष्क
- यौधेय सिक्कों पर किस देवता का चित्रांकन मिलता है? -कार्तिकेय

> भारतीय और यूनानी (ग्रीक) कला शैली के सम्मिश्रण को गांधार शैली के नाम से जाना जाता है।

- प्राचीन भारत में सर्वप्रथम सोने के सिक्के किसने जारी किये? -कुषाणों ने
- कनिष्क का राजवैद्य कौन था? -चरक
- कनिष्क किस सम्प्रदाय से सम्बंधित था? -महायान बौद्ध सम्प्रदाय
- किस राजवंश ने हत्या करके सत्ता हथियाई और जिसका अंत भी हत्या के द्वारा हुआ -शुंग वंश
- भारत के यूनानी शासकों में से किसकी स्मृति भारतीय साहित्यिक ग्रंथों में सर्वाधिक सुरक्षित है? -मिनाण्डर

मौर्योत्तर कालीन विदेशी आक्रमणकारी

विदेशी आक्रांता	भारत आगमन	मूल निवास-स्थान	सर्वाधिक प्रसिद्ध शासक	राजधानी/विशेष तथ्य
• हिन्द-यवन	190 ई.पू.	बैक्ट्रिया, अफगानिस्तान	मिनांडर/मिलिंद शाकल	वर्तमान सियालकोट
• शक/सीथियन	90 ई.पू.	सीरिया, ईरान	नहपान (पश्चिमी भारत)	महाराष्ट्र में प्राप्त अभिलेखों तथा सातवाहन अभिलेखों में उल्लेख
• पार्थियाई/पह्लव	पहली सदी ई.पू. के अंत	पार्थिया, ईरान	गोंडोफर्नीज	बेग्राम अफगानिस्तान में बड़ी संख्या में इसके सिक्के मिले हैं।
• कुषाण/यू ची	15 ई.	चीनी, तुर्किस्तान	कनिष्क	उज्जयिनी (वर्तमान उज्जैन) पुरुषपुर (वर्तमान पेशावर)
आक्रमणकारियों का क्रम :- हिंद-यवन → शक → पह्लव → कुषाण।				

> सर्वप्रथम सोने के सिक्के जारी करने का श्रेय कुषाण शासक विम कडफिसेस को दिया जाता है।

गुप्त काल

- गुप्त राजवंश का **प्रथम शासक** कौन था? - **श्रीगुप्त**
- **नगरों का क्रमिक पतन** किस एक काल की महत्त्वपूर्ण विशेषता थी? **-गुप्तकाल**
- प्राचीन भारत में किस वंश का शासनकाल **स्वर्ण युग** (Golden Age) कहा जाता है? **-गुप्त वंश**
- **गुप्त वंश** ने किस अवधि तक शासन किया?-275-550 ई.
- **भारत का नेपोलियन** किसे कहा जाता है? **-समुद्रगुप्त को**

> **समुद्रगुप्त प्रथम** गुप्त शासक था जिसने **परम भागवत** की **उपाधि** धारण की थी इसके बाद गुप्त शासक **चन्द्रगुप्त द्वितीय** ने भी **परम भागवत** की **उपाधि** धारण की।

- **गुप्त संवत्** की स्थापना किस शासक ने की थी? **-चन्द्रगुप्त प्रथम ने**
- किस गुप्त राजा का एक अन्य नाम **देवगुप्त** था? **-चंद्रगुप्त द्वितीय**
- गुप्तकाल में **उत्तर भारतीय व्यापार** किस पत्तन से संचालित होता था? **-ताम्रलिप्ति**

> **इलाहाबाद स्तम्भ अभिलेख** (प्रयाग प्रशस्ति) से **समुद्रगुप्त** के शासनकाल तथा **सैन्य अभियान** के विषय में जानकारी मिलती है।

- किस **गुप्त शासक** ने **सर्वप्रथम सिक्के** जारी किए थे? **-चंद्रगुप्त प्रथम ने**
- **गुप्तकालीन स्वर्ण मुद्रा** को क्या कहते हैं? **-दीनार**
- दिल्ली की **कुव्वत-उल-इस्लाम मस्जिद** के प्रांगण में स्थित प्रसिद्ध **लौह-स्तम्भ** किसकी स्मृति में बनाया गया है? **-चंद्रगुप्त विक्रमादित्य** (चन्द्रगुप्त द्वितीय)
- किस शासक को **शक-विजेता** कहा जाता है? **-चंद्रगुप्त द्वितीय को**

गुप्त शासकों की प्रमुख उपाधियाँ

शासक	उपाधियाँ	शासक	उपाधियाँ
• श्रीगुप्त	आदिराज, महाराज	• समुद्रगुप्त	पराक्रमांक
• चन्द्रगुप्त-II	विक्रमादित्य, विक्रमांक	• कुमारगुप्त	महेन्द्रादित्य
• स्कंदगुप्त	शक्रादित्य, शक्रोपम	• चन्द्रगुप्त-I	महाराजाधिराज

गुप्तकालीन अधिकारी

अधिकारी	विभाग
• महासेनापति	सेना का सर्वोच्च अधिकारी
• रणभांडागारिक	सेना की आवश्यकताओं की पूर्ति करने वाला प्रधान अधिकारी।
• महासंधिविग्राहक	युद्ध व शांति का प्रधान
• महाभांडागाराधिकृत	राजकीय कोष का प्रधान
• महाअक्षपटलिक	अभिलेख विभाग का प्रधान
• सर्वाध्यक्ष	केंद्रीय सचिवालय का प्रधान
• महाप्रतिहार	राजप्रासाद का मुख्य सुरक्षा अधिकारी
• ध्रुवाधिकरण	भूमि कर वसूलने वाले विभाग का प्रधान
• अग्रहारिक	दान विभाग का प्रधान
• महाबलाधिकृत	सेना का सेनापति (सर्वोच्च अधिकारी)
• महादण्डनायक	न्यायाधीश
• दण्डपाशिक	पुलिस विभाग का सर्वोच्च अधिकारी
• विनयस्थिति स्थापक	शिक्षा अधिकारी

- गुप्तकाल में अपनी **आयुर्विज्ञान विषयक रचना** के लिए कौन प्रसिद्ध था? **-सुश्रुत**
- **चंद्रगुप्त** के **नव-रत्न** में से कौन **फलित ज्योतिष** से सम्बंधित था? **-क्षपणक**

> **चन्द्रगुप्त द्वितीय** (375-415 ई.) स्वयं एक विद्वान तथा विद्वानों का **आश्रयदाता** था। उसके दरबार में **नौ विद्वानों** का एक समूह **नवरत्न** निवास करता था। इनमें **कालिदास**, **धनवन्तरि**, **क्षपणक**, **शंकु**, **वेतालभट्ट**, **अमरसिंह**, **घटकर्पर**, **वराहमिहिर** तथा **वररुचि** जैसे विद्वान थे।

- **शक** एवं **गुप्त संवतों** के मध्य कितना अंतर है? -242 **वर्ष**
- **गुप्तकालीन रजत** (चाँदी) **मुद्राओं** को क्या नाम दिया गया था? **-रूपक**
- कुमारगुप्त कालीन **मंदसौर अभिलेख** में किस **श्रेणी** का उल्लेख किया गया है? **-तन्तुवाय**

> **मध्य प्रदेश** के रीवा जिले में स्थित **सुपिया का लेख** में गुप्तवंश को **घटोत्कच वंश** कहा गया है।

- गुप्तकाल की कृषि-व्यवस्था का महत्वपूर्ण लक्षण क्या था?
 -सामंतवाद का प्रारम्भ

गुप्तकालीन : भूमि वर्गीकरण	
• **क्षेत्र**	खेती करने योग्य भूमि।
• **वास्तु**	निवास करने योग्य भूमि।
• **खिल**	जो भूमि कृषि योग्य नहीं होती थी।
• **अप्रहत**	जंगली भूमि
• **चारागाह**	पशुओं के चरने के लिए छोड़ी गई भूमि।

- किस शासक ने **चार अश्वमेघ यज्ञ** किए थे? **-प्रवरसेन प्रथम**
- **कायस्थ शब्द** का उल्लेख किस ग्रन्थ में मिलता है?
 -मुद्राराक्षस
- **ईंटों** से निर्मित **गुप्त कालीन मंदिर** कहाँ स्थित है?
 - बिठूर (कानपुर)

कुमारगुप्त के समय में ही मध्य भारत में **रजत सिक्कों** (मयूरशैलों में) का प्रचलन हुआ। उसने **महेन्द्रादित्य** की उपाधि धारण की थी। **नालंदा विश्वविद्यालय** की स्थापना कुमारगुप्त के शासन काल में की गई थी।

- गुप्त काल में **पैठन की प्रसिद्धि** का क्या कारण था?
 -व्यापारिक मंडी

शतरंज का खेल भारत में **गुप्तकाल** के दौरान प्रारम्भ हुआ था, जहाँ इसे **चतुरंग** के नाम से जाना जाता था। भारत से यह **ईरान** एवं तत्पश्चात **यूरोप** पहुँचा।

- गुप्त काल में किस **बंदरगाह** से **दक्षिण-पूर्वी एशियाई राष्ट्रों** को जहाज रवाना होते थे? **-ताम्रलिप्ति**
- किस **चीनी यात्री** ने गुप्त काल में **भारत की दशा** का वर्णन किया है? **-फाह्यान**
- **भारत हिन्दू देवी-देवताओं** को समर्पित सबसे प्राचीन मन्दिर किसके काल का है? **-गुप्त काल**

सती प्रथा का **प्रथम अभिलेखिक साक्ष्य एरण** से प्राप्त हुआ है। यह अभिलेख 510 ई. का है, जिसमें **गोपराज** नामक सेनापति की स्त्री के सती होने का उल्लेख है।

- गुप्तकाल में **चीन** से भारत में किस वस्तु का आयात किया जाता था? **-रेशमी कपड़े**
- **गणराज्यों के अन्त** के लिए कौन उत्तरदायी था? **-समुद्रगुप्त**
- गुप्तकाल का प्रसिद्ध **खगोलशास्त्री** था **-आर्यभट्ट**
- गुप्तकालीन **चित्रकला** का उत्कृष्टतम रूप मिलता है-**अजंता में**

विशाखदत्तकृत नाटक **देवीचन्द्रगुप्तम्** में उल्लेख मिलता है कि **चन्द्रगुप्त द्वितीय** ने अपने बड़े भाई **रामगुप्त** की हत्या की।

- किसके **स्वर्ण सिक्के** में **हीन** (मिलावट) धातु का प्रतिशत सर्वाधिक है? **-स्कंद गुप्त**
- गुप्तकाल में लिखित **संस्कृत नाटकों** में स्त्रियों और शूद्रों के संवाद किस भाषा में हैं? **-प्राकृत**
- गुप्त वंश का **अंतिम शासक** कौन था? **-विष्णु गुप्त**
- चन्द्रगुप्त द्वितीय विक्रमादित्य को किस कारण से **शकारि** कहा गया? **-शकों पर विजय के कारण**
- किस अभिलेख में **समुद्र गुप्त** को **लिच्छवी दौहित्र** बताया गया है? **-प्रयाग अभिलेख**

हूणों ने **स्कंदगुप्त के शासनकाल** में आक्रमण किया था इसमें **स्कंदगुप्त ने हूणों** पर विजय प्राप्त की।

- गुप्त काल में श्रेणियों से बड़ी संस्था, जिसकी **शिल्प श्रेणियाँ** सदस्य थीं, को क्या कहा जाता था? **-निगम**
- अग्रहार से क्या तात्पर्य था?
 -ब्राह्मणों को दिया जाने वाला भू-दान
- विदिशा के पास उदयगिरि **बुद्ध गुफाओं** का निर्माण किस काल में हुआ था? **-गुप्त काल**
- **वाराह-गुहा** का निर्माण किस **देवता** के सम्मान में करवाया गया था? **-भगवान विष्णु**

गुप्त साम्राज्य के समकालीन राजवंश

	राजवंश	स्थापना	संस्थापक
1.	वाकाटक राजवंश	255 ई.	विंध्यशक्ति,
		330 ई.	सर्वसेन
2.	नाग राजवंश	305 ई.	भवनाग
3.	त्रैकूटक राजवंश	415 ई.	इंद्रदत्त
4.	हूण राजवंश	500 ई.	तोरमाण
5.	शालंकायन राजवंश	300 ई.	देववर्मन
6.	विष्णु कुंडिन राजवंश	475 ई.	विक्रमेन्द्र-I
7.	माथुर राजवंश	325 ई.	अच्युत
		350 ई.	शंकरवर्मन

कल्हण के अनुसार, अशोक ने अपने शासन के **7वें वर्ष** में **कश्मीर** को जीता तथा कश्मीर में **श्रीनगर की स्थापना** की।

गुप्तोत्तर काल

- **गुर्जर-प्रतिहार वंश** की स्थापना किस शासक ने की थी?
  -नागभट्ट प्रथम ने
- **राष्ट्रकूट साम्राज्य की स्थापना** किसने की थी?
  -दंतिदुर्ग ने
- गुप्तोत्तर काल में भारत में मुख्यत: किसका आयात किया जाता था? **-घोड़ों का**
- **मौखरि शासकों** की राजधानी कहाँ स्थित थी? **-कन्नौज**

> **सम्राट हर्षवर्धन** ने अपने शासनकाल में **कन्नौज** तथा **प्रयाग** में दो **बौद्ध** महासम्मेलनों का आयोजन किया था।

- **बाल विवाह की प्रथा** किसके शासनकाल में आरम्भ हुई?
  -कुषाणकाल में
- प्राचीन भारत में **सिंचाई कर** को क्या कहते थे?
  -बिदकभागम

हर्ष के प्रशासन में **अवंति** युद्ध और शान्ति का अधिकारी था **इसके अतिरिक्त कुछ अन्य अधिकारी निम्नवत् थे-**	
• **सिंघनाद**	सेनापति
• **कुन्तल**	अश्वसेना का प्रधान
• **स्कन्दगुप्त**	हस्त सेना का प्रधान
• **सामंत, महाराज**	नागरिक प्रशासन का प्रमुख

- तीसरी शताब्दी में **वारंगल** किसलिए प्रसिद्ध था?
  -लोहे के यंत्रों/उपकरणों हेतु
- पुराणों के अनुसार, **चंद्रवंशीय शासकों** का मूल स्थान किसे माना जाता है? **-प्रतिष्ठानपुर**
- **हर्षचरित** नामक पुस्तक के रचयिता कौन थे? **-बाणभट्ट**
- **हर्ष का शासनकाल** कब-से-कब तक था?
  -606-641 ई.
- **सम्राट हर्ष** ने अपनी राजधानी **थानेश्वर** से कहाँ स्थानांतरित की थी? **-कन्नौज**
- कवि **बाणभट्ट** कहाँ के निवासी थे?**-औरंगाबाद** (महाराष्ट्र)

> **नर्मदा नदी** पर **सम्राट हर्ष** के दक्षिणवर्ती अभियान को **पुलकेशिन द्वितीय** ने रोका था।

- **नालंदा विश्वविद्यालय** किस राज्य में स्थित है? **-बिहार**
- **ह्वेनसांग** किस राजा के शासन काल में भारत आया था?
  -सम्राट हर्षवर्धन
- भारत में **नारियल की खेती** कब से प्रारम्भ हुई?
  -सातवाहन काल से
- **कौशेय** शब्द का प्रयोग किसके लिए किया गया है?
  -रेशम के लिए
- **गुप्तोत्तर काल** में प्रमुख **व्यापारिक केन्द्र** कहाँ था?**-कन्नौज**

> **ह्वेनसांग** की भारत में यात्रा के समय **सूती वस्त्रों के उत्पादन** के लिए सबसे प्रसिद्ध नगर **मथुरा** था।

- गुप्तोत्तर काल में **भूमि का स्वामित्व** किसके हाथ में था?
  -ग्रामसभा
- भारत में **सबसे प्राचीन विश्वविद्यालय** है?
  -नालंदा विश्वविद्यालय
- **भीनमाल** की यात्रा किस **चीनी यात्री** ने की थी?**-ह्वेनसांग**
- **चीनी यात्री इत्सिंग** ने बिहार का भ्रमण किस समय किया था?
  -672 ई. में

> **हर्ष** को **तीन** नाटकों **प्रियदर्शिका**, **रत्नावली** और **नागानंद** के रचयिता के रूप में भी जाना जाता है।

- **नालंदा विश्वविद्यालय** को किसने नष्ट किया था?
  -बख्तियार खिलजी
- किस काल में **जजमानी व्यवस्था** कहलाने वाली एक नए प्रकार की सामाजिक संरचना का भारत में प्रसार हुआ?
  -उत्तर गुप्तकाल में

चीन में दूत भेजने वाले शासक

शासक	वंश/राज्य
• **हर्षवर्द्धन**	पुष्यभूतिवंश
• **नरसिंह द्वितीय**	पल्लववंश
• **यशोवर्मन**	कन्नौज नरेश
• **कलोत्तुंग प्रथम**	चोल वंश

> **मौर्यों** द्वारा निर्मित **सुदर्शन झील** (काठियावाड़ में) का जीर्णोद्धार **शक शासक रुद्रदामन प्रथम** ने करवाया था।

प्राचीन भारत में स्थापत्य कला

- खजुराहो का **मातंगेश्वर मंदिर** किस देवता को समर्पित है?
-शिव को
- सौ से अधिक **बौद्ध गुफाएँ** कहाँ स्थित हैं?
-कन्हेरी (महाराष्ट्र)
- **पालिताणा मंदिर** किस नगर में अवस्थित है? **-भावनगर**
- **त्रिमूर्ति** के नाम से कौन सी गुफा विख्यात है? **-एलिफैंटा**

> **खजुराहो के मंदिर हिंदू** एवं **जैन धर्म** से सम्बंधित हैं, इनका निर्माण **चंदेल शासकों** (950-1050 ई.) ने करवाया था।

- **एलोरा** की प्रसिद्ध **शैलकृत मंदिर** व **गुफाएँ** किस धर्म से सम्बंधित हैं? **- हिंदू, बौद्ध** एवं **जैन धर्म**
- **पशुपतिनाथ मंदिर** किस देश में स्थित है? **-नेपाल** (काठमाण्डू)
- **बौद्ध गुफा मंदिरों** में कौन सबसे प्रसिद्ध है?
-अजंता (महाराष्ट्र)
- **एलोरा गुफाओं** (महाराष्ट्र) का निर्माण किन शासकों ने कराया था? **-राष्ट्रकूटों ने**
- प्रसिद्ध **नैमिषारण्य** तीर्थ किस जनपद में है?
- सीतापुर (उ.प्र.)
- **शैलकृत मंदिर स्थापत्य का आश्चर्य** किसे माना जाता है?
-कैलाश मंदिर (एलोरा)

> **एलीफैंटा के शैलकृत मंदिरों** को स्थापित करने का श्रेय **राष्ट्रकूट** शासकों को दिया जाता है। यहाँ की गुफाएँ **शैव धर्म** से सम्बंधित हैं।

- **एलोरा** के प्रसिद्ध **शिव मंदिर** का निर्माण किस **राष्ट्रकूट शासक** ने करवाया था? **-कृष्ण प्रथम**
- **अंकोरवाट** का **विष्णु मंदिर** कहाँ पर स्थित है?**-कंबोडिया**
- किस धर्म को **राष्ट्रकूटों का संरक्षण** प्राप्त था? **-जैन धर्म**
- **कोणार्क, सूर्य मंदिर** का निर्माण किस शासक ने करवाया था?
-नरसिंह देव वर्मन
- **काला पैगोडा** (Black Pagoda) के नाम से किसे जाना जाता है?
-कोणार्क का सूर्य मंदिर (ओडिशा)
- **मोढ़ेरा का सूर्य मंदिर** किस राज्य में स्थित है? **-गुजरात**
- **जगन्नाथ मंदिर** किस राज्य में स्थित है? **-ओडिशा**
- **भुवनेश्वर** तथा **पुरी मंदिर** का निर्माण किस शैली में हुआ है?
-नागर शैली
- **द्रविड़ शैली** के मंदिरों में **गोपुरम** का तात्पर्य क्या है?
-तोरण के ऊपर बने अलंकृत एवं **बहुमंजिला भवन से**

> **ओडिशा** के **भुवनेश्वर** में स्थित **लिंगराज मंदिर** वहाँ के नष्ट हुए मंदिरों में **सर्वाधिक बड़ा** और **सबसे ऊँचा** मंदिर है।

- चट्टानों को काटकर **महाबलीपुरम का मंदिर** किन शासकों द्वारा बनवाया गया? **-पल्लव**
- प्राचीन नगर **तक्षशिला** किन दो नदियों के मध्य स्थित था?
-सिंधु तथा **झेलम**
- ऐतिहासिक **दिगंबर जैन** तीर्थस्थल **सोनगिरी** कहाँ पर स्थित है? **-मध्य प्रदेश में**
- प्रसिद्ध **विरुपाक्ष मंदिर** कहाँ अवस्थित है? **-हम्पी** (कर्नाटक)

> आदि **शंकराचार्य** ने **ज्योतिर्मठ** (उत्तराखण्ड), **शारदा मठ** (द्वारका), **गोवर्धन मठ** (पुरी) एवं **वेदांत मठ** (शृंगेरी) की स्थापना की थी।

- भारत के सांस्कृतिक इतिहास के सन्दर्भ में **पंचायतन** शब्द किसे निर्दिष्ट करता है? **-मंदिर रचना शैली को**
- **गंगैकोण्डचोलपुरम् के मंदिर** का निर्माण किस शासक ने करवाया था? **-राजेन्द्र चोल ने**
- **राजराज चोल** द्वारा निर्मित **वृहदेश्वर मंदिर** किस शैली का उदाहरण है? **-द्रविड़ शैली**
- **बोरोबदूर** का प्रख्यात स्तूप कहाँ पर स्थित है?
-इंडोनेशिया के जावा द्वीप पर

मंदिर स्थापत्य कला

मंदिर	स्थिति
• ऐरण का विष्णु मंदिर	ऐरण, **सागर जिला**, मध्य प्रदेश
• भूमरा का शिव मंदिर	भूमरा, **सतना जिला**, मध्य प्रदेश
• सिरपुर का लक्ष्मण मंदिर	सिरपुर, **रायपुर जिला**, छत्तीसगढ़
• तिगवा का विष्णु मंदिर	तिगवा, **जबलपुर**, मध्य प्रदेश
• नचना-कुठार का पार्वती मंदिर	नचना-कुठार, **पन्ना**, मध्य प्रदेश
• भीतरगाँव का कृष्ण मंदिर	भीतरगाँव, **कानपुर जिला**, उत्तर प्रदेश
• पिपरिया का विष्णु मंदिर	पिपरिया, **सतना जिला**, मध्य प्रदेश
• देवगढ़ का दशावतार मंदिर	देवगढ़, **ललितपुर जिला**, उत्तर प्रदेश

> **माउंट आबू** पर स्थित **जैन धर्म** का प्रसिद्ध **दिलवाड़ा मंदिर** राजस्थान के **सिरोही जिले** में स्थित है।

दक्षिण भारत के राजवंश एवं संगम युग

- चालुक्य वंश का **सबसे महान शासक** किसे माना जाता है? -पुलकेशिन द्वितीय को
- दक्षिण भारत का कौन सा राजवंश अपनी **नौसैनिक शक्ति** के लिए प्रसिद्ध था? -चोल वंश
- **मामल्लपुरम्** में **रथ स्मारकों** का निर्माण किस वंश के शासकों ने करवाया था? -पल्लव वंश
- **महाबलीपुरम् के रथ मंदिरों** का निर्माण किसने करवाया था? -नरसिंह वर्मन-I
- **पांड्य राज्य** किस वस्तु के उत्पादन लिए प्रसिद्ध था? -मोतियों के लिए
- **चोल काल** में निर्मित **नटराज की कांस्य प्रतिमा** की देवाकृति किस आकार की है? -चतुर्भुज

> दक्षिण भारत में **चोल काल** के स्थापत्य में विश्व की श्रेष्ठतम प्रतिमा **नटराज की प्रसिद्ध कांस्य मूर्ति** को माना जाता है।

- **कवि कालिदास** के नाम का उल्लेख किस लेख में हुआ है? -ऐहोल के उत्कीर्ण लेख में
- **चोलों का राज्य** किन क्षेत्रों में विस्तृत था? -कोरोमंडल तट एवं दक्कन के कुछ भाग में
- **किस राजवंश के शासक** अपने शासनकाल में ही अपना **उत्तराधिकारी घोषित** कर देते थे? -चोल वंश
- **चोल साम्राज्य** को अंततः किसने समाप्त किया? -मलिक काफूर ने

संगम कालीन प्रमुख साहित्य	
संगम साहित्य	**रचनाकार**
• तिरुक्कुरल या कुरल	तिरुवल्लुवर
• अहनानूर	रुद्रसर्मन
• तोल्काप्पियम्	तोल्काप्पियर
• जीवकचिंतामणि	तिरुत्तक्कदेवर
• शिलप्पादिकारम्	इलंगोआदिगल
• मणिमेखलै	सीतलैसत्रनार
• मरुगर्रुप्पादय	नक्कीरर

प्रमुख राजवंश, राजधानी तथा संस्थापक		
राजवंश	**राजधानी**	**संस्थापक**
• चोल वंश	तंजौर	विजयालय
• पल्लव वंश	काँचीपुरम	सिंहविष्णु
• राष्ट्रकूट	मान्यखेत	दन्तिदुर्ग
• होयसल वंश	द्वार समुद्र	विष्णुवर्धन
• काकतीय वंश	अंमकोण्ड	बीटा प्रथम
• गंग वंश	कुवलाल व तलकाड	ब्रजहस्त पंचम
• पाल वंश	मुंगेर	गोपाल
• सेन वंश	लखनौती	सामंत सेन
• पांड्य वंश	मदुरै	नेडियोन
• गुर्जर प्रतिहार	कन्नौज	नागभट्ट प्रथम
• चालुक्य (कल्याणी)	मान्यखेत/ कल्याण	तैलप द्वितीय
• चालुक्य (बादामी)	वातापी	जयसिंह प्रथम
• चालुक्य (वेंगी)	बेंगी	विष्णुवर्धन
• गहड़वाल वंश	वाराणसी	चन्द्रदेव
• सोलंकी वंश	अन्हिलवाड़	मूलराज
• परमार वंश	धारा नगरी	उपेन्द्र
• कलचुरी वंश	त्रिपुरी	कोक्कल
• चौहान वंश	अजमेर/अहिच्छत्र	वासुदेव
• चंदेल वंश	खजुराहो/महोवा	नन्नुक

- **मीनाक्षी मंदिर** कहाँ स्थित है? -मदुरै में
- चोलों के अधीन **ग्राम प्रशासन** के बहुत से आलेख किन शिलालेखों में हैं? -उत्तर मेरुर
- किसके कार्यकाल में चीन में **72 व्यापारी** भेजे गए थे? -कुलोत्तुंग प्रथम
- बंगाल की खाड़ी को **चोल झील** का स्वरूप प्रदान करने वाला शासक कौन था? -राजेन्द्र प्रथम (नौसैनिक शक्ति के विस्तार से)
- **संगम साहित्य** में किस **दक्षिणी राजवंश** का उल्लेख नहीं मिलता है? -कदम्ब
- धार्मिक कविताओं का संकलन **कुरल** किस भाषा में रचित है? -तमिल
- **कदम्ब राजाओं की राजधानी** कहाँ स्थित थी? -वनवासी

> **कदम्ब** राज्य की स्थापना **मयूरशर्मन** ने की थी। **कदम्बों** ने **चौथी शताब्दी** में उत्तरी **कर्नाटक** और **कोंकण** में अपनी सत्ता स्थापित की थी।

- **तमिल रामायणम** अथवा **रामावतारम** का लेखक कौन था?

  -कंबन

- **श्रीलंका को पूर्ण स्वतंत्रता** किस चोल राजा ने प्रदान की और **सिंहल** के राजकुमार के साथ अपनी पुत्री का विवाह कर दिया था? **-कुलोत्तुंग प्रथम**

> **चोल दक्षिण भारत** में **उत्तम ग्राम प्रशासन** के लिए जाने जाते थे।

- दक्षिणी भारत का प्रसिद्ध **तक्कोलम का युद्ध** किनके मध्य हुआ था? **-चोल एवं राष्कूटों के मध्य**
- वह बंदरगाह जिसका उल्लेख **पोडु** के नाम से **दी पेरीप्लस ऑफ दी इरिथ्रियन सी** के लेखक ने किया है?

  -अरिकामेडू

- संगम साहित्य में वर्णित **कन्नगी** (कण्णगी) कौन हैं?

  -तमिल महाकाव्य मणिमेखलै की नायिका

> **चेर राजाओं** में सबसे प्रसिद्ध **शेनगुट्टुवन** था, जो **नेदुनजेरल** का पुत्र था। इसके काल में विशेष घटना **पत्तिनी पूजा** (पत्नी) या **कणणगी पूजा** प्रारंभ हुई, जिसमें आदर्श और पवित्र पत्नी की मूर्ति की पूजा की जाती थी।

- **संगम युग** का कौन सा ग्रंथ **बौद्ध धर्म से सम्बंधित** था?

  -मणिमेखलै

- **दक्षिण भारत** के किस वंश के राजा ने **26 ई.पू.** में **रोम** में एक दूत भेजा था? **-पाण्ड्य**
- **तोलकाप्पियम ग्रंथ** किससे सम्बंधित है?

  -तमिल व्याकरण और **काव्य से**

> **तोलकाप्पियम** संगम तमिलों का **प्राचीनतम उपलब्ध** ग्रंथ है।

- किस नदी को **पाण्ड्य राज्य की जीवन रेखा** कहा जाता है?

  -वेंगी

- **कन्नड़ साहित्य** के **त्रिरत्न** कौन हैं? **-पंपा, पोन्ना** एवं **रन्ना**
- संगम काल के **चोल शासकों** में सबसे **प्रतापी** शासक कौन था? **-करिकाल**
- महाभारत के सर्वप्रथम **तमिल अनुवादक** कौन थे?

  -पेरुन्देवनार

- दक्षिण भारतीय प्रसिद्ध महाकाव्य **कुरल** के लेखक कौन थे?

  -तिरुवल्लुवर

- संगम युगीन चोल शासकों का **धर्म** क्या था? **-शैव**
- संगम युग के **शास्त्रीय** ग्रंथों का रचना काल क्या है?

  -100 ई.पू. से 100 ई.

संगम कालीन प्रचलित शब्दावली	
• **वरियम**	क्षेत्र की उपज की दृष्टि से लिया जाने वाला कर (**वरियर**-वरियम वसूलने वाला अधिकारी)।
• **कराई**	भूराजस्व/लगान (उपज का 1/6 भाग), **राज्य की आय का मुख्य स्त्रोत**।
• **इराई**	सामंतों द्वारा दिया जाने वाला कर/युद्ध में लूटे हुए माल में राज्य का हिस्सा।
• **इरावु**	जबरन लिया जाने वाला उपहार।
• **उल्गू/संगम**	सीमा शुल्क व मार्ग कर, **राज्य की आय का दूसरा सर्वप्रमुख स्त्रोत**।
• **कडमई/पाडुवडु**	राजा को दिया जाने वाला शुल्क।
• **मा व बेलि**	भू-माप इकाई।
• **कलम**	अनाज के तौल की इकाई।

> **संगम कालीन साहित्य** में राजा के लिए **कोन**, **को** एवं **मन्नन** शब्द प्रयुक्त होते थे।

- संगम ग्रंथों में उल्लिखित **मुरूगन** किस देवता से साम्य रखते है?

  -स्कन्द (अन्य नाम: कार्तिकेय, कुमार, सुब्रमण्यम)

- प्राचीन तमिल देश में **उपजाऊ कृषि भू-भाग** को क्या कहा जाता था? **-मरुदम**
- **संगम युग** में **चोल** राज्य की राजधानी **उरैयुर** से **पुहार** स्थानान्तरित करने का श्रेय किसे जाता है? **-करिकाल को**
- संगम काल में सर्वाधिक **प्रचलित व्यवसाय** क्या था?

  -वस्त्र उद्योग

- तमिल साहित्य में **यूनानी-रोमन व्यापारियों** को क्या कहा गया

  -यवन

> **संगम युग** में **उरैयूर, कपास** या **सूती वस्त्र के व्यापार के लिए** विख्यात था।

- किस संगम युगीन शासक द्वारा **पत्तिनप्पालै** के रचयिता **रुद्रक्कन्नार** को **16 लाख स्वर्ण मुद्राएँ** प्रदान की गई थीं? **-करिकाल**
- वह संगम कालीन तमिल साहित्य, जिसमें **भक्त प्रहलाद** का वर्णन प्राप्त होता है- **-परिपादल**
- किस पांड्य शासक ने **समुद्र पूजा** आरम्भ करवायी थी?

  -नेडियोन

> **राजेंद्र प्रथम** ने **गंगैकोड चोलपुरम्** को अपनी नयी राजधानी बनाया तथा स्वयं **गंगैकोंडचोल की उपाधि** धारण की।

प्राचीन साहित्य एवं साहित्यकार

- **हिन्दू विधि** की एक प्रसिद्ध पुस्तक **दायभाग** के रचयिता कौन थे? **-जीमूतवाहन**
- **मेरुतुंग** द्वारा रचित **प्रबंध चिंतामणि** में किन शासकों का वर्णन है? **-गुजरात के शासकों का**
- **आर्यभट्ट** कौन थे? **-भारतीय गणितज्ञ एवं खगोलशास्त्री**
- बंगाल के शासक **रामपाल** की जीवनकथा **रामचरित** के रचयिता कौन हैं? **-संध्याकर नंदी**
- **कल्हण द्वारा रचित राजतरंगिणी** को किसने आगे बढ़ाया? **- जोनराज** एवं **श्रीवर**
- **पंचतंत्र मूल** रूप से किसके द्वारा लिखी गई थी? **-पण्डित विष्णु शर्मा द्वारा**

> **पंचतंत्र** भारत की सर्वाधिक बार अनुवादित साहित्यिक पुस्तक मानी जाती है। मूलत: संस्कृत में रचित इस पुस्तक का **15 भारतीय** तथा **40 विदेशी भाषाओं** में अनुवाद हुआ है। मुगल काल में इसका **फारसी** अनुवाद **अनवारे सुहौली** शीर्षक किया गया था।

- **अष्टाध्यायी** के रचयिता कौन थे? **-पाणिनी**
- **चरक संहिता** नामक पुस्तक किस विषय से सम्बंधित है? **- चिकित्सा**
- **पृथ्वीराज रासो** के रचयिता कौन थे? **- चंदबरदाई**
- **दशकुमारचरित** के लेखक कौन थे? **-दण्डी**
- गणित की पुस्तक **लीलावती** के लेखक कौन थे?**- भास्कराचार्य**
- **गीत गोविंद** के रचयिता **जयदेव** किसकी सभा को सुशोभित करते थे? **-लक्ष्मणसेन**
- **मिलिंदपन्हो** किस भाषा का ग्रंथ है? **- पाली ग्रंथ**
- **नागानंद**, **रत्नावली** एवं **प्रियदर्शिका** के रचयिता कौन थे? **-हर्षवर्धन**
- **शिलप्पादिकारम्** का लेखक कौन था? **-इलंगो**
- संस्कृत ग्रंथ **पृथ्वीराज विजय** का लेखक कौन है? **-जगनक**
- **विश्वकोषीय ग्रंथ** किसे कहा जाता है? **-वृहत्संहिता**
- **सौन्दरानंद** किसकी रचना है? **-अश्वघोष**
- **मनुस्मृति** मुख्यत: किससे सम्बंधित है? **-समाज-व्यवस्था से**
- भारत का **प्रथम विधि-निर्माता** किसे माना जाता है? **- मनु को**
- **मिलिंदपन्हो** नामक रचना **राजा मिलिंद** (मिनाण्डर) तथा किस बौद्ध भिक्षु के मध्य संवाद रूप में है? **- नागसेन**
- **कश्मीर में हिन्दू राज्य का इतिहास** किस ग्रन्थ से पता चलता है? **-कल्हण की राज तरंगिणी से**
- **गाथा सप्तशती** नामक **मुक्तक काव्य** की रचना किसने की? **-हाल**
- **बीजगणित** के क्षेत्र में अपने योगदान के लिए कौन जाने जाते हैं? **-भास्कराचार्य**

गुप्तकाल की महत्वपूर्ण रचनाएँ

रचनाकार	रचना
कालिदास	मालविकाग्निमित्र, अभिज्ञानशाकुन्तलम्, मेघदूतम्, ऋतुसंहारम्, कुमारसम्भवम्, रघुवंशम्, विक्रमोवर्शीयम
विशाखदत्त	देवी चन्द्रगुप्तम्, मुद्राराक्षस
दण्डी	दशकुमार चरित्, काव्यदर्शन
सिद्धसेन	न्यायावतार
भास	स्वप्नवासवदत्तम, चारुदत्तम्
विष्णु शर्मा	पंचतंत्र
चरक	चरक संहिता
आर्यभट्ट	ब्रह्म सिद्धांत
बुद्धघोष	विशुद्धिमग्ग
असंग	योगाचार
भास	उरुभंग
भारवि	किरातार्जुनीयम्
अमर सिंह	अमरकोष
वत्सभट्टी	रावण वध
चन्द्रगोमिन	चन्द्रव्याकरण
वराहमिहिर	वृहत्संहिता, पंचसिद्धांतिका
आर्यभट्ट	आर्यभट्टीयम
शूद्रक	मृच्छकटिकम्

> **महाभाष्य** के लेखक **पतंजलि**, **शुंग काल** के शासक **पुष्यमित्र शुंग** के **समकालीन** तथा उनके **पुरोहित** थे।

मध्यकालीन भारत का इतिहास

भारत पर मुस्लिम आक्रमण

- भारत पर आक्रमण करने वाले **प्रथम मुस्लिम आक्रमणकारी** मूलतः कहाँ के निवासी थे? **-अरब**
- **वर्ष 711** में भारत पर **सर्वप्रथम मुस्लिम आक्रमण** किसके **नेतृत्व** में किया गया? **-उबैदुल्लाह**

> **वर्ष 712** में **मोहम्मद-बिन-कासिम** ने **सिंध** के **राजा दाहिर** को पराजित कर **थट्टा** के समीप स्थित **देवल बंदरगाह** को अपने **अधिकार** में ले लिया था।

- सिंध के क्षेत्र में **मोहम्मद-बिन-कासिम** ने **अंतिम विजय** किस नगर पर प्राप्त की? **-मुल्तान (स्वर्णनगरी) पर**
- भारत में **जजिया कर** लगाने वाला **प्रथम शासक** कौन था? **-मोहम्मद बिन कासिम**
- **सिंध क्षेत्र** में **अरबों** द्वारा किसका **प्रचलन** प्रारम्भ किया गया? **-ऊँट पालन तथा खजूर की खेती**
- **अरबों** के पश्चात् भारत में किन विदेशी आक्रमणकारियों का आगमन हुआ? **-तुर्कों का**
- **तुर्की** में **गजनवी वंश** की **स्थापना** किसके द्वारा की गई थी? **-अलप्तगीन गजनी के द्वारा**
- **भारत** पर **प्रथम तुर्की आक्रमण** किसके द्वारा किया गया? **-सुबुक्तगीन गजनी के द्वारा**
- **वर्ष 712** में भारत पर **सर्वप्रथम सफल मुस्लिम आक्रमण** करने वाला कौन था? **-मोहम्मद बिन कासिम**
- **सुबुक्तगीन गजनी** ने अपने आक्रमण के दौरान **पश्चिमोत्तर भारत** के किस **हिंदूशाही शासक** को पराजित किया था? **-जयपाल को**
- **महमूद गजनवी** द्वारा **वर्ष 1025** में **सोमनाथ मंदिर** पर किए गए आक्रमण के दौरान गुजरात का शासक कौन था? **-भीम प्रथम**

> **महमूद गजनवी** ने भारत पर **1000-1027 ई.** के मध्य **17 बार आक्रमण** किया। इसके आक्रमण का **मुख्य उद्देश्य** भारत की **धन** सम्पदा को **लूटना** था **न कि साम्राज्य** की **स्थापना** करना।

- **महमूद गजनवी** के साथ भारत आने वाला **प्रसिद्ध इतिहासकार** कौन था? **-अलबरूनी**

> **अलबरूनी** द्वारा **किताब-उल-हिन्द**, **उत्बी** द्वारा **किताब-उल-यामिनी** तथा **फिरदौसी** (पूर्व का होमर) द्वारा **शाहनामा** नामक पुस्तक की रचना की गई थी।

- **महमूद गजनवी** के पश्चात् **मोहम्मद गोरी** द्वारा भारत पर **प्रथम आक्रमण** किस वर्ष किया गया? **-वर्ष 1175** (मुल्तान)
- **मोहम्मद गोरी** को **वर्ष 1178** में **अन्हिलवाड़ा** (पाटन) पर आक्रमण करने के दौरान किसके द्वारा पराजित किया गया? **-भीम द्वितीय** (मूलराज)
- **तराइन** का **प्रथम** एवं **द्वितीय युद्ध** किनके मध्य लड़ा गया? **-मोहम्मद गोरी तथा पृथ्वीराज तृतीय**

तराइन का युद्ध

युद्ध संख्या	वर्ष	परिणाम
प्रथम	1191	मोहम्मद गोरी पराजित
द्वितीय	1192	मोहम्मद गोरी विजित

- **मोहम्मद गोरी** ने **कन्नौज** के **शासक जयचन्द** को किस युद्ध में पराजित किया? **-चन्दावर के युद्ध** (1194 ई.) **में**
- **मोहम्मद गोरी** के साथ भारत आने वाले **प्रसिद्ध सूफी संत** कौन थे? **-शेख मुइनुद्दीन चिश्ती**
- सिक्कों पर **देवी लक्ष्मी की आकृति** किस मुस्लिम शासक के द्वारा बनवायी गयी थी? **-मोहम्मद गोरी**

> **बख्तियार खिलजी**, **मोहम्मद गोरी** का एक साधारण **दास** था जिसने **बंगाल** और **बिहार** पर **विजय** प्राप्त की। इसने अपने आक्रमण के दौरान **नालंदा** एवं **विक्रमशिला विश्वविद्यालय** को **नष्ट** कर दिया।

- **मोहम्मद गोरी** की मृत्यु के पश्चात् उसके **साम्राज्य** पर किन तीन **गुलामों** द्वारा **नियंत्रण** स्थापित किया गया? **-याल्दौज, कुबाचा तथा कुतुबुद्दीन ऐबक**

> **भारतीय जनता** के लिए **हिन्दू** शब्द का **सर्वप्रथम प्रयोग अरबों द्वारा** किया गया था।

दिल्ली सल्तनत (1200-1526 ई.)

दिल्ली सल्तनत

(इल्बारी वंश — 1, लोदी वंश — 5)

1. गुलाम वंश (11 शासक)

कुतबी राजवंश
- कुतुबुद्दीन ऐबक (1206-1210ई.) — राजधानी लाहौर
- आरामशाह (1210ई.)

शम्सी राजवंश
- इल्तुतमिश (1210-1236ई.) — राजधानी दिल्ली
- रुकुनुद्दीन फिरोजशाह (1236)
- रजिया सुल्तान (1236-1239ई.)
- मुइजुद्दीन बहरामशाह (1240-1242ई.)
- अलाउद्दीन मसूदशाह (1242-1246ई.)
- नासिरुद्दीन महमूद (1246-1265ई.)

बलबनी राजवंश
- गयासुद्दीन बलबन (1265-1287ई.)
- मोइजुद्दीन कैकुबाद (1287-1290ई.)
- शम्सुद्दीन क्यूमर्स (1290ई.)

2. खिलजी वंश (5 शासक)
- जलालुद्दीन फिरोज खिलजी (1290-1296ई.)
- अलाउद्दीन खिलजी (1296-1316ई.)
- शिहाबुद्दीन उमर (1316ई.)(35 दिन)
- कुतुबुद्दीन मुबारक शाह खिलजी (1316-1320ई.)
- नासिरुद्दीन खुसरो खाँ (15 अप्रैल-7 सितंबर, 1320ई.)

3. तुगलक वंश (9 शासक)
- गयासुद्दीन तुगलक शाह-I (1320-1325ई.)
- मुहम्मद बिन तुगलक (1325-1351ई.)
- फिरोज शाह तुगलक (1351-1388ई.)
- गयासुद्दीन तुगलक शाह-II (1388-1389ई.)
- अबूबक्र शाह (1389-90ई.)
- मुहम्मद शाह-III (1390-94ई.)
- अलाउद्दीन सिंकदर शाह-I (जनवरी-मार्च 1394ई.)

दो स्वतंत्र शासक
- नसिरूद्दीन महमूद शाह (1394-1413ई.) दिल्ली
- नुसरत शाह (1394-1398ई.) फिरोजाबाद

4. सैय्यद वंश (4 शासक)
- खिज्र खाँ (1414-1421ई.)
- मुबारक शाह (1421-1434ई.)
- मुहम्मद शाह (1434-1445ई.)
- अलाउद्दीन आलम शाह (1445-1451ई.)

5. लोदी वंश (3 शासक)
- बहलोल लोदी (1451-1489ई.)
- सिकंदर लोदी (1489-1517ई.)
- इब्राहिम लोदी-II (1517-1526ई.)

दिल्ली सल्तनत का वास्तविक संस्थापक

1. **इल्तुतमिश** दिल्ली सल्तनत का वास्तविक संस्थापक था। इनका शासन काल 1210-1236 ई. तक था।
2. इल्तुतमिश ने दिल्ली सल्तनत के स्थायित्व के लिए अनके कार्य किये जैसे- तुर्कान-ए-चहलगानी का गठन, विरोधियों का दमन, नवीन प्रकार के सिक्कों का प्रारंभ।
3. **इल्तुतमिश** ने **सुल्तान-ए-आजम** की उपाधि धारण की थी। यह **दिल्ली को राजधानी** बनाने वाला **प्रथम शासक** बना।

दिल्ली पर शासन करने वाले कुतुबुद्दीन ऐबक ने **कुतबी**, इल्तुतमिश ने **शम्सी** व बलबन ने **बलबनी वंश** की स्थापना की थी।

गुलाम वंश (1206-1290 ई.)

- गुलाम वंश की स्थापना किसके द्वारा की गयी?
  -कुतुबुद्दीन ऐबक
- 25 जून, 1206 कुतुबुद्दीन ऐबक का राज्याभिषेक किस स्थान पर किया गया?
  -लाहौर
- कुतुबुद्दीन ऐबक ने अपने साम्राज्य की राजधानी किसे घोषित किया?
  -लाहौर

> भारत में **तुर्की राज्य** का संस्थापक कुतुबुद्दीन ऐबक को माना जाता है। कुतुबुद्दीन ऐबक ने कभी **सुल्तान की उपाधि** धारण नहीं की इसने केवल **मलिक** और **सिपह सालार** का पद धारण किया।

- कुतुबुद्दीन ऐबक को उदारता तथा **अत्यधिक दान देने** के लिए कौन सी **उपाधि** दी गई?
  -लाखबख्श
- अत्यंत **सुरीली आवाज** में **कुरान पढ़ने** के कारण ऐबक को किस **उपाधि** से **नवाजा** गया?
  -कुरान ख्वाँ
- भारत की **प्रथम मस्जिद कुव्वत-उल-इस्लाम** की स्थापना किसके द्वारा करवाई गई?
  -कुतुबुद्दीन ऐबक

> **कुतुबुद्दीन ऐबक** ने **सूफी सन्त ख्वाजा कुतुबुद्दीन बख्तियार काकी** के नाम पर **कुतुबमीनार** का **निर्माण** प्रारम्भ करवाया।

- कुतुबुद्दीन ऐबक की **मृत्यु** कब हुई?
  -वर्ष 1210 में (चौगान खेलते समय घोड़े से गिर जाने के कारण)
- कुतुबुद्दीन ऐबक की मृत्यु के पश्चात् उसके **पुत्र आरामशाह** को **अपदस्थ** कर **गुलाम वंश** का **अगला शासक** कौन बना?
  -इल्तुतमिश
- इल्तुतमिश सुल्तान बनने से पूर्व किस **प्रांत** का **सुबेदार** था?
  -बदायूँ
- दिल्ली सल्तनत का **वास्तविक संस्थापक** किसे माना जाता है?
  -इल्तुतमिश को

> **इल्तुतमिश दिल्ली सल्तनत** का **प्रथम सुल्तान** था जिसने दिल्ली को अपनी राजधानी बनाई तथा **बगदाद के खलीफा** से **सुल्तान की उपाधि** प्राप्त की।

- **इल्तुतमिश** ने **40 योग्य तुर्क गुलामों** को मिलाकर किस **दल** का **गठन** किया?
  -तुर्कान-ए-चहलगानी (चालीसा दल)
- मंगोल आक्रमणकारी **चंगेज खाँ** भारत के **उत्तर पश्चिम सीमा** पर किसके **शासनकाल** में आया?
  -इल्तुतमिश

> **इल्तुतमिश** ने भारत में **इक्ता व्यवस्था** का प्रारम्भ की। **इक्ता** एक **अरबी** शब्द है, जिसका अर्थ है। **भूमि** को लेने वाले **इक्तादार** कहलाते थे।

- **वर्ष 1236** में **दिल्ली सल्तनत** की **गद्दी** पर बैठने वाली **प्रथम** व **अंतिम मुस्लिम महिला शासिका** कौन थी?
  -रजिया सुल्तान
- रजिया के **सुल्तान** बनने के पश्चात् **गुलाम याकूत** को किस पद पर **नियुक्त** किया?
  -अमीर-ए-आखूर
- रजिया सुल्तान के **विद्रोही अमीरों** ने रजिया की **हत्या** करवाकर किसे दिल्ली सल्तनत की गद्दी पर बैठाया?
  -बहरामशाह

> **बहरामशाह** के **कार्यकाल** में **नायब-ए-मुमालिकत** पद का सृजन किया गया, जिसमें सम्पूर्ण अधिकार निहित होते थे। इस पद पर सर्वप्रथम **एतगीन** को नियुक्त किया गया।

- दिल्ली सल्तनत के किस शासक ने **बलबन** को **नायब-ए-मुमालिकत पद** पर नियुक्त किया?
  -नासिरुद्दीन महमूद
- **बलबन** को **उलूग खाँ** की **उपाधि** किसने प्रदान की थी?
  -नासिरुद्दीन महमूद ने
- दिल्ली का सुल्तान बनने के पश्चात् **तुर्कान-ए-चहलगानी** को किसने **समाप्त** कर दिया?
  -बलबन ने
- अपने विरोधियों के प्रति कठोर, **लौह** एवं **रक्त की नीति** का पालन करने वाला सुल्तान कौन था?
  -बलबन

> बलबन **प्रथम सुल्तान** था, जिसने **राजत्व के सिद्धान्त** का प्रतिपादन किया। उसने राजत्व को **नियाबते-खुदाई** (ईश्वर द्वारा प्रदत्त) तथा राजा को **जिल्ले-इलाही** (ईश्वर की छाया) कहा।

- **सिजदा** एवं **पैबोस प्रथा** को अपने दरबार में प्रारम्भ करने वाला **सुल्तान** कौन था?
  -बलबन
- **बलबन** ने किस नाम से एक **सैन्य विभाग** की स्थापना की थी?
  -दीवान-ए-अर्ज
- **गुलाम वंश** का **अन्तिम शासक** कौन था?
  -शम्सुद्दीन क्यूमर्स

> **नासिरुद्दीन महमूद** एक **शांत स्वभाव** वाला व्यक्ति था। इतिहासकार **सिराज** ने इसे **दिल्ली का आदम सुल्तान** कहा है।

खिलजी वंश (1290-1320 ई.)

- गुलाम वंश के पश्चात् **वर्ष 1290** में **खिलजी वंश** की स्थापना किसके द्वारा की गई थी? **-जलालुद्दीन फिरोजशाह खिलजी**
- **रक्त और लौह की नीति** को त्यागकर शासन के उदारनीति का अनुसरण करने वाला दिल्ली का **प्रथम सुल्तान** कौन था? **-जलालुद्दीन फिरोजशाह खिलजी**
- **वर्ष 1296** में **कड़ा** (मानिकपुर) में जलालुद्दीन की हत्या किसने की थी? **-अलाउद्दीन खिजली**
- अलाउद्दीन खिलजी के बचपन का नाम क्या था?**-अली गुर्शस्प**
- जलालुद्दीन के हत्या के पश्चात् **अलाउद्दीन खिलजी** ने अपना **राज्याभिषेक** कहाँ करवाया? **-बलबन के लालमहल में**

> अलाउद्दीन **एक साम्राज्यवादी** शासक था। वह **विश्व विजय प्राप्त** करने के साथ-साथ एक **नये धर्म** की स्थापना करना चाहता था।

- राज्याभिषेक के पश्चात् **सिकन्दर-ए-सानी** या **द्वितीय सिकन्दर** की उपाधि किसने धारण की? **-अलाउद्दीन खिलजी ने**
- सुल्तान बनने के पश्चात् अलाउद्दीन ने प्रथम **आक्रमण** किस शासक पर किया? **-रायकर्ण** (गुजरात का शासक)

> अलाउद्दीन का सेनापति **मलिक काफूर** गुजरात विजय के दौरान **नुसरत खाँ** द्वारा **1000 दीनार** में खरीदा गया था, इसीलिए उसे **हजारदीनारी** भी कहा जाता था।

- **वर्ष 1303** में अलाउद्दीन के द्वारा **चित्तौड़ पर आक्रमण** के समय वहाँ का शासक कौन था? **-राणा रतन सिंह**
- **विंध्याचल पर्वत श्रेणी** को पार कर **दक्षिण भारत** पर आक्रमण करने वाला दिल्ली सल्तनत का **प्रथम सुल्तान** कौन था? **-अलाउद्दीन खिलजी**
- अलाउद्दीन के **दक्षिण अभियानों** का **सेनापति** कौन था? **-मलिक काफूर**

> **तेलंगाना** (वारंगल) के शासक **प्रताप रुद्र देव द्वितीय** ने **मलिक काफूर** को विश्व प्रसिद्ध **कोहिनूर हीरा** भेंट किया था, जिसे मलिक काफूर ने **अलाउद्दीन खिलजी** को भेंट किया।

अलाउद्दीन खिलजी का दक्षिण भारत अभियान

राज्य	शासक	अभियान का नेतृत्व	वर्ष
देवगिरि	रामचंद्र देव	मलिक काफूर	1307 ई.
वारंगल	प्रताप रुद्र देव	मलिक काफूर	1309 ई.
द्वारसमुद्र	वीर बल्लाल-III	मलिक काफूर	1310 ई.
पाण्ड्य	वीर पाण्ड्य	मलिक काफूर	1311 ई.

- **मलिक काफूर** द्वारा सर्वप्रथम किस **दक्षिण भारतीय राज्य** पर आक्रमण किया गया? **-देवगिरी**
- दिल्ली सल्तनत का वह कौन सुल्तान था जिसने **नकद वेतन** के साथ **स्थायी सेना** का संगठन किया था?**-अलाउद्दीन खिलजी**
- अलाउद्दीन द्वारा सेना में **भ्रष्टाचार रोकने** के लिए कौन सी **योजना** अपनायी गई?**- घोड़ों को दागने की प्रथा तथा हुलिया प्रथा**
- **चराई कर** तथा **गृह कर** (घरी-चरी कर) लगाने वाला **प्रथम सुल्तान** कौन था? **-अलाउद्दीन खिलजी**
- सर्वाधिक **मंगोल आक्रमण** किसके शासनकाल मे हुए? **-अलाउद्दीन खिलजी**
- दिल्ली सल्तनत का वह **प्रथम सुल्तान** कौन था, जिसने स्वयं को **खलीफा** घोषित किया? **-मुबारक शाह खिलजी**
- **घोड़े के नाल** के आकार की **मेहराब** का प्रयोग सर्वप्रथम कहाँ पर किया गया? **-अलाई दरवाजा** (दिल्ली)

> **अलाउद्दीन** द्वारा सैनिकों को सस्ते मूल्यों पर वस्तुओं को प्रदान करने के लिए **बाजार नियंत्रण** की नीति अपनाई गयी।

अलाउद्दीन के बाजार नियंत्रण अधिकारी

विभाग	अधिकारी
बरीद-ए-मंडी	बाजार निरीक्षक
शहना-ए-मंडी	बाजार अधीक्षक
दीवान-ए-रियासत	बाजार नियंत्रक
मन्हैयान	गुप्तचर

> **पद्मावत** (मोहम्मद जायसी) के अनुसार, **अलाउद्दीन** ने **रानी पद्मिनी** की सुन्दरता से प्रभावित होकर चित्तौड़ पर आक्रमण किया था।

तुगलक वंश (1320-1414 ई.)

- 1320 ई. में तुगलक वंश की स्थापना किसके द्वारा की गयी? -गयासुद्दीन मुहम्मद तुगलक (गाजी मलिक)
- सल्तनत काल में नहरों का निर्माण तथा डाक व्यवस्था का आरम्भ करने वाला प्रथम सुल्तान कौन था? -गयासुद्दीन
- किस सूफी सन्त के साथ गयासुद्दीन तुलगक के सम्बंध अच्छे नहीं थे? -निजामुद्दीन औलिया

बंगाल अभियान से लौटते समय गयासुद्दीन तुगलक ने आदेश दिया था कि उसके दिल्ली पहुँचने से पहले ही औलिया दिल्ली छोड़ दे। इसी संदर्भ में निजामुद्दीन औलिया ने सुल्तान के विषय में कहा था कि दिल्ली अभी दूर है (हनूज दिल्ली दूर अस्त)।

- दिल्ली सल्तनत का सर्वाधिक विद्वान सुल्तान कौन था? -मोहम्मद बिन तुगलक

मोहम्मद बिन तुगलक के प्रमुख कार्य

योजना	विशेषता
1. राजधानी परिवर्तन (1326-27 ई.)	तुगलक ने देवगिरि का नाम दौलताबाद रख कर उसे सल्तनत की राजधानी बनाया। यह योजना असफल रही। 1335 ई. पुनः दिल्ली को राजधानी बनाया गया।
2. दोआब में कर वृद्धि (1327-28 ई.)	यह योजना भी असफल रही, क्योंकि उस समय वहाँ अकाल पड़ जाने के कारण जनता कर नहीं दे सकी।
3. सांकेतिक मुद्रा का प्रचलन (1330 ई.)	चाँदी की कमी का सामना करने के लिए सांकेतिक मुद्रा का प्रचलन किया गया किन्तु नियंत्रण के अभाव में यह योजना भी असफल रही।
4. खुरासान का अभियान (1336-37 ई.)	खुरासान पर विजय प्राप्त के लिए तुगलक ने 3 लाख 70 हजार सैनिकों का गठन करके उन्हें 1 वर्ष का अग्रिम वेतन प्रदान किया था।
5. कराचिल अभियान (1337-38 ई.)	तुगलक ने खुसरो मलिक के नेतृत्व में 1 लाख सैनिकों को भेजा किन्तु मौसमी दशा खराब होने के कारण यह योजना भी असफल रही।

- कृषि के विकास हेतु अमीर-ए-कोही नामक नया विभाग किस सुल्तान द्वारा प्रारम्भ किया गया था? -मुहम्मद बिन तुगलक
- भारत में सर्वप्रथम सांकेतिक मुद्रा का प्रचलन किसके शासन काल में हुआ? -मुहम्मद बिन तुगलक
- मोरक्को निवासी इब्नबतूता किसके शासनकाल में भारत आया था? -मोहम्मद बिन तुगलक (1333 ई.)
- रेहला नामक पुस्तक का रचनाकार कौन था? -इब्नबतूता

मोहम्मद बिन तुगलक के काल में ही सल्तनत से विद्रोह कर 1336 ई. में हरिहर एवं बुक्का ने विजयनगर तथा 1347 ई. में हसन गंगू ने बहमनी साम्राज्य की स्थापना की।

- होली के त्यौहार के सार्वजनिक उत्सव में भाग लेने वाला दिल्ली का प्रथम सुल्तान कौन था?-मुहम्मद बिन तुगलक
- किस जैन संत के साथ मोहम्मद बिन तुगलक के सम्बंध घनिष्ठ थे? -जिनप्रभा सूरी
- मोहम्मद बिन तुगलक की मृत्यु किस अभियान के दौरान हुई थी? -सिंध अभियान (1351 ई.)
- सर्वप्रथम लोक निर्माण विभाग की स्थापना किस शासक ने की थी? -फिरोज़शाह तुगलक ने
- टोपरा तथा मेरठ से दो अशोक स्तम्भ लेख किस शासक द्वारा दिल्ली लाये गये थे? -फिरोज़शाह तुगलक
- सबसे अधिक गुलाम किस सुल्तान के दरबार में थे? -फिरोज़शाह तुगलक
- ब्राह्मणों पर जजिया कर लगाने वाला प्रथम मुस्लिम शासक कौन था? -फिरोज़शाह तुगलक
- हक-ए-शर्ब नामक सिंचाई कर लगाने वाला दिल्ली का प्रथम सुल्तान कौन था? -फिरोज़शाह तुगलक

फिरोजशाह के काल में स्थापित विभाग	
• दीवान-ए-बन्दगान	दासों की देखरेख के लिए
• दीवान-ए-इस्तिहाक	पेंशन देने के लिए
• दीवान-ए-खैराज	असहाय लोगों की मदद के लिए

- दिल्ली सल्तनत के तुगलक वंश का अंतिम शासक कौन था? -नासिरुद्दीन महमूद

नासिरुद्दीन महमूद के शासनकाल में मध्य एशिया के महान सेनानायक तैमूर ने वर्ष 1398 में भारत पर आक्रमण किया था।

सैय्यद वंश (1414-1451 ई.) तथा लोदी वंश (1451-1526 ई.)

- 1414 ई. में दौलत खाँ को पराजित कर खिज्र खाँ ने किस वंश की स्थापना की थी? -सैय्यद वंश
- रैय्यत-ए-आला की उपाधि धारण करने वाला सैय्यद वंश का शासक कौन था? -खिज्र खाँ
- सल्तनत काल में शासन करने वाला एकमात्र शिया कौन था? -सैय्यद वंश

सैय्यद वंश का सबसे योग्य शासक मुबारक शाह था। इसने तारिख-ए-मुबारक शाही के लेखक यहिया बिन अहमद सरहिन्दी को संरक्षण प्रदान किया।

- दिल्ली सल्तनत में प्रथम अफगान राज्य के रूप में लोदी वंश की स्थापना किसके द्वारा की गई? -बहलोल लोदी

लोदी वंश के शासक

सुल्तान	शासन काल
• बहलोल लोदी	1451-1489 ई.
• सिकन्दर लोदी	1489-1517 ई.
• इब्राहिम लोदी	1517-1526 ई.

- दिल्ली सल्तनत के सुल्तानों में से किसने सर्वाधिक समय तक शासन किया? -बहलोल लोदी (38 वर्ष)
- किस सुल्तान के बारे में अब्दुल्लाह ने अपनी पुस्तक तारीख-ए-दाउदी में लिखा है कि जब वह अपने सरदारों के साथ मिलता था, तो वह कभी सिंहासन पर नहीं बैठता था? -बहलोल लोदी के बारे में
- किस सुल्तान ने आगरा नगर की स्थापना कर उसे अपनी राजधानी बनाया? -सिकन्दर लोदी
- सिकन्दर लोदी ने भूमि की माप के लिए किस पैमाने का प्रयोग प्रारंभ किया? -गज-ए-सिकन्दरी
- सुल्तान की उपाधि धारण करने वाला लोदी वंश का प्रथम शासक कौन था? -सिकंदर लोदी

सिकन्दर लोदी ने मुसलमानों में प्रचलित अनेक कुप्रथाओं– मुहर्रम पर ताजिया निकालना, महिलाओं को पीरों की मजारों पर जाने या उनकी याद में जुलूस निकालने पर प्रतिबन्ध लगा दिया था।

सल्तनत कालीन वंश

वंश	शासनकाल	संस्थापक
मामलुक वंश (1206-1290)	84	ऐबक
खिलजी वंश (1290-1320)	30	जलालुद्दीन खिलजी
तुगलक (1320-1414)	94	गयासुद्दीन तुगलक
सैय्यद वंश (1414-1450)	37	खिज्र खाँ
लोदी वंश (1451-1526)	76	बहलोल लोदी

दिल्ली सल्तनत के वंशों में सर्वाधिक शासनकाल तुगलकों का तथा न्यूनतम शासनकाल खिलजी वंश का था।

- भारतीय संगीत पर प्रथम फारसी ग्रंथ लज्जत-ए-सिकंदरशाही की रचना किसके कार्यकाल में की गई? -सिकन्दर लोदी
- सिकन्दर लोदी किस नाम से कविताएँ लिखा करता था? -गुलरुखी
- लोदी वंश के साथ-साथ दिल्ली सल्तनत का अन्तिम सुल्तान कौन था? -इब्राहिम लोदी
- वर्ष 1518 में लड़े गए खातोली के युद्ध में इब्राहिम लोदी को किसने पराजित किया था? -महाराणा साँगा
- पानीपत के प्रथम युद्ध में बाबर ने किसे पराजित किया? -इब्राहिम लोदी
- किस सुल्तान की मृत्यु के पश्चात् भारत में मुगल वंश की स्थापना हुई? -इब्राहिम लोदी

इब्राहिम लोदी दिल्ली सल्तनत का एकमात्र सुल्तान था, जो रणभूमि (युद्धभूमि) में वीरगति को प्राप्त हुआ।

- भारत में पोलो खेलने का प्रचलन किस शासक ने किया? -तुर्कों ने
- सल्तनत काल में दस्तार बन्दान किसे कहा जाता था? -उलेमा को
- किस भारतीय ने संगीत यंत्र तबला एवं सितार का प्रचलन किया था? -अमीर खुसरो
- हिन्दी खड़ी बोली का जनक किसे माना जाता है? -अमीर खुसरो को

फिरोज शाह तुगलक ने लगभग 300 नगरों की स्थापना की जिसमें फतेहाबाद, हिसार, जौनपुर तथा फिरोजाबाद शामिल है।

विजयनगर साम्राज्य

- **विजयनगर साम्राज्य की स्थापना** कब और किसने की थी **-वर्ष 1336 में हरिहर** और **बुक्का ने**
- **विजयनगर** के किस शासक ने **चीन के सम्राट** के पास अपना राजदूत भेजा था? **-बुक्का प्रथम**
- **अभिलेखों** में **विजय नगर** के किस शासक को **पूर्वी**, **पश्चिमी** व **दक्षिणी** सागरों का स्वामी कहा गया है?**-बुक्का प्रथम को**

हरिहर ने **विजयनगर** (हम्पी) को अपनी **द्वितीय राजधानी** बनाया। **विजयनगर** के ध्वंसावशेष **हम्पी** में विद्यमान हैं।

- **विजयनगर** का **पहला शासक** कौन था, जिसने **बहमनियों से गोवा को छीना**? **-हरिहर द्वितीय**
- प्रसिद्ध **विजय विट्ठल मंदिर** कहाँ अवस्थित है? **-हम्पी**
- विजयनगर के राजा कृष्णदेव राय ने **गोलकुण्डा का युद्ध** किसके साथ किया था? **-कुली कुतुबशाह**

वंश	संस्थापक	समय	अंतिम शासक
संगम	हरिहर प्रथम	1336–1356 ई.	विरुपाक्ष द्वितीय
सालुव	सालुव नरसिंह	1485–1505 ई.	इम्माडी नरसिंह
तुलुव	वीर नरसिंह	1505–1570 ई.	सदाशिव राय
अराविडु	तिरूमल	1570 के बाद	रंग तृतीय

- विजयनगर साम्राज्य की **वित्तीय व्यवस्था** की मुख्य विशेषता क्या थी? **-भू-राजस्व**
- **कृष्णदेव राय** के दरबार में **आठ तेलगू कवियों** को क्या कहा जाता था? **- अष्टदिग्गज**
- **तालीकोटा** (रक्षसी-तंगड़ी) **का युद्ध** किस वर्ष हुआ था? **- वर्ष 1565 में**

विजयनगर साम्राज्य के राजवंश			
यात्री	**देश**	**शासक**	**विवरण**
निकोलो कॉण्टी	इटली	देवराय प्रथम	विजयनगर शहर का वर्णन
अब्दुर्रज्जाक	फारस	देवराय द्वितीय	विजयनगर सचिवालय का वर्णन।
पायस	पुर्तगाली	कृष्णदेवराय	विजयनगर के **शिल्प** व **व्यापार** का वर्णन।
बारबोसा	पुर्तगाली	कृष्णदेवराय	**सतीप्रथा** का वर्णन
सीजर फ्रेडरिक	पुर्तगाली	सदाशिव राय	विजयनगर का वर्णन किया।
नूनीज	पुर्तगाली	अच्युत देवराय	सतीप्रथा का उल्लेख
निकितिन	रूस	मुहम्मद तृतीय	विजयनगर की असमानता का वर्णन।

- प्रसिद्ध विजयनगर शासक **कृष्णदेव राय** के अधीन किस साहित्य का **स्वर्ण युग** था? **-तेलुगू**
- जब राजा वाडियार ने **मैसूर राज्य की स्थापना** की तब विजयनगर साम्राज्य का शासक कौन था? **-वेंकट द्वितीय**
- अपनी **मदुरा विजय** कृति में अपने पति के विजय अभियानों का वर्णन करने वाली कवयित्री कौन थी? **-गंगादेवी**
- **होयसलों की प्राचीन राजधानी द्वारसमुद्र** का वर्तमान नाम क्या है? **-हैलबिड**
- **विजयनगर की प्राचीन राजधानी** के स्रोत किन खण्डहरों से मिलते हैं? **-हम्पी के खण्डहरों से**
- वैदिक ग्रंथों के **भाष्यकार सायण** को आश्रय प्रदान किया गया **-विजयनगर राजाओं द्वारा**

राज्य	संस्थापक	स्थापना	राजवंश	राजधानी	विलय
• **बरार**	फतहउल्ला इमाद शाह	**1484 ई.**	इमादशाही	एलिचपुर, गाविलगढ़	1574 ई. को अहमदनगर में
• **बीजापुर**	यूसुफ आदिल खाँ	**1489 ई.**	आदिलशाही	नौरसपुर	1686 ई. को औरंगजेब द्वारा मुगल साम्राज्य में
• **अहमदनगर**	मलिक अहमद	**1490 ई.**	निजामशाही	जुन्नार, अहमदनगर	1633 ई. को शाहजहाँ द्वारा मुगल साम्राज्य में
• **गोलकुंडा**	कुली कुतुबशाह	**1512 ई.**	कुतुबशाही	गोलकुंडा	1657 ई. को औरंगजेब द्वारा मुगल साम्राज्य में
• **बीदर**	अमीर अली बरीद	**1526 ई.**	बरीदशाही	बीदर	1618 ई. को बीजापुर में

विजयनगर साम्राज्य, **1336 से 1646 ई.** तक **मध्यकालीन दक्षिण भारत** का एक **प्रमुख साम्राज्य** था।

दिल्ली सल्तनत में प्रशासन

- **दीवान-ए-मुस्तखराज** विभाग की स्थापना किसके कार्यकाल में हुई थी? **-अलाउद्दीन खिलजी**
- सल्तनत काल के अधिकांश **अमीर** एवं **सुल्तान** किस वर्ग के थे? **-तुर्क वर्ग के**
- **फिरोजशाह तुगलक** ने इस्लाम में **धर्मांतरित** किस व्यक्ति को अपना वजीर नियुक्त किया था? **-तैलंग ब्राह्मण खान-ए-जहाँ**
- **विजारत** का चरमोत्कर्ष किस राजवंश के अंतर्गत हुआ? **-तुगलक वंश**
- सल्तनत काल में **भू-राजस्व का सर्वोच्च ग्रामीण अधिकारी** कौन होता था? **-चौधरी**
- **हक-ए-शर्ब कर** किस पर लगाया जाता था? **-सिंचाई पर**

इस्लामी शरीयत के अनुसार करों के प्रकार

- **जज़िया** – गैर मुस्लिमों से लिया जाने वाला कर
- **जकात** – मुसलमानों से उनके आय का 2.5 प्रतिशत स्वैच्छिक धार्मिक कर के रूप में लिया जाने वाला कर।
- **खुम्स** – लूट से प्राप्त धन। इसके **1/5 हिस्से** को सुल्तान एवं **4/5 हिस्से** को सैनिकों में बाँटा जाता था। परन्तु अलाउद्दीन के काल में केवल 1/5 हिस्सा सैनिकों को दिया जाता था।
- **खराज़** – भूराजस्व (गैर मुसलमानों से)

- सिक्कों पर **बगदाद के अंतिम खलीफा का नाम** सर्वप्रथम किस शासक के शासनकाल में अंकित हुआ? **-अलाउद्दीन मसूद शाह**

इल्तुतमिश ने अपने शासनकाल में **चाँदी का टंका** एवं **ताँबे का जीतल** नामक **दो सिक्के** चलाये थे।

- सल्तनत काल में **फवाजिल** का तात्पर्य क्या था? **-इक्तादारों द्वारा सरकारी खजाने में जमा की जाने वाली अतिरिक्त राशि**
- **जवाबित** का सम्बंध किससे था? **-राजकीय कानून से**
- **दिल्ली सल्तनत** में **निरंकुश राजतंत्र** की स्थापना किस शासक ने की थी? **-बलबन ने**

सल्तनत शासन के प्रमुख विभाग	
• **दीवान-ए-विजारत**	- वित्त विभाग
• **दीवान-ए-रियासत**	- नियंत्रण विभाग
• **दीवान-ए-मुस्तखराज**	- कृषकों से बकाया भू-राजस्व वसूलना
• **दीवान-ए-कोही**	- कृषि के विकास के लिए
• **दिवान-ए-कजा**	- न्याय विभाग
• **दीवान-ए-इंशा**	- पत्राचार विभाग
• **दीवान-ए-अर्ज**	- सैन्य विभाग
• **दीवान-ए-रिसालत**	- विदेश विभाग
• **दीवान-ए-बरीद**	- गुप्तचर विभाग
• **दीवान-ए-बंदगान**	- दास विभाग

- दिल्ली सल्तनत के किस शासक ने **इक्ता व्यवस्था** प्रारम्भ की थी? **-इल्तुतमिश**
- सल्तनत काल में **केन्द्रीय प्रशासन** की सम्पूर्ण शक्ति किसमें निहित होती थी? **-सुल्तान में**
- सल्तनत काल में सुल्तान को **सहायता प्रदान** करने के लिए गठित **मंत्रिपरिषद** को किस नाम से जाना जाता था? **-मजलिस-ए-खलवत**
- **इक्तादारों पर नियंत्रण** स्थापित करने के लिए **ख्वाजा** नामक अधिकारी की नियुक्ति किसके द्वारा की गई थी? **-बलबन**
- सल्तनत काल में **भू-राजस्व की दर** सामान्यत: कितनी होती थी? **-20 से 25 प्रतिशत**

सल्तनत काल के प्रमुख अधिकारी	
• **आरिज-ए-मुमालिक**	- सैन्य विभाग का प्रधान
• **बरीद-ए-मुमालिक**	- गुप्तचर विभाग का प्रमुख
• **सद्र-उस-सुदूर**	- धार्मिक विभाग का प्रधान
• **अमीर-एक-आखूर**	- अश्वशाला का प्रधान
• **सर-ए-जानदार**	- सुल्तान के अंगरक्षकों का प्रमुख
• **अमीर-ए-हाजिब**	- दरबारी शिष्टाचार के नियमों को लागू करने वाला

दिल्ली सल्तनत के प्रशासन में **सबसे महत्वपूर्ण व्यक्ति वजीर** होता था, जिसके अधीन **एक महालेखा परीक्षक** होता था।

दिल्ली सल्तनत : स्थापत्य कला एवं साहित्य

- दिल्ली का वह सुल्तान जिसने अपनी **आत्मकथा** लिखी थी? **-फिरोजशाह तुगलक**
- **अलाई दरवाजा** का निर्माण किस सुल्तान ने करवाया था? **-अलाउद्दीन खिलजी**
- **कुतुबमीनार की पाँचवी मंजिल** का निर्माण किस सुल्तान ने कराया था? **-फिरोजशाह तुगलक**

तूती-ए-हिन्द के नाम से विख्यात **अमीर खुसरो** का जन्म **पटियाली** (एटा) में हुआ था तथा वे **कवि**, **इतिहासकार** तथा **संगीतज्ञ** थे।

- भारत में **कौन सा मकबरा** जो सबसे पहले शुद्ध **इस्लामी शैली** में निर्मित हुआ था? **-बलबन का मकबरा**
- **किताब-उल-हिन्द** के लेखक का नाम क्या था?**-अलबरूनी**
- **अमीर खुसरो** ने किस भाषा के विकास में **अग्रणी** भूमिका निभाई? **-खड़ी बोली**

सल्तनत काल के महत्वपूर्ण निर्माण कार्य

प्रमुख इमारतें	निर्माता
• कुतुबमीनार	कुतुबुद्दीन ऐबक
• कुव्वत-उल-इस्लाम मस्जिद	कुतुबुद्दीन ऐबक
• अढ़ाई दिन का झोपड़ा	कुतुबुद्दीन ऐबक
• सुल्तानगढ़ी का मकबरा	इल्तुतमिश
• इल्तुतमिश का मकबरा	इल्तुतमिश
• हौज-ए-शम्सी व शम्सी ईदगाह	इल्तुतमिश
• बलबन का मकबरा	बलबन
• सीरी का किला	अलाउद्दीन खिलजी
• हौज-ए-अलाई	अलाउद्दीन खिलजी
• जमातखाना मस्जिद	अलाउद्दीन खिलजी
• हजार सितून	अलाउद्दीन खिजली
• अलाई दरवाजा	अलाउद्दीन खिलजी
• ऊखा मस्जिद	मुबारकशाह खिलजी
• तुगलकाबाद का किला	गयासुद्दीन तुगलक
• गयासुद्दीन तुगलक का मकबरा	मोहम्मद-बिन-तुगलक

ग्रंथ के लेखक

ग्रंथ का नाम	लेखक का नाम
• संगीत राज	राणा कुम्भा
• रागमाला	पुंडीरक विठ्ठल
• ताजुल मासिर	हसन निजामी
• तारीख-ए-दिल्ली	खुसरो
• तारीख-ए-मुहम्मदी	मुहम्मद विहमद खान
• तारीख-ए-हिन्द	अलबरुनी
• तारीख-ए-मुबारक शाही	याहिया-बिन अहमद सरहिंदी
• फतवा-ए-जहाँदारी	जियाउद्दीन बरनी
• खजाइन-उल-फुतुह	अमीर खुसरो
• तारीख-ए-फिरोजशाही	शम्स-ए-शिराज अफीफ
• तुगलकनामा	अमीर खुसरो
• फुतुहात-ए-फिरोजशाही	फिरोजशाह
• तारीख-ए-यामिनी	उत्बी
• तबकात-ए-नासिरी	मिनहाज-उस-सिराज
• रेहला	इब्नबतूता

- किस पुस्तक में एक **आदर्श मुसलमान** शासक के गुणों का उल्लेख किया गया है? **-फतवा-ए-जहाँदारी**
- दिल्ली के सुल्तानों ने किस **भाषा को संरक्षण** प्रदान किया? **-फारसी**
- **हिन्दू-मुस्लिम गान-वाद्यों** का सर्वश्रेष्ठ मिश्रण किस **संगीत वाद्य यंत्र** को माना गया है? **-सितार**

अमीर खुसरो एवं **शेख निजामुद्दीन औलिया** ने दिल्ली के **सात सुल्तानों** का शासनकाल देखा था।

- नवीन फारसी काव्य-शैली **सबक-ए-हिन्दी** अथवा **हिन्दुस्तानी शैली का जन्मदाता** किसे कहा जाता है?**-अमीर खुसरो को**
- संगीत यंत्र **तबला का आविष्कार** किसने किया? **-अमीर खुसरो ने**
- किस राजपूत शासक ने संगीत पर **एक पुस्तक** की रचना की थी? **-राणा कुंभा ने**

लाहौर (पाकिस्तान) को भारत में **फारसी भाषा** के प्रयोग व प्रसार के **प्रथम केंद्र** के रूप में जाना जाता है।

भक्ति और सूफी आंदोलन

सूफी सम्प्रदाय

सूफी संतों द्वारा उर्दू भाषा का प्रारम्भ

- **बा-शरा** — इस्लामी कानून के समर्थक
  - चिश्ती सिलसिला — भारतीय संस्थापक: ख्वाजा मुइनुद्दीन चिश्ती
  - सुहरावर्दी सिलसिला — संस्थापक: शिहाबुद्दीन सुहरावर्दी
  - कादिरी सिलसिला — संस्थापक: शेख अब्दुल कादिर जिलानी
  - नक्शबंदी सिलसिला — भारतीय प्रचारक: ख्वाजा मुहम्मद बकी बिल्लाह बेरंग
- **बे-शरा** — इस्लामी कानून से मुक्त

(चिश्ती सिलसिला)
- दक्षिण भारत
  - बुहरहान (हीन गरीब)
  - गेसूदराज
- उत्तर भारत
  - ख्वाजा बख्तियार काकी
  - बाबा फरीद
  - हजरत निजामुद्दीन औलिया (फरीद के शिष्य)
  - हजरत अलाउद्दीन साबिर
  - नासिरूद्दीन चिराग-ए-देहलवी

- **भक्ति आंदोलन का प्रारम्भ** किसके द्वारा किया गया था? **-अलवार एवं नयनार संतों द्वारा**
- **कबीर** किसके **शिष्य** थे? **-सन्त रामानन्द के**

> **बुद्ध** और **मीराबाई** के **जीवन दर्शन** में मुख्य समानता यह है कि यह दोनों का **मानना है कि संसार दु:ख पूर्ण** है।

- **रामानुज के अनुयायियों** को क्या कहा जाता है? **-वैष्णव**
- **कबीर एवं धरमदास** के मध्य संवादों के संकलन का शीर्षक क्या है? **-अमरमूल**

सिलसिला	संस्थापक
• चिश्ती	ख्वाजा मुइनुद्दीन चिश्ती
• सुहरावर्दी	शिहाबुद्दीन सुहरावर्दी, बहाउद्दीन जकारिया (भारत)
• कादिरी	शेख अब्दुल कादिर जिलानी
• सत्तारी	शाह अब्दुल्ला सत्तारी
• फिरदौसी	शेख बदरुद्दीन
• नक्शबंदी	बाकी बिल्लाह

- **रामानुजाचार्य** ने किस दर्शन का प्रतिपादन किया, जिसमें **ज्ञान** से **अधिक भक्ति** को महत्वपूर्ण बताया गया है? **-विशिष्ट द्वैतवाद**
- **कोई व्यक्ति किसी व्यक्ति से उसका धर्म-सम्प्रदाय या जाति न पूछे।** यह कथन किसका है? **-सन्त रामानन्द का**
- **कामरूप** (असम) में **वैष्णव धर्म** को किसने लोकप्रिय बनाया? **-शंकरदेव ने**
- **शुद्ध-अद्वैतवाद** का प्रतिपादन किसने किया था? **-वल्लभाचार्य ने**

> भारत में **भक्ति आन्दोलन** का **पुनर्जन्म 15वीं-16वीं शताब्दी** में हुआ था।

- किस भक्ति संत ने स्वयं के संदेश के प्रचार हेतु **सर्वप्रथम हिन्दी भाषा का प्रयोग** किया? **-रामानन्द**
- **बीजक** के रचयिता कौन थे? **-कबीर**
- **सम्पूर्ण भारत में भगवान शिव** की प्रतिष्ठा में कितने **ज्योतिर्लिंग** स्थापित हैं? **-बारह**
- **गुरु नानक** का जन्म कहाँ हुआ था? **-ननकाना साहिब** (तलवंडी, पाकिस्तान)

उपाधियाँ	सूफी सन्त
• चिराग-ए-देहलवी	शेख नासिरूद्दीन महमूद
• महबूब-ए-इलाही	शेख निजामुद्दीन औलिया
• मुजद्दिद	शेख अहमद सरहिन्दी
• बंदानवाज	सैय्यद मुहम्मद गेसूदराज

> **दक्षिण भारत** में **शिव भक्त सन्तों** को **नयनार** (63 संत) तथा **विष्णु भक्त सन्तों** को **अलवार** (12 संत) कहा जाता था।

भारत में भक्ति आंदोलन

उत्तर भारत में भक्ति आंदोलन की त्रिमूर्ति
1. गुरु नानक
2. कबीर
3. रैदास

महाराष्ट्र के भक्ति संतों का कालक्रम	
1. नामदेव	1270-1350 ई.
2. ज्ञानदेव	1271-1296 ई.
3. एकनाथ	1533-1599 ई.
4. तुकाराम	1598-1650 ई.
5. रामदास	1608-1681 ई.

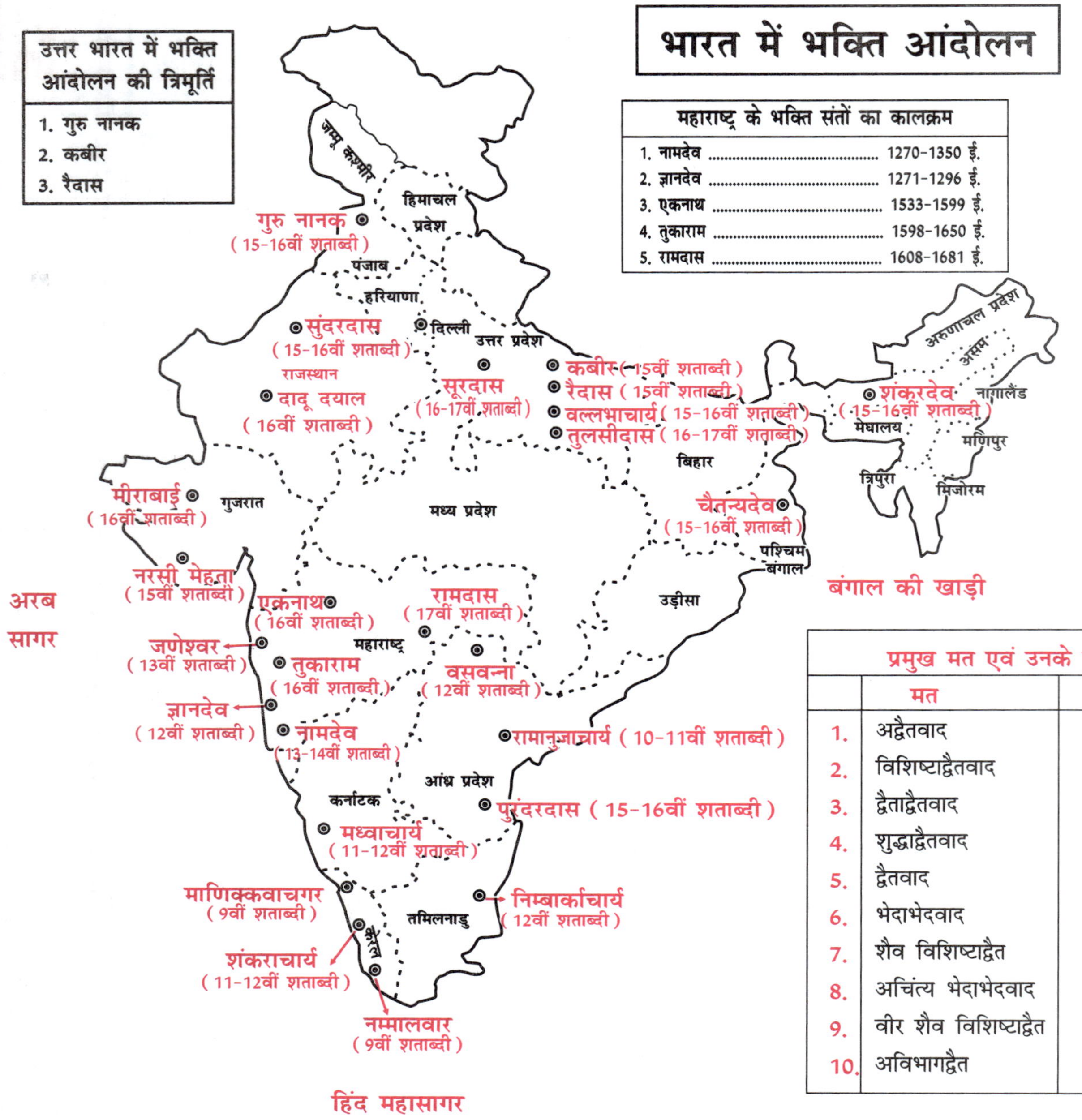

प्रमुख मत एवं उनके प्रवर्तक		
	मत	प्रवर्तक
1.	अद्वैतवाद	शंकराचार्य
2.	विशिष्टाद्वैतवाद	रामानुजाचार्य
3.	द्वैताद्वैतवाद	निम्बार्काचार्य
4.	शुद्धाद्वैतवाद	वल्लभाचार्य
5.	द्वैतवाद	माध्वाचार्य
6.	भेदाभेदवाद	भास्कराचार्य
7.	शैव विशिष्टाद्वैत	श्रीकंठ
8.	अचिंत्य भेदाभेदवाद	बलदेव
9.	वीर शैव विशिष्टाद्वैत	श्री पति
10.	अविभागद्वैत	विज्ञान भिक्षु

संत व उनके सम्प्रदाय

	संत	सम्प्रदाय		संत	सम्प्रदाय		संत	सम्प्रदाय
1.	रामानुजाचार्य	श्री सम्प्रदाय	8.	माध्वाचार्य	हरियाली सम्प्रदाय	15.	नित्यानंद गोस्वामी	चैतन्य पंथ
2.	मध्वाचार्य	ब्रह्म सम्प्रदाय	9.	शंकर देव	महापुरुषीय सम्प्रदाय	16.	गुरु नानक	सिक्ख सम्प्रदाय
3.	वल्लभाचार्य	रूद्र सम्प्रदाय	10.	निम्बार्क	सनक सम्प्रदाय	17.	दादू दयाल	दादू पंथ व निपक्ष सम्प्रदाय
4.	संत लाल दास	लाल पंथ	11.	स्वामी हरिदास	सुखी सम्प्रदाय	18.	हित हरिवंश	राधाबल्लभ सम्प्रदाय
5.	गोविंद प्रभु	महानुभाव पंथ	12.	जगजीवन साहब	सतनामी सम्प्रदाय	19.	रामानंद	रामवत सम्प्रदाय
6.	एक नाथ, तुकाराम व ज्ञानदेव	वरकरी सम्प्रदाय	13.	चंडीदास	बाऊल सम्प्रदाय	20.	श्रीचंद्र (गुरू नानक के पुत्र)	उदासी सम्प्रदाय
						21.	जय नाथ	बिश्नोई सम्प्रदाय
7.	रामदास बोध	धरकरी सम्प्रदाय	14.	पुरंदर दास	दासकूट सम्प्रदाय	22.	निरंजन	कनिरंजनी सम्प्रदाय
						23.	रैदास	रायदासी सम्प्रदाय

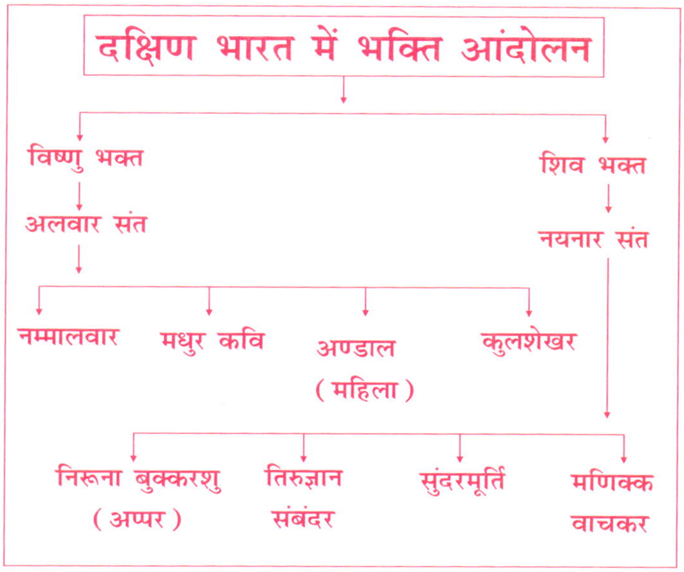

- गुरु नानक देव ने सिक्ख धर्म की स्थापना किसके शासनकाल में की थी? -सिकंदर लोदी
- चैतन्य महाप्रभु किस सम्प्रदाय से सम्बंधित हैं?
  -वैष्णव सम्प्रदाय
- तुलसीदास किस शासक के समकालीन थे?
  -अकबर तथा जहाँगीर
- किस सूफी संत के विचारों को सिखों के धर्मग्रंथ आदिग्रंथ में संकलित किया गया है?-फरीदुद्दीन गंज-ए-शकर (बाबा फरीद)

मध्यकालीन भारत के संत रामानंद का जन्म वर्ष 1299 में प्रयाग में हुआ था।

- ईस्टर त्यौहार के पीछे ईसाइयों की क्या भावना है?
  -सूली पर लटकाए जाने के बाद इसी दिन ईसा मसीह पुनर्जीवित हुए
- भक्त तुकाराम किस मुगल सम्राट के समकालीन थे?
  -जहाँगीर
- भारत में चिश्ती सूफी मत को किसने स्थापित किया?
  -ख्वाजा मोइनुद्दीन चिश्ती ने

सूफी संत मोइनुद्दीन चिश्ती की यह मान्यता थी कि संगीत ईश्वर के निकट पहुँचने का एक साधन है।

- ईश्वर केवल मनुष्य के सद्गुण को पहचानता है तथा उसकी जाति नहीं पूछता; आगामी दुनिया में कोई जाति नहीं होगी। यह सिद्धांत किस भक्ति संत का है?
  -गुरु नानक का
- रामचरित मानस नामक ग्रंथ के रचयिता कौन हैं?
  -तुलसीदास
- प्रसिद्ध सूफी संत हाजी वारिस अली शाह की मजार कहाँ स्थित है? -देवा शरीफ में (बाराबंकी उत्तर प्रदेश)
- शेख निजामुद्दीन औलिया किसके शिष्य थे?
  -बाबा फरीद के
- शेख निजामुद्दीन औलिया की दरगाह कहाँ स्थित है?
  -हजरत निजामुद्दीन (दिल्ली)

सिक्खों के धर्म ग्रंथ आदि ग्रंथ में शेख फरीदुद्दीन-गंज-ए-शकर (बाबा फरीद) सूफी संत के विचारों को भी संकलित किया गया है।

- प्रसिद्ध संत सलीम चिश्ती कहाँ निवास करते थे?
  -फतेहपुर सीकरी (आगरा) में
- शेख-उल-हिन्द की पदवी किसे प्रदान की गई थी?
  -शेखसलीम चिश्ती
- ईसा मसीह का जन्म कहाँ हुआ था?
  -बेथलहम (वर्तमान फिलिस्तीन)

ईसाइयों द्वारा गुड फ्राइडे (Good Friday) इसलिए मनाया जाता है, क्योंकि इस दिन ईसा मसीह को सूली पर चढ़ाया गया था।

- सूफीवाद सिलसिले में कौन सा सिलसिला संगीत के विरुद्ध था?
  -नक्शबंदी
- किस सूफी सन्त ने किसने कृष्ण को औलिया के रूप में माना था?
  -शाह मोहम्मद गौस
- बारहमासा के रचयिता कौन थे? -मलिक मोहम्मद जायसी

दारा शिकोह द्वारा लिखित सिर्र-ए-अकबर शीर्षक के अंतर्गत उपनिषदों का फारसी में अनुवाद किया गया था।

- कृष्ण जीवनपरक प्रेम वाटिका काव्य की रचना किसने की थी।
  -रसखान
- निजामुद्दीन औलिया ने भेंट करने से किस सुल्तान से इंकार कर दिया था?
  -अलाउद्दीन खिलजी

आदि शंकराचार्य द्वारा स्थापित 4 पीठ

पीठ	स्थल	राज्य
• श्रृंगेरीपीठ (शिव)	मैसूर	कर्नाटक
• गोवर्धनपीठ (बलभद्र व सुभद्रा)	पुरी	उड़ीसा
• शारदापीठ (कृष्ण)	द्वारिका	गुजरात
• ज्योतिषपीठ (विष्णु)	बद्रीनाथ	उत्तराखण्ड

सनकादि सम्प्रदाय के वैष्णव संत निम्बार्काचार्य ने द्वैताद्वैतवाद का प्रतिपादन किया था।

मुगल वंश (1526-1857 ई.)

मुगल वंश के शासक व उत्तराधिकारी

तैमूर वंश से सम्बद्ध होने के कारण मुगलों को **तिमूरियन** भी कहा जाता है।

मुगल शासकों के मकबरे

शासक	मकबरा (स्थान)
1. बाबर	आगरा/काबुल
2. हुमायूँ	दिल्ली
3. अकबर	सिकंदरा (आगरा)
4. जहाँगीर	लाहौर (शाहदरा)
5. शाहजहाँ	आगरा
6. औरंगजेब	औरंगाबाद (दौलताबाद)

तैमूर

- तैमूर के 5वें वंशज
  - 1. बाबर (जहीरुद्दीन मुहम्मद बाबर)
    - 2. हुमायूँ
      - 3. अकबर (जलालुउद्दीन मुहम्मद अकबर)
        - 4. जहाँगीर (सलीम)
          - खुसरो मिर्जा
            - दावर बख्श (बलि का बकरा)
          - 5. शाहजहाँ (खुर्रम)
            - 6. औरंगजेब
              - आजम शाह
              - 7. बहादुर शाह-I (मुअज्जम)
                - अजीमुश-शान
                  - 9. फर्रुखसियर
                - रफीउश-शान
                  - 11. शाहजहाँ-II
                  - 10. रफी-उद दरजात
                  - मुहम्मद इब्राहिम
                - 8. जहाँदार शाह
                  - 14. आलमगीर-II (अजीजुद्दीन)
                    - 15. शाहआलम-II (अलीगौहर)
                      - 16. अकबर शाह-II (मिर्जा अकबर)
                        - 17. बहादुर शाह जफर (रंगून में निधन)
                - खुजिस्ता अख्तर
                  - 12. मुहम्मद शाह (रौशन अख्तर)
                    - 13. अहमद शाह बहादुर
                      - बेदार बख्त
              - मुहम्मद अकबर
                - नेकुसियर
              - मुहम्मद कामबख्श
                - मुही-उल मिल्लत (शाहजहाँ III)
            - शाहशुजा
            - मुराद बख्श
            - दाराशिकोह

- मध्यकालीन भारत के **मुगल शासक** मूलतः कौन थे?
  -चगताई तुर्क
- भारत में मुगल शासन स्थापित करने के पश्चात् **जहीरुद्दीन मोहम्मद** ने अपना नाम क्या रखा?
  -बाबर
- बाबर मूलतः कहाँ का निवासी था?
  -फरगना (वर्तमान उज्बेकिस्तान में)

बाबर अपने पिता के पक्ष से **तैमूर वंश** का तथा माता के पक्ष से **चंगेज खाँ** (मंगोल शासक) के वंश का था।

खानवा युद्ध से **दिल्ली-आगरा** क्षेत्र में **बाबर की स्थिति सुदृढ़** हो गई तत्पश्चात् उसने **मेदिनी राय** पर आक्रमण किया।

बाबर एवं हुमायूँ

- भारत में **मुगल साम्राज्य** की **स्थापना** किसके द्वारा की गई थी? **-बाबर**
- मध्यकालीन भारत में **मुगल शासक** वस्तुतः कौन थे? **-चगताई तुर्क**
- बाबर को भारत पर **आक्रमण** करने के लिए किसने आमंत्रित किया था? **-आलम खाँ तथा राणा साँगा ने**

पानीपत का प्रथम युद्ध **21 अप्रैल, 1526** को **बाबर** तथा **इब्राहिम लोदी** के मध्य हुआ जिसमें बाबर ने **इब्राहिम लोदी** को पराजित किया और भारत में **मुगल साम्राज्य** की नींव डाली।

- **बाबर** ने किस युद्ध में **तुलुगुमा पद्धति** का प्रयोग किया था? **-पानीपत का प्रथम युद्ध**
- **सर्वप्रथम तोपों का प्रयोग** किस युद्ध में किया गया था? **-पानीपत के प्रथम युद्ध में**
- बाबर ने **जिहाद** का नारा किस युद्ध में दिया था? **-खानवा के युद्ध में**
- **खानवा के युद्ध** में विजय के पश्चात **बाबर** ने कौन सी **उपाधि** धारण की? **-गाजी** (काफिरों को मारने वाला)

बाबर ने **तुर्की** भाषा में **तुजुक-ए-बाबरी** (बाबरनामा) नामक **आत्मकथा** लिखी है।

- बाबर ने अपनी आत्मकथा **बाबरनामा** में किस हिन्दू राज्य का उल्लेख किया है? **-मेवाड़, विजयनगर**
- **बाबरी मस्जिद** का निर्माण किसने कराया था? **-मीर बाकी**

बाबर द्वारा लड़े गए प्रमुख युद्ध

युद्ध	विपक्ष
• **पानीपत का प्रथम युद्ध** (1526 ई.)	इब्राहिम लोदी
• **खानवा का युद्ध** (1527 ई.)	राणा साँगा
• **चन्देरी का युद्ध** (1528 ई.)	मेदनीराय
• **घाघरा का युद्ध** (1529 ई.)	महमूद लोदी

उपर्युक्त सभी युद्धों में बाबर की विजय हुई।

बाबर के आक्रमण के समय भारतीय राज्य

राज्य	शासक
• विजयनगर	कृष्णदेवराय
• दिल्ली	इब्राहिम लोदी
• बंगाल	नुसरतशाह
• मेवाड़	राणा साँगा

- **बाबर** को उसकी **उदारता** के कारण लोग उसे किस **नाम** से पुकारते थे? **-कलंदर**
- आगरा में किसने **ज्यामितीय विधि** से बाग (आरामबाग/नूरे अफगान के नाम से) लगवाया था? **-बाबर ने**
- हुमायूँ ने **चुनार दुर्ग** पर प्रथम बार कब आक्रमण किया था? **-वर्ष 1532 में**
- **हुमायूँ** ने **कालिंजर का अभियान** किस वर्ष किया था? **-वर्ष 1530 में**
- कौन सा मुगल शासक, **ज्योतिष में विश्वास** करता था? **-हुमायूँ**
- **26 जून, 1539** को **चौसा के युद्ध** में **हुमायूँ** को किसने पराजित किया था? **-शेरशाह सूरी ने**

चौसा के युद्ध के दौरान **निजाम** नामक एक **भिश्ती** ने हुमायूँ की जान बचाई थी, इसलिए हुमायूँ ने उसे **आधे दिन** के लिए **बादशाह** बनाया था।

- किस युद्ध में **पराजित** होने के पश्चात् **हुमायूँ** को दिल्ली की गद्दी छोड़कर भागना पड़ा? **-बिलग्राम या कन्नौज का युद्ध** (1540 ई.)
- किस युद्ध में विजय के पश्चात् **हुमायूँ** दिल्ली का **पुनः शासक** बना? **-सरहिन्द का युद्ध** (1555 ई.)
- **वर्ष 1556** में हुमायूँ की **मृत्यु** किस कारण से हुई? **-पुस्तकालय** (दीन-ए-पनाह) **की सीढ़ियों से गिरने के कारण**
- **स्वर्ण सिक्का** जारी करने वाला **प्रथम मुगल शासक** कौन था? **-हुमायूँ**

हुमायूँ के मकबरे का निर्माण उसकी **पत्नी हाजी बेगम** द्वारा दिल्ली में करवाया गया। **श्वेत संगमरमर** से निर्मित यह भारत का **प्रथम दोहरे गुम्बद** वाला मकबरा है।

लेनपूल ने हुमायूँ पर टिप्पणी करते हुए कहा कि **हुमायूँ जीवन भर लड़खड़ाता रहा और लड़खड़ाते हुए अपनी जान दे दी।**

शेरशाह सूरी (सूर वंश)

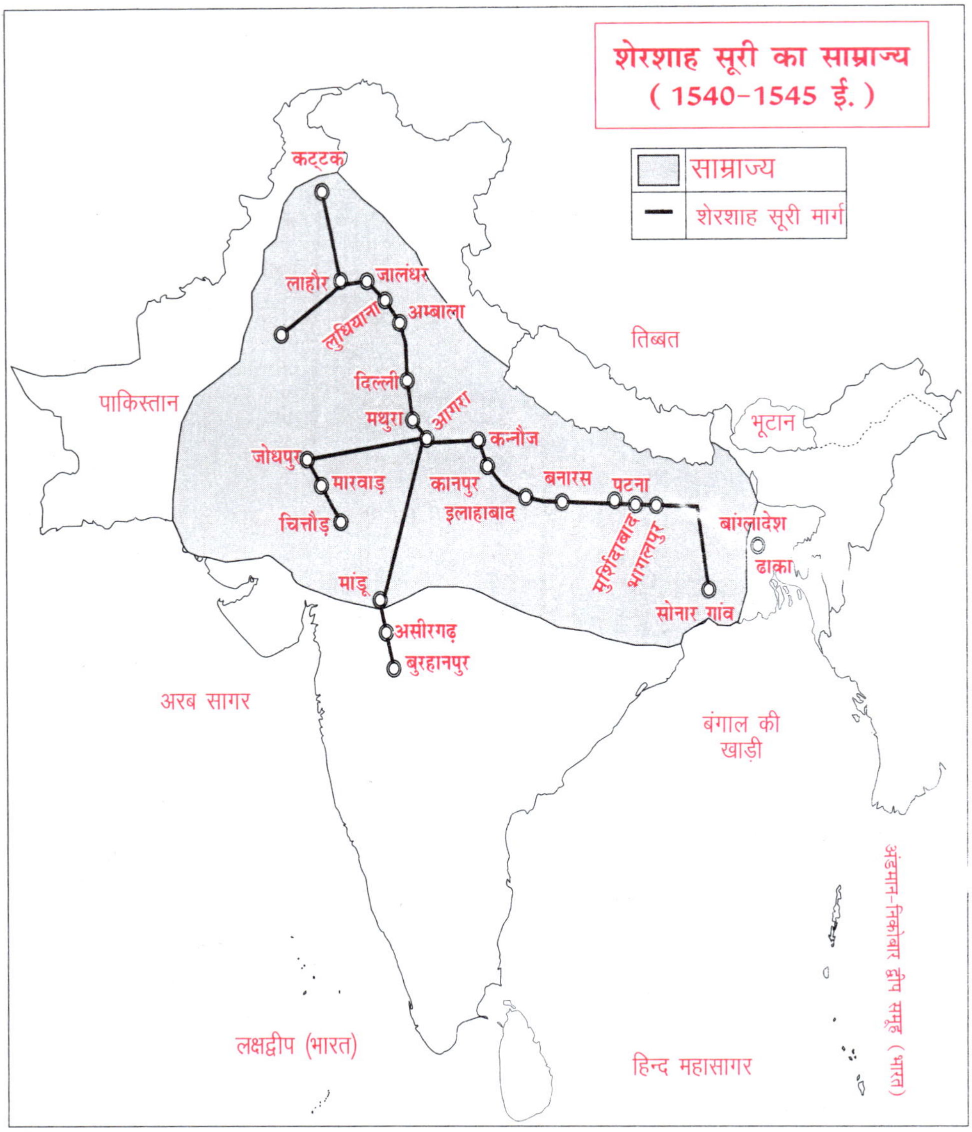

- शेरशाह का मकबरा कहाँ पर स्थित है? -सासाराम (बिहार)
- कृषकों की सहायता के लिए पट्टा एवं कबूलियत की व्यवस्था किस मध्यकालीन भारतीय शासक ने प्रारम्भ की थी? -शेरशाह सूरी ने
- ग्राण्ड ट्रंक रोड का निर्माण किसने करवाया था? -शेरशाह सूरी ने
- शेरशाह सूरी की मृत्यु कहाँ हुई थी? -कालिंजर में
- शेरशाह सूरी के शासनकाल में भूमि मापने के लिए किस पद्धति का प्रयोग किया जाता था? -गज-ए-सिकंदरी
- दिल्ली में स्थित पुराने किले के भवनों का निर्माण किसने करवाया था? -शेरशाह सूरी ने
- मैं मुट्ठी भर बाजरे के लिए हिन्दुस्तान का पूरी साम्राज्य खो चुका था, यह कथन किस मध्यकालीन शासक का है? -शेरशाह
- किस अभियान के दौरान शेरशाह सूरी की मृत्यु हुई? -कालिंजर अभियान (1545 ई.)
- दिल्ली में द्वितीय अफगान वंश का संस्थापक कौन था? -शेरशाह सूरी
- शेरशाह के बचपन का नाम क्या था? -फरीद खाँ
- शेरशाह सूरी को शेर खाँ की उपाधि किसने दी थी? -बहार खाँ लोहानी (मुहम्मद शाह)
- शेरशाह के शासनकाल में भू-राजस्व की वसूली की निगरानी करने वाले अधिकारी को क्या कहते थे? -मुंसिफ अथवा आमिल
- कन्नौज के युद्ध में हुमायूँ को पराजित कर दिल्ली का शासक कौन बना? -शेरशाह सूरी
- शुद्ध चाँदी का रुपया और ताँबे का दाम किसने प्रचलित किये थे? -शेरशाह सूरी ने

शेरशाह ने दिल्ली में किला-ए-कुहना मस्जिद का निर्माण करवाया था। यह दिल्ली के पुराने किले में स्थित है।

- शेरशाह के बाद उसका उत्तराधिकारी कौन बना? -इस्लामशाही
- शेरशाह के शासन में उपज का कितना भाग राज्य को देना पड़ता था? - एक तिहाई (1/3)

शेरशाह सूरी ने अनेक विद्वानों को संरक्षण प्रदान किया, जिसमें मलिक मोहम्मद जायसी प्रमुख थे।

अकबर (1556-1605 ई.)

- 15 अक्टूबर, 1542 को अकबर का जन्म किसके यहाँ हुआ था? -अमरकोट के राणा वीरसाल के महल में
- हुमायूँ के असामयिक मृत्यु के पश्चात् अकबर का राज्याभिषेक कहाँ पर किया गया? -कलानौर (पंजाब) में
- अकबर ने अपने संरक्षक बैरम खाँ को कौन सी उपाधि प्रदान की? -खान-ए-खाना
- अकबर ने सर्वप्रथम वैवाहिक सम्बंध किस राजपूत वंश से स्थापित किए? -कछवाहों से

5 नवंबर, 1556 को मुगल सेना और हेमू के मध्य पानीपत का दूसरा युद्ध हुआ, जिसमें हेमू की पराजय हुयी।

- किस सूफी संत के दर्शन हेतु अकबर उसके दरबार अजमेर जाया करते थे? -ख्वाजा मुईनुद्दीन चिश्ती
- अकबर के शासनकाल में प्रचलित भू-राजस्व व्यवस्था की एक प्रसिद्ध नीति आइन-ए-दहसाला पद्धति किसके द्वारा स्थापित की गई थी? -टोडरमल
- अकबर द्वारा सभी धर्मों में सामंजस्य स्थापित करने के लिए वर्ष 1582 में किस धर्म की स्थापना की गई? -दीन-ए-इलाही
- दीन-ए-इलाही धर्म को स्वीकार करने वाला एकमात्र हिन्दू कौन था? -बीरबल

महाभारत का फारसी अनुवाद रज्मनामा के नाम से फैजी के नेतृत्व में किया गया, जिसमें बदाँयूनी भी शामिल था।

- वर्ष 1578 में अकबर द्वारा इबादत खाने की स्थापना किस स्थान पर की गई? -फतेहपुर सीकरी

अकबर की विजय		
गोण्डवाना विजय	-	1564 ई.
चित्तौड़ विजय	-	1568 ई.
कालिंजर विजय	-	1570 ई.
आमेर से संधि	-	1562 ई.
मारवाड़ विजय	-	1570 ई.
हल्दीघाटी का युद्ध	-	1576 ई.
असीरगढ़ का युद्ध	-	1601 ई.

अकबर के समकालीन शासक

देश	शासक	कार्यकाल
इंग्लैंड	महारानी एलिजाबेथ	1558-1603 ई
फ्रांस	सम्राट हेनरी-IV	1553-1610 ई
ईरान	शाह अब्बास	1588-1629 ई
रूस	जारईवान बेसिल येविच	1530-1584 ई

- अकबर ने बंगाल तथा बिहार को किस वर्ष मुगल साम्राज्य में सम्मिलित किया? -1576 ई. में
- किस मुगल बादशाह के विरुद्ध जौनपुर से फतवा जारी किया गया था? -अकबर
- अकबर द्वारा श्रेष्ठतम इमारतें कहाँ पर निर्मित करवायी गई? -फतेहपुर सीकरी में
- अकबरनामा की रचना किसके द्वारा की गई? -अबुल फजल
- किस जैन संत को अकबर द्वारा जगत गुरु की उपाधि दी गई? -आचार्य हरिविजय सूरी
- अकबर द्वारा फतेहपुर सीकरी में बुलंद दरवाजा का निर्माण किस विजय के उपलक्ष्य में करवाया गया? -गुजरात विजय
- अमेरिका की खोज का उल्लेख किस मध्यकालीन भारतीय लेखक ने किया है? -अबुल फजल

अकबर के महत्वपूर्ण कार्य	
दास प्रथा का अन्त	1562 ई.
अकबर को हरमदल से मुक्ति	1562 ई.
तीर्थयात्रा कर समाप्त	1563 ई.
जजिया कर की समाप्ति	1564 ई.
राजधानी आगरा से फतेहपुर सीकरी स्थानान्तरण	1571 ई.
इबादतखाने की स्थापना	1575 ई.
इबादतखाने में सभी धर्मों का प्रवेश	1578 ई.
मजहर की घोषणा	1579 ई.
दीन-ए-इलाही की स्थापना	1582 ई.
इलाही संवत् की शुरुआत	1583 ई.
राजधानी लाहौर स्थानांतरित	1585 ई.

अकबर के नवरत्नों में से एक तानसेन महान संगीताचार्य गुरु हरिदास के शिष्य थे।

- प्रसिद्ध चित्रकार दसवंत किस मुगल सम्राट दरबार से सम्बंधित है? **-अकबर**
- **जब्ता प्रणाली** किस मुगल शासक के द्वारा प्रारम्भ की गई? **-अकबर द्वारा**

> **1576 ई.** में **मेवाड़** के शासक **महाराणा प्रताप** तथा अकबर के सेनापति **मानसिंह** के मध्य **हल्दीघाटी का युद्ध** हुआ, जिसमें **महाराणा प्रताप** की पराजय हुई।

- **वर्ष 1601** में अकबर ने **अन्तिम सैन्य अभियान** कहाँ पर किया? **-असीरगढ़ का किला** (खानदेश)
- अकबर ने किस प्रसिद्ध **चित्रकार** को **शीरी कलम** की उपाधि प्रदान की? **-अब्दुस्समद**
- **बीरबल** के **बचपन का नाम** क्या था? **-महेशदास**
- **ग्वालियर** में स्थित **गुजरी महल** किसके द्वारा बनवाया गया था? **-मानसिंह**
- अकबर के दरबार में आने वाला **प्रथम अंग्रेज** कौन था? **-रॉल्फ फिंच**
- अकबर ने **जरी कलम** की **उपाधि** किसे प्रदान की थी? **-मोहम्मद हुसैन**
- **लीलावती** नामक **गणित की पुस्तक** का **फारसी भाषा** में **अनुवाद** किसने किया था? **-फैजी**
- **ईस्ट इंडिया कम्पनी** की स्थापना के समय **भारत का शासक** कौन था? **-अकबर**
- **अबुल फजल** की हत्या किसके द्वारा करवाई गयी थी? **-जहाँगीर के द्वारा**
- **वर्ष 1582** में **टोडरमल** को कौन सा **पद** दिया गया था? **-दीवान-ए-अशरफ**

अकबर की प्रमुख विजयें
1. पानीपत का द्वितीय युद्ध (1556 ई.), **2.** गोण्डवाना विजय (1564 ई.) **3.** चित्तौड़ विजय (1568 ई.) **4.** मारवाड़ विजय (1570 ई.) **5.** हल्दीघाटी का युद्ध (1576 ई.) **6.** असीरगढ़ा का युद्ध (1601 ई.)

अकबर के नवरत्न		
• **बीरबल** (कविप्रिय)	:	नवरत्नों में सबसे बुद्धिमान माना जाता था। इनका जन्म 1528 ई. में कालपी के एक ब्राह्मण परिवार में हुआ था।
• **अबुल फजल**	:	ये **सूफी शेख मुबारक** के पुत्र थे। इनका जन्म 1550 ई. में हुआ था। इन्होंने **अकबरनामा** व **आइने-अकबरी** जैसे महत्वपूर्ण ग्रन्थों की रचना की।
• **तानसेन** (रामतनु पाण्डेय)	:	**मिर्जा तानसेन** का जन्म ग्वालियर में हुआ था। ये संगीत कला में अत्यधिक निपुण थे। तानसेन को **संगीत-सम्राट** भी कहा जाता है। अकबर ने इन्हें **कण्ठाभरण वाणी विलास** की उपाधि से सम्मानित किया था।
• **अब्दुर्रहीम खान-ए-खाना**	:	ये **बैरम खाँ** के पुत्र थे। इन्होंने तुर्की में लिखे **बाबरनामा** का **फारसी में अनुवाद** किया था। अकबर ने इन्हें **खान-ए-खाना** की उपाधि से सम्मानित किया था।
• **मानसिंह**	:	ये आमेर के राजा **भारमल** के पौत्र तथा **भगवानदास** के पुत्र थे। इन्होंने अकबर के साम्राज्य विस्तार में महत्वपूर्ण भूमिका निभाई। इनकी मृत्यु 1611 ई. में हुई थी।
• **राजा टोडरमल**	:	इनका जन्म **अवध** के जिला **सीतापुर** के (लहरपुर तहसील) में हुआ था। इनकी प्रसिद्धि का मुख्य कारण इनके द्वारा किये गये **भूमि सुधार** थे। **दीवान-ए-अशरफ** के पद पर रहकर इन्होंने भूमि-सुधार की सफल योजना चलायी।
• **फैजी**	:	ये अबुल फजल के बड़े भाई थे। इन्होंने **महाभारत** व **श्री मद्भगवत गीता** का **फारसी अनुवाद** किया था तथा **अकबरनामा** नामक ग्रंथ की रचना की थी।
• **फकीर अजियोद्दीन**	:	ये अकबर के **निजी हकीम** (चिकित्सक) एवं मित्र थे। अकबर ने प्रसन्न होकर इन्हें अपने नवरत्नों में शामिल कर लिया था।
• **मुल्ला-दो-प्याजा**	:	अपनी **बुद्धिमानी** व **वाक्पटुता** के कारण ये नवरत्नों में शामिल किए गए। इनको खाने में दो प्याजा व्यंजन अत्यधिक पसन्द होने के कारण इनका नाम अकबर ने मुल्ला-दो-प्याजा कर दिया।

> अकबर ने भारमल की पुत्री **हरखाबाई** अथवा **जोधाबाई** से विवाह किया था, जिससे **जहाँगीर** (सलीम) का जन्म हुआ।

जहाँगीर (1605-1627 ई.) एवं शाहजहाँ (1627-1658 ई.)

- वर्ष 1605 ई. में जहाँगीर का राज्याभिषेक कहाँ किया गया? -आगरा
- जहाँगीर की पत्नी नूरजहाँ के बचपन का नाम क्या था? -मेहरुन्निसा

जहाँगीर से विवाह के पश्चात् नूरजहाँ ने नूरजहाँ गुट का निर्माण किया। इस गुट के प्रमुख सदस्य थे– शाहजादा खुर्रम (बाद में शाहजहाँ), अस्मत बेगम (नूरजहाँ की माँ), एत्मादुद्दौला या मिर्जा गियास बेग (नूरजहाँ का पिता) एवं आसफ खाँ (नूरजहाँ का भाई)। इस गुट का प्रभाव 1627 ई. तक रहा।

- मुगल चित्रकला किस शासक के काल में अपनी पराकाष्ठा पर पहुँची? -जहाँगीर
- द्वि-अस्पा एवं सिंह-अस्पा प्रथा किस शासक द्वारा प्रारम्भ की गयी थी? -जहाँगीर
- मुगलों एवं मेवाड़ के राणा के मध्य चित्तौड़ की संधि किस शासक के शासनकाल में हस्ताक्षरित हुई थी? -जहाँगीर
- ईस्ट इण्डिया कम्पनी ने जहाँगीर के दरबार में सबसे पहले किसे भेजा था? -विलियम हॉकिन्स
- जहाँगीर ने इंग्लिश खान की उपाधि से किस अंग्रेज को सम्मानित किया था? -विलियम हॉकिन्स
- भारत में किस मुगल शासक का मकबरा स्थित नहीं है? -बाबर (काबुल) एवं जहाँगीर (लाहौर)
- जहाँगीर के दरबार में पक्षियों का सबसे बड़ा चित्रकार कौन था? -उस्ताद मंसूर
- मुगल बादशाहों में किसने अपनी आत्मकथा (Autobiography) फारसी में लिखी? -जहाँगीर

खुसरो शहजादा द्वारा जहाँगीर के विरुद्ध विद्रोह करने में सहायता देने के कारण जहाँगीर के द्वारा सिख गुरु अर्जुन देव को फाँसी दे दी गई थी।

- जहाँगीर के शासनकाल में प्रमुख चित्रकार कौन थे? -उस्ताद मंसूर तथा अबुल हसन
- आगरा में एत्मादुद्दौला का मकबरा किसके द्वारा बनवाया गया? -नूरजहाँ
- मरियम-उज-जमानी का मकबरा किसके द्वारा बनवाया गया? -जहाँगीर
- गुलाब से इत्र निकालने की विधि को किसके द्वारा विकसित किया गया? -अस्मत बेगम (नूरजहाँ की माँ)
- किस मुगल सम्राट ने अपनी राजधानी आगरा से दिल्ली स्थानांतरित की? -शाहजहाँ
- बलबन द्वारा प्रारम्भ किया गया दरबारी रिवाज सिजदा एवं पैबोस किस मुगल बादशाह ने समाप्त कर दिया था? -शाहजहाँ
- शाहजहाँ की पत्नी अर्जुमंद बानो बेगम को किस प्रचलित नाम से जाना जाता है? -मुमताज महल

मुमताज महल की मृत्यु के पश्चात् शाहजहाँ ने उनकी स्मृति में आगरा में ताजमहल का निर्माण करवाया। ताजमहल का वास्तुकार उस्ताद अहमद लाहौरी था।

- मयूर सिंहासन (तख्त-ए-ताऊस) का निर्माण किसके द्वारा करवाया गया था? -शाहजहाँ
- शाहजहाँ के काल को किस इतिहासकार ने मुगल शासन का स्वर्ण युग कहा था? -ए.एल. श्रीवास्तव
- अपनी सहिष्णुता तथा उदारता के कारण किसे लघु अकबर के नाम से जाना जाता है?-दारा शिकोह (शाहजहाँ का पुत्र) को

उपनिषदों का फारसी अनुवाद शाहजहाँ के शासनकाल में शहजादे दारा शिकोह ने सिर्र-ए-अकबर शीर्षक के नाम से किया था।

- स्थापत्य कला का स्वर्णकाल किस मुगल शासक के शासन काल को माना जाता है? -शाहजहाँ
- हिन्दू तथा ईरानी वास्तुकला का सर्वप्रथम समन्वय हमें किस इमारत देखने को मिलता है? -ताजमहल में
- ईरान के शाह तथा मुगल शासकों के मध्य विवाद का मुख्य क्षेत्र क्या था? -कंधार
- शाहजहाँ को कोहिनूर हीरा किसके द्वारा उपहार में दिया गया था? -मीर जुमला
- दिल्ली में स्थित लाल किले का निर्माण किसके द्वारा करवाया गया था? -शाहजहाँ
- शाहजहाँ द्वारा शाहबुलंद इकबाल की उपाधि किसे प्रदान की गई थी? -दारा शिकोह

जहाँगीर की आत्मकथा तुजुक-ए-जहाँगीर नाम से प्रसिद्ध है, जिसे पूर्ण करने का श्रेय मौतमढ खाँ को दिया जाता है।

औरंगजेब (1658-1707 ई.)

- शासक बनने से पूर्व **औरंगजेब** कहाँ का **सूबेदार** था?
  -दक्कन का
- **वर्ष 1658** में **सामूगढ़ का युद्ध** किनके मध्य हुआ?
  -औरंगजेब तथा दाराशिकोह
- **मुगल सेना** में सर्वाधिक **हिन्दू सेनापति** किस बादशाह के शासन काल में अंतर्गत थे? **-औरंगजेब**
- 1707 ई. में औरंगजेब की मृत्यु होने के पश्चात् कौन सम्राट बना? **-बहादुर शाह प्रथम**
- **ईस्ट इंडिया कम्पनी** के किस **अँग्रेज गवर्नर** को औरंगजेब द्वारा भारत से निष्कासित किया गया था? **-सर जॉन चाइल्ड**
- **बीबी के मकबरे** का निर्माण किसने करवाया था?
  -औरंगजेब ने
- किस **मुगल शहजादे** ने **श्रीनगर** (गढ़वाल राज्य) में आश्रय लिया था? **-सुलेमान शिकोह**
- किस मुगल बादशाह को **जिंदा पीर** कहा जाता था?
  -औरंगजेब
- औरंगजेब ने **बीजापुर की विजय** किस वर्ष की थी?
  - वर्ष 1686 में
- **1665 ई.** में शिवाजी ने किस मुगल सेनापति के साथ **पुरंदर की संधि** पर हस्ताक्षर किए थे? **-जयसिंह**

मुगल कालीन भू-राजस्व प्रणाली	
• **खेत बँटाई** -	खेत में ही अनाज का बँटवारा
• **लंक बटाई** -	अनाज को खलिहान से लाकर बिना भूसा निकाले बँटाई
• **रास बटाई**-	अनाज से भूसा निकालकर बँटाई

शासक	वजीर और वकील
• बाबर	मेहदी ख्वाजा
• हुमायूँ	निजामुद्दीन अहमद व हिन्दूबेग
• अकबर	बैरम खाँ (सर्वाधिक शक्तिशाली)
• जहाँगीर	यह पद रिक्त था
• शाहजहाँ	यह पद समाप्त हो गया

- **जजिया कर** किस मुगल शासक के काल में पुन: लगाया गया था? **-औरंगजेब**
- औरंगजेब ने **जोधपुर** के शासक **जसवंत सिंह** को **1658 ई.** के **धरमत के युद्ध** में पराजित किया था, धरमत किस राज्य में स्थित है? **-मध्य प्रदेश (उज्जैन)**
- किस मुगल बादशाह का **राज्याभिषेक दो बार** हुआ था?
  -औरंगजेब का
- औरंगज़ेब द्वारा चलाये गये **जिहाद** का अर्थ क्या था?
  -दारुल-इस्लामी

औरंगजेब के काल में बुंदेला सरदार **छत्रसाल** ने विद्रोह किया था। इसके काल में **सतनामी विद्रोह** हुआ था।

- किस मकबरे को **द्वितीय ताजमहल** कहा जाता है?
  -राबिया-उद्-दौरानी का मकबरा

औरंगजेब ने **रबिया-उद्-दौरानी** का मकबरा (बीबी का मकबरा) **औरंगाबाद** (महाराष्ट्र) में बनवाया। इसे **ताजमहल** की **फूहड़ नकल** भी कहा जाता है।

- दिल्ली के लाल किले में स्थित **मोती मस्जिद** का **निर्माण** किसने करवाया था? **-औरंगजेब ने**
- **औरंगज़ेब ने दक्षिण** में किन दो राज्यों को विजित किया था?
  -बीजापुर एवं **गोलकुंडा**

मुगलकालीन सूबों की संख्या

शासक का नाम	सूबों की संख्या	नए जुड़े सूबे
• अकबर	12 सूबे (आइन-ए अकबरी में वर्णित) (12+3=15)	3 (बरार, खानदेश एवं अहमद नगर)
• जहाँगीर	15 सूबे (कांगड़ा को जीतकर लाहौर सूबे में मिलाया)	
• शाहजहाँ	18 सूबे	3 (कश्मीर, थट्टा और उड़ीसा)
• औरंगजेब	20 अथवा 21 सूबे	2 (बीजापुर 1686, गोलकुण्डा 1687)

औरंगजेब ने **हिन्दू त्यौहारों** को सार्वजनिक रूप से मनाए जाने पर तथा **सार्वजनिक नृत्य** व **संगीत** पर **प्रतिबंध** लगा दिया था।

मुगलकालीन प्रशासन

- किस शासक ने राम-सीता की आकृतियों वाले **रामसिय** देवनागरी लेख से युक्त सिक्के चलवाए थे? **-अकबर ने**
- मुगल शासन में **प्रचलित ताँबे का सिक्का** क्या कहलाता था? **-दाम**
- **मुगल प्रशासन** के अंतर्गत **जिले** को किस नाम से जाना जाता था? **-सरकार**
- मध्यकाल में **बँटाई शब्द** का अर्थ क्या था? **-लगान निर्धारण की विधि**

विद्वानों को दी जाने वाली **राजस्व मुक्त अनुदान भूमि** को मुगल प्रशासन में **मदद-ए-माश** शब्द से इंगित किया जाता था।

- दिल्ली का वह शिक्षा केंद्र जो **मदरसा-ए-बेगम** कहलाता था, किसके द्वारा स्थापित किया गया था? **-माहम अनगा द्वारा**
- मुगलकालीन भारत में राज्य की **आय का प्रमुख स्रोत** क्या था? **-भू-राजस्व**
- किस मुगल सम्राट ने **तम्बाकू के प्रयोग पर प्रतिबंध** लगाया था? **-जहाँगीर**
- किस विदेशी यात्री को मुगल सेना में किसे **चिकित्सक** नियुक्त किया गया था? **- निकोलाओ मनूची को**
- मुगलकाल में **सेना का प्रधान** कौन था? **-मीर बख्शी**

मनसबदारी प्रथा	
संस्थापक – अकबर	**प्रारम्भ** – 1575 ई.
अर्थ – पद या श्रेणी	**उद्देश्य** – प्रशासन का संचालन

- अकबर की **मनसबदारी व्यवस्था** किस पर आधारित थी? **-मंगोलों की दशमलव पद्धति पर**
- मुगलकाल में राज्य अधिकारियों को वेतन के रूप में जो **भू-राजस्व** आवंटित किया जाता था, उसे क्या कहा जाता था? **-जागीर**
- मनसबदारी के संदर्भ में **दु-अस्पा** (जिनके पास दो घोड़े) तथा **सिंह अस्पा** (जिनके पास तीन घोड़े) व्यवस्था को लागू करने वाला मुगल शासक कौन था? **-जहाँगीर**

जात किसी मनसबदार के व्यक्तिगत **वेतन** और **उसके दर्जे** का सूचक था और **सवार** उसके द्वारा रखे जाने वाले **घुड़सवारों की संख्या** का सूचक था।

मुगल कालीन उच्च अधिकारी

विभाग	उच्च अधिकारी
• दीवान-ए-इंशा	सुल्तान के आदेश को लिखने एवं डाकसम्बंधी कार्य
• दीवान-ए-वजारत	लगान, अर्थव्यवस्था, राज्य के आय-व्यय, मंत्रियों के कार्यों की देख-रेख आदि
• दीवान-ए-कजा	न्याय विभाग (काजी-उल-कुजात)
• दीवान-ए-बरीद	गुप्तचर विभाग बरीद-ए-मुमालिक के अधीन
• दीवान-ए-आरिज	सेना की भर्ती, रसद, शिक्षा, संगठन की देख-रेख
• दीवान-ए-रिसालत	विदेश विभाग
• मुहतसिब	ये प्रजा के **नैतिक आचरण** को नियंत्रित करता था।
• वाकिया-नवीस	यह **समाचार लेखक** होता था।
• खुफिया-नवीस	यह **गुप्त पत्र** लेखक होते थे।
• दरोगा-ए-डाक	**यह गुप्तचर विभाग** का प्रमुख होता था। इसके अतिरिक्त यह **पत्र व्यवहार** का प्रभारी होता था।
• दीवान-ए-तन	यह **वेतन** और **जागीरों** से सम्बंधित मामलों का **निपटारा** करता था।
• मीर-आतिश	यह **शाही तोपखाने** का प्रधान था।
• मीर-ए-बहर	यह **जल सेना** का प्रधान होता था।
• हरकारा	ये **जासूस** व **संदेशवाहक** दोनों होते थे।
• वितिक्ची	अकबर ने अपने शासनकाल के **19वें** वर्ष दरबार की सभी घटनाओं व खबरों को लिखने हेतु इनकी नियुक्ति की थी।
• मुशरिफ	यह राज्य की **आय व्यय** का **लेखा-जोखा** रखता था।
• नाजिर-ए-बयूतात	यह **शाही कारखानों** का अधीक्षक होता था।

मुगल **मिश्रित सैनिक टुकड़ियों** में **ईरानी, तूरानी, मुगल, भारतीय, अफगान** व **मुसलमान** समान संख्या में रखने की व्यवस्था थी।

मुगलकालीन स्थापत्य, संगीत, चित्रकला एवं साहित्य

- अनवर-ए-सुहैली नामक ग्रंथ किस भारतीय ग्रंथ का अनुवाद है? -पंचतंत्र
- मुगलकाल में प्रचलित राज भाषा कौन सी थी? -फारसी
- औरंगजेब कौन सा वाद्ययंत्र बजाने में कुशल था? -वीणा

बाबर की पुत्री गुलबदन बेगम ने हुमायूँनामा नामक पुस्तक की रचना की तथा मुगलकाल के अनेक ऐतिहासिक विवरण लिखे।

- उत्तरी भारत में किसको आधुनिक संगीत का अग्रदूत कहा जाता है- -मुहम्मद रिजा खाँ
- दास्तान-ए-अमीर हम्जा का चित्रांकन किसके द्वारा किया गया? -अब्दुस्समद

राजकवि	शासक
• मुल्ला गजाली मशद्री	अकबर
• तालिब अमूली	जहाँगीर
• अबू तामिल कलीम	शाहजहाँ
• कादिसी	शाहजहाँ

- मुगल चित्रकला की सबसे महत्वपूर्ण कृति कौन सी है? -हम्जानामा
- नस्तलिक क्या है?
  -एक प्रकार की फारसी लिपि थी, जो मध्यकालीन भारत में प्रयोग की जाती थी।
- मुगल शैली चित्रकला का प्रारम्भ किस शासक के समय हुआ था? -हुमायूँ
- मुगलकाल में जिस मदरसे ने मुस्लिम न्यायशास्त्र की पढ़ाई में विशिष्टता प्राप्त की वह कहाँ स्थित था? -लखनऊ में

शाहजहाँ के शासनकाल में मस्जिद निर्माण कला अपनी पराकाष्ठा पर पहुँच गयी थी। इसके दो उत्कृष्ट उदाहरणों में से पहली, आगरा के किले की मोती मस्जिद, जो ताजमहल की तरह संगमरमर की बनी हुई है। दूसरी, लाल बलुआ पत्थर से बनी दिल्ली की जामा मस्जिद है, जिसमें एक विशालकाय दरवाजा, ऊँची पतली मीनारें और अनेक गुंबद इस मस्जिद की मुख्य विशेषताएँ हैं।

मुगलकालीन स्थापत्य के प्रमुख उदाहरण

इमारतें	स्थान	शासक
• शेरशाह का मकबरा	सासाराम (बिहार)	शेरशाह
• हुमायूँ का मकबरा	दिल्ली	हाजी बेगम
• जहाँगीरी महल	फतेहपुर सीकरी	अकबर
• जहाँगीर महल	आगरा	अकबर
• अकबरी महल	आगरा	अकबर
• आगरा का किला	आगरा	अकबर
• दीवान-ए-आम	फतेहपुर सीकरी	अकबर
• दीवान-ए-खास	फतेहपुर सीकरी	अकबर
• पंचमहल (हवामहल)	फतेहपुर सीकरी	अकबर
• मरियम महल	फतेहपुर सीकरी	अकबर
• जामा मस्जिद	फतेहपुर सीकरी	अकबर
• तुर्की सुल्तान का महल	फतेहपुर सीकरी	अकबर
• बुलन्द दरवाजा	फतेहपुर सीकरी	अकबर
• अकबर का मकबरा	सिकन्दरा	जहाँगीर
• ऐतमादुद्दौला का मकबरा	आगरा	नूरजहाँ
• जहाँगीर का मकबरा	शहादरा (लाहौर)	नूरजहाँ
• दीवान-ए-खास	आगरा	शाहजहाँ
• दीवान-ए-आम	आगरा	शाहजहाँ
• शीश महल	आगरा	शाहजहाँ
• खास महल	आगरा	शाहजहाँ
• नगीना मस्जिद	आगरा	शाहजहाँ
• जामा मस्जिद	आगरा	शाहजहाँ
• मच्छी भवन	आगरा	शाहजहाँ
• लाल किला	दिल्ली	शाहजहाँ
• मोती मस्जिद	आगरा	शाहजहाँ
• जहानाबाद	दिल्ली	शाहजहाँ
• जामा मस्जिद	दिल्ली	शाहजहाँ
• दीवान-ए-आम	दिल्ली	शाहजहाँ
• दीवान-ए-खास	दिल्ली	शाहजहाँ

हुमायूँ के मकबरे (दिल्ली) में पहली बार चारबाग पद्धति का प्रयोग तथा दोहरे गुम्बद का निर्माण किया गया था।

मुगलकालीन साहित्य

पुस्तक/अनुवाद	भाषा	लेखक का नाम
• रामायण	फारसी	बदायूँनी
• भगवद् गीता	फारसी	राजा टोडरमल
• योग वशिष्ठ	फारसी	दारा शिकोह
• अथर्ववेद	फारसी	सरहिन्दी
• पंचतन्त्र	फारसी	मौलाना शाह मुहम्मद शाहाबादी
• लीलावती	फारसी	फैजी
• कालिया दमन	फारसी	अबुल फजल
• बावन उपनिषद्	फारसी	दारा शिकोह
• अकबरनामा	फारसी	अबुल फजल
• बाबरनामा	फारसी	अब्दुल रहीम खान-ए-खाना
• हुमायूँनामा	फारसी	गुलबदन बेगम
• तुजुके बाबरी (बाबरनामा)	तुर्की	बाबर
• तुजुके जहाँगीरी	फारसी	जहाँगीर, मौतमद खाँ, मुहम्मद हादी
• मुन्तखब-उल-तवारीख	फारसी	अब्दुल कादिर बदायूँनी
• इकबालनामा-ए-जहाँगीरी	फारसी	मौतमिद खाँ बख्शी
• मआसिरे-जहाँगीरी	फारसी	ख्वाजा कामगार
• तबकाते-अकबरी	फारसी	निजामुद्दीन अहमद
• शाहजहाँनामा	फारसी	इनायत खाँ
• नुस्खा-ए-दिलकुशा	फारसी	खफी खाँ
• आलमगीरनामा	फारसी	मिर्जा मुहम्मद कासिम
• मआसिर-ए-आलमगीरी	फारसी	साकी मुश्तैद खाँ
• फतवा-ए-आलमगीरी	फारसी	शेख निजामुद्दीन अहमद
• पादशाहनामा	फारसी	मोहम्मद अमीन

- **मुगल काल** का एकमात्र **गुम्बदविहीन मकबरा** कौन सा है? **-अकबर का मकबरा**

जहाँगीर के शासनकाल के **अंतिम वर्षों** में केवल **संगमरमर** की **इमारतें बनवाने** और **दीवारों को अर्द्ध मूल्यवान** पत्थरों से बनी **फूल-पत्तियों** की **आकृतियों से सजाने का चलन** आरम्भ हुआ। सजावट की इस पद्धति को **पित्रादुरा** कहते हैं।

हुमायूँ का मकबरा महत्वपूर्ण तथ्य

- मकबरे का निर्माण 1565 ई. में हुमायूँ की पत्नी **हमीदाबानो बेगम** ने प्रारम्भ करवाया।
- **दोहरे गुम्बद** वाला यह **भारत का पहला मकबरा** है।
- **चारबाग पद्धति** का प्रयोग पहली बार **हुमायूँ** के मकबरे में हुआ, जबकि भारत में **पहला बाग युक्त मकबरा सिकंदर लोदी** का मकबरा था।
- इस मकबरे को **ताजमहल का पूर्वगामी** माना जाता है।
- हुमायूँ के मकबरे में दफनाये गये मुगल घराने के लोगों में **हाजीबेगम, हमीदाबानो बेगम, हुमायूँ की छोटी बेगम, दारा शिकोह, जहाँदारशाह, फर्रूखसियर, रफीउद्दरजात**, और **आलमगीर द्वितीय** प्रमुख हैं।
- दिल्ली के अंतिम मुगल बादशाह **बहादुरशाह जफर** और उसके **तीन शहजादों** को अंग्रेज **लेफ्टीनेंट हडसन** ने 1857 ई. में हुमायूँ के मकबरे से गिरफ्तार किया था।

- **जहाँगीर के शासनकाल** में प्रसिद्ध **चित्रकार मंसूर** को किस उपाधि से सम्मानित किया गया था? **-नादिर-उल-उस्र**
- प्रसिद्ध संगीतज्ञ **तानसेन का मकबरा** कहाँ पर स्थित है? **-ग्वालियर में**
- **रामचन्द्रिका** एवं **रसिकप्रिया** की रचना किसने की थी? **-केशव दास ने**

फतेहपुर सीकरी का निर्माण **लगभग 15 वर्षों** में हुआ था। इसके महत्वपूर्ण भवन **खास महल, हवा महल, हिरन मीनार, दीवान-ए-आम, दीवान-ए-खास, जोधाबाई का महल, शेख सलीम चिश्ती का मकबरा, पंचमहल, बुलंद दरवाजा, बीरबल का महल** इत्यादि हैं।

- **मुगल चित्रकारी** किसके शासनकाल में अपनी **पराकाष्ठा** पर पहुँची? **-जहाँगीर के शासन में**
- **मुगल चित्रकला शैली** में किन शैलियों का सम्मिश्रण है? **-भारतीय, ईरानी** एवं **फारसी शैलियों का**
- **पित्रादुरा** तकनीक का प्रयोग किसके मकबरे में हुआ है, जो **ईरानी शैली** में निर्मित है? **-एतमादुद्दौला**

पहाड़ी स्कूल, राजपूत स्कूल, मुगल स्कूल और **काँगड़ा स्कूल** चित्रकला की विभिन्न शैलियों को प्रदर्शित करते हैं।

- संस्कृत में **अल्लोयनिषद्** नामक एक **छोटे उपनिषद्** की रचना किसने करवायी थी? **-अकबर ने**

भारतीय शास्त्रीय संगीत का **फारसी में सबसे अधिक पुस्तकों** की रचना **औरंगजेब के शासनकाल** में हुई।

मराठा राज्य संघ

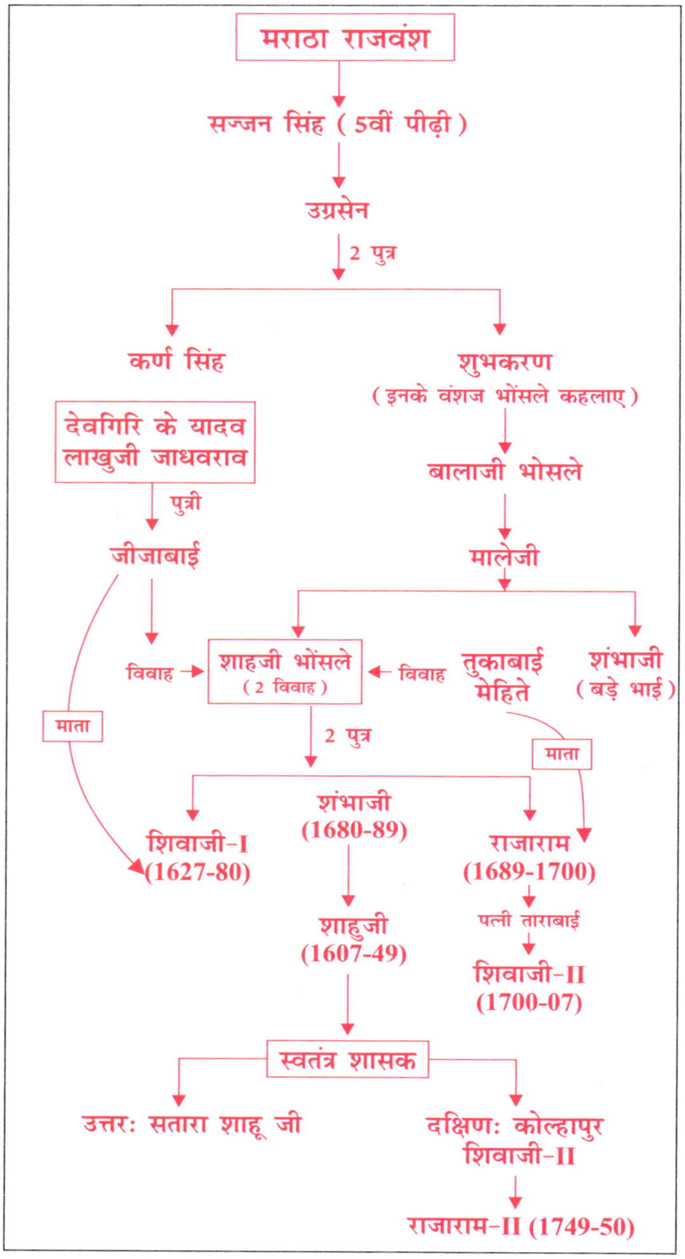

- **मोडी लिपि** का प्रयोग किसके लेखों में किया जाता था? **-मराठों के**
- **सरंजामी प्रथा** का सम्बंध किससे है?-**मराठा भू-राजस्व प्रथा**

> **मराठा साम्राज्य** में शिवाजी के प्रशासन में **मंत्रिपरिषद्** को **अष्टप्रधान** के नाम से जाना जाता था।

- **शिवाजी** ने अपनी राजधानी कहाँ स्थापित की? **-रायगढ़**
- **तृतीय आंग्ल-मराठा युद्ध** में **पेशवा** ने किसके सामने समर्पण किया था? **-जॉन मैल्कम**

> **पानीपत का तीसरा युद्ध** मराठा और अफगान शासक **अहमद शाह अब्दाली** के मध्य **वर्ष 1761** में लड़ा गया, जिसमें मराठों की पराजय हुई।

- **वर्ष 1700** से आगे मुगल साम्राज्य के विरुद्ध **संघर्ष का नेतृत्व** किस **मराठा संरक्षिका** ने किया? **-ताराबाई**
- शम्भा जी के पश्चात् **मराठा शासन** को किसने **सरल** और **कारगर** बनाया? **-बालाजी विश्वनाथ**
- **औरगंजेब की मृत्यु** के समय **मराठा नेतृत्व** किनके हाथों में था? **-ताराबाई**

> **बीजापुर के सुल्तान** ने **अफजल खाँ** नामक सरदार को **वर्ष 1659** में **शिवाजी** को बंदी बनाने के लिए भेजा था, परन्तु शिवा जी ने इसे ही शिविर में जाकर उसकी हत्या कर दी।

- शिवाजी ने **मुगलों को किस युद्ध में हराया** था? **-सालहर/सल्हेर**

शिवाजी के अष्टप्रधान

मंत्री	विभाग
• **मजूमदार** (अमात्य)	यह वित्त मंत्री था।
• **सुमंत या दबीर**	विदेश विभाग दरबारी शिष्टाचार
• **शुरू-नवीस या चिटनिस** (सचिव)	पत्राचार विभाग
• **पेशवा** (प्रधानमंत्री)	**अष्ट प्रधान** का प्रमुख, जो समस्त प्रशासन का निरीक्षण करता था। यह **नागरिक** व **सैनिक** मामलों का सर्वोच्च अधिकारी था।
• **वाकिया नवीस मंत्री**	यह आधुनिक **गृहमंत्री** के समान था।
• **न्यायाधीश**	न्यायविभाग
• **सेनापति या सर-ए-नौबत**	सेना का प्रधान
• **पंडितराव**	**धर्म** व **दान विभाग**

> **शिवाजी** के अधीन **अष्टप्रधान** के सभी पद न तो **स्थायी** थे और न ही **वंशानुगत** बल्कि ये **राजा की इच्छापर्यंत** थे।

विविध

- **मयूर सिंहासन** पर बैठने वाला **अंतिम मुगल बादशाह** कौन था? **-मुहम्मद शाह (रंगीला)**
- अंग्रेजों को बंगाल में **शुल्क-मुक्त व्यापार** की सुविधा किस मुगल सम्राट ने प्रदान की थी? **-फर्रुखसियर ने**

> कश्मीर के शासक **जैन-उल-आबदीन** ने सर्वप्रथम **जजिया कर समाप्त** किया था। इसे कश्मीर अकबर भी कहा जाता है।

- किस स्थान को **भारत का शिराज** कहा जाता था? **-जौनपुर**
- **सिर्र-ए-अकबर** (महान रहस्य) की रचना किसने की थी? **-दारा शिकोह ने**
- **हैदराबाद** के स्वतंत्र राज्य का **संस्थापक** कौन था? **- चिनकिलिच खाँ**
- **नादिर शाह के आक्रमण** के समय मुगल शासक कौन था? **-मुहम्मद शाह**

> **मुहम्मद शाह** के शासनकाल में **हिजड़ों** तथा **महिलाओं** के एक वर्ग का राजकाज में सर्वाधिक प्रभुत्व था।

- **बहमनी राज्य** की स्थापना किसने की थी? **-हसन गंगू ने** (1347 ई.)
- **मुगल काल** में किस बन्दरगाह को **बाब-उल-मक्का** (मक्का द्वार) कहा जाता था? **-सूरत बन्दरगाह**
- **हितोपदेश** का फारसी अनुवाद किसने किया था? **-ताजुलमाली ने**

> **जयसिंह द्वितीय** ने दिल्ली में **खगोलीय वेधशाला** का निर्माण करवाया, जिसे वर्तमान में **जंतर-मंतर** कहा जाता है।

- विश्व का **सबसे बड़ा गुम्बद** कौन सा है? **-गोल गुम्बद** (बीजापुर)
- **मुस्लिम शासकों** में किसे उसकी प्रजा **जगतगुरु** कहकर पुकारती थी? **-इब्राहिम शाह द्वितीय को**
- अंतिम मुगल बादशाह **बहादुर शाह जफर द्वितीय** के पिता का नाम क्या था? **-अकबर शाह द्वितीय**

> **वज़ीर गाज़ीउद्दीन** ने **दिल्ली** में मुगल बादशाह **शाह आलम द्वितीय** को प्रवेश नहीं करने दिया था।

- मुगलों ने **नवरोज का त्यौहार** किससे ग्रहण किया? **-पारसियों से**
- **प्रत्येक वर्ष कृषि** की जाने वाली उपजाऊ भूमि को क्या कहा जाता था? **-पोलज**

सिख सम्प्रदाय के 10 गुरु

	गुरु	काल (वर्ष)	प्रमुख उपलब्धि
1.	नानक	1469-1539	सिख धर्म के संस्थापक
2.	अंगद	1539-1552	गुरुमुखी लिपि के जनक
3.	अमरदास	1552-1574	सिख धर्म के प्रसार हेतु 22 गद्दियों की स्थापना। विवाह पद्धति **लवन** का प्रचलन।
4.	रामदास	1574-1581	अमृतसर की स्थापना की
5.	अर्जुन सिंह	1581-1606	गुरु ग्रंथ साहिब का संकलन व अमृतसर में हरमंदिर साहिब (स्वर्ण मंदिर) का निर्माण, इन्हें जहाँगीर ने फाँसी दे दी थी।
6.	हरगोविन्द सिंह	1606-1645	अकाल तख्त की स्थापना तथा सिखों को एक योद्धा जाति में प्रशिक्षित किया।
7.	हर राय	1645-1661	मुगलों के उत्तराधिकार युद्ध में भाग लिया व अपने पुत्र रामराय को मुगल दरबार में भेजा।
8.	हरकिशन	1661-1664	अल्प वयस्क अवस्था में मृत्यु।
9.	तेगबहादुर	1664-1675	औरंगजेब द्वारा फाँसी दी गई।
10.	गुरु गोविन्द सिंह	1675-1708	ये सिक्खों के दसवें एवं अन्तिम गुरु थे। इनका जन्म पटना (1666 ई.) में हुआ था। इन्होंने **खालसा पंथ** की स्थापना की। सिक्खों के लिए 5 ककार (केश, कंघा कृपाण, कच्छा एवं कड़ा) अनिवार्य किए गुरु पद की समाप्ति की तथा **गुरुग्रन्थ साहिब** को ही गुरू घोषित किया।

> सिक्खों के चौथे **गुरु संत रामदास** ने अकबर द्वारा दी गयी **500 बीघा** जमीन पर **अमृतसर नगर** की स्थापना की थी।

आधुनिक भारत का इतिहास

यूरोपीय कम्पनियों का आगमन

- व्यापार हेतु **समुद्री मार्ग** से भारत आने वाले **प्रथम यूरोपीय** कौन थे? **-पुर्तगाली**
- यूरोप से भारत आने के लिए **समुद्री मार्ग की खोज** किसके द्वारा की गयी?**-वास्कोडिगामा** (भारत आगमन : 17 मई, 1498 ई.)
- **कालीकट बंदरगाह** के तट पर किसने वास्कोडिगामा का स्वागत किया? **-जमोरिन** (स्थानीय शासक)
- पुर्तगालियों ने भारत में सर्वप्रथम अपनी **व्यापारिक कोठी** (फैक्ट्री) कहाँ स्थापित की थी? **-कोचीन** (कोच्चि)
- पुर्तगाली उपनिवेश का **प्रथम वायसराय** भारत में कौन नियुक्त हुआ था? **-फ्रांसिस्को द अल्मीडा** (1505 ई.)

भारत में **तम्बाकू** की कृषि एवं **प्रिंटिंग प्रेस** को प्रारम्भ करने का श्रेय **पुर्तगालियों** को दिया जाता है। भारत में **प्रथम प्रिंटिंग प्रेस** की **स्थापना वर्ष 1556** में **गोवा** में की गयी थी।

- हिन्द महासागर में व्यापार को नियंत्रित करने के लिए **शांत या नीले जल की नीति** (Blue Water Policy) किसने लागू की? **-फ्रांसिस्को द अल्मीडा ने**

विभिन्न देशों के खोजकर्त्ता	
खोजकर्त्ता	**देश**
वास्कोडिगामा	भारत
कोलम्बस	अमेरिका
कैप्टन जेम्स कुक	ऑस्ट्रेलिया
तस्मान	तस्मानिया एवं न्यूजीलैण्ड
बार्थोलोम्यू डियाज	केप ऑफ गुड होप (दक्षिण अफ्रीका)

- भारत में **पुर्तगाली शक्ति** का **वास्तविक संस्थापक** किसे माना जाता है? **-अल्बुकर्क**
- किस वायसराय के काल में **गोवा** को **पुर्तगालियों** का औपचारिक मुख्यालय बनाया गया? **-नीनो-डी-कुन्हा**

पुर्तगालियों ने हिन्द महासागर क्षेत्र में व्यापार पर नियंत्रण स्थापित करने के लिए **कार्टेज-आर्मेडा-काफिला पद्धति** (Cartes-Armada-Caravan System) प्रारम्भ की थी।

- पुर्तगालियों के पश्चात् भारत में व्यापार करने आये **डच** (Dutch) कहाँ के निवासी थे? **-हॉलैण्ड** (वर्तमान : नीदरलैण्ड्स)

भारत में विदेशी कम्पनियों का आगमन				
	कम्पनी	**देश**	**स्थापना**	**भारत में प्रथम फैक्ट्री**
1.	पुर्तगाली ईस्ट इंडिया कम्पनी (एस्तादो द इंडिया)	पुर्तगाल	1498 ई.	कोचीन (कोच्चि)
2.	अंग्रेजी ईस्ट इंडिया कम्पनी (द गवर्नर एंड कम्पनी ऑफ मर्चेंट्स ऑफ लंदन ट्रेडिंग इन टू द ईस्ट इंडीज)	ब्रिटेन	1600 ई.	सूरत
3.	यूनाइटेड ईस्ट इंडिया कम्पनी ऑफ नीदरलैण्ड्स	हॉलैण्ड	1602 ई.	मसुलीपट्टनम्
4.	डेनिश ईस्ट इंडिया कम्पनी	डेनमार्क	1616 ई.	ट्रैंकोबार (त्रावणकोर)
5.	फ्रांसीसी ईस्ट इंडिया कम्पनी (द इंडेस ओरियंतलेस)	फ्रांस	1664 ई.	सूरत
यूरोपीय व्यापारियों का भारत आगमन क्रम : पुर्तगाली → डच → ब्रिटिश → डेनिश → फ्रांसीसी → स्वीडिश				

यूरोपीय शक्तियों में, भारत में **पुर्तगाली कम्पनी** ने सर्वप्रथम (1498 ई.) प्रवेश किया तथा भारत से सबसे अन्त (1961 ई.) में भी यही गये।

- किस यूरोपीय शक्ति द्वारा भारत से मसालों के निर्यात के स्थान पर **कपड़ों के निर्यात को प्राथमिकता** दी गयी?
  -डचों द्वारा

- भारत के साथ व्यापार के लिए सर्वप्रथम **संयुक्त पूँजी कम्पनी** किसने आरम्भ की? **-डचों ने**

- **वर्ष 1759** में **बेदरा का युद्ध** किन दो यूरोपीय शक्तियों के मध्य लड़ा गया? **-डच एवं अंग्रेज**

- लंदन में **ब्रिटिश ईस्ट इंडिया कम्पनी** के गठन के समय **भारत का सम्राट** कौन था? **-अकबर**

- ब्रिटिश सम्राट **जेम्स प्रथम** का दूत बनकर भारत में व्यापारिक कोठी स्थापित करने के उद्देश्य से **जहाँगीर** के दरबार में आने वाला **ब्रिटिश नागरिक** कौन था? **-कैप्टन हॉकिन्स** (वर्ष 1608)

> ब्रिटिश ईस्ट इण्डिया कम्पनी द्वारा भारत में **प्रथम अस्थायी कारखाना मसुलीपट्टनम** (1611 ई.) में तथा **प्रथम स्थायी कारखाना सूरत** (1613 ई.) में स्थापित किया गया था।

- ईस्ट इंडिया कम्पनी के किस अंग्रेज गवर्नर को औरंगजेब द्वारा **भारत से निष्कासित** किया गया? **-सर जॉन चाइल्ड**

- **हेमिल्टन** द्वारा सफल उपचार किये जाने के कारण किस **मुगल बादशाह** द्वारा **ईस्ट इण्डिया कम्पनी** के लिए **वर्ष 1717** में **महाधिकार पत्र** जारी किया गया? **-फार्रूखसियर**

> 1661 ई. में इंग्लैण्ड के राजा **चार्ल्स द्वितीय** का विवाह **पुर्तगाली राजकुमारी कैथरीन** के साथ हुआ। इस अवसर पर पुर्तगालियों ने **चार्ल्स द्वितीय** को दहेज के रूप में **बम्बई** द्वीप प्रदान किया। 1668 ई. में चार्ल्स द्वितीय ने **10 पौण्ड वार्षिक किराया** लेकर **बम्बई** ईस्ट इण्डिया कम्पनी को दे दिया।

प्रमुख शहरों के संस्थापक

शहर	संस्थापक
कलकत्ता	जॉब चार्नोक
मद्रास	फ्रान्सिस डे
नई दिल्ली	एडविन लुटियंस व हरबर्ट बेकर
बम्बई	गेराल्ड आंन्गियार

- यूरोपवासियों के लिए सर्वोत्तम **शोरा** और **अफीम** प्राप्ति का मुख्य क्षेत्र था **-बिहार**

- **वर्ष 1664** में **फ्रांसीसी कम्पनी** की स्थापना किसके प्रयासों से की गई? **-कोल्बर्ट**

- फ्रांसीसी कम्पनी की स्थापना **किसके कार्यकाल** में की गई? **-लुई 14वें**

- **फ्रैंक कैरों** के द्वारा भारत में **प्रथम फ्रांसीसी फैक्ट्री** की स्थापना कहाँ की गई थी? **-सूरत (1668 ई.)**

> **फ्रांसीसी गर्वनर डूप्ले** ने पहली बार भू-क्षेत्र अर्जित करने के उद्देश्य से **भारतीय राजाओं के विवादों में भाग लेने की नीति आरम्भ** की थी।

- फ्रांसीसियों द्वारा **फोर्ट लुई** नामक **किला** कहाँ बनवाया गया? **-पाण्डिचेरी**

- **पांडिचेरी** का **प्रथम फ्रांसीसी गर्वनर** कौन था? **-फ्रांको मार्टिन**

- पुर्तगालियों को **सौली** (Sowlley) के स्थान पर किस अंग्रेज अधिकारी ने पराजित किया? **-थॉमस बेस्ट**

- **वाण्डिवाश के युद्ध** (1760) में अंग्रेजों ने किसे पराजित किया? **-फ्रांस को**

- **कर्नाटक का युद्ध** किनके मध्य लड़ा गया था? **-अंग्रेज एवं फ्रांस**

- **प्रथम कर्नाटक युद्ध** किस सन्धि के माध्यम से समाप्त हुआ? **-एक्स-ला-शैपेल की संधि** (1748 ई.)

कर्नाटक युद्ध

क्रम	प्रमुख कारण	सन्धि	परिणाम
प्रथम (1746-48 ई.)	ऑस्ट्रिया के उत्तराधिकार का युद्ध	एक्स-ला-शैपेल की संधि (1748 ई.)	अनिर्णीत
द्वितीय (1749-54 ई.)	कर्नाटक के उत्तराधिकार का युद्ध	पाण्डिचेरी की संधि (1755 ई.)	ब्रिटेन मजबूत स्थिति में
तृतीय (1756-63 ई.)	सप्तवर्षीय युद्ध एवं औपनिवेशिक कारण	पेरिस संधि (1763 ई.)	फ्रांस की पराजय

> अंग्रेजी कम्पनी का नाम **गवर्नर एण्ड कम्पनी ऑफ मर्चेन्ट्स ऑफ लन्दन ट्रेडिंग इन टू द ईस्ट इण्डीज** रखा गया।

ईस्ट इंडिया कंपनी और बंगाल के नवाब

- मुगल सम्राट द्वारा स्वतंत्र रूप से नियुक्त बंगाल का अन्तिम गवर्नर कौन था? -मुर्शिदकुली खाँ (1717-1727 ई.)
- मुर्शीदकुली खाँ ने अपनी राजधानी ढाका से कहाँ स्थानांतरित की? -मुर्शिदाबाद
- बंगाल के किस गवर्नर ने यूरोपियों की तुलना मधुमक्खियों से की थी? -अलीवर्दी खाँ
- 20 जून, 1756 को प्रसिद्ध ब्लैक होल की घटना बंगाल के किस नवाब के शासनकाल में हुई? -सिराजुद्दौला
- 9 फरवरी, 1757 को अलीनगर की सन्धि किसके मध्य सम्पन्न हुई? -क्लाईव एवं सिराजुद्दौला

भारतवर्ष में ब्रिटिश साम्राज्य का संस्थापक लॉर्ड रॉबर्ट क्लाइव को माना जाता है, जिसने प्लासी के युद्ध (23 जून, 1757) में बंगाल के नवाब सिराजुद्दौला को पराजित कर पहली बार भारत में ब्रिटिश प्रभुत्व की नींव रखी थी।

- प्लासी के युद्ध के समय बंगाल के नवाब का सेनापति कौन था, जिसने युद्ध में विश्वासघात किया? -मीर जाफर
- प्लासी के युद्ध के समय मुगल बादशाह कौन था? -आलमगीर द्वितीय
- प्लासी युद्ध के पश्चात् बंगाल का नवाब कौन बना? -मीर जाफर
- भारत में ब्रिटिश प्रभुत्व की शुरूआत किस युद्ध से मानी जाती है? -प्लासी के युद्ध से (23 जून, 1757)

प्रमुख घटनाएँ और उनकी तिथियाँ	
घटनाएँ	वर्ष
• ब्लैक होल की घटना	20 जून, 1756
• अलीनगर की सन्धि	9 फरवरी, 1757
• प्लासी का युद्ध	23 जून, 1757
• बक्सर का युद्ध	22 अक्टूबर, 1764
• इलाहाबाद की प्रथम सन्धि	12 अगस्त, 1765
• इलाहाबाद की द्वितीय सन्धि	16 अगस्त, 1765
• बनारस की सन्धि	वर्ष 1773

- वर्ष 1760 में अंग्रेजों ने मीर जाफर को हटाकर किसे बंगाल का नवाब बनाया? -मीर कासिम

22 अक्टूबर, 1764 को बक्सर के युद्ध में अंग्रेजों ने मीर कासिम, अवध के नवाब शुजाउद्दौला तथा दिल्ली के मुगल सम्राट शाहआलम द्वितीय की सम्मिलित सेना को पराजित किया था।

- बक्सर के युद्ध के समय ब्रिटिश सेना का सेनापति कौन था? -हैक्टर मुनरो
- बक्सर के युद्ध के समय बंगाल का नवाब कौन था? -मीर जाफर

बक्सर युद्ध के पश्चात् इलाहाबाद की प्रथम सन्धि मुगल सम्राट शाह आलम द्वितीय, बंगाल के नवाब नज्मुद्दौला तथा क्लाइव के मध्य तथा इलाहाबाद की द्वितीय सन्धि क्लाइव तथा अवध के नवाब शुजाउद्दौला के मध्य संपन्न हुई।

- किस सन्धि के माध्यम से अंग्रेजों को बंगाल, बिहार और उड़ीसा की दीवानी प्राप्त हुई? -इलाहाबाद की सन्धि
- स्वर्ग से उत्पन्न सेनानायक किसे कहा गया? -रॉबर्ट क्लाइव
- इलाहाबाद की सन्धि के पश्चात् बंगाल में द्वैध शासन की स्थापना किसके द्वारा की गयी? -रॉबर्ट क्लाइव

उत्तर मुगलकालीन राज्यों के संस्थापक		
राज्य	स्थापना काल	संस्थापक
• बंगाल	1717-27 ई.	मुर्शिदकुली खाँ
• हैदराबाद	1724 ई.	निजाम-उल-मुल्क (चिनकिलिच खाँ)
• भरतपुर	18वीं शताब्दी	चूड़ामन, बदन सिंह
• कर्नाटक	18वीं शताब्दी	सआदतउल्ला खाँ
• अवध	1722-24 ई.	सआदत खाँ (बुरहान-उल-मुल्क)
• जयपुर	18वीं शताब्दी	सवाई राजा जयसिंह
• रूहेल पठान	18वीं शताब्दी	मुहम्मद खाँ बंगश
• मैसूर	18वीं शताब्दी	हैदर अली

वर्ष 1842-44 तक गवर्नर जनरल रहे लॉर्ड एलनबरो का कार्यकाल कुशल अकर्मण्यता की नीति का काल माना जाता है।

क्षेत्रीय राज्य : पंजाब एवं मैसूर

- सिख साम्राज्य का संस्थापक किसे माना जाता है?
  -महाराजा रणजीत सिंह (1799 ई.)
- महाराजा रणजीत सिंह किस मिसल से सम्बंधित थे?
  -सुकरचकिया
- महाराजा रणजीत सिंह के राज्य की राजधानी कहाँ स्थित थी? -लाहौर
- महाराजा रणजीत सिंह ने सुप्रसिद्ध कोहिनूर हीरा किससे प्राप्त किया था? -शाहशुजा से
- 25 अप्रैल, 1809 को अमृतसर की संधि किनके मध्य सम्पन्न हुई?-महाराजा रणजीत सिंह तथा अंग्रेजों के मध्य

महाराजा रणजीत सिंह एक धर्मनिरपेक्ष शासक थे इसलिए उन्होंने कहा था कि ईश्वर की इच्छा थी, कि मैं सब धर्मों को एक निगाह से देखूँ, इसलिए उसने दूसरी आँख की रोशनी ले ली।

- वर्ष 1845 में प्रारम्भ हुआ प्रथम आंग्ल-सिख युद्ध के दौरान भारत का गवर्नर जनरल कौन था? -लॉर्ड हार्डिंग प्रथम
- प्रथम आंग्ल-सिख युद्ध किस संधि द्वारा समाप्त हुआ?
  -लाहौर की संधि (1846 ई.)
- महाराजा रणजीत सिंह का उत्तराधिकारी कौन था?
  -खड्गसिंह

महत्वपूर्ण संधियाँ	
• पुरन्दर की संधि	1665 ई.
• बडगाँव की संधि	1779 ई.
• सालबाई की संधि	1782 ई.
• देवगाँव की संधि	1803 ई.
• सुर्जी अर्जुनगाँव की संधि	1803 ई.
• पूना की संधि	1817 ई.
• लाहौर की संधि	1846 ई.
• अमृतसर की संधि	1809 ई.

- द्वितीय आंग्ल-सिख युद्ध किस गवर्नर जनरल के कार्यकाल में हुआ? -लॉर्ड डलहौजी
- 13 जनवरी, 1849 को हुए चिलियाँवाला युद्ध में अंग्रेजी सेना का नेतृत्व किसके द्वारा किया गया? -लॉर्ड गफ
- सिख साम्राज्य का अंतिम शासक कौन था? -दलीप सिंह
- वर्ष 1849 में हुए ब्रिटिश साम्राज्य में सिख साम्राज्य के विलय के दौरान भारत का गवर्नर जनरल कौन था? -लॉर्ड डलहौजी
- स्वतंत्र राज्य के रूप में मैसूर की स्थापना किसके द्वारा स्थापित की गई? -हैदर अली

आंग्ल-मैसूर संघर्ष

युद्ध (वर्ष)	मैसूर शासक	बंगाल का गवर्नर	संधि	विशेष
प्रथम आंग्ल-मैसूर युद्ध (1767-69 ई.)	हैदरअली	लॉर्ड वेरेल्स्ट	मद्रास संधि (1769 ई.)	हैदरअली दक्षिण भारत का प्रथम शासक था, जो अंग्रेजों से पराजित नहीं हुआ।
द्वितीय आंग्ल-मैसूर युद्ध (1780-84 ई.)	हैदरअली	वारेन हेस्टिंग्स	मंगलौर संधि (1784 ई.)	हैदरअली की मृत्यु के बाद टीपू सुल्तान के नेतृत्व में युद्ध हुआ।
तृतीय आंग्ल-मैसूर युद्ध (1790-92 ई.)	टीपू सुल्तान	लॉर्ड कॉर्नवालिस	श्रीरंगपट्टनम संधि (1792 ई.)	टीपू सुल्तान की स्थिति कमजोर हो गई थी।
चतुर्थ आंग्ल-मैसूर युद्ध (1799 ई.)	टीपू सुल्तान	लॉर्ड वेलेजली	मैसूर सहायक संधि	टीपू सुल्तान की मृत्यु, मैसूर में पुनः वाडियार वंश की स्थापना अंग्रेजों ने वाडियार वंश के शासक से सहायक संधि की।

सिक्ख साम्राज्य के महाराजा रणजीत सिंह की तुलना फ्रांसीसी यात्री विक्टर ज़ाकमाँ ने नेपोलियन से की थी।

ब्रिटिश राजनीतिक एवं प्रशासनिक नीतियाँ

- अंग्रेजों का भारत पर **वास्तविक राजनैतिक नियंत्रण** कब प्रारम्भ हुआ? **-इलाहाबाद की सन्धि से (वर्ष 1765)**
- बंगाल में **द्वैध शासन** किसके द्वारा लागू किया गया? **-लॉर्ड क्लाइव के द्वारा**
- **वर्ष 1772** में किस गवर्नर ने **द्वैध शासन को समाप्त** कर दिया? **-वारेन हेस्टिंग्स को**
- भारत में **न्यायिक सेवा का जन्मदाता** किसे माना जाता है? **-वारेन हेस्टिंग्स**

वारेन हेस्टिंग्स के कार्यकाल में **रेग्यूलेटिंग एक्ट, 1773** के अंतर्गत **वर्ष 1774** में **कलकत्ता में सुप्रीम कोर्ट** की स्थापना की गई थी। इसके **प्रथम मुख्य न्यायाधीश सर एलिजा इम्पे** थे।

- भारत में **पुलिस सेवा** एवं **सिविल सेवा** का जन्मदाता किसे माना जाता है? **-लॉर्ड कार्नवालिस**
- **वर्ष 1863** में **प्रथम भारतीय I.C.S. अधिकारी** बनने का गौरव किसे प्राप्त हुआ? **-सत्येन्द्र नाथ टैगोर**

ब्रिटिश भारत में लोकसेवा सम्बंधी आयोग

आयोग	वर्ष	गवर्नर जनरल
एचिंसन आयोग	1886	लॉर्ड डफरिन
ईसलिंग्टन आयोग	1912	लॉर्ड हार्डिंग-II
ली आयोग	1923	लॉर्ड रीडिंग

- **भारत सरकार अधिनियम, 1935** के अन्तर्गत **संघीय लोक सेवा आयोग** के गठन का प्रावधान किस आयोग के सुझाव पर किया गया था? **-ली आयोग**
- **भूमि सुधार** के उद्देश्य से भारत में **स्थायी बन्दोबस्त** प्रणाली किसके द्वारा लागू की गई? **-लार्ड कार्नवालिस**
- भारत में **साम्राज्य विस्तार** के उद्देश्य से **सहायक सन्धि प्रणाली** की शुरूआत किसके द्वारा की गई? **-लार्ड वेलेजली**
- **सहायक सन्धि** स्वीकार करने वाला **प्रथम राज्य** कौन था? **-हैदराबाद (1798 ई)**
- **व्यपगत का सिद्धान्त** या **राज्य हड़प नीति** (Doctrine of Lapse) को किसके द्वारा लागू किया गया था? **-लॉर्ड डलहौजी**

राज्य हड़प नीति में कहा गया कि ऐसे राज्य जिनका निर्माण अंग्रेजों के सहयोग से हुआ है उन्हें राज्य के उत्तराधिकारी के लिए **गोद लेने का अधिकार नहीं प्राप्त होगा।**

- किस रिपोर्ट के आधार पर **डलहौजी** ने **अवध का अधिग्रहण** किया? **-आउट्रम रिपोर्ट**

व्यपगत सिद्धांत के अंतर्गत अधिग्रहीत किए गए राज्य

राज्य	-	वर्ष
सतारा	–	1848
जैतपुर	–	1849
संभलपुर	–	1849
बघाट	–	1850
उदयपुर	–	1852
झाँसी	–	1853
नागपुर	–	1854
अवध	–	1856

- **चतुराईपूर्ण निष्क्रियता** (Masterly Inactivity) **की नीति** किससे सम्बंधित है? **-जॉन लॉरेंस**
- किस गवर्नर जनरल के कार्यकाल में **भारत पर ईस्ट इंडिया कम्पनी का शासन समाप्त हो गया?** **-लॉर्ड कैनिंग**
- **वर्ष 1861** में **भारतीय दण्ड संहिता** (Indian Penal Code : IPC) किसके कार्यकाल में निर्मित की गई? **-लॉर्ड कैनिंग**

राज उपाधि अधिनियम, 1876 पारित करके **महारानी विक्टोरिया** को **कैसर-ए-हिन्द** की उपाधि प्रदान की गयी।

- **लॉर्ड लिटन** के कार्यकाल में किस **अकाल आयोग** का गठन किया गया? **-स्ट्रेची आयोग** (1880 ई. भारत का प्रथम अकाल आयोग)
- भारत में **स्थायी स्वशासन का जनक** किसे माना जाता है? **-लॉर्ड रिपन**

ब्रिटिशकाल में विभिन्न क्षेत्रों पर अधिकार

देश	वर्ष	गवर्नर जनरल/वायसराय
नेपाल	1816	लॉर्ड हेस्टिंग्स
सिंध	1843	लॉर्ड एलनबरो
भूटान	1865	लॉर्ड लारेंस
बर्मा	1885	लॉर्ड डफरिन

1849 ई. में ब्रिटिश शासन में पंजाब का विलय हुआ, उस समय **डलहौजी** (1848 से 1856 ई. तक) भारत का **गवर्नर जनरल** था।

ब्रिटिश शासन का भारतीय अर्थव्यवस्था पर प्रभाव

- धन निष्कासन के सिद्धांत (Drain of Wealth Theory) का प्रतिपादन किसने किया था? -दादाभाई नौरोजी
- वर्ष 1892 में लिबरल पार्टी के टिकट पर ब्रिटिश हाउस ऑफ कॉमन्स में चुने जाने वाले पहले भारतीय कौन थे? -दादाभाई नौरोजी
- पावर्टी एंड द अनब्रिटिश रूल इन इंडिया नामक पुस्तक किसने लिखी? -दादाभाई नौरोजी
- यह विचार किसने दिया कि भारत में ब्रिटिश आर्थिक नीति घिनौनी है? -कार्ल मार्क्स
- औपनिवेशिक अर्थव्यवस्था की श्रेष्ठतम् पुस्तक इण्डिया टुडे के लेखक कौन हैं? -रजनीपाम दत्त
- वर्ष 1907 में TISCO की स्थापना किसके द्वारा की गई? -जे. एन. टाटा
- कुटीर उद्योगों के विकास हेतु ऑल इण्डिया स्पिनर्स एसोसिएशन की स्थापना किसके द्वारा की गई थी? -महात्मा गाँधी
- वर्ष 1854 में बॉम्बे स्पिनिंग एण्ड वीविंग कम्पनी की सूती वस्त्र की फैक्ट्री किसके द्वारा स्थापित की गई? -कावसजी डाबर
- वर्ष 1855 में भारत का प्रथम जूट मिल कहाँ स्थापित किया गया था? -सेरामपुर (पश्चिम बंगाल)
- भारत का प्रथम चाय बागान कब स्थापित हुआ? - वर्ष 1833

प्रसिद्ध इतिहासकार के. एम. पणिक्कर ने 1765-72 ई. के काल को डाकू राज कहा है।

प्रमुख कृषि पद्धतियाँ

प्रथा	विशेषता
• तिनकठिया प्रथा	इस प्रथा के अन्तर्गत चम्पारण (बिहार) के किसानों को अपने अंग्रेज बागान मालिकों के अनुबन्ध पर अपनी भूमि के 3/20 भाग पर नील की खेती करना अनिवार्य होता था।
• ददनी प्रथा	इस प्रथा के अंतर्गत ब्रिटिश व्यापारी, भारतीय उत्पादकों, कारीगरों, शिल्पियों आदि से निर्मित माल प्राप्त करने के लिए अग्रिम अथवा पेशगी के रूप में धन देते थे।

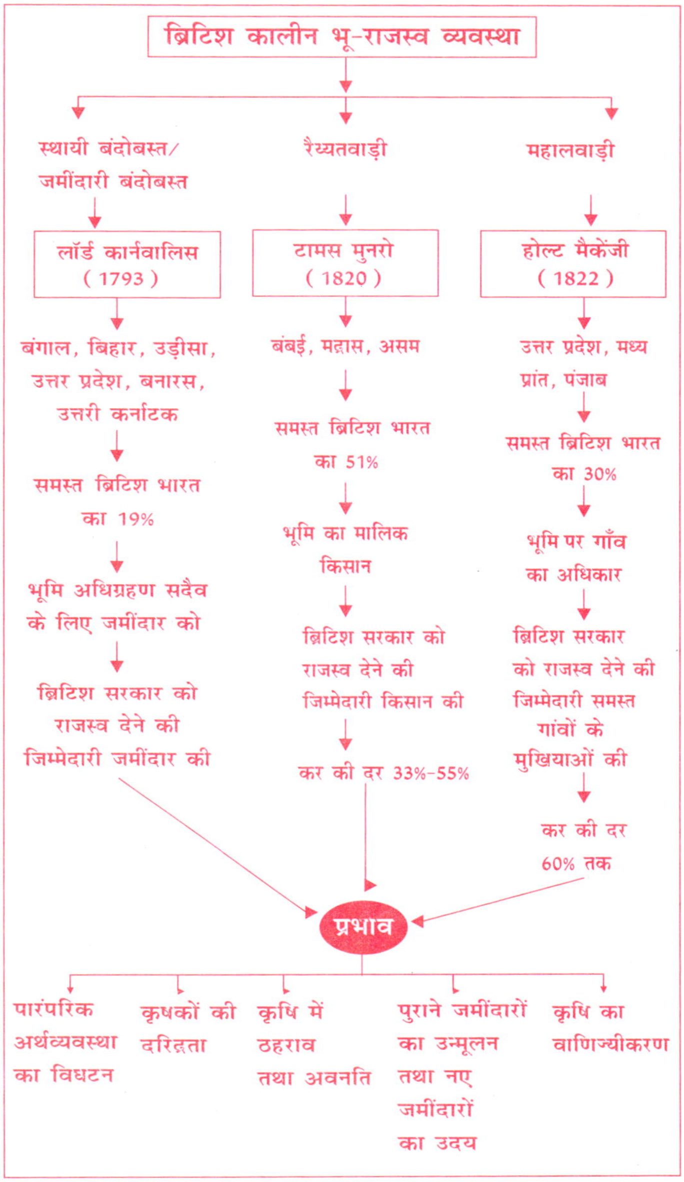

- वह कौन सी भू-राजस्व व्यवस्था थी जो सर्वाधिक ब्रिटिश क्षेत्रों पर लागू की गई? -रैय्यतवाड़ी
- स्थाई बंदोबस्त (Permanent Sattlement) का सिद्धान्त किससे सम्बन्धित है? -भू-राजस्व के निर्धारण से

भारत में रेलवे का जनक

- लॉर्ड डलहौजी को भारत में रेलवे का जनक माना जाता है। डलहौजी के प्रयत्नों के कारण ही महाराष्ट्र में सन् 1853 में बम्बई से थाणे तक प्रथम रेल चलायी गयी थी।

गवर्नर-जनरल वारेन हेस्टिंग्स ने (इजारेदारी प्रथा) फार्मिंग सिस्टम का प्रारम्भ भू-राजस्व की वसूली के लिए किया था।

सन् 1857 की क्रांति

- 1857 ई. की क्रांति सर्वप्रथम कहाँ से प्रारम्भ हुई थी?

  -मेरठ से (10 मई 1857)
- 34वीं रेजीमेंट के सिपाही मंगल पांडे ने किस स्थान पर विद्रोह किया था? -बैरकपुर (प. बंगाल)
- वर्ष 1857 के स्वाधीनता संग्राम के प्रतीक क्या थे?

  -कमल और रोटी
- वर्ष 1857 के विद्रोह का तात्कालिक कारण क्या था?

  -एनफील्ड राइफल में चर्बी वाले कारतूसों का प्रयोग।

अंग्रेज़ों की शोषणकारी आर्थिक, राजनीतिक, धार्मिक एवं प्रशासनिक नीतियों के प्रभावों ने 1857 के विद्रोह को जन्म दिया।

- 1857 ई. के विद्रोह के समय भारत का गवर्नर जनरल कौन था? -लॉर्ड कैनिंग
- 1857 ई. के विद्रोह के समय ब्रिटिश प्रधानमंत्री कौन था?

  -पामर्स्टन
- 1857 ई. के स्वतंत्रता संग्राम से सम्बंधित पहली घटना कौन सी थी?

  -सैनिकों का दिल्ली के लाल किले पर पहुँचना
- 1857 के विद्रोह में भाग लेने वाले सर्वाधिक सैनिक किस राज्य/क्षेत्र से थी? -अवध
- 1857 ई. में किसने इलाहाबाद को आपातकालीन मुख्यालय बनाया था? -लॉर्ड कैनिंग ने

केन्द्रीय संगठन की कमी तथा सुनियोजित रणनीति के अभाव में 1857 ई. का विद्रोह असफल रहा।

- लखनऊ में 1857 ई. की क्रांति का नेतृत्व किस महिला ने किया था? -बेगम हजरत महल ने
- 1857 ई. के स्वाधीनता संघर्ष में प्रमुख भूमिका निभाने वाली रानी लक्ष्मीबाई का जन्म कहाँ हुआ था? -वाराणसी में
- रानी लक्ष्मीबाई को अंतिम युद्ध में किसने पराजित किया?

  -कैप्टन ह्यूरोज
- असम में 1857 ई. की क्रांति का नेता कौन था?

  -दीवान मनिराम दत्त
- फैजाबाद से विद्रोह कर रहे किस क्रांतिकारी को पकड़ने के लिए अंग्रेजों ने 50 हजार रुपये का इनाम रखा था?

  - मौलवी अहमदुल्लाह
- कानपुर से विद्रोह का नेतृत्व कर रहे नाना साहब ने किसे अपना सेनापति नियुक्त किया?

  - तात्या टोपे (राम चन्द्र पाण्डुरंग) को
- 1857 के विद्रोह के दौरान मुगल बादशाह बहादुर शाह जफर ने किसे अपना सेनापति नियुक्त किया? - बख्त खाँ

1857 ई. के विद्रोह के प्रमुख केन्द्र व प्रमुख विद्रोही नेता

केन्द्र	विद्रोही नेता	विद्रोह तिथि	दमनकर्ता
• दिल्ली	बहादुरशाह-II, बख्त खाँ (सैन्य नेतृत्व)	11 मई, 1857	निकलसन, हडसन
• लखनऊ	बेगम हजरत महल, विरजिस कादिर	4 जून, 1857	कॉलिन कैंपवेल
• झाँसी/ग्वालियर	रानी लक्ष्मीबाई/तात्या टोपे	4 जून, 1857	जनरल ह्यूरोज
• कानपुर	नाना साहब, तात्या टोपे (सैन्य नेतृत्व)	5 जून, 1857	कॉलिन कैंपवेल
• इलाहाबाद	लियाकत अली	6 जून, 1857	कर्नल नील
• फैजाबाद	मौलवी अहमदुल्ला	जून, 1857	कर्नल नील
• जगदीशपुर	कुँवर सिंह, अमर सिंह	12 जून, 1857	विलियम टेलर व विंसेंट ऑयर
• बरेली	खान बहादुर खाँ	जून, 1857	विंसेंट ऑयर
• फतेहपुर	अजीमुल्ला	1857 ई.	जनरल रेनॉर्ड

1857 के विद्रोह के समय मुगल शासक बहादुरशाह जफर थे। इन्हें इस व्रिदोह का अखिल भारतीय नेता माना गया था।

वर्ष 1857 के विद्रोह के दमन के पश्चात् **भारत शासन अधिनियम, 1858** पारित किया गया। इसके माध्यम से भारत का शासन **ईस्ट इण्डिया कम्पनी** के हाथों से निकलकर **ब्रिटिश क्राउन** के हाथों में चला गया।

- महारानी विक्टोरिया ने **भारतीय प्रशासन को ब्रिटिश ताज के नियंत्रण में** लेने की घोषणा कब की थी?
  -1 नवंबर, 1858
- **वर्ष 1857** के विद्रोह के दमन के पश्चात् **भारतीय सेना का पुर्नगठन** के लिए किस आयोग का गठन किया गया?
  -पील आयोग
- **वर्ष 1858** के भारत शासन अधिनियम के द्वारा किसे भारत का **प्रथम वायसराय** बनाया गया? - लॉर्ड कैनिंग
- 1857 ई. के विद्रोह में कौन सा शायर अंग्रेजों का **आलोचक** था? -मिर्जा गालिब

भारत के **शिक्षित मध्यवर्ग** तथा **जमींदारों** ने 1857 के विद्रोह में तटस्थता बनाए रखी थी।

- **1857 के विद्रोह** के कारणों पर भारतीय भाषा में लिखने वाला **प्रथम भारतीय** कौन था? -सर सैय्यद अहमद खाँ

वर्ष 1857 के विद्रोह में **बिहार** का नेतृत्व **जगदीशपुर के जमींदार वीर कुंवर सिंह** द्वारा किया गया था।

- 1857 ई. के स्वतंत्रता संग्राम में किस राजवंश ने **अंग्रेजों की सर्वाधिक सहायता** की थी? -ग्वालियर के सिंधिया

1857 पर आधारित प्रमुख पुस्तकें

पुस्तक	लेखक
• द ग्रेट रिबेलियन	अशोक मेहता
• फर्स्ट वार ऑफ इन्डिपेन्डेन्स	विनायक दामोदर सावरकर
• एट्टीन फिफ्टी सेवेन	एस.एन.सेन
• सिपॉय म्यूटिनी एंड द रिवोल्ट ऑफ 1857	आर.सी.मजूमदार
• हिस्ट्री ऑफ इंडियन म्यूटिनी	टी.आर. होम्स
• रिबेलयिन-1857	पी.सी.जोशी
• कॉजेज ऑफ द इंडियन रिवोल्ट	सर सैय्यद अहमद खान

- किसने **1857 के विद्रोह** को **स्वतंत्रता की पहली लड़ाई** कहा था? -वी.डी. सावरकर
- **1857** के विद्रोह को एक **षड्यंत्र** की संज्ञा किसने दी?
  -सर जेम्स आउट्रम एवं डब्ल्यू टेलर
- **तथाकथित प्रथम राष्ट्रीय स्वतंत्रता संग्राम न प्रथम, न राष्ट्रीय और न ही स्वतंत्रता संग्राम था** यह कथन किसका है?
  -आर.सी. मजूमदार का
- भारतीय स्वाधीनता आंदोलन का **सरकारी इतिहासकार** कौन था? -एस.एन. सेन

1857 विद्रोह पर आधारित प्रमुख मत

इतिहासकार	मत
• डॉ. एस. एन. सेन	जो कुछ धर्म के लिए लड़ाई के रूप में प्रारम्भ हुआ, वह स्वतंत्रता संग्राम के रूप में समाप्त हुआ।
• अशोक मेहता	1857 ई. के विद्रोह का स्वरूप राष्ट्रीय था।
• वी. डी. सावरकर	1857 ई. का विद्रोह एक सुनियोजित राष्ट्रीय स्वतंत्रता संग्राम था।
• डॉ. आर. सी. मजूमदार	तथाकथित प्रथम राष्ट्रीय संग्राम न तो प्रथम, न ही राष्ट्रीय और न ही स्वतंत्रतां संग्राम था।
• सर जॉन लॉरेन्स	यह पूर्णत: सिपाही विद्रोह था।
• बेंजामिन डिजरायली	1857 ई. का विद्रोह एक राष्ट्रीय विद्रोह था।
• पी. रॉबर्ट्सन	1857 ई. का विद्रोह केवल एक सैनिक विद्रोह था, जिसका तात्कालिक कारण चर्बी युक्त कारतूस था।
• टी.आर.होम्स	यह सभ्यता एवं बर्बरता का संघर्ष था।
• डब्ल्यू. टेलर और जेम्स आउट्रम	यह अंग्रेजों के विरुद्ध हिन्दू मुसलमानों का षड्यंत्र था।
• रीज	यह ईसाई धर्म के विरुद्ध एक धर्म युद्ध था।

रानी लक्ष्मीबाई के मृत्यु पर **ह्यूरोज** ने कहा था कि, **भारतीय विद्रोहियों में वह अकेली पुरुष थी।**

प्रमुख किसान एवं जनजातीय विद्रोह

- **19वीं शताब्दी** के दौरान होने वाले **वहाबी आंदोलन** का मुख्य केंद्र कहाँ था —**पटना**
- **1857 के विद्रोह** के पश्चात् **बंगाल** में कौन सा विद्रोह हुआ था? —**नील विद्रोह** (1859-60 ई.)
- **आदिवासी नेता** को **जगत पिता** (धरती आबा)के नाम से किसे जाना जाता है? —**बिरसा मुंडा**

संथाल विद्रोह (1855-56 ई.) का नेतृत्व **सिद्धू** एवं **कान्हू** ने किया था, इस विद्रोह को **हूल विद्रोह** के नाम से भी जाना जाता है।

- **वन्दे मातरम्** गीत के रचयिता कौन हैं? —**बंकिम चंद्र चटर्जी**
- **संन्यासी विद्रोह** का उल्लेख **बंकिम चंद्र चटर्जी** के किस उपन्यास में किया गया है? —**आनन्द मठ**
- **हो विद्रोह** कब हुआ था? —**1820-21 ई. के मध्य**
- **सम्भलपुर** में हुए अनेक **ब्रिटिश विरोधी विद्रोहों** का नेता कौन था? —**सुरेन्द्र साई**

महाराष्ट्र में **रामोसी कृषक जत्था**, की स्थापना **वासुदेव बलवंत फड़के** ने स्थापित किया था।

- **कूका आंदोलन** (1840-72 ई.) किसने संगठित किया था? —**गुरु रामसिंह**
- **उल्गुलान विद्रोह** किससे सम्बंधित था? —**बिरसा मुंडा**
- **बिरसा मुंडा** किस राज्य से सम्बंधित थे? —**झारखण्ड**

नील कृषकों की दुर्दशा पर रचित नाटक **नील दर्पण** के लेखक **दीनबंधु मित्र** थे।

- **पागलपंथी विद्रोह** का मुख्यत: किस क्षेत्र में हुआ था? —**शेरपुर से गारो पहाड़ियों तक**
- **फरायजी विद्रोह** का नेता कौन था? —**दादू मियाँ**
- **छोटा नागपुर जनजाति विद्रोह** कब हुआ था? —**1820 ई. में**
- मुंगेर के **बड़हिया ताल विद्रोह** का उद्देश्य क्या था? —**बकाश्त भूमि की वापसी की माँग**
- **कोल विद्रोह** (1831-32) का नेतृत्व किसने किया था? —**बुद्धो भगत ने**

मानव बलि प्रथा (मोरिया) का निषेध करने के कारण अंग्रेजों के विरुद्ध विद्रोह **खोंड** जनजाति ने किया था।

- **मुंडा विद्रोह** किस वर्ष हुआ था? —**वर्ष 1899 में**
- **1855 ई.** में संथालों ने किस अंग्रेज कमांडर को पराजित किया? —**मेजर बारो**
- **संन्यासी विद्रोह** का दमन करने का श्रेय किसे दिया जाता है? —**वारेन हेस्टिंग्स को**

प्रमुख जनजातीय विद्रोह

जनजाति	नेतृत्वकर्ता	वर्ष	प्रभावित क्षेत्र
• चुआर	राजा जगन्नाथ	1768 ई.	नानभूम व वीरभूम (पश्चिम बंगाल)
• हो	राजा पराहत	1820, 1822, 1832 ई.	सिंहभूम व छोटानागपुर
• भील	सेवाराम, त्रयम्बक	1818-48 ई.	खानदेश
• खासी	राजा तीरथ सिंह, मुकुंद सिंह व बार मानिक	1829-32 ई.	खासी पहाड़ी (असम व मेघालय)
• कोल	बुद्धो भगत व गंगा नारायण	1831-32 ई.	छोटानागपुर
• रम्पा	अल्लूरी सीताराराजू	1879 ई.	आंध्र प्रदेश
• खोंड	चक्र बिस्नोई	1846-48, 1855 ई.	खोंडमल (उड़ीसा)
• संथाल	सिद्धू व कान्हू	1855-56 ई.	राजमहल पहाड़ी (पश्चिम बंगाल)
• मुण्डा	बिरसा मुंडा	1899-1900 ई.	छोटानागपुर
• भील	दौलत सिंह	1914-15 ई.	बाँसवाड़ा एवं डूंगरपुर (दक्षिणी राजस्थान)

पाबना विद्रोह (1873-76) के प्रमुख नेता **ईशान चंद्र राय**, **शंभुनाथ पाल** एवं **केशव चंद्र राय** थे।

- **वेलु थम्पी** ने अंग्रेजों के विरुद्ध आंदोलन का नेतृत्व कहाँ किया था? **-केरल में**

> **भीलों** द्वारा **मध्य प्रदेश** एवं **महाराष्ट्र** में अंग्रेजों के विरुद्ध क्रांति प्रारम्भ की गई थी।

- **गड़करी विद्रोह** का केंद्र किस स्थान पर था? **-कोल्हापुर**
- जनजातीय लोगों के लिए **आदिवासी** शब्द का प्रयोग किसने किया था? **-ठक्कर बापा ने**
- **खैरवार आदिवासी आंदोलन** किस वर्ष हुआ था? **-वर्ष 1874 में**
- **मोपला विद्रोह** कहाँ हुआ था? **-केरल** (मालाबार तट)

> **गोविंद गिरि** ने **मेवाड़**, **बांगड़** और आस-पास के क्षेत्रों में निवास करने वाले **भीलों** में सामाजिक सुधार के लिए **लसोड़िया आंदोलन** प्रारम्भ किया था।

- **अहोम विद्रोह** (1828-35) किस राज्य से सम्बंधित है? **-असम**
- रामसिंह के नेतृत्व में संचालित **कूका आन्दोलन** की शुरुआत मूलत: किसके द्वारा की गई थी? **-भगत जवाहरमल** (सेन के द्वारा साहिब)
- **महाराष्ट्र** में कौन सा विद्रोह हुआ था? **-भील विद्रोह**

> **बिरसा मुंडा** ने **एकेश्वरवाद** की स्थापना पर बल दिया था।

किसान/नागरिक विद्रोह

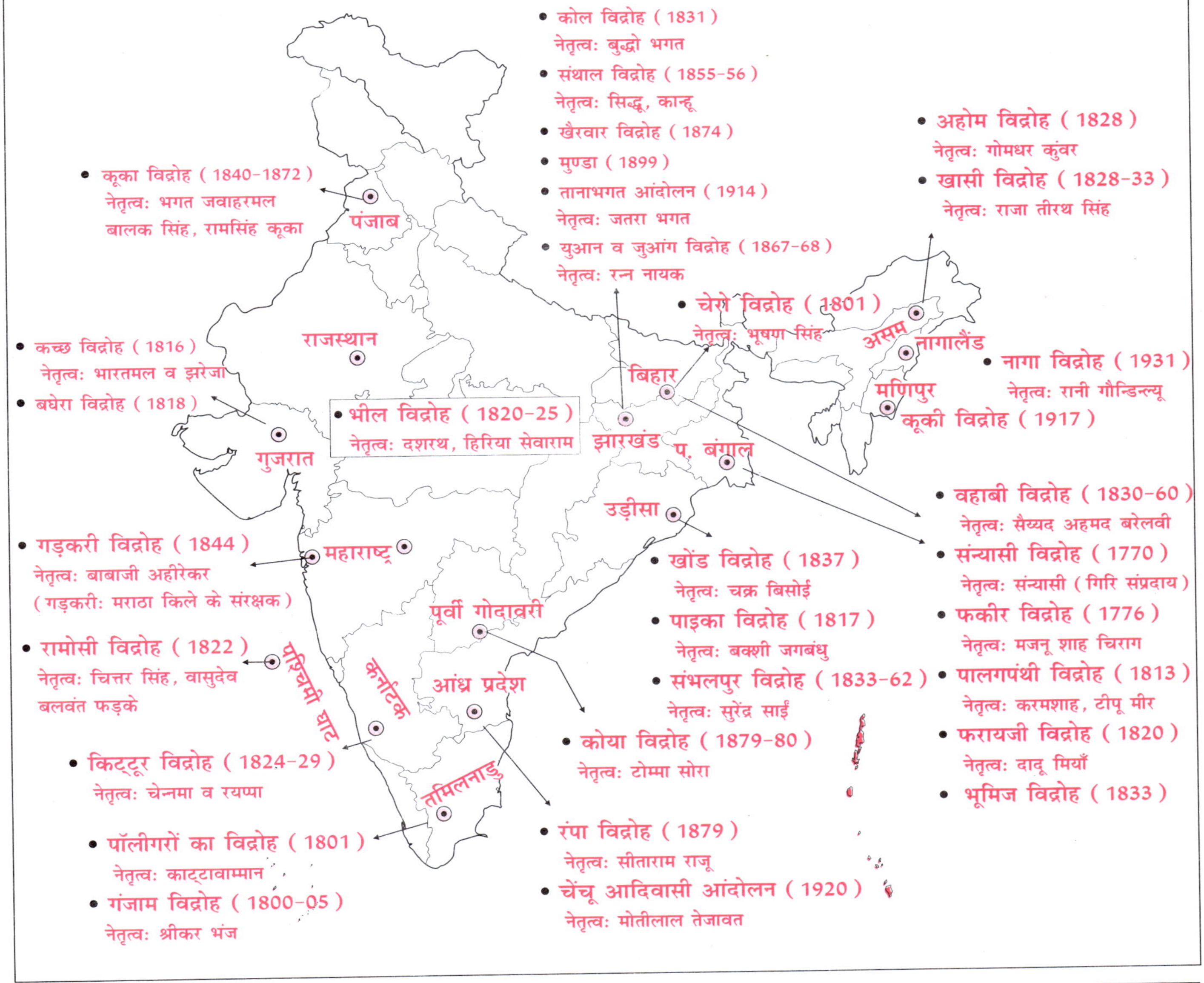

> **गोगिनेनी रंगा बायकुलु** भारतीय स्वतंत्रता सेनानी, संसद नेता तथा **भारतीय किसान आन्दोलन के पिता** माने जाते थे।

विभिन्न किसान आंदोलन : एक दृष्टि में			
आंदोलन	**प्रभावित क्षेत्र**	**नेतृत्व**	**कारण**
मोपला विद्रोह (प्रथम चरण 1836-1854 ई.)	मालाबार	के. एन. हाजी	अंग्रेजों द्वारा नई राजस्व व्यवस्था लागू करना।
नील विद्रोह (1859-60 ई.)	बंगाल	दिगंबर विश्वास, विष्णु विश्वास	यूरोपीय लोगों द्वारा किसानों से बलपूर्वक नील की खेती करवाना।
पाबना विद्रोह (1873-76 ई.)	बंगाल	ईशानचंद्र राय, शंभुनाथ पाल तथा केशव चंद्र राय	अधिक लगान तथा वर्ष 1859 के अधिनियम के अन्तर्गत मिली काश्तकारों की ज़मीन पर कब्जे के विरुद्ध षड्यंत्र और बेदखली।
दक्कन विद्रोह (1874-75 ई.)	महाराष्ट्र के पूना, अहमदनगर, शोलापुर व सतारा जिले	बाबा साहब देशमुख	रैय्यतवाड़ी वाले क्षेत्र के किसान कर्ज अदायगी को लेकर महाजनों के जाल में फँस गए। कपास की गिरती कीमतें व अकाल के बावजूद लगान की दर में अत्यधिक वृद्धि।
चंपारण सत्याग्रह (1917 ई.)	चंपारण, रामनगर मोतिहारी, बेतिया, मधुबनी	महात्मा गाँधी	तिनकठिया प्रणाली के विरोध में।
खेड़ा सत्याग्रह (1918 ई.)	खेड़ा (गुजरात)	महात्मा गाँधी, वल्लभभाई पटेल	फसल बर्बाद होने के बावजूद सरकार द्वारा मालगुजारी वसूल किया जाना।
अवध किसान आंदोलन (1920 ई.)	प्रतापगढ़, रायबरेली, सुल्तानपुर, फैजाबाद	झींगुरी लाल सिंह, बाबा रामचंद्र	अवैध लगान व बेदखली अधिनियम लागू। अवध मालगुजारी (संशोधन अधिनियम) से लगान में बढ़ोतरी।
एका आंदोलन (1921-22 ई.)	बाराबंकी, हरदोई बहराइच, सीतापुर	मदारी पासी	लगान में वृद्धि।
मोपला विद्रोह (द्वितीय चरण) (1921 ई.)	मालाबार	अली मुदलियार	अधिक लगान व बेदखली
बारदोली सत्याग्रह (1928 ई.)	सूरत का बारदोली ताल्लुका	सरदार वल्लभभाई पटेल	लगान में बढ़ोतरी
पंजाब में किसान आंदोलन (1930-40 ई.)	जालंधर, अमृतसर, होशियारपुर, लैलपुरा शेखुपुरा	सोहन सिंह भाकना, ज्वाला सिंह, तेज सिंह, मास्टर हरि सिंह, बाबा	भू-राजस्व में कटौती, ऋणों के भुगतान में स्थगन, तात्कालिक कारण अमृतसर व लाहौर में भू-राजस्व का पुनर्निर्धारण, राजस्व का पुनर्निधारण, नहर-कर में वृद्धि।
तेभागा आंदोलन (1946 ई.)	दिनाजपुर, रंगपुर, जलपाईगुड़ी, मिदनापुर, चौबीस परगना	कंपाराम सिंह भवनसिंह भवनसिंह	बँटाईदारों ने निर्णय लिया कि वे जोतदारों को आधे के स्थान पर एक-तिहाई उपज देंगे।
तेलंगाना आंदोलन (1946-51 ई.)	तेलंगाना	सामूहिक नेतृत्व	निज़ाम, जमींदारों, साहूकारों तथा व्यापारियों के विरुद्ध संघर्ष।

भारत की स्वतंत्रता के पश्चात् चलाए गए **भू-दान आन्दोलन** का नेतृत्व **विनोबा भावे** ने किया था।

ब्रिटिश भारत में शिक्षा का विकास

- व्यक्तिगत प्रयासों से सर्वप्रथम कलकत्ता में शिक्षा हेतु मदरसा की स्थापना किसके द्वारा की गयी? -वॉरेग हेस्टिंग्स
- वर्ष 1784 में कलकत्ता में एशियाटिक सोसायटी ऑफ बंगाल की स्थापना किसके द्वारा की गयी?

  -सर विलियम जोंस

एशियाटिक सोसायटी ऑफ बंगाल के अधीन सर्वप्रथम भगवद्गीता का अंग्रेजी में अनुवाद चार्ल्स विल्किंस ने किया था तथा कालिदास की प्रसिद्ध रचना अभिज्ञान शाकुंतलम् का पहली बार अंग्रेजी में अनुवाद सर विलियम जोंस द्वारा किया गया था।

- वाराणसी में प्रथम संस्कृत महाविद्यालय की स्थापना किसने की थी? -जोनाथन डंकन ने
- वर्ष 1800 में कलकत्ता में असैन्य अधिकारियों के प्रशिक्षण हेतु फोर्ट विलियम कालेज की स्थापना किसके द्वारा की गई थी? - लॉर्ड वेलेजली के द्वारा
- किस अधिनियम के द्वारा भारत में शिक्षा के प्रसार हेतु 1 लाख रुपये खर्च करने का अधिकार गवर्नर जनरल को दिया गया? -चार्टर अधिनियम, 1813
- आंग्ल-प्राच्य विवाद (Anglicist-orientalist Controversy) किससे सम्बंधित है?

  -भारत में शिक्षा पद्धति लागू करने के तरीकों से

भारत में शिक्षा प्रसार हेतु, आंग्लवादी यूरोपीय ज्ञान एवं अंग्रेजी भाषा के समर्थक थे, जबकि प्राच्यवादी, भारतीय पारम्परिक ज्ञान एवं भारतीय भाषाओं के समर्थक थे।

- शिक्षा के सम्बंध में विख्यात अधोमुखी निस्यंदन सिद्धान्त (Downward Filtration Theory) के प्रवर्तक कौन थे?- ऑकलैण्ड
- लॉर्ड मैकाले किस शिक्षा पद्धति से सम्बंधित हैं?

  -अंग्रेजी शिक्षा पद्धति से
- भारत में आधुनिक शिक्षा प्रणाली कब प्रारम्भ हुई?

  -1835 के मैकाले के स्मरण पत्र से
- भारत में अंग्रेजी शिक्षा किस वायसराय के शासन काल में आरम्भ की गई? -लॉर्ड विलियम बैंटिक
- किस घोषणा पत्र को भारतीय शिक्षा का मैग्नाकार्टा कहा जाता है? -वुड घोषणा पत्र (1854 ई.)
- वुड घोषणा पत्र के सुझाव पर कलकत्ता, बम्बई तथा मद्रास में किस वर्ष विश्वविद्यालयों की स्थापना की गई?

  -वर्ष 1857

मनुस्मृति वह प्रथम ग्रंथ है जिसका अनुवाद सबसे पहले संस्कृत से अंग्रेजी भाषा में ए कोड ऑफ जेन्टू लॉज (A Code of Gentoo Laws) के नाम से प्रकाशित हुआ।

- पेरिस स्थित रॉयल एशियाटिक सोसाइटी की सदस्यता किस भारतीय को प्रदान की गई थी?-माइकल मधुसूदन दत्त को
- बम्बई में प्रथम महिला विश्वविद्यालय की स्थापना किसके प्रयासों से हुई? -डी. के. कर्वे
- भारतीय विश्वविद्यालयों में धार्मिक शिक्षा के लिए किसने प्रबल रूप से वकालत की थी? -मदन मोहन मालवीय ने
- बनारस हिन्दू विश्वविद्यालय का शिलान्यास किसके द्वारा किया गया? -लॉर्ड हार्डिंग के द्वारा

भारत में शिक्षा के क्षेत्र में विकास के लिये एनी बेसेंट ने वर्ष 1898 में सेंट्रल हिंदू कॉलेज की स्थापना की, जो वर्ष 1916 में मदनमोहन मालवीय जी के प्रयासों से बनारस हिंदू विश्वविद्यालय बना।

- वर्ष 1817 में डेविड हेयर के सहयोग से कलकत्ता में हिन्दू कॉलेज की स्थापना किसके द्वारा की गई?

  -राजाराम मोहन राय
- वर्ष 1847 में रुड़की इंजीनियरिंग कॉलेज के रूप में भारत के प्रथम इंजीनियरिंग कॉलेज की स्थापना किसके द्वारा की गई? -जेम्स टॉमसन

प्रमुख शिक्षा आयोग

समिति/आयोग	वर्ष	गवर्नर जनरल/वायसराय
• चार्ल्स वुड डिस्पैच	1854	लॉर्ड डलहौजी
• हंटर आयोग	1882	लॉर्ड रिपन
• रैले आयोग (विश्वविद्यालय आयोग)	1902	लॉर्ड कर्जन
• सैडलर आयोग	1917	लॉर्ड चेम्सफोर्ड
• इंचकैप आयोग	1923	लॉर्ड रीडिंग
• हार्टोग समिति (प्राथमिक शिक्षा)	1929	लॉर्ड इरविन
• लिंडसे आयोग (प्रौढ़ शिक्षा)	1929	लॉर्ड इरविन
• सार्जेंट आयोग	1944	लॉर्ड वेवेल
• राधाकृष्णन आयोग	1948	लॉर्ड माउंटबेटन

वर्ष 1937 में गांधी जी द्वारा प्रस्तुत वर्धा योजना शिक्षा से सम्बंधित थी।

आधुनिक भारत में प्रेस का विकास

- भारत का प्रथम समाचार पत्र **द बंगाल गजट** किस वर्ष प्रकाशित किया गया था?
  -वर्ष 1780 में (जेम्स आगस्टस हिक्की के द्वारा)
- **वर्नाक्युलर प्रेस एक्ट** किस वायसराय के समय पारित हुआ था? **-लॉर्ड लिटन**
- **वर्ष 1866** में सम्पादित **ज्ञान प्रदायिनी** पत्रिका का संस्थापक कौन था? **-नवीन चन्द्र राय**
- भारत में सर्वप्रथम **प्रेस सेंसरशिप** किसने लागू की थी?
  -लॉर्ड वेलेजली ने
- **अल-हिलाल** एवं **अल-बिलाग** नामक पत्रिकाएँ किसके द्वारा प्रकाशित की गयी थीं? **-मौलाना अबुल कलाम आजाद**
- **अमृत बाजार पत्रिका** की स्थापना किसने की थी?
  -शिशिर कुमार घोष
- **रामानन्द चटर्जी** द्वारा **बंगाली भाषा** में सम्पादित **मॉर्डन रिव्यू** पत्रिका कहाँ से प्रकाशित होती थी? **-कलकत्ता**

वर्ष 1878 का **वर्नाक्युलर प्रेस एक्ट** लॉर्ड रिपन ने **वर्ष 1882** में रद्द कर दिया था। रिपन को **प्रेस का मुक्तिदाता** कहा जाता है।

- **पत्रकार के कर्त्तव्य** का **निर्वहन** करते हुए जेल जाने वाला प्रथम भारतीय कौन था? **-बाल गंगाधर तिलक**
- एक साप्ताहिक के रूप में **यंग इंडिया** का शुभारंभ किसने किया था? **-होमरूल पार्टी ने**
- भारतीयों द्वारा **अंग्रेजी भाषा में प्रकाशित प्रथम समाचार पत्र** कौन सा था? **-हिन्दू पैट्रियॉट**
- अमेरिका में **फ्री हिन्दुस्तान** अखबार किसने प्रारम्भ किया था?
  -तारकनाथ दास

कानपुर से प्रकाशित **प्रताप** समाचार पत्र के माध्यम से **विजय सिंह पथिक** ने **बिजौलिया आंदोलन** को पूरे भारत में चर्चा का विषय बना दिया।

- फारसी साप्ताहिक **मिरात-उल-अखबार** किसके द्वारा प्रकाशित होता था? **-राजा राममोहन राय**
- **रॉबर्ट नाइट** ने **कलकत्ता** से **वर्ष 1875** में **अंग्रेजी भाषा** की किस पत्रिका का सम्पादन किया था? **-स्टेट्समैन**
- वर्ष 1861 में **इंडियन मिरर** नामक अखबार का प्रकाशन कहाँ से होता था? **-कलकत्ता**
- **बहिष्कृत भारत** पत्रिका से किसका सम्बंध था?
  -डॉ. भीमराव अम्बेडकर
- **हरिजन पत्रिका** के प्रारम्भकर्ता कौन थे? **-महात्मा गाँधी**
- **लिटन** द्वारा **वर्नाक्यूलर प्रेस एक्ट** पारित कर किस वर्ष भारतीय **समाचारपत्रों पर प्रतिबंध** लगा दिया गया? **-वर्ष 1878**

वर्ष 1920 में लाहौर से **लाला लाजपत राय** द्वारा **उर्दू** में **वन्दे मातरम्** समाचार पत्र प्रारम्भ किया गया था।

- **सोम प्रकाश** नामक समाचार पत्र की शुरुआत किसने की थी?
  -ईश्वर चन्द्र विद्यासागर
- लीडर अखबार किस कार्य के लिए प्रसिद्ध था?
  -उदारवादियों की नीतियों का प्रचार करने के लिए
- अंग्रेजी साप्ताहिक पत्र **वंदे मातरम्** के साथ किसका सम्बंध है?
  -अरविंद घोष
- किस पत्रिका ने **वर्नाक्यूलर प्रेस एक्ट-1878** का समर्थन किया था? **-पायनियर**

नील आंदोलन का समर्थन करने वाली पत्रिका **हिन्दू पैट्रियॉट** के सम्पादक **हरिशचन्द्र मुखर्जी** थे।

- **स्वदेशवाहिनी** नामक पत्रिका के सम्पादक कौन थे।
  -के.रामकृष्ण पिल्लै
- अंग्रेजी समाचार पत्र **इंडिपेंडेंट** (Independent) किसके द्वारा प्रारम्भ किया गया था? **-मोतीलाल नेहरू**
- **मराठी भाषा** की पत्रिका **केसरी** के सम्पादक कौन थे?
  -लोकमान्य बाल गंगाधर तिलक
- **इंडियन नेशन** अखबार का प्रकाशन कहाँ से होता था?
  -पटना से

कांग्रेस के प्रथम अधिवेशन के समाप्त होने के एक सप्ताह बाद **कलकत्ता** के समाचारपत्र **द इंडियन मिरर** ने लिखा, **बम्बई में आयोजित प्रथम राष्ट्रीय कांग्रेस भारत में ब्रिटिश शासन के इतिहास में एक महत्वपूर्ण अध्याय जोड़ती** है।

अंग्रेजी समाचार पत्र **लीडर** का सम्पादन **मदन मोहन मालवीय** ने **अभ्युदय पत्रिका** के पश्चात् किया था।

प्रमुख समाचार-पत्र व पत्रिकाएँ

पत्र/पत्रिका	प्रकाशन वर्ष	संस्थापक	स्थान	भाषा
• बंगाल गजट	1780	जेम्स आगस्टस हिक्की	कलकत्ता	अंग्रेजी
• बंगाल गजट	1816	गंगाधर भट्टाचार्य	कलकत्ता	अंग्रेजी
• समाचार दर्पण	1818	मार्शमैन	कलकत्ता	बंगाली
• दिग्दर्शन	1818	मार्शमैन	कलकत्ता	बंगाली
• संवाद कौमुदी	1821	राजा राममोहन राय	कलकत्ता	बंगाली
• मिरातुल अखबार	1822	राजा राममोहन राय	कलकत्ता	फारसी
• बॉम्बे समाचार	1822	फर्दूनजी मर्जबान	बम्बई	गुजराती
• बंगदत्त	1830	द्वारिकानाथ टैगोर, प्रसन्न टैगोर	कलकत्ता	बंगाली
• जामे जमशेद	1831	पी. एम. मोतीबाला	बम्बई	फारसी
• रास्त गोफ्तार	1851	दादाभाई नौरोजी	बम्बई	गुजराती
• सत्य प्रकाश	1852	करसोनदास मूलजी	अहमदाबाद	गुजराती
• हिन्दू पेट्रियॉट	1853	गिरीशचन्द्र घोष, हरिश्चन्द्र मुखर्जी	कलकत्ता	अंग्रेजी
• सोम प्रकाश	1859	ईश्वरचन्द्र विद्यासागर	कलकत्ता	बंगाली
• इंडियन मिरर	1861	देवेन्द्रनाथ टैगोर, मनमोहन घोष	कलकत्ता	अंग्रेजी
• टाइम्स ऑफ इंडिया	1861	अंग्रेजी प्रेस	बम्बई	अंग्रेजी
• इन्दु प्रकाश	1862	जस्टिस रानाडे	बम्बई	मराठी
• नेटिव ओपिनियन	1864	वी.एन. मांडलिक	बम्बई	अंग्रेजी
• पायनियर	1865	अंग्रेजी प्रेस	इलाहाबाद	अंग्रेजी
• कविवचन सुधा	1867	भारतेन्दु हरिश्चन्द्र	वाराणसी	हिन्दी
• अमतृ बाजार पत्रिका	1868	मोतीलाल घोष, शिशिर घोष	कलकत्ता	बंगाली
• मद्रास मेल	1868	अंग्रेजी प्रेस	मद्रास	अंग्रेजी
• बंग दर्शन	1873	बंकिम चन्द्र भट्ट	कलकत्ता	बंगाली
• द ट्रिब्यून	1881	सर दयाल सिंह मजीठिया	लाहौर	अंग्रेजी
• हिन्दी प्रदीप	1877	बाल कृष्ण भट्ट	वाराणसी	हिन्दी
• हिन्दू	1878	वी. राघवाचारी	मद्रास	अंग्रेजी
• बंगाली	1879	एस. एन. बनर्जी	कलकत्ता	अंग्रेजी
• बंगवासी	1881	जोगिन्दरनाथ बोस	कलकत्ता	बंगली
• मराठा	1881	बाल गंगाधर तिलक	बम्बई	अंग्रेजी
• केसरी	1881	बाल गंगाधर तिलक	बम्बई	मराठी
• इंडिया	1890	दादाभाई नौरोजी	बम्बई	अंग्रेजी
• हिन्दुस्तान स्टैंडर्ड	1899	सच्चिदानन्द सिन्हा	दिल्ली	अंग्रेजी
• इंडियन रिव्यू	1900	जी. ए. नटेशन	मद्रास	अंग्रेजी
• इंडियन ओपिनियन	1903	महात्मा गांधी	दक्षिण अफ्रीका	अंग्रेजी
• इंडियन सोशियोलॉजिस्ट	1905	श्यामजी कृष्ण वर्मा	लंदन	अंग्रेजी
• युगांतर	1906	भूपेन्द्र दत्त, बारीन्द्र घोष	कलकत्ता	बंगाली
• वन्देमातरम्	1909	लाला हरदयाल, श्यामजी कृष्ण वर्मा	पेरिस	अंग्रेजी
• प्रताप	1910	गणेश शंकर विद्यार्थी	कानपुर	हिंदी

सामाजिक, धार्मिक एवं सांस्कृतिक सुधार आंदोलन

- **भारतीय पुनर्जागरण का जनक** किसे कहा जाता है?
  -राजा राममोहन राय

राजा राम मोहन राय को भारत **में सुधार आंदोलनों** तथा **भारतीय राष्ट्रवाद का जनक** भी माना जाता है।

- **राजा राममोहन राय** किस शिक्षा पद्धति के समर्थक थे?
  -पाश्चात्य या (अंग्रेजी) **शिक्षा पद्धति**
- राजा राममोहन राय द्वारा **कलकत्ता में ब्रह्मसमाज** की स्थापना किस वर्ष की गयी थी? **- वर्ष 1828**
- **ब्रह्म समाज** किस सिद्धांत पर आधारित है? **-एकेश्वरवाद पर**
- **संवाद कौमुदी** (बांग्ला भाषा) तथा **मिरात-उल अखबार** (फारसी भाषा) के संपादक कौन थे?
  -राजा राममोहन राय
- **वर्ष 1815** में **एकेश्वरवादी मत** के प्रचार हेतु **राजा राममोहन राय** ने किस संस्था का गठन किया? **-आत्मीय सभा**

ब्रह्म समाज के विचारों को लेकर **वर्ष 1865** में **केशवचंद्र सेन** व **देवेंद्रनाथ टैगोर** के मध्य विवाद हुआ, परिणामस्वरूप केशवचंद्र सेन मूल ब्रह्म समाज से अलग हो गए और **वर्ष 1866** में **आदि ब्रह्म समाज** की स्थापना की। यही बाद में **भारतीय ब्रह्म समाज** कहलाया।

- राममोहन राय को **राजा की उपाधि** किसने प्रदान की थी?
  -मुगल बादशाह अकबर द्वितीय ने
- **राजा राममोहन राय** की समाधि कहाँ स्थित है?
  -ब्रिस्टल (इंग्लैण्ड में)
- **वर्ष 1872** में **नेटिव मैरिज अधिनियम** को पारित करवाने में किसने महत्वपूर्ण भूमिका निभाई थी? **-केशवचंद्र सेन ने**
- **वर्ष 1839** में **तत्वबोधिनी सभा** की स्थापना किसके द्वारा की गई थी? **-देवेन्द्र नाथ टैगोर**
- **वर्ष 1875** में **आर्य समाज की स्थापना** किसके द्वारा की गयी थी? **-स्वामी दयानन्द सरस्वती**

वेदों के पुनरुत्थान का श्रेय स्वामी दयानन्द सरस्वती को दिया जाता है तथा उन्होंने **वेदों की ओर लौटो** का नारा दिया था।

- **दयानन्द सरस्वती** द्वारा **सत्यार्थ प्रकाश** पुस्तक किस भाषा में लिखी गई है? **-संस्कृत**
- किस समाज सुधारक को भारत का **मार्टिन लूथर किंग** कहा जाता है? **-दयानन्द सरस्वती**
- वह व्यक्ति जिसने सर्वप्रथम स्वराज शब्द का प्रयोग किया और हिंदी को राष्ट्रभाषा माना? **-स्वामी दयानंद सरस्वती**
- किस **बंगाली नेता** ने **सती प्रथा का समर्थन** किया था?
  -राधाकांत देव
- **वर्ष 1867** में केशवचन्द्र की प्रेरणा से महाराष्ट्र में **प्रार्थना समाज** की स्थापना किसके द्वारा की गई? **-आत्माराम पाण्डुरंग**
- किस एक **समाज सुधारक** को **महाराष्ट्र का सुकरात** कहा जाता है? **-महादेव गोविन्द रानाडे**
- **वर्ष 1897** में **विवेकानन्द द्वारा राम कृष्ण मिशन** की स्थापना किस स्थान पर की गई थी? **-कलकत्ता**
- स्वामी विवेकानन्द ने **विश्व धर्म संसद** (शिकागो) में कब भाग लिया? **-1893 ई. में**
- **सिस्टर निवेदिता** कौन थीं?**-विवेकानन्द की शिष्या** (मार्गेट नोबेल)

19वीं शताब्दी के उत्तरार्द्ध में **नव हिन्दूवाद** (New Hinduism) के सर्वश्रेष्ठ प्रतिनिधि **स्वामी विवेकानंद** थे।

- न्यूयार्क में **थियोसोफिकल सोसायटी** की स्थापना किस वर्ष की गई थी? **-1875 ई.**
- भारत में **थियोसोफिकल सोसायटी** का **मुख्यालय** कहाँ स्थापित किया गया? **-अड्यार (मद्रास)**
- भारत में **थियोसोफिकल सोसाइटी** को किसके प्रयत्नों से सफलता मिली? **-ऐनी बेसेंट**
- **यंग बंगाल आन्दोलन** के **प्रवर्तक** कौन थे?
  -हेनरी विवियन डेरोजियो
- **विधवा पुनर्विवाह** को कानूनी रूप से वैध करवाने में किसकी महत्वपूर्ण भूमिका थी? **-ईश्वर चंद्र विद्यासागर की**

वर्ष 1851 में **नौरोजी फरदोनजी, दादाभाई नौरोजी, एस.एन. बंगाली, आर.के. कामा** के सहयोग से **रहनुमाई मजदायस्नान सभा गठित** की गई तथा सभा के संदेश को पारसी समाज तक पहुँचाने के उद्देश्य से पत्रिका **रास्त गोफ्तार** नामक पत्रिका प्रारम्भ की गई।

- दलित जातियों के कल्याण के लिए **ज्योतिबा फुले** ने **वर्ष 1873** में किस संस्था की स्थापना की? **-सत्य शोधक समाज**

स्वतंत्रता के पश्चात् **मौलाना आजाद** भारत के **पहले शिक्षा मंत्री** बने तथा **विश्वविद्यालय अनुदान आयोग** की स्थापना की।

- **ब्राह्मणों** की सर्वोच्चता को चुनौती देने के लिए **आत्म सम्मान आन्दोलन** किसके द्वारा चलाया गया? **-वी. रामास्वामी नायकर** (पेरियार)
- **राधास्वामी सत्संग** के संस्थापक कौन थे? **-शिव दयाल साहब**
- **गुलामगिरी** पुस्तक के लेखक कौन थे? **-ज्योतिबा फुले**
- **सर्वेन्ट्स ऑफ इंडिया सोसाइटी** की स्थापना किसने की थी? **-गोपाल कृष्ण गोखले ने**

हिन्दू धार्मिक-सामाजिक आंदोलन

संस्था	संस्थापक	स्थापना	स्थल	प्रमुख उद्देश्य
• **आत्मीय सभा**	राममोहन राय	1815 ई.	कलकत्ता	हिंदू धर्म की बुराईयों पर आक्रमण व एकेश्वरवाद का प्रचार-प्रसार।
• **ब्रह्म समाज**	राममोहन राय	1828 ई.	कलकत्ता	इसका उद्देश्य, एकेश्वरवाद का प्रसार था। पहले इसका नाम ब्रह्म सभा था।
• **धर्म सभा**	राधाकांत देव	1829 ई.	कलकत्ता	इसकी स्थापना ब्रह्म समाज के विरोध में हुई तथा इसका उद्देश्य हिंदू धर्म की रक्षा करना था।
• **तत्वबोधिनी सभा**	देवेंद्रनाथ टैगोर	1839 ई.	कलकत्ता	इसका उद्देश्य, राजा राममोहन राय के विचारों का प्रचार करना था।
• **परमहंस मंडली**	दादोबा पाण्डुरंग	1849 ई.	बम्बई	इसका उद्देश्य, जाति प्रथा के बंधनों को समाप्त करना था।
• **भारतीय ब्रह्म समाज**	केशवचंद्र सेन	1866 ई.	कलकत्ता	ब्रह्म समाज से अलग होकर केशवचन्द्र सेन ने नई संस्था स्थापित की, इस विभाजन के बाद मूल समाज को आदि ब्रह्म समाज कहा गया।
• **प्रार्थना सभा**	आत्माराम पाण्डुरंग	1867 ई.	बम्बई	इसका प्रमुख उद्देश्य, हिंदू धर्म के विचारों तथा प्रचलित मान्यताओं में सुधार करना था।
• **आर्य समाज**	दयांनद सरस्वती	1875 ई.	बम्बई	हिंदू धर्म में सुधार तथा हिंदुओं का धर्म परिवर्तन रोकना था।
• **थियोसोफिकल सोसाइटी**	मैडम एच.पी. ब्लावात्सकी व हेनरी अल्कॉट	1875 ई.	न्यूयॉर्क	इस संस्था का प्रमुख उद्देश्य, प्राचीन हिन्दू धर्म एवं दर्शन का प्रसार तथा विश्व बंधुत्व की भावना विकसित करना था।
• **साधारण ब्रह्म समाज**	शिवनाथ शास्त्री, आनंद मोहन बोस	1878 ई.	कलकत्ता	ब्रह्म समाज में द्वितीय विभाजन, समाज की व्यवस्था तथा समाज सुधार के प्रश्न पर केशवचन्द्र सेन के युवा अनुयायियों के एक वर्ग ने उन्हें छोड़ दिया।
• **इंडियन नेशनल सोशल कॉफ्रेंस**	एम.जी. रानाडे	1887 ई.	बम्बई	भारतीय समाज में प्रचलित बुराईयों को दूर करके सोशल कॉफ्रेंस करना तथा महिला कल्याण करना।
• **रामकृष्ण मिशन**	स्वामी विवेकानंद	1897 ई.	बेलूर	इसका उद्द्देश्य, मानवतावादी एवं सामाजिक कार्य करना था।
• **भारत सेवक समाज**	गोपाल कृष्ण गोखले	1905 ई.	बम्बई	मातृभूमि की सेवा के लिए भारतीयों को विभिन्न क्षेत्रों में शिक्षित करना।
• **पूना सेवा सदन**	रमाबाई रानाडे	1909 ई.	पूना	महिला कल्याण को बढ़ावा देना व उनका उत्थान करना।
• **सोशल सर्विस लीग**	एन. एम. जोशी	1911 ई.	बम्बई	सामान्य नागरिकों के लिए जीवन में बेहतर कार्य करने का अवसर प्रदान करना।
• **वीमेंस इंडियन**	-	1923 ई.	मद्रास	यह संस्था भारतीय महिलाओं के कल्याण हेतु गठित गयी थी।
• **रहनुमाई मजदायस्नान सभा**	दादाभाई नौरोजी, फरदून जी, एच.एस. बंगाली	1851 ई.	बम्बई	इसका उद्देश्य, **पारसी** या **जरथ्रुष्ट्र** (Zoroastrianism) धर्म सुधार तथा सभी पारसी महिलाओं मे आधुनिक चेतना का प्रसार करना था।

महाराजा खेतड़ी के सुझाव पर **नरेन्द्र नाथ दत्त** का नाम परिवर्तित कर **स्वामी विवेकानंद** रख दिया गया था।

- सिख धर्म में सुधार के लिए नामधारी आन्दोलन किसके द्वारा चलाया गया? -गुरु राम सिंह कूका
- महाराष्ट्र के किस सुधारक को लोकहितवादी की संज्ञा प्रदान की गयी है? -गोपाल हरि देशमुख को
- वर्ष 1910 इलाहाबाद में भारत स्त्री महामण्डल की स्थापना किसके द्वारा की गयी? -सरला देवी चौधरानी
- महिलाओं के उत्थान के लिए आर्य महिला समाज की स्थापना किसके द्वारा की गयी? -पंडित रामाबाई सरस्वती
- हाली पद्धति किससे सम्बंधित थी? -बँधुआ मजदूरी से
- बहुजन समाज के संस्थापक कौन थे? -मुकुंदराव पाटिल
- पश्चिम भारत के प्रमुख समाज सुधारक डी.के. कर्वे ने किस क्षेत्र में महत्वपूर्ण योगदान दिया? -महिला शिक्षा एवं विधवा पुनर्विवाह के क्षेत्रों में
- भारत में मुस्लिम सुधार आन्दोलन का प्रवर्तक किसे माना जाता है? -सर सैय्यद अहमद खान को
- तहजीब-उल-अखलाक (सभ्यता और नैतिकता) नामक पत्रिका के संपादक कौन थे? -सर सैय्यद अहमद खान

सर सैय्यद अहमद खाँ तथा बनारस के राजा शिव प्रसाद सिंह (सितारे-हिंद) ने कांग्रेस की स्थापना के विरोध में यूनाइटेड इंडियन पैट्रियॉटिक एसोसिएशन की स्थापना की थी।

भारत में मुस्लिम सुधार आन्दोलन

आन्दोलन	संस्थापक	स्थल	विशेषता
अलीगढ़ आन्दोलन	सर सैय्यद अहमद खाँ	अलीगढ़	यह अंग्रेजी शिक्षा एवं ब्रिटिश सरकार के पक्ष में सबसे प्रभावी आन्दोलन था। वर्ष 1875 में अहमद खाँ ने अलीगढ़ में मुहम्मद एंग्लों-ओरिएन्टल स्कूल की स्थापना की थी।
अहमदिया आन्दोलन	मिर्जा गुलाम अहमद	पंजाब	यह उदारवादी सिद्धान्त पर आधारित आन्दोलन था। इसमें जहर का विरोध किया गया।
देवबन्द आन्दोलन	मोहम्मद कासिम ननौतवी, रशीद अहमद गंगोही	देवबन्द सहारनपुर (उत्तर प्रदेश)	इसका मुख्य उद्देश्य कुरान की शिक्षाओं का प्रसार करना तथा अंग्रेजों का विरोध करना था।
वहाबी आन्दोलन	सैय्यद अहमद, राय बरेलवी	पटना (मुख्य केन्द्र)	यह मुख्यत: साम्प्रदायिक मुस्लिम सुधारवादी आंदोलन था।

अंग्रेजों द्वारा निर्मित सामाजिक सुधार के कानून व अधिनियम

कानून	गवर्नर जनरल	वर्ष	विशेषता
• नवजात कन्या हत्या कानून	जॉन शोर	1795	इस कानून के द्वारा कन्याओं की हत्या पर रोक लगायी गयी।
• बाल हत्या निरोधक कानून	लॉर्ड वेलेजली	1804	इस कानून के द्वारा नवजात शिशुओं को मारने पर रोक लगाई गई।
• सती प्रथा निषेध कानून	विलियम बेंटिक	1829	इसके द्वारा सती प्रथा पर कानूनी रोक लगाकर इसे हत्या माना गया।
• हिंदू विधवा पुनर्विवाह अधिनियम	लॉर्ड डलहौजी	1856	इस अधिनियम द्वारा विधवा विवाह को कानूनी मान्यता दी गयी।
• सम्मति आयु अधिनियम	लैंसडाऊन	1891	12 वर्ष से कम आयु के बालकों के विवाह पर रोक लगायी गई।
• शारदा एक्ट	लॉर्ड इरविन	1929	इस एक्ट के द्वारा बालकों एवं बालिकाओं के लिए विवाह की न्यूनतम आयु क्रमश: 18 तथा 14 वर्ष निश्चित की गई।
• हिंदू महिला सम्पत्ति अधिनियम	लॉर्ड ऑकलैण्ड	1837	इसमें हिंदू महिलाओं को सम्पत्ति का अधिकार प्रदान किया गया।
• दास प्रथा प्रतिबंध	लॉर्ड एलेनबरो	1843	1833 के चॉर्टर अधिनियम द्वारा दास प्रथा प्रतिबंधित किया गया।

भारतीय राष्ट्रीय कांग्रेस के इलाहाबाद अधिवेशन, 1888 में जॉर्ज यूले (एकमात्र ब्रिटिश) को अध्यक्ष के रूप में चुना गया।

प्रमुख राजनीतिक संस्थाएँ

- **द्वारकानाथ टैगोर** द्वारा **वर्ष 1838** में स्थापित भारत की **प्रथम राजनैतिक संस्था** कौन सी थी?
  -लैंडहोल्डर्स सोसायटी
- **वर्ष 1867** में इंग्लैण्ड में **ईस्ट इण्डिया एसोसिएशन** नामक एक संगठन की स्थापना किसने की थी?**-दादा भाई नौरोजी**
- **भारत संघ** (Indian Association) के संस्थापक कौन थे?
  -सुरेंद्रनाथ बनर्जी

> **सुरेंद्रनाथ बनर्जी** प्रथम भारतीय हैं, जिन्हें ब्रिटिश द्वारा **इंडियन सिविल सर्विस से बर्खास्त** किया गया था।

- **राजनैतिक सुधारों** को लेकर विरोध करने वाले पहले भारतीय कौन थे? **-सुरेंद्रनाथ बनर्जी**
- **भारतीय राष्ट्रीय कांग्रेस** की पूर्ववर्ती संस्था किसे माना जाता है? **-इण्डियन एसोसिएशन को**
- **25 सितम्बर, 1875** को **इण्डियन लीग** की स्थापना किसके द्वारा की गयी? **-शिशिर कुमार घोष के द्वारा**
- **सिविल सर्विसेज आन्दोलन** का नेतृत्व किसके द्वारा किया गया? **-सुरेन्द्र नाथ बनर्जी के द्वारा**
- **आनंद मोहन बोस** द्वारा **इंडिया सोसाइटी की स्थापना** कहाँ की गई थी? **-लंदन में**

कांग्रेस की स्थापना से पूर्व राजनीतिक संस्थाएँ

संस्था	संस्थापक	स्थापना वर्ष	मुख्यालय
• लैंडहोल्डर्स सोसायटी	द्वारिकानाथ टैगोर	1838	कलकत्ता
• ब्रिटिश इंडिया सोसाइटी	विलियम एडम	1839	कलकत्ता
• बंगाल ब्रिटिश इंडिया सोसाइटी	जॉर्ज थॉमसन	1843	कलकत्ता
• ब्रिटिश इंडियन एसोसिएशन	देवेन्द्रनाथ टैगोर व राधाकान्त देव	1851	कलकत्ता
• बॉम्बे एसोसिएशन	दादाभाई नौरोजी	1852	बम्बई
• मद्रास नेटिव एसोसिएशन	गजुलू नरसुचेट्टी	1852	मद्रास
• ईस्ट इंडिया एसोसिएशन	दादाभाई नौरोजी	1866	लंदन
• पूना सार्वजनिक सभा	गणेश वासुदेव जोशी व एम.जी. रानाडे	1870	पूना
• इंडिया सोसाइटी	आनंदमोहन बोस	1872	लंदन
• इंडियन एसोसिएशन	आनंद मोहन बोस व सुरेंद्रनाथ बनर्जी	1876	कलकत्ता
• नेटिव प्रेस एसोसिएशन	सुरेंद्रनाथ बनर्जी	1877	दिल्ली
• मद्रास महाजन सभा	पी. आनंद चार्लू व वीर राघवाचारी	1884	मद्रास
• बॉम्बे प्रेसीडेंसी एसोसिएशन	बदरुद्दीन तैय्यबजी व फिरोजशाह मेहता	1885	बम्बई

> **अम्बेडकर** ने अपनी पुस्तक **वेटिंग फॉर अ वीजा** में **जातिगत भेदभाव** के शिकार होने की घटना का वर्णन किया है।

भारतीय राष्ट्रीय कांग्रेस

- वर्ष 1885 में भारतीय राष्ट्रीय कांग्रेस की स्थापना किसके द्वारा की गयी? **-ए. ओ. ह्यूम**
- भारतीय राष्ट्रीय कांग्रेस का **प्रथम अधिवेशन** कब आयोजित किया गया? **-28 दिसम्बर 1885**
- भारतीय राष्ट्रीय कांग्रेस का **प्रथम अध्यक्ष** कौन थे? **-व्योमेश चन्द्र बनर्जी**

भारतीय राष्ट्रीय कांग्रेस का **प्रथम अधिवेशन पुणे** में आयोजित किया जाना था, लेकिन उस समय **पुणे** में **बीमारी प्लेग फैल** जाने के कारण **प्रथम अधिवेशन मुम्बई** में आयोजित किया गया था।

- भारतीय राष्ट्रीय कांग्रेस के **दूसरे अधिवेशन** की अध्यक्षता किसने की? **-दादाभाई नौरोजी**
- **स्वराज** को **राष्ट्रीय माँग** के रूप में सर्वप्रथम किसने रखा था? **-दादाभाई नौरोजी**
- भारतीय राष्ट्रीय कांग्रेस की स्थापना के समय **भारत का वायसराय** कौन था? **-लॉर्ड डफरिन**
- कांग्रेस को **सूक्ष्मदर्शी अल्पसंख्यक जनता का प्रतिनिधि** बताते हुए उसका मजाक किसने उड़ाया था? **-लॉर्ड डफरिन ने**

प्रारंभ में भारतीय राष्ट्रीय कांग्रेस का नाम **भारतीय राष्ट्रीय संघ** रखा गया था, बाद में **दादाभाई नौरोजी** के सुझाव पर इसका नाम परिवर्तित कर **भारतीय राष्ट्रीय कांग्रेस** कर दिया गया।

- भारतीय राष्ट्रीय कांग्रेस पर **प्रार्थना**, **याचना** तथा **विरोध** की **राजनीति** करने का आरोप किसने लगाया था? **-बाल गंगाधर तिलक ने**
- **लाल**, **बाल** और **पाल** त्रिगुट का कौन सा नेता भारतीय राष्ट्रीय कांग्रेस का अध्यक्ष बना? **-लाला लाजपत राय**

बाल गंगाधर तिलक को कभी भी भारतीय राष्ट्रीय कांग्रेस का **अध्यक्ष नहीं** चुना गया।

- **भारतीय राष्ट्रीय कांग्रेस** के किस अधिवेशन में **बाल गंगाधर तिलक** ने अभिव्यक्त किया था, **स्वराज मेरा जन्मसिद्ध अधिकार है और मैं उसे लेकर रहूँगा**? **-लखनऊ अधिवेशन, 1916 ई.**

भारतीय राष्ट्रीय कांग्रेस : प्रमुख तथ्य		
प्रथम अध्यक्ष	-	डब्ल्यू. सी. बनर्जी
प्रथम मुस्लिम अध्यक्ष	-	बदरूद्दीन तैय्यबजी
प्रथम यूरोपीय अध्यक्ष	-	जार्ज यूले
प्रथम महिला अध्यक्ष	-	एनी बेसेन्ट
प्रथम भारतीय महिला अध्यक्ष	-	सरोजिनी नायडू

- **कांग्रेस आंदोलन न तो लोगों द्वारा प्रेरित था, न ही यह उनके द्वारा सोचा या योजनाबद्ध किया गया था**, यह किसने कहा था? **-सर सैय्यद अहमद खाँ**
- यह किसने कहा था कि **कांग्रेस पतन के लिए लड़खड़ा रही है, मेरी सबसे बड़ी अभिलाषा, जब तक मैं भारत में हूँ, कांग्रेस की शांतिपूर्ण समाप्ति में सहयोग करना है।** **-लॉर्ड कर्जन**

सुरेंद्रनाथ बनर्जी, भारतीय राष्ट्रीय कांग्रेस की **स्थापना अधिवेशन** में उपस्थित नहीं थे।

- भारतीय राष्ट्रीय कांग्रेस के **वर्ष 1924 के अधिवेशन** में महात्मा गाँधी द्वारा मात्र **एक बार अध्यक्षता** की गई, यह अधिवेशन कहाँ हुआ था? **-बेलगाँव (कर्नाटक)**
- **वर्ष 1938** के भारतीय राष्ट्रीय कांग्रेस के **हरिपुरा अधिवेशन** की अध्यक्षता की थी? **-सुभाष चंद्र बोस ने**
- **वर्ष 1939** के **भारतीय राष्ट्रीय कांग्रेस के अधिवेशन** के दौरान सुभाष चंद्र बोस द्वारा अध्यक्ष पद से इस्तीफा के बाद किसे अध्यक्ष चुना गया? **-डॉ. राजेन्द्र प्रसाद**
- कांग्रेस की स्थापना के संदर्भ में **सेफ्टी वॉल्व** का सिद्धान्त किसके द्वारा दिया गया? **-लाला लाजपत राय के द्वारा**

महात्मा गांधी ने सुझाव दिया था कि **स्वतंत्रता के पश्चात् भारतीय राष्ट्रीय कांग्रेस को समाप्त कर दिया जाए।**

- स्वतंत्रता के समय **भारतीय राष्ट्रीय कांग्रेस** के अध्यक्ष कौन थे? **-आचार्य जे.बी. कृपलानी**
- किस अधिवेशन में भारतीय राष्ट्रीय कांग्रेस तथा **मुस्लिम लीग** के मध्य समझौता हुआ? **-लखनऊ अधिवेशन** (1916)
- **लगातार छः वर्ष** तक **भारतीय राष्ट्रीय कांग्रेस** के **अध्यक्ष** कौन थे? **-मौलाना अबुल कलाम आजाद**

यदि हम मेंढक की तरह वर्ष में केवल एक बार टर्राएँगे तो भारतीयों को कोई सफलता नहीं मिलेगी **-बाल गंगाधर तिलक**

भारतीय राष्ट्रीय कांग्रेस के महत्वपूर्ण वार्षिक अधिवेशन			
वर्ष	स्थल	अध्यक्ष	प्रमुख घटनाएँ
1885	बम्बई	डब्ल्यू.सी. बनर्जी व्योमेश चन्द्र बनर्जी	कांग्रेस का प्रथम अधिवेशन **बम्बई** के ग्वालिया टैंक **गोकुलदास तेजपाल संस्कृत कॉलेज** में हुआ था। प्रारंभ में इसका नाम **भारतीय राष्ट्रीय संघ** था, किंतु **दादाभाई नौरोजी** के सुझाव पर इसे **भारतीय राष्ट्रीय कांग्रेस** कर दिया गया। इस अधिवेशन में कुल 72 प्रतिनिधि शामिल हुए थे।
1886	कलकत्ता	दादाभाई नौरोजी (प्रथम पारसी अध्यक्ष)	नेशनल एसोसिएशन कांग्रेस का राष्ट्रीय कांग्रेस में विलय हो गया। तत्कालीन वायसराय लार्ड **डफरिन** ने सभी सदस्यों को गार्डेन पार्टी पर आमंत्रित किया।
1887	मद्रास	बदरुद्दीन तैय्यबजी	सर्वप्रथम तमिल भाषा में भाषण दिया तथा शस्त्र अधिनियम में संशोधन।
1888	इलाहाबाद	जॉर्ज यूले (प्रथम अंग्रेज अध्यक्ष)	**जॉर्ज यूले प्रथम यूरोपीय** निर्वाचित अध्यक्ष बने। इलाहाबाद के गवर्नर ऑकलैंड के विरोध के बावजूद सम्मेलन संपन्न हुआ। इस अधिवेशन में पहली बार **लाला लाजपत राय** ने हिंदी में भाषण दिया।
1890	कलकत्ता	फिरोजशाह मेहता	कलकत्ता विश्वविद्यालय की **पहली महिला स्नातक कादंबिनी गांगुली** ने कांग्रेस अधिवेशन को सम्बोधित किया।
1896	कलकत्ता	रहमतुल्ला एम. सयानी	पहली बार **वंदेमातरम्** गाया गया।
1905	बनारस	गोपालकृष्ण गोखले	बंगाल विभाजन की आलोचना की गई। **स्वदेशी** व **बहिष्कार** का **समर्थन** किया गया।
1906	कलकत्ता	दादाभाई नौरोजी	**दादाभाई नौरोजी** ने **स्वराज** (स्वशासन) शब्द का कांग्रेस के मंच से **प्रथम बार** प्रयोग किया।
1907	सूरत	रासबिहारी घोष	कांग्रेस का **प्रथम विभाजन** (नरम दल एवं गरम दल में)
1911	कलकत्ता	विशन नारायणधर	पहली बार **जन गण मन** गाया गया। सरकार की कठोर नीतियों का विरोध।
1916	लखनऊ	अंबिकाचरण मजूमदार	नरम दल एवं गरम दल का एकीकरण कांग्रेस और मुस्लिम लीग में समझौता। तिलक ने नारा दिया **स्वराज मेरा जन्मसिद्ध अधिकार है, मैं इसे लेकर रहूँगा**
1917	कलकत्ता	एनी बेसेंट (प्रथम महिला अध्यक्ष)	सर्वप्रथम तिरंगे झण्डे को कांग्रेस ने अपनाया।
1920	नागपुर	सी. विजयराघवाचारियार	**असहयोग आंदोलन** के कार्यक्रम का अनुमोदन।
1924	बेलगाँव	महात्मा गाँधी	एकमात्र कांग्रेस अधिवेशन जिसकी अध्यक्षता **महात्मा गांधी** ने की।
1925	मद्रास	एस.ए. अंसारी	पूर्ण स्वाधीनता की माँग की गई। **साइमन कमीशन के बहिष्कार** का प्रस्ताव पारित किया गया।
1929	लाहौर	जवाहरलाल नेहरू	**पूर्ण स्वराज** की माँग। प्रतिवर्ष 26 जनवरी को स्वतंत्रता दिवस मनाने का निर्णय लिया गया।
1931	कराची	वल्लभभाई पटेल	**मूल अधिकार** का प्रस्ताव, **गांधी-इरविन समझौते** का अनुमोदन
1936	लखनऊ	जवाहर लाल नेहरू	**जवाहरलाल नेहरू** ने **समाजवाद** (Socialism) को भारत की समस्याओं को हल करने की कुंजी बताया।
1937	फैजपुर	जवाहरलाल नेहरू	प्रथम अधिवेशन जो **गाँव** में सम्पन्न हुआ।
1938	हरिपुरा	सुभाष चंद्र बोस	**राष्ट्रीय नियोजन समिति** का गठन किया गया, जिसके **अध्यक्ष जवाहिरलाल** नेहरू बने। **सुभाष चंद्र बोस** द्वारा हिंदी भाषा के लिये **रोमन लिपि** (Roman Seript) लागू करने की वकालत।
1940	रामगढ़	मौलाना अबुल कलाम आजाद	मौलाना आजाद लगातार **6 वर्ष** तक कांग्रेस के अध्यक्ष पद पर रहे।
1946	मेरठ	आचार्य जे.बी. कृपलानी	**आजादी के समय यही अध्यक्ष** थे।

बम्बई प्रसिडेंसी एसोसिएशन, 1885 की स्थापना **बदरूद्दीन तैय्यब**, **फिरोजशाह मेहता** तथा **के.टी. तैलंग** के सहयोग से हुई थी।

भारत में क्रांतिकारी आंदोलन

- **मुजफ्फरपुर** में **किंग्सफोर्ड की हत्या** का प्रयास कब किया गया? **-वर्ष 1908 में**
- **अनुशीलन समिति** का संस्थापक कौन था? **-पी.मित्रा** (प्रथमनाथ मिश्रा)
- **निष्क्रिय विरोध** के सिद्धांत का प्रतिपादन किसने किया था? **-अरविंद घोष**
- **गोरखपुर जेल** में किस क्रांतिकारी को फाँसी दी गयी थी? **-रामप्रसाद बिस्मिल**

> **लाहौर षड्यंत्र** केस के लिए **भगत सिंह**, **राजगुरु** तथा **सुखदेव** को **23 मार्च, 1931** को फाँसी दी गई।

- **हिन्दुस्तान रिपब्लिकन एसोसिएशन** की स्थापना किस वर्ष की गई थी? **-वर्ष 1924 में**
- **हिन्दुस्तान रिपब्लिकन एसोसिएशन** (HRA) की स्थापना कहाँ की गई थी। **-कानपुर में**
- ब्रिटिश सरकार ने **काकोरी कांड** में किसको फांसी पर चढ़ा दिया? **-राम प्रसाद बिस्मिल**
- **काकोरी षड्यंत्र कांड** किस वर्ष हुआ था? **-वर्ष 1925 में**

> **वर्ष 1928** में **चंद्रशेखर आजाद** द्वारा **हिन्दुस्तान सोशलिस्ट रिपब्लिकन एसोसिएशन** की स्थापना **दिल्ली** में की गयी।

- **मित्र मेला संघ** की स्थापना किसने की थी? **-विनायक दामोदर सावरकर ने**
- **लखनऊ समझौता** (वर्ष 1916) का विरोध किसने किया था? **-मदन मोहन मालवीय ने**
- वह महिला क्रांतिकारी जिसने **दीक्षांत समारोह** में अपनी उपाधि ग्रहण करते समय **अंग्रेज गवर्नर** पर गोली चलाई थी? **-बीना दास**
- **चटगाँव शस्त्रागार पर धावा** (Chattagaon Armoury Raid) किसने आयोजित किया था? **-सूर्यसेन**

> **अशफाकउल्ला खाँ** भारतीय स्वतंत्रता के लिए फाँसी पाने वाले **प्रथम रिकार्डेड मुस्लिम** थे।

- स्वतंत्रता संग्राम के **दौरान सबसे कम आयु** में शहीद होने वाले क्रांतिकारी कौन थे? **-खुदीराम बोस**
- **इंकलाब जिंदाबाद** का नारा किसने दिया था? **-भगत सिंह**

> **बर्रा डकैती** के क्रांतिकारियों का पहला महत्वपूर्ण साहसिक कार्य **पूर्वी बंगाल** में हुआ था।

- क्रांतिकारियों के एक गुप्त संगठन **अभिनव भारत** का गठन किसने किया था? **-वी.डी.सावरकर ने**
- **अलीपुर षड्यंत्र** मामले में अरविंद घोष का बचाव किसने किया था? **-चितरंजन दास**
- **युगांतर पार्टी** का नेतृत्व किसके द्वारा किया गया था? **-जतींद्रनाथ मुखर्जी ने**

> बंगाल में **वारीन्द्र कुमार घोष** के क्रियाकलापों ने **अनुशीलन समिति** नामक एक **गुप्त क्रांतिकारी संगठन** को जन्म दिया था।

- **जतिन दास** किस आरोप में बंदी बनाए गए थे? **-लाहौर षड्यंत्र**
- **जेल में भूख हड़ताल के कारण** सबसे पहले किस स्वतंत्रता संग्राम सेनानी की मृत्यु हुई थी? **-जतिन दास**

प्रमुख भारतीय क्रांतिकारी संगठन

संगठन	स्थापना (वर्ष)	संस्थापक
मित्र मेला	1899	विनायक दामोदर सावरकर, गणेश सावरकर
भारत माता सोसाइटी	1904	अजीत सिंह व अम्बा प्रसाद
ढाका अनुशीलन समिति	1905	पी. मित्रा व पुलिन दास
अभिनव भारत समाज	1904	वी.डी. सावरकर
अनुशीलन समिति	1907	वारीन्द्र कुमार घोष, जतीन्द्रनाथ बनर्जी, प्रबोध मित्र, पुलिन दास, सतीशचन्द्र बोस
युगांतर, अंजुमाने मोहिब्बाने वतन	1907	वी.के. घोष, भूपेन्द्रनाथ दत्त, सरदार अजीत सिंह
हिंदुस्तान रिपब्लिकन एसोसिएशन	1924	शचीन्द्रनाथ सांन्याल, रामप्रसाद बिस्मिल, योगेश चंद चटर्जी
नौजवान सभा	1926	भगत सिंह
हिंदुस्तान सोशलिस्ट रिपब्लिकन एसोसिएशन	1928	चंद्रशेखर आजाद

> **जियातरंग आन्दोलन** को **रानी गॉडिन्ल्यू** ने आरंभ किया था तथा उन्होंने **ब्रिटिश राज के विरुद्ध नागाओं को संगठित** किया।

भारत से बाहर क्रांतिकारी गतिविधियाँ

- वर्ष 1905 में श्यामजी कृष्ण वर्मा द्वारा इण्डियन होमरूल सोसाइटी की स्थापना कहाँ की गई? -लंदन
- सर्वप्रथम किस महिला ने भारतीय तिरंगा फहराया था? -भीकाजी रुस्तम कामा ने
- भारतीय क्रांति की माँ किसे कहा जाता है? -भीकाजी रुस्तम कामा को
- प्रथम विश्व युद्ध के दौरान कहाँ पर भारत की एक अंतरिम सरकार बनी थी, जिसके प्रेसीडेंट राजा महेंद्र प्रताप थे? -अफगानिस्तान में
- 13 मार्च, 1940 को लंदन में पंजाब के पूर्व लेफ्टिनेंट गवर्नर डायर को किसने गोली मारकर हत्या कर दी थी? -सरदार उधम सिंह ने
- श्यामजी कृष्ण वर्मा ने इंडियन होमरूल सोसाइटी की स्थापना कहाँ की थी? -लंदन में
- कौन सा क्रांतिकारी कर्नल वायली हत्याकांड (वर्ष 1909) से सम्बंधित था? -मदनलाल धींगरा
- वर्ष 1913 में लाला हरदयाल द्वारा गदर आन्दोलन का प्रारम्भ कहाँ से किया गया था? -सैन फ्रांसिस्को (यू.एस.ए.)
- कामागाटामारु प्रकरण किस देश से सम्बन्धित है?-कनाडा
- इंडिपेंडेंस लीग की स्थापना किसके द्वारा की गई? -रासबिहारी बोस

विदेशों में क्रांतिकारी संगठन

संगठन	स्थापना	संस्थापक
• इंडिया होमरूल सोसाइटी	1905 ई.	श्यामजी कृष्ण वर्मा
• इंडिया इंडिपेंडेंस लीग	1907 ई.	तारकनाथ दास
• गदर पार्टी	1913 ई.	लाला हरदयाल, रामचंद्र, बरकतुल्ला, सोहन सिंह भाकना
• हिंद एसोसिएशन	1913 ई.	सोहन सिंह भाकना
• इंडियन इंडिपेंडेंस लीग	1915 ई.	राजा महेन्द्र प्रताप
• आजाद हिंद फौज	1942 ई.	रास बिहारी बोस
• इंडियन इंडिपेंडेंस लीग	1942 ई.	रासबिहारी बोस

क्रांतिकारी आंदोलन से सम्बद्ध व्यक्ति

1.	दामोदर चापेकर व बालकृष्ण चापेकर	• लेफ्टिनेंट एमहर्स्ट और रैण्ड की पूना में हत्या (1897 ई.)
2.	विनायक दामोदर सावरकर	• महाराष्ट्र में मित्र मेला की स्थापना (1899 ई.) बाद में इसीका नाम वर्ष 1904 में अभिनव भारत कर दिया गया। • अभिनव भारत की स्थापना (1904 ई.)
3.	पुलिन दास	• ढाका की अनुशीलन समिति के संस्थापक (1905 ई.)
4.	श्याम जी कृष्णवर्मा व एम. एल. ढींगरा	• लंदन में इंडियन होमरूल सोसाइटी (1905 ई.) की स्थापना।
5.	प्रफुल्ल चन्द्र चाकी व खुदीराम बोस	• मुजफ्फरपुर के न्यायाधीश किंग्सफोर्ड पर बम फेंका (1908 ई.), लेकिन वे बच गए।
6.	रासबिहारी बोस व शचीन्द्र नाथ सान्याल	• दिल्ली में प्रवेश करते समय लॉर्ड हार्डिंग पर बम (1912 ई.) फेंका।
7.	लाला हरदयाल व सोहन सिंह भाकना	• सैन फ्रांसिस्को (अमेरिका) में गदर पार्टी की स्थापना। (1913 ई.) • कामागाटामारू कांड (1914 ई.)
8.	राम प्रसाद बिस्मिल	• हिंदुस्तान रिपब्लिकन एसोसिएशन की स्थापना (1925 ई.), काकोरी षड्यंत्र (1925 ई.)
9.	सूर्यसेन	• चटगाँव षड्यंत्र (1930 ई.)
10.	चंद्रशेखर आजाद	• हिंदुस्तान सोशलिस्ट रिपब्लिकन एसोसिएशन (1928 ई.)
11.	भगत सिंह	• सांडर्स की हत्या (1928 ई.) • केंद्रीय विधानसभा में बम फेंका (1929 ई.) • पंजाब नौजवान भारत सभा (1926 ई.)
12.	राजगुरू	• सांडर्स की हत्या (1928 ई.)
13.	बटुकेश्वर दत्त	• केंद्रीय विधानसभा में बम फेंका (1929 ई.)
14.	जतिन दास	• जेल में 64वें दिन भूख हड़ताल से मृत्यु (1929 ई.)
15.	ऊधम सिंह	• लंदन में सर माइकल ओ-डायर की हत्या।

उत्तरी अमेरिका के भारतीय क्रांतिकारियों ने गुजराती, उर्दू, मराठी, हिन्दी आदि भाषाओं में गदर नामक अखबार प्रकाशित किया था।

बंगाल विभाजन एवं स्वदेशी आंदोलन

- बंगाल का विभाजन किस वायसराय के कार्यकाल में हुआ था? -लॉर्ड कर्जन
- बंगाल विभाजन की घोषणा कब प्रभावी हुई? -16 अक्टूबर, 1905 को

20 जुलाई, 1905 को बंगाल विभाजन के निर्णय की घोषणा हुई, जिसके विरोध में 7 अगस्त, 1905 को कलकत्ता के टाउन हाल में स्वदेशी आन्दोलन आरम्भ हुआ। इसी बैठक में ऐतिहासिक बहिष्कार प्रस्ताव स्वीकृत हुआ था।

- बंगाल का विभाजन मुख्यत: किस उद्देश्य से किया गया था? -बंगाली राष्ट्रवाद की भावना को दुर्बल करने के लिए

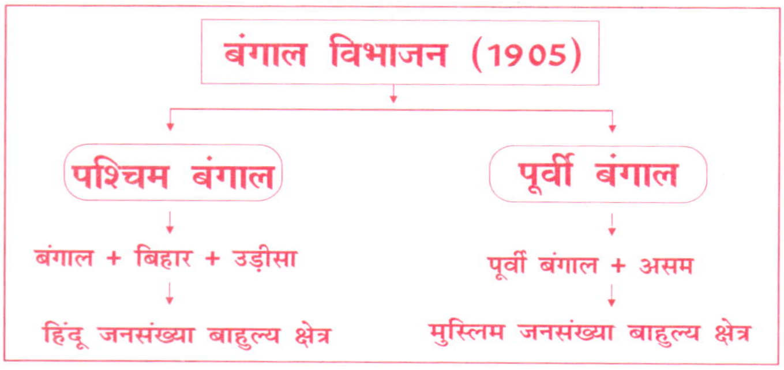

- वन्दे मातरम् किस आंदोलन के दौरान भारतीय राष्ट्रीय आंदोलन का प्रेरक गीत बना? -स्वदेशी आंदोलन
- बंगाल के विभाजन (1905) के विरोध में हुए आंदोलन का नेतृत्व किसने किया था? -सुरेंद्रनाथ बनर्जी ने
- दिल्ली में स्वदेशी आंदोलन का नेतृत्व किसने किया था? -सैय्यद हैदर रजा ने
- मद्रास में स्वदेशी आंदोलन का नेतृत्व किसने किया था? -चिदम्बरम् पिल्लै
- ब्रिटिश वस्तुओं के बहिष्कार को राष्ट्रीय नीति के रूप में किस वर्ष स्वीकृत किया गया? -वर्ष 1905 में
- ब्रिटिश पत्रकार एच.डब्ल्यू. नेविन्सन किस आंदोलन से जुड़े थे? -स्वदेशी आंदोलन से

16 अक्टूबर, 1905 को बंगाल में शोक दिवस मनाया गया। रबीन्द्रनाथ टैगोर के सुझाव पर सम्पूर्ण बंगाल में इस दिन को राखी दिवस के रूप में मनाया गया।

वर्ष 1905 के स्वदेशी आंदोलन को कृषक तथा मुसलमान वर्ग का विशेष समर्थन प्राप्त नहीं हुआ।

- भारत की प्राचीन कला परम्पराओं को पुनर्जीवित करने के लिए एक इंडियन सोसाइटी ऑफ ओरिएंटल आर्ट की स्थापना किसने की थी? -अवनींद्रनाथ टैगोर ने
- स्वदेशी आंदोलन के प्रारम्भ का तात्कालिक कारण क्या था? -लॉर्ड कर्जन द्वारा बंगाल विभाजन करना

बंगाल में ब्रिटेन की वस्तुओं के बहिष्कार का सुझाव सर्वप्रथम कृष्ण कुमार मित्र ने दिया था।

- वर्ष 1905 में बांग्ला पत्रिका संजीवनी के सम्पादक कौन थे? -कृष्ण कुमार मित्र
- स्वदेशी बांधव समिति की स्थापना किसने की थी? -अश्विनी कुमार दत्त ने

स्वदेशी आन्दोलन के दौरान रवीन्द्र नाथ टैगोर ने आमार-सोनार बांग्ला नामक गीत की रचना की, जो आगे चलकर वर्ष 1971 में बांग्लादेश का राष्ट्रगान बना।

- वर्ष 1905 में कांग्रेस के बनारस अधिवेशन में स्वदेशी आन्दोलन का समर्थन किया गया। इस अधिवेशन की अध्यक्षता किसने की थी? -गोपाल कृष्ण गोखले ने
- स्वदेशी आन्दोलन के दौरान बंगाल कैमिकल्स स्वदेशी स्टोर्स की स्थापना किसके द्वारा की गयी? -प्रफुल्ल चन्द्र रॉय के द्वारा

लॉर्ड कर्जन द्वारा वर्ष 1905 में किया गया बंगाल विभाजन, वर्ष 1911 में लॉर्ड हॉर्डिंग के कार्यकाल में रद्द कर दिया गया।

- स्वदेशी आंदोलन का आलोचक तथा पूर्व व पाश्चात्य के मध्य एक बेहतर सम्बंध का समर्थक कौन था? -रवीन्द्रनाथ टैगोर
- बंगाल विभाजन के समय बंगाल का लेफ्टिनेंट गवर्नर कौन था? -सर एन्ड्रूज फ्रेजर
- स्वदेशी आन्दोलन के प्रचार-प्रसार के लिए प्रयोग की गई द बंगाली पत्रिका के सम्पादक कौन थे? -सुरेन्द्र नाथ बनर्जी

अरुण्डेल समिति के सुझाव पर वर्ष 1911 में बंगाल का पुनः एकीकरण कर दिया तथा दिल्ली, भारत की राजधानी बनायी गयी।

मुस्लिम लीग एवं मार्ले-मिंटो सुधार

- मुस्लिम लीग की स्थापना कहाँ हुई थी?-ढाका में (वर्ष 1906)
- ऑल इंडिया मुस्लिम लीग की स्थापना किसने की थी?
  -आगा खाँ, नबाब सलीमुल्लाह, मुहम्मद अली जिन्ना ने
- मुस्लिम लीग का प्रथम अध्यक्ष कौन था? -आगा खाँ
- वर्ष 1907 में मुस्लिम लीग का वार्षिक अधिवेशन कहाँ आयोजित हुआ था? -कराची
- मुस्लिम लीग ने पृथक निर्वाचक मण्डल की माँग किस अधिवेशन में की थी? -अमृतसर अधिवेशन (1908 ई.)

अखिल भारतीय मुस्लिम लीग के अधिवेशन

अधिवेशन	वर्ष	स्थान
प्रथम अधिवेशन	1906 ई.	ढाका
द्वितीय अधिवेशन	1907 ई.	कराची
तृतीय अधिवेशन	1908 ई.	अमृतसर

- वर्ष 1908 में किसकी अध्यक्षता में अखिल भारतीय मुस्लिम लीग की एक शाखा लंदन में स्थापित हुई? -अमीर अली
- भारत शासन अधिनियम, 1909 को किस अन्य नाम से भी जाना जाता है? -मार्ले-मिंटो सुधार अधिनियम, 1909
- किस अधिनिमय के द्वारा मुसलमानों के लिए पृथक् निर्वाचन प्रणाली की व्यवस्था की गई?
  -भारत शासन अधिनियम, 1909
- इंडियन काउंसिल एक्ट, 1909 में प्रकार के प्रतिनिधित्व की व्यवस्था की गई थी? -साम्प्रदायिक प्रतिनिधित्व

> 1909 ई. के सुधार बिल में पृथक निर्वाचन को स्वीकार कर लिया गया। यहीं से द्विराष्ट्र सिद्धांत (Two Nation Theory) की अवधारणा का प्रारम्भ माना जाता है।

- याद रखना कि पृथक निर्वाचन क्षेत्र बनाकर हम ऐसे घातक बीज बो रहे हैं, जिसकी फसल बहुत कड़वी होगी, यह कथन किसके द्वारा कहा गया था? -वायसराय मिन्टो
- गवर्नर जनरल की कार्यकारिणी में भारतीय सदस्य को नियुक्त करने का प्रावधान किस अधिनियम में किया गया था?
  -मार्ले-मिंटो सुधार अधिनियम, 1909 में
- गवर्नर जनरल की कार्यकारिणी में नियुक्त होने वाले प्रथम भारतीय कौन थे? - सत्येन्द्र नाथ सिन्हा

> सत्येंद्र नाथ सिन्हा गवर्नर जनरल की कार्यकारिणी परिषद् के पहले भारतीय सदस्य बने। सत्येंद्र नाथ सिन्हा को बिहार और उड़ीसा का गवर्नर बनाया गया। सम्पूर्ण ब्रिटिश शासन के दौरान इतने ऊँचे पद पर पहुँचने वाले वे एकमात्र भारतीय थे।

कांग्रेस के दो गुटों के प्रमुख नेता

उदारवादी नेता	उग्रवादी नेता
दादाभाई नौरोजी	बालगंगाधर तिलक
सुरेन्द नाथ बनर्जी	विपिन चन्द्र पाल
फिरोज शाह मेहता	लाला लाजपत राय
गोपाल कृष्ण गोखले	अरविन्द घोष

- भारतीय राष्ट्रीय कांग्रेस पर प्रार्थना, याचना तथा विरोध की राजनीति करने का आरोप किसने लगाया?
  -बाल गंगाधर तिलक ने
- शेर-ए-पंजाब के नाम से कौन प्रसिद्ध था?-लाला लाजपत राय
- बाल गंगाधर तिलक को अशांति का जनक किसने कहा था?
  -वेलेंटाइन शिरोल ने
- वर्ष 1908 में 6 वर्ष के कारावास की सजा किस स्वतंत्रता संग्राम सेनानी को दी गई थी? -बाल गंगाधर तिलक
- भारत के स्वतंत्रता आंदोलन के प्रारंभिक दौर में उग्रवादी विचारधारा से क्या आशय है?
  - संवैधानिक साधनों एवं याचिकाओं के स्थान पर आक्रामक साधनों से स्वशासन प्राप्त करना।
- महाराष्ट्र में गणपति उत्सव को किसने प्रारम्भ किया था?
  - बाल गंगाधर तिलक ने

दिल्ली दरबार

दरबार	वर्ष	वायसराय
प्रथम दिल्ली दरबार	1877	लॉर्ड लिंटन
द्वितीय दिल्ली दरबार	1903	लॉर्ड कर्ज़न
तृतीय दिल्ली दरबार	1911	लॉर्ड हार्डिंग

> द्वैधशासन का जनक सर लियोनिल कर्टिस को जबकि बंगाल के द्वैध शासन का जनक रॉबर्ट क्लाइव को कहा जाता है।

कांग्रेस का लखनऊ अधिवेशन एवं होमरूल लीग

- **वर्ष 1916** में सम्पन्न **लखनऊ समझौता** किससे सम्बन्धित है? **-कांग्रेस एवं मुस्लिम लीग के समझौते से**
- **वर्ष 1916 में** भारतीय राष्ट्रीय कांग्रेस के **लखनऊ अधिवेशन** की किसने अध्यक्षता की थी? **-अम्बिका चरण मजूमदार ने**
- **सूरत अधिवेशन** से पृथक् हुए **उग्रवादी** एवं **उदारवादियों** का पुन:एकीकरण किस अधिवेशन में हुआ? **-लखनऊ अधिवेशन**
- **अतिवादियों** एवं **उदारवादियों** के पुन:एकीकरण की प्रक्रिया की **प्रमुख शिल्पकार** कौन थीं? **-एनी बेसेंट**
- **वर्ष 1916** में **मुस्लिम लीग** और **कांग्रेस** के मध्य समझौता किसके द्वारा कराया था? **-बाल गंगाधर तिलक**
- **कांग्रेस के 1916** के **लखनऊ अधिवेशन** में लिया गया वह निर्णय क्या था जिसके मुख्य दूरगामी परिणाम हुए? **-कांग्रेस द्वारा मुस्लिम लीग की पृथक निर्वाचन क्षेत्र की माँग स्वीकार।**
- **मोहम्मद अली जिन्ना** को **हिन्दू-मुस्लिम एकता का दूत** किसने कहा था? **-सरोजिनी नायडू ने**

> **मदनमोहन मालवीय** ने **कांग्रेस एवं मुस्लिम लीग** के मध्य होने वाले समझौते का **विरोध किया** था।

- भारत में **होमरूल लीग की अवधारणा** किस देश से ली गयी थी? **-आयरलैण्ड**
- **प्रथम विश्वयुद्ध** के दौरान कौन सा आंदोलन भारत में लोकप्रिय हुआ था? **-होमरूल आंदोलन**

> **अप्रैल 1916** में, **तिलक** ने **पूना** (महाराष्ट्र) से होमरूल आन्दोलन आरम्भ किया था, जबकि **एनी बेसेंट** के नेतृत्व में **सितम्बर, 1916** में **अड्यार** (मद्रास) से **होमरूल आन्दोलन** प्रारम्भ किया गया।

- एनी बेसेंट ने किस **सप्ताहिक पात्रिका** के माध्यम से **स्वशासन** की माँग की थी? **-कॉमनवील**

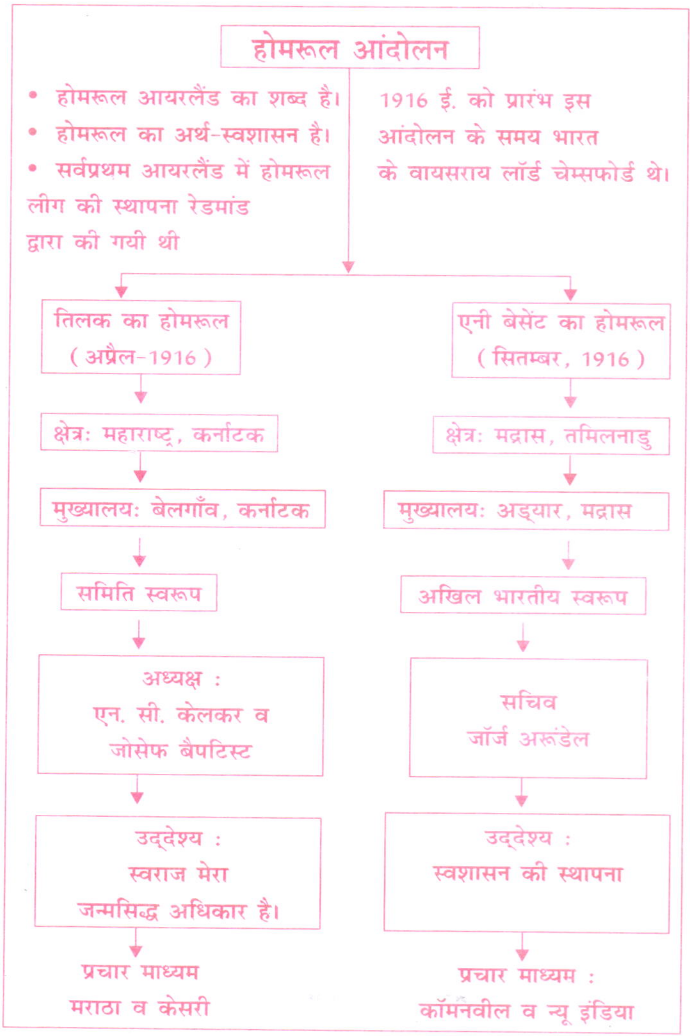

- **फेबियन आंदोलन का प्रस्ताव** किसने दिया था? **-एनी बेसेंट**
- **तिलक** तथा **ऐनी बेसेंट** द्वारा बनाए गए **होमरूल लीग** आन्दोलन की शाखाओं को किस वर्ष एक कर दिया गया था? **-वर्ष 1918 में**
- **वर्ष 1915** में अमेरिका में **होमरूल लीग** का गठन किसके द्वारा किया था? **-लाला लाजपतराय**

> **एनी बेसेंट** की होमरूल लीग के साथ **जॉर्ज अरुंडेल, सी.पी. रामास्वामी अय्यर, वी.पी. वाडिया, मोती लाल नेहरू, तेजबहादुर सप्रू, मदन मोहन मालवीय** आदि सम्बध लोग थे।

> **2 जनवरी, 1916** को लंदन में **भारतीय होमरूल लीग** की स्थापना की गई, इसके **महासचिव डी० ग्राहमपोल** थे।

ट्रेड यूनियन एवं साम्यवादी दल

- वर्ष 1890 में गठित भारत का प्रथम मजदूर संगठन बॉम्बे मिल हैन्ड्स की स्थापना किसके द्वारा की गई थी?
  -एन. एम. लोखण्डे
- वर्ष 1918 में अहमदाबाद टेक्सटाइल लेबर एसोसिएशन (A.T.L.A) की स्थापना किसके द्वारा की गयी थी?
  -महात्मा गाँधी

गाँधी जी ने अहमदाबाद टेक्सटाइल लेबर एसोसिएशन से ट्रस्टीशिप का सिद्धान्त प्रतिपादित किया। इसके अनुसार, पूँजीपति मजदूरों के हितों की रक्षा करने वाला ट्रस्टी होता है न कि मालिक होता है।

- ऑल इण्डिया ट्रेड यूनियन कांग्रेस (A.I.T.U.C) की स्थापना कब हुई थी?
  -वर्ष 1920 (बम्बई)
- ऑल इण्डिया ट्रेड यूनियन कांग्रेस के संस्थापक कौन थे?
  -एन. एम. जोशी

लाला लाजपत राय आल इण्डिया ट्रेड यूनियन कांग्रेस के प्रथम अध्यक्ष थे।

- वर्ष 1929 में नागपुर में सम्पन्न ऑल इण्डिया ट्रेड यूनियन कांग्रेस की अध्यक्षता किसके द्वारा की गई?
  -जवाहरलाल नेहरू
- मई, 1947 में स्थापित इण्डियन नेशनल ट्रेड यूनियन कांग्रेस (I.N.T.U.C) की प्रथम अध्यक्षता किसके द्वारा की गई?
  -वल्लभ भाई पटेल
- रूस में कम्युनिस्ट इंटरनेशनल की स्थापना किस वर्ष की गई थी?
  -मार्च, 1919 में

प्रमुख कारखाना अधिनियम	
कारखाना अधिनियम	गवर्नर जनरल
• कारखाना अधिनियम, 1881	लॉर्ड रिपन
• कारखाना अधिनियम, 1891	लॉर्ड लैंसडाउन
• कारखाना अधिनियम, 1911	लॉर्ड हार्डिंग-II
• कारखाना अधिनियम, 1922	लॉर्ड रीडिंग
• कारखाना अधिनियम, 1934	लॉर्ड विलिंग्टन
• कारखाना अधिनियम, 1944	लॉर्ड वेवेल

सन् 1927 में भारत में सर्वप्रथम 1 मई को मजदूर दिवस (Labour Day) मनाया गया, जो भारत में मजदूरों की बढ़ती हुई राजनीतिक चेतना का सूचक था।

- कम्युनिस्ट इंटरनेशनल के सदस्य बनने वाला प्रथम भारतीय कौन थे?
  -मानवेन्द्र नाथ राय
- एम.एन.राय के सहयोग से ताशकन्द में भारतीय कम्युनिस्ट पार्टी की स्थापना किस वर्ष की गई?
  -17 अक्टूबर, 1920
- पहली साम्यवादी कान्फ्रेंस का आयोजन कहाँ किया गया?
  -कानपुर (26 दिसम्बर, 1925)
- कानपुर षड्यंत्र मुकदमा वर्ष 1924 में ब्रिटिश सरकार द्वारा किस आन्दोलन के नेताओं के विरुद्ध चलाया गया था?
  -साम्यवादी आन्दोलन
- वर्ष 1940 में रेडिकल डेमोक्रेटिक पार्टी की स्थापना किसके द्वारा की गई?
  -एम.एन.राय
- क्रांतिकारी साम्यवादी दल की स्थापना वर्ष 1934 में किसके द्वारा की गई?
  -सौम्येंद्रनाथ टैगोर
- वर्ष 1939 में भारतीय बोल्शेविक पार्टी की स्थापना किसके द्वारा की गई?
  -एन. दत्त मजूमदार

ब्रिटिश भारत में गठित महत्वपूर्ण आयोग		
आयोग (वर्ष)	गवर्नर जनरल	सम्बंध
• फ्रेजर आयोग (1902)	लॉर्ड कर्जन	पुलिस सुधार
• हंटर आयोग (1919)	लॉर्ड चेम्सफोर्ड	पंजाब अशांति
• बटलर आयोग (1927)	लॉर्ड इर्विन	भारतीय रियासतों के साथ संबंध
• लिनलिथगो आयोग (1928)	लॉर्ड इर्विन	भूमि सुधार
• मैक्सवेल-ब्लूमफील्ड आयोग (1928)	लॉर्ड इर्विन	बारदोली में लगान वृद्धि की जांच
• ह्विटले आयोग (1929)	लॉर्ड इर्विन	श्रम
• सप्रू आयोग (1935)	लॉर्ड विलिंगटन	बेरोजगारी
• क्लाइड आयोग (1940)	लिनलिथगो	तेभागा आन्दोलन

भारत में औद्योगिक कार्यशालाओं व बगीचों में श्रम की स्थिति में सुधार हेतु ह्विटले आयोग का गठन किया गया था।

महात्मा गाँधी एवं उनके प्रारम्भिक आंदोलन

राष्ट्रपिता महात्मा गाँधी : एक परिचय

- **नाम** : मोहनदास करमचन्द गाँधी
- **पिता**: करमचन्द गाँधी
- **माता** : पुतलीबाई
- **जन्म** : 2 अक्टूबर, 1869 ई.
- **मृत्यु** : 30 जनवरी, 1948 ई.
- **जन्म स्थान** : पोरबंदर (गुजरात) में
- **विवाह** : 1883 ई. में कस्तूरबा गाँधी से।
- **पुत्र** : **हरिलाल**, **मणिलाल**, **देवदास**, **रामदास**।
- **राजनीतिक गुरु** : गोपालकृष्ण गोखले
- **प्रमुख शिष्य** : इंग्लैण्ड में जन्मी **मीरा बेन** (महात्मा गाँधी द्वारा प्रदत्त नाम) का वास्तविक नाम **मैडलीन स्लेड** था।
- **कानून की पढ़ाई के लिए इंग्लैण्ड प्रस्थान** : 1888 ई., मुंबई से
- **कानून (बैरिस्टर) की डिग्री प्राप्त** : 1891 ई. में
- **अब्दुल्ला के मुकदमे के लिए दक्षिण अफ्रीका गये** : 1893 ई. में
- **दक्षिण अफ्रीका में नटाल कांग्रेस की स्थापना** : 1894 ई. में
- **दक्षिण अफ्रीका में जुलू व बोअर पदक** : 1899 ई. में
- **कैसर-ए-हिंद की उपाधि** : 9 जनवरी, 1915 ई. में
- **कांग्रेस अधिवेशन में प्रथम बार शामिल** : 1901 ई. (कलकत्ता अधिवेशन)
- **डरबन (दक्षिण अफ्रीका) में फीनिक्स आश्रम की स्थापना**: 1904 ई. में
- **सत्याग्रह का प्रथम प्रयोग** : 1906 ई., दक्षिण अफ्रीका में
- **जीवन पहली बार जेल गए का प्रथम जेल अनुभव** : 1908 ई. में
- **टॉलस्टाय फार्म की स्थापना** : 1910 ई., जोहान्सबर्ग, दक्षिण अफ्रीका
- **महात्मा गाँधी की दक्षिण अफ्रीका में सक्रियता** : 21 वर्ष
- **महात्मा गाँधी का भारत आगमन** : 9 जनवरी, 1915
- **साबरमती आश्रम की स्थापना** : 1915 ई.
- **कांग्रेस अधिवेशन की अध्यक्षता** : 1924 ई. (बेलगाँव, कर्नाटक)
- **आत्मकथा** : सत्य के साथ मेरे प्रयोग (1925 ई.)
- **सिद्धांत** : सत्य एवं अहिंसा
- **अखिल भारतीय खादी बोर्ड की स्थापना** : 1923 ई.
- **अखिल भारतीय चरखा संघ की स्थापना** : 23 सितंबर, 1925
- **प्रमुख पुस्तकें** : सत्य के साथ मेरे प्रयोग (आत्मकथा), इंडिया ऑफ माई ड्रीम्स, अनासक्त योग, हिंद स्वराज (1909 ई.) गीता माता, सप्त महाव्रत, (गाँधी जी का वास्तविक दर्शन व पश्चिमी सभ्यता का विरोध), सुनो विद्यार्थियों।
- **प्रमुख समाचार-पत्र** : द ग्रीन पैम्पलेट (14 अगस्त, 1896; राजकोट); इंडियन ओपिनियन (1903, दक्षिण अफ्रीका में), यंग इंडिया (1919); हरिजन (1932)।

महात्मा गांधी की प्रमुख उपाधियाँ

उपाधि	सम्बोधनकर्ता/समय
कैसर-ए-हिन्द	प्रथम विश्व युद्ध के समय
भर्ती करने वाला सार्जेंट	प्रथम विश्व युद्ध के समय
भंगी शिरोमणि	दक्षिण अफ्रीका के प्रवास के दौरान
कुली बैरिस्टर	दक्षिण अफ्रीका के अंग्रेज मजिस्ट्रेट
कर्मवीर	दक्षिण अफ्रीका के सहयोगी
सेवाग्राम का संत	आश्रम के अतिथियों द्वारा
आधुनिक युग के अजात शत्रु	डॉ. राजेन्द्र प्रसाद

उपाधि	सम्बोधनकर्ता/समय
मलंग बाबा	कबायलियों द्वारा
बापू	सी.एफ एंड्रूज व जवाहरलाल नेहरू
देशद्रोही फकीर	विंस्टन चर्चिल
भिखारियों का राजा	पं. मदन मोहन मालवीय
राष्ट्रपिता	सुभाष चन्द्र बोस
अर्द्धनग्न फकीर	विंस्टन चर्चिल
वन मैन बाउंड्री फोर्स	लॉर्ड माउंटबेटन द्वारा
महात्मा	रवीन्द्रनाथ टैगोर

वायकॉम सत्याग्रह (वर्ष 1924-25), अश्पृश्यता की कुप्रथा के विरुद्ध **त्रावणकोर** (केरल) में चलाया गया था।

- महात्मा गाँधी किस वर्ष दक्षिण अफ्रीका से भारत वापस लौटे थे? - वर्ष 1915
- किसने गाँधीजी को सर्वप्रथम महात्मा के तौर पर संबोधित किया था? -रवींद्रनाथ टैगोर ने
- स्वाधीनता आंदोलन के दौरान महात्मा गाँधी के घनिष्ठ अंग्रेज मित्र कौन थे? -रेवरेंड चार्ली एण्ड्रूज (दीनबंधु)
- फीनिक्स फार्म कहाँ स्थित है? -डरबन (दक्षिण अफ्रीका)
- महात्मा गाँधी के राजनीतिक गुरु कौन थे? -गोपाल कृष्ण गोखले

भारत में स्वतंत्रता आंदोलन के दौरान महात्मा गाँधी द्वारा अहमदाबाद में साबरमती के किनारे एक आश्रम बनाया गया, जिसे साबरमती आश्रम (सत्याग्रह आश्रम) के नाम से जाना जाता है।

- गाँधी जी की दृष्टि में अहिंसा का क्या अर्थ है? -सत्य की प्राप्ति का मार्ग
- भारतीय कपड़ा व्यापारी, बैंकर, कांग्रेसी तथा महात्मा गाँधी का निकट सहयोगी ये विशेषण किसका परिचय देते हैं? -जमनालाल बजाज का

महात्मा गाँधी: आंदोलन व सत्याग्रह

- चम्पारण सत्याग्रह : (1917 ई.) यह प्रथम वास्तविक किसान सत्याग्रह था। 3/20 भाग पर अनिवार्य नील की खेती के विरुद्ध सत्याग्रह, जिसे तिनकठिया पद्धति भी कहते हैं।
- अहमदाबाद मजदूर आंदोलन, 1918 : महात्मा गाँधी द्वारा भारत में प्रथम भूख हड़ताल।
- खेड़ा सत्याग्रह, 1918 : प्रथम पूर्ण किसान सत्याग्रह।
- खिलाफत आंदोलन, 1919 : सर्वप्रथम असहयोग आंदोलन की अभिव्यक्ति।
- असहयोग आंदोलन, 1920 : प्रथम जनआंदोलन की अभिव्यक्ति।
- सविनय अवज्ञा आंदोलन (दांडी मार्च) 1930 : नमक सत्याग्रह।
- व्यक्तिगत सत्याग्रह, 1940 : उपनाम: दिल्ली चलो आंदोलन।
- भारत छोड़ो आंदोलन व अगस्त क्रांति, 1942: गाँधी जी का करो या मरो।

महात्मा गाँधी के प्रमुख आश्रम

आश्रम	स्थान	स्थापना
फीनिक्स फार्म	डरबन (दक्षिण अफ्रीका)	1904
टॉलस्टाय फार्म	जोहान्सबर्ग (दक्षिण अफ्रीका)	1910
साबरमती आश्रम	साबरमती नदी (अहमदाबाद)	1915
सत्याग्रह आश्रम	कोचरब (अहमदाबाद)	1915
अनाशक्ति आश्रम	कौसानी (उत्तराखण्ड)	1929
सेवाग्राम आश्रम	वर्धा (महाराष्ट्र)	1936

- भारत के स्वतंत्रता संघर्ष के दौरान सबसे पहले सत्याग्रह किसने किया था? -महात्मा गाँधी
- महात्मा गाँधी भारतीय राष्ट्रीय कांग्रेस के अधिवेशन में सर्वप्रथम सम्मिलित कब हुए थे? -कलकत्ता अधिवेशन, 1901
- किसने कहा था कि विदेशी वस्त्रों की बर्बादी ही उनके साथ सर्वोत्तम व्यवहार है? -महात्मा गाँधी

वर्ष 1915 में दक्षिण अफ्रीका से लौटने के पश्चात्, गाँधीजी ने वर्ष 1917 में चम्पारण के किसानों के शोषण के विरुद्ध अपना पहला सफल सत्याग्रह प्रारम्भ किया था।

- दक्षिण अफ्रीका में रहते हुए महात्मा गाँधी ने किस पत्रिका का प्रकाशन किया था? -इंडियन ओपिनियन
- अनटू दिस लास्ट (Unto This Last) नामक पुस्तक के लेखक कौन हैं? -जॉन रस्किन
- महात्मा गाँधी को सर्वप्रथम राष्ट्रपिता कहकर किसने संबोधित किया था? -सुभाष चंद्र बोस
- गाँधी के नाम से पहले महात्मा शब्द किस आन्दोलन के बाद जोड़ा गया? -चम्पारण सत्याग्रह के पश्चात्
- गाँधी जी की मृत्यु पर किसने कहा था, हमारे जीवन से प्रकाश चला गया है? -जवाहर लाल नेहरू

महात्मा गाँधी के चम्पारण सत्याग्रह में बिहार के किसान राजकुमार शुक्ल भी शामिल थे। इन्होंने चम्पारण के किसानों की समस्या समाधान हेतु गांधी जी को बिहार आमंत्रित किया था।

- महात्मा गाँधी के चम्पारण सत्याग्रह का विरोध किसने किया था? -एन.जी.रंगा ने

पुणे की येरवदा में स्थित आगा खाँ पैलेस को सुल्तान मोहम्मद शाह आगा खान द्वितीय ने 1892 ई. में बनवाया था।

रौलेट एक्ट और जलियाँवाला बाग हत्याकांड

- ब्रिटिश शासन द्वारा मार्च 1919 में लाए गए रौलेट एक्ट का मुख्य उद्देश्य क्या था? –क्राांतिकारियों का दमन

भारत में बढ़ रही क्रांतिकारी गतिविधियों के दमन के लिए सरकार ने वर्ष 1917 में न्यायाधीश सिडनी रौलेट की अध्यक्षता में एक समिति गठित की। इसका उद्देश्य क्रांतिकारियों को कुचलने के लिए एक प्रभावी योजना का निर्माण करना था। इसके सुझावों पर मार्च, 1919 में पारित विधेयक रौलेट एक्ट के नाम से जाना गया।

- जब रौलेट एक्ट पारित हुआ, उस समय भारत का वायसराय कौन था? -लॉर्ड चेम्सफोर्ड
- किस औपनिवेशिक कानून को बिना वकील, बिना अपील, बिना दलील के नाम से जाना जाता है? –रौलेट एक्ट
- रौलेट एक्ट के विरोध में किसके द्वारा देशव्यापी सत्याग्रह चलाने का निर्णय लिया गया? –महात्मा गाँधी
- रौलेट एक्ट के विरोध में किसने लगान न देने के लिए आंदोलन चलाने का सुझाव दिया था? -स्वामी श्रद्धानन्द
- द अनार्किकल एंड रिवोल्यूशनरी क्राइम एक्ट-1919 को सामान्य बोलचाल में क्या कहा जाता था? -रौलेट एक्ट
- जलियाँवाला बाग नरसंहार के पहले कौन सी महत्त्वपूर्ण घटना घटी थी? -रौलेट एक्ट का पारित होना
- पंजाब के अमृतसर शहर में जलियाँवाला बाग हत्याकांड कब हुआ था? –13 अप्रैल, 1919 को

रौलेट सत्याग्रह के दौरान पंजाब के दो लोकप्रिय नेताओं डॉ. सैफुद्दीन किचलू और डॉ. सत्यपाल की गिरफ्तारी और ब्रिटिश दमन का विरोध करने के लिए 13 अप्रैल, 1919 को बैसाखी के दिन अमृतसर के जलियाँवाला बाग में एक सार्वजनिक सभा बुलाई गई थी। जहाँ जनरल डायर द्वारा निहत्थी भीड़ पर गोलियाँ चलवाकर लगभग 1000 लोगों की हत्या कर दी गई। इसी घटना को जलियाँवाला बाग हत्याकांड के नाम से जाना जाता है।

- जलियाँवाला बाग हत्याकांड के बाद किस विख्यात व्यक्ति ने ब्रिटिश सरकार द्वारा प्रदान की गई नाइट की उपाधि को वापस लौटा दिया था? -रवींद्रनाथ टैगोर
- जलियाँवाला बाग हत्याकांड के विरोध में वायसराय की कार्यकारिणी परिषद् की सदस्यता से किसने इस्तीफा दे दिया? -के. शंकरन नायर ने
- जलियाँवाला बाग हत्याकांड जाँच हेतु ब्रिटिश सरकार द्वारा किस कमेटी का गठन किया गया? –हंटर कमेटी
- जलियाँवाला बाग हत्याकांड के लिए जिम्मेदार जनरल डायर को किसने लंदन में मार डाला था? -ऊधम सिंह

कांग्रेस ने जलियाँवाला बाग हत्याकाण्ड की जांच हेतु मदन मोहन मालवीय की अध्यक्षता में एक समिति गठित की। समिति के अन्य सदस्यों में मोती लाल नेहरु, महात्मा गाँधी, सी.आर. दास, बदरुद्दीन तैय्यबजी और एम.आर. जयकर आदि शामिल थे।

स्वतंत्रता संग्राम की प्रमुख घटनाएँ

1885 ई.	भारतीय राष्ट्रीय कांग्रेस की स्थापना।
1905 ई.	बंगाल विभाजन के फलस्वरूप आरम्भ हुए स्वदेशी आंदोलन का भारत के विभिन्न क्षेत्रों में प्रसार।
1906 ई.	मुस्लिम लीग की स्थापना।
1909 ई.	इंडियन काउंसिल एक्ट।
1912 ई.	बंगाल विभाजन रद्द व राजधानी दिल्ली स्थानांतरित।
1909 ई.	गवर्नमेंट ऑफ इंडिया एक्ट, जिसके फलस्वरुप प्रथम विधानमंडल निर्वाचित हुआ।
1929 ई.	भारतीय राष्ट्रीय कांग्रेस द्वारा स्वराज (पूर्ण स्वतंत्रता) का आह्वान।
1935 ई.	गवर्नमेंट ऑफ इंडिया एक्ट द्वारा विधानमंडल की शक्तियों में विस्तार और निर्वाचन क्षेत्रों में वृद्धि।
1940 ई.	मुस्लिम लीग द्वारा पाकिस्तान के निर्माण का आह्वान।
1942 व 1946 ई.	भारतीय स्वतंत्रता के लिए समझौते की शर्तों को तय करने में कैबिनेट मिशन असफल।
1947 ई.	स्वतंत्रता प्राप्ति व भारत का विभाजन, पाकिस्तान की स्वतंत्रता।

हंटर कमीशन की रिपोर्ट (जलियाँवाला बाग से) को गाँधी जी ने पन्ने दर पन्ने निर्लज्ज सरकारी लीपा पोती की संज्ञा दी थी।

खिलाफत एवं असहयोग आन्दोलन

- भारत में चलाये गये **खिलाफत आन्दोलन** का प्रमुख कारण क्या था? **-तुर्की में खलीफा पद को इंग्लैण्ड द्वारा समाप्त किया जाना**
- **वर्ष 1919** में दिल्ली में आयोजित **अखिल भारतीय खिलाफत कमेटी की अध्यक्षता** किसके द्वारा की गयी? **-महात्मा गांधी**

वर्ष 1920 में **इलाहाबाद** में आयोजित सम्मेलन के दौरान **खिलाफत समिति** के द्वारा **गांधी जी** को **असहयोग आंदोलन** प्रारम्भ करने का अनुरोध किया गया था।

- **खिलाफत आन्दोलन** के प्रमुख नेता कौन थे? **-शौकत अली, मुहम्मद अली**
- **भारतीय राष्ट्रीय कांग्रेस** ने पहला असहयोग आंदोलन किस वर्ष प्रारम्भ किया था? **-वर्ष 1920 में**
- **वर्ष 1920** के **नागपुर अधिवेशन** में असहयोग आन्दोलन के प्रस्ताव को किसने प्रस्तावित किया था? **-सी.आर.दास ने**
- **असहयोग आंदोलन** के दौरान किस व्यक्ति ने अपनी वकालत छोड़ दी थी? **-चितरंजन दास ने**
- **स्वराज** का नारा गांधी जी ने कब दिया था? **-असहयोग आंदोलन के समय**

असहयोग आन्दोलन के दौरान **महात्मा गांधी** ने **कैसर-ए-हिन्द** की उपाधि त्याग दी थी।

- **वर्ष 1921-22** के असहयोग आदोलन का मुख्य परिणाम क्या था? **-हिन्दू-मुस्लिम एकता**
- महात्मा गाँधी द्वारा चलाया गया **प्रथम जन आंदोलन** (First Mass Movement) कौन सा था? **-असहयोग आंदोलन**
- **असहयोग आंदोलन** के दौरान **विदेशी वस्त्रों** को जलाए जाने पर किसने महात्मा गाँधी को लिखा कि **यह निष्ठुर बर्बादी** है? **-रवींद्रनाथ टैगोर ने**

चौरी-चौरा कांड 5 फरवरी, 1922 को **गोरखपुर** जिले (उत्तर प्रदेश) में घटित हुयी थी, जिसके कारण गाँधी जी ने **असहयोग आन्दोलन** वापस ले लिया।

- **चौरी-चौरा** की घटना के समय **महात्मा गांधी** कहाँ पर थे? **-बारदोली में**
- **असहयोग आंदोलन** कब समाप्त हुआ? **-वर्ष 1922**

असहयोग आन्दोलन के दौरान **मोतीलाल नेहरू सी. आर. दास, श्री राजगोपालाचारी, वल्लभभाई पटेल, आसफ अली, टी प्रकाशन** व **राजेन्द्र प्रसाद**, जैसे प्रमुख वकीलों ने अपनी वकालत छोड़ दी थी।

स्वराज पार्टी, कांग्रेस का लाहौर अधिवेशन एवं पूर्ण स्वराज प्रस्ताव

- **स्वराज पार्टी** को किसने स्थापित किया था? **-सी.आर.दास** तथा **मोतीलाल नेहरू**

स्वराज पार्टी की स्थापना **मार्च, 1923** में की गई थी। **सी. आर. दास** इसके **अध्यक्ष** एवं **मोतीलाल नेहरू इसके महासचिव** चुने गये।

- **स्वराज पार्टी** के गठन के लिए किस **कांग्रेस-अध्यक्ष** ने पद से त्याग पत्र दिया था? **-सी.आर. दास**
- **देशबंधु** के नाम से कौन प्रसिद्ध है? **-चितरंजन दास**
- **स्वराज पार्टी का गठन** किस आंदोलन की असफलता के पश्चात् हुआ? **-असहयोग आंदोलन**
- **नवम्बर, 1924** में **महात्मा गांधी, सी. आर. दास** तथा **मोतीलाल नेहरू** के मध्य एक महत्वपूर्ण समझौता हुआ, जिसे जाना जाता है **-गांधी-दास पैक्ट**

वर्ष 1925 में, **विट्ठलभाई पटेल** को **सेंट्रल लेजिस्लेटिव एसेम्बली** का **प्रथम भारतीय अध्यक्ष** चुना गया था।

- **दिसम्बर, 1929** में कांग्रेस के **लाहौर अधिवेशन** की अध्यक्षता किसके द्वारा की गयी थी? **-जवाहर लाल नेहरू**
- **पूर्ण स्वराज** का प्रस्ताव कांग्रेस के लाहौर अधिवेशन में किस वर्ष पारित किया गया था? **-वर्ष 1929 में**

लाहौर अधिवेशन में **31 दिसंबर, 1929** की मध्य रात्रि को रावी नदी के तट पर कांग्रेस के **अध्यक्ष जवाहरलाल नेहरू** ने भारतीय स्वतंत्रता का प्रतीक **तिरंगा झंडा** फहराया।

- **कांग्रेस कार्य समिति** द्वारा **पूर्ण स्वाधीनता दिवस** किस दिन मनाया गया? **-26 जनवरी, 1930**
- **नेहरू रिपोर्ट** कांग्रेस के किस अधिवेशन में निरस्त घोषित कर करदी गई? **-लाहौर अधिवेशन, 1929**

17 नवम्बर, 1921 को **प्रिंस ऑफ वेल्स** के भारत आगमन पर सम्पूर्ण भारत में **सार्वजनिक हड़ताल** का आयोजन किया गया।

साइमन कमीशन

- साइमन कमीशन (श्वेत कमीशन) को किस वर्ष नियुक्त किया गया था? – वर्ष 1927 में
- साइमन कमीशन का गठन क्यों किया गया था?

  –भारत शासन अधिनियम, 1919 (मांटेग्यू चेम्सफोर्ड सुधार) की समीक्षा हेतु
- भारतीयों ने साइमन कमीशन का बहिष्कार क्यों किया था?

  –क्योंकि इसमें कोई भी भारतीय सदस्य नहीं था

साइमन कमीशन के विरोध में हुए लाठी चार्ज में लाला लाजपत राय घायल हुए तथा कुछ दिनों बाद उनकी मृत्यु हो गयी।

- पंजाब केसरी की उपाधि किसे दी गई थी?

  –लाला लाजपत राय
- साइमन कमीशन की नियुक्ति किसने की थी? – बर्केनहेड ने
- साइमन कमीशन को किस अन्य नाम से जाना जाता है?

  –श्वेत कमीशन (White Commission)
- साइमन कमीशन का समर्थन किसने किया था?

  – डॉ. भीम राव अम्बेडकर ने
- साइमन आयोग की नियुक्ति के समय किसके द्वारा भारतीयों के समक्ष सर्वसम्मति से संविधान बनाने की चुनौती रखी गई थी? – बर्केनहेड

मोती लाल नेहरू की अध्यक्षता वाली समिति ने अगस्त, 1928 में अपनी रिपोर्ट प्रस्तुत की, जिसे नेहरू रिपोर्ट के नाम से जाना गया। इस रिपोर्ट में भारत के नए डोमेनियन संविधान का प्रारूप प्रस्तुत किया गया था।

सविनय अवज्ञा आंदोलन

- कांग्रेस के किस अधिवेशन में कार्यकारी कमेटी को सविनय अवज्ञा आंदोलन प्रारंभ करने का अधिकार दिया गया था?

  –लाहौर अधिवेशन
- महात्मा गाँधी ने वर्ष 1930 में कहाँ से सविनय अवज्ञा आंदोलन का आरम्भ किया था? –दाण्डी (गुजरात) से

सविनय अवज्ञा आंदोलन के अन्तर्गत गाँधीजी अपने 78 अनुयायियों के साथ 12 मार्च, 1930 को साबरमती आश्रम से यात्रा प्रारंभ की तथा 6 अप्रैल, 1930 को दाण्डी पहुँचकर यात्रा समाप्त की। इस यात्रा को दांडी मार्च भी कहते हैं।

- नमक सत्याग्रह के समय गांधीजी के गिरफ्तार हो जाने के बाद आंदोलन के नेता के रूप में उनका स्थान किसने लिया?

  –अब्बास तैय्यबजी
- गाँधी जी ने किस विदेशी पत्रकार को दांडी मार्च के समय अपने साबरमती आश्रम में ठहराया था? –वेब मिलर
- महात्मा गाँधी धरासना नमक गोदाम पर कांग्रेस कार्यकर्ताओं के धावे के समय किस स्थान पर थे? –यरवदा जेल में

खान अब्दुल गफ्फार खाँ ने लाल कुर्ती आंदोलन प्रारम्भ किया था, जिसका मुख्य उद्देश्य अंग्रेजों को भारत से बाहर निकालना था।

- आचार्य विनोबा भावे किस आंदोलन में शामिल होने के कारण प्रथम बार गिरफ्तार हुए थे? –सविनय अवज्ञा आंदोलन

गाँधीजी ने सविनय अवज्ञा आंदोलन (Civil Disobedience) की असफलता के बाद रचनात्मक कार्यक्रमों (Creative Programmes) को अत्यधिक महत्व दिया।

- किस आंदोलन के दौरान गढ़वाल रेजीमेंट के सैनिकों ने प्रदर्शनकारियों पर गोली चलाने से इंकार कर दिया था?

  –सविनय अवज्ञा आंदोलन में
- वर्ष 1930 में अंग्रेज सरकार के विरुद्ध प्रसिद्ध पेशावर कांड का नायक कौन था? –वीर चंद्रसिंह गढ़वाली

तमिलनाडु में चक्रवर्ती राजगोपालाचारी ने दांडी-यात्रा की तरह त्रिचनापल्ली से वेदराण्यम् तक की यात्रा की थी।

- जियातरंग आंदोलन कहाँ प्रारम्भ हुआ था? –नागालैण्ड में
- प्रभावती देवी किस क्षेत्र की स्वतंत्रता संग्राम सेनानी थी?

  –चम्पारण, बिहार
- बेगूसराय के चौकीदारी टैक्स के विरुद्ध आंदोलन, किस एक आंदोलन का भाग था? –सविनय अवज्ञा आंदोलन

वर्ष 1930 में स्वाधीनता दिवस मनाने के पश्चात् गाँधी जी के नेतृत्व में सविनय अवज्ञा आंदोलन प्रारम्भ किया गया।

गाँधी-इरविन समझौता एवं गोलमेज सम्मेलन

- गांधी-इरविन समझौता (दिल्ली समझौता) कब हुआ था? -5 मार्च, 1931 को
- गांधी-इरविन समझौते में किस आंदोलन का स्थगन किया जाना प्रस्तावित था? -सविनय अवज्ञा आंदोलन
- भारतीय राष्ट्रीय कांग्रेस के प्रतिनिधि किस गोलमेज सम्मेलन में शामिल हुए थे? -द्वितीय गोलमेज सम्मेलन

द्वितीय गोलमेज सम्मेलन में भाग लेने के लिए महात्मा गाँधी बम्बई से लंदन, एस. एस. राजपूताना नामक जलयान से गए थे। वे लन्दन के किंग्सले हॉल में ठहरे थे।

- द्वितीय गोलमेज सम्मेलन में कांग्रेस का प्रतिनिधित्व किसने किया था? -महात्मा गाँधी
- लंदन में प्रथम गोलमेज सम्मेलन में किस भारतीय नेता ने भाग लिया था? -मौलाना मुहम्मद अली
- लंदन में सम्पन्न हुए गोलमेज सम्मेलन में किसने भारतीय ईसाइयों का प्रतिनिधित्व किया था? -के.टी.पाल

द्वितीय गोलमेज सम्मेलन के दौरान विंस्टन चर्चिल ने गाँधीजी को अर्द्धनग्न फकीर (Half Naked Fakir) कहा था।

सम्मेलन	वर्ष
प्रथम गोलमेज सम्मेलन	12 नवंबर, 1930-19 जनवरी, 1931
द्वितीय गोलमेज सम्मेलन	7 सितंबर, 1931- 1 दिसंबर, 1931
तृतीय गोलमेज सम्मेलन	17 नवंबर, 1932- 24 दिसंबर, 1932

- द्वितीय गोलमेज सम्मेलन किस मुद्दे पर असफल रहा? -साम्प्रदायिक प्रतिनिधित्व
- वर्ष 1931 में भारतीय राष्ट्रीय कांग्रेस के कराची अधिवेशन के लिए किसने मूल अधिकारों तथा आर्थिक कार्यक्रमों पर संकल्प प्रारूपित किया था? -पंडित जवाहरलाल नेहरू ने
- किस भारतीय ने नेता तीनों गोलमेज सम्मेलनों में भाग लिया था? -डॉ. बी.आर. अम्बेडकर ने

गाँधी-इरविन समझौते के हस्ताक्षरित होने में तेज बहादुर सप्रू ने महत्वपूर्ण भूमिका निभाई थी।

- इरविन तथा गाँधी को दो महात्मा किसने कहा था? -सरोजिनी नायडू ने
- गाँधी इरविन समझौते को कांग्रेस के किस अधिवेशन में स्वीकार किया गया? -कराची अधिवेशन, 1931 में

साम्प्रदायिक पंचाट एवं पूना पैक्ट

- साम्प्रदायिक पंचाट (Communal Award) की घोषणा किसने की थी? -रैम्जे मैक्डोनॉल्ड ने (तत्कालीन ब्रिटिश प्रधानमंत्री)

हरिजनों (दलितों) के लिए अगस्त, 1932 में रैम्जे मैक्डोनॉल्ड के साम्प्रदायिक पंचाट के द्वारा पहली बार एक पृथक निर्वाचक समूह का निर्माण किया गया था।

- महात्मा गांधी ने अपना पहला आमरण अनशन कब प्रारम्भ किया था? -साम्प्रदायिक पंचाट (Communal Award) के समय
- पूना पैक्ट किस वर्ग से सम्बंधित था? -दलित वर्ग से
- बी.आर. अम्बेडकर व गांधीजी के मध्य कौन सा समझौता हुआ था? -पूना-समझौता
- दलित वर्गों का संघ किसने स्थापित किया था? -डॉ. बी.आर. अम्बेडकर ने
- साम्प्रदायिक अवॉर्ड एवं पूना पैक्ट में दलित वर्ग के लिए कितनी सीटें दी गई थी? -क्रमशः 71 एवं 148
- महात्मा गाँधी क्षणिक भूत की भाँति धूल उठाते हैं लेकिन स्तर नहीं, यह कथन किसने कहा था? -डॉ. बी.आर. अम्बेडकर ने

वर्ष 1932 में पूना पैक्ट के बाद महात्मा गांधी ने ऑल इंडिया अनटचैबिलिटी लीग की स्थापना की, बाद में उसका नाम बदलकर हरिजन सेवक संघ कर दिया गया। इसके प्रथम अध्यक्ष घनश्याम दास बिड़ला थे।

- पूना समझौता के बाद गाँधी जी ने दलितों के उत्थान के लिए किस संस्था की स्थापना की थी? -हरिजन सेवक संघ
- वर्ष 1936 में इंडिपेंडेंट लेबर पार्टी का गठन किसके द्वारा किया गया? -डॉ. भीमराव अम्बेडकर के द्वारा
- दलित समुदायों को सर्वप्रथम हरिजन शब्द से किसने सम्बोधित किया था? -महात्मा गाँधी ने

विंस्टन चर्चिल (Winston Churchill) सहित अनेक ब्रिटिश नेताओं ने गांधी-इरविन समझौते का विरोध किया था।

प्रांतीय चुनाव और मंत्रिमंडल का गठन, कांग्रेस समाजवादी पार्टी एवं त्रिपुरी अधिवेशन

- किस अधिनियम के द्वारा भारत में प्रान्तीय चुनाव करवाने का प्रावधान किया गया था? -भारत शासन अधिनियम, 1935
- भारत शासन अधिनियम, 1935 के अन्तर्गत भारत में प्रान्तीय चुनाव किस वर्ष सम्पन्न किया गया? -वर्ष 1937 में
- वर्ष 1937 के चुनावों में कांग्रेस द्वारा बहुमत प्राप्त प्रांतों की संख्या कितनी थी? -5

कांग्रेस ने 11 प्रान्तों में से 8 प्रान्तों में सरकार बनाई। पंजाब में मुस्लिम लीग तथा यूनियनिस्ट पार्टी ने तथा बंगाल में कृषक प्रजा पार्टी तथा मुस्लिम लीग ने मिलकर संयुक्त सरकार का गठन किया।

- 1937 में हुए प्रान्तीय चुनाव के बाद कांग्रेस ने कुल कितने समय तक शासन किया? -28 माह
- वर्ष 1938 में भारतीय राष्ट्रीय कांग्रेस के हरिपुरा (गुजरात) अधिवेशन की अध्यक्षता किसने की थी?-सुभाष चन्द्र बोस ने
- भारतीय राष्ट्रीय कांग्रेस के किस अधिवेशन में हुए कांग्रेस-अध्यक्ष के चुनाव में सुभाष चंद्र बोस ने पट्टाभि सीतारमैय्या को पराजित किया था? -त्रिपुरी अधिवेशन, 1939
- सुभाष चंद्र बोस के त्याग पत्र के पश्चात भारतीय राष्ट्रीय कांग्रेस का अध्यक्ष कौन बना? -डॉ. राजेंद्र प्रसाद
- कांग्रेस छोड़ने के पश्चात् सुभाष चंद्र बोस ने वर्ष 1939 में किस दल की स्थापना की थी? -फारवर्ड ब्लॉक

लॉर्ड लिनलिथगो ने द्वितीय विश्व युद्ध में कांग्रेस का सहयोग प्राप्त करने के लिये उनके समक्ष एक प्रस्ताव रखा, जिसे अगस्त प्रस्ताव (8 अगस्त, 1940) का नाम दिया गया।

1937 के प्रांतीय चुनाव तथा प्रधानमंत्री

प्रांत	प्रधानमंत्री
असम	मोहम्मद सादुल्ला
बिहार	श्रीकृष्ण सिन्हा
बंगाल	फज़लुल हक
उड़ीसा	बी.एन. दास
उत्तर पश्चिमी प्रांत	डॉ. खान साहब
संयुक्त प्रांत	गोविंद वल्लभ पंत
मध्यप्रांत	एन.बी. खरे
बंबई	बी.जी. खरे
मद्रास	सी. राजगोपालाचारी
सिंध	अल्लाह बख्श
पंजाब	सिकंदर हयात खाँ

- वर्ष 1934 में पटना में अखिल भारतीय कांग्रेस समाजवादी पार्टी का संयोजक कौन था? -जय प्रकाश नारायण

बिहार सोशलिस्ट पार्टी के संस्थापक जय प्रकाश नारायण थे, जिन्हें लोकनायक के नाम से जाना जाता है।

- वर्ष 1937 के चुनाव के पश्चात् संयुक्त प्रान्त में गठित मंत्रिमंडल में वित्त विभाग के प्रमुख कौन बने? -रफी अहमद किदवई
- कांग्रेस समाजवादी दल का प्रमुख नेता कौन था? -आचार्य नरेंद्र देव
- कांग्रेस सोशलिस्ट पार्टी की पहली बैठक कहाँ हुई थी? -पटना में (वर्ष 1934)

क्रान्तिकारी समाजवादी पार्टी (R.S.P.)

संस्थापक : योगेश चन्द्र चटर्जी

स्थापना : 19 मार्च, 1940 ई. (बंगाल में)

उद्देश्य : अंग्रेजों को शक्ति द्वारा भारत से बाहर निकाल कर देश में समाजवाद की स्थापना करना। इस पार्टी ने त्रिपुरी कांग्रेस अधिवेशन में सुभाष चन्द्र बोस का समर्थन किया तथा भारत छोड़ो आन्दोलन का स्वागत किया था।

फॉरवर्ड ब्लाक

संस्थापक : सुभाष चन्द्र बोस

स्थापना : 3 मई, 1939 मूकर, उन्नाव में

उद्देश्य : सभी साम्राज्यवाद विरोधी शक्तियों को संगठित करना और अनिवार्य संघर्ष की पूर्ति हेतु तत्पर रहना।

अन्य सदस्य : देवव्रत विश्वास (महासचिव), विश्वम्भर दयाल त्रिपाठी (राष्ट्रीय महामंत्री) तथा स्वामी सहजानन्द।

वर्ष 1937 के प्रांतीय चुनावों (विधान सभाओं हेतु) में कुल 1585 सीटों में से कांग्रेस को 707 सीटें प्राप्त हुई थीं।

द्वितीय विश्व युद्ध, पाकिस्तान की मांग एवं व्यक्तिगत सत्याग्रह

- **द्वितीय विश्व युद्ध** कब **प्रारम्भ** हुआ था?
  -1 सितम्बर, 1939
- **द्वितीय विश्व युद्ध** के प्रारम्भ के समय **भारत का वायसराय** कौन था? -लॉर्ड लिनलिथगो
- **वायसराय लॉर्ड लिनलिथगो** ने द्वितीय विश्व युद्ध में भारत को **जर्मनी के विरूद्ध युद्धग्रस्त राष्ट्र** कब घोषित कर दिया?
  -17 अक्टूबर, 1939

> **भारतीय विधानमण्डल** की सहमति के बिना वायसराय द्वारा भारत को विश्वयुद्ध में शामिल कर लिए जाने के कारण कांग्रेस ने सभी प्रांतीय विधानमण्डलों में **28 माह** के शासन के पश्चात् त्यागपत्र दे दिया।

- कांग्रेस के विधानमण्डल से इस्तीफा दिए जाने के कारण **मुस्लिम लीग** द्वारा **मुक्ति दिवस** कब मनाया गया था?
  -22 दिसम्बर, 1939
- **द्वितीय विश्व युद्ध** के समय **ब्रिटिश प्रधानमंत्री** कौन था?
  -विंस्टन चर्चिल
- **द्वितीय विश्व युद्ध** के समय **भारतीय राष्ट्रीय कांग्रेस** की **रणनीति** क्या थी?-पूर्ण स्वतंत्रता का आश्वासन मिलने पर ब्रिटेन का सहयोग करना
- **वर्ष 1930** में **मुस्लिम लीग** के **इलाहाबाद अधिवेशन** में **सर्वप्रथम** किसके द्वारा **एकल मुस्लिम राष्ट्र** की माँग की गई थी? -मोहम्मद इकबाल
- **वर्ष 1933** में **पाकिस्तान शब्द** का **प्रयोग सर्वप्रथम** किसके द्वारा किया गया? -चौधरी रहमत अली के द्वारा

> **मार्च, 1940** में मुस्लिम लीग के **लाहौर अधिवेशन** में अपने **अध्यक्षीय भाषण** के दौरान **मोहम्मद अली जिन्ना** द्वारा एक **पृथक मुस्लिम राष्ट्र** के रूप में **पाकिस्तान की माँग** की गई।

- **मुस्लिम लीग** के किस **अधिवेशन** में **पाकिस्तान की माँग** के प्रस्ताव को स्वीकार किया गया?-लाहौर अधिवेशन, 1940
- **पाकिस्तान प्रस्ताव** की **रूप-रेखा** किसके द्वारा तैयार की गई?
  -सिकन्दर हयात खाँ के द्वारा
- मुस्लिम लीग द्वारा **पाकिस्तान दिवस** कब मनाया गया था?
  -23 मार्च, 1943
- **ब्रिटेन** द्वारा **अगस्त प्रस्ताव** कब प्रस्तुत किया गया?
  -8 अगस्त, 1940

> कांग्रेस का सहयोग प्राप्त करने के उद्देश्य से **वायसराय लिनलिथगो** के द्वारा **8 अगस्त, 1940** को एक प्रस्ताव प्रस्तुत किया गया। जिसे **अगस्त प्रस्ताव** के नाम से जाना जाता है। इस प्रस्ताव को कांग्रेस द्वारा अस्वीकार कर दिया गया था।

- **व्यक्तिगत सत्याग्रह** का प्रारम्भ कब किया गया था?
  -17 अक्टूबर, 1940 को
- **व्यक्तिगत सत्याग्रह** के **प्रारम्भ** किए जाने का **मूल उद्देश्य** क्या था? -अगस्त प्रस्ताव तथा भारत को द्वितीय विश्व युद्ध में शामिल किए जाने का विरोध
- **व्यक्तिगत सत्याग्रह आन्दोलन** के **प्रणेता** कौन थे?
  -महात्मा गाँधी
- **महात्मा गाँधी** द्वारा व्यक्तिगत सत्याग्रह आन्दोलन के लिए **प्रथम सत्याग्रही** किसे चुना गया? -विनोबा भावे को
- **महात्मा गाँधी** द्वारा व्यक्तिगत सत्याग्रह आन्दोलन के लिए **द्वितीय सत्याग्रही** किसे चुना गया?-जवाहरलाल नेहरू को
- **नेहरू एक राष्ट्रभक्त है जबकि जिन्ना एक राजनीतिज्ञ है** यह कथन किसका है?
  -मुहम्मद इकबाल का

महत्वपूर्ण घटनाक्रम एवं उससे सम्बन्धित गवर्नर जनरल

घटनाक्रम	गवर्नर जनरल
साइमन कमिशन	लॉर्ड इरविन
साम्प्रदायिक पंचाट	लॉर्ड वेलिंगटन
अगस्त प्रस्ताव	लिनलिथगो
क्रिप्स मिशन	लिनलिथगो
वेवेल योजना	लॉर्ड वेवेल
कैबिनेट मिशन	लॉर्ड वेवेल
माउंटबेंटन योजना	लॉर्ड माउंटबेंटन
बाल्कन प्लान	लॉर्ड माउंटबेंटन

> **सर्वोदय शब्द** का प्रयोग **सर्वप्रथम महात्मा गाँधी** द्वारा किया गया था तथा **सर्वोदय समाज** की **स्थापना विनोबाभावे** द्वारा की गई थी।

क्रिप्स मिशन एवं भारत छोड़ो आंदोलन

- भारत में स्वशासन स्थापित करने के उद्देश्य से ब्रिटेन द्वारा क्रिप्स मिशन की घोषणा कब की गई? –मार्च, 1942 में

द्वितीय विश्व युद्ध में जापान की बढ़ती हुई शक्ति को देखते हुए अंतरराष्ट्रीय समुदाय विशेषकर अमेरिका, चीन एवं ऑस्ट्रेलिया ने ब्रिटेन पर भारत को स्वतंत्र करने के लिए दबाव बढ़ाया, परिणामस्वरूप ब्रिटिश प्रधानमंत्री विस्टन चर्चिल द्वारा स्टैफोर्ड क्रिप्स के नेतृत्व में एक दल भारतीय नेताओं से वार्ता हेतु मार्च, 1942 में भारत भेजा गया।

क्रिप्स मिशन के प्रमुख प्रावधान

- युद्ध के बाद भारत को डोमिनियन राज्य का दर्जा दिया जाएगा।
- भारतीयों को अपना संविधान निर्मित करने का अधिकार दिया जाएगा, जिसके लिए युद्ध के बाद एक संविधान निर्मात्री परिषद बनेगी, जिसमें ब्रिटिश भारत के प्रांतों के निर्वाचित सदस्य और देशी रजवाड़ों के प्रतिनिधि शामिल होंगे।
- ब्रिटिश भारत का कोई प्रांत यदि नए संविधान को स्वीकार न करना चाहे, तो उसे वर्तमान संवैधानिक स्थिति बनाए रखने का अधिकार होगा। नए संविधान को न स्वीकार करने वाले प्रांतों को अपना अलग संविधान बनाने की आज्ञा होगी।
- युद्ध के दौरान ब्रिटिश वायसराय की एक नई कार्यकारी परिषद का गठन किया जाएगा, जिसमें भारतीय जनता के प्रमुख वर्गों के प्रतिनिधि शामिल होंगे। परन्तु रक्षा मंत्रालय ब्रिटिश नेतृत्व के पास होगा।

- 14 जुलाई, 1942 को कांग्रेस कार्यसमिति द्वारा भारत छोड़ो आन्दोलन का प्रस्ताव कहाँ पारित किया गया? –वर्धा
- भारत छोड़ो आन्दोलन किसके नेतृत्व में संचालित किया गया? –महात्मा गाँधी

7 अगस्त, 1942 को बम्बई के ऐतिहासिक ग्वालिया टैंक में अखिल भारतीय कांग्रेस कमेटी की वार्षिक बैठक हुई, जिसमें वर्धा प्रस्ताव (भारत छोड़ो आन्दोलन) की पुष्टि हुई। कुछ संशोधनों के बाद 8 अगस्त, 1942 को यह प्रस्ताव स्वीकार कर लिया गया और भारत के स्वतंत्रता संघर्ष के अंतर्गत अंग्रेजों के विरुद्ध भारत छोड़ो आंदोलन प्रारम्भ करने की घोषणा की गई।

- भारत छोड़ो आंदोलन कब प्रारम्भ हुआ? –9 अगस्त, 1942 को

भारत छोड़ो आन्दोलन के दौरान गाँधी जी द्वारा करो या मरो का नारा दिया गया। जबकि करो या मरो नारे का वास्तविक जनक यूसुफ मेहर अली को माना जाता है।

- जब भारत छोड़ो आंदोलन प्रस्ताव पारित किया गया, उस समय कांग्रेस के अध्यक्ष कौन थे? –मौलाना अबुल कलाम आजाद
- भारत छोड़ो आंदोलन के समय इंग्लैण्ड के प्रधानमंत्री कौन थे? –विंस्टन चर्चिल
- भारत छोड़ो आंदोलन के दौरान महात्मा गाँधी का साथ देने वाले अमेरिकी पत्रकार कौन थे? –लुई फिशर
- ऑपरेशन जीरो ऑवर किससे सम्बंधित है? –भारत छोड़ो आन्दोलन के दौरान गाँधी जी समेत प्रमुख नेताओं की गिरफ्तारी से।
- भारत छोड़ो आन्दोलन के दौरान महात्मा गाँधी को गिरफ्तार करके कहाँ रखा गया था? –आगा खाँ पैलेस (पूना)
- भारत छोड़ो आंदोलन के दौरान जेल से फरार होकर किसने भूमिगत गतिविधियों को संगठित किया था? –जयप्रकाश नारायण ने
- डॉ. राजेंद्र प्रसाद को 9 अगस्त, 1942 को गिरफ्तार करके कहाँ भेजा गया था? –बाँकीपुर जेल

भारत छोड़ो आन्दोलन के दौरान उषा मेहता, राममनोहर लोहिया, अरूणा असफ अली, जयप्रकाश नारायण आदि ने प्रमुख शीर्ष नेताओं के गिरफ्तार हो जाने के पश्चात् नियमित रूप से रेडियो के माध्यम से आन्दोलन का नेतृत्व किया।

- भारत छोड़ो आन्दोलन के दौरान बलिया में किसके द्वारा समानांतर सरकार की स्थापना की गई? –चित्तू पांडेय के द्वारा
- बंगाल के मिदनापुर जिले में जातीय सरकार की स्थापना किस वर्ष की गई? –वर्ष 1942 में
- भारत छोड़ो आंदोलन को किस अन्य नाम से भी जाना जाता है? –अगस्त क्रांति

लॉर्ड लिनलिथगो ने गाँधीजी के आंदोलनों को राजनैतिक फिरौती की संज्ञा दी थी।

महात्मा गाँधी ने क्रिप्स मिशन को उत्तर तिथीय चेक (Post Dated Cheque) की संज्ञा दी थी।

आजाद हिन्द फौज, वैवेल योजना तथा शाही नौसेना विद्रोह

- आजाद हिन्द फौज का गठन किस वर्ष किया गया?
  –वर्ष 1942 में
- आजाद हिन्द फौज का विचार सर्वप्रथम किसने सुझाया था?
  –मोहन सिंह
- जुलाई 1943 में रासबिहारी बोस ने आजाद हिन्द फौज की कमान किसे सौंपी थी? –सुभाष चन्द्र बोस को
- नेता जी सुभाष चन्द्र बोस ने स्वतंत्र भारत की अस्थायी सेना का गठन कहाँ पर किया? –सिंगापुर में

सुभाष चंद्रबोस ने रानी झाँसी रेजिमेंट के नाम से एक महिला रेजिमेंट का गठन किया था। आजाद हिन्द फौज के तीन अन्य ब्रिगेडों के नाम क्रमशः सुभाष ब्रिगेड, नेहरू ब्रिगेड तथा गाँधी ब्रिगेड रखे गए।

- किस देश के द्वारा सुभाष चन्द्र बोस को अण्डमान एवं निकोबार द्वीप सौंपा? –जापान
- सुभाष चन्द्र बोस द्वारा अण्डमान तथा निकोबार का नया नामकरण क्या किया गया?
  –क्रमशः शहीद द्वीप एवं स्वराज द्वीप

6 जुलाई, 1944 को आजाद हिन्द फौज के रेडियो के एक प्रसारण में महात्मा गाँधी को संबोधित करते हुए सुभाष चंद्र बोस ने कहा– भारत की स्वतंत्रता के लिए अंतिम युद्ध प्रारम्भ हो चुका है। राष्ट्रपिता! भारतीय स्वतंत्रता के इस पवित्र युद्ध में हमें आपका आशीर्वाद चाहिए।

- भारतीय स्वतंत्रता संघर्ष के दौरान, किसने द फ्री इंडियन लीजन नामक सेना बनाई थी? –सुभाष चंद्र बोस ने
- दिल्ली चलो, जय हिन्द तथा तुम मुझे खून दो मैं तुम्हें आजादी दूँगा का नारा किसके द्वारा दिया गया?
  –नेता जी सुभाष चन्द्र बोस के द्वारा
- सुभाष चन्द्र बोस को देश नायक की उपाधि किसके द्वारा प्रदान की गई थी? –रवीन्द्रनाथ टैगोर

महात्मा गाँधी जी द्वारा सुभाष चन्द्र बोस को देशभक्तों का देशभक्त की उपाधि दी गई थी।

- वर्ष 1945 सरकार के प्रति निष्ठा न रखने के आरोप में किसके ऊपर लाल किला मुकदमा चलाया गया?
  –आजाद हिन्द फौज पर

ब्रिटिश सरकार ने आजाद हिंद फौज के सैनिकों एवं अधिकारियों को गिरफ्तार कर नवंबर, 1945 में दिल्ली के लाल किले में उन पर मुकदमा चलाया। इसमें तीन अभियुक्तों प्रेम सहगल, गुरुबख्श सिंह ढिल्लों एवं शाहनवाज खान को फांसी की सजा तथा राशिद अली को 7 वर्ष के कारावास का दंड निर्धारित किया गया। परन्तु बाद में जनता के भारी विरोध के कारण उन्हें दोषमुक्त कर दिया गया।

- किस वायसराय के द्वारा आजाद हिन्द फौज के अभियुक्तों को क्षमा कर दिया गया? –लार्ड वैवेल
- वर्ष 1944 में सी.आर. फार्मूला किसके द्वारा प्रस्तुत किया गया? – सी राजगोपालाचारी के द्वारा
- भारतीय राजनीति गतिरोधों को दूर करने के लिए वैवेल योजना कब प्रस्तुत की गई? –14 जून, 1945 को
- वैवेल योजना पर विचार करने के लिए आयोजित शिमला सम्मेलन में काँग्रेस की ओर से किसने प्रतिनिधित्व किया?
  –मौलाना अबुल कलाम आजाद
- भारतीय राष्ट्रीय कांग्रेस का लगातार छह वर्षों तक अध्यक्ष रहने वाले व्यक्ति कौन थे? –मौलाना अबुल कलाम आजाद
- आजाद हिन्द फौज के विरुद्ध मुकदमे में कांग्रेस द्वारा गठित आजाद हिन्द फौज बचाव समिति का अध्यक्ष कौन था?
  –भूला भाई देसाई
- आजाद हिन्द फौज दिवस कब मनाया गया?
  –12 नवम्बर, 1945

शाही नौसेना विद्रोह (18-23 फरवरी, 1946)

- रॉयल इंडियन नेवी के विद्रोह की शुरुआत 18 फरवरी को हुई, जब बम्बई में नौसैनिक जहाज़ एच.एम.आई.एस. तलवार के 1100 नाविकों ने नस्लवादी भेदभाव और खराब भोजन के प्रतिवाद में हड़ताल कर दी।
- सैनिकों की माँग यह भी थी कि नाविक बी.सी. दत्त को (जिसे जहाज़ की दीवारों पर भारत छोड़ो लिखने के आरोप में गिरफ्तार कर लिया गया) रिहा किया जाए।
- इस देशव्यापी विस्फोट की स्थिति में वल्लभभाई पटेल ने हस्तक्षेप किया। पटेल व जिन्ना ने उन्हें आत्मसमर्पण की सलाह दी। विद्रोहियों ने आत्मसमर्पण करते हुए कहा कि, हम भारत के सामने आत्मसमर्पण कर रहे हैं, ब्रिटेन के सामने नहीं।

26 जनवरी, 1950 को भारत का संविधान लागू हुआ और इसी के साथ भारत एक गणतंत्र (Republic) राष्ट्र बन गया।

कैबिनेट मिशन, संविधान सभा तथा अंतरिम सरकार का गठन

- ब्रिटिश प्रधानमंत्री एटली (लेबर पार्टी) द्वारा भारतीय नेताओं से बातचीत के लिए किस संसदीय दल का गठन किया गया?
  -कैबिनेट मिशन
- कैबिनेट मिशन कब भारत आया? -24 मार्च, 1946

कैबिनेट मिशन की अध्यक्षता ब्रिटेन में भारत मंत्री लॉर्ड पैथिक लॉरेंस द्वारा की गई तथा इसमें शामिल दो अन्य सदस्य थे स्टैफोर्ड क्रिप्स तथा ए. वी. एलेक्जेंडर।

- कैबिनेट मिशन के भारत आगमन के समय कांग्रेस के अध्यक्ष कौन थे? -मौलाना अबुल कलाम आजाद
- कैबिनेट मिशन के आगमन के समय भारत का वायसराय कौन था? -लॉर्ड वैवेल
- कांग्रेस के किस प्रमुख नेता द्वारा कैबिनेट मिशन का पूर्ण समर्थन किया गया? -महात्मा गाँधी

कैबिनेट मिशन के प्रमुख प्रावधान

- भारत की एकता बनाई रखी जाए।
- मुस्लिम लीग की पाकिस्तान की माँग अस्वीकार कर दी गई।
- भारत एक संघ होगा जिसमें ब्रिटिश प्रांत तथा देशी रियासतें शामिल होंगी।
- संविधान सभा का गठन किया जाएगा, जिसमें प्रांतीय विधान सभा तथा देशी रियासतों के प्रतिनिधि शामिल होंगे।

- कैबिनेट मिशन योजना को स्वीकार करके मुस्लिम लीग द्वारा प्रत्यक्ष कार्यवाही दिवस कब मनाया गया? -16 अगस्त, 1946
- प्रत्यक्ष कार्यवाही दिवस के दौरान हुए हिंसक घटनाओं को शांत कराने के लिए गाँधी जी कहाँ गए थे?
  -नोआखाली (वर्तमान बांग्लादेश में)
- नोआखाली में गाँधी जी के विवेक एवं साहस को देखकर माउंटबेटन द्वारा उन्हें कौन सी उपाधि दी गई थी?
  -वन मैन बाउंड्री फोर्स
- वर्ष 1922 के कांग्रेस अधिवेशन में किसके द्वारा यह विचार प्रस्तुत किया गया कि भारतीय संविधान भारतीयों की इच्छा अनुसार ही होगी? -महात्मा गाँधी
- संविधान सभा के गठन का प्रावधान किस मिशन के अंतर्गत किया गया था? -कैबिनेट मिशन

कैबिनेट मिशन योजना के अनुसार जुलाई, 1946 में संविधान सभा के चुनाव हुए। थे, जिनमें प्रांतों के लिए 296 सदस्यों के लिए ही ये चुनाव हुए। कांग्रेस के 208, मुस्लिम लीग के 73 तथा 15 अन्य दलों और स्वतंत्र उम्मीदवार निर्वाचित हुए।

- संविधान सभा का पहला सत्र कब आयोजित किया गया?
  -9 दिसम्बर, 1946
- 9 दिसम्बर, 1946 को संविधान सभा का किसे अस्थायी सदस्य चुना गया? -डॉ. सच्चिदानंद सिन्हा
- 11 दिसम्बर, 1946 को संविधान सभा की दूसरी बैठक में किसको स्थायी अध्यक्ष चुना गया? -राजेंद्र प्रसाद
- वायसराय वैवेल द्वारा किसे अंतरिम सरकार बनाने का निमंत्रण दिया गया? -जवाहर लाल नेहरू को
- जवाहर लाल नेहरू के नेतृत्व में अंतरिम सरकार का गठन कब किया गया? -2 सितम्बर, 1946 को
- लियाकत अली सहित मुस्लिम लीग के 5 सदस्य कब अंतरिम सरकार में शामिल हुए?-26 अक्टूबर, 1946 को

अंतरिम सरकार का मंत्रिमंडल

सदस्य	विभाग
• जवाहरलाल नेहरू	कार्यकारी परिषद् के उपाध्यक्ष, विदेश मामले एवं राष्ट्रमंडल से सम्बंधित मामले
• बल्लभ भाई पटेल	गृह सूचना एवं प्रसारण विभाग तथा रियासत सम्बंधी मामले
• बलदेव सिंह	रक्षा विभाग
• जॉन मथाई	उद्योग एवं आपूर्ति विभाग
• सी.राजगोपालाचारी	शिक्षा विभाग
• सी. एच. भाभा	कार्य, खान तथा बंदरगाह
• डॉ. राजेन्द्र प्रसाद	खाद्य एवं कृषि विभाग
• आसफ अली	रेल विभाग
• जगजीवन राम	श्रम विभाग
• लियाकत अली खाँ	वित्त विभाग

अशफाक उल्ला खाँ पहले मुस्लिम क्रांतिकारी थे, जिन्हें स्वतंत्रता संघर्ष के दौरान फाँसी दी गई थी।

भारत का विभाजन एवं स्वतंत्रता

- 20 फरवरी, 1947 को किस ब्रिटिश प्रधानमंत्री द्वारा जून, 1948 से पहले भारत छोड़ने की घोषणा की गई?
  -क्लीमेंट एटली
- क्लीमेंट एटली ने लॉर्ड वैवेल के स्थान पर किसे वायसराय नियुक्त किया? -लॉर्ड माउंटबेटन
- माउंटबेटन द्वारा विभाजन के साथ सत्ता हस्तांतरण के लिए योजना कब प्रस्तुत की गई? -3 जून, 1947 को
- किस योजना को 3 जून योजना के नाम से भी जाना जाता है? -माउंटबेटन योजना

माउंटबेटन योजना के प्रमुख प्रावधान

- पंजाब और बंगाल में हिंदू-मुसलमान बहुसंख्यक जिलों के प्रांतीय विधानसभा के सदस्यों की अलग बैठक बुलायी जाए उनके प्रतिनिधियों को यह निश्चय करना था कि प्रांत का विभाजन हो अथवा नहीं।
- विभाजन होने की दशा में दो डोमिनियनों (भारत-पाकिस्तान) तथा दो संविधान सभाओं का निर्माण किया जाएगा।
- उत्तर-पश्चिमी सीमांत प्रांत तथा असम के सिलहट जिले में, जनमत संग्रह द्वारा यह पता लगाया जाएगा कि, वे भारत के किस भाग के साथ रहना चाहते हैं।
- विभाजन के गतिरोध को दूर करने के लिये एक सीमा आयोग (Boundary Commission) का गठन किया जाएगा।

- भारत विभाजन के संदर्भ में वर्ष 1947 में नियुक्त सीमा आयोग की अध्यक्षता किसने की थी? -सिरिल रेडक्लीफ
- कांग्रेस के किस अधिवेशन में भारत के विभाजन का प्रस्ताव स्वीकृत किया गया था? -दिल्ली अधिवेशन
- भारत का विभाजन स्वीकार किये जाने के समय कांग्रेस का अध्यक्ष कौन था? -जे.बी. कृपलानी
- वह कौन राष्ट्रवादी मुस्लिम नेता था, जिसने विभाजन को कभी स्वीकार नहीं किया? -खान अब्दुल गफ्फार खान

माउंटबेटन ने भारत की आजादी के लिए डिकी बर्ड प्लान तैयार किया था, जिसे नेहरू ने यह कहते हुए अस्वीकार कर दिया था कि, यह योजना भारत के बाल्कनीकरण को आमंत्रित करेगी। इसीलिए इस योजना को बाल्कन प्लान भी कहा जाता है।

- ब्रिटिश संसद द्वारा 18 जुलाई, 1947 को किस नाम से माउंटबेटन योजना को स्वीकृति प्रदान की गई?
  -भारतीय स्वतंत्रता अधिनियम 1947

भारतीय स्वतंत्रता अधिनियम-1947 के प्रमुख प्रावधान

- 15 अगस्त, 1947 से भारत को, भारत और पाकिस्तान नामक दो भागों में बाँट दिया जाएगा।
- प्रत्येक अधिराज्य (Dominion) में एक गवर्नर जनरल होगा जिसकी नियुक्ति इंग्लैंड का सम्राट करेगा।
- नए संविधान का निर्माण होने तक दोनों राज्यों का प्रशासन भारत शासन अधिनियम, 1935 के अनुसार चलाया जाएगा।
- भारतीय रजवाड़ों को स्वतंत्र रहने का विकल्प नहीं दिया जा सकता। उन्हें या तो भारत में रहना होगा या पाकिस्तान में।

- भारत की स्वतंत्रता के समय कांग्रेस का अध्यक्ष कौन था?
  -जे. बी. कृपलानी
- भारत का अंतिम वायसराय कौन था? -लॉर्ड माउंटबेटन
- स्वतंत्र भारत के प्रथम गवर्नर जनरल कौन थे?
  -लॉर्ड माउंटबेटन
- स्वतंत्र भारत के प्रथम एवं अंतिम भारतीय गवर्नर जनरल कौन थे? -सी. राजगोपालाचारी
- कांग्रेस के किस प्रमुख नेता ने स्वतंत्रता दिवस के समारोह में भाग नहीं लिया था? -महात्मा गाँधी
- 15 अगस्त, 1947 की मध्य रात्रि में केन्द्रीय असेम्बली में जन-गण-मन तथा इकबाल द्वारा रचित सारे जहाँ से अच्छा हिंदुस्तान हमारा किसके द्वारा गाया गया?
  -एम.एस. सुब्बुलक्ष्मी
- प्रथम बार भारत के प्रधानमंत्री की नियुक्ति किसके द्वारा की गई थी? -गवर्नर जनरल के द्वारा
- पाकिस्तान का प्रथम गवर्नर जनरल कौन था?
  -मोहम्मद अली जिन्ना
- भारतीय संविधान को पूर्ण रूप से कब लागू किया गया?
  -26 जनवरी, 1950
- भारत की स्वतंत्रता के पश्चात् लोकसभा का प्रथम अध्यक्ष किसे बनाया गया? -जी. वी. मावलंकर

गाँधी जी की मृत्यु (30 जनवरी, 1948) पर जवाहर लाल नेहरू ने कहा था कि हमारे जीवन से प्रकाश गायब हो गया है।

विविध

- ग्रैंड ओल्ड मैन ऑफ इण्डिया की उपाधि किसे दी जाती है? -दादाभाई नौरोजी
- महाराष्ट्र में शिवाजी उत्सव व गणपति उत्सव की शुरुआत किसने की थी? -बाल गंगाधर तिलक

जी.बी. मैकाले ने ईस्ट इण्डिया कम्पनी के बारे में यह टिप्पणी की, कि कम्पनी एक असंगति है, परंतु यह उस व्यवस्था का भाग है जहाँ सब ही असंगत हैं।

- भारतीय अशांति का जनक किसे माना जाता है? -लोकमान्य तिलक
- ब्रिटिश पार्लियामेंट में चुना जाने वाला प्रथम भारतीय कौन था? -दादाभाई नौरोजी
- संन्यासी विद्रोह किस वर्ष आरम्भ हुआ था? -1770 ई. में
- तृतीय आंग्ल-मराठा युद्ध किसके शासनकाल में हुआ? -लॉर्ड वारेन हेस्टिंग्स
- गाँधी जी के दाण्डी मार्च से प्रेरित होकर किस नेता ने केरल में एक मार्च निकाला था?-के. कलप्पन (कालीकट से पोयानूर)
- सर्वोदय शब्द का प्रयोग सर्वप्रथम किसने किया था? -महात्मा गाँधी ने

- दूसरे सविनय अवज्ञा आन्दोलन की अवधि क्या थी? -दिसम्बर 1931 से अप्रैल 1934

- अध्यक्षीय सम्बोधन के समय, किस कांग्रेस अध्यक्ष ने हिन्दी भाषा के लिए रोमन लिपि लागू करने की वकालत की थी। -सुभाष चंद्र बोस
- द्वितीय विश्वयुद्ध कब समाप्त हुआ? - वर्ष 1945 में
- मध्यकालीन विद्वानों/लेखकों में कौन जैन धर्म का अनुयायी था? -हेमचन्द्र सूरी
- द्वितीय विश्व युद्ध के समय ब्रिटेन का प्रधानमंत्री कौन था? -विंस्टन चर्चिल
- बंगाल में हुए स्वदेशी आंदोलन का समर्थन किसने किया था? -अरविंद घोष
- भारत के स्वतंत्रता प्राप्ति के बाद किसने सुझाव दिया था कि, भारतीय राष्ट्रीय कांग्रेस को समाप्त कर दिया जाए? -महात्मा गांधी
- द्वितीय विश्व युद्ध के सम्बंध में भारतीय राष्ट्रीय कांग्रेस की क्या नीति थी? -पूर्ण स्वतंत्रता का आश्वासन मिलने पर ब्रिटेन का सहयोग
- विभाजन करो और छोड़ो का नारा किसने दिया था? -मुस्लिम लीग
- ऑपरेशन पोलो किस देशी रियासत को भारत में विलय करने के लिए चलाया गया? -हैदराबाद रियासत
- स्वतंत्र भारत में प्रथम गैर कांग्रेसी प्रधानमंत्री कौन बना? -मोरारजी देसाई
- रवीन्द्रनाथ टैगोर को उनकी रचना गीतांजली के लिए किस वर्ष नोबेल पुरस्कार से सम्मानित किया गया? -वर्ष 1913
- रवीन्द्रनाथ टैगोर को महान प्रहरी की संज्ञा किसने दी थी? -महात्मा गाँधी
- ब्रिटिश काल के दौरान पड़े किस अकाल को प्रकोप का समुद्र (सी ऑफ कैलेमिटी) कहा जाता है? -उड़ीसा का अकाल काल (1866 ई.)
- गुट निरपेक्षता नीति (Non Alignment Policy) का प्रतिपादन किसके द्वारा किया गया था? -जवाहर लाल नेहरू
- भारत के प्रथम प्रधानमंत्री जवाहर लाल नेहरू के जीवनीकार कौन थे? -फ्रैंक मोरेस
- गोखले माई पॉलिटिकल गुरु नामक पुस्तक की रचना किसने की? -महात्मा गाँधी ने
- भारतीय राष्ट्रीय कांग्रेस के सरकारी इतिहासकार कौन थे? -डॉ. पट्टाभि सीतारमैया
- किस राष्ट्रवादी मुस्लिम को सीमांत गाँधी (Frontier Gandhi) के नाम से जाना जाता है? -खान अब्दुल गफ्फार खाँ
- भारत शासन अधिनियम, 1935 को किसके द्वारा गुलामी का अधिकार पत्र कहा गया? -जवाहर लाल नेहरू

सविनय अवज्ञा आंदोलन के दौरान कानून को तोड़ने के साथ-साथ, चौकीदारी कर न चुकाना कोई कर नहीं तथा कोई किराया नहीं आदि आन्दोलन भी चलाए गए। इस आन्दोलन में समाज के सभी वर्गों यथा- महिलाओं, छात्रों, जनजातियों, कामगारों, किसानों, व्यापारियों, कुछ मुस्लिम समुदाओं आदि का समर्थन प्राप्त हुआ।

भारतीय स्वतंत्रता आंदोलन में सहयोग पाने के लिए लाला हरदयाल ने वर्ष 1913 में गदर पार्टी की स्थापना की थी।

ब्रिटिश काल में पारित महत्वपूर्ण अधिनियम/योजनाएँ/प्रस्ताव

अधिनियम	गवर्नर जनरल/वायसराय	मुख्य प्रावधान
• रेग्यूलेटिंग एक्ट-1773	वारेन हेस्टिंग्स	भारत पर ब्रिटिश शासन का सीमित नियंत्रण
• पिट्स इंडिया एक्ट-1784	वारेन हेस्टिंग्स	बोर्ड ऑफ कन्ट्रोल की स्थापना
• चार्टर एक्ट-1813	लॉर्ड मिंटो	कम्पनी का व्यापारिक एकाधिकार समाप्त
• सती प्रथा निषेध कानून-1829	विलियम बैंटिक	सती प्रथा पर प्रतिबंध
• चार्टर एक्ट-1833	विलियम बैंटिक	बंगाल का अन्तिम तथा भारत का प्रथम गवर्नर जनरल
• चार्टर एक्ट-1853	लॉर्ड डलहौजी	कम्पनी का मात्र न्यास (Trust) के रूप में भारत पर नियंत्रण
• हिंदू विधवा पुनर्विवाह अधिनियम-1856	लॉर्ड डलहौजी	विधवा विवाह का मान्यता
• भारतीय परिषद अधिनियम-1861	लॉर्ड कैनिंग	परिषद् में भारतीयों को प्रवेश
• सम्मति आयु अधिनियम-1891	लैंसडॉउन	बाल विवाह (12 वर्ष से कम आयु में विवाह पर प्रतिबंध)
• भारतीय परिषद अधिनियम-1892	लैंसडॉउन	निर्वाचन प्रणाली का प्रारम्भ
• मिंटो-मार्ले अधिनियम-1909	लॉर्ड मिंटो	पृथक् निर्वाचन क्षेत्रों की व्यवस्था
• मॉटेग्यू चेम्सफोर्ड अधिनियम-1919	लॉर्ड चेम्सफोर्ड	प्रांतों में द्वैध शासन
• साइमन कमीशन-1927	लॉर्ड इरविन	संविधान निर्माण योजना
• शारदा एक्ट-1930	लॉर्ड इरविन	विवाह की आयु न्यूनतम का निर्धारण: लड़कों के लिए 18 वर्ष व लड़कियों के लिए 14 वर्ष हुई
• भारत सरकार अधिनियम 1935	लॉर्ड वेलिंगटन	प्रांतीय स्वायत्तता
• अगस्त घोषणा प्रस्ताव 1940	लिनलिथगो	प्रादेशिक स्वशासन
• क्रिप्स मिशन प्रस्ताव 1942	लिनलिथगो	संविधान सभा की योजना
• वेवेल योजना 1945	लॉर्ड वेवेल	सभी दलों को मिलाकर परिषद् निर्माण
• कैबिनेट मिशन योजना 1946	लॉर्ड वेवेल	संघ का निर्माण व प्रांतों की स्वायत्तता
• माउंटबेटन योजना 1947	लॉर्ड माउंटबेटन	भारत विभाजन

प्रमुख नारे

नारा	सम्बंधित व्यक्ति
• कर मत दो	सरदार वल्लभभाई पटेल
• करो या मरो, भारत छोड़ो	महात्मा गाँधी
• दिल्ली चलो, तुम मुझे खून दो मैं तुम्हें आजादी दूँगा	सुभाषचंद्र बोस
• जय जवान, जय किसान	लाल बहादुर शास्त्री
• स्वराज हमारा जन्मसिद्ध अधिकार है	बाल गंगाधर तिलक
• इंकलाब जिंदाबाद, साम्राज्यवाद का नाश हो	भगत सिंह
• साइमन कमीशन वापस जाओ	लाला लाजपत राय
• आराम हराम है	जवाहर लाल नेहरू
• सारे जहाँ से अच्छा हिंदोस्ताँ हमारा	मोहम्मद इकबाल

प्रमुख व्यक्ति एवं उनकी उपाधि

उपाधि	उपाधि प्राप्तकर्ता	उपाधि देने वाला
• महात्मा	महात्मा गाँधी	रवीन्द्रनाथ टैगोर
• राष्ट्रपिता	महात्मा गाँधी	सुभाष चन्द्र बोस
• गुरूदेव	रवीन्द्रनाथ टैगोर	महात्मा गाँधी
• सरदार	बल्लभभाई पटेल	बारदोली की महिलाएँ
• देशरत्न	डॉ. राजेन्द्र प्रसाद	महात्मा गाँधी
• विवेकानन्द	स्वामी विवेकानन्द	महाराजा खेतड़ी
• राजा	राममोहन राय	अकबर द्वितीय
• जगत गुरू	हरि विजय सूरी	अकबर
• कंठाभरणवाणी	तानसेन	अकबर
• कायदे आजम	मुहम्मद अली जिन्ना	महात्मा गांधी
• अर्धनग्न फकीर	महात्मा गांधी	चर्चिल

आराम हराम है, हू लिव्स इफ इंडिया डाइज व पूर्ण स्वराज्य का नारा जवाहरलाल नेहरू ने दिया था।

स्वंतत्रता आंदोलन के दौरान लिखित प्रमुख पुस्तकें

पुस्तक	लेखक
• अनहैप्पी इंडिया	लाल लाजपत राय
• गीता रहस्य	बाल गंगाधर तिलक
• बंदी जीवन	शचींद्र नाथ सान्याल
• इंडियन होमरूल अथवा हिन्द स्वराज	महात्मा गाँधी
• इंडिया डिवाइडेड	राजेन्द्र प्रसाद
• इंडिया टुडे	रजनी पाम दत्त
• नेशन इन मेकिंग	सुरेन्द्रनाथ बनर्जी
• पाकिस्तान एंड द पार्टीशन ऑफ इंडिया	बी.आर. अंबेडकर
• द फिलॉस्फी ऑफ द बॉम्ब	भगवती चरण बोहरा
• माई एक्सपेरिमेंट विद ट्रुथ	महात्मा गाँधी
• सत्यार्थ प्रकाश	दयानंद सरस्वती
• इंडियन स्ट्रगल	सुभाषचंद्र बोस
• पावर्टी एंड अनब्रिटिश रूल इन इंडिया	दादा भाई नौरोजी
• आनंद मठ	बंकिमचंद चटर्जी
• इंडिया विन्स फ्रीडम	मौ. अबुल कलाम अजाद
• डिस्कवरी ऑफ इंडिया	जवाहरलाल नेहरू
• इंडिया फ्रॉम कर्जन टू नेहरू एंड आफ्टर	दुर्गा दास
• द स्कोप ऑफ हैप्पीनेस	विजयलक्ष्मी पंडित
• इंडिया एंड इंडियन मिशन	एलेक्जेंडर डफ

पुस्तक	लेखक
• भारतीय स्वतंत्रता संग्राम	विनायक दामोदर सावरकर
• लाइफ डिवाइन	अरविंद घोष
• सॉन्ग ऑफ इंडिया	सरोजिनी नायडू
• गीतांजलि, गोरा, क्रीसेंट मून, पोस्ट ऑफिस	रवीन्द्रनाथ टैगोर
• नेशन्स वॉयस	राधाकृष्णन
• गैदरिंग स्टॉर्म	लैपियरे, कॉलिंस
• एसेज ऑन गीता	अरविंद घोष
• नील दर्पण (नाटक)	दीनबंधु मित्र
• द बन्च ऑफ ओल्ड लेटर्स	जवाहरलाल नेहरू
• हिंट्स फॉर सेफ कल्चर	लाला हरदयाल
• इंडियन फिलॉसफी	डॉ. राधाकृष्णन
• इंडिया अनरेस्ट	वैलेन्टाइन शिरोल
• इंडिया ए नेशन	एनी बेसेंट
• इकोनॉमिक हिस्ट्री ऑफ इंडिया	आर.सी.दत्त
• इंडियन रेनेसां	सी.एफ. एंड्रूज
• द रिडल्स ऑफ हिंदुइज्म	भीमराव अंबेडकर
• इंडियन डायरी	ई. एस. मॉन्टेग्यू
• कमेन्टरीज ऑन द कुरान	सर सैय्यद अहमद खान

युद्ध	वर्ष	संधि
• प्रथम कर्नाटक युद्ध	1746-48	एक्स-ला-शैपेल की संधि (1748 ई.)
• द्वितीय कर्नाटक युद्ध	1749-54	पॉण्डिचेरी की संधि (1754 ई.)
• तृतीय कर्नाटक युद्ध	1758-63	पेरिस की संधि (1763 ई.)
• प्रथम आंग्ल-मैसूर युद्ध	1767-69	मद्रास की संधि (1769 ई.)
• प्रथम आंग्ल-मराठा युद्ध	1775-82	पुरंदर की संधि (1776 ई.), बड़गाँव की संधि (1779 ई.), सालबाई की संधि (1782 ई.)
• द्वितीय आंग्ल-मैसूर युद्ध	1780-84	मंगलौर की संधि (1784 ई.)
• तृतीय आंग्ल-मैसूर युद्ध	1790-92	श्रीरंगपट्टनम की संधि (1792 ई.)
• चतुर्थ आंग्ल-मैसूर युद्ध	1799	-
• द्वितीय आंग्ल-मराठा युद्ध	1803-05	देवगाँव व सुर्जी-अर्जनगाँव की संधि (1803 ई.), राजपुर घाट की संधि (1805 ई.)
• आंग्ल-नेपाल युद्ध	1814-16	सुगौली की संधि (1816 ई.)
• तृतीय आंग्ल-मराठा युद्ध	1816-19	पूना की संधि
• प्रथम आंग्ल-बर्मा युद्ध	1824-26	यन्दबू की संधि (1826 ई)
• प्रथम आंग्ल-सिख युद्ध	1845-46	लाहौर की संधि व भैरोवाल की संधि (1846 ई)
• द्वितीय आंग्ल-सिख युद्ध	1848-49	-

प्रथम आंग्ल-अफगान युद्ध (1839-42 ई.) **लॉर्ड ऑकलैंड** तथा **द्वितीय आंग्ल-अफगान युद्ध** (1878-80) **लॉर्ड लिटन** के समय हुआ था।

बंगाल तथा भारत के गवर्नर, गवर्नर जनरल तथा वायसराय

गवर्नर/गवर्नर जनरल	कार्यकाल (वर्ष)	सम्बंधित महत्वपूर्ण घटनाएँ
बंगाल के गवर्नर		
• रॉबर्ट क्लाइव	1757-60 और 1765-67	प्लासी का युद्ध (1757), बंगाल में द्वैध शासन का प्रारम्भ तथा इलाहाबाद की प्रथम व द्वितीय संधि (1765)।
• हेनरी वेन्सिटार्ट	1760-64	1764 में बक्सर का युद्ध
• हैरी वेरेलास्ट	1767-69	द्वैध शासन के समय बंगाल का गवर्नर
• जॉन कर्टियर	1769-72	प्रथम आंग्ल-मैसूर युद्ध
• वारेन हेस्टिंग्स	1772-74	बंगाल का अंतिम गवर्नर। बंगाल से द्वैध शासन को समाप्त किया तथा **प्रथम मदरसे** की स्थापना की।
बंगाल के गवर्नर जनरल		
• वारेन हेस्टिंग्स	1774-85	बंगाल का प्रथम गवर्नर जनरल, रेग्युलेटिंग एक्ट-1773, प्रथम मराठा युद्ध, द्वितीय आंग्ल-मैसूर युद्ध तथा इजारेदारी प्रथा का आरम्भ।
• लॉर्ड कॉर्नवालिस	1786-93 और 1805	तृतीय आंग्ल-मैसूर युद्ध, बंगाल प्रांत स्थायी बंदोबस्त व्यवस्था (1793) लागू तथा **शक्ति के पृथक्करण का सिद्धांत** लागू किया।
• सर जॉन शोर	1793-98	चार्टर अधिनियम-1793 तथा अहस्तक्षेप की नीति अपनाई।
• लॉर्ड वेलेजली	1798-05	**सहायक संधि की नीति** (1798) आरम्भ किया, चौथा आंग्ल-मैसूर युद्ध, द्वितीय आंग्ल-मराठा युद्ध, वर्ष 1799 में प्रेस पर सेंसर लगाया एवं कलकत्ता में फोर्ट विलियम कॉलेज की स्थापना।
• सर जॉर्ज बार्लो	1805-07	रियासतों में अहस्तक्षेप की नीति का समर्थन किया।
• लॉर्ड मिंटो प्रथम	1807-13	अमृतसर की संधि (1809)
• लॉर्ड हेस्टिंग्स	1813-23	आंग्ल-नेपाल युद्ध, तृतीय आंग्ल-मराठा युद्ध तथा रैय्यतवाड़ी बंदोबस्त (1820) व महालवाड़ी व्यवस्था (1822) लागू हुआ।
• लॉर्ड एमहर्स्ट	1823-28	प्रथम आंग्ल-बर्मा युद्ध, बैरकपुर हावनी में विद्रोह
• लॉर्ड विलियम बेंटिक	1828-33	सती प्रथा पर रोक तथा ठगी प्रथा का अंत।
भारत के गवर्नर जनरल		
• लॉर्ड विलियम बेंटिक	1833-35	चार्टर एक्ट, 1833 तथा विधि आयोग का गठन।
• लॉर्ड मैटकॉफ	1835-36	इन्हें भारतीय प्रेस का मुक्तिदाता कहा जाता था।
• लॉर्ड आकलैंड	1836-42	प्रथम आंग्ल-अफगान युद्ध
• लॉर्ड एलनबरो	1842-44	भारत में दास प्रथा का अंत हुआ। प्रथम अफगान युद्ध की समाप्ति
• लॉर्ड हार्डिंग प्रथम	1844-48	प्रथम आंग्ल-सिख युद्ध, लाहौर संधि द्वारा समाप्त हुआ।
• लॉर्ड डलहौजी	1848-56	द्वितीय आंग्ल-सिख युद्ध, द्वितीय आंग्ल-बर्मा युद्ध, चार्ल्स वुड की शिक्षा नीति (शिक्षा का मैग्नाकार्टा), व्यपगत सिद्धांत तथा विधवा पुनर्विवाह अधिनियम।
• लॉर्ड कैनिंग	1856-57	भारत का अंतिम गवर्नर जनरल तथा सन् 1857 का विद्रोह।

रॉबर्ट क्लाइव ने **मुंगेर** (बिहार), **इलाहाबाद** (उ.प्र.) तथा **बांकीपुर** (प.बंगाल) में सेना के लिए तीन केन्द्रों की स्थापना की।

भारत के वायसराय		
वायसराय	कार्यकाल (वर्ष)	सम्बंधित महत्वपूर्ण घटनाएँ
• लॉर्ड कैनिंग	1858-62	भारत का प्रथम वायसराय तथा भारत में पहली बार आयकर लगाया गया।
• लॉर्ड एल्गिन प्रथम	1862-63	वहाबी आंदोलन का दमन
• लॉर्ड जॉन लारेंस	1864-69	प्रथम अकाल आयोग का गठन।
• लॉर्ड मेयो	1869-72	आर्थिक विकेन्द्रीकरण की नीति की शुरूआत, भारत में प्रथम जनगणना (1872), सांख्यिकी सर्वेक्षण विभाग (Statistics Survey Department) तथा कृषि विभाग का गठन।
• लॉर्ड नार्थब्रुक	1872-76	कूका विद्रोह का दमन।
• लॉर्ड लिटन	1876-80	द्वितीय अकाल आयोग का गठन, प्रथम दिल्ली दरबार, वर्नाक्यूलर प्रेस एक्ट पारित तथा द्वितीय आंग्ल-अफगान युद्ध।
• लॉर्ड रिपन	1880-84	वर्नाक्यूलर प्रेस एक्ट रद्द, हंटर आयोग का गठन, भारत में नियमित जनगणना प्रारम्भ हुई (1881)।
• लॉर्ड डफरिन	1884-88	तृतीय आंग्ल-बर्मा युद्ध (1885-बर्मा का भारत में विलय) तथा भारतीय राष्ट्रीय कांग्रेस की स्थापना (1885)।
• लॉर्ड लैंसडाउन	1888-94	डूरंड आयोग का गठन।
• लॉर्ड एल्गिन द्वितीय	1894-98	अकाल की जाँच के लिए लॉयल आयोग का गठन।
• लॉर्ड कर्जन	1899-1905	तृतीय अकाल आयोग का गठन तथा बंगाल विभाजन (1905)।
• लॉर्ड मिंटो द्वितीय	1905-1910	1906 में मुस्लिम लीग की स्थापना, भारतीय परिषद् अधिनियम-1909 व मार्ले-मिंटो सुधार अधिनियम, सांप्रदायिक निर्वाचन प्रणाली का आरम्भ, द्वितीय दिल्ली दरबार तथा कांग्रेस का विभाजन।
• लॉर्ड हार्डिंग द्वितीय	1910-16	बंगाल विभाजन रद्द, तृतीय दिल्ली दरबार तथा प्रथम विश्व युद्ध
• लॉर्ड चेम्सफोर्ड	1916-21	होमरूल लीग की स्थापना (1916), भारत शासन अधिनियम-1919, मांटेग्यू-चेम्सफोर्ड सुधार रौलेट एक्ट व जलियाँवाला बाग हत्याकांड, प्रांतों में द्वैध शासन आरम्भ तथा असहयोग आन्दोलन की शुरूआत
• लॉर्ड रीडिंग	1921-26	चौरी-चौरा की घटना (फरवरी, 1922), काकोरी ट्रेन डकैती (1925) तथा स्वराज पार्टी की स्थापना (1923)
• लॉर्ड इरविन	1926-31	साइमन कमीशन का भारत आना, पूर्ण स्वराज का प्रस्ताव पारित, सविनय अवज्ञा आन्दोलन आरम्भ, प्रथम गोलमेज सम्मेलन तथा गाँधी इरविन समझौता
• लॉर्ड वेलिंग्टन	1931-36	द्वितीय व तृतीय गोलमेज सम्मेलन, सांप्रदायिक पंचाट तथा अखिल भारतीय किसान सभा की स्थापना (1936)
• लॉर्ड लिनलिथगो	1936-44	पृथक पाकिस्तान की माँग, क्रिप्स मिशन तथा भारत छोड़ो आन्दोलन
• लॉर्ड वेवेल	1944-47	वेवेल योजना व शिमला सम्मेलन तथा भारत को स्वतंत्र करने की घोषणा (फरवरी, 1947)
• लॉर्ड माउंटबेटन	1947 जून 1948	अंतिम ब्रिटिश वायसराय तथा स्वतंत्र भारत के प्रथम गवर्नर जनरल
• सी. राजगोपालाचारी	1948-1950	स्वतंत्र भारत के प्रथम तथा अंतिम भारतीय गवर्नर जनरल

चार्टर अधिनियम, 1833 के अन्तर्गत बंगाल के गवर्नर जनरल को भारत का गवर्नर जनरल बना दिया गया।

भारतीय अर्थव्यवस्था

G

भारतीय अर्थव्यवस्था (Indian Economy)

जब हम किसी देश को उसकी समस्त **आर्थिक क्रियाओं** (Economic Activities) के सन्दर्भ में परिभाषित करते है तो उसे उस देश की **अर्थव्यवस्था** (Economy) कहते हैं।

- **अर्थशास्त्र का जनक** (Father of Economics) किसे कहा जाता है? **–एडम स्मिथ को**
- अर्थव्यवस्था की **छोटी आर्थिक इकाईयों** का अध्ययन अर्थशास्त्र की किस शाखा के अन्तर्गत किया जाता है? **–व्यष्टि अर्थशास्त्र** (Micro Economics) **में**
- **समष्टि अर्थशास्त्र** (Macro Economics) को अर्थशास्त्र की एक अलग शाखा के रूप में आरम्भ करने का श्रेय किसे दिया जाता है? **–जॉन मेनार्ड कीन्स को**
- भारतीय अर्थव्यवस्था किस प्रकार की अर्थव्यवस्था मानी जाती है? **–विकासशील अर्थव्यवस्था** (Developing Economy)
- **भारतीय अर्थव्यवस्था** की मुख्य विशेषताएँ क्या हैं? **–कृषि की प्रधानता, प्रति व्यक्ति न्यूनतम आय** तथा **बढ़ती बेरोजगारी**

भारत की अर्थव्यवस्था **मिश्रित अर्थव्यवस्था** (Mixed Economy) है, जिसमें **सार्वजनिक** एवं **निजी** क्षेत्र मिल-जुलकर कार्य करते है। इस अर्थव्यवस्था में **पूँजीवादी** (Capitalist) एवं **समाजवादी** (Socialist) दोनों अर्थव्यवस्थाओं की विशेषताएँ पायी जाती है।

- **मिश्रित अर्थव्यवस्था** की संकल्पना किस **अर्थशास्त्री** के **विचारों** से प्रेरित थी? **–जॉन मेनार्ड कीन्स**
- **बन्द अर्थव्यवस्था** (Closed Economy) से क्या आशय है? **–आयात-निर्यात गतिविधियाँ न होना**

अर्थव्यवस्था के क्षेत्रक

- प्राथमिक क्षेत्रक (Primary Sector) → कृषि एवं कृषि से सम्बद्ध गतिविधियाँ
  - कृषि, वानिकी
  - मत्स्यन
  - खनन, उत्खनन
- द्वितीयक क्षेत्रक (Secondary Sector) → औद्योगिक क्षेत्रक
  - निर्माण
  - विनिर्माण
  - विद्युत, गैस एवं जलापूर्ति
- तृतीयक क्षेत्रक (Tertiary Sector) → सेवा क्षेत्रक
  - परिवहन एवं संचार
  - बैंकिंग एवं बीमा
  - व्यापार एवं भण्डारण
  - सामुदायिक सेवाएँ

- **संयुक्त क्षेत्र** (Joint Sector) की अवधारणा किन क्षेत्रों के संबंध को दर्शाती है? **–निजी व सार्वजनिक क्षेत्र**
- अर्थव्यवस्था में **उच्चस्तरीय निर्णय** लेने वाले संस्थानों को किस क्षेत्र के अंतर्गत शामिल किया जाता है? **–पंचम क्षेत्र के अन्तर्गत**
- **अर्थशास्त्र** के क्षेत्र में **प्रथम नोबेल पुरस्कार** किस वर्ष प्रदान किया गया था? **–वर्ष 1969 में**
- अर्थशास्त्र में **नोबेल पुरस्कार** प्राप्त करने वाले भारतीय मूल के प्रथम व्यक्ति कौन थे? **–अमर्त्य सेन**

अर्थशास्त्र का नोबेल प्राप्त करने वाले **अभिजीत बनर्जी** भारतीय मूल के **दूसरे व्यक्ति** है, जिन्हें यह पुरस्कार **वर्ष 2019** में उनकी पत्नी **एस्थर डुफ्लो** तथा अमेरिकी मूल की **माइकल क्रेमर** के साथ संयुक्त रूप से **वैश्विक गरीबी उन्मूलन में प्रयोगात्मक दृष्टिकोण** (Experimental Approach in Global Poverty Alleviation) हेतु दिया गया था।

- **राष्ट्रीय आय** और **प्रतिव्यक्ति आय** एक निर्धारित स्तर से ऊपर पायी जाती है?**–विकसित अर्थव्यवस्था** (Developed Economy)
- **अहस्तक्षेप के सिद्धांत** (Laissez Fair) का प्रतिपादन किसने किया था? **–एडम स्मिथ ने**
- **गाँधीवादी अर्थव्यवस्था** (Gandhian Economy) किस सिद्धांत पर आधारित है? **–न्यास** (Trusteeship) **के सिद्धांत पर**
- **समाजवादी अर्थव्यवस्था** (Socialist Economy) का जनक किसे माना जाता है? **–कॉर्ल मार्क्स**
- भारतीय अर्थव्यवस्था के **उदारीकरण का अग्रदूत** (Harbinger of liberalization) किसे कहा जाता है? **–डॉ. मनमोहन सिंह**

विश्व की 10 शीर्ष अर्थव्यवस्थाएँ (2021)

नॉमिनल जी.डी.पी. पर आधारित (यू.एस. ट्रिलियन डॉलर में)

क्रम	देश	जीडीपी	क्रम	देश	जीडीपी
1.	अमेरिका	22.93	2.	चीन	16.86
3.	जापान	5.10	4.	जर्मनी	4.23
5.	यू. के.	3.10	6.	भारत	2.94
7.	फ्रांस	2.94	8.	इटली	2.12
9.	कनाडा	2.01	10.	कोरिया	1.82

स्रोत : वर्ल्ड इकोनॉमिक आउटलुक अक्टूबर, 2021

वह **अर्थव्यवस्था** जिसका विश्व के अन्य देशों से कोई **व्यापारिक सम्पर्क** नहीं होता है, वह **बन्द अर्थव्यवस्था** कहलाती है।

आर्थिक संवृद्धि एवं विकास (Economic Growth and Development)

किसी अर्थव्यवस्था में होने वाला **मात्रात्मक परिवर्तन** (Quantitative Change) **आर्थिक संवृद्धि** (Economic Growth) कहलाता है।

- **प्रति व्यक्ति समग्र उत्पादन** व **प्रति व्यक्ति भौतिक पूँजी में वृद्धि** क्या दर्शाती है? **-आर्थिक संवृद्धि को**
- यदि किसी देश में **पूंजी निर्माण** (Capital Formation) हो रहा है तो उसकी अर्थव्यवस्था पर क्या प्रभाव पड़ेगा?
  - आर्थिक संवृद्धि में अनिवार्य रूप से वृद्धि होगी
- किसी भी देश के लिए **आर्थिक संवृद्धि** का **सबसे उपयुक्त मापदंड** किसे माना जाता है?
  -प्रति व्यक्ति वास्तविक आय को
- भारतीय अर्थव्यवस्था ने किस वर्ष में **सर्वाधिक** संवृद्धि दर प्राप्त की है? **-वर्ष 2006-07 (9.6%) में**
- भारत में **बचत** (Savings) और **पूँजी निर्माण की ऊँची दर** होते हुए भी **संवृद्धि दर कम** होने का मुख्य कारण क्या है?
  -पूँजी-उत्पाद अनुपात का अधिक होना
- आर्थिक संवृद्धि तथा आर्थिक विकास किस प्रकार की अवधारणा है? **-क्रमशः वस्तुनिष्ठ एवं व्यक्तिनिष्ठ**

किसी अर्थव्यवस्था में होने वाले **मात्रात्मक** (Quantitative) एवं **गुणात्मक** (Qualitative) परिवर्तनों को **आर्थिक विकास** (Economic Development) कहते हैं, इसमें **सामाजिक मूल्य** निहित होते हैं।

- **आर्थिक विकास** (Economic Development) के मुख्य संकेतक क्या है? **-मानव पूँजी में वृद्धि, असमानता में कमी और अर्थव्यवस्था में संरचनात्मक परिवर्तन**
- **आर्थिक उदारीकरण** की नीति लागू होने के पश्चात् किस वर्ष **आर्थिक विकास दर** सर्वाधिक रही?
  -वर्ष 2006-2007 (9.6%)
- **किस पंचवर्षीय योजना में आर्थिक विकास दर** (Economic Development Rate) सबसे कम रही?
  -तीसरी पंचवर्षीय योजना में
- किस पंचवर्षीय योजना में **आर्थिक विकास दर सर्वाधिक** (7.8%) रही है? **-11वीं पंचवर्षीय योजना में**
- **सकल घरेलू उत्पादन** (GDP) में परिवर्तन की दर क्या कहलाती है? **-आर्थिक विकास दर**
- **जीवन की भौतिक गुणवत्ता सूचकांक** (Physical Quality of Life Index - PQLI) का प्रतिपादन किया था?
  -मॉरिस डी मॉरिस (वर्ष 1976) **ने**
- **वर्ष** 1970 में **आधारभूत आवश्यक प्रत्यागम** (Basic Needs Approaches) दृष्टिकोण का प्रतिपादन किसके द्वारा किया गया था? **-विश्व बैंक द्वारा**
- आर्थिक विकास के मापन हेतु **क्रयशक्ति समता विधि** (PPP) का प्रतिपादन किसने किया था? **-जी. आर. कैसेल ने**

विश्व बैंक के अनुसार **क्रय शक्ति समता** (Purchasing Power Parity-PPP) के आधार पर **चीन** एवं **संयुक्त राज्य अमेरिका** के बाद **भारत तीसरी** सबसे बड़ी अर्थव्यवस्था है।

- अर्थतंत्र में ज्ञान, तकनीकी कुशलता, शिक्षा आदि को किस प्रकार की पूँजी मान जाता है? **-मानवीय पूँजी**
- भारतीय मानव विकास प्रतिवेदन प्रत्येक **प्रतिदर्श गाँव** (Sample Village) से सम्बंधित क्या जानकारी प्रदान करता है?
  -आधारिक संरचना, सुख-साधन, शिक्षा तथा स्वास्थ्य सम्बंधित सूचकांक
- **किस अंतर्राष्ट्रीय संस्था के द्वारा वर्ष 1990** से **मानव विकास सूचकांक** (Human Development Index -HDI) को प्रस्तुत किया जाता है?
  -संयुक्त राष्ट्र विकास कार्यक्रम (UNDP) **द्वारा**
- संयुक्त राष्ट्र **मानव विकास सूचकांक** (HDI) किसके द्वारा विकसित किया गया था? **-महबूब-उल-हक द्वारा**
- **मानव विकास सूचकांक** के तीन मुख्य घटक कौन से हैं?
  -जीवन प्रत्याशा, शैक्षिक स्तर एवं **प्रति व्यक्ति सकल घरेलू उत्पाद**

जीवन प्रत्याशा सूचकांक (Life Expectancy Index- LEI) की गणना हेतु **अधिकतम** आयु प्रत्याशा **85 वर्ष** तथा **न्यूनतम** आयु प्रत्याशा **20 वर्ष** ली जाती है।

- **मानव विकास रिपोर्ट, 2020** में किस देश का प्रथम स्थान है? **-नॉर्वे**
- **सतत आर्थिक विकास** से क्या अभिप्राय है? **-वर्तमान पीढ़ी के विकास के साथ-साथ भविष्य का आर्थिक विकास**

मानव विकास सूचकांक, 2020 (Human Development Index-2019) में भारत का विश्व में **131वाँ स्थान** है।

राष्ट्रीय आय (National Income)

किसी निश्चित अवधि के लिए एक देश की **राष्ट्रीय आय** (National Income) एक **वित्तीय वर्ष** (1 अप्रैल से 31 मार्च) में **उत्पादित अंतिम वस्तुओं** और **सेवाओं** के **मौद्रिक मूल्य के बराबर** होती है।

राष्ट्रीय आय = घरेलू आय + विदेशों से प्राप्त शुद्ध कारक आय

- **राष्ट्रीय आय लेखा प्रणाली** (National Income Accounting System) का जन्मदाता किसे कहा जाता है?
  –साइमन कुजनेट्स
- **वर्ष 1949** में भारत सरकार द्वारा नियुक्त **राष्ट्रीय आय समिति** (National Income Committee) के अध्यक्ष कौन थे?
  –पी. सी. महालनोबिस
- भारत में **प्रति व्यक्ति आय** में वृद्धि की **दर मंद होने** का मुख्य कारण क्या है?
  –उच्च पूँजी-उत्पाद अनुपात व **जनसंख्या वृद्धि की ऊँची दर**
- भारत में अर्थव्यवस्था का कौन सा क्षेत्र **बचत** (Savings) सर्वाधिक योगदान करता है? **–घरेलू क्षेत्र**
- भारत की **घरेलू बचतों** में सर्वाधिक हिस्सा किसका है?
  –भौतिक परिसंपत्तियों (Physical Assets) **का**
- वर्तमान में भारत के किस राज्य में **प्रति व्यक्ति आय** (Per Capita Income) सबसे कम है? **–बिहार**

भारत में **सर्वप्रथम राष्ट्रीय आय** की गणना का प्रयास **दादा भाई नौरोजी** द्वारा **वर्ष 1867-68** में किया गया था। इन्होंने अपनी पुस्तक **पावर्टी एण्ड अनिब्रिटिश रूल इन इण्डिया** (Poverty and Un-British Rule in India) में प्रतिव्यक्ति आय **20 रुपये** बताई थी।

- वर्तमान में किस राज्य में **औसत प्रति व्यक्ति आय** सर्वाधिक है? **–गोवा**
- भारत में **राष्ट्रीय आय समंकों** (National Income Scores) का आकलन किसके द्वारा किया जाता है?
  –केन्द्रीय सांख्यिकी संगठन (Central Statistics Office) **द्वारा**
- **केन्द्रीय सांख्यिकी कार्यालय** (CSO) तथा **राष्ट्रीय प्रतिदर्श सर्वेक्षण कार्यालय** (NSSO) का विलय कर किस नई संस्था को स्थापित करने का निर्णय लिया गया है?
  –राष्ट्रीय सांख्यिकी कार्यालय (National Statistical Office)
- **हिन्दू वृद्धि दर** (Hindu Growth Rate) किससे सम्बंधित है?
  –राष्ट्रीय आय से
- **MCA-21 मिशन मोड प्रोजेक्ट** किस केन्द्रीय मंत्रालय द्वारा आरंभ किया गया है? **–कम्पनी मामलों के मंत्रालय द्वारा**
- एक **खुली अर्थव्यवस्था** (Open Economy) में अर्थव्यवस्था की **राष्ट्रीय आय** (Y) से क्या तात्पर्य है? – **C+I+G+(X-M)**

सकल घरेलू उत्पाद (GDP) = उपभोग (C) + सकल निवेश (I) + सरकारी व्यय (G) + [निर्यात (X) – आयात (M)]

जहाँ, **C** = Consumption , **I** = Gross Investment, **G** = Government Spendings, **X** = Export, **M** = Import

- **सकल घरेलू उत्पाद** (GDP) के आधार पर विश्व की **छठवीं सबसे बड़ी अर्थव्यवस्था** कौन सी है? **–भारत**
- **मुद्रास्फीति**, **मुद्रासंकुचन** एवं **अप्रत्यक्ष कर** के प्रभाव को शामिल कर संकलित जीडीपी को क्या कहा जाता है?
  –नॉमिनल जीडीपी (Nominal GDP)
- भारत में **सकल घरेलू उत्पाद** का सबसे बड़ा भाग किस आर्थिक क्षेत्र से प्राप्त होता है-**सेवा क्षेत्र** (Service Sector) **से**
- भारत की **राष्ट्रीय आय** में **ग्रामीण अर्थव्यवस्था** कितना प्रतिशत योगदान है? **–लगभग 46 प्रतिशत**
- **सकल राष्ट्रीय उत्पाद** (Gross National Product-GNP) क्या है? **–राष्ट्रीय उत्पाद का मूल्य मापन**
- **राष्ट्रीय प्रतिदर्श सर्वेक्षण संगठन** (National Sample Survey Organization) की स्थापना किस वर्ष हुई थी?
  –वर्ष 1950 में
- **राष्ट्रीय सांख्यिकी आयोग** (National Statistical Commission) की स्थापना किस समिति की अनुशंसा पर स्वीकार की गई थी?
  –सी. रंगराजन समिति
- **जी.डी.पी.** (GDP) आँकड़ों में **आधार वर्ष 2004-05** को बदल कर **कौन सा नया आधार वर्ष** कर दिया गया है?
  –वर्ष 2011-12

केन्द्रीय सांख्यिकी कार्यालय द्वारा (CSO) राष्ट्रीय आय की गणना के लिए **आधार वर्ष 2011-12** से बदल कर **वर्ष 2017-18** करने का प्रस्ताव है।

पी. सी. महालनोबिस के जन्मदिन पर प्रतिवर्ष **29 जून** को **राष्ट्रीय सांख्यिकी दिवस** (National Statistics Day) मनाया जाता है।

आर्थिक नियोजन (Economic Planning)

आर्थिक नियोजन से अभिप्राय एक ऐसी प्रणाली से है जिसमें **केन्द्रीय संगठन** एक **निश्चित समयावधि** के लिए **लक्ष्यों का निर्धारण** करता है और इन लक्ष्यों की प्राप्ति के लिए **कार्यक्रमों** (Programmes) एवं **नीतियों** (Policies) का भी निर्धारण किया जाता है।

- भारत में **आर्थिक नियोजन की पृष्ठभूमि** किसने तैयार की थी? **–सर एम. विश्वेश्वरैया ने** (वर्ष 1934 में)
- **वर्ष 1944** में **गांधीवादी योजना** किसने प्रतिपादित की थी? **–श्रीमन नारायण अग्रवाल ने**
- विकास का **भारतीय मॉडल** किसके हितों को सुरक्षा प्रदान करता है? **–व्यक्ति और राज्य दोनों के हितों को**
- **राष्ट्रीय योजना समिति** (National Planning Committee) का गठन किसके द्वारा किया गया था? **–सुभाषचंद्र बोस के द्वारा**
- **राष्ट्रीय विकास समिति** का अध्यक्ष कौन होता है? **–भारत का प्रधानमंत्री**
- **राष्ट्रीय विकास परिषद्** (National Development Council) का गठन कब हुआ था? **–6 अगस्त, 1952**
- **नियोजित विकास मॉडल** को भारत में कब लागू किया गया था? **–1 अप्रैल, 1951 से**
- प्रथम पंचवर्षीय योजना किस योजना पर आधारित थी? **–हैरॉड डोमर योजना पर**
- **अखिल भारतीय खादी** एवं **ग्रामीण बोर्ड** की स्थापना किस योजना के दौरान की गई थी? **–प्रथम योजना में**
- **प्रथम पंचवर्षीय योजना** की मुख्य प्राथमिकता क्या थी? **–कृषि का विकास करना**
- देश में **समाजवादी समाज** (Socialist Society) की स्थापना का संकल्प किस पंचवर्षीय योजना में लिया गया था? **–द्वितीय पंचवर्षीय योजना में**
- भारत में **आर्थिक नियोजन की वास्तविक** शुरुआत **द्वितीय पंचवर्षीय योजना** से हुई थी, इस योजना का **वास्तुकार** किसे माना जाता है? **–पी.सी. महालनोबिस**
- भारत में **अनवरत योजना** (Rolling Plan) किस अवधि में प्रभावी थी? **–वर्ष 1978-80 तक**
- किस पंचवर्षीय योजना में कृषि ने **ऋणात्मक विकास** प्रदर्शित किया था? **–तीसरी पंचवर्षीय योजना में**

अनवरत योजना का प्रतिपादन **गुन्नार मिर्डल** द्वारा अपनी पुस्तक **द एशियन ड्रामा** में किया गया था। इसे भारत में लागू करने का श्रेय **जनता पार्टी** की सरकार तथा **डी.टी. लकड़ावाला** को जाता है।

- भारत में **हरित क्रांति** (Green Revolution) की शुरुआत किस पंचवर्षीय योजना के दौरान हुई थी? **–तृतीय पंचवर्षीय योजना**
- चतुर्थ पंचवर्षीय योजना किस मॉडल पर आधारित थी **–डी.आर. गाडगिल मॉडल पर**

आर्थिक नियोजन (Economic Planning) के युग की प्रारम्भ से भारत की **सकल राष्ट्रीय आय** (Gross National Income) में **कृषि** का हिस्सा **निरंतर कम** होता रहा है।

- **किस पंचवर्षीय योजना में विकास केन्द्र उपागम** (Development Centre Approach) अपनाया गया था? **–चतुर्थ पंचवर्षीय योजना में**
- भारत में **स्वपोषित विकास** (Self Development) की संकल्पना सर्वप्रथम किस **पंचवर्षीय योजना** में अपनाई गई थी? **–चतुर्थ पंचवर्षीय योजना में**
- निर्धारित अवधि से **एक वर्ष पूर्व ही समाप्त होने वाली** पंचवर्षीय योजना कौन सी थी? **–5वीं पंचवर्षीय योजना**
- **गरीबी हटाओ** विषयवस्तु पर आधारित **गरीबी उन्मूलन कार्यक्रमों** को किस पंचवर्षीय योजना में प्रारम्भ किया गया था? **–5वीं पंचवर्षीय योजना में**
- **छठी पंचवर्षीय योजना** किस मॉडल पर आधारित थी? **–आगत-निर्गत मॉडल**
- **सामाजिक न्याय** एवं **समानता** के साथ संवृद्धि पर बल किस पंचवर्षीय योजना में दिया गया था? **–7वीं पंचवर्षीय योजना में**
- **20 सूत्रीय आर्थिक कार्यक्रम** का शुभारम्भ किस वर्ष किया गया था? **–वर्ष 1975 में**

नीति आयोग ने पंचवर्षीय योजनाओं के स्थान पर **15** वर्षीय **दृष्टिपत्र** (Vision Document), **7** वर्षीय **रणनीति** (Strategy) एवं **3** वर्षीय **कार्य एजेण्डा** (Action Agenda) लागू करने का निर्णय लिया है।

- **7वीं पंचवर्षीय योजना** में **आई.आर.डी.पी.** (Integrated Rural Development Programme- IRDP) के अंतर्गत क्या रणनीति अपनाई गई थी? **–संपूर्ण परिवार के अंगीकरण का**

भारतीय संविधान में **आर्थिक** तथा **सामाजिक नियोजन** को **सातवीं अनुसूची** की **समवर्ती सूची** (Concurrent List) का विषय बनाया गया है।

भारत की पंचवर्षीय योजनाएँ	
योजना और अवधि	**मुख्य उद्देश्य**
प्रथम योजना (1 अप्रैल, 1951-31 मार्च, 1956)	(i) कृषि उत्पादन में वृद्धि। (ii) उत्पादन, आय तथा धन का समान वितरण
दूसरी योजना (1 अप्रैल, 1956-31 मार्च, 1961)	(i) औद्योगिक उत्पादन में वृद्धि। (ii) भारी उद्योगों का विकास।
तीसरी योजना (1 अप्रैल, 1961-31 मार्च, 1966)	(i) खाद्यान्न के उत्पादन में आत्म-निर्भरता। (ii) रोजगार के अवसरों में वृद्धि करना। (iii) असमानता में कमी लाना।
तीन एक-वर्षीय योजनाएँ - 1 अप्रैल, 1966-31 मार्च, 1969	
चौथी योजना (1 अप्रैल, 1969 -31 मार्च, 1974)	(i) विकास की प्रक्रिया को तीव्र करना। (ii) कीमत स्थिरता (iii) सामाजिक समानता स्थापित करना।
पाँचवीं योजना (1 अप्रैल, 1974-31 मार्च, 1979)	(i) जीवन स्तर को ऊँचा उठाना (विशेषकर समाज के कमजोर वर्गों का) (ii) गरीबी उन्मूलन तथा आत्मनिर्भरता।
वार्षिक योजना - 1 अप्रैल, 1979-31 मार्च, 1980	
छठी योजना (1 अप्रैल, 1980-31 मार्च, 1985)	(i) निर्धनता का उन्मूलन करना। (ii) असमानता में कमी लाना। (iii) आधारिक संरचना का विकास करना।
सातवीं योजना (1 अप्रैल, 1985 - 31 मार्च, 1990)	(i) रोजगार के नये अवसरों सृजित करना। (ii) कृषि उत्पादकता में वृद्धि करना।
दो एक-वर्षीय योजनाएँ - 1 अप्रैल, 1990-31 मार्च, 1992	
आठवीं योजना (अप्रैल, 1992 - 31 मार्च 1997)	(i) शताब्दी के अंत तक मानव शक्ति का पूर्ण उपयोग। (ii) प्राथमिक शिक्षा को सर्वव्यापी बनाना। (iii) आधारिक संरचनाओं को सुदृढ़ बनाना।
नौवीं योजना (1 अप्रैल, 1997 - 31 मार्च, 2002)	(i) कृषि एवं ग्रामीण विकास। (ii) कीमत स्थिरता के साथ संवृद्धि। (iii) जनसंख्या वृद्धि पर रोक लगाना।
दसवीं योजना (1 अप्रैल, 2002 - 31 मार्च, 2007)	(i) उपभोग के स्तर में वृद्धि तथा स्वास्थ्य एवं शिक्षा संबंधी सुविधाओं में सुधार लाकर जीवन की गुणवत्ता को बेहतर बनाना। (ii) समावेशी संवृद्धि द्वारा असमानताओं को कम करना।
ग्याहरवीं योजना (1 अप्रैल, 2007 - 31 मार्च, 2012)	(i) बहुमुखी लक्ष्य जिसमें न केवल विकास बल्कि निर्धनता कम करना भी शामिल है। (ii) शिक्षा की गुणवत्ता एवं सार्वजनिक स्वास्थ्य सेवाओं में सुधार करना (iii) द्वितीय हरित क्रांति के लिए रणनीति (iv) उच्च कोटि के रोजगार का सृजन करना (v) पर्यावरण का संरक्षण करना
बारहवीं योजना (1 अप्रैल, 2012 - 31 मार्च, 2017)	(i) तीव्र, सतत एवं अधिक समावेशी विकास (ii) सकल घरेलू उत्पाद में 8% की वृद्धि।

- **जॉन डब्ल्यू. मिलर मॉडल** पर कौन सी **पंचवर्षीय योजना** आधारित थी? **-सातवीं**
- मानव विकास के सारे **विकास प्रयासों का सार तत्व** किस पंचवर्षीय योजना को माना गया है? **-8वीं पंचवर्षीय योजना**
- भारत में **आर्थिक नियोजन** की अवधि के दौरान कितनी बार **योजनावकाश** (Plan Holiday) लाया गया था? **-तीन बार**
- **महिला अंश योजना** किस पंचवर्षीय योजना से प्रारम्भ की गई थी **-9वीं पंचवर्षीय योजना में**
- **सर्व शिक्षा अभियान** की शुरूआत किस **पंचवर्षीय योजना** के आरम्भिक वर्षों में हुई थी? **-10वीं पंचवर्षीय योजना**
- **11वीं पंचवर्षीय योजना** का उद्देश्य क्या था? **-तीव्रतर** एवं **समावेशी विकास**
- **11वीं पंचवर्षीय योजना** में शिक्षा से सम्बंधित विषयवस्तु क्या थी? **-अनिवार्य प्रारम्भिक शिक्षा**
- **12वीं पंचवर्षीय योजना** का मुख्य उद्देश्य क्या था? **-तीव्रतर, धारणीय** और **अधिक समावेशी विकास**

छठीं पंचवर्षीय योजना में **वर्ष 1982** में **नाबार्ड** (NABARD) तथा **एक्जिम बैंक** (Exim Bank) की स्थापना की गई थी।

मुद्रा एवं बैंकिंग प्रणाली (Money and Banking System)

कोई भी वस्तु जो सभी प्रकार के आर्थिक व्यवहारों, (जिसमें **ऋण** भी सम्मिलित है) को पूरा करने में तथा **भुगतान के माध्यम** के रूप में सामान्यतया स्वीकार की जाती है, उसे **मुद्रा** (Money) कहते हैं।

- भारत में सर्वप्रथम **कागजी मुद्रा** (Paper Money) की शुरूआत किस वर्ष की गई थी? **–वर्ष 1862 में**
- किस प्रकार की मुद्रा में **बाह्य मूल्य** (Face Value) के साथ-साथ **आन्तरिक मूल्य** (Intrinsic Value) भी निहित होता है? **–धातु मुद्रा**
- विदेशी मुद्रा जिसमें **त्वरित प्रवास की प्रवृत्ति** (Quick Migration Trend) होती है, क्या कहलाती है? **–गर्म मुद्रा** (Hot Money)
- **स्मार्ट मनी या प्लास्टिक मनी** (Smart Money / Plastic Money) शब्द का प्रयोग किसके लिए किया जाता है? **–क्रेडिट/डेबिट कार्ड के लिए**
- **बिटकॉइन क्रिप्टोकरेंसी** (Bitcoin Cryptocurrency) का प्रचलन किसने किया था? **–सातोशी नाकामोतो ने**
- केन्द्रीय बजट 2022-23 में **डिजिटल संपत्ति** (क्रिप्टोकरेंसी) के हस्तांतरण से होने वाली आय पर कितने प्रतिशत कर का प्रावधान किया गया है? **–30 प्रतिशत**

भारतीय रुपया **वर्ष 1957** तक **16 आनों** में विभाजित था। इसके पश्चात् **दाशमिक मुद्रा प्रणाली** (Decimal Currency System) अपनायी गई और **1 रुपये को 100 समान पैसों** में बाँटा गया। आरबीआई द्वारा जारी नोटों में कुल **17 भाषाओं** का प्रयोग होता है।

- वह मुद्रा जिसका **वास्तविक** एवं **अंकित मूल्य** बराबर हो, उसे क्या कहते हैं? **–प्रामाणिक मुद्रा** (Standard Money)
- **विशेष आहरण अधिकार** (Special Drawing Rights - SDR) उदाहरण है? **–कृत्रिम मुद्रा** (Artificial money) **का**

मुद्रा पूर्ति की माप (Measurement of Money Supply)
M_1 = लोगों के पास मुद्रा व सिक्के + बैंकों के पास नकद जमा + रिजर्व बैंक के पास अन्य जमाएँ। (संकीर्ण मुद्रा)
M_2 = M_1 + डाकघरों में माँग जमा
M_3 = M_1 + बैकों के पास सावधि जमाएँ अथवा समय जमाएँ
M_4 = M_3 + डाकघरों में कुल जमा (माँग एवं सावधि जमा)
तरलता की दृष्टि से क्रम– $M_1 > M_2 > M_3 > M_4$

- किस प्रकार की मुद्रा का **दुर्लभ मुद्रा** (Hard Currency) से तात्पर्य है? **–जिस मुद्रा की विश्व बाजार में आपूर्ति की अपेक्षा माँग अधिक हो**
- भारत में **मुद्रा गुणक** (Money Multiplier) को किस रूप में परिभाषित किया जाता है? **–आरक्षित मुद्रा के रूप में**
- **पोस्टल आर्डर**, **डिमांड ड्राफ्ट**, **चेक** तथा **पत्र** किसके उदाहरण हैं?**–ऐच्छिक मुद्रा** (Optional Money) **के विनियम**
- भारत में **सिक्कों की ढलाई** किन स्थानों पर होती है **–मुबई, कोलकाता, हैदराबाद** तथा **नोएडा में**

1 रुपये का नोट **वित्त मंत्रालय** द्वारा जारी किया जाता है, जिस पर **वित्त सचिव** के हस्ताक्षर होते हैं, जबकि अन्य **करेंसी** नोट **आरबीआई** द्वारा जारी किये जाते है, जिन पर **रिजर्व बैंक के गवर्नर** के हस्ताक्षर होते है।

- मुद्रा के **स्थैतिक** (Static) और **गत्यात्मक** (Dynamic) कार्यों का विभाजन किसने किया है? **–पॉल एंजिग ने**
- भारत में **मुद्रा** एवं **साख का नियंत्रण** किसके द्वारा किया जाता है? **–भारतीय रिजर्व बैंक के द्वारा**

ऐसा संस्थान जो किसी देश के **वित्तीय व्यवहार** में भागीदार होता हैं, **बैंक** (Bank) कहलाता हैं। बैंकों और इसी तरह के संस्थानों की व्यावसायिक गतिविधियाँ **बैंकिंग** (Banking) कहलाती है।

- सर्वप्रथम **आधुनिक बैंकिंग** का विकास किस देश में हुआ? **–नीदरलैण्ड्स में** (वर्ष 1609 में)
- **भारतीय रिजर्व बैंक** (RBI) की स्थापना किस वर्ष की गयी थी? **–वर्ष 1935 में**
- भारत में केन्द्रीय बैंक की स्थापना का प्रथम प्रयास किस आयोग ने किया था? **–चैम्बरलिन आयोग** (वर्ष 1914) **में**
- **इंपीरियल बैंक ऑफ इंडिया** (Imperial Bank of India) की स्थापना किस वर्ष की गई थी? **–वर्ष 1921 में**
- भारत में **विदेशी विनियम संचय** (Accumulation of Foreign Regulations) का रख-रखाव किसके द्वारा किया जाता है? **–भारतीय रिजर्व बैंक के द्वारा**
- **भारतीय रिजर्व बैंक** को कितने मूल्य तक के **करेंसी नोट छापने** का अधिकार प्राप्त है? **–रु. 10,000 तक**

भारतीय रिजर्व बैंक (RBI) के प्रथम गवर्नर **सर आस्बोर्न स्मिथ** थे तथा वर्तमान में इसके गवर्नर **शक्तिकांत दास** (25वें) हैं।

- विश्व के किस बैंक को केन्द्रीय बैंकों की माँ (Mother of Central Banks) की संज्ञा दी गयी है? -बैंक आफ इंग्लैण्ड
- भारत में मुद्रा सम्बंधी नोटों की निर्गमन प्रणाली किस पर आधारित है? -न्यूनतम-आरक्षित प्रणाली पर

> न्यूनतम आरक्षित पद्धति (Minimum Reserve System) के अन्तर्गत एक वित्तीय वर्ष में नए नोट निर्गमित करने की प्रक्रिया में भारतीय रिजर्व बैंक ₹ 200 करोड़ का एक संरक्षित कोष रखेगी, जिसमें ₹ 115 करोड़ मूल्य का का सोना (Gold) तथा ₹ 85 करोड़ की अन्तर्राष्ट्रीय मुद्रा (International Currency) होगी।

- भारत में ट्रेजरी बिल (Treasury Bills) किसके द्वारा बेचे जाते हैं? -भारतीय रिजर्व बैंक के द्वारा
- भारत में सिक्के जारी करने तथा नियंत्रित करने का कार्य कौन करता है? -रिजर्व बैंक ऑफ इंडिया
- प्रथम क्षेत्रीय ग्रामीण बैंक (First Regional Rural Bank) की स्थापना किस वर्ष की गई थी? -वर्ष 1975 में
- वाणिज्य पत्र (Commercial Paper) किसके लिए साख का स्रोत है? -निगम (Corporation) उद्योग के लिए
- इन्द्रधुनष योजना का सम्बंध किससे है? -बैंकों की वित्तीय सुधार से
- वर्ष 2011 में सूक्ष्म वित्त संस्थाएँ (Micro Finance Institute) किस समिति की अनुशंसा पर स्थापित की गई थीं? -वाई.एच. मालेगाम समिति
- भारतीय रिजर्व बैंक के लेखा वर्ष (Accounting year) की अवधि है? -1 जुलाई से 30 जून

> RBI ने अपने लेखांकन वर्ष को जुलाई-जून से परिवर्तित कर अप्रैल-मार्च करने का निर्णय किया है। इसके अन्तर्गत अगामी लेखा वर्ष जुलाई 2020 से 31 मार्च, 2021 तक नौ महीनों की अवधि का रहा और उसके पश्चात् सभी लेखा वर्ष 1, अप्रैल से 31 मार्च तक होते हैं।

- भारत में बैंकों द्वारा प्राथमिक क्षेत्र ऋणदान से क्या तात्पर्य है? -कृषि, लघु एवं छोटे उद्यम तथा दुर्बल वर्गों को ऋण देने से
- ग्रेशम का नियम किससे सम्बंधित है? -मुद्रा के प्रचलन से
- वाणिज्यिक बैंक किस सूची के अंतर्गत आते है? -संघ सूची

> भारतीय रुपया विश्व की 5वीं ऐसी मुद्रा है, जिसका अपना प्रतीक (Symbol) है। इसका चिह्न (₹) डी. उदय कुमार द्वारा डिजाइन किया गया है।

- नरसिम्हन समिति का सम्बंध किससे है? -बैंकिंग संरचना में सुधारों से
- भारत में व्यावसायिक बैंकों द्वारा साख सृजन (Credit Creation) का नियंत्रण कौन करता है? -भारतीय रिजर्व बैंक
- ग्रामीण परिवारों को सीधे ऋण कौन प्रदान करता है? -क्षेत्रीय ग्रामीण बैंक और भूमि विकास बैंक
- मूल रूप से निजी स्वामित्व वाला भारतीय रिजर्व बैंक भारत सरकार के पूर्ण स्वामित्व में कब आया? -1 जनवरी, 1949
- भारतीय रिजर्व बैंक का मुख्यालय (Headquarter) कहाँ स्थित है? -मुबंई में

> भारतीय रिजर्व बैंक के चार मुद्रणालय (Press) - 1. देवास (मध्य प्रदेश) 2. नासिक (महाराष्ट्र) 3. मैसूर (कर्नाटक) 4. सालबोनी (पश्चिम बंगाल)।

- भारत का केन्द्रीय बैंक/बैंकों का बैंक किसे कहा जाता हैं? -भारतीय रिजर्व बैंक को
- भारतीय स्टेट बैंक (SBI) की स्थापना किस वर्ष हुई थी? -वर्ष 1955 में
- सिम्पली क्लिक क्रेडिट कार्ड योजना किस बैंक द्वारा शुरू की गई है? -भारतीय स्टेट बैंक के द्वारा
- भारत में प्रथम महिला बैंक की स्थापना कब और कहाँ की गयी थी? -19 नवम्बर, 2013 को मुम्बई में
- भारत के किस बैंक ने चीन में सबसे पहले अपनी शाखा स्थापित की थी? -भारतीय स्टेट बैंक ने
- निजी भारतीय बैंकों में से किसने चीन में सर्वप्रथम अपनी शाखा स्थापित की है? -एक्सिस बैंक

सार्वजनिक क्षेत्र के 12 बैंक	
1. भारतीय स्टेट बैंक	7. पंजाब नेशनल बैंक
2. बैंक ऑफ इंडिया	8. इंडियन ओवरसीज् बैंक
3. बैंक ऑफ बड़ौदा	9. सेंट्रल बैंक ऑफ इंडिया
4. बैंक ऑफ महाराष्ट्र	10. पंजाब एंड सिंध बैंक
5. यूनियन बैंक ऑफ इंडिया	11. इण्डियन बैंक
6. यूको बैंक	12. केनरा बैंक

> विश्व का प्रथम केन्द्रीय बैंक स्वेरिजेस रिक्स बैंक (Sveriges Riks Bank) है, जिसकी स्थापना 1668 ई. में स्वीडन में हुई थी।

- भारतीय रिजर्व बैंक के कौन से **पूर्व गवर्नर** भारत के प्रधानमंत्री भी बने? **-डॉ. मनमोहन सिंह**

> भारत में बैंकिंग व्यवस्था के विस्तार एवं वित्तीय समावेशन को ध्यान में रखकर **19 जुलाई, 1969** तथा **15 अप्रैल, 1980** को क्रमशः **14** एवं **6** बड़े व्यावसायिक बैंकों का **राष्ट्रीयकरण** (Nationalisation) किया गया था।

- किसानों तक आसानी से पहुँच के लिए किस बैंक ने **किसान क्लब** स्थापित किए हैं? **-भारतीय स्टेट बैंक ने**
- भारत में पहला **इस्लामिक बैंक** कहाँ स्थापित किया गया है? **-कोच्चि** (केरल) **में**
- **लघु उद्योगों** (Small Scale Industries) के क्षेत्र में कौन सा बैंक कार्य करता है?**-भारतीय लघु उद्योग विकास बैंक** (SIDBI)
- प्रथम बैंक **क्रेडिट कार्ड** कब और किस देश द्वारा निर्गत किया गया था? **-बैंक ऑफ अमेरिका द्वारा** (वर्ष 1959 में)
- **क्षेत्रीय ग्रामीण बैंक** (Regional Rural Bank) की स्थापना कब हुई थी? **-2 अक्टूबर, 1975 को**

> **फिनेजी** (Finzy), **लेंडबॉक्स** (Lendbox), **लेंडनक्लब** (Lendenclub), **रूपीसर्कल** (Rupeecircle) तथा **फेयरसेंट** (Faircent) आदि पीयर टू पीयर ऋण उपलब्ध कराने वाले कुछ प्रमुख प्लेटफॉर्म्स है।

- भारत के किन राज्यों में **क्षेत्रीय ग्रामीण बैंक** (RRB) कार्यरत नहीं हैं? **-सिक्किम** एवं **गोवा**
- भारत के किस **व्यावसायिक बैंक** (Commercial Bank) ने सबसे पहले **चलती-फिरती ATM** (Mobile ATM) **सेवा** की शुरूआत की है? **-आई.सी.आई.सी.आई.** (ICICI) **बैंक**
- लघु एवं मध्यम उद्योगों को ऋण उपलब्ध कराने हेतु किस समिति का गठन किया गया था?**-नायक समिति** (वर्ष 1993)
- भारत में **नाबार्ड** किन बैंकों को **पुनर्वित्त** (Refinance) उपलब्ध कराता है?

  -अनुसूचित व्यापारिक बैंकों, क्षेत्रीय ग्रामीण बैंकों तथा **राज्य भूमि विकास बैंकों को**
- **नाबार्ड** (NABARD) का मुख्यालय कहाँ स्थित है? **-मुंबई में**
- बैंकों की **पूँजी पर्याप्तता** (Capital Adequacy) के मापन के लिए किस **अंतर्राष्ट्रीय मानक** (International Standard) का प्रयोग किया जाता है? **-बेसल मानक** (Basel Norms)
- **वर्ष 1995-96** में स्थापित **ग्रामीण अवस्थापना विकास कोष** (Rural Infrastructure Development Fund) का लेखा-जोखा कौन रखता है? **-राष्ट्रीय कृषि एवं ग्रामीण विकास बैंक**
- **स्वाभिमान कार्यक्रम** का प्रमुख उद्देश्य क्या है?

  -ग्रामीण निर्धनों के घरों तक बैंकों को पहुँचाना
- किस समिति की अनुशंसा पर भारत में जोखिम परिसम्पत्तियों के **9% न्यूनतम् पूँजी पर्याप्तता** (Minimum Capital Adequacy) का प्रावधान किया गया है? **-नरसिम्हन समिति**
- **सहकारी साख समितियों** (Co-operative Credit Societies) का ढाँचा कैसा है? **-त्रि-स्तरीय**
- **गैर निष्पादक परिसम्पत्ति** (Non Performing Assets-NPA) से सम्बंधित विवादों के निस्तारण के उद्देश्य से **वर्ष 1993** में किस **न्यायिक संस्था** की स्थापना की गई थी?

  -ऋण वसूली प्राधिकरण (Debt Recovery Tribunal - DRT)
- **कर्ज को लौटाने में समर्थ** होने के बावजूद जानबूझकर **कर्ज न लौटने वाले ऋणी** को किस नाम से जाना जाता है? **-इरादतन चूककर्ता** (Willful Defaulter)

> **केरल** देश का **प्रथम राज्य** है, जबकि **तमिलनाडु का मंगलम** देश का **प्रथम गाँव** है जहाँ प्रत्येक परिवार को कम से कम **एक बैंक खाता** (Bank Account) सुनिश्चित कराया गया।

- भारतीय रिजर्व बैंक किन परिसम्पत्तयों के बदले में **मुद्रा-निर्गमन** (Currency Issuance) करता है? **-स्वर्ण, विदेशी प्रतिभूति** तथा **भारत सरकार की प्रतिभूति के बदले में**
- **वर्ष 1920** में **प्रथम भूमि विकास बैंक** (Land Development Bank) की स्थापना कहाँ की गयी थी? **-झाँग** (पंजाब) **में**
- बैंकों की जमाराशियाँ बढ़ने पर **मुद्रा आपूर्ति** (Money supply) पर क्या प्रभाव पड़ता है? **- मुद्रा आपूर्ति बढ़ती है**
- **भारतीय स्टेट बैंक** की स्थापना किस समिति की संस्तुति पर हुई थी? **-ए. डी. गोरा वाला समिति (वर्ष 1952)**
- **केन्द्रीय बैंक** का सर्वाधिक महत्वपूर्ण कार्य कौन सा है?

  -देश में पत्र मुद्रा (Paper Currency) **का निर्गमन करना**
- असंगठित क्षेत्र की आश्रितता को कम करने के लिए **नाबार्ड** द्वारा कौन-सा कार्यक्रम चलाया गया है?**-स्वयं सहायता समूह**

> **गुजरात** में **सेल्फ एम्प्लॉइड वुमन एसोसिएशन** (SEWA) और **केरल** में **कुदुम्बश्री** (Kudumbshree) जैसे स्वयं सहायता समूह **सूक्ष्म वित्त पोषण** तथा **उद्यम प्रशिक्षण** हेतु स्थापित किए गए हैं।

> **शिवरमन सिंह समिति** की अनुशंसा पर **वर्ष 1982** में **राष्ट्रीय कृषि एवं ग्रामीण विकास बैंक** (NABARD) की स्थापना की गयी थी।

मुद्रास्फीति एवं मौद्रिक नीति (Inflation and Monetary Policy)

वह स्थिति, जब **निश्चित समयावधि** में अधिकांश **वस्तुओं** एवं **सेवाओं** के मूल्यों में **सामान्य स्तर** से **अधिक वृद्धि** होने लगती है, तो उसे **मुद्रास्फीति** (Inflation) कहते हैं।
वस्तु की माँग↑+वस्तु की आपूर्ति↓⇒वस्तु की कीमत↑ (मुद्रास्फीति)

- भारत में **मुद्रास्फीति दर** की माप किस आधार पर की जाती है? –**उपभोक्ता मूल्य सूचकांक, थोक मूल्य सूचकांक** तथा **श्रमिकों के जीवन-निर्वाह सूचकांक के आधार पर**
- **औद्योगिक कर्मकारों के लिए उपभोक्ता कीमत सूचकांक** (Consumer Price Index For Industrial Workers) कौन जारी करता है? –**श्रम ब्यूरो**
- **औद्योगिक उत्पादन सूचकांक** (Industrial Production Index) का **आधार वर्ष** क्या है? –**वर्ष 2011-12**
- मुद्रास्फीति के कारण अर्थव्यवस्था में क्या परिवर्तन आते है? –**वस्तुओं के मूल्य में वृद्धि होती है तथा मुद्रा के मूल्य में कमी आती है।**
- **फिलिप्स वक्र** (Philips Curve) क्या दर्शाता है –**मुद्रास्फीति** एवं **बेरोजगारी दर के मध्य सम्बंध को**

अप्रैल, 2014 से पहले **थोक मूल्य सूचकांक** (WPI) भारतीय रिजर्व बैंक द्वारा भारतीय मौद्रिक नीतियों का निर्धारण मानक था। **उर्जित पटेल समिति** की सिफारिशों के पश्चात् इसे बदलकर **उपभोक्ता मूल्य सूचकांक** (CPI) कर दिया गया है।

- **वाणिज्य बैंक** (Commercial Bank) सरकार को किस माध्यम से उधार देता है? –**सांविधिक तरलता अनुपात** (Statutory Liquidity Ratio-SLR) **के माध्यम से**
- भारत में व्यापारिक बैंकों की देनदारियों में सबसे महत्वपूर्ण अंश किसका है? –**सावधि जमाएँ** (Fixed Deposits)

प्रमुख समूह	वस्तुओं की संख्या		भारांश	
	2004-05	2011-12	2004-05	2011-12
प्राथमिक वस्तुएँ	102	117	20.12	22.62
ईंधन एवं ऊर्जा	19	16	14.91	13.15
विनिर्मित उत्पाद	555	564	64.97	64.23
कुल वस्तुएँ	676	697	100.00	100.00

- वह स्थिति जब **मुद्रास्फीति** (Inflation) एवं **मुद्रा संकुचन** (Deflation) की अवस्था साथ-साथ उपस्थित हो, उसे क्या कहते हैं? –**स्क्यूफ्लेशन** (Skewflation)
- **मुद्रास्फीति** एवं **मंदी** (Recession) की एक साथ उपस्थिति क्या दर्शाती है? –**गतिहीन स्फीति** (Stagflation) **को**
- ऋण की सीमाओं में परिवर्तन करना साख-नियंत्रण की किस रीति के प्रयोग द्वारा सम्भव है? –**गुणात्मक साख नियंत्रण** (Qualitative Credit Control)
- **अवस्फीति** (Deflation) के कारण बाजार पर क्या प्रभाव पड़ता है? –**वस्तुओं एवं सेवाओं के सामान्य कीमत स्तर में सतत् गिरावट**

भारत सरकार द्वारा प्रत्येक **पाँच वर्ष** में एक बार **मुद्रास्फीति लक्ष्य** निर्धारित करने का प्रावधान किया गया है। इस लक्ष्य के तहत् **5 अगस्त, 2016 से 31 मार्च, 2021** तक की अवधि के लिए **4% उपभोक्ता मूल्य सूचकांक** निर्धारित किया गया है, जिसमें **±2%** का अर्थात् **अधिकतम 6%** और **न्यूनतम् 2%** का उतार-चढ़ाव हो सकता है। मुद्रास्फीति के इस लक्ष्य को भारतीय रिजर्व बैंक अधिनियम 1934 के अन्तर्गत **1 अप्रैल, 2021 से 31 मार्च 2026** तक की अवधि के लिए पिछले **5 वर्षों** के समान स्तर पर रखा गया है।

- **स्थायी मुद्रास्फीति** (Core Inflation) की गणना में शामिल नही किया जाता है –**खाद्य पदार्थ तथा ईंधन घटकों का**
- मौद्रिक नीतियों की समीक्षा कितने अंतराल पर की जाती है? –**प्रत्येक दो माह के उपरान्त**
- **नकद आरक्षित अनुपात** (Cash Reserve Ratio) और **खुला बाजार कार्रवाई** (Open market Operations) साधन हैं –**मौद्रिक नीति के**
- **मौद्रिक नीति** (Monetary Policy) का निर्माण भारत में किसके द्वारा किया जाता है? –**भारतीय रिजर्व बैंक** (RBI) **के द्वारा**
- **रेपो दर** (Repo Rate) का नियमन कौन करता है? –**भारतीय रिजर्व बैंक**
- भारतीय रिजर्व बैंक के पास विभिन्न व्यावसायिक बैंकों की **कुल जमा** एवं **आरक्षित राशि** का निर्धारित भाग क्या कहलाता है? –**नकद आरक्षित अनुपात** (CRR)
- जब भारतीय रिजर्व बैंक **नकद आरक्षित अनुपात** में वृद्धि की घोषणा करता है, तो इसका क्या तात्पर्य है? –**वाणिज्य बैंकों के पास उधार देने के लिए मुद्रा की कमी होगी**

हेलीकाप्टर मुद्रा (Helicopter Money) की अवधारणा का प्रतिपादन सर्वप्रथम अमेरिकी अर्थशास्त्री **मिल्टन फ्रीडमैन** ने किया था।

◆ राज्य भविष्य निधि (State Provident Fund) के अंतर्गत सरकार जो प्राप्त मुद्रा किस कोष में जमा किया जाता है?
-सार्वजनिक लेखा निधि में

◆ भारत में मुद्रास्फीति मापन की सबसे लोकप्रिय माप क्या है?
-उपभोक्ता मूल्य सूचकांक (CPI)

यदि किसी अर्थव्यवस्था में वस्तुओं एवं सेवाओं की माँग की अपेक्षा आपूर्ति अधिक हो जाए तो इनकी कीमतों में गिरावट आती है, जिसे मुद्रा संकुचन (Deflation) कहा जाता है।

◆ ऑपरेशन ट्विस्ट (Operation Twist) किसके द्वारा प्रारम्भ किया गया है? -रिजर्व बैंक के द्वारा

◆ अनुसूचित वाणिज्यिक बैंक किसानों एवं ग्राहकों को जिस दर पर ऋण देते हैं, उसे क्या कहा जाता है?
-आधार दर (Base Rate)

◆ उपभोक्ता मूल्य सूचकांक की गणना किस आधार पर की जाती है? -वस्तुओं एवं सेवाओं दोनों के कीमतों के आधार पर

◆ भारत में कर्मचारियों के महँगाई भत्ते के निर्धारण का आधार क्या है? -उपभोक्ता कीमत सूचकांक (CPI)

◆ उपभोक्ता मूल्य सूचकांक किसके द्वारा संकलित किया जाता है? -केन्द्रीय सांख्यिकी संगठन (CSO) द्वारा

◆ किस समिति की अनुशंसा पर थोक मूल्य सूचकांक (Wholesale Price Index-WPI) का आधार वर्ष 2004-05 से बदलकर 2011-12 किया गया था? -सौमित्र चौधरी समिति

◆ वस्तुओं की थोक कीमत सूचकांक श्रेणी को संशोधित करने हेतु कार्यकारी समूह का अध्यक्ष किसे बनाया गया था?
-अभिजीत सेन को

◆ विदेशी वाणिज्यिक उधारी (External Commercial Borrowing - ECB) को कौन विनियमित करता है?
-भारतीय रिजर्व बैंक

◆ भारतीय रिजर्व बैंक द्वारा बैंक दर कम करने का परिणाम क्या होता है? -बाजार की तरलता बढ़ जाती है

भारतीय रिजर्व बैंक ने आधार दर (Base Rate) आधारित ऋण प्रणाली को समाप्त कर वर्ष 2016 में सीमांत निधि लागत पर आधारित ऋण दर (MCLR) को लागू किया था।

◆ भारतीय रिजर्व बैंक के पास विभिन्न व्यावसायिक बैंकों (Commercial Banks) की कुल जमा एवं आरक्षित राशि का निर्धारित भाग कहलाता है?-नकद आरक्षित अनुपात (CRR)

◆ वह दर जिस पर बैंक रिजर्व बैंक को उधार देते हैं क्या कहलाती है? -रिवर्स रेपो दर (Reverse Repo Rate) के रूप में

◆ बैंकों को अपने रोकड़ शेष और कुल परिसंपत्ति के मध्य एक निश्चित अनुपात रखना पड़ता है, उसे क्या कहते हैं?
-सांविधिक तरलता अनुपात (Statutory Liquidity Ratio-SLR)

◆ वित्त क्षेत्रक सुधार पर नरसिम्हन समिति ने क्या सुझाव दिया था?-सांविधिक तरलता अनुपात (SLR) तथा नकद आरक्षित अनुपात (CRR) कम करने का

◆ भारतीय रिजर्व बैंक द्वारा सी.आर.आर. (CRR) में वृद्धि से क्या प्रभाव पड़ता है? -मौद्रिक तरलता में कमी आती है।

◆ मौद्रिक नीति समिति (Monetary Policy Committee) का अध्यक्ष कौन होता है? -रिजर्व बैंक का गवर्नर

मौद्रिक नीति समिति (MPC) के छः सदस्यों में से तीन सदस्य RBI के प्रतिनिधि होते है तथा अन्य तीन सदस्यों की नियुक्ति केन्द्र सरकार द्वारा की जाती है।

◆ वे ऋण जिसके ब्याज की दर परिवर्तनशील (Variable) होती है, उन्हें क्या कहते हैं?
-फ्लोटिंग दर ऋण (Floating Rate Loans)

मुद्रास्फीति एवं मुद्रासंकुचन के प्रभाव
(Effects of Inflation and Deflation)

वर्ग/ क्षेत्र	प्रभाव	
	मुद्रास्फीति	मुद्रासंकुचन
उत्पादक	लाभ	हानि
उपभोक्ता	हानि	लाभ
ऋणी	लाभ	हानि
ऋणदाता	हानि	लाभ
निर्यात	कमी	वृद्धि
आयात	वृद्धि	कमी
सार्वजनिक बचत	कमी	वृद्धि
सार्वजनिक व्यय	वृद्धि	कमी
स्थिर आय समूह	हानि	लाभ
परिवर्तनशील आय समूह	लाभ	हानि
व्यापारी वर्ग	लाभ	हानि
पेंशनभोगी वर्ग	हानि	लाभ

CRR तथा SLR को सम्मिलित रूप से आरक्षी अनुपात (Reserve Ratio) अथवा RBI का नीतिगत अनुपात (Policy Ratio) कहा जाता है।

भारतीय वित्तीय बाजार (Indian Financial Market)

ऐसी संस्थागत व्यवस्था जिसमें क्रेता एवं विक्रेता नियमित रूप से **वित्त का विनिमय** (Exchange of Finance) करते हैं, **वित्तीय बाजार** (Financial Market) कहलाती है। इसके अन्तर्गत **मुद्रा बाजार**, **पूँजी बाजार**, **वायदा बाजार** तथा **विदेशी विनिमय बाजार** इत्यादि आते हैं।

- मुद्रा बाजार से लिए जाने वाले ऋणों की परिपक्वता अवधि कितनी होती है? **-अल्पकालिक** (1 वर्ष से कम अवधि)
- विश्व में **कॉल मनी मार्केट** का सबसे बड़ा केन्द्र किस बाजार को माना जाता है? **-लंदन मनी मार्केट**
- **औद्योगिक प्रतिभूतियों** (Industrial Securities) के अन्तर्गत किसे शामिल किया जाता है? **-शेयर और डिबेंचर**
- सर्वप्रथम किस एक्सचेंज ने **विदेशी मुद्रा का वायदा कारोबार** शुरू किया था? **-राष्ट्रीय स्टॉक एक्सचेंज** (वर्ष 2008) ने
- पूँजी बाजार से प्राप्त ऋण कितनी अवधि के होते हैं? **-दीर्घकालिक** (1 वर्ष से अधिक)
- वे प्रतिभूतियाँ, जिनकी परिपक्वता अवधि **365 दिन** से अधिक हो क्या कहलाती हैं? **-बॉण्ड** (Bond)
- **प्रारंभिक सार्वजनिक प्रस्ताव** (IPO) के माध्यम से विश्व में सर्वाधिक पूँजी जुटाने वाली कम्पनी कौन सी है? **-सऊदी अरामको**
- **बुलिश** (Bullish) और **बियरिश** (Bearish) अवधारणा किससे सम्बंधित है? **-शेयर बाजार से**

एम्सटर्डम स्टॉक एक्सचेंज (AMSTERDEM Stock Exchange) विश्व का **प्रथम स्टॉक एक्सचेंज** था, जिसकी स्थापना **वर्ष 1602** में **हॉलैण्ड** (वर्तमान नीदरलैण्ड्स) में की गई थी।

- **सुपर बाजार** (Super Market) से क्या तात्पर्य है? **-खुदरा विक्रय संगठन**
- **मानव पूँजी** (Human Capital) में बढ़ता हुआ विनियोग क्या अग्रसारित करता है? **-कुशलता में विकास**
- **गिल्ट-एज्ड** (Gilt-Edged) बाजार किससे सम्बंधित है? **-सरकारी प्रतिभूतियों के बाजार से**
- भारत का **औद्यौगिक वित्त निगम** (Industrial Finance Corporation) किस रूप में कार्य करता है? **-विकास बैंक** (Development Bank) **के रूप में**
- **बाजार अर्थव्यवस्था** (Market Economy) का प्रबल समर्थन किसने किया था? **-एडम स्मिथ** व **रिकॉर्डो जे. के. गलब्रेथ ने**
- **बाजार एक आर्थिक प्रकृति** है, यह किस ओर रूझान उत्पन्न करती है? **-उपभोक्तावाद** (Consumerism) **की ओर**
- **कोई बाजार क्रेता बाजार** (Buyer's Market) कब कहलाता है? **- जब माँग से पूर्ति अधिक होती है**
- किसी अर्थव्यवस्था में यदि **बाजार की दर को घटाया** जाता है, तो इसका क्या प्रभाव होगा? **-अर्थव्यवस्था में निवेश व्यय को बढ़ाएगा**
- कम्पनी के **डिबेंचर** (Debentures) धारक किसे कहा जाता है? **-लेनदारों को**
- भारत के **विनिवेश आयोग** (Disinvestment Commission) के प्रथम अध्यक्ष कौन थे? **-जी.वी. रामकृष्ण**

ऐसे लोग जो **द्वितीयक बाजार** की अपेक्षा **प्राथमिक बाजार** में निवेश करना पसन्द करते हैं, **स्टैग** (Stag) कहलाते हैं।

- भारतीय अर्थव्यवस्था के संदर्भ में **खुला बाजार प्रचालन** से क्या आशय है? -RBI **द्वारा सरकारी प्रतिभूतियों के क्रय** और **विक्रय से**
- मुद्रा बाजार का **नियमन** (Regulation) व **नियंत्रण** (Control) किसके द्वारा किया जाता है?**-भारतीय रिजर्व बैंक के द्वारा**
- भारत सरकार द्वारा **वर्ष 1993** में **रंगराजन समिति** की नियुक्ति किसलिए की गई थी? **-पूँजी विनिवेश के लिए**
- **S & P 500** किससे सम्बंधित है?**-बड़ी कंपनी के स्टॉक सूचक से**
- भारत के **राष्ट्रीय शेयर बाजार** (National Stock Exchange) का मुख्यालय कहाँ स्थित है **-मुंबई में**
- **भारतीय प्रतिभूति व विनिमय बोर्ड** (SEBI) का मुख्यालय कहाँ स्थित है? **-मुम्बई**

नेशनल स्टॉक एक्सचेंज ऑफ इंडिया के प्रवर्तक **भारतीय स्टेट बैंक** (SBI), **एल.आई.सी.** (LIC), **जी.आई.सी.** (GIC) तथा **आई.डी.बी.आई** (IDBI) हैं।

- **बीएसई ग्रीनेक्स** (BSE Greenex) में कितनी कंपनियाँ सम्मिलित हैं? **-25**

के. आर. वेणुगोपाल समिति का गठन **सार्वजनिक वितरण प्रणाली** के अन्तर्गत **केन्द्रीय निर्गम मूल्य निर्धारण** हेतु किया गया था।

- शेयर बाजार में चलने वाले वृहद कारोबार को कौन सी संस्था **नियंत्रित** और **विनियमित** करती है? **–सेबी** (SEBI)

भारतीय जीवन बीमा निगम (Life Insurance Corporation of India) की स्थापना संसद द्वारा पारित **बीमा अधिनियम, 1956** के तहत **1 सितम्बर, 1956** को हुई थी। इसका मुख्यालय **मुम्बई** में स्थित है।

- भारत के प्रमुख शेयर बाजारों में **सर्वाधिक कारोबार** कौन सा बाजार करता है? **–राष्ट्रीय शेयर बाजार** (NSE)
- **इन्साइडर ट्रेडिंग** (Insider Trading) का सम्बंध किससे है? **–शेयर बाजार से**
- **एक्चुअरीज** (Actuaries) शब्द किससे सम्बंधित है?**–बीमा से**
- **विश्वसनीय प्रतिभूतियों** (Reliable Securities) से क्या तात्पर्य है? **–ऐसे शेयर जिन पर लगातार ऊँची दर का लाभ हो**
- **दलाल स्ट्रीट** (Dalal Street) कहाँ स्थित है? **–मुंबई में**

भारत में **ट्रेजरी बिल** तीन परिपक्वता अवधियों के लिए अर्थात् **91 दिन, 182 दिन** और **364 दिन** के लिए जारी किए जाते हैं।

- **अंतर्राष्ट्रीय नकदी** की समस्या किससे सम्बंधित है? **–डॉलर** और अन्य **दुर्लभ मुद्राओं** (Hard Currency) **की अनुपलब्धता से**
- भारत सरकार द्वारा **बीमा नियामक एवं विकास प्राधिकरण** (Insurance Regulatory and Development Authority - IRDA) की स्थापना कब की गई थी? **–अप्रैल, 2000 में**
- **किसान क्रेडिट कार्ड** (KCC) **योजना** कब प्रारम्भ की गई थी? **–वर्ष 1998-1999 में**
- **आर.एन. मल्होत्रा समिति** किस क्षेत्र से सम्बंधित है? **–बीमा क्षेत्र से**
- साख निर्धारण के सम्बंध में भारत की **सबसे पुरानी क्रेडिट रेटिंग संस्था** कौन सी है? **–क्रिसिल** (वर्ष 1987)

क्रिसिल (Crisil) एक वैश्विक **क्रेडिट रेटिंग एजेंसी** है, जो अर्थव्यवस्थाओं के साथ **कंपनी की साख की स्थिति** का मूल्यांकन करता है।

- भारत में कौन सी संख्या **सहयोग निधियों का नियमन** करती है? **–सेबी** (SEBI)
- **सेबी अधिनियम** (SEBI Act) किस वर्ष पारित हुआ था? **–वर्ष 1992 में**

क्रेडिट रेटिंग एजेंसी	स्थापना	मुख्यालय
1. स्टैण्डर्ड एण्ड पुअर्स (S&P)	1860 तथा 1941 में पनुर्सगठन	न्यूयॉर्क (अमेरिका)
2. मूडीज (Moody's)	1909 ई.	न्यूयॉर्क (अमेरिका)
3. फिच (Fitch Group)	1914 ई.	न्यूयॉर्क एवं लंदन

- कौन सी एकमात्र विदेशी कम्पनी जो भारत में **भारतीय डिपॉजिटरी रसीद** (Indian Depository Receipt-IDR) के रूप में सूचीबद्ध है? **–स्टैंडर्ड चार्टर्ड बैंक** (Standard Chartered Bank)
- **बॉम्बे स्टॉक एक्सचेंज** का **संवेदी सूचकांक** (Sensory Index) क्या कहलाता है? **–सेंसेक्स** (SENSEX)
- **लंदन मनी मार्केट** द्वारा **LIBOR** (London Inter Bank Offer Rate) को कब समाप्त कर दिया गया? **–वर्ष 2021 में**

LIBOR को समाप्त कर इसके स्थान पर मुख्यत: **SOFR** (Secured Overnight Financing Rate) का प्रयोग किया जा रहा।

- **ISO 9001:2000 प्रमाण पत्र** प्राप्त करने वाला **भारत का पहला** एवं **विश्व का दूसरा** स्टॉक एक्सचेंज कौन सा है? **–बॉम्बे स्टॉक एक्सचेंज** (BSE)
- सरकार ने **बीमा व्यवसाय के नियमन** के लिए किसका गठन किया है?**–बीमा नियामक एवं विकास प्राधिकरण** (IRDA) **का**
- **IRDAI** का गठन किस समिति की सिफारिशों के आधार पर किया गया था? **–मल्होत्रा समिति**
- **भारतीय पूँजी बाजार घोटालों** की **पुनर्वृत्ति** को रोकने के लिए भारत सरकार ने किसे **नियामक शक्तियाँ** (Regulatory Powers) सौंपी है? **–सेबी** (SEBI) **को**
- **निक्की** (NIKKEI) किससे सम्बंधित है? **–टोक्यो** (जापान) **स्टॉक एक्सचेंज में अंश मूल्य सूचकांक से**

विश्व के प्रमुख संवेदी सूचकांक

देश	संवेदी सूचकांक	देश	संवेदी सूचकांक
स.रा. अमेरिका	नास्डाक	फ्राँस	CAC
ब्राजील	बोवेस्पा	जर्मनी	DAX
आस्ट्रेलिया	ऑल ऑडिनरीज	ईटली	MIBTEL
दक्षिण कोरिया	कोस्पी	जापान	NIKKEI
चीन	शंघाई कपोजिट	हाँगकाँग	Hong Seng
सिंगापुर	स्ट्रेट्स टाइम्स	ब्रिटेन	FTSE

पूँजी बाजार तथा **उद्योग जगत** में प्रतिष्ठित एवं बड़ी कम्पनियों को को **ब्लूचिप कम्पनी** (Bluechip Company) कहा जाता है।

कर संरचना (Tax Structure)

नागरिकों को विभिन्न प्रकार की सेवाएँ एवं सुविधाएँ प्रदान करने के बदले सरकार द्वारा नागरिकों से जो शुल्क लिया जाता है, उसे **कर** (Tax) कहा जाता है।

- भारत में **आयकर** सर्वप्रथम कब लगाया गया था?
  -24 जुलाई, 1860 को

भारत में प्रत्येक वर्ष **24 जुलाई को आयकर दिवस** (Income Tax Day) मनाया जाता है।

- सरकार की **आय के तीन सबसे बड़े स्रोत** कौन से हैं?
  -वस्तु एवं सेवा कर (15%), आयकर (14%) तथा निगम कर (13%)
- **सरकारी व्यय** को नियंत्रित करने वाला मंत्रालय कौन सा है?
  -वित्त मंत्रालय
- **कृषि-आयकर** सबसे पहले कहाँ और कब लगाया गया था?
  -बिहार में (वर्ष 1938 में)
- शराब पर **उत्पाद कर** (Excise Duty) किसके द्वारा लगाया जाता है?
  -राज्य सरकार द्वारा
- **संशोधित मूल्य वर्धित कर** (Revised Value Added Tax) का सम्बंध किससे है?
  -उत्पाद कर से
- किसी कर के लगाए जाने के पश्चात् इसका **वास्तविक भुगतान** जिस बिन्दु पर होता है, वह क्या कहलाता है?
  -कराघात (Impact of Tax)
- भारत में सबसे पहले **मूल्य वर्द्धित कर** (Value Added Tax) लागू करने वाला राज्य कौन सा है?
  -हरियाणा (वर्ष 2005 में)
- भारत सरकार के बजट में **न्यूनतम वैकल्पिक कर** (MAT) का समावेश कब किया गया था?
  -वर्ष 1996-97 में

सरकार ने **आर्थिक विकास निवेश** तथा **रोजगार सृजन** को बढ़ावा देने के उद्देश्य से **सितम्बर, 2019** में कम्पनियों के लिए **निगम कर की आधार दर 30%** से घटाकर **22%** कर दिया है। इसके अतिरिक्त इन कम्पनियों को **न्यूनतम् वैकल्पिक कर** (MAT) से भी छूट दे दी गई है।

- संविधान के किस अनुच्छेद के अन्तर्गत **जी.एस.टी. परिषद्** (GST Council) के गठन का प्रावधान किया गया है?
  -अनुच्छेद-279A
- **वित्त आयोग** किस प्रकार की संस्था है?**-अर्द्ध-न्यायिक संस्था**
- **कृषि जोत कर** का सुझाव किस समिति ने और कब दिया था?
  -के. एन. राज समिति ने 1972 में
- **पेमेंट ऑफ ग्रैच्यूटी एक्ट, 1972** के अनुसार, ग्रैच्यूटी भुगतान की अधिकतम सीमा कितनी होती है? **-रु. 10 लाख**
- भारत में **आय कर** (Income Tax) की शुरूआत किसने की थी?
  -जेम्स विल्सन ने
- वह कर जो क्रेता के लिए प्रत्यक्ष रूप से वस्तुओं के मूल्यों की वृद्धि नहीं करता क्या कहलाता है?**-आयकर** (Income Tax)
- **निगम कर** (Corporate Tax) किस पर लगाया जाता है?
  -घरेलू एवं विदेशी दोनों कम्पनियों पर

अक्टूबर, 2019 या उसके बाद स्थापित होने वाली तथा 31 मार्च, 2023 से पहले उत्पादन शुरू करने वाली कम्पनियों के लिए **निगम कर** की आधार दर **25%** से घटाकर **15%** कर दी गई है। बजट 2022-23 में इस अवधि को 1 वर्ष विस्तारित कर **31 मार्च, 2024** कर दिया गया है।

- **आयात** एवं **निर्यात** पर लगाए जाने वाले कर को किस नाम से जाना जाता है? **-सीमा कर** (Customs Duty) **के रूप में**
- **आयकर अधिनियम** की **धारा 88** के अंतर्गत **कर छूटों** को समाप्त करने की अनुशंसा किस समिति ने की थी?
  -केलकर समिति ने
- **भारतीय राष्ट्रीय राजमार्ग प्राधिकरण** (National Highway Authority of India) के वित्त का प्रमुख स्रोत क्या है?
  -उपकर (Cess)

किसी विशेष उद्देश्य की पूर्ति के लिए **कर आधार** पर लगाया गया अन्य कर **उपकर** (Cess) कहलाता है।

- **सेवा कर, बिक्री कर, उत्पाद शुल्क,** तथा **सीमा शुल्क** किस कर श्रेणी के अन्तर्गत आते हैं? **-अप्रत्यक्ष कर**
- **15वें वित्त आयोग का अध्यक्ष** किसे नियुक्त किया गया था?
  -डॉ. एन. के. सिंह को
- **व्यक्तिगत रूप** से तथा **समाज** के लिए **हानिकारक** वस्तुओं एवं सेवाओं पर लगाया जाने वाला कर क्या कहलाता है?
  -सिन कर (SIN Tax)

जब आय में वृद्धि होने के साथ उस पर लगने वाले **कर की दर** में भी वृद्धि हो तो उसे **प्रगतिशील कर प्रणाली** कहते है।

- पहली बार सेवा कर किस वर्ष शुरू किया गया था?
  -वर्ष 1994-95 में
- कर के ऊपर लगाया गया अतिरिक्त कर क्या कहलाता है?
  -अधिभार (Surcharge)
- बजट 2022-23 में कारपोरेट सरचार्ज को 12% से घटा कर कितने प्रतिशत करने की घोषणा की गई है? -7 प्रतिशत
- 15वें वित्त आयोग के अनुसार, वितरण योग्य संसाधनों में राज्यों का हिस्सा कितने प्रतिशत है? -41 प्रतिशत

15वें वित्त आयोग ने केन्द्र और राज्यों के बीच कर की हिस्सदारी को 41% बनाए रखने की सिफारिश की है, यह राशि वर्तमान वितरण पूल के 42% के स्तर के समान ही है। इसमें जम्मू-कश्मीर राज्य के विभाजन के पश्चात् नए केंद्रशासित प्रदेशों की स्थिति के मद्देनजर 1% का आवश्यक समायोजन भी किया है।

- आर्थिक मंदी के दौरान सरकार द्वारा कौन से कार्य किए जा सकते हैं?
  -कर दरों में कटौती करना तथा सरकारी व्यय को बढ़ाना
- मूल्य वर्द्धित कर (Value Added Tax-VAT) लागू करने वाला अंतिम राज्य कौन है? -उत्तर प्रदेश
- भारतीय जीएसटी मॉडल किस देश के उपभोग वैट मॉडल (Consumption VAT Model) पर आधारित है? -कनाडा
- किस देश ने सबसे पहले जी.एस.टी. (GST) लागू किया था?
  -फ्रांस (वर्ष 1954)
- भारत में वस्तु एवं सेवा कर (GST) कब से लागू है?
  -1 जुलाई, 2017 से

जीएसटी परिषद का अध्यक्ष केन्द्रीय वित्तमंत्री होता है तथा केन्द्रीय राज्य मंत्री एवं राज्यों के वित्त मंत्री या प्रतिनिधि, (जिन्हें नामित राज्य शामिल करे) सदस्य के रूप में शामिल होते हैं।

- काले धन को सफेद (वैध) करने की प्रक्रिया क्या कहलाती है? -मनी लॉन्ड्रिंग (Money Laundring)
- वर्ष 2012 में मनी लॉन्ड्रिंग पर रोक लगाने के उद्देश्य से कौन सा नया टैक्स लाया गया? -एंजेल टैक्स
- कौन सा नियम कर चोरी करने वालों की पहचान करता है?
  -गार (General Anti-avoidance Rule-GAAR)
- लैफर वक्र (Laffer Curve) क्या प्रदर्शित करता है? -कर से राजस्व की प्राप्ति और कर की दर के मध्य सम्बंध को
- प्रत्यक्ष करों की प्रवृत्ति कैसी होती है? -प्रगतिशील कर की
- अप्रत्यक्ष कर किस प्रवृत्ति के होते है? -प्रतिगामी प्रवृत्ति के
- भारत में मूल्यवर्द्धित कर किस समिति की अनुशंसा पर लागू किया गया -असीमदास गुप्ता समिति
- विवाद से विश्वास योजना किससे सम्बंधित है?
  -विवादित कर राशि का भुगतान करने से

भारत में प्रत्यक्ष एवं अप्रत्यक्ष कर में सुधार के लिए बनी समिति के अध्यक्ष आर.जे. चेलैया थे।

- सेन्ट्रल बोर्ड ऑफ डायरेक्ट टैक्सेज (CBDT) का गठन कब किया गया था? -वर्ष 1963 में
- इष्टतम करारोपण (Optimal Taxation) का सिद्धान्त किसने प्रतिपादित किया था? -रैमसे
- अनुत्पादक कर किसे कहते है? - अप्रत्यक्ष करों को
- वैट सिद्धांत का प्रतिपादन किसने किया था?
  -एफ. वान सीमेन्स ने (वर्ष 1918)
- आय की वृद्धि के साथ कर की दर में वृद्धि होना किस प्रकार के करारोपण का विशिष्ट गुण है? -प्रगतिशील करारोपण
- सम-सामयिक कर की श्रेणी में कौन से कर आते है?
  -उपकर (Cess) एवं अधिभार (Surcharge)
- भारत में सम्पदाकर तथा सम्पत्ति व उपहार कर लगाने का सुझाव सर्वप्रथम किसने दिया था? - प्रो. केल्डार
- केलकर समिति किससे सम्बंधित है?
  -प्रत्यक्ष एवं परोक्ष करारोपण में सुधार से
- मोडवैट (MODVAT) तथा सेनवैट (CENVAT) किससे सम्बंधित हैं? -केन्द्रीय उत्पाद शुल्क से
- राज्य स्तर पर वैट किस कर के स्थान पर लागू हुआ था?
  - ब्रिकी कर (व्यापार कर)
- बैंकिंग कैश ट्रांजेक्शन टैक्स और फ्रिंज बेनिफिट टैक्स कब प्रारम्भ किए गए था? -वर्ष 2005-06 से
- करदाताओं की पहचान हेतु स्थायी खाता संख्या (PAN) के स्थान पर कर दाता पहचान संख्या (TIN) प्रारम्भ करने का सुझाव किया समिति ने दिया था?
  -प्रो. राजा जे. चेलैया समिति ने
- समाधान योजना का सम्बंध है? - कर विवाद से

बाजार की सकारात्मक गतिविधियों से उत्पन्न नकारात्मक प्रभावों पर आरोपित कर को पाइगोवियन कर (Pigovian Tax) कहते है।

बजट एवं राजकोषीय नीति (Budget and Fiscal Policy)

बजट सरकार का सर्वप्रमुख वित्तीय दस्तावेज है जो **आगामी वित्तीय वर्ष** के लिए सरकार के आय-व्यय एवं **आर्थिक दृष्टिकोण** को प्रस्तुत करता है।

- बजट किस प्रकार का **लेख पत्र** (Instrument) है?
  -सरकार की राजकोषीय नीति का
- **भारतीय बजट का प्रणेता** (Father of Budget in India) किसे माना जाता है? **-जेम्स विल्सन को**
- भारत का **प्रथम बजट** कब प्रस्तुत किया गया था?
  -18 फरवरी, 1860 को
- भारतीय संविधान सरकार को किस **अनुच्छेद** के अन्तर्गत **सार्वजनिक बजट** बनाने की अधिकारिता प्रदान करता है?
  -अनुच्छेद 112
- स्वतंत्र भारत का प्रथम बजट किसके द्वारा पेश गया था?
  -आर. के. षणमुखम् शेट्टी
- भारत में बजट किस तिथि को प्रस्तुत किया जाता है?
  - प्रतिवर्ष 1 फरवरी को
- भारत की **प्रथम पूर्णकालिक महिला वित्त मंत्री** कौन है?
  -निर्मला सीतारमण
- हाल के वर्षों में संघीय सरकार के बजट में **व्यय की सबसे बड़ी मद** कौन सी रही है? **-ब्याज भुगतान**
- भारत में **बजट का राजस्व अनुमान** किसके द्वारा तैयार किया जाता है? **-वित्त मंत्रालय के द्वारा**
- भारत का पहला **अन्तरिम बजट** (Interim Budget) किसने और कब प्रस्तुत किया था?**-मोरारजी देसाई ने वर्ष 1962-63 में**
- भारत में सार्वजनिक व्यय के **योजनागत** एवं **गैर-योजनागत व्यय** के वर्गीकरण को कब समाप्त किया गया?
  -वर्ष 2017-18 के बजट से
- भारत में **शून्य आधारित बजट** सर्वप्रथम किसने प्रस्तुत किया था? **-राजीव गांधी ने**

शून्य आधारित बजट का जनक **पीटर ए. पॉयर** (Peter A. Pyhrr) को माना जाता है। सर्वप्रथम **वर्ष 1973** में **अमेरिका** के **जॉर्जिया प्रान्त** में **जीरो बेस्ड बजटिंग** को अपनाया गया था। बाद में इसे **अमेरिका** के **संघीय बजट** (1979 ई.) में भी अपनाया गया। **भारत** में इसे सर्वप्रथम **वर्ष 1987-88** के आम बजट में लागू किया गया था।

- **रेल बजट** को **आम बजट** के साथ प्रस्तुत करने की अनुशंसा किस समिति ने की थी? **-विवेक देबराय समिति**
- भारत में सर्वाधिक बार बजट पेश करने वाले वित्तमन्त्री कौन है?
  -मोरारजी देसाई
- **निष्पादन बजट** (Performance Budget) की अवधारणा किस देश से ली गई है? **-संयुक्त राज्य अमेरिका से**
- भारत में **आर्थिक समीक्षा** (Economic Survey) को तैयार करने के लिए कौन उत्तरदायी है? **-वित्त मंत्री**

सरकार की **आय**, **व्यय**, **ऋण** तथा **करारोपण** से सम्बंधित क्रियाएँ **राजकोषीय नीति** (Fiscal Policy) कहलाती हैं।

- भारत में **राजकोषीय नीति** को कौन निर्धारित करता है?
  -वित्त मंत्रालय
- राजकोषीय नीति के **चार मुख्य पक्ष** क्या हैं?
  -संसाधनों का आवंटन, आय का वितरण, आर्थिक स्थिरता तथा **आर्थिक विकास**
- भारत सरकार के **बजट के कुल घाटे** में सबसे अधिक योगदान किसका है? **-राजकोषीय घाटे का**
- **वर्ष 1920-30** की **वृहत् मंदी** को सुधारने के लिए, **राजकोषीय नीति** के उपाय का उपयोग करने का सुझाव किसने दिया था?
  -प्रो. जॉन मेनार्ड कीन्स ने
- भारत में **दीर्घकालीन-राजकोषीय नीति** (Long-Term Fiscal Policy) की घोषणा किसके द्वारा की गई थी?**-वी.पी.सिंह द्वारा**
- **राजकोषीय उत्तरदायित्व एवं बजट प्रबंधन अधिनियम** भारत में किस वर्ष पारित किया गया था? **-वर्ष 2003 में**
- केन्द्र सरकार के बजटों में राजकोषीय घाटे के बड़े भाग की पूर्ति किस मद से की जाती है? **-घरेलू उधारों से**
- **राजकोषीय उत्तरदायित्व एवं बजट प्रबंधन अधिनियम** (FRBM Act) भारत में कब पारित किया गया था? **-वर्ष 2003 में**
- यदि प्राथमिक घाटे में **ब्याज भुगतान** को **सम्मिलित** कर लिया जाए, तो वह किसके बराबर होता है? **-राजकोषीय घाटे के**
- ऐसा व्यय जिसके परिणामस्वरूप अर्थव्यवस्था में पूँजी या सम्पत्ति का सृजन नहीं होता, क्या कहलाता है?**-राजस्व व्यय**

राजकोषीय घाटे (Fiscal Deficit) की अवधारणा **वर्ष 1985** में **सुखमय चक्रवर्ती समिति** ने प्रस्तुत की थी।

- केन्द्र सरकार के **बजट घाटों का घटता** हुआ सही क्रम क्या है? **-राजकोषीय घाटा > आगम घाटा > प्रारम्भिक घाटा**
- **निर्विक** (NIRVIK) योजना का उद्देश्य क्या है? **-उच्चतर निर्यात ऋण वितरण**
- **राजकोषीय घाटे** में से **ब्याज भुगतान** घटाने पर प्राप्त प्रतिफल को किस घाटे की संज्ञा दी जाती है? **-प्राथमिक घाटा**
- किसी वित्तीय वर्ष में जब **कुल राजस्व प्राप्तियाँ**, **कुल राजस्व व्यय से कम** हो तो उसे क्या कहा जाता है? **-राजस्व घाटा** (Revenue Deficit)
- राजस्व घाटे में से **पूँजी परिसंपत्तियों** के सृजन हेतु **अनुदान** (Grant) को घटाने पर क्या प्राप्त होता है? **-प्रभावी राजस्व घाटा**
- **प्रभावी राजस्व घाटा** किसके द्वारा प्रस्तुत किया जाता है? **-लोक लेखा समिति** (Public Accounts Committee) **द्वारा**

संसद में बजट सम्बंधी प्रक्रिया के विषय में **मांग की राशि को घटाकर एक रुपया करने** को **नीति कटौती प्रस्ताव** (Policy Cut Proposal) कहा जाता है।

- भारत में **परिणामोन्मुख बजट** (Outcome budget) पहली बार किस वर्ष प्रस्तुत किया गया था? **-वर्ष 2005 में**
- **वित्तीय वर्ष** 1973-74 के लिए पेश किये गये आम बजट को क्या कहा जाता है? **-ब्लैक बजट** (Black Budget)
- **शून्य आधारित बजट** (Zero Based Budget) को किस अन्य नाम से भी जाना जाता है? **-सूर्यास्त बजट** (Sunset Budget)
- **जमा बीमा और क्रेडिट गारंटी निगम** (डीआईसीजीसी) को जर्माकर्त्ता के लिए जमा राशि बीमा का दायरा बढ़ाकर कितना किया गया है? **-5 लाख रुपये**
- वित्त मंत्री किस विधेयक द्वारा **नये करों के रोपण**, वर्तमान **कर** ढांचे **में सुधार** या उसी रूप में अनुमोदित करने का प्रस्ताव रखते हैं? **-वित्त विधेयक द्वारा**
- विनिर्माण क्षेत्र में नई कंपनियों के लिए **निगम कर की दर** (Corporate Tax Rate) को कम करके किस स्तर पर लाने का निर्णय लिया गया है? **- 15 प्रतिशत**
- किसी वित्तीय वर्ष में **बजटीय व्यवहारों** से उत्पन्न **राजकोषीय घाटे की पूर्ति** के लिए **आन्तरिक** एवं **बाह्य** स्रोतों से प्राप्त किये गये ऋण को क्या कहते हैं? **-सार्वजनिक ऋण**
- **केन्द्रीय बजट 2022-23** के अनुसार चालू वित्त वर्ष के लिए आर्थिक विकास दर कितनी प्रतिशत अनुमानित है? **-9.2%**
- **बजट 2022-23** में राज्य सरकार के कर्मचारियों के राष्ट्रीय पेंशन योजना खाते में नियोक्ता के योगदान पर कर कटौती की सीमा 10% से बढ़ाकर कितने प्रतिशत कर दी गई है? **-14%**

भारत सरकार द्वारा **वर्ष 2022-23** के बजट में सहकारी समितियों के लिए वैकल्पिक न्यूनतम कर भुगतान को 18.5 प्रतिशत से घटाकर **15 प्रतिशत** किया गया।

- **आर्थिक समीक्षा-2022** का मूलभूत विषय क्या है? **- त्वरित दृष्टिकोण** (Agile Approach)
- बजट 2022-23 में सरकार ने ब्लॉकचेन और अन्य प्रौद्योगिकियों के इस्तेमाल से किस वर्ष से **डिजिटल रुपये** की शुरुआत करने का प्रस्ताव किया है? **-वर्ष 2022-23**
- **राजकोषीय नीति** (Fiscal Policy) का आरम्भ किस वर्ष से माना जाता है? **- वर्ष 1936 से**
- **वित्तीय वर्ष 2022-23** में सरकार ने पूँजीगत व्यय में कितनी वृद्धि की घोषणा की है? **-35.4% (₹ 7.5 लाख करोड़)**
- जब सरकारी व्यय में वृद्धि के कारण **निजी व्यय** अथवा **निवेश में कमी** होती है तो उसे क्या कहते हैं? **-क्राउडिंग आउट प्रभाव**
- किस केन्द्रीय बजट में **प्रभावी राजस्व घाटा** पेश किया गया? **-वर्ष 2011-12 के बजट में**

राजकोषीय घाटे की अवधारणा को **वर्ष 1985** में **सुखमय चक्रवर्ती समिति** ने प्रस्तुत किया था।

- **राजकोषीय नीति** अपना प्रभाव किन उपायों या उपकरणों के प्रयोग से उत्पन्न करती है? **-बजट, कर, सार्वजनिक व्यय तथा ऋण**
- आर्थिक मंदी के दौरान **राजकोषीय नीति** के अन्तर्गत कौन सा उपाय अपनाया जाता है? **-करों में वृद्धि**
- **वर्ष 2022-23** के केन्द्रीय बजट में राजकोषीय घाटा किस दर पर स्थिर रखा गया है? **-6.4 प्रतिशत**
- भारत में बजट घाटे को पूरा करने की तदर्थ **ट्रेजरी बिल प्रणाली** को कब समाप्त कर दिया गया? **-31 मार्च, 1997 से**
- केन्द्रीय बजट 2022-23 में **दीर्घावधि पूँजीगत लाभ** के हस्तांतरण पर सरचार्ज के कितने प्रतिशत तक सीमित करने का प्रस्ताव है? **-15%**

जॉन मथाई को **वर्ष 1950** में **भारतीय गणतंत्र** का पहला **केन्द्रीय बजट** पेश करने का गौरव प्राप्त हुआ था।

कृषि एवं सम्बद्ध क्षेत्र (Agriculture and Allied Sectors)

कृषि क्षेत्र भारतीय अर्थव्यवस्था के **प्राथमिक क्षेत्रक** (Primary Sector) के अन्तर्गत आता है। कृषि एवं सम्बद्ध क्षेत्र से तात्पर्य **खेती**, **मत्स्यपालन**, **पशुपालन** एवं **बागवानी** आदि से है।

- भारतीय संविधान में कृषि को किस सूची के अन्तर्गत रखा गया है? **-राज्य सूची (7वीं अनुसूची)**
- **केन्द्रीय बागवानी संस्थान** कहाँ अवस्थित है?**-नागालैण्ड में**
- **कृषि मूल्य आयोग** की स्थापना किसकी अध्यक्षता में की गई थी? **-प्रो. एम.एल. दंतवाला**
- **कृषि मूल्य आयोग** का नाम परिवर्तित करके **कृषि लागत** और **मूल्य आयोग** (CACP) कब किया गया? **-वर्ष 1985 में**
- **कृषि मूल्य आयोग** (Agricultural Prices Commission) की स्थापना किस वर्ष की गई थी? **-वर्ष 1965 में**
- **कृषि लागत एवं मूल्य आयोग** (CACP) का मुख्यालय कहाँ स्थित है? **-नई दिल्ली**
- भारत में **एग्रो-इकोलॉजिकल जोन्स** की कुल संख्या कितनी है? **-20**
- भारत के सकल मूल्य वर्द्धन (GVA) में **कृषि** एवं **उससे सम्बंधित क्षेत्र** का अंश कितना प्रतिशत है? **-20.2% (वर्ष 2020-21)**
- भारत के **कृषि-साख** (Agricultural credit) के संस्थागत स्रोत का घटता हुआ क्रम क्या है? **-वाणिज्यिक बैंक, सरकारी बैंक** तथा **क्षेत्रीय ग्रामीण बैंक**
- **कृषि लागत एवं मूल्य आयोग** (CACP) द्वारा **न्यूनतम् समर्थन मूल्य** (MSP) की संस्तुति वर्ष में कितनी बार की जाती है? **-दो बार**
- राष्ट्रीय स्तर पर **कृषि विपणन सहकारिताओं** (Agricultural Marketing Cooperatives) का शीर्ष संगठन कौन सा है? **-नेफेड** (NAFED)
- भारत में **कृषि**, **श्रम शक्ति** (Labour Force) को प्रत्यक्ष रोजगार प्रदान करता है? **-लगभग 60%**

बजट 2022-23 में भारत सरकार ने सम्पूर्ण वित्त वर्ष हेतु **कुल कृषि साख वितरण** का लक्ष्य **₹18 लाख करोड़** निर्धारित किया है।

- **राष्ट्रीय कृषि अनुसंधान प्रबंधन अकादमी** (National Academy of Agricultural Research Management-NAARM) कहाँ स्थित है? **-हैदराबाद में**

राष्ट्रीय खाद्य सुरक्षा मिशन (National Food Security Mission) के अंतर्गत **चावल**, **गेहूँ**, **दलहन**, **मोटे अनाज** व **वाणिज्यिक फसलें** (Commercial Crops) सम्मिलित हैं।

- **राष्ट्रीय भूमि अभिलेख आधुनिकीकरण** (National Land Records Modernization) कार्यक्रम कब प्रारम्भ किया गया था? **-वर्ष 2008 में**
- **1 हेक्टेयर से कम** कृषि भूमि कहलाता है? **-सीमांत जोतें**
- गन्ने की **उचित एवं लाभप्रद कीमत** को कौन अनुमानित करता है? **-आर्थिक मामलों की मंत्रि मण्डलीय समिति**

भारत में **विश्व कृषि संगणना कार्यक्रम** के अन्तर्गत **प्रथम कृषि संगणना** (First Agriculture Census) **वर्ष 1970** की गयी थी। तत्पश्चात् प्रत्येक **पाँच वर्ष** के अन्तराल पर **तीन चरणों** में कृषि संगणना सम्पन्न करायी जाती रही है।

- **मौसम-आधारित फसल बीमा योजना** सर्वप्रथम किस राज्य द्वारा लागू की गई थी? **-कर्नाटक द्वारा**
- **राष्ट्रीय प्रतिदर्श सर्वेक्षण कार्यालय** (National Sample Survey Office-NSSO) के **वर्ष 2019** के आँकड़ों के अनुसार, ग्रामीण परिवारों में कृषि में **विनियोजित परिवारों** का प्रतिशत कितना है? **-57.8%**
- **राष्ट्रीय कृषि तकनीक परियोजना** का पोषण भारत में किस **अंतर्राष्ट्रीय वित्तप्रदायी अभिकरण** (International Funding Agency) के द्वारा होता है? **-विश्व बैंक**
- भारत सरकार ने किसलिए **कीमत स्थिरीकरण कोष** (Price Stabilization Fund) की स्थापना का निर्णय लिया है **-चाय, कॉफी, रबर** और **तम्बाकू की कीमतों को स्थिर रखने हेतु**
- **राष्ट्रीय खाद्य सुरक्षा मिशन** (National Food Security) किस वर्ष प्रारम्भ किया गया था? **-वर्ष 2007-08 में**

कृषि लागत और कीमत आयोग (Commission for Agricultural Costs and Prices-CACP) वर्तमान में **न्यूनतम समर्थन मूल्य** (MSP) के अंतर्गत **कुल 23 (22+1) फसलों के मूल्यों** की घोषणा करता है। (7 अनाज, 5 दलहन, 7 तिलहन, 4 वाणिज्यिक फसलें)

UNDP ने **प्रो. एम.एस. स्वामीनाथन** को **आर्थिक पारिस्थितिकी का पिता** (Father of Economic Ecology) कहा है।

- **भारतीय राष्ट्रीय कृषि सहकारी विपणन संघ** (NAFED) किससे सम्बंधित है? **-कृषि विपणन से**
- **भारतीय चारागाह एवं चारा अनुसंधान संस्थान** (Indian Pasture and Fodder Research Institute) कहाँ स्थित है? **-झाँसी में**
- सरकार खाद्य पदार्थों का क्रय किस मूल्य पर करती है? **-अधिप्राप्ति मूल्य** (Procurement Price) **पर**
- कृषि क्षेत्र में सर्वाधिक वृद्धि दर किस पंचवर्षीय योजना में हुई थी? **-8वीं पंचवर्षीय योजना में**
- खाद्यान्न की **अधिप्राप्ति, वितरण** और **भण्डारण** करने वाली नोडल एजेन्सी कौन है? **-भारतीय खाद्य निगम** (FCI)
- **उत्तर प्रदेश कृषि अनुसंधान परिषद्** (Uttar Pradesh Agricultural Research Council) कहाँ स्थित है? **-लखनऊ में**

> **प्रथम विश्व खाद्य पुरस्कार** वर्ष 1987 में भारत के **कृषि वैज्ञानिक** एवं **हरित क्रान्ति** के जनक **प्रो. एम.एस. स्वामीनाथन** को प्रदान किया गया था।

- भूमि विकास बैंको द्वारा प्रदान किए जाने वाले कृषि ऋण की प्रकृति होती है- **-दीर्घकालिक**
- भारत में **फसलों की बुआई के अंतर्गत** शुद्ध क्षेत्रफल लगभग कितना है? **-14.01 करोड़ हेक्टेयर**
- भारत की **औसत फसल गहनता** (Average Crop Intensity) लगभग कितनी है? **-142%**
- भारत सरकार ने **किसानों की आय** कब तक **दोगुनी** करने का लक्ष्य रखा है? **-वर्ष 2022**
- **हैंड बुक ऑफ एग्रीकल्चर** (Hand Book of Agriculture) किसके द्वारा प्रकाशित की जाती है?
  -भारतीय कृषि अनुसंधान परिषद् (Indian Council of Agricultural Research) **के द्वारा**
- भारत सरकार के **कृषि एवं सहकारिता विभाग** द्वारा **रेनफेड एरिया डेवलपमेंट कार्यक्रम कब** आरम्भ किया गया था? **-वर्ष 2011-12 में**

> **जनसंख्या का दबाव, प्रछन्न बेरोजगारी** तथा **भू-जोत का छोटा आकार** भारतीय **कृषि की निम्न उत्पादकता** का मुख्य कारण है।

- **केन्द्रीय खाद्य तकनीकी अनुसंधान संस्थान** (Central Food Technical Research Institute) कहाँ स्थित है? **-मैसूर में**

> कृषि उत्पादन में लकड़ी के हलों के स्थान पर लोहे के हलों का प्रयोग **पूँजी बढ़ाने वाली प्रौद्योगिकी प्रगति** का उदाहरण है।

- **राष्ट्रीय विशेष कृषि उपज योजना** मुख्य रूप से किससे सम्बंधित है? **-निर्यात योग्य कृषि उत्पाद से**
- किस निजी क्षेत्र के बैंक ने किसानों के किलए **ई-किसान धन ऐप** प्रारम्भ किया है? **- एच. डी. एफ. सी. बैंक**
- **एशिया** का **पहला मेगा फूड पार्क** कहाँ स्थित है? **-गेतलसूद** (राँची)

प्रमुख कृषि संस्थान (Major Agricultural Institute)

संस्थान	**स्थान**
राष्ट्रीय मत्स्य उद्योग विकास बोर्ड	**हैदराबाद**
राष्ट्रीय चावल शोध संस्थान	**कटक**
भारत डेयरी निगम एवं राष्ट्रीय डेयरी विकास बोर्ड	**आनन्द**
भारतीय डेयरी अनुसंधान संस्थान	**करनाल**
भारतीय गन्ना प्रजनन संस्थान	**कोयम्बटूर**
केंद्रीय कॉफी अनुसंधान संस्थान	**कुर्ग**
कॉफी अनुसंधान केंद्र	**चिकमंगलूर**
जूट कृषि अनुसंधान संस्थान	**बैरकपुर**
केंद्रीय उर्वरक गुणवत्ता नियंत्रण और प्रशिक्षण संस्थान	**फरीदाबाद**
टिड्डी चेतावनी संगठन	**जोधपुर**
कृषि विपणन एवं निरीक्षण निदेशालय	**फरीदाबाद**
राष्ट्रीय पौध संरक्षण एवं प्रशिक्षण संस्थान	**हैदराबाद**
चौधरी चरण सिंह राष्ट्रीय कृषि विपणन संस्थान	**जयपुर**
केन्द्रीय चारा बीज उत्पादन फार्म	**हैसर घट्टा**
विवेकानन्द पर्वतीय कृषि अनुसंधानशाला	**अल्मोड़ा**
केंद्रीय कृषि अनुसंधान संस्थान	**पोर्टब्लेयर**
लघु किसान कृषि व्यापार संघ	**नई दिल्ली**
राष्ट्रीय जैव उर्वरक विकास केन्द्र	**गाजियाबाद**
डिजीज इन्वेस्टिगेशन लेबोरेटरी	**पुणे**
पशु स्वास्थ्य एवं पशु चिकित्सा जैविकी संस्थान	**कोलकाता**
पशु चिकित्सा और जीव विज्ञान संस्थान	**बंगलुरू**
पशु स्वास्थ्य संस्थान	**जालंधर**
पशु चिकित्सा जैविकी	**गुवाहाटी**
राष्ट्रीय पटसन एवं संबंधित रेशे अनुसंधान संस्थान	**कोलकाता**
भारतीय प्राकृतिक रेजिन्स एवं गम संस्थान	**राँची**

> **प्रथम पंचवर्षीय योजना** में लक्षित कृषि वृद्धिदर **2.1%** थी किन्तु वस्तुत यह लक्ष्य से अधिक (2.71%) प्राप्त हुई।

उद्योग क्षेत्र (Industry Sector)

व्यावसायिक क्रियाकलापों के उत्पादन पक्ष को **उद्योग** (Industry) कहा जाता हैं। यह ऐसी व्यावसायिक क्रिया है जो वस्तुओं के **उत्पादन**, **परिष्करण** अथवा **निर्माण** से सम्बंधित होती है।

- औद्योगीकरण की प्रक्रिया तीव्र होने के साथ-साथ अर्थव्यवस्था के किस क्षेत्र का अंश कम होता जाता है? **-कृषि क्षेत्र का**
- **ज्ञान आधारित उद्योग** की संज्ञा किसे दी जाती है? **-सूचना प्रौद्योगिकी को**
- भारत में किन 8 उद्योगों को **मूल उद्योगों** (Core Industries) का दर्जा प्राप्त है?**-कच्चा तेल, पैट्रोलियम, रिफाइनरी उत्पाद, प्राकृतिक गैस, उर्वरक, कोयला, विद्युत, सीमेंट** तथा **तैयार इस्पात।**
- **आठ मूल उद्योगों के सूचकांक** (Index of Eight Core Industries) में सर्वाधिक योगदान किसका है? **-रिफाइंनरी उत्पाद का**

भारत की प्रथम औद्योगिक नीति की घोषणा **6 अप्रैल, 1948** को तत्कालीन उद्योग एवं वाणिज्य मन्त्री **डॉ. श्यामा प्रसाद मुखर्जी** द्वारा की गई थी।

- **औद्योगिक और वित्तीय पुनर्निर्माण बोर्ड** (Board for Industrial and Financial Reconstruction-BIFR) किससे सम्बंधित है **-रुग्ण इकाइयों के पुनर्निर्माण** एवं **वित्तीयन से**
- औद्योगिकी नीति के **द्वितीय वर्ग** के अन्तर्गत कितने आधारभूत उद्योग आते हैं? –
  छः (कोयला, लौह-इस्पात, वायुयान निर्माण, जलयान निर्माण, टेलीफोन तथा खनिज तेल प्रसंस्करण उद्योग)
- **बजट 2022-23** में आत्मनिर्भर भारत को बढ़ावा देने हेतु घरेलू रक्षा उद्योग के लिए **पूँजीगत खरीद** रक्षा बजट का कितना प्रतिशत निर्धारित किया गया है? **-68 प्रतिशत**
- भारत में **लघु-स्तर** (Small Scale) का सबसे मुख्य उद्योग कौन सा है? **-हथकरघा उद्योग** (Handloom industry)
- कंपनी द्वारा किस पूँजी पर **लाभांश की घोषणा** की जाती है? **-अभिदत्त पूँजी** (Subscribed Capital) **पर**
- निजीकरण (Privatization) से क्या आशय है? **-निजी क्षेत्र को स्वामित्व** और **प्रबंधन का हस्तांतरण**

भारत में **मेगा फूड पार्क्स** (Mega Food Parks) योजना का उद्देश्य खाद्य प्रसंस्करण उद्योग के लिए **अवसंरचना** (Infrastructure) सुविधाओं में सुधार लाना है।

- **वर्ष 2005** में गठित **राष्ट्रीय निवेश निधि** (National Innovation Foundation-NIF) का मुख्य उद्देश्य क्या है? **-सामाजिक क्षेत्र की परियोजनाओं में निवेश करना**
- **बी.एस.एन.एल.** (BHARAT SANCHAR NIGAM LIMITED-BSNL) की स्थापना किस वर्ष हुई थी? **-वर्ष 2000 में**
- **कागज विनिर्माण उद्योग** के लिए प्रसिद्ध कौन से स्थान हैं? **-यमुना नगर** (हरियाणा), **बल्लारपुर** (महाराष्ट्र) तथा **कमलापुरम** (तेलंगाना)
- **मेक इन इंडिया** कार्यक्रम का **लोगो** (Logo) क्या है? **-शेर**

आधार क्षय एवं लाभ स्थानान्तरण (Base Erosion and Profit Shifting) पद का संदर्भ बहुराष्ट्रीय कंपनियों द्वारा किए जाने वाले **कर-अपवंचन** (Tax evasion) **पर प्रतिबंध** लगाना है

- उद्योग में लघु क्षेत्र के लिए वस्तुओं को आरक्षित करने की अनुशंसा किस समिति ने की थी? **-अबिद हुसैन समिति ने**
- भारत में **मिल-निर्मित कपड़े** का सर्वाधिक उत्पादक राज्य कौन सा है? **-गुजरात**
- **प्रधानमंत्री मुद्रा** (Micro Units Development and Refinance Agency-MUDRA) **योजना** का उद्देश्य क्या है? **-लघु उद्यमियों को औपचारिक वित्तीय प्रणाली में लाना**
- भारत में **उद्योग** हेतु **लाइसेंसिग प्रणाली** का आधार क्या था? **-उद्योग अधिनियम,1951**
- **उद्यमी** हेल्पलाइन स्थापित करने का उद्देश्य क्या है? **-सूक्ष्म व्यापार स्थापित करने हेतु आसान वित्तीय सहायता उपलब्ध कराना**

स्वतंत्रता पूर्व स्थापित लौह-इस्पात के कारखानें

क्र.	स्थान	राज्य	स्थापना
1.	कुल्टी	पश्चिम बंगाल	वर्ष 1870
2.	साकची	झारखण्ड	वर्ष 1907
3.	हीरापुर	पश्चिम बंगाल	वर्ष 1908
4.	भद्रावती	कर्नाटक	वर्ष 1823
5.	बर्नपुर	पश्चिम बंगाल	वर्ष 1937

वर्तमान में **कपड़ा निर्यात** में **भारत** का विश्व में **दूसरा स्थान** है।

- भारत सरकार द्वारा **महारत्न योजना** की शुरूआत कब की गयी थी? **-दिसम्बर, 2009 में**
- भारत का सबसे बड़ा, संगठित एवं व्यापक उद्योग कौन सा है? **-कपड़ा उद्योग**
- भारत की **सिलिकॉन घाटी** की संज्ञा किसे प्रदान की गयी है? **-बंगलुरू को**
- **राष्ट्रीय नवीकरण कोष** का गठन क्यों किया गया था? **-उद्योगों के आधुनिकीकरण के पश्चात् विस्थापित श्रमिकों की पुनर्स्थापना हेतु**
- **वर्ष 1991 में उदारीकरण** (Liberalization), **निजीकरण** (Privatization) और **भूमंडलीकरण** (Globalization) की नई आर्थिक नीति की घोषणा किस सरकार के द्वारा की गई थी? **-नरसिम्हा राव सरकार द्वारा**
- **सूक्ष्म**, **लघु एवं मध्यम विकास अधिनियम** (MSMDA) कब पारित किया गया था? **-वर्ष 2006 में**
- **कॉर्पोरेट सोशल रिस्पॉन्सिबिलिटी** (Corporate Social Responsibility) सम्बंधी कानून सर्वप्रथम किस देश में बनाया गया था? **-भारत में**

> **कम्पनी अधिनियम, 2013** के अन्तर्गत जिन कम्पनियों का **विशिष्ट शुद्ध मूल्य कारोबार** या लाभ एक सीमा से अधिक है, उन्हें अपने **पिछले तीन वित्तीय वर्षों** के दौरान कमाए गए औसत शुद्ध लाभ का **2% CSR** नीति पर खर्च करना होगा।

- **उद्योगों का वार्षिक सर्वेक्षण** किसके द्वारा किया जाता है? **- राष्ट्रीय प्रतिदर्श सर्वेक्षण संगठन** (National Sample Survey Office-NSSO) **के द्वारा**
- भारत में कृषि क्षेत्र के बाद कौन सा क्षेत्र **सर्वाधिक रोजगार** प्रदान करता है? **-कपड़ा उद्योग**
- भारत में **लघुस्तरीय** व **कुटीर उद्योगों** को प्रोत्साहित करना क्यों आवश्यक है? **- रोजगार के अवसर में वृद्धि हेतु**
- **केन्द्रीय सांख्यिकी संगठन** (CSO) द्वारा **औद्योगिक निष्पादन सूचकांक** (Industrial Performance Index) के **आधार वर्ष** को, **वर्ष 2004-05** से बदल कर नया आधार वर्ष कौन सा कर दिया गया है? **-वर्ष 2011-12**
- रोजगार की दृष्टि से **उत्तर प्रदेश** का सबसे बड़ा उद्योग कौन सा है? **-हथकरघा उद्योग**
- **वर्ष 1999** में किसकी अध्यक्षता में **प्रतिस्पर्द्धा नीति पर कानून समिति** गठन हुआ था? **-एस.बी.एस. राघवन**
- भारत में **उदार औद्योगिक नीति** किस वर्ष अपनाई गई? **-वर्ष 1991 में**
- **औद्योगिक उत्पादन सूचकांक** (Industrial Production Index) का आकलन कितने अंतराल पर किया जाता है? **-मासिक आधार पर**
- वे उद्योग, जो **स्थानीय कच्चे मालों** का उपयोग करते हैं, क्या कहलाते हैं? **-कुटीर उद्योग**
- **सूचना क्रान्ति** के जनक की संज्ञा किसे प्रदान की जाती है? **-आर्थर सी. क्लार्क को**
- **मीरा सेठ समिति** किससे सम्बंधित है? **-हथकरघा के विकास से**
- **असंगठित सेक्टर** के उद्योग के लिए गठित **राष्ट्रीय आयोग** के अध्यक्ष कौन थे? **-अर्जुन सेनगुप्ता**
- **सत्यम समिति** का सम्बंध किससे है? **-वस्त्र नीति से**
- भारत में **राज्य वित्त निगमों** ने मुख्य रूप से किसके विकास में सहायता दी है? **-मध्यम** एवं **छोटे पैमाने के उद्योग में**
- भारत में **पर्यटन** और **होटल उद्योग** के विकास का उत्तरदायित्व किस पर है? **-भारत पर्यटन विकास निगम** (India Tourism Development Corporation-ITDC) **पर**
- **नायक समिति** किस से सम्बंधित है?**- लघु उद्योगों से**
- आधुनिक सभ्यता के विकास के लिए **सबसे मूलभूत उद्योग** किसे माना जाता है? **-लौह इस्पात उद्योग**
- **चीनी को नियंत्रण मुक्त** करने के लिए किस समिति ने सिफारिश की थी? **-सी. रंगराजन समिति**
- किस वित्तीय वर्ष से जिससे **सार्वजनिक उद्यमों** में **विनिवेश** (Disinvestment) आरम्भ हुआ **-वर्ष 1991-92**
- **एच.ए.एल** (Hindustan Aeronautics Limited-HAL) किससे सम्बंधित है? **-वायुयानों के उत्पादन से**

स्वतंत्रता के पश्चात स्थापित प्रमुख इस्पात संयंत्र

इस्पात संयंत्र	स्थापना वर्ष	स्थापना में सहयोगी देश
• राउरकेला (ओडिशा)	1955	जर्मनी
• भिलाई (छत्तीसगढ़)	1955	पूर्व सोवियत संघ
• दुर्गापुर (प. बंगाल)	1955	ब्रिटेन
• बोकारो (झारखंड)	1964	पूर्व सोवियत संघ

> भारत में **सहकारी स्वामित्व** वाले पहले **उर्वरक कारखाने** की स्थापना **वर्ष 1951** में **सिंदरी** (बिहार) में की गई थी।

गरीबी एवं बेरोजगारी (Poverty and Unemployment)

आर्थिक एवं **सामाजिक वंचना** की वह स्थिति जिसमें समाज का एक वर्ग अपनी **मूलभूत मानवीय आवश्यकताओं** (भोजन, वस्त्र एवं आवास) की पूर्ति कर पाने भी असमर्थ हो, **गरीबी** (Poverty) कहलाती है।

- भारत में गरीबी के अनुमानों का आधार क्या है? **-परिवार का उपभोग व्यय**
- भारत में गरीबी को किस रूप में परिभाषित किया गया है? **-कैलोरी प्राप्ति से**
- **दांडेकर-रथ फार्मूला** किससे सम्बंधित है **-गरीबी रेखा के निर्धारण से**
- **आय के वितरण की विषमता** के माप की सर्वाधिक प्रचलित विधि कौन सी है? **-गिनी गुणांक**
- **लारेंज वक्र** तथा **गिनी गुणांक** को कब और किसने विकसित किया था? - **क्रमशः मैक्स ओ लारेन्ज** (वर्ष 1905) **तथा कोरेडो गिनी** (वर्ष 1912) **ने**
- **वर्ष 1989** में **लकड़ा वाला समिति** का गठन किस उद्देश्य से किया गया था? **-भारत गरीबी की माप के लिए**

निर्धनता का दुश्चक्र (Vicious Cycle of Poverty) का सिद्धांत **प्रो. रेगनर नर्क्से** द्वारा दिया गया था।

- **गरीबी उन्मूलन का नारा** किस पंचपर्षीय योजना में दिया गया था? **-छठी पंचवर्षीय योजना में**
- **बहुआयामी गरीबी सूचकांक** (MPI) की गणना में किसे इकाई माना जाता है? **-परिवार को**
- भारत में **गरीबी की गहनता की माप** के लिए सबसे उपयुक्त मानदण्ड क्या है? **-बहु-आयामी गरीबी सूचकांक**

संयुक्त राष्ट्र विकास कार्यक्रम (UNDP) के अनुसार गरीबी बहुआयामी होती है। इस संदर्भ में उसके द्वारा एक **बहुआयामी निर्धनता सूचकांक** (Multidimensional Poverty Index-MPI) जारी किया गया है। इस सूचकांक में **शिक्षा, स्वास्थ्य** और **जीवन स्तर** से जुड़े **10 मानकों** का प्रयोग किया गया है।

- भारतीय समाज में **तीव्र सामाजिक परिवर्तन** के लिए क्या उत्तरदायी है? **-आधुनिक विज्ञान प्रौद्योगिकी, सामाजिक नियोजन** तथा **जनसंख्या वृद्धि**
- भारत में अधिकांश बेरोजगारी किस श्रेणी की है **-संरचनात्मक** (Structural)
- **बंधुआ मजदूरी** (उन्मूलन) **अधिनियम** [Bonded Labour (Abolition) Act] कब पारित किया गया था **-वर्ष 1975 में**
- भारत में **परिवार नियोजन कार्यक्रम** किस वर्ष प्रारम्भ किया गया? **-वर्ष 1952 में**
- अत्यधिक **कुपोषण** (Malnutrition) के कारण किस राज्य को **भारत का इथिओपिया** कहा जाता है? **-मध्य प्रदेश को**
- **राष्ट्रीय सामाजिक सहायता कार्यक्रम** का क्या उद्देश्य है? **-अत्यधिक गरीबों हेतु वृद्धावस्था पेंशन**
- **तेंदुलकर समिति** ने **भारत में गरीबी रेखा के नीचे** कितनी जनसंख्या के अनुमान का आकलन किया है? **-37.2%**
- **गरीबी क्षमताओं का अभाव है,** यह कथन किसका है? **- प्रो. अमर्त्य सेन**

भारत में **बेरोजगारी** और **गरीबी** के अनुमान **राष्ट्रीय नमूना सर्वेक्षण कार्यालय** (NSSO) द्वारा परिवारों के उपयोग व्यय के सर्वे पर आधारित है।

- **विजन 2020 फॉर इंडिया** दस्तावेज किससे सम्बंधित है? **-आर्थिक विकास से**
- निर्धनता उन्मूलन के लिए **बीस-सूत्रीय आर्थिक कार्यक्रम** किस वर्ष आरम्भ किया गया था? **-वर्ष 1982 में**
- **विश्व बैंक की रिपोर्ट** के अनुसार, भारत में **50 प्रतिशत** से अधिक निर्धन **किन चार राज्यों** में निवास करते हैं? **-बिहार, उत्तर प्रदेश, मध्य प्रदेश** तथा **ओडिशा में**
- भारत में **सामुदायिक विकास के मुख्य निर्माता** किसे माना जाता है? **-सुरेन्द्र कुमार डे** (भारत के प्रथम सहकारिता एवं पंचायती राज मंत्री)
- **ट्राइसेम** (Trisem) कार्यक्रम किससे सम्बंधित है? **-ग्रामीण विकास का**

गरीबी के आकलन से सम्बंधित समितियाँ

- डॉ० वाई. के. अलघ समिति
- लकड़ावाला समिति
- सुरेश तेन्दुलकर समिति
- सी. रंगराजन समित
- अरविंद पनगढ़िया टास्क फोर्स

भारत में **गरीबी के उपयुक्त मानदण्डों** के आधार पर **वर्ष 2011** के लिए **53.4 प्रतिशत** परिवार निर्धन माने गये हैं।

- **राष्ट्रीय स्वास्थ्य बीमा योजना** (RSBY) किस मंत्रालय के अंतर्गत आता है? **-श्रम एवं रोजगार मंत्रालय**
- जीवन की **भौतिक गुणवत्ता** (Physical Quality) का सर्वाधिक उपयुक्त आकलन किस पर आधारित है?

  -शिशु मृत्यु दर तथा **साक्षरता**

भारत सरकार द्वारा चलाया गया **मिशन इन्द्रधनुष** का सम्बंध **बच्चों** और **गर्भवती महिलाओं के प्रतिरक्षण** (Immunization) से है।

- **स्वच्छ भारत कार्यक्रम** हेतु केन्द्र सरकार ने कितने प्रतिशत **उपकर** लगाया है? **-0.50 प्रतिशत**
- **राष्ट्रीय ग्रामीण स्वास्थ्य मिशन** किस पंचवर्षीय योजना में प्रारम्भ किया गया था? **-10वीं पंचवर्षीय योजना में**
- **प्रथम राष्ट्रीय स्वास्थ्य नीति** की घोषणा कब हुई थी?

  -वर्ष 1983 में
- **एड्रागोगी** (Adragogy) किससे सम्बंधित है?

  -प्रौढ़ शिक्षा (Adult Education) **से**

प्रधानमंत्री जन-धन योजना (PMJDY) का मुख्य उद्देश्य देश में **वित्तीय समावेशन** (Financial Inclusion) को प्रोत्साहित करना है।

- प्राथमिक शिक्षा के **सार्वभौमिकीकरण** (Universalization) के लिए **सर्व शिक्षा अभियान** किस वर्ष प्रारम्भ किया गया था?

  -वर्ष 2001 में
- **ग्रामीण अवस्थापना विकास कोष** (Rural Infrastructure Development Fund) किसके द्वारा संचालित किया जाता है?

  -नाबार्ड
- **जवाहर रोजगार योजना** किस पंचवर्षीय योजना मेंप्रारम्भ की गई थी? **-7वीं पंचवर्षीय योजना में**
- **विश्व साक्षरता दिवस** (World Literacy Day) कब मनाया जाता है? **-8 सितंबर को**
- **राष्ट्रीय ग्रामीण विकास संस्थान** (National Institute of Rural Development) कहाँ स्थित है? **-हैदराबाद में**
- **यू.आई.डी.ए.आई.** (Unique Identification Authority of India-UIDAI) **योजना** के अंतर्गत पहला **आधार गाँव** कौन सा है? **-थेम्बली** (महाराष्ट्र)

आधार (AADHAR) प्रत्येक भारतीय नागरिक को विशिष्ट **पहचान संख्या** (Unique Identity) **उपलब्ध कराने** के लिए एक योजना व्यापक है।

ग्रामीण विकास से सम्बंधित महत्वाकांक्षी कार्यक्रम **पूरा** (Provision of Urban Amenities to Rural Areas–PURA) को सर्वप्रथम **डॉ. ए. पी. जे. अब्दुल कलाम** ने प्रारम्भ किया था।

- भारत सरकार द्वारा संचालित **सबके लिए आवास योजना** कब तक पूर्ण करने का लक्ष्य है? **-वर्ष 2022 तक**
- मध्याह्न भोजन हेतु **प्रबंध** तथा **वित्तीय व्यवस्था** किसके द्वारा की जाती है? **-मानव संसाधन विकास मंत्रालय द्वारा**

भारत में **अक्षयपात्र फाउंडेशन** (Akshaypatra Foundation) का सम्बंध **प्राथमिक विद्यालयों को मध्याह्न भोजन** वितरण करने से है।

- **सयुंक्त राष्ट्र संघ** (United Nations Organisation) ने किस वर्ष सबके लिए शिक्षा का लक्ष्य निर्धारित किया था?

  -वर्ष 2015 तक
- **ऑपरेशन ब्लैक बोर्ड** (Operation Black Board) किससे सम्बंधित है? **-प्राथमिक शिक्षा से**
- भारत में **शिक्षित बेरोजगारों** का सर्वाधिक प्रतिशत किस राज्य में है? **-केरल में**
- **लोकनायक जयप्रकाश नारायण** के जन्म दिवस पर कौन सी योजना प्रारम्भ किया गया था?

  -सांसद आदर्श ग्राम योजना (11 अक्टूबर, 2014)

समन्वित ग्रामीण विकास योजना (Integrated Rural Development Scheme-IRDP) का मुख्य लक्ष्य ग्रामीण क्षेत्रों में **गरीबी रेखा से के नीचे परिवारों को रोजगार** दिलाना है।

- **विभेदीकृत ब्याज योजना** का उद्देश्य किस उद्देश्य हेतु **रियायती ऋण** (Concessional Loan) प्रदान करना था?

  -गरीबों को खाद्य सुरक्षा हेतु
- **विकसित देशों** में किस प्रकार की बेरोजगारी पायी जाती है

  -चक्रीय तथा घर्षण बेरोजगारी
- **हथरकघा क्षेत्र** में **राजीव गांधी शिल्पी स्वास्थ्य बीमा योजना** किस मंत्रालय के द्वारा शुरू की गई थी?**-कपड़ा मंत्रालय द्वारा**
- सरकारी स्तर पर **परिवार नियोजन कार्यक्रम** सर्वप्रथम किस देश में अपनाया गया था? **-भारत में**
- **पर्यावरणीय कुजनेट्स वक्र** पर्यावरणीय क्षति एवं प्रति व्यक्ति जीडीपी के मध्य संबंध दर्शाता है। इस पर्यावरणीय कुजनेट्स वक्र का आकार किस प्रकार का होता है?

  -उल्टा यू आकार
- मात्र पोषक तत्वों की आवश्यकता के आधार पर गरीबी रेखा का निर्धारण किस समिति ने किया है- **-अलघ समिति**

यदि कोई व्यक्ति प्रतिदिन **8 घण्टे** कार्य के साथ **273 दिनों** तक रोजगार में है तो उसे **पूर्ण रोजगार युक्त** कहा जाता है।

- **ब्रेटनवुड्स समझौते** के फलस्वरूप किन दो अन्तर्राष्ट्रीय संस्थाओं की स्थापना हुई थी?
  -अन्तर्राष्ट्रीय मुद्रा कोष और विश्व बैंक
- विश्व बैंक के **प्रथम अध्यक्ष** कौन थे? **-यूजीन मेयर**
- विश्व बैंक का **मुख्यालय** कहाँ स्थित है?**-वाशिंगटन डीसी में**

वर्तमान में विश्व बैंक के सदस्यों की संख्या 189 है। नौरु इसका 189वाँ सदस्य है। विश्व बैंक के वर्तमान अध्यक्ष **डेविड माल्पास** है।

- **अन्तर्राष्ट्रीय मुद्रा कोष** (IMF) की स्थापना किस योजना प्रारूप के आधार पर की गई है? **-हैरी डी. ह्वाइट (यूएसए) के।**
- आई एम एफ की **14वीं सामान्य समीक्षा** के तहत निर्धारित कोटे में भारत का कौन सा स्थान है? **-आठवाँ**
- विकासशील देशों में **निजी उद्योगों** को निवेश के लिए **विश्व बैंक समूह** की कौन सी संस्था पूँजी उपलब्ध कराती है?
  -अन्तर्राष्ट्रीय वित्त निगम
- वर्तमान आईएमएफ के शीर्ष **तीन कोटा धारक राष्ट्रों** में कौन शामिल हैं?
  - अमेरिका (17.46%), **जापान** (6.48%) **व चीन** (6.41%)
- भारत में **राज्यों की अवस्थापना सुधार** के लिए किसके द्वारा **ऋण** एवं **अनुदान** दिए जाते हैं? **-विश्व बैंक द्वारा**
- **किस संस्था को विश्व बैंक की उदार ऋण देने वाली खिड़की** (Soft Loan Window of world Bank) कहा जाता है
  -अन्तर्राष्ट्रीय विकास संघ (IDA) **को**
- **विश्व आर्थिक संभावना रिपोर्ट** (World Economic Prospect Report) आवधिक रूप से किसके द्वारा जारी की जाती है?
  -विश्व बैंक द्वारा
- **मानव विकास रिपोर्ट** (Human Development Report) कौन प्रकाशित करता है **-विश्व बैंक**

अन्तर्राष्ट्रीय मुद्रा कोष एवं विश्व बैंक में अन्तर

विश्व बैंक द्वारा सदस्य देशों के सन्तुलित विकास हेतु **दीर्घकालिक ऋण** उपलब्ध कराया जाता है। जबकि, **अन्तर्राष्ट्रीय मुद्रा कोष** द्वारा सदस्य देशों के भुगतान शेष की प्रतिकूलता को अनुकूल बनाने के लिए **अल्पकालीन ऋण** उपलब्ध कराया जाता है।

- **विश्व विकास रिपोर्ट** (World Development Report) वार्षिक रूप से किसके द्वारा प्रकाशित की जाती है?
  -अंतर्राष्ट्रीय पुनर्निमाण एवं विकास बैंक द्वारा

विश्व विकास रिपोर्ट के अनुसार, **निम्न आय अर्थव्यवस्थाएँ** (Low Income Economices) वे हैं, जिनके लिए **वर्ष** 1994 में प्रति व्यक्ति **सकल राष्ट्रीय उत्पाद** (Gross National Product-GNP) **US $ 725** या **उससे कम** थी।

- **रॉ सूचकांक** (Raw index) कौन जारी करता है?**-विश्व बैंक**
- **व्यापार सुगमता का सूचकांक** (Ease of Doing Business Index) किसके द्वारा जारी किया जाता है?**-विश्व बैंक द्वारा**
- **अंतर्राष्ट्रीय पुनर्निर्माण एवं विकास बैंक** (IBRD) ने कार्य कब प्रारंभ किया? **-जून 1946**
- **बहुपक्षीय विनियोग गांरटी अभिकरण** (MIGA) किस संस्था से सम्बंधित है? **-विश्व बैंक समूह**
- कौन सी संख्या विश्व के निर्धनत राष्ट्रों को **गरीबी उन्मूलन** हेतु सहायता प्रदान करती है? **-अंतर्राष्ट्रीय विकास संघ** (IDA)
- भारत किस वर्ष **अंतर्राष्ट्रीय मुद्रा कोष** का सदस्य बना था?
  -वर्ष 1945 में
- **अंतर्राष्ट्रीय मुद्रा कोष** का प्रमुख कार्य क्या है?
  -सदस्य देशों की भुगतान संतुलन सम्बंधी समस्याओं के समाधान में सहायता करना
- **अन्तर्राष्ट्रीय मुद्रा कोष** में भारत का **अंशदान** तथा **मताधिकार क्रमशः** कितने प्रतिशत है? **-2.76% एवं 2.64%**
- भारत विश्व बैंक समूह की किस संस्था का सदस्य नहीं है?
  -निवेश सम्बंधी विवाद निपटान हेतु अन्तर्राष्ट्रीय केन्द्र (ICSID)
- **वैश्विक वित्तीय स्थिरता रिपोर्ट** (Global Financial Stability Report) किसके द्वारा तैयार की जाती है?
  -अंतर्राष्ट्रीय मुद्रा कोष के द्वारा
- **अंतर्राष्ट्रीय मुद्रा कोष** (IMF) का प्रमुख कार्य क्या है?
  -सदस्य देशों के भुगतान शेष की प्रतिकूलता हो अनुकल बनाने के लिए सहायता (ऋण) प्रदान करना।
- **विशेष आहरण अधिकार** (SDR) का प्रयोग किस प्रकार से नहीं किया जाता है?**-स्वतंत्र विनिमय बाजार में विनमय माध्यम के रूप में प्रयोग करना**

विश्व बैंक (WB) एवं **अन्तर्राष्ट्रीय मुद्रा कोष** (IMF) को **ब्रेटनवुड्स की जुड़वा सन्तानें** (Bretton Woods Twins) कहा जाता है।

- **अंतर्राष्ट्रीय वित्त निगम** (IFC) का मुख्य उद्देश्य क्या है? **-विकासशील देशों में निजी उद्योगों के लिए बिना गारंटी धन (ऋण) की व्यवस्था कराना**
- **एशियाई विकास बैंक** (ADB) के बोर्ड ऑफ गवर्नर में कौन भारत का पदेन गवर्नर होता है? **-वित्त मंत्री**
- **विशेष आहरण अधिकार** (SDR) के अन्तर्गत कौन सी अंतर्राष्ट्रीय मुद्राएँ सम्मिलित हैं?**-अमेरिकी डॉलर, जापानी येन, चाइनीज युआन, यूरो** और **पाउण्ड स्टर्लिंग**
- **संयुक्त राष्ट्र सुरक्षा परिषद्** के स्थायी सदस्यों की संख्या कितनी है? **-5** (चीन, फ्रांस, रूस, ब्रिटेन एवं संयुक्त राज्य अमेरिका)
- **यूरोपीय आर्थिक समुदाय** का मुख्यालय कहाँ स्थित है? **-ब्रुसेल्स में**
- यूरोपियन यूनियन (EU) की एक एजेंसी **यूरोपीय स्थिरता तंत्र** (European Stability Mechanism) का क्या कार्य है?

  - यूरो क्षेत्र (Euro Zone) **के देशों को वित्तीय सहायता उपलब्ध करना**
- **संयुक्त राष्ट्र संघ** (United Nations Organisation) के सदस्यों की संख्या कितनी है? **-193**
- भारत के आर्थिक विकास पथ को **रोजगारविहीन, जड़विहीन, निष्ठुर, आवाजविहीन**, तथा **भविष्यरहित** किसने कहा है? **-यू.एन.डी.पी.** (UNDP) **ने**

यूरोपीय संघ को **वर्ष 2012** में यूरोप में **शान्ति** और **सुलह, लोकतन्त्र** और **मानव अधिकारों की उन्नति** में अपने योगदान के लिए **नोबेल शान्ति** से सम्मानित किया गया था।

- **गैट** (General Agreement on Tariffs and Trade-GATT) का कार्यालय कहाँ और किस वर्ष स्थापित किया गया था? **-वर्ष 1948 में जेनेवा में**
- **विश्व व्यापार संगठन** (World Trade Organization) की स्थापना किस वार्ता के परिणाम स्वरूप हुई थी? **-गैट की उरुग्वे चक्र की वार्ता**
- **विश्व व्यापार संगठन** (WTO) के वर्तमान में महानिदेशक कौन हैं? **-एन्गोजी ओकोंजो इवेला**
- भारत **विश्व व्यापार संगठन** का सदस्य किस वर्ष बना? **-वर्ष 1995 में**

अम्बर बॉक्स, ब्लू बॉक्स और **ग्रीन बॉक्स** का सम्बंध **विश्व व्यापार संघ** (WTO) द्वारा कृषकों को प्रदान किये जाने वाली **आर्थिक सहायता** (Subsidy) से है।

- **विश्व व्यापार संगठन** के **दोहा चक्र** में मुख्य विषय किससे सम्बंधित था? **-कृषि से**
- **विश्व व्यापार संगठन** के अंतर्गत कृषि पर समझौते के मुख्य तीन स्तंभों में क्या-क्या सम्मिलित हैं?

  -बाजार पहुँच, आंतरिक समर्थन तथा **निर्यात प्रतियोगिता**
- **विशिष्ट रक्षोपाय क्रियाविधि** (Specific Safeguards Mechanism) किससे सम्बंधित है? **-विश्व व्यापार संगठन से**
- **शंघाई सहयोग संगठन** (SCO) की स्थापना कब हुई थी? **-26 अप्रैल, 1996 को**
- **शंघाई सहयोग संगठन** (SCO) द्वारा **भारत** व **पाकिस्तान** को **सदस्य** का दर्जा कब प्रदान किया गया? **-17वें शंघाई सहयोग संगठन** (कज़ाखस्तान) **में**
- सबसे तेजी से विकास करने वाली अर्थव्यवस्थाओं ब्रिक (BRIC : ब्राजील, रूस, भारत व चीन) में **दक्षिण अफ्रीका** किस वर्ष सम्मिलित हुआ था? **-वर्ष 2011 में**
- **ब्रिक्स राष्ट्रों** में किस देश की **प्रति व्यक्ति आय** सर्वाधिक है? **-रूस की**
- **न्यू विकास बैंक** (NDB) जिसे **पहले ब्रिक्स बैंक के नाम से** भी जाना जाता था, उसके **प्रथम अध्यक्ष** हैं?**-के.वी. कामथ**
- ब्रिक्स देशों का **प्रथम शिखर सम्मेलन** कहाँ हुआ था? **-रूस में**
- **न्यू विकास बैंक** का मुख्यालय कहाँ अवस्थित है**-शंघाई में**
- **विश्व अर्थिक मंच** (World Economic Forum) के संस्थापक कौन हैं? **-क्लॉस श्वाब**
- विश्व व्यापार संगठन के **प्रथम महानिदेशक** कौन थे? **-पीटर सदरलैण्ड**

बौद्धिक सम्पदा अधिकारों के व्यापार सम्बंधी पहलुओं पर समझौता (Agreement on Trade Related Aspects of Intellectual Property Right-TRIPS) के अन्तर्गत **7 बौद्धिक सम्पदा अधिकार** आते हैं-

1. कापीराइट एवं इससे सम्बंधित अधिकार **2.** ट्रेडमार्क **3.** भौगोलिक संकेतक **4.** औद्योगिक रूपरेखा **5.** पेटेन्ट **6.** इन्टीग्रेटेड सर्किट की रूपरेखा **7.** व्यापार सम्बंधी गुप्त सूचना।

ब्रिक्स (BRICS) शब्द का पहली बार प्रयोग **वर्ष 2001** में **गोल्डनमैन सैश** के **जिम ओ नील** द्वारा किया गया था।

अन्तर्राष्ट्रीय संगठनों से सम्बंधित महत्वपूर्ण तथ्य			
संगठन	स्थापना वर्ष	मुख्यालय	सदस्य संख्या
• विश्व बैंक (WB)	1944	वाशिंगटन डी.सी.	189 (नवीनतम सदस्य- नौरू)
• अन्तर्राष्ट्रीय मुद्रा कोष (IMF)	1945	वाशिंगटन डी.सी.	190 (नवीनतम सदस्य- अंडोरा)
• विश्व व्यापार संगठन (WTO)	1995	जेनेवा	164 (नवीनतम सदस्य- अफगानिस्तान)
• संयुक्त राष्ट्र व्यापार एवं विकास सम्मेलन (UNCTAD)	1964	जेनेवा	195
• एशियाई विकास बैंक (ADB)	1966	मनीला (फिलीपीन्स)	68
• दक्षिण पूर्वी एशियाई देशों का संघ (ASEAN)	1967	जकार्ता	10 (इण्डोनेशिया, फिलीपीन्स, मलेशिया, सिंगापुर, थाइलैण्ड,ब्रुनेई, वियतनाम, लाओस, म्यांमार तथा कम्बोडिया)
• नाफ्टा (NAFTA)	1994	ओटावा, मेक्सिको सिटी वाशिंगटन डी. सी.	3 (अमेरिका, कनाडा, मैक्सिको)
• एपेक (APEC)	1989	सिंगापुर	21 (नवीनतम सदस्य- वियतनाम)
• यूरोपियन संघ (EU)	1958 (EEC का परिवर्तित रूप)	ब्रुसेल्स, बेल्जियम	27
• मर्कोसुर (Mercosur)	1995	मोंटेवीडियो	5 (ब्राजील, अर्जेन्टीना, पराग्वे, उरुग्वे व वेनेजुएला) (यह दक्षिणी अमरीकी क्षेत्र का स्वतंत्र व्यापार क्षेत्र है)
• ओपेक (OPEC)	1960	वियना (ऑस्ट्रिया)	13 (ईरान, इराक, अंगोला, कुवैत, सऊदी अरब, वेनेजुएला, लीबिया, संयुक्त अरब अमीरात, अल्जीरिया, नाइजीरिया, इक्वेटोरियल गिनी, कांगो व गैबोन)
• शंघाई सहयोग संगठन (SCO)	2001	बीजिंग (चीन)	9 (कजाख़स्तान, चीन, किर्गिस्तान, रूस, ताजिकिस्तान, उज्बेकिस्तान, भारत, पाकिस्तान, ईरान)
• दक्षेस (SAARC)	1985	काठमाण्डू	8 (भारत, पाकिस्तान, श्रीलंका, बांग्लादेश, नेपाल, भूटान, मालदीव और अफगानिस्तान)
• आर्थिक सहयोग एवं विकास संगठन (OECD)	1948	पेरिस (फ्रांस)	36
• खाद्य एवं कृषि संगठन (FAO)	1945		194
• न्यू डेवलपमेंट बैंक (NDB)	2015	शंघाई (चीन)	8 (ब्राजील, रूस, भारत, चीन, दक्षिण अफ्रीका, बांग्लादेश, संयुक्त अरब अमीरात, उरूग्वे)
• एशियाई क्लीयरिंग यूनियन (ACU)	1975	तेहरान	9 (भारत, पाकिस्तान, बांग्लादेश, नेपाल, श्रीलंका, ईरान, भूटान, मालदीव व म्यांमार)
• संयुक्त राष्ट्र संघ (UNO)	1945	न्यूयॉर्क	193 (दक्षिणी सूडान 193वाँ सदस्य)
• जी-7 (G-7)	1975	-	7 (फ्रांस, जर्मनी, इटली, कनाडा, जापान, संयुक्त राज्य अमेरिका एवं यूनाइटेड)
• जी-15 (G-15)	1989	-	17 विकासशील देशों का संगठन
• जी-20 (G-20)	1999	-	19 औद्योगिक एवं उभरती अर्थव्यवस्थाएँ तथा यूरोपीय संघ का समूह।

वैश्विक रिपोर्ट/सूचकांक 2020-22 : एक दृष्टि में

रिपोर्ट/सूचकांक	जारीकर्ता संस्था/संगठन (तिथि) विषय	शीर्ष स्थान वाले देश	निम्नतम स्थान वाले देश	भारत का स्थान
1. **विश्व प्रसन्नता सूचकांक** (World Happiness Index), **2022**	यूएन सस्टेनेबल डेवलपमेंट सॉल्यूशंस नेटवर्क (UNSDSN)	1. फिनलैण्ड 2. डेनमार्क 3. आइसलैण्ड 4. स्विट्जरलैण्ड 5. नीदरलैण्ड	146. अफगानिस्तान 145. लेबनान 144. जिम्बाब्वे 143. रवांडा 142. बोत्सवाना	**136वाँ** (2021 में 139 वें स्थान पर)
2. **वैश्विक नवाचार सूचकांक, 2021**	विश्व बौद्धिक संपदा संगठन (WIPO), कार्नेल विश्वविद्यालय, न्यूयॉर्क तथा INSEAD	1. स्विट्जरलैण्ड 2. स्वीडन 3. अमेरिका 4. यूनाइटेड किंगडम 5. दक्षिण कोरिया	132. अंबोला 131. यमन 130. गिनी 129. नाइजर 128. बेनिन	**46वाँ** (मध्य एवं दक्षिण एशिया में शीर्ष स्थान)
3. **मानव विकास रिपोर्ट 2020** (वर्ष-2019 के लिये)	संयुक्त राष्ट्र विकास कार्यक्रम (UNSDSN) 14 सितम्बर, 2018 शीर्षक : द नेक्स्ट फ्रंटियर : ह्यूमन डेवलपमेंट एंड द एंथ्रोपोसीन (The Next Frontier: Human Development and the Anthropocene)।	1. नॉर्वे 2. आयरलैण्ड 2. स्विट्जरलैण्ड 4. हाँगकाँग 4. आईसलैण्ड	189. नाइजर 188. मध्य अफ्रीकी गणराज्य 187. चाड 186. दक्षिण सूडान 185. बुरुण्डी	**131वाँ**
4. **आर्थिक स्वतंत्रता सूचकांक, 2022**	द हेरिटेज फाउंडेशन (वाशिंगटन डीसी, अमेरिका)	1. सिंगापुर 2. स्विट्जरलैण्ड 3. आयरलैण्ड	177. उत्तर कोरिया 176. वेनेजुएला 175. क्यूबा	**131वाँ**
5. **अंतर्राष्ट्रीय बौद्धिक संपदा अधिकार सूचकांक : 2021**	वैश्विक बौद्धिक संपदा केंद्र (GIPC)	1. अमेरिका 2. यूनाइटेड किंगडम 3. जर्मनी 4. स्वीडन 5. फ्रांस	55 वेनेजुएला 54. अल्जीरिया 53. पाकिस्तान 52. कुवैत 49. इण्डोनेशिया	**43वाँ** (2020 में 40वें स्थान पर)
6. **ईज ऑफ डूइंग बिजनेस इंडेक्स, 2020**	विश्व बैंक एवं अंतर्राष्ट्रीय वित्त निगम-24 अक्टूबर, 2019 विषय- 190 अर्थव्यवस्थाओं में व्यापार विनियमन की तुलना	1. न्यूजीलैंड 2. सिंगापुर 3. हॉन्गकॉन्ग 4. डेनमार्क 5. दक्षिण कोरिया	190. सोमालिया 189. इरीट्रिया 188. वेनेजुएला 187. यमन 186. लीबिया	**63वाँ**
7. **वैश्विक शांति सूचकांक** (Global Peace Index - GPI), **2021**	इंस्टीट्यूट फॉर इकोनॉमिक्स एंड पीस (IEP)	1. आइसलैंड 2. न्यूजीलैण्ड 3. डेनमार्क 4. पुर्तगाल 5. स्लोवेनिया	163. अफगानिस्तान 162. यमन 161. सीरिया 160. द. सूडान 159. इराक	**135वाँ**
8. **विश्व प्रतिस्पर्द्धात्मकता सूचकांक, 2021**	IMD बिजनेस स्कूल	1. स्विट्जरलैण्ड 2. स्वीडन 3. डेनमार्क 4. नीदरलैंड्स 5. सिंगापुर	64. वेनेजुएला 63. अर्जेंटीना 62. द. अफ्रीका 61. बोत्सवाना 59. मंगोलिया	**43वाँ**

विविध (Miscellaneous)

- जब कुल उत्पादन स्थिर होता है, तो **सीमांत उत्पादन** (Marginal Production) कितना होगा? **-शून्य**
- **दीपक पारेख समिति** किसलिए गठित की गई थी? **-अवसंरचना के विकास** और **वित्तीय हेतु उपाय सुझाने के उद्देश्य के लिए**

> **आई. एस. ओ.-14001** एक **अंतर्राष्ट्रीय प्रमाण-पत्र** है, जो प्रदूषण नियंत्रण प्रणाली स्थापित करने वाली औद्योगिक इकाइयों को प्रदान किया जाता है।

- **असंतुलित विकास** की अवधारणा की वकालत किसने की थी? **-ए. ओ. हर्शमैन ने**
- भारत के **प्रतिस्पर्धा आयोग** (Competition Commission) के अध्यक्ष कौन हैं? **-देवेंद्र कुमार सीकरी**
- **एनर्जी स्टैटिस्टिक्स** (Energy Statistics) नामक रिपोर्ट कौन प्रकाशित करता है? **-केन्द्रीय सांख्यिकी संगठन** (CSO)
- **गाडगिल-मुखर्जी सूत्र** के अंतर्गत अधिकतम भार किसे दिया गया है? **-जनसंख्या को**
- **वैश्विक भुखमरी सूचकांक** (Global Hunger Index) रिपोर्ट के मुख्य घटक क्या हैं। **-अल्पपोषण, शिशु वृद्धिरोधन** तथा **शिशु मृत्यु-दर**
- **रघुराम राजन समिति** का सम्बंध किससे है? **-आर्थिक क्षेत्र** (Economic Sector) **में सुधार से**
- **व्यय प्रबंध आयोग** (Expenditure Management Commission) के प्रथम अध्यक्ष कौन थे? **-विमल जालान**
- **राज्य एवं राष्ट्रीय लैंड यूज बोर्ड** तथा **राष्ट्रीय लैंड रिसोर्सेज कंजर्वेशन एवं डेवलपमेंट कमीशन** मुख्यत: किन कार्यों से सम्बंधित हैं? **-खेती योग्य भूमि की पहचान** एवं **उसके विकास से**

> भारत सरकार द्वारा **फरवरी, 2014** में गठित **7वें, केन्द्रीय वेतन आयोग का अध्यक्ष न्यायमूर्ति अशोक कुमार माथुर को** नियुक्त किया गया था।

> **इण्डियाज इकोनॉमिक पॉलिसी : द गांधियन ब्लू प्रिंट** नामक पुस्तक की रचना **चरण सिंह** ने की थी।

- **मराकेश संधि** (Marrakesh Treaty) किससे सम्बंधित है? **-दृष्टिबाधित लोगों की शिक्षा से**
- **नेट मीटरिंग** (Net Metering) किससे सम्बंधित है **-परिवारों/ उपभोक्ताओं द्वारा सौर ऊर्जा का उत्पादन** और **उपयोग से**
- **विश्व उपभोक्ता अधिकार दिवस** (World Consumer Rights Day) कब मनाया जाता है? **-15 मार्च को**
- **सेमफेक्स योजना** किसके द्वारा लागू की गई है? **-राजस्थान वित्त निगम (RFC)** द्वारा
- पिछड़े देशों के लिए **रोलिंग प्लान** (Rolling Plan) का सुझाव किसने दिया था? **-गुन्नार मिर्डल ने**
- व्यावसायिक सम्पत्तियों के **न्यासिता सिद्धांत** (Trust Principle) का प्रतिपादन किसने किया था? **-महात्मा गांधी ने**
- **किसी** देश में **आय का पुनर्वितरण** (Redistribution of Income) करने का सर्वोत्तम मार्ग क्या है? **-प्रगामी व्यय से संयुक्त प्रगामी कराधान**
- **ई-चौपाल** नामक **ग्रामीण विपणन तंत्र** (Rural Marketing System) किसने प्रारम्भ किया था? **-आई.टी.सी** (International Trade Centre-ITC) **ने**
- **भारतीय उद्यमिता विकास संस्थान** (Indian Institute of Entrepreneurship Development) कहाँ स्थित है? **-अहमदाबाद में**
- **इंदिरा गांधी राष्ट्रीय मानव संग्रहालय** कहाँ स्थित है? **-भोपाल में**
- **आर्थिक विकास** (Economic Development) सामान्यतया किसके साथ युग्मित होता है? **-स्फीति के साथ**
- **प्लानिंग एंड द पुअर** (Planning and the Poor) नामक पुस्तक के लेखक कौन है? **-बी.एस.मिन्हास**
- **राष्ट्रीय जन विकास एजेंसी** कब स्थापित की गई थी? **-जुलाई, 1982 में**

> **वर्ष 1968** में **स्वीडन** की केन्द्रीय बैंक ने **अल्फ्रेड नोबेल** की स्मृति में अर्थशास्त्र का नोबेल पुरस्कार प्रारम्भ किया था।

सार्वजनिक वस्तुओं (Public Goods) की कीमत निर्धारण हेतु छाया कीमतों (Shadow Prices) की अवधारणा को जे. टिनबरगिन (Jan Tinbergen) ने प्रतिपादित किया था। इन्हें अर्थशास्त्र का प्रथम नोबेल पुरस्कार (1969 ई.) प्रदान किया गया था।

- क्षेत्रीय ग्रामीण बैंकों को उनके प्रवर्तक बैंको (Sponsor Banks) में विलय करने की संस्तुति किसने की थी?-प्रो. एम. खुसरो की अध्यक्षता में 1989 में गठित कृषि साख समीक्षा समिति ने।
- फरवरी, 2011 में संघीय पेट्रोलियम मंत्री द्वारा भारत का सबसे बड़ा नैपथा क्रैकर संयंत्र (Naptha Cracker Plant) का कहाँ प्रारम्भ किया गया -पानीपत (हरियाणा) में
- भारत का पहला निवेश और विनिर्माण क्षेत्र (Investment and Manufacturing Zone) कहाँ स्थापित गया? -आंध्र प्रदेश में
- प्रोजेक्ट ऐरो का सम्बंध किससे है? -डाकघर से
- भारतीय पेटेंट कानून (Indian Patent Law) किस वर्ष लागू हुआ था? -वर्ष 1972 में
- सार्वजनिक निजी साझेदारी (PPP) मॉडल के अंतर्गत भारत की प्रथम रेलवे लाइन कहाँ निर्मित की गई है? -गुजरात में
- भारत में आवासीय कीमतों का सूचकांक रेजीडेक्स (RESIDEX) कब प्रारम्भ किया गया था -वर्ष 2007 में
- भारत में प्रतिस्पर्धा आयोग (Competition Commission) का गठन किस वर्ष किया गया था? -वर्ष 2003 में
- औपनिवेशिक अर्थव्यवस्था (Colonial Economy) से क्या तात्पर्य है?-किसी देश की अर्थव्यवस्था का दूसरे देश द्वारा शासित होना।
- राजकोषीय घाटे का क्या दुष्प्रभाव होता है? -मुद्रास्फीति का बढ़ना एवं सरकार के ऋण भार में वृद्धि
- अंग्रेजों ने भारत में किस प्रकार की आर्थिक व्यवस्था अपनायी थी? -अर्द्ध सामन्तवादी (Semi Feudal)
- पूँजी का संग्रहण (The Accumulation of Capital) नामक पुस्तक के लेखक कौन है? -जॉन राबिन्सन
- राष्ट्रीय कृषि अर्थशास्त्र और नीति अनुसंधान केंद्र (National Agricultural Center for Economics and Policy Research) कहाँ अवस्थित है? -नई दिल्ली में
- फिस्कल रिस्पॉन्सिबिलिटी एण्ड बजट मैनेजमेन्ट एक्ट के अनुसार, अर्थव्यवस्था की त्रैमासिक समीक्षा (Quarterly Review) करने की बात किस समिति ने की थी? -विजय केलकर समिति-3 ने (मार्च 2004)
- भारतीय रिर्जव बैंक ने अर्थव्यवस्था को गति देने के उद्देश्य से पहली बार ऑपरेशन ट्विस्ट (Operation Twist) कब प्रारम्भ किया? -23 दिसम्बर, 2019
- गोल्डन हैण्ड शेक स्कीम किससे सम्बंधित है? -स्वैच्छिक सेवा निवृत्ति से
- अर्थशास्त्र की पुस्तक द थ्योरी ऑफ इन्कम, एम्प्लायमेंट एण्ड इंटरेस्ट के लेखक कौन है? -जे.एम. कीन्स
- दृष्टिहीन विकलांग हेतु राष्ट्रीय संस्थान अवस्थित है -देहरादून में

द्वितीय पेटेंट संशोधन अधिनियम को भारतीय संसद द्वारा अंतिम रूप से वर्ष 2002 में स्वीकृति प्रदान की गई।

- प्रिंसिपल ऑफ इकोनॉमिक्स (वर्ष 1980) नामक पुस्तक के लेखक कौन है? -अल्फ्रेड मार्शल
- एडम स्मिथ की पुस्तक द वेल्थ ऑफ नेशन किस वर्ष प्रकाशित हुई थी? -वर्ष 1776 में
- पूर्तिपक्ष अर्थशास्त्र (Counterpart Economics) मुख्यत: किस पर आधारित होता है? -उत्पादक के दृष्टिकोण पर
- अर्थव्यवस्था में उत्पादन के कारकों (Factors of Production) में क्या शामिल होता है?-भूमि, श्रम, पूँजी एवं उद्यमशीलता
- आर्थिक विकास के क्षेत्रक दृष्टिकोण (Sector Thesis) के प्रतिपादक कौन थे? -फिशर तथा क्लार्क
- ब्रेक-इवेन बिन्दु (Break Even point) क्या है?-वह स्थिति जब किसी फर्म को न हानि हो रही हो, न लाभ हो रहा हो
- बर्गसन मापदण्ड किससे सम्बंधित है? -कल्याण अर्थशास्त्र (Welfare Economics) से

विदेशी मुद्रा भण्डार के घटक	
1.	RBI की विदेशी मुद्रा परिसम्पत्तियाँ।
2.	RBI के स्वर्ण भंडार।
3.	सरकार की SDR (Special Drawing Right) राशि।
4.	IMF के पास आरक्षित निधि।

विलियम डी नॉर्डहौस व पॉल एम. रोमर ने वर्ष 2018 में अर्थव्यवस्था पर जलवायु परिवर्तन के प्रभाव पर शोध किया।

कम्प्यूटर

H

कम्प्यूटर
(Computer)

- प्रथम **इलेक्ट्रॉनिक कम्प्यूटर** (Electronic Computer) का डिजाइन किसने विकसित किया था? **-डॉ. एलन एम. टूरिंग**

> प्रथम इलेक्ट्रॉनिक कम्प्यूटर **ENIAC** था जिसका विकास **प्रेस्पर एकर्ट**, **जॉन विलियम मौक्ली** द्वारा (1943-1946 ई.) के मध्य किया गया था।

- **डिजिटल** (Digital) शब्दों में **नेटवर्को का नेटवर्क** किसे कहते हैं? **-इंटरनेट**

> कम्प्यूटर का मुख्य कार्य **डाटा या सूचना का विश्लेषण** (Analysis) **करना, उसे प्रोसेस** एवं **संग्रहित** (Store) करना है।

- विश्व का **सबसे तेज कम्प्यूटर** कौन सा है? **-फुगाकू (जापान)**
- नवम्बर, 2020 की **टॉप-500** रिपोर्ट के अनुसार, भारत के दो सुपर कम्प्यूटर इसमें शमिल हैं- **परमसिद्धि AI** (63वाँ स्थान) तथा मिहिर (146 वाँ स्थान)
- **डेस्क-टॉप छपाई** के लिए किस **प्रिंटर** का प्रयोग किया जाता है? **-लेजर प्रिंटर**
- **कमान्ड्स** को ले जाने की प्रक्रिया है **-एक्जीक्यूटिंग**
- **ब्लू-टूथ** तकनीक का क्या कार्य है? **-उपकरणों के मध्य वायरलेस संचार**
- **Wi-MAX** किससे सम्बंधित है? **-संचार प्रौद्योगिकी** (Communication Technology)
- **विन्डोज ऑपरेटिंग सिस्टम** (Windows Operating System) का विकास किसके द्वारा किया गया था? **-माइक्रोसॉफ्ट द्वारा**
- **कम्प्यूटर की स्मृति** (Memory) का मापन किस यंत्र से किया जाता है? **-बिट्स के द्वारा**

> **वर्ल्ड वाइड वेब** (www) का आविष्कार ब्रिटिश कम्प्यूटर वैज्ञानिक **टिम बर्नर्स-ली** द्वारा किया गया था।

- आँकड़ों को टेलीफोन के माध्यम से **बाइनरी सिग्नलों** की सहायता से भेजा जाने वाला उपकरण कौन सा है? **-मॉडेम**
- **बेहतर शासन** के लिए कम्प्यूटरों के प्रयोग को क्या कहा जाता है? **-ई-सुशासन** (E-Governance)
- **वर्चुअल मेमोरी** का आकार किस पर निर्भर करता है? **-डिस्क स्पेस पर**
- चित्र संदेश **निजी इनबॉक्स** में कितने दिन तक रखा जा सकता है? **-30 दिन**
- **कम्प्यूटर का मस्तिष्क** किसे कहते हैं? **-सी.पी.यू** (Central Processing Unit)
- कम्प्यूटर का **मुख्य पटल** (Main Board) किसे कहते हैं? **-मदर बोर्ड को**
- **विद्यावाहिनी परियोजना** (2002) किससे सम्बंधित है? **-कम्प्यूटर शिक्षा से**
- **विश्व कम्प्यूटर साक्षरता दिवस** (World Computer Literacy Day) मनाया जाता है **-2 दिसम्बर को**

> **सी.पी.यू** का मुख्य कार्य **सूचना** (Information) व **निर्देशों** (Instruction) **को रीड**, **इंटरप्रेट** तथा **प्रोसेस** करना है।

- भारत का **प्रथम कम्प्यूटर साक्षर** जिला कौन क्या है? **-मल्लपुरम** (केरल)
- **साइबर लॉ** की शब्दावली में **DOS** का अर्थ है **-डिनायल ऑफ सर्विस**
- **पहला इंटरनेट** किस वर्ष अस्तित्व में आया था? **-वर्ष 1968 में**

> **माउस** का प्रयोग **ग्राफिकल यूजर इंटरफेस** (GUI) में **स्टैंडर्ड प्वाइंटिंग डिवाइस** के रूप में किया जाता है।

- कम्प्यूटर में **पासवर्ड सुरक्षा** करता है **-तंत्र के अनाधिकृत अभिगमन से**
- वह हार्डवेयर **इलेक्ट्रानिक डिवाइस** जो डाटा को प्रोसेस कर अर्थपूर्ण सूचना में परिवर्तित करता है- **प्रोसेसर या सीपीयू**
- कम्प्यूटर **आँकड़ों की त्रुटियों** को प्रदर्शित करता है **-बग**
- **माइक्रोसॉफ्ट वर्ड** उदाहरण है **-ऐप्लीकेशन सॉफ्टवेयर का**
- **माइक्रोसॉफ्ट** (Microsoft) क्या है? **-सॉफ्टवेयर विकसित करने वाली एक कम्पनी**

> सर्वप्रथम **कम्प्यूटर का निर्माण चार्ल्स बैबेज** ने किया था जिन्हें **कम्प्यूटर का जनक** (Father of Computer) माना जाता है।

- कम्प्यूटर प्रोग्रामों के लिए अन्य नाम है-कम्प्यूटर सॉफ्टवेयर
- स्काई ड्राइव (क्लाउड कम्प्यूटिंग सेवा) किस कम्पनी से सम्बंधित है? -माइक्रोसॉफ्ट
- अमेरिकी रक्षा विभाग के लिए विकसित विश्व का पहला वैन (Wild Area Network- WAN) है- -अर्पानेट (Advanced Research Projects Agency Network - ARPANET)
- टेलेक्स सेवा (Telex Service) की शुरूआत किस वर्ष की गयी थी? -वर्ष 1963 में

विश्व के प्रथम सुपर कम्प्यूटर का निर्माण CRC (Cray Research Company) द्वारा किया गया था?

- भारत में टेलीविजन प्रसारण (Television Broadcasting) का प्रारम्भ कब हुआ? -15 सितंबर, 1959 (दिल्ली में)
- बहुत छोटे पोर्टेबल कम्प्यूटर जोकि हमारे हाथों में फिट होते हैं उन्हें कहा जाता है- -पामटॉप (Palmtop)
- कम्प्यूटर प्रोसेस द्वारा किसे सूचना (Information) में परिवर्तित करता है? -डाटा को
- प्रोसेसिंग, इलेक्ट्रॉनिक स्प्रेडशीट, डेटाबेस और ग्राफिक्स प्रोग्राम को किस सॉफ्टवेयर के अन्तर्गत रखा जाता है? -ऐप्लीकेशन सॉफ्टवेयर
- डाटा प्रोसेसिंग का क्या अर्थ है?-डाटा को उपयोगी बनाना
- विश्व का पहला गणक यंत्र (Counting machine) कौन सा है? -अबेकस
- किस कंपनी ने सर्वप्रथम माइक्रोप्रोसेसर का विकास किया था? -इंटेल (Intel)
- भाभा अनुसंधान केंद्र (Bhabha Research Center-BARC) द्वारा विकसित सुपर कम्प्यूटर कौन सा है? -अनुपम

डिजिटल कम्प्यूटर (Digital Computer) के विकास में सर्वाधिक योगदान करने वाला देश संयुक्त राज्य अमेरिका (USA) है।

- डेस्कटॉप (Desktop) तथा निजी कम्प्यूटर (Personal Computer) का अन्य नाम क्या है? -माइक्रो कम्प्यूटर (Micro Computer)
- भारत में सिलिकन वैली (Silicon Valley) किस शहर को कहा जाता है? - बंगलुरु को
- हाइब्रिड कम्प्यूटर (Hybrid Computer) में प्रयोग होता है - डिजिटल एवं एनालॉग संकेतों का
- वर्तमान पीढ़ी के कम्प्यूटर में प्रयोग होते हैं - ULSIC (Ultra Large Scale Integration Chip)

- विश्व का प्रथम प्रोग्रामर (Programer) है- लेडी एडा आगस्ता
- माइक्रो कम्प्यूटर हार्डवेयर में भौतिक उपकरणों के तीन आधारभूत वर्ग कौन से होते हैं? -सिस्टम यूनिट, इनपुट/आउटपुट एवं मेमोरी
- कम्प्यूटर प्रोसेसर या सीपीयू (CPU) में होता है – कंट्रोल यूनिट (CU), अर्थमैटिक लॉजिक यूनिट (ALU) तथा मेमोरी (Memory)
- बायोस (BIOS) प्रणाली कम्प्यूटर में किसमें विद्यमान होती है? - रॉम (ROM) चिप में
- डाटा केबल के अंतर्गत यूएसबी (USB) का क्या तात्पर्य है? - यूनिवर्सल सीरियल बस (Universal Serial Bus)

यदि किसी कम्प्यूटर में एक से अधिक प्रोसेसर एक साथ जोड़कर उपयोग किए जाते हैं, तो उसे मल्टीप्रोसेसिंग (Multiprocessing) कहते हैं।

- कम्प्यूटर प्रोसेसर की क्लॉक दर या गति को किस इकाई में मापते हैं? - मेगा हर्ट्ज या गीगा हर्ट्ज में
- एक इलेक्ट्रॉनिक डिवाइस जो डाटा को सूचना में परिवर्तित करते हुए प्रोसेस करता है, कहलाता है - प्रोसेसर
- आधारभूत कम्प्यूटर प्रोसेसिंग चक्र में क्या शामिल है? - इनपुट, प्रोसेसिंग और आउटपुट
- कम्प्यूटर प्रणाली के लिए विस्तारण क्षमता (Expansion Capacity) प्रदान करता है - स्लॉट्स (Slots)
- कम्प्यूटर पावर सप्लाई में एस.एम.पी.एस. (SMPS) का क्या अर्थ है? - स्विच मोड पावर सप्लाई

पर्सनल कम्प्यूटर के मदरबोर्ड पर विभिन्न घटक इलेक्ट्रिकल कंडक्टिंग लाइनों के सेट से आपस में जुड़े रहते हैं, इन लाइनों को कनेक्टर्स (Connectors) कहते हैं।

- पेन ड्राइव को कम्प्यूटर से जोड़ने के लिए कौन सी केबल प्रयोग होती है?- यू.एस.बी. (USB-Universal Serial Bus) पोर्ट
- कम्प्यूटर के प्रोसेसर की गति को किसमें मापा जाता है? -एम.आई.पी.एस (MIPS-Million Instructions Per Second)
- ध्वनि के पुनरुत्थान (Resurgence of Sound) के लिए एक सी.डी. (CD-Compact Disc) आडियो प्लेयर में प्रयुक्त होता है - लेजर बीम
- टैब की (Tab key) का प्रयोग किस लिए किया जाता है? -स्क्रीन में कर्सर को मूव करने तथा पैराग्राफ को इंडेंट करने के लिए

भारत में सर्वप्रथम मोबाइल सेवा (Mobile Service) वर्ष 1995 में कलकत्ता से प्रारम्भ की गयी थी।

- विशेष प्रकार के संगीत उपकरणों को **साउंड कार्ड** से कौन सा पोर्ट जोड़ता है?
  -मीडी (MIDI-Musical Instrument Digital Interface)

वह बॉक्स, जिसमें कम्प्यूटर सिस्टम के सर्वाधिक महत्वपूर्ण भाग होते हैं, **सिस्टम यूनिट** (System Unit) कहलाता है।

- **कंट्रोल** (Ctrl), **शिफ्ट** (Shift) तथा **आल्ट** (Alt) को कहते हैं
  - मोडिफायर की (ModiFire Key)
- **क्वर्टी** (Qwerty) का प्रयोग किसके संदर्भ में किया जाता है?
  - की-बोर्ड (Key Board)
- **कर्सर** (Cursor) को एक स्पेस दाँयी ओर खिसकाता है या शब्दों के मध्य रिक्त स्थान बनाता है? **- स्पेस बार की**
- प्रत्येक अक्षर के लिए **शिफ्ट की** (Shift key) का प्रयोग किए बिना सभी अक्षरों को **कैपिटल बनाने के लिए** किस **की** का प्रयोग किया जाता है? **- कैप्स लॉक की**
- **स्कैनर** (Scanner) किसे स्कैन करता है?
  -पिक्चर और **टेक्स्ट दोनों को**
- कौन सी इनपुट डिवाइस कम्प्यूटर सिस्टम में **टेक्स्ट** और **न्यूमेरिक डाटा एंटर** करने के लिए सर्वाधिक सामान्य है?
  -की-बोर्ड (Key Board)
- मदरबोर्ड के **उपकरणों** (Components) के मध्य सूचना के माध्यम से ट्रेवल करता है **- बसेज** (Buses)
- **पर्सनल कम्प्यूटर** के विकास का श्रेय किसे दिया जाता है?
  -IBM (International Business Machines) **को**

स्कैनर वह इनपुट डिवाइस है, जो कम्प्यूटर के लिए किसी **इमेज** या **डाक्यूमेंट** को कैप्चर कर **डिजिटल कोड** में परिवर्तित करता है तथा मेमोरी में **संग्रह** (Store) करता है।

- **डेस्कटॉप छपाई** में किस प्रकार के प्रिंटर का प्रयोग किया जाता है? **-लेजर प्रिंटर**
- **डिजिटल कैमरा** में प्रयोग होता है **- फोटो डायोड**
- **ऑब्जेक्ट की प्रॉपर्टीज** में जाने के लिए प्रयुक्त **माउस** क्या क्लिक किया जाता है? **- राइट क्लिक**

प्रमुख आउटपुट डिवाइस (Important Output Devices)

- **मॉनीटर** (Monitor)
- **प्रिंटर** (Printer)
- **प्लॉटर** (Plotter)
- **स्पीकर** (Speaker)
- **कार्ड रीडर** (Card Reader)
- **टेप रीडर** (Tape Reader)
- **स्क्रीन इमेज प्रोजेक्टर** (Screen Image Projector)

- कम्प्यूटर की **समस्त सूचनाएँ या आउटपुट देखने** के लिए किस डिवाइस का प्रयोग किया जाता है? **- मॉनीटर**
- **आउटपुट** और **इनपुट** डिवाइस दोनों है? **- मॉडेम**
- कम्प्यूटर के **मुख्य** (Main) या **प्राथमिक मेमोरी** के प्रकार हैं-
  - रैम (RAM) तथा **रॉम** (ROM)
- बिजली बंद हो जाने पर भी किस **मेमोरी के डाटा** या **कंटेन्ट्स** नष्ट नहीं होते हैं- **- रॉम** (ROM) **में**
- जब आप कम्प्यूटर मे किसी डाक्यूमेंट पर कार्य करते हैं, तो डाक्यूमेंट **अस्थायी रूप** से किस मेमोरी में **संग्रहित** (Store) किया जाता है? **-रैम** (RAM) **में**

माउस बटन को किसी **ऑब्जेक्ट** या **टेक्स्ट** को मूव करने होल्ड किए हुए को **ड्रैगिंग** (Dragging) कहते हैं।

- **बाह्य** तथा **स्थायी मेमोरी** को क्या कहते हैं?
  - सहायक मेमोरी (Auxilliary Memory)
- **सी.डी.** तथा **डी.वी.डी.** किसका उदाहरण हैं?
  -ऑप्टिकल डिस्क का
- **पेन ड्राइव** (Pen Drive) क्या है?
  - एक हटाई जा सकने वाली सेकेण्डरी इलेक्ट्रॉनिक मेमोरी
- किस मेमोरी का **एक्सेस समय** (Access Time) सबसे कम है?
  -कैश मेमोरी
- **हार्ड डिस्क** पर खाली स्थान का उपयोग **रैम** (RAM) की क्षमता बढ़ाने के लिए किया जाता है, तो इसे क्या कहते हैं?
  - वर्चुअल मेमोरी (Virtual Memory)
- फाइल को **सेव** (Save) कर कम्प्यूटर बंद कर देने पर किस स्थान पर डाटा यथावत रहता है? **- सेकेण्डरी स्टोरेज में**
- कम्प्यूटर सिस्टम में **किसी शब्द के लंबाई के माप** की इकाई है? **- बिट** (Bit)
- कम्प्यूटर की इकाइयों में **सबसे बड़े से सबसे छोटे** के क्रम क्या है? **- TB - GB - MB - KB**
- जब किसी फाइल में वे **अनुदेश** (Instruction) होते हैं, जिन्हें कम्प्यूटर **कैरी आउट** कर सकता है, तो उसे क्या कहते हैं?
  - एक्जीक्यूटेबल (Executable)
- एक समय में **एक से अधिक एप्लिकेशन** (Application) चलाने की ऑपरेटिंग सिस्टम की क्षमता को क्या कहते हैं?
  - मल्टीटास्किंग (Multitasking)

मस्तिष्क की कार्यप्रणाली को सरल करने वाला **सबसे छोटा** और **सबसे तीव्र गति** वाला कम्प्यूटर **क्वांटम कम्प्यूटर** है।

- **सिस्टम साफ्टवेयर** का क्या कार्य है?
  –**कम्प्यूटर के इंटरनल रिसोर्सेज का नियंत्रण** तथा **समन्वय करना**
- **ओपेन सोर्स** (Open Source) ऑपरेटिंग सिस्टम के उदाहरण है– – **लिनक्स** (Linux) तथा **एंड्रायड** (Android)
- **दो या अधिक प्रोग्राम** के एक साथ प्रोसेसिंग की प्रक्रिया क्या कहलाती है? – **मल्टी प्रोसेसिंग**

> एक ही प्रोसेसर का प्रयोग करते हुए एक ही कम्प्यूटर सिस्टम में **एक साथ दो या अधिक प्रोग्रामों को चलाने** (Execute) की आपरेटिंग सिस्टम की क्षमता **मल्टी प्रोग्रामिंग** कहलाती है।

- जब एक कम्प्यूटर में **दो प्रोसेसर** लगाए जाते हैं तो उसे क्या कहते हैं? – **पैरलेल प्रोसेसिंग**

प्रमुख इनपुट डिवाइस (Important Input Devices)	
• **की बोर्ड** (Key Board)	• **माउस** (Mouse)
• **ज्वॉस्टिक** (Joystick)	• **प्रकाशीय पेन** (Light pen)
• **स्कैनर** (Scanner)	• **माइक** (Mike)
• **माइकर** (Micar)	• **बारकोड रीडर** (Barcode Readar)
• **पंचकार्ड रीडर**	• **ऑप्टिकल मार्करीडर**
• **ऑप्टिकल करैक्टर रीडर**	• **डिजिटल कैमरा**
• **टच स्क्रीन**	• **इलेक्ट्रॉनिक कार्ड रीडर**

- वह कम्प्यूटर प्रोग्राम जो एक बार में **एक प्रोग्राम अनुदेश को मशीन भाषा में अनुवादित** (Translate) करता है–**इंटरप्रेटर**
- कौन सा **अनुवादक प्रोग्राम** सभी स्टेटमेंट्स को एक **सिंगल बैच** में परिवर्तित करता है और निर्देशों के परिणामों को एकत्र करके एक नई फाइल में रखता है? –**कम्पाइलर**
- **असेम्बलर** (Assembler) का क्या कार्य है?
  –**असेम्बली भाषा को मशीनी भाषा में परिवर्तित करना**
- किसी साफ्टवेयर प्रोग्राम में **कार्यप्रणाली की जाँच करने** और उसमें **विद्यमान गलतियों** (Error) **को ढूँढ़कर उसे ठीक करने** की प्रक्रिया कहलाती क्या है? – **डीबगिंग** (Debugging)
- कम्प्यूटर प्रोग्राम **उच्च स्तरीय भाषा** में लिखा जाता है। मानव द्वारा पढ़े जाने योग्य प्रोग्राम के इस अनुवाद को क्या कहते हैं? – **सोर्स कोड** (Source Code)
- **आंकिक एवं सांख्यिकी गणनाओं** (Numerical and Statistical Calculations) के लिए सर्वाधिक उपयुक्त एप्लिकेशन सॉफ्टवेयर कौन सा है? –**स्प्रेडशीट** (Spred sheet)

> **उच्च स्तरीय भाषा** (High Level Language) में लिखे प्रोग्राम को ट्रांसलेट करने के लिए **कंपाइलर** (Compiler) का प्रयोग किया जाता है।

- **DOS** द्वारा प्रयुक्त वर्ड प्रोसेसर, जिसका उपयोग प्रोग्राम या अनुदेशों को लिखने के लिए होता है– **वर्ड पैड** (Word Pad)
- **शब्द संसाधन** (Word Processing) में प्रयोग किया जाने वाला साफ्टवेयर है – **एम.एस.वर्ड/वर्ड स्टार/पेज मेकर**
- एप्लिकेशन प्रोग्राम की फाइलों में प्रयोग होने वाला **एक्सटेंशन नेम** (Extension Name) क्या है? – **Exe**
- **एम. एस. वर्ड 2007** में अधिकतम किस आकार की फाइल हो सकती है? **–512 MB**
- कम्प्यूटर प्रोग्राम की **गलतियों** (Errors) को क्या कहते हैं? – **बग्स**
- **एम. एस. वर्ड 2010** में कितने रिबन टैब हैं? – **7**
- किस प्रकार का साफ्टवेयर **मुफ्त वितरित** होता है लेकिन कुछ समय बाद प्रयोग जारी रखने के लिए **प्रयोक्ता** (User) को कुछ शुल्क चुकानी पड़ता है? – **शेयर वेयर**
- कम्प्यूटर को **स्टार्ट** या **रीस्टार्ट** करने पर कौन सी प्रक्रिया होती है? – **बूटिंग** (Booting)

मेमोरी की महत्वपूर्ण इकाइयाँ		
• 1 निबल	–	**4 बिट**
• 1 बाइट	–	**8 बिट**
• 1 किलोबाइट (KB)	–	**1024 बाइट**
• 1 मेगाबाइट (MB)	–	**1024 KB**
• 1 गीगा बाइट (GB)	–	**1024 MB**
• 1 टेरा बाइट (TB)	–	**1024 GB**
• 1 पेंटा बाइट (PB)	–	**1024 TB**
• 1 एक्साबाइट (EB)	–	**1024 PB**
• 1 जेट्टाबाइट (ZB)	–	**1024 EB**
• 1 योट्टाबाइट (YB)	–	**1024 ZB**

- **द्वि-आधारीय संख्याएँ** (Binary Numbers) कौन सी हैं? **–0 और 1**
- **एक बाइट** कितने अंकों का बना होता है? **–आठ द्वि-आधारी अंकों का**
- **सॉफ्टवेयर** और **हार्डवेयर** का एक मिश्रण है– – **फर्मवेयर** (Firmware)

> माउस के दो मानक बटनों के मध्य स्थित **व्हील** (Wheel) का प्रयोग **पेज को स्क्रोल** (Scroll) **करने के लिए** किया जाता है।

- रोम (ROM) में स्थायी रूप से सेव किया गया वह प्रोग्राम कौन सा है, जो कम्प्यूटर के **निर्देशों** को स्वंय में कार्यान्वित करना प्रारम्भ कर देता है - **बायोस** (Bios-Input Output System)
- कम्प्यूटर पर स्थित किसी प्रोग्राम को **हटाने** (Remove) के लिए किस कमांड का प्रयोग किया जाता है? - **अनइंस्टाल** (Uninstall)
- जब कम्प्यूटर को **बंद स्थिति** (Off) से **चालू** (On) किया जाता है तो इसे क्या कहते हैं? - **कोल्ड बूट** (Cold Boot)
- **पब्लिक डोमेन** (Public Domain) क्या होते हैं? - **इंटरनेट पर निः शुल्क उपलब्ध साफ्टवेयर**
- इंटरनेट पर प्रयुक्त **कम्प्यूटर भाषा** है - **जावा** (Java)

> किसी टास्क को कम्प्यूटर द्वारा पूरा करने के लिए स्टेप बाई **क्रमिक प्रक्रिया** (Step Procedures) के समूह को **एल्गोरिक्षम** (Algorithm) कहते हैं।

- **एड्रेस रिजोलुशन प्रोटोकॉल** (ARP) का प्रयोग किया जाता है - **आईपी पते मेल खाता में पता ढूँढ़ने में**
- किसी कम्प्यूटर प्रोग्राम में **बच्चों द्वारा प्रयुक्त भाषा** प्रायः कौन सी होती है? - **लोगो** (LOGO)

> सबसे ज्यादा प्रयोग में आने वाला कोड **यूनीकोड** (Unicode) है, जो प्रत्येक **कैरेक्टर** को विशिष्ट **8 बिट कोड** के रूप में निरूपित करता है।

- कम्प्यूटर जिस भाषा को **समझता** और **निष्पादित** (Execute) करता है, वह क्या कहलाती है? - **मशीनी भाषा**
- डाटा को छोटे से बड़े आकार के अनुसार से प्रदर्शित करने का सही क्रम क्या है? - **बिट, कैरेक्टर, फील्ड, रिकॉर्ड, फाइल, डाटाबेस**

प्रमुख उच्च स्तरीय भाषाऐं

- **फोरट्रॉन** (Fortran) - Formula Translator
- **अलगोल** (Algol) - Algorithmic Language
- **कोबॉल** (Cobol) - Common Business Oriented Language
- **लोगो** (Logol) - Logic Oriented Language
- **बेसिक** (Basic) - Beignners All Purpose Symbolic Instruction Code
- **प्रोलॉग** (Prolog) - Programic Language
- **सी** (C) - A General Purpose, procedural
- C^{++}, PASCAL - Computer Programming Language.

- डाटा को **तार्किक अनुक्रम में एरेंज** करने को क्या कहा जाता है? - **सॉर्टिंग** (Sorting)
- **Database Management System (DBMS)** में डाटा किस रूप में निरूपित किया जाता है? - **टेबल** (Table) **में**
- डाटा बेस में **प्राइमरी की** (Primary Key) का क्या उद्देश्य है? - **रिकॉर्ड की विशिष्ट रूप से पहचान करना**
- **COBAL** में **CO** का अर्थ क्या होता है? - **कॉमन ओरिएन्टेड** (Common Oriented)
- सबसे **धीमी इंटरनेट कनेक्शन सेवा** है- **डायल अप सर्विस**
- **टपल** (Tuple) क्या होता है - **टेबल की एक पंक्ति**
- **सी-बैंड** (C-band) **प्रेषण** (Transmission) में किसका प्रयोग होता है? - **6GHz आवृत्ति का**

> किसी सॉफ्टवेयर प्रोग्राम को **सेकण्डरी स्टोरेज मीडिया हार्ड डिस्क** में कॉपी करना **सॉफ्टवेयर इंस्टालेशन** (Software Installation) कहलाता है।

- किस कार्ड से आपका कम्प्यूटर, **नेटवर्क, अन्य कम्प्यूटरों** से जुड़ सकता है? - **नेटवर्क इंटरफेस कार्ड** (NIC)
- नेटवर्क पर **पब्लिक एक्सेस** को अवरुद्ध करते हुए **प्राइवेट कम्पनी वाइड नेटवर्क** का उदाहरण है- - **इंट्रानेट**
- कम्प्यूटर, **डाटा** को किस रूप में भेजता व प्राप्त करता है? - **डिजिटल सिग्नल के रूप में**
- **सी++** (C++) क्या है? - **एक प्रोग्रामिंग लैंग्वेज**

> अपनी गलत पहचान बताकर किसी **गोपनीय सूचना** (Confidential Information) को प्राप्त करने का प्रयास करना **फिशिंग ट्रिप** (Fishing Trip) कहलाता है।

- **बेतार** (Wireless) नेटवर्क स्थापित करने के लिए किस प्रौद्योगिकी का प्रयोग किया जाता है? -**ब्लूटूथ** (Bluetooth)
- **कम्प्यूटर नेटवर्क** में कनेक्टिंग डिवाइस के रूप में किनका प्रयोग किया जाता है? - **राउटर, हब एवं स्विच**
- **दो नेटवर्कों को आपस में जोड़ने** वाला कम्प्यूटर क्या कहलाता है? - **गेटवे** (Gateway)
- किस वायरलेस नेटवर्क का **परास** (Range) **50 किमी.** तक हो सकती है? - **वाई मैक्स** (Wi-Max)
- **टेलनेट** (Telenet) क्या है? - **एक टेक्स्ट आधारित कम्प्यूटर प्रोटोकॉल**

> एक कम्प्यूटर विशेषज्ञ, जो साफ्टवेयर तैयार करता है और उनकी जाँच करता है, **प्रोग्रामर** (Programmer) कहलाता है।

- किसी संगठन के वेबसाइट का डॉट कॉम (.com) अंश क्या सूचित करता है? - कॉमर्शियल वेबसाइट
- ईथरनेट किसका उदाहरण है?- लैन (LAN- Local Area Network) का
- इंटरनेट पर प्रयुक्त स्टैंडर्ड प्रोटोकॉल है -TCP/IP(Transmission Controll Protocol/ Internet Protocol)

किसी वेब पेज पर स्थित वह शब्द जिस पर क्लिक करने से कोई दूसरा डाक्यूमेंट या वेबपेज खुलता है, हाइपरलिंक (Hyperlink) कहलाता है।

- सामान्यत: वेब एंड्रेस स्थित होता है- - URL (Uniform Resource Locator) में
- Windows ME में ME का क्या अर्थ है? - Millennicim Edition
- यूआरएल (URL) http://www में http क्या होता है? -एक ट्रांसफर प्रोटोकॉल
- किसी वेबसाइट पर पाए जाने वाले दस्तावेजों को क्या कहा जाता है? -वेब पेज
- एक सॉफ्टवेयर, जो यूजर को इंटरनेट सर्फ (Surf) करने देता है, क्या कहलाता है? - सर्च इंजन (Search Engine)
- ब्राउजर पर किसी टैब को बंद करने के लिए की-बोर्ड शार्टकट क्या है? - Ctrl + W
- इंटरनेट से सम्बंधित होस्ट (Host) शब्द का क्या अर्थ है? -वह कम्प्यूटर जो इंटरनेट से जुड़ा हो।
- जंक या अवांछित विज्ञापन (Unsolicited Advertising) वाले ई-मेल को क्या कहते हैं? - स्पैम (Spam)
- प्रॉक्सी सर्वर का प्रयोग किसलिए किया जाता है?

  - अनाधिकृत (Unauthorized) उपयोगकर्त्ताओं से सुरक्षा प्रदान करने के लिए
- कौन सा वायरस फ्लॉपी डिस्क ड्राइव में रह गए फ्लॉपी डिस्क से आता है? - बूट सेक्टर वायरस

इंटरनेट से जुड़ा प्रत्येक कम्प्यूटर एक अद्वितीय चर भाग की स्ट्रिंग द्वारा पहचाना जाता है, जिसे IP Address कहते हैं।

- मल्टीमीडिया में सम्मिलित हो सकता है- -टेक्स्ट, ग्राफिक्स, एनिमेशन, ऑडियो और वीडियो
- डिजिटल फोटो और स्कैन किए गए इमेज को .bmp.jpg,.gif आदि एक्सेटेंशन के साथ किस रूप में संग्रहित (Store) किया जाता है-? - बिटमैप ग्रॉफिक्स
- वीडियो प्रोसेसर जो चित्रों को स्टोर और प्रोसेस करता है, में होता है- - वी जी ए (VGA) तथा मेमोरी

किसी वेबसाइट पर सूचना को देखने के लिए प्रयोग किया जाने वाला प्रोग्राम वेब ब्राउजर (Web Browser) कहलाता है।

- फाइल नेम एक्सटेंशन का प्रयोग किसलिए होता है - फाइल टाइप आइडेंटिफाई करने के लिए
- एक डायरेक्टरी के अंदर विद्यमान डायरेक्टरी कहलाती है - सब डायरेक्टरी (Sub Directory)
- एम एस वर्ड प्रोग्राम किसलिए प्रयोग किया जाता है - टेक्स्ट डाटा संशोधन हेतु
- एम एस वर्ड प्रोग्राम में Ctrl + N किसलिए प्रयोग किया जाता है - नया डाक्यूमेंट खोलने के लिए
- जिसमें बटन और मेन्यू दोनों शामिल हैं और जो अधिक प्रयोग होने वाले कमांड्स प्रदान करता है- - टूल बार

कम्प्यूटर में एक ही समय पर एक से अधिक माध्यमों के प्रयोग का तरीका मल्टीमीडिया (Multimedia) कहलाता है।

- एम एस ऑफिस प्रोग्राम में Ctrl + U शार्टकट क्या करता है? -सेलेक्ट किए गए टेक्स्ट को अंडरलाइन
- वर्ड प्रोग्राम में Ctrl + F शार्टकट का प्रयोग किसलिए होता है? - फाइंड और रिप्लेश डायलॉग बॉक्स खोलने के लिए
- माइक्रोसाफ्ट वर्ड में Ctrl + Z शार्टकट किसलिए प्रयोग होता है? - अनडू (Undo) के लिए
- वर्ड डाक्यूमेंट में पेज ब्रेक इन्सर्ट करने के लिए क्या विकल्प है? - इन्सर्ट > पेज ब्रेक या Ctrl + Enter

भारत द्वारा विकसित प्रथम स्वदेशी कम्प्यूटर परम (First Swadeshi Computer PARAM) का विकास सी-डैक (CDAC-Centre for Development of Advanced Computing) पुणे द्वारा किया गया था।

- एम एस ऑफिस प्रोग्राम में कॉपी किए गए कंटेंट को डॉक्यूमेंट में पेस्ट करने के लिए की बोर्ड कमांड है- -Ctrl + V
- कम्प्यूटर को हैकर से बचाने के लिए हमें क्या (Install) करना चाहिए? - फायर वॉल (Fire Wall)
- वर्ड एप्लिकेशन प्रोग्राम को बन्द करने के लिए किस शॉर्टकट का प्रयोग किया जा सकता है? -Alt + F4 या File > Close या File > Exit या विंडो में X बटन

एक छोटे भौगोलिक क्षेत्र में आपस में जुड़े हुए कम्प्यूटरों और पेरिफेरल के छोटे समूह को लैन (LAN) कहते हैं।

एक्सेल में प्रयोग होने वाले की बोर्ड शार्टकट	
शार्टकट की	कार्य
Arrow key	वर्तमान सेल से एक सेल दाएँ-बाएँ या ऊपर-नीचे जाना
Enter	वर्तमान सेल से एक सेल नीचे जाना
Alt + Enter	उसी सेल में एक नई लाइन प्रारम्भ करना
Ctrl + Spacebar	वर्तमान सेल के पूरे कॉलम को सेलेक्ट करना
Shift + Spacebar	वर्तमान सेल की पूरी पंक्ति को सेलेक्ट करना
Home	किसी रो के आरम्भ में जाना
Ctrl + Home	वर्कशीट के आरम्भ (A1 सेल) में जाना
Ctrl + End	वर्कशीट के अंतिम सेल में जाना
Ctrl + Page down	अगले (Next) वर्कशीट में जाना
Ctrl + G	Go to - किसी विशेष सेल में जाना
Ctrl + Page up	पिछले (Previous) वर्कशीट में जाना
Tab	वर्तमान सेल से एक सेल दाएँ जाना
Ctrl + N	नया वर्कबुक खोलना (New)
Ctrl + D	Fill down - वर्तमान सेल के नीचे के सेल में वहीं डाटा डालना
Ctrl + R	Fill Right - वर्तमान सेल के नीचे के सेल में वहीं डाटा डालना
Shift + Tab	वर्तमान सेल से एक सेल बाएँ जाना
Ctrl + O	पहले से बनाये गए वर्कबुक को खोलना (Open)
Ctrl + W	वर्तमान विंडो को बंद (Close) करना
Ctrl + Tab	एक वर्कबुक से दूसरे वर्कबुक में जाना

- जब कम्प्यूटर पर कोई नया प्रोग्राम इंस्टॉल (Install) किया जाता है, तो यह किस मेन्यू में जुड़ता है?
  - ऑल प्रोग्राम (All Program) मेन्यू
- एक्सेल वर्क बुक (Work Book) किसका संग्रह है?- वर्कशीट का
- एमएस एक्सेस एक प्रोग्राम है- - डाटा बेस
- एक्सेल के एक रो में इन्सर्शन प्वाइंट को एक सेल से दूसरे सेल में ले जाने के लिए की बोर्ड बटन है - टैब (Tab)

संक्षिप्त रूप एवं पूर्णरूप (Acronyms and Full Form)	
• CAD	-Computer-Aided Design
• MICR	-Magnetic Ink Character Recognition
• DPI	-Dots Per Inch
• ECS	-Electronic Clearing Service
• NIC	-Network Interface Card
• MPEG	-Motion/Moving Picture Experts Group
• ALU	-Arithmetic Logic Unit
• GIF	-Graphics Interchange Format
• IRC	-Internet Relay Chat
• SIM	-Subscriber Identity Module
• LSI	-Large Scale Integration
• ISP	-Internet Service Provider
• IBM	-International Business Machines
• DVD	-Digital Video/Versatile Disc
• HTML	-Hyper Text Markup Language
• SQL	-Structured Query Language
• OCR	-Optical Charecter Recognition
• DTP	-Desk Top Publishing
• SMS	-Short Message Service
• UPS	-Uninterruptible Power Supply
• RAM	-Random Access Memory
• USB	-Universal Serial Bus
• OMR	-Optical mark recognition
• Modem	-Modulator-Demodulator
• SWAN	-State Wide Area Network
• URL	-Uniform Resource Locator
• RDBMS	-Relational Database Management System
• WLL	-Wireless Local Loop
• LAN	-Local Area Network
• VIRUS	-Vital Information Resource Under Seize
• WEP	-Wired Equivalent Privacy
• ROM	-Read Only Memory

टैब रो (Tab Row) एक ही ब्राउजर विंडो में एक साथ कई वेब पेज खोलने की सुविधा प्रदान करता है।

- विण्डोज में **कट** (Cut) या **कॉपी** (Copy) की गई वस्तु को प्रयोग से पूर्व कहाँ रखा जाता है? **- क्लिप बोर्ड में**
- **प्रिंट** के लिए कौन सा मेन्यू चुना जाता है? **- फाइल**
- **नया डॉक्यूमेंट** बनाने के लिए **फाइल मेन्यू** पर कौन सा कमांड होता है **- न्यू** (New)
- **फाइल एक्सटेंशन** का प्रयोग किसलिए किया जाता है? **- फाइल के प्रकार को पहचानने के लिए**
- मौजूदा डाक्यूमेंट को किसी भिन्न नाम से **सेव** (Save) करना हो, तो किस **कमांड का प्रयोग करते है - सेव ऐज** (Save As)
- **विद्यमान डॉक्यूमेंट** को परिवर्तित करना क्या कहलाता है? **- एडिटिंग**
- टेक्स्ट में **पंक्ति के आरंभ** में जाने के लिए प्रयुक्त **की** (Key) कौन सी है? **- होम**
- किसी **कॉलम** (Column) में टेक्स्ट प्रायः किस ओर **एलाइन** (Align) होते हैं? **- लेफ्ट** (Left)
- फाइल में **चार्ट बनाने के लिए** किसका प्रयोग किया जाता है? **- चार्ट-विजार्ड**
- **सी. डी.** एवं **हार्डडिस्क** को सामान्यतः क्या कहा जाता है? **- सैकेंण्डरी स्टोरेज डिवाइस** (Secondary Storage Devices)
- माइक्रोसॉफ्ट वर्ड में **रिप्लेस** (Replace) विकल्प कहाँ उपलब्ध होता है? **- एडिट मेन्यू पर**
- आप अपनी **पर्सनल फाइल** या **फोल्डर** रख सकते हैं? **- माई डाक्यूमेंट में**
- एक्सेल डाक्यूमेंट में प्रत्येक सेल को इसके **सेल एड्रेस** से जाना जाता है, जो होता क्या है?**- सेल का रो और कॉलम लेवल**
- किसी वर्ड डाक्यूमेंट में **Find विंडो** खोलने के लिए **की बोर्ड शार्टकट** है? **- F5**

वर्ड वाइड वेब पर प्रयुक्त भाषाएँ
(Languages Used on WWW)

(i)	**HTML**- Hyper Text Markup Language
(ii)	**XML**- Extensible Markup Language
(iii)	**XHTML**- Extensible HTML
(iv)	**Java Script**
(v)	**PHP**-Hypertext Preprocessor

- **वर्ड प्रोग्राम** का कौन सा फंक्शन **स्पेलिंग** आदि की सामान्य **त्रुटियों का स्वतः** पता लगाकर उसे ठीक कर लेता है **- ऑटो करेक्ट** (Auto Correct)
- **स्टोरेज डिस्क** (Storage Disk) की मुख्य **डायरेक्टरी** को क्या कहते हैं? **- रूट डायरेक्टरी**
- कम्प्यूटर **बंद** या **रिस्टार्ट** किए बिना **पेरीफेरल डिवाइस** निकालने या जोड़ने को क्या कहते हैं? **- प्लग एंड प्ले**
- **ब्लॉग** (Blog) शब्द किन दो शब्दों का संयोजन है? **- वेब** (Web) **लॉग** (Log)
- **ई-मेल एड्रेस** में क्या शामिल होता है? **-प्रयोक्ता के नाम के बाद डोमेन नाम**
- ऐसी युक्ति जो **आँकड़े को आवेगों में** परिवर्तित करती है तथा उन्हें टर्मिनल से कम्प्यूटर को और **कम्प्यूटर से टर्मिनल** को टेलीफोन लाइन पर **संप्रेषित** करती है, वह है **- मॉडेम**
- **नेशनल ई-गवर्नेंस प्लान** के अन्तर्गत **एसडब्ल्यूएएन** (SWAN) है**- स्टेट वाइड एरिया नेटवर्क** (State Wide Area Network)
- **एम. एस. एक्सेल 2010** में चयनित सेल पर आउटलाइन बनाने के लिए **शार्टकट की** (Short Cut Key) है**-- Ctrl+Shift+&**
- परस्पर सम्बंधित **रिकॉर्ड के समूह** को कहते है**- डाटा बेस**
- एक ही **डाटा** को **कई जगहों पर सेव** करना क्या कहलाता है? **- रिडन्डेंन्सी** (Redundency)
- **उपयोगकर्ता** यह कैसे निर्धारित कर सकता है कि **कम्प्यूटर** पर कौन सा **प्रोग्राम** उपलब्ध है? **- बूटिंग के दौरान प्रोग्राम की सूची देखकर**
- **वर्ड रैप** (Word Rap) की क्या विशेषता है?**- आवश्यकता होने पर टेक्स्ट को अगली पंक्ति में स्वतः भेज देता है**
- **सूचना को डिस्प्ले** करने और **प्रोग्राम को रन** करने के लिए **आयताकार स्थान** क्या कहलाता है? **- विंडो** (Windows)
- **एम एस एक्सेल** में **रो और कॉलम** का **संग्रह** जो मूल पाठ तथा संख्याओं को धारण करता है, कहलाता है **- वर्कशीट**
- **स्प्रेडशीट** में **रो** और **कॉलम** का **इंटरसेक्शन** क्या कहलाता है **- सेल** (Cell)
- डाटा को किसी **लॉजिकल आधार** पर व्यवस्थित करना क्या कहलाता है? **- सॉर्टिंग** (Sorting)

टेलीग्राफ (Telegraph) **की खोज वर्ष** 1835 में **सैमुअल एफ.बी. मोर्स** तथा **सर चार्ल्स व्हीटस्टोन** द्वारा की गई थी।

खेलकूद

I

खेल कूद (Sports)

ओलम्पिक खेल (Olympic Games)

- **आधुनिक ओलम्पिक खेलों** का आयोजन सर्वप्रथम कब किया गया था? **-वर्ष 1896 में (एथेंस)**
- **अंतर्राष्ट्रीय ओलम्पिक समिति** (वर्ष 1894) की स्थापना किसके द्वारा की गई? **-पियरे डी कुवर्तेन (फ्रांस)**
- अंतर्राष्ट्रीय ओलम्पिक समिति के प्रथम अध्यक्ष कौन थे? **- डिमिट्रियास विकेलास** (वर्ष 1894-96)
- **भारतीय ओलम्पिक संघ** की स्थापना किस वर्ष की गई? **- वर्ष 1927 में**

> - भारतीय ओलम्पिक संघ के प्रथम अध्यक्ष **सर दोराबजी टाटा** थे।
> - वर्तमान में इसके अध्यक्ष **नरिंदर ध्रुव बत्रा** हैं। अंतर्राष्ट्रीय ओलम्पिक समिति की प्रथम भारतीय महिला सदस्य **नीता अम्बानी** हैं।

- **ओलम्पिक मशाल** (Olympic Flame) को जलाने का प्रारम्भ किस ओलम्पिक से किया गया? **- वर्ष 1928** (एम्सटर्डम)
- ओलम्पिक खेलों में **शुभंकर** (Moscot) की परम्परा का प्रारम्भ कब किया गया? **- वर्ष 1968** (मैक्सिको सिटी)

> किसी एक ओलम्पिक में सर्वाधिक स्वर्ण पदक जीतने वाले पुरुष खिलाड़ी **यू. एस. ए.** के तैराक **माइकल फेल्प्स** (गोल्डन शार्क) हैं।

- किस देश ने एक ओलम्पिक में **सर्वाधिक 55 स्वर्ण** पदक जीत कर विश्व रिकार्ड बनाया? **-रूस** (1988-सियोल)
- भारत की ओर से ओलम्पिक खेलों में भाग लेने वाला **प्रथम खिलाड़ी** कौन था? **-नॉर्मन प्रिजार्ड** (आंग्ल-भारतीय, 1900 ई.)
- ओलम्पिक खेलों में भाग लेने वाली **प्रथम भारतीय महिला खिलाड़ी** कौन थी? **-मैरी लीला राव**
- किस देश ने सर्वाधिक बार **ओलम्पिक खेलों** का आयोजन किया है? **-संयुक्त राज्य अमेरिका** (1904, 1932, 1984, 1996)
- ओलम्पिक खेलों में सर्वाधिक स्वर्ण पदक जीतने वाली महिला खिलाड़ी कौन है? **-लरीना लाव्यनीना** (जिम्नास्टिक 9 स्वर्ण सहित कुल 18 पदक)

> भारत ने ओलम्पिक में अपना प्रथम दल **वर्ष 1920** में (एंटवर्प, बेल्जियम) भेजा था। इसमें **कुल 6 खिलाड़ी** शामिल थे।

- ओलम्पिक ध्वज पर चित्रित **हरा वलय** (Green Ring) किसे प्रदर्शित करता है? **-ओशेनिया**
- ओलम्पिक में एथलेटिक्स स्पर्धा के फाइनल में पहुँचने वाले प्रथम भारतीय कौन थे? **-मिल्खा सिंह** (1960-400 मी. दौड़ में)

ओलम्पिक में आदर्श

ओलम्पिक ध्वज (Olympic Flag)
ओलम्पिक ध्वज का निर्माण **बैरोन पियरे डि कोबेर्टिन** के निर्देशन में किया गया था इसे सर्वप्रथम वर्ष 1920 में एंटवर्प ओलम्पिक में फहराया गया।

रेशमी कपड़ों से बने ध्वज की पृष्ठभूमि सफेद है जिस पर पाँच अलग-अलग रंग के वृत्त एक-दूसरे से जुड़े है। यह वृत्त **महाद्वीपों** का प्रतिनिधित्व करते है **यूरोप** (नीला), **एशिया** (पीला), **अफ्रीका** (काला), **आस्ट्रेलिया** (हरा), **अमेरिका** (लाल)। अमेरिका में उत्तरी अमेरिका तथा दक्षिणी अमेरिका दोनों महाद्वीप शामिल है।

ओलम्पिक का उद्देश्य (Olympic Motto)
वर्ष 1897 में **फादर डिडोन** द्वारा रचित 3 लैटिन शब्दों **सिटियस, अल्टियस, फोर्टियस** को ओलम्पिक का उद्देश्य घोषित किया गया। वर्ष 2021 में ओलम्पिक मोटो में एक और शब्द जोड़ दिया गया है- **एक साथ** (Together)। इस प्रकार ओलम्पिक का नया मोटो है- **सिटियस, अल्टियस, फोर्टियस, कम्युनिस** जिसका अर्थ क्रमशः **तेज, ऊँचा, बलवान** एवं **एक साथ** है। इस उद्देशिका की औपचारिक शुरुआत **वर्ष 1924** के **पेरिस ओलम्पिक** में की गई।

ओलम्पिक मशाल (Olympic Flame)
इसे जलाने की शुरुआत वर्ष 1928 के **एम्सर्टडम ओलम्पिक** से की गई तथा इसका वर्तमान स्वरूप वर्ष 1936 में आयोजित **बर्लिन ओलम्पिक** से अपनाया गया।
इस मशाल को ओलम्पिक आयोजन होने के कुछ दिन पूर्व ही यूनान के ओलम्पिया शहर में स्थित **हेरा मंदिर** के पास सूर्य के प्रकाश से प्रज्वलित किया जाता है तथा विभिन्न खिलाड़ियों के माध्यम से आयोजन स्थल तक लाया जाता है।

> **लंदन** ओलम्पिक (वर्ष 2012) में पहली बार **सऊदी अरब**, **कतर** एवं **ब्रुनेई** ने महिला एथलीट भेजे थे।

टोक्यो ओलम्पिक-2020

- **32वें** ग्रीष्मकालीन ओलम्पिक खेलों का आयोजन (23 जुलाई से 8 अगस्त 2021 तक) किस शहर में हुआ? **-टोक्यो** (जापान), **शुंभकर - मिराइतोवा**

टोक्यो ओलम्पिक-2020 में 4 नए खेलों सर्फिंग, स्केट बोर्डिंगए स्पोर्टस क्लाइंबिग, कराटे को शामिल किया गया।

- **टोक्यो ओलम्पिक** के उदघाटन एवं समापन समारोह में **भारतीय दल का ध्वज वाहक** कौन था- **-क्रमश: मेरीकॉम (मुक्केबाज) एवं मनप्रीत सिंह (पुरुष हॉकी टीम के कप्तान) और समापन समारोह में बजरंग पूनिया**
- **33वें** ओलम्पिक खेलों (2024) का आयोजन कहाँ होगा? **-पेरिस** (फ्रांस)

टोक्यो ओलम्पिक-2020 का पहला स्वर्ण पदक चीन की कियान यांग ने महिलाओं की **10 मीटर एयर** राइफल में जीता। **लॉरेल हबर्ड** (न्यूजीलैंड) ओलम्पिक में प्रतिस्पर्धा करने वाली पहली **ट्रांसजेंडर एथलीट** बनी।

- ओलम्पिक के फाइनल तक पहुँचने वाली **प्रथम भारतीय महिला** कौन थी? **-पी. टी. ऊषा**
- टोक्यो ओलम्पिक-2020 में भारत के कितने खिलाड़ी शामिल हुए? **-127** (18 खेल स्पर्धाओं में)

टोक्यो ओलम्पिक में भारत के अबतक के सर्वाधिक कुल 7 पदक **नीरज चोपड़ा** गोल्ड-पुरुष जैवलिन थ्रो, **मीराबाई चानू**, - रजत, भारोत्तोलन (49 kg), **रवि कुमार दहिया** - कुश्ती - रजत, लवलीना बोर्गोहेन- कांस्य, मुक्केबाजी, **पी.वी. सिन्धु** - कांस्य बैडमिंटन, **बजरंग पुनिया** - कांस्य - कुश्ती, पुरुष हॉकी टीम - कांस्य, प्राप्त हुआ।

टोक्यो ओलम्पिक 2020 में प्रथम 10 स्थान वाले देश

क्र.	देश	स्वर्ण	रजत	कांस्य	कुल
1.	यू.एस.ए.	39	41	33	113
2.	चीन	38	32	18	88
3.	जापान	27	14	17	58
4.	ग्रेट ब्रिटेन	22	21	22	65
5.	रूस	20	28	23	71
6.	ऑस्ट्रेलिया	17	7	22	46
7.	नीदरलैंड	10	12	14	36
8.	फ्राँस	10	11	11	33
9.	जर्मनी	10	11	16	37
10.	इटली	10	10	20	40
12.	ब्राजील	10	6	8	21
48.	**भारत**	1	2	4	7

टोक्यो ओलम्पिक में ऐथलेटिक्स में वैयक्तिक स्पर्द्धाओं के विजेता

	पुरूष			महिला		
स्पर्द्धा	स्वर्ण	रजत	कांस्य	स्वर्ण	रजत	कांस्य
100 मी.	एल. जैकोवस (इटली)	एफ. कैरेली (यू.एस.ए)	एन्ड्रे डी ग्रेसी (कनाडा)	एलिन थॉम्सन (जमैका)	एस. फ्रैसर प्रेयसी (जमैका)	एस. जैक्शन (जमैका)
200 मी.	एन्ड्रे. डी. ग्रैसी (कनाडा)	कैनी ब्रेडनैरकी (यू.एस.ए.)	नूह लाइलेस (यू.एस.ए.)	एलिन थॉम्प्स (नामीबीबीया)	क्रिस्टीन मवोमा (नीदरलैण्ड)	जी. थोमस (यू.एस.ए.)
400 मी.	स्टीवन गार्डिनर (बहामास)	एंथोनी जोम्ब्रोनो (कोलम्बिया)	के. जेम्स (ग्रेनडा)	एस. मिलर उइबो (बहमास)	एम. पॉलिनो (यू.एस.ए)	ए. फेल्क्सि (यू.एस.ए)
800 मी.	ई. कोरिर (केन्या)	एफ. रोट्चि (केन्या)	पी. डोबेक (पोलैंड)	ए. म्यू (यू.एस.ए.)	के. हाजकिसन (ग्रेट ब्रिटेन)	आर. रोजर्स (यू.एस.ए)
5000 मी.	जोशुआ चेप्टेगी (यूगांडा)	एम. अहमद (कनाडा)	पॉल चेलिमो (यू.एस.ए.)	सिफान हसन (नीदरलैंड)	हैलिक औबरिक (केन्या)	गुडाफत्सेगे (इथोपिया)
10000 मी.	एस. बरेगा (इथोपिया)	जोशुआ चेप्टेगी (यूगांडा)	जे. किप्लिमो (यूगांडा)	एस. हसन (नीदरलैंड)	के गीजांहेगें (बहरीन)	एल. गिड़ी (इथोपिया)
मैराथन	एलियुड किप्चोगे (केन्या)	ए. नगेई (नीदलैंडस)	बी. बशीर (बेल्जियम)	पी. जेपचिरा चिरो (केन्या)	बी. कोस्गीम (केन्या)	एम. सीडेल (यू.एस.ए.)

ओलम्पिक खेलों में **महिलाओं** की भागीदारी सर्वप्रथम **वर्ष 1900** के द्वितीय ओलम्पिक **पेरिस** में हुई।

कुछ प्रमुख खेल स्पर्द्धाओं के पदक						
	पुरूष			महिला		
स्पर्द्धा	स्वर्ण	रजत	कांस्य	स्वर्ण	रजत	कांस्य
हॉकी	बैल्जियम	ऑस्ट्रेलिया	भारत	नीदरलैंड	अर्जेंटीना	ग्रेट ब्रिटेन
फुटबॉल	ब्राजील	स्पेन	मैक्सिको	कनाडा	स्वीडन	यू.एस.ए
वॉलीबॉल	फ्रांस	रूस	अर्जेंटीना	यू.एस.ए.	ब्राजील	सर्बिया
बास्केटबॉल	यू.एस.ए	फ्रांस	ऑस्ट्रेलिया	यू.एस.ए	जापान	फ्रांस

क्र.	वर्ष	स्थान देश	खिलाड़ियों की सं.	भाग लेने वाले देश	प्रतियोगिताएँ (स्वर्ण पदकों की संख्या)
1.	1896	एथेंस (यूनान)	245	14	43
2.	1900	पेरिस (फ्रांस)	1,225	24	95
3.	1904	सेंट लुइस (USA)	689	12	95
4.	1908	लंदन (ब्रिटेन)	2,035	22	110
5.	1912	स्टॉकहोम (स्वीडेन)	2,547	28	102
6.	1916	बर्लिन (जर्मनी)		प्रथम विश्व युद्ध के कारण स्थगित	
7.	1920	एंटवर्प (बेल्जियम)	2,669	29	156
8.	1924	पेरिस (फ्रांस)	3,092	44	126
9.	1928	एम्सटर्डम (नीदरलैण्ड)	3,014	46	109
10.	1932	लॉस एंजिल्स (USA)	1,408	37	117
11.	1936	बर्लिन (जर्मनी)	4,066	49	129
12.	1940	टोक्यो (जापान)		द्वितीय विश्व युद्ध के कारण स्थगित	
13.	1944	लंदन (ब्रिटेन)		द्वितीय विश्व युद्ध के कारण स्थगित	
14.	1948	लंदन (ब्रिटेन)	4,099	59	136
15.	1952	हेलांसिकी (फिनलैण्ड)	4,925	69	149
16.	1956	मेलबर्न (आस्ट्रेलिया)	3,348	72	151
17.	1960	रोम (इटली)	5,348	83	150
18.	1964	टोक्यो (जापान)	5,140	93	163
19.	1968	मैक्सिको सिटी (मैक्सिको)	5,530	112	172
20.	1972	म्यूनिख (प. जर्मनी)	7,123	121	195
21.	1976	मॉण्ट्रियल (कनाडा)	6,028	92	198
22.	1980	मास्को (USSR)	5,217	80	203
23.	1984	लॉस एंजिल्स (USA)	5,797	140	221
24.	1988	सियोल (द. कोरिया)	8,465	159	237
25.	1992	बार्सिलोना (स्पेन)	9,367	169	257
26.	1996	अटलांटा (USA)	10,310	197	271
27.	2000	सिडनी (आस्ट्रेलिया)	10,321	199	300
28.	2004	एथेंस (यूनान)	10,625	201	301
29.	2008	बीजिंग (चीन)	11,000	204	302
30.	2012	लंदन (ब्रिटेन)	10,500	204	302
31.	2016	रियो डि जनेरियो (ब्राजील)	11,545	207	306
32.	2021	टोक्यो (जापान)	11090	206	399
33.	2024	पेरिस (फ्रांस)	प्रस्तावित		
34.	2028	लॉस एंजिल्स (USA)	प्रस्तावित		

राष्ट्रमण्डल खेल (Common Wealth Games)

- **प्रथम राष्ट्रमण्डल खेलों** का आयोजन कब किया गया था?
  -वर्ष 1930 (हैमिल्टन-कनाडा) **में**
- **भारत** ने सर्वप्रथम किस वर्ष के राष्ट्रमण्डल खेलों में भाग लिया था? - **वर्ष** 1934 (लंदन)
- **21 वें राष्ट्रमण्डल खेलों** का आयोजन कहाँ किया गया?
  -**क्वींसलैण्ड** (ऑस्ट्रेलिया)

21वें राष्ट्रमण्डल खेलों के उद्घाटन समारोह में भारतीय दल की ध्वज वाहक **पी. वी. सिन्धु** (बैडमिंटन) एवं समापन समारोह में ध्वज वाहक **एम. सी. मेरीकॉम** (मुक्केबाजी) थीं।

- 21वें राष्ट्रमण्डल खेलों में किस भारतीय ने **पहला पदक** जीता था? **-पी. गुरुराजा ने** (भारोत्तोलन वर्ग, रजत पदक)
- भारत के लिए **सबसे कम उम्र** (16 वर्ष) में **स्वर्ण पदक** किसने जीता?
  -मनु भाकर (10 मी. एयर पिस्टल महिला वर्ग)
- **21वें राष्ट्रमण्डल खेलों** में कौन से नये खेल शामिल किए गए हैं? **-महिला रग्बी एवं बीच वालीबॉल**
- वर्ष 2018 में **डेविड डिक्सन पुरस्कार** (David Dixen Award) किस खिलाड़ी को प्रदान किया गया था?
  -भारोत्तोलक डेविड लिति (न्यूजीलैण्ड)

डेविड डिक्सन पुरस्कार (David Dixon Award)

इस पुरस्कार का आरम्भ **वर्ष 2002** के मैनचेस्टर खेलों से किया गया। यह पुरस्कार **राष्ट्रमण्डल खेल महासंघ** के **मानद सचिव डेविड डिक्सन** के नाम पर **राष्ट्रमण्डल** के सर्वश्रेष्ठ खिलाड़ी के लिए स्थापित किया गया है। यह पुरस्कार सर्वप्रथम **वर्ष 2002** में अफ्रीका की **विकलांग तैराक नताली डु टोइट** को प्रदान किया गया था। वर्ष 2006 में भारतीय खिलाड़ी **समरेश जंग** को भी इस पुरस्कार से सम्मानित किया गया है।

वर्तमान में राष्ट्रमण्डल में कुल **52 देश** हैं परन्तु राष्ट्रमण्डल खेलों में **कुल 71 टीमें** भाग लेती हैं।

21वें राष्ट्रमण्डल में शीर्ष 10 देशों की पदक तालिका

क्र.	देश	स्वर्ण	रजत	कांस्य	कुल
1.	आस्ट्रेलिया	80	59	59	198
2.	इंग्लैण्ड	45	45	46	136
3.	**भारत**	**26**	**20**	**20**	**66**
4.	कनाडा	15	40	27	82
5.	न्यूजीलैण्ड	15	16	15	46
6.	दक्षिण अफ्रीका	13	11	13	37
7.	वेल्स	10	12	14	36
8.	स्कॉटलैण्ड	9	13	22	44
9.	नाइजीरिया	9	9	6	24
10.	साइप्रस	9	1	5	15

21वें राष्ट्रमण्डल खेलों में भारत

खेल	स्वर्ण	रजत	कांस्य	कुल
निशानेबाजी	7	4	5	16
कुश्ती	5	3	4	12
भारोत्तोलन	5	2	2	9
मुक्केबाजी	3	3	3	9
टेबल टेनिस	3	2	3	8
बैडमिंटन	2	3	1	6
एथलेटिक्स	1	1	1	3
स्क्वैश	-	2	-	2
पैरा पावरलिफ्टिंग	-	-	1	1
योग	26	20	20	66

प्रमुख प्रतिस्पर्द्धाओं में पदक प्राप्तकर्ता देश

	पुरुष			महिला		
स्पर्द्धा	स्वर्ण	रजत	कांस्य	स्वर्ण	रजत	कांस्य
हॉकी	ऑस्ट्रेलिया	न्यूजीलैण्ड	इंग्लैण्ड	न्यूजीलैण्ड	ऑस्ट्रेलिया	इंग्लैण्ड
बास्केटबॉल	ऑस्ट्रेलिया	कनाडा	न्यूजीलैण्ड	ऑस्ट्रेलिया	इंग्लैण्ड	न्यूजीलैण्ड

31 मार्च, 2018 को राष्ट्रमण्डल खेल संघ के सदस्य के रूप में पुनः चयनित होने के बाद **गाम्बिया** ने राष्ट्रमण्डल खेलों में वापसी की है।

अब तक हुए राष्ट्रमण्डल खेल									
वर्ष	आयोजन स्थल	देश	प्रतियोगी देश/क्षेत्र	खेलों की संख्या	प्रथम स्थान	भारत के पदक			
						स्वर्ण	रजत	कांस्य	स्थान
1930	हैमिल्टन	कनाडा	11	6	इंग्लैण्ड		भाग नहीं लिया		
1934	लंदन	इंग्लैण्ड	16	7	इंग्लैण्ड			1	XII
1938	सिडनी	ऑस्ट्रेलिया	15	7	ऑस्ट्रेलिया		कोई पदक नहीं		
1950	ऑकलैण्ड	न्यूजीलैण्ड	12	9	ऑस्ट्रेलिया		भाग नही लिया		
1954	बैंकूवर	कनाडा	24	9	इंग्लैण्ड		कोई पदक नहीं		
1958	कार्डिफ	ब्रिटेन	35	9	इंग्लैण्ड	2	1		VIII
1962	पर्थ	ऑस्ट्रेलिया	35	9	ऑस्ट्रेलिया		भाग नहीं लिया		
1966	किंग्सटन	जमैका	34	9	इंग्लैण्ड	3	4	3	VIII
1970	एडिनबरा	स्कॉटलैण्ड	42	9	ऑस्ट्रेलिया	5	3	4	VI
1974	क्राइस्टचर्च	न्यूजीलैण्ड	38	9	ऑस्ट्रेलिया	4	8	3	VI
1978	एड्मन्टन	कनाडा	46	10	कनाडा	5	5	5	VI
1982	ब्रिसबेन	ऑस्ट्रेलिया	46	10	ऑस्ट्रेलिया	5	8	3	VI
1986	एडिनबरा	स्कॉटलैण्ड	26	10	इंग्लैण्ड		भाग नहीं लिया		
1990	ऑकलैण्ड	न्यूजीलैण्ड	55	10	ऑस्ट्रेलिया	13	8	11	V
1994	विक्टोरिया	कनाडा	63	10	ऑस्ट्रेलिया	6	11	7	VI
1998	कुआलालंपुर	मलेशिया	70	15	ऑस्ट्रेलिया	7	10	8	VII
2002	मैनचेस्टर	इंग्लैण्ड	72	17	ऑस्ट्रेलिया	30	22	17	IV
2006	मेलबर्न	ऑस्ट्रेलिया	71	16	ऑस्ट्रेलिया	22	17	11	IV
2010	नई दिल्ली	भारत	71	17	ऑस्ट्रेलिया	38	27	36	II
2014	ग्लासगो	स्कॉटलैण्ड	71	17	इंग्लैण्ड	15	30	19	V
2018	गोल्डकोस्ट	ऑस्ट्रेलिया	71	18	ऑस्ट्रेलिया	26	20	20	III
2022	बर्मिंघम	इंग्लैण्ड		-प्रस्तावित 27 जुलाई, 2022 - 7 अगस्त, 2022					

एशियाई खेल (Asian Games)

- **प्रथम एशियाई खेलों** का आयोजन कहाँ किया गया था?
  -नई दिल्ली (1951) **में**
- **एशियाई खेलों** का प्रतीक चिन्ह क्या है?
  -चमकता हुआ सूरज (सदैव आगे की ओर)

> **18वें एशियाई खेलों** के उद्घाटन समारोह में भारतीय दल का नेतृत्व ध्वज वाहक **नीरज चोपड़ा** (भाला फेंक) ने किया तथा समापन अवसर पर भारतीय दल का नेतृत्व ध्वज वाहक **रानी रामपाल** (महिला हॉकी टीम की कप्तान) ने किया।

- **18वें एशियाई खेलों** का आयोजन (18 अगस्त-2 सितम्बर) कहाँ किया गया? **-जकार्ता** (इण्डोनेशिया) **एवं पालेमबांग**
- **18वें एशियाई खेलों** का शुभंकर क्या है?
  -भिन-भिन (स्वर्ण चिड़िया), **काका** (एक सींग वाला गैंडा) **व अतुंग** (एक हिरण)।
- एशियाई खेलों में **स्वर्ण पदक** जीतने वाली **प्रथम भारतीय महिला पहलवान** कौन है? **-विनेश फोगाट**
- 2018 के एशियाई खेलों में किस खेल में पहली बार **वीडियो रेफरल प्रणाली** का प्रयोग किया गया? **-हॉकी** (Hockey)

> **18वें एशियाई खेलों** में **चीन** को **प्रथम स्थान** (132 स्वर्ण, 92 रजत, 65 कांस्य) तथा **भारत** को **8वाँ स्थान** (15 स्वर्ण, 24 रजत, 20 कांस्य) प्राप्त हुआ।

एशियाई खेलों में भारत को प्राप्त पदकों की संख्या

वर्ष	स्वर्ण	रजत	कांस्य	कुल	रैंक
1951	15	16	20	51	2
1954	4	4	5	13	4
1958	5	3	3	11	7
1962	10	13	11	34	4
1966	7	4	11	22	7
1970	6	9	10	25	4
1974	4	12	12	28	6
1978	11	11	6	28	7
1982	13	19	25	57	4
1986	5	9	23	37	4
1990	1	8	14	23	7
1994	11	9	97	57	5
1998	7	11	17	35	8
2002	10	12	13	35	9
2006	10	17	26	53	6
2010	11	10	36	57	6
2014	4	4	5	13	4
2018	15	24	30	69	8

18वें एशियाई खेलों की पदक तालिका में प्रथम दस देश

क्र.	देश	स्वर्ण	रजत	कांस्य	कुल
1.	चीन	132	92	65	289
2.	जापान	75	56	74	205
3.	द.कोरिया	49	58	70	177
4.	इंडोनेशिया	31	24	43	98
5.	उज्बेकिस्तान	21	24	25	70
6.	ईरान	20	20	22	62
7.	चीनी ताइपे	17	19	31	67
8.	भारत	15	24	30	69
9.	कज़ाखस्तान	15	17	44	76
10.	उत्तर कोरिया	12	12	13	37

19वें एशियाई खेलों का आयोजन वर्ष 2022 में चीन के हाँगझाऊ शहर में प्रस्तावित है।

- 15 वर्षीय निशानेबाज **शार्दूल विहान** डबल ट्रैप स्पर्द्धा में रजत पदक जीतकर एशियाई खेलों में भारत के लिए पदक जीतने वाले **सबसे कम उम्र** के खिलाड़ी बन गए।

18वें एशियाई खेलों में प्रमुख व्यक्तिगत स्पर्द्धाओं एवं टीम स्पर्द्धाओं के विजेता

	पुरुष		महिला	
स्पर्द्धा	स्वर्ण	रजत	स्वर्ण	रजत
100 मी. दौड़	एस.यू बिंगटियान (चीन)	टोसिन ओंगनडे (कतर)	इडिडोंग ओडियोंग (बहरीन)	दुतीचंद (भारत)
200 मी. दौड़	यूकी कोइके (जापान)	यंग चाऊ हान (चीन)	इडिडोंग ओडियोंग (बहरीन)	दुतीचंद (भारत)
400 मी. दौड़	अब्दलेलाह (कतर)	मोहम्मद अनस (भारत)	सल्वा नासिर (बहरीन)	हिमादास (भारत)
हॉकी	जापान	मलेशिया	जापान	भारत
फुटबॉल	दक्षिण कोरिया	जापान	जापान	चीन
कबड्डी	ईरान	दक्षिण कोरिया	ईरान	भारत

एशियाई खेलों में शामिल राष्ट्र व खेल

क्र.	वर्ष	आयोजन स्थल	देश	खेलों की संख्या
1.	1951	नई दिल्ली	11	6
2.	1954	मनीला	18	8
3.	1958	टोकियो	16	13
4.	1962	जकार्ता	12	13
5.	1966	बैंकाक	16	14
6.	1970	बैंकाक	16	13
7.	1974	तेहरान	19	16
8.	1978	बैंकाक	19	19
9.	1982	नई दिल्ली	23	21
10.	1986	सिओल	22	25
11.	1990	बीजिंग	36	27
12.	1994	हिरोशिमा	42	34
13.	1998	बैंकाक	41	36
14.	2002	बुसान	44	38
15.	2006	दोहा	45	39
16.	2010	गुआंगझू	45	42
17.	2014	इचियोन	45	36
18.	2018	जकार्ता (इण्डोनेशिया)	45	40
19.	2022	हांगझोऊ (चीन)	–प्रस्तावित	
20.	2026	नगोया (जापान)	–प्रस्तावित	

कुछ महत्वपूर्ण खेल एवं उनसे संम्बधित जानकारी

क्रिकेट (Cricket)

- **क्रिकेट** की शुरुआत सर्वप्रथम **इंग्लैण्ड** में हुई। विश्व का पहला क्रिकेट क्लब **वर्ष 1760** के दशक में **हैम्बल्डन** में बनाया गया।
- पहला टेस्ट मैच **वर्ष 1877** में **इंग्लैण्ड** एवं **ऑस्ट्रेलिया** के मध्य **मेलबर्न** में खेला गया। **प्रथम एक दिवसीय** (वन-डे) मैच भी वर्ष **1971** में इंग्लैण्ड एवं ऑस्ट्रेलिया के मध्य मेलबर्न में खेला गया।
- क्रिकेट की सर्वोच्च नियामक संस्था अंतर्राष्ट्रीय क्रिकेट परिषद् (ICC) है, इसका मुख्यालय **दुबई** (UAE) में स्थित है। वर्तमान में इसके अध्यक्ष **ग्रेग बार्कले** हैं। भारत के संदर्भ में सर्वोच्च नियामक संस्था **Board of Control for Cricket in India** (BCCI) है। वर्तमान में BCCI के अध्यक्ष पूर्व भारतीय क्रिकेटर **सौरभ गांगुली** हैं।
- भारत ने अपना **पहला** अंतर्राष्ट्रीय मैच **वर्ष 1932** में **इंग्लैण्ड** के विरुद्ध खेला था। भारत ने अपना प्रथम एक दिवसीय अंतर्राष्ट्रीय मैच **वर्ष 1974** में इंग्लैण्ड के विरुद्ध खेला था।
- प्रथम डे-नाइट टेस्ट मैच का आयोजन **27 नवंबर, 2015** को ऑस्ट्रेलिया तथा न्यूजीलैण्ड के मध्य **एडीलेड** में किया गया। **22 नवम्बर, 2019** को भारत एवं बांग्लादेश के मध्य **ईडन गार्डन** (कोलकत्ता) में **डे-नाइट टेस्ट मैच** खेला गया।

परिमाप

- **पिच की लंबाई** - 22 गज (20.12 मीटर)
- **गेंद का भार-** 155.9-163 ग्राम
- **बल्ले की लंबाई-** 96.52 सेमी (38 इंच) अधिकतम
- **स्टंप की लंबाई-** 71.12 सेमी.
- **खिलाड़ियों की संख्या-** 11 (प्रत्येक टीम में)

क्रिकेट शब्दावली

• चाइना मैन • शॉट पिच • एशेज • विकेट कीपर • फील्डर • एल. बी.एब्ल्यू. • रबर • बेल्स • डेड बॉल • स्विंग • फाइन लेग • हिट विकेट • मेडन • स्कवायर लेग • स्विंग कवर • स्ट्रोक • मिड ऑन • मिड विकेट • ऑफ स्पिनर • बैट्समैन • बॉलर • लाँग ऑफ • थर्ड मैन • लाँग ऑन • सिली प्वाइंट • कवर प्वाइंट • राउंड द विकेट • स्लिप • हुक • रन लाउट • कैच • गली • ओवर थ्रो • लेग स्पिनर • वाइड • फ्री हिट • डकवर्थ लुइस • सुपर ओवर • फॉलोआन।

प्रमुख क्रिकेट स्टेडियम

चिदम्बराम स्टेडियम (चेन्नई), **ईडन गार्डन** (कोलकत्ता), **चिन्नास्वामी स्टेडियम** (बंगलुरु), **अरुण जेटली स्टेडियम** (दिल्ली), **बाराबती स्टेडियम** (कटक), **राजीव गाँधी इण्टरनेशनल क्रिकेट स्टेडियम** (हैदराबाद), **नरेन्द्र मोदी स्टेडियम, अहमदाबाद** (भारत एवं विश्व का सबसे बड़ा दर्शक की क्षमता वाला स्टेडियम)।

ICC क्रिकेट विश्वकप

वर्ष	आयोजक देश	विजेता	उपविजेता
1975	इंग्लैण्ड	वेस्टइंडीज	ऑस्ट्रेलिया
1979	इंग्लैण्ड	वेस्टइंडीज	इंग्लैण्ड
1983	इंग्लैण्ड	भारत	वेस्टइंडीज
1987	भारत एवं पाकिस्तान	ऑस्ट्रेलिया	इंग्लैण्ड
1992	ऑस्ट्रेलिया एवं न्यूजीलैण्ड	पाकिस्तान	इंग्लैण्ड
1996	भारत, श्रीलंका, पाकिस्तान	श्रीलंका	ऑस्ट्रेलिया
1999	इंग्लैण्ड	ऑस्ट्रेलिया	पाकिस्तान
2003	द.अफ्रीका, जिम्बाम्बे, केन्या	ऑस्ट्रेलिया	भारत
2007	वेस्टइंडीज	ऑस्ट्रेलिया	श्रीलंका
2011	भारत, श्रीलंका, बांग्लादेश	भारत	श्रीलंका
2015	ऑस्ट्रेलिया एवं न्यूजीलैण्ड	ऑस्ट्रेलिया	न्यूजीलैण्ड
2019	इंग्लैण्ड	इंग्लैण्ड	न्यूजीलैण्ड
2023	भारत	- प्रस्तावित	

ICC T20 विश्वकप

वर्ष	आयोजक देश	विजेता	उपविजेता
2007	द. अफ्रीका	भारत	पाकिस्तान
2009	इंग्लैण्ड	पाकिस्तान	श्रीलंका
2010	वेस्टइंडीज	इंग्लैण्ड	ऑस्ट्रेलिया
2012	श्रीलंका	वेस्टइंडीज	श्रीलंका
2014	बांग्लादेश	श्रीलंका	भारत
2016	भारत	वेस्टइंडीज	इंग्लैण्ड
2021	भारत (यू.ए.ई., ओमान)	ऑस्ट्रेलिया	न्यूजीलैण्ड
2022	ऑस्ट्रेलिया	प्रस्तावित	

इंडियन प्रीमियर लीग (IPL)

IPL संस्करण	विजेता	उपविजेता
पहला-2008	राजस्थान रॉयल्स	चेन्नई सुपर किंग्स
दूसरा-2009	डेक्कन चार्जर्स हैदराबाद	रॉयल चैलेंजर्स बंगलुरू
तीसरा-2010	चेन्नई सुपर किंग्स	मुंबई इण्डियंस
चौथा-2011	चेन्नई सुपर किंग्स	रॉयल चैलेंजर्स बैंगलोर
पाँचवाँ-2012	कोलकाता नाइट राइडर्स	चेन्नई सुपर किंग्स
छठा-2013	मुंबई इण्डियंस	चेन्नई सुपर किंग्स
सातवाँ-2014	कोलकाता नाइट राइडर्स	किंग्स XI पंजाब
आठवाँ-2015	मुंबई इण्डियंस	चेन्नई सुपर किंग्स
नवाँ-2016	सन राइजर्स हैदराबाद	रायल चैलेंजर्स बैंगलोर
दसवाँ-2017	मुम्बई इण्डियंस	पुणे वार्यस
ग्यारहवाँ-2018	चेन्नई सुपर किंग्स	सनराइजर्स हैदराबाद
बारहवाँ-2019	मुम्बई इण्डियंस	चेन्नई सुपर किंग्स
तेरहवाँ-2020	मुम्बई इण्डियंस	दिल्ली डेयर डेविल्स
चौदहवाँ-2021	चेन्नई सुपर किंग्स	कोलकाता नाइट राइडस
पंद्रहवाँ-2022	गुजरात टाइटन्स	राजस्थान रॉयल्स

हॉकी (Hockey)

- **7 जनवरी, 1924** को स्थापित **अंतर्राष्ट्रीय हॉकी महासंघ** (Federation of International Hockey) हॉकी की सर्वोच्च नियामक संस्था है। इसका मुख्यालय **लुसाने** (स्वीट्ज़रलैण्ड) में है।
- हॉकी का पहला अंतर्राष्ट्रीय मैच **वेल्स** एवं **आयरलैण्ड** के मध्य **वर्ष 1895** में खेला गया। हॉकी का पहला विश्वकप **वर्ष 1971** में **बार्सिलोना** (स्पेन) में आयोजित किया गया, जिसका विजेता **पाकिस्तान** था।

हॉकी: महत्वपूर्ण तथ्य	खेल शब्दावली
मैदान की लम्बाई- 91.4 मी. मैदान की चौड़ाई- 55 मी. गेंद का वजन 155-163 ग्राम खिलाड़ियों की संख्या- 11 मैच की अवधि- 60 मिनट	• सिटक • पेनाल्टी स्ट्रोक • मैदान साइड लाइन • ट्राई ब्रेकर, पेनाल्टी • अडरकटिंग • वुली • सेंटर फॉरवर्ड • रालऑन पुश इन • शूटिंग स्कूप • मिनट हाफवॉली • कार्नर इत्यादि।

हॉकी विश्वकप (Hockey World Cup)

वर्ष	आयोजक देश	विजेता	उपविजेता	भारत की स्थिति
1971	बर्सीलोना (स्पेन)	पाकिस्तान	स्पेन	तीसरा
1973	नीदरलैण्ड्स	नीदरलैण्ड्स	भारत	दूसरा
1975	मलेशिया	भारत	पाकिस्तान	प्रथम
1978	ब्यूनस आयर्स (अर्जेन्टीना)	पाकिस्तान	नीदरलैण्ड	छठा
1982	बॉम्बे (भारत)	पाकिस्तान	प. जर्मनी	पाँचवाँ
1986	लन्दन (इंलैण्ड)	ऑस्ट्रेलिया	इग्लैण्ड	बारहवाँ
1990	लाहौर (पाकिस्तान)	नीदरलैण्ड्स	पाकिस्तान	दसवाँ
1994	सिडनी (ऑस्ट्रेलिया)	पाकिस्तान	नीदरलैण्ड	पाँचवाँ
1998	यूटरेक्ट (नीदरलैण्ड्स)	नीदरलैण्ड	स्पेन	नौवाँ
2002	मलेशिया	जर्मनी	ऑस्ट्रेलिया	दसवाँ
2006	जर्मनी	जर्मनी	ऑस्ट्रेलिया	ग्यारहवाँ
2010	नई दिल्ली (भारत)	ऑस्ट्रेलिया	जर्मनी	आठवाँ
2014	नीदरलैण्ड्स	ऑस्ट्रेलिया	नीदरलैण्ड्स	नौवाँ
2018	भुवनेश्वर (भारत)	बेल्जियम	हॉलैण्ड	छठा
2022	फिनलैण्ड	प्रस्तावित		

हॉकी इण्डिया लीग (Hockey India League)

वर्ष	विजेता	उपविजेता
2013	राँची	दिल्ली
2014	दिल्ली	पंजाब
2015	राँची	पंजाब
2016	पंजाब	कलिंगा
2017	कलिंगा	दबंग मुम्बई

फुटबॉल (Football)

- फुटबॉल खेल का जन्मदाता **इंग्लैण्ड** को माना जाता है। यही पर **शेफील्ड फुटबॉल क्लब** नामक पहला फुटबॉल क्लब का गठन हुआ था तथा भारत में **मोहन बागान फुटबॉल क्लब** की स्थापना **15 अगस्त, 1889** को **कोलकाता** में की गयी।
- **वर्ष 1904** में स्थापित **फेडरेशन इंटरनेशनल डि फुटबॉल एसोसिएशन** (FIFA) फुटबॉल की सर्वोच्च नियामक संस्था है। इसका मुख्यालय **ज्यूरिख** (स्विट्ज़रलैण्ड) में है।
- फुटबॉल विश्वकप को **फीफा** कप के नाम से भी जाना जाता है। इसका प्रथम आयोजन **वर्ष 1930** में उरुग्वे में किया गया जिसका प्रथम विजेता उरुग्वे ही बना।
- **21वें फीफा विश्व कप** का आयोजन **वर्ष 2018** में **रूस** में किया गया। इस फीफा कप को **फ्राँस** ने **क्रोएशिया** को हराकर जीत दर्ज की। ब्राजील ने सर्वाधिक **5 बार** विश्व कप जीता है।

परिमाप	खेल शब्दावली
• मैदान की लम्बाई: 91-120 मी. • मैदान की चौड़ाई: 45-91 मी. • गेंद का वजन: 396-453 ग्राम • खेल की अवधि- 90 मिनट	• फुल बैक • हाफ बैक • स्ट्राइकर • सेन्टर • पेनाल्टी किक • फ्री कक • रैफ्री • टाई ब्रेकर, • हैट हैंडबॉल

पुरुष फुटबॉल विश्व कप

वर्ष	आयोजन स्थल	विजेता	उपविजेता
1930	उरुग्वे	उरुग्वे	अर्जेंटीना
1934	इटली	इटली	चेकोस्लोवाकिया
1938	फ्राँस	इटली	हंगरी
1950	ब्राजील	उरुग्वे	ब्राजील
1958	स्वीडन	ब्राजील	स्वीडन
1962	चिली	ब्राजील	चेकोस्लोवाकिया
1966	इंग्लैण्ड	इंग्लैण्ड	पश्चिमी जर्मनी
1970	मेक्सिको	ब्राजील	इटली
1974	पश्चिम जर्मनी	पश्चिम जर्मनी	हॉलैण्ड
1978	अर्जेंटीना	अर्जेंटीना	हॉलैण्ड
1982	स्पेन	इटली	पश्चिम जर्मनी
1986	मेक्सिको	अर्जेंटीना	पश्चिम जर्मनी
1990	इटली	पश्चिम जर्मनी	अर्जेंटीना
1994	यूएसए	ब्राजील	इटली
1998	फ्राँस	फ्राँस	ब्राजील
2002	जापान, द. कोरिया	ब्राजील	जर्मनी
2006	जर्मनी	इटली	फ्राँस
2010	द. अफ्रीका	स्पेन	हॉलैण्ड
2014	ब्राजील	जर्मनी	अर्जेंटीना
2018	रूस	फ्राँस	क्रोएशिया
2022	कतर	प्रस्तावित	

वॉलीबॉल (Volleyball)

- वॉलीबॉल जन्मदाता **अमेरिका** को माना जाता है। इस खेल को **विलियम जी.मॉर्गल** द्वारा वर्ष **1825** में शुरू किया गया।
- बॉलीबॉल की सर्वोच्च संस्था **इंटरनेशनल वॉलीबॉल फेडरेशन** (FIVB) है। जिसका मुख्यालय **लुसाने** (स्वीट्जरलैण्ड) में स्थित है। **वर्ष 1977** में वॉलीबॉल के प्रथम विश्वकप का आयोजन **पोलैंड** में किया गया। वॉलीबॉल की प्रत्येक टीम में खिलाड़ियों की **संख्या 6** होती है।

शब्दावली
• नेट फॉल्ट • रोटेशन • ब्लॉकिंग • वॉलीपास • सर्विस हुक सेट • अप रैफ्री • स्मैश • स्मैश (स्पाइक) • एरियल • स्विच • डिवच • डिगपास • लव • फ्लोटर • फोरआर्म पास।

टेबल टेनिस (Table Tennis)

- टेबल टेनिस का जन्मदाता **इंग्लैण्ड** को माना जाता है इस खेल को **पींग-पोंग** भी कहा जाता है।
- टेबल टेनिस की नियामक संस्था पींग-पोंग एसोसिएशन का गठन **वर्ष 1921** में किया गया था **वर्ष 1926** में इसका नाम बदलकर **इंटरनेशनल टेबल टेनिस फेडरेशन** (ITTF) कर दिया गया। ITTF का मुख्यालय **लुसाने** (स्विट्जरलैण्ड)में स्थित है।

शब्दावली
• पेनहोल्ड ग्रिप • बैक स्पिन • सेंटर • लाइन रैली • लेट • रिवर्स • सर्विस फाउल • चाइनीज ग्रिप • टॉप स्पिन •पुश शॉट • साइड स्पिन

बैडमिंटन (Badminton)

- बैडमिंटन की सर्वोच्च नियामक संस्था **इंटरनेशनल बैडमिंटन फेडरेशन** है। (वर्ष 1934 में स्थापित) इसका मुख्यालय **कुआलालंपुर** (मलेशिया) में स्थित है। विश्व बैडमिंटन चैम्पियनशिप की शुरूआत **वर्ष 1977** में की गई थी।

शब्दावली
• स्मैश • लव लेट • लॉन्ग सर्विस • कोर्ट • नेट फॉल्ट • डबल फॉल्ट • लव ऑल • डबल फॉल्ट • हाई • क्रॉस कोर्ट नेट शॉट • सर्विस • ब्रेक • ड्यूश • सेट प्वाइट • मैच प्वाइंट • सर्विस चेंज

लॉन टेनिस (Lawn Tennis)

- आधुनिक **लॉन टेनिस** खेल का विकास **इंग्लैण्ड** में हुआ था। इसकी सर्वोच्च नियामक **संस्था इंटरनेशनल टेनिस फेडरेशन** (ITF) है, जिसका मुख्यालय **लंदन** में स्थित है।
- टेनिस से सम्बंधित **चार** प्रतियोगिताओं को सम्मिलित रूप से **ग्रैंड स्लैम** के नाम से जाना जाता है।
- **शब्दावली**-सर्विस, ग्रैंड स्लैम, बैंक हैंड ड्राइव, वाली, हाफ वॉली, लेट, फॉल्ट, टाईब्रेकर, लव, चेंज, सेट, स्मैश, ड्यूश, इन, आउट।

ग्रैंड स्लैम	आयोजन समय	कोर्ट	आयोजक देश
ऑस्ट्रेलियन ओपन	जनवरी	हॉर्ड कोर्ट	ऑस्ट्रेलिया
फ्रेंच ओपन	मई-जून	क्ले कोर्ट	फ्रांस
विंबलडन	जून-जुलाई	ग्रास कोर्ट	इंग्लैण्ड
यूएस ओपन	अगस्त-सितंबर	हॉर्ड कोर्ट	यू.एस.ए.

ग्रैंड स्लैम-2021-22

ग्रेड स्लैम	पुरुष एकल		महिला एकल	
	विजेता	उपविजेता	विजेता	उपविजेता
आस्ट्रेलिया ओपन, 2022	राफेल नडाल (स्पेन)	डेनियल मेदवेदेव (रूस)	नाओमी ओसाका (जापान)	जेनिफर ब्रैडी (यूएस)
फ्रेंच ओपन, 2022	राफेल नडाल (स्पेन)	कैस्पर रुड (नॉर्वे)	ईगा स्वाटेक (पोलैण्ड)	कोको गौफ (अमेरिका)
यूएस ओपन, 2021	डेनियल मेदवेदेव (रूस)	नोवाक जोकोविच (सर्विया)	एम्मा राडुकानु (ब्रिटिन)	लेला एनी फर्नांडिज (कनाडा)
विम्बलडन ओपन, 2021	नोवाक जोकोविच (सर्बिया)	मेटेया बेरिरिमी (इटली)	एशले बार्टी (आस्ट्रेलिया)	करोलिना प्लिसकोवा (चेक गणराज्य)

गोल्फ (Golf)

- **गोल्फ** की शुरूआत **स्कॉटलैण्ड** से हुई थी। पुरुष वर्ग में गोल्फ के चार **ग्रैंड स्लैम** होते हैं- मास्टर्स ओपन, **यूनाइटेड स्टेट्स ओपन**, **ब्रिटिश ओपन** एवं **प्रोफेशनल गोल्फर्स एसोसिएशन ऑफ अमेरिका** चैंपियनशिप।

शब्दावली
• कोर्स • पुट हॉल • बागी • पुटिंग • दि ग्रीन • फोरसम • स्टाइमी टी • निवालिक • कैडी • लिम्स • आयरन • बंकर • लाई • पोस्टर। वह समतल भूमि जहाँ से पहला शॉट लगाया जाता है उसे **टी** कहते हैं।

कबड्डी (Kabaddi)

- भारत में कबड्डी को कई नामों से जाना जाता है। उत्तर भारत में **कबड्डी**, दक्षिण भारत में **चेड्गडू** एवं पूर्वी भारत में **हाडूडू**। इसमें प्रत्येक टीम में खिलाडियों की संख्या **7** होती है।

शब्दावली
• मार्च • लाइन • कैट बॉकलाइन रेडर • लॉबी

कुश्ती (Wrestling)

- इसकी सर्वोच्च अंतर्राष्ट्रीय नियामक संस्था **यूनाइटेड वर्ल्ड रेसलिंग** है। इसका मुख्यालय **लुसाने** (स्विट्जरलैण्ड) में स्थित है। जिसे प्रारम्भ करने करने का श्रेय **थेसस** को दिया जाता है।

शब्दावली	प्रमुख खिलाड़ी
पुल, चित, सडेन डेथ, हीव हॉफ नेल्सन, क्रैडल, नेल्सन, टाइमकीपर, फाउल, काशन, वार्निंग, डॉगफॉल, फॉलबैक।	करीम बक्श, दारा सिंह, साक्षी मलिक, योगेश्वर दत्त, सुशील कुमार

शतरंज (Chess)

- शतरंज का जनक **भारत** को माना जाता है। **द फेडरेशन इंटरनेशनल डे एथेस** (FIDE) शतरंज की सर्वोच्च नियामक संस्था है। इसका मुख्यालय **एथेंस** (ग्रीस) में है। चेस बोर्ड को **चेकर बोर्ड** भी कहा जाता है, इसमें कुल **64 वर्ग** बने होते हैं।

पोलो (Polo)

- पोलो खेल की जन्मभूमि **फारस** (ईरान) को माना जाता है। इसकी सर्वोच्च नियामक संस्था **फेडरेशन इंटरनेशनल डि नैटेशन एमेच्यौर** (FINA) है। इस खेल में प्रत्येक टीम के **चार-चार** खिलाड़ी भाग लेते है।

वाटर पोलो (Water Polo)

- इस खेल की शुरुआत सर्वप्रथम **इंग्लैण्ड** में हुई थी। इसकी सर्वोच्च नियामक संस्था **फेडरेशन इंटरनेशनल डि नेशन एमेच्यौर** (FINA) है, जिसका मुख्यालय **लुसाने** (स्विट्जरलैण्ड) में है। प्रत्येक टीम में **13-13** खिलाड़ी होते हैं, जिनमें से **7** (6 खिलाड़ी एवं 1 गोलकीपर) पूल में हैं तथा **6** स्थानापन्न होते हैं।

एथलेटिक्स (Athletics)

- इसकी सर्वोच्च संस्था **इंटरनेशनल एसोसिएशन ऑफ एथलेटिक्स** (IAAF) है। इसकी स्थापना **वर्ष 1912** में हुई। **IAAF** प्रत्येक 4 वर्षों में विश्व चैम्पियनशिप का आयोजन करती है। इसका मुख्यालय **मोनाको** (मोंटे कार्लो) में स्थित है।
- एथलेटिक्स के अन्तर्गत **हेप्टाथलोन**, **डेकाथलोन**, **स्टीप्लचेस शॉटपुट**, **डिस्क्स थ्रो**, **पोल वॉल्ट** आदि खेल सम्मलित हैं।

प्रमुख देशों के राष्ट्रीय खेल

देश	खेल	देश	खेल
• कनाडा	आइस-हॉकी	• स्पेन	सांड़-युद्ध
• ब्राजील	फुटबॉल	• ऑस्ट्रेलिया	क्रिकेट
• इंडोनेशिया	बैडमिंटन	• नेपाल	वॉलीबॉल
• चीन	टेबल टेनिस	• यूएसए	बेसबॉल
• इंग्लैण्ड	क्रिकेट	• फ्रांस	फुटबॉल
• पाकिस्तान	हॉकी	• जापान	जूडो
• रूस	फुटबॉल, शतरंज	• मलेशिया	बैडमिंटन
• बांग्लादेश	कबड्डी	• स्कॉटलैण्ड	रग्बी फुटबॉल
• भूटान	तीरंदाजी	• श्रीलंका	वॉलीबॉल

खिलाड़ियों के उपनाम

खिलाड़ी	उपनाम
• मेजर ध्यानचंद	हॉकी के जादूगर
• पी.टी. उषा	उड़नपरी/पायोली एक्सप्रेस
• मिल्खा सिंह	फ्लाइंग सिक्ख
• शोएब अख्तर	रावलपिंडी एक्सप्रेस
• माइकल फेल्प्स	फ्लाइंग फिश
• मैरी कॉम	सुपर मॉम
• लिएंडर पेस	पाकेर डायनमो
• सौरव गांगुली	बंगाल टाइगर
• विश्वनाथन आनंद	टाइगर ऑफ मद्रास
• राहुल द्रविड़	द वॉल
• हरभजन सिंह	टर्बिनेटर
• इयान थोर्पे	तारपीडो
• पेस एवं भूपति	इंडियन एक्सप्रेस
• पेले	ब्लैक पर्ल
• आन्द्रे अगासी	डेनिस द मीनोस

भारत एवं विश्व के प्रमुख खेल मैदान

खेल मैदान	शहर/देश
• जे.एल. नेहरू स्टेडियम (एथलेटिक्स)	दिल्ली
• शिवाजी स्टेडियम (हॉकी)	दिल्ली
• विवेकानन्द युवा भारती (फुटबॉल)	कोलकात्ता
• ब्रेबोर्न स्टेडियम (क्रिकेट)	मुम्बई
• इप्सम डाउंस रेसकोर्स (डर्बी रेस)	ब्रिटेन
• लाड्र्स ओवल, लीड्स (क्रिकेट)	ब्रिटेन
• हरलिंगटन (पोलो)	इंग्लैण्ड
• बुकलिन (बेस बॉल)	न्यूयॉर्क
• पर्थ, ब्रिस्बेन, मेलबर्न (क्रिकेट)	ऑस्ट्रेलिया
• पटनी मार्ट लेक (नौका दौर)	इंग्लैण्ड
• हेडिंग्ले मैनचेस्टर (क्रिकेट)	ब्रिटेन
• ब्लैक हीथ (रग्वी फुटबॉल)	लंदन
• वेम्बले स्टेडियम (फुटबॉल)	लंदन
• ट्वइसकेन्हैम TWICKENHAM (रग्वी फुटबॉल)	अमेरिका
• ट्रेंट ब्रिज (क्रिकेट)	इंग्लैण्ड
• ह्वाइट सिटी (कुत्तो की दौड़)	इंग्लैण्ड
• यांकी स्टेडियम (बेसवॉल)	न्यूयॉर्क
• फॉरस्ट हिल (टेनिस)	न्यूयॉर्क

विभिन्न खेलों के खेल-परिसरों के नाम

परिसर	सम्बंधित खेल
डायमण्ड	बेसबॉल
कोर्स	गोल्फ
मैट	जुडो-कराटे, ताइक्वांडो
वेलोड्रम	साइकिलिंग
ट्रैक	एथलेटिक्स
रेंज	निशानेबाजी, तीरंदाजी
कोर्ट	टेनिस, बैडमिंटन, टेबन टेनिस, नेटबॉल, खो-खो, स्कैवैश, कबड्डी, हैंडबॉल वॉलीबॉल

परिसर	सम्बंधित खेल
रिंग	स्कोटिंग, मुक्केबाजी
पूल	तैराकी
बेली	ब्राउलिंग
एरीना	घुड़सवारी
फील्ड	पोलो, फुटबॉल, हॉकी
पिच	क्रिकेट, रग्बी
रिंक	आइस हॉकी
ग्रीन्स	बाउल्स

खेलों से सम्बंधित पुरस्कार

पुरस्कार का नाम	स्थापना वर्ष	राशि	विशेष तथ्य
• राजीव गांधी खेल रत्न पुरस्कार (**वर्तमान नाम** – मेजर ध्यानचंद खेल रत्न पुरस्कार)	1991-92	25 लाख	भारत में यह खेल के क्षेत्र का सर्वोच्च पुरस्कार है। यह किसी खिलाड़ी को उसके द्वारा पिछले **चार** वर्षों में बेहतरीन प्रदर्शन के लिए दिया जाता है। प्रथम पुरस्कार **विश्वनाथन आनंद** (शतरंज) को प्राप्त हुआ था।
• द्रोणाचार्य पुरस्कार	1985	10 लाख एवं 15 लाख	यह प्रशिक्षक (कोच) को मिलने वाला **सर्वोच्च पुरस्कार** है। यह वर्ष में अधिकतम **5 लोगों** को दिया जाता है।
• अर्जुन पुरस्कार	1961	5 लाख	यह पिछले **चार वर्षों** में बेहतरीन प्रदर्शन के लिए दिया जाता है। सामान्यत: यह वर्ष में केवल **15 खिलाड़ियों** को दिया जाता है।
• ध्यानचंद पुरस्कार	2002	15 लाख	यह पुरस्कार उन खिलाड़ियों को प्रदान किया जाता है। जिन्होंने अपने खेल में **उत्कृष्ट प्रदर्शन** करने के साथ-साथ संन्यास लेने के बाद भी खेल के क्षेत्र में योगदान दिया हो।
• मौलाना अबुल कलाम आजाद ट्राफी	1956-57	10 लाख-I 5 लाख-II 3 लाख-III	यह अंतर विश्वविद्यालय टूर्नामेंट में सर्वश्रेष्ठ प्रदर्शन करने वाले विश्व विद्यालयों को प्रदान किया जाता है।

मेजर ध्यानचंद खेल रत्न पुरस्कार (राजीव गांधी खेल रत्न) 2021

1. **नीरज चोपड़ा** (एथलेटिक्स) 2. **रवि कुमार** (कुश्ती) 3. **लवलीना बोरगोहेन** (मुक्केबाजी) 4. **पीआर श्रीजेश** (हॉकी) 5. **अवनि लेखरा** (पैरा-शूटिंग) 6. **सुमित अंतिल** (पैरा-एथलेटिक्स) 7. **प्रमोद भगत** (पैरा-बैडमिंटन) 8. **कृष्णा नागर** (पैरा-बैडमिंटन) 9. **मनीष नरवाल** (पैरा-शूटिंग) 10. **मिताली राज** (क्रिकेट) 11. **सुनील छेत्री** (फुटबॉल) 12. **मनप्रीत सिंह** (हॉकी)

द्रोणाचार्य पुरस्कार, 2021 (नियमित श्रेणी-10 लाख)

1. **राधाकृष्णन नायर पी.** (एथलेटिक्स) 2. **संध्या गुरुंग** (बॉक्सिंग) 3. **प्रीतम सिवाच** (हॉकी) 4. **जय प्रकाश नौटियाल** (पैरा-शूटिंग) 5. **सुब्रमण्यम रमन** (टेबल टेनिस)।

द्रोणाचार्य पुरस्कार, 2021 (आजीवन श्रेणी-15 लाख)

1. **टी. पी. औसेफ** (एथलेक्टिस) 2. **सरकार तलवार** (क्रिकेट) 3. **सरपाल सिंह** (हॉकी) 4. **आशान कुमार** (कबड्डी) 5. **तपन कुमार पाणिग्रही** (तैराकी)।

ध्यानचंद पुरस्कार, 2021

1. **लेखा केसी** (बॉक्सिंग) 2. **अभिजीत कुंते** (शतरंज) 3. **दविंदर सिंह गरचा** (हॉकी) 4. **विकास कुमार** (कबड्डी) 5. **सज्जन सिंह** (कुश्ती)।

राष्ट्रीय खेल प्रोत्साहन पुरस्कार, 2021

नवोदित और युवा प्रतिभा की पहचान और पोषण मानव रचना शैक्षणिक संस्थान।

कॉरपोरेट सामाजिक उत्तरदायित्व के माध्यम से खेलों को प्रोत्साहन-इंडियन ऑयल कॉपोरेशन लिमिटेड

अर्जुन पुरस्कार, 2021

खिलाड़ी	खेल	खिलाड़ी	खेल	खिलाड़ी	खेल
• अरपिंदर सिंह	एथलेटिक्स	• दीपक पूनिया	कुश्ती	• विवेक सागर प्रसाद	हॉकी
• सिमरनजीत कौर	मुक्केबाजी	• दिलप्रीत सिंह	हॉकी	• गुरजंत सिंह	हॉकी
• शिखर धवन	क्रिकेट	• हरमनप्रीत सिंह	हॉकी	• मनदीप सिंह	हॉकी
• भवानी देवी	तलवारबाजी	• रुपिंदर पाल सिंह	हॉकी	• शमशेर सिंह	हॉकी
• मोनिका	हॉकी	• सुरेंद्र कुमार	हॉकी	• ललित कुमार	हॉकी
• वंदना कटारिया	हॉकी	• अमित रोहिदास	हॉकी	• वरुण कुमार	हॉकी
• संदीप नरवाल	कबड्डी	• बीरेंद्र लाकड़ा	हॉकी	• सिमरनजीत सिंह	हॉकी
• हिमानी उत्त्म परब	मल्लखंब	• सुमित	हॉकी	• योगेश कथूनिया	पैरा-एथलेटिक्स
• अभिषेक वर्मा	निशानेबाजी	• नीलकांत शर्मा	हॉकी	• निषाद कुमार	पैरा-एथलेटिक्स
• अंकिता रैना	टेनिस	• हार्दिक सिंह	हॉकी	• प्रवीण कुमार	पैरा-एथलेटिक्स
• सुहाश यतिराज	पैरा-बैडमिंटन	• सिंहराज अघाना	पैरा-निशानेबाजी	• भाविना पटेल	पैरा-टेबल टेनिस
• हरविंदर सिंह	पैरा-तीरंदाजी	• शरद कुमार	पैरा-एथलेटिक्स		

प्रमुख ट्रॉफियाँ/कप एवं उनसे सम्बन्धित खेल

ट्रॉफी	खेल	ट्रॉफी	खेल
• मेयर्स कप	मुक्केबाजी	• सी. मुनिस्वामी	बॉस्केटबॉल
• रोवर्स कप	फुटबॉल	• विम्बलडन ट्रॉफी	टेनिस
• विलियम टॉड	बॉस्केट बॉल	• मोईन-उद्दौला गोल्ड	क्रिकेट
• रेनेफ्रांक ट्रॉफी	हॉकी	• वर्द्धमान कप	वेट लिफ्टिंग
• डूरण्ड कप	फुटबॉल	• कोलम्बो कप	फुटबॉल
• संतोष ट्रांफी	फुटबॉल	• कूचबिहार कप	क्रिकेट
• सुब्रतो कप	फुटबॉल	• फीफा कप	फुटबॉल
• आशुतोष शील्ड	फुटबॉल	• दिलीप ट्रॉफी	क्रिकेट
• बी. सी. राय कप	फुटबॉल	• आगा खाँ कप	हॉकी
• रणजी ट्रॉफी	क्रिकेट	• ध्यानचंद ट्रॉफी	हॉकी
• ईरानी ट्रॉफी	क्रिकेट	• रंगास्वामी कप	हॉकी
• बंगलुरू ब्लूस चैलेंज	बास्केट बॉल	• मरडेका ट्रॉफी	फुटबॉल
• डेविस कप	टेनिस	• वेलिंगटन ट्रॉफी	नौका दौड़
• डर्बी कप	घुड़दौड़	• हॉपमैन कप	टेनिस
• कनाडा कप	गोल्फ	• फ्रेंच ओपन	टेनिस
• थॉमस कप	बैडमिन्टन	• ऑस्ट्रेलियन ओपन	टेनिस
• उबेर कप	बैडमिन्टन	• यू. एस. ओपन	टेनिस
• स्वैथलिंग कप	टेबल टेनिस	• फिडे चैम्पियनशिप	शतरंज
• विजय हजारे ट्रॉफी	क्रिकेट	• अजलान शाह कप	हॉकी
		• फेडरेशन कप	कबड्डी

खेलों में प्रत्येक पक्ष के खिलाड़ियों की संख्या

खेल	खिलाड़ी	खेल	खिलाड़ी
बास्केट बॉल	5	बैडमिंटन	1 या 2
जिमनास्टिक	8	कबड्डी	7
वॉलीबॉल	6	वाटरपोलो	7
हॉकी	11	टेबल टेनिस	1 या 2
रग्बी फुटबॉल	15	क्रिकेट	11
लॉन टेनिस	1 या 2	खो-खो	9
फुटबॉल	11	बेसबॉल	9

आगामी खेल आयोजन

क्रिकेट (Cricket)

- 8वाँ T-20 महिला विश्वकप (2022) **दक्षिण अफ्रीका**
- 8वाँ पुरुष ICC T-20 विश्वकप (2022) **ऑस्ट्रेलिया**
- 9वाँ पुरुष ICC T-20 विश्वकप (2024) **अमेरिका और वेस्टइंडीज**
- 12वाँ महिला ICC एकदिवसीय क्रिकेट विश्वकप(2022) **न्यूजीलैण्ड**
- 13वाँ पुरुष ICC एक दिवसीय क्रिकेट विश्वकप (2023) **भारत**
- 14वाँ पुरुष ICC एक दिवसीय क्रिकेट विश्वकप (2027) **दक्षिण अफ्रीका**

हॉकी (Hockey)

- 15वाँ पुरुष हॉकी विश्व कप (2023) **भारत**
- 15वाँ महिला हॉकी विश्व कप (2022) **स्पेन एवं नीदरलैण्ड्स**

फुटबॉल (Football)

22वाँ फीफा फुटबॉल विश्व कप (2022) **कतर**

फीफा महिला फुटबॉल विश्व कप (2023) **आस्ट्रेलिया एवं न्यूजीलैंड**

23वाँ फीफा फुटबॉल विश्व कप (2026) **कनाडा-मैक्सिको-अमेरिका**

विविध (Miscellaneous)

32वें ग्रीष्मकालीन ओलंपिक खेल (2021)	टोक्यो, जापान	22वें राष्ट्रमण्डल खेल (2022)	बर्मिंघम, यूके
33वें ग्रीष्मकालीन ओलंपिक खेल (2024)	पेरिस, फ्राँस	पुरुष मुक्केबाजी विश्व चैंपियनशिप (2021)	बेलग्रेड, सर्बिया
34वें ग्रीष्मकालीन ओलंपिक खेल (2028)	लॉस एंजिल्स, अमेरिका	14वें दक्षिण एशियाई खेल (2021)	लाहौर (पाकिस्तान)
24वें शीतकालीन ओलंपिक खेल (2022)	बीजिंग, चीन	36वें राष्ट्रीय खेल (2020)	गोवा
25वें शीतकालीन ओलंपिक खेल (2026)	मिलान, इटली	रग्बी विश्व कप (2023)	फ्राँस
19वें एशियाई खेल (2022)	हांगझोउ, चीन	ISSF विश्व कप (2020)	भारत
चौथे एशियन पैरा खेल (2022)	हांगझोउ, चीन	19वीं विश्व एथलेटिक्स चैम्पियनशिप (2022)	जापान
20वें एशियाई खेल (2026)	नगोया, जापान		

ICC टेस्ट चैम्पियनशिप-2021

- **संस्करण** – प्रथम • **प्रारम्भ** – 1 अगस्त, 2019
- **फाइनल मैच** – 18-23 जून, 2021 अगेसबाउल स्टेडियम (इंग्लैंड) • **कुल टीम** – 9
- **विजेता** – न्यूजीलैंड (कप्तान-केन विलियमंस)
- **उपविजेता** – भारत (कप्तान – विराट कोहली)
- **सबसे ज्यादा रन** – मार्नुस लाबुसेंच (ऑस्ट्रेलिया)
- **सबसे ज्यादा विकिट** – रवी चन्द्रन अश्विन
- **सबसे ज्यादा सिक्स** – बेन स्ट्रोक्स (इग्लैंड)
- **मैन ऑफ द सीरिज** – केन विलियमंस
- **पुरस्कार विजेता राशि** – 12 करोड़ (विजेता) 6 करोड़ (उपविजेता)

टोक्यो पैरालम्पिक-2020

▣ आयोजन अवधि	: 24 अगस्त – 5 सितम्बर 2021
▣ आयोजनकर्ता शहर	: टोक्यो (जापान)
▣ शुभंकर (Mascot)	: सोमेटी (Someity)
▣ प्रतिभागी टीमें	: 162 (शरणार्थी पैरालम्पिक टीम + रुसी पैरालम्पिक कमेटी)
▣ प्रतिभागी खिलाड़ी	: 4403
▣ खेल प्रतियोगिताएँ	: 22 खेलों में 539 प्रतियोगिताएँ
▣ पदक तालिका में शीर्ष स्थान	: 1. चीन (207 पदक 96 स्वर्ण) 2. ग्रेट ब्रिटेन (124 पदक 41 स्वर्ण) 3. यू. एस. ए. (104 पदक 37 स्वर्ण)

टोक्यो पैरालम्पिक में भारत

▣ भारतीय दल	: 54 खिलाड़ियों ने 9 खेलों में प्रतिभाग किया
▣ उद्घाटन समारोह में ध्वज वाहक	: टेक चंद
▣ समापन समारोह में ध्वज वाहक	: अवनी लेखारा
▣ कुल पदक	: 19 (5 स्वर्ण, 8 रजत, 6 कांस्य)
▣ पदक तालिका में स्थान	: 24वाँ

खेल संबंधी महत्वपूर्ण तथ्य

- **द्रोणाचार्य पुरस्कार** से पुरस्कृत प्रथम **प्रशिक्षक** कौन हैं?
  -ओ. एम. नाम्बियार (1985)
- वह कौन सा भारतीय खिलाड़ी है, जिसने **क्रिकेट** एवं **हॉकी** दोनों खेलों में भारत का प्रतिनिधित्व किया है? **-एम. जे. गोपालन**
- वह कौन सी **महिला खिलाड़ी** है, जिसने तीन खेलों में अन्तर्राष्ट्रीय स्तर पर ख्याति प्राप्त की?
  -शिरीन खुशरू कियाश (हॉकी, क्रिकेट एवं बास्केटबॉल)
- **मिस. यूनीवर्स** का खिताब अर्जित करने वाला **प्रथम भारतीय खिलाड़ी** का क्या नाम है? **-मोनोतोष राय** (वर्ष 1951)
- भारत की सर्वाधिक प्राचीन **फुटबाल स्पर्धा** कौन सी है?
  -डूरंड कप (प्रथम आयोजन, 1888, शिमला)
- प्रथम **महिला क्रिकेट अम्पायर** कौन बनी?
  -अंजली राजगोपाल
- कौन सा क्रिकेट खिलाड़ी **पाम ट्री हिटर** के नाम से प्रसिद्ध है?
  -पाली उमरीगर
- भारतीय हॉकी के इतिहास में **15 अगस्त** का क्या महत्व है?
  -15 अगस्त, 1936 को भारत ने लगातार तीसरी बार हॉकी विश्वकप में स्वर्ण पदक जीता था
- **एशियाई खेलों** में पदक जीतने वाला **प्रथम निशानेबाज** कौन है?
  -हरिचरण शॉ
- हॉकी के जादूगर **मेजर ध्यानचंद** की आत्मकथा का क्या नाम है?
  -गोल
- **राष्ट्रीय मैराथन दौड़** पहली बार **कब** और **कहाँ** आयोजित हुई थी?
  -1987, कोलकाता में

राष्ट्रमण्डल खेलों की मेजबानी करने वाला प्रथम एशियाई देश **मलेशिया है।**

पुरस्कार एवं सम्मान

J

पुरस्कार एवं सम्मान

(Awards and Honours)

राष्ट्रीय पुरस्कार (National Awards)

- **भारत रत्न** – यह भारत सरकार का सर्वोच्च नागरिक सम्मान है जो **कला**, **साहित्य**, **विज्ञान**, **सार्वजनिक सेवा** तथा **खेल** के क्षेत्र में विशिष्ट राष्ट्रीय सेवा के लिए प्रदान किया जाता है। इसकी स्थापना तत्कालीन राष्ट्रपति **डॉ. राजेन्द्र प्रसाद** द्वारा **2 जनवरी, 1954** को की गई थी।
- **जनता पार्टी** द्वारा इस राष्ट्रीय पुरस्कार को **वर्ष 1977** में बन्द कर दिया गया था परन्तु **वर्ष 1980** में कांग्रेस सरकार ने इसे पुनः प्रारम्भ किया।
- इस पुरस्कार के अन्तर्गत कोई धनराशि प्रदान नहीं की जाती है, इसके मेडल पर **एक पीपल** के पत्ते पर **सूर्य की छवि** के साथ **देवनागिरी लिपि** में **भारत रत्न** अंकित रहता है।
- प्रारम्भ में यह पुरस्कार मरणोपरांत नहीं दिया जाता था परन्तु **वर्ष 1966** में सर्वप्रथम **लाल बहादुर शास्त्री** को मरणोपरांत भारत रत्न प्रदान किया गया। एक वर्ष में अधिकतम **तीन व्यक्तियों** को भारत रत्न प्रदान किया जा सकता है।

पद्म विभूषण
• यह पुरस्कार किसी भी क्षेत्र में विशिष्ट और उल्लेखनीय सेवा के लिए प्रदान किया जाता है।
पद्म भूषण
• यह पुरस्कार किसी भी क्षेत्र में उच्च स्तर की उत्कृष्ट सेवाओं के लिए प्रदान किया जाता है। इसमें **सरकारी कर्मचारियों** द्वारा की गई सेवाएँ भी शामिल हैं।
पद्म श्री
किसी भी क्षेत्र में विशिष्ट योगदान के लिये दिया जाने वाला यह चौथा सबसे बड़ा राष्ट्रीय पुरस्कार है।

भारत रत्न से सम्मानित व्यक्ति

क्र.	नाम/उपनाम	वर्ष	विवरण	भारतीय राज्य/देश
जवाहरलाल नेहरू के प्रधानमंत्रित्व काल में				
1.	**चक्रवर्ती राजगोपालचारी** (राजाजी)	1954	स्वतंत्र भारत के द्वितीय गवर्नर जनरल एवं प्रथम भारतीय गर्वनर जनरल	तमिलनाडु
2.	**डॉ. सर्वपल्ली राधाकृष्णन** (5 सितम्बर : शिक्षक दिवस)	1954	द्वितीय राष्ट्रपति, प्रथम उपराष्ट्रपति	तमिलनाडु
3.	**डॉ. चन्द्रशेखर वेंकटरमण** (28 फरवरी : राष्ट्रीय विज्ञान दिवस)	1954	भौतिकी में नोबेल पुरस्कार विजेता (रमन प्रभाव हेतु)	तमिलनाडु
4.	**डॉ. भगवानदास**	1955	काशी विद्यापीठ के संस्थापक	उत्तर प्रदेश
5.	**डॉ. मोक्षागुंडम विश्वेश्वरैया** (बेंगार्दा पुरुष) (15 सितम्बर : अभियंता दिवस)	1955	**भारतीय आयोजना** (Indian Planning) के जनक	कर्नाटक
6.	**पंडित जवाहरलाल नेहरू** (चाचा नेहरू) (14 नवम्बर : बाल दिवस)	1955	भारत के प्रथम प्रधानमंत्री, स्वतंत्रता सेनानी	उत्तर प्रदेश
7.	**गोविंद वल्लभ पंत**	1957	गृहमंत्री रहते हुए भारत रत्न प्राप्तकर्त्ता, उत्तर प्रदेश के प्रथम मुख्यमंत्री	उत्तराखण्ड

वर्ष 2022 में **128 पदम पुरस्कार** (4 पदम विभूषण, 17 पदम भूषण और 107 पदमश्री) प्रदान किए गए।

8. डॉ. धोंडो केशव कर्वे	1958	प्रथम जीवित व्यक्ति पर डाक टिकट जारी	महाराष्ट्र
9. डॉ. बिधान चन्द्र राय (1 जुलाई : चिकित्सक दिवस)	1961	चिकित्सक व स्वतंत्रता सेनानी	पश्चिम बंगाल
10. पुरुषोत्तम दास टंडन	1961	हिंदी भाषा व वंदेमातरम् को मान्यता दिलाने में महत्वपूर्ण योगदान	उत्तर प्रदेश (प्रयाग)
11. डॉ. राजेंद्र प्रसाद (देशरत्न)	1962	भारत के प्रथम राष्ट्रपति	बिहार
12. डॉ. ज़ाकिर हुसैन (महान शिक्षाविद्)	1963	दूसरे उपराष्ट्रपति व तीसरे राष्ट्रपति	आंध्र प्रदेश
13. डॉ. पांडुरंग वामन काणे	1963	शिक्षाविद् व संस्कृत के विद्वान	महाराष्ट्र
इंदिरा गांधी के प्रधानमंत्रित्व काल में			
14. लाल बहादुर शास्त्री (मैन ऑफ पीस)	1966	दूसरे प्रधानमंत्री (नारा- जय जवान जय किसान)	उत्तर प्रदेश
15. इंदिरा प्रियदर्शिनी गांधी (आयरन लेडी)	1971	प्रथम व एकमात्र महिला प्रधानमंत्री (24 जनवरी : राष्ट्रीय बालिका दिवस)	उत्तर प्रदेश
16. वराहगिरी वेंकटगिरी	1975	भारत के तीसरे उप-राष्ट्रपति एवं चौथे राष्ट्रपति	ओडिशा
17. कामाक्षी कुमारास्वामी कामराज	1976	तीन बार तमिलनाडु के मुख्यमंत्री (मिड डे मील योजना के जनक)	तमिलनाडु
18. मेरी टेरेसा बोजाक्सिऊ (मदर टेरेसा)	1980	वर्ष 1979 में नोबल शांति पुरस्कार विजेता	पश्चिम बंगाल
19. आचार्य विनोबा भावे (हिन्दु-मुस्लिम एकता के अग्रदूत)	1983	समाज सुधारक, भूदान आंदोलन के जनक	महाराष्ट्र
राजीव गांधी के प्रधानमंत्रित्व काल में			
20. खान अब्दुल गफ्फार खाँ (सीमांत गांधी)	1987	खुदाई खिदमतगार, संगठन के संस्थापक भारत रत्न से सम्मानित प्रथम विदेशी नागरिक	पाकिस्तान
21. मरूदुर गोपालन रामचंद्रन (एम. जी. आर) (उपनाम- मक्कल थिलागम)	1988	तीन बार तमिलनाडु के मुख्यमंत्री (अन्नाद्रमुक पार्टी के संस्थापक)	तमिलनाडु
22. डॉ. भीमराव रामजी अम्बेडकर (14 अप्रैल : समरसता दिवस)	1990	संविधान सभा की प्रारूप समिति के अध्यक्ष	महाराष्ट्र
23. डॉ. नेल्सन रोहिल मंडेला (उपनाम- मदीबा)	1990	नोबल शांति पुरस्कार (1993) तथा गाँधी शांति पुरस्कार से सम्मानित	दक्षिण अफ्रीका
नरसिंहा राव के प्रधानमंत्रित्व काल में			
24. राजीव गांधी	1991	भारत के छठे प्रधानमंत्री (सूचना क्रांति के अग्रदूत)	उत्तर प्रदेश
25. सरदार वल्लभभाई पटेल (लौह पुरुष)	1991	स्वतंत्रता सेनानी, प्रथम गृहमंत्री व उपप्रधानमंत्री	गुजरात
26. मोरारजी रणछोड़जी देसाई	1991	चौथे प्रधानमंत्री, निशान-ए-पाकिस्तान से सम्मानित	गुजरात
27. मौलाना अब्दुल कलाम आजाद (11 नवम्बर : शिक्षा दिवस)	1992	स्वतंत्रता सेनानी भारत के प्रथम शिक्षामंत्री	पश्चिम बंगाल
28. जहाँगीर रतनजी दादाभाई टाटा (टाटा समूह के संस्थापक)	1992	उद्योगपति व भारत में एयरलाइन के संस्थापक	महाराष्ट्र
29. सत्यजीत रे	1992	प्रसिद्ध फिल्म निर्देशक, वर्ष 1992 में मानद ऑस्कर पुरस्कार से सम्मानित	पश्चिम बंगाल

पं. जवाहरलाल नेहरू एवं **श्रीमती इंदिरा गांधी जी** ही केवल ऐसे प्रधानमंत्री रहें, जिन्हें यह सम्मान प्रधानमंत्री पद पर रहते हुए मिला।

अटल बिहारी वाजपेयी के प्रधानमंत्रित्व काल में			
30. अरुणा आसफ अली	1997	भूमिगत कांग्रेस रेडियो संचालक दिल्ली की प्रथम महिला मेयर	पश्चिम बंगाल
31. गुलजारी लाल नंदा	1997	दो बार योजना आयोग के उपाध्यक्ष, (दो बार कार्यवाहक प्रधानमंत्री	पंजाब
32. ए.पी.जे. अब्दुल कलाम (मिसाइल मैन)	1997	11वें राष्ट्रपति व प्रथम वैज्ञानिक राष्ट्रपति	तमिलनाडु
33. मदुराई षणमुखवैदीवु सुब्बालक्ष्मी	1998	भारत रत्न से सम्मानित की गयी प्रथम संगीतकार व मैग्सेसे पुरस्कार विजेता	तमिलनाडु रेमन
34. चिदम्बरम सुब्रमण्यम	1998	हरित क्रांति के समय कृषि मंत्री (1965)	तमिलनाडु
35. लोकनायक जयप्रकाश नारायण	1998	समाजिक सुधारक व बिहार आन्दोलन के नेतृत्वकर्ता	बिहार
36. प्रो. अमर्त्य सेन	1999	कल्याणकारी अर्थशास्त्र (Welfare Economics) हेतु वर्ष 1998 के नोबेल पुरस्कार विजेता	पश्चिम बंगाल
37. गोपीनाथ बारदोलोई	1999	स्वतंत्रता सेनानी, असम के पूर्व मुख्यमंत्री	असम
38. पंडित रविशंकर	1999	सितार वादक, 4 ग्रैमी पुरस्कार विजेता	पश्चिम बंगाल
39. लता दीनानाथ मंगेशकर	2001	दादासाहेब पुरस्कार विजेता (1989)	महाराष्ट्र
40. उस्ताद बिस्मिल्लाह खां	2001	प्रतिष्ठित शहनाई वादक	उत्तर प्रदेश
मनमोहन सिंह के प्रधानमंत्रित्व काल में			
41. पंडित भीम सेन गुरु राज जोशी	2008	किराना घराने के प्रसिद्ध शास्त्रीय गायक	कर्नाटक
42. चिंतामणि नागोसारामचन्द्र राव	2014	प्रसिद्ध वैज्ञानिक व भारत में नैनो तकनीक के जनक	कर्नाटक
43. सचिन रमेश तेंदुलकर (मास्टर ब्लास्टर)	2014	अंतरराष्ट्रीय क्रिकेट में 34,000 रन, 100 शतक	महाराष्ट्र
नरेंद्र मोदी के प्रधानमंत्रित्व काल में			
44. पंडित मदन मोहन मालवीय	2015	बनारस हिन्दू विश्वविद्यालय के संस्थापक	उत्तर प्रदेश
45. अटल बिहारी वाजपेयी (25 दिसम्बर : सुशासन दिवस)	2015	तीन बार प्रधानमंत्री, वित्तमंत्री (नारा- **जय जवान, जय किसान, जय विज्ञान**)	मध्य प्रदेश
46. प्रणब मुखर्जी (पुस्तक- द कोलिएशन इयर्स : 1996-2012)	2019	13वें राष्ट्रपति व सबसे कम आयु (47 वर्ष) में केन्द्र में वित्तमंत्री (1992 में)	पश्चिम बंगाल
47. भूपेन हजारिका	2019	संगीतकार, गायक	असम
48. नानाजी देशमुख	2019	समाजसेवी भारतीय जनसंघ के नेता, दीनदयाल शोध संस्थान के संस्थापक	महाराष्ट्र

भारत रत्न सहित अन्य नागरिक सम्मान वर्ष 1977-80 तथा वर्ष 1992-95 की अवधि में स्थगित कर दिए गए थे।

- भारतीय सिनेमा के विकास में योगदान के लिए किसके नाम पर फिल्म जगत का सर्वश्रेष्ठ पुरस्कार दिया जाता है?
  -दादासाहेब फाल्के (1969)
- दादासाहेब पुरस्कार के अन्तर्गत कितनी धनराशि प्रदान की जाती है? **10 लाख रुपये + एक स्वर्ण कमल + एक फाल्के प्रशस्ति पत्र**
- सर्वप्रथम दादासाहेब फाल्के पुरस्कार किसे प्रदान किया गया था? – **देविका रानी रोटिक**
- दादासाहेब फाल्के पुरस्कार भारत सरकार के किस मंत्रालय द्वारा प्रदान किया जाता है?
  -सूचना एवं प्रसारण मंत्रालय द्वारा

> **वर्ष 2019** का **51वाँ दादासाहेब फाल्के पुरस्कार** प्रसिद्ध **अभिनेता श्री रजनीकांत** को प्रदान किया गया है।

वीरता पुरस्कार

- **भारतीय सेना** के (जल, थल तथा वायु सेना) **वीर** तथा **साहसी सैनिकों** को विभिन्न पदक प्रदान किये जाते हैं।

1. **परमवीर चक्र-** परमवीर चक्र सैन्य सेवा तथा उससे सम्बंधित व्यक्तियों को दिया जाने वाला भारत का **सर्वोच्च शौर्य अलंकरण** है। यह सम्मान सैनिकों को **असाधारण वीरता** एवं **सर्वोच्च बलिदान** के लिए प्रदान किया जाता है कांस्य से निर्मित यह पदक **एक ओर इन्द्रवज्र** तथा **दूसरी ओर हिन्दी व अंग्रेजी में लिखित परमवीर चक्र** से अलंकृत होता है। परमवीर चक्र पुरस्कार की स्थापना **26 जनवरी, 1950** को की गयी। परमवीर चक्र पुरस्कार सामान्यत: **मरणोपरान्त प्रदान** किया जाता है।

> इस पुरस्कार में सैनिकों द्वारा अपनी कमीज के **बाईं ओर बैंगनी रंग का रिबन** लगाया जाता है।

2. **महावीर चक्र-** वीरता के क्षेत्र में दिया जाने वाला **दूसरा सबसे बड़ा पुरस्कार** है जो **थल**, **जल** एवं **वायु सेना** में उत्कृष्ट कार्य के लिए प्रदान किया जाता है।

- यह **गोलाकार आकृति** का चाँदी से निर्मित होता है। जिसमें एक ओर **पाँच कोण वाले सितारों** के मध्य राष्ट्रचिन्ह अंकित होता है, जबकि **दूसरी ओर कमल** एवं **हिन्दी व अंग्रेजी** में **महावीर चक्र** लिखा होता है।

3. **वीर चक्र-** वीर चक्र **तीसरा सबसे बड़ा वीरता पुरस्कार** है जो चाँदी से निर्मित होता है। इसके एक ओर **पाँच कोण वाला सितारा** एवं **अशोक चक्र** और **दूसरी ओर दो कमल** अंकित होते हैं।

4. **अशोक चक्र-** यह शांतिकाल का सर्वोच्च वीरता पुरस्कार है जो जल, थल एवं वायुसेना में **साहस**, **पराक्रम** या **आत्म बलिदान** का अत्यंत सराहनीय कार्य के लिए प्रदान किया जाता है।

वीरता पुरस्कार, 2021	
महावीर चक्र :	• कर्नल संतोष बाबू (मरणोपरांत)
वीर चक्र :	• नायक सूबेदार नुदूराम सोरेन (मरणोपरांत) • हवलदार के. पलानी (मरणोपरांत) • हवलदार तेजिंदर सिंह • नायक दीपक सिंह (मरणोपरांत) • सिपाही गुरतेज सिंह (मरणोपरांत)
शौर्य चक्र :	• मेजर अनुज सूद (मरणोपरांत) • राइफलमैन प्रणब ज्योति दास • सोनम त्शेरिंग तमांग
कीर्ति चक्र :	• संजीव कुमार (मरणोपरांत)

साहित्य पुरस्कार

- साहित्य के क्षेत्र में उत्कृष्ट योगदान के लिए किस पुरस्कार की स्थापना की गई – **ज्ञानपीठ पुरस्कार** (वर्ष 1965)
- भारतीय संविधान की आठवीं अनुसूची में वर्णित कितनी भाषाओं के लिए ज्ञानपीठ पुरस्कार प्रदान किया जाता है ?
  – **22 भाषाओं** (हिन्दी व अंग्रेजी में लिखित रचनाओं के लिए)
- भारतीय संविधान में सम्मलित किस भाषा के लिए 2011 तक ज्ञानपीठ पुरस्कार नहीं दिया गया? **-सिंधी**
- ज्ञानपीठ पुरस्कार प्राप्त करने वाले प्रथम व्यक्ति है
  -गोविंद शंकर कुरूप (ओडक्कुझाल-मलयालम, वर्ष 1965)
- ज्ञानपीठ पुरस्कार प्राप्त करने वाले प्रथम हिन्दी साहित्यकार कौन थे? – **सुमित्रानंदन पंत** (चिदम्बरा)

> **वर्ष 1976** में **बांग्ला लेखिका आशापूर्णा देवी** (उपन्यास : प्रोथोम प्रोतिश्रुति) को **प्रथम महिला** के रूप में **ज्ञानपीठ पुरस्कार** प्रदान किया गया।

- ज्ञानपीठ पुरस्कार चयन समिति ने **वर्ष 2021** और **वर्ष 2022** के लिय क्रमश: **56वां** और **57वां** ज्ञानपीठ पुरस्कार की घोषणा की। **वर्ष 2021** के लिए असमिया साहित्यकार **नीलमणि फूकन** को तथा **वर्ष 2022** के लिए कोंकणी साहित्यकार **दामोदर मौउजो** को दिए जाने की घोषणा की गयी है।
- **व्यास सम्मान-** यह भारतीय साहित्य के लिए प्रदान किया जाने वाला **दूसरा सबसे बड़ा सम्मान** है जिसका प्रारम्भ **वर्ष 1991** में **के.के. बिड़ला फाउंडेशन** के द्वारा प्रारम्भ किया गया। इसके अन्तर्गत **4 लाख रुपये** नकद राशि प्रदान की जाती है।

> पदम पुरस्कार-2022 प्राप्त करने वालो में 34 महिलाओं है जिसमें 10 विदेशी/NRI और 10 व्यक्ति मरणोपरांत में शामिल किए गए हैं।

- प्रथम व्यास सम्मान रामविलास शर्मा को प्रदान किया गया तथा वर्ष 2021 के लिए 31वाँ व्यास सम्मान श्री असगर वजाहत को उनके नाटक महाबली के लिए प्रदान किया गया है।
- सरस्वती सम्मान- के.के. बिड़ला फाउंडेशन द्वारा साहित्यिक क्षेत्र में प्रदान किया जाने वाला तीसरा बड़ा साहित्यिक पुरस्कार है। इसके अन्तर्गत 15 लाख रुपये की राशि प्रदान की जाती है। प्रथम पुरस्कार हरिवंश राय बच्चन को प्रदान किया गया।

वर्ष 2021 का 31वाँ सरस्वती सम्मान प्रो. रादरश मिश्र को उनके कविता संग्रह "मैं तो यहाँ हूँ" के लिए प्रदान किया जाएगा।

राष्ट्रीय फिल्म पुरस्कार (National Film Award)

- फिल्म के क्षेत्र में प्रदान किये जाने वाले इन राष्ट्रीय पुरस्कार को वर्ष 1954 से प्रारम्भ किया गया।
- 67 वें राष्ट्रीय फिल्म पुरस्कार, 2019- 22 मार्च, 2021 को फिल्म समारोह निदेशालय द्वारा 67वें राष्ट्रीय फिल्म पुरस्कारों की घोषणा की गई। इस वर्ष सर्वाधिक फिल्म अनुकूल राज्य का पुरस्कार सिक्किम को प्रदान किए जाने की घोषणा की गई है। पुरस्कारों का विवरण निम्नलिखित है-

सर्वश्रेष्ठ फीचर फिल्म (स्वर्ण कमल) : मरक्कर : अरबिकाडालिन्ते सिम्हम (मलयालम)
सर्वश्रेष्ठ निर्देशक : संजय पूरन सिंह चौहान (फिल्म- बेहतर हरे)
सर्वश्रेष्ठ अभिनेता : मनोज वाजपेयी (फिल्म- भोंसलें) एवं धनुष (फिल्म - असुरन)
सर्वश्रेष्ठ अभिनेत्री : कंगना रनौत (फिल्म- पंगा और मणिकर्णिका)
सर्वश्रेष्ठ सहायक अभिनेता : विजय सेतुपति (फिल्म- सुपर डीलक्स)
सर्वश्रेष्ठ सहायक अभिनेत्री : पल्लवी जोशी (फिल्म- द ताशकंद फाइल)
सर्वश्रेष्ठ हिंदी फिल्म : छिछोरे (निर्देशक- नीतेश तिवारी)

- साहित्य अकादमी पुरस्कार- वर्ष 1954 में स्थापित यह पुरस्कार अंग्रेजी तथा 22 भारतीय भाषाओं में विगत पाँच वर्षो में प्रकाशित उत्कृष्ट रचनाओं हेतु प्रदान किया जाता है। इस पुरस्कार में 1 लाख रुपये सम्मान राशि एवं कांस्य की स्मृति प्रदान की जाती है।

साहित्य अकादमी पुरस्कार-2021

भाषा	पुस्तक (विधा)	लेखक
अंग्रेजी	थिंग्स टु लीव बिहाइंड (उपन्यास)	नमिता गोखले
हिन्दी	सम्राट अशोक (नाट्य रचना)	दया प्रकाश सिन्हा
असमी	इयात इखान आरोन्या असील (उपन्यास)	अनुराधा सरमा पुजारी
बंगाली	मीर जाफर ओ अनन्या नाटक (नाट्य रचना)	ब्रात्य बसु
बोडो	खारो सयाओ अर्व हिमालय (काव्य)	म्वदई गहई
डोगरी	नन्ने टनल (लघु कथा सग्रंह)	राज राही
कन्नड़	गांधी कथना (जीवनी)	डी. एस. नागभूषण
कश्मीरी	तवाजुन (आलोचना)	वली मोहम्मद असीर कश्तवारी
कोंकणी	रक्त चंदन (काव्य)	संजीव वेरेन्कर
मलयालम	हृदयरागंगल (आत्मकथा)	जॉर्ज ओनक्कूर
नेपाली	उषा अनिरुधा (महाकाव्य)	छबिलाल उपाध्याय
ओडिया	सरिजैथिबा अपेरा (काव्य)	ऋषिकेश मलिक
मराठी	बालूच्या अवस्थान्तरा ची डायरी (लघुकथा)	किशन गुरव
पंजाबी	सुल्लन दा सालन (लघु कथा संग्रह)	खालिद हुसैन
राजस्थानी	मुगती (काव्य)	मीथेश निर्मोही
संस्कृत	स्त्रीजाति शंखनादम (काव्य)	विधेश्वरी प्रसाद मिश्र विन्य
संथाली	माने रेना अरहंग (लघुकथा संग्रह)	निरंजन हंसदा
सिन्धी	नेना निंदाखरा (काव्य)	अर्जुन चावला
तामिल	सिवापुक कझुट्टू तान ओरू पासैप परवाई (लघुकथा संग्रह)	अंबई
तेलुगू	बल्लन कितालम (काव्य)	गोराती वेंकन्ना

- इंदिरा गाँधी शांति, निशस्त्रीकरण एवं विकास पुरस्कार- यह पुरस्कार भारत सरकार द्वारा वर्ष 1986 में स्थापित किया गया जो अंतरराष्ट्रीय शान्ति, निरस्त्रीकरण एवं विकास के क्षेत्र में उल्लेखनीय योगदान हेतु प्रदान किया जाता है। इसके अन्तर्गत 25 लाख की सम्मान राशि, ट्राफी एवं प्रशस्त्रि पत्र प्रदान किया जाता है।

ज्ञानपीठ पुरस्कार प्राप्त करने वाले प्रथम हिन्दी साहित्यकार सुमित्रानंदन पंत थे।

गाँधी शान्ति, नि:शस्त्रीकरण एवं विकास पुरस्कार 2021
वर्ष, 2021 में का गाँधी शान्ति पुरस्कार कमजोर वर्गो के बच्चों के लिए गुणवत्तापूर्ण शिक्षा उपलब्ध कराने के लिए समर्पित संस्था प्रथम को दिया गया।

अन्य राष्ट्रीय पुरस्कार (Other National Award)

- मूर्तिदेवी पुरस्कार- वर्ष 1984 स्थापित यह पुरस्कार भारतीय भाषा या अंग्रेजी में रचित साहित्य के लिए प्रदान किया जाता है।
- वाचस्पति पुरस्कार- वर्ष 1992 में स्थापित के.के. बिड़ला फाउंडेशन द्वारा संस्कृत साहित्य में विशिष्ट एवं उल्लेखनीय योगदान हेतु प्रदान किया जाता है।
- शांतिस्वरुप भटनागर पुरस्कार- वर्ष 1957 में स्थापित यह पुरस्कार भारतीय औद्योगिक एवं वैज्ञानिक अनुसंधान परिषद (CSIR) द्वारा विज्ञान एवं प्रौद्योगिकी के क्षेत्र में प्रदान किया जाता है।
- बोरलॉग पुरस्कार- वर्ष 1973 में स्थापित यह पुरस्कार कृषि क्षेत्र में विशेष योगदान हेतु प्रदान किया जाता है।

धनवन्तरि पुरस्कार - वर्ष 1972 में धनवन्तरि फाउंडेशन द्वारा स्थापित चिकित्सा के क्षेत्र में आजीवन सेवा हेतु प्रदान किया जाता है।

- होमी भाभा पुरस्कार- वर्ष 1990 में स्थापित यह पुरस्कार भारतीय परमाणु ऊर्जा विभाग द्वारा परमाणु ऊर्जा के क्षेत्र मे विशिष्ट योगदान हेतु प्रदान किया जाता है।
- जी.डी. बिरला पुरस्कार- वर्ष 1991 में स्थापित यह पुरस्कार के.के. बिड़ला फाउंडेशन द्वारा भारतीय वैज्ञानिकों को उच्च्य स्तरीय शोधकर्ता के लिए प्रोत्साहित किया जाता है।
- इंदिरा गाँधी पर्यावरण पुरस्कार- वर्ष 1987 में स्थापित यह पुरस्कार पर्यावरण के क्षेत्र में विशेष उल्लेखनीय योगदान हेतु प्रदान किया जाता है।

अंतर्राष्ट्रीय पुरस्कार (International Award)

- बुकर पुरस्कार- वर्ष 1969 में इंग्लैण्ड की बुकर मैकोनल कम्पनी द्वारा स्थापित अंग्रेजी उपन्यास के क्षेत्र में प्रतिवर्ष दिया जाने वाला प्रमुख ब्रिटिश पुरस्कार है। अब तक तीन बार संयुक्त रूप से बुकर पुरस्कार (वर्ष 1974, 1992, 2019) दिए गए है।
- वर्ष 2021 का बुकर पुरस्कार डेमन गैलगट (दक्षिण अफ्रीका) को The Promise रचना के लिए प्रदान किया गया है।

> - इंटरनेशनल बुकर प्राइज, 2022 लेखक गीतांजलि श्री को उनके उपन्यास टॉम्ब ऑफ सैंड (Tomb of Sand) के लिए प्रदान किया गया है।
> - लेखिका एवं सहित्यकार गीताजंली श्री का यह उपन्यास मुलरूप से हिन्दी में रेत समाधि (अंग्रेजी अनुवाद-डेजी रॉकवेल द्वारा) के नाम से प्रकाशित हुआ है।
> - किसी भारतीय भाषा में लिखी पुस्तक को पहली बार यह पुरस्कार प्राप्त हुआ है।

- नोबेल पुरस्कार - विश्व के सर्वोच्च तथा सर्वाधिक पुरस्कार राशि वाले इस अंतराष्ट्रीय पुरस्कार को स्वीडश रसायनशास्त्री अलफ्रेड नोबेल (1883-86) की पुण्यतिथि (10 दिसम्बर) पर प्रदान किया जाता है।
- नोबेल पुरस्कार भौतिकी, रसायन शास्त्र, चिकित्सा, साहित्य, अर्थशास्त्र एवं शांति के क्षेत्र में प्रदान किया जाता है। वर्ष 1969 से यह पुरस्कार अर्थशास्त्र के क्षेत्र में दिया जाने लगा।
- अब तक केवल दो बार मृत व्यक्तियों को यह पुरस्कार दिया गया है पहली बार एरि एक्सेल कार्लफल्डट को वर्ष 1931 में और दूसरी बार संयुक्त राष्ट्रसंघ के महासचिव डैग हैमरसोल्ड को वर्ष 1961 में।

वर्ष 2021 के नोबेल पुरस्कार प्राप्तकर्ता

क्षेत्र	प्राप्तकर्ता	उपलब्धि
चिकित्सा (Medicine)	डेविड जूलियस (USA) अर्डेम पैटापोटियन (लेबनान)	फिजियोलॉजी मेडिसन के क्षेत्र में
भौतिकी (Physics)	स्यूकोरो मनाबे (जापान) और क्लॉस हसेलमैन (जर्मनी) जियोजियो	पृथ्वी की जलवायु के भौतिकी माडलिंग, परिवर्तनशील की मात्रा निर्धारित करने और ग्लोबल परिसी (इटली) वार्मिंग की गंभीरता का सटीक अनुमान हेतु। एटॉमिक स्केल से लकर प्लेसेटरी स्केल तक भौतिकी प्रणालियों में विकार और उत्तार चढ़ाव की परस्पर क्रिया की खोज हेतु।
रसायन (Chemistry)	बेंजामिन लिस्ट (जर्मनी) डेविड मैकमिलन (स्कॉटलैण्ड)	असममित ऑर्गेनोकैटलिसिस के विकास हेतु
साहित्य (Litreuter)	अब्दुल राजक गुरनाह (तंजानिया)	उपनिवेशवाद के प्रभावों और संस्कृतियों व महाद्वीपों के मध्य की खाइ में शरणार्थियों के स्थिति के करुणामय चित्रण को लेकर
शांति (Peace)	मारीया रेसा (फिलीपींस) डिमेट्रीय मर्तोवा (रूस)	अभिव्यक्ति की आजादी की सुरक्षा के लिए
अर्थशास्त्र (Economics)	डेविड कार्ड (कनाडा) जोशुआ एंग्रिस्ट (USA) व गुड्डो इम्बेन्स (USA)	श्रम अर्थशास्त्र में अनुभवजनिक योगदान हेतु अनौपचारिक सम्बंधों के विश्लेषण में प्रणालीगत योगदान हेतु

धर्म की उन्नति के क्षेत्र में सराहनीय प्रयास के लिए टेम्पलटन पुरस्कार प्रदान किया जाता है।

नोबेल पुरस्कार प्राप्त भारतीय		
नाम	क्षेत्र	वर्ष
• रवीन्द्र नाथ टैगोर	साहित्य	1913
• डा. सी.वी. रमन	भौतिकी	1930
• डा. हरगोविन्द खुराना	चिकित्सा	1968
• मदर टेरेसा	शान्ति	1979
• डॉ. एस. चन्द्रशेखर	भौतिकी	1983
• डा. अमर्त्य सेन	अर्थशास्त्र	1999
• वी. एस. नायपाल	साहित्य	2001
• वेंकेटरमन रामकृष्णन	रसायन विज्ञान	2009
• कैलाश सत्यार्थी	शान्ति	2014

- **पुलित्जर पुरस्कार**- यह जोसेफ पुलित्जर की स्मृति में **वर्ष 1917** से **पत्रकारिता के क्षेत्र** में दिया जाने वाला पुरस्कार है। इसमें जनसेवा के अतिरिक्त प्रत्येक पुरस्कार के अन्तर्गत **10,000 डॉलर** की सम्मान राशि प्रदान की जाती है।

पुलित्जर पुरस्कार 2022	
संपादकीय लेखन	– माइकल लिंडेनबर्गर, लीजा फाल्केनबर्ग, जो हॉले, लुइस करास्को
राष्ट्रीय रिपोर्टिंग	– द न्यूयॉर्क टाइम्स
व्याखात्मक रिपोर्टिंग	– नटाली वोल्टशोवर (क्वांटा मेंगजीन)
फीचर फोटोग्राफी	– दानिश सिद्दकी, अमित दवे (भारत), अंदनान आबिदी, सना इरसाद मट्टू
अंतर्राष्ट्रीय रिपोर्टिंग	– द न्यूयॉक टाइम्स
ब्रेकिंग न्यूज रिपोर्टिंग	– मायामी हैराल्ड
स्थानीय रिपोर्टिंग	– मैडिसन हॉपकिन्स, सेसीलिया रेएस

- पुलित्जर पुरस्कार प्राप्त करने वाले अन्य भारतीय- **गोविन्द बिहारी लाल** (1937), **झुंपा लाहिड़ी** (2000), **गीता आनंद** (2003), **सिद्धार्थ मुखर्जी** (2011), **विजय शेषाद्रि** (2014)।
- **रैमन मैग्सेस अवार्ड**- **एशिया महाद्वीप** का सबसे बड़ा यह पुरस्कार **फिलीपींस** के **तीसरे राष्ट्रपति** की स्मृति में **वर्ष 1957** से प्रदान किया जाता है। इसे **एशिया का नोबल पुरस्कार** कहा जाता है।
- यह पुरस्कार **जनसेवा**, **सरकारी सेवा**, **पत्रकारिता व रचनात्मक जनसंचार**, **सामुदायिक नेतृत्व** एवं **अंतरर्राष्ट्रीय सदभाव** के लिए प्रदान किया जाता है।

वर्ष 2021 का **रैमन मैग्सेस अवार्ड पाँच व्यक्तियों** को प्रदान किया गया। **1. मौ. अमजद साकिब** (पाकिस्तान), **2. फिरदौसी कादरी** (बांग्लादेश), **3. स्टीवन मुंकी** (साउथ ईस्ट एशिया), **4. वॉचडॉक** (इंडोनेशिया), **5. रॉबर्टो बैलोन** (फिलिपींस)

- **ग्रेमी अवार्ड- वर्ष 1958** में स्थापित यह पुरस्कार **नेशनल एकेडमी फॉर रिकार्डिंग आर्ट्स एण्ड साइंस** द्वारा **पश्चिमी संगीत** की विभिन्न विधाओं में विशिष्ट योगदान हेतु प्रदान किया जाता है।

वर्ष 1973 में **कंसर्ट फॉर बांग्लादेश** नामक कीर्तिमान के लिए अन्य कलाकारों के साथ भारत के सुप्रसिद्ध सितारवादक **प. रविशंकर** को भी **ग्रैमी अवार्ड** प्राप्त हुआ था।

64वें ग्रैमी पुरस्कार-2022	
पुरस्कार	विजेता
रिकार्ड ऑफ द ईयर	सिल्क सोनिक (लीव द डोर ओपन)
एल्बम ऑफ द ईयर	जॉन बटिस्टा (वी.आर.सॉग)
सॉग ऑफ इ ईयर	सिल्क सोनिक (Love the Door open)
बेस्ट न्यू आर्टिस्ट	ओलिविआ रोड्रीगो
बेस्ट पॉप डुओ/ग्रुप परफॅारमेंस	डोजा कैट और SZA
बेस्ट पॉप वोकल एल्बम	ओलिविआ रोड्रीगो
बेस्ट न्यू एज एल्बम	डिवाइन टाइडस (रिकीकेज)

- **ऑस्कर पुरस्कार- वर्ष 1929** में स्थापित यह पुरस्कार **संयुक्त राज्य अमेरिका** की **नेशनल एकेडमी ऑफ मोशन पिक्चर्स** द्वारा **फिल्म जगत के क्षेत्र** में प्रदान किया जाता है। **भानु अर्थेया प्रथम भारतीय** थीं जिन्हे यह पुरस्कार प्रदान किया गया।

94वें ऑस्कर पुरस्कार 2022	
सर्वश्रेष्ठ निर्देशक	जैन कैंपियन (द पावर ऑफ द डॉग)
सर्वश्रेष्ठ फिल्म	कोडा (CODA)
सर्वश्रेष्ठ अभिनेता	विल स्मिथ (किंग रिचर्ड)
सर्वश्रेष्ठ अभिनेत्री	जैसिका चैस्टेन (द आईज ऑफ टैमी फेय)

तानसेन पुरस्कार मध्य प्रदेश सरकार द्वारा **भारतीय शास्त्रीय संगीत** के क्षेत्र में श्रेष्ठ योगदान हेतु प्रदान किया जाता है।

अन्य अंतरराष्ट्रीय पुरस्कार

- **कलिंग पुरस्कार**- वर्ष 1952 में स्थापित **यूनेस्को** के तत्वाधान में कलिंग फाउण्डेशन के माध्यम से **विज्ञान के क्षेत्र** में प्रदान किया जाता है। इसके अन्तर्गत **40,000 डालर** की सम्मान राशि प्रदान की जाती है।
- **राइट लाइवलीहुड पुरस्कार**- वर्ष 1980 में स्थापित यह पुरस्कार **लन्दन** में स्थित लाइवलीहुड **सोसाइटी द्वारा पर्यावरण एवं सामाजिक न्याय** के क्षेत्र में प्रदान किया जाता है। इसे **वैकल्पिक नोबल पुरस्कार** के नाम से जाना जाता है।

राइट लाइवलीहुड अवार्डस-2021	
राइट लाइवलीहुड पुरस्कार 2021, दिल्ली वेस्ड पर्यावरण संगठन को प्रदान किया गया। इसके अतिरिक्त अन्य विजेता-	
1. **मार्थे वांडो** (कैमरून)	महिला अधिकारी कार्यकर्ता
2. **ब्लादिमितर** स्लीव्याक (रूस)	पर्यावरण कार्यकर्त्ता
3. **फ्रेडा ह्यूसन** (कनाडा)	स्वदेशी अधिकार रक्षक

- **मिस यूनिवर्स पुरस्कार**- वर्ष 1952 में स्थापित यह पुरस्कार **मिस यूनिवर्स कार्पोरेशन द्वारा** विश्व के विभिन्न देशों की सुन्दरियों में सर्वश्रेष्ठ सौन्दर्य एवं प्रतिभा के आधार पर प्रदान किया जाता है। इसमें पुरस्कार स्वरुप **70 हजार डालर** की राशि प्रदान की जाती है।

> **मिस यूनिवर्स** बनने वाली प्रथम भारतीय **सुष्मिता सेन** (वर्ष 1994) थीं। **वर्ष 2000** में **लारा दत्ता** ने पुन: यह उपलब्धि प्राप्त की। **21 वर्ष पश्चात् 70वीं मिस यूनिवर्स** प्रतियोगिता में **हरनाज संधू** भारत की ओर से मिस यूनिवर्स का खिताब जीतने वाली तीसरी प्रतियोगी हैं।

- **वर्ष 2021** का **मिस यूनिवर्स** का खिताब भारत की **हरनाज कौर संधू** ने जीता जबकि **नाडिया फेरिया** (पराग्वे) प्रथम उपविजेता एवं **लालेला स्वाने** (दक्षिण अफ्रीका) द्वितीय उपविजेता रहीं।
- **मिस वर्ल्ड**- वर्ष 1951 में स्थापित यह पुरस्कार मिस वर्ल्ड इनकार्पोरेशन द्वारा विश्व के विभिन्न देशों की सुन्दरियों में से **सर्वश्रेष्ठ शारीरिक एवं बौद्धिक प्रतिभा** के आधार पर प्रदान किया जाता है। 16 मार्च, 2022 को प्यूर्टोरिको के सैन जुआन में प्रतियोगिता का आयोजन किया गया।

विश्व सुन्दरी (Miss World) की सूची में भारतीय	
• रीता फारिया	1966
• ऐश्वर्या राय बच्चन	1994
• डायना हेडेन	1997
• युक्ता मुखी	1999
• प्रियंका चोपड़ा	2000
• मानुषी छिल्लर	2017

- **वर्ष 2021**, मिस वर्ल्ड की विजेता **पौलेंड** की **कैरोलिना बिलावस्का** रहीं हैं। जबकि अमेरिका की **थ्री सैनी** प्रथम विजेता एवं कोटे डी आइवर की ओलिविया येस द्वितीय विजेता रहीं।

> वर्ष 2021 की प्रतियोगिता कोरोना संक्रमण के कारण स्थगित कर दी गई थी। 2022 में सम्पन्न इस प्रतियोगिता में भारत का प्रतिनिधित्व करने वाली **मनसा** (वाराणसी) **11वें स्थान** पर रही।

• **एमनेस्टी इंटरनेशनल पुरस्कार**	- ग्रेटा थुनबर्ग (ग्लोबल वार्मिंग के सम्बंध में)
• **मिस अर्थ, 2020**	- लिंडसे कोफी (USA)
• **एबेल पुरस्कार, 2022**	- डेनिस पार्नेल सुलिवन (टोपोलॉजी में योगदान हेतु)
• **टेम्पलटन पुरस्कार, 2021**	- जेन गुडॉल (प्रकृतिवादी)
• **विश्व खाद्य पुरस्कार, 2021**	- शकुंतला हरक सिंह
• **ई-पंचायत पुरस्कार, 2021**	- उत्तर प्रदेश

प्रधानमंत्री नरेन्द्र मोदी को प्राप्त अंतर्राष्ट्रीय पुरस्कार

- **द किंग हमाद आर्डर ऑफ द रेनेसा**- बहरीन का तीसरा सर्वोच्च नागरिक पुरस्कार
- **रूल ऑफ निशान इज्जुद्दीन**- मालदीव का सर्वोच्च नागरिक सम्मान
- **फिलिस्तान ग्रैड कॉलर पुरस्कार**- फिलिस्तीन द्वारा किसी व्यक्ति को प्राप्त सम्मान
- **आमिर अमानुल्ला खान पुरस्कार**- अफगानिस्तान का सर्वोच्च नागरिक सम्मान
- **ऑर्डर ऑफ द ड्रुक ग्यालपो**- भूटान का सर्वोच्च नागरिक सम्मान
- **ऑर्डर ऑफ अब्दुल अजीज अलसऊद** - सऊदी अरब द्वारा किसी मुस्लिम महत्वपूर्ण व्यक्ति दिया जाने वाला
- **ऑर्डर ऑफ जायद पुरस्कार** - UAE का सर्वोच्च नागरिक सम्मान
- **लीजन ऑफ मेरिट अवार्ड 2020** - अमेरिका
- **नगदग पेल जी खोरलो अवार्ड 2021** - भूटान

> **डॉ. बी.सी. राय पुरस्कार चिकित्सा क्षेत्र** में प्रदान किया जाता है।

विविध

विविध
(Miscellaneous)

भारत में प्रथम पुरुष

- भारत के प्रथम गवर्नर जनरल -लॉर्ड विलियम बैंटिक
- अंतिम गवर्नर जनरल तथा प्रथम वायसराय -लॉर्ड कैनिंग
- अंतिम वायसराय तथा स्वतंत्र भारत में प्रथम गवर्नर जनरल - लॉर्ड माउंटबेटन
- स्वतंत्र भारत के प्रथम तथा अंतिम भारतीय गवर्नर जनरल - चक्रवती राजगोपालाचारी
- प्रथम राष्ट्रपति - डॉ. राजेंद्र प्रसाद
- प्रथम मुस्लिम राष्ट्रपति - डॉ. जाकिर हुसैन
- प्रथम उपराष्ट्रपति - डॉ. सर्वपल्ली राधाकृष्णन
- प्रथम प्रधानमंत्री - पंडित जवाहरलाल नेहरू
- प्रथम उपप्रधानमंत्री एवं गृहमंत्री - सरदार वल्लभ भाई पटेल
- प्रथम शिक्षा मंत्री - मौलाना अबुल कलाम आजाद
- राष्ट्रीय कांग्रेस के सम्मेलन में भारत की स्वतंत्रता का प्रस्ताव पेश करने वाले प्रथम व्यक्ति - हसरत मोहानी
- नीति आयोग के प्रथम अध्यक्ष - नरेंद्र मोदी
- नीति आयोग का प्रथम उपाध्यक्ष -अरविंद पनगढ़िया
- भारत के केंद्रीय मंत्रिमंडल से त्यागपत्र देने वाले प्रथम मंत्री - श्यामा प्रसाद मुखर्जी (1950 ई.)
- प्रथम चुनाव आयुक्त - सुकुमार सेन
- लोकसभा के प्रथम अध्यक्ष - गणेश वासुदेव मावलंकर
- लोकसभा के प्रथम उपाध्यक्ष- श्री एम. अनंतशयनम अय्यंगर
- प्रथम मुख्य न्यायाधीश - हीरालाल जे. कनिया
- भारतीय राष्ट्रीय कांग्रेस के प्रथम मुस्लिम अध्यक्ष - बदरूद्दीन तैयब जी
- नोबेल पुरस्कार प्राप्त करने वाला प्रथम भारतीय - रवींद्र नाथ टैगोर (1913 ई.)
- भारत रत्न से सम्मानित होने वाले प्रथम भारतीय (1954) - चक्रवर्ती राजगोपालाचारी, डॉ. सर्वपल्ली राधाकृष्णन, डॉ. सी.वी. रमन
- भारत रत्न से सम्मानित होने वाले प्रथम विदेशी नागरिक -खान अब्दुल गफ्फार खाँ
- नोबेल पुरस्कार विजेता प्रथम भारतीय वैज्ञानिक - सी.वी.रमन (भौतिक शास्त्र)
- रैमेन मैग्सेसे अवॉर्ड विजेता प्रथम भारतीय - आचार्य विनोबा भावे
- प्रथम भारतीय गोल्डन ग्लोब अवॉर्ड के प्रथम भारतीय विजेता - ए.आर. रहमान
- प्रथम ज्ञानपीठ पुरस्कार विजेता - जी.शंकर कुरूप
- प्रथम भारतीय वायुसेनाध्यक्ष - एयर मार्शल सुब्रतो मुखर्जी
- प्रथम भारतीय थल सेनाध्यक्ष- फील्ड मार्शल के.एम.करियप्पा
- प्रथम भारतीय नौसेनाध्यक्ष - एडमिरल रामदास कटारी
- प्रथम फील्ड मार्शल - जनरल मानेक शॉ
- भारत के पहले चीफ ऑफ डिफेंस स्टाफ - जनरल विपिन रावत
- इंग्लिश चैनल पार करने वाला प्रथम भारतीय- मिहिर सेन
- अंतरिक्ष में पहुँचने वाले प्रथम भारतीय - राकेश शर्मा
- ब्रिटिश संसद का सदस्य बनने वाला प्रथम भारतीय - दादाभाई नौरोजी
- लगातार दो बार ओलंपिक में पदक प्राप्तकर्ता -सुशील कुमार (कुश्ती 2008 कांस्य, 2012-रजत पदक)
- ओलंपिक में वैयक्तिक स्पर्धा में भारत के लिए स्वर्ण पदक विजेता - अभिनव बिंद्रा (10 मीटर एयर रायफल, 2008)
- भारत में प्रिंटिंग प्रेस/प्रथम समाचार पत्र प्रारम्भ करने वाला प्रथम व्यक्ति - जेम्स आगस्टस हिक्की
- भारत आने वाले प्रथम ब्रिटिश प्रधानमंत्री- हेराल्ड मैकमिलन

गोखले माई पॉलिटिकल गुरु नामक पुस्तक महात्मा गाँधी द्वारा लिखी गयी है।

• भारत आने वाले प्रथम अमेरिकी राष्ट्रपति -ड्वाइट डी. आयजेनहॉवर (1959 ई.)	• भारत का भ्रमण करने वाला प्रथम चीनी यात्री- फाह्यान
	• मुगल दरबार में आने वाला प्रथम अंग्रेज- विलियम हॉकिन्स
• भारत आने वाले प्रथम रूसी प्रधानमंत्री-निकोलाई ए. बल्गारिन	• अंतर्राष्ट्रीय न्यायालय में अध्यक्ष चुने गए प्रथम भारतीय न्यायाधीश - डॉ. नागेंद्र सिंह
• प्रथम भारतीय पायलट -जे.आर.डी. टाटा	

भारत में प्रथम महिला

• प्रथम महिला राष्ट्रपति - प्रतिभा देवी सिंह पाटिल	• ज्ञानपीठ पुरस्कार प्राप्त करने वाली प्रथम महिला - आशापूर्णा देवी
• प्रथम महिला प्रधानमंत्री - इंदिरा गांधी	
• प्रथम महिला लोकसभा अध्यक्ष - मीरा कुमार	• साहित्य अकादमी पुरस्कार जीतने वाली प्रथम महिला - अमृता प्रीतम
• प्रथम महिला राज्यसभा उपसभापति - वॉयलेट हरि अल्वा	
• प्रथम महिला राज्यपाल - सरोजिनी नायडू (उ.प्र.)	• ओलम्पिक में पदक प्राप्त करने वाली प्रथम भारतीय महिला - कर्णम मल्लेश्वरी (भारोत्तोलन में कांस्य पदक)
• यूपीएससी की प्रथम महिला अध्यक्ष - रोज़े मिलियन बैथ्यू	
• प्रथम महिला शासिका - रजिया सुल्तान	• अर्जुन पुरस्कार प्राप्त करने वाली प्रथम भारतीय महिला - एन. लम्सडेन (हॉकी 1961 ई.)
• प्रथम महिला मुख्यमंत्री - सुचेता कृपलानी (उ.प्र.)	
• प्रथम महिला केंद्रीय मंत्री- राजकुमारी अमृत कौर (स्वास्थ्य)	• अर्जुन एवं राजीव गांधी खेलरत्न दोनों पुरस्कार प्राप्त करने वाली प्रथम महिला - कुंजरानी (ग्रांड ओल्ड लेडी)
• प्रथम महिला कांग्रेस अध्यक्ष - एनी बेसेंट	
• संयुक्त राष्ट्र संघ में प्रथम महिला भारतीय राजदूत - विजयलक्ष्मी पंडित	• ओलम्पिक में महिला कुश्ती में कांस्य पदक विजेता - साक्षी मलिक (2016 रियो ओलंपिक)
• सुप्रीम कोर्ट की प्रथम महिला न्यायाधीश - फातिमा बीवी	• ओलम्पिक में मुक्केबाजी में कांस्य पदक जीतने वाली प्रथम महिला - मैरी कॉम (2012 लंदन ओलंपिक)
• उच्च न्यायालय की प्रथम महिला मुख्य न्यायाधीश - लीला सेठ (हि.प्र.)	• ओलम्पिक की जिमनास्टिक प्रतिस्पर्धा के लिए क्वालिफाई करने वाली प्रथम महिला - दीपा करमाकर
• प्रथम महिला आई.ए.एस. - अन्ना जॉर्ज	• अंतर्राष्ट्रीय ओलम्पिक समिति की सदस्य बनने वाली प्रथम भारतीय महिला - नीता अंबानी
• प्रथम महिला आई.पी.एस. - किरण बेदी	
• रिज़र्व बैंक की प्रथम डिप्टी गवर्नर - के.जे. उदेशी	• अंतरिक्ष में जाने वाली प्रथम भारतीय महिला - कल्पना चावला
• राष्ट्रीय महिला आयोग की प्रथम महिला अध्यक्ष - जयंती पटनायक	• अंटार्कटिका पहुँचने वाली प्रथम भारतीय महिला- मेहर मूसा
	• दक्षिणी ध्रुव पर पहुँचने वाली प्रथम भारतीय महिला - रीना कौशल धर्मशक्तू
• नोबेल पुरस्कार पाने वाली प्रथम भारतीय महिला-मदर टेरेसा	
• मिस वर्ल्ड बनने वाली प्रथम भारतीय महिला- - रीता फारिया पावेल	• प्रथम महिला स्नातक -कादंबिनी गांगुली एवं चंद्रमुखी बासु (1883 ई.)
• माउण्ट एवरेस्ट पर पहुँचने वाली प्रथम महिला-बछेंद्री पाल	• प्रथम महिला स्नातक (ऑनर्स) - कामिनी रॉय (1886)
• दो बार एवरेस्ट शिखर पर पहुँचने वाली प्रथम महिला - संतोष यादव	• इंग्लिश चैनल पार करने वाली प्रथम महिला - आरती साहा
• मिस यूनिवर्स बनने वाली प्रथम भारतीय महिला - सुष्मिता सेन	• सात प्रमुख सागर तैरकर पार करने वाली प्रथम महिला - बुला चौधरी

लगातार दो ओलम्पिक में पदक जीतने वाली प्रथम महिला खिलाड़ी पी.वी. सिन्धु रही। बैडमिंटन : 2016 (रियो), 2021 (टोक्यो)

- प्रथम महिला दूरदर्शन समाचार वाचक - प्रतिमा पुरी
- भारतीय सिनेमा की प्रथम अभिनेत्री - देविका रानी रोरिक
- ओलम्पिक में रजत पदक जीतने वाली प्रथम महिला - पी.वी. सिंधु (बैडमिंटन)
- प्रथम महिला मेयर - तारा चेरियन (चेन्नई)
- राज्यसभा के लिए नामांकित होने वाली प्रथम अभिनेत्री - नरगिस दत्त
- प्रथम महिला मुख्य निर्वाचन आयुक्त - वी.एस. रामादेवी
- ऑस्कर पुरस्कार जीतने वाली प्रथम भारतीय महिला - भानु अथैय्या
- वायुसेना में प्रथम महिला पायलट - हरिता कौर देओल
- प्रथम महिला विदेश मंत्री - सुषमा स्वराज
- स्टेट बैंक की प्रबंध निदेशक - अरूंधति भट्टाचार्य
- वायुसेना की प्रथम महिला लड़ाकू विमान पायलट - अवनी चतुर्वेदी, भावना कंठ, मोहना सिंह
- नाबार्ड की प्रथम महिला अध्यक्ष - रंजना कुमार
- प्रथम महिला विदेश सचिव - चोकिला अय्यर
- प्रथम महिला लेफ्टिनेंट जनरल - पुनीता अरोड़ा
- प्रथम महिला एयर वाइस मार्शल - पद्मावती बंदोपाध्याय
- प्रथम महिला चेयरपर्सन ऑफ इंडियन एयरलाइंस - सुषमा चावला

विश्व में प्रथम पुरुष

- एवरेस्ट शिखर पर पहुँचने वाला प्रथम व्यक्ति -शेरपा तेनजिंग (भारत) तथा सर एडमंड हिलेरी (न्यूजीलैंड)
- प्रथम अंतरिक्ष पर्यटक - डेनिस टीटो
- उत्तरी ध्रुव पर पहुँचने वाला प्रथम व्यक्ति - रॉबर्ट पियरी (अमेरिका)
- दक्षिणी ध्रुव पर पहुँचने वाला प्रथम व्यक्ति - रोआल्ड एमंडसन (नॉर्वे)
- दोनों ध्रुवों पर जाने वाला प्रथम व्यक्ति - रॉबर्ट स्वान
- वायुयान से पहली सफल उड़ान भरने वाला व्यक्ति - राइट बंधु
- चीन पहुँचने वाला प्रथम यूरोपियन - मार्कोपोलो
- पृथ्वी का मानचित्र बनाने वाला प्रथम व्यक्ति- अनेग्जीमेंडर
- सर्वाधिक उम्र में एवरेस्ट पर चढ़ने वाला प्रथम व्यक्ति - यूइचिरो मियूरा (जापान)
- माउंट एवरेस्ट पर चढ़ने वाला प्रथम विकलांग व्यक्ति - टॉम व्हिटकर
- बिना ऑक्सीजन के माउंट एवरेस्ट पर चढ़ने वाला प्रथम व्यक्ति - पीटर हेबलर, रिनहोल्ड मेसनर
- चंद्रमा पर उतरने वाला प्रथम व्यक्ति - नील आर्मस्ट्रांग (यू एस. ए.)
- अंतरिक्ष में पहुँचने वाला प्रथम व्यक्ति- यूरी गागरिन (रूस)
- अंतरिक्ष में तैरने/चलने वाला प्रथम व्यक्ति - एलेक्सी लेनोव (रूस)
- 7 बार अंतरिक्ष में जाने वाला प्रथम अंतरिक्ष यात्री - जेरी रॉस
- दो बार अंतरिक्ष यात्रा करने वाला प्रथम अंतरिक्ष पर्यटक - चार्ल्स सिमोन्यी
- सबसे कम उम्र का अंतरिक्ष यात्री- गेरेमान स्तेपानोविच तितोब
- अंतरिक्षयान सर्वाधिक ऊँचाई से छलाँग लगाने वाला स्काई ड्राइवर - फेलिक्स बामगार्टनर (39 किमी.)
- अंतरिक्ष दुर्घटना का प्रथम शिकार अंतरिक्ष यात्री - ब्लादिमीर कोमारोव
- ब्रह्मांड के विस्तार की जानकारी देने वाला प्रथम व्यक्ति - एडविन पॉवेल हबल
- सूर्य के चारों ओर ग्रहों के घूमने तथा पृथ्वी की चाल के विषय में जानकारी देने वाला प्रथम व्यक्ति - निकोलस कॉपरनिकस
- विंबलडन ट्रॉफी जीतने वाला प्रथम अश्वेत व्यक्ति - ऑर्थर ऐश
- भारत पर आक्रमण करने वाला प्रथम यूरोपवासी -सिकंदर
- चीन के प्रथम राष्ट्रपति - डॉ. सन्यात सेन
- संयुक्त राज्य अमेरिका का प्रथम राष्ट्रपति -जॉर्ज वॉशिंगटन
- गुब्बारे से अटलांटिक महासागर पार करने वाला प्रथम व्यक्ति - रिचर्ड ब्रानसन
- साहित्य (संगीत) के क्षेत्र में नोबेल पुरस्कार प्राप्त करने वाला प्रथम व्यक्ति - बॉब डिलन
- भौतिक विज्ञान में प्रथम नोबेल पुरस्कार से सम्मानित व्यक्ति - विलहेल्म रोन्टजन (White Roentgen)

मिलिन्दपन्हो राजा मिलिन्द एवं बौद्ध भिक्षु नागसेन के मध्य संवाद है।

- रसायन विज्ञान में प्रथम नोबेल पुरस्कार से सम्मानित व्यक्ति – जाकोबस हेनरीकस वैंटहॉफ (J.H. Vanthalf)
- चिकित्सा विज्ञान में प्रथम नोबेल पुरस्कार से सम्मानित व्यक्ति – एमिल एडोलफवान बेहरिंग
- अर्थशास्त्र के क्षेत्र में प्रथम नोबेल पुरस्कार से सम्मानित व्यक्ति – रेगनर रैगनर फ्रिश एवं जन टिनवर्जन (1969)

विश्व में प्रथम महिला

- किसी देश की प्रथम महिला राष्ट्रपति – मैरिया एस्टेला (अर्जेंटीना)
- किसी देश की प्रथम महिला प्रधानमंत्री – एस. भंडारनायके (श्रीलंका)
- किसी मुस्लिम देश की प्रथम महिला प्रधानमंत्री – बेनजीर भुट्टो (पाकिस्तान)
- संयुक्त राष्ट्र महासभा की प्रथम महिला सभापति – विजयलक्ष्मी पंडित
- विश्व व्यापार संगठन (WTO) की महानिदेशक – एन्गोजी ओकोंजो इवेला
- गुटनिरपेक्ष आंदोलन की अध्यक्ष – एस. भंडारनायके
- इंग्लैण्ड की प्रथम महिला प्रधानमंत्री – मार्गरेट थैचर
- कनाडा की प्रथम महिला प्रधानमंत्री – किम कैंपबेल
- तुर्की की प्रथम महिला प्रधानमंत्री – तांसु सिलर
- अंटार्कटिका महाद्वीप पर पहुँचने वाली प्रथम महिला – कैरोलिन मिकल्सन
- एवरेस्ट पर चढ़ने वाली प्रथम महिला – जंको तेबई (जापान)
- अंतरिक्ष में जाने वाली पहली महिला – वेलेंटिना तेरेश्कोवा (रूस)
- प्रथम महिला डॉक्टर – एलिजाबेथ ब्लैकवेल (अमेरिका)
- नोबेल पुरस्कार जीतने वाली प्रथम महिला – मैडम मैरी क्यूरी
- दक्षिणी ध्रुव पर पहुँचने वाली प्रथम महिला –शिर्ले मेट्ज
- इंगलिश चैनल को तैरकर पार करने वाली प्रथम महिला – गैरट्र्यूड एडरली

भारत में प्रथम (अन्य)

- प्रथम परमाणु रिएक्टर – अप्सरा
- प्रथम परमाणु पनडुब्बी – आई.एन.एस. चक्र
- प्रथम पनडुब्बी – आई.एन.एस. कलवरी
- प्रथम विमानवाहक पोत – आई.एन.एस. विक्रांत
- प्रथम मिसाइल – पृथ्वी
- प्रथम आणविक केंद्र – तारापुर
- प्रथम समाचार-पत्र – बंगाल गजट (1780)
- प्रथम विश्वविद्यालय – नालंदा विश्वविद्यालय
- प्रथम दूरदर्शन केंद्र – नई दिल्ली (1959)
- प्रथम मूक फिल्म – राजा हरिश्चंद्र [निर्माता-दादा साहब फाल्के (1913)]
- प्रथम बोलती फिल्म – आलम आरा (आर्देशिर ईरानी-1931)
- प्रथम टेक्नीकलर फिल्म – झाँसी की रानी (1950)
- देश में पहली बार दूरदर्शन में रंगीन कार्यक्रमों का प्रसारण – 15 अगस्त, 1982
- प्रथम-3-डी फिल्म – माई डियर कुट्टीचातन (1984)
- प्रथम प्रायोजित सीरियल – हम लोग (1984)
- प्रथम एशियाई खेल का आयोजन – दिल्ली (1951)
- प्रथम खुला (Open) विश्वविद्यालय – डॉ. बी.आर. अंबेडकर ओपेन यूनिवर्सिटी (तेलंगाना)
- प्रथम हाई स्पीड ग्रामीण ब्रॉड बैंड नेटवर्क की स्थापना – इडुक्की (केरल)
- प्रथम फायर पार्क – उड़ीसा
- प्रथम स्की पार्क – कुफरी (हिमाचल प्रदेश)
- प्रथम पाली नेटर पार्क – हल्द्वानी (उत्तराखण्ड)
- प्रथम वाइल्डर नेस पार्क – तेलंगाना

विश्व में प्रथम

- वनों की कटाई पर प्रतिबंध लगाने वाला प्रथम देश– नॉर्वे
- धातु के खनन पर प्रतिबंध लगाने वाला प्रथम देश – एल. सेल्वाडोर (El Salvador)
- जीवाश्म ईंधन के प्रयोग को पूर्णतः प्रतिबंधित करने वाला देश – आयरलैण्ड
- पुस्तक मुद्रित करने वाला प्रथम देश – चीन
- कागज़ी मुद्रा जारी करने वाला प्रथम देश – चीन
- सिविल सेवा प्रतियोगिता प्रारम्भ करने वाला देश – चीन

कालिदास चरित अभिज्ञानशाकुन्तलम का अग्रेजी में अनुवाद सर्वप्रथम विलियम जोन्स ने किया था।

- विश्व का प्रथम विश्वविद्यालय- तक्षशिला विश्वविद्यालय
- शिक्षा को अनिवार्य करने वाला प्रथम देश – प्रशा (Prussia)
- संविधान लिखने वाला प्रथम देश – संयुक्त राज्य अमेरिका
- गुटनिरपेक्ष आंदोलन के प्रथम सम्मेलन का आयोजन स्थल – बेलग्रेड (सर्बिया)
- विश्व के चारों ओर समुद्री यात्रा करने वाला प्रथम व्यक्ति – फर्डीनेंड मैगलन
- अंतरिक्ष में कृत्रिम उपग्रह का प्रक्षेपण करने वाला देश – रूस
- ओलम्पिक खेलों का आयोजन करने वाला प्रथम देश – यूनान
- प्रथम नगर, जहाँ परमाणु बम गिराया गया – हिरोशिमा
- सर्वाधिक पशुओं वाला देश – भारत
- बैंक नोट जारी करने वाला प्रथम देश – स्वीडन
- वह देश, जहाँ व्यक्ति को ऐच्छिक मृत्यु का अधिकार दिया गया – नीदरलैण्ड्स

भारत में सर्वाधिक लम्बा, बड़ा एवं ऊँचा

- सबसे लम्बा सड़क पुल – भूपेन हजारिका सेतु/ढोला सादिया पुल [9.15 किमी., असम-अरुणाचल]
- सबसे तेज चलने वाली ट्रेन – वंदे भारत एक्सप्रेस ट्रेन (T-18)
- सबसे बड़ा राज्य (क्षेत्रफल) – राजस्थान
- सबसे बड़ा जिला (क्षेत्रफल) – कच्छ (गुजरात)
- सबसे बड़ा पशु-मेला – सोनपुर (बिहार)
- सबसे ऊँची मीनार – कुतुब मीनार (दिल्ली)
- सबसे बड़ी मीठे पानी की झील- वुलर झील (जम्मू-कश्मीर)
- सबसे बड़ा रेगिस्तान – थार (राजस्थान)
- सबसे ऊँचा बाँध – टिहरी बाँध (उत्तराखण्ड)
- सबसे ऊँची चोटी – गॉडविन ऑस्टिन (K-2)
- सबसे लम्बी सड़क सुरंग – चेनानी-नाशरी सुरंग (पाटनीटॉप सुरंग, 9.2 किमी.)
- सबसे लम्बी सुरंग (रेलवे) – पीर पंजाल (जम्मू-कश्मीर 11.22 किमी.)
- सबसे बड़ा चिड़ियाघर – जूलॉजिकल गार्डेन (कोलकाता)
- सबसे बड़ा डेल्टा – सुंदरवन डेल्टा (पश्चिम बंगाल)
- सर्वाधिक वर्षा वाला स्थान – मॉसिनराम (मेघालय)
- सबसे बड़ा गुफा मंदिर – कैलाश मंदिर (एलोरा महाराष्ट्र)
- सबसे बड़ा गुंबद – गोल गुंबद (बीजापुर)
- सबसे ऊँचा दरवाजा – बुलंद दरवाजा
- सबसे लम्बी नदी – गंगा नदी
- सबसे लम्बी सड़क – ग्रैंड ट्रंक रोड
- सबसे ऊँचा जलप्रपात- कुँचीकल (वाराही नदी, कर्नाटक)
- सबसे बड़ा लीवर पुल – हावड़ा ब्रिज (कोलकाता)
- सबसे बड़ा प्राकृतिक बंदरगाह – मुंबई (महाराष्ट्र)
- डेल्टा न बनाने वाली सबसे बड़ी नदी – नर्मदा
- सबसे लंबा राष्ट्रीय राजमार्ग- NH-44 (श्रीनगर-कन्याकुमारी) (यह पहले NH-7 था)
- सबसे लंबा समुद्र तट – मरीना बीच (चेन्नई)
- सबसे अधिक मार्ग बदलने वाली नदी – कोसी नदी
- सबसे ऊँचा हवाई पत्तन – लेह (लद्दाख)
- सबसे बड़ा नदी द्वीप – माजुली (ब्रह्मपुत्र नदी, असम)
- सबसे लम्बा बाँध – हीराकुड बाँध (ओडिशा)
- सबसे लम्बी नहर – इंदिरा गांधी नहर (राजस्थान)
- सबसे लम्बी तटरेखा वाला राज्य – गुजरात
- सबसे बड़ी कृत्रिम झील – गोविन्द वल्लभ पंत सागर (उत्तर प्रदेश)
- खारे पानी की सबसे बड़ी झील- चिल्का झील (ओडिशा)
- दक्षिण भारत की सबसे लम्बी नदी – गोदावरी
- भारत का एकमात्र सक्रिय ज्वालामुखी – बैरन द्वीप (अंडमान निकोबार)
- सबसे ऊँची मूर्ति – स्टैच्यू ऑफ यूनिटी (182 मी.)
- सर्वोच्च शौर्य सम्मान – परमवीर चक्र
- सर्वाधिक ऊँचाई पर स्थित युद्ध स्थल- सियाचिन ग्लेशियर
- सबसे बड़ा गुरुद्वारा – स्वर्ण मंदिर (अमृतसर)
- सबसे बड़ा गिरिजाघर – सैंट कैथेड्रल (गोवा)
- सबसे लम्बा रेलवे प्लेटफॉर्म – गोरखपुर (1.3 किमी.)
- सबसे विशाल स्टेडियम- विवेकानंद युवा भारतीय क्रीड़ांगन (साल्ट लेक, कोलकाता)

सीआरपीएफ देश का एकमात्र केन्द्रीय सशस्त्र पुलिस बल है जिसमें **तीन महिला बटालियन** है।

विश्व में सर्वाधिक बड़ा, छोटा, लम्बा एवं ऊँचा

- सबसे बड़ा द्वीप - ग्रीनलैंड
- सबसे बड़ा महाद्वीप - एशिया
- सबसे छोटा महाद्वीप - ऑस्ट्रेलिया
- सबसे लम्बी सीमा वाला देश - कनाडा
- सबसे छोटी सीमा साझा करने वाले देश - जिब्राल्टर
- सबसे बड़ा महासागर - प्रशांत महासागर
- सबसे गहरा महासागर - प्रशांत महासागर
- सर्वाधिक जनसंख्या वाला देश - चीन
- सबसे बड़ा नगर (क्षेत्रफल की दृष्टि से) - न्यूयॉर्क मेट्रोपोलियन नगर
- सबसे बड़ा प्लैनेटोरियम - नागोया (जापान)
- सबसे बड़ा राजप्रसाद - इंपीरियल पैलेस (चीन)
- सबसे बड़ी कार्यालयी इमारत - पेंटागन (यू.एस.ए.)
- सबसे लंबा वृक्ष (कैलिफोर्निया) - सिकोया का वृक्ष (रेडवुड्स)
- सर्वाधिक बुद्धिमान पशु - चिम्पांजी
- सबसे बड़ी पक्षी - ऑस्ट्रिच (शुतुरमुर्ग)
- सबसे ऊँचा पशु - जिराफ
- सबसे विशालकाय जीव (स्तनपायी) - ब्लू ह्वेल
- सबसे बड़ा महाकाव्य - महाभारत
- सबसे लंबी नदी - नील नदी (मिस्र)
- बहाव की दृष्टि से सबसे बड़ी नदी-आमेजन (दक्षिण अमेरिका)
- सबसे बड़ा पार्क - नॉर्थईस्ट ग्रीनलैण्ड नेशनल पार्क
- सबसे बड़ा चिड़ियाघर- सेन डियागो चिड़ियाघर (प्रजातियों की संख्या)
- सबसे विशाल खाड़ी (Bay) - हड्सन खाड़ी
- सबसे छोटी नदी - रो नदी (यू.एस.ए.)
- सबसे लंबी सहायक नदी- मेडिरा (अमेजन की सहायक नदी)
- व्यस्ततम व्यापारिक नदी - राइन नदी (जर्मनी)
- अंत: सागरीय नदी - क्रोमवेल धारा
- सबसे छोटा देश (क्षेत्रफल की दृष्टि से) - वेटिकन सिटी
- सर्वाधिक निर्वाचक संख्या वाला देश - भारत
- न्यूनतम जनसंख्या घनत्व - ग्रीनलैंड
- सबसे बड़ा सागर - फिलीपींस सागर
- सबसे बड़ा देश (क्षेत्रफल में) - रूस
- सबसे ऊँचा ज्वालामुखी - ओजोस डेल सेलाडो
- सबसे विशाल ज्वालामुखी - मौना लोआ (हवाई द्वीप)
- सर्वाधिक जनसंख्या घनत्व वाला देश - मकाऊ (चीन)
- सबसे लंबा मुहाना - ओब नदी का मुहाना
- सबसे ऊँचा पठार - तिब्बत का पठार
- सबसे ऊँची पर्वत चोटी - माउंट एवरेस्ट
- सबसे बड़ी झील - कैस्पियन सागर
- ताजे पानी की सबसे बड़ी झील- सुपीरियर झील (अमेरिका)
- सबसे गहरी झील - बैकाल झील (रूस)
- सबसे ऊँचा बाँध - जिनपिंग-1 (चीन)
- सबसे बड़ा बाँध (कंक्रीट)- ग्रांड कूली बाँध (कोलंबिया नदी, अमेरिका)
- सबसे बड़ा लैगून - न्यू कैलीडोनिया
- झील के अंदर झील - मेनीटू झील (कनाडा)
- सर्वाधिक ऊँचाई पर स्थित झील- टिटिकाका झील (दक्षिण अमेरिका)
- सबसे ऊँचा जलप्रपात (झरना)- एंजिल जलप्रपात (वेनेजुएला)
- सबसे चौड़ा जलप्रपात - खोन जलप्रपात (लाओस)
- सबसे लंबी दीवार - चीन की दीवार
- सबसे विशाल मंदिर - अंकोरवाट का मंदिर (कंबोडिया)
- सबसे बड़ा रेलवे स्टेशन - ग्रैंड सेंट्रल टर्मिनल (न्यूयॉर्क)
- सबसे लंबा रेलवे प्लेटफार्म - गोरखपुर (भारत)
- सबसे लंबा रेलमार्ग - बीजिंग-लंदन रेलमार्ग
- सर्वाधिक ऊँचाई पर स्थित रेलवे स्टेशन-टैंगुला स्टेशन (चीन)
- सबसे बड़ा संग्रहालय - ब्रिटिश संग्रहालय (लंदन)
- सबसे बड़ा घंटाघर - द ग्रेट बेल ऑफ मास्को (रूस)
- सबसे विशाल दलदल - प्रीपेट दलदल (साइबेरिया क्षेत्र)
- सबसे बड़ा रेगिस्तान - सहारा (अफ्रीका)
- सबसे ठंडा प्रदेश - वोस्टॉक (अंटार्कटिका)
- एशिया का सबसे बड़ा रेगिस्तान - गोबी (मंगोलिया)
- सबसे बड़ी मस्जिद - मस्जिद अल हराम (सऊदी अरब)

रूस विश्व का पहला देश है, जिसने जल में तैरता हुआ परमाणु संयंत्र स्थापित किया है।

• **सबसे बड़ा गिरिजाघर**- बेसिलिका ऑफ सेंट पीटर वेटिकन	• **सबसे नीची पहाड़ी** - बुकिट टामसन (ब्रुनेई)
• **सबसे ऊँची मीनार** - हसन-II मस्जिद (मोरक्को)	• **सबसे बड़ी रेल सुरंग** - सेंट गोत्थार्ड (स्विट्जरलैण्ड)
• **सबसे बड़ा गुरूद्वारा** - श्री हरिमन्दिर साहिब (अमृतसर पंजाब)	• **सबसे बड़ी सड़क सुरंग** - लारडेल सुरंग (नॉर्वे)
• **सबसे बड़ा पुस्तकालय**- कांग्रेस पुस्तकालय (वाशिंगटन डीसी)	• **सबसे ऊँची सड़क**- उमलिंग्ला सड़क (19024 फीट)(भारत)
• **सबसे बड़ा स्टेडियम** - द ग्रेट स्ट्राहोव स्टेडियम, प्राग	• **सबसे बड़ा सड़क सेतु** (पुल)- किंगडाओ हाइवान सड़क पुल (चीन)
• **सर्वाधिक वर्षा वाला स्थान**- मॉसिनराम (मेघालय, भारत)	• **सबसे बड़ा राजमार्ग** - पैन अमेरिकन हाईवे
• **सबसे बड़ी खाड़ी** (गल्फ) - मेक्सिको की खाड़ी	• **सबसे ऊँचा नगर** - वेनझुआन (तिब्बत)
• **सबसे छोटी पक्षी** - बी.हमिंगबर्ड (Mellisuga Helenae)	• **सबसे ऊँची राजधानी** - लापाज (बोलिविया)
• **सबसे बड़ा इनडोर स्टेडियम** - सुपरडोम (यू.एस.ए.)	• **सबसे बड़ा प्रायद्वीप** - अरब प्रायद्वीप
• **सबसे व्यस्ततम बंदरगाह** - शंघाई बंदरगाह (चीन)	• **सबसे लंबी पर्वतमाला** - एंडीज (दक्षिण अमेरिका)
• **सबसे बड़ा हवाई अड्डा** - हार्टर्सफील्ड जैक्सन अटलांटा अंतर्राष्ट्रीय एयरपोर्ट	• **सबसे बड़ा द्वीप-समूहों वाला देश** - इंडोनेशिया
	• **सबसे बड़ा डेल्टा** - सुंदरवन (भारत)
• **सबसे बड़ा/विस्तृत जलडमरू मध्य**- डेविस जलडमरूमध्य (ग्रीनलैण्ड एवं बैफिन द्वीप)	• **सबसे अधिक आबादी वाला नगर** - टोकियो (जापान)
	• **सबसे कम आबादी वाला नगर** - वेटिकन सिटी

भारत सरकार के प्रमुख लक्ष्य

विषय	लक्ष्य वर्ष
• देश को सिंगल यूज प्लास्टिक से मुक्त करने का लक्ष्य	2022
• सबसे लिए आवास उपलब्ध कराना	2022
• हर परिवार को बिजली और LPG कनेक्शन उपलब्ध कराना	2022
• किसानों की आय दुगना करने का लक्ष्य	2022
• हर घर में नल से जल/स्वच्छ जल की आपूर्ति	2024
• भारतीय अर्थव्यवस्था को 5 ट्रिलियन डॉलर इकोनॉमी बनाने का लक्ष्य	2024-25
• भारत को टीबी (TB) मुक्त देश बनाना	2025
• विश्व की तीसरी सबसे बड़ी अर्थव्यवस्था बनाने का लक्ष्य	2025
• दूध प्रसंस्करण क्षमता को दोगुना करने का लक्ष्य	2025
• कुल वाहन में 30% इलेक्ट्रिक वाहन करने का लक्ष्य	2030

संयुक्त राष्ट्र अंतर्राष्ट्रीय दशक

• वर्ष 2021-30	पारिस्थितिकी तंत्र की पुनर्बहाली के लिए संयुक्त राष्ट्र दशक
• 2010 से 2020 ई.	मरुस्थल एवं मरुस्थलीकरण के विरुद्ध दशक
• 2006 से 2016 ई.	(चेरनोबिल आपदा के बाद) दुष्प्रभावित क्षेत्र की क्षतिपूर्ति एवं पोषणीय विकास का दशक
• 2019 से 2028 ई.	नेल्सन मंडेला शान्ति का दशक
• 2011 से 2020 ई.	उपनिवेशवाद के उन्मूलन के लिये तृतीय अंतर्राष्ट्रीय दशक
• 2011 से 2020 ई.	जैव विविधता का संयुक्त राष्ट्र दशक
• 2011 से 2020 ई.	सड़क सुरक्षा क्रियान्वयन दशक
• 2014 से 2024 ई.	सभी के लिये वहनीय (Sustainable) ऊर्जा का संयुक्त राष्ट्र दशक
• 2015 से 2024 ई.	अफ्रीकी आदिवासी (African Descent) के लिये अंतर्राष्ट्रीय दशक
• 2016 से 2025 ई.	पोषण के लिये कार्रवाई हेतु दशक

चोंग, खैवा, लीम, नुरालीम नागालैण्ड के प्रमुख नृत्य है।

वर्ष 2021-22 की प्रमुख रिपोर्ट एवं सूचकांक			
विभिन्न रिपोर्ट/सूचकांक	जारीकर्ता	प्रथम स्थान	भारत का स्थान
• जलवायु परिवर्तन प्रदर्शन सूचकांक-2022	जर्मनवाच	डेनमार्क (4th)	10
• ग्लोबल इनोवेशन इंडेक्स 2021	विश्व बौद्धिक संपदा संगठन एवं INSEAD	स्वीट्जरलैण्ड	46
• ग्लोबल जेंडर गैप इंडेक्स 2021	विश्व आर्थिक मंच (W.E.F.)	आइसलैण्ड	140
• सतत विकास लक्ष्य सूचकांक 2021	सतत विकास समाधान नेटवर्क	फिनलैंड	120
• वैश्विक प्रसन्नता सूचकांक 2022	UNSDSN	फिनलैण्ड	136
• हेनले पासपोर्ट सूचकांक-2022	अंतर्राष्ट्रीय हवाई परिसंघ	सिंगापुर एवं जापान	84
• वैश्विक शांति सूचकांक 2021	Institute for Economics and Peace	आइसलैण्ड	135
• जलवायु जोखिम सूचकांक 2021	जर्मनवाच	मोजाम्बिक	7
• वैश्विक भुखमरी सूचकांक 2021	कंसर्न बटर्डवाइड् और वेयल्थुंगरहिल्फ	18 देश	101
• अंतर्राष्ट्रीय बौद्धिक संपदा सूचकांक-2022	ग्लोबल इनोवेशन पॉलिसी सेन्टर (US)	अमेरिका	43
• वैश्विक प्रतिस्पर्धा सूचकांक -2021	IMD	स्विट्जरलैण्ड	43
• वैश्विक लोकतंत्र सूचकांक 2021	Economist intelligence	नॉर्वे	53
• ग्लोबल फायरपावर इंडेक्स 2021	ग्लोबल फायरपावर	अमेरिका	4
• विश्व निवेश रिपोर्ट 2021	UNCTAD	अमेरिका	5
• वैश्विक आतंकवाद सूचकांक 2022	Institute for Economics and Peace	अफगानिस्तान	12
• अंतर्राष्ट्रीय बौद्धिक संपदा सूचकांक 2021	ग्लोबल इनोवेशन पॉलिसी सेन्टर (US)	अमेरिका	40
• ग्लोबल इनोवेशन इंडेक्स 2021	विश्व बौद्धिक संपदा संगठन	स्विट्जरलैंड	46
• विश्व सैन्य व्यय प्रवृत्तियाँ 2021	SIPRI	अमेरिका	3
• विश्व प्रेस स्वतंत्रता सूचकांक 2022	Reporters without borders	नॉर्वे	150
• पर्यावरण प्रदर्शन सूचकांक 2022	येल विश्वविद्यालय	डेनमार्क	180
• आर्थिक स्वंतत्रता सूचकांक 2022	द हेरिटेज फाउंडेशन	सिंगापुर	131

भारत के अन्य देशों के साथ प्रमुख सैन्य अभ्यास (2021-22)

सैन्य अभ्यास	देश
• अजेय वॉरियर	भारत और ब्रिटेन की थल सेनाओं के मध्य
• मित्र शक्ति	भारत और श्रीलंका की थल सेनाओं के मध्य
• समुद्र शक्ति	भारत और इंडोनेशिया की नौसेनाओं के मध्य
• सूर्य किरण	भारत और नेपाल की थल सेनाओं के मध्य
• जायेद-अल-बहर	भारत और कतर की नौसेनाओं के मध्य
• जायेद तलवार	भारत और यूएई की नौसेनाओं के मध्य
• इन्द्र	भारत और रूस की थल सेनाओं के मध्य
• वरूण	भारत और फ्रांस की नौसेनाओं के मध्य
• वज्र प्रहार	भारत और अमेरिका की थल सेनाओं के मध्य
• ट्रोपेक्स	भारत की तीनों सेनाओं के मध्य
• SITMEX	भारत, सिंगापुर और थाईलैंड की नौसेनाओं के मध्य
• SIMBEX	भारत और सिंगापुर की नौसेनाओं के मध्य
• युद्ध अभ्यास-20	भारत और अमेरिक की थल सेनाओं के मध्य

सी विजिल, कवज , AMPHEX और ट्रोपेक्स भारत की तीनों सेनाओं के मध्य होने वाले युद्ध अभ्यास हैं।

महत्वपूर्ण रिपोर्ट एवं सूचकांक

जारीकर्ता संस्था	रिपोर्ट/सूचकांक
अंतर्राष्ट्रीय मुद्रा कोष (IMF)	• वैश्विक आर्थिक स्थिरता रिपोर्ट • विश्व आर्थिक परिदृश्य (World Economic Outlook)
विश्व बैंक (WB)	• विश्व विकास रिपोर्ट • डूइंग बिजनेस रिपोर्ट (सूचकांक-ईज ऑफ डूइंग बिजनेस)
विश्व आर्थिक मंच (WEF)	• वैश्विक सूचना प्रौद्योगिकी रिपोर्ट • यात्रा एवं पर्यटन प्रतिस्पर्धा रिपोर्ट • वैश्विक प्रतिस्पर्धा सूचकांक • ग्लोबल जेंडर गैप रिपोर्ट
अंतर्राष्ट्रीय श्रम संगठन (ILO)	• विश्व सामाजिक संरक्षण रिपोर्ट • विश्व रोजगार और सामाजिक परिदृश्य • वैश्विक वेतन रिपोर्ट
ट्रांसपेरेंसी इंटरनेशनल	• वैश्विक भ्रष्टाचार रिपोर्ट
संयुक्त राष्ट्र व्यापार एवं विकास सम्मेलन (UNCTAD)	• विश्व निवेश रिपोर्ट
संयुक्त राष्ट्र पर्यावरण कार्यक्रम (UNEP)	• वायु गुणवत्ता पर कार्रवाई • वैश्विक परिवेश परिदृश्य
यूनाइटेड नेशन्स डिपार्टमेंट ऑफ इकोनामिक एंड सोशल अफेयर्स	• सतत् विकास लक्ष्य रिपोर्ट
वैश्विक बौद्धिक सम्पदा केन्द्र	• अंतर्राष्ट्रीय बौद्धिक सम्पदा अधिकार सूचकांक
इंस्टीटयूट फॉर इकोनॉमिक एवं पीस	• वैश्विक आतंकवाद सूचकांक • वैश्विक शांति सूचकांक
अंतर्राष्ट्रीय खाद्य नीति अनुसंधान संस्थान (IFPRI)	• वैश्विक भूख सूचकांक
कॉमनवेल्थ सचिवालय	• ग्लोबल यूथ डेवलमेंट इंडेक्स एंड रिपोर्ट
विश्व वन्यजीव कोष (WWF)	• ऊर्जा रिपोर्ट • लिविंग प्लैनेट रिपोर्ट
यूनेस्को (UNESCO)	• वैश्विक शिक्षा निगरानी रिपोर्ट
इनसीड (INSEAD) कार्नेल विश्वविद्यालय एवं विश्व बौद्धिक संपदा संगठन (WIPO)	• वैश्विक नवप्रर्वतन सूचकांक
रिपोर्टर्स विदाउट बॉर्डर्स	• वर्ल्ड प्रेस फ्रीडम रिपोर्ट
सस्टेनेबल डेवलपमेंट सॉल्यूशन नेटवर्क	• विश्व खुशहाली रिपोर्ट

जम्मू कश्मीर राज्य का सबसे प्रसिद्ध लोकनृत्य **रउफ** है।

वर्ष 2019-22 में प्रदान किए गए प्रमुख GI टैग

राज्य/के. शा. प्रदेश	GI टैग प्राप्त उत्पाद/वस्तु
1. जम्मू एवं कश्मीर	• कश्मीरी केसर • गुच्छी (मशरूम)
2. हिमाचल प्रदेश	• हिमाचली काला जीरा • चुली का तेल • काला जीरा
3. उत्तराखण्ड	• कुमाऊँ का च्यूरा तेल • ताँबे के उत्पाद • मुनस्यारी राजमा • ऐपना पारम्परिक कला • रिंगल शिल्प • थुलमा (कंबल)
3. उत्तर प्रदेश	• गोरखपुर टेराकोटा (मूर्तिकला) • चुनार बलुआ पत्थर • टौल आम • महोबा का पान
4. मध्य प्रदेश	• कड़कनाथ मुर्गा • बालाघाट चावल (चिन्नौर)
5. बिहार	• सिलाव खाजा • शाही लीची • मिथिला मखाना • जर्दालू आम • मधुबनी पेंटिंग • कतरनी चावल
6. गुजरात	• पेठापुर ब्लॉक प्रिंटिंग
7. छत्तीसगढ़	• जीराफुल चावल
8. झारखण्ड	• सोहराय, कोहबर कला
9. महाराष्ट्र	• सांगली हल्दी • अल्फांसो (आम) • कोल्हापुरी चप्पल • जलगाँव केला • वाडा कोलम चावल • सफेद प्याज
10. नागालैण्ड	• मीठा खीरा
10. पश्चिम बंगाल	• दार्जिलिंग की ग्रीन एवं व्हाइट टी • सुंदरवन का शहद
11. कर्नाटक	• कुर्ग, चिकमंगलूर तथा अरेबिका कॉफी • गुलबर्गा तूर दाल • कोल्हापुरी चप्पल • सिरसी सुपारी
12. गोवा	• खाजे (मिठाई) • हरमल मिर्च • खोला मिर्च • मांडोली केला
13. मणिपुर	• ब्लैक राइस (चाक हाओ) • हाथी मिर्च • तामेंगलोंग आरेंज
14. तमिलनाडु	• केविलपट्टी कदलाई मितई (मूँगफली की कैंडी) • कन्याकुमारी लौंग • पलानी पंचमिर्थम (प्रसाद) • डिण्डीगुल ताले • थमामपट्टी • कण्णगी साड़ी • करोड हल्दी • तिरुभुवनम सिल्क साड़ी • कोडइकनाल मलाई पून्डु (लहसुन) • तंजावुर नेति वर्क्स और अरुम्बवूर • श्रीविल्लिपुत्तुर पलकोवा (मिठाई) • करुप्पुर कलमकारी पेंटिंग • कालाकुरुचि वुड कार्विंग • नरसिंह पेट्टई नागस्वरूप
15. केरल	• तिरुर पान का पत्ता • कुटिअट्टूर आम • वायनाड रोबस्टा कॉफी • मरयुर गुड़
16. असम	• काजी नेमु (नींबू) • तेजपुर लीची • बैक्सोल चावल • जुड़िमा वाइन राइस
17. तेलंगाना	• तेलिया रूमाल (रूमाल) • आदिलाबाद डोकरा (मेटल क्राफ़्ट)
18. अरुणाचल प्रदेश	• इदू मिश्मी कपड़ा
19. मिजोरम	• पानडुम (शॉल) न्गोतेखेह (शॉल) • हमराम (शॉल) • तावलोपुआन (शॉल) • मिजो पुआनचेई (शॉल)
20. ओडिशा	• ओडिशा रसगुल्ला • कंधमाल हल्दी
21. सिक्किम	• डाले खुरसानी मिर्च
22. राजस्थान	• खिजुरिया की मिठाई • सोजात मेंहदी

विभिन्न देशों के प्रमुख राजनीतिक दल

देश	राजनीतिक दल
भारत	भारतीय राष्ट्रीय कांग्रेस, भारतीय जनता पार्टी
पाकिस्तान	मुस्लिम लीग, पाकिस्तान पीपुल्स पार्टी
यू.एस.ए.	रिपब्लिकन पार्टी, डेमोक्रेटिक पार्टी
इराक	बाथ पार्टी
बांग्लादेश	बांग्लादेश नेशनल पार्टी, आवामी लीग, जातीय पार्टी
नेपाल	नेपाली कम्युनिस्ट पार्टी, नेपाली, कांग्रेस पार्टी
चीन	चीनी कम्युनिस्ट पार्टी
श्रीलंका	यूनाइटेड नेशनल पार्टी, यूनाइटेड पीपुल्स फ्रीडम अलायंस
इज़रायल	लेबर पार्टी, लिकुड पार्टी, हदाश पार्टी, शास पार्टी
फ्रांस	सोशलिस्ट पार्टी, नेशनल फ्रंट यूनियन फॉर फ्रेंच डेमोक्रेसी
ऑस्ट्रेलिया	लिबरल पार्टी, लेबर पार्टी
यू.के.	कंजर्वेटिव पार्टी, लेबर पार्टी, लिबरल डेमोक्रेटिक पार्टी
रूस	लिबरल डेमोक्रेटिक पार्टी, कम्युनिस्ट पार्टी